찰스 디킨스(1812~1870) 1860년 무렵

▲찰스 디킨스 박물관 디킨스는 결혼 1년 뒤인 1837년, 런던 중심가 다우티 거리에 있는 이 집으로 가족들과 함께 이사 왔다. 그는 이곳에서 《올리버 트위스트》 외 여러 작품을 집필했으며, 그 필력으로 온 도시에 자신의 이름을 알렸다. 1925년, 찰스 디킨스 박물관으로 꾸며져 공개되었다.

◀▼박물관 실내 정경과 내부 도서관

▲〈찰스 디킨스〉 존 에버트 밀레이. 1870. 디킨스가 세상을 떠난 바로 뒤, 그 무렵 최고의 화가 밀레이가 남긴 스케치.

▶디킨스 흉상

▼찰스 디킨스 200주년 기념우표

디킨스는 1859년 잡지 〈All the Year Round〉를 창간했다. 사무실이 있었던 건물에는 현재 디킨스의 이름을 딴 커피점이 있다.

▲《데이비드 코퍼필드》 초판 하드커버 합본

▼찰스 디킨스 기념우표 가운데 《데이비드 코퍼필드》 삽화 분

Charles John Huffam Dickens
DAVID COPPERFIELD
데이비드 코퍼필드
찰스 디킨스/신상웅 옮김

동서문화사

데이비드 코퍼필드
차례

1장 내가 태어나던 날…11
2장 최초의 기억들…25
3장 설레는 첫 여행…42
4장 불행의 시작…59
5장 신입생…80
6장 내 친구, 스티어포스…101
7장 첫 학기…110
8장 방학…131
9장 잊을 수 없는 생일…149
10장 역경…163
11장 힘겨운 홀로서기…186
12장 중대 결심…203
13장 결심의 성과…214
14장 대고모의 결심…236
15장 새로운 출발…254
16장 인생 초년생…264
17장 몰래 나타난 남자…288
18장 학창 시절의 추억…307
19장 이제는 어엿한 졸업생…316
20장 스티어포스의 집…335
21장 다시 만난 에밀리…345

22장 옛 생각, 새로운 사람들…367
23장 첫 직장…393
24장 사치스러운 하룻밤…409
25장 선한 천사, 악한 천사…418
26장 사랑의 포로…440
27장 토미 트래들스…458
28장 미코버의 도전…468
29장 다시 스티어포스와의 결별…489
30장 바키스의 죽음…498
31장 돌이킬 수 없는 상실…508
32장 긴 여행의 시작…519
33장 행복…542
34장 대고모, 런던에 오다…562
35장 우울한 날들…573
36장 열정…597
37장 싸늘히 식은 물…615
38장 예기치 않은 죽음…624
39장 위크필드 씨와 우라이아…644
40장 유랑자…667
41장 도라의 두 고모…678
42장 나쁜 계략…697
43장 결혼식의 추억…720
44장 신접살림…730

45장 딕, 대고모의 예언을 실현하다…748
46장 소식…766
47장 마사…781
48장 가정…794
49장 시들어가는 꽃…807
50장 페거티 씨, 꿈을 이루다…820
51장 다시 긴 여행의 시작…832
52장 폭로…852
53장 도라! 오, 나의 도라!…878
54장 미코버 씨의 거래…885
55장 폭풍우…902
56장 새로운 상처, 오래된 상처…915
57장 이민자들…924
58장 방랑…936
59장 귀국…944
60장 아그네스…963
61장 뉘우친 두 사람…974
62장 희망의 빛…988
63장 방문자…998
64장 마지막 회상…1007

찰스 디킨스 생애와 문학…1012
찰스 디킨스 연보…1110

1장
내가 태어나던 날

　나의 자서전이라고도 할 수 있는 이 이야기에서, 과연 내가 주인공인지, 아니면 다른 사람에게 주인공의 자리를 넘겼는지는 다음을 읽어보면 알게 될 것이다. 먼저 출생에서 시작하자면, 여기서는 오로지 내가(물론 다른 사람에게 들은 이야기를 믿는 것에 지나지 않지만) 어느 금요일 한밤에 태어났다는 점만을 기록해 두겠다. 시계가 12시를 울릴 때, 나는 첫 울음소리를 냈다고 한다.
　내가 태어난 날과 시간을 보고서, 유모와 현명한 이웃 여인들은 직접 내 얼굴을 보기 여러 달 전부터, 첫째, 내 일생이 불행한 운명을 타고났으며, 둘째, 내가 유령과 망령을 보는 하나의 특별한 능력을 타고나리라 예언했다. 금요일 밤 자정 앞뒤에 태어난 불운한 아기들은 남녀를 불문하고 이러한 두 가지 재앙을 면할 수 없다고 여인들은 말했다.
　처음 예언에 대해서는 여기서 밝히지 않아도 내 경력을 보면 그 예언이 적중했는지 아닌지 알 수 있을 것이다. 두 번째에 대해서는 만일 타고난 그 방면의 소질을 아기일 때 다 써버린 것이 아니라면 아직 한 번도 가진 적이 없다고 말해 두겠다. 그렇다고 그런 특질이 없음을 불평하는 것은 절대 아니다. 만일 누군가가 지금 그러한 특권을 가졌다면 그는 기꺼이 그것을 즐겨야 할 것이다.
　나는 양막(羊膜)[1]을 머리에 쓰고 태어났는데, 그것을 15기니의 헐값으로 팔겠다고 신문에 냈다고 한다. 그 무렵 뱃사람들의 수입이 시원찮았는지 아니면 양막에 대한 믿음이 모자라 수중 구명조끼가 더 안전하다고 믿었는지는 알 수 없지만, 그것을 사겠다고 나선 사람은 단 한 명뿐이었다고 한다. 그는 증권중개업에 관계하는 대리인인데 2파운드는 현금으로 내고 나머지는 셰리주로 치르겠다

---

[1] 이것은 행복의 모자라고 불리며, 수난(水難)을 막는 부적으로 여겨졌다.

고 했다. 그 이상은 낼 수 없다고 했다는 것이다. 그래서 광고료만 손해 보았다.— 셰리주에 대해서 이야기하자면, 사실 불쌍한 우리 어머니가 갖고 있는 셰리주를 시장에 내다 팔 정도였던 것이다.

그로부터 10년 뒤에 양막은 우리 시골에서 쉰 명이 제각기 5실링의 선금을 걸어 놓고 제비를 뽑아, 당첨된 사람이 5실링을 더 내고 가져가도록 하는 추첨 판매에 붙여졌다. 나도 그 자리에 있었는데, 내 몸뚱이의 일부가 그런 식으로 팔려 나가는 것을 보니 매우 언짢았으며 얼떨떨한 기분이었다.

내 기억으로는 손바구니를 든 어떤 노파가 양막을 차지했던 것 같다. 그 노파는 마지못한 듯 약속된 5실링을 모두 반 펜스짜리 잔돈으로 냈는데, 그나마도 2펜스 반이 모자랐다. 많은 시간을 허비하면서 몇 번이고 세어보고 2펜스 반이 모자란다고 여러 번 말했으나, 끝내 노파는 모르는 체했다. 그 뒤 그 노파가 익사하지 않고 아흔두 살을 일기로 당당하게 침상에서 죽었다는 사실은 오래도록 기억될 특기할 만한 일이다. 다만 내가 알기로 그 노파가 마지막까지 자랑으로 내세웠던 사실은, 자신은 다리를 건널 때 말고는 평생 물가에 가본 적이 없노라는 것이었다. 나는 아직도 노파가 차를 마시며(차는 노파가 환장할 정도로 좋아하는 것이었다) 뱃사람들은 신앙심이 없다고 불같이 화를 내던 모습을 기억하는데, 노파 얘기로는 그들은 함부로 아무런 목적도 없이 세상을 떠돌아다닌다는 것이었다. 차를 포함하여 우리가 현재 누리고 있는 여러 편안한 생활들이 뱃사람들의 그 불경스러움 덕분에 가능했던 거라고 아무리 얘기해봐야 소용없었다. 노파는 한층 더 노골적으로 자신의 반감을 드러내며 "아무튼, 떠돌아다녀선 안 돼"라고 반박하는 것이었다.

다시 내 출생에 관한 이야기로 되돌아가겠다.

나는 영국 동부의 서퍽주(州) 블룬더스톤 아니면 스코틀랜드 사람들이 말하는 식으로 '그 근처'에서 태어났다. 나는 유복자였다. 아버지는 내가 태어나기 여섯 달 전에 세상을 떠나셨다. 아버지가 나를 한 번도 본 적이 없다는 사실을 떠올리면, 지금도 묘한 생각이 든다. 묘지에 세워진 흰 비석을 보고 처음으로 나는 철없는 생각을 했다. 우리 집의 조그만 거실에는 난롯불이 피워져 있고 촛불도 켜놓아서 우리는 따뜻하고 밝은 곳에서 지내는데, 아버지는 어두운 밤에 혼자 묘지에 누워 계시다니 하고. 더구나 식구들이 문을 굳게 잠그고 빗장까지 지르는 것은 때로 너무 지나치다고 생각되었다.

우리 집 대고모는 집안에서는 독보적인 인물이었다. 대고모에 관해서는 앞으로 자세하게 설명할 것이다. 이 대단한 인물을 언제나 두려워한 불쌍한 어머니는 대고모를 불러야 할 때면 한참을 떨리는 가슴을 가라앉힌 뒤에야 미스 트롯우드 또는 미스 벳시라고 불렀다.

대고모는 연하의 아주 잘생긴 남자와 결혼했는데, 그 남자는 '겉모습이 훌륭하면 인품도 훌륭하다'는 격언과는 동떨어진 인물이었다. 왜냐하면 부인을 매질한다는 소문이 있는 데다, 한 번은 생활비 문제로 다투다가 충동적이긴 했지만 어쨌든 진심으로 대고모를 2층 창문 밖으로 내던지려고 한 적도 있기 때문이다. 결국 성격 차이로 인해, 대고모는 위자료를 지급하고 그와 이혼했다. 남자는 위자료로 받은 재산을 정리하여 인도로 갔는데 우리 집안에 나도는 사실무근의 소문에 따르면, 그가 인도에서 코끼리를 타고서 개코원숭이와 함께 다니는 광경을 누군가 보았다고 한다. 하지만 '개코원숭이'가 아니라 '인도 신사' 또는 '인도 귀부인'일 게 틀림없다.[2] 여하튼 그 뒤 10년도 못 돼 그가 죽었다는 소식이 들렸다. 그 소식이 대고모에게 얼마만큼 영향을 주었는지는 아무도 모른다. 대고모는 그와 헤어지자마자 처녀 때의 성을 다시 썼고, 멀리 떨어진 해안가 조그마한 어촌에 있는 오두막집을 사서 하녀 하나만 두고 세상을 등진 채 독신녀로서 은둔생활을 했기 때문이다.

아버지는 한때는 대고모의 사랑을 듬뿍 받았었다고 한다. 그러나 대고모는 나의 어머니가 '밀랍 인형' 같다는 이유로 아버지와의 결혼을 결사반대했다. 대고모는 어머니를 한 번도 만나 본 일은 없었으나, 어머니가 스무 살도 채 되지 않았다는 사실만은 알고 있었다. 그 뒤로 아버지와 대고모는 서로 만나지 않았다. 결혼할 때 아버지의 나이는 어머니의 두 배였고, 몸은 약했다. 그리고 1년 뒤에 아버지는 세상을 떠났다. 내가 세상에 태어나기 6개월 전이었다.

이런 정황 아래 그 중대하고도 파란만장했던 금요일 오후—이렇게 표현한다 해도 무리는 없으리라—가 시작되었던 것이다. 어머니 배 속에 들어 있던 나는 그때 무슨 일이 있었는지 전혀 알 도리가 없었지만 말이다.

---

[2] Baboon(개코원숭이). Baboo는 영어교육을 받은 벵골 사람, Begum은 힌두의 상류계층 여성을 뜻한다.

어머니는 건강도 좋지 않은 데다 의기소침하여 눈물을 머금은 채 난롯불 앞에서, 자신과 아비 없이 태어날 아이를 생각하며 실의에 빠져 있었다. 세상은 이 유복자의 출생에 완전히 무관심했지만 2층 서랍에 넣어 둔 몇 다스의 축하 핀[3]만은 환영하고 있었다. 내가 태어나던 그 맑고 바람이 몹시 불던 3월의 그날 오후, 어머니는 난롯가에 앉아서 앞으로 닥칠 시련들을 생각하며 막막한 미래에 대한 불안과 슬픔에 잠겨 있었다. 그때 창밖으로 우리 집 정원을 향해 걸어오는 한 낯선 부인의 모습이 눈에 들어왔다.

어머니는 금세 그 부인이 미스 벳시라는 것을 알아차렸다. 울타리 너머로, 저물어가는 노을빛이 그 낯선 부인을 비췄다. 부인은 다른 이를 압도하는 그 특유의 침착하고 위풍당당한 모습으로 정원 문 쪽으로 걸어오고 있었다.

대고모는 집에 다다르자, 자신이 어떤 사람인지를 다시 한번 과시했다. 아버지는 자주 대고모의 행동거지가 보통 사람과는 아주 다르다는 점을 어머니에게 넌지시 알려주곤 했다고 한다. 과연 대고모는 초인종을 누르지도 않고 바로 창문으로 와서는, 유리창에 코를 박고서 집 안을 들여다보았다. 불쌍한 나의 어머니는 뒷날 그 코를 떠올리며 완전히 납작하게 찌그러져서 하얘 보일 정도였노라고 말하곤 했다.

내가 그 금요일에 태어날 수 있었던 건 이처럼 대고모가 어머니를 놀라게 해준 덕분이었다고 지금까지도 나는 믿고 있다.

어머니는 안절부절못하며 의자에서 일어나 뒤편 구석으로 갔다. 미스 벳시는 방 안을 천천히 그리고 유심히 훑어보고는 다시 반대쪽을 살피기 시작했다. 그렇게 네덜란드제 나무 시계에 조각된 사라센 사람의 머리처럼 눈을 움직이다가 어머니를 보자 눈길을 멈추었다. 대고모는 얼굴을 찡그리더니, 마땅히 하인이 굽실거리며 나와 문을 열어주는 것에 익숙한 사람처럼 어머니에게 몸짓을 해 보이는 것이었다. 그래서 어머니는 문 쪽으로 갔다.

"데이비드 코퍼필드의 미망인이 맞나보군." 미스 벳시는 어머니가 입고 있는 상복과 풀이 죽은 모습을 보고서 말했다.

"네." 어머니는 힘없이 대답했다.

---

[3] 색색의 핀을 쿠션에 꽂는 방법으로 축하 글을 써서 임신한 여성에게 선물한다.

"미스 트롯우드에 대해서 들은 적이 있겠지, 그렇겠지?" 대고모가 물었다.
 어머니는 들은 적이 있다고 대답했다. 그러면서 어머니는 자신의 대답이 상대에게 '당신의 방문이 그리 달갑지 않다'고 말하는 것처럼 들리면 어쩌나 걱정이 들었다.

"내가 바로 그 사람이야." 미스 벳시가 말했다. 어머니는 고개를 숙이며 들어오시라 청했다.

둘은 조금 전 어머니가 있던 거실로 들어갔다. 복도 맞은편에 있는 가장 좋은 방에는 불을 피워놓지 않았으므로—아버지가 돌아가신 뒤로는 한 번도 그 방에 불을 피우지 않았다—거실로 안내한 것이었다. 두 사람이 자리에 앉은 뒤 미스 벳시가 한마디도 없자, 어머니는 참으려 무진 애를 썼지만 결국 울음을 터뜨렸다.

"오, 쯧쯧." 미스 벳시는 황급히 말했다. "그러지 마라. 어서, 그쳐. 어서!"

한번 터진 울음은 막을 도리가 없었다. 어머니는 눈물샘이 아예 말라버릴 때까지 내처 울었다.

"모자를 벗어라, 얼굴 좀 보자꾸나." 미스 벳시가 말했다.

어머니는 모자를 벗기 싫었지만 대고모가 너무 두려워 거역할 수 없었다. 그래서 대고모의 말대로 했다. 모자를 벗을 때 어머니의 손이 심하게 떨렸으므로, 아름답고 훌륭한 머리카락이 흐트러져 얼굴을 덮었다.

"아, 저런! 아직 어린애잖아!" 미스 벳시가 말했다.

어머니가 나이에 비해 젊어 보이는 것은 확실히 사실이었다. 어머니는 그게 자기 잘못이라도 되는 양 고개를 숙이고 흐느끼면서, 자기는 정말 어린애 같은 과부이고 머잖아 어린애 같은 어머니가 될 수밖에 없다고 말했다. 대고모는 치맛자락을 걷어 올린 채 한쪽 무릎에 두 손을 포개놓고, 두 다리는 난로 철책에 걸치고는 얼굴을 찡그리며 난롯불을 바라보고 있었다.

"세상에. 떼까마귀숲이 뭐야, 떼까마귀숲이." 갑자기 미스 벳시가 말했다.

"이 집 이름 말인가요, 고모님?" 어머니가 물었다.

"그래. 왜 하필 떼까마귀숲이야? 너희 부부가 조금이라도 현실적인 감각이 있었으면 떼까마귀숲이라 부르느니 차라리 요리법[4]이라 부르는 게 낫다는 것 정도는 알았을 거다."

"이 집을 사면서 남편이 붙인 이름이에요. 그이는 이 근처에 떼까마귀가 살고 있다고 생각했거든요."

---

[4] 떼까마귀숲을 뜻하는 rookery와 요리법 cookery의 발음이 마치 압운(rhyme)처럼 같은 운을 띠고 있는 것을 이용한 놀이의 하나.

저녁 바람이 몹시 거세지면서 정원 끄트머리에 서 있는 키 큰 느릅나무들이 요란한 소리를 내며 흔들렸다. 바람이 어찌나 거센지 정원 쪽으로는 제대로 눈도 뜰 수 없을 정도였다. 나무들은 비밀을 속삭이는 거인처럼 서로를 향해 고개를 기울인 채 그렇게 있다가는 또다시 거센 바람에 휘말리며 제 가지를 공중으로 튕겨 올리는 것이었다. 마치 방금 나눈 비밀 이야기가 너무나 사악한 것이어서 마음의 평온을 찾지 못한 채 괴롭게 신음이라도 하는 듯이. 그동안 숱한 풍상을 겪어온 듯한, 나무 위쪽 가지에 얹혀 있는 까마귀 둥지들이 폭풍우로 요동치는 바다 한복판에 떠 있는 난파선처럼 위태롭게 흔들렸다.

"그래, 그 새들은 어디 있지?" 미스 벳시가 물었다.

"네……?" 다른 생각을 하고 있던 어머니가 되물었다.

"떼까마귀 말이야, 그놈들은 어떻게 됐느냐 말이다." 미스 벳시가 말했다.

"여기서 살게 된 이래로 한 마리도 보지 못했어요. 우리는—그이가 그렇게 생각했죠—이 근처에 까마귀들이 아주 많을 거라 생각했어요. 그런데 둥지가 너무 낡은 것을 보니 까마귀들이 둥지를 버리고 떠난 지 이미 오래된 것 같아요." 어머니는 대답했다.

"철두철미하게 데이비드 코퍼필드식이군!" 미스 벳시는 소리쳤다. "머리에서 발끝까지 데이비드 코퍼필드식이야! 근처에 까마귀 한 마리 안 보이는데 냉큼 제집에다가 '떼까마귀숲'이라고 이름을 붙여버렸지. 겨우 새둥지 몇 개 있는 걸 보고서 말이야!"

"코퍼필드는 죽었어요. 어떻게 제 앞에서 죽은 그이를 욕할 수 있으세요?"

불쌍한 어머니는 적어도 그 순간만큼은 대고모에게 덤벼들어 머리채라도 쥐고 흔들고 싶었으리라 나는 생각한다. 그러나 설령 어머니가 그런 예기치 않은 충돌에 대비하여 마음을 가다듬고 미리 충분히 준비했다 하더라도, 대고모는 어머니쯤이야 한 손으로도 쉽게 제압할 수 있었을 것이다. 어머니는 얌전하게 다시 자리에 앉아 졸도해버렸다.

어머니가 스스로 정신을 차렸거나, 미스 벳시가 어머니의 정신을 차리게 했거나, 어느 쪽인지는 정확히 모르겠으나, 아무튼 어머니가 눈을 떴을 때 미스 벳시는 창가에 서 있었다. 어느새 땅거미가 지고 어둠이 몰려와 있었다. 누가 피워놓았는지 난로에서 타오르는 불빛 덕분에 두 사람은 흐릿하게나마 서로를 알아볼 수 있었다.

미스 벳시는 무심코 바깥 경치를 바라보는 체하다가, 앉아 있던 자리로 되돌아오면서 물었다. "그래, 예정일은 언제지?"

"전 떨려 죽겠어요." 어머니는 더듬더듬 말했다. "무엇 때문인지는 몰라도 꼭 죽을 것만 같아요."

"아니, 절대로 그렇지 않아." 미스 벳시는 말했다. "차나 마시거라."

"아아, 차를 마신다고 제게 무슨 도움이 되겠어요?" 어머니는 울먹이며 힘없이 말했다.

"되고말고." 미스 벳시는 말했다. "쓸데없는 공상 때문이야. 계집애 이름이 뭐지?"

"딸일지 아들일지는 아직 몰라요." 어머니는 순진하게 대답했다.

"아기에게 하느님의 은총을!" 미스 벳시가 외쳤다. 이로써 대고모는 2층 서랍 속 바늘꽂이에 새겨 놓은 두 번째 글귀를 무심코 인용한 셈이 되는데, 사실 이 축원의 말은 내가 아니라 어머니를 향한 것이었다. "그런데 내 말은, 그게 아니라…… 너의 집 하녀 말이야."

"페거티예요." 어머니는 대답했다.

"페거티라고!" 미스 벳시는 발끈하며 말했다. "신을 섬기고 교회에 나가는 인간 가운데 그런 해괴한 이름을 달고 다니는 자가 있단 말이냐?"

"페거티는 그 아이의 성이에요." 어머니는 힘없이 말했다. "코퍼필드가 그 애를 그렇게 불렀지요. 왜냐하면 그 애의 세례명이 제 것과 같거든요."

"페거티!" 미스 벳시는 거실문을 열면서 소리쳤다. "차를 가져와! 네 주인마님이 아프잖아. 어서, 뭘 꾸물거려!"

마치 본디부터 이곳의 주인이었던 것처럼 당당하고도 낯선 목소리가 거실 문 밖을 내다보면서 자기를 부르자 놀라서 촛불을 들고 복도를 달려오던 페거티와 눈을 맞춘 뒤, 대고모는 다시 문을 닫고는 자리에 앉아 전과 똑같은 자세로, 즉 두 다리는 난롯가 철책에 걸치고, 치마는 걷어 올리고, 한쪽 무릎에다 양손을 올려놓은 자세로 돌아갔다.

"계집애일 거라고 했지. 계집애가 틀림없어." 미스 벳시는 말했다.

"아마 아들일 거예요." 어머니는 실례를 무릅쓰고 말했다.

"틀림없이 계집애일 것 같은 예감이 든단 말이야." 미스 벳시가 대꾸했다. "내 말에 반박하지 마. 계집애가 태어나면 내가 친구가 되어줄 생각이니까. 난 대모(代母)도 되어줄 거고. 그 애의 이름은 벳시 트롯우드 코퍼필드라고 불렀으면 해. 벳시 트롯우드는 불행해선 안 돼. 잘 키워야 하고 잘 보살펴서 그 애에게 맞는 짝을 구해줘야 해. 그 점은 내가 보살필 수밖에 없겠군."

마치 옛날 자신이 저지른 잘못이 떠오르는 것을 억지로 누르면서 말하지 않으려는 듯이 말끝마다 미스 벳시는 머리를 흔들었다. 어머니는 벳시 대고모를 몹시 두려워했고 너무 불안해서 기가 죽은 채 당황했으므로 아무것도 눈에 들어오지 않고 무슨 말을 해야 할지도 몰랐다.

"데이비드가 잘해주었니?" 미스 벳시는 잠시 뒤 마음을 가라앉히고 물었다. "너희 부부는 금실이 좋았겠지?"

"아주 행복했어요. 코퍼필드는 제게 아주 잘해주었답니다." 어머니는 말했다.

"뭐! 코퍼필드가 오냐오냐 하며 네 버릇을 망쳐 놓았구나, 그렇지?" 미스 벳시가 물었다.

"이 험악한 세상에 다시 혼자 남아서 스스로 살아가게 되고 보니, 버릇을 망쳐놓았다고 할 수도 있겠네요." 어머니는 흐느꼈다.

"울지 마라!" 미스 벳시는 말했다. "너희는 어울리는 한 쌍이 아니었어. 정말로 잘 어울리는 부부라는 게 있는지는 모르겠다만 말이다. 그래서 내가 물어본 거야. 넌 고아였지?"

"네, 그래요."

"그리고 가정교사였지?"

"코퍼필드가 드나들던 어떤 댁의 보모 겸 가정교사였어요. 코퍼필드는 저에게 친절했고, 매우 잘 보살펴 주었어요. 그리고 마침내 저에게 청혼을 했지요. 그래서 그의 청혼을 받아들여서 결혼하게 된 거예요." 이렇게 간략하게 어머니가 말했다.

"아, 불쌍한 것!" 미스 벳시는 난롯불을 바라보면서 얼굴을 찌푸리고 생각에 잠겼다. "그 밖에 다른 건 없나?"

"네?" 어머니는 말을 더듬었다.

"이를테면 집안 살림이라든가." 미스 벳시가 말했다.

"별로 잘하지 못해요. 생각만큼 잘되질 않아요. 하지만 그이가 잘 가르쳐 주었고—" 어머니가 대답했다.

"데이비드는 뭐든 잘했지." 미스 벳시가 비꼬았다.

"저는 열심히 배웠고, 그이도 꾸준히 가르쳤으므로 큰 발전이 있었을 텐데. 불행히도 그이가 죽어서—" 어머니는 여기까지 말하고는 울음이 나와서 말을 더 잇지 못했다.

"이거 원, 그만, 그만!"

"저는 가계부를 적어서 매일 밤 그이와 대조하곤 했어요." 어머니는 또다시 울음을 터뜨렸다.

"오냐, 알았다 알았어! 이젠 그만 울어."

"가계부 때문에 의견이 충돌한 적은 한 번도 없었어요. 코퍼필드는 제가 쓴 3과 5를 구별할 수 없다고 하고 7과 9의 끝을 구부리지 말라고 딱 한 번 말했을 뿐이에요." 어머니는 흐느끼는 목소리로 이렇게 말하고는 더는 말을 잇지 못했다.

"그러다간 병난다." 미스 벳시가 말했다. "자꾸 그러면 너에게는 물론 배 속의 계집애에게도 좋을 것이 없어. 자, 그쳐!"

이러한 설득은 어머니를 진정시키는 데 약간 효과가 있었다. 그러나 어머니가 울음을 그친 가장 큰 이유는 점점 심해지는 몸살 기운 탓이 컸다. 한동안 침묵이 이어졌다. 여전히 난로 철책에 발을 올려둔 미스 벳시가 가끔 탄식하듯이 '아아' 하고 소리를 낼 뿐이었다.

"내가 알기로는 데이비드는 연금에 가입해 있었어. 너를 위해서는 무엇을 해 주었지?" 벳시 대고모는 잠시 뒤 물었다.

"코퍼필드는 사려 깊고 친절하게도 연금의 일부를 저에게 남겨주었어요." 어머니는 난처한 듯이 말했다.

"얼마지?"

"연 105파운드예요."

"평소 그놈 하던 꼴을 생각하면 더 나빠질 수도 있었어." 대고모는 말했다.

'더 나빠진다'는 말은 그 순간에 꼭 들어맞는 표현이었다. 페거티가 찻잔과 촛불을 들고 와서 어머니의 상태를 살폈다. 급히 2층 침실로 옮겨야 했을 만큼 몸

상태가 매우 나빠져 있었다. 방 안이 밝았더라면 벳시 대고모가 벌써 어머니의 상태를 보고 다른 방으로 옮겼을 것이다. 어머니를 2층으로 옮긴 다음 페거티는 즉시 자기 조카 햄 페거티를 의사와 간호사를 부르러 보냈다. 위급한 상황에 대비한 특별 전령으로서 어머니 몰래 햄 페거티를 집 안에 두고 있었던 것이다.

 의사와 간호사가 몇 분 간격을 두고 도착했다. 그들은 한 낯선 부인이 왼팔에 모자끈으로 모자를 묶어 걸치고 보석가게의 솜으로 귀를 막은 채 난로 앞에 앉아 있는 것을 보곤 깜짝 놀랐다. 어머니가 대고모에 관해 전혀 말이 없었기에 페거티도 대고모에 대해서 아무것도 모르고 있었다. 대고모는 그들에게 그야말로 수수께끼 같은 존재였다. 비록 솜으로 귀를 틀어막고, 또 주머니 속에 그런 솜뭉치가 잔뜩 들어 있었지만, 대고모는 여전히 위엄이 있었다.

 의사는 2층에 올라갔다가 다시 내려왔다. 그는 이 낯선 부인과 몇 시간이고 마주 앉아 있게 될지도 모른다고 생각했는지 예의바르고 사교적인 태도를 취했다. 의사는 몸집이 작고 대단히 온순해 보였다. 방 안을 드나들 때도 부딪치지 않으려고 살금살금 옆걸음질 쳤다. 셰익스피어의 《햄릿》에 나오는 유령처럼 사뿐사뿐 걷되 그보다 천천히 걸었다. 그는 자신을 낮추는 겸손의 표시로, 언제든 사죄할 준비가 되어 있다는 듯이 고개를 한쪽으로 기울이고 다녔다. 누구에게 싫은 소리 한 번 해본 적 없는 사람 같았다. 그러니 화를 낸다거나 하는 건 꿈도 꾸지 못할 일이었다. 뭐, 그도 사람이니까 어쩌다 한 번쯤은 조심스럽게 싫은 내색을 보이거나 할지도 모르지만, 그나마도 제대로 끝마치지 못할 것 같았다. 걸음걸이만큼이나 그의 말도 느렸기 때문이다. 더구나 온갖 격식까지 차리려드니 무슨 말이 더 필요하랴.

 의사 칠립 씨는 고개를 한쪽으로 기울이고 상냥하게 대고모를 바라보며 가볍게 인사하고는 자기 왼쪽 귀를 만지작거리더니 귀에 틀어넣은 솜에 대한 궁금증을 나타냈다.

 "부인, 귀가 아프신 모양이지요?"

 "뭐요?" 대고모는 코르크 마개를 따듯이 한쪽 귀에서 솜을 뽑으며 되물었다.

 칠립 씨는, 뒷날 그가 어머니에게 말한 바에 따르면, 그때 대고모의 퉁명스러운 반응에 놀라 자빠질 뻔한 것을 겨우 버텼다고 한다. 그러나 그는 다시 한번 상냥하게 물었다.

"귀가 불편하십니까?"

"무슨 쓸데없는 소리." 대고모는 퉁명스럽게 말하고는 다시 솜으로 귀를 막아 버렸다.

이러고 나니 칠립 씨로서는 그저 난롯불만 바라보고 있는 대고모 쪽을 멀거니 넘겨다보는 것 말고는 달리 할 일이 없었다. 드디어 2층에서 올라와 보라는 전갈이 왔다. 올라간 지 15분쯤 지났을까 칠립 씨가 되돌아왔다.

"어떤가요?" 의사와 가까운 쪽 귀에서 솜을 빼내면서 대고모가 물었다.

"네, 부인. 점점 차도가 있습니다." 칠립 씨는 대답했다.

"흥!" 대고모는 멸시조의 감탄사를 내뱉고는 아까처럼 귀를 막았다.

칠립 씨는 정말이지—그가 어머니에게 얘기한 바로는—너무나 놀라서 기절하기 일보 직전이었다. 그럼에도 그는 거의 두 시간 동안이나 난롯불만 바라보고 있는 대고모 곁에 앉아 있었다. 그는 부름을 받고서 다시 2층으로 올라갔다가 잠시 뒤 되돌아왔다.

"어때요?" 대고모가 다시 솜을 뽑으며 말했다.

"네, 부인. 차츰 좋아지고 있어요." 칠립 씨가 대답했다.

"흥!" 대고모가 잡아먹을 듯 성난 표정으로 외쳤다.

칠립 씨도 이번만큼은 참기 힘들었다. 왜냐하면 나중에 그가 말한 바에 의하면, 그러한 대고모의 행동은 일부러 그의 기분을 망쳐 놓으려는 의도로 해석할 수밖에 없었기 때문이다. 그래서 이런 취급을 당하느니 차라리 위층에서 다시 부를 때까지 어둡고 찬바람 들어오는 계단참에 가 앉아 있기로 했다.

교회에 꼬박꼬박 나가는 데다 교리문답도 척척 해내는, 다시 말해서 증인으로서 믿을 만한 사람인 햄 페거티는 이튿날 다음과 같이 보고했다. 그런 일이 있은 지 한 시간 뒤에 그는 우연히 거실 안을 들여다보다 초조하게 방 안을 이리저리 서성이던 미스 벳시에게 발각되어 달아나기 전에 붙잡혔다. 그때 위층에서 발자국 소리와 말소리가 들렸는데, 솜으로 귀를 틀어막아도 소용이 없었는지 그러한 소리가 최고조에 달하자 대고모는 극도로 초조해져서 애꿎은 그에게 화풀이를 했다. 즉 그의 멱살을 잡고서는 거실 이쪽저쪽으로 끌고 다니면서 2층에서 소리가 크게 들릴 때마다 쥐고 흔들어대고, 머리카락을 움켜쥐고, 셔츠를 잡아당기고, 그의 귀를 자기 귀로 착각하여 틀어막기도 하고, 그 밖에도 온갖 방법으로 그를 들볶아댔다. 이와 같은 사실은 그가 대고모의 손에서 풀려난 지 얼마 안 된 12시 30분쯤 조카의 몰골을 확인한 하녀 페거티를 통해 어느 정도 확인되었다. 하녀 페거티의 말에 따르면, 그때 그의 얼굴은 아기인 내 얼굴만큼이나 붉었다고 한다.

온순한 칠립 씨는 조금 전에 있었던 일에도 불구하고 대고모에게 조금도 악의를 품지 않았다. 그는 환자에게서 자유로워지자마자 곧바로 조심스럽게 거실 안으로 들어와 대고모에게 공손히 말했다.

"부인, 축하합니다."

"무얼 축하한다는 거예요?" 대고모가 날카롭게 대꾸했다.

칠립 씨는 대고모의 험상궂은 태도에 다시 한번 어리둥절했다. 그래서 그의 마음을 조금이나마 누그러뜨려 볼 요량으로 고개를 끄덕여 인사하고는 미소를 지어 보였다.

"답답한 사람 보게나, 뭐하는 거야! 어서 말해 봐요!" 대고모는 안달하며 소리쳤다.

"안심하십시오, 부인." 칠립 씨는 한껏 부드러운 목소리로 말했다. "더 이상 걱정할 일은 없을 겁니다. 그러니 안심하세요."

이쯤이면 서론은 집어치우고 어서 본론이나 얘기하지 못하겠느냐며 상대방 멱살을 쥐고 흔들어 놓을 것만 같았던 대고모도 웬걸, 잠잠히 고개만 가로저을 뿐이었다. 하지만 칠립 씨는 그의 그런 조용한 반응에 오히려 더 겁을 집어먹었다.

"자, 부인, 축하합니다. 모든 것이 끝났습니다. 아주 잘 끝났어요." 칠립 씨는 용기를 내어 말을 이었다.

그렇게 5분여 장황하게 떠들고 있는 동안 대고모는 말없이 노려보고만 있었다.

"그래, 애는 어때요?" 대고모는 팔짱을 끼고서 물었다. 한쪽 팔에는 여전히 모자가 매달려 있었다.

"곧 완쾌될 겁니다." 칠립 씨는 대답했다. "우울한 집안 사정을 고려해도, 산모가 젊으니까 금세 회복할 겁니다. 지금 산모를 만나셔도 좋습니다. 그러는 편이 산모에게도 좋을 겁니다."

"그 '계집애' 말이에요. 그 '계집애'는 어때요?" 대고모가 날카로운 투로 물었다.

칠립 씨는 고개를 더욱더 갸우뚱 기울이며 대고모를 바라보았다.

"아기 말이오, 아기는 어떻게 되었어요?" 대고모가 물었다.

"부인, 이미 아시는 줄 알았습니다만, 아들입니다."

대고모는 그 말을 듣자 한마디 말도 없이 모자 끈을 잡아당겨서는 새총을 쏠 때처럼 그걸로 잠깐 칠립 씨의 머리를 겨냥했다가, 그러고는 모자를 비스듬히 비껴 쓴 채 나가버렸다. 그러고는 다시는 돌아오지 않았다. 그는 성난 요정처럼, 또는—주변 사람들이 내게 그것을 볼 수 있는 능력이 있다고 말하던 바로 그—유령처럼 사라져갔다. 영원히.

아니, 나는 내 요람에 누워 있었고 어머니는 자신의 침대에 누워 있었으나 벳시 트롯우드 코퍼필드는 내가 조금 전까지 여행했던 그 커다란 꿈과 어둠의 나라로 떠나 버렸다.

그리고 우리 집 창의 불빛은 이러한 여행자들의 무덤을, 그리고 나를 태어나게 한 아버지의 무덤을 비추고 있었다.

2장
최초의 기억들

하얀 공백으로 가득한 유아기의 기억을 더듬어 올라가 보자면, 어린 내 눈앞에 맨 처음 뚜렷하게 다가온 존재는 머리칼이 아름다운 젊은 어머니와 볼품없는 페거티였다. 페거티의 눈은 어찌나 새까만지 그 덕분에 얼굴 전체가 어두워 보일 정도였고, 뺨이며 팔은 또 어찌나 단단하고 붉은지 새들이 사과인 줄 알고 그녀의 뺨을 쪼아 먹지나 않을까 걱정스러웠다.

이 두 사람은 언제나 조금 떨어져서 마루 위에 몸을 굽히거나 무릎을 꿇은 자세로 나를 불렀으므로 내 눈에는 그들이 작게 보였고, 나는 끊임없이 이쪽에서 저쪽으로 그들을 쫓아다녔다. 페거티는 집게손가락을 내밀어 나에게 잡도록 했는데, 바느질을 많이 한 탓인지 촉감은 거칠고 딱딱했다.

나만의 환상일지 모르지만 우리의 기억은 보통 우리가 가정하고 있는 것보다 훨씬 더 먼 과거로까지 나아갈 수 있다고 나는 생각한다. 또한 아주 어린 아기들 가운데 상당수는 놀라울 만큼 치밀하고 정확한 관찰력을 갖고 있다고 나는 믿는다. 그래서 관찰력이 뛰어난 어른들 가운데에는 커가면서 그러한 능력을 습득한 사람보다 어릴 때 능력을 잃지 않고 그대로 간직해 온 사람의 숫자가 비율상 훨씬 더 많을 거라 생각했다. 순수하고 온화하고 쾌활한 성격 또한 어릴 적부터 간직해온 유산인 경우가 대부분이듯이 말이다.

두서없이 이야기를 늘어놓는 것 같아 약간 염려가 되지만 어쨌든, 이러한 결론에는 내 개인적 경험이 녹아 들어가 있다는 점만은 분명히 해두고 싶다. 그리고 굳이 내 경우를 두고 말하자면, 내가 관찰력이 치밀한 어린애였다는 사실과 어른이 되어서도 어릴 적 기억들을 고스란히 간직하고 있다는 점에서 나는 위에서 말한 두 가지 특질을 아울러 갖췄다고 하겠다.

앞에서 말한 것처럼, 과거를 회상하면 뚜렷이 떠오르는 것은 어머니와 페거티이다. 그 밖에 무엇을 기억하고 있을까? 어디 보자.

몽롱한 기억 속에서 나의 집이 나타난다. 1층에는 페거티가 일하는 부엌이 있고, 이 부엌에는 뒷마당으로 통하는 뒷문이 있다. 뒷마당 한가운데 서 있는 기둥에는 비둘기가 살지 않는 빈 비둘기 집이 있다. 한쪽 구석에는 역시나 비어 있는 큰 개집이 자리잡고 있다. 그리고 내가 보기엔 무서우리만큼 커 보이는 많은 닭들이 위협하듯 서성이고 있을 뿐이다. 옆문 밖에는 거위들이 내가 나타나면 목을 길게 빼들고 나를 따라온다. 밤이면 나는 거위 꿈을 꾼다. 들짐승들이 우글거리는 한복판에서 잠든 이가 사자의 꿈을 꾸듯이.

페거티의 부엌에서 앞문까지는 긴 복도가 이어져 있다. 그것이 내겐 얼마나 장대한 여정이었는지! 이 복도 바깥에는 컴컴한 광이 있는데, 밤에 그곳을 지나갈 때면 뛰어가곤 했다. 아무도 없는 광 안, 흐릿한 불빛에 드러나는 단지, 물병, 오래된 차 상자 따위의 물건들 가운데 다른 그 무엇이 숨어 있을지 몰랐다. 열린 문으로 퀴퀴한 냄새가 풍겨오는데 거기엔 비누 냄새, 오이절임, 후추, 양초, 커피 냄새 따위가 한데 뒤섞여 있었다. 그리고 거실이 두 개 있다. 하나는 나와 어머니 그리고 페거티가 저녁이면 함께 지내는 거실이었다. 페거티는 우리 식구와 다름없어서, 손님이 없을 때에는 일을 끝내고 늘 같이 있었다. 또 하나는 주로 일요일에 쓰는 가장 좋은 거실인데 화려하게 꾸며놓았지만 아늑하지는 않았다. 나에게는 그곳이 약간 음침하고 쓸쓸해 보였다. 언제인지 정확히는 알 수 없지만, 아주 오래전 페거티가 아버지의 장례식에 대한 이야기와 검은 옷을 입은 조문객들의 이야기를 들려주었던 탓이다. 그리고 어느 일요일 밤엔가는 이 방에서 어머니가 나와 페거티에게 죽은 나사로가 되살아난 이야기를 읽어주었다. 나는 너무 겁이 나서 잠을 잘 수 없었다. 결국 어머니와 페거티가 나를 침실에서 데리고 나와, 침실 창 밖의 묘지가 얼마나 고요하며, 죽은 이들이 장엄한 달빛을 받으며 얼마나 편안히 쉬고 있는지를 내게 보여주어야 했다.

그건 그렇고, 그 묘지의 풀만큼 푸른 것이 없고, 그 나무들만큼 우거진 것도 없었다. 또 그 묘비만큼 고요한 것도 없었다. 이른 아침, 어머니 방의 벽장 속 내 침대 위에서 일어서며 묘지 쪽으로 고개를 돌리면, 풀을 뜯는 양들과 붉은 햇살을 받아 빛나는 해시계가 보였다. '다시 시간을 말해줄 수 있어서 해시계도 기쁜 걸까?' 나는 궁금했다.

　교회에는 우리가 늘 앉던 자리가 있었다. 등받이가 얼마나 높았던지! 바로 옆에 창이 있어서 우리 집이 한눈에 내다보였다. 페거티는 예배 중에도 도둑이 들지 않았나, 불이 나지는 않았나 보려고 뻔질나게 우리 집 쪽을 바라보았다. 그러면서도 내가 한눈파는 건 못마땅해했다. 내가 의자 위에 서서 뭐라도 구경하려 하면 페거티는 얼굴을 찌푸리며 목사님을 보아야 해요! 하는 눈짓을 했다. 하지만 목사님만 줄곧 쳐다볼 수는 없었다. 나는 저런 하얀 것을 두르지 않은 목사님을 잘 알고 있는걸. 너무 빤히 쳐다보면 오히려 이상히 생각하여 왜 쳐다보니? 물으실까 두려웠다. 이제 뭘 하지? 도저히 그냥 있을 수 없어서 하품이라도 해야 했다. 나는 어머니를 보았다. 그러나 어머니는 나를 안 보는 척했다. 나는 복도에 있는 아이를 보았다. 아이는 내게 얼굴을 찡그려 보였다. 열린 문으로 쏟아지는 햇빛을 바라보았다. 길 잃은 양 한 마리가 교회 안으로 들어오려 하고 있었다. 더 이상 양을 바라보고 있다가는 벌떡 일어나 크게 소리를 지를 것만 같았다.

하지만 그랬다가는 무슨 일이 벌어질지! 나는 벽에 박혀 있는 기념비를 올려다보았다. 그리고 이 교구의 돌아가신 보저스 씨를 생각했다. 오랫동안 앓던 병이 악화되어 의사도 더는 손쓸 수 없게 되었을 때 부인의 마음은 어떠했을까? 역시 칠립 선생님을 불렀을까? 선생님도 끝내 어쩌지 못했을까? 만약 그렇다면 선생님도 분명 일주일에 한 번 정도는 생각할 텐데, 어떤 기분일까?

외출용 목도리를 한 칠립 씨를 바라보다 설교단 쪽으로 눈길을 돌렸다. 이 설교단은 놀기에 꼭 알맞은 장소로 보였다. 참으로 멋진 성채였다. 상대편 아이가 성채를 점령하려 계단을 올라오면 장식술 달린 벨벳방석을 녀석의 머리에 덮어씌우는 거야. 그러는 사이에 눈꺼풀이 자꾸만 감기더니, 후덥지근한 공기 속에서 목사님이 생기 없이 부르는 찬송가를 듣는 체했으나 실제로는 전혀 들리지가 않았다. 결국 나는 의자에서 바닥으로 쿵 하고 떨어졌다. 페거티는 죽은 거나 다름없는 나를 안고 밖으로 나왔다.

다음으로, 바깥에서 보는 우리 집의 모습을 떠올린다. 쇠창살 달린 침실 창문은 향기로운 공기가 들어오도록 열려 있고, 앞마당 느릅나무에는 다 허물어져 가는 낡은 까마귀 둥지가 아직도 매달려 있다. 이제 나는 버려진 비둘기 집과 개집이 놓여 있는 우리 집 정원을 지나 뒷마당으로 향한다. 내 기억에 이곳은 높은 울타리로 둘러싸여 있고, 문이 있고, 문에는 맹꽁이자물쇠가 채워져 있으며, 나비가 많이 모여든다. 안에는 다른 어느 정원에서도 볼 수 없는 탐스럽게 잘 익은 과일들이 가지마다 주렁주렁 열린다. 어머니가 광주리에 딸기를 따 넣으면 나는 옆에 서서 몰래 몇 알을 입에 넣고는 시치미를 뗀다. 거센 바람이 불다가 곧 여름은 지나간다. 겨울철 해질녘이면 우리는 거실 안을 춤추며 뛰논다. 어머니는 숨이 차면 팔걸이의자에 앉아 쉬면서 윤기 흐르는 곱슬곱슬한 머리채를 손가락으로 돌돌 말거나 허리를 쭉 펴기도 한다. 어머니가 건강을 드러내 보이기를 퍽 좋아하고, 당신의 아름다움을 자랑으로 여기고 있음을 나는 누구보다도 잘 안다.

이것이 내가 맨 처음으로 느낀 인상들이다. 그리고 또 한 가지, 우리 모자는 페거티를 조금 두려워했고, 무슨 일이든 대체로 그의 의견을 따랐던 것 같다. 이것들이—만약 그렇게 말할 수 있다면—내가 보고 들은 것에서 얻은 최초의 견해였다.

어느 날 밤, 페거티와 나는 단둘이서 거실 난롯가에 앉아 있었다. 나는 페거티에게 악어에 관한 이야기를 읽어주고 있었다. 그때 내가 더 분명하게 읽어주어야 했거나, 아니면 그녀가 더 관심을 가지고 귀를 기울여야 했을 것이다. 왜냐하면 지금도 기억하는데, 내가 다 읽고 나자 페거티는 그것이 채소에 관한 이야기라고 멍청하게 생각하고 있었기 때문이다. 나는 책 읽기에 지치고 잠이 와서 죽을 지경이었지만, 어머니가 이웃 마을에 갔다가 돌아올 때까지 자지 않고 놀아도 좋다는 허락을 받은 참이었다. 흔치 않은 기회였으므로 잠들어 버리느니, 무슨 일이 있어도(당연히) 끝까지 이 자리를 지켜 낼 셈이었다. 그러나 졸음 가득한 눈으로 보아서 그런지 페거티가 풍선처럼 부풀어 엄청나게 커 보였다. 그래서 나는 손가락으로 눈꺼풀을 들어올리고 페거티가 바느질하는 모습을 뚫어지도록 바라보았다. 그녀가 실에 바르고 있는 조그마한 양초 토막과 자를 담는 초가집처럼 생긴 작은 통, 위에다 붉은 돔의 세인트폴 사원을 그려 넣은 미닫이문으로 된 재봉함, 손가락에 낀 쇠골무 그리고 아름다워 보이는 페거티를 바라보았다. 나는 너무나 졸려서, 잠시라도 눈을 떼면 금방 곯아떨어질 것 같았다.

"페거티, 결혼한 적 있어?" 나는 갑자기 물었다.

"아, 데이비 도련님. 갑자기 결혼은 왜요?" 페거티가 되물었다.

페거티의 깜짝 놀라는 몸짓에 나는 잠이 깼다. 그녀는 하던 일을 멈추고 실 끝자락까지 바늘을 바싹 당기면서 나를 바라보았다.

"페거티, 하여튼 결혼한 적이 있어? 페거티는 참 예쁘잖아." 내가 말했다.

그녀는 확실히 어머니와 스타일이 달랐지만 다른 아름다움을 지녔다고 나는 생각했다. 우리 집 제일 좋은 거실에는 어머니가 꽃다발을 그려 넣은 붉은 벨벳 발받침이 있었다. 내가 보기에는 이 발받침 색깔과 페거티의 얼굴색이 똑같았다.

발받침은 매끈하고 페거티의 얼굴은 거칠었으나, 그것은 별 문제가 아니었다.

"데이비 도련님, 제가 예쁘게 생겼다고요? 그렇지 않아요! 그런데 왜 결혼이란 말이 생각났지요?" 페거티가 말했다.

"모르겠어! 한 번에 여러 남자와 결혼해서는 안 되지. 그렇지, 페거티?"

"물론 그렇지요." 묻기가 무섭게 페거티가 대답했다.

"하지만 만약 한 남자와 결혼했는데 그 남자가 죽는다면 다른 남자와 결혼해도 되지. 그렇지, 페거티?"

"그럼요. 하고 싶으면 해도 되지요. 그건 그 사람의 뜻에 달렸어요." 페거티는 대답했다.

"그런데 페거티는 어떻게 생각해?" 내가 물었다.

이렇게 묻고 나서 나는 호기심 어린 눈으로 그녀를 바라보았다. 그녀가 너무나 유심히 나를 보았기 때문이다.

"제 의견은," 페거티는 내게서 눈길을 돌려 잠깐 생각하는 듯하더니 일을 계속하면서 말했다. "저는 결혼한 적이 없고, 앞으로도 그럴 일은 없겠죠, 데이비 도련님. 제가 아는 건 이게 전부랍니다."

"페거티, 화난 건 아니겠지?" 나는 잠깐 말없이 앉아 있다가 말했다.

나는 페거티가 정말 화가 난 줄로 생각했다. 그녀가 너무 퉁명스럽게 대답했기 때문이다. 그러나 오해였다. 그녀는 하던 일감(그녀는 자신의 스타킹을 깁고 있었다)을 내려놓고 두 팔을 활짝 벌리고 내 곱슬머리를 꽉 껴안고서 흔들었다. 어지간히 힘껏 껴안은 게 틀림없다. 그녀는 꽤 뚱뚱해서 옷을 입은 상태에서 조금이라도 힘을 주거나 하면 드레스 뒷단추가 툭툭 떨어져 나가곤 했기 때문이다. 그녀가 나를 껴안고 있을 때 뒷단추 2개가 튕겨져 나가 맞은편 구석에 떨어지던 것을 지금도 기억한다.

"자, 크로킨딜[1] 이야기를 더 들려주세요." 페거티는 여전히 악어의 이름조차 똑똑히 모르면서 말했다. "아직 반도 못 들었으니까."

왜 페거티가 그런 이상한 얼굴을 하고서 악어들로 화제를 돌리려 했는지 알 수가 없었다. 어쨌든 졸음기가 가신 나는 악어 이야기로 되돌아갔다. '우리는 태

---

[1] 페거티는 크로커다일(crocodile)을 잘못 알아듣고 그렇게 발음하고 있다.

양의 열기를 받아 악어 알이 부화하도록 모래에 묻었습니다. 그러고는 달아났지요. 악어들이 가까이 쫓아오는가 싶으면 갑자기 몸을 틀어 반대쪽으로 달렸어요. 악어들은 몸집이 커서 빨리 돌 수가 없거든요. 그다음엔 토인들처럼 악어들의 뒤를 쫓아 물속으로 들어가 날카로운 나무를 악어의 목구멍 깊숙이 밀어 넣었어요. 요컨대 우리는 악어와 결투를 벌인 셈이었지요.' 적어도 나는 악어와 결투를 벌였지만, 페거티는 어땠는지 의심스럽다. 그녀는 이야기를 듣는 내내 생각에 잠겨 자신의 얼굴이며 팔 이곳저곳을 바늘로 찔러댔으니 말이다.

크로커다일 이야기가 시들해져서 앨리게이터 이야기를 시작하려는데 초인종이 울렸다. 우리가 문으로 나가 보니 어머니가 서 있었다. 어머니는 그날따라 유난히 예뻐 보였다. 그런데 어머니 곁에 아름다운 검은 머리카락에 구레나룻을 기른 신사가 서 있었다. 그 신사는 지난 주일 예배를 마치고 교회에서 우리 집까지 같이 걸어왔던 분이었다.

어머니가 문간에서 몸을 굽혀 나를 안고 키스했을 때 그 신사는 내가 군주보다도 더 큰 특권을 가진 꼬마라고 했던가, 아무튼 그 비슷한 말을 했다. 나는 좀 더 자란 뒤에야 그 말의 뜻을 알게 되었던 것을 기억한다.

"무슨 뜻이에요?" 나는 어머니 어깨 너머로 그에게 물었다.

그가 내 머리를 어루만져 주었지만, 어쩐지 나는 그와 그의 낮고 굵직한 목소리가 싫었다. 그리고 나를 쓰다듬는 그의 손이 어머니의 손에 닿을 것 같아서 질투가 났다. 역시 그랬다. 나는 있는 힘을 다하여 그의 손을 밀쳐냈다.

"아, 데이비!" 어머니는 꾸중을 했다.

"귀여운 애로군!" 신사는 말했다. "엄마를 끔찍이도 아끼는구나!" 나는 어머니의 얼굴에 그토록 아름다운 빛깔의 홍조가 떠오르는 것을 전에는 본 일이 없었다. 어머니는 무례한 나의 행동을 점잖게 꾸짖고 나서, 나를 꼭 껴안은 채 돌아서서 그 신사에게 집까지 데려다 주어서 고맙다고 말하며 손을 내밀었다. 그가 어머니의 손을 잡았을 때 어머니는 내 쪽을 슬쩍 바라봤던 것 같다.

"얘야, 우리 안녕 하고 인사하자." 그 신사는 어머니의 장갑 낀 작은 손등에 입맞춤하면서—아아, 나는 똑똑히 봤다!—내게 말했다.

"안녕!" 내가 말했다.

"자, 우리 세상에서 가장 좋은 친구가 돼 보자꾸나!" 그 신사는 웃으면서 말했다. "악수하자!"

내 오른손은 어머니의 왼손에 쥐어져 있었으므로 대신 왼손을 내밀었다.

"손이 틀렸잖아, 데이비!" 신사는 또 웃었다.

어머니는 나의 오른손을 내밀었으나, 앞서 말한 이유 때문에 나는 오른손을 내밀지 않기로 결심하고, 손을 뒤로 빼버렸다. 그리고 왼손을 내밀었더니 신사는 그 손을 쥐고 열심히 흔들면서 씩씩한 아이라며 몇 마디 칭찬을 하고는 떠나갔다.

문을 닫기 전, 정원에서 뒤돌아보며 우리에게 불길한 검은 눈길을 마지막으로 던지던 그가 나는 지금도 또렷이 떠오른다. 말없이 꼼짝하지 않고 서서 보고 있던 페거티는 그의 모습이 사라지기가 무섭게 문을 닫고 빗장을 걸었다. 우리는 모두 거실로 들어왔다. 어머니는 보통 때와 달리 난롯가의 팔걸이의자에 앉지 않고, 방 맞은편 끝에 앉아서 혼자 콧노래를 흥얼거렸다.

"마님, 즐거운 저녁 시간이었기를 바랍니다." 페거티는 촛대를 들고 방 한가운데 나무통처럼 뻣뻣이 버티고 서서 말했다.

"페거티, 참 고마워. 아주 즐거운 저녁이었어." 어머니는 즐겁게 대답했다.

"낯선 사람을 만나는 것이 때로는 기분전환이 되지요." 페거티가 넌지시 떠보았다.

"그래, 정말 그런 것 같아." 어머니는 대답했다.

페거티는 여전히 거실 한복판에 우두커니 서 있었고, 어머니는 다시 노래를 시작했다. 그 사이 나는 잠이 들었다. 하지만 깊이 잠든 건 아니었는지 잠결에도 그들의 말소리가 들려왔으나 정확한 내용은 알 수 없었다. 불쾌한 선잠에서 반쯤 깨어 일어나 보니, 페거티와 어머니가 눈물을 글썽이며 이야기를 하고 있었다.

"코퍼필드 나리가 보셨으면 마음에 안 든다고 하셨을 거예요, 틀림없어요." 페거티가 말했다.

"제발! 미칠 것 같아! 나처럼 하녀한테 학대받는 불쌍한 애가 또 있을까! 나는 왜 스스로를 '애'라고 부르면서 내 권리를 침해받아야 하지? 내가 결혼한 적이 없기라도 하단 말이야? 페거티?" 어머니는 소리쳤다.

"하느님께서도 마님이 결혼하신 건 알고 계세요." 페거티가 대답했다.

"그러면서, 어떻게 감히 그럴 수 있어." 어머니는 말했다. "페거티, 나를 불쾌하게 만드는 그런 심한 말을 하다니. 나는 이 집을 떠나면 기댈 사람 하나 없는 외로운 신세라는 걸 잘 알면서."

"그러니까 더 그래서는 안 된다는 거예요. 그래서는 안 돼요! 그렇게 할 가치가 없어요. 절대로 안 돼요!" 페거티가 대답했다. 페거티가 어찌나 단호하게 나오는지 촛대를 내팽개치는 건 아닐까 생각될 정도였다.

"어떻게 그렇게 심하게 굴 수 있어. 이렇게 부당한 태도로 말할 수 있느냐 말이야! 예의에 벗어난 어떤 일도 하지 않았다고 몇 번이나 말했는데도 마치 모든 것이 결정된 것처럼 이야기하고 있잖아. 넌 존경에 대해 이야기했지. 페거티, 대체 나보고 어쩌란 말이지? 사람들이 감정을 채우려고 바보스럽게 구는 게 내 잘못이야? 물어보자, 내가 어떻게 해야 해? 넌 내가 머리를 깎고, 얼굴을 까맣게 하고, 또는 불이나 끓는 물에 화상을 입어 흉하게 되기를 바라는 거지? 그렇게 되었으면 좋겠지?" 어머니는 더 많은 눈물을 흘리면서 말했다. 페거티도 이런 비난에 마음이 많이 상한 듯이 보였다.

"내 사랑하는 아들, 내 하나뿐인 아들 데이비! 이 세상 무엇보다 더 사랑스러운 값진 보배 같은 내 아들에 대한 내 애정이 부족하다고 하다니!" 어머니는 내가 앉아 있는 팔걸이의자 쪽으로 와서 나를 어루만지며 말했다.

"그런 뜻으로 말한 사람은 아무도 없어요." 페거티는 말했다.

"네가 그랬잖아, 페거티!" 어머니는 말했다. "너도 네가 한 말을 알잖아. 그게 아니면 도대체 무슨 뜻으로 그랬다고 생각할 수 있겠어? 넌 잔인한 사람이야. 너도 나만큼이나 잘 알고 있잖아. 지난여름에 낡은 초록색 양산이 다 해지고 가장자리가 아예 너덜너덜해졌는데도 내가 이 애를 위하느라 새 양산을 사지 못한 걸. 너도 그걸 알잖아, 페거티. 그렇지 않다고는 못할 거야." 그러고 나서 어머니는 애정 어린 태도로 나를 돌아보고 내 뺨에 자기 뺨을 가져다 댔다. "데이비, 내가 너에게 몹쓸 엄마니? 나는 더럽고 잔인하며, 이기적인 나쁜 엄마니? '그렇다'고 대답해 보렴. 아들아, 내 아기야. 그러면 페거티가 널 사랑해 주겠지. 페거티의 사랑이 엄마의 사랑보다 훨씬 더 나을 거야. 나는 너를 전혀 사랑하지 않지, 그렇지?"

이 말을 듣자 우리는 다 같이 울음을 터뜨렸다. 그중에서도 내가 가장 큰 소리

2장 최초의 기억들 33

로 울었다고 생각한다. 나는 정말 가슴이 찢어질 것 같았다. 처음으로 어머니가 슬퍼하는 모습을 보자 미칠 듯이 화가 나서 페거티를 '짐승 같은 것'이라고 하지나 않았는지 모르겠다. 정직한 페거티는 매우 괴로워했다. 이때 그녀의 옷에는 단추가 하나도 달려 있지 않았을 것이다. 페거티가 어머니와 화해하고서 팔걸이의자 옆에 무릎을 꿇고 나에게도 화해를 청했을 때, 흥분하여 가쁜 숨을 몰아쉬느라 단추가 모두 떨어졌기 때문이었다.

우리는 모두 녹초가 되어서 잠자리에 들었다. 나는 자지 않고 오랫동안 흐느껴 울었다. 심하게 흐느껴 운 뒤 일어나 앉자 어머니도 자지 않고 이불 위에 앉아 있다가 몸을 굽혀 나를 껴안아주었다. 잠시 뒤 나는 어머니의 품에 안겨 깊이 잠들어버렸다.

내가 그 신사를 다시 본 것이 그다음 일요일이었는지 아니면 훨씬 뒤였는지는 생각나지 않는다. 교회에서 그를 만나, 예배가 끝나면 그와 같이 집으로 걸어오곤 했다. 그는 또 우리 집 거실 창가에 놓여 있는 유명한 제라늄을 구경하기 위해 거실로 들어오곤 했다. 내가 보기에 그는 꽃을 별로 좋아하는 것 같지 않았지만, 돌아갈 때는 꽃 한 송이를 달라고 요구했다. 어머니는 손수 골라 가시라고 애원하다시피 말했지만 그는 거절했다. 그 이유를 나는 이해할 수 없었다. 결국 어머니가 한 송이를 꺾어서 주자 그는 그 꽃을 받아 쥐고서 소중히 간직하겠다고 말했다. 그것이 하루 이틀만 지나면 시들어 버린다는 것도 모르다니, 나는 그가 엄청난 바보라고 생각했다.

전과는 달리 페거티가 우리와 함께 저녁시간을 보내는 일이 점점 줄어들기 시작했다. 어머니가 페거티를 전에 없이 꺼리는 것 같았다. 우리 셋은 서로에게 정말 다정한 친구였는데, 이제는 함께 있어도 전과 같이 단란하지 않았다. 페거티는 어머니가 옷장 안의 예쁜 옷을 닥치는 대로 입거나 이웃으로 자주 외출하는 것을 반대하고 있다고 나는 생각했다. 그러나 그 이유를 충분히 알 수가 없었다.

나도 검은 구레나룻을 기른 그 신사와 자주 만나게 되었다. 그런데 처음 만났을 때나 나중이나 똑같이 싫은 마음이 들었고, 그에게 불안한 질투를 느꼈다. 그러나 만약 내가 어린아이의 본능적인 반감을 넘어선 어떤 이유와 다른 이의 도움 없이 페거티와 나의 힘만으로 어머니에게 잘해 드릴 수 있다는 막연한 생각을 가지고 있었다 해도, 그것은 내가 좀 더 나이를 먹었더라면 깨달았을 그런 이유는 아니었다. 그런 생각은 내 머릿속에 떠오르지도 않았고, 전혀 그럴 기미도 없었다. 나는 사태를 부분적으로 관찰할 수는 있었지만, 그 조각들을 모아서 하나의 그물을 만들어 그 속에다 누구를 가두는 일은 불가능했다.

어느 가을 아침, 나는 어머니와 함께 앞마당에 있었다. 이때 그 신사, 머드스톤 씨가 말을 타고 나타났다. 그는 말을 세우고 어머니에게 인사했다. 그리고 요트가 있는 친구를 만나러 로스토프트[2]에 가는 길이라면서 내가 원한다면 앞에 태우고 가겠다고 쾌활하게 제의하는 것이었다.

날씨는 맑고 상쾌했으며, 말도 콧김을 내뿜으며 앞발로 대문을 걷어차고 있는 것으로 보아 달리기를 퍽 좋아하는 듯 보여서 나는 매우 가고 싶어졌다. 그래서 나는 2층 페거티한테 가서 몸단장을 하게 되었다. 그동안 머드스톤 씨는 말에서 내려, 고삐를 한 팔에 걸치고 들장미 울타리 바깥쪽을 어슬렁거렸다. 어머니도 울타리 안쪽을 왔다 갔다 하면서 그와 보조를 맞추었다. 그때 페거티와 내가 조그만 창문으로 그들을 몰래 내다보던 일이 지금도 떠오른다. 때로 그들은 유유히 거닐면서 그들 사이에 가로놓인 들장미를 유심히 살폈다. 지금까지 천사처럼 착하던 페거티도 그 모습을 본 순간 화가 나서, 내 머리를 반대 방향으로 심술궂게 빗질하던 기억이 또렷하다.

머드스톤 씨와 나는 곧 출발하여 길가 푸른 잔디 위를 달렸다. 그는 나를 한 팔로 편안히 잡아 주었다. 평상시처럼 불안하지는 않았으나 나는 그의 앞에서 태연히 앉아 있을 수가 없어서 때때로 고개를 돌려 그의 얼굴을 쳐다보았다. 그는 얄팍한 눈을 갖고 있었다. 깊이 없는 그런 눈동자는 아무리 살펴도 표현할 적합한 말이 없다. 멍하니 바라볼 때는, 특이한 빛깔 때문인지는 몰라도 아주 보기 흉하게 되고 만다. 여러 번 그를 쳐다보는 동안, 그의 얼굴에 점점 위엄이 떠올랐다. 그가 무엇을 그렇게 열심히 생각하고 있는지도 알 수 없었다. 가까이서 살펴보니 그의 머리카락과 구레나룻은 의외로 더 검고 숱도 많았다. 네모난 그의 얼굴의 아랫부분과 매일 짧게 깎아 억센 턱수염이 검은 점을 찍어 놓은 것처럼 보였다. 나는 반년 전에 이 근처에 왔던 밀랍인형장수가 가지고 다니던 인형이 생각났다. 이러한 턱수염, 고르게 자란 눈썹, 하얗고도 검고 또 갈색인 얼굴

---

[2] 서퍽주에 있는 항구. 해수욕장.

빛(그의 낯빛, 그의 기억이 어리둥절하게 했다) 등을 미루어 보면 많은 의구심이 듦에도, 그는 미남이었다. 불쌍한 어머니도 그를 미남으로 생각했음에 틀림없다.

우리는 바닷가 호텔로 들어갔다. 거기서 두 신사가 여송연을 피우고 있었다. 이들은 저마다 적어도 네 개의 의자를 깔고 누워 있었으며, 올이 굵은 재킷을 입고 있었다. 방 한쪽 구석에는 코트와 배에서 입는 외투, 깃발 따위가 한 꾸러미로 묶여 있었다.

우리가 들어가자 그들은 귀찮은 듯이 몸을 굴려 일어나면서 말했다. "여, 머드스톤! 우리는 자네가 죽은 줄 알았어!"

"아직 안 죽었어." 머드스톤 씨는 대답했다.

"이 꼬마는 누구지?" 나를 잡고서 한 신사가 말했다.

"이 애가 데이비야." 머드스톤 씨가 대답했다.

"데이비 뭔데?" 그는 물었다. "설마 존스[3]는 아니겠지?"

"코퍼필드야." 머드스톤 씨가 말했다.

"뭐! 매력적인 코퍼필드 부인의 그 골칫덩어리 말인가? 그 예쁜 젊은 과부 말이야." 신사가 외쳤다.

"퀴니언, 조심해. 눈치 빠른 놈이 있어." 머드스톤 씨는 대답했다.

"그게 누구지?" 신사는 웃으면서 물었다. 나도 누구인지 알고 싶어서 재빨리 그들을 쳐다보았다.

"셰필드의 유명한 칼잡이 브룩스 말이야." 머드스톤 씨는 대답했다.

그 사람이 셰필드의 브룩스라는 말을 듣고 나는 마음이 놓였다. 처음에는 그가 나를 두고 말한 줄 알았기 때문이었다.

셰필드의 브룩스에겐 매우 우스운 평판이 있는 모양이었다. 브룩스란 말이 나오자 이들 두 신사는 크게 웃어젖혔을 뿐 아니라, 머드스톤 씨도 아주 즐거워했다. 한참 웃고 나더니 퀴니언이란 신사가 말했다.

"자네 계획에 대해 셰필드의 브룩스 생각은 어떠한가?"

"현재는 브룩스가 상황을 잘 모르고 있는 것 같아. 그러나 대체로 찬성하지 않는 것 같네." 머드스톤 씨가 대답했다.

---

3) 데이비 존스는 바다의 악령을 가리키는 이름이다.

이 말에 더 큰 웃음이 터져 나왔다. 퀴니언 씨가 브룩스에게 건배하기 위해 셰리주를 가져오도록 벨을 누르겠다고 했다. 그가 그렇게 하여 술이 도착하자, 그는 나에게 약간의 술과 비스킷을 주었다. 그리고 내가 술을 마시기 전에, 나를 일어나게 해서는 "셰필드의 브룩스를 저주하며 건배!"라고 말하게 했다. 이러한 건배는 박수를 받았으며, 그들의 폭소는 나를 웃게 했다. 그러자 그들은 한층 더 크게 웃어 젖혔다. 우리는 모두 몹시 즐거웠다.

그 뒤 우리는 절벽 위를 산책하고 잔디에 앉기도 했으며, 망원경으로 주위를 바라보기도 했다. 사실 망원경을 눈에 가져다 대 보았지만 아무것도 보이지 않았다. 그러고는 호텔로 돌아와 일찍 저녁을 먹었다. 우리가 밖에서 산책하는 동안 두 신사는 줄곧 담배를 피웠다. 그들의 그 올 굵은 재킷의 냄새로 판단하자면, 아마 그 재킷을 양복점에서 가져온 그날부터 그들은 담배를 피워 댄 것이 틀림없다. 나는 우리가 요트를 탔던 것을 잊을 수가 없다. 그들 셋은 선실로 내려갔다. 내가 채광용 창으로 들여다보니 그들은 무슨 서류를 바삐 매만지며 열심히 작업하고 있었다. 그들은 선실에서 일하는 동안, 나를 어떤 사람에게 맡겼다. 그는 빨간 머리에 머리통이 컸고, 빛나는 아주 작은 모자를 썼으며, 가슴 부분에 대문자로 '종달새'라고 새겨진 줄무늬 셔츠와 조끼를 입은 멋있는 사람이었다. 나는 '종달새'를 그의 이름으로 생각했다. 그는 배에서 사니까 문패를 붙일 대문이 없어서 가슴에다 이름을 새긴 것이라 생각하고, 미스터 종달새라고 불렀더니, 그것은 자기 이름이 아니고 배 이름이라는 것이었다.

나는 온종일 머드스톤 씨를 살폈다. 그는 두 신사보다 더 근엄하고 침착했다. 두 신사는 아주 쾌활했으나 경솔했다. 그들은 허물없이 우스갯소리를 주고받았지만, 머드스톤 씨와는 좀처럼 농담을 하지 않았다. 머드스톤 씨가 그들보다 더 똑똑하고 냉정한 것 같았으므로, 그 두 사람도 나처럼 그에게 일종의 경외감을 품고 우러러보고 있는 것 같았다. 퀴니언 씨가 이야기를 하면서 머드스톤 씨가 불쾌해하지나 않을까 확인하려는 듯이 곁눈질로 슬쩍슬쩍 동정을 살피는 것을 나는 여러 번 보았다. 그리고 한 번은 다른 한 신사 패스니지가 신이 나서 떠들고 있을 때 퀴니언이 그의 발을 밟아서, 말없이 근엄하게 앉아 있는 머드스톤 씨를 보라고 눈짓으로 경고하는 것도 보았다. 그날 하루 내내, 머드스톤 씨는 셰필드 농담을 제외하고는 한 번도 웃지 않았다. 그리고 셰필드 농담은 머드스톤 씨

2장 최초의 기억들

가 한 농담이었다.
 우리는 저녁 일찍 집으로 돌아왔다. 나를 안으로 들여보내 차를 마시게 하고, 그는 어머니와 또다시 들장미 울타리 옆길을 산책했다. 그가 돌아가자, 어머니는 온종일 내가 한 일과 그들이 한 말과 행동을 자세히 물었다. 그래서 나는 그들이 어머니를 두고 한 말을 그대로 전했다. 그랬더니 어머니는 웃으면서, 당치도 않은 말이라며 그들을 무례한 사람들이라고 했다. 그러나 어머니가 내심 기뻐한다는 것을 한눈에 알았다. 지금과 똑같이 그 당시에도 나는 그것을 알고 있었다. 기회를 보아 셰필드의 브룩스 씨를 아느냐고 물었더니, 어머니는 모른다고 대답하고는 칼이나 포크 같은 것을 만드는 사람일 거라고 대답했다.
 비록 내가 떠올리는 어머니의 모습이 변하고 쇠약해지기는 했어도 어머니의 얼굴이 내 기억에서 완전히 사라지지는 않았다. 이 순간에도 거리를 누비는 많은 사람 가운데서 찾아낼 수 있을 정도로 어머니 얼굴은 내 뇌리에 또렷하다. 그 얼굴에서 아가씨 같은 순진한 아름다움이 없어졌다고 내가 어찌 말할 수 있을까? 그 옛날의 그날 밤처럼 어머니의 입김이 지금도 내 뺨에 느껴지는데, 어머니 얼굴이 변해 버렸다고 어떻게 말할 수 있을까? 이렇게 내 기억 속에 그 모습이 또렷이 떠오르고, 또 그 사랑스러운 젊은 회상에 대하여 내가 어느 때 어느 누구보다도 더 진실했으며, 그 시절 간직했던 추억을 아직도 고이고이 간직하고 있는데.
 그날 밤 이야기를 마치고 내가 잠자리에 들 때, 잘 자라고 말해주던 어머니의 모습을 나는 지금 그대로 여기에 쓰는 것이다. 어머니는 장난치듯 침대 곁에서 무릎을 꿇고, 두 손으로 턱을 괴고 웃으면서 말했다.
 "그들이 뭐라고 말했지, 데이비? 다시 말해 보렴. 믿어지지가 않는구나."
 "매력적인—" 나는 이야기를 시작했다.
 어머니가 내 입술에 손을 대고 더 말하지 못하게 했다.
 "매력적이라고는 안 했을 거야. 그랬을 리가 없어, 데이비. 그 정도는 나도 알고 있어." 어머니는 웃으면서 말했다.
 "그랬어요. 매력적인 코퍼필드 부인이라고." 나는 짧게 덧붙였다. "그리고 예쁘다고도."
 "아니야, 아니야, 예쁘다고 했을 리가 없어." 이렇게 말하면서 손으로 다시 나의 입을 막았다.

"분명히 그랬어요. 예쁘고 어린 과부라고 했어요."

"무례하고, 얼빠진 사람들 같으니! 우스운 사람들 다 보겠네! 그렇지 않니? 데이비—" 어머니는 큰 소리로 말하고는 웃으면서 얼굴을 가렸다.

"정말 그래요, 엄마."

"페거티에게 말해선 안 된다. 이런 이야기를 들으면 그들에게 화낼지 몰라. 나도 몹시 화가 나니까 말이야. 페거티가 이 일을 몰랐으면 좋겠어."

물론 나는 말하지 않겠다고 약속했다. 어머니와 여러 번 입을 맞추다가 나는 곧 잠들어버렸다.

많은 시간이 지난 지금에 와서 생각하면 내가 다음에 이야기하려는 페거티의 매혹적이고 모험적인 제의가 바로 그다음 날 일인 것 같지만, 실제로는 아마 두 달은 지나서였을 것이다.

어느 날 저녁 어머니는 평소와 같이 외출했다. 우리는 전처럼 양말짝, 줄자, 밀랍 조각, 뚜껑에 폴 성당이 그려진 상자, 악어 이야기책 따위를 곁에 어지러이 늘어앉아 있었다. 이때 페거티가 나를 몇 번이나 바라보면서 마치 무슨 말을 하려는 것처럼 입을 열었다가는 그만두었다. 나는 그녀가 하품을 하는 줄 알았는데, 아니라면 꽤 놀랐을 것이다. 그러다가 그녀는 나를 달래듯 말문을 열었다.

"데이비 도련님, 나와 같이 야머스에 사는 내 오빠 집에 가서 두 주일 정도 보내지 않겠어요? 참 즐거울 텐데?"

"페거티, 당신 오빠는 좋은 분이야?" 나는 물었다.

"참 좋은 분이죠!" 페거티는 두 손을 번쩍 들면서 말했다. "거기에는 바다도 있고, 보트도 있고, 큰 배도 있어요. 어부들도 있고 모래톱도 있고, 또 같이 놀아줄 '앰도 있어요."

페거티는, 내가 첫 장에서 말한 자기 조카 '햄'을 '앰'이라고 불렀다. 그는 자기 조카를 영어 문법의 한 부스러기 정도로 알고 이야기했다.

페거티가 많은 즐거운 일들을 이것저것 이야기해 주어서 나는 흥분하고 말았다. 그래서 나는 참 재미있겠지만 어머니가 뭐라고 할지 모르겠다고 대답했다.

"도련님, 허락하실 거예요. 내 1기니를 걸어도 좋아요. 어머니가 돌아오시면 바로 말씀드리지요. 두고 봐요!" 페거티는 내 얼굴을 유심히 바라보면서 말했다.

2장 최초의 기억들 39

"하지만 우리가 없으면 엄마는 어떻게 해? 엄마는 혼자 살 수는 없을 텐데."
나는 이 점을 논의할 생각으로 테이블에 작은 팔꿈치를 올려놓으면서 말했다.
"엄마를 혼자 두면 안 돼."

페거티는 말이 없었다. 별안간 페거티가 양말 뒤꿈치의 구멍 난 곳을 찾았더라도 정말 작은 구멍이라 꿰맬 필요도 없었을 것이다.

"이봐, 페거티! 어떻게 엄마를 혼자 두고 간단 말이야?"

페거티는 내 얼굴을 바라보면서 말했다.

"아, 저런! 어머니가 그레이퍼 부인 댁에서 두 주일 정도 머문다는 걸 모르나요? 그레이퍼 부인이 친구를 많이 초대한대요."

그렇다면 나는 갈 준비가 다 된 거나 다름없었다. 나는 무척이나 조바심이 나서 어머니가 그레이퍼 댁에서 돌아오기를 마음 졸이며 기다렸다(어머니가 놀러간 집이 바로 그레이퍼 댁이었으니까). 어머니가 돌아오면 이 멋진 계획을 위해 어머니의 허락을 얻을 수 있을지 없을지 확인할 생각이었다. 그러나 외출에서 돌아온 어머니는 내가 생각했던 것처럼 놀라지도 않고 흔쾌히 들어주었다. 머무는 동안의 숙식비는 어머니가 부담하기로 했다.

출발할 날이 곧 다가왔다. 손꼽아 기다리며 지진이나 화산 폭발 같은 자연의 큰 이변이 일어나 우리의 여행이 멈춰지지나 않을까 걱정했음에도 불구하고, 출발 날은 너무 빨리 닥쳐왔다. 아마 시일이 촉박했기 때문일 것이다. 우리는 아침 식사 뒤 출발하는 마차를 이용하기로 했다. 만약 내가 밤새도록 몸단장하고 모자와 장화를 신은 채로 그냥 잘 수 있게 해준다면 나는 돈이라도 내주고 싶은 기분이었다.

비록 지금은 가볍게 이야기하지만, 너무도 단란했던 나의 집을 떠나고 싶어했던 그때를 떠올리고, 결과적으로 그렇게 함으로써 영원히 버리고 만 것을 그 시절엔 몰랐음을 생각하면, 지금도 가슴이 아프다.

마차가 도착하고 어머니가 작별 키스를 해주었을 때, 나는 어머니에 대한 사랑과 지금까지 한 번도 떠나 본 적이 없는 집에 대한 애착 때문에 울음을 터뜨렸다. 이 일을 생각하면 지금도 기쁘다. 어머니도 울음을 터뜨렸다. 게다가 내 가슴 너머로 어머니의 심장 고동이 느껴지던 것을 떠올리면 더욱 기쁘기 그지없다.

마차가 움직이기 시작했을 때, 어머니가 대문 밖으로 뛰어나오면서 마차를 세

우라고 소리치고는 내게 다시 한번 키스해주던 일, 어머니가 얼굴을 들고 나에게 키스해주던 그 열성과 사랑을 곰곰이 생각하면 기쁘기만 하다.

길에 서 있는 어머니를 둔 채 마차가 떠났을 때, 슬퍼하는 어머니 곁으로 머드스톤 씨가 다가가 위로하는 것같이 보였다. 나는 마차 덮개 옆으로 뒤돌아보면서, 그 사나이가 왜 왔을까 궁금해졌다. 페거티도 다른 쪽 옆으로 뒤돌아보았는데, 마차 안으로 되돌린 그의 얼굴 표정으로 보아 몹시 불만인 것 같았다.

나는 다음과 같은 상상을 하면서 얼마간 페거티의 얼굴을 바라보고 앉아 있었다. 만약 옛날이야기에 나오는 소년처럼, 페거티가 나를 내다 버리기 위해 고용된 하수인이라 하더라도, 나는 페거티가 떨어뜨릴 단추를 표지 삼아 다시 집으로 길을 찾아갈 수 있을 것이라고 말이다.

3장
설레는 첫 여행

　마차를 끄는 말은 세상에서 가장 게으른 말이라도 되는 것처럼 고개를 숙이고, 마치 짐이 도착하기를 기다리는 사람들을 지치게 하려는 듯 어슬렁어슬렁 발을 끌며 걸었다. 말은 이런 나의 생각을 비웃듯이 히죽거리며 웃는 것 같았는데, 마부는 말이 기침 때문에 고통스러워하는 것뿐이라고 했다.
　마부도 말처럼 고개를 숙이고 손을 두 무릎 위에 올려놓고서, 졸린 듯이 몸을 앞으로 숙인 채 말을 몰았다. 사실은 마부가 없어도 마차는 야머스까지 잘 갈 것만 같았다. 말은 자동으로 앞으로 가고 있었으니까. 그런데도 휘파람만 잘 불었지 그런 건 전혀 개의치 않았다.
　페거티는 음식이 가득 담긴 바구니를 무릎 위에 놓고 있었다. 음식은 우리가 이 느러진 마차를 타고 런던까지 가도 충분할 양이었다. 우리는 실컷 먹고, 실컷 잤다. 페거티는 바구니 손잡이에 턱을 얹고 졸았으나 무슨 일이 있어도 바구니만큼은 절대로 놓치지 않았다. 게다가 어찌나 코를 심하게 고는지 도저히 여자가 내는 소리라고는 믿어지지 않을 정도였다.
　우리는 좁은 샛길을 여러 번 드나들었고, 침대를 여인숙에 배달하거나 여러 곳을 들르며 시간을 많이 소비했으므로 그새 나는 녹초가 되었다. 이런 상황에서 야머스가 보이자 나는 얼마나 기뻤는지 모른다. 강 건너 들판이 펼쳐져 있는 것을 보니 그것은 매우 푹신푹신한 습지처럼 보였다. 지구가 만약 지리책에 나와 있는 것처럼 둥글다면 이다지도 편평한 땅이 어떻게 생겨날 수 있는지 도무지 신기하기만 했다. 그러나 이곳은 야머스이거나 그것의 한 귀퉁이가 분명했다.
　좀 더 가까이 가 보니, 부근의 풍경 전체가 일직선으로 나지막하게 하늘 아래 펼쳐져 있음을 알 수 있었다. 그래서 나는 페거티에게, 작은 산이라도 하나둘쯤 솟아 있었으면 더 아름다웠을 것이라고 말했다. 그리고 또 이 지역이 바다에서 좀 더 멀리 떨어져 있어서, 마을과 바다가 더운 물에 적신 토스트처럼 뒤죽박죽 되어 있지 않으면 더 좋았을 것이라고도 했다. 그랬더니 페거티는 현재의 우리 처지에 만족해야 하고, 자신으로 말하면 야머스 훈제청어[1] 토박이라고 불리는 것이 자랑스럽다고 어느 때보다 힘주어 말하는 것이었다.

시내로 들어서자(이곳은 참으로 이상한 마을이었다) 생선, 궐련, 콜타르 따위의 냄새가 코를 찌르고, 선원들이 걸어다니는 모습이나 짐마차가 자갈길을 덜커덕거리며 오가는 것이 보였다. 나는 이렇게 붐비는 곳을 잘못 평가하여 페거티에게 미안한 생각이 들었다. 내가 마음에 든다고 분명히 말하자 페거티는 매우 만족스러워했다. 야머스야말로 이 세상에서 가장 아름다운 곳이라고 페거티는 말했다. 나는 이곳에서 태어난 훈제청어들에게나 그럴 거라고 생각했다.

"아유, 저게 앰이지? 정말 몰라보게 컸구나!" 페거티가 소리쳤다.

정말 그는 술집에서 우리를 기다리고 있었다. 그리고 오랜 친구처럼 나에게 기분이 어떠냐고 묻는 것이었다. 내가 태어난 이후에 그는 우리 집에 온 적이 없으므로 나는 그를 몰라보는 게 당연했다. 그러나 그가 나를 등에 업고 집까지 갔으므로, 우리는 곧바로 친해졌다. 햄은 키가 6피트나 되는 건장한 젊은이였고, 큰 키에 어울리게 살집이 있고 어깨에도 근육이 붙었지만, 애티 나는 웃는 얼굴과 숱 적은 곱슬머리는 그를 양처럼 순하게 보이게 했다. 그는 천막천으로 만든 상의와 다리를 꿰지 않아도 저 혼자 능히 서 있을 정도로 빳빳한 바지를 입고 있었다. 그리고 머리에는 모자를 썼다기보다는, 낡은 건물 꼭대기에 시커먼 무언가를 놓은 것같이 보인다고 나타내는 편이 정확할 듯했다.

햄은 나를 등에 업고 옆구리에는 조그마한 상자를 끼었고, 페거티도 조그마한 상자를 하나 들었다. 우리는 나무토막이 흩어져 있는 꼬불꼬불한 길을 돌기도 하고 나지막한 모래 언덕을 넘기도 했다. 그리고 가스 공장, 밧줄 공장, 보트 만드는 곳, 조선소, 폐선 처리장, 뱃밥으로 널빤지 틈을 막는 일꾼들의 작업장, 의장(艤裝) 공장, 대장간과 같은 너저분한 곳을 지나서, 아까 멀리서 보였던 단조로운 습지에 도착했다. 이때 햄이 말했다.

"데이비 도련님, 저쪽에 있는 것이 우리 집이에요."

---

[1] 이곳의 특산물이다.

이 말을 듣고서 황무지 너머 먼 곳을 살펴보기도 하고, 강 건너 저 멀리를 뚫어져라 바라보기도 했으며, 바다 쪽을 바라보기도 했지만 집이라곤 보이지 않았다. 그리 멀지 않은 곳에 검은 거룻배 아니면 낡고 헐어서 못쓰게 된 배 같은 것이 물기 하나 없는 땅바닥에 놓여 있었다. 그리고 배 위로 튀어나온 쇠굴뚝에서는 평화롭게 연기가 나오고 있었지만, 그 밖에 집같이 생긴 것은 어디에도 보이지 않았다.

"저거 말이야? 저기 배처럼 보이는 거?" 내가 물었다.

"맞아요, 데이비 도련님." 햄이 대답했다.

저것이 큰 괴물 새가 낳은 알이거나 모든 것을 다 갖춘 알라딘의 궁전이라 해도, 저 안에 산다는 낭만적인 생각만큼 나의 마음을 사로잡지는 못했을 것이다. 그 집 옆에는 재미있게도 문이 뚫려 있고, 그 위에는 버젓이 지붕이 덮여 있는데다 작은 창문도 몇 개 나 있었다. 무엇보다 이 배의 굉장한 매력은, 이것이 진짜 배이고 물 위를 수백 번 떠다녔을 것이며, 아무튼 이렇게 메마른 육지에 올려놓고 사람이 살게끔 설계되지는 않았을 것이라는 사실이었다. 이 점이 내 마음을 사로잡았던 것이다. 이 배가 애당초 사람이 살도록 만들어진 거라면 비좁고, 불편하고, 다른 집들과 너무 떨어졌다고 생각했겠지만, 그런 것을 전혀 생각하지 않고 설계되었기에 흠잡을 데 없는 집이 되는 것이었다.

집 내부는 깨끗하고 흠잡을 데 없이 잘 정돈되어 있었다. 탁자도 있고, 네덜란드제 시계도 있고, 옷장도 있었다. 옷장 위에는 굴렁쇠를 굴리는 씩씩하게 생긴 아이와 양산을 들고서 산책하는 부인의 그림이 그려진 찻쟁반이 놓여 있었다. 찻쟁반이 굴러떨어지지 않도록 성경으로 괴어 놓았다. 만약 찻쟁반이 굴러떨어지기라도 하면 성경 주위에 놓인 많은 컵과 접시와 찻주전자는 박살이 날 것 같았다. 또 사방 벽에는 성경을 주제로 한 몇 개의 평범한 색채화 액자가 걸려 있었다. 가장 눈에 띄는 것은 붉은 옷을 입은 아브라함이 푸른 옷을 입은 이삭을 제물로 바치려는 것과, 노란 옷을 입은 예언자 다니엘이 녹색 사자의 굴로 던져지는 그림이었다. 조그마한 벽난로 선반 위에는 선덜랜드[2]에서 건조된 '사라 제인' 호(號) 모양의 범선 그림이 걸려 있었다. 범선 그림의 뱃고물은 진짜 나무로

---

[2] 영국북부 항만 도시.

만들어져 있었다. 천장 대들보에는 갈고리가 몇 개 걸려 있었으나 그것이 무엇에 쓰이는 것인지 그때에는 알 수 없었다. 이 밖에도 자물쇠가 채워진 함과 궤와 다른 도구들이 모자라는 의자 대신 자리를 채우고 있었다.

이런 정경은 문턱을 넘자마자 한눈에 들어왔다. 내 지론에 따르면 이것이 어린애다운 것이다. 페거티는 조그마한 문을 열더니 내 침실을 보여 주었다. 그것은 내가 이제껏 갖고 싶어했던 완벽한 침실이었다. 배 뒤쪽 끝에 자리한 그 방에는 조그마한 창이 하나 나 있었다. 전엔 키가 지나간 구멍이었겠지만 지금은 창문이 되어 내 키 높이에 맞았고, 벽에 걸린 거울은 테두리가 굴껍데기로 꾸며져 있었다. 그리고 내가 눕기에 꼭 알맞을 침대 하나가 놓여 있었다. 탁자 위에 있는 푸른 잔에는 해초 한 다발이 꽂혀 있었다. 벽은 우유처럼 새하얗게 칠이 되어 있었고, 조각 천으로 만든 이불은 색깔이 휘황찬란하여 눈이 부실 지경이었다. 이렇게 재미난 집에서 특히 내 신경에 거슬리는 것은 구석구석 스며든 비린 내였다. 콧물을 닦으려고 손수건을 꺼내면, 마치 거기에 큰새우를 싸 놓았던 것 같은 냄새가 풍겼다. 이런 사실을 페거티에게 말했더니, 그녀는 자기 오빠가 큰새우, 게, 가재 장사를 하기 때문이라는 것이었다. 얼마 뒤 나는 이러한 물건들이 잔뜩 쌓여 있고, 건드리면 와르르 무너질 것 같은데도 신기하게 잘도 버티고 있는 것을 보았다. 냄비와 주전자가 보관되어 있는 좁은 헛간에서 말이다.

흰 앞치마를 두른 친절한 한 부인이 우리를 맞이했다. 이 부인은 내가 햄의 등에 업혀 약 4분의 1마일 떨어진 거리에 이르렀을 때부터 문에서 굽실굽실하던 여인이었다. 그리고 푸른색 구슬 목걸이를 한 아주 귀엽고 예쁘장한 계집애도 (나는 그렇게 생각했다) 우리를 반갑게 맞이하여, 내가 키스하려고 하자 싫다면서 어디론가 숨어버렸다. 잠시 뒤 삶은 가자미, 녹인 버터, 감자, 나에게만 주는 구운 고기 따위의 푸짐한 저녁을 먹고 나자, 순한 인상의 털북숭이 사나이가 나타났다. 사나이는 페거티를 '아기'라고 부르면서 볼에 '쪽' 하고 정다운 키스를 했다. 평범한 그녀의 태도로 보아 그 사나이가 페거티의 오빠임에 틀림없다고 나는 생각했다. 과연 그러했다. 그녀는 곧 그 사나이를 나에게 이 집 주인 페거티 씨라고 소개했다.

"뵙게 돼서 반갑습니다, 도련님. 보다시피 좀 누추합니다만. 내 집이라 여기고 편히 지내세요." 페거티 씨는 말했다.

나는 고맙다고 말하고서, 이렇게 멋진 곳에서 틀림없이 유쾌한 시간을 보낼 것이라고 대답했다.

"어머니도 안녕하시지요?" 물론 안녕하시다고 나는 대답했다. 엄마가 안부전하랬다고 말했지만 그건 내가 듣기 좋으라고 한 말이었다.

"참 고마우신 분입니다. 어머니께 신세를 많이 졌지요. 도련님, 두 주일간 이곳에서 햄과 꼬마 에밀리와 즐겁게 지내신다면 우리 모두가 영광으로 생각하겠습니다." 페거티 씨는 이렇게 말하면서 누이동생을 보고 고개를 끄덕였다.

집 주인답게 환영 인사를 마친 다음 페거티 씨는 "이곳의 진흙은 물만으로는 도저히 씻기지 않는다니까요"라고 말하면서 더운물을 퍼 들고 몸을 씻기 위해 밖으로 나갔다. 그가 다시 왔을 때는 모습이 몰라보게 달라져 있었다. 얼굴마저 새우나 게나 가자미와 비슷한 데가 있어 보였다. 따뜻한 물로 목욕하기 전에는 새까맣던 그의 모습이 씻고 나자 새빨갛게 되었기 때문이다.

차를 마시고 나서 문을 닫으니 아주 아늑하고 따스했다. 밤에는 춥고 안개가 끼었기에 이 집이 더할 수 없이 즐거운 피난처로 생각되었다. 먼바다에선 파도가 일고 있고, 집 밖에선 안개가 벌판을 뒤덮고 있을 것이다. 근처에 집이라곤 여기 이것 하나뿐이고 그것도 배로 만든 집이라는 사실을 생각하면, 마치 마법의 나라에 온 것처럼 황홀해지는 것이었다. 꼬마 에밀리도 부끄러워하지 않고 난롯가에 놓여 있는 제일 낮고 가장 작은, 둘이 앉기에 꼭 알맞은 장롱 위에 나와 나란히 앉아 있었다. 흰 앞치마를 두른 부인은 난로 맞은편에서 뜨개질을 하고 있었다. 마치 다른 집이라곤 없다는 듯 세인트폴 사원 그림이 있는 바느질 통과 양초 조각을 옆에 놓고 페거티도 바느질을 하고 있었다. 카드놀이를 가르쳐주던 햄은 그 더러운 카드로 점치는 법을 생각해내려고 만지작거렸으므로, 카드마다 생선 냄새가 나는 엄지손가락 자국이 묻었다. 페거티 씨는 담배를 피우고 있었다. 그래서 나는 흉금을 털어놓고 이야기할 절호의 기회라고 생각했다.

"페거티 씨." 내가 말을 꺼냈다.

"네, 도련님."

"당신 아들 이름을 햄이라 한 것은, 노아의 방주 같은 배에 살기 때문인가요? 그래서 노아의 아들 이름 그대로 햄이라고 부르는 건가요?"

페거티 씨는 내 말을 심각하게 생각하는 것 같더니, 다음과 같이 대답했다.

"아닙니다, 제가 지은 이름이 아니에요."
"그러면, 누군데요?" 나는 교리문답 질문 제2번을 날렸다.
"그야 저 애 아버지지요." 페거티 씨는 말했다.
"아저씨가 아버지인 줄 알았는데!"
"햄은 나의 형, 조의 아들이에요." 페거티 씨가 말했다.
"그분은 돌아가셨나요, 페거티 씨?" 나는 잠시 침묵을 지킨 다음 정중하게 물었다.
"물에 빠져 죽었어요." 페거티 씨가 말했다.
 햄이 페거티 씨의 아들이 아니라는 사실에 나는 꽤 놀랐다. 그렇게 되자 페거티 씨와 여기 사는 다른 사람과의 모든 관계를 알고 싶은 호기심이 나서 페거티 씨에게 물어보았다.
"꼬마 에밀리는 아저씨 딸이지요, 페거티 씨?" 나는 에밀리를 바라보면서 말했다.
"아녜요, 제 매부 톰의 딸이에요."
 나는 어리둥절했다. "그분도 돌아가셨나요, 페거티 씨?" 이번에도 그러는 게 예의일 것 같아서 경건하게 침묵을 지킨 다음 넌지시 물었다.

"물에 빠져 죽었답니다." 페거티 씨는 말했다.

나는 이 이상 물으면 안 될 것 같았지만, 아직도 궁금증이 풀리지 않은 데다 기왕에 내친걸음이기도 하여 계속 물었다.

"아저씨에겐 아이들이 없나요, 페거티 씨?"

"없습니다, 도련님. 저는 독신이에요." 이렇게 말하며 그는 짧게 웃는 것이었다.

나는 놀라서 말했다. "그러면 저분은 누구세요, 페거티 씨?" 나는 앞치마를 두르고 뜨개질하고 있는 부인을 가리키면서 물었다.

"저분은 거미지 부인이지요."

"거미지라고요, 페거티 씨?"

그러나 이때 나와 특별한 관계가 있는 페거티가 더는 묻지 말라는 강한 신호를 보냈으므로 나는 자러 갈 때까지 말이 없는 식구들만 바라보고 앉아 있었다. 마침내 잘 때가 되자 페거티는 내 방인 조그마한 선실에서, 햄과 에밀리는 고아로 어릴 때 부모를 잃고 의지할 곳이 없게 되자 이 집 주인인 페거티가 양자와 양녀로 삼았으며, 거미지 부인은 가난하게 살다 간 동료 선원의 미망인이라고 말해주었다. 또 페거티 씨는 자기의 착한 마음씨를 화제에 올리면 몹시 화를 내면서 욕설을 퍼붓는다는 것이다. 만약 집안 식구 가운데 어느 하나가 이 문제를 입에 올리면 그는 오른손 주먹으로 탁자를 힘껏 내리치며(한번은 탁자를 둘로 쪼개버린 일도 있다) "또다시 그런 말을 지껄였다간 이 집에서 영원히 쫓겨나든지, '고옴(Gorm)될' 줄 알아"라고 무시무시하게 폭언을 내뱉는다는 것이다. 그러나 '고옴'된다는 이 끔찍한 수동형 동사의 어원을 아는 사람은 없었다. 그런데도 식구들은 모두 그 말을 매우 지독한 저주로 생각하고 있었다.

나는 이 집 사람들이 나를 환대하고 있다는 것을 알았다. 그리고 이 배의 반대편에 있는 내 방과 같은 다른 조그마한 방으로 여자들이 잠을 자러 들어가고, 집주인과 햄이 아까 내가 보았던 천장에 달린 갈고리에 자기들의 그물침대를 매다는 소리를 흐뭇한 기분으로 듣고 있었다. 이러한 기분은 졸음 때문에 더해갔다. 점점 잠으로 빠져들수록, 바다 위에서 울부짖고 있는 바람이 밤사이 사나운 기세로 습지를 가로질러와서 갑자기 높은 파도를 일으키며 덮치지는 않을까 하는 막연한 불안이 솟구쳤다. 하지만 나는 배 안에 있는 데다가 또 페거티 씨라면 무슨 일이 일어나든 같이 있어서 결코 나쁠 사람이 아니므로 겨우 마음을 가라앉혔다.

아무 일 없이 아침이 되었다. 굴껍데기로 테두리를 꾸민 거울에 햇빛이 비치자마자, 나는 벌떡 일어나 꼬마 에밀리와 함께 바닷가에 나가 돌을 주웠다.

"너는 배를 잘 타겠지?" 나는 에밀리에게 말했다. 이런 말을 할 생각은 없었다. 하지만 무엇이고 이야기하는 것이 여자에게 친절한 행위인 줄 알았으며, 우리 바로 옆에서 햇빛에 빛나는 돛이 에밀리의 아름다운 눈동자 속에서 살짝 그림자를 드리웠기에 이런 말이 내 머릿속에 떠올랐던 것이다.

에밀리는 고개를 가로저으며 말했다. "아니, 나는 바다가 무서워."

"바다가 무섭다고?" 나는 드넓은 바다를 바라보면서 말했다. "난 무섭지 않아."

"아! 바다는 잔인해. 나는 바다가 우리 식구에게 잔인하게 구는 것을, 바다가 지금 우리 집만큼 큰 배를 산산이 부숴버리는 것을 보았어." 에밀리는 말했다.

"그럼 그 배가 혹시……."

"아빠가 돌아가신 배냐? 아니야. 난 그 배를 본 적이 없는걸."

"그럼 아버지도 못 봤어?" 나는 에밀리에게 물었다.

꼬마 에밀리는 고개를 끄덕였다. "응, 아무것도 기억나지 않아."

우연의 일치였다. 나는 재빨리 나도 아버지의 얼굴을 모른다는 것, 그래도 어머니와 나는 이제껏 행복하게 살았으며, 지금도 그렇고, 앞으로도 행복하게 살아갈 거라고 말해주었다. 또 아버지의 무덤은 집 근처 묘지에 있는데, 나무 그늘에 가려져 있으며, 상쾌한 아침이면 그 나뭇가지 밑으로 산책을 하는데 그때마다 새들의 노랫소리를 듣는다고 말해주었다. 그러나 에밀리가 고아가 된 것은 내 경우와는 조금 달랐다. 에밀리는 아버지보다 어머니를 먼저 잃었다. 그리고 아버지의 무덤이 바닷속 깊숙한 곳에 있다는 것 말고는 정확한 위치를 아는 사람은 아무도 없었던 것이다.

"너의 아버지는 신사이고 어머니는 훌륭한 숙녀지만, 나의 아버지는 어부였고 어머니도 어부의 딸이었어. 아저씨인 댄도 어부고." 에밀리는 조개껍데기와 조약돌을 찾으며 말했다.

"댄이라면 페거티 씨 말이야?"

"응, 댄 아저씨."

에밀리는 집이 된 배를 턱으로 가리키며 대답했다.
"네 아저씨는 좋은 분 같아."
"좋은 분이라고? 맞아, 만약 내가 부잣집 사모님이 되면 아저씨에게 다이아몬드 단추가 달린 하늘색 윗도리, 중국 천으로 된 바지랑 빨강 벨벳 조끼에 삼각모, 커다란 금시계, 은제 파이프, 또 보석상자 같은 것도 드릴 거야."
네 아저씨라면 그런 것들을 받을 자격이 충분하다고 말해주었다. 그러나 솔직히 말해 그 아저씨가 조카의 선물을 걸쳤을 때 과연 어떻게 보일지 도무지 상상이 가지 않았고, 삼각모는 더더욱 그랬지만 내색하지 않았다.
에밀리는 걸음을 멈추고 하늘을 올려다보면서 선물들을 떠올리는 것이었다.
우리는 조개와 조약돌 줍기를 계속했다.
"너 귀부인이 되고 싶니?" 나는 물었다.
에밀리가 나를 바라보고는 소리 내어 웃으면서 "그래" 하고 고개를 끄덕였다.
"그야 물론 귀부인이 되고 싶지. 우리 모두 지체 높은 사람이 되면 좋겠어. 나도, 아저씨도, 햄도 그리고 거미지 부인도. 그렇게 되면 폭풍우가 불어닥쳐도 걱정이 없잖아. 딱히 우리만 잘살고 싶어서가 아니야. 저 가난하고 불쌍한 어부들 모두를 위해서야. 그들이 다치면 우리 돈으로 도와주기도 하고."
내가 들어도 그것은 매우 장한 생각이었다. 그래서 전혀 실현 불가능한 공상으로는 보이지 않았다. 매우 훌륭한 생각이라고 말했더니 꼬마 에밀리는 부끄러워하면서도 대담하게 "그런데도 넌 바다가 무섭지 않니?"라고 물었다.
지금의 바다는 잠잠했다. 그러나 웬만한 크기의 파도라도 밀어닥치면, 나는 에밀리의 물에 빠져 죽은 가족들이 생각나 두려워서 달아났을 것이다.
그런데도 나는 무섭지 않다고 대답했다. "너도 그렇지 않니? 말로는 무섭다고 했지만."
왜냐하면 우리는 삭은 나무다리 위를 걷고 있었는데 에밀리가 너무 가장자리로 가고 있어서 곧바로 떨어지지나 않을까 매우 조마조마했기 때문이다.
"이 정도는 식은 죽 먹기야. 하지만 바람이 몹시 부는 밤에 잠에서 깨면 댄 아저씨랑 햄이 걱정돼서 벌벌 떨려. 도와 달라고 소리치고 있을 것 같아서 견딜 수가 없어. 그래서 난 귀부인이 되고 싶은 거야. 이 정도는 아무것도 아니야. 봐, 하나도 무섭지 않아!"

에밀리는 내 곁에서 빠져나가, 우리가 서 있는 곳에서 바다 쪽으로 난, 깊은 바다 위에 난간도 없이 높게 걸쳐 있는 톱날 모양의 각목 위를 내달렸다. 내가 화가라면 지금 여기서, 그 잊을 수 없는 눈동자로 바다를 똑바로 바라보며 투신자살하려고 하는(나한테는 그렇게 보였으므로) 꼬마 에밀리의 모습을 그대로 그릴 수 있을 텐데.

다행히 날쌔고 대담한 그 조그마한 모습이 방향을 빙글 바꾸어 나비처럼 무사히 돌아왔다. 쓸데없이 걱정하고 고함친 것을 생각하니 웃음이 나왔다. 옆에 아무도 없는 것이 아주 다행이었다.

그날 이후 나는 어른이 된 뒤에도 이따금 생각했다. 감춰진 계시 같은 것이 있는데 그날 에밀리가 했던 돌발행동, 신비롭게 바다를 바라보던 그 눈길, 그것엔 그녀를 죽음으로 이끄는 자비의 힘 같은 것이 있었던 게 아닐까? 죽은 아버지로선 당연한 일일지도 모르지만, 그날 그 순간 그녀의 삶이 끝나도록 유혹의 손길이 뻗쳐 있었던 것은 아닐까? 한번은 이런 생각을 한 적도 있었다. 그때 만약 그녀의 앞날이 어떻게 될지를 어린아이인 내가 알았더라면, 그녀의 생사가 내 손에 달려 있었다 해도 과연 나는 손을 내밀었을지 의문이라고. 또 이렇게 스스로에게 물은 적도 있다—물론 오래 이어지진 않았지만 있었던 건 사실이다. 그날 아침에 내 눈앞에서 그냥 바닷속에 빠져버리는 게 에밀리에겐 차라리 낫지 않았을까 하는. 사실 나는 그편이 나았겠다고 생각했던 것이다.

아니, 어쩌면 이건 너무 빠른지도 모르겠다. 너무 준비가 잘 되어 있었다고도 할 수 있다. 그러나 이미 써버린 이상 그냥 두어야겠다.

우리는 멀리까지 산책하면서 신기해 보이는 것은 줍고, 꼼짝 못 하고 있는 불가사리는 조심스럽게 바다로 돌려보내 주었다. 지금도 불가사리에 대한 지식이 거의 없으니, 그것을 불가사리가 좋아했는지는 잘 모르지만.

이윽고 페거티 씨의 집으로 향했다. 우리는 새우를 넣어 두는 바깥 헛간 그늘에 숨어서 발을 멈추고 천진난만한 키스를 나누었다. 그리고 건강하고 기쁨에 찬 얼굴로 아침 식사를 하러 안으로 들어갔다.

"꼭 두 마리 어린 개똥지빠귀 같군." 페거티 씨가 말했다. 이 지방 사투리로 개똥지빠귀를 메이비쉬라고 했는데, 이것을 나는 칭찬으로 받아들였다.

물론 나는 에밀리를 사랑하고 있었다. 뒷날 내가 할 수 있었던 숭고하고도 고상했던 최고의 사랑보다도 더 순수하고 헌신적으로 진지하고 다정하게 그녀를 사랑했다. 나는 푸른 눈동자의 어린애를 멋대로 신성시하고 천사처럼 여겼던 것이 틀림없다. 만약 어느 화창한 날, 그 애가 조그마한 날개를 펴고서 내 눈앞에서 날아갔다 해도 나는 의아하게 생각하지 않았을 것이다.

우리는 음침하고 오래된 야머스의 벌판을 몇 시간이고 정답게 산책했다. 마치 시간 자체가 완전히 자라지 못해서 우리와 같은 어린애처럼 언제나 놀고 있다는 듯이 우리는 나날을 놀면서 보냈다. 내가 에밀리에게 너를 많이 좋아한다고 말하고는, 만약 너도 나를 좋아한다고 말하지 않으면 칼로 자살하겠다고 했더니, 그 애도 나를 사랑한다고 했다. 그래서 나는 그 애가 말한 것을 의심하지 않았다.

신분의 차이나 아직은 너무 어리다거나 우리 앞길에 어려움이 있다든가 하는 것에 대해 에밀리와 나는 별걱정을 하지 않았다. 왜냐하면 우리에게는 미래라는 것이 없었기 때문이다. 우리는 더 어려지는 데 대한 생각을 전혀 않는 것처럼 나이를 먹는다는 생각 역시 하지 않았던 것이다.

거미지 부인과 페거티도 우리를 따스한 눈길로 바라보았다. 그리고 저녁에 우리가 정답게 궤짝 위에 나란히 앉아 있으면 "아이구! 요렇게 앙증맞을 수가 있나!"라고들 속삭이곤 했다. 페거티 씨는 파이프를 입에 문 채로 우리를 보고 빙긋이 웃었고, 햄은 저녁 내내 웃기만 했다. 아마 그들은 새로운 장난감이나 콜로세움 모형을 보고 느끼는 종류의 쾌감을 우리에게서 얻고 있는 것 같았다.

나는 얼마 지나지 않아 거미지 부인이 페거티 씨의 집에 살면서 예상 외로 즐겁기만 한 것은 아님을 알게 되었다. 거미지 부인은 성격이 예민한 편이었다. 그래서 이 조그마한 집에서 사는 다른 식구들을 힘겹게 할 정도로 지나치게 훌쩍거렸던 것이다. 거미지 부인이 쉴 방이 따로 있어서, 그곳에서 감정을 추스르며 기분전환할 수 있다면 좋겠다고 생각한 적이 여러 번 있었다.

페거티 씨는 윌링 마인드란 술집에 들르곤 했다. 우리가 그 집에 닿은 지 이틀인가 사흘째 되던 날 밤, 저녁 8시에서 9시 사이에, 거미지 부인이 네덜란드제 시계를 쳐다보며, 페거티 씨가 또 술집에 가서 없다고 말했다. 그때부터 나는 그가 술집에 간다는 사실을 알게 되었다. 더구나 오늘은 아침부터 그가 거기에 갈 것을 알고 있었다고 말했다. 거미지 부인은 온종일 심기가 좋지 않았다. 아침나절에도 난롯불이 잘 타지 않고 연기가 난다며 갑자기 울음을 터뜨렸다. "어차피 나는 기댈 데 없는 외로운 존재야. 하는 일마다 제대로 되는 게 없어." 불쾌한 일이 일어났을 때 거미지 부인은 이렇게 말하는 것이었다.

"아, 금방 다시 살아날 거예요." 페거티가 말했다. "연기가 매운 것은 우리도 마찬가지예요. 당신만 불쾌한 것은 아니잖아요."

"아녜요. 나한테 훨씬 심하다니까요." 거미지 부인은 말했다.

그날은 살을 에는 듯한 바람이 부는 몹시 추운 날이었다. 난로 곁에 있는 거미지 부인의 전용석은 의자도 편안하고 내가 보기에는 이 방에서 제일 따뜻하고 기분 좋은 자리인 것 같았다. 그러나 그날은 그것이 부인의 마음에 전혀 들지 않았다. 거미지 부인은 자꾸만 춥다고 불평했으며, 등에서 바람이 이는 것처럼 썰렁하다고 말했다. 부인은 추위 때문에 눈물까지 흘리면서 "나같이 외로운 신세가 또 있을까. 모든 것이 나에게는 불리하게 돌아가" 하고 말했다.

"굉장히 춥네요. 추운 건 누구에게나 다 마찬가지라고요." 페거티가 말했다.

"나는 다른 사람보다 더 추위를 타는걸요." 거미지 부인은 물러서지 않았다.

저녁 식사 때도 마찬가지로, 귀한 손님으로 우대받는 나 다음으로 언제나 거미지 부인이 상을 받았다. 그날은 생선이 작고 뼈가 많은 데다 감자까지 약간 탄 것이었다. 솔직히 말해서 우리 모두는 다소 실망했다. 그런데 거미지 부인은 우리보다 더 실망하여, 눈물을 흘리며 으레 하는 신세타령을 되풀이했다.

9시쯤에 페거티 씨가 집으로 돌아왔을 때 이 불쌍한 거미지 부인은 아주 초라하고 비참한 모습으로, 그의 구석 자리에서 뜨개질을 하고 있었다. 페거티는 쾌활하게 일하고 있었다. 햄은 큰 장화를 꿰매고 있었고, 나는 에밀리를 곁에 앉혀 놓고 식구들에게 책을 읽어주고 있었다. 거미지 부인은 말 한마디 없이 절망적인 한숨만 내쉬며 차를 마셨다.

"자, 다들 별일 없으신가?" 페거티 씨는 자리에 앉으면서 말했다.

우리는 모두 무슨 말이나 몸짓으로 그를 환영했지만, 거미지 부인만은 뜨개질을 하면서 고개를 저었다.

"무슨 일이 있었나요?" 페거티 씨는 손뼉을 탁 치면서 말했다. "기운을 내요, 아주머니!"

거미지 부인은 기운을 낼 것 같지 않았다. 부인은 낡은 검은색 명주 손수건을 꺼내 눈물을 닦고는 주머니에 집어넣지 않고, 언제든지 쓸 수 있게끔 손에 쥐고 있었다.

"무슨 일이라도 있었나요, 부인?" 페거티 씨가 물었다.

"아무 일도 없었어요." 거미지 부인이 대답했다. "당신, 윌링 마인드에 다녀오셨죠?"

"아, 예, 오늘 밤은 윌링 마인드에서 한숨 돌리고 왔지요." 페거티 씨가 대답했다.

"당신을 그곳으로 쫓아버리다니 미안합니다." 거미지 부인이 말했다.

"쫓아버렸다고요! 나는 쫓겨난 적이 없는걸요." 페거티 씨가 진지하게 웃으면서 말했다. "가고 싶어서 간 것뿐이에요."

"정말 마음 내키는 대로군요." 거미지 부인은 머리를 흔들고 눈물을 닦으며 말했다. "그래요, 그래. 당신 마음대로 하시는군요. 당신이 그렇게 마음 내키는 대로 하는 것이 나 때문이지요. 미안해요."

"뭐, 당신 때문이라고요? 당신 때문이 아니에요! 그런 생각 조금도 하지 말아요." 페거티 씨는 말했다.

"그래요, 그건 그래요." 거미지 부인은 소리 내어 울었다. "나는 나를 잘 알아요. 아무도 상대해 주지 않는 외로운 존재라는 것도, 다른 사람들보다 더 예민하고, 예민한 감정을 다른 사람들보다 더 솔직히 나타내지요. 이것이 저의 불행이에요."

이 모두를 종합해 보건대, 그 불행은 거미지 부인 말고도 이 가정의 다른 식구들에게까지 미치고 있었다. 그러나 페거티 씨는 이러한 반박은 하지 않고, 단지 기운을 내라고 거미지 부인에게 다시 한번 간청했다.

"나는 내 마음대로 할 수가 없어요, 전혀 그렇게 되질 않아요. 내 고민이 나를 어긋나게 하지요. 고민에 강해지려고 해도 그게 안 되는걸요. 내가 이 집을 불안하게 하고 있어요, 그 점은 틀림없어요. 오늘도 온종일 당신 누이동생을 괴롭혔어요. 데이비 도련님도요." 거미지 부인은 말했다.

이 말을 들으니 나는 갑자기 측은한 생각이 들었다. 그래서 괴로운 마음에 가만히 있을 수가 없어서 소리쳤다. "아녜요, 당신은 나를 괴롭히지 않았어요, 거미지 부인."

"이러면 안 된다는 건 알지만," 거미지 부인은 말했다. "무엇보다 은혜에 대한 보답이 아니니까. 나는 양로원에서 살다가 죽어야 해. 어차피 아무도 신경 쓰지 않는 버림받은 몸이니, 어중간하게 신세를 지다가 모두의 기분을 망쳐놓느니 그 편이 나아. 아무것도 마음대로 못하고, 어차피 남에게 폐만 끼친다면 차라리 내 교구로 돌아가는 게 낫지. 댄, 차라리 양로원 신세를 지다가 죽어 사라지는 편이 낫다고요."

거미지 부인이 자러 가자 지금까지 속으로 깊은 동정을 보내던 페거티 씨가 우리를 둘러보고 고개를 끄덕이며 속삭이듯 말했다.

"부인은 아직도 고인을 잊지 못하는 거야."

거미지 부인이 아직도 마음속에 지니고 있는 고인이 누구인지 나는 전혀 몰랐다. 내 잠자리를 살펴주기 위해 따라온 페거티가, 여기서 고인이란 거미지 부인의 죽은 남편을 말하며, 이럴 때마다 페거티 씨는 언제나 부인의 생각을 이해하고 깊게 동정한다고 설명하자, 나는 모든 것을 알게 되었다. 조금 있다가 그도 그물침대에 누웠다. 나는 그가 햄에게, "딱하기도 하지, 역시 죽은 사람을 잊지 못하는 거야" 하고 같은 말을 되풀이하는 것을 들었다. 우리가 머무는 동안 거미지 부인이 우울한 심정에 빠져 있을 때면(두세 번 정도 있었다) 언제나 페거티 씨는 동정의 말을 아주 부드럽게 건네는 것이었다.

이렇게 2주일이 순식간에 지났지만, 그새 조수의 변화 말고는 별다른 변화가 없었다. 조수의 변화에 따라 페거티 씨의 외출 시간과 귀가 시간이 달랐으며, 햄이 일하는 시간도 달랐다. 햄은 일이 없을 때면 때때로 우리와 산책을 하면서 크고 작은 배를 구경시켜 주었고, 한두 번은 우리를 작은 배에 태우고서 노를 저어 주기도 했다.

일련의 보잘것없는 인상일지라도 어릴 때의 추억이 깃든 곳에는 특히 애착이 가는 법이다. 아마 나만이 아니라 누구나 다 그럴 것이다. 나는 그 뒤로 이 야머스라는 이름을 듣거나 읽으면 교회에서는 종이 울려 퍼지고, 꼬마 에밀리는 내 한쪽 어깨에 기대 있고, 햄은 한가하게 물에 돌을 던지고, 태양은 짙은 안개 속에서 나와 바다 저 멀리서 배를 비추어, 배들이 마치 그림자처럼 보이게 하던 수많은 일들이 생각난다.

마침내 집으로 돌아가는 날이 오고야 말았다. 페거티 씨와 거미지 부인과 헤어지는 것은 참을 수 있었지만, 에밀리를 두고 떠나는 것이 가슴 아팠다. 나는 그 애와 팔짱을 끼고 마부가 묵고 있는 여관으로 가면서 편지를 하겠다고 약속했다. (나는 이 약속을 나중에야 지켰다. 그러나 그것은 흔히 원고에 쓰는 글자보다도 더 큰 글씨로 써야 했다.)[3] 헤어질 때 우리는 매우 침울했다. 만약 내 생애에서 공허감을 느껴본 적이 있다면 바로 이날일 것이다.

이번 여행을 하면서 나는 집에 대해서 모두 잊고 있었으므로, 떠올린 적도 거의 없었다. 그런데 막상 귀로에 오르자마자, 나의 어린 양심은 그 점을 나무라는 것처럼 똑바로 집으로 향하고 있었다. 그리고 마음이 울적할수록 그곳이 우리 집이며, 어머니가 나의 위안이고, 내 편이라는 점을 사무치게 느꼈다.

집으로 가는 도중 우리가 지나치는 경치가 점점 더 친밀해지자, 나는 빨리 집에 닿아 어머니 품으로 뛰어들고 싶은 충동이 더해갔다. 그러나 페거티는 이러한 나의 황홀한 심정을 함께 나누기는커녕 억누르려 했으며(물론 친절하게 대해주긴 했지만), 당황하는 것 같았고, 기분이 언짢아 보였다.

우리는 블룬더스톤의 떼까마귀 집에 도착했다. 아, 그날을 어찌 잊으랴! 금방이라도 비가 내릴 것 같은 음산한 날씨의 춥고 흐린 오후를.

문이 열렸다. 나는 기뻐서 흥분한 나머지 웃었다 울었다 하면서 어머니를 찾았다. 그러나 나를 맞이한 사람은 어머니가 아니라 낯선 하녀였다.

"이봐, 페거티! 엄마는 아직 안 온 거야?" 나는 우는 소리로 물었다.

"아녜요, 데이비 도련님, 어머닌 돌아오셨어요, 데이비 도련님. 조금만 기다려요. 잠깐 말할 것이 있어요." 페거티가 말했다.

페거티는 흥분한 데다 마차에서 내릴 때는 언제나처럼 어설펐으므로 힘이 없어 보였다. 그러나 나도 멍했고 이상한 생각이 들어서, 그녀에게 그런 말은 하지 않았다. 페거티는 마차에서 내려 내 손을 잡더니 묘한 표정으로 나를 부엌으로 데려간 다음 문을 닫았다.

"페거티! 무슨 일이야?" 나는 정말 놀라서 물었다.

"아무것도 아니에요, 데이비 도련님!" 페거티는 억지로 쾌활함을 가장하고는 대답했다.

---

[3] 묘비명을 뜻함.

"무슨 일이야? 엄마는 어디 있지?"

"데이비 도련님?" 페거티가 말했다.

"그래, 어머니는 왜 대문까지 마중 나오지 않아? 그리고 왜 이리로 들어온 거야?" 내 눈은 눈물로 가득 찼고 나는 금방이라도 쓰러질 것 같았다.

"귀여운 도련님!"

페거티는 나를 꼭 안고서 말했다. "왜 그래요? 말해 봐요, 우리 귀염둥이 도련님!"

"엄마가 돌아가셨어? 빨리 말해봐."

페거티는 "당치도 않아요"라고 큰 소리로 외치고는 주저앉아 숨을 헐떡이면서 내 말을 듣고 깜짝 놀랐다고 말했다.

나는 그녀를 진정시키려고, 아니 그보다는 내려앉은 심장을 원래대로 돌려놓을 생각으로 그녀를 꽉 껴안고는, 그녀 앞에 서서 궁금해 미치겠다는 눈으로 바라보았다.

"도련님, 미리 이야기했으면 좋았을 텐데," 페거티는 말했다. "그런데 적당한 기회가 없었어요. 기회를 만들었어야 했는데. 거기까지는 생각을 못 했어요."

"어서 말해, 페거티." 나는 전보다 더 놀라서 말했다.

"데이비 도련님." 그녀는 떨리는 손으로 모자 끈을 풀면서 말했다. "어떻게 생각하나요? 새아빠가 생겼어요!"

나는 온몸이 벌벌 떨리고, 얼굴이 창백해졌다. 무엇이 어떻게 된 일인지는 몰라도, 묘지의 무덤과 죽은 자의 소생과 관련된 무엇이 몸에 해로운 바람처럼 나를 강타한 것 같았다.

"엉? 새아빠라고?"

페거티는 무슨 딱딱한 것을 삼키는 듯이 몹시 괴로워하더니 이내 손을 내밀면서 말했다. "자, 가서 새아버질 만나고 와요."

"나, 만나기 싫어."

"그리고 어머니도 만나고요." 페거티가 말했다.

나는 고집을 꺾고 페거티와 함께 곧장 제일 좋은 거실로 갔다. 그리고 페거티는 나를 두고 나가버렸다. 난로 한쪽에는 어머니가, 다른 쪽에는 머드스톤 씨가 앉아 있었다. 어머니가 뜨개질을 멈추고 급히 일어섰다. 그런 어머니의 행동이

3장 설레는 첫 여행 57

나에게는 어색하게 보였다.

"자, 클라라, 진정해요! 마음을 가라앉혀요, 무슨 일이 있어도 마음을 가라앉혀야 해요! 애야, 잘 있었니?" 머드스톤 씨는 말했다.

나는 머드스톤 씨와 악수했다. 그러곤 잠시 망설이다 어머니한테 가서 키스했다. 어머니도 나에게 키스해주면서 어깨를 가볍게 두드려주고는 다시 앉아서 일을 계속했다. 나는 엄마의 얼굴도 새아버지의 얼굴도 차마 볼 수가 없었다. 머드스톤 씨가 어머니와 나를 바라보고 있다는 사실만은 똑똑히 알았다. 그래서 창쪽으로 눈길을 돌려 추위에 고개를 축 늘어뜨리고 있는 창밖의 떨기나무를 바라보았다.

빠져나갈 기회가 생기자 나는 소리 내지 않고 2층으로 올라갔다. 나의 정든 침실은 완전히 바뀌어 있었다. 나는 멀리 떨어진 다른 곳에서 자도록 되어 있었다. 아래층으로 내려와 변함없는 옛 모습을 찾았으나 모든 것이 달라져 있었다. 그래서 안마당으로 어슬렁어슬렁 걸어나갔다가 곧 발길을 돌렸다. 텅 비었던 개집에 그곳이 비좁아 보일 정도로 큰 개, 낮게 으르렁거리며 짖는 머드스톤 씨를 똑 닮은 털이 검은 개가 있었는데, 놈이 나를 보더니 물려고 덤벼들었던 것이다.

4장
불행의 시작

 내 침대가 옮겨진 그 방에 마음이란 게 있어서—내가 잤던 그 방에서 지금 누가 잘까?—내가 얼마나 무거운 마음을 이끌고 그 방으로 갔는지 증언해 주면 좋으련만!
 안마당의 개가 나를 향해 끊임없이 짖어대는 소리를 들으며 나는 계단을 올라갔다. 텅 빈 방이 나를 내려다보고 있다. 나도 마찬가지로 멍하니, 종잡을 수 없는 마음으로 방 안을 둘러보면서 조그마한 손으로 팔짱을 끼고 앉아 생각에 잠겼다.
 이상한 생각만 떠올랐다. 방의 생김새, 천장의 갈라진 틈, 벽지, 금 간 유리창 때문에 잔물결이나 작은 무늬가 있는 것처럼 보이는 바깥 경치, 위험스레 세 발 위에 얹혀 있어 불만인 듯한 세면대 따위를 생각하노라니 문득 죽은 남편을 그리워하는 거미지 부인 생각이 떠올랐다.
 나는 줄곧 울고 있었다. 그러나 춥고 기운이 없다는 것을 의식할 뿐 내가 왜 소리내 울었는지에 대해서는 헤아려보지 않았다. 나는 비로소 에밀리를 사랑했으며, 그녀와 헤어져서 그녀 반만큼도 나를 돌보아주는 이 없는 이곳으로 오게 되었다는 것을 떠올렸다. 이런 생각을 하니 너무도 비참한 생각이 들어서 나는 이불 한 귀퉁이로 몸을 감고 울다가 잠이 들었다.
 "여기 있다!"
 누군가가 소리치면서 열이 나는 내 머리에 덮인 이불을 벗기는 바람에 나는 잠에서 깼다. 어머니와 페거티가 나를 찾으러 다닌 모양이다.
 "데이비. 무슨 일이니?" 어머니는 말했다.
 나는 그런 걸 묻는 쪽이 오히려 이상해 보였다. 그래서 나는 "아무것도 아니에요"라고 대답하곤 고개를 푹 숙여 떨리는 입술을 숨겼다. 그러나 떨리는 입술이 어머니에게 나의 진심을 더 정확히 말해주었다.

"데이비, 내 아들 데이비야!" 어머니가 말했다.

어머니가 할 수 있는 말 가운데에서 '내 아들'이라고 부르는 그 소리보다 나를 더 감동시키는 말은 없었을 것이다. 나는 이불로 눈물을 감추었다. 그리고 나를 안아 일으키려는 어머니를 손으로 밀어버렸다.

"이건 모두 네가 시킨 일이지, 페거티. 넌 잔인해!" 어머니가 말했다. "네가 시킨 짓이 틀림없어. 내 아들에게 나와 내가 사랑하는 사람에게 편견을 갖게 하고는, 어쩜 그토록 뻔뻔스럽게 태연히 서 있을 수 있지? 페거티, 대체 무슨 속셈이야?"

불쌍한 페거티는 두 손을 들고 눈을 부릅뜨고는, 내가 식사를 끝마치고 언제나 되풀이하는 기도에 화답하는 그런 투로 기도를 올렸다. "주여, 용서하소서. 코퍼필드 부인, 당신이 방금 한 말에 대하여 뉘우치지 않으시기를 빕니다."

"난 지금 신혼이야. 아무리 적의를 품은 원수일지라도 내 마음을 짓밟고 나의 보잘것없는 마음의 평화와 행복을 시기하지는 않을 텐데. 데이비, 이 버릇없는 녀석! 페거티, 잔인한 것! 아, 어떻게 이럴 수가 있어!" 어머니는 괴팍스럽고 심술궂은 태도로 페거티와 나를 번갈아 보면서 외쳤다. "무슨 세상이 이렇담! 누구나 가장 행복해야 할 시기인데!"

누군가의 손이 나의 몸에 닿는 것을 느꼈으나 그것은 어머니의 손도, 페거티의 손도 아니었다. 나는 당황하여 침대 곁에 섰다. 그 손은 머드스톤 씨의 손이었다. 그는 내 팔을 잡고서, "이게 무슨 짓이오? 여보, 클라라. 당신 잊었소? 마음을 굳게 먹어요, 여보!"라고 말했다.

"정말 미안해요, 에드워드." 어머니가 말했다. "나는 잘 대해주려고 마음먹었지만, 너무 괘씸하잖아요!"

"정말 그렇군!" 그는 맞장구쳤다. "시작부터 큰일이네, 클라라!"

"지금도 이러니, 앞으로 정말 어렵겠어요." 어머니는 뾰로통해서 말했다.

그는 어머니를 끌어당겨서 무슨 말인가를 속삭이더니, 키스를 했다. 어머니가 고개를 그의 어깨에 기대고, 그의 목을 팔로 감싸고 있을 때, 그는 유순한 어머니를 자기가 원하는 대로 바꾸어 놓을 수 있음을 나는 알았다. 그리고 실제로 그렇게 되었다.

"여보, 아래층으로 내려가요." 머드스톤 씨가 말했다. "나는 데이비드와 함께 내려가겠소." 그는 어머니가 나가는 것을 보고 고개를 끄덕이며 미소지었다. 그러더니 험악한 얼굴로 페거티를 바라보면서 말했다. "이봐, 넌 주인마님을 어떻게 불러야 하는지 알고 있겠지?"

"저는 오랫동안 마님 시중을 들어 왔습니다. 알다뿐이겠습니까." 페거티가 말했다.

"그런데 내가 2층으로 올라오다 네가 주인마님을 잘못 부르는 소릴 들은 것 같아. 주인마님은 내 성을 가지게 되었다는 걸 모르나? 명심하도록 해."

페거티는 불안한 눈초리로 나를 한 번 바라보더니 아무 대답 없이 무릎을 굽혀 인사하고는 나가버렸다. 둘이 남게 되자 머드스톤 씨는 문을 닫고 의자에 앉아서 나를 자기 앞에 세우더니 줄곧 내 눈을 바라보았다. 그래서 나도 역시 그의 눈을 주의 깊게 바라보았던 것 같다. 그에게 맞서 얼굴을 맞대고 있던 일을 생각하면 지금도 가슴이 두방망이질 치는 소리가 들리는 것 같다.

"데이비드, 만약 나에게 다루기 힘든 사나운 개나 말이 있다면, 내가 어떻게 할 것 같니?" 그는 입술을 깨물면서 물었다.

"모르겠어요."

"때리는 거야."

나는 그때 숨을 죽이고 속삭이듯 대답했지만 숨이 가빠짐을 느꼈다.

"나는 그놈을 꼼짝 못 하게 혼내줄 거야. '저놈을 굴복시키겠다'고 마음만 먹으면 그놈의 피를 다 말려서라도 나는 하고야 말아. 네 얼굴에 묻은 것이 뭐지?"

"때가 묻은 거예요." 나는 대답했다.

그것이 눈물 자국이라는 사실을 그도 나만큼이나 잘 알고 있었다. 그러나 만약 그가 스무 번씩 물으면서, 물을 때마다 나를 때려 나의 조그마한 심장이 터져버린다 해도 나는 바른대로 대답하지 않았을 것이다.

"너는 어린애치고는 아주 영리해." 그는 특유의 진지한 미소를 띠며 말했다. "그러니 내가 어떤 사람이라는 것을 잘 알리라 믿는다. 얼굴을 씻고 나와 같이 아래층으로 내려가자."

거미지 부인 같다고 생각했던 세면대를 가리키며, 자기의 명령에 즉각 복종하라고 고갯짓으로 지시했다. 이때 내가 머뭇거렸더라면, 그는 양심의 가책을 조금도 느끼지 않고 나를 때렸을 것이다.

"여보, 클라라." 내가 그의 명령에 따르자 그는 여전히 내 어깨를 한 손으로 잡고 나를 거실로 데리고 가면서 말했다. "이젠 더는 불쾌하지 않을 거요. 어차피 어린애의 변덕이니까 곧 나아질 거요."

아, 그때 단 한마디의 따뜻한 말만 들었더라도, 내 온 생애가 나아졌을 것이고, 어쩌면 나는 전혀 다른 사람이 되었을 텐데. 격려의 말 한마디, 설득의 말 한마디, 철부지 어린애에 대한 동정의 말 한마디, 집으로 돌아온 데 대한 환영의 말 한마디, 이 집이 내 집이라는 확신을 갖도록 하는 말 한마디라도 있었더라면, 그때부터 표면적 위선 대신에 진심으로 자식으로서 내 의무를 다하며 그를 미워하는 대신 존경했을 텐데. 내가 겁에 질린 채 서먹서먹한 기분으로 방에 서 있는 것을 본 어머니는 퍽 난처한 것 같았다. 그리고 내가 의자 있는 데로 조용히 다가갔을 때—아마도 내 걸음걸이에 아이다운 자유로움이 없었기 때문이었을까—어머니는 더없이 슬픈 눈으로 나를 바라보았다.

셋이서 저녁을 먹었다. 머드스톤 씨는 어머니를 아주 좋아하는 것 같았다. 그리고 어머니도 그를 좋아했다. 어머니와 그가 주고받는 말을 들으니, 머드스톤 씨의 누님이 와서 같이 살 것이며 그녀가 그날 밤 바로 도착한다는 것이었다. 내가 그날 들은 것인지 나중에 들은 것인지는 확실치 않지만, 머드스톤 씨는 일정한 직업이 없고, 증조부 때부터 관계를 맺어온 런던의 한 주류 상점의 주식을 가지고 있어서 해마다 약간의 이익 배당금을 지급받으며, 그의 누님도 이와 비슷한 이해관계에 있다고 했다.

저녁을 먹고 우리는 난롯가에 앉아 있었다. 나는 어떻게 하면 이 집 주인의 기분을 상하게 하지 않고 페거티에게로 살짝 가버릴까 궁리하고 있었다. 이때 마차 한 대가 대문에 도착했다. 머드스톤 씨는 손님을 맞으러 밖으로 나갔다. 어머니도 그를 따라갔다. 나도 겁에 질려 어머니 뒤를 따랐다. 어머니는 응접실 문이 있는 어두컴컴한 데에서 돌아서서 옛날처럼 나를 껴안으며 새아버지를 사랑하고 그의 말에 따르라고 속삭였다. 어머니는 무슨 나쁜 짓이라도 하는 것처럼, 남몰래 성급하게 그러나 다정하게 말하고는, 뒤로 손을 내밀어 내 손을 잡고 머드스톤 씨가 서 있는 마당으로 나갔다. 그러나 거기에 이르자 어머니는 내 손을 놓고, 그 손으로 머드스톤 씨의 팔을 잡았다.

도착한 손님은 미스 머드스톤이었다. 우울해 보이는 그 숙녀는 동생을 닮아 얼굴빛이 거무스레했다. 목소리도 얼굴도 동생과 똑 닮았다. 눈썹은 매우 짙어서, 그녀의 큰 코 위에 빈 곳이 없을 정도로 무성한 것이 거의 맞닿아 있었다. 마치 자신이 여성이라는 게 흠이어서 구레나룻을 기를 수 없으니 눈썹이라도 진한 것으로 붙여야겠다는 모양새였다. 그녀는 대단히 딱딱해 보이는 검은 상자 두 개를 가져왔는데, 뚜껑에는 그녀 이름의 머리글자가 딱딱한 놋쇠 못으로 씌어 있었다. 그녀는 딱딱한 강철 지갑에서 돈을 꺼내 마부에게 지급하고는 무거운 쇠줄로 그녀의 팔에 걸려 있는, 꼭 교도소 같은 가방에 지갑을 집어넣고는 닫았다. 그것은 마치 물어뜯듯이 철컥 하고 닫혔다. 나는 그때의 미스 머드스톤처럼 온몸을 금속으로 치장한 숙녀를 본 적이 없었다.

그녀는 온갖 환대를 받으면서 거실로 안내되었다. 거기서 어머니가 정식으로 새로운 가족으로 소개되었다. 그러고 나서 미스 머드스톤은 나를 보더니 "저 애가 아들이로군, 올케?"라고 물었다.

어머니는 그렇다고 말했다.

"대체로 나는 사내아이라면 별로야. 어쨌든 잘 지냈니, 얘야?" 미스 머드스톤이 말했다.

처지가 이러했으므로 나는 '대단히 잘 있습니다, 당신도 그러기를 바랍니다'라고 대답했다. 나의 마지못한 인사말을 들은 미스 머드스톤은 나를 짧게 평했다.

"꽤나 버릇없는 애로군."

또박또박 이렇게 말한 다음 미스 머드스톤은 자기 방으로 안내해 달라고 했다. 그때부터 그녀의 방은 나에게 두려움과 공포의 대상이 되었다. 그 방에는 검은 상자가 두 개 있었는데, 열려 있다든가 자물쇠가 채워져 있지 않은 때가 한 번도 없었다. 미스 머드스톤이 정장을 할 때 장신구로 쓰이는 수많은 족쇄와 대가리가 큰 못이 거울에 걸려 있었다(그녀가 외출했을 때 나는 한두 번 그녀의 방 안을 들여다본 일이 있었다).

내가 보기에, 그녀는 우리 집에 아주 살 생각으로 왔으므로 다시 돌아갈 의향은 없는 것 같았다. 다음 날 아침 그녀는 어머니를 '돕기' 시작했다. 온종일 창고를 들락날락하면서 물건을 정돈했으므로 옛날 질서는 모두 흐트러져 버렸다. 내가 미스 머드스톤에게서 발견한 첫 번째 주목할 만한 점은, 하녀들이 이 집 안에 사내를 숨겨 놓지나 않았나 하는 의심에 사로잡혀 있는 것이었다. 이러한 환상에 빠져 있었으므로, 마치 그 사람을 찾으려는 듯이 불시에 석탄창고를 뒤지기도 하고, 어두컴컴한 벽장문을 열었다가 쾅 닫기도 했다.

미스 머드스톤은 경쾌한 데라곤 없었지만, 아침에는 종달새 뺨치게 일찍 일어났다. 집 안의 누구보다도 먼저 말이다. (나는 아직도, 그녀가 이렇게 일찍 일어나는 까닭은, 숨어 있다고 생각하는 그 사내를 찾기 위해서라고 믿고 있다.) 페거티는 그녀가 언제나 한쪽 눈을 뜨고 자기 때문이라고 말했지만, 나는 그 생각에는 도무지 찬성할 수 없었다. 왜냐하면 그 이야기를 듣고 나도 따라해 보았으나 도저히 불가능했기 때문이다.

미스 머드스톤은 우리 집에 도착한 바로 다음 날 아침, 첫닭이 울 무렵에 일어나 벨을 울리고 있었다. 어머니가 아침 식사를 하려고 아래층으로 내려가 차를 준비하고 있을 때 미스 머드스톤이 어머니의 뺨에다 형식적으로 키스를 하고는 이렇게 말했다.

"클라라, 내가 여기 온 것은 내 힘닿는 데까지 올케의 수고를 덜어주기 위해서야. 올케는 예쁘긴 하지만 철이 없으니까." 어머니는 이 말이 싫지는 않은 듯 얼굴을 붉히며 웃었다. "올케가 할 일을 내가 대신해줄 수 있어. 그러니 열쇠를 모두 내게 맡겨요. 앞으로는 이런 일은 내가 할게."

이때부터 미스 머드스톤은 그 열쇠 뭉치를 낮 동안에는 종일 그녀의 조그마한 통에다 넣어두고, 밤이면 베개 밑에 넣고 잠을 잤다.

어머니는 실권을 잃게 된 데 대해 항의도 없이 그냥 참을 수만은 없었다. 어느 날 밤이었다. 미스 머드스톤이 살림살이에 관하여 그녀의 남동생과 상의한 뒤 그의 동의를 얻었을 때, 어머니가 갑자기 울음을 터뜨리면서 자기와도 의논을 했어야 한다고 따졌다.

"클라라!" 머드스톤 씨가 단호하게 말했다. "클라라! 당신 이상하구먼."

"당신이 이상하다고 해도 좋아요, 에드워드!" 어머니는 소리쳤다. "당신이 나에게 굳게 마음먹으라고 말해도 좋아요. 그러나 당신 스스로도 그것은 원하지 않으시지요?"

내 생각에, 머드스톤 남매가 굳건한 발판으로 삼고 있는 주요한 특성이 곧 '마음을 단단히 먹으라'는 말인 것 같았다. 그 무렵 내가 그것을 얼마나 이해하고 설명할 수 있었을지는 모르지만, 아무튼 그것만큼은 확실하다고 생각했다.

내 나름대로 해석하자면, 그 말은 횡포와 방자함의 다른 이름이었다. 요컨대 그들 남매의 포악한 행위와 우울하고 거만하며 악마 같은 기질을 대변하는 말이었다. 지금이라면 그것이 신조였다고 표현할 수 있다.

머드스톤 씨는 단호했다. 그의 세계에서는 누구도 그처럼 단호해서는 안 된다. 그의 고집 앞에서는 모든 사람이 무릎 꿇어야 했으므로, 그의 세계에서 그보다 단호한 사람이 있어서는 안 되는 것이다. 단 미스 머드스톤은 예외였다. 그녀는 혈육이니만큼, 남동생의 고집보다 조금 덜한 종속적인 고집이라면 부릴 수 있었다. 어머니 또한 예외였다. 머드스톤 남매의 주장을 인정해주고 또 그들 말고는 견실한 사람이 없다는 것을 굳게 믿기만 하면 어머니도 자신의 주장을 내세울 정도로 고집을 부릴 수 있었다.

"너무해요, 여긴 내 집인데—" 어머니는 말했다.

"내 집이라고 했소, 클라라?" 머드스톤 씨가 그 말을 되받았다.

"우리 집이란 뜻으로 말했어요." 어머니는 겁을 먹고 더듬거렸다. 어지간히 놀란 모양이다. "에드워드, 당신이라면 알아 줄 거라고 생각해요—당신 집에서 가사 문제에 대해 내가 한마디도 할 수 없다니 너무하지 않아요? 우리가 결혼하기 전까진 집안 살림을 잘 꾸려 왔어요, 이것을 증명할 만한 사람이 있어요." 어머니는 흐느끼면서 말했다. "남의 도움 없이도 내가 살림을 잘 해왔는가 못 해왔는가 페거티에게 물어보세요."

"에드워드, 그만해라. 나는 내일 떠나겠어." 미스 머드스톤이 말했다.

"제인 머드스톤, 말도 안 되는 소리 하지 말아요. 마치 내 성격을 모르는 것처럼, 어떻게 그렇게 빗대어 말할 수가 있지?" 그녀의 동생이 말했다.

"나는 당신이 떠나는 것을 원치 않아요. 누구든 이 집을 떠난다면 나는 정말로 비참해지고 불행할 거예요. 내 요구가 그렇게 지나친 것은 아니잖아요. 나를 도우러 와 주셔서 무척 감사하게 생각한답니다. 나는 단지 형식적으로라도 때로는 나와 의논을 해 달라는 것뿐이에요. 에드워드, 내가 세상일에 경험이 없고 소녀 같아서 마음에 든다고 언젠가 말했지요. 그런데 이제는 그 점 때문에 나를 미워하는 것 같아요. 당신은 너무 지나쳐요." 어머니는 가혹하리만큼 불리한 처지에서 자꾸만 솟구치는 눈물을 흘리면서 말했다.

"에드워드, 그만해. 어쨌든 나는 내일 떠나겠어." 미스 머드스톤이 또다시 말했다.

"제인 머드스톤." 머드스톤 씨가 버럭 고함을 쳤다. "가만히 좀 있어요. 어떻게 그런 말을?"

미스 머드스톤은 그 감옥 같은 주머니에서 손수건을 꺼내 눈물을 닦았다.

"클라라." 머드스톤 씨는 어머니를 바라보면서 말을 이었다. "난 놀랐어! 깜짝 놀랐어! 그래, 인정하지. 경험 없고 순진한 사람과 결혼하여 인격을 형성해 주고, 그 사람에게 부족한 결단력과 강인성을 키워주겠다는 생각에서 나는 기뻐했어. 그런데 제인 머드스톤이 친절하게도 내 집에 와서 이렇게 애써 나를 도와주고 나를 위해 가정부처럼 일을 하는데도, 이렇게 섭섭하게 대하다니—"

"아, 에드워드, 제발 내가 배은망덕한 사람이라고 나무라지 마세요. 지금까지 어느 누구도 내가 그런 인간이라고 욕한 사람은 없었어요. 나는 결점이 많은 사람이에요. 그러나 은혜를 모르는 인간은 아녜요." 어머니는 소리쳤다.

"제인 머드스톤이 이런 푸대접을 받으니 내 그런 생각도 식고 변할 수밖에." 머드스톤 씨는 어머니의 말이 끝나기를 기다렸다가 말했다.

"여보, 에드워드. 제발! 난 그런 말을 듣고는 참을 수 없어요. 내가 어떤 사람인지는 모르지만 그래도 정이 많은 것만은 사실이에요. 페거티에게 물어보세요. 틀림없이 내가 인정이 많다고 할 거예요." 어머니는 애처롭게 애원했다.

"클라라, 그런 약한 소리는 안 통해. 더 말해 봤자 소용없어." 머드스톤 씨가 말했다.

"제발 우리 화해해요." 어머니가 말했다. "차갑고 불친절하고 그런 대우를 받곤 난 살아갈 수 없어요, 정말 미안해요. 내가 결점이 많다는 건 잘 알아요. 그래서 당신의 강인한 정신력으로 나의 결점을 바로잡으려는 노력에 깊이 감사해요. 제인, 더 이상 불평하지 않을 게요. 만약 당신이 떠날 생각을 한다면, 나는 완전히 실의에 빠지고 말 거예요." 어머니는 절망에 빠져 더는 말을 잇지 못했다.

"제인 머드스톤." 머드스톤 씨는 누나를 돌아보고 말했다. "우리 사이에 거친 말이 오가다니 드문 일이군요. 오늘 밤 이런 진기한 상황이 벌어진 것은 내 잘못이 아니에요. 다른 누군가의 농간에 걸려든 거예요. 누님 잘못도 아니에요. 누님도 다른 누군가의 농간에 걸려든 거죠. 그러니 이제 이 일은 잊읍시다." 그는 너그러운 투로 말하고는 덧붙였다. "그리고 이런 일은 어린애가 알아서는 안 돼. 데이비드, 너는 자러 가거라."

　나는 눈물이 앞을 가려 문이 어느 쪽인지 분간할 수도 없었다. 어머니가 괴로워하는 모습이 너무도 슬펐던 것이다. 그러나 나는 손으로 짚어가며 그 방을 나와 어둠 속을 더듬어 내 침실로 올라갔다. 페거티에게 잘 자라는 말을 할 마음도 내키지 않았고, 그녀에게서 촛불을 가져올 생각도 없었다. 한 시간쯤 뒤 나를 찾아 페거티가 올라왔을 때 나는 잠이 깨었다. 페거티의 말에 따르면, 불쌍하게도 어머니는 울면서 혼자 침실로 향했고, 머드스톤 남매는 그대로 앉아 있다는 것이었다.

　다음 날 아침에는 평소보다 일찍 일어나서 아래층으로 내려갔는데, 어머니의 목소리를 듣고 나는 거실 문 밖에서 걸음을 멈추었다. 어머니는 아주 진지하고도 겸손하게 미스 머드스톤에게 용서를 빌고 있었다. 그녀가 어머니의 사죄를 받아들여서 완전한 화해가 이루어졌다. 그러나 그 뒤로 어머니가 어떤 일에 의견을 밝힐 때는 반드시 먼저 미스 머드스톤에게 호소하거나, 미스 머드스톤의 의견이 어떠한가를 확실히 알아보았다. 미스 머드스톤은 화가 나면 (그녀는 정말 제멋대로 곧잘 화냈다) 마치 열쇠를 꺼내 어머니에게 돌려주려는 듯이 자기 가방 쪽으로 손을 뻗곤 했는데, 그때마다 어머니는 깜짝깜짝 놀랐다.

　머드스톤 집안 혈통에 흐르는 침울한 인자는 머드스톤의 종교까지도 음침하게 했다. 그것은 준엄하고 분노로 가득 차 있었다. 그의 종교가 이토록 어두운 것은 그의 매몰찬 성격에서 오는 당연한 결과이며, 그는 누구든 자기 뜻에 거슬리는 자에게는 모든 수단을 동원하여 가장 가혹한 형벌을 내렸으리라는 생각이 그때 이후로 나를 지배했다. 아무튼 아직도 기억이 또렷한데, 우리가 함께 교회에 갈 때도 그는 무서운 얼굴을 하고 있었으며, 교회의 분위기까지 바꾸어 버렸다.

　또다시 그 지긋지긋한 일요일이 닥쳤다. 그러면 나는 정해진 일터로 감시를 받으며 끌려가는 노예처럼 앞장서서 낯익은 나의 자리로 간다. 그러면 미스 머드스톤이 마치 관을 덮는 천으로 만든 것 같은 검은 벨벳 외투를 입고 바로 내 뒤를 따라온다. 그 뒤에는 어머니, 그다음이 어머니의 남편, 이런 순서였다. 옛날처럼, 페거티는 함께 오지 않는다. 오늘도 나는 미스 머드스톤이 합송을 중얼거리고 잔인한 심성을 드러내는 모든 말을 특히 힘주어 내뱉는 소리를 듣는다. 또 미

4장 불행의 시작　67

스 머드스톤이, 마치 회중을 꾸짖듯이 "불쌍한 죄인들이여"라고 외치면서 교회 안을 두리번거리는 것을 본다. 그리고 어머니가 두 사람 사이에 끼여서, 나지막한 천둥소리처럼 시끄러운 소리를 두 귀로 들으면서, 겁에 질린 듯 입술을 움직이는 것을 몰래 바라본다. 그리고 우리의 착한 늙은 목사가 틀렸고, 머드스톤 남매가 옳은 게 아닐까, 하늘에 있는 천사는 모두 죽음의 천사가 아닐까 하는 두려움에 빠지기도 한다. 또 내가 손가락 하나를 움직이거나 눈만 깜박해도, 미스 머드스톤이 기도서를 가지고 내 옆구리를 쿡쿡 찔러대는 것이었다.

그뿐이 아니다. 우리가 집으로 향할 때, 마을 사람들이 어머니와 나를 보고 수군거리는 것을 나는 본다. 세 사람이 팔짱을 끼고 걸어가면, 나는 혼자 뒤처져서 어슬렁어슬렁 걸어가며 동네 사람들의 눈치를 살피기도 하고 어머니의 화려한 미모가 근심에 시달려 사라지지나 않았을까 생각하기도 한다. 지난날 우리 모자가 예배당에서 사이좋게 돌아오던 모습을 내가 추억하듯이, 저 이웃들도 그 광경을 떠올리고 있는 건 아닐까? 나는 울적하고 쓸쓸한 날이면 온종일 이런 생각으로 하루를 보냈다.

나를 기숙 학교에 보내겠다는 이야기가 가끔 나왔다. 머드스톤 남매가 이러한 계획을 생각해냈으며, 어머니는 물론 찬성했다. 그러나 아직 확실히 결정된 것은 아니었다. 그동안 나는 집에서 여러 과목을 공부했다.

그 공부만은 도저히 잊을 수 없다! 명목상으로는 어머니가 이 공부를 주관했으나, 실질적인 주도권은 머드스톤 남매에게 있었다. 남매는 언제나 우리 곁에 붙어 있으면서, 이러한 과목을 통하여, 어머니와 나의 생활에 독소가 되었던 그 똑똑히 하라는 것에 대한 교훈을 어머니에게 가르칠 좋은 기회로 삼았다. 오직 그 때문에 나도 집에 있을 수 있었던 것이리라. 어머니하고만 살았을 때는 나는 공부도 하고 싶었고 또 할 수도 있었다. 어머니 슬하에서 알파벳을 배웠던 일이 아직도 어렴풋이 생각난다. 초보 독본의 굵고 검은 글자를 보고 혼란을 일으키던 것과 O, Q, S의 쉽고도 호감 가는 글자 따위가 옛날처럼 아직도 내 눈앞에 어른거린다. 그러나 그것들이 나에게 불쾌감을 주었다든가 혐오감을 일으켰다고는 생각하지 않는다. 이와 반대로 그 악어에 대한 책을 읽기까지는 꽃길을 걸어왔으며, 어머니의 부드러운 목소리와 온화한 태도에 이끌려 힘차게 걸음을 옮겼었다. 그러나 그 뒤에 이어졌던 엄숙한 공부는 내 평화스런 마음에 치명타를 입혔고, 슬픈 고역이요, 나날이 불행을 가져다준 것으로밖에는 기억되지 않는다. 공부 시간은 터무니없이 길었고, 배울 양이 많고 어려웠다—어떤 것은 전혀 이해할 수 없었다—아마 어머니도 그랬을 테지만, 거기에 대해서는 말이 없었다.

이해를 돕기 위해 어느 아침의 일을 한 예로 떠올려 보자.

어느 날 아침, 나는 식사를 한 다음 책과 연습장과 석판을 들고서 우리 집에서 두 번째로 좋은 거실로 들어갔다. 어머니는 글 쓰는 책상에 앉아서 나를 기다리고 있었다. 그러나 어머니보다 내가 나타나기를 손꼽아 기다리는 사람은 창가의 안락의자에 앉아 있는 머드스톤 씨(일단 책을 읽는 시늉을 하고 있지만)와 어머니 곁에 앉아서 강철 구슬을 실에 꿰고 있는 미스 머드스톤이었다. 이 두 남매를 보면 나는 너무도 당황하여 무던히도 노력하여 외웠던 낱말들이 전부 머릿속에서 달아나는 것을 느꼈다. 도대체 그것들은 어디로 달아난 것일까? 나는 알 수가 없었다.

나는 우선 교과서를 어머니에게 건넨다. 그 책이 문법책일 때도 있고 역사책일 때도 있으며 또 지리책일 때도 있었다. 나는 그 책을 어머니에게 건네기 전에, 물에 빠진 사람이 지푸라기를 잡듯이 필사적으로 내가 외워야 할 페이지를 봐두었다가 내 기억에 남아 있을 때 줄줄이 크게 외우기 시작했다. 한 군데 실수를 한다. 그러면 머드스톤 씨가 고개를 쳐들고 바라본다. 또다시 실수하면, 이번에는 미스 머드스톤이 고개를 들어 바라본다. 그 지경에 이르면 나는 얼굴을 붉히며, 여섯 마디쯤 실수하다가 외우기를 멈춘다. 만약 어머니가 대담하다면, 이때 나에게 책을 보여줄 수도 있을 것이다. 그러나 어머니는 그러한 용기가 없었다. 그저 상냥하게 "오, 데이비, 데이비"라고 말할 뿐이었다.

"이봐, 클라라. 그 애에게 단호한 태도를 취해요. '오, 데이비, 데이비'란 말은 집어치워. 그 애가 배운 것을 익혔느냐, 아니냐, 문제는 그뿐이오." 머드스톤 씨가 말했다.

"그 애는 전혀 몰라요." 미스 머드스톤이 무섭게 말하며 끼어들었다.

"정말 얘가 모르는 것 같아요." 어머니가 말했다.

"그럼 클라라, 책을 다시 그 애에게 주어 외우도록 해야지." 미스 머드스톤이 말했다.

"네, 물론 그래야지요. 나도 그렇게 하려고 해요. 자, 데이비, 다시 해봐. 바보같이 있지 말고." 어머니가 말했다.

한 번 더 외우게 하라는 지시에 따라 첫째 구절을 외웠으나, 둘째 구절은 신통치 않았다. 나는 정신이 멍해 있었다. 지난번에 외웠던 곳까지 채 미치지도 못하고 틀리고 말았다. 그러나 나는 학문에 관심이 없었다. 그 대신 미스 머드스톤의 모자에 달린 망사의 길이는 몇 야드나 될까, 머드스톤 씨의 실내복 값은 얼마나 될까 같은 나와 전혀 상관도 없고 관여하고 싶지도 않은 엉뚱한 것들만 생각났다. 드디어 머드스톤 씨가 초조하게 움직였다. 이것을 나는 오래전에 짐작하고 있었다. 미스 머드스톤도 똑같이 초조해했다. 어머니는 당황하여 이들 남매를 바라보고는, 책을 탁 덮고 다른 과목부터 한 뒤에 다시 하자며 밀쳐둔다.

이리하여 나중에 하도록 남겨둔 것이 자꾸만 쌓여서, 눈덩이처럼 커지고 만다. 공부해야 할 분량이 많아지면 많아질수록 나는 점점 더 멍청해졌다. 사태는 절망적이었다. 여기서 헤어날 생각을 포기하고 운명에 맡기기로 했다. 내가 실수할 때마다, 어머니와 내가 주고받는 절망적인 눈길은 침울했다. 그러나 이러한 쓰라린 과정에서 가장 볼 만한 장면은(아무도 보고 있지 않다고 생각했을 때) 어머니가 입술을 움직여 내게 귀띔해 주려고 할 때였다. 이 순간, 이러한 일이 일어나기를 기다리고 있었다는 듯이 미스 머드스톤이 굵직한 경고의 목소리로, "클라라!"라고 불렀다.

어머니는 깜짝 놀라서 얼굴을 붉히고는 힘없이 웃었다. 그러면 머드스톤 씨가 의자에서 일어나 내 책을 집어들어서 나에게 던지거나 그 책으로 따귀를 갈기고 나서 내 어깨를 잡아 끌어 방에서 쫓아내는 것이었다.

공부가 끝난 뒤에도, 나로선 끔찍하기만 한 계산 문제를 풀어야 하는 가장 심한 일이 기다리고 있었다. 이것은 머드스톤 씨가 일부러 나를 위해 창안해냈고, 직접 말로 나에게 전했다. "치즈 상점에서 한 개에 4펜스 반 페니 하는 순우유로 만든 글로스터 치즈를 5천 개 산다면 얼마나 내야 하지?" 이렇게 시작하는 것이었다. 미스 머드스톤이 내심 기뻐하는 것이 보인다. 나는 저녁 식사 때까지 이 치즈에 대해서 깊이 생각했지만 해답은 얻지 못한다. 이런 때는 석판가루가 내 피부의 털구멍마다 들어가 나는 흑백 혼혈아처럼 시커멓게 되었고, 빵 한 조각으로 저녁 식사를 하게 되는데, 이로써 그 치즈 문제에서 벗어나게 된다. 그러나 그날 저녁 내내 치욕적인 대우를 받게 된다.

이제는 옛이야기가 되었지만, 뒤돌아보면 불행한 나의 공부는 이런 식이었다. 머드스톤 남매만 없었다면 훨씬 더 순조로웠을 것이다. 그러나 나에게 미치는 머드스톤 남매의 작용은, 꼭 불쌍한 어린 새를 노려보는 두 마리의 독사 같았다. 비록 내가 오전을 매우 명예롭게 보냈다 하더라도, 저녁 식사 때는 그러한 공적이 사라지는 것이다. 왜냐하면 미스 머드스톤은 내가 노는 꼴을 참고 보지 못하기 때문이다. 내가 만약 경솔하게도 한가히 노는 모습을 보이면, 그녀는 "클라라, 공부하는 것이 제일이야. 당신 아들에게 연습 문제를 시켜요"라고 소리쳐서 자기 동생의 관심을 나에게 돌리는 것이었다. 이리하여 나는 즉석에서 새로운 일을 떠맡게 된다. 나는 또래 애들과는 거의 놀지 못했다. 머드스톤 남매의 침울한 신학에 따르면, 애들이란 어린 독사 무리이므로 (옛날 그리스도의 제자들 한가운데에도 불려나온 어린아이가 한 명 있었건만) 서로 어울리게 했다간 악에 물들기 때문이었다.[1]

이러한 대우가 여섯 달이나 혹은 그 이상 이어졌다고 생각하는데, 그 결과 나는 우울하고, 활발치 못하고, 고집불통이 되고 말았다. 날이 갈수록 자꾸만 더 어머니에게서 분리되고 소외당해 간다는 생각에, 더욱 그렇게 되었다. 만약 하나의 위안거리가 없었더라면 나는 완전히 바보가 되었을 것이라고 지금도 믿고 있다.

그것은 나의 아버지가 2층의 조그마한 방에 남긴 약간의 장서였다. 나는 그곳에 자유롭게 출입할 수 있었고(내 방 바로 옆이었으므로), 집 안의 다른 사람들은 그 방에 관심이 전혀 없었다. 이 축복받은 조그마한 방에선 로데릭 랜덤, 페레그린 피클, 험프리 클링커, 톰 존스, 웨이크필드의 목사, 돈키호테, 질 블라스, 로빈슨 크루소 같은 훌륭한 주인공이 나타나서 내 친구가 되었다.[2] 이러한 책들은 상상력을 키워주었고, 장소와 시간을 뛰어넘는 어떤 희망을 가져다주었다. 앞서 말한 책들과 《아라비안나이트》와 《요정 이야기》는 나에게 아무런 해를 입히지

---

[1] 〈마태복음〉 18 : 2~3 참조. '예수께서 한 어린아이를 불러 저희 가운데 세우시고 이르시되…… 너희가 어린아이와 같이 아니하면 결단코 천국에 들어가지 못하리라.'
[2] 대부분 18세기 영국소설의 제목 또는 주인공 이름. 처음 셋은 스몰렛, 《톰 존스》는 필딩, 《웨이크필드의 목사》는 골드스미스의 작품. 《질 블라스》의 작가는 프랑스의 르사주로, 스몰렛이 영역했다.

않았다. 이 책들 가운데 해가 되는 구절이 있다 해도 나와는 아무런 관계가 없었기 때문이다. 나는 해로운 것을 몰랐었다. 언제나 어려운 문제에 골몰해 있고, 실수만 연발하던 내가 어떻게 그런 책을 읽을 여유가 있었는지 지금 생각해도 참으로 놀랄 일이다. 온갖 보잘것없는 고민(물론 나로서는 엄청난 것이었다)에 빠져서도 책 속에 나오는 좋아하는 인물들을 인격화시켜 내가 그러한 인물이 된 것처럼 생각하고, 머드스톤 남매를 책 속에 등장하는 모든 나쁜 사람으로 취급함으로써 위안을 삼았다고 생각하니 이상할 따름이다. 어떤 때는 일주일 동안 톰 존스(어린이용의 천진난만한 톰 존스)가 된 적도 있다.[3] 믿지 못하겠지만, 한 달 내내 내 나름대로 해석한 로데릭 랜덤이 된 적도 있다. 또 나는 선반에 꽂혀 있던 항해와 여행에 대한 몇몇 책을 특히 좋아했다. 그러나 그 책의 제목은 생각나지 않는다. 나는 식탁 중앙에 장식용으로 놓아둔 낡은 구두틀 한 세트로 무장하고서 야만인에게 포위된 대영 제국 해군 함장이 떳떳한 죽음을 각오했을 때의 모습을 떠올리며 며칠씩 집을 돌아다녔던 일을 지금도 기억한다. 그 함장은 라틴어 문법책으로 따귀를 얻어맞는 정도로는 위엄을 잃지 않았지만, 나는 그러지 못했다. 하지만 함장은 죽었거나 살아 있는 온갖 세계 언어의 문법책이 있다 하더라도 어디까지나 함장이며 영웅이었으므로 어쩔 수 없다.

이것만이 나의 유일하고도 영원한 위로였다. 그것을 생각할 때면 어느 여름 날 저녁에 있었던 일이 뚜렷하게 떠오른다. 묘지에서 놀고 있는 아이들의 모습과 침대에 앉아 필사적으로 책을 읽고 있던 나의 모습이. 이웃의 모든 헛간과 교회의 모든 돌과 공동묘지의 땅 하나까지도 이 책들과 연관되어 내 마음에 연상 작용을 일으켜, 책에서 유명해진 어떤 지역을 대신해 주었다. 나는 톰 파이프스가 교회 첨탑을 기어오르는 것을 보았고, 배낭을 짊어진 스트랩이 우리 집 쪽문에서 한숨 돌리며 쉬고 있는 것을 보았다. 그런가 하면, 트러니온 제독이 우리 마을의 어느 술집 객실에서, 피클 씨와 친목을 도모하는 모임을 가졌던 것도 알고 있다.[4]

이제 다시 내 어린 시절의 기구한 운명 이야기로 돌아갈 텐데, 이쯤 되면 내가

---

3) 원작의 톰에게는 품행이 바르지 못한 면이 있지만, 어린이용은 그 부분이 빠져 있다.
4) 톰 파이프스와 트러니온 제독은 《페레그린 피클》에 나오는 인물. 스트랩은 《로데릭 랜덤》에 나오는 종복.

어떠한 아이였는지 독자 여러분도 나만큼 잘 알 것이다.

어느 날 아침, 나는 책을 들고서 거실로 들어가니 어머니는 근심스런 표정을 하고 있었고, 미스 머드스톤은 굳은 표정을 하고 있었으며, 머드스톤 씨는 연하고 낭창낭창한 막대기 아랫부분에 무엇을 감고 있었다. 내가 들어가자 그는 감던 것을 멈추고 막대기를 들어서 공중에다 휘둘러 보였다.

"클라라, 분명히 말하는데 나도 종종 매질을 당했었어." 머드스톤 씨는 말했다.

"그래, 틀림없어." 미스 머드스톤이 거들었다.

"하지만 매질을 당한 것이 에드워드에게 유익했다고 생각하세요?" 어머니가 더듬더듬 말했다.

"그럼 당신은 그것이 해가 되었으리라고 생각하나?" 머드스톤 씨가 엄숙히 말했다.

"그것이 문제야." 그의 누나가 말했다.

이 말에 대해서 어머니는 "그래요. 그 점이 문제예요. 미스 제인"이라고 대답하고는 더 이상 아무 말도 하지 않았다.

나는 이 대화에 내가 관련되어 있는 것을 알고는 더럭 겁이 났다. 그래서 머드스톤 씨를 재빨리 살폈더니, 그도 나를 바라보았다.

"자, 데이비드, 오늘은 여느 때보다 더 조심해야 한다." 그는 이렇게 말하더니 다시 막대기를 들어 공중에다 휘둘러 보였다. 그러고는 준비가 다 되자 평소 같은 무서운 얼굴로 막대기를 자기 옆에 놓고, 책을 집어 들었다.

갑자기 이렇다 보니 내 심장은 완전히 요동치고 만다. 나는 공부한 것이 한 단어 한 단어 혹은 한 줄 한 줄 달아나는 것이 아니라 한 페이지씩 몽땅 사라지는 것을 느꼈다. 어떻게든 붙들려고 했으나, 그것들은 말하자면 스케이트를 신고 미끄러지듯이 유연하게 빠져나갔다.

시작부터 참담했고 갈수록 점점 나빠졌다. 나는 오늘은 예습도 충분히 해서 의기양양하게 들어왔건만, 그것이 잘못이었다. 한 권 한 권, 실수는 산처럼 쌓여만 갔고, 미스 머드스톤은 줄곧 험상궂은 얼굴로 어머니와 나를 단단히 감시하고 있었다. 드디어 5천 개의 치즈를 계산하는 문제에 이르자(그날은 5천 개의 지팡이였다) 어머니는 울음을 터뜨렸다.

"클라라!" 미스 머드스톤이 경고조로 말했다.

"미스 제인, 제가 몸이 좋지 않아서요." 어머니가 말했다.

이때에 나는 머드스톤 씨가 회초리를 들고 일어서서 그의 누나에게 진지하게 눈짓하는 것을 보았다. 그런 다음 머드스톤 씨는 말했다.

"저것 봐요, 제인. 클라라가 오늘 데이비드 때문에 겪은 근심과 고통을 마음 굳게 먹고 참으리라고는 기대할 수 없어요. 그것은 극기예요. 클라라가 아주 강해졌고 좋아졌지만, 아직까진 많은 것을 기대할 수 없어요. 데이비드, 2층으로 올라가자."

머드스톤 씨가 나를 문 밖으로 데리고 나오자 어머니가 우리를 향해 달려왔다. 이때 미스 머드스톤이 "클라라! 정말 어리석군"이라고 소리치면서 어머니를 가로막았다. 나는 어머니가 귀를 막는 것을 보았고, 어머니가 우는 소리를 들었다.

머드스톤 씨는 나를 데리고 천천히 위엄 있게 내 방으로 향했다. 그는 처벌할 때 이런 형식적 행진을 좋아하는 것이 확실했다. 그리고 내 방에 들어서자 갑자기 내 목을 꺾듯이 옆구리에 꽉 끼었다.

"머드스톤 씨! 선생님!" 나는 소리쳤다. "이러지 마세요! 제발 때리지 마세요! 외우려고 애썼지만, 당신과 미스 머드스톤이 옆에 있으면 욀 수가 없어요. 정말로 외워지지가 않아요!"

"뭐, 욀 수 없다고, 데이비드?" 그는 말했다. "어디 해 보자."

그는 나의 머리를 악마처럼 잡았다. 그러나 제발 때리지는 말아 달라고 엉겨 붙어서 잠시나마 그의 매를 멈추게 했다. 그러나 이것도 잠깐이었다. 그는 곧장 나를 거세게 뗐다. 그 순간 나는 나를 잡고 있는 그의 손을 물고 끊어지도록 깨물어버렸다. 지금 생각해도 오싹하다.

그러자 그는 나를 죽일 듯이 때렸다. 우리가 법석을 떤 것보다도 더 소란스럽게, 어머니와 페거티가 계단을 뛰어오면서 소리쳤다. 그러자 머드스톤 씨는 나가버리고, 방문은 밖에서 잠겼다. 나는 마루 위에 그대로 누웠는데 화도 나고, 몸도 달아올랐으며, 눈물도 났고, 몸은 타박상을 입어 쓰라렸다. 나는 나대로 화가 나 있었다.

내가 진정이 되자, 온 집안이 이상하게도 고요한 침묵 속에 묻혀 있었다. 아픔과 격분이 사라지자 심한 죄책감이 찾아왔다.

나는 일어나 앉아서 오랫동안 귀를 기울였으나, 아무 소리도 들리지 않았다. 나는 마룻바닥을 기다시피 일어나 거울에 얼굴을 비춰 보았다. 벌겋게 부어 오른 얼굴이 보기 흉해 놀라 기절할 지경이었다. 맞은 자국이 쓰라렸으므로, 몸을 움직이자 다시 울음이 터져 나왔다. 그러나 내가 저지른 죄에 비하면 이 따위 고통은 아무것도 아니었다. 나는 그때 내가 아주 흉악한 죄인이 된 것 이상으로 죄책감을 느꼈다.

날이 어두워지자 나는 창문을 닫았다. 나는 창틀을 베고 누워서 울다가, 졸다가, 멍하니 창 밖을 내다보면서 대부분의 시간을 보냈다. 이때 문이 열리면서 미스 머드스톤이 빵 조금과 고기와 우유를 들고 들어왔다. 그녀는 한마디 말도 없이 음식을 탁자 위에 놓고는 그림으로 그린 듯한 엄한 눈으로 나를 노려보다가 나가서 방문을 잠가버렸다.

날이 어두워진 지 오래되었지만 혹시 누가 찾아오지나 않을까 생각하고 그대로 앉아 있었다. 그러나 오늘 밤에는 아무도 찾아올 것 같지가 않아서, 나는 옷을 벗고 잠자리에 들었다. 잠자리에 들어서도, 앞으로 나에게 무슨 일이 벌어질 것인가에 대해서 걱정하고 있었다. 역시 내가 한 짓은 죄였을까? 수감되어 감옥살이를 하게 될까?

다음 날 아침의 일을 나는 영영 잊지 못할 것이다. 눈을 뜬 첫 순간은 즐겁고 상쾌했으나 이내 침울하고 따분한 기억 때문에 완전히 우울해졌다. 내가 잠자리에서 일어나기도 전에 미스 머드스톤이 또다시 나타나서, 30분 동안 뜰을 산책해도 좋다는 말만 아주 퉁명스럽게 내뱉고는 사라졌다. 그리고 그 은혜를 이용하라는 뜻인지, 문은 열어두었다.

나는 시킨 대로 했다. 나는 닷새 동안 갇혀 있으면서 매일 아침 산책했다. 만약 어머니가 혼자 있는 것을 볼 수 있었다면, 나는 어머니에게 달려가 무릎을 꿇고 용서를 빌었을 것이다. 그러나 이 닷새 동안 미스 머드스톤 말고는 아무도 보지 못했다. 거실에서 저녁 기도를 드릴 때는 예외였다. 집안 식구들이 모두 자리에 앉은 뒤 나는 머드스톤의 호위를 받으면서 거실에 도착하여 나 혼자 외따로 어린 죄수처럼 문 옆에 앉았다. 그리하여 기도가 끝나면, 다른 사람들이 기도 자세에서 일어나기 전에 나는 간수에게 이끌려 나오게 된다. 내가 볼 수 있었던 것은 나에게서 멀리 떨어져 내가 보지 못하도록 얼굴을 돌리고 있는 어머니와 커다란 붕대를 감고 있는 머드스톤 씨의 한쪽 손뿐이었다.

닷새가 얼마나 지루하고 길었는가는 누구에게도 실감나게 말할 수 없을 것이다. 내 기억으로는 5년이 지난 것 같았다. 들려오는 집 안의 소리란 소리에는 모조리 귀를 기울였다. 벨소리, 문 여닫는 소리, 중얼거리는 사람들의 목소리, 계단을 오르내리는 발자국 소리, 나처럼 외롭게 창피를 당하고 있는 사람에게는 무엇보다도 더 비참하게 여겨지는 바깥에서 들려오는 웃음소리와 휘파람 소리, 혹은 노랫소리. 특히 밤에는 시간의 흐름을 몰라서, 아침이라 생각하고 눈을 뜨면 집안사람들은 아직 잠자리에 들지도 않았으며, 긴긴밤이 이제부터 비로소 시작이라는 것을 알았을 때 내가 꾸었던 악몽과 침울했던 꿈들. 교회 안에서 놀고 있는 내 또래의 아이들과 달리 날이 밝고, 정오가 닥치고, 오후가 되어 다시 저녁이 와도 죄수처럼 갇혀 있는 내 모습을 보이면 창피하기 때문에 창문으로 얼굴을 내밀지 않고 그들을 바라보던 일. 내 말소리를 내가 전혀 들어 보지 못했다는 이상한 느낌, 먹고 마실 때 찾아왔다 사라지는 순간적인 즐거움, 어느 저녁에 신선한 냄새와 함께 빗줄기 내리기 시작한 비가 교회와 나 사이에서 점점 세차게 쏟아져, 그 빗줄기와 깊어가는 밤의 어둠이 나를 우울과 두려움과 후회 속으로 몰아넣던 일. 이러한 모든 것이 몇 날이 아니라 몇 년 동안 되풀이되는 듯 여겨졌다. 그만큼 강하고 또렷하게 내 기억 속에 새겨져 있다.

내가 감금된 마지막 날 밤, 속삭이는 듯 나지막하게 내 이름을 부르는 소리에 나는 잠이 깼다. "페거티야?" 나는 어둠 속으로 두 팔을 내밀면서 말했다.

그러나 목소리는 즉시 대답은 하지 않고 잠시 뒤에 또다시 내 이름을 부르는 것이었다. 그 목소리가 하도 이상하고 무시무시했기에, 열쇠 구멍에서 들려오는 소리임에 틀림없다는 생각이 떠오르지 않았더라면 기절해버렸을 것이다.

나는 더듬거리며 문 있는 데까지 가서 열쇠 구멍에 입술을 대고 속삭였다.

"페거티지, 그렇지?"

"맞아요, 도련님." 페거티가 대답했다. "생쥐처럼 조용해야 합니다. 그렇지 않으면 고양이가 듣게 되니까요."

고양이가 미스 머드스톤을 뜻한다는 것을 금방 알았다. 그리고 미스 머드스톤의 방은 바로 옆이었으므로 사태가 긴박하다는 것을 알 수 있었다.

"페거티, 엄마는 어때? 나 때문에 무척 화났지?"

열쇠 구멍 저쪽에서 페거티가 나지막하게 훌쩍이며 우는 소리가 들려왔다. 나도 훌쩍이며 울었다. 드디어 페거티는 "아뇨, 그렇게 화가 나시진 않았어요"라고 대답했다.

"페거티, 그들이 나를 어떻게 할 셈이야? 페거티, 알고 있어?"

"학교에, 런던 근처의……"라고 페거티는 말했다. 나는 그 이야기를 되풀이시켰다. 왜냐하면 열쇠 구멍에서 입술을 떼고 귀를 가져다 대야 한다는 생각을 미처 못한 탓에, 페거티가 한 말이 목덜미에 대고 속삭인 듯했기 때문이었다. 페거티의 목소리가 귓전에서 아른거렸지만 무슨 말인지 전혀 알아들을 수가 없었던 것이다.

"언제지, 페거티?"

"내일."

"그래서 미스 머드스톤이 내 옷장에서 옷을 꺼내갔구나."

쓰는 것을 잊고 있었는데, 분명히 그녀는 그랬던 것이다.

"맞아요, 상자지요."

"엄마를 볼 수 없겠지?"

"아뇨, 내일 아침에 만나게 될 거예요."

이어서 페거티는 열쇠 구멍에 입을 대고, 떨리는 목소리로 말했다. 단언해도 좋은데, 열쇠 구멍을 통한 대화가 이토록 진지하고 이토록 감정을 담아 이야기된 경우는 없었을 것이다. 말하자면 띄엄띄엄 끊어지는 말을, 마치 경련이라도 일으키듯 세찬 기세로 연거푸 쏟아냈던 것이다.

"귀여운 데이비 도련님, 요즈음 제가 전처럼 친절하지 않은 것은 도련님을 사랑하지 않기 때문이 아니에요. 오히려 전보다 더 도련님을 사랑하고 있어요, 단지 친절하지 않은 듯 대하는 편이 도련님에게 이로울 것 같아서 그렇게 했던 거지요. 그리고 또 한 분을 위해서도 그게 더 좋을 것 같아서요. 데이비 도련님, 내 말 들려요?"

"으, 으응, 듣고 있어, 페거티!" 나는 흐느꼈다.

"나의 도련님." 페거티는 무한히 동정 어린 목소리로 말했다. "내가 하고 싶은 말은, 도련님, 나를 잊지 마세요. 나는 절대로 도련님을 잊지 않을 거예요. 어머니는 걱정 마세요. 도련님을 돌보았듯이 제가 잘 돌봐드리겠어요. 언젠가는 어머니도 이 우둔하고, 까다로운 옛 사람 페거티의 팔에 기꺼이 머리를 기대게 될 거예요. 도련님에게 편지할게요. 제대로 읽고 쓸 줄도 모르긴 하지만. 그리고 또, 또." 하면서 페거티는 나한테 할 수 없으니 열쇠 구멍에 키스를 하는 것이었다.

"고마워 페거티! 고마워, 정말 고마워! 페거티, 나에게 한 가지만 약속해주겠어? 페거티 씨와 에밀리, 거미지 부인과 햄에게 편지를 써서, 그들이 생각하는 만큼 내가 나쁜 애가 아니라는 것을 알려줘. 그리고 모두에게 특히 에밀리에게 내 모든 사랑을 보낸다고 말해줘. 페거티, 알았지?"

친절한 페거티는 그렇게 하겠다고 약속했다. 우리는 열쇠 구멍에다 최대한 다정하게 키스했다. 나는 그것이 페거티의 얼굴인 양 가볍게 애무한 것을 기억하고 있다. 그리고 헤어졌다. 이날 밤부터 내 가슴속에는 페거티에 대한 말할 수 없는 감정이 자랐다. 페거티가 어머니를 대신할 수는 없었다. 어느 누구도 그럴 수는 없었다. 그러나 그녀는 내 마음 빈 곳을 메워주었기에 나는 허전함을 느끼지 않았고, 다른 사람에게서는 결코 느껴 보지 못한 무엇을 페거티에게서는 느꼈던 것이다. 그것은 하나의 희극적인 애정이기도 했다. 그러나 만약 그녀가 죽어버렸다면 과연 내가 어떻게 반응할지, 내게는 비극인 그 막을 어떻게 연기할 것인지, 도저히 생각할 수 없다.

아침이 되자 미스 머드스톤이 평소와 같이 나타나서 내가 학교에 가게 되었다고 말했다. 이 소식은 그녀의 예상과 달리 나에게는 전혀 새로운 사실이 아니었다. 옷을 입고 아래층으로 내려와 거실에서 아침 식사를 하라고 했다. 거실에서 어머니를 만났다. 어머니의 얼굴은 창백했고, 눈은 빨갛게 충혈되어 있었다. 나는 재빨리 어머니 품으로 달려가 진심으로 용서를 빌었다.

"오, 데이비! 엄마가 아끼는 사람을 다치게 하다니! 제발 착한 아이가 되어라! 이번은 용서할게. 그러나 데이비, 네가 그렇게 무서운 아이였다니, 엄마는 너무나 슬프구나."

머드스톤 남매가 나를 사악한 놈이라고 주입시켜 놓은 탓인지 어머니는 떠난다는 사실보다도 이를 더 슬퍼하고 있었다. 나도 정말 슬펐다. 나는 작별의 아침 식사를 하려 했으나, 눈물이 버터 바른 빵에 떨어지고, 찻잔에도 떨어졌다. 나는 어머니가 이따금씩 나를 바라보기도 하고, 감시를 게을리하지 않는 미스 머드스톤을 바라보기도 하고, 아래를 내려다보거나 눈길을 일부러 딴 데로 돌리는 것을 보았다.

"코퍼필드 도령의 짐은 저거예요!" 대문 밖에서 마차 소리가 들리자 미스 머드스톤이 말했다.

나는 페거티를 찾았으나, 그녀는 없었다. 페거티와 머드스톤 씨는 나타나지 않았다. 문 앞에서 낯익은 짐꾼이 기다리고 있다가 내 짐상자를 들고 나가 마차에 실었다.

"클라라!" 미스 머드스톤이 경고조로 말했다.

"괜찮아요, 제인." 어머니가 대답했다. "데이비, 잘 가거라, 이게 다 너를 위해서란다. 방학 때는 돌아오너라. 공부 열심히 해야 한다."

"클라라!" 미스 머드스톤이 되풀이했다. "알았어요, 제인." 어머니가 나를 안은 채로 대답했다. "내 사랑하는 아들아, 난 너를 용서한다. 부디 몸조심하거라!"

"클라라!" 미스 머드스톤이 집요하게 되풀이했다.

친절하게도 미스 머드스톤은 나를 마차 있는 데까지 데려다주면서, 나쁜 결과를 초래하기 전에 잘못을 뉘우치라고 거듭 말했다.

내가 마차에 오르자, 그 느림보 말이 마차를 끌고 걸음을 옮기기 시작했다.

5장
신입생

    반 마일쯤 갔을 때 내 손수건은 눈물로 흠뻑 젖어 있었다. 마부가 갑자기 마차를 세웠다.
    무엇 때문에 마차를 멈추었는지 확인하려고 밖을 내다보니 놀랍게도 페거티가 울타리에서 쏜살같이 뛰어나와 마차에 오르는 것이었다. 그녀가 두 팔로 나를 껴안고 으스러지도록 힘을 주었으므로 나는 코가 짓눌려서 몹시 아팠다. 코의 아픔을 느낀 것은 나중의 일로써 그때 내 코가 약하다는 사실도 알게 되었다. 페거티는 단 한마디도 못했다. 이윽고 나를 껴안고 있던 한 팔을 풀어서 팔꿈치까지 깊이 주머니에 넣더니, 과자봉지 몇 개를 꺼내 내 주머니에 넣어 주고, 지갑을 꺼내 내 손에 쥐여 주었다. 그러면서도 말은 한마디도 하지 않았다. 그리고 다시 한번 마지막으로 나를 두 팔로 힘껏 안아준 다음 마차에서 내려 뛰어가 버렸다. 그녀의 윗도리에는 단추가 다 떨어져 달아나 하나도 남아 있지 않았다. 나는 마차 바닥에 떨어진 몇 개의 단추 가운데 하나를 주워 오랫동안 기념물로 소중히 간직했다.
    마부는 그녀가 또 돌아오느냐고 묻는 것처럼 나를 바라보았다. 나는 고개를 옆으로 저으며 돌아오지 않을 것 같다고 했다. "그러면, 빨리 가자!" 마부가 게으름뱅이 말에게 소리치자, 마차가 다시 움직이기 시작했다.
    지금까지 나는 울 만큼 울었으므로 더 울어 보았자 소용없다는 생각이 들기 시작했다. 어떠한 역경에 처하더라도, 로데릭 랜덤이나 대영제국의 해군 함장은 절대로 울지 않았다는 것이 떠올랐다. 나의 이러한 결심을 눈치챈 마부는 젖은 손수건을 말 등에 펴서 말리도록 제안했다. 나는 고맙다고 말하고, 시키는 대로 했다. 말 등에 펼쳐놓은 손수건은 실제보다도 훨씬 작아 보였다.
    이제 나는 지갑을 살펴볼 여유가 있었다. 그것은 찰각하고 닫히도록 된 딱딱한 가죽 지갑이었다. 지갑 안에는 반짝반짝 빛나는 은화 세 닢이 들어 있었다. 나를 크게 기쁘게 해주려고, 페거티가 표백약으로 그것들을 닦았음이 틀림없었다. 그러나 지갑에 들어 있는 것 가운데에서 무엇보다 중요한 것은 포장된 반 크라운짜리 은화 두 개였다. 종이에 어머니가 직접 '데이비에게. 사랑을 담아'라고 써 놓았던 것이다. 이를 보자 나는 마부에게 내 손수건을 다시 돌려주는 것이 좋겠다고 했다. 그러나 마부는 그냥 두는 편이 좋을 거라고 했다. 나도 그것이 낫겠다 싶어서 소매로 눈물을 닦고 울음을 그쳤다.

그러나 감정의 여세가 남아 있어서 이따금씩 격렬하게 흐느끼기는 했다. 말이 얼마를 터벅터벅 걸어갔을 때, 나는 마부에게 내내 이렇게 가느냐고 물었다.

"내내, 어디까지 말이지요?"

"거기까지요."

"거기가 어딘데요?"

"런던 부근 말이에요."

"아유, 이 말은," 마부는 말을 가리키다가 갑자기 고삐를 당기면서 말했다. "반도 못 가서 완전히 퍼지고 말걸요."

"그러면 야머스까지 가세요?"

"그쯤이죠. 거기까지 가서 역마차에 태워줄게요. 그러면 그 역마차가 어디든지 원하는 곳으로 데려다줄 겁니다."

이만큼 말하는 것도, 무뚝뚝한 마부 바키스로서는 꽤 힘든 일이었기에 나는 고마움의 표시로 과자를 주었다. 그랬더니 그는 코끼리처럼 단숨에 집어삼켜버렸다. 그러고는 그 커다란 얼굴에 코끼리와 다름없는 천연덕스러운 표정을 짓는 것이었다.

"이 과자는 그 여자가 만든 것이군요?" 두 팔을 양 무릎에 올려놓고, 마차 발판 쪽으로 늘 구부정하게 몸을 숙이고 있는 바키스 씨가 물었다.

"페거티 말이에요, 아저씨?"

"예! 그 여자요."

"그래요. 페거티는 파이도 만들고 우리 집의 모든 요리를 다 해요."

"그래요?"

바키스 씨는 마치 휘파람을 불 듯한 시늉을 했으나, 정말 불지는 않았다. 그는 앉아서 말의 양쪽 귀를 유심히 바라보았다. 마치 거기서 무언가를 새로이 발견한 듯이. 그렇게 꽤 오랫동안 있다가 그가 물었다.

"스위트하트는 없겠지요?"

"스위트미트가 없느냐고 했어요, 바키스 씨?" 바키스 씨가 무언가 먹고 싶어한다고 생각해서 일부러 과자 이야기를 꺼낸 것이었다.

"애인 말이에요." 바키스 씨는 말했다. "애인, 그 여자와 같이 다니는 남자는 없느냐 말이에요."

"페거티와 같이 다니는 남자?"

"그래요! 그 여자와 같이."

"없어요. 페거티에겐 애인이 전혀 없어요."

"정말 없어요?"

다시 그는 휘파람을 부는 시늉을 했지만, 이번에도 소리는 내지 않았다. 다만 앉아서 말의 두 귀만 바라보았다.

"그래, 그 여자가," 바키스 씨는 한참 동안 무엇을 골똘히 생각한 뒤에 입을 열었다. "모든 과자와 빵을 만들고 모든 요리를 한다 그 말이죠?"

나는 사실이라고 말해주었다.

"자, 그럼 내가 말할게요." 바키스 씨는 말했다. "도련님은 분명 그 여자에게 편지를 쓰겠지요?"

"물론이지요." 나는 대답했다.

"아!" 하고 그는 시선을 내 쪽으로 천천히 돌리면서 "페거티에게 편지를 보낼 때, 바키스가 기다리고 있다고 한마디 써주지 않겠어요?"

"바키스가 기다리고 있다. 전할 말이 그게 다예요?" 나는 천진하게 물었다.

"그, 그래요." 그는 무엇을 생각하면서 말했다. "그, 그래요. 바키스가 기다린다고."

"그런데 바키스 씨, 아저씨는 내일이면 다시 블룬더스톤으로 돌아가잖아요." 나는 블룬더스톤에서 멀리 떨어져 왔다는 생각이 들어 목소리가 약간 떨렸다. "돌아가서 직접 전하는 편이 훨씬 더 좋을 텐데요."

그는 크게 고개를 저어서 나의 제의를 물리치고는, 다시 한번 심각한 태도로, "바키스는 기다리고 있다, 이 말만 전하면 돼요"라고, 아까의 부탁을 거듭 확인했다. 그래서 나는 흔쾌히 그 말을 전하기로 마음먹었다.
　그날 오후 야머스의 여인숙에서 역마차를 기다리는 동안, 나는 종이와 잉크를 빌려 페거티에게 편지를 썼다.

　　사랑하는 페거티에게.
　　나는 이곳에 무사히 도착했어요. 바키스가 기다리고 있겠대요. 엄마에게 내 소식 전해줘요. 안녕.
　　추신 : 바스키가 기다린다는 말을 편지에 꼭 써달라고 했어요.

　이야기를 조금 앞으로 돌려서, 내가 이 약속을 수락하자 그는 또다시 침묵했다. 나도 그간에 일어난 일들로 몹시 지쳐 있었으므로 보따리 위에 누워서 그대로 잠이 들고 말았다. 푹 자고 눈을 떠보니 야머스였다. 여인숙 뜰에서 내다본 야머스는 너무도 낯설어서 나는 페거티 씨의 가족과 어쩌면 에밀리도 만날 수 있으리라고 은근히 품었던 희망은 버리기로 했다.
　번쩍번쩍 빛나는 역마차가 마당에 있었는데, 아직 말은 없었다. 이런 상태를 보고는 도저히 런던까지 갈 것 같지가 않았다. 이런 생각도 하고 또 바키스 씨가 전봇대 옆 포장도로에 내려놓은 짐 보따리는 어떻게 될 것이며(바키스는 마차를 돌리러 안쪽으로 들어가버렸), 결국 나는 어떻게 되는 걸까 걱정하고 있는데, 한 부인이 새와 고깃덩이가 매달려 있는 내닫이창에서 내다보며 말했다.
　"블룬더스톤에서 온 꼬마 도령이지요?"
　"그렇습니다, 부인." 나는 대답했다.
　"이름이 뭐지요?"
　"코퍼필드입니다, 부인."
　"그 이름으론 안 되겠는데." 부인은 말했다. "그 이름으로는 식비를 받지 않았거든."
　"그럼 머드스톤으로 되어 있나요, 부인?"
　"머드스톤 도령이라면, 왜 처음부터 그 이름을 말하지 않았지요?" 부인은 따져 물었다.
　그래서 내가 사정 이야기를 하자 부인은 벨을 울려서, "윌리엄! 이 손님을 다

실로 안내해!"라고 소리쳤다. 웨이터가 나를 안내하기 위해 마당 반대편 식당에서 뛰어나왔다. 안내할 손님이 꼬마인 나라는 사실을 알고, 웨이터는 매우 놀라는 것 같았다.

다실은 크고 긴 방이었다. 그곳에는 커다란 지도가 몇 장 걸려 있었다. 만약 이 지도가 정말로 낯선 외국 땅이고 내가 그 외국 땅 한가운데 버려졌다 해도 이때보다 더 낯선 느낌을 받지는 않았을 것이다. 나는 한 손에 모자를 들고 문가까이 있는 의자에 앉는 것조차 이상한 느낌이 들었다. 그리고 나를 위해 일부러 탁자에 식탁보를 깔아 주고, 양념병 한 세트를 가져다 놓았을 때는 수줍어서 얼굴이 온통 빨개졌던 게 틀림없었다.

웨이터가 나에게 고기와 야채를 가져왔는데, 뚜껑을 어찌나 거칠게 여는지 혹시 내가 그를 화나게 하지나 않았을까 걱정이 되었다. 그러나 그가 식탁에다 의자를 가져다 놓아주며, 아주 상냥하게 "자, 꺽다리 도련님, 식사를 드시지요"라고 말해주어 나는 크게 안도했다.

나는 그에게 고맙다고 말하고는 식탁에 앉았다. 그러나 그가 맞은편에 서서 나를 뚫어지게 바라보는 탓에 나이프와 포크를 능숙하게 다루거나, 고기소스가 가슴이나 무릎에 튀지 않게 조심하기가 어려웠다. 더구나 그와 눈이 마주칠 때마다 나는 몹시 난처해서 얼굴이 화끈거렸던 것이다. 내가 두 번째 고기를 먹으려고 하자, 지켜보던 웨이터가 물었다.

"맥주가 준비되어 있는데, 지금 마시겠습니까?"

나는 고맙다고 하고는 "예, 지금 마시겠습니다"라고 말했다.

그 말을 듣자 웨이터는 맥주를 큰 잔에 채우더니 그 잔을 들어 불빛에 비추어 먹음직하게 보이도록 했다.

"이런, 좀 많은 것 같은데, 안 그래요? 그렇지요?" 그는 말했다.

"정말 많은 것 같네요." 나는 웃으면서 대답했다. 그가 매우 기뻐하는 것을 보고 나도 몹시 기뻤기 때문이다. 그는 얼굴에 온통 여드름이 났고, 눈을 깜빡거리는 버릇이 있었으며, 온 머리카락은 곤두서 있었다. 한 손을 허리에 대고 다른 손으로는 맥주잔을 불빛에 비추고 있는 그의 모습은 아주 즐거워 보였다.

"어제 신사 한 분이 여기에 왔었어요, 아주 건장하게 생긴 분인데, 이름이 톰 소여였습니다. 아마 꼬마 손님도 알 테지요?" 그는 말했다.

"몰라요." 나는 대답했다.

"승마용 바지에 각반을 두르고, 테가 넓은 모자를 쓰고, 회색 코트를 입고, 물방울무늬의 폭이 넓은 넥타이를 맨 분 말입니다." 웨이터가 설명했다.

"모르겠는데요." 나는 수줍어하면서 말했다. "나는 그런 분을 만날 영광을 갖지 못했습니다."

"그분이 여기에 들어오셔서," 웨이터는 맥주잔을 불빛에 비추면서 말했다. "바로 이 맥주를 한 잔 주문했어요. 나는 마시지 말라고 했는데 그분은 기어이 마시겠다지 뭡니까. 그러고는 죽었답니다. 아마 그 맥주가 너무 오래된 것이라 그랬나 봐요. 애초에 내질 말았어야 했는데, 이건 사실입니다."

나는 이 우울한 사건을 듣고 충격을 받았다. 그래서 맥주보다 물을 마시는 것이 좋겠다고 말했다.

"그런데, 도련님." 웨이터는 한쪽 눈을 감고 여전히 맥주잔을 불빛에 비추어 보면서 말했다. "여기 사람들은 주문받은 음식이 그대로 남은 것을 좋아하지 않아요. 그냥 남겨두면 기분 나빠 해요. 그러니 좋으시다면 내가 마셔드리지요. 나는 맥주에는 아주 익숙하거든요. 모든 것은 익숙하면 되는 거예요. 고개를 뒤로 젖히고 단숨에 마셔버리면 해가 없으리라고 생각해요. 보실래요?"

그래서 나는 만약 그가 무사히 마실 수가 있다면 마셔주었으면 고맙겠다고 말했다. 그러나 무사히 마실 수 없다면 절대로 마시지 말아 달라고 했다. 그가 머리를 뒤로 젖히고 맥주를 들이켰을 때, 솔직히 말해서 고인이 된 톰소여 씨처럼 마룻바닥에 죽어 넘어지는 꼴을 보게 되는 것이나 아닌지 걱정되었다. 그러나 그는 오히려 술을 마시고 나더니 한층 더 기운이 나는 것 같았다.

"손님, 이게 뭐지요?" 그는 포크로 내 접시를 쿡쿡 찌르면서 말했다. "고기 맞지요?"

"고기 맞아요." 나는 말했다.

"아아!" 그는 외쳤다. "고기인 줄 몰랐는데. 맥주의 해독을 없애는 데는 고기가 최고야! 오늘 수지맞았는데."

그러더니 그는 한 손에는 고기를 들고, 다른 한 손에는 감자를 들더니 아주 맛있게 먹어버렸다. 그것을 보니 내 마음도 아주 흐뭇했다. 그다음 그는 또 고기와 감자를 하나씩 더 먹어치웠다. 결국 그가 다 먹고 나서 푸딩을 가져와 내 옆에 놓고는 뭔가 생각하는 듯이 한참 동안 멍하니 앉아 있는 것이었다.

"파이 맛이 어때요?" 그가 정신을 차리면서 물었다.

"이건 푸딩이에요." 내가 대답했다.

"푸딩이라고!" 그는 소리쳤다. "아, 내 정신 좀 봐, 푸딩이구먼! 이건 뭐야!" 그는 가까이 다가와 보면서, "설마 버터 푸딩은 아니겠죠?"라고 말했다.

"네, 맞아요. 버터 푸딩이에요."

"그래요? 버터 푸딩은," 그는 수프용 큰 숟가락을 쥐면서 말했다. "내가 제일 좋아하는 요리지요! 이거 재수 좋은데. 자 꼬마 손님, 이리 와요. 우리, 누가 많이 먹나 시합해요."

물론 웨이터가 많이 먹었다. 그는 몇 번이나 이겨 보라며 도전했지만, 그의 수프용 큰 숟가락과 나의 조그마한 찻숟가락, 음식을 먹어 치우는 그의 속도와 나의 속도, 그의 왕성한 식욕과 나의 식욕은 처음부터 내가 뒤떨어져 도저히 그를 이길 기회가 없었다. 푸딩을 그렇게 맛있게 먹어치우는 사람을 나는 본 일이 없다고 생각한다.

나는 그를 친절하고 다정하게 느꼈으므로, 지금이 펜과 잉크를 달라고 부탁해 페거티에게 편지 쓸 좋은 기회라고 생각했다. 그는 이것들을 바로 가져왔을 뿐만 아니라, 내가 편지 쓰는 동안 줄곧 지켜보는 친절까지 보였다. 내가 편지를 다 쓰자, 어느 학교에 가느냐고 물었다.

"런던 근처에 있는 학교요." 내가 아는 것은 이것뿐이었다.

"저런!" 그는 맥없이 말했다. "그거 안됐군요."

"뭐가요?"

"아, 맙소사!" 그는 고개를 저으면서 말했다. "거긴 학생의 갈비뼈를 두 개나 부러뜨렸던 학교지요. 아주 어린 소년이었는데. 그런데 도련님은 몇 살이나 되었지요?"

나는 그에게 여덟과 아홉 사이라고 말했다.

"그 소년의 나이와 똑같군요. 그 소년이 맨 처음 갈비뼈가 부러졌을 때가 여덟 살 반이었고, 두 번째로 갈비뼈가 부러져서 죽었을 때가 여덟 살 여덟 달이었죠."

그 이야기를 들은 뒤로 나는 본인은 물론 웨이터에게도 불안한 생각을 감추지 못했다. 그래서 어떻게 해서 그렇게 되었는가를 물었다. 그의 대답은 단 두 마디의 몸서리쳐지는, '몽둥이로 때려서'라는 말이었다.

그때 마당에서 들려온 역마차의 경적 소리가 나를 살려주었다. 나는 일어나서 돈을 얼마나 내야 하는지 머뭇거리면서 물었다. 나는 지갑을 가지고 있는 것이 자랑스럽기도 하고 한편으로는 부끄럽기도 했다. 나는 지갑을 주머니에서 천천히 꺼내 들었다.

"종이 한 장 값만 내면 됩니다." 그는 대답했다. "종이 한 장 사 본 적 있어요?"

나는 그런 기억이 없었다.

"비쌉니다. 세금이 붙어서요. 3펜스입니다. 이 나라에서는 뭐든지 세금을 붙이거든요. 다른 건 아무것도 없습니다. 웨이터에게 줄 팁은 별도지만요. 잉크 값은 내지 않아도 됩니다. 그 정도는 내가 해보지요."

"그럼 당신은, 아니, 나는 당신에게 얼마나 내야, 얼마나 드려야 하죠?" 나는 얼굴을 붉히며 물었다.

"만약 내게 딸린 식구가 없고, 그 식구가 천연두를 앓고 있지 않다면, 6펜스까지는 받지 않을 거예요. 늙은 부모와 귀여운 누이동생을 먹여 살리지만 않더라도." 여기서 웨이터는 크게 흥분했다. "한 푼도 받지 않을 텐데. 내 자리가 좋아서 대우가 괜찮다면, 손님에게 돈을 받는 대신 오히려 조금이나마 손님을 도와주었을 거예요. 정말이지 그런 마음이 굴뚝같답니다. 그러나 나는 버린 음식을 먹고 석탄 위에서 자는 처지랍니다." 여기서 웨이터는 울음을 터뜨렸다.

나는 그의 불행한 처지에 너무나 동정이 가서, 9펜스 이하를 준다는 것은 너무 잔인하고 가혹한 처사라고 생각되었다. 그래서 반짝이는 은화 세 닢 가운데 하나를 주었더니 그는 아주 정중하게 예의를 표하면서 받았다. 그러고는 손가락으로 톡톡 쳐서 그것이 진짜인가를 확인하는 것이었다.

내가 도움을 받아 역마차에 올랐을 때, 모두 나 혼자서 그 많은 음식을 다 먹었다고 생각하는 것을 알고 나는 약간 당황했다. 내닫이창에서 내다보던 부인이 마부를 보더니 "조지, 그 꼬마를 잘 보살펴야 해요, 안 그럼 배가 터질 거예요"라고 말하는 소리가 들렸다. 근처에 있던 여종업원들이, 어떻게 생긴 꼬마인지 보려고 우르르 몰려나와 나를 보면서 키득거렸다. 완전히 기운을 되찾은 나의 불행한 친구인 웨이터는 이러한 상황에 전혀 당황하지 않고 오히려 그들과 합세하여 나를 보고 놀라는 체하는 것이었다. 내가 그를 의심했다면 아마도 반은 그의 이런 행동 때문이었다. 그러나 나는 어린애다운 단순한 믿음과 연장자에 대한 어린애로서의 당연한 믿음으로 인해(이러한 동심이 너무도 빨리 속세에 물들어버리는 게 나로서는 오히려 슬프다) 그 당시에도 그를 지나치게 불신하지 않았다.

그러나 내가 앉은 마차 뒤쪽이 내려앉았다는 둥, 나는 짐마차로 여행하는 편이 훨씬 나을 거라는 둥 이런 농담을 마부와 차장이 하는 것을 듣자니, 전혀 근거가 없는 말이긴 했으나, 나는 거북했다는 점을 솔직히 인정해야겠다. 내가 대식가라는 터무니없는 소문이 마차 밖 승객들에게까지 퍼져나가 그들도 덩달아, 두세 사람 몫의 기숙사비를 냈느냐는 둥, 특별 할인이라도 받았느냐는 둥, 아니면 그냥 일반 규정대로 요금을 냈느냐는 둥, 짓궂은 질문을 해대는 것이었다. 그러나 무엇보다도 난처한 일은, 먹을 기회가 있어도 먹기가 부끄러워졌다는 것, 그리고 점심을 가볍게 먹었으므로 밤새도록 배가 고프리란 것이었다—과자는 서두르느라 여인숙에 두고 왔다. 과연 내가 걱정한 그대로였다. 저녁을 먹기 위해 마차가 섰지만, 먹고 싶은 마음은 굴뚝같은데도 먹을 용기가 나지 않아서, 그냥 난롯가에 앉은 채 아무것도 먹고 싶지 않다고 말했다. 하지만 그래도 농담거리가 되긴 마찬가지였다. 험상궂게 생긴 거친 목소리의 신사가, 자기는 오는 내내 술을 마시지 않을 때는 줄곧 샌드위치를 먹으면서 온 주제에, 나를 보고 한꺼번에 많이 먹어 놓으면 오래 이어지는 구렁이 같은 녀석이라고 말했다. 게다가 그렇게 말한 바로 뒤에 그는 삶은 고기를 너무 많이 먹어서 토하기까지 했다.

우리는 오후 세 시에 야머스를 떠나 다음 날 아침 8시쯤에 런던에 도착할 예정이었다. 때는 한여름이라 저녁에는 정말로 기분이 좋았다.

마을을 지날 때는 저 집안은 어떻게 생겼을까, 저 안의 사람들은 어떻게 살까 하고 상상해 보았다. 또 아이들이 마차를 따라 뛰어오거나 매달리면 이 아이들의 아버지는 살아 있을까, 집에선 행복할까 하는 생각을 했다. 앞으로 들어갈 학교생활도 줄곧 걱정되긴 했지만—이건 아무리 생각해도 두렵기만 했다—그 밖에도 생각할 것들이 많았다. 때로 페거티와 집 생각에 잠겼다. 그리고 나는 어떤 소년이었으며 머드스톤 씨를 물어뜯기 전의 나의 감정은 어떠했는지를 떠올리려고 무척 애썼지만 갈피를 잡지 못했다.

밤은 쌀쌀했기에 저녁때만큼 상쾌하지는 않았다. 마차에서 굴러떨어지지 않도록 인상이 험악한 신사와 다른 한 신사 사이에 나를 앉혔으므로, 두 신사가 잠이 들어 나를 양쪽에서 밀어붙일 때는 꼭 질식할 것만 같았다. 참다못해 나는 "아아, 제발요!" 하고 외치지 않을 수 없었다. 두 사람은 그것을 달가워하지 않았다. 그들의 잠을 깨우기 때문이다. 내 맞은편에는 커다란 털외투를 입은 나이 지긋한 부인이 앉아 있었다. 온통 옷으로 몸을 감고 있어서 어둠 속에서 보면 사람이라기보다는 건초더미 같았다. 그 부인은 바구니를 들고 있었다. 그것을 어디다 두어야 할지를 몰라 오랫동안 고민하다가 내 다리가 짧은 것을 보고는 내 다리 밑에 바구니를 놓으면 되겠다고 생각한 모양이었다. 그런데 그 바구니 때문에 꼼짝도 못 하고 어찌나 아프던지 나는 울고 싶을 지경이었다. 게다가 내가 조금만 움직여도 바구니에서 유리그릇이 다른 물건과 부딪혀 덜걱덜걱 소리를 냈고, 그 소리를 들은 부인은 발로 나를 사정없이 툭툭 차면서 말했다.

"얘, 가만히 좀 있어. 네 뼈는 아직 연하니까 가만히 있어도 돼!"

드디어 해가 떠올랐다. 그러자 내 양쪽의 신사들은 더욱 편안하게 자는 것 같았다. 그들은 밤새도록 큰 고초를 당한 듯했는데—끔찍이도 지긋지긋하게 내는 콧소리와 '컥' 하는 숨소리가 이를 말해주었다—이는 상상하기도 힘든 것이었다. 해가 점점 높이 떠오르자 그들의 잠은 조금씩 얕아져서, 한 사람씩 차례로 일어났다. 그런데 모두 도통 잠을 이루지 못했다고 말하는 것이었다. 그래서 잘 자지 않았느냐고 말하니까 불같이 화를 내는 것이었다. 나는 깜짝 놀랐다. 당시의 놀란 감정은 아직도 남아 있다. 늘 겪는 일이기는 하지만 무릇 인간의 공통된 약점 가운데 절대로 인정하고 싶지 않은 것이 (이유는 정확히 모르겠는데) 승합마차에서 푹 잤다는 말 같았다.

처음으로 멀리서 바라본 런던은 얼마나 놀라운 곳이었던지! 내가 좋아하는 영웅들이 모두 저곳에서 끊임없이 모험을 되풀이하고 있으며, 저곳이야말로 지구상의 어느 도시보다 기적과 악이 충만한 도시라고 나는 막연히 생각하고 있었다. 그러나 그것은 여기에서 이야기할 부분이 아니다. 우리는 점차 런던 가까이 가서 예정된 시간에 목적지인 화이트채플에 있는 여인숙에 도착했다. 그 여인숙 이름이 블루불이었는지 블루보어였는지는 잊어버렸지만, 블루 뭐였다는 것은 확실하다. 그리고 그 여인숙의 그림이 마차 뒤에 그려져 있었던 것을 나는 기억한다.

차장이 마차에서 내리면서 나를 한 번 바라보았다. 그는 매표소로 가서 말했다.

"서퍽의 블룬더스톤에서 온 머드스톤이란 아이를 데리러 온 분 계십니까? 기다리고 있으면 데리러 오기로 되어 있다는데요?"

아무도 대답하지 않았다.

"코퍼필드를 데리러 온 사람이 있느냐고 물어봐 주세요, 아저씨." 나는 힘없이 말했다.

"서퍽의 블룬더스톤에서 온 머드스톤으로 등록되었으나 자기는 코퍼필드라고 말하는 아이를 데리러 온 사람 계십니까? 기다리고 있으면 데리러 오겠다고 했다는데요." 차장이 소리쳤다. "계시면 나와주세요!"

그러나 아무도 나오지 않았다. 나는 걱정스럽게 주위를 둘러보았다. 몇 번씩 물어도 주위에 있던 사람들은 이런 물음에 전혀 무관심했다. 외눈박이 사내가 그럼 아이의 목에 놋쇠줄을 매어 마구간에 매어놓으면 되겠다는 말을 했을 뿐이었다.

사다리를 마차에 걸쳐 놓았으므로 건초더미 같던 그 부인의 뒤를 따라 내렸다. 그녀가 바구니를 치울 때까지 꼼짝할 수 없었기 때문이다. 마차에는 승객 하나 남지 않고 다 내렸고, 짐도 재빨리 운반되었다. 말은 짐보다 먼저 끌려나갔으며, 마차마저도 여관 마부들이 뒤로 밀고 가 길에서 치워버렸다. 그때까지도 서퍽의 블룬더스톤에서 온 먼지를 뒤집어쓴 아이를 찾아갈 사람은 나타나지 않았다.

아무도 보아주지도 않고 외로움을 알아주지도 않는 로빈슨 크루소보다도 더 쓸쓸한 기분으로, 나는 매표소 안으로 들어갔다. 근무 중인 직원이 시키는 대로 나는 카운터 뒤를 지나 짐을 다는 저울 위에 앉았다. 거기서 소포와 화물, 장부 따위를 보고, 마구간 냄새를 맡으면서 기다리고 있으려니 (그 뒤로 마구간 냄새를 맡으면 이날 아침을 떠올린다) 엄청난 생각들이 줄줄이 떠오르기 시작했다. 만약 데리러 오는 이가 아무도 없다면, 나를 여기에 얼마나 머물게 할까? 내 손 안에 있는 7실링을 다 쓸 때까지 나를 여기에 그대로 둘까? 밤에는 다른 짐 덩이와 함께 이 나무통 위에서 잠을 자고, 아침에는 마당에 있는 펌프에서 세수를 해야 할까? 아니면 밤마다 여기서 쫓겨나 다음 날 사무실 문을 열면 다시 와서, 나를 데리러 올 때까지 남아 있어야 할까? 만약 무엇이 잘못된 것이 아니고, 머드스톤이 나를 쫓아내기 위해 이러한 계략을 꾸몄다면 나는 어떻게 해야 할까? 내 손에 있는 7실링을 다 쓸 때까지 여기에 머물게 해준다 해도, 그 뒤로는 배가 고플 테니 계속 머물러 있을 수도 없을 것 같다. 그렇게 되면 이 블루 뭐라는 여인숙에 장례비용을 신세질 걱정은 차치하고, 손님들이 성가셔하고 불쾌해할 테니 여기에 있게 해 줄 리가 없다. 지금 여기를 출발하여 집으로 되돌아간다고 해도 어떻게 길을 찾으며, 길을 찾더라도 그 먼 길을 어떻게 걸어갈 수 있단 말인가? 또 내가 안전하게 집으로 되돌아간다 해도, 페거티 말고는 의지할 사람이 없지 않은가? 그렇다고 가다가 관청에 들러서 군인이나 선원이 되고 싶다고 신청한들, 나 같은 꼬맹이는 그 자리에서 거절당할 게 뻔했다. 이러한 생각을 비롯한 수많

5장 신입생

은 생각 때문에 온몸이 달아올랐고, 근심과 실망으로 현기증이 났다. 내 몸이 마치 열병에 걸린 것처럼 달아올랐을 때, 한 사나이가 들어와 직원에게 뭐라고 속삭였다. 그러자 그 직원은 나를 저울에서 내려오게 하더니 마치 짐꾸러미처럼, 저울에 달아서 돈을 받고 물건을 전해 주듯이, 나를 그 사나이에게 떠다밀었다.

그 낯선 사나이의 손에 이끌려 사무실을 나오면서, 나는 그를 훔쳐보았다. 그는 깡마르고 혈색 나쁜 젊은이로 볼이 움푹 들어가고, 머드스톤 씨처럼 턱수염이 시커멓게 나 있었다. 그러나 머드스톤을 닮은 곳은 그 턱뿐이었다. 그 사나이의 구레나룻은 깨끗이 면도되어 있었고, 윤기 없는 머리털은 퇴색되어 버석버석해 보였다. 그는 검정색 양복을 입었는데, 그 양복도 색이 바래고 삭아 보였다. 소매와 바지는 깡똥했다. 흰 목도리도 깨끗하지 못했다. 그가 몸에 걸친 리넨 천이 그 목도리뿐이라는 생각은 그때도 하지 않았고 지금도 하지 않지만, 그런 흔적을 보이거나 나타낸 것은 그 목도리뿐이었다.

"너 신입생이지?" 그가 물었다.

"예, 그렇습니다." 나는 대답했다.

나는 확실하진 않지만 그럴 거라고 생각했다.

"나는 세일렘 학교 선생이다."

나는 그에게 허리를 굽혀 인사하고, 크게 경외하는 마음을 품었다. 나는 세일렘 학교의 학자인 선생님에게 내 짐꾸러미 같은 보잘것없는 이야기를 하기가 부끄러워서, 우리가 마당에서 약간 멀리 갔을 때에야 용기를 내어 그 이야기를 했다. 앞으로 내 짐꾸러미가 나에게는 유용하리라는 것을 공손히 말했더니, 그는 발길을 돌려 사무실로 향했다. 선생님은 직원에게, 정오에 짐꾼을 보내 이 짐꾸러미를 찾아가겠다고 말했다.

"죄송합니다만, 선생님." 아까 되돌아갔던 지점까지 왔을 때 내가 말했다. "학교까지는 먼가요?"

"블랙히드 근처야." 그는 대답했다.

"블랙히드는 먼가요, 선생님?" 나는 머뭇거리며 물었다.

"조금 멀단다." 선생님은 말했다. "역마차로 가자. 약 6마일쯤 되니까."

나는 너무나 기진하고 피곤했기에 또다시 6마일을 참고 가야 한다고 생각하니 정신이 아득해지는 것 같았다. 나는 용기를 내어, 밤부터 아무것도 먹지 못했으니 먹을 것을 사도록 허락해주신다면 정말 고맙겠다고 말했다. 내 말을 듣고 선생님은 놀라는 듯했다. 그는 걸음까지 멈추고 나를 바라보았다. 그러고는 잠시 생각한 다음 이 근처에 자기가 아는 노파가 사는데, 빵과 내가 좋아하는 먹을거리를 사 그 노파의 집에 가서 아침을 먹는 것이 좋겠다고 말했다. 그리고 그 집에 가면 우유는 얻어 마실 수 있다고 했다.

그래서 우리는 빵가게 창 안을 들여다보았다. 선생님은 내가 사고 싶다고 고른 빵마다 일일이 퇴짜를 놓았다. 결국 우리는 맛있어 보이는 조그마한 흑빵을 한 덩이 사기로 결정했다. 3펜스였다. 그리고 식료품 가게에서 달걀 한 개와 줄이 있는 베이컨 한 조각을 샀다. 내가 번쩍거리는 실링 은화를 주었더니 많은 거스름돈이 되돌아왔다. 나는 런던의 물가가 싸다고 생각했다. 이러한 식품들을 산 뒤 우리는 지친 내 머리로는 도저히 형용할 수 없을 정도로 몹시 시끄럽고 어수선한 거리를 지나 다리로 나왔다. 그 다리는 틀림없이 런던 브리지였다.(사실은 나는 반쯤 자고 있었는데, 분명히 선생님이 그렇다고 말한 것 같다)

그 다리를 건너 노파의 집에 닿았다. 그런데 그 집은 양로원의 일부였다. 집의 모습과 대문 위 돌에 새겨진 '가난한 여인 스물다섯 명을 위하여 이 집을 세우노라'라는 글귀를 보고 알 수 있었다.

세일렘 학교의 선생님은 비슷비슷하게 생긴 수많은 조그마한 문들 가운데 하나를 열고서 들어갔다. 문마다 옆과 위에 작은 마름모꼴 창문이 하나씩 달려 있었다. 집 안에는 초라하게 생긴 한 노파가 조그마한 냄비에다 무엇을 끓이려고 불을 불고 있었다. 선생님이 들어서는 것을 보고, 노파는 황급히 불을 불던 동작을 멈추고 풀무를 무릎에 놓으며 "나의 찰리!"라고 말한 것 같았다. 그러나 내가 들어서는 것을 보고는, 노파는 일어나서 당황한 듯 두 손을 비비며 무릎을 굽히고 인사를 했다.

"미안하지만, 이 어린 신사에게 아침을 준비해줄 수 있겠어요?" 선생님이 말했다.

"내가?" 노파가 말했다. "그럼, 하고말고!"

"피비슨 부인, 안녕하세요?" 선생님은 난롯가 큰 의자에 앉아 있는 다른 노파를 향해 말했다. 그 피비슨 부인은 꼭 낡은 옷뭉치처럼 보였다. 실수로 그 위에 앉지 않은 게 참 다행이라고 지금도 생각한다.

"아, 저 할멈은 지금 기분이 안 좋아." 노파가 말했다. "게다가 오늘은 일진이 안 좋은 날이야. 잘못하여 불이라도 꺼지면, 저 할멈의 생명도 꺼져 다시는 살아나지 못하리라고 굳게 믿고 있다네."

그들이 그 부인을 바라보고 있기에 나도 바라보았다. 날씨가 따뜻한데도 그 부인은 불만 생각하는 것 같았다. 부인은 불에 놓인 냄비까지도 시샘한다고 나는 생각했다. 그 냄비로 내 달걀과 베이컨을 삶고 굽는 것이 아주 불쾌한 것 같았다. 음식물이 준비되고 있을 때, 아무도 보는 사람이 없자 부인이 화를 내면서 나에게 주먹을 휘두르는 바람에 나는 더럭 겁이 났다. 조그마한 창문으로 햇빛이 들어왔다. 그러나 부인은 자신의 등과 큰 의자의 등을 햇빛 쪽으로 향하고 앉아서 난롯불이 부인을 따뜻하게 해주는 것이 아니라 부인이 난로를 따뜻하게 해주는 양 난롯불을 가로막고 앉아서는, 불안한 눈으로 난로를 바라보고 있었다. 나의 아침 식사 준비가 다 되어서 불 위에 아무것도 없게 되자 노파는 기뻐서 큰 소리로 웃기까지 했다. 솔직히 말해서 부인의 웃음소리는 매우 거슬렸다.

나는 앉아서 흑빵과 달걀, 얇은 베이컨 조각과 우유 한 잔으로 맛있게 식사를 했다. 내가 한참 먹고 있는데 그 집의 노파가 선생님에게 물었다.

"플루트를 갖고 왔나?"

"예." 선생님이 대답했다.

"한 곡조 불어 봐." 노파가 달래듯이 말했다.

그 말에 선생님은 코트 밑으로 손을 넣어, 세 도막으로 된 플루트를 꺼내 잇더니 불기 시작했다. 그때의 느낌은, 이 세상에서 그의 플루트 소리보다 더 사람의 마음을 울적하게 만드는 소리는 없으리란 거였다. 자연적이든 인공적이든 내가 들어본 소리 가운데에서 가장 우울한 소리였다. 그게 무슨 곡인지는 잊었지만—그 연주를 곡이라고 부를 수 있을지조차 의심스럽지만—그 곡을 들으니, 먼저 서러움이 북받쳐서 눈물을 억누를 수 없었고, 그다음에는 식욕이 사라졌으며, 마지막으로 졸음이 와서 눈을 뜨고 있을 수가 없었다. 지금도 그때의 일을 생각하면 눈꺼풀이 무거워지면서 깜빡깜빡 잠이 온다. 그 조그마한 방에는 문이 없는 삼각 찬장, 네모난 등받이 의자, 모서리가 있는 2층으로 통하는 조그마한 계단, 벽난로 선반 위에 꾸며 놓은 공작 털 세 가닥 따위가 있었는데, 그것들이 점점 흐릿해지면서 나는 꾸벅거리다가 잠들어버린다. 플루트 소리가 사라

지고 대신 마차바퀴 소리가 들린다. 나는 다시 여행을 떠난다. 마차가 덜커덩덜커덩 흔들려서 나는 화들짝 눈을 뜬다. 플루트 소리가 다시 들려오고, 선생님은 다리를 꼬고 앉은 채 여전히 슬픈 곡조를 연주하고 있다. 그것을 바라보는 노파의 기쁨에 겨운 얼굴. 그런데 또다시 노파가 사라진다. 선생님도 사라진다. 모든 것이 사라진다. 이제는 플루트도 없고 선생님도 없고, 세일렘 학교도 없으며, 데이비드 코퍼필드도 없다. 오직 깊은 잠이 있을 뿐이다.

　나는 꿈을 꾸었던 것 같다. 선생님이 플루트를 불고 있을 때, 그 집의 노파가 그 소리에 젖어 황홀한 나머지 차츰차츰 선생님에게 다가가서, 의자 등 너머로 몸을 굽혀 다정하게 선생님의 목을 바싹 껴안는 바람에 연주가 잠깐 멈춰진 적도 있는 것 같다. 바로 그때도 그 직후에도, 나는 자는 것도 아니고 깨어 있는 것도 아닌 몽롱한 상태에 있었다. 선생님이 다시 플루트를 불기 시작했을 때—즉, 정말로 불다가 멈췄던 것이다—그 집 노파가 피비슨 부인에게, 이 곡이 멋있지 않느냐고 물었다.

그러자 피비슨 부인은 "아! 좋아요!"라고 난로를 향해 고개를 끄덕였다. 내 눈으로 직접 보고, 귀로 들은 바, 피비슨 부인은 그 난로 때문에 선생님의 플루트 소리가 좋다고 생각했다.

한참 동안 졸고 있을 때, 선생님은 플루트의 나사를 돌려 빼서 세 개로 분리하여 코트 밑에 넣고는 나를 데리고 나왔다. 마차는 바로 가까이 있었다. 우리는 지붕에 올라탔다. 내가 너무 심하게 졸았으므로 손님을 태우기 위해 마차가 멈추었을 때, 텅 비어 있는 마차 안에 나를 태워주었다. 거기서 나는 푹 잠들어 버렸다. 깨어보니 마차는 녹음이 우거진 언덕길을 터덜터덜 올라가고 있었다. 드디어 마차가 섰다. 목적지에 도착한 것이다.

잠시 걸어서 우리—선생님과 나—는 세일렘 학교에 도착했다. 그 학교는 높은 벽돌담으로 둘러싸였고, 매우 음침해 보였다. 그 앞에 난 문 위에 '세일렘 학교'라는 간판이 붙어 있었다. 벨을 누르자, 무뚝뚝하게 생긴 얼굴이 문의 쇠창살 사이로 우리를 내다보았다. 문이 열리고 건장하게 생긴 그 얼굴의 주인공이 모습을 드러냈다. 목은 황소 같았고, 의족을 하고 있었으며, 광대뼈가 툭 튀어나왔고, 머리는 빡빡 깎은 민둥머리였다.

"신입생이야." 선생님이 말했다.

의족을 한 그 사나이가 내 온몸을 훑어보았다. 그러나 별로 오랫동안 보지는 않았다. 훑어볼 만한 데도 없으니까. 그러고는 우리가 들어서자 문을 열쇠로 잠갔다. 어두컴컴한 우거진 나무 사이로 학교를 향해 걸어가고 있는데, 뒤에서 의족을 한 사나이가 나의 안내자인 선생님을 불렀다.

"여봐요."

우리가 돌아보니, 그가 살고 있는 조그마한 오두막 앞에서 부츠 한 켤레를 들고 서 있었다.

"구두 수선하는 사람이 왔었어요." 그가 말했다. "멜 씨, 당신이 외출하고 없는 사이에. 그런데 이 부츠는 이제 수선할 수가 없대요. 가죽이 하나도 남지 않아서. 이런 부츠를 고치려는 사람이 오히려 이상하다고 하던데요."

그는 부츠를 멜 선생님에게 내던졌다. 선생님은 몇 걸음 되돌아가서, 구두를 집어 들었고, 가는 내내 참으로 유감스럽다는 듯이 그 구두를 들여다보았다. 그때 처음으로 나는 선생님이 신고 있는 구두를 보았다. 그것도 너무 낡아서 신고 다니기에 불편할 정도였고, 양말도 한 곳에 구멍이 나서 땅을 뚫고 나오는 새싹처럼 그 사이로 살이 보였다.

세일렘 학교는 양쪽에 별채가 딸려 있는 네모꼴의 벽돌 건물이었는데, 보기에도 살풍경하고 시설다운 것이 전혀 없었다. 주위가 조용했기에 나는 멜 선생님에게, 학생들이 모두 외출했느냐고 물었다. 그러나 선생님은 지금이 방학 중이라는 사실을 내가 모르는 것을 알고는 깜짝 놀랐다. 선생님은 걸으면서, 학생들은 모두 자기 집으로 돌아갔다는 것, 이 학교의 경영자인 크리클 씨는 부인과 딸을 데리고 바닷가에서 피서 중이라는 것, 내가 나쁜 짓을 했으므로 그 벌로 방학 중인데도 학교에 오게 되었다는 모든 사실을 알려주었다.

선생님이 안내한 교실을 자세히 보았다. 그토록 초라하고 썰렁한 곳은 본 적이 없었다. 길쭉한 방에 길게 책상이 세 줄, 긴 의자가 여섯 줄로 놓여 있고, 벽에는 모자와 석판을 거는 못이 여기저기 어지럽게 박혀 있었다. 낡은 습자책과 연습장 조각들이 더러운 마룻바닥에 흩어져 있었다. 그리고 너절한 종이로 만든 누에집들이 책상 위에 널브러져 있었다. 키우던 주인에게서 잊힌 불쌍한 작은 생쥐 두 마리가, 마분지와 철사로 된 냄새나는 그들의 성 안을 이리저리 뛰어다니며 먹을 것을 찾느라 작고 빨간 눈으로 구석구석을 훑고 있다. 새보다 약간 큰 새장에선 새 한 마리가 2인치 정도 되는 횃대를 뛰어다니면서 이따금씩 애처로운 날갯짓 소리를 냈다. 노래하지도, 울지도 않는다. 교실 안에선 곰팡이 낀 작업복, 곯은 사과, 썩은 책 냄새 같은 이상한 냄새가 코를 찔렀다. 그 교실은 처음 지을 때부터 지붕이 없어서, 계절에 따라 하늘에서 잉크비가 내리고, 잉크눈도 내리고, 잉크우박도 내리고, 잉크바람도 부는지 온통 잉크 범벅이었다.

멜 선생님이 나를 혼자 남겨둔 채 수선 불가능한 구두를 가져다 놓으려고 2층으로 간 사이에, 나는 가만히 그 교실을 끝까지 걸어다니면서 위에서 말한 것들을 모두 눈여겨보았다. 그러다가 뜻밖에, 예쁜 글씨로 '조심! 물어뜯습니다'라고 적힌 마분지로 된 게시문이 책상 위에 놓여 있는 것을 보았다.

나는 놀라 책상 위로 올라갔다. 책상 밑에 큰 개가 도사리고 있을 것이라 생각했기 때문이다. 걱정스러운 눈으로 사방을 살펴보았지만, 개는 보이지 않았다. 멜 선생님이 돌아왔을 때에도 나는 계속 사방을 두리번거렸으므로, 선생님이 책상 위에서 무엇을 하느냐고 물었다.

"용서하세요, 선생님." 나는 말했다. "개를 찾고 있었어요."

"개라니?" 그가 말했다.

"이게 개 아닙니까? 선생님."

"이게 어째서 개란 말이지?"

"물어뜯으니까 조심하라고 쓰여 있잖아요."

"그게 아니야, 코퍼필드." 선생님은 엄숙하게 말했다. "이건 개를 말하는 게 아니야, 소년을 말하는 거지. 이 게시문을 네 등에 달아 주라는 지시를 받았어. 처음부터 이렇게 하는 것은 미안하지만, 나도 어쩔 수가 없단다."

선생님은 나를 책상 위에서 내려놓고, 잘 만든 게시문을 배낭처럼 내 등에 매달아주었다. 그 뒤로 나는 어디를 가든 게시 문구를 매달고 다녀야만 했다.

그 게시 문구 때문에 받은 고통은 아무도 상상할 수 없을 것이다. 나는 등이 보이건 말건 늘 누군가가 그 게시 문구를 읽고 있을 것만 같았다. 돌아보고 아무도 없는 것을 확인해도 조금도 진정되지 않았다. 내게 등이 있는 이상, 등 뒤에는 늘 누군가가 있을 것만 같았기 때문이다.

특히 의족을 한 그 무자비한 수위가 고통을 더해주었다. 그는 그 학교에서 상당한 권위가 있었다. 그래서 만약 내가 나무나 벽에 기대고 있는 것을 보기만 하면, 자기 집에서 "야, 너, 코퍼필드! 글씨가 잘 보이게 해, 안 그럼 보고하겠어!"라고 벼락같이 소리치는 것이었다.

텅 빈 운동장에는 자갈이 깔려 있고, 학교 건물 뒤쪽과 사무실 뒤쪽은 완전히 트여 있었다. 그래서 고용인들도, 정육점 주인도, 빵집 주인도 그것을 읽었을 것이다. 한마디로 말해서, 내가 돌아다니라는 명령을 받은 오전 중에 학교에 드나든 사람이면 누구나 다 '나는 무는 아이니까 조심하라'는 문구를 읽었을 것이다. 끝내는 나조차, 내가 정말로 물어뜯는 난폭한 아이처럼 생각되어 스스로가 무서워졌다.

운동장에는 오래된 문이 하나 있다. 거기에 학생들이 자기 이름을 새기는 습관이 있었다. 그 문에는 학생들 이름이 어지럽게 새겨져 있었다. 나는 방학이 끝나고 학생들이 학교로 돌아오는 것이 두려웠다. 그래서 그 낡은 문에 새겨진 한 학생의 이름을 읽으면서도, 그가 이 '조심! 물어뜯습니다'를 어떤 투로 얼마나 힘주어 외치고 다닐지만 걱정이 되어 견딜 수가 없었다.

많은 이름 가운데서 유난히 깊이, 또 여러 곳에 파놓은 제이(J) 스티어포스라는 한 학생의 이름이 눈에 띄었다. 틀림없이 이 아이가 문구를 아주 힘차게 읽고서, 내 머리카락을 잡아당길 것만 같았다. 또 토미 트래들스라는 이름이 있었다. 그는 이것을 가지고 짓궂게 장난치면서, 일부러 나를 두려워하는 체할 것 같아서 겁이 났다. 조지 뎀플이란 학생은 이 문구에 곡을 붙여 노래를 부를 것 같았다. 나는 완전히 겁에 질린 채 그 문을 바라보고 있노라니 나중엔 문에 새겨진 이름의 주인공들인 재학생 마흔다섯 명이 저마다 큰 소리로, '저놈을 조심해. 그놈은 물어!'라고 소리칠 것만 같았다.

책상이나 긴 의자에 대해서도 마찬가지였다. 또한 내 침대로 가는 도중이나 침대에 누워서도 그랬고, 슬쩍 엿본 수많은 빈 침대에 대해서도 똑같은 느낌이었다. 더욱이 나는 옛날처럼 밤마다 어머니와 같이 있는 꿈을 꾸었다. 페거티 씨의 집 파티에도 가고, 역마차 지붕에 앉아서 여행하는 꿈도 꾸었다. 그리고 불행한 웨이터 친구와 같이 식사하는 꿈도 꾸었다. 그때마다 나는 짧은 잠옷 차림에 경고문구를 달고 있고 아이들이 일제히 소리치는 바람에 깜짝 놀라 눈을 동그랗게 뜨는 것이었다.

생활의 단조로움과 학교가 문을 열면 어쩌나 하는 걱정이 겹쳐 나는 견딜 수 없이 고통스러웠다. 멜 선생님의 지루한 수업은 날마다 이어졌다. 그러나 그곳에는 머드스톤 남매가 없었기에 나의 공부는 썩 잘 되었다. 즉 불명예스러운 일 없이 잘해냈다.

수업이 시작되기 전과 수업이 끝난 뒤에는 내가 앞서 말한 의족을 한 사나이의 감시 아래 등에 게시문을 메고 학교 주위를 돌아다녔다. 학교 주변의 질척한 물웅덩이, 온통 깨진 교정의 푸른 포석, 늘 젖어 있는 낡고 커다란 물함지박, 비가 오면 한층 물방울이 거세게 떨어지고 맑을 때는 바람이 더욱 거세게 부는 우거진 숲의 나무들은 지금도 마치 어제 일처럼 또렷하게 기억한다!

한 시가 되면, 멜 선생님과 나는 긴 탁자가 가득 있고 기름 냄새가 배어 있는 휑뎅그렁하고 기다란 식당 한쪽 구석에 앉아서 식사를 했다.

식사를 마친 뒤에는 차가 나올 때까지 공부했다. 멜 선생님은 푸른색 찻잔에 차를 마셨고, 나는 양철 깡통으로 마셨다. 저녁 일곱 시나 여덟 시가 될 때까지, 온종일 멜 선생님은 교실 안 외따로 떨어진 자기 책상에 앉아서 펜, 잉크, 자, 책, 종이 따위를 가지고 (나중에 알았지만) 나머지 학기 학비 청구서를 열심히 작성했다.

선생님은 일이 끝나면 도구들을 정리해 넣고 플루트를 꺼내 불었다. 선생님은 플루트의 맨 위쪽에 있는 큰 구멍에 자신의 모든 것을 불어넣어서, 그 밑쪽에 있는 작은 여러 구멍으로 흘러나오게 하는 인상을 줄 때까지 불었다.

지금도 똑똑히 기억한다. 희미하게 불이 켜진 방에서, 나는 한 손으로 머리를 괴고 앉아 멜 선생님의 구슬픈 플루트 소리를 들으며 다음 날 공부를 예습했다. 책을 덮은 뒤에도 멜 선생님의 구슬픈 플루트 소리는 이어졌다.

플루트 소리를 따라, 내 기억은 저절로 집에서 있었던 일들로 돌아간다. 야머스 벌판의 바람 소리가 들리는 것 같아서 외로움과 슬픔을 느꼈다. 빈 방들을 지나 내 침실로 가서 침대가에 앉으면 페거티의 따뜻한 위로의 말이 그리워 소리 내어 울었다.

아침이면 아래층으로 내려가서, 길고 무섭게 생긴 계단 창틀 사이로 풍향계가 달린 외딴 건물 위에 설치된 학교 종을 바라보면서, 저 종이 울리어 제이(J) 스티어포스를 비롯한 학생들이 공부를 시작할 시기가 닥쳐올 것을 생각하니 끔찍했다. 두려움에 떨던 기억이 지금도 또렷하다. 그러나 그러한 불길한 예감은, 의족을 한 수위가 무시무시한 크리클 씨를 들이기 위해 녹슨 문을 자물쇠로 열 때에 비하면 부차적인 것에 지나지 않았다.

이러한 회상 속의 어느 경우를 보더라도, 내가 위험한 인물이라고는 도저히 생각할 수 없었건만 기억 속의 나는 언제나 그 경고판을 매달고 다녔다.

멜 선생님은 나에게 별로 말이 없었고, 전혀 엄하게 대하지도 않았다. 말은 없었지만 퍽 좋은 친구였다고 생각한다. 멜 선생님은 때때로 혼자 중얼거리고, 웃기도 하고, 주먹을 불끈 쥐기도 하고, 이를 갈기도 하고, 머리칼을 쥐어뜯기도 했다. 이런 행동은 멜 선생님의 특이한 버릇에 지나지 않았으므로 곧 익숙해지기는 했지만, 처음에는 몹시 무서웠다.

6장
내 친구, 스티어포스

내가 세일렘 학교에서 생활한 지 한 달쯤 되었을 때이다. 의족을 한 수위가 대걸레와 물통을 들고서 뚜벅뚜벅 걸어다니는 것을 보고, 교장인 크리클 씨와 학생들을 맞이할 준비를 하나 보다 생각했다. 과연 그랬다. 대걸레가 교실 안으로 들어와 나와 멜 선생님을 내쫓아버렸다. 그래서 우리는 며칠 동안은 있을 만한 곳을 찾아 아무 데서나 지내게 되었는데, 그 기간 동안 전에 보지 못했던 젊은 여자 두세 명과 자주 마주쳤다. 우리는 먼지 구덩이 한가운데에 있었으므로, 나는 학교 전체가 커다란 코담뱃갑이 아닐까 싶을 정도로 끊임없이 재채기를 했다.

어느 날, 크리클 씨가 오늘 밤 돌아온다는 소식을 멜 선생님에게서 알았다. 그리고 그날 저녁 차를 마시고 난 뒤 크리클 씨가 돌아왔다는 것을 들었다. 잠자리에 들기 전에 나는 의족을 한 사나이에게 이끌려 크리클 씨에게로 갔다.

크리클 씨의 집은 우리가 지내는 곳보다 훨씬 안락했다. 그 집에는 먼지투성이 운동장과는 별도로 아늑한 정원도 있었다. 조그만 사막 같아서 낙타가 아니고서야 도저히 적응할 수 없을 것 같은 운동장만 보아온 내 눈에는 매우 즐거운 풍경이었다. 떨면서 크리클 씨의 방으로 안내되었을 때 그의 앞에서도 나는 거북해서 어쩔 줄 몰랐으므로(같은 방에 있었음에도) 크리클 씨의 부인과 딸은 눈에 들어오지도 않고 크리클 씨만 보였다. 나로서는 도중에 복도가 편안해 보인다는 것을 눈치챈 것만으로도 엄청난 용기가 필요했던 큰 성과였다. 크리클 씨는 건장한 신사로, 시곗줄과 인장 뭉치를 가지고 있었으며, 옆에는 큰 컵과 술병을 놓고서 안락의자에 앉아 있었다.

"그래, 이 녀석이 입에다 재갈을 물려야 한다는 그 아이구먼! 뒤로 돌려세우게." 크리클 씨는 말했다.

의족을 한 수위가 경고문이 보이도록 나를 돌려세웠다. 그러고는 잘 읽도록 충분한 시간을 준 뒤 나를 다시 돌려세워 크리클 씨와 마주 보게 하고, 자기는 크리클 씨 옆에 섰다. 크리클 씨의 얼굴은 불같이 새빨갛고, 작은 두 눈은 움푹 들어가 있었다. 이마에는 굵은 힘줄이 불거져 있었으며 조그마한 코에 턱은 유난히 컸다. 정수리는 대머리였고, 얼마 남지 않은 희어져가는 머리털은, 양쪽 관자놀이에서 붙여 올려, 양끝이 이마에서 이어져 있었다. 그러나 크리클 씨에 대해 가장 인상적이었던 점은, 소리를 내지 않고 속삭이듯 말하는 것이었다. 말할 때 힘이 들어서인지 혹은 자기도 그렇게 가냘프게 이야기한다는 것을 인식해서인지는 몰라도, 그가 이야기할 때면 화난 얼굴은 더욱 화난 것처럼 보였고, 불거진 힘줄이 더욱 두드러져 보였다. 지금 생각해도 이 특징이 유난히 눈에 띈 것은 나로서는 조금도 이상할 것이 없었다.

"그런데, 이 학생에 대한 평판은 어떠한가?" 크리클 씨가 물었다.

"아직까지 나쁜 평은 없습니다. 별 기회가 없었습죠." 의족을 한 사나이가 대답했다.

그 말을 들은 크리클 씨는 실망한 것 같았다. 그러나 부인과 딸은(이때 처음으로 슬쩍 보았는데, 두 사람 다 깡마르고 조용조용한 사람들이었다) 실망하지 않았을 것이다.

"이리 와 봐." 크리클 씨가 나에게 손짓했다.

그러자 의족을 한 수위도 똑같은 동작을 하면서 "이리 와"라고 말했다.

"나는 너의 의붓아버지를 아는 것을 기쁘게 생각한다." 크리클 씨는 내 귀를 잡으며 작게 말했다. "참 훌륭하신 분이야. 강한 성격의 소유자지. 그는 나를 잘 알고, 나도 그를 잘 알아. 그런데 너는 나를 아느냐?" 크리클 씨는 내 귀를 꼬집으며 말했다.

"아직은 모릅니다, 선생님." 나는 아파서 겁을 내며 말했다.

"아직은 모른다고, 응?" 크리클 씨가 되풀이했다. "하지만 이제 곧 알게 되겠지, 안 그러냐?"

"이제 곧 알게 되겠지, 안 그러냐?" 의족을 한 수위가 똑같이 되풀이했다. 나중에 알았는데, 그는 크리클 씨의 통역으로서 언제나 이렇게 큰 소리로 학생들에게 말해 준다고 한다.

나는 깜짝 놀라서, '저도 그러길 바랍니다' 하고 대답했다. 그러는 사이에도, 나는 귀가 타는 듯이 화끈거리는 것을 느꼈다. 그는 그만큼 모질게 내 귀를 꼬집었다.

"내가 어떤 사람인가를 말해 주지." 크리클 씨는 속삭였다. 그리고 마지막으로 눈에서 눈물이 쏙 빠질 정도로 내 귀를 비틀고 나서야 나를 놓아주었다. "나는 아주 사나운 사람이야."

"아주 사나운 사람이야." 의족을 한 사나이가 되풀이했다.

"나는 한다면 하는 사람이야." 크리클 씨가 말했다. "그리고 한번 시키겠다고 마음먹으면 시키고 마는 사람이야."

"한번 시키겠다고 마음먹으면 시키고 마는 사람이야." 의족을 한 사나이가 똑같이 말했다.

"나는 확고한 성질의 소유자야." 크리클 씨가 계속했다. "난 바로 그런 사람이야. 나는 내 책임을 다한단 말이야. 그게 내가 하는 일이지!" 그는 여기서 부인을 힐끗 보았다. "내 육친이라도 나에게 반대하면 육친으로 생각하지 않지. 그런 놈과는 단칼에 관계를 끊어버리지. 그놈이 다시 왔었나?" 그는 의족을 한 사나이에게 물었다.

"아니오."

"그래." 크리클 씨는 말했다. "그놈도 이제는 알았나 보군. 그놈이 얼씬 못하게 해." 크리클 씨는 주먹으로 책상을 치며, 또다시 부인을 바라보고 말했다. "어린 친구, 너 또한 나를 알기 시작했겠지? 그러니 가도 좋아. 이봐, 이 학생 데리고 가게."

가라는 명령을 받고 나는 몹시 기뻤다. 왜냐하면 크리클 씨의 부인과 딸이 자꾸만 눈물을 닦고 있었기에, 나는 나 자신에 대해서는 말할 것도 없고, 그들 모녀에 대해서도 퍽 난처했기 때문이다. 그러나 나는 마음속으로 많이 걱정되는 것을 탄원해야겠다는 생각에 "선생님, 죄송합니다만 할 말이 있습니다……"라고 말했다. 어디서 그런 용기가 나왔는지는 나도 모르지만.

크리클 씨는 "하, 뭐야?"라고 속삭였다. 그러고는 나를 뚫어져라 노려보았다.

"제발, 선생님." 나는 벌써부터 더듬거리며 말했다. "저는 제 행동을 크게 뉘우치고 있습니다. 그러니 만약 선생님이, 학생들이 돌아오기 전에 이걸 벗게 해주신다면……"

크리클 씨가 정색을 하고 그랬는지, 아니면 단지 나를 겁주려고 그랬는지는 몰라도, 그는 의자에서 벌떡 일어났다. 나는 부리나케 그곳을 빠져나와, 의족을 한 사나이의 호송도 받지 않은 채 단숨에 내 침실까지 달렸다. 아무도 나를 추격해오는 사람이 없다는 것을 확인하고 잠자리에 들었지만, 누워서 두어 시간은 부들부들 떨어야 했다.

다음 날 아침, 샤프 선생님이 돌아왔다. 샤프 선생님은 주임 교사로서 멜 선생님보다 윗사람이었다. 멜 선생님은 언제나 학생들과 식사를 함께 했지만, 샤프 선생님은 점심과 저녁을 크리클 씨와 함께 했다. 샤프 선생님은 나긋나긋하고 가냘파 보이는 신사였다. 코가 유난히 크고 머리가 무거운 듯이 고개를 한쪽으로 기울이고 다녔다. 그의 머리털은 윤기가 흐르고 물결치는 듯이 보였는데, 맨 먼저 학교로 돌아온 학생에 따르면, 그것은 가발(게다가 중고)이며 샤프 선생님은 매주 토요일 오후에 가발을 곱슬거리게 하려고 이발소에 간다는 것이었다.

이러한 정보를 알려준 학생은 다름 아닌 토미 트래들스였다. 그는 오자마자 자기 이름이 대문의 오른쪽 구석, 빗장 위에 새겨져 있다고 자기소개를 했다. "그럼 트래들스?" 내가 말하자, 그는 "맞아" 하고 대답하고는 곧바로 나와 우리 가족에 대해 자세히 물었다.

트래들스가 제일 먼저 돌아온 것이 나에게는 퍽 다행이었다. 그는 나의 경고문을 아주 재미있게 생각하여, 크거나 작거나 관계없이 학교로 돌아오는 모든 학생에게 나를 소개하며 "이것 봐! 정말 재미있지?"라고 말했다. 그럼으로써 나는 그것을 감추고 아이들은 폭로하는 따위의 귀찮은 일을 덜어주었다. 그리고 다행스럽게도 학생들 대부분이 의기소침한 상태로 돌아와서 내가 각오했던 만큼 내 일에 대해 시끄럽게 굴지 않았다. 그중 몇몇 학생들은 인디언처럼 내 주위를 춤추며 다녔다. 그리고 대부분의 학생이 나를 개 취급해서 어루만지고 쓰다듬으면서 "개 선생, 엎드려!"라고 말하거나, 타우저라는 개 이름으로 부르는 것도 어쩔 수 없었다. 다만 전혀 낯선 학생들 틈에서 이러한 놀림을 당하니 나는 자연스럽게 당황스럽고 눈물도 났지만, 전체적으로 내 예상보다는 훨씬 나았다.

그러나 제이(J) 스티어포스가 돌아올 때까지 나는 정식으로 학교에 입학한 것은 아니었다. 스티어포스는 위대한 학자가 될 것이라고 정평이 난 학생으로 아주 잘생겼으며, 적어도 나보다 여섯 살 위였다. 나는 마치 판사 앞에 끌려가듯이 그 앞으로 끌려갔다. 그는 운동장에 있는 창고에서 나의 특수한 처벌에 대해 자세하게 물었다. 내 처벌에 대해 이것저것 물어보았는데, 다 듣고 나서 "말도 안 되는 굴욕이야!" 하고 자기 의견을 말했다. 덕분에 나는 그 뒤로 그의 동생뻘이 되었다.

스티어포스는 내 문제를 그 한마디로 정리해버리고, 나와 나란히 걷다가 갑자기 물었다. "코퍼필드, 돈은 얼마나 가지고 있어?"

7실링이 있다고 나는 말했다.

"나에게 맡기는 것이 좋아. 내가 보관해줄게." 그는 말했다. "네가 원한다면 말이야. 싫다면 맡길 필요 없고."

나는 그의 친절한 제의에 바로 응했다. 페거티의 지갑을 열고, 거꾸로 털어서 돈을 그의 손에 모조리 떨어뜨려 주었다.

"지금 쓸 데가 있니?" 그는 나에게 물었다.

"없어." 나는 대답했다.

"쓸 데가 있으면 써도 돼. 쓸 데가 있으면 말해 봐." 스티어포스가 말했다.

"아니야, 없어." 나는 되풀이했다.

"침실에 들면, 2실링쯤 하는 커런트 술 한 병쯤 마시고 싶겠지?" 스티어포스는 말했다. "참, 너 나하고 같은 침실이야."

지금까지 마시고 싶은 생각은 없었으나, "그럴 거야. 나 마시고 싶어"라고 대답했다.

"좋아." 스티어포스는 말했다. "또 1실링 하는 아몬드 케이크도 먹고 싶을걸, 그렇지?"

나는 그것도 먹고 싶다고 대답했다.

"그리고 비스킷이 1실링, 과일이 1실링, 어때?" 스티어포스가 말했다. "야, 코퍼필드, 너 멋있는 놈이구나!"

스티어포스가 웃기에 나도 같이 웃었다. 그러나 속으로는 조금 걱정되었다.

"돈은 멋지게 써야지. 이것이 중요해. 내가 너를 위해 최선을 다할게. 나는 언제든지 외출할 수 있거든. 그래서 음식물을 몰래 들여오지." 이렇게 말하고 스티어포스는 돈을 주머니에 넣고는 자기가 잘 보관할 테니 걱정하지 말라고 친절하게 말했다.
 그런데 이것이 진짜 '잘'이라면 확실히 그의 말은 거짓이 아니었다. 그러나 나는 속으로 너무나 불안했고, '잘'이라는 말은 아무래도 정반대의 뜻인 것 같았다—무엇보다도 어머니가 주신 반 크라운 은화 두 닢이 어이없이 사라져버린 것 같아서 견딜 수 없었다. 그래도 동전을 싼 종이만은 남겨 두었는데, 생각해 보면 한심하지만, 이것이 최소한의 절약이었다. 우리가 2층 침실로 올라갔을 때 스티어포스는 7실링어치 물건을 꺼내어 달빛 비치는 내 침대에 펼쳐놓고 말했다.
 "어때, 코퍼필드, 멋지지?"
 잔치의 주인은 나였지만, 스티어포스가 곁에 있는 동안 꼬맹이인 내가 주인 노릇을 한다는 것은 어림도 없는 생각이었다. 그런 생각만 해도 손이 떨렸다. 그래서 스티어포스에게 잔치를 주선해 달라고 부탁했는데, 방에 있던 다른 학생들도 일제히 찬성했기에 그는 나의 제의를 받아들였다. 스티어포스는 내 베개 위에 앉아서 사 온 음식물을 분배했다. 아주 공평하게—이것만큼은 말해두어야 한다. 그리고 그는 자기 소유인 발 없는 조그마한 술잔에 커런트 술을 따라서 돌렸다. 나는 스티어포스 왼편에 앉았고, 나머지 학생들은 우리 둘을 에워싸며 가까운 침대 위나 마룻바닥에 둘러앉았다.
 그날 밤의 광경은 지금도 잊을 수 없다. 우리는 소곤거리며 이야기했다. 아니, 그들이 이야기하고, 나는 공손히 귀 기울여 들었다고 말하는 편이 옳을 것이다. 달빛이 창문을 통해 방으로 들어와 마룻바닥에 창문 그림자를 희미하게 그렸고, 우리 대부분은 어두운 그림자 속에 있다. 선반 위에서 무언가를 찾으려고 스티어포스가 켠 성냥불이 우리를 잠깐 비추었으나 이내 꺼져버리고, 다시 희미한 달빛만이 방을 비추고 있었다. 사방이 어둡고, 비밀 잔치를 베풀고, 모두가 속닥거리며 이야기하는 탓에, 말할 수 없는 이상한 감정이 나를 엄습했다. 나는 아주 엄숙하고도 경건한 마음으로 그들의 이야기에 귀를 기울였으므로, 이 많은 학생들이 모두 가까이 함께 있다는 사실이 기뻤다. 트래들스가 "저기 구석에 유령이 있다!" 말하며 장난쳤을 때에는 (일단 겉으로는 웃고 있었지만) 소름이 오싹 끼쳤다.
 나는 학교에 관한 이야기이며, 거기에 속한 사람들의 여러 가지 이야기를 남김없이 들었다. 크리클 씨가 자기를 사나운 사람이라고 즐겨 부르는 데는 그럴 만한 이유가 있다고 했다. 그는 선생들 가운데 가장 엄하고 잔인해서, 하루도 아이들을 때리지 않고 넘어가는 날이 없다고 한다. 매일 기마 경관처럼 학생들 사이에 불쑥 나타나 닥치는 대로 무자비하게 때린다는 것이다. 사람을 때리는 기술 말고는 아는 것이 없어서 (스티어포스가 말했다) 이 학교의 최하급생보다도 더 무식하다는 것이다. 또 크리클 씨는 옛날 젊을 때는 이곳 버로에서 장사를 했는데, 파산하여 부인의 돈까지 날리고서 학교 사업을 시작했다고 했다. 그 밖에도 비슷한 이야기를 잔뜩 들었는데, 나는 어째서 다들 그런 내용까지 알고 있는지 궁금했다.

그리고 의족을 한 사나이의 이름은 턴게이라는 것과 그는 고집 센 야만인으로 크리클 씨를 도와 장사도 같이 했으며, 크리클 씨의 사업을 돕다가 의족을 하게 됐고, 크리클 씨를 위해 많은 부정을 저질렀으며, 그의 비밀을 다 알고 있어서, 육영 사업에도 함께 손대게 되었다는 얘기도 들었다. 그리고 턴게이는 크리클 씨만 제외하고 학교 전체와 선생, 학생 모두를 자기의 적으로 생각하며, 그들에게 까다롭고 못되게 구는 것이 삶의 유일한 낙이라고 한다. 크리클 씨에게는 외아들이 있었는데, 턴게이와 사이가 나쁜 데다가 학교 일을 도우면서 교육이 너무 잔인하게 운영된다고 아버지에게 항의하고 또 어머니를 가혹하게 다룬다고 대들기까지 해서, 크리클 씨가 집에서 쫓아냈으며, 그때부터 크리클 부인과 딸은 비탄에 잠겨 있다는 것이다.

그런데 내가 들은 이야기 가운데에서 가장 놀라운 것은, 크리클 씨가 전혀 손을 대려 하지 않는 학생이 하나 있는데, 바로 스티어포스라는 것이었다. 스티어포스도 그 말을 인정했다. 그리고 그는 크리클 씨가 자기에게 손대는 것을 보았으면 좋겠다고 덧붙였다. 그때 어느 온순한 학생이(내가 아니다), 만약 크리클 씨가 너에게 손을 댄다면 어떻게 하겠느냐고 물었다. 스티어포스는 자기의 대답을 한층 빛나게 하기 위해 성냥불을 켜고, 만약 크리클 씨가 손을 대기만 하면, 저 7실링 6펜스짜리 잉크병(그것은 언제나 벽난로 위에 놓여 있었다)을 그의 이마에 내던져 한방에 거꾸러뜨리겠다고 호언했다. 우리는 그 말에 질려서 숨을 죽인 채 어둠 속에 한참 동안 앉아 있었다.

샤프 선생님과 멜 선생님의 월급이 형편없다는 이야기도 들었다. 저녁 식사 때 크리클 씨의 식탁에는 따뜻한 고기와 찬 고기가 놓이는데, 샤프 선생님은 언제나 찬 것을 좋아한다고 대답하게끔 되어 있다는 것이 교장댁에 동거하는 유일한 특별 기숙생 스티어포스를 통해 확인되었다. 또 샤프 선생님은 가발이 잘 맞지 않아서 뒤쪽에서는 그의 진짜 빨간 머리칼이 똑똑히 보였다. 그 때문에 그가 가발을 쓰고 '허세를 부려' 봐야—누군가는 '잘난 체한다'고 말했다—소용없다는 것이다.

 석탄 상인의 아들인 한 학생은 석탄값을 받지 못해서 그 대신 이 학교에 다니고 있다. 그것 때문에 그의 별명이 '교환물' 혹은 '물물교환'이라는 이야기도 들었다. 그런 별명은 수학책에서 따온 것이기는 해도, 그 학생의 처지를 잘 나타내 주었다. 식탁 위에 놓인 맥주는 학생의 부모에게서 빼앗다시피 해 온 것이고, 푸딩은 가짜라는 소리도 들었다. 크리클 씨의 딸과 스티어포스가 연애한다는 것이 공공연하게 알려진 사실이라는 것도 알게 되었다. 나는 어둠 속에 앉아서 스티어포스에 관해 이것저것 생각해 보았다. 그의 아름다운 목소리, 잘생긴 얼굴, 유려한 태도 그리고 곱슬곱슬한 머리칼 따위로 보아, 그것도 무리가 아니라는 생각이 들었다. 멜 선생님은 나쁜 사람은 아닌데, 6펜스도 없어서 그의 어머니 멜 부인은 욥[1] 뺨치게 가난하다고 한다. 나는 그날 아침 식사 생각이 났다. 그때 "나의 찰리!" 같은 소리를 들었단 말은 누구에게도 하지 않은 것은 지금 생각해도 참 잘한 일이다.

 잔치가 끝난 뒤에도 꽤 오랜 시간이 흘렀다. 학생들 대부분은 먹고 마시기가 끝나자 이내 잠자리에 들었으나, 늦게까지 남은 우리는 옷을 반쯤 벗고도 한참을 더 속삭인 뒤에 겨우 자리에 누웠다.

 "코퍼필드 잘 자." 스티어포스가 말했다. "내가 너를 잘 보살펴 줄게."

 "넌, 참 친절하구나." 나는 고마운 마음으로 대답했다. "정말 고마워."

 "너, 누이동생 없니?" 스티어포스는 하품을 하면서 물었다.

 "없어."

 "그거 유감인데. 너에게 누이동생이 있다면, 예쁘고, 순하고, 자그마하고, 눈매가 초롱초롱한 아이였을 텐데. 나도 꼭 소개받고 싶었을 거야. 잘 자, 코퍼필드."

 "잘 자." 나도 말했다.

---

[1] 구약성서 〈욥기〉의 주인공.

잠자리에 들어서도 나는 여전히 스티어포스에 대한 생각을 했다. 그리고 다시 한번 일어나, 달빛 속에 잠든 그의 얼굴을 바라보았다. 그는 잘생긴 얼굴을 반듯이 하고, 한 팔로 머리를 괴고서 편안히 자고 있었다. 내 눈에는 스티어포스가 유능하게 보였다. 그래서 그를 계속 생각하고 있었던 것이다. 그러나 달빛을 받으며 자는 그의 얼굴 위에 장차 닥쳐올 침침한 그림자 따위는 전혀 나타나지 않았으며, 내가 밤새도록 걸어다닌 꿈의 정원에 그의 발자국은 없었다.

7장
첫 학기

다음 날부터 새 학기가 시작되었다. 아침 식사를 마치고 크리클 씨가 교실에 들어와 이야기책에 나오는 거인이 포로들을 둘러보듯 문간에서 우리를 둘러보자, 그렇게도 요란하게 떠들어대던 소리가 갑자기 조용해지는 장면은 나에게 매우 인상적이었다.

크리클 씨 옆에는 턴게이가 서 있었다. 그는 느닷없이 엄청난 소리로 "조용히 해!" 하고 불같이 호령했다. 생각해 보면, 학생들은 이미 벼락이라도 맞은 듯이 조용히 앉아서 꼼짝도 하지 않았으므로 그럴 필요는 전혀 없었는데 말이다.

크리클 씨가 무어라고 웅얼거리고 턴게이가 다음과 같은 내용을 전달했다. "자, 학생들, 새 학기가 시작되었다. 학기 동안 행동거지를 주의해라. 여러분은 새 마음으로 학과에 임해야 하고, 나는 새 마음으로 벌주는 일에 임할 것이다. 나는 물러서지 않을 것이다. 나에게 맞은 자국을 지우려고 문질러야 소용없다. 지워질 정도로 시시하게 때리지는 않는다. 이제 공부를 시작하도록!"

이러한 무시무시한 서론이 끝나고 턴게이가 나가자, 크리클 씨가 내 자리로 와서, '네가 무는 데 유명하다면 나도 무는 데 유명하다'고 말했다. 그러고는 회초리를 보여주면서, 이 이빨을 어떻게 생각하느냐고 물었다. 어떠냐, 날카로운 이빨이냐? 덧니냐? 칼날 같은 이빨이냐? 물어뜯겠지? 응, 물어뜯지? 질문 하나하나가, 살을 베는 듯이 아려서 나는 괴로움에 몸부림쳤다. 아무튼 이리하여 나도 명실공히(스티어포스 말마따나) 세일렘 학교 학생이 되었고 이내 눈물로 지새우게 되었다.

이런 질문은 특별히 나만 당하는 차별 대우는 아니었다. 이 학교의 대다수 꼬마들은, 크리클 씨가 교실을 순방할 때면 으레 이런 경고를 받았던 것이다. 그날 수업이 시작되기 전에 이미 학생의 절반이 몸부림치며 괴로워하고 눈물을 흘렸다. 그리고 끝날 무렵에 과연 몇 명이 그렇게 되어 있는지 말하면, 분명 허풍이라고 생각할 테니, 지금은 기억나지 않는다고 해 두자.

나는 크리클 씨보다 교장이라는 직업에 더 만족하는 사람은 없을 것이라고 생각했다. 학생들을 사납게 때리는 것이 그의 즐거움이었다. 그것은 마치 극심한 공복을 채우는 것과 비슷했다. 그는 특히 살이 찐 똥똥한 학생을 보면 참지 못했다. 그러한 학생에게 구미가 당기면 그날 바로 그 아이에게 지울 수 없는 상처를 입힐 때까지 때리고 들볶아야만 성이 찼다. 내가 통통하게 살이 찐 아이였기에 이런 사정을 사무치게 아는 것이다. 지금도 그자를 생각하는 것만으로도 피가 거꾸로 끓어오른다. 이것은 내가 그의 학생이 아니더라도 그런 이야기의 한 끝자락이라도 들으면 당연히 느꼈을 사적인 감정이 없는 정당한 분노였다. 그리고 그가 무능한 야만인이라는 것을 알고 있는 만큼 나의 피는 더욱 뜨겁게 끓어올랐다. 아무튼 그자는 해군제독이나 군사령관이 될 자격이 눈 씻고 찾아봐도 없는 것과 마찬가지로 학교의 교장이라는 중책을 맡을 자격이 없었다. 아니, 오히려 제독이나 사령관이 되는 쪽이 더 유익했을 것이다.

잔인한 우상 크리클의 비위를 맞추느라 비참하고 보잘것없는 우리는 숨도 제대로 못 쉬고 비굴하게 굴었다. 능력도 없고 자격도 안 되며 일말의 가치도 없는 그에게 그토록 굽실거리며 따라야 한다고 생각하니, 인생의 출발치고는 참으로 딱했다.

다시 이야기로 돌아가면, 나는 주눅이 들어 그의 눈치를 살피며 책상에 앉아 있었다. 크리클 씨는 또 한 명의 희생자를 내고 자기의 메모용 책에다 자로 표시하고 있었다. 그 학생은 그 자로 손바닥을 맞았기에 손수건을 꺼내 매 자국을 문질러 없애려고 했다. 나는 할 일이 많았다. 그냥 헛되이 크리클 씨를 바라보고 있던 것이 아니었다. 다만 다음에는 저자가 무슨 짓을 할까? 다음 차례는 나일까? 혹은 다른 학생일까? 그것을 지나치게 알고 싶은 나머지, 병적인 욕망에 이끌려 그의 눈치를 살피고 있었던 것이다. 저쪽에 한 줄로 앉아 있는 꼬마들도 나와 똑같은 관심을 가지고 크리클 씨를 지켜보고 있었다. 크리클 씨는 그런 사실을 모른 체했지만, 내 생각에는 그가 눈치채고 있는 것 같았다. 그는 메모용 책에다 자로 줄을 치면서 무섭게 얼굴을 찌푸렸다. 그러고는 우리가 앉아 있는 줄을 곁눈질로 훔쳐보았다. 우리는 책에다 코를 박고 와들와들 떨었다. 잠시 뒤 우리는 다시 그의 움직임을 살피기 시작했다. 예습을 안 했다는 이유로 불쌍한 한 학생이 그의 명령에 따라 앞으로 불려나갔다. 그 학생은 더듬거리며 용서를 빌면서, 내일은 잘하겠다고 말했다. 크리클 씨는 그 학생을 때리기 전에 농담을 했다. 농담을 듣고 우리는 와 하고 웃었다. 햇빛같이 창백한 얼굴로 공포에 떨면서 웃었다. 이 얼마나 한심한 개들인가!

졸음이 몰려오는 여름날 오후, 나는 다시 책상에 앉아 있었다. 아이들이 마치 쉬파리처럼 내 주위에서 와글거렸다. 미지근한 비곗덩이처럼 끈적이는 느낌이 아직 남아 있고(식사를 한 것은 한두 시간 전이었다), 머리는 납덩이처럼 무거웠다. 자러 갈 수만 있다면 세상이라도 다 주고 싶었다. 그래도 나는 자리에 앉아 올빼미 새끼처럼 눈을 깜박거리며 크리클 씨를 바라보고 있었다. 하지만 이내 깜빡깜빡 잠이 들었고, 꿈결에서도 크리클 씨는 자를 가지고 메모용 줄을 긋고 있었다. 그때 그가 내 뒤로 와서, 내 등에 빨갛게 줄을 그으면 비로소 나는 정신이 번쩍 들어 그를 또렷하게 알아보는 것이었다.

운동장에 서 있는 내 눈에 그가 보이지 않아도 나는 여전히 그의 마력에 꼼짝 못했다. 약간 떨어진 곳에 창문이 있는데 나는 그가 거기서 식사하고 있다는 것을 알고 있었다. 그래서 크리클 씨를 보는 대신 그 창문을 바라본다. 만약 그가 얼굴이라도 내밀면, 나는 애원조의 순종하는 표정을 짓는다. 그가 유리창으로 내다보기만 하면, 제아무리 뱃심 좋은 아이라도(스티어포스를 제외하고는) 소리를 치면서 소란을 피우다가도 그 자리에서 멈추고 열심히 무엇을 생각하는 체하는 것이다. 어느 날 트래들스(세상에서 가장 불행한 소년)가 공놀이를 하다가 잘못하여 그 창문을 깨뜨렸다. 나는 그 공이 창문을 뚫고 들어가 크리클 씨의 거룩한 머리를 때렸으리라는 무시무시한 생각에 사로잡혔었다.

불쌍한 트래들스! 그는 몸에 꼭 끼는 하늘색 양복을 입고 있어서, 팔과 다리는 꼭 큰 소시지나 꽈배기 푸딩처럼 보이기도 했다. 그는 모든 학생 가운데에서 가장 쾌활하고도 가장 불쌍한 학생이었다. 그는 늘 회초리로 매를 맞았다. 내 기억으로는 어느 공휴일이었던 월요일을 빼고는—그날에는 단지 자로 손바닥을 맞았을 뿐이다—여섯 달 동안 하루도 빠짐없이 맞았다. 그는 매를 맞을 때마다 이번에야말로 큰아버지에게 일러바치겠다고 말하면서도 한 번도 실행에 옮긴 적이 없었다. 한동안은 책상 위에 얼굴을 파묻고 울다가, 이내 기운을 차리고 웃으면서 석판에다 해골을 그려 장난을 시작했다. 그러면 눈물도 어느새 말라버린다. 나는 처음엔 트래들스가 해골을 그림으로써 어떤 위안을 얻는지 도저히 알 수 없었다. 그리고 얼마 동안은 그가, 죽음의 상징인 해골을 그림으로써 그 매질이 영원할 수 없다는 깨우침을 얻는 도사 같은 아이라고도 생각했었다. 그러나 이제 와 되새겨보니, 그것은 단지 해골이 그리기 쉽고, 눈, 코, 입, 귀 따위를 그릴 필요가 없었기 때문이었던 듯하다.

트래들스는 정말 착했다. 그는 학생들이 서로서로 돕는 것을 신성한 의무라고 생각했다. 이런 생각 때문에 몇 차례 화를 입은 적도 있었다. 한 번은 예배 중에 스티어포스가 웃었는데, 교구 직원은 트래들스가 웃었다고 생각하고는 그를 끄집어냈다. 그가 모두의 멸시를 받으며 끌려나간 모습은 지금도 눈에 아른거린다. 다음 날 그는 심한 체벌을 받고 몇 시간씩 갇힌 끝에, 묘지가 가득 찰 정도로 많은 해골 그림을 라틴어 사전에 그리고서야 나왔으나, 그래도 웃음의 장본인은 절대로 말하지 않았다. 그러나 그것에 대한 보상은 받은 셈이다. 스티어포스가 트래들스야말로 비겁한 데가 전혀 없는 아이라고 칭찬했기 때문이다. 우리는 이것이야말로 최고의 찬사라고 생각했다. 나도 만약 그런 보상을 얻을 수만 있다면(물론 나는 트래들스보다 훨씬 약하고 나이도 어렸지만) 대부분의 일은 견딜 수 있을 것 같았다.

스티어포스가 크리클 씨의 딸과 팔짱을 끼고 우리에 앞서 교회로 가는 모습은 정말 훌륭한 광경이었다. 내 생각에 미스 크리클은 아름답기로는 에밀리의 상대가 되지 않았으므로 나는 그녀를 사랑하지는 않았다(그럴 용기도 없었다). 그러나 그녀는 정말 매력적인 꼬마 숙녀였고, 세련된 몸가짐에서는 타의 추종을 불허했다. 흰 바지를 입은 스티어포스가 그녀 대신 파라솔을 펴 들고 갈 때면, 내가 그의 친구라는 것이 자랑스러울 정도였다. 그리고 저렇게 멋있으니까 미스 크리클이 그를 진심으로 사랑할 수밖에 없겠다는 생각이 들었다. 내 눈에는 샤프 선생님과 멜 선생님도 모두 훌륭했으나, 스티어포스에 비하면 태양 앞 두 개의 별에 지나지 않았다.

스티어포스는 계속해서 나를 보호해줌으로써 나에게 유용한 친구임을 입증했다. 스티어포스가 호감을 보이는 학생에게는 감히 누구도 집적거리지 못했다. 그러나 크리클 씨로부터 나를 두둔할 수는 없었다. 적어도 지켜주진 않았다. 나에 대한 크리클 씨의 태도는 정말로 지독했는데, 그것이 평소보다 한층 더 가혹하다고 생각할 때에는 언제나, "너는 너무 약해. 나라면 그렇게 묵묵히 참고 있지 않을 거야" 하고 말해 주었다. 나를 격려하기 위해서 그런 이야기를 했다고 여겼기에, 나는 스티어포스가 대단히 친절하다고 생각했다. 크리클 씨의 무자비함에도 한 가지, 딱 한 가지 장점은 있었다. 그는 내가 앉아 있는 긴 의자 뒤로 왔다 갔다 하다가 나를 후려치고 싶을 때 내가 등에 매달고 있는 경고문이 방해가 된다는 사실을 알았다. 이리하여 경고문은 바로 치워져 더는 보지 않아도 되었다.

우연한 계기로 스티어포스와 나는 아주 친해지게 되었다. 너무 친해서 때로는 불편한 점도 있었지만, 나에게는 큰 자부심과 만족을 느끼게 했다. 한번은 운동장에서 스티어포스가 고맙게도 나에게 말을 걸었다. 그때 나는 물건을 두고 그랬는지 사람을 두고 그랬는지는 몰라도 영국 소설가 스몰렛의 작품인 《페리그린 피클》에 나오는 인물과 비슷하다는 말을 했다. 스티어포스는 그때는 아무 말이 없더니, 밤이 되어 내가 잠자리에 들려고 할 때, 《페리그린 피클》을 가지고 있느냐고 물었다.

나는 없다고 했다. 그러고는 그 책과 내가 지금까지 이야기했던 다른 책을 어떻게 읽게 되었는가를 설명해 주었다.

"너 그것들을 다 기억하고 있니?" 스티어포스가 물었다.

"응." 내가 말했다. 나는 기억력이 좋았다.

"그러면, 코퍼필드." 스티어포스가 말했다. "그 이야기를 나에게 들려줘. 나는 초저녁잠은 없고 아침엔 일찍 일어나거든. 한 권씩 이야기해 줘. 《아라비안나이트》처럼 말이야."

이 말을 들으니 나는 우쭐해졌다. 그래서 바로 그날 밤부터 실천에 옮기기로 했다. 그 이야기들을 내 맘대로 해석하는 동안, 정말 좋아하는 그 작가들에게는 참으로 못할 짓을 했다고 생각하지만, 그 점을 지금 내가 이야기해야 할 이유도 없고, 또 사실을 알고 싶지도 않다. 그러나 아무튼 나는 그 작가들에 대해 깊은 믿음을 갖고 있고, 진지하게 이야기했으며, 그 점에서 큰 효과를 거두었다고 생각한다.

다만 밤이 되면 졸리고 맥이 빠져서 이야기를 하기가 싫었던 것이 나에게는 애로점이었다. 이런 때 이야기를 한다는 것은 참 힘겨운 일이었으나 하지 않을 수도 없었다. 스티어포스를 실망시킨다든가 불쾌하게 한다는 것은 전혀 꿈도 꿀 수 없는 일이었기 때문이다. 아침에 피곤하여 다만 한 시간이라도 더 자고 싶은 마음이 굴뚝같은 날에는, 셰에라자드 왕비도 아닌데 억지로 일어나 기상을 알리는 종이 울릴 때까지 기나긴 이야기를 해야 하는 것은 참으로 견디기 힘들었다. 스티어포스는 결심이 대단했다. 또한 내 이야기의 대가로 그는 계산문제든 연습문제든 내가 힘들어하는 숙제는 무엇이든 잘 설명해 주었으므로 이 교환 조건에서 나는 손해를 보지 않았던 것이다. 그러나 여기서 나 자신에 대해서 정당하게 밝혀 두겠다. 나는 그 일을 무슨 이해관계나 이기적인 동기에서 한 것이 아니고, 스티어포스가 무서워서 한 것도 아니다. 나는 그를 존경하고 사랑했다. 그에게 인정받는 것만으로 보상은 충분했다. 그것은 나에게는 정말이지 귀중한 것이었기에, 보잘것없는 일이지만 돌이켜보면 지금도 가슴이 아프다.

스티어포스는 인정도 많았다. 그러한 어떤 특수한 경우에는 그 인정을 단호하게 나타냄으로써, 때로는 트래들스와 다른 학생들의 애를 태우기도 했다.

새 학기가 시작되고 대여섯 주가 지났을 때 약속대로 페거티에게서 편지가 왔다. 얼마나 반가웠는지 모른다. 게다가 편지와 함께, 오렌지를 잔뜩 넣은 상자 속에 과자와 앵초술도 보내왔다. 나는 당연한 일로 생각해서 그 귀중품을 스티어포스의 발밑에 놓고서 학생들에게 나누어 줄 것을 부탁했다.

"내 말 좀 들어봐, 코퍼필드." 스티어포스는 말했다. "네가 이야기할 때 목을 축이도록, 이 술은 그냥 두도록 하자."

나는 얼굴을 붉히며 겸손하게, 그런 걱정은 말아 달라고 부탁했다. 그러나 그는 내가 이야기할 때 이따금 목이 쉬는데—그의 표현대로 말하면 갈라지는데, 걱정이 되니 이 술 한 방울이라도 자기가 말한 그 목적으로 써야 한다는 것이었다. 그는 술을 자기의 함에 넣고 자물쇠로 잠가두고는, 내게 회복제가 필요하다고 생각되면 그것을 손수 약병에 조금 따르고는 코르크 마개에다 깃으로 만든 펜촉을 찔러서 내게 주었다. 그리고 때로는 그 술을 더 특효약으로 만들기 위해, 친절하게도 오렌지 즙을 짜 넣기도 하고 생강을 넣어 휘휘 젓기도 하고, 박하를 몇 방울 떨어뜨리기도 했다. 그렇게 함으로써 맛이 더 좋아진 것도 아니고, 또 위에 좋아서 잘 때 한 잔, 깨어나 한 잔 할 정도의 약도 못 되었으나, 나는 기꺼이 그 술을 마셨고 그의 친절을 정말 고맙게 생각했다.

내가 생각하기에 페리그린 이야기를 하는 데에는 몇 달이 걸렸고, 다른 이야기를 하는 데에는 그보다 더 오래 걸린 것 같았다. 적어도 이야깃거리가 떨어져서 그 일과가 흐트러지는 일은 없었고, 술도 이야기를 계속하는 동안은 남아 있었다. 가엾은 트래들스—나는 이 소년을 떠올리면 이상하게도 웃음이 터져 나오는 한편 눈물이 솟구친다—가 이른바 코러스를 맡았다. 이야기가 재미있는 대목에 이르면 허리가 꺾일 정도로 자지러지게 웃었고, 무서운 인물에 관한 구절에서는 두려워서 어쩔 줄을 몰랐다. 그 때문에 나도 가끔 곤란했다. 예를 들어 그는 질 블라스 이야기에서 경찰관[1]의 이름이 나오면 이내 이를 딱딱 부딪치며 벌벌 떠는 것이었다. 그것이 그의 익살이었다는 것도 기억하고 있고, 또 질 블라스가 마드리드에서 도적 두목과 다시 만나는 대목에서는 이 불쌍한 익살꾼이 너무나도 의욕적으로 부들부들 떠는 연기를 하는 바람에, 순찰하던 크리클 씨에게 들켜, 침실 질서를 어지럽혔다는 이유로 호되게 회초리를 맞은 기억도 있다.

내 마음속의 낭만적이고 환상적인 경향은 어둠 속에서 이야기를 계속함에 따라서 자꾸 커져 갔다. 이러한 점으로 미루어 보면, 이야기를 계속하는 것이 나에게는 큰 이익이 없었는지도 모르겠다. 그러나 우리 방에서는 위안거리로 귀여움을 받았고, 나의 입담이 학생들 사이에 소문이 나서, 나는 비록 우리 방에서 나이가 제일 어렸지만 크게 주목을 끌게 되었다. 나는 여기에 자극을 받아 더욱 열심히 이야기를 계속했다. 교장이 멍청하든 멍청하지 않든 잔인하게 운영되는 학교에서는 배우는 것이 많지 않다. 대체로 학생들은 다른 어느 학교 학생들보다도 물정을 모르고 무지했다고 생각한다. 너무나 시달림을 당하고 학대를 받았으므로 배울 수가 없었던 것이다. 누구든지 불행과 고통과 고민이 겹친 환경에서는 제대로 된 일을 할 수 없듯이, 학대받으면서 공부가 몸에 밸 리 없었다. 그러나 나는 나대로 허영심도 있었고 스티어포스가 도와주었으므로 어느 정도는 내 계획을 이루었다. 처벌 문제에서는 스티어포스가 큰 도움이 되지 않았지만, 이 학교에 머무는 동안 나는 일반 학생들과는 달리 하나라도 더 배우려고 꾸준

---

1) 《질 블라스》에 나오는 악역.

히 노력했던 것이다.

이 점에 있어서 나는 멜 선생님의 도움을 많이 받았다. 선생님은 나를 좋아하셨고, 나 역시 지금도 멜 선생님에게 고맙게 생각한다. 그래서 스티어포스가 선생님을 고의로 멸시한다든가, 기회 닿는 대로 선생님의 마음을 아프게 한다든가, 아니면 다른 학생을 시켜서 선생님의 감정을 상하게 하는 것을 보면 나는 늘 괴로웠다. 나는 과자나 다른 물건을 가지고 있는 것을 비밀로 하지 못한 것처럼, 멜 선생님이 나를 데리고 갔던 양로원의 두 노파에 관한 이야기도 스티어포스에게 털어놓았는데, 그 뒤로 오랫동안 무척 고민했다. 스티어포스가 그 이야기를 발설하여 선생님을 놀려대지나 않을까 두려웠던 것이다.

첫날 아침, 내가 양로원에서 아침 식사를 하고, 멜 선생님의 플루트 소리를 들으며 공작털로 꾸며 놓은 그늘에서 잠들었을 때에는, 아마 어느 누구도 나 같은 시시한 인물을 양로원으로 데리고 간 일로 어떤 결과가 일어나리라고는 생각하지 못했을 것이다. 그러나 나의 방문은 뜻밖의 중대한 결과를 낳았다.

어느 날 크리클 씨가 몸이 아파 집에 있게 되었다. 그러자 학교 전체가 기쁨으로 가득 찼고, 오전 수업은 꽤 소란스러웠다. 큰 해방감과 만족감을 만끽하는 학생들이 감정을 억누르기란 어려웠다. 텅게이가 의족을 끌고 두서너 번 나타나서 주동자들의 이름을 적어갔지만, 학생들은 크게 신경 쓰지 않았다. 어차피 내일은 꾸중 들을 것이 확실했으므로 오늘은 마음껏 즐기는 편이 현명하다고 생각했던 것이다.

그날은 토요일이었으므로, 마땅히 반휴일이었다. 그러나 운동장에서 떠들어 대면 크리클 씨의 마음을 어지럽힐 테고, 산책을 시키기에는 날씨가 좋지 않아서, 오후에도 교실에서 평소보다 가벼운 공부를 시켰다. 토요일은 샤프 선생님이 가발을 손질하러 외출하는 날이었기에, 언제나 궂은일은 도맡아 하는 멜 선생님 혼자 학생들을 감독했다.

만약 멜 선생님같이 순한 분을 황소나 곰에 비유한다면, 학생들의 소란이 절정에 이르렀던 그날 오후의 선생님은 수천 마리 개에게 시달리는 황소나 곰이었다. 국회의 의장이라도 현기증을 일으켰을 소란 속에서, 선생님이 뼈만 앙상한 손으로 아픈 머리를 괴고 책상 위 책 너머로 몸을 굽혀서 힘들지만 어떻게든 빨리 끝내려고 열심히 수업을 진행하는 것을 보면서 나는 딱한 생각이 들었다. 학생들은 교실을 들락날락하며 숨바꼭질에 열중했다. 큰 소리로 웃고 노래하는 아이도 있었으며, 춤추는 아이, 울부짖는 아이, 선생님 주위를 빙빙 돌면서 이를 드러내고 웃는 아이, 선생님 뒤에서 혹은 앞에서 흉내를 내는 아이도 있었다. 선생님의 가난과 구두, 코트, 선생님의 어머니 등 아무튼 선생님에 관한 것이면 무엇이든 흉내를 내는 것이었다.

"조용해!" 마침내 멜 선생님이 벌떡 일어나서 책으로 책상을 치면서 소리쳤다. "이게 무슨 꼴이야? 더는 참을 수가 없구나. 너희가 나에게 어떻게 이런 행동을 할 수 있어?"

멜 선생님이 책상을 친 책은 바로 내 책이었다. 나는 마침 선생님 곁에 서 있었는데, 선생님의 눈길을 따라 교실을 한 바퀴 둘러보니, 아이들이 소란을 그친 것이 보였다. 어떤 아이는 갑자기 놀라서, 어떤 아이는 반쯤 두려워서, 또 어떤 아이는 조금 미안해서 소란을 멈추었던 것이다.

스티어포스의 자리는 긴 교실의 가장 안쪽 끝 구석이었다. 멜 선생님이 그를 보았을 때, 그는 등을 벽에 기대고 두 손을 주머니에다 넣은 채 마치 휘파람을 불려는 것처럼 입을 오므리고 있었다.

"조용해, 스티어포스!" 멜 선생님이 말했다.

"선생님이나 조용하시죠." 벌겋게 달아오르며 스티어포스가 대꾸했다.

"앉아." 멜 선생님이 말했다.

"선생님이나 앉으세요. 쓸데없는 참견 마시고."

킥킥 웃는 아이도 있었고, 어떤 아이는 박수를 치기도 했다. 그러나 멜 선생님 얼굴이 너무나 창백해서, 그들은 다시 침묵을 지켰다. 한 학생이 또다시 어머니 흉내를 내려고 선생님 뒤로 뛰쳐나갔다가 마음을 돌리고 펜촉을 갈아달라고 얼버무렸다.

"스티어포스, 이 학생들을 마음대로 할 수 있는 힘이 네게 있다는 사실을 내가 모른다고 생각한다면," 선생님은 이렇게 말하면서 자기도 모르게 손을 내 머리에 얹었다. "또 조금 전에도 네가 하급생들에게 온갖 난폭한 행위를 하도록 충동질했다는 것을 내가 모른다고 생각한다면, 그것은 오산이다."

"내가 왜 골치 아프게 선생님 일을 생각합니까?" 스티어포스는 차갑게 말했다. "나는 잘못은 저지르지 않습니다."

"네가 특별대우를 받는 것을 이용하여, 한 신사를 모욕하는 것은—" 멜 선생님은 입술을 떨면서 말했다.

"한 신사요? 그 신사가 어디에 있어요?" 스티어포스가 물었다.

그러자 트래들스가 소리쳤다. "비겁해, 스티어포스! 너무 심하잖아!" 그런데 멜 선생님이 트래들스에게 닥치라고 했기에, 트래들스는 풀이 죽었다.

"행복하지도 않고, 너에게 조금도 해를 주지 않은 사람에게, 더구나 모욕을 주어서는 안 되는 이유를 충분히 알 만큼 나이가 들고 현명한 네가 그런 사람에게 일부러 모욕을 주는 것은 비열하고 야비한 행동이야. 앉아 있건 서 있건 네 마음대로 해, 코퍼필드 계속해라." 멜 선생님은 심하게 떨면서 말했다.

"야, 코퍼필드." 스티어포스가 교실 앞으로 걸어나오며 말했다. "잠깐만. 멜 선생님, 분명히 말씀드리죠. 선생님은 비열하다느니 비겁하다느니 말을 함부로 하시는데, 선생님이야말로 건방진 거지입니다. 선생님은 늘 거지였지만, 그런 말을 함부로 하면 분수를 모르는 거지란 말입니다."

스티어포스가 멜 선생님을 때리려 했는지, 멜 선생님이 스티어포스를 때리려 했는지, 아니면 양쪽 다 그럴 생각이었는지 나로서는 뚜렷이 알 수가 없었다. 어쨌거나 학교 전체가 화석이라도 된 듯 꼿꼿이 굳어 있었다. 정신을 차렸을 때는 크리클 씨가 턴게이를 데리고 우리 가운데 서 있었고, 크리클 씨의 부인과 딸은 놀란 표정으로 교실 안을 들여다보고 있었다. 멜 선생님은 책상 위에 양 팔꿈치를 괴고 얼굴을 두 손으로 감싸 안은 채 한참 동안 가만히 앉아 있었다.

"멜 선생," 크리클 씨가 멜 선생님의 팔을 흔들며 말했다. 언제나 속삭이는 목소리도 오늘은 또렷하게 들려서 턴게이가 되풀이할 필요가 없었다. "당신은 혹시 선생이란 직분을 잊은 게 아니오?"

"아닙니다, 절대로 아닙니다." 멜 선생님은 고개를 들고 머리를 가로저었다. 그는 흥분한 나머지 두 손을 비비며 말했다. "저는 언제나 저 자신의 직분을 절대 잊지 않았습니다. 그보다 교장 선생님이 조금만 더 일찍 저를 생각해주셨더라면 좋았을 것입니다, 크리클 선생님. 제게 조금 더 친절하시고, 좀 더 정당하게 저를 평가하셨다면 이런 일은 없었을 겁니다."

크리클 씨는 멜 선생님을 뚫어지게 노려보면서 한 손은 턴게이의 어깨에 얹고 책상에 걸터앉아 두 다리를 곁에 있는 의자에 올렸다. 왕좌와 같은 높은 자리에서, 여전히 고개를 가로젓기도 하고 두 손을 비비면서 어쩔 줄 모르는 멜 선생님을 쏘아보다가 이윽고 스티어포스에게 고개를 돌리고 말했다.

"그런데, 학생. 멜 선생은 나에게 말하기를 꺼리는데 도대체 어찌 된 일이지?"

스티어포스는 잠시 그 질문을 못 들은 체하면서 멸시와 분노에 찬 눈초리로 멜 선생님을 노려보며 가만히 앉아 있었다. 그런데 그러한 순간에도, 스티어포스는 아주 고귀하게 보였고, 그와 반대로 멜 선생님은 아주 보잘것없고 시시하게 보였던 것은 잊을 수 없다.

"선생님께서 자꾸만 제가 특별대우를 받는다고 말씀하시는데, 그게 무슨 뜻입니까?"

"특별대우라고?" 크리클 씨는 얼굴에 핏대를 세우며 말했다. "누가 그런 소릴 한다는 거냐?"

"멜 선생님이 말했습니다." 스티어포스가 말했다.

"도대체 특별대우 학생이라니, 그게 무슨 말인가?" 크리클 씨는 화가 나서 멜 선생님 쪽을 보며 말했다.

"그게 아니라, 크리클 선생님, 제 말은 어느 학생이든 특별한 대우를 받는다고 해서, 그 특권을 이용하여 나를 얕잡아 보아서는 안 된다는 뜻이었습니다." 멜 선생님은 풀이 죽은 채 대답했다.

"당신을 얕잡아 본다고? 거참 놀랍구먼! 그런데 말이지, 내 뭐 하나 묻겠소, 아무개 선생." 크리클 씨가 말했다. 그러고는 눈살을 심하게 찌푸렸으므로 평소에도 작은 두 눈이 살에 파묻혀 거의 보이지 않았다. "특별대우에 관한 말을 했는데, 그것은 나에 대한 실례가 아닌가?" 크리클 씨는 고개를 멜 선생님에게로 쑥 내밀었다 당기면서 말했다. "이 학교의 교장이자 당신의 고용주인 나한테 말이야!"

"확실히 분별 있는 말은 아니었습니다, 선생님. 저도 잘못을 인정합니다." 멜 선생님은 이야기를 이었다. "제가 냉정했더라면 그런 말은 결코 하지 않았을 겁니다."

여기서 스티어포스가 끼어들었다.

"그리고 멜 선생님이 저를 비열하고 비겁하다고 해서 저도 그에게 거지라고 했습니다. 저도 냉정했더라면 절대 선생님을 거지라고 하지 않았을 테지만, 그래도

일단 말한 이상 여기에 대한 어떠한 처벌도 받을 각오가 되어 있습니다."

어떤 처벌이 있을지는 생각도 못하고, 나는 스티어포스의 이런 용감한 말을 듣고 크게 감동했다. 다른 학생들에게도 감명을 주었다. 비록 아무도 말은 없었지만, 학생들 사이에 낮은 웅성거림이 일었다.

"놀랍구나, 스티어포스. 비록 솔직함은 좋지만," 크리클 씨는 말했다. "확실히 솔직한 건 좋지만 스티어포스, 나는 놀랐어. 이 세일렘 학교에서 일하며 월급을 받는 사람에게 그런 별명을 붙이다니."

스티어포스는 잠깐 웃었다.

"그것으로 내가 묻는 말에 대한 답변은 되지 않아. 스티어포스, 그보다 더 하고 싶은 말이 있을 텐데." 크리클 씨가 말했다.

이 당당한 학생 앞에서 멜 선생님이 아주 시시하게 보였다면, 크리클 씨는 정말 얼마나 더 시시해 보이던지 말로는 나타낼 수 없을 정도였다.

"그럼 선생님에게 그 말을 부인하라고 하세요." 스티어포스가 말했다.

"선생이 직접 부인하란 말인가, 스티어포스?" 크리클 씨가 소리쳤다. "도대체, 그가 어디로 구걸이라도 하러 다녔단 말인가?"

"멜 선생님 자신은 거지가 아니더라도 가까운 친척이 거지입니다. 그러니 거지나 마찬가지 아닙니까?"

7장 첫 학기 121

스티어포스는 이렇게 말하더니 나를 한 번 바라보았다. 멜 선생님은 가볍게 내 어깨를 쓰다듬었다. 나는 깊이 뉘우치면서 얼굴이 빨개져 고개를 들었다. 그러나 멜 선생님은 스티어포스를 노려보고 있었다. 손은 여전히 내 어깨를 쓰다듬고 있었지만 눈은 그에게 꽂혀 있었다.

"크리클 선생님, 선생님이 제가 한 말의 정당함을 밝히길 바라시니까, 말하겠습니다. 제 말은, 멜 선생님의 어머니가 양로원에서 살고 있다는 뜻입니다." 스티어포스가 폭로했다.

멜 선생님은 아직도 스티어포스를 바라보고 있었다. 그리고 여전히 내 어깨를 토닥거려주었다. 그런데 갑자기, 내가 잘못 들은 게 아니라면, "내 그럴 줄 알았어"라고 혼자 중얼거렸다.

크리클 씨는 심하게 얼굴을 찌푸리고 억지로 예의를 차리면서 멜 선생님 쪽을 보며 말했다.

"멜 선생, 이 학생의 말 들었지요. 자, 멜 선생, 전교생이 모인 앞에서 스티어포스의 말이 틀리다고 바로잡지 않겠소?"

"스티어포스의 말대로입니다. 정정할 것이 없습니다." 죽은 듯이 고요한 가운데서 멜 선생님이 말했다. "저 학생이 한 말은 사실입니다."

"그러면 모든 사람에게 공공연하게 알리는 것이 좋겠소." 크리클 씨는 머리를 한쪽으로 기울이고 교실을 두리번거리며 말했다. "지금까지 그러한 사실을 나에게 말한 적이 한 번이라도 있소?"

"직접적으로 말한 적은 없습니다." 멜 선생님이 대답했다.

"당신도 내게 말한 적이 없다는 것을 잘 알고 있군?" 크리클 씨는 말했다.

"그러나 제 생활이 여유롭지 못한 것은 선생님도 처음부터 알고 계셨지 않습니까? 지금도, 지금까지도 제 환경이 어떠한지 잘 알고 계실 겁니다."

"만약 당신이 그 문제를 들고 나온다면," 크리클 씨가 핏대를 세우며 말했다. "당신은 여태까지 분에 넘치는 자리에 있었어. 이 학교를 자선학교로 잘못 생각하고 있었던 것 같은데. 멜 선생, 제발 헤어지세. 빠르면 빠를수록 좋아."

"그렇다면 지금처럼 적당한 때가 없지요." 멜 선생님이 일어서며 말했다.

"자네한테는 그렇지."

"크리클 선생님, 그리고 여러분, 나는 떠납니다." 멜 선생님은 교실을 돌아보면서, 다시 한번 나의 어깨를 가만히 토닥이면서 말했다. "제임스 스티어포스, 네게 마지막으로 한마디 하자면, 오늘 네가 한 행동을 언젠가 부끄럽게 생각하리란 거다. 그리고 지금도 너는 나에게나 내가 관심을 두는 학생에게도 친구로 보이지 않는다는 것을 말해두겠다."

멜 선생님은 다시 한번 내 어깨를 두드렸다. 그리고 책상에서 플루트와 책 몇 권을 꺼내고는 후임자를 위하여 열쇠를 서랍에 넣고 자기 물건을 겨드랑이에 끼고 학교를 떠났다.

그러자 크리클 씨는 턴게이를 통해 한바탕 연설했다. 내용인즉 세일렘 학교의 독립과 체면을 역설한(지나친 감이 없지 않지만) 스티어포스에게 감사하다는 것이었다. 그는 스티어포스와 악수하는 것으로 연설을 끝냈다. 우리는 만세를 세 번 불렀다. 무엇 때문에 만세를 부르는지 나는 전혀 몰랐다. 스티어포스를 위해 만세를 부른다고 막연히 생각했다. 그래서 나도 열렬하게 만세를 불렀지만 어쩐지 비참한 생각이 들었다.

크리클 씨는 토미 트래들스가 만세를 부르지 않고 슬퍼하며 눈물을 흘렸다고 해서 회초리로 때렸다. 크리클 씨는 트래들스에게 매질을 한 뒤에 소파인지 침대인지 원래 있던 곳으로 돌아가버렸다.

이윽고 우리끼리만 남게 되자 멍청하게 서로서로를 바라보고 있었던 생각이 난다. 나는 이러한 사태에 관련되었다고 생각하니 자책감과 후회 때문에 눈물을 억누를 수 없었다. 스티어포스에 대한 두려움만 없었더라면 이 세상 어느 것도 나의 눈물을 그치게 할 수 없었을 것이다. 스티어포스는 자주 나를 바라보았다. 나는 만약 내 괴로운 감정을 그가 눈치챈다면, 나를 박정한 놈이라고 생각할 것만 같았다. 아니, 우리의 나이와 내가 그에게서 받는 느낌 따위를 생각한다면 차라리 나를 의리 없는 놈으로 생각하지나 않을까 겁이 났다고 말해야 옳을 것이다. 스티어포스는 트래들스에게 몹시 화를 내면서, 네놈은 맞아야 마땅하다고 했다.

불쌍한 트래들스는 오랫동안 책상에 엎드린 채 해골을 그리면서 자신을 위로했다. 그리고는 멜 선생님이 받은 학대에 비하면 자기는 아무렇지 않다고 말했다.

"이 계집애 같은 놈아, 누가 멜 선생을 학대했단 말이야?" 스티어포스가 소리쳤다.
"네가 그랬지." 트래들스가 되받아쳤다.
"어떻게 학대했단 말이야?" 스티어포스가 따졌다.
"어떻게 했냐고? 그의 감정을 상하게 하고 직장까지 잃게 했지." 트래들스가 되받았다.
"그의 감정이라고!" 스티어포스는 멸시조로 되풀이했다. "그까짓 감정쯤은 곧 괜찮아져, 틀림없어. 그자의 감정은 너와는 달라, 이 계집애 같은 트래들스야. 그리고 일자리? 물론 일자리는 그에게 중요하지. 내가 집에 편지를 해서 멜 선생에게 돈을 보내줄 수 있다는 것을 넌 모르지? 이 앵무새 같은 놈아."

우리는 스티어포스의 그런 점이 매우 훌륭하다고 생각했다. 스티어포스의 어머니는 돈 많은 과부로서 스티어포스가 원하는 것은 다 들어준다고 들었다. 우리는 트래들스가 곤경에 몰리는 것을 보고 크게 기뻐했으며, 스티어포스를 칭찬해주었다. 그가 겸손하게, 자기가 그런 행동을 한 것은 우리를 위해, 우리의 이익을 위해서이며, 사심 없이 우리에게 크나큰 은혜를 베풀었다고 말했을 때는, 더욱 그러했다.

그러나 솔직히 말하면, 그날 저녁 어둠 속에서 이야기하고 있을 때, 귀에 익은 멜 선생님의 플루트 소리가 수없이 구슬프게 들려오는 것 같았다. 스티어포스가 지치자 나도 이야기를 그만두고 잠자리에 들었는데, 그때도 어디선가 플루트 소리가 구슬프게 들려오는 것 같아서 비참한 생각이 들었다.

그러나 스티어포스에 대한 생각으로 멜 선생님에 관해서는 곧 잊어버리고 말았다. 스티어포스는 책도 없이(뭐든지 기억하고 있는 것 같았다) 안일하게 새 선생님이 부임해 올 때까지 몇몇 학급을 맡아서 돌보았다. 새 선생님은 어느 인문계 공립중학교에서 온 분인데, 집무하기 전 어느 날 응접실에서 식사 시간에 스티어포스에게 소개되었다. 스티어포스는 우리에게 새 선생님을 극구 칭찬하면서 쾌남아라고 말했다. 그 말만으로는 새 선생님이 학문적으로 얼마나 우수한지 알 수 없지만 나는 그를 무작정 존경하고 그의 실력에 관해서 의심하지 않았다. 하지만 그 선생님은 멜 선생님처럼 나를 보살펴주지는 않았다. 나는 이 학교에서 별다른 존재가 아니었으니까.

여섯 달 동안의 학교생활 가운데 잊히지 않는 또 하나의 사건이 있었다.

어느 날 오후, 우리는 몹시 시달림을 당해 비참한 혼란 속에 빠져 있었다. 크리클 씨가 이곳저곳을 무섭게 누비고 다니면서 우리를 때리고 있을 때, 턴게이가 들어와 우렁찬 소리로 "코퍼필드, 면회야!"라고 소리쳤다.

여기에서의 습관에 따라 나는 이름이 불리자마자 즉시 일어섰다. 너무 놀라서 기절할 것만 같았다. 방문객은 누구이며, 어느 방에서 면회를 시키느냐 따위의 몇 마디 말이 턴게이와 크리클 사이에 오갔다. 나는 뒷계단으로 가서 식당으로 들어가기 전에 가장자리에 장식이 달린 깨끗한 옷을 입으라는 명령을 받았다. 어린 마음에 나는 전에 느껴 보지 못한 조마조마함과 기대를 안고 그 명령에 따랐다. 거실 문에 다다른 순간, 어쩌면 어머니가 왔을지도 모른다는 생각을 했다 (그전까지는 분명 머드스톤 남매일 거라고만 생각했다). 나는 잡았던 문손잡이를 놓고, 들어가기도 전에 울음이 나와서 걸음을 멈추었다.

처음에는 아무도 보이지 않았다. 그러나 누군가 문을 미는 것 같아서 주위를 둘러보다 깜짝 놀랐다. 페거티 씨와 햄이 와 있었던 것이다. 그들은 모자를 쓴 채로 머리 숙여 인사하며 한 사람이 다른 사람을 벽으로 밀어붙이고 있었다. 나는 무심코 웃음을 터뜨렸다. 그들의 모습이 재미있어서가 아니라 뜻밖에 다시 만난 것이 매우 기뻤기 때문이다. 우리는 반갑게 악수를 나누었고, 나는 너무 심하게 웃느라 결국 손수건을 꺼내 눈물을 닦아야 했다.

페거티 씨는 내가 우는 것을 보자 (그러고 보니 그는 그날 온종일 한 번도 입을 다문 적이 없었다) 걱정스러운 표정을 지으면서 햄을 팔꿈치로 슬쩍 찔러 뭔가 이야기를 시켰다.

"기운을 내요, 데이비 도련님!" 햄이 그의 특유의 웃음을 지으면서 말했다. "참 많이도 자랐네요!"

"내가 컸어요?" 나는 눈물을 닦으며 말했다. 슬퍼서 운 것은 아니었다. 그저 반가운 사람을 만난 것이 기뻐서 공연히 눈물이 났을 뿐이었다.

"컸느냐고요? 컸고말고요!" 햄이 말했다.

"컸고말고요!" 페거티 씨도 말했다.

그들이 서로 웃었기에 나도 따라 웃었다. 우리는 마음껏 웃었다. 나는 너무나 웃어서 하마터면 또다시 눈물이 나올 뻔했다.

"페거티 씨, 어머니 소식 들었어요?" 나는 물었다. "그리고 사랑하는 페거티 아줌마도 잘 있어요?"

"잘 있지요." 페거티 씨가 대답했다.

"꼬마 에밀리와 거미지 부인도 안녕하세요?"

"모두 잘 있답니다." 페거티 씨가 말했다.

이어서 침묵이 흘렀다. 그때 페거티 씨가 주머니에서 꽤 큰 새우 두 마리, 큰 게 한 마리, 큰 돛천으로 만든 자루 속에서 작은 새우 여러 마리를 꺼내 햄의 양팔에 쌓아 올림으로써 침묵을 깨뜨렸다.

"도련님이 저희 집에서 지낼 때 이런 것들을 좋아한다는 사실을 알고, 실례를 무릅쓰고 가져왔지요. 거미지 부인이 삶아주었답니다." 페거티 씨가 천천히 말했다. 페거티 씨는 다른 화젯거리가 없어 이 이야기에만 집착하는 것 같았다. "정말이지 거미지 부인이 만들었답니다."

나는 고맙다고 했다. 페거티 씨는 자기를 도와서 한마디라도 거들어주지는 않고 굴, 게, 새우만을 바라보며 수줍게 웃고 있는 햄을 쳐다보고 나서 이렇게 말했다.

"바람과 조수가 순조로워, 야머스의 우리 배를 타고 그레이브젠드까지 왔지요. 누이가 편지를 보냈는데, 만약 내가 그레이브젠드에 들를 기회가 있으면, 데이비 도련님을 찾아뵙고서 잘 계시는지 알아보고 식구들은 다 잘 있다고 전해달라고 했어요. 집에 돌아가서 도련님이 잘 계시다는 이야기를 하면 에밀리가 누이한테 그대로 써 보낼 거예요. 말하자면, 회전목마 같은 거죠."

나는 회전목마라는 비유를 이해하는 데에 조금 시간이 걸렸다. 그것은 소식이 한 바퀴 빙글 돈다는 뜻이었다. 나는 진심으로 페거티 씨에게 고맙다고 했다. 그러고는 얼굴을 붉히며, 에밀리와 나는 바닷가에서 조개와 갯돌맹이를 줍곤 했는데, 지금은 꼬마 에밀리도 많이 변했는지 물었다.

"이제는 처녀티가 난답니다." 페거티 씨가 말했다. "햄한테 물어보세요."

조그마한 새우 주머니를 들고 있던 햄은 즐거워서 싱글거리며 그 말에 동의했다.

"아주 예뻐졌어요!" 페거티 씨가 얼굴을 밝게 빛내며 말했다.

"똑똑하기도 하고요!" 햄이 말했다.

"글씨는 또 얼마나 잘 쓰는지!" 페거티 씨가 말했다. "새까맣고 크게 쓰므로 어디에서든 쉽게 알아볼 수 있지요."

페거티 씨가 눈에 넣어도 안 아플 에밀리를 생각하며 황홀해하는 모습을 보는 것은 정말 즐거웠다. 지금도 그의 모습은 뚜렷이 기억한다. 그는 무뚝뚝하고 더부룩하게 수염이 자란 얼굴에 도저히 나타낼 수 없는 사랑과 긍지로 빛나는 표정을 지으면서 내 앞에 서 있었다. 그의 정직한 두 눈은 마치 빛나는 어떤 것이 튀어오르듯 불타올랐고, 그의 넓은 가슴은 기쁨으로 부풀었다. 투박한 손에 무심코 힘을 주어 주먹을 쥔다. 이야기에 힘이 들어갈 때마다 오른팔이 크게 움직였는데, 나 같은 어린이의 눈에는 마치 그것이 대장간의 커다란 망치처럼 보였다.

햄도 에밀리에 대해서는 페거티 씨 못지않게 열렬했다. 그때 스티어포스가 불쑥 나타나서 그들을 거북하게 만들지만 않았더라면 그들은 꼬마 에밀리에 관해서 더 많은 이야기를 나누었을 것이다. 스티어포스가 들어와 내가 구석에서 두 낯선 사람과 이야기하는 것을 보자, 부르던 콧노래를 끊고, "꼬마 코퍼필드, 네가 여기 있는 줄 몰랐어!"(즉 평상시의 응접실이 아니었던 것이다)라고 말하고는 우리 옆을 지나가버렸다.

스티어포스와 같은 친구를 둔 것을 자랑으로 생각해서 그랬는지, 페거티 씨와 같은 친구를 어떻게 사귀게 되었는지 이야기하고 싶어서 그랬는지는 스스로도 잘 몰랐지만 나는 방을 빠져나가는 스티어포스를 불렀다. 그러고는 조심스럽게 말했다. (그 옛날 일이 어째서 아직까지도 이렇게 또렷하게 떠오르는지 모르겠다.)

"스티어포스, 미안하지만 나가지 말아줘. 이 두 분은 야머스의 뱃사람들인데, 매우 친절하고 좋은 사람들이야. 내 유모의 친척들이고, 나를 만나기 위해 일부러 그레이브젠드에서 여기까지 왔어."

"아, 그래?" 스티어포스는 되돌아오며 말했다. "만나서 기쁩니다. 안녕하세요?"

스티어포스의 태도에는 여유가 있었다. 그는 쾌활하고 경쾌했으나 으스대지는 않았다. 그러한 태도와 야성적인 활기, 애교 있는 목소리, 잘생긴 얼굴, 그 밖에도 아마 천부적 매력(이것을 지닌 사람은 매우 드물다)으로 인하여 그는 어떤 마력을 지니고 있었다. 사람들은 그 마력에 맞서지 못했다. 페거티 씨와 햄도 그를 매우 좋아했으며 금방 흉금을 털어놓고 다정하게 이야기했었다.

"페거티 씨, 집안 식구들에게 꼭 알려주세요." 나는 말했다. "편지를 보낼 때는 이렇게 써주세요. 스티어포스라는 학생이 나에게 아주 친절하다는 것과 그가 없었으면 내가 여기서 어떻게 지냈을지 모를 정도로 크게 도움을 받았다고요."

"쓸데없는 소리!" 스티어포스는 웃으면서 말했다. "그런 말을 써서는 안 됩니다."

"페거티 씨, 제가 노퍽이나 서퍽에 있을 때 스티어포스가 그리로 올 일이 있다면, 그리고 이 친구가 원한다면 야머스로 데려가서 아저씨네 집을 꼭 구경시켜주고 싶어요." 나는 말했다. "스티어포스, 너도 그렇게 멋진 집은 보지 못했을 거야. 그 집은 배로 만들었거든!"

"뭐? 배로 만든 집이라고?" 스티어포스가 말했다. "이렇게 타고난 뱃사람들에게는 안성맞춤이로군."

"그래요, 맞아요." 햄이 싱글거리며 말했다. "젊은 신사 분, 당신 말이 맞아요. 타고난 뱃사람이라고요! 하하! 그게 바로 작은아버지예요."

페거티 씨는 자기 조카 못지않게 즐거워했다. 그러나 그는 겸손해서 햄처럼 떠들썩하게 자기 찬사를 늘어놓지는 않았다.

"감사합니다." 페거티 씨는 허리를 굽히며 쑥스러운 듯이 웃거나 목도리 끝을 가슴 속으로 밀어 넣으면서 말했다. "감사합니다. 정말 감사합니다. 나는 생업에는 최선을 다하고 있지요."

"남자에게는 그게 최고지요, 페거티 씨." 스티어포스가 말했다. 그는 이미 페거티 씨의 이름을 외고 있었다.

"뭘요, 나리야말로 그렇지요." 고개를 저으면서 페거티 씨가 말했다. "나리야말로 자기 일을 잘 해나갈 거예요. 정말로 훌륭히! 감사해요. 따뜻이 맞아주셔서 감사해요. 나는 배우지 못한 무지렁이지만, 적어도 나리를 기꺼이 맞을 각오가 되어 있다는 것을 알아주세요. 남한테 자랑할 만한 집은 아니지만 데이비 도련님과 같이 오신다면 성의껏 대접하겠습니다. 그야 저는 달팽이지만서도요." 달팽이라 함은, 한마디 할 때마다 돌아갈 준비를 하면서도 또다시 이야기를 원점으로 되돌리는, 이른바 자신의 말꼬리를 길게 늘이는 버릇을 뜻하는 듯하다. "부디 두 분 다 건강하고 행복하기 바랍니다!"

햄도 똑같이 말했다. 이렇게 우리는 다정한 마음을 주고받으며 작별했다. 그날 밤, 나는 꼬마 에밀리에 대하여 스티어포스에게 모조리 털어놓을 뻔했으나,

어쩐지 부끄럽고 비웃음을 사지 않을까 두려워 끝내 이름조차 꺼내지 못했다. 꼬마 에밀리가 처녀티가 나기 시작했다는 페거티 씨의 말은 생각하면 할수록 불안했다. 그러나 나는 쓸데없는 생각이라고 털어내 버렸다.

우리는 페거티 씨가 겸손하게 말한 '간을 한' 게와 새우 따위를 몰래 방으로 가져가서, 그날 저녁은 거창하게 식사를 했다. 그러나 트래들스는 그런 진수성찬을 먹고도 뒤가 좋지 않았다. 그는 불행히도 게를 먹은 게 잘못되어 그날 밤 병이 나서 완전히 녹초가 되었다. 의사 아들인 뎀플에 따르면, 트래들스는 몸이 말처럼 튼튼한 사람도 맥을 못 출 정도로 많은 양의 새카만 물약과 푸른 알약을 먹은 뒤, 병이 난 원인을 털어놓지 않는다며 매질을 당하고, 그리스어 성경 6장을 외우라는 벌을 받았다고 한다.

나머지 한 학기는 투쟁과 경쟁으로 이어진 생활이었다.

여름은 지나가고, 계절이 바뀌어, 종이 울리면 일어나는 쌀쌀한 아침, 취침 종이 울려서 잠자리에 들면 몸에 스며드는 어두운 밤의 차가운 한기, 저녁이면 희미하게 불이 켜지고 온기라곤 느낄 수 없는 교실 안, 아침이면 진동기처럼 떨어야만 하는 추운 교실, 삶은 쇠고기와 구운 쇠고기, 삶은 양고기와 구운 양고기가 번갈아 나오는 식탁의 메뉴, 돌덩이 같은 버터 빵, 책장에 있는 낡은 교과서, 금 간 석판, 눈물로 얼룩진 필기장, 회초리나 부기봉으로 얻어맞던 일, 머리를 깎인 일, 비 내리던 일요일, 쇠기름으로 튀긴 푸딩, 사방에 잉크가 뿌려진 더러운 환경, 이런 복잡한 상황 속에서 생활했던 것이다.

그러나 멀게만 보이던 방학, 오랫동안 움직이지 않고 한곳에만 머물 것처럼 보이던 방학이 점점 다가오고, 점점 커 보이기 시작했을 때의 기쁨은 아직도 기억한다. 처음에는 몇 달이었는데, 몇 주일로, 또 며칠로 다가오자 나는 혹시 집으로 보내주지 않을까 봐 두려웠다. 그리고 막상 내가 집으로 간다는 소식을 스티어포스에게서 듣자 가장 먼저 다리가 부러지지나 않을까 하는 불길한 생각이 들었다.

드디어 종업식이 다음다음 주에서 다음 주로, 다음 주에서 이번 주로, 이번 주에서 모레로, 모레에서 내일로, 내일에서 오늘로 닥쳤다. 그 오늘 밤이 되자, 나는 야머스행 우편 마차를 타고 집으로 향했다.

나는 야머스행 우편 마차 속에서 여러 번 자다 깼다. 여러 가지 일들이 꿈속에 나타났지만 앞뒤가 뒤바뀐 꿈이었다. 그러다 가끔 잠을 깨 보면, 창밖으로 보이는 풍경은 더 이상 세일렘 학교 운동장이 아니었고, 내 귓전에 들리는 소리도 트래들스를 매질하는 크리클 씨의 회초리 소리가 아니라 마부가 말을 가볍게 채찍질하는 소리였다.

8장
방학

야머스행 우편 마차가 어느 여인숙 앞에서 멈추었다. 아직 먼동이 트기 전이었다. 그때의 친애하는 웨이터가 있는 여인숙은 아니었지만 나는 깨끗하고 자그마한 방으로 안내되었다. 방문에는 돌고래 그림이 그려져 있었다. 아래층 커다란 난로 앞에서 따끈한 차를 한 잔 마셨지만 그래도 꽤 추웠다. 그래서 나는 돌고래 침대에 들어가, 돌고래 담요를 머리까지 뒤집어쓰고 자는 것이 무척 행복했다.

마부인 바키스 씨가 아침 아홉 시에 나를 데리러 오기로 되어 있었다. 나는 여덟 시에 일어났다. 지난 밤 잠이 모자라 약간 어질어질했지만, 약속 시간 전에 미리 준비하고 있었다. 바키스 씨는 지난번에 나와 헤어진 뒤로 마치 오 분도 채 지나지 않은 것처럼, 내가 단지 잔돈을 바꾸러 호텔에 들렀을 뿐인 것처럼 선선히 맞아 주었다.

내가 마차를 타고 마부가 자리에 앉자마자, 느림보 말이 평소처럼 느실느실 떠났다.

"바키스 아저씨, 참 건강해 보이시네요." 그가 좋아할 것이라고 생각해서 나는 이렇게 말했다.

바키스 씨는 옷소매로 땀을 문지르고 나서 마치 그 건강한 혈색이 소매에 묻어나오거나 하는 것처럼 소매를 유심히 들여다보았다. 그러나 나의 찬사는 전혀 못 들은 척했다.

"바키스 아저씨, 말을 전했어요. 페거티에게 편지를 보냈어요." 나는 말했다.

"아!" 바키스 씨가 소리 냈다. 바키스 씨는 기분이 좋지 않은지 퉁명스럽게 대답했다.

"바키스 아저씨, 내가 잘못했나요?" 나는 망설이다가 물었다.

"아니, 잘못한 게 아니에요." 바키스 씨가 말했다.

"말을 전한 건 잘못이 아니지요?"

"내 말을 전한 건 좋았지만, 그것으로 끝이었어요."

그의 말을 이해하지 못했으므로 나는 다시 물었다. "바키스 아저씨, 뭐가 끝이었는데요?"

"그것에 대한 아무런 반응이 없었단 말이에요." 그는 나를 곁눈질로 바라보면서 설명했다. "답장이 없었어요."

"바키스 아저씨, 답장을 기대했나요?" 나는 눈을 부릅뜨며 말했다. 그것은 나에게는 새로운 사실이었다.

"남자가 좋아한다고 한 것은 답장을 기다린다는 말과 같죠." 바키스 씨는 눈길을 다시 내게로 천천히 돌리며 말했다.

"그러고는 어떻게 됐어요, 바키스 아저씨?"

"지금도 그 남자는 답장을 기다리고 있는 거죠." 바키스 씨는 눈길을 딴 데로 돌리면서 말했다.

"바키스 씨, 페거티에게 그런 이야기를 했나요?"

"아니요. 그럴 리가요." 잠시 생각하더니 바키스 씨는 성난 목소리로 말했다. "그런 이야기를 찾아가서까지 하고 싶진 않아요."

"그럼 내가 대신 말해 주길 바라시나요?" 나는 조심스럽게 말했다.

"하고 싶다면 해도 좋아요." 바키스 씨는 나를 찬찬히 보면서 말했다. "바키스가 답장을 기다리고 있다고. 당신이 말했던, 그, 그런데 이름이 뭐였죠?"

"페거티요."

"이름인가요, 성인가요?" 바키스 씨가 물었다.

"아, 페거티는 이름이 아니에요. 이름은 클라라예요."

"그렇군요." 바키스 씨는 말했다.

그는 앉아서 곰곰이 생각하며 한동안 나지막하게 휘파람을 불었다.

"그런데 말이에요!" 그는 다시 말을 시작했다. "'페거티! 바키스가 답장을 기다리고 있어' 하고 손님이 말하면, '무슨 답장?'이냐고 아마 그 여자는 물을 거예요. '내가 전에 말한 것에 대한 답장 말이야'라고 손님이 말하면, '전에 말한 것이 뭔데요?'라고 그녀는 되받겠죠. 이때 손님이 말하는 거예요. '바키스가 페거티를 좋아한다는 것 말이야' 하고."
　바키스 씨는 꽤 자세한 암시를 주면서 팔꿈치로 내 옆구리를 쿡 찔렀다. 그러고는 평소대로 몸을 앞으로 기울여 말 위에까지 쭉 뺀 채 다시는 이 화제를 꺼내지 않았다. 그러나 한 30분 뒤에 주머니에서 분필을 꺼내더니, 마차의 포장 안쪽에 '클라라 페거티'라고 썼다. 그것은 자기 혼자만의 메모임이 분명했다.
　더 이상 내 집도 아닌 집에 이렇게 돌아가는 기분은 말할 수 없이 이상했다. 보이는 모든 것은 예전의 행복했던 집을 떠올리게 할 뿐이었다. 그것은 이제 두 번 다시 볼 수 없는 즐거운 꿈 같았다. 어머니와 나 그리고 페거티가 서로서로 소중한 존재여서 그 누구도 우리 사이를 이간시킬 수 없었던 그 시절을 생각하니, 집으로 향하는 마차 안에서 나는 너무도 슬퍼서, 집으로 가는 것이 좋을지 아니면 차라리 학교에 남아서 스티어포스와 어울리며 집을 잊어버리는 것이 좋을지 마음을 정할 수가 없었다. 그러나 나는 이미 집으로 향하고 있다. 곧 집에 다다를 것이다. 집에는 잎이 다 떨어진 느티나무 고목이 겨울바람에 가지를 흔들고 있을 테고, 낡은 땅까마귀 둥우리 끄트머리가 바람에 날려 부서지고 없을 것이다.
　마부는 우리 집 대문에 내 짐을 내려놓고 그대로 가버렸다. 나는 정원 길을 따라 집으로 걸어가면서 혹시 창문으로 머드스톤 남매 가운데 하나가 무서운 얼굴로 나를 내려다보고 있지 않을까 두려운 마음에 한 발 한 발 조심스럽게 걸으며 창문을 도둑처럼 바라보았다. 그러나 누구도 나타나지 않았다. 집에 닿자 나는 문 여는 법을 알고 있었으므로 노크 없이 조용히 두려운 생각으로 걸어 들어갔다.
　내가 현관에 발을 디뎠을 때, 거실에서 어머니의 목소리가 들려왔다. 그 목소리를 들으니 단숨에 천진난만했던 애절한 추억이 떠올랐다. 어머니는 나지막하게 노래를 부르고 있었다. 나는 아기였을 때도 틀림없이 어머니의 팔에 안겨, 지금과 같은 노랫소리를 들었을 것이다. 처음 듣는 낯선 선율이었지만 어머니의 노랫소리가 너무도 다정하게 느껴져 내 가슴은 터질 것만 같았다. 오랫동안 헤어져 있다가 오랜만에 돌아온 친구 같았다.
　어머니가 흥얼거리는 노랫가락이 쓸쓸하고 생각에 잠긴 듯했기에 나는 어머니가 틀림없이 혼자 있을 것이라 단정했다. 그래서 살그머니 방으로 들어갔다.

어머니는 난롯가에 앉아 아기에게 젖을 먹이면서, 아기의 고사리 손을 자기 목 근처에 댄 채 그 얼굴을 내려다보며 노래를 불러주고 있었다. 다른 사람은 없고 혼자 있을 거라는 생각까지는 맞았다.

내가 어머니에게 말을 건네자 어머니는 깜짝 놀라서 고함을 쳤다. 그러나 이내 나인 줄 알고는 내 아들이라고 소리치면서 방을 반이나 가로질러 그대로 무릎 꿇고는 나에게 키스했다. 편안히 안겨 있는 아기 가까이, 어머니의 가슴으로 내 머리를 끌어당겨서, 아기의 한 손을 내 입술에 가져다 대주었다.

차라리 그때 죽었더라면 좋으련만! 가슴에 그때의 기분을 품은 채 죽었더라면! 그때야말로 천국에 온 듯한 느낌이었다.

"이 애가 네 동생이다." 어머니는 나를 쓰다듬으며 말했다. "데이비, 내 귀여운 아들아! 불쌍한 내 아들!" 이렇게 말하면서 어머니는 키스를 퍼부었다. 그러고는 내 목을 껴안았다. 그러는 동안에 페거티가 달려와 어머니와 내 옆에 주저앉아서 반가움에 15분 동안이나 떠들어댔다.

마차가 평소보다 일찍 닿았으므로 내가 그렇게 빨리 올 줄은 몰랐던 것 같았다. 그리고 머드스톤 남매는 이웃에 놀러 갔는데 밤까지는 돌아올 것 같지 않았다. 우리 셋이 아무런 방해도 받지 않고 모일 수 있으리라고는 꿈에도 생각지 못했기에, 그때만은 행복했던 옛 시절이 되돌아온 듯했다.

우리는 따뜻한 난롯가에서 함께 식사했다. 페거티가 우리의 시중을 들려고 기다리고 있었으나, 어머니는 그만두게 하고는 같이 식사하도록 했다. 갈색 물감으로, 돛에 바람을 가득 받으며 달리는 범선 그림이 그려진 그리운 내 접시도 여전히 있었다. 내가 없는 동안 줄곧 페거티가 어딘가에 넣어두었던 것으로, 그녀는 설사 백 파운드, 천 파운드를 준대도 깨 버릴 수 없다고 말했다. 그녀는 '데이비'라고 새겨진 낡은 찻잔이며, 잘 들지 않는 조그마한 나이프와 포크도 내놓았다.

식사하는 동안, 이때야말로 페거티에게 바키스 이야기를 할 좋은 기회라고 생각했다. 그런데 내가 이야기를 끝내기도 전에, 그녀는 소리 내어 웃으면서 앞치마로 얼굴을 가려 버렸다.

"페거티, 왜 그러지?" 어머니가 물었다.

페거티는 더욱더 웃기만 했다. 어머니가 앞치마를 벗기려 하자 그녀는 점점

더 앞치마를 꼭 잡고는 얼굴을 가렸다. 마치 자루를 뒤집어쓴 모양새였다.

"바보같이, 이게 무슨 짓이야?" 어머니도 웃으면서 말했다.

"아유 글쎄, 도련님이!" 페거티는 소리쳤다. "나더러 결혼하래요."

"잘 어울리는 짝이 되겠는데, 그렇지?" 어머니가 말했다.

"그런 말 말아요. 그 사람이 금으로 만들어졌다 해도, 나는 결혼하지 않을 거예요. 나는 누구와도 결혼하지 않겠어요."

"정말 그렇다면, 왜 그 사람에게 솔직히 말하지 않지?"

"말하다니요!" 페거티는 그제야 앞치마 밖으로 얼굴을 꺼냈다. "그는 결혼에 대해서는 한마디도 하지 않았답니다. 생각보다 머리가 좋은가 봐요. 그가 그런 당치 않은 말을 한다면 내가 따귀를 때렸을 테니까요."

그렇게 말하는 페거티의 얼굴은 내가 지금까지 보았던 가운데에서 가장 빨갰다. 그녀는 또다시 갑자기 웃음을 터뜨리며 한동안 앞치마로 얼굴을 가렸다. 페거티가 다시 식사를 시작한 건 이렇게 발작적인 웃음을 두서너 번 터뜨린 뒤였다.

이때 처음 깨달았는데 페거티가 어머니를 바라볼 때마다, 어머니는 겉으로는 생글생글 웃었지만 갑자기 진지해지거나 무슨 생각에 잠긴 듯한 모양새였다. 어머니가 변했다는 것은 처음부터 알고 있었다. 어머니는 아직도 아름다웠으나 근심으로 야위었으며 허약해 보였다. 어머니 손은 마르고 창백해서 속이 훤히 들여다보이는 것 같았다. 그러나 내가 지금 눈치챈 것은 그것과는 다른 새로운 변화로, 말하자면 어머니의 태도가 어딘지 모르게 걱정스럽고 초조해 보였다. 어머니는 한 손을 내밀어, 부드러운 하녀의 손 위에 정답게 놓으며 말했다.

"페거티, 결혼하는 건 아니지?"

"제가요, 마님?" 페거티는 눈을 크게 뜨며 말했다. "어머나, 결혼이라뇨."

"아직은 결혼하지 않아?" 어머니는 상냥하게 말했다.

"평생 안 해요!" 페거티가 소리쳤다.

어머니가 페거티의 손을 잡고서 애원했다.

"페거티, 내 곁을 떠나지 마. 나하고 함께 살아. 아마 그렇게 오랫동안은 아닐 거야. 페거티가 없으면 나는 어떻게 해야 좋을지!"

"내가 마님 곁을 떠난다고요? 내 소중한 마님!" 페거티는 큰 소리로 말했다. "그런 말도 안 되는 일은 천지가 뒤바뀐대도 일어나지 않아요. 그건 그렇고, 그런 쓸데없는 생각을 누가 요 귀여운 머리에 집어넣었는지 모르겠네!" 처음부터 페거티는 엄마에게 아기에게 얘기하듯 말하는 버릇이 있었다.

어머니는 고맙다는 말 말고는 아무 대답도 하지 않았다. 그러자 페거티는 습관대로 떠들어대는 것이었다.

"내가 마님을 두고 떠난다고요? 절대로 안 떠납니다." 페거티는 고개를 저으면서 팔짱을 끼고 말했다. "페거티는 떠나지 않아요, 마님. 제가 떠난다면 기뻐서 날뛸 고양이 같은 인간들도 있을 겁니다만, 그들이 좋아하도록 놔두진 않겠어요. 나는 그 고양이들을 괴롭히고 괴롭힐 거예요. 나는 고약스럽고, 화 잘 내는 늙은이가 될 때까지 마님 곁에 있겠어요. 그래서 귀가 먹고, 앞도 못 보고, 걸음도 잘 걷지 못하고, 이가 없어서 잇몸으로 우물우물 삼켜야 할 처지가 되어 전혀 쓸모없고 귀찮은 존재가 되면, 데이비 도련님을 찾아가서 남은 생애를 의탁하겠어요."

"그땐, 페거티 아줌마, 반갑게 맞이하여 여왕처럼 섬기겠어." 나는 말했다.

"아유! 착하기도 하지!" 페거티는 소리쳤다. "내 그럴 줄 알았어요!" 그녀는 뒷날 있을 나의 환대에 감사하는 마음으로 미리 끌어안고 키스해주었다. 그러고 나서 다시 앞치마로 얼굴을 감싸고 바키스 씨 이야기를 하며 소리 내어 웃었다. 이어서 그녀는 조그마한 요람에서 아기를 들어올려 상냥하게 돌보았다. 다음에는 식탁을 치웠고, 그런 뒤에는 다른 모자를 바꿔 쓰고 바느질 그릇과 자와 밀랍 도막을 가지고 여느 때와 다름없이 들어왔다.

우리는 난로 주위에 둘러앉아 즐겁게 이야기를 나누었다. 내가 크리클 선생이 얼마나 잔인한 인물인지 이야기했더니, 어머니와 페거티는 나를 무척 불쌍하게 여겼다. 그리고 스티어포스는 더할 나위 없이 좋은 학생이며 나에게는 훌륭한 은인이라고 했더니, 페거티는 아무리 멀더라도 꼭 한 번 그를 만나 보고 싶다고 했다. 아기가 눈을 뜨자 나도 안아올려서 한동안 얼러주었다. 아기가 잠들자 나는 어머니 곁으로 바짝 다가가서, 오랜만에 전에 했던 대로 양팔로 어머니의 허리를 껴안고 나의 조그맣고 빨간 뺨을 어머니 어깨에 기대고 앉았다. 어머니의 아름다운 머리채가 내 몸을 뒤덮었다. 어머니의 머리채를 나는 늘 천사의 날개 같다고 느꼈었다. 다시 겪는 이 감촉, 포근했다.

그렇게 앉아서 난롯불을 바라보며 빨갛게 타오르는 석탄 속 그림을 보고 있노라니 내가 집을 떠난 적이 없었던 것처럼 생각되었다. 그리고 머드스톤 남매는 이 불 속에서 생기는 영상과도 같아서 불꽃이 약해지면 그들도 사라질 것만 같았고, 내가 기억하는 많은 것 가운데에서 어머니와 페거티 그리고 나를 제외한 모두가 헛것처럼 여겨졌다.

페거티는 앞이 보이는 동안은 계속 양말을 깁고 있었다. 이윽고 어두워지자, 마치 장갑처럼 양말을 왼손에 끼우고 오른손에는 바늘을 쥐고는, 난롯불이 확 타오르는 순간을 노려 거침없이 바늘을 움직였다. 그런데 페거티가 언제나 깁고 있는 이 양말은 대체 누구의 것일까? 언제나 끊임없이 이 수선용 양말들은 대체 어디서 튀어나오는 것일까? 나는 정말 신기했다. 내가 철이 들었을 때부터 그녀의 바느질은 언제나 이런 일뿐이었으며, 다른 것은 한 번도 없었다.

"그런데 데이비 도련님의 대고모님은 요새 어떻게 지내시는지 궁금하군요." 페거티는 이처럼 뜻밖의 화제를 곧잘 꺼냈다.

"무슨 그런 잠꼬대 같은 소리를!"

"그렇지만 정말 궁금하다고요." 페거티가 말했다.

"어째서 그 사람 생각이 떠올랐지? 다른 사람들도 얼마든지 있는데." 어머니가 물었다.

"왜 그런 생각이 났는지는 모르겠어요. 역시 멍청해서 그런가 봐요. 사람들을 골라내는 머리는 없으니까요. 어쩌다가 문득 떠올리는 사람은 있고 도저히 기억하지 못하는 사람도 있을 때, 모든 일은 그쪽 하기 나름이니까요. 그건 그렇고, 정말로 그 대고모님은—"

"페거티, 왜 쓸데없는 질문을 하지? 그 말은 고모님이 다시 찾아오길 바란다는 뜻이야?"

"그건 절대 아니에요." 페거티는 소리쳤다.

"그렇다면, 불쾌한 이야기는 그만둬." 어머니는 말했다. "미스 벳시는 틀림없이 바닷가 오두막집에 틀어박혀 있을 거야. 남은 생애를 거기서 보낼 거야. 아무튼 어떤 일이 있어도 다시는 우리에게 폐를 끼치지 않을 거야."

"그렇겠지요!" 페거티는 깊은 생각에 잠겨 말했다. "그런 일은 없겠지요. 그런데 만약 그분이 세상을 떠난다면, 데이비 도련님에게 유산을 남길까요?"

"페거티, 야단났군!" 어머니는 말했다. "무슨 말을 하는 거야! 불쌍한 데이비가 태어났을 때, 못마땅해서 펄펄 뛰던 모습을 직접 눈으로 보았으면서도."

"아직도 데이비 도련님을 받아들일 마음이 없을까요?"

페거티는 넌지시 말해 보았다.

"이제 와서 뭣 때문에 그런 마음이 생기겠어?" 어머니는 좀 퉁명스럽게 말했다.

"이제는 동생이 생겼으니까 하는 말이죠." 페거티가 말했다.

어머니는 갑자기 울기 시작했다. 어떻게 페거티가 그런 말을 할 수 있느냐는 듯이 놀란 표정을 지었다.

"마치 요람에 있는 이 불쌍한 아기가 페거티나 다른 사람에게 어떤 화라도 입힌 듯이 이야기하다니, 질투심도 참 많지!" 어머니가 말했다. "그럴 바에야 마부 바키스한테 시집가는 것이 훨씬 낫겠어. 왜 안 가지?"

"만약 내가 떠난다면, 미스 머드스톤을 기쁘게 해줄 텐데요."

"사람이 어쩜 이렇게 심술궂을까! 미스 머드스톤을 시기하는군. 그런 건 정말 바보 같은 사람이나 하는 거야. 페거티는 열쇠 꾸러미를 맡아서 모든 일을 혼자 처리하고 싶은 게지? 다 알고 있어. 놀랍지도 않아. 미스 머드스톤이 그러는 것은 친절한 마음과 최고의 호의 때문이라는 사실을 알고 있잖아! 페거티, 잘 알고 있으면서 그래."

페거티는 '그 망할 놈의 호의!' 때문에 못살겠다는 뜻으로 중얼거렸다.

"나는 페거티의 말뜻을 알고 있어, 어쩜 그렇게 심술맞은지." 어머니는 말했다. "페거티, 나는 다 알아. 그걸 페거티도 알고 있잖아? 그러면서도 얼굴 하나 붉히지 않고 태연하게 말하다니. 한 번에 두 가지 이야기를 다룰 수는 없으니, 어디 한 가지씩 정리해 보자. 페거티, 먼저 미스 머드스톤에 관해 이야기해볼까. 미스 머드스톤이 몇 번이나 되풀이해서 말하는 걸 못 들었어? 내가 너무도 철부지이고, 너무도—"

"예쁘다고요." 페거티가 거들었다.

"페거티!" 약간 웃으면서 어머니가 말했다. "미스 머드스톤이 그런 어리석은 말을 했다고 해서, 내가 비난받아 마땅하다는 거야?"

"마님이 비난받아야 한다고 말할 사람은 없어요." 페거티도 지지 않았다.

"맞아, 바로 그래!" 어머니가 말했다. "페거티도 들었지, 몇 번씩이나 미스 머드스톤이 이야기하는 걸. 그런 이유 때문에 나의 많은 수고를 덜어주고 싶다고 말이야. 미스 머드스톤은 아침 일찍 일어나서 밤늦게까지 쉬지 않고 사방을 돌아다니고, 석탄 창고의 벽장 같은, 별로 유쾌하지 않은 여러 곳을 빼놓지 않고 구석구석 돌며 모든 일을 혼자 처리해 주시잖아? 이래도 미스 머드스톤이 헌신적이 아니라고 비꼬아 말하겠어?"

"나는 절대로 비꼬아 말하지 않아요." 페거티는 대답했다.

"페거티, 비꼬아서 말했어." 어머니가 말했다. "페거티는 맡은 일만 할 뿐, 다른 일은 절대로 하지 않거든. 다른 일을 하는 게 있다면 그건 비꼬아 말하기야. 자네는 언제나 비꼬는 데 아주 열심이지. 거기에 푹 빠졌어. 그리고 머드스톤 씨의 호의를 이야기할 때도 그렇고."

"나는 그런 말 한 적 없어요." 페거티가 말했다.

"그래, 그런 말은 안 했어, 페거티." 어머니가 말했다. "비꼬았을 뿐이지, 내가 방금 말한 게 그거야, 그것이 페거티의 가장 큰 단점이야. 페거티는 머드스톤 씨의 호의에 대해 이야기할 때면 꼭 그걸 얕보는 듯이 하는데, 페거티도 나처럼 굳게 믿고 있을 거야. 그러한 호의가 얼마나 유익한지, 또 무슨 일이든 그이가 얼마나 호의를 가지고 처리하는지. (물론 본심으로는 경멸 따윈 조금도 하고 있지 않을 거야. 나는 그렇게 믿어.) 만약 그이가 누군가에게 너무 엄한 것처럼 보인다면, 그건 그 상대방의 이로움을 위해서 그래야 한다고 굳게 믿기 때문이야. 딱히 여기 있는 누군가에 대해 말하는 게 아니라는 것 정도는 페거티도, 그리고 데이비도 잘 알 거야. 머드스톤 씨는 나 때문에 자연히 어떤 사람을 사랑하고 있어. 그리고 다 그 사람을 위해서, 그 사람 잘되라고 그러는 거야. 그런 문제는 누가 뭐래도 나보다 남편이 훨씬 더 잘 알잖아. 나는, 스스로도 잘 알지만 근성도 없고 생각도 얕고 어린애 같은 여자야. 반면 그이가 확고하고, 근엄하고, 진지한 사람이지." 어머니는 자비로운 마음에서 눈물을 흘리며 말했다. "머드스톤 씨는 나 때문에 고생이 이만저만이 아니야. 그러니 나는 마땅히 그에게 감사해야지. 마음속부터 진심으로 그를 따라야 해. 그런데 페거티, 내 마음이 그렇지 못할 때에는 괴롭고 나 자신이 원망스러워. 자신의 마음마저 믿을 수 없고, 어찌할 바를 모르겠단 말이야."

페거티는 꿰매고 있던 양말 바닥으로 턱을 괴고 앉아서, 말없이 난롯불을 바라보고 있었다.

"자, 페거티." 어머니는 말투를 바꾸었다. "우리 싸우지 말자. 이 세상에 자네보다 더 진정한 친구가 있을까. 내가 자네한테 우스운 인간이니, 귀찮은 존재니, 그런 말을 했더라도, 페거티, 자네는 나의 진정한 친구야. 물론 지금은 말할 것도 없고, 코퍼필드 씨가 처음 나를 이 집으로 데려왔을 때, 자네가 대문까지 나와서 나를 맞아주었던 그때부터 자네는 나의 친구였어."

페거티도 여기에 곧바로 반응하여, 나를 힘껏 껴안아줌으로써 서로의 우호를 다짐했다. 그러나 이 일련의 대화의 참된 목적은, 그때도 조금은 알 것 같았지만, 지금 생각하면 더욱 또렷하다. 착한 페거티가 이런 정반대의 이야기를 꺼내놓고, 거기에 참여하여 타협한 것은, 어머니가 떠들어댄 앞뒤가 맞지 않는 이야기를 통해 어머니 스스로 위안을 삼도록 하기 위해서였던 듯하다. 이러한 계획은 확실히 효과가 있었다. 그날 저녁에는 어머니가 훨씬 더 편안해 보였으며, 페거티도 어머니의 행동을 덜 감시하게 되었다.

차를 마시고, 난로의 재를 청소하고, 초의 심지를 자른 뒤에, 나는 옛날을 떠올리며 페거티에게 악어 책의 한 장(章)을 읽어주었다. (책은 페거티가 주머니에서 꺼냈는데, 그때 이후로 계속 거기에 넣고 다녔는지 어떤지는 모르겠다.) 낭독이 끝나자 이번에는 세일렘 학교에 관한 이야기를 했다. 그러자 나의 가장 큰 화제인 스티어포스에 관한 것으로 얘기가 돌아갔다. 정말 즐거웠다. 그날 밤은 유쾌한 시간의 마지막이었다. 내 인생의 첫 번째 권이 끝나는 밤이었기에 그 시간은 언제까지나 내 기억에서 사라지지 않을 것이다.

밤 10시가 되었을 때 마차 소리가 들렸다. 우리는 모두 일어났다. 어머니는 밤도 늦었고 머드스톤 남매는 어린애들이 일찍 자고 일찍 일어나는 것을 좋아하므로, 빨리 잠자리에 드는 것이 좋겠다고 다급하게 말했다. 나는 어머니에게 키스하고 머드스톤 남매가 들어오기 전에, 촛불을 들고 서둘러 2층으로 올라갔다. 예전에 감금되었던 침실로 올라가면서, 나는 어린 마음에도, 이들 남매가 이 집에 차가운 바람을 불어넣어서 깃털을 날려보내듯이 옛날 다정했던 분위기를 없애버렸다는 생각을 했다.

그날, 기억에도 또렷한 죄를 짓고 난 뒤로는 머드스톤 씨를 한 번도 똑바로 본 적이 없었으므로, 다음 날 아침 식사를 위해 아래층으로 내려가기가 거북했다. 나는 반쯤 내려갔다가 발끝으로 살금살금 내 방으로 되돌아오기를 두세 번 거듭하다가, 거실로 들어갔다.

머드스톤 씨는 난로 앞에서 등을 돌리고 서 있었고, 미스 머드스톤은 차를 준비하고 있었다. 내가 들어가자 그는 나를 가만히 바라보았으나 알아보는 것 같은 기색은 조금도 드러내지 않았다.

나는 잠시 머뭇거리다가 그에게로 가서 말했다. "용서해주세요. 제가 한 짓에 대해서 매우 죄송하게 생각하고 있어요, 용서해주시기 바랍니다."

"데이비, 네 행동에 대해 뉘우치고 있다니 반갑다."

그가 악수를 청한 손은 바로 내가 물었던 손이었다. 그 순간 나의 눈길은 빨간 흉터에 머물렀다.

"안녕하세요, 아주머니." 나는 미스 머드스톤에게 인사했다.

"아, 저런!" 그녀는 한숨을 쉬고 손가락 대신 큰 찻숟갈을 내밀면서 물었다. "방학은 얼마 동안이지?"

"한 달입니다."

"언제부터?"

"오늘부터입니다."

"그러면 오늘로 하루가 줄었군."

미스 머드스톤은 나의 방학 달력을 만들어, 매일 아침마다 하루가 지난 것을 꼼꼼히 표시했다. 그녀는 처음 열흘까지는 우울한 기분으로 표시해 나갔으나 두 자리 숫자에 표를 하기 시작하면서부터는 꽤 밝아 보였으며, 시간이 지남에 따라 점점 더 즐거워 보였다.

그런데 바로 첫날 나는 재수 없게도 미스 머드스톤을 깜짝 놀라게 했다. 실제로 미스 머드스톤은 그렇게 약한 여자가 아니었지만. 내가 방으로 들어가니 어머니와 그녀가 앉아 있었다. 아기가 어머니 무릎 위에 안겨 있는 것을 보고 나는 두 손으로 조심스럽게 아기를 안아올렸다. 그때 미스 머드스톤이 느닷없이 소리를 치는 바람에 나는 하마터면 아기를 떨어뜨릴 뻔했다.

"제인!" 어머니도 소리쳤다.

"클라라, 저것 보이지?" 미스 머드스톤이 부르짖었다.

"뭐가 보여요, 제인?" 어머니가 물었다.

"저 애가 아기를 안았어!" 미스 머드스톤이 외쳤다.

미스 머드스톤은 겁에 질려 어쩔 줄 모르다가 내게로 달려와 내 팔에 안겨 있는 아기를 빼앗아갔다. 그러더니 기절해버렸다. 미스 머드스톤의 상태가 매우 나빴으므로 체리브랜디를 먹여서 기운을 차리게 해야만 했다. 그녀는 정신을 차리자마자 나에게, 앞으로는 어떤 일이 있어도 아기를 만져서는 안 된다고 엄숙히 말했다. 불쌍한 어머니는 그럴 마음이 없었음에도 "당신 말이 옳아요, 제인" 하고 머드스톤의 명령에 순순히 찬성해버렸다.

또 한 번, 아까 말한 것과 비슷한 사건이 벌어졌다. 늘 귀엽기만 한 아기—엄마의 아기라는 이유만으로 나는 그 아이가 정말 귀여웠다—가 미스 머드스톤을 노발대발케 했던 것이다. 아기를 무릎에 눕혀 놓고 눈을 들여다보다가 어머니가 말했다.

"데이비! 이리 와!" 그러고는 내 눈을 바라보았다.

그때 나는 미스 머드스톤이 조용히 묵주를 내려놓는 것을 보았다.

"어쩌면 이렇게도 똑 닮았을까. 두 애의 눈이 내 눈과 같아. 눈동자의 색깔이 나와 같아." 어머니는 조용히 말했다.

"클라라, 무슨 말을 하고 있지?" 미스 머드스톤이 말했다.

"아기의 눈과 데이비의 눈이 똑 닮았다고 했어요." 가시 돋힌 말투에 당황했는지, 어머니는 쩔쩔매면서 대답했다.

"당신은 때때로 정말 바보처럼 말하는군!" 미스 머드스톤은 성을 내며 벌떡 일어났다.

"제인!" 어머니는 항의했다.

"정말 바보야. 감히 누가 내 동생 아기와 당신 아이를 비교한단 말이야? 그 애들은 전혀 닮지 않았어. 그리고 앞으로도 전혀 닮지 않을 거야. 나는 두 애를 비교하는, 말도 안 되는 소리를 들으며 그냥 앉아 있을 수는 없어."

미스 머드스톤은 이렇게 말하고 성큼성큼 걸어나가며 문을 쾅 닫았다.

요컨대 나는 미스 머드스톤의 마음에 드는 애가 아니었다. 나는 누구의 마음에도 들지 않았다. 나 자신의 마음에도 들지 않았다. 왜냐하면 나를 좋아하는 사람도 좋다는 표시를 하지 못하고, 싫어하는 사람은 싫은 표정을 노골적으로 나타냈기 때문이다. 나는 늘 자신이 갑갑하고, 우둔해 보이지나 않을까 걱정스러웠다.

그들이 나를 불쾌하게 했듯이 나도 그들을 불쾌하게 만드는 것 같았다. 모두 모여서 이야기를 나누고 어머니도 즐거운 표정을 짓고 있는 방에 내가 들어가면, 그 순간부터 어머니 얼굴에는 야릇한 근심이 감돌았다. 머드스톤 씨도 한창 신이 나서 떠들어대다가도 나를 보면 입을 닫았다. 미스 머드스톤의 기분이 매우 나쁠 때는 내가 들어감으로써 더욱 악화되었다. 그럴 때면 어머니가 늘 희생물이 되었다. 나에게 말을 걸거나 상냥하게 대하면 그들을 화나게 하고 나중에 잔소리를 들을 것 같아서 어머니는 그것조차 할 수 없었다. 또 자기가 두 사람을 화나게 할 뿐 아니라 내가 그럴까 봐 끊임없이 걱정하며 내가 조금이라도 움직일 때마다 매우 불안스럽게 두 사람의 얼굴을 살피는 것을 나도 알고 있었다. 그래서 나는 될 수 있는 한 그들을 피하려고 마음먹었다. 조그마한 외투로 몸을 감싸고 냉랭한 침실에서 책을 읽으며 시간을 보내는 동안 교회의 종이 자정을 알리는 소리를 여러 번 들었다.

저녁에는 때때로 부엌에 가서 페거티와 함께 있었다. 그곳에 있는 동안에는 마음이 편했고 나 자신이 두렵지 않았다. 하지만 거실에서는 그럴 수 없었다. 방 안 가득 넘쳐흐르는 엄숙한 공기가 이내 그것을 짓눌러 버린다. 나는 오직 불쌍한 내 어머니를 훈련시키는 데 꼭 필요한 도구로 간주되었으며, 어머니를 괴롭히는 데는 내가 있어야 했으므로, 내가 여기를 빠져나가는 것이 허용되지 않았다.

"데이비드" 하고 그날 저녁을 먹고 난 뒤에 보통 때처럼 식당을 빠져나가려고 하자 머드스톤 씨가 말했다. "너 기분이 나쁜 것 같은데 보기가 딱하군."

"마치 곰처럼 시무룩해." 미스 머드스톤이 거들었다.

나는 말없이 서서 고개만 숙이고 있었다.

"이봐, 데이비드." 머드스톤 씨가 말을 이었다. "성격 중에서 가장 몹쓸 것이 음험하고 고집 센 성격이야."

"이 애의 성격이야말로 내가 여태껏 보아 온 성격 가운데에서 가장 모가 난 데다 정말 고집이 세거든. 클라라, 당신도 알고 있지?" 미스 머드스톤이 말했다.

"제인, 제가 이런 말을 해도 용서해주시리라 믿고 말합니다. 형님은 데이비를 이해하고 있다고 생각하세요?"

"클라라, 이 아이뿐만 아니라 어느 아이든, 이해하지 못한다면 오히려 창피한 일이지. 나는 깊이 아는 바는 없어도 상식적으로는 알고 있어." 미스 머드스톤이 말했다.

"그야 그렇겠죠." 어머니가 말했다. "형님은 무슨 일이건 잘 아시니까요."

"아, 제발! 그렇게 말하지 마, 클라라." 미스 머드스톤이 화를 벌컥 내면서 말을 가로막았다.

"하지만 정말이에요. 누구나 다 알아요. 덕분에 나도 많은 것을 배우고 있고—그야 당연한 일이지만—그러므로 나보다 그 점을 잘 알고 있는 사람은 없다고 생각해요. 그래서 나로서는 매우 조심스럽게 말씀 올리는 거예요." 어머니는 다시 말했다.

"좋아, 그 애를 내가 전혀 모른다고 해 두지. 그 애의 속셈은 정말 알 수가 없어. 그러나 내 동생의 통찰력은 그 애의 성격을 정확히 꿰뚫고 있을 거야. 지금도 머드스톤이 그 문제를 이야기하고 있었는데, 점잖지 못하게도 우리가 그를 방해한 거야." 미스 머드스톤은 손목의 사슬 장식을 바로잡으며 말했다.

"클라라, 이 문제에 대해서는 당신보다도 더 훌륭하고 냉정한 판사가 있으리라 생각하오." 머드스톤 씨가 나지막하고 심각한 투로 말했다.

"에드워드, 당신이야말로 모든 문제에 대해서 나보다 훨씬 더 올바른 판단을 할 수 있는 사람이에요. 제인 누님도 똑같이 말이에요. 내가 말한 것은 단지—" 어머니가 겁에 질려서 말했다.

"그래. 확실히 연약하고 경솔한 말이었지." 머드스톤이 말했다. "여보 클라라, 다시는 그런 말 하지 마. 그보다는 자기 몸이나 챙겨요."

어머니의 입술이 움직였다. "그래요, 당신이 옳아요" 하고 말하는 것 같았으나 소리는 나오지 않았다.

"데이비드, 내 말은 네가 우울하고 붙임성이 없어서 글렀다는 거야. 나는 그런 성격을 고쳐주기 위한 노력도 없이 점점 나빠져 가는 것을 그냥 보고 있을 수는 없구나. 너도 그런 성격을 고치도록 노력해야 하고, 우리도 너의 그런 성격을 고쳐주려고 노력해야 한다는 거야." 머드스톤 씨는 나를 무섭게 노려보면서 말했다.

"용서해주세요." 나는 더듬더듬 말했다. "집에 돌아온 뒤로 시무룩했던 적은 한 번도 없었어요."

"거짓말로 핑계나 대면 안 돼!" 그가 어찌나 사납게 소리쳤던지 말리려는 듯이 어머니가 자신도 모르게 떨리는 손을 내밀었다. "너는 시무룩한 얼굴로 네 방에만 처박혀 있었잖아. 여기에 내려와 있어야 했을 때에도 네 방에만 처박혀 있었어. 마지막으로 경고하는데, 너는 여기에 있어야 해. 그리고 시키는 대로 따르란 말이다. 너 나를 잘 알지? 반드시 그렇게 하게 만들겠어."

옆에서 미스 머드스톤이 쉰 듯한 목소리로 낄낄 웃었다.

"나에게는 존경심을 갖고 신속한 태도로 무엇이든 기꺼이 해야 한다." 머드스톤이 말했다. "그리고 제인 머드스톤과 너의 어머니에게도 똑같이 해야 해. 나는, 이 방에 무슨 몹쓸 병이라도 도는 듯이 꼬마 녀석이 마음대로 피하는 것을 절대 두고 보지 않을 거다. 거기 앉아!"

머드스톤은 개를 다루듯 나에게 명령했고, 나는 개처럼 따랐다.

"하나 더 말하마. 네가 천하고 시시한 친구를 좋아한다는 걸 알아. 하지만 하인들과 사귀어서는 안 된다. 너는 고쳐야 할 점이 많은데, 부엌은 널 고쳐주질 못해. 너를 선동하는 하녀에 관해서는 이야기 않겠다. 클라라, 당신은 말이오." 그는 조금 나지막한 목소리로 말했다. "오랫동안 사귀었고, 오랫동안 쌓인 공상 때문에 당신은 그 하녀에게 약하고, 그 약점에서 당신은 아직도 벗어나지 못하고 있어."

"얼마나 쓸데없는 망상이야!" 미스 머드스톤이 소리쳤다.

"당신이 페거티 같은 하녀를 좋아하는 걸 나는 용서할 수 없다는 말이야. 그러니 당장 그만둬. 데이비드, 내 말 알아듣겠지? 만약 내 말에 조금이라도 따르지 않을 때는 어떤 결과가 오리라는 것을 알겠지?" 그는 나를 윽박질렀다.

나는 불쌍한 어머니에 관한 일이라면, 그가 생각하는 이상으로 잘 알았다. 그래서 조금도 어김없이 그의 말에 순순히 따랐다. 나는 더 이상 내 방에 틀어박혀 있지 않았다. 페거티에게서도 더 이상 피난처를 구하지 않았다. 날마다 응접실에 따분하게 앉아서, 밤이 닥치고 잘 시간이 오기만을 목이 빠지도록 기다렸다. 얼마나 따분하고 갑갑한 생활이었는지! 침착하지 못하다고 미스 머드스톤이 야단칠까 두려워서 팔다리를 움직이지 않고 몇 시간씩 똑같은 자세로 앉아 있었으며(실제로 정말 하찮은 문제로 잔소리가 날아왔다), 나에게 야단칠 새로운 구실을 그녀가 발견하지나 않을까 하는 두려움에 눈도 깜박거리지 않고 그대로 앉아 있었다. 주위를 둘러보는 것을 들키면, 그 흘끔거리는 눈이 기분 나쁘다며 이내 혼이 날 것이기 때문이다. 시계 소리를 들으며, 미스 머드스톤이 반짝거리는 강철로 된 조그마한 구슬에 실을 꿰는 것을 구경하면서, 저 여자도 결혼할 것인가, 한다면 남편되는 사람은 얼마나 불행할 것인가를 생각하기도 하고, 난로 선반의 장식을 세고, 벽지에 그려진 소용돌이 모양의 도안과 나선형 도안을 비롯하여 천장까지 쳐다보면서 앉아 있어야 했다.

나는 흐린 겨울 날씨에도 혼자 좁은 진흙길을 따라 산책했다. 그런데 그때에도 머드스톤 남매가 있는 응접실의 무거운 분위기가 나를 짓누르며 떠나지 않았다. 그것은 어딜 가든 지고 다녀야 할 커다란 짐이었으며, 깨어날 수 없는 한낮의 악몽이었고, 나의 슬기를 덮어버려서 둔하게 하는 무거운 굴레였다.

내가 얼마나 난처한 분위기에서 묵묵히 식사만 했던지! 나는, 식탁에 덤터기로 놓인 나이프와 포크가 있는데 그것이 내 것이고, 덤터기 의자와 접시가 내 것이고, 덤터기 음식이 내 것이고, 덤터기 인간이 하나 있는데 그것이 바로 나라는 생각에 계속 시달렸다.

나는 촛불이 켜져서 내가 하고 싶은 것에 몰두할 시간이 되어도, 재미있는 책을 읽지 못하고 오히려 딱딱하고 이론적인 어떤 수학 논문을 읽게 되었다. 그러면 신기하게도 도량형을 나타낸 표가 〈룰 브리타니아〉나 〈어웨이 위드 멜랑콜리〉의 곡을 연주한다.[1] 이래서야 머리에 들어올 리 없다. 마치 할머니가 바늘귀에 실을 끼우듯 한쪽 귀에서 다른 쪽 귀로 머릿속을 그대로 지나쳐 버리는 것이었다.

아무리 노력해도 하품과 졸음을 참아 낼 수가 없었다. 몰래 졸다가 깜짝 놀라 깬 적도 있었다. 내가 어쩌다가 말을 걸어도 누구 하나 대답해 주지 않았다. 얼마나 서글프고 공허한 시간이었던지! 누구도 내 존재를 신경 쓰지 않으면서 나를 귀찮은 존재로만 여겼으니, 내가 얼마나 얼빠진 인간으로 보였겠는가. 저녁 9시가 되어 미스 머드스톤이 이제 자라고 명령하는 소리가 서글프면서도 얼마나 큰 위안이 되었는지 몰랐다.

이리하여 방학은 느릿느릿 지나가고 마지막 아침이 되었다. 미스 머드스톤이 "자, 오늘이 마지막이군"이라고 말하면서 축하의 뜻으로 나에게 차를 한 잔 권했다.

나는 집을 떠나는 것이 전혀 섭섭하지 않았다. 멍한 허탈상태였지만 약간 정

---

[1] 둘 다 영국인이 매우 사랑하는 노래. 전자는 국가에 버금가는 것이고, 후자는 모차르트의 〈마술피리〉에 가사를 붙인 것.

신이 들자, 스티어포스가 보고 싶었다. 그 뒤로 크리클 씨의 모습이 희미하게 떠올랐지만.

바키스 씨가 대문에 나타났다. 어머니가 나에게 작별인사를 하기 위해 몸을 숙이자, 미스 머드스톤이 경계조로 "클라라!" 하고 날카롭게 소리쳤다.

나는 어머니와 꼬마 동생에게 키스했다. 그러자 갑자기 슬퍼졌다. 그러나 떠나는 것이 서운하진 않았다. 우리 둘 사이에는 이미 깊은 도랑이 흐르고 있고, 이별은 매일 있었기 때문이다. 어머니의 포옹은 더할 나위 없이 열렬했지만, 내 기억에 남은 것은 어머니의 그 열렬한 포옹이 아니라, 포옹 다음에 일어난 사건이었다.

내가 마차에 올랐을 때, 어머니가 나를 부르는 소리를 들었다. 나는 밖을 내다보았다. 어머니는 대문에 혼자 서서 아기를 높이 들고 나에게 보이는 것이었다. 춥고 한가로운 아침이었다. 아기를 높이 든 채 나를 뚫어지게 바라보면서 머리카락 한 올, 치마 주름 한 가닥 움직이지 않았다.

그렇게, 나는 어머니를 잃었다. 그 뒤에도 학교에서 잘 때 꿈속에서 곧잘 어머니를 보곤 했다. 그때마다 어머니는 두 팔로 아기를 높이 들어올리고, 똑같은 생각에 잠긴 얼굴로 나를 바라보면서, 말없이 내 침대 곁에 서 있는 것이었다.

9장
잊을 수 없는 생일

 3월에 내 생일이 돌아왔을 때까지의 학교생활은 모두 생략하기로 한다. 사실 스티어포스를 전보다 더 존경하게 된 것 말고는 아무것도 기억나지 않는다. 그는 이번 학기만 끝나면 졸업하게 되므로 더욱 자유로워 보였고 그래서 전보다도 한층 매력적으로 보였다. 그 무렵 내 마음속에 새겨진 커다란 기억이 모든 조그마한 기억을 모조리 집어삼켜 버려서, 오직 그 기억만이 남아 있는 것 같다.
 내가 세일렘 학교로 돌아온 뒤부터 생일을 맞기까지 두 달이 고스란히 남아 있었다는 것조차 믿어지지 않았다. 다만 그래야 했으므로 그랬구나 하고 생각할 뿐이다. 만약 그것조차 없었으면, 그 사이의 간격 없이 돌아온 뒤 바로 생일을 맞았다는 것이 솔직한 느낌이었다.
 그러나 생일날은 정말 잘 기억하고 있다! 그날, 주위에서 피어오르던 안개 냄새는 지금도 코끝을 맴돌고 있으며, 안개 사이로 환상처럼 떠올라 있던 서리도, 눈앞에 보이는 듯했다. 서리에 뒤덮인 내 머리칼이 뺨에 철썩 달라붙어 있던 것도 느낄 수 있다. 어두컴컴한 교실을 둘러보니, 여기저기 켜 놓은 촛불이 깊은 안개에 싸인 아침 공기를 아련하게 비추고 있었다. 추위 속에서 학생들이 손을 녹이기 위해 호호 불 때면 입김이 연기처럼 솟아올라 원을 그리고, 시린 발이 교실 바닥을 탕탕 쳐댔다.
 아침 식사를 마치고 운동장에서 놀고 있던 우리에게 교실 안으로 들어오라는 집합 명령이 떨어지더니, 샤프 선생님이 들어와서 말했다.
 "데이비드 코퍼필드는 응접실로 가보렴."
 나는 페거티한테서 올 음식 바구니를 기다리고 있었으므로 그 명령에 기쁜 마음으로 따랐다. 내가 재빨리 자리에서 빠져나올 때, 내 주위의 어떤 아이들은 좋은 물건이 오면 나누어 갖자고 말하기도 했다.

"데이비드, 서둘지 마라." 샤프 선생님이 말했다. "시간은 넉넉하니 그렇게 서둘 것 없다."

샤프 선생님의 동정 어린 말투에 조금만 귀를 기울였다면 그의 말만 듣고도 나는 깜짝 놀랐을 텐데, 그 뒤에도 나는 그의 말을 전혀 귀담아듣지 않았다. 나는 응접실로 급히 달려갔다. 크리클 씨가 회초리와 신문을 앞에 놓고 아침 식사를 하고 있었고, 크리클 부인은 편지를 펴 들고 있었다. 선물 보따리는 없었다.

"데이비드 코퍼필드." 크리클 부인이 나를 소파로 안내하고, 그녀도 내 곁에 앉았다. "내가 학생에게 특별히 할 이야기가 있어요."

나는 크리클 씨를 쳐다보았으나 그는 나에게 눈길도 주지 않고 고개를 저으면서 버터 바른 큰 토스트를 한 입 물고 크게 한숨을 쉬는 것이었다.

"학생은 아직 어려서 세상이 하루하루 어떻게 달라져 가는가를 모를 거야." 크리클 부인이 말했다. "그리고 사람들이 차례차례 이 세상에서 사라져 가는 것도. 그러나 데이비드, 우리는 모두 그런 사실을 알아야만 해요. 어떤 이는 어려서 알게 되고, 어떤 이는 늙어서야 알게 되는가 하면, 또 어떤 이는 평생 그런 일만 알게 되기도 하지."

나는 부인을 진지하게 바라보았다.

"방학이 끝나고 집을 떠날 때," 크리클 부인은 이렇게 말하고는 짧게 사이를 두었다가 "모두들 안녕하셨지?"라고 말하더니 또 조금 있다가 "어머니께서도 안녕하셨지?"라고 물었다.

나는 뚜렷한 이유도 없이 몸이 벌벌 떨렸다. 이 간단한 물음에 대답은 하지 않고 진지한 표정으로 부인을 뚫어지게 바라보고만 있었다.

"내가 왜 이러한 말을 하느냐 하면, 안됐지만, 오늘 아침에 어머니가 위독하다는 소식이 왔어요." 부인이 말했다.

그 순간 크리클 부인과 나 사이에 안개가 끼어서 부인의 모습이 안개 속에서 움직이는 것 같았다. 이내 뜨거운 눈물이 내 볼을 타고 흘렀다. 크리클 부인의 모습은 움직이지 않았다.

"매우 위독하신 모양이에요." 부인이 덧붙였다.

이것으로 모두 알 수 있었다.

"어머니가 돌아가셨어요."

할 필요도 없는 이야기였다. 나는 너무도 슬퍼서 소리 내어 울기 시작했다. 이 막막한 세상에서 고아라는 쓸쓸함이 사무쳤다.

크리클 부인은 나에게 매우 친절했다. 그날은 온종일 나를 그곳에 있게 해주고, 때로는 혼자 있게도 해 주었다. 울다가 지쳐서 잠이 들었다가, 잠이 깨면 또다시 울었다. 더 이상 울 수 없게 되자 나는 처음으로 이것저것 생각하기 시작했다. 그러나 내 가슴은 철근을 매단 듯 무거웠고, 슬픔은 둔한 고통이 되어서 지우려야 지울 수 없게 되었다.

내 생각은 종잡을 수가 없었다. 내 가슴을 억누르는 큰 재난에 대해서 곰곰이 생각하지 못하고 그 주변만 맴돌고 있었다. 나는 폐쇄되고 조용한 우리 집을 생각해 보았다. 아기를 생각해 보았다. 크리클 부인이 말하길, 아기도 그동안 몹시 허약해져서 살지 못할 것이라고 했다. 집 옆에 있는 묘지의 아버지 무덤을 생각하고, 내가 잘 알고 있는 나무 밑에 누워 있을 어머니도 생각해 보았다. 혼자 남게 되었을 때는 의자 위로 올라가서 유리창에 얼굴을 비춰 내 눈이 얼마나 빨개졌으며, 얼굴이 얼마나 슬픔에 젖었는가를 보기도 했다. 그리고 몇 시간이 흘렀을까, 이제는 눈물조차 나오지 않자 나는 문득 생각했다. 이제 눈물도 말라버렸다면, 집에 가까워졌을 때―나는 어머니 장례식에 참석하게 되어 있으니까―어머니의 죽음과 관련된 어떤 슬픈 것을 떠올려야 눈물이 쏟아질지 생각하기도 했다. 지금도 기억하는데, 나는 내가 학생들 가운데에서 위엄이 있으며 중요한 인물이라는 것을 괴로움 속에서도 느끼고 있었다.

만약 어린아이에게도 정말로 깊은 마음의 고통이 있다면, 그때의 내가 바로 그랬다. 그러나 그날 오후 다른 학생들은 교실에서 수업을 하고 있고, 나 혼자 운동장을 거닐었을 때, 내가 학생들의 주목을 받을 정도로 중요한 처지에 놓인 것을 하나의 만족으로 여겼던 기억이 난다. 학생들이 수업을 받기 위해 교실로 향하면서 창문 밖으로 나를 곁눈질했을 때 나는 우쭐한 생각이 들어서 더 우울한 표정을 짓고 더욱 으스대며 걸었다. 수업이 끝나자 학생들이 몰려와서 위로의 말을 했다. 그때는 나도 아무에게도 으스대지 않고 전처럼 모두에게 똑같이 대하는 것이 최선이라고 생각했다.

나는 다음 날 밤에 집에 가기로 되어 있었다. 우편 마차가 아니라 '농부'라고 불리는 육중하게 생긴 밤 마차를 탈 참이었다. 그것은 주로 시골 사람들이 짧은

9장 잊을 수 없는 생일   151

거리를 여행할 때 이용하는 마차였다. 그날 밤에는 책 읽어주기도 하지 않았다. 트래들스는 자기 베개를 빌려주겠다고 고집을 부렸다. 내 베개가 있었는데, 어떻게 그의 베개가 나에게 도움이 되리라는 생각을 했는지 모르겠다. 그러나 생각해 보면 불쌍한 트래들스가 나에게 빌려줄 수 있는 것은 베개와 해골이 잔뜩 그려진 편지지뿐이었다. 게다가 그는 헤어질 때, 슬픔의 위안물로 내 마음의 평화에 보탬이 되도록 그 편지지마저 나에게 주었다.

다음 날 오후, 나는 세일렘 학교를 떠났다. 그것이 마지막이 되리라고는 전혀 생각지도 못했다. 밤새껏 느릿느릿 여행하여 이튿날 아침 9시인가 10시인가가 되어서야 야머스에 닿았다. 바키스를 찾았으나 그는 없었다. 그 대신 뚱뚱하고 쾌활해 보이는 작달막한 늙은이가, 검은 옷을 입고 짧은 바지의 무릎에 색이 바랜 낡은 천을 누덕누덕 붙이고, 검은색 긴 양말을 신고, 챙이 넓은 모자를 쓰고, 씨근덕거리면서 마차의 창문까지 와서 말했다.

"코퍼필드 도련님?"

"네."

"도련님, 저와 같이 가시지요." 문을 열면서 그는 말했다. "제가 도련님을 집까지 모시겠습니다."

도대체 이 사람이 누굴까, 궁금하게 여기면서 나는 그의 손을 잡고 마차에서 내렸다. 그리고 우리는 좁은 거리에 있는 작은 상점까지 걸어갔다. 그 상점 간판에는 '오머의 포목상, 양복점, 신사용 장신구류, 장의사' 등등이 적혀 있었다. 비좁고 숨이 콱콱 막히는 상점이었다. 다 만들어진 옷, 덜 만들어진 옷, 온갖 옷들이 가득 차 있었으며 한쪽 창문은 실크해트와 보닛으로 그득했다. 우리는 뒤쪽에 있는 조그마한 방으로 들어갔다. 거기에선 젊은 부인 세 명이 책상 위에 산더미처럼 쌓아놓은 검은 천으로 무엇을 만드는 참이었다. 조그마한 천 조각들과 자투리들이 방바닥에 어지럽게 흩어져 있었다. 방에는 난롯불이 따뜻하게 피워져 있었고, 상복용 검은 크레이프 천 냄새 때문에 숨이 막힐 듯했다. 물론 그것이 무슨 냄새인지 그때에는 몰랐고, 나중에 큰 뒤에야 알았다.

편안한 마음으로 열심히 일하던 젊은 여인들이 고개를 들어 나를 바라보더니 다시 손을 움직였다. 한 땀 한 땀 열심히 꿰매고 있었다. 그리고 창밖의 조그마한 정원 맞은편에 있는 작업장에서는 장단을 맞추듯 망치 소리가 규칙적으로 들려왔다. 탕—타당, 탕—타당, 탕—타당, 한결같았다.

"이봐," 나를 데리고 온 아저씨가 세 여자 가운데 한 여자에게 말을 걸었다. "미니, 일은 잘돼 가지?"

"가봉 날까지는 준비할게요, 아버지. 걱정 마세요." 그 여자는 쳐다보지도 않고 명랑하게 대답했다.

오머 씨는 챙이 넓은 모자를 벗고는 앉아서 숨을 헐떡거렸다. 그는 너무 살이 쪘으므로 말하기 전에 헐떡거리기부터 했다.

"그러면 됐어."

"아버지! 꼭 돌고래처럼 되었어요!" 미니는 장난조로 말했다.

"글쎄, 나도 어떻게 그렇게 됐는지 모르겠다만, 그렇지 뭐." 그는 딸의 말을 생각하면서 대꾸했다.

"아버지는 정말 태평하시네요. 모든 것을 안일하게 생각하시죠." 미니가 말했다.

"얘야, 그렇게 생각하지 않는다고 뭐 좋은 수라도 있냐?"

"그렇긴 해요. 결국 우리 집 사람들은 다들 낙천가라니까. 좋은 일이지만. 안 그래요, 아버지?"

"나도 그렇게 생각해." 오머 씨는 말했다. "이제 한숨 돌렸으니 이 어린 학자님의 치수를 재 보지. 코퍼필드 도련님, 안으로 들어가시죠."

오머 씨는 나를 앞세우고 들어갔다. 그는 두루마리 천을 나에게 보여주며 특품이라고 소개하고, 부모를 제외한 다른 사람의 상복으로는 너무 좋은 천이라고 말하면서 내 몸 여러 곳을 재더니 책에 기입했다. 치수를 적으면서 가게에 있는 여러 상품들을 가리키며, '이것은 지금 한창 유행 중인 것'이고 '저것은 한물 지난 것'이라고 설명했다.

"그런 유행 때문에 가끔 큰 손해를 보지요." 오머 씨는 말했다. "그런데 유행은 꼭 인간과 같아요. 오기는 오지만 언제, 무엇 때문에, 왜 오는지는 아무도 모르니까. 또 사라지는 것도 언제, 무엇 때문에, 어떻게 사라지는지 아무도 몰라요. 내 생각이지만, 이런 걸 보면 모든 게 다 인생과 같지요."

나는 너무 슬퍼서 그와 논쟁할 마음은 생기지 않았다. 하기야 어떤 상황이었든 내가 해낼 수 있는 문제는 아니었겠지만. 오머 씨는 숨을 헐떡이며 나를 거실로 데리고 갔다.

그는 거실에 와서는 문 뒤로 나 있는 가파른 계단을 내려다보면서, "차하고, 버터 바른 빵을 가져와!"라고 소리쳤다. 그동안 나는 앉아서 주위를 돌아보기도 하고, 나대로 생각도 하고, 방에서 들려오는 바느질 소리와 건너편에서 들려오는 망치 소리에 귀를 기울이기도 했다. 잠시 뒤 음식을 접시에 받쳐서 가지고 왔는데, 나를 위한 음식이었다.

"나는 전부터 도련님을 알고 있었습니다." 오머 씨는 잠깐 나를 바라본 뒤에 말했다. 나는 아침을 먹고 싶지 않았다. 온통 검은 색깔이 식욕까지 뒤덮어버린 것이다. "도련님, 나는 오래전부터 도련님을 알고 있었습니다."

"그래요, 아저씨?"

"아마 도련님이 태어나기 전부터라고 말하는 편이 옳을 거예요. 도련님의 아버지를 알고 있었으니 말입니다. 아버지의 신장은 5피트 9인치 반이었는데, 지금은 25평방피트 땅 속에 누워 있지요."

탕—타당, 탕—타당, 탕—타당, 뜰 맞은편에서 망치 소리가 계속 들려왔다.

"아무튼 25평방피트예요." 오머 씨는 자못 즐거운 듯이 말했다. "아버지의 유언이나, 어머니의 명령 같은 건 잊어먹었지만요."

"내 꼬마 동생은 어떻게 되었는지 아세요, 아저씨?" 나는 물었다.

오머 씨는 고개를 저었다.

탕—타당, 탕—타당, 탕—타당.

"아기는 어머니 팔에 안겨 있어요."

"아, 그럼 죽었나요?"

"너무 속 썩지 마세요. 어차피 도련님이 어떻게 할 수 있는 문제도 아니니까." 오머 씨는 말했다. "아무튼 그래요. 아기도 죽었어요."

그 소식을 들으니 상처가 되살아났다. 나는 음식에는 손도 대지 않고 작은 방 구석에 놓여 있는 다른 탁자가 있는 데로 가서 머리를 기댔다. 미니가 달려와서는 눈물로 상복이 얼룩지지나 않을까 두려워서 탁자 위에 놓인 것들을 깨끗이 치워버렸다. 미니는 예쁘고 착한 소녀였다. 그녀는 부드럽고 친절한 손으로, 내 눈을 덮고 있는 머리카락을 쓸어 올려주었다. 그녀는 일이 거의 끝나가고 있었기에 나와는 대조적으로 아주 기뻐하고 있었다.

들려오던 망치 소리가 그치자, 잘생긴 젊은이가 마당을 가로질러 방으로 들어왔다. 손에는 망치를 들고, 입에는 못을 한입 가득 물고 있었다. 말을 하려면 먼저 못부터 빼야만 했다.

"얘, 저램! 일은 어떻게 되어 가고 있지?" 오머 씨가 물었다.

"잘됐습니다. 다 끝났어요." 저램이 말했다.

미니가 약간 얼굴을 붉혔다. 그 광경을 본 두 여자가 마주 보며 싱긋 웃었다.

"뭐라고! 그럼 지난 밤 내가 클럽에 있는 동안 촛불을 켜고 일했군, 그렇지?" 오머 씨는 한 눈을 감으며 말했다.

"네." 저램이 말했다. "이 일이 끝나면 다같이 여행을 가자고 말씀하셨잖아요. 미니하고 아저씨하고 그리고 저도 함께요."

"아! 그 여행에 나는 내버려두고 갈 줄 알았는데." 오머 씨는 웃다가 그만 사레들리고 말았다.

"아저씨가 그렇게 말씀하셨기에 열심히 일했지요. 제가 만든 물건을 한번 보시겠어요?"

"그러지." 오머 씨는 일어서며 말했다. "도련님," 그는 말을 멈추고 나를 돌아보았다. "도련님도 보시지 않겠습니까? 도련님의—"

"그건 안 돼요, 아버지." 미니가 가로막았다.

"그것도 나쁘지 않을 거라고 생각했는데." 오머 씨는 말했다. "그러나 네 말이 옳아."

그들이 보러 간 것이, 사랑하는 어머니의 관인 것을 내가 어떻게 알았는지는 모르겠다. 나는 지금까지 관 만드는 소리를 들어 본 적도 없고, 관이란 물건을 본 일도 없었다. 그런데도 망치 소리를 들었을 때, 그 소리가 무엇인지 머릿속에 또렷하게 떠올랐다. 그리고 젊은이가 들어왔을 때도, 그가 무엇을 만들고 있었는지를 이내 알아챘다.

일이 끝나자, 이름을 알 수 없는 두 여자는 옷에 묻은 헝겊 조각과 실밥을 털고는 상점에 들어가 물건을 정돈하고, 손님들 시중을 들었다. 미니는 뒤에 남아 완성된 물건을 접어서 두 개의 광주리에 담았다. 그녀는 그것들을 무릎에 올려놓고서 명랑한 곡조를 웅얼거리며 그 일을 하고 있었다. 미니가 바쁘게 일하는 도중에 (그녀의 애인임에 틀림없는) 저램이 들어와, 내가 있는 것도 의식하지 않고 그녀에게 키스를 하면서, 당신 아버지가 마차를 가지러 갔으니 자기도 서둘러 준비를 해야 한다고 말했다. 그러고는 다시 밖으로 나갔다. 그러자 미니도 골무와 가위를 주머니에 넣고, 검은 실이 꿰어진 바늘을 가슴에 가볍게 꽂고는, 문 뒤에 있는 조그마한 거울을 보면서 외투를 입고 매무시했다. 나는 거울 속에 비친, 미니의 즐거운 얼굴을 보았다.

그러한 모든 일들을, 나는 구석 탁자에 턱을 괸 채 바라보고 있었는데, 마음은 온갖 전혀 다른 것들만 쫓고 있었다. 얼마 안 되어 마차가 상점 앞에 닿았다. 먼저 광주리가 실리고, 이어서 내가 실리고, 그다음에 오머와 미니 그리고 저램이 올라탔다. 내 기억에 따르면 그 마차는 반은 이륜마차이고, 반은 피아노 운반용 마차로서 전체가 거무스름한 색으로 칠해졌으며, 꼬리가 긴 검은 말이 끌고 있었다. 크기는 네 사람이 타기에 충분했다.

그때 그들과 한 마차를 탔을 때보다 더 이상한 느낌은 그 뒤에도 느껴 보지 못했다. 방금 그들이 하던 일의 종류를 생각해 볼 때 어떻게 마차를 타고 그렇게 즐거워할 수가 있을까 싶었기 때문이다. 그들에게 화가 난 것이 아니라, 전혀 모르는 사람들 틈에 던져졌을 때와 같은 두려움을 느꼈던 것이다. 그들은 몹시 즐거워했다. 오머 씨는 앞의 마부 자리에 앉았다. 그리고 젊은 두 사람은 바로 그 뒤에 앉았다. 그가 말을 걸 때마다 두 사람은 그 둥글넓적한 얼굴 양 옆으로 얼굴을 쑥 내밀고 끊임없이 그를 치켜세웠다.

그들은 나에게도 말을 걸려고 했으나, 나는 구석에 박힌 채 침울하게 앉아 있었다. 떠들썩하지는 않았지만, 서로 사랑을 표현하며 좋아라고 시시덕거리는 그들을 보고 나는 놀랐다. 사람이 죽었는데도 좋아라고 설치는 그들의 냉정한 마음에 왜 벌이 내려지지 않는지 모를 일이었다.

오는 중간에 쉬면서 말에게 여물을 주거나 다 같이 먹고 마시며 즐겁게 떠들었지만, 나는 그들이 만진 것은 절대 손대지 않고 먹기를 거부했다. 마차가 집에 닿자 나는 재빨리 뒤쪽으로 내렸다. 한때는 그토록 아름다웠으나 이제는 눈 감은 장님처럼 답답하게만 보이는 침통한 창문 앞에서 그들과 같이 있기가 싫었던 것이다. 집으로 돌아와서 어머니 방 창문과 한때는 내 방이었던 옆방을 보자 나도 모르게 눈물이 쏟아져, 어떻게 해야 눈물이 나올 것인가 하는 걱정은 전혀 할 필요가 없었다.

나는 현관까지 가기도 전에 페거티의 팔에 안겨 집으로 들어섰다. 나를 보는 순간 그녀의 슬픔이 폭발했다. 그러나 이내 슬픔을 억누르고는 죽은 사람을 깨우면 안 된다는 듯이 나에게 귀엣말을 하면서 조심스럽게 걸었다. 나는 페거티가 오랫동안 잠을 자지 못했다는 것을 알았다. 그녀는 밤에도 자지 않고 앉아서 계속 지키고 있었던 것이다. 불쌍하고 아름다운 마님의 모습이 땅 위에 있는 한, 그 곁을 떠나지 않고 지키겠다고 했다.

내가 거실에 들어서도 머드스톤 씨는 거들떠보지도 않았다. 그는 난로 곁의 안락의자에 앉아 눈물을 흘리면서 깊은 생각에 잠겨 있었다. 편지와 종이가 빼곡히 덮여 있는 책상에서 바삐 무언가를 쓰고 있던 미스 머드스톤은 나를 보자 쌀쌀하게 손가락질하면서 상복 치수를 쟀느냐고 물었다.

"네." 나는 대답했다.

"너, 네 셔츠는 다 가지고 왔겠지?" 미스 머드스톤이 물었다.

"예, 제 옷은 다 가지고 왔습니다."

이것이 기승스러운 미스 머드스톤이 나에게 해준 위로의 전부였다. 미스 머드스톤이 말하는 이른바 자제심, 강인함, 의지력, 상식과 불친절한 요소만을 모아 놓은 잔인한 목록을, 이런 상황에서 내보이는 것에 특히 쾌감을 느끼고 있음에 틀림없었다. 그녀는 사무 능력을 특히 자랑스러워했다. 지금은 온갖 감정을 펜과 잉크로 환원시켜 어떠한 것에도 움직이지 않는 형태로 그것을 나타내고 있는 것이다. 그녀는 그날 온종일, 그 뒤로도 아침부터 저녁까지 책상에 앉아서 딱딱한 펜으로 태연하게 글씨를 휘갈기고, 누구에게나 똑같은 차가운 목소리로 속삭였다. 한 순간도 얼굴 근육을 푸는 법이 없었고, 목소리도 부드럽게 하는 일이 없었으며, 옷자락 한 번 흐트러뜨리지 않았다.

머드스톤 씨는 이따금 책을 펴들고 있었으나, 보아하니 읽는 것 같지는 않았다. 한 시간 동안 책장 하나 넘기지 않고 그냥 들고 있다가는 책을 내려놓고 방 안을 이리저리 왔다 갔다 했다.

나는 팔짱을 끼고 앉아 그를 바라보면서 몇 시간씩 그의 발걸음을 세어보곤 했다. 머드스톤 씨는 누나에게도 거의 말하지 않았고, 나에게도 단 한 번 말하지 않았다. 시계를 제외하고는 그만이, 쥐 죽은 듯이 고요한 이 집 안에서 유일하게 초조한 존재로 보였다.

9장 잊을 수 없는 생일 157

장례식 전 며칠 동안은 페거티를 거의 만나지 못했다. 계단을 오르내리다 어머니와 동생 아기가 누워 있는 방 바로 곁에서 페거티를 보고, 밤마다 내 방으로 와서 내가 잠들 때까지 머리맡에 앉아서 지켜보는 페거티를 본 것이 고작이었다. 장례식 하루인가 이틀 전—그렇다고 생각은 하는데, 아무튼 그 슬프던 시기에는 시간의 경과를 나타내는 매듭이 전혀 없어서, 기억에 혼동이 있음은 인정한다—페거티가 나를 어머니와 아기가 누워 있는 방으로 데리고 갔다. 깨끗하고 신선해 보이는 흰 침대보 밑에는, 집 안을 감싼 엄숙한 고요가 모습을 드러내고 누워 있는 듯이 보였다. 페거티가 그 흰 보를 가만히 벗기려고 했을 때 나는 "안 돼, 그만둬!" 하고 외치면서 그녀의 손을 잡아 막았다.

설사 장례식이 어제였다고 해도 나는 이 이상 뚜렷하게 기억하지는 못할 것이다. 내가 문을 열고 들어갔을 때의 객실 분위기, 활활 타오르는 난로, 유리병에 들어 있는 반짝거리는 포도주, 술잔과 접시의 무늬, 은은히 풍기는 달콤한 과자 냄새, 미스 머드스톤의 드레스와 우리의 검은 상복 냄새들이 거기에 있었다. 의사 칠립 씨가 마침 방에 있다가 나에게 다가와서 말을 걸었다.

"데이비 도련님, 어떻게 지냈어요?" 그는 친절히 말했다.

나는 대답할 수가 없어 그에게 손을 내밀었더니, 그는 가만히 잡아주었다.

"이것 봐요," 칠립 씨는 눈을 반짝이며, 부드럽게 웃으면서 말했다. "꼬마 친구들은 잘도 자란다니까요. 아주 몰라볼 만큼 자랐어요, 마님."

그가 미스 머드스톤에게 말했으나, 그녀는 대꾸하지 않았다.

"여긴 점점 좋아지는군요, 마님." 칠립 씨가 또 말했다.

미스 머드스톤은 눈썹을 살짝 찌푸리며 겉치레 인사로 대꾸했다. 이에 당황한 칠립 씨는 나를 데리고 방구석으로 가더니 더 이상 아무 말이 없었다.

이런 세세한 것까지 쓰는 이유는 다만 일어난 일을 남김없이 쓰기 위해서일 뿐이며, 딱히 돌아온 뒤로 나 자신에 대해서 어떻게 생각하고 있었기 때문은 아니다. 그때 종이 울리기 시작했다. 오머 씨와 또 한 사람이 와서 우리를 준비시켰다. 페거티가 오래전에 이야기한 대로, 아버지 장례식에 참석했던 사람들이 그때와 똑같은 방에서 시중을 들었다.

머드스톤 씨, 이웃에 사는 그레이퍼 씨, 칠립 씨 그리고 나. 우리가 문으로 나가니, 상여꾼과 관이 이미 뜰에서 기다리고 있었다. 그들은 우리 앞에 서서, 작은 길을 따라 느릅나무 곁을 지나고 대문을 지나, 여름날 아침이면 새들이 지저귀는 소리를 듣곤 했던 묘지로 들어섰다.

우리는 묘 주위에 둘러섰다. 이날은 여느 날과는 달라 보였다. 햇빛도 더한층 슬픈 색으로 물들어 있었다. 유해와 함께 집에서 가져온 엄숙한 고요가 지금 여기 있다. 모두 모자를 벗고 섰다. 목사의 목소리가 휘넓은 허공에 퍼지면서도, 똑똑하고 또렷이 들렸다. "나는 부활이요 생명이니라, 주님이 말씀하셨도다!" 그때 누군가의 흐느끼는 소리가 들려왔다. 조객들로부터 멀리 떨어진 곳에, 착하고 충실하며 이 지구상에서 내가 가장 사랑하는 하녀가 서 있었다. 내 어린 생각에도 하느님이 언젠가는 "참 잘했다"라고 틀림없이 칭찬할 하녀 페거티가 서서 울고 있었다.

많지 않은 조객들 가운데 내가 아는 얼굴도 많이 있었다. 교회에서 늘 사방을 두리번거리다가 우연히 마주쳐서 알게 된 얼굴도 있었고, 어머니가 한창 젊을 때 이곳으로 와서 처음으로 만났던 얼굴들도 있었다. 나는 그들이 안중에 없었다. 내 속에는 슬픔 말고는 아무것도 없었다. 그러나 나는 그들이 누가 누구인지를 금방 알았다. 그리고 저 멀리서 미니가, 내 곁에 있는 자기 애인을 지키듯 바라보고 서 있었다.

장례식이 끝나고 우리는 집으로 돌아왔다. 눈앞에 우리 집이 서 있었다. 언제나 아름답고 변함없는 집을 보고 내 어린 시절 생각이 나서 터져 나오는 슬픔은 여태까지의 어느 슬픔과도 비할 바가 아니었다.

일행이 나를 데리고 갔다. 칠립 씨는 끊임없이 나에게 말을 걸어왔고, 집에 닿았을 때는 물로 입술을 적셔주었다. 내가 방으로 들어가게 해 달라고 했더니, 그는 상냥하게 나를 놓아주었다.

그런데 이 모든 것이 어제 일처럼 느껴지는 것이다. 그 뒤의 일들은 모두 물이랑을 타고 잊힌 기억이 다시금 되살아나는 망각의 기슭으로 흘러가 버렸는데, 오직 그날의 기억만은 바다 한가운데에 우뚝 솟은 바위처럼 또렷하다.

페거티가 나를 찾아올 것을 짐작하고 있었다. 그날은 안식일처럼 고요했기에 (잊고 있었는데, 정말로 꼭 일요일 같았다!) 우리 두 사람에게는 안성맞춤이었다. 페거티는 나와 함께 나란히 침대에 앉았다. 내 손을 꼭 쥔 채로 때로는 내 손을 자신의 입술로 가져가기도 하고 또 갓난 동생을 쓰다듬듯이 나를 어루만지면서,

지금까지 일어났던 일들을 페거티 특유의 방식으로 이야기해주었다.

"어머니는 오랫동안 건강이 좋지 않았어요. 마음이 불안하여 결코 행복하지 못했지요. 아기가 태어났을 때, 처음에는 어머니의 건강이 나아질 줄 알았어요. 그러나 어머니는 더욱 약해졌고, 하루하루 점점 더 나빠져 갔어요. 아기가 태어나기 전에는 혼자 오도카니 앉아서 울곤 했어요. 아기가 태어나자 어머니는 아기에게 노래를 곧잘 불러 주곤 했는데, 그 노랫소리가 하도 부드러워서, 한번은 하늘 높이 울려 퍼지는 천상의 목소리 같았지요. 그리고 최근에는 한층 더 겁에 질려 무서워하는 것 같았어요. 조금 심한 말만 들어도 충격을 받았으니까요. 그러나 어머니가 나에게 대하시는 것은 언제나 똑같았어요. 어머니는 이 바보 같은 페거티에게는 변함이 없었어요."

페거티는 말을 멈추고 잠시 내 손을 부드럽게 토닥였다.

"옛날과 다름없는 상냥한 어머니를 마지막으로 본 것은 도련님이 집에 오신 그날 밤뿐이었답니다. 도련님이 학교로 돌아가신 날 어머니께서는 '이제 내 아들을 다시는 못 볼 것 같아. 어쩐지 그런 생각이 들어. 그런 생각이 들면 틀림없이 그렇게 되거든'이라고 말씀했어요. 그 뒤에도 스스로를 추스르려고 애쓰셨어요. 머드스톤 남매가 어머니를 보고 지각이 없다느니 가볍다느니 하고 여러 차례 말할 때, 어머니께서는 정말 그런 것처럼 행동했어요. 그러나 다 지난 일이지요. 어머니께서는 저에게 하신 말씀을 머드스톤 씨에게는 절대로 말하는 법이 없었어요. 다른 사람에게는 그런 말을 하시길 두려워했으니까요. 그러다가 어느 날 밤, 돌아가시기 일주일 전쯤 어머니께서 머드스톤 씨에게 '여보, 난 죽을 것 같아요' 하고 말씀했어요. 그날 밤 어머니를 눕혀 드렸을 때는 이런 말씀도 했죠. '페거티, 이제는 죽음이 두렵지 않아. 나는 이제 아무렇지도 않은데, 불쌍한 그이는 이삼일 내로 점점 더 굳게 믿게 될 거야. 하지만 그것도 다 지나갈 거야. 나는 너무 지쳤어. 만일 그것이 잠이라면, 내가 자고 있는 동안 내 곁에 있어 줘. 내 곁을 떠나지 마. 하느님, 우리 두 애들에게 은총을! 하느님 아버지, 특히 아비 없는 제 아들을 보호하시고 지켜주옵소서!'"

"그 뒤로 나는 절대로 곁을 떠나지 않았어요." 페거티는 말을 이었다. "어머니께서는 아래층 머드스톤 남매와도 이야기를 곧잘 했어요. 어머니는 그들을 사랑했으니까요. 어머니께서는 주위 사람들을 사랑하지 않고는 견디지 못했으니까요. 하지만 남매가 어머니의 침대를 떠날 때에는, 마치 제가 없으면 안식도 없다는 듯이 저를 바라보았어요. 그러지 않고는 잠들 수가 없었답니다. 운명하시던 날 저녁, 어머니께서는 내게 키스해 주면서 말씀하셨어요. '페거티, 만약 내 아기도 죽거든 내 팔에 안겨서 같이 묻어 줘. (그 일은 정말로 일어났다. 불쌍한 어린 양은 어머니보다 딱 하루 더 살았을 뿐이었다.) 내가 가장 사랑하는 아기를 나와 같이 영원한 안식처로 가게 해 줘. 그리고 데이비에게 전해 줘, 어머니는 여기 누워서 한 번이 아니라 수천 번씩 데이비드의 행복을 빌었다고.'"

다시 침묵이 이어졌다. 페거티는 또다시 내 손을 토닥여주었다.

"밤이 깊었을 때였어요." 페거티가 말했다. "어머니께서 마실 것을 달라고 하셨어요. 그것을 드시고는 나에게 괴로운 미소를 보냈어요. 그때 그 모습은 정말 아름다웠답니다! 동이 트고, 해가 떠올랐지요. 어머니께서 나에게 말씀해 주셨습니다. '데이비의 아버지는 정말 친절하셨고 자상했어. 잘못이 있더라도 잘 참아주고, 내가 자신감을 잃고 방황할 때는 이렇게 말해줬지. 사랑하는 마음이 지혜보다 더 강하고 더 좋은 것이라고, 나와 같이 사는 것이 행복하다고.' 그리고 어머니는 '페거티, 좀 더 가까이 와' 하고 말씀하셨어요. 완전히 쇠약해져 있었지만 '자네의 튼튼한 팔로 내 목을 받치고 나를 자네 쪽으로 향하게 해줘. 자네 얼굴이 저 멀리로 사라져가는 것 같아. 자네 곁으로 가까이 가고 싶어'라고 말씀하셨어요. 저는 어머니의 말씀대로 해드렸어요. 그랬더니, 아, 데이비 도련님! 제가 처음 도련님과 헤어질 때 드렸던 말씀이 실현되는 때가 닥치고 말았어요. 어머니께서는 머리를, 우둔하고 심술궂은 늙은 페거티의 팔에 안도하며 올려놓았어요, 그러고는 아기가 잠들 때처럼 평온하게 돌아가셨지요!"

이렇게 페거티의 이야기는 끝났다. 어머니의 죽음을 들은 순간부터, 최근의 어머니 모습은 내 머릿속에서 사라져버렸다. 그때 이후로, 내가 철들기 시작했을 때의 젊은 어머니의 모습만이 기억나는 것이다. 윤기 흐르는 곱슬곱슬한 머리채를 손가락으로 빙글빙글 돌려 감기도 하고, 노을 질 때면 나와 함께 거실에서 춤추던 젊은 날의 어머니. 페거티가 나에게 들려준 이야기로는 돌아가실 무렵의 어머니 모습이 생각나기는커녕, 오히려 젊었을 때의 모습을 내 마음속 깊이 뿌리

9장 잊을 수 없는 생일 161

박게 했을 뿐이다. 믿을 수 없겠지만 사실이다. 어머니는 돌아가심으로써 조용하고 평화스러웠던 젊은 그 시절로 훨훨 날아가셨고, 그 밖의 영상은 모두 지워버렸다.

무덤 속에 잠들어 계시는 어머니는 내 어린 시절의 어머니이다. 어머니가 안고 계시는 아기도 옛날의 나, 어머니 품에 소리 없이 영원히 안겨 있는 나 자신인 것이다.

10장
역경

어머니 장례식이 끝나고 집 안의 등불을 자유스럽게 켤 수 있게 되자, 미스 머드스톤이 가장 먼저 한 일은 페거티에게 해고를 알리고 한 달 간의 여유를 준 것이었다. 페거티로 말하자면, 이 집에서 일하기는 죽기보다 싫었지만 오로지 나를 위해 이 세상에서 가장 좋은 것도 마다하고 그곳에 남아 있었던 것이다. 페거티는 우리는 헤어져야 한다고 말하고 그 이유를 설명해 주었다. 우리는 진심으로 서로를 위로했다.

나 자신에 관해서나 내 앞날에 관해서는 한마디 말도 없었으며, 아무런 대책도 세워지지 않았다. 나에게도 한 달의 기간을 주어서 쫓아낼 수 있었더라면 그들은 행복했을 것이다. 나는 용기를 내어 언제 학교로 돌아가게 되느냐고 미스 머드스톤에게 물었더니, 그녀는 차가운 목소리로 학교에 보내지 않는다고 했을 뿐 더 이상 아무 말도 하지 않았다. 그렇다면 나를 어떻게 할 것인지 몹시 궁금했다. 물론 페거티도. 그러나 페거티와 나는 그 일에 대해서는 전혀 알 길이 없었다.

내 신변에 한 가지 변화가 생기면서 현재의 불안에서는 크게 구제되었다. 그러나 만약 좀 더 깊이 생각할 능력만 있었더라면, 그것은 앞날에 관한 더욱 커다란 걱정 요인이 되었을 것이다. 신변의 변화란 나에게 가해졌던 속박이 모두 없어진 것이다. 거실에 따분하게 앉아 있도록 강요되기는커녕, 오히려 내가 거실에 있을 것 같으면 미스 머드스톤이 얼굴을 찌푸려서 나가도록 한 적이 여러 번 있었다. 페거티와 같이 있다고 혼나기는커녕, 내가 머드스톤 씨 옆에 있지 않을 때는 나를 찾거나 부르는 일조차 없었다. 처음에는 날마다, 머드스톤 씨가 내 교육을 주관하지나 않을까, 미스 머드스톤이 관여하지나 않을까 두려웠으나, 그것은 기우였고 내가 걱정할 것이라곤 오직 무관심한 취급뿐이라는 생각이 들게 되었다.

 그러한 사실을 알았어도 크게 고민하지는 않았다. 어머니의 죽음으로 받은 충격으로 나는 아직도 머리가 어지러웠다. 그래서 다른 보잘것없는 일에는 어떤 무감각한 상태에 빠져 있었다. 어떤 때에는, 더 이상 배우지도 못하고 방치되어 자라서, 끝내는 초라한 부랑자로 전락하여 빈둥빈둥 마을을 돌아다니며 허송세월하지나 않을까 걱정도 했다. 그런 암울한 미래를 떨쳐버리려면 소설에 나오는 용감한 영웅처럼 이대로 집을 뛰쳐나가 운명을 개척해 보는 것도 한 방법이 아닐까 하고 생각하기도 했다. 그러나 그런 생각은 가끔씩 보는 순간적인 환상이고, 가끔씩 보는 백일몽에 지나지 않았다. 마치 내 방 벽에 흐릿하게 그려져 있던 그림이 사라져서 이윽고 새하얀 벽만 남는 것과 닮았다.
 "페거티," 어느 날 저녁 나는 부엌 난로에 손을 녹이며 의미심장하게 속삭였다. "머드스톤 씨가 전보다 나를 덜 좋아해. 그가 나를 그렇게 좋아한 적은 없었지만, 이젠 될 수 있으면 나를 피하고 보려 하지도 않아."
 "아마 슬퍼서 그러겠지요." 페거티가 내 머리를 쓰다듬으며 말했다.
 "나도 슬퍼, 페거티. 만약 그가 슬퍼서 그렇다면 나도 걱정하지 않아. 그런데 그게 아니야. 정말 슬퍼서 그러는 것은 아니야."
 "슬퍼서 그러는 것이 아니라는 걸 어떻게 알아요?" 잠시 침묵한 뒤 페거티가 말했다.
 "그의 슬픔은 다른 거야, 전혀 달라. 미스 머드스톤과 같이 난롯가에 앉아 있는 지금은 슬퍼하고 있을지도 모르지만, 내가 그 방에 들어가기만 하면 다른 뭔가가 더해진단 말이야, 페거티."
 "뭐가 더해지는데요?" 페거티가 물었다.
 "화가 더해져." 나는 나도 모르게 머드스톤 씨의 잔뜩 찌푸린 얼굴을 흉내내면서 말했다. "그가 단지 슬프기만 하다면 그런 식으로 나를 노려보지는 않을 거야. 나는 슬퍼서 더욱 친절해지는걸."
 페거티는 잠시 말이 없었다. 나도 페거티처럼 조용히 앉아서 손을 녹이고 있었다.
 "데이비 도련님." 드디어 페거티가 입을 열었다.
 "왜? 페거티."

"이곳 블룬더스톤에서 적당한 일자리를 얻으려고 있는 수, 없는 수 다 써가며 애써 보았어요. 그러나 적당한 일자리가 없어요."

"그래서, 어떻게 하겠다는 거야, 페거티?" 나는 안타까워하며 물었다. "행운을 찾아 딴 곳으로 갈 거야?"

"아무래도 야머스로 가서, 거기서 살아야 할 것 같아요." 페거티는 말했다.

"뭐야, 더 먼 데로 가버리는 줄 알았잖아. 그래서 떠나면 두 번 다시 못 보는 줄 알았어." 나는 약간 힘을 내어 말했다. "야머스라면 가끔씩 가서 볼 수 있잖아. 설마 세상 저쪽으로 영영 가버리진 않겠지?"

"절대로 그렇지 않아요!" 페거티도 크게 기운을 차리고 말했다. "도련님이 여기에 계시는 한 주일마다 내가 죽을 때까지, 도련님을 만나러 오겠어요."

이러한 약속을 듣고 나니까, 무거운 짐을 벗은 듯이 마음이 홀가분해졌다. 그러나 그게 다가 아니었다. 페거티는 또 이렇게 말했다.

"데이비 도련님, 우선 두 주일 동안 오라버니 집에 다녀올 생각이에요. 제 주변을 돌아보고, 마음의 안정을 되찾을 때까지 말이에요. 그래서 생각해 보았는데, 머드스톤 남매가 도련님이 지금 여기에 있는 것을 별로 좋아하지 않으니, 저와 같이 가는 것이 좋겠어요."

주위 사람들과의 관계가 아주 달라진다면 모르지만(페거티는 제외하고), 그렇지 않다면 그 시절 나에게 즐거움을 줄 수 있는 것은 오직 이러한 계획뿐이었다. 나를 열렬히 환영하는 소박한 사람들에게 둘러싸이는 것이다. 종이 울리고, 바다에 돌을 던지고 있으면, 아련히 보이는 배들이 안개 속을 헤치고 나타난다. 꼬마 에밀리와 산책하며 내 괴로움을 이야기하고 바닷가에서 부적삼아 조개껍데기와 돌맹이를 주울 생각을 하니 마음이 차분해졌다. 미스 머드스톤이 과연 허락해줄 것인가에 대한 걱정 탓에 계획이 잠시 주춤했지만, 곧 결정이 나버렸다. 우리가 이야기하고 있을 때 미스 머드스톤이 야간 순찰차 식료품 창고에 나타났다. 페거티는 그 기회를 놓치지 않고, 내가 들어도 놀랄 정도로 솔직하게 그 문제를 꺼냈다.

"그곳에 보내면 이 애는 게으름을 피울 거야." 미스 머드스톤은 피클 병을 들여다보며 말했다. "게으름은 모든 악의 근원이야. 하기야, 그 아이는 여기에 있어도—어딜 가든 게으름을 피우겠지."

페거티는 불같이 화를 내면서 대꾸할 기세였으나, 나를 위해 억지로 노여움을 삼킨 채 침묵을 지키고 있었다.
"음!" 미스 머드스톤이 여전히 피클에서 눈을 떼지 않고 말했다. "그래도 동생을 괴롭히지 않고 편히 있게 해 주는 것이 무엇보다 중요하단 말이야. 그러라고 하는 편이 좋겠군."
나는 고맙다고 말했으나, 기쁜 빛은 드러내지 않았다. 혹시나 그녀가 말을 뒤집을까 두려웠던 것이다. 그녀가 피클 병 너머에서 마치 안에 든 내용물을 모조리 빨아들인 듯한, 몹시 못마땅해하는 새카만 눈으로 나를 노려보았을 때 나는 그런 신중한 태도를 취하길 잘했다고 생각했다. 아무튼 나에게 내려진 허락은 취소되지 않았다. 한 달 뒤에 페거티와 나는 출발 준비를 마쳤다.
바키스 씨가 페거티의 짐을 운반하기 위해 집 안까지 들어왔다. 전에는 그가 정원 대문 안으로 들어오는 것을 본 적이 없었으나, 이번에는 집 안으로 들어왔다. 바키스 씨는 가장 큰 짐을 어깨에 메고 밖으로 나가면서 나를 한 번 바라보았다. 나는 바키스 씨의 얼굴에 어떤 의미를 부여할 수 있다면, 이러한 눈길 속에 속뜻이 담겨 있을 것이라고 생각했다.
페거티는 오랜 세월을 살아왔고, 그녀 생애의 두 애착물—어머니와 나—까지 생긴 정든 집을 떠날 순간이 되자 시무룩해졌다. 페거티는 아침 일찍 묘지에 다녀왔고, 마차에 오르자 손수건을 눈에 대고 그대로 주저앉고 말았다.
페거티가 이러한 상태에 있는 동안, 바키스 씨는 죽은 듯이 가만히 있었다. 그는 큰 인형처럼, 평소와 다름없는 자세로 제자리에 앉아 있었다. 그러나 페거티가 주위를 살펴보고, 나에게 말을 시작하자, 그도 같이 고개를 끄덕이며 히죽히죽 웃었다. 바키스 씨가 누구를 보고 웃는지, 뭐가 그리 좋은지 나는 전혀 몰랐다.
"바키스 아저씨, 날씨가 참 좋아요!" 나는 인사로 말했다.
"나쁘지 않군요." 매우 소극적인 표현을 쓰며 나중에 화가 될 말은 결코 하지 않는 바키스 씨가 대답했다.
"바키스 아저씨, 페거티도 이제 기분이 좋아졌어요." 나는 그를 만족시키려고 말했다.
"정말, 그럴까요?"

바키스 씨는 분별 있는 표정으로 이 문제에 대해 잠시 생각한 뒤, 그녀를 슬쩍 바라보며 물었다.

"정말로 좋아졌습니까?"

페거티는 웃으면서 그렇다고 대답했다.

"정말 기분 좋아요?" 바키스 씨는 미끄러지듯 페거티 곁으로 다가가서, 팔꿈치로 그녀를 찌르면서 으르렁거리듯 말했다.

"정말, 정말 기분 좋아요, 네?" 이렇게 물을 때마다 그녀 쪽으로 더 가까이 가서 팔꿈치로 찔러대는 것이었다. 우리는 마침내 마차의 왼쪽 구석에 몰리게 되었다. 나는 짓눌려서 참을 수가 없었다.

내가 괴로워하는 것을 본 페거티가 바키스 씨에게 주의를 주었기에, 그는 허둥거리며 나에게 자리를 마련해주고, 차츰차츰 멀어져 갔다. 그러나 그의 얼굴에는 좋은 수를 찾았다는 표정이 가득했다. 골치 아픈 대화를 생각할 필요도 없이 느닷없이 솜씨 좋게, 그리고 가장 정확하게 속뜻을 전할 수 있는 것이다. 한동안 우쭐대며 히죽거리고 있다가, 이윽고 다시 페거티 쪽을 보고 "정말로 기분 좋아요?" 하고 묻기 시작했다. 덕분에 나는 짓눌려서 또다시 숨이 막힐 지경이었다. 조금 뒤에 또 똑같은 질문을 하며 같은 짓을 되풀이했다. 결과도 역시 같았다. 결국 나는 일어나서 발판을 딛고 서서 바깥 경치를 구경하는 체했다. 그렇게 하는 편이 견디기가 훨씬 쉬웠다.

바키스 씨는 친절하게도 술집에 마차를 세우고는, 우리에게 삶은 양고기와 맥주를 사 주었다. 페거티가 맥주를 마실 때에도 그가 가까이 가서 쿡쿡 찌르는 바람에, 그녀는 숨이 막힐 정도로 웃곤 했다. 그러나 목적지에 가까워질수록 바키스 씨는 할 일이 많아졌으므로 페거티를 즐겁게 해줄 시간도 줄어들었다. 그리고 우리가 야머스의 포장도로에 닿았을 때는 너무나 흔들려온 탓에 다른 것을 생각할 여유가 없었다.

댄 페거티 씨와 햄이 낯익은 곳에서 우리를 기다리고 있었다. 그들은 나와 페거티를 다정하게 맞아주었으며, 바키스 씨와도 악수를 했다. 바키스 씨는 모자를 뒤로 젖혀 쓰고 머리부터 발끝까지 몹시 부끄러운 빛을 띠고 멍하니 서 있었다. 두 사람이 페거티의 가방을 하나씩 들고 다 같이 떠나려고 할 때, 바키스 씨가 진지하게 손가락질을 하면서 나를 길 아래로 오라고 했다.

"모든 것이 잘됐어요." 바키스 씨가 말했다.

나는 그의 얼굴을 올려다보고 아주 심각한 체하면서 "오!"라고 말했다.

"거기서 끝난 게 아니었어요." 바키스 씨가 마음을 놓으며 말했다. "일이 잘됐어요."

나는 다시 "오!"라고 했다.

"누가 기다렸는지 알지요, 도련님? 바키스예요. 오직 바키스 뿐이에요."

나도 동의했다.

"잘 됐어요." 악수를 하면서 바키스 씨가 말했다. "나는 도련님 편이에요. 맨 처음에 제대로 이어준 게 도련님이었으니까요. 참 잘 됐어요."

특히 뚜렷이 말하고 싶은 듯했지만, 그러자 그는 또다시 말문이 막히고 마는 것이었다. 그때 페거티가 출발하자고 나를 부르지 않았더라면, 나는 그의 얼굴을 들여다보면서 한 시간이나 서 있었을 테지만, 그래도 멈춰 선 시계 문자판에서 시각을 읽어내는 것과 마찬가지로 아무것도 알아낼 수 없었을 것이다. 페거티는 나와 같이 걸어가면서, 바키스 씨가 무슨 이야기를 하더냐고 물었다. 나는 '일이 잘됐다'고 하더라고 대답했다.

"뻔뻔스럽기도 하지." 페거티는 말했다. "누가 그런 것에 신경쓸 줄 알고! 데이비 도련님, 만약 내가 결혼한다면, 도련님 생각은 어떠세요?"

"그야—결혼을 하더라도 지금처럼 나를 사랑해주겠지, 그렇지, 페거티?"

마음씨 좋은 페거티는 앞서 가던 댄 페거티 씨와 햄은 물론 길 가던 행인들까지도 깜짝 놀랄 정도로, 그 자리에 걸음을 멈추고서 나를 와락 껴안고는 변하지 않을 영원한 사랑을 맹세했다.

"내 귀여운 도련님, 도련님의 생각을 말해주세요." 페거티는 한바탕 수선을 떤 뒤에, 내게 물으면서 발길을 옮겼다.

"페거티가 결혼한다면, 바키스 씨와 결혼한다는 말이지, 페거티?"

"그래요." 페거티가 말했다.

"참 좋다고 생각해. 그러면 나를 만나러 올 때마다 언제나 마차를 탈 수 있잖아? 공짜인 데다가 오고 싶으면 언제든 올 수 있어."

"어쩜 이리 똑똑할까!" 페거티는 외쳤다. "나도 한 달 전부터 그런 생각을 했어요! 내 귀여운 도련님, 내가 결혼하면 더 자유로워질 거예요. 남의 집에 있는 것보다 내 집에서 일하면 더 즐거울 거구요. 지금 나이에 남의 집에서 일한다는 것도 사실 무리예요. 게다가 만약 그렇게 되면 영원히 잠들어 있는 어여쁜 그분 곁에서 늘 살아갈 테니까요." 페거티는 꿈꾸듯 말했다. "가고 싶으면 언제든 찾아갈 수 있고, 죽으면 사랑하는 그분 가까이에 묻힐 수도 있어요."

우리는 말없이 잠시 앉아 있었다.

"그러나 만약 데이비 도련님이 반대한다면 나는 다시는 결혼할 생각을 않겠어요." 페거티는 명랑하게 말했다. "교회에서 서른 번의 세 배나 졸라대고, 내 주머니에서 반지가 닳아 없어지는 한이 있어도 결혼하지 않을래요."

"페거티, 나를 봐." 나는 대답했다. "그러면 내가 정말 좋아하는지 아닌지 알 수 있잖아." 나는 진심으로 결혼을 바랐기에 그렇게 말했다.

"아, 도련님." 페거티는 나를 꼭 껴안으며 말했다. "나는 밤낮 그 문제로 고민했어요. 그리고 할 수 있는 한 여러 방향으로 생각도 해봤고요, 나는 올바른 길을 원해요. 그렇지만 앞으로 더 생각해 보고 오빠와 상의하려고 해요. 그때까지 당분간은 비밀로 해주세요. 데이비 도련님과 저만 아는 비밀로요. 바키스는 솔직하고 좋은 사람이에요. 만일 내가 그와 같이 살면서, 내 책임을 다하고도 기분 좋아지지 않는다면, 전적으로 내 잘못일 거예요." 페거티는 이렇게 말하면서 참으로 우스운 듯이 웃음보를 터뜨렸다.

기분 좋다는 바키스의 말을 페거티가 인용한 것은 아주 적절한 표현이었으며, 생각을 하면 할수록 웃음이 터져 나왔기에 페거티와 나는 계속 웃었다. 마침내 페거티 씨의 작은 집이 보였을 때는, 한참 웃고 난 뒤라 우리는 기분이 아주 좋았다.

집은 전과 다름없었으나, 내 눈에는 어쩐지 약간 줄어든 듯 보였다. 문 앞에서 거미지 부인이 우리를 기다리고 있었는데, 전부터 그곳에 서 있었던 것 같은 모습이었다. 집 내부도, 내 침실의 푸른색 컵에 들어 있던 해초까지도 그대로였다. 나는 헛간으로 들어가 주위를 살펴보았다. 세상을 손아귀에 넣으려는 욕망에 사로잡힌 새우, 게, 가재들이 여전히 전과 다름없는 구석에서, 전과 똑같이 한 덩어리가 되어 있었다.

꼬마 에밀리가 보이지 않아 나는 댄 페거티 씨에게 그녀의 행방을 물었다.

"에밀리는 학교에 갔어요, 도련님." 댄 페거티 씨는 동생의 집을 옮기느라고 이마에 흐르는 땀을 훔치면서 대답했다. "곧 돌아올 거예요." 그는 네덜란드제 시계를 바라보면서 말했다. "2, 30분 안으로 돌아올 겁니다. 그 애가 학교에 가고 나면 우리 식구는 모두 적적해하지요."

거미지 부인이 한숨을 내쉬었다.

"기운을 내세요, 어머니!" 댄 페거티 씨가 소리쳤다.

"특히 나는 다른 사람들보다 갑절은 더 적적하다오. 보다시피 나는 의지할 데 없는 외로운 몸이고, 내 말을 거역하지 않는 것은 그 애뿐이거든요." 거미지 부인이 말했다.

거미지 부인은 훌쩍훌쩍 울며, 불을 불기 시작했다. 그 모습을 보고 댄 페거티 씨는 한 손으로 입을 가리고 나지막하게 말했다. "또 옛날 영감이 생각나서 그래요!" 나는 그 말을 듣고, 지난번 다녀간 이후로 거미지 부인의 상태가 조금도 나아지지 않았다는 것을 짐작할 수 있었다.

집 전체는 예나 다름없는 즐거운 집이었지만, 나는 전과 같은 인상을 느끼지 못하고 오히려 크게 실망했다. 아마 꼬마 에밀리가 없었기 때문일 것이다. 나는 에밀리가 집으로 돌아오는 길을 알고 있었으므로 그녀를 마중하기 위해 길을 따라 어슬렁어슬렁 걸었다.

오래 가지 않아 멀리서 사람 모습이 나타났다. 나는 에밀리임을 금방 알았다. 그녀는 크기는 했어도 몸은 아직 어린애였다. 그러나 그녀가 더 가까이 옴에 따라서, 그녀의 푸른빛이 한층 깊어진 눈, 더욱 밝아진 보조개 진 얼굴, 그리고 전보다 아름답고 화사해진 몸매가 보이자, 나는 이상한 기분이 들어서 그녀를 못 본 척하고 지나쳐버렸다. 내 기억이 틀림없다면, 나중에 다 자란 뒤에도 똑같은 짓을 했었다.

꼬마 에밀리는 이런 나의 태도에 조금도 상관하지 않았다. 그녀는 나를 똑똑히 보았음에도 돌아보고 부르기는커녕 까르륵 웃으면서 달아나버렸다. 그래서 나도 그녀를 쫓아서 뛰어가야만 했다. 그녀가 너무 빨리 달렸으므로 집 근처까지 다 가서야 잡을 수 있었다.

"아, 데이비 도련님이었군요." 꼬마 에밀리가 말했다.

"뭐야, 에밀리, 누군지 알고 있었으면서." 나는 말했다.

"그러면 도련님은 내가 누군지 몰랐어요?" 에밀리가 말했다. 내가 그녀에게 키스하려고 하자, 그녀는 두 손으로 앵두 같은 입술을 가리고서, 자기는 이제 어린애가 아니라고 말했다. 그러고는 아까보다도 더 큰 소리로 웃으면서 집으로 달려갔다.

그녀가 나를 놀리며 즐거워할 정도로 이렇게 변했다니 놀랄 지경이었다. 차가 준비되었고, 우리의 조그마한 궤짝도 전처럼 옛 자리에 놓여 있었건만, 에밀리는 내 곁에 와서 있지 않고, 투덜거리는 거미지 부인 곁으로 가서 친구가 되어주는 것이었다. 보다못해 댄 페거티 씨가 그 이유를 물었으나, 그녀는 머리채로 얼굴을 가리고는 말없이 웃기만 했다.

"꼭 새끼 고양이 같군!" 댄 페거티 씨는 커다란 손으로 그녀를 가볍게 토닥거리면서 말했다.

"그래요! 정말 그래요!" 햄이 외쳤다. "데이비 도련님, 정말 그래요!"

앉아서 감탄과 즐거움이 뒤섞인 마음으로 그녀를 바라보며 잠깐 킬킬거리며 웃는 바람에 햄의 얼굴은 타는 듯이 빨개졌다.

사실 에밀리는 온 식구들의 귀염둥이였다. 가장 귀여워하는 사람은 댄 페거티 씨로, 그 거슬거슬한 구레나룻에 그녀가 뺨을 비비기만 해도 원하는 것은 무엇이든 들어주었다. 그녀의 그런 행동을 보았을 때, 적어도 나는 그렇게 생각했다. 그러나 동시에 댄 페거티 씨는 그래도 된다는 생각도 들었다. 그녀는 다정하고 상냥했으며, 수줍어하면서도 교태를 감추지 못하는 말할 수 없는 매력이 있었기에 어느 때보다도 더 내 마음을 사로잡았다.

게다가 그녀는 마음씨가 매우 고왔다. 차를 마시고 다 같이 난롯가에 둘러앉아 있을 때, 댄 페거티 씨가 파이프 담배를 피우면서 내 어머니와 동생의 죽음에 대해 이야기했다. 그러자 그녀가 눈물을 글썽거리며 탁자 너머로 다정하게 나를 바라보았으므로, 나는 진심으로 기뻤다.

"그렇지!" 댄 페거티 씨는 그녀의 곱슬머리를 잡고 손 위로 물처럼 넘쳐흐르게 쓸면서 말했다. "여기에도 고아가 하나 있습니다, 도련님. 여기에도," 이번에는 햄의 가슴을 손등으로 치면서 말했다. "또 한 고아가 있습니다. 이쪽은 그다지 고아처럼 보이지 않지만요."

"페거티 아저씨가 내 보호자가 되어준다면, 나도 고아라고 느끼지 않을 거예요." 나는 고개를 저으면서 말했다.

"아, 잘 말씀하셨어요, 데이비 도련님!" 햄은 기뻐서 어쩔 줄 모르며 말했다. "만세! 정말 잘 말씀하셨어요! 이보다 더 잘할 수는 없어요! 하하!" 말하면서 이번에는 햄이 댄 페거티 씨를 손등으로 툭 치자, 꼬마 에밀리도 일어나서 댄 페거티 씨에게 키스를 했다.

"그런데, 도련님, 그 친구분은 잘 있나요?" 댄 페거티 씨가 나에게 물었다.

"스티어포스 말이에요?"

"그래요, 바로 그분 말입니다!" 댄 페거티 씨는 햄을 보면서 외쳤다. "우리 생업이랑 관계있는 이름이라고 생각했었지."

"러더포드라고 했었잖아요." 햄이 웃으면서 말했다.

"무슨!" 댄 페거티 씨도 물러서지 않았다. "러더[1]로 스티어[2]하잖아, 안 그래? 큰 차이는 없어. 그런데 그 친구는 어때요?"

"내가 떠날 때에는 잘 있었어요, 아저씨."

"훌륭한 친구예요!" 댄 페거티 씨는 파이프를 빼면서 말했다. "친구라면 자고로 그쯤은 되어야 해요! 아무튼 그분을 만난 것만으로도 아주 큰 행운이었어요!"

"게다가 아주 잘생겼잖아요?" 나는 말했다. 칭찬하는 소리를 들으니 흐뭇했다.

"잘생겼어요!" 댄 페거티 씨는 소리쳤다. "그 학생은 도련님과 아주 좋은 맞수예요. 마치—음, 어떤 점에서 맞서지 않는지는 잘 모르겠지만, 아무튼 그는 아주 대담해요!"

"그래요! 그 녀석 성격이 그래요. 사자같이 용감하고, 얼마나 솔직한지 상상도 못할 거예요, 아저씨."

"알 만해요." 댄 페거티 씨는 파이프 연기 너머로 나를 보면서 말했다. "공부도 앞섰으면 앞섰지 뒤지지는 않을 거예요."

"네." 나는 기뻐서 말했다. "그 녀석은 모르는 게 없어요. 놀랄 만큼 머리가 좋죠."

"그러니까 좋은 친구지요." 댄 페거티 씨는 머리를 점잖게 뒤로 젖히며 중얼거렸다.

---

1) 배의 키.
2) 조종한다는 뜻.

"무슨 일에나 막힘이 없어요. 공부도 한 번 보면 다 알아요. 크리켓도 그렇게 잘하는 사람은 본 적이 없고, 체스를 할 때는 상대에게 원하는 만큼 말을 갖게 하고는 재빨리 이겨버리는걸요."

'그렇겠지요' 하고 말하는 듯이 댄 페거티 씨는 고개를 끄덕였다.

"그는 말도 잘해요." 나는 신이 나서 말을 이었다. "말로 그를 당할 자가 없어요. 아저씨, 또 노래도 얼마나 기가 막히게 잘한다고요."

댄 페거티 씨는 또다시 '그렇고 말고요'라는 듯이 고개를 끄덕였다.

"게다가 그는 너그럽고, 멋지고 품위 있는 친구예요." 나는 내가 좋아하는 화제에 완전히 말려들어 말했다. "아무리 칭찬해도 모자라요. 자기보다 한참 어리고 저학년인 나를 보호해준 그의 너그러운 마음은 아무리 감사해도 모자라요."

나는 무척 빠른 속도로 입을 놀리고 있었다. 그러면서 에밀리를 보았는데, 그녀는 탁자 위로 몸을 구부린 채 내 이야기에 귀를 기울이고 있었다. 숨을 죽이고, 푸른 눈을 보석처럼 빛내면서, 뺨을 발갛게 물들이고 있었다. 그녀가 너무 열심히 듣고 있고, 또 그 모습이 매우 아름답게 보였으므로, 나는 깜짝 놀라서 말을 멈췄다. 그와 동시에 모두가 에밀리의 모습을 바라보고는 웃는 것이었다.

"에밀리도 나처럼 그분을 만나고 싶은 거예요." 댄 페거티 씨가 말했다.

모두가 그녀를 주목하고 있었기에, 에밀리는 당황하여 고개를 숙이고 얼굴을 새빨갛게 붉혔다. 이윽고 그녀는 축 늘어진 구불구불한 머리채 사이로 한 번 둘러보고 우리가 아직도 자기를 바라보는 것을 알자(우리는 몇 시간씩 바라보아도 질리지 않았을 것이다) 어디론가 달아나서 잘 시간이 거의 다 되도록 돌아오지 않았다.

나는 배의 뒷부분에 있는, 전에 썼던 조그마한 침대에 누웠다. 바람은 여전히 들판을 가로지르며 윙윙거리고 있었다. 이제는 그 바람 소리가 죽은 사람을 그리며 슬퍼하는 소리로만 들렸다. 밤사이에 파도가 몰아쳐서 이 배를 떠내려가게 하면 어쩌나 하는 걱정 대신, 지난번에 이 바람 소리를 들은 뒤로, 행복했던 나의 가정이 불어난 파도에 휩쓸려 망가져버렸다는 생각을 하게 되었다. 바람 소리와 파도 소리가 점점 멀어져갈 때에는, 어서 빨리 어른이 되어 꼬마 에밀리와 결혼할 수 있게 해 달라는 짤막한 말을 덧붙여 기도하고, 이내 달콤한 잠에 빠졌던 일을 지금도 기억한다.

지난번과 마찬가지로 하루하루가 지나갔다. 그러나 지난번과는 크게 다른 것이 있었다. 꼬마 에밀리가 나와 같이 바닷가를 산책한 일이 거의 없었던 것이다. 그녀는 학교 공부도 바느질도 해야 했으므로 대개는 집에 있지 않았다. 그러나 집에 있더라도 옛날처럼 산책을 하진 못했을 것이다. 여전히 말괄량이이고, 어린 아이 같은 장난을 치긴 했지만, 생각했던 것보다 훨씬 숙녀가 되어 있었다. 1년 남짓한 사이에, 그녀는 나와 저만치 멀어져 버렸다. 그녀는 여전히 나를 좋아했지만, 곧잘 나를 놀리고 애타게 했다. 내가 마중을 나가면, 그녀는 다른 길로 먼저 집에 돌아와 문간에 서 있다가, 실망하여 힘없이 돌아오는 나를 보며 깔깔거리며 웃어댔다. 가장 즐거운 시간은, 그녀가 문간에 앉아 바느질을 하고, 나는 그녀 발치의 나무 계단에 앉아서 책을 읽어주는 때였다. 이 시간에는 화창한 4월 햇살이 더없이 아름답게 보였고, 문간에 앉아 있던 꼬마 에밀리의 모습은 더없이 명랑하고 귀엽게 보였다. 그 하늘, 바다, 황금빛 놀 속으로 사라져간 아름다운 배들도 그때 이후로 본 적이 없다.

우리가 도착한 날 저녁, 바키스 씨가 오렌지 한 꾸러미를 들고 어색한 모습으로 나타났다. 그는 오렌지에 대해서는 한마디도 안 했으므로, 그때 이후로 그가 잊어버리고 간 줄 알았다. 햄이 그것을 되돌려주기 위해 뒤쫓아갔다가 돌아와 말하길, 그것은 페거티에게 주는 선물이라고 했다. 그 일이 있고 난 뒤로 바키스 씨는 매일 저녁 같은 시간에 조그마한 꾸러미를 들고 나타나서는, 그 꾸러미에 대해서는 한마디도 없이 그냥 문 뒤에다 놓고 가버렸다. 이 애정의 선물들은 더할 나위 없이 다채롭고 별났다. 족발 두 개, 엄청나게 큰 바늘꽂이 하나, 사과 여남은 킬로그램, 흑옥 귀걸이 한 쌍, 스페인 양파 약간, 도미노 한 박스, 새장에 담긴 카나리아 한 마리, 그리고 소금에 절인 돼지다리 등이었던 것을 지금도 기억한다.

지금 생각해도, 바키스 씨의 구혼은 아주 독특했다. 그는 말없이 마차에 앉아 있는 것과 똑같이 난로 곁에 앉아, 맞은편에 앉아 있는 페거티를 가만히 바라보기만 했다. 어느 저녁에는, 갑자기 사랑이 불타올랐는지, 그녀가 재봉실에 초를 먹이는데 쓰던 양초 조각을 느닷없이 움켜쥐고는 그대로 조끼 주머니에 넣고 가져가 버렸다. 그 뒤로 그의 가장 큰 즐거움은, 그것이 필요하다고 말할 때마다 주머니에서 반쯤 녹아서 철썩 달라붙어 있는 것을 재빨리 꺼내어 주고, 다

쓰고 나면 다시 받아서 주머니에 넣는 것이었다. 본인은 그것만으로 매우 만족스러우므로, 대화를 할 필요는 딱히 느끼지 못하는 것 같았다. 페거티와 더불어 들판을 산책할 때도 그 점을 조금도 신경 쓰지 않았다. 이따금씩 페거티에게 기분이 좋으냐고 묻는 것으로 만족스러워했다. 그가 돌아가면 페거티가 앞치마를 뒤집어쓰고 30분 동안이나 깔깔거리며 웃던 일이 기억난다. 불쌍한 거미지 부인을 제외하고는, 우리 모두가 그 일을 재미있게 생각했었다. 옛날 자신이 받았던 청혼이 꼭 저랬는지는 모르지만, 거미지 부인은 그때마다 죽은 남편이 떠오르는 모양이었다.

나의 방문 기간이 거의 끝나가던 어느 날, 페거티와 바키스 씨가 같이 휴가를 하루 즐기기로 되었는데, 꼬마 에밀리와 내가 그들과 함께하기로 했다. 나는 온종일 에밀리와 같이 지낼 생각을 하니 즐거워서, 전날 밤에는 잠을 설칠 지경이었다. 우리는 아침 일찍 일어났다. 아침 식사를 끝내기도 전에 바키스 씨가 나타났다. 그는 사랑하는 페거티에게로 마차를 몰고 서둘러 온 것이었다.

페거티는 평소와 마찬가지로 단정하고 수수한 상복 차림이었다. 그러나 바키스 씨는 새 양복을 화려하게 차려입었다. 그런데 재단사가 양복을 만들 때 치수를 너무 크게 잡아서, 한겨울에도 장갑이 필요 없을 정도로 소매가 길었고, 옷깃은 머리털이 정수리까지 치솟을 정도로 높았다. 번쩍이는 단추도 유난히 컸다.

황갈색 바지와 담황색의 연한 가죽 조끼를 완벽하게 차려입은 바키스 씨는 더할 나위 없이 기묘한 신사로 보였다.

우리가 문 밖에서 부산을 떨고 있을 때, 페거티 씨가 헌 구두 한 짝을 들고 나왔다. 그것은 행운을 빌기 위해 우리 뒤쪽으로 던져야 할 것이다. 그는 그 역할을 거미지 부인에게 부탁했다.

"아니야. 다른 사람이 던지는 것이 좋겠어요." 거미지 부인이 반대했다. "나는 외롭고 기댈 데 없는 사람입니다. 그래선지 외롭지 않고 기댈 데 있는 사람을 생각하면 죽을 것만 같아요."

"자, 아주머니!" 페거티 씨는 외쳤다. "신발을 잡고서 던져요."

"안 돼." 거미지 부인은 흐느끼며 고개를 저었다. "내가 기분이 이렇게 슬프지만 않아도 잘할 수 있을 텐데. 당신은 이런 기분이 아닐 거예요. 죽을 것 같은 기분은 들지 않겠지요. 당신이 죽을 리도 없고. 그러니 당신이 던지는 것이 좋겠어요."

그러나 그때, 이리저리 바삐 뛰어다니면서 모든 사람에게 키스를 하던 페거티가 다들 마차에 탄 것을 확인하고(에밀리와 나는 작은 의자에 나란히 앉았다), 보다 못해 거미지 부인이 구두를 던져야 한다고 소리쳤다. 할 수 없이 거미지 부인은 구두짝을 던졌다. 그런데 안타깝게도, 축제 기분으로 출발하는 우리에게 이것만이 아쉬움으로 남았다. 그녀가 갑자기 울면서 햄의 팔에 매달리더니, 자기는 이 집에서 짐만 되니 곧바로 양로원으로 보내버리는 것이 좋겠다고 소리친 것이었다. 나는 그러는 것이 좋겠다고 진심으로 생각했다. 햄이 그대로 처리해 주면 얼마나 좋을까, 하고.

아무튼 우리는 소풍을 떠났다. 소풍을 나서서 제일 먼저 한 일은 바키스 씨가 교회 앞에서 마차를 멈추고 말을 울타리에 매놓은 뒤 꼬마 에밀리와 나를 마차에 남겨 놓은 채로 페거티를 데리고 교회로 들어가버린 것이었다. 나는 이 기회를 놓치지 않고 한 팔로 에밀리의 허리를 껴안고, 머지않아 나도 떠나야 하니까 오늘 하루만은 다정하고 즐겁게 보내자고 제의했다. 에밀리도 내 말에 찬성하면서, 내가 키스하도록 허락해주었다. 나는 너무 도취된 나머지, 결코 다른 어떤 여자도 사랑할 수 없으며, 만약 누구든 에밀리의 사랑을 갈구하는 놈이 있으면 피를 흘릴 각오도 되어 있다고 털어놓은 것이 기억난다.

그건 그렇고, 에밀리가 그 말을 어찌나 재미있어하던지! 그리고 나보다 나이도 훨씬 많고 더 똑똑한 체하며 나를 '어리석은 소년'이라고 불렀다. 그러고는 아주 매혹적으로 깔깔거리며 웃었으므로, 나는 그렇게 치욕적인 말을 들은 것도 잊은 채 그녀를 바라보는 즐거움에 빠져 있었다.

바키스 씨와 페거티는 교회에서 꽤 오랫동안 있었다. 드디어 그들이 나오자 우리는 시골로 향했다. 달리는 마차 안에서, 바키스 씨가 나를 향해 윙크를 보내면서 말했다. 참고로 그가 윙크를 할 줄 알다니, 꿈에도 생각지 못한 일이었다.

"내가 전에 마차에 쓴 이름이 뭐였지요?"

"클라라 페거티지요." 내가 대답했다.

"그럼 지금 이 마차에 포장이 있어서 이름을 쓴다면, 누구의 이름을 쓸 것 같아요?"

"클라라 페거티라고 또 쓰겠지요." 나는 넌지시 말했다.

"클라라 페거티 바키스!" 그는 말하고 나서, 마차가 흔들릴 정도로 호탕하게 웃었다.

그들은 결혼식을 올리기 위해 교회에 들어갔던 것이다. 페거티는 결혼식을 조용히 치르기로 마음먹었으므로, 식장에는 증인도 없이, 목사님 혼자서 예식을 주관했던 것이다. 바키스 씨가 이렇게 느닷없이 그들의 결합을 발표하는 바람에, 페거티는 당황하여 조금도 변함없는 애정의 표시로서 나를 껴안아줄 수도 없었다. 그러나 곧 페거티는 정신을 차리고는 결혼식을 무사히 치러 기쁘다고 말했다.

우리는 골목의 아담한 식당 앞에 마차를 세웠다. 그곳에선 우리를 기다리고 있었고, 그래서인지 우리는 기분 좋게 점심을 먹었으며 그날 하루를 무척이나 만족스럽게 보냈다. 페거티로 말하자면, 10년 동안 날마다 결혼식을 올렸다 하더라도 그렇게 태연할 순 없을 것이다. 그녀는 평소와 조금도 다름이 없었다. 그녀가 평소와 완전히 똑같이 차를 마시기 전에 에밀리와 나를 데리고 산책 나간 동안, 바키스 씨는 철학자처럼 담배를 피우면서 자기 행복을 곱씹으며 즐기는 듯 보였다. 그의 식욕이 이토록 왕성해진 이유도 여기에 있을 것이다. 그가 점심때 돼지고기와 채소를 먹고서도 닭고기 두 마리를 집어삼키고, 그러고도 모자라 차 마시는 시간에는 차가운 베이컨을 잔뜩 주문하여 꿀꺽 해치워버린 것을 나는 똑똑히 기억한다.

얼마나 특이하고 순진하고 별난 결혼인가! 이런 생각이 그 뒤로 툭하면 떠올랐다. 날이 저물자마자 우리는 다시 마차를 타고서 즐겁게 집을 향해 달렸다. 하늘을 바라보고 별 이야기를 했는데, 설명자 역할을 맡은 사람은 주로 나였다. 나는 바키스 씨의 정신을 놀라우리만큼 넓혀 주었다. 나는 내가 아는 모든 것을 말해주었다. 그러나 내가 아무거나 지껄여댔어도 그는 나를 믿었을 것이다. 그는 내 능력을 우러러보았다. 실제로 그의 부인 앞에서, 이 도련님은 아직 어리지만 훌륭한 '로저스'[3]로군, 하고 단언했을 정도였다—물론 로저스는 신동이라는 뜻으로 한 말이라고 생각한다.

별들에 관한 이야기의 밑천이 떨어지자—아니 그보다는 오히려 바키스 씨의 정신력이 다 소모되자—꼬마 에밀리와 나는 집에 닿을 때까지 낡은 포장지를 외투 대신 덮고서 앉아 있었다. 나는 에밀리를 진심으로 사랑했다! 만약 이대로 결혼하여 숲속이나 벌판 한가운데서 살 수 있다면 얼마나 행복할까! 나이도 더 먹지 않고, 더 똑똑해지지도 않고, 언제나 아이로 남아서, 손에 손을 잡고 햇빛 속을 달리고, 꽃 핀 목장을 누빌 수 있다면! 밤이면 이끼를 베개 삼아 깨끗하고도 평화롭게 잠자며, 죽으면 새들에게 묻어 달라고 한다! 돌아오는 길 내내 현실 세계는 전혀 없고 오직 우리의 순수한 빛으로 빛나며, 멀리 떨어진 별처럼 막연한 환상만이 내 마음을 가득 채웠다. 페거티의 결혼을 축복하는 자리에 에밀리와 나, 이 순수한 두 영혼이 동행한 일은, 지금 생각해도 기쁘기 그지없다. 행렬은 소박했지만, 사랑의 신과 미의 여신이 그런 오묘한 모습으로 참여했다는 점이 나는 더없이 기쁜 것이다.

우리는 밤이 이슥하여 집으로 돌아왔다. 바키스 부부는 우리에게 작별인사를 하고 그들 집을 향해 사이좋게 마차를 타고 갔다. 그때 처음으로 나는 페거티를 잃은 서운함을 느꼈다. 그 집이 에밀리가 살지 않는 다른 집이었다면, 나는 괴로운 심정으로 잠자리에 들었을 것이다.

페거티 씨와 햄은 나 못지않게 내 마음을 잘 알고 있었으므로, 서글픈 마음을 달래주기 위해 서둘러 저녁 식사를 준비하고 친절히 대해주었다. 에밀리도

---

[3] 로스키우스를 말함. 2세기 로마의 배우로, 노예에서 입신하여 로마 최대의 희극배우가 되었다.

내가 이번에 머무는 동안 처음이자 마지막으로, 옆에 와서 그 상자 위에 나란히 앉아 주었다. 그것은 멋진 하루의 멋진 끝맺음이었다.

한밤중이었다. 우리가 잠자리에 들자, 페거티 씨와 햄은 고기를 잡으러 바다로 나갔다. 적막한 집에 나 혼자 거미지 부인과 에밀리의 보호자로서 남겨지자, 나는 매우 용감해진 느낌이 들었다. 사자든 뱀이든 어떤 무시무시한 괴물이 나타나 덮치면 내가 퇴치하여 일약 영웅이 되는 모습을 떠올렸다. 그러나 불행히도 그날 밤, 야머스 주변의 황야에 그런 괴물은 돌아다니지 않았다. 하는 수 없이 나는 아침까지 용꿈만 계속 꾸었다.

아침이 되자, 페거티가 전처럼 창문 밑에서 나를 불렀다. 그러자 마부 바키스 씨의 일도 처음부터 끝까지 꿈을 꾼 것 같았다. 아침을 먹고 나서 페거티는 나를 그녀의 집으로 데려갔다. 조그맣고 아름다운 집이었다. 그 집에서 나에게 가장 감명을 준 것은 거실(타일 바닥으로 된 부엌이 거실도 겸하고 있었다)에 있는 검은 나무로 만든 오래된 장롱이었다. 윗부분을 떼도록 되어 있어, 그것을 열어서 밑으로 내리면 책상이 되었다. 게다가 그 안에는, 커다란 사절판 책으로 된 폭스[4]의 《순교자열전》이 들어 있었다. 지금은 그 책의 문장을 하나도 기억하지 못하지만, 책을 찾자마자 나는 이내 읽기 시작했다. 그리고 그 뒤에도, 이 집에 오면 반드시 의자 위에 올라앉아 이 보물 상자를 열고, 책상 위에 팔꿈치를 넓게 괴고 정신없이 그 책을 탐독했다. 특히 삽화를 통해서 많은 것을 배웠다고 생각한다. 온갖 무시무시한 광경이 그려진 삽화가 매우 많았는데, 그래서 나중에도, 그리고 지금도, 내게 있어 페거티의 집과 순교자는 떼려야 뗄 수 없는 연상관계에 있다.

나는 뱃집 식구들과 떨어져서, 그날 밤은 페거티네 다락방에서 묵었다. 머리맡 선반엔 예의 악어 책도 놓여 있었다. 페거티는 그 방은 내 방이므로 늘 똑같은 상태로 두겠다고 했다.

"데이비 도련님, 젊든 늙든 간에 내 목숨이 붙어 있어서 이 집에 사는 한, 언제든지 도련님이 찾아오기를 바라고 있다는 것을 알아주세요. 지금까지 도련님의 방을 소중히 보살펴온 것처럼, 앞으로도 매일 돌볼 테니까요. 비록 머나먼 중국

---

[4] 존 폭스는 16세기 영국의 목사, 역사가.

까지 가신대도, 안 계시는 동안 변함없이 그대로 간직하고 있을 테니 잊지 마세요."

나는 옛날 나를 키워 준 정든 유모의 진실함과 한결같은 마음에 진심으로 감동해 마음껏 고마움을 나타냈다. 하지만 그것만으로는 당연히 모자랐다. 내가 집으로 출발하던 아침에 페거티는 양팔로 내 목을 껴안고서 그 말을 해주었기 때문이다. 나는 페거티와 바키스 씨와 함께 마차를 타고 집으로 향했다. 그들은 나를 문간에 내려놓고 떠났다. 이별은 매우 가슴 아팠다. 나를 집 앞 오래된 느릅나무 밑에 남겨 둔 채 페거티를 싣고 떠나는 마차를 바라보는 것이 나에게는 말할 수 없이 이상한 광경으로 여겨졌다. 집에는 나를 반겨주고 사랑해줄 사람이 아무도 없었다.

이제 나는 아무도 돌봐줄 사람 없는 외로운 처지에 놓이고 말았다. 정감 어린 눈길은 받아본 적이 없고, 또래들과의 교제에서도 소외되었으며, 그 밖의 다른 사귐에서도 외떨어져 나 자신의 맥없는 생각에만 빠져 있었다. 아마도 그것은, 지금 쓰고 있는 이 수기에도 검은 그림자를 드리우고 있을 것이다.

아무리 규율이 엄한 학교라도 어떻게 해서든지 가서 배울 수만 있다면 내 모든 것을 아낌없이 바쳤을 텐데! 그러나 그런 희망은 전혀 보이지 않았다. 머드스톤 남매는 나를 미워했고, 음울한 표정으로 끈질기게 나를 무시했다. 이 무렵, 머드스톤 씨는 재산이 궁핍해진 것 같았으나, 그런 것은 큰 문제가 되지 않았다. 문제는, 그는 나를 보면 참을 수가 없다는 것이었다. 그는 나를 떼놓는 수단으로, 내가 필요한 것을 그에게 요구할 권리가 있다는 생각을 없애려 애썼던 듯했고, 그 일에 성공했다.

나는 드러나게 학대받지는 않았다. 매를 맞는다든가, 굶주린 적은 없었다. 그러나 나에 대한 학대는 줄어드는 일 없이 꾸준히 가해졌고, 조직적이고 냉혹했다. 며칠, 몇 주, 아니, 몇 달을 나는 차가운 무시 속에서 살았다. 만약 그 무렵 내가 병이라도 났었다면 그들이 나를 어떻게 대했을지, 지금도 궁금해질 때가 있다. 역시 그대로 혼자 방에 내버려져, 언제나처럼 홀로 고통스러워해야 했을까? 아니면 누가 구원의 손길을 뻗어 주었을까?

머드스톤 남매가 집에 있을 때는 그들과 함께 식사를 했지만, 그들이 없을 때는 혼자 먹고 마셨다. 나는 혼자서 집 안이나 주변을 어슬렁거릴 수 있었지만,

친구를 사귀는 일은 엄중하게 감시당했다. 친구를 사귀면 틀림없이 그에게 호소할 것이라고 생각했기 때문이리라. 이러한 이유 때문에, 칠립 씨가 가끔 나를 초대했으나 수년 전에 부인을 잃고 홀몸이 되었다. 부인은 머리칼이 밝고 몸집이 작은 여인으로, 나는 언제나 색이 옅은 삼색 고양이를 떠올렸었다. 그의 진료실에서 오후를 즐겁게 보낸 적은 거의 없었다. 나는 그곳에서 코를 찌르는 이상한 약 냄새를 맡으며, 처음 보는 책을 읽거나, 그의 정다운 지시에 따라 약절구에 약을 갈기도 했다.

전부터 머드스톤 남매는 페거티를 싫어했으므로 내가 페거티를 방문하는 것은 허용되지 않았다. 페거티는 약속을 지켜서, 일주일에 한 번씩 찾아오거나, 집 근처에서 나를 만나주었다. 그때마다 빈손으로 오는 법이 없었다. 그녀의 집을 찾아가지 못하도록 할 때마다 나의 실망은 매우 컸다. 그러나 아주 가끔씩 페거티의 집을 방문해도 좋다고 허락해 줄 때도 있었다.

바키스 씨는 구두쇠였다. 페거티의 표현에 따르면 '약간 인색'했다. 침대 밑에 돈이 가득 든 궤짝을 두고서도, 코트와 바지 주머니에 들어 있는 돈이 전부인 듯 꾸미는 것이었다. 바키스 씨가 그처럼 돈궤에 꼬박꼬박 감추었기에, 아무리 적은 돈이라도 우려내자면 교묘한 술책을 써야만 했다. 따라서 페거티는 매주 토요일마다 생활비를 받아내기 위해서[5] 오랫동안 공을 들여 화약음모사건[6] 뺨치는 책략을 짜냈다.

그러는 동안, 나는 유망했던 내 미래가 완전히 무너지고, 내가 아주 버림받았다는 것을 알았으므로, 낡은 책이라도 없었다면 매우 비참했을 것이다. 책이 나의 유일한 위안거리였다. 그런 만큼 책에 대해서는 매우 충실했고, 책도 결코 나를 배반하지 않았다. 몇 번을 읽었는지 모를 정도로 그것들을 계속 되풀이해서 읽었다.

이제 나에게 기억력이 남아 있는 한 절대로 잊을 수 없는 시기에 다가가고 있었다. 그때의 기억은 떠올리려 애쓰지 않더라도 유령처럼 자주 내 앞에 나타나서는 그 뒤의 행복했던 시절에도 뇌리에서 떠나지 않았다.

---

5) 영국에서는 일주일마다 가계를 정산하며, 토요일이 대금을 치르는 날이다.
6) 1605년 영국 가톨릭교도 가이 포크스(Guy Fawkes)가 의회 의사당 지하에 화약을 설치하여 왕과 대신들을 몰살하려고 했던 음모 사건.

어느 날, 습관대로 맥없이 생각에 잠긴 채 정처 없이 거닐다가 집 근처의 골목 모퉁이를 돌다가, 머드스톤 씨와 같이 걸어가던 어떤 신사와 마주쳤다. 내가 어쩔 줄 몰라 그냥 지나치려고 하자, 그 신사가 큰 소리로 불렀다.

"야, 이거, 브룩스 아냐?"

"아닙니다, 선생님. 데이비드 코퍼필드예요."

"그런 말 마. 너는 브룩스야, 셰필드의 브룩스. 그게 네 이름이야."

그런 말을 하기에 나는 신사를 더욱 자세히 보았다. 그리고 보니 그의 웃음소리를 들은 적이 있다. 나는 그가 퀴니언 씨라는 것을 알았다. 전에—언젠지는 잊었지만 그런 것은 상관없다—머드스톤 씨와 그를 만나기 위해 로우스토프트에 간 적이 있었다.

"어떻게 지내지, 브룩스. 학교는?" 퀴니언 씨가 물었다.

그는 재빨리 내 어깨에 손을 올리고, 내 몸을 돌려서 자기들과 함께 걷도록 했다. 나는 어떻게 대답해야 할지 몰라서, 불안한 눈으로 머드스톤 씨를 한 번 쳐다보았다.

머드스톤 씨가 대답했다. "지금은 집에 있네. 학교에는 다니지 않아. 저 애를 어찌해야 좋을지 나도 모르겠네. 골칫덩이야."

그 순간 그는 그 불안한 눈으로 나를 노려보았다. 이어서 혐오에 찬 눈길을 딴 곳으로 돌리면서 눈살을 찌푸리고 불쾌한 내색을 했다.

"허!" 우리 두 사람을 바라보면서 퀴니언 씨가 말했다. "날씨가 좋군."

그러나 아무도 대꾸하지 않았다. 나는 어떻게 하면 오해받지 않고 그의 손에서 내 어깨를 떼어내어 달아날 수 있을까 궁리하고 있었다. 그때 그가 말했다.

"나는 네가 아주 똑똑한 아이라고 생각해. 그렇지, 브룩스?"

"그래! 그놈은 너무 똑똑해서 탈이야." 머드스톤 씨가 초조하게 소리쳤다. "그 애를 가도록 놔주는 편이 좋을 거야. 귀찮게 하면 그 애가 감사하게 생각하지 않을걸."

이러한 암시를 받자 퀴니언 씨는 나를 놓아주었다. 나는 있는 힘을 다해 집으로 달려갔다. 앞마당으로 들어가면서 돌아보니까, 머드스톤 씨는 교회 안의 작은 문에 기대 서 있었고, 퀴니언 씨가 그에게 무슨 이야기를 하고 있었다. 그들이 나를 바라보고 있었으므로, 나에 관한 이야기를 하나 보다고 생각했다.

그날 밤 퀴니언 씨는 우리 집에서 잤다. 다음 날 아침, 아침 식사가 끝나고 내가 앉았던 의자를 치우고서 밖으로 나가려 하자, 머드스톤 씨가 나를 불렀다. 그는 그의 누나가 앉아 있는 탁자 옆으로 가 앉았는데, 표정이 엄숙했다. 퀴니언 씨는 주머니에 양손을 찌르고 창밖을 내다보며 서 있었다. 나는 선 채로 그들을 바라보고 있었다.

"데이비드, 젊은이는 활동을 해야 해. 게으름이나 피우면서 놀고먹으면 안 돼." 머드스톤 씨가 말했다.

"너처럼 말이다." 그의 누나가 덧붙였다.

"제인 머드스톤, 제발 나한테 맡겨 둬요. 젊은이들이 이 세상 살아가자면 활동을 해야지 끙끙대면서 할 일 없이 빈둥거려선 안 된단 말이다. 성격이 너 같은 젊은이는 특히 그렇지. 그런 성격을 바로잡는 데는 강제 노동이 최고야. 그렇게 해서 나쁜 성격을 바로잡고 아주 고쳐버려야 해."

"여기서 고집은 통하지 않아. 그런 성격은 뜯어고쳐야 해. 아무렴, 그렇고말고." 그의 누나가 말했다.

머드스톤 씨는 반은 나무라는 듯 반은 맞는다는 듯한 눈길로 그녀를 바라보면서 말했다.

"데이비드, 너도 알겠지만 나는 부자가 아니다. 어쨌든 이제는 너도 알겠지. 너는 이미 상당한 교육을 받았어. 교육을 받자면 돈이 많이 들어. 돈이 많이 들지 않거나 또 내게 교육시킬 여유가 있다 하더라도, 이 이상 너를 학교에 보내 공부시켜 보았자 너에게는 아무런 이익이 되지 않는다는 것이 나의 의견이다. 네가 맞닥뜨린 것은 세상과 싸우는 거야. 이런 싸움은 빨리 시작할수록 좋지."

나는 그때 내 나름대로 무능하나마 이미 세상과 그런 싸움을 시작했다는 생각이 언뜻 들었다. 지금 생각하면, 과연 시작했었는지 아닌지 의심스럽지만.

"너 '회계사무소'란 말 가끔 들은 적 있지?" 머드스톤 씨가 물었다.

"회계사무소요?" 나는 되물었다.

"주류상을 하는 머드스톤 앤드 그린비의 회계사무소 말이다."

내가 자신 없는 표정을 짓자 그가 성급하게 말을 이었다. "너 회계사무소니, 사업이니, 포도주 저장실이니, 부두니 하는 따위의 말을 들은 적이 있지?"

"사업이란 말은 들은 것 같아요. 언제였는지는 잘 모르겠지만." 나는 말했다.

왜냐하면 머드스톤 씨 남매의 재원(財源)에 대해 막연히 아는 것이 기억났기 때문이다.

"언제인가는 중요하지 않아." 머드스톤 씨는 말했다. "퀴니언 씨가 그 사업의 지배인을 하고 있어."

나는 창밖을 내다보며 서 있는 퀴니언 씨를 존경하는 마음으로 바라보았다.

"퀴니언 씨는 다른 아이들도 고용하는데, 같은 조건으로 너를 고용하지 않을 이유가 없다고 했다."

"머드스톤, 그 애에게 시킬 만한 다른 일자리가 없다면 내가 고용하겠단 말이야." 퀴니언 씨는 나지막하게 말했다.

머드스톤 씨는 성급한 나머지 성이 난 태도로 그의 말을 무시하고 자기 말만 이어 나갔다. "그 조건이란 너 혼자 먹고 마시고 용돈으로 쓰기에 넉넉한 돈을 준다는 거다. 살 곳은 이미 찾아 두었고, 하숙비는 내가 대겠다. 그리고 세탁비도."

"세탁비는 내가 내 주마." 그의 누나가 말했다. "입을 옷도 내가 장만해 주겠다. 당분간은 네가 옷까지 마련하지는 못할 테니까. 그러니 너는 지금 퀴니언 씨와 함께 런던으로 가야 한다. 데이비드, 독립해서 살아가기 위해서야."

"간단히 말해서, 비용은 우리가 대 주겠단 말이다. 그러니 너는 의무를 다해야 해." 미스 머드스톤이 말했다.

그들의 목적이 나를 내쫓아버리기 위한 것임을 알았지만, 그 말을 듣고 내가 기뻐했는지 놀랐는지는 기억에 없다. 인상만으로 말하자면, 그 말을 듣고 몹시 당황하여 얼떨떨했을 뿐 기쁨과 불안 가운데 어느 한 감정만을 느끼지는 않았다. 그런데다 퀴니언 씨가 다음 날 떠나기로 되어 있었으므로, 생각을 정리할 넉넉한 시간조차 없었다.

다음 날 나의 차림새를 보면, 다 낡아빠진 조그만 흰 모자에다 어머니 죽음에 대한 애도의 표시로서 검은 띠를 두르고, 검정 외투에, 질기고 뻣뻣한 코듀로이 바지—이것은 앞으로 시작될 세상과의 싸움에 맞선 가장 든든한 무장이라면서, 미스 머드스톤이 주었다—를 입고 있었다.

이런 차림을 하고서, 얼마 안 되는 내 물건들을 넣은 조그만 트렁크를 앞에 놓고, 나는(거지미 부인의 말버릇을 빌리자면) 홀로 외로이, 퀴니언 씨와 함께 런던행 마차가 있는 야머스로 가는 우편 마차에 탔다.

  집과 교회가 뒤로 점점 멀어지면서 작아졌다. 나무 아래의 무덤도 어느새 가려서 보이지 않았으며, 정든 놀이터에 하늘 높이 솟아 있던 첨탑도 사라지고 텅 빈 하늘만이 멀리 펼쳐져 있었다. 그때의 내 심정을 무슨 말로 나타낼 수 있을까.

11장
힘겨운 홀로서기

지금은 나도 세상이 어떤 것인지 잘 알아서 어지간한 일에는 거의 놀라지 않지만, 그래도 그 어린 나이에 그처럼 버림받다니 지금 생각해도 놀랄 일이다. 뛰어난 능력과 예리한 관찰력을 갖추었으며, 재빠르고 열성적이며, 신중하고, 육체적으로나 정신적으로 쉽게 상처받는 이 아이를 누구도 도우려 하지 않았다는 것은 내가 생각해도 신기한 일이다. 그러나 사실이 그러했다. 나는 열 살에 머드스톤 앤드 그린비 상점의 잡일을 하는 점원으로 고용되었다.

머드스톤 앤드 그린비 상점의 창고는 블랙프라이어스의 저지대 강가에 자리 잡고 있었다. 지금은 완전히 달라졌지만, 강까지 구불구불하게 내리뻗은 좁은 골목 끝에 있는 집이 창고였다. 끝에는 계단이 있었는데, 그곳이 선착장이었다. 그 창고는 전용 부두가 딸린 아주 낡은 집이었다. 밀물 때에는 물과 닿았고 썰물 때에는 진흙 위에 떡하니 올라앉아 있었으며 쥐들이 우글거렸다.

100년 동안 먼지가 쌓이고 연기로 퇴색된 널빤지로 된 방들, 허물어질 것 같은 마루와 계단, 지하 저장실에서 쥐들이 돌아다니는 소리, 더럽고 썩은 그 집의 모습이, 옛날이 아니라 어제 본 것처럼 내 마음에 남아 있다. 퀴니언 씨에게 떨리는 손을 의지하고, 처음 그 집에 갔을 때의 감각이 지금도 그대로 떠오른다.

머드스톤 앤드 그린비 회사는 다양한 사람들을 상대로 거래했으나, 그중에서도 중요한 일은 우편선에 포도주와 독한 술을 공급하는 것이었다. 어디로 가는 배인지는 거의 생각나지 않는다. 그러나 그 배 가운데에는 동인도와 서인도로 가는 배도 있었던 것 같다. 이러한 사업 탓에 엄청나게 많은 빈병이 쌓이는데, 꽤 많은 어른과 아이들이 그 빈병을 불빛에 비추어 보고는 흠이 있는 것은 버리고 흠이 없는 것은 깨끗이 씻었다. 빈병이 없을 때는 술이 가득 찬 병에 상표를 붙이고, 마개를 막아 봉하기도 했다. 이러한 작업이 모두 끝난 병을 상자에 채워

넣기도 했다. 나는 이런 일을 했다. 즉 이런 일을 시키기 위해 고용한 많은 아이 가운데 하나가 나였다.

이런 일을 하는 아이들은 나를 포함하여 서너 명 있었다. 내가 일하는 곳은 창고의 한쪽 구석이었다. 사무실에 있는 퀴니언 씨가 의자 하단의 가로대를 밟고 서서, 책상 위의 창문으로 바라보면 내가 있는 곳이 훤히 보였다.

독립생활을 시작하는 첫날 아침에, 정식으로 고용된 소년 가운데에서 가장 나이 많은 아이가 불려와 나에게 일을 가르쳐주었다. 이름은 믹 워커였는데, 누덕누덕 기운 앞치마를 두르고 종이 모자를 쓰고 있었다. 그의 아버지는 뱃사공인데, 런던 시장의 취임 행렬에 검은 벨벳으로 만든 관(冠)을 쓰고 행진한다는 것까지 말해주었다. 그는 친하게 지내는 또 한 아이를 소개했다. 그 아이는 밀리 포테이토즈라는 이상한 이름을 가졌다. 그러나 그 이름은 본명이 아니며, 얼굴에 핏기가 없고 흰 가루를 뿌려놓은 것처럼 얼룩져 있어서 붙은 별명이라는 사실을 나중에야 알았다. 밀리의 아버지는 뱃사공인 동시에 실력 좋은 소방관으로, 지금은 그 자격을 살려 큰 극장에 고용되어 있다. 그리고 거기에는 그의 젊은 가족 가운데 한 명—아마도 그의 누이동생—이 팬터마임에 작은 도깨비 역으로 출연하고 있다고 한다.

이런 패거리 속으로 들어가긴 했지만 나의 슬픔이란 말로 나타낼 길이 없었다. 나는 매일 이런 녀석들과 사귀면서, 행복했던 시절에 사귀었던 친구들—스티어포스, 트래들스 까지는 아니더라도—과 비교해 보았다. 그리고 성인이 되면 저명한 학자가 되겠다는 희망은 산산조각이 나고 말았다. 이제 아무 희망도 없다. 점원이라는 지위에서 오는 굴욕감. 지금까지 배우고, 생각하고, 기쁨을 느끼고, 또 그로 말미암아 정조를 키우고, 경쟁심을 불태우던 모든 것이 나날이 야금야금 사라져서 이제는 돌이킬 수 없다고 생각하자, 그 비참한 마음이란, 지금도 또렷하게 기억하지만, 이루 말로 나타낼 수 있는 것이 아니었다. 오전에 믹 워커는 자주 자리를 비웠다. 그때마다 나는 병을 씻는 물에 눈물을 흘렸다. 가슴이 찢어지는 아픔을 이기지 못해 흐느껴 울었던 것이다.

사무실의 시계가 12시 30분을 가리키고 있었다. 모두 점심을 먹으러 갈 준비를 하고 있는 참에, 퀴니언 씨가 계산대 유리를 콩콩 두드리며 나를 손짓해서 불렀다. 퀴니언 씨의 사무실에는 갈색 외투와 몸에 꼭 붙는 검은색 옷을 걸치고 검은 구두를 신은 건장한 중년 남자가 있었다. 그 남자가 나를 똑바로 바라보고 있었다. 머리카락 하나 없이 반들반들한 큰 머리에 얼굴이 유난히 넓적한 사나이였다. 입고 있는 옷은 초라했지만, 셔츠 칼라는 위엄이 있었다. 그는 빛이 바랜 수술 한 쌍이 달린 멋진 지팡이를 지니고 있었다. 외투 밖으로 외알 안경이 매달려 있었는데, 나중에 안 사실이지만 그 안경은 순전히 멋으로 매단 것이었다.

"이 애가 그 아이입니다." 퀴니언 씨가 말했다.

"이 애가 코퍼필드 도련님이군요. 안녕했나요?" 그 낯선 사람은 매우 겸손하게, 자못 신사인 듯 점잔을 빼면서 말했다. 그것이 나에게는 퍽 인상적이었다.

나는 그렇다고 인사를 했다. 사실 내가 안녕하지 못하다는 것은 하느님도 아시지만, 내 성격상 불평하기가 싫었으므로, 나는 잘 있으며 당신도 편안하기를 바란다고 무난하게 말했다.

"나도 하느님 덕택에 잘 있습니다. 머드스톤 씨한테서 편지를 받았어요. 비어 있는 내 집 뒷방에 사람을 받아 달라는 내용이었지요. 그러니까, 세를 놓으라는 거지요." 낯선 사람은 미소를 지으며, 갑자기 허물없이 말했다. "침실로 말이에요. 만나서 기쁜 이 어린 초심자에게."

"이분은 미코버 씨이시다." 퀴니언 씨가 나에게 소개했다.

"에헴!" 낯선 사람은 말했다. "내가 미코버지."

"미코버 씨는 머드스톤 씨와 아는 분이야." 퀴니언 씨가 말했다. "이분은 우리를 대신해서 주문을 받아주는 사람이다. 너의 하숙 관계로 머드스톤 씨의 편지를 받고, 너를 하숙인으로 받아들였어."

"내 집 주소는 시티 거리의 윈저 테라스예요." 미코버 씨가 여전히 신사처럼, 그러나 허물없이 말했다.

나는 고개 숙여 인사했다.

"보아하니 이 수도(런던)에 대해서 잘 모를 것 같고, 이 근대 바빌론의 신비를 지나 시티 거리까지 오기는 조금 어려울 것 같아서, 곧" 미코버 씨는 말했다. "네가 길을 잃을 것 같아서, 가장 가까운 길을 가르쳐주려고 오늘 저녁 이렇게 찾아왔단다."

나는 그가 진심으로 고마웠다. 일부러 찾아와서 이런 친절을 베푼다는 것은 어려운 일이기 때문이었다.

"몇 시에 올까요?" 미코버 씨가 물었다.

"여덟 시쯤에." 퀴니언 씨가 말했다.

"여덟 시라, 좋지. 그럼 퀴니언 씨, 이만 실례하겠소이다. 일을 방해할 순 없으니."

미코버 씨는 모자를 쓰고 지팡이를 겨드랑이에 낀 채 나갔다. 그는 사무실 밖으로 나오자 몸을 뒤로 한껏 젖히고 콧노래를 부르는 것이었다.

퀴니언 씨는 나를 주급 6실링에 머드스톤 앤드 그린비 상점의 창고 일을 보도록 정식으로 채용했다며, 최선을 다하라고 했다. 급료는 6실링인지, 7실링인지 잊어버렸다. 잘 기억나지 않는 걸 보니, 처음에는 6실링이었다가 나중에 7실링으로 오르지 않았나 생각한다. 그리고 퀴니언 씨는 일주일치 급료를 미리 지급해 주었다. 거기에서 그날 밤 윈저 테라스까지 트렁크를 날라다 준 밀리에게 6펜스를 주었다. 그 트렁크는 크진 않았으나 내가 나르기에는 너무 무거웠다. 나는 6펜스를 내고 저녁을 먹었다. 식사는 고기 파이에 이웃에서 길어온 냉수 한 컵이 전부였다. 저녁을 먹고 남은 시간은 거리를 산책했다.

저녁 약속 시간에 미코버 씨가 나타났다. 나는 미코버 씨의 점잖은 태도에 경의를 나타내기 위해 손과 얼굴을 씻었다. 우리는 우리 집을 향해 걸었다. 이제부터 함께 살 테니 우리 집이라고 불러야 한다고 생각했다. 걸어가면서 미코버 씨가 거리 이름과 모퉁이에 자리잡고 있는 집들의 모습을 나의 인상에 남도록 일일이 이야기해 주었다. 다음 날부터 일터로 나갈 때 길을 잘못 들지 않도록 하기 위해서였다.

윈저 테라스의 그의 집—그 집은 주인과 마찬가지로 매우 초라했다. 그래도 체면만은 번듯하게 차린 모습이 주인과 똑 닮아 있었다—에 닿자 그는 나를 자기 부인에게 소개했다. (참고로 2층에는 가구가 하나도 없이 휑뎅그렁했다.) 그 부인은 나이도 적지 않은데다 가냘프고 허약하여 부쩍 늙어 보였다. 부인은 거실에 앉아서 아기를 안고 젖을 먹이고 있었다. 젖먹이는 쌍둥이 가운데 하나였다. 이 쌍둥이는, 내가 이 집에 있는 동안의 경험으로 볼 때, 미코버 부인에게서 떨어진 적이 한 번도 없었다. 둘 가운데 한 쪽이 언제나 젖을 빨고 있었던 것이다.

쌍둥이 말고도 두 아이가 더 있었다. 네 살짜리 사내아이와 세 살짜리 계집애였다. 그렇게 아이들 넷과 코를 고는 버릇이 있는 얼굴 검은 젊은 여인이 그 집 식구 전부였다. 젊은 여인은 이 집 식모였는데 내가 집에 온 지 채 30분도 안 되어, 자기는 '고아'로 자랐고, 바로 근처에 있는 성(聖) 누가 구빈원에서 왔다고 소개했다. 내 방은 뒤쪽에 있는 다락방이었다. 푸른 빵처럼 생긴 무늬로 온 벽을 꾸며 놓은 좁고 답답한 방이었으며, 가구는 거의 없었다.

"내가 결혼하기 전 부모님과 함께 살았을 때는, 하숙을 치리라고는 꿈에도 생각 못했어. 그러나 남편이 곤경에 처해 있으니 내 개인의 생각은 버려야겠지." 미코버 부인은 나에게 방을 보여주려고 쌍둥이와 아이들을 다 데리고 올라와서는 숨을 고르기 위해 일단 의자에 앉아서 말했다.

"그렇겠어요, 아주머니." 나는 말했다.

"남편은 지금 대단한 곤경에 처해 있어. 잘 헤쳐나갈 수 있을지 의문이야. 부모님과 같이 살 때는 곤경이라는 단어가 지금의 이런 상황을 두고 하는 말인 줄은 정말 몰랐어. 그러나 경험을 통해서 그 단어의 뜻을 알았지. 아버님이 늘 말씀하셨듯이." 미코버 부인은 말했다.

미코버 씨가 예전에 해병대 사관이었다고 했는지, 아니면 그냥 나의 착각이었는지 분명치 않다. 다만 나는 이유는 모르지만, 오늘날까지도 그가 한때는 해병대에 몸담았었다는 생각을 떨칠 수가 없다. 미코버 씨는 지금은 여러 상점의 외무원 비슷한 일을 하고 있었는데, 여기서는 거의 수입이 없는 것 같았다.

"만약 채권자들이 더 이상 기다릴 수 없다면, 멋대로 하라지. 뒷일은 나도 몰라. 소송을 걸 셈이라면, 그것도 빠르면 빠를수록 좋아. 돌을 짠다고 피가 나오진 않거든. 이와 마찬가지로, 지금 남편에게는 재판 비용은 물론 한 푼도 나올 것이 없으니까."

내가 너무 일찍 독립해서 미코버 부인이 내 나이를 잘못 알아서일까. 아니면 금전 문제로 너무 골치가 아픈데 자기 심정을 털어놓을 상대가 없어 쌍둥이 아기에게라도 하소연하고 싶을 정도로 답답해서 그랬을까. 아무튼 이유는 몰라도 처음부터 그녀는 그렇게 긴박한 사정을 나에게 이야기했으며, 내가 부인을 만나는 동안은 늘 그런 식으로 이야기가 이어졌다.

불쌍한 미코버 부인! 그래도 나름대로 열심히 노력해 왔다고 그녀는 말했다. 확실히 그랬을 것이다. 현관문 한가운데에는 '미코버 부인 여학교'라고 새겨진 커다란 놋쇠판이 달려 있다. 그러나 공부하는 학생들을 본 적은 없으며, 등교는

커녕 입학신청 비슷한 것도 보질 못했다. 젊은 여학생을 맞이할 준비가 이루어진 흔적조차 없었다. 찾아오는 사람은 채권자들뿐이었다. 채권자들은 시도 때도 없이 찾아왔으며, 어떤 사람은 아주 사나웠다. 그중 험악하게 생긴 한 사람(구두장이였을 것이다)은 아침 일곱 시에 복도까지 들어와서는 위층을 향해 미코버 씨에게 고래고래 소리치곤 했다. "이봐! 아직 안 일어났어? 돈을 갚아. 알겠어? 비겁하게 숨지 말고. 나 같으면 비겁한 짓은 안 해. 돈만 갚으면 되는 거야, 내 말 듣고 있어? 이봐!" 그래도 반응이 없자, 그는 화가 치밀어 '사기꾼'이라든가 '날강도!'라는 말까지 내뱉었다. 이런 말도 효과가 없자, 이번에는 길 저편으로 가서, 미코버 씨가 있으리라고 짐작되는 3층 창을 향해 고함쳤다. 그럴 때면, 미코버 씨는 슬프고 분해서 (한번은, 부인의 비명을 듣고 알았는데) 면도칼로 자살을 시도할 지경에까지 이른다. 그러나 30분만 지나면 언제 그랬냐는 듯이, 미코버 씨는 구두를 정성들여 닦아 신고, 전에 없이 더 점잔을 빼면서 콧노래까지 흥얼거리면서 외출하는 것이었다. 그런 탄력성은 미코버 부인도 만만찮았다. 세 시에는 정부의 세금 때문에 기절했다가, 네 시에는 양고기와 빵에다 술까지 곁들이는 것이 미코버 부인이었다. 이런 식사와 술은 찻숟가락 두 개를 전당포에 저당 잡힌 돈으로 산 것이다. 한 번은 우연히 아침 여섯 시에 집에 와 보았더니, 방금 강제집행당한 탓에 미코버 부인은 머리카락을 산발한 채 난로 철망 바로 밑에 기절한 채로 쓰러져 있었다(물론 그때도 쌍둥이 하나는 꼭 끼고 있었다). 그러나 바로 그날 밤, 그녀는 부엌 난로 앞에서 송아지 고기를 먹으면서, 친정아버지와 어머니, 옛 친구들 이야기를 전에 없이 즐거운 표정으로 들려주었다.

그 집에서 가족들과 나는 한가한 시간을 보냈다. 1페니짜리 빵과 1페니짜리 우유로 된 내 아침 식사는 내가 직접 샀다. 나는 또 빵 한 개와 조그마한 치즈를 내 찬장의 내 선반에 얹어두었다가 저녁 아홉 시 일터에서 돌아와 저녁으로 먹었다. 그렇게 살아도 1주일에 6, 7실링 가지고는 모자랐다. 그래도 나는 온종일 창고에서 일하고, 그 돈으로 1주일을 살아가야만 했다. 월요일 아침에서 토요일 밤까지, 누구의 충고도 없었고, 어떠한 조언도, 격려도, 위로도, 도움도, 어떠한 종류의 지원도 받지 못한, 거짓도 위선도 없는 곳이었다.

나는 너무 어렸고 철이 없었기에 내 생활을 꾸려갈 만한 능력이 없었다. 어린 내가 달리 어떻게 생활을 꾸려나갈 수 있었겠는가? 아침에 머드스톤 앤드 그린비 상점에 가는 도중, 빵집 앞에 내놓은, 반값에 파는 오래된 과자를 먹고 싶은 욕망을 억누를 수가 없어서 점심 먹을 돈으로 과자를 미리 사 먹어버릴 때도 있었다. 그런 때는 점심을 거르거나 롤빵 한 개, 아니면 푸딩 한 조각으로 요기를 했다. 푸딩 가게가 두 집이었는데, 나는 주머니 사정에 따라서 이 집 저 집으로 드나들었다. 한 집은 성 마틴 교회 근처—지금은 사라졌지만, 교회 뒤쪽의 막다른 골목에 있었는데, 그곳의 푸딩은 까치밥나무 열매가 든 특별한 것이었다. 그래서 평범한 1페니짜리 푸딩과 크기는 똑같은데 2펜스나 비쌌다. 일반 푸딩이 맛있는 집은 스트랜드에 있었으나—그 주변도 지금은 모두 달라져 버렸다. 크기는 엄청났지만, 물렁물렁하고 색깔도 칙칙하고, 납작한 건포도가 드문드문 박혀 있을 뿐이었다. 매일 아침 내가 지나갈 무렵에 따끈따끈하게 만들어지므로 곧잘 그것을 사서 끼니를 때우곤 했다. 제대로 된 식사를 할 때는 말린 소시지와 페니 빵이나, 또는 4펜스짜리 붉은 고기 한 접시를 사거나, 아니면 일터 맞은편에 있던 라이온 식당—정식 이름은 라이온 뭐라는 식당이었는데 잊어버렸다—이라는 아주 낡은 주점에서 빵과 치즈 한 접시에 맥주 한 잔을 마셨다. 한번은 집에서 가져온 빵을 종이꾸러미에 싸서 책처럼 옆구리에 끼고, 드루리 레인 근처에 있던 유명한 비프스튜 전문점으로 가서 '작은 접시'를 주문한 적이 있다. 나 같은 꼬마가 혼자 서슴없이 들어서는 광경을 보고 종업원이 어떻게 생각했는지는 모른다. 그러나 아무튼 그가, 내가 먹는 모습을 깜짝 놀란 듯이 바라보다가 이윽고 또 다른 종업원까지 데리고 와서 둘이 가만히 바라보던 것은 기억한다. 나는 그에게 반 페니를 팁으로 주었다. 하지만 솔직히 그가 거절하길 바랐다.

차 마시는 시간은 30분이었다. 돈이 넉넉할 때는 반 파인트의 커피와 버터빵 한 조각을 주문하여 먹었다. 돈이 없을 때는 플리트 거리의 사슴고기 상점을 기웃거리거나 코벤트 가든 시장까지 걸어가서 파인애플을 구경하는 것으로 때웠다. 아델피 근처를 어슬렁거리는 것도 좋았다. 어둑한 아치형 문이 잔뜩 있어서, 어쩐지 신비로운 기운이 가득했기 때문이다. 어느 날 밤, 그 문 하나를 지나서 강가 근처의 작은 술집 쪽으로 나오니, 그 앞의 조그마한 공터에서 석탄 운반부 대여섯 명이 모여서 춤을 추고 있었다. 나는 긴 의자에 앉아 바라보았는데, 그쪽에서는 나를 뭐라고 생각했을까?

나는 나이도 어리고 몸집도 작았으므로, 식사 뒤 목을 축이기 위해 맥주나

흑맥주를 한 컵 마시려고 낯선 선술집에 들어가면, 카운터에서 내게 술 팔기를 꺼릴 때가 가끔 있었다. 몹시도 더운 어느 날 저녁 선술집에 들어가서 주인에게 이렇게 이야기한 기억이 난다. "여기 제일 좋은…… 최상급 맥주 한 잔에 얼마예요?" 왜냐하면 그날은 특별한 날이었다. 정확히는 몰라도, 아마 내 생일이었을 것이다.

"진짜 맥주는 2펜스 반 페니다." 주인이 말했다.

"그러면, 그 진짜 맥주 한 컵 주세요. 거품을 가득 내서요." 나는 돈을 내밀면서 말했다.

그런데 주인은 얼굴에 이상한 미소를 띠고는 카운터 너머에서 나를 아래위로 훑어보았다. 그는 맥주를 따르지는 않고 칸막이 너머로 자기 부인을 불렀다. 그러자 칸막이 뒤에서 한 손에 일거리를 든 안주인이 나타나서는 그 사내와 함께 나를 훑어보는 것이었다. 셋이서 서 있던 모습은 지금도 눈에 선하다. 주인은 셔츠 차림으로 카운터 창에 기대 서 있었고, 그의 부인은 조그마한 회전 반문 너머로 나를 바라보며 서 있었다. 나는 약간 당황하여 칸막이 밖에서 그들을 바라보고 있었다. 그들은 이름이 뭐냐, 몇 살이냐, 집은 어디며, 직업은 무엇이며, 무엇 때문에 여기에 왔느냐는 등 수많은 질문을 했다. 나는 누구에게도 피해가 가지 않도록 적당히 꾸며서 대답했다. 그들은 나에게 맥주를 주었는데, 주인이 말한 진짜 좋은 맥주는 아닌 것 같았다. 안주인이 카운터의 회전 반문을 열고, 허리를 굽혀 내 돈을 되돌려주었다. 그러고는 나에게 키스해주었는데, 그것은 반은 감격해서 반은 동정심에서 보내는 키스였으며, 분명 정말 착한 마음에서 우러난 행동이었다.

그때 내 궁한 주머니와 구차한 생활을 의식적으로나 무의식적으로나 부풀려 이야기할 생각은 없다. 퀴니언 씨가 1실링이라도 주면 나는 그 돈으로 점심을 사 먹거나, 차를 마시는 데 써버렸다. 나는 지저분한 아이로서 아침부터 저녁까지, 평범한 어른들과 아이들이랑 함께 일했다.

배불리 먹지도 못하고 거리를 떠돌았다. 신의 은총이 없었으면 아무리 나를 돌봐주는 사람이 옆에 있었다 하더라도, 벌써 도둑이나 부랑아가 되었을 것이다.

그러나 머드스톤 앤드 그린비 상점에서는 남다른 대우를 받았다. 퀴니언 씨는 너무도 바쁜 와중에도 느긋한 사람으로, 취급하는 상품도 평소와는 꽤 달랐지만, 나에게는 다른 사람들과는 달리 친절히 대해주었다. 그래서 나도 어떻게 해서 이곳까지 왔으며, 여기서 일하는 게 힘들다든가 하는 말은 입 밖에 내지 않았다. 그래서 내가 혼자 고민했고, 무척 괴로워한다는 사실을 나 말고는 아무도 몰랐다. 내 생각은 가슴속에 묻어두고 오로지 일만 했다. 나는 처음부터, 다른 사람만큼 일을 하지 않으면 멸시와 무시를 당할 것임을 알고 있었다. 얼마 안 있어 다른 아이들만큼 재빠르고 능숙해졌다. 다른 아이들과 아주 친하게 지냈지만, 내 행동이나 태도는 그들과는 엄청나게 달랐다. 그래서 어른이나 아이나 할 것 없이 나를 보고 '꼬마 신사'니 '서퍽의 젊은 나리'라고 불렀다. 짐 꾸리는 사람들의 조장인 그레고리와 짐마차 마부인 팁은 나를 때때로 '데이비드'라고 불렀다. 그들이 나를 그렇게 부를 때는 서로가 퍽 미더운 상황이었는데, 일을 하다가 내가 전에 읽었던 이야기를 들려줌으로써 그들을 즐겁게 해주었을 때였다. 밀리 포테이토스만이 화를 내며 이런 차별대우는 좋지 않다고 대들었지만, 그것은 믹 워커에게 어이없이 진압당하고 말았다.

나는 이런 생활에서 벗어날 가망이 없다고 생각하고 아주 자포자기 상태에 빠져 있었다. 내 일에 보람을 느낀 적이 단 한 시간도 없었고, 말할 수 없는 불행과 비참함을 느끼며 살았다. 그러나 나는 참고 견뎠다. 그동안 페거티와 여러 번 편지를 주고받았으나, 이런 괴로운 마음을 털어놓은 적은 한 번도 없었다. 그녀를 슬프게 하고 싶지 않았기 때문도 있지만, 한편으로는 창피했기 때문이었다.

게다가 미코버 씨의 곤경이 내 마음을 더욱 괴롭혔다. 나는 외로운 처지였으므로 그 집 식구들에게 애착심이 들었다. 미코버 부인이 돈을 꾸려고 수단 방법을 가리지 않고 바삐 돌아다닐 때는 나도 미코버 씨의 산더미 같은 빚 때문에 우울한 생각에 잠겨 돌아다니곤 했었다. 토요일 저녁, 그날은 아주 기쁜 날이었다. 주머니에 6실링인가 7실링인가를 넣고서 그 돈으로 무엇을 살까 생각하며 이 가게 저 가게를 기웃거리며 집으로 향하는 것도 기분 좋았지만, 한편으로는 집으로 일찍 돌아간다는 사실 자체가 기뻤다. 그런데 그날 저녁 미코버 부인이 나에게 비통한 비밀을 털어놓았다. 그리고 다음 날인 일요일 아침, 내가 전날 밤에 사온 커피와 홍차를 면도용 병에 넣고 나서 느긋하게 아침 식사를 하고 있을 때에도 엊저녁과 같은 이야기를 들려주었다. 토요일 밤에 미코버 씨가 크게 울먹이며 시작한 이야기가, 마지막에는 천연스럽게 〈잭이 좋아하는 귀여운 난〉이라는 노래[1]로 끝나는 일도 결코 놀라운 일이 아니었다. 또 처음에는 몹시 흐느껴 울다가 저녁 식사를 하며 이제는 교도소에 가는 것 말고는 딴 방법이 없다고 선언해놓고도 잘 때가 되자 예의 '일이 잘 풀리면'이라는 그의 말버릇과 함께 아

---

1) 16세기 찰스 딥딘의 〈귀여운 난〉이라는 노래의 한 소절.

치형 창문을 달 비용을 계산하며 자러 가는 것이었다. 미코버 부인도 그와 똑같았다.

나이 차가 많이 났음에도 우리 사이에는 이상하게도 같은 우정이 솟아났는데, 그것은 서로의 비슷한 사정 때문이었을 것이다. 그들은 함께 식사하자고 초대했지만, 나는 그에 응한 적이 한 번도 없었다. 왜냐하면 그들은 정육점이나 빵가게 주인과 사이가 나빴으므로 그들 몫도 충분하지 않다는 사실을 잘 알고 있었기 때문이다. 드디어 미코버 부인이 나를 완전히 믿고 모든 비밀을 털어놓았다. 어느 날 밤, 그녀는 다음과 같이 말했다.

"코퍼필드, 나는 너를 남이라고 생각하지 않아. 그래서 안심하고 털어놓는데, 남편의 어려움은 더 이상 손쓸 수 없는 지경까지 온 모양이야."

나는 무한한 동정심을 가지고 미코버 부인의 핏발 선 눈을 바라보았다.

"식욕이 왕성한 아이들에게는 아무런 도움도 주지 못할 네덜란드제 치즈 도막 말고는, 이제 식품 저장실엔 아무것도 없어. 나는 부모님과 같이 살던 때부터 식품 저장실이란 말을 써왔기 때문에 지금도 그 말이 무심코 튀어나온단다. 즉 내 말은 이 집 안에 먹을 것이라곤 아무것도 없다는 뜻이야."

"저런!" 나는 진심으로 걱정이 되어 말했다.

그때 내 주머니에는 주급으로 받은 돈 중에서 2, 3실링이 남아 있었다. (이것으로 보아 그날은 수요일 저녁이었을 것이다.) 나는 그 돈을 꺼내, 꾸어 드리는 것이니 받아달라고 진심으로 부탁했다. 그러나 부인은 나에게 키스해주며, 돈을 다시 내 주머니에 밀어 넣고는 받을 수 없다고 했다.

"안 돼, 코퍼필드. 그러나 너는 나이에 비해 생각이 깊으므로 다른 도움을 준다면 고맙게 받겠어."

그래서 나는 그 부탁할 게 뭐냐고 물었다.

"나는 은식기들을 조금씩 처분해 왔어. 찻숟가락 여섯 개, 소금숟가락 두 개, 설탕 집게 한 개, 이것을 몇 번에 걸쳐서 남편 몰래 저당물로 내놓고 돈을 융통해 왔단다. 그런데 쌍둥이가 아주 손이 많이 가고 친정어머니와 아버지를 생각하면, 이렇게 거래한다는 게 참 괴로운 일이야. 아직 처분할 만한 것들이 조금 남아 있는데, 남편은 아무리 시시한 물건이라도 처분하는 건 싫어하거든. 클리켓—구빈원에서 온 가정부 처녀—도 있지만, 천성이 야비한 여자라 믿었다가는 무슨 짓을 저지를지 누가 알겠니. 그러니 코퍼필드, 미안하지만……."

이제 미코버 부인의 뜻을 이해할 수 있었다. 나는 무슨 일이든 시켜 달라고 대답했다.

그날 밤부터 살림살이 가운데에서 바로 들고 나갈 수 있는 간단한 물건부터 처분하기 시작했다. 그리고 거의 매일 아침 머드스톤 앤드 그린비 상점에 나가기 전에도 똑같은 일을 했다.

미코버 씨는 조그마한 양복장 위에 책을 몇 권 놓고 딴에는 장서라고 불렀다. 제일 먼저 그 책부터 처분하기로 했다. 나는 그것을 한 권씩 시티 거리의 서점으로 들고 나가서 적당한 가격에 팔아버렸다. 그 시절 우리가 살던 집 근처에는 거의가 서점이거나 새를 파는 상점이었다. 책방 주인은 가게 뒤쪽의 작은 집에 살았는데, 밤마다 코가 비뚤어지도록 술을 마셨으므로 아침이면 어김없이 부인에게 혼났다. 아침 일찍 가게에 들르면, 상처 난 이마와 시커멓게 멍든 눈을 지난밤 과음의 (싸움도 했을 것이다) 증거로 달고서 그가 접었다 폈다 하는 침대에 누워 있는 모습을 여러 번 보았다. 그는 떨리는 손으로, 마룻바닥에 벗어 던진 옷을 이 주머니 저 주머니 뒤지면서 나에게 줄 돈을 열심히 찾았다. 그럴 때에도 부인은 발꿈치가 해어진 구두를 신고 갓난쟁이를 안고서 남편에게 마구 욕설을 퍼부어댔다. 때로 돈을 잃어버리고는 나에게 다시 와 달라고 부탁하기도 했다. 그러나 그럴 때마다 부인에게는 늘 돈이 있었다. 아무래도 그가 취했을 때 슬쩍 빼돌린 것 같았다. 그러고는 같이 층계로 내려오면서 몰래 값을 치러 주었다.

전당포에서도 나는 유명해지기 시작했다. 카운터에서 사무를 보는 주임서기 격인 한 신사가 나에게 유난히 관심을 기울여 내 일을 처리해 주었다. 그동안 나는 라틴어 명사, 형용사의 격변화나 동사의 활용을 설명해 주었다. 심부름을 한 뒤에는 미코버 부인이 저녁을 푸짐하게 차려주었다. 그런 식사는 각별히 맛이 있었다.

드디어 미코버 씨의 어려움이 위기에 다다랐다. 결국 그는 어느 날 아침 일찍 체포되어 버러 구(區)의 채무자 교도소로 끌려갔다. 그는 집을 나서면서, 이제 자기에게선 태양의 신이 영영 떠나갔다고 나에게 말했다. 그는 가슴이 찢어지는 것 같았겠지만, 내 가슴 또한 찢어지는 듯했다. 그러나 나중에 들으니, 그는 정오도 되기 전에 나인핀스[2] 게임을 하며 신나게 놀았다고 한다.

미코버 씨가 투옥된 뒤 처음 맞는 일요일에 나는 그를 찾아가서 같이 식사하기로 되어 있었다. 그곳의 위치를 물었더니 교도소 바로 앞에 다른 교도소가 하나 있고, 그 교도소 바로 앞에는 안마당이 있는데, 그 안마당을 가로질러 곧장 가면 교도관이 있다는 것이었다. 가르쳐준 대로 갔더니, 마침내 교도관이 보였다. 그러자 (나도 정말 바보 같았다) 무심코 로데릭 랜덤[3]이 채무자 교도소에 갇혔을 때는 바로 눈앞에 낡은 담요 한 장만 걸친 벌거숭이 남자가 있었는데, 하는 생각에 잠기면서, 이내 눈앞이 멍해지고 가슴이 두근거려 교도관의 모습이 잘 보이지 않았다.

미코버 씨가 문 안에서 나를 기다리고 있었다. 우리는 맨 꼭대기 바로 아래층에 있는 그의 방으로 올라가서 실컷 울었다.

미코버 씨는 자신의 비참한 운명을 거울삼아서, 절대로 자기 같은 신세가 되지 말라고 근엄한 얼굴로 충고해 주었다. 만약 1년 수입이 20파운드인 사람이 19파운드 19실링 6펜스를 쓴다면 행복할 테지만, 21파운드를 쓴다면 비참하게 될 것이라고 했다. 그런 이야기를 한 뒤에 그는 나에게서 흑맥주 값으로 1실링을 빌렸다. 그러고는 미코버 부인에게 받으라며 1실링을 빌렸다는 내용을 쓴 종이까지 나에게 써 주고는, 손수건을 집어넣더니 즐거워하는 것이었다.

우리는 조그마한 난로 앞에 앉았다. 녹슨 받침쇠 안에는 벽돌 두 장이 있었는데, 받침쇠 양편에 하나씩 받쳐서 석탄이 많이 타는 것을 막고 있었다. 드디어 미코버 씨와 방을 같이 쓰는 다른 채무자가, 우리가 공동 출자한 양고기의 허리 부분을 들고 빵집에서 돌아왔다. 이어서 미코버 씨는 바로 윗방에 있는 홉킨스 대위에게 나를 심부름 보냈다. 나는 그에게 미코버 씨의 안부를 전하고 내가 그의 꼬마 친구라고 말한 다음, 칼과 포크를 빌리러 왔다고 말했다.

홉킨스 대위도 미코버 씨에게 안부를 전하라고 하면서 칼과 포크를 빌려 주었다. 그의 방에는 지저분한 여인과 대위의 딸인 헝클어진 머리에 얼굴이 창백한 두 처녀가 있었다. 나는 그 모습을 보고서, 홉킨스 대위에게서 칼과 포크를 빌렸기에 망정이지 머리빗을 빌렸으면 큰일날 뻔했다고 생각했다. 대위 자신도

---

2) 9개의 핀을 세워 놓고 공을 굴려 넘어뜨리는 놀이로 볼링의 전신.
3) 스몰렛의 소설 《로데릭 랜덤》에 대한 언급은 앞에서 했다.

말할 수 없을 정도로 더러운 모습을 하고 있었다. 구레나룻을 길게 기르고, 낡아빠진 큰 갈색 외투를 입고 있었는데, 외투 밑에는 아무것도 걸치지 않았다. 그의 이부자리가 한쪽 구석에 둘둘 말려서 놓여 있었고, 그의 모든 그릇과 쟁반은 선반 위에 있었다. 어째서인지는 모르지만, 머리채를 헝클어뜨린 두 여자는 홉킨스 대위의 딸임에 분명하지만 지저분한 또 다른 여자는 대위의 정식 부인이 아닐 것이라는 생각이 들었다. 홉킨스 대위의 방 문지방에서 겁에 질려 서 있었던 시간은 기껏해야 2분도 채 못 되었지만, 나는 칼과 포크가 내 손에 쥐어져 있는 것처럼 확실하게 이런 사실을 알아차리고 아래로 내려왔다.

아무튼 그 식사는 어쩐지 집시 같은 기분이 들어서 즐거웠다. 오후 일찍 나는 나이프와 포크를 홉킨스 대위에게 되돌려주고는, 집으로 돌아가 면회 갔던 이야기를 들려주면서 미코버 부인을 위로했다. 내가 돌아왔을 때 미코버 부인은 까무러칠 지경이었으나, 이야기를 끝낼 즈음엔 우리는 달걀술을 만들어 마시면서 서로를 달래고 있었다.

그 뒤로 가재도구들이 어떻게 처리되었으며, 누가 처분했는지 나는 모른다. 내가 아닌 것만은 확실하지만, 아무튼 모두 처분되어 마차에 실려갔다. 남은 것이라곤 침대와 의자 두서너 개와 식탁뿐이었다. 재산이라곤 이게 다였고, 미코버 부인과 아이들과 식모인 고아와 내가 윈저 테라스의 텅 빈 집, 두 거실에서, 말하자면 야영 생활을 하는 꼴이었다. 밤에도 낮에도 그 방에서만 생활했다. 이런 기간이 꽤 오래됐다고는 생각하지만 얼마 동안이나 이어졌는지는 모르겠다. 결국 미코버 부인은 남편도 이제 독방을 받았으니 교도소로 이사하기로 결심했다. 마지막에 내가 집 열쇠를 주인에게 가져다주었더니, 주인은 매우 기뻐했다. 내 침대를 제외한 다른 침대는 모두 교도소로 보내졌다. 그리고 나에게는 교도소 근처에 방을 하나 얻어 주었다. 이것은 정말 기쁜 배려였다. 미코버 가족과 나는 어려운 생활을 하는 중에 서로 정이 들어 헤어질 수가 없었던 것이다. 식모 고아도 같은 동네에 싸구려 방을 얻었다. 내 방은 비스듬한 지붕에 자리한 다락방으로 조용하고, 전망이 아주 좋았다. 이곳에서는 목재를 쌓아 둔 곳이 보였다. 미코버 씨의 어려운 처지를 생각하니 그 다락방이 내게는 천당처럼 생각되었다.

나는 여전히 머드스톤 앤드 그린비 상점에서 일했다. 처음과 똑같이 일도 평범했고 어울리는 녀석들도 평범했다. 수치스런 타락감도 처음과 똑같았다. 나는 이 창고로 일하러 오가는 도중이나 또는 식사 시간에 거리를 어슬렁거릴 때, 길에서 만난 수많은 소년들과도 어울리기는커녕 말 한 번 섞어본 일이 없었다. 그것은 다행한 일이었다. 그러나 나는 예나 다름없이 남모르는 불행한 생활을 했으며, 남에게 기대지 않고 외롭게 살아갔다. 그동안 내가 깨달은 변화는 두 가지였다. 하나는 자신이 자꾸만 초라해져가고 있다는 것이고, 또 하나는 미코버 부부의 걱정스런 짐이 훨씬 가벼워졌다는 것이다. 미코버 부부의 친척과 친지들이 그들의 어려움을 알고 도우려고 나섰으므로, 그들 부부로서는 교도소 밖 생활보다 오히려 교도소살이가 더 편안했다. 자세히는 기억나지 않지만, 어떤 협의가 이루어져서 나는 때때로 그들과 아침 식사를 같이 했다. 아침 몇 시에 문이 열리고 들어갈 수 있는지, 지금은 잊어버렸지만, 나는 가끔 아침 여섯 시에 일어나서 교도소 문이 열릴 때까지 런던 다리를 산책했으며, 이따금씩 돌 위에 앉아 쉬면서 지나가는 사람들을 쳐다보기도 하고, 강물과 기념탑 꼭대기에 비치는 햇살을 난간 너머로 바라보기도 했다. 여기서 고아 식모와도 가끔씩 만났다. 그녀는 런던탑과 부두에 관한 무서운 이야기를 곧잘 들려주곤 했는데, 지금 생각하면, 반신반의하며 들었던 것 같다. 밤에는 교도소로 돌아가서, 미코버 씨와 교도소 운동장을 거닐기도 하고, 미코버 부인과는 카지노도 했다. 그리고 미코버 부인의 친정 부모님 이야기도 이따금 들었다. 내가 사는 곳을 머드스톤 씨가 아는지 어떤지는 모르지만, 상점에는 누구에게도 말하지 않았다.

미코버 씨의 사건은 일단 최악의 위기는 넘겼지만, 어떤 증서 때문에 복잡해졌다는 이야기를 들었다. 그 증서란 전에 채권자와 계약한 문서였을 것이지만, 난 엉뚱하게도 옛날 독일에서 대유행했던 악마와의 계약[4] 같은 것이 틀림없다고 완전히 착각하고 있었다. 아무튼 그 증서 문제도 해결되어 걸림돌은 사라졌다. 미코버 부인은 가르쳐주길, '우리 집안'에서는 '채무자재산처분법'에 따라 미코버 씨의 석방을 신청할 예정이며, 그러면 6주일 뒤에는 남편은 자유의 몸이 된다고 했다.

"내가 풀려난다면 틀림없이 잘살 것이고 새로운 각오로 살아갈 거야. 물론 일이 잘만 풀리면." 그 자리에 있던 미코버 씨가 말했다.

---

4) 《파우스트》 등에 나오는, 악마에게 혼을 팔 때의 양피지 문서.

그런데 이 '일이 잘되면'이라는 말을 들으면 가장 먼저 떠오르는 것은, 당시 그가 채무자 투옥법 개정을 요구하며 하원에 제출할 탄원서를 작성했던 일이다. 일부러 이런 기억을 여기에 쓰는 것은, 얼마나 내가, 모조리 변해버린 내 생활을 옛날에 읽었던 소설에 비추어 바라보고 있었는지, 그리고 매일 보는 거리나 사람들의 인상에서 멋대로 온갖 이야기를 만들어내고 있었는지, 그것을 알릴 좋은 예증이 되기 때문이다. 말하자면 앞으로 이 자서전을 엮어가면서 무의식적으로 튀어나오게 될 성격의 주된 특징이, 이때 이미 서서히 이루어지고 있었던 것이다.

교도소에는 클럽이 하나 있었다. 그 클럽에서 미코버 씨는 신사로 행세하며 엄청난 영향력을 발휘했다. 그는 그 클럽에서 탄원서를 제안하고 열렬한 지지를 받았다. 그래서 그는 (어쩌나 사람이 좋은지, 자기 일은 손도 안 대지만 남의 일이라면 무엇이고 적극적으로 해내는 활동가였으며, 자기에게 전혀 이득도 없는 일을 위해 바삐 움직일 때 가장 큰 기쁨을 느끼는 그런 인물이었다) 먼저 문안을 만들고, 그것을 큰 종이에다 써서 탁자 위에 펼쳐 놓았다. 그러고는 시간을 정하여 클럽 회원 전원, 나아가서는 재소자 전원이 그의 방에 와서 서명에 함께 참가하라고 했다.

서명식이 가까워졌음을 들은 나는 재소자의 얼굴을 다 알고 있다고 해도 한 사람 한 사람씩 들어와서 서명하는 광경을 너무도 보고 싶었기에, 머드스톤 앤드 그린비 상점을 한 시간 일찍 나와서 감방 한쪽에 자리를 잡았다. 꽉 채우지는 않았지만 좁은 방에 들어갈 수 있을 만큼의 간부회원들은 탄원서 앞에서 미코버 씨를 지지했다. 한편, 홉킨스 대위는(의식에 경의를 표하기 위해 깨끗하게 몸을 씻고 왔다) 탄원서의 내용을 잘 모르는 사람들에게 읽어주기 위해 탄원서 바로 옆에 서 있었다. 그때 문이 활짝 열리더니, 일반 사람들이 길게 줄지어 들어오기 시작했다. 여전히 밖에서 기다리고 있는 사람도 있었지만, 들어온 이들은 한 사람씩 서명을 마치고 다시 나갔다. 차례로 들어오는 사람들에게 홉킨스 대위는 "내용은 읽었나?"—"아니."—"그럼 읽어주길 바라나?" 같은 말을 하며, 상대가 조금이라도 읽어주기를 바라는 기색만 보이면 크고 우렁찬 목소리로 하나하나 꼼꼼하게 읽어주었다. 만약 2만 명이라는 사람들이 일일이 읽어주기를 원했더라도 홉킨스 대위는 기꺼이 읽어주었을 것이다. "국민의 대변자가 국회에 모였다", "그러므로 탄원자들은 겸손한 마음으로 영예로운 의사당에 엎드려 호소한다" 또

"자비로운 폐하의 불행한 백성" 같은 대목은 달달하게 혀를 굴려가며 읽었다. 마치 그 한마디 한마디가 달콤한 사탕처럼 입 안에서 굴러다니는 것처럼. 그동안 미코버 씨는 초안자라는, 약간의 허영심을 가지고 귀를 기울이면서, 맞은편 벽에 박힌 못을 유심히 바라보고 있었다.

사우스워크와 블랙프라이어스 사이를 날마다 오가고, 식사 시간에는 내 어린 발에 밟혀 닳아 없어졌을지도 모를 돌들이 깔린 이름 모를 거리를 떠돌면서, 나는 이따금 궁금해했다. 저 홉킨스 대위의 목소리에 갈채를 보내면서 줄지어 서 있던 사람들 가운데서 몇 명이나 그 군중에서 빠지게 되었을까 하고.

그 어린 시절의 길고 길었던 고통을 생각하면 깊은 감개에 잠긴다. 그 무렵 그 사람들에 대해 내가 멋대로 공상하여 만들었던 이야기 가운데 과연 몇 개가, 지금도 그 기억 위에, 이른바 공상의 안개를 던지고 있을까! 옛 생각을 하며 그리운 일대를 걷다보면, 그 이상한 경험이나 온갖 역겨운 사물 속에서도 나만의 공상 세계를 만들었던 순수하고 낭만적인 소년의 모습이 지금도 내 앞을 걸어가고 있는 것 같아서 이상하게 애잔한 마음이 드는 것이다.

12장
중대 결심

얼마 안 되어 미코버 씨의 탄원이 받아들여졌고, 그도 머지않아 채무자재산처분법에 따라 풀려나므로 나는 무척 기뻤다. 채권자들도 무자비하지는 않았다. 미코버 부인의 말에 따르면, 집요했던 구두장이까지도 공개 법정에서, 자기는 미코버 씨에게 적의가 없으며 다만 당연히 받아야 할 돈을 받길 바랄 뿐이라고, 그것이 사람의 도리라고 생각한다고 말했다는 것이다.

미코버 씨는 소송이 끝나자 다시 채무자 교도소로 돌아갔다. 풀려나기 전에 약간의 소송비용을 내야 하고 나머지 수속도 끝내야 했기 때문이다. 그것만 마치면 석방이었다. 클럽에서는 미코버 씨를 열렬히 맞아주었고, 저녁에는 그를 위해 친목회가 열렸다. 그러는 동안에 미코버 부인과 나는 다른 식구들이 자는 틈을 이용하여 튀긴 양고기를 먹었다.

"이렇게 기쁜 일이 생겼을 때는, 코퍼필드, 한 잔 마시는 거야." 미코버 부인이 말했다. "친정 부모님 이야기를 들려줄게."

"그분들은 돌아가셨나요?" 나는 포도주 잔으로 건배하고 나서 물었다.

"어머니는 돌아가셨어. 남편이 이렇게 절박한 상황에 처하기 전에 돌아가셨지. 아버지는 그이의 보석을 여러 번 탄원했지만, 끝내는 돌아가셨어. 모두들 애석하게 생각했지."

미코버 부인은 머리를 저으면서, 안고 있던 쌍둥이 위로 눈물을 떨어뜨렸다.

바로 그때, 꼭 한 번 물어보고 싶었던 질문을 하는 데 더없이 적합하다는 생각이 들어서 미코버 부인에게 말했다. "아주머니, 앞으로 어떻게 하실 계획이에요? 이제 아저씨는 어려움에서 벗어나 자유로운 몸이 되었잖아요. 이미 결정하셨나요?"

"우리 가족 의견은," 미코버 부인은 말했다. 그 가족이 누구까지 포함하는지는 모르지만, 아무튼 가족이라고 말할 때마다 그녀는 매우 자랑스러워했다. "우리 가족의 의견은, 남편이 런던을 떠나 시골에서 그의 위대한 재능을 펼치는 편이 좋겠다는 거야. 남편은 대단한 수완가거든."

나도 그렇게 생각한다고 대꾸했다.

"수완이 대단하지." 미코버 부인이 되풀이했다. "연고가 조금만 있으면, 세관 같은 데서 수완을 발휘해 일을 잘 처리할 거라는 게 가족들의 의견이야. 우리 집안은 시골에서는 영향력이 있어. 그래서 집안 식구들은 그가 플리머스로 와 주기를 바라지. 남편이 꼭 그곳으로 가야만 한다는 거야."

"금방 가야 한단 말인가요?" 내가 넌지시 물었다.

"응, 그래. 일이 잘 풀릴 때 가서 대기하고 있어야지."

"그러면 아주머니도 가시나요?"

그때 미코버 부인은 몹시 흥분하여 눈물을 흘리면서 내 물음에 대답했는데, 그 이유는 오늘 큰일이 있었고 술도 마신 데다가 쌍둥이와 지지고 볶고 하는 동안 예민해졌기 때문이다.

"나는 남편을 절대로 버리지 않아. 처음에는 남편도 자신의 어려운 처지를 나한테는 감추었던 모양이야. 그는 낙천적인 성격이라 스스로 이 어려움을 이겨낼 수 있으리라고 생각했겠지. 난 친정어머니의 유품인 진주목걸이와 팔찌를 반값도 못 받고 처분했어. 그리고 아버지의 결혼 선물인 산호 장신구도 거저나 다름없는 값으로 버리다시피 했지. 하지만 난 남편을 버리진 않아. 절대로!" 미코버 부인은 전보다 더 감격해서 소리쳤다. "절대로 그렇겐 못 해! 누가 간청한 대도 절대로!"

나는 매우 불쾌했다. 미코버 부인이 마치 내가 그렇게 간청이라도 했다는 양 행동했기 때문이다. 나는 기가 막혀서 부인을 바라보고만 있었다.

"남편에게는 결점이 많아. 그가 헤픈 사람이라는 것을 부인하지 않겠어. 자신의 재산과 채무에 대해서 내가 전혀 알지 못하도록 비밀에 부쳤다는 것도 사실이야." 부인은 벽을 바라보면서 말을 이었다. "그렇다 해도, 그를 버리지는 않겠어."

미코버 부인은 비명에 가까운 소리를 냈다. 나는 놀라서 클럽 회원용 방으로 달려갔다. 미코버 씨는 긴 탁자의 사회자석에 앉아서,

달려라, 말(馬)아
달려라, 말아
달려라, 말아
달려라, 이랴, 이랴!

하고, 매우 쾌활하게 합창곡을 선창하고 있었다. 나는 일단 그것을 막고, 심상치 않은 부인의 모습을 자세히 전했다.
 부인의 소식을 듣자마자 미코버 씨는 울음을 터뜨리면서 나와 함께 그 방에서 뛰쳐나왔다. 지금까지 먹고 있던 새우 머리와 꼬리를 조끼 여기저기에 잔뜩 붙인 채.
 "에마, 나의 천사!" 미코버 씨는 소리치면서 달려갔다. "무슨 일이오?"
 "나는 절대로 당신을 버리지 않을 거예요, 여보!" 그녀는 소리쳤다.
 미코버 씨는 부인을 껴안으면서 말했다. "그건 잘 알고 있소!"
 "그는 우리 애들의 아버지야! 우리 쌍둥이의 아버지고, 내 사랑하는 남편이야!" 미코버 부인은 몸부림치면서 소리쳤다.
 "이이를—버리는—일은—절대—없을 거야!"
 미코버 씨는 부인의 사랑에 깊은 감명을 받아서(그러고 보니 나도 눈물을 그렁그렁 달고 있었다) 정열적으로 부인을 껴안고는, 고개를 들고 진정하라고 애원했다. 그러나 고개를 들라고 하면 할수록 부인은 허공에 눈을 맞추었고, 진정하라고 하면 할수록 더욱더 흥분했다. 끝내는 미코버 씨도 두 손 들고, 우리와 함께 울음을 터뜨렸다. 이윽고 그는 부인을 잠자리에 눕히는 동안 의자 하나를 들고 계단에 나가 있으라고 했다. 나는 집으로 가고 싶었으나 미코버 씨는 면회 종료 벨이 울릴 때까지 내가 떠나는 것을 허락하지 않았다. 할 수 없이 나는 계단 창가에 의자를 가지고 가서 앉아 있었다. 마침내 미코버 씨가 의자를 가지고 내 옆으로 왔다.
 "아주머니는 어떠세요, 아저씨?" 나는 물었다.
 "별로 좋지 않아." 미코버 씨는 고개를 저으며 말했다. "반동이야. 아, 오늘은 엄청난 날이었어! 우린 이제 외로운 존재, 모든 것이 사라졌어!"
 미코버 씨는 내 손을 꽉 쥐고 신음 소리를 내다가 이윽고 눈물을 흘렸다. 나는 크게 감명을 받는 동시에 실망했다. 왜냐하면 오랫동안 기다렸던 이 기쁜 날을 즐겁게 보내리라는 기대가 컸기 때문이었다. 그러나 미코버 씨 부부는 오랫동안 어려움에 빠져 있었던 탓에, 갑자기 자유를 손에 넣자 마치 난파라도 당한 기분이었던 모양이다. 긴장의 끈이 모두 풀려버렸는지, 사실 그날 저녁만큼 그들이 비참하게 보인 적은 없었다. 벨이 울리자, 미코버 씨는 나를 경비실이 있는 곳까지 데려다주었다. 인사를 하고 헤어졌을 때, 나는 그를 혼자 두고 가는 것이 불안해서 견딜 수 없었다. 그가 너무 풀이 죽어 있었기 때문이다.

나는 생각도 못했지만, 우리가 당황하고 의기소침해 있을 때, 미코버 씨 부부와 그들 가족은 런던을 떠나기로 작정했고, 우리가 작별해야 할 날이 머지않았다는 사실만은 분명했다. 그런 생각이 문득 떠오른 것은, 어째서 떠올랐는지는 모르지만, 그날 밤 집으로 돌아오는 길에서도 하숙집의 잠자리에 들어서도 잠을 이루지 못하고 몇 시간 동안 생각에 잠겨 있던 때였다. 이윽고 그것은 확고한 결정사항처럼 생각되었다.

나는 미코버 가족과 정이 들었고, 그들이 어려움을 겪을 때는 말 그대로 속내를 모조리 털어놓을 정도로 친하게 지냈다. 그들이 없으면 내게는 더 이상 친구라곤 없으므로 새로운 하숙을 구하여, 또 한 번 낯선 사람들과 지내야만 한다. 그러면 지금의 내 생활은 정처 없이 떠다닐 것만 같았다. 아무것도 모른다면 몰라도, 그런 생활이 어떤 것인지 이미 진저리나도록 겪어 알고 있으므로 더욱 그랬다. 그것을 생각하자 무참히 상처받은 내 감정, 지금도 가슴에 사무쳐서 잊을 수 없는 수치심과 굴욕감이 되살아나서, 이대로는 살아갈 수 없다고 생각했다.

나는 스스로 이러한 처지에서 빠져나가지 않으면, 여기서 벗어날 희망이 없다는 것을 잘 알고 있었다. 미스 머드스톤의 편지는 거의 오지 않았고, 머드스톤 씨한테서는 한 통도 없었다. 새 옷과 헌 옷가지 두세 꾸러미가 퀴니언 씨를 통해서 전달되었을 뿐이다. 그 꾸러미에는 종이 한 장이 형식적으로 끼워져 있었는데, 거기에는 데이비드 코퍼필드가 열심히 일하고 있으며, 자기 의무에 헌신하고 있으리라 제인 머드스톤은 믿는다는 내용이 적혀 있었다. 본디 내가, 지금 빠른 속도로 전락하고 있는 육체노동자 따위가 될 사람이 아니라는 말은 한 번도 써 보낸 적이 없었다.

바로 그다음 날, 이런저런 생각 때문에 마음이 복잡할 때, 여기를 떠난다는 미코버 부인의 말이 그냥 해본 소리가 아니라는 사실이 밝혀졌다. 그들은 내 하숙집에 방을 빌렸는데, 1주일 뒤에는 플리머스로 떠날 예정이었다. 그날 오후, 미코버 씨가 직접 사무실에 와서, 자기는 나를 이곳에 두고 떠나야 한다는 말을 퀴니언 씨에게 전하고, 내가 고상한 인품을 갖춘 아이라고 말했다. 물론 나는 이런 찬사를 받을 만하다고 생각했다. 퀴니언 씨는 팁이란 마부를 불렀다. 그 사람은 결혼하여 세를 주기 위한 빈 방을 하나 가지고 있었는데, 퀴니언 씨는 앞으로 그 사람 집에 나를 하숙시키기로 했다. 그것이 나와 합의를 본 일이라고 그가 생각하는 것은 당연했다. 왜냐하면 나는 앞으로의 내 결심에 대해 입도 벙긋하지 않았기 때문이다.

미코버 씨 가족이 떠나기 전까지, 우리는 매일 한지붕 밑에서 살았는데, 시간이 갈수록 더욱더 서로 마음이 맞았다. 마지막 일요일, 그들은 나를 정찬에 초대했다. 우리는 돼지 허릿살과 사과 소스, 푸딩을 먹었다. 나는 전날 밤 작별 선물로, 사내아이인 윌킨스 미코버에게는 얼룩점이 있는 목마를, 꼬마 에마에게는 인형을 사 주었다. 또한 고아 식모에게도 1실링을 주었다. 이 고아 식모는 곧 해고하기로 되어 있었다.

헤어질 시간이 가까워짐에 따라 우리는 마음이 퍽 약해졌으나, 정말로 즐거운 하루였다.

"코퍼필드, 미코버 씨가 어려웠던 시절을 떠올릴 때마다 꼭 너를 생각하겠어. 너는 언제나 자상했고 친절했어. 넌 친구였지 하숙인이 아니었어." 미코버 부인이 말했다.

"맞아." 미코버 씨도 맞장구쳤다. "코퍼필드는(요즈음 그는 나를 이렇게 불렀다) 친구의 처지가 어려워지면, 그 친구의 어려움을 같이 나눌 줄 아는 착한 마음씨를 가졌단 말이야. 그리고 어려움을 처리할 머리와 그것을 실행하는—간단히 말하면, 없어도 되는 가재도구를 훌륭하게 처분해버리는 수완도 가지고 있지."

나는 이러한 찬사에 대해 나대로의 느낌을 말하고 나서, 헤어져야 하는 것이 무척 섭섭하다고 했다.

"내 사랑하는 어린 친구여," 미코버 씨는 말했다. "나는 너보다 나이를 더 먹었고, 인생에 대해 경험도 있어. 그래봤자 가난한 생활에 대한 것뿐이지만, 그리고 일반적으로 말하면 말이야. 그러니 큰 수가 터질 때까지는—곧 그렇게 되리라고 바라고 있다네—지금으로선 충고 말고는 줄 것이 없어. 그래도 아직까지 내 충고는 들어둘 만한 가치가 있지. 간단히 말해서 나 자신은 이런 충고를 받아들이지 않았으므로," 싱글벙글 웃으면서 기분 좋게 말하고 있던 미코버 씨는 갑자기 말문이 막히더니, 언짢은 표정으로 말을 이었다. "보다시피 밥줄을 잃고 말았지."

"여보!" 부인이 다독이며 말했다.

"내 말은," 미코버 씨는 다시 미소를 지으면서 말했다. "이런 비참한 신세지만 말이야. 내 충고는, 시간은 사람을 기다려주지 않는단 거야. 오늘 할 수 있는 일을 내일로 미루지 마. 미루는 것은 시간의 도둑이거든. 도둑을 잡아 없애란 말이야!"

"그건 우리 친정아버님의 격언인데요." 미코버 부인이 말했다.

"그래요," 미코버 씨가 말했다. "당신 아버님은 현명한 분이셨소. 나는 절대로 그분을 나쁘게 말하는 것이 아니오. 전체적으로 그분을 평한다면, 그분만한 사람은 없을 거야. 그 연세에 그처럼 다리가 튼튼하고 안경 없이 글을 읽을 분이 몇이나 있겠소. 그분은 그 격언을 우리 결혼에도 적용시키셨소. 그런데 너무나 일찍 적용시키셨으므로, 결과적으로, 아직도 내가 결혼 비용에서 헤어나지 못하고 있는 거 아니오."

미코버 씨는 곁눈질로 부인을 바라보며 덧붙였다. "그것을 유감스럽게 생각하는 것이 아니라, 오히려 그 반대요, 여보." 그는 이렇게 말하고 나서 잠시 심각한 태도로 있었다.

"코퍼필드, 하나 더 충고할 것이 있어." 미코버 씨가 말했다. "너도 알겠지만, 한 해 수입이 20파운드인데, 지출이 19파운드 19실링 6펜스면 결과는 행복이고, 한 해 수입이 20파운드인데, 지출이 20파운드 6실링이면 결과는 비참하지. 꽃은 시들고, 잎은 마르고, 태양은 서산 너머로 사라지고—넌 꼼짝 못 하게 된단 말이야. 지금의 나처럼!"

자기의 모습을 더 인상 깊게 하기 위하여, 미코버 씨는 아주 즐겁고 만족스런 기분으로 술잔을 비우고 휘파람을 불었다.

나는 이러한 교훈을 명심하겠다고 확실하게 대답했다. 사실 그때에는 그의 충고가 크게 감명을 주었으므로, 확언할 필요도 없었지만.

다음 날 아침, 나는 역마차 사무실에서 그들을 만났다. 그리고 그들이 마차 뒤편의 바깥쪽에 자리잡는 것을 쓸쓸한 마음으로 바라보았다.
"코퍼필드." 미코버 부인이 말했다. "복이 있기를! 우리가 함께 나누었던 지난 모든 일들을 나는 결코 잊지 않을 거야. 무슨 일이 있어도, 절대로 잊지 않겠어."
"코퍼필드." 미코버 씨가 말했다. "잘 있어라! 부디 행복하기 바란다. 성공을 빌겠어! 만약 세월이 흐른 뒤에 나의 초라한 운명이 너에게 좋은 경고가 되었다면, 내가 이 세상에 태어난 것이 헛되지 않았다고 생각할 거야. 어떤 큰 운이 닥쳐서 —그건 이미 자신 있지만—내 힘으로 너의 앞날을 개척해줄 수만 있다면 정말 기쁘겠다."
 미코버 부인이 아이들을 데리고 마차 뒤편에 앉고, 나는 길에 선 채 서운한 마음으로 그들을 바라보았다—부인은 눈물을 그치고 나를 바라보았는데, 그녀의 표정은 내가 얼마나 어린 꼬마인지 새삼 깨달은 것 같았다. 왜냐하면 그녀가 전에 볼 수 없던 어머니 같은 인자한 표정으로 나에게 손짓하여 마차로 부르더니, 내 목을 끌어안고 그녀의 아이에게 하는 것처럼 키스해주었기 때문이다. 내가 내리길 기다렸다는 듯이 마차가 떠났다. 모두가 흔드는 손수건 때문에, 그들의 얼굴을 거의 볼 수가 없었다. 마차는 이내 사라져버렸다. 고아인 식모와 나는 길 한가운데 서서 서로 멍하니 바라보기만 하다가 악수를 하고 헤어졌다. 아마 식모는 성 누가 구빈원으로 돌아갔을 것이다. 나는 머드스톤 앤드 그린비 상점에서 따분한 하루를 시작하기 위해 발걸음을 옮겼다.
 그러나 이제는 더 이상 그곳에서 따분한 하루하루를 보내고 싶은 생각이 조금도 없었다. 나는 달아날 작정이었다. 무슨 수를 써서라도 시골로 가서, 단 하나뿐인 혈육 미스 벳시에게 내 이야기를 하리라고 굳게 마음먹었다.
 어찌하여 이토록 무모한 생각을 하게 되었는지는 나도 몰랐다. 그러나 일단 생각이 떠오르자, 계속 내 머릿속에 남아서 이제는 돌이킬 수 없는 하나의 목적으로 굳어져버렸다. 내 평생에 이보다 더 뚜렷한 목적은 없었다. 이런 계획에 어떤 희망이 있는 것은 아니었지만 감행하기로 마음을 정했다.
 이런 생각이 떠올라서 잠 못 이루던 그날 밤 이후, 나의 출생에 관해서 가엾은 어머니가 들려주시던 그 이야기를 수백 번씩이나 떠올려 보았다. 옛날 어머니가 해준 이야기 가운데 가장 재미있는 것이었기에, 나는 외우다시피 했다. 이야기 속에서 대고모는 무시무시한 사람으로 나타났다가 사라졌다. 그러나 대고모에게 내가 좋아하는 특징이 하나 있었다. 그것이 나에게 일말의 용기를 주었다. 대고모가 부드러운 손으로 어머니의 아름다운 머리채를 만졌을 때, 어머니의 기분이 어떠했을까 하는 것을 나는 아직도 잊을 수가 없다. 비록 그것이 어머니의 환상이라서 실은 조금도 근거가 없을 수도 있지만, 그 일만으로 나는, 아무리 무서운 대고모라도 내가 여전히 또렷하게 기억하고 있고 깊이 사랑했던, 소녀처럼 아름다운 어머니에게는 마음이 누그러졌으리라 상상했던 것이다. 그렇게 생각하면, 그 일화 자체가 매우 온화한 것이 되고, 그런 인상을 몰래 내 마음속에 간직해온 것이다. 그런 생각이 오랫동안 내 마음속에 남아 있었기에 달아나겠다는 결심이 점점 더 확고해져 갔다는 것은 두말할 필요도 없겠다.

그러나 나는 미스 벳시의 주소조차 몰랐으므로, 일단 페거티에게 긴 편지를 써서 아무렇지도 않은 체하며 대고모의 주소를 기억하느냐고 물었다. 적당한 장소를 꾸며 내어 그곳에 이러이러한 여자가 산다는 이야기를 들었는데, 혹시 벳시 대고모가 아닌지 알고 싶다는 뚱딴지같은 얘기를 적었다. 그리고 특별한 일로 반 기니[1]가 필요한데 꼭 갚을 테니 빌려주면 좋겠다는 것과 무엇에 썼는지는 나중에 말하겠다는 내용도 덧붙였다.

곧 페거티한테서 답장이 왔다. 언제나처럼 애정이 가득한 내용이었다. 반 기니도 들어 있었다(바키스 씨에게서 어떻게 돈을 받아낼 수 있었는지는 모르지만 틀림없이 매우 고생했을 것이다). 미스 벳시는 도버 근처에 살고 있는 것은 확실한데, 바로 도버인지, 하이드인지, 샌드게이트인지, 아니면 포크스톤인지는 자세히 모른다고 했다. 같이 일하는 동료에게 물어보니, 그곳들은 모두 가까이 붙어 있다고 가르쳐줘서, 그만하면 내 목적을 위해 충분하다는 생각이 들었다. 주말에 곧바로 출발하기로 결심했다.

나는 매우 정직한 꼬마였기에, 머드스톤 앤드 그린비 상점을 떠나는 마당에 좋지 못한 추억을 남기기가 싫어서, 토요일 밤까지는 여기서 일을 해야 한다고 생각했다. 처음 이곳에 왔을 때 1주일치 급료를 미리 받았으므로, 이번 주 급료는 받으면 안 된다고 생각했다. 그래서 일부러 반 기니를 빌려 놓았던 것이다. 돈 없이 여행을 떠나기란 불가능했기 때문이다. 토요일 밤이 되자, 사람들은 급료

---

[1] 10실링 정도.

를 받기 위해 창고에서 기다리고 있었다. 언제나처럼 마부 팁이 제일 먼저 급료를 타기 위해 들어가자, 나는 믹 워커와 악수를 하고 나서, 그가 돈을 탈 차례가 되면, 퀴니언 씨에게 나는 이삿짐을 옮기려고 팁 씨 집으로 갔다는 말을 전해 달라고 부탁했다. 그리고 밀리 포테이토즈에게 마지막으로 작별 인사를 하고 그곳을 쏜살같이 빠져나왔다.

내 짐은 강 건너의 먼젓번 하숙집에 있었다. 나는 통 위에 못질해 놓은 주소카드의 뒷면에 내 짐의 행방을 적어 놓았다.

'데이비드 앞, 찾으러 올 때까지 도버 마차 정거장에 맡겨 놓을 것.'

주소 카드는 일단 짐을 하숙집에서 들고 나온 다음 붙일 작정으로 주머니에 넣어두었다. 그리고 하숙집 쪽으로 향하면서, 내 짐을 매표소까지 날라 줄 사람이 없을까 하고 주위를 살펴보았다.

그때 다리가 길쭉한 한 젊은이가 당나귀를 맨 빈 마차를 몰고 블랙프라이어스 거리의 오벨리스크[2] 근처에 서 있는 것이 보였다. 지나치다가 그의 눈과 마주치자, 그는 느닷없이 나를 '형편없는 놈!'이라고 하면서 '또 까불면 혼내주겠다'는 시늉을 했다. 아마도 내가 그의 눈을 뚫어져라 봐서 그런 것 같았다. 나는 걸음을 멈추고 내가 바라본 것은 나쁜 뜻에서가 아니라, 한 가지 일을 해 줄 수 있는지 어떤지를 알기 위해서였다고 뚜렷이 밝혔다.

"무슨 일인데?" 젊은이가 물었다.

"상자 하나를 나르는 거예요."

"무슨 상자야?"

나는 상자가 저쪽에 있는데, 도버행 마차 정거장까지 날라다 주면 6펜스를 주겠다고 말했다.

"6펜스를 준다면 하겠어." 말이 끝나자마자 젊은이는 곧바로 자기 마차에 올라탔다. 마차라고는 하지만 바퀴 위에다 큰 나무 상자를 얹어놓았을 뿐이었다. 마차는 덜커덕거리면서 천천히 달렸으므로 쉽게 따라갈 수 있었다.

그는 매우 거만하고 퉁명스러운 사내로, 특히 지푸라기를 질겅질겅 씹으면서 말을 거는 모습은 참을 수가 없었으므로, 나는 그가 마음에 들지 않았다. 그러

---

[2] 성 조지 광장에 있는 이집트풍의 방첨탑(方尖塔).

나 이미 계약했으므로, 나는 하숙집 2층으로 그를 데리고 가서, 둘이서 상자를 아래로 내려 마차에 실었다. 아직 그 상자에 꼬리표를 달기는 싫었다. 하숙집 식구들 가운데 누구라도 그 꼬리표를 보면 내 속마음을 짐작하고 말리지나 않을까 걱정되었기 때문이다. 마차가 채무자 교도소 담 있는 데까지 왔을 때, 나는 그 젊은이에게 마차를 좀 세워 달라고 부탁했다. 그러나 그 말이 떨어지기 무섭게 상자와 마차와 말이 모두 함께 미친 것처럼 덜커덕거리며 달아났다. 나는 그 뒤를 쫓아 달려가면서, 마차를 세우라고 고함치느라 숨이 차서 거의 못 견딜 지경이었다. 드디어 지정한 장소에서 마차를 따라잡을 수 있었다.

나는 몹시 흥분했으므로 얼굴이 빨갛게 달아오른 채로 꼬리표를 주머니에서 꺼내다가 반 기니 은화를 떨어뜨리고 말았다. 나는 잃어버리지 않으려고 그 은화를 입에다 물었다. 손이 몹시 떨렸지만, 마음에 찰 때까지 꼬리표를 상자에다 꽁꽁 묶었다. 그때 긴 다리의 젊은이가 내 턱 밑을 세게 치는 것이었다. 은화는 내 입에서 튀어나와 그의 손으로 들어갔다.

"뭐야!" 젊은이는 내 멱살을 잡고, 무섭게 웃으면서 말했.

"경찰서에 가야겠구먼! 너 달아나는 거지, 응? 요 여우 같은 놈아, 경찰서로 가자!"

"제발, 내 돈을 돌려 줘요!" 나는 너무 놀라서 소리쳤다. "이거 놔요!"

"경찰서에 가자! 경찰서에 가서, 이 돈이 네 것인지 아닌지 확인해야겠다."

"내 짐과 돈을 돌려줘요, 네?" 나는 눈물을 왈칵 쏟으며 소리쳤다.

젊은이는 "경찰서에 가자!"는 말만 되풀이하면서 마치 당나귀와 경찰 사이에 어떤 공통점이라도 있다는 듯이 난폭하게 나를 당나귀 쪽으로 잡아끌었다. 그러더니 갑자기 마음을 달리 먹었는지, 마차에 뛰어올라 내 짐짝 위에 앉더니 곧장 경찰서로 간다고 소리치면서 쏜살같이 마차를 몰았다.

나는 있는 힘을 다해 그를 쫓아서 달렸다. 그러나 숨이 차서 소리를 칠 수가 없었다. 숨이 차지 않더라도 소리칠 기력조차 없었다. 반 마일을 달리는 동안에 나는 적어도 스무 번은 마차에 치일 뻔했지만 그때마다 겨우 모면했다. 마차를 놓쳤나 싶으면 보이고, 또 놓쳤나 싶으면, 이번에는 느닷없이 채찍에 얻어맞기도 하고, 고함도 들었으며, 진흙 속에 엎어졌다가 다시 일어나기도 했다. 누군가의 품으로 뛰어들기도 하고, 우체통에 정면으로 부닥치기도 했다.

나는 두렵기도 하고 덥기도 하고, 머릿속이 온통 뒤죽박죽이었다. 런던 사람의 반이 나를 체포하려고 달려들지나 않을까 하는 의심마저 들었다. 결국 내 돈과 짐은 포기하기로 했다. 나는 헐떡이고 울면서도 걸음은 멈추지 않은 채, 도버 거리에 있다고 알고 있는 그리니치를 향해 곧장 나아갔다.

나는 태어남으로써 미스 벳시에게 큰 불쾌감을 주었던 그날 밤보다 무엇 하나 더 가진 것 없는 빈털터리인 채로 대고모의 은둔처를 찾아 나선 것이다.

13장
결심의 성과

 그때 나는 당나귀 마차를 타고 달리는 젊은이 뒤쫓는 일을 포기하고 도버까지 줄곧 달려서 갈 무모한 생각에서 그리니치를 향해 뛰기 시작했던 것인지도 모른다. 그러나 그 무모한 생각은 마음이 가라앉자 바뀌었다. 조그마한 연못이 있는, 켄트 거리의 둑길에서 걸음을 멈추었다. 그 연못 한가운데는 물도 나오지 않는 조개껍데기를 불고 있는 바보처럼 보이는 큰 인물상이 서 있었다. 나는 아무 계단에나 주저앉았다. 정신없이 달려오느라 기진맥진해져서, 돈과 궤짝을 잃었어도 울 기력마저 없었던 것이다.
 날은 어두워지고, 앉아서 쉬는 동안 시계가 열시를 치는 것을 들었다. 그러나 다행히도 여름철이었고 날씨가 매우 맑았다. 나는 숨이 가라앉고 목구멍의 답답함도 사라지자 다시 걷기 시작했다. 이러한 고통 속에서도 되돌아갈 생각은 전혀 없었다. 그 켄트 거리에 눈보라가 몰아친다 해도, 되돌아갈 생각은 없었을 것이다.
 내 손 안에 돈이라곤 3펜스 반밖에 없었으므로 (생각해보면, 토요일 저녁에 그만큼이라도 돈이 남아 있었다는 사실이 더 신기하다) 계속 걷기는 했지만, 걱정이 많았다. 오늘이나 내일이라도 어느 집 담장 밑에서 시체로 발견되어, 한두 줄 기삿거리가 되지나 않을까 하는 생각도 해 보았다. 나는 있는 힘을 다해 서둘러 걸었으나, 딱할 정도로 느리기만 했다. 그러다 어느 가게 앞을 지나치는데, 거기에 '신사 숙녀의 의복 삽니다. 넝마와 뼈 그리고 부엌용품도 비싸게 삽니다'라는 광고문이 붙어 있었다. 가게 주인은 셔츠 바람으로 담배를 피우며 문간에 앉아 있었다. 수많은 코트와 바지가 나직한 천장에 매달려 있었고, 물건들을 구별할 수 있을 정도의 희미한 촛불이 두 개 켜져 있었다. 나는 그 주인이 자기 적을 모조리 매달아 놓고 혼자 보며 즐기는, 복수심에 불타는 사람처럼 생각됐다.

최근에 미코버 부부와 같이 살아 본 적이 있는 나는 당장의 굶주림을 해결하는 방법을 터득하고 있었다. 나는 다음 뒷골목에서 조끼를 벗어 단정하게 말아 겨드랑이에 끼고는 가게 앞으로 도로 가서 말했다. "아저씨, 이것을 정당한 가격이면 팔겠습니다."

돌로비 씨는—가게 문에 돌로비란 이름이 적혀 있었다—조끼를 받아들고, 파이프를 문기둥에 거꾸로 세운 다음, 상점 안으로 들어갔다. 나도 뒤따라 들어갔다. 그는 양초 심지를 손가락으로 잘라서 밝게 한 다음, 카운터에 조끼를 펴놓고 자세히 들여다본 뒤 말했다.

"이 보잘것없는 조끼를 얼마에 팔겠다는 거지?"

"그야 아저씨가 잘 아시잖아요." 나는 겸손하게 대답했다.

"나는 물건을 사고파는 일을 함께 할 순 없어." 돌로비 씨가 말했다. "이 보잘것없는 조끼를 얼마 받을 건지 말해 봐."

"18펜스 주시겠어요?" 나는 잠시 망설이다가 넌지시 말했다.

돌로비 씨는 조끼를 다시 말아서 나에게 돌려주었다. "내 식구들 돈을 강제로 빼앗았으면 했지, 9펜스도 못 주겠어."

그 말은 거래하는 데에는 몹시 불쾌한 말이었다. 돌로비 씨 가족들의 돈을 강제로 빼앗으려 든다고, 생면부지인 나에게 트집잡는 듯했기 때문이다. 그러나 내 사정이 워낙 절박했기에 제발 9펜스라도 달라고 했다. 돌로비 씨는 한참 투덜거리면서 9펜스를 주었다. 나는 인사를 하고 가게를 나왔다. 조끼가 없어져서 그만큼 쌀쌀했지만, 주머니는 그만큼 넉넉해졌다. 게다가 저고리 단추를 다 끼우고 나니까, 조끼 정도는 없어도 괜찮았다.

다음에는 저고리도 팔아야 할 것이 분명했다. 그렇게 되면 나는 셔츠와 바지 바람으로 어떻게 해서든지 도버까지 가야 하며, 그런 차림새로라도 도버에만 닿는다면 다행이라고 생각했다. 그러나 이런 점은 남들이 생각하는 것만큼 걱정스럽지 않았다. 갈 길이 멀다는 것과 당나귀 마차를 모는 그 젊은이가 내게 너무도 잔인하게 대했다는 생각 말고는 내 어려움에 대해 크게 절박한 느낌이 없었다. 주머니에는 달랑 9펜스뿐이었지만, 그런 태평한 마음으로 다시 걸음을 재촉했다.

밤을 보낼 한 가지 방안이 떠올랐으므로 나는 곧바로 그 생각을 실천하기로 했다. 전에 다녔던 세일렘 학교 뒤편 담 너머, 건초가 쌓여 있던 모퉁이에서 자는 것이었다. 내가 이야기를 해주던 학생들과 침실이 바로 곁에 있다고 생각하니, 마치 길동무 같은 느낌이 들었다. 물론 내가 그곳에서 잠잔다는 사실을 학생들이 알 리가 없고, 침실도 결코 나를 다시 맞아주지 않을 테지만.

나는 그날 너무나 많이 움직였으므로, 블랙히스 평야로 나왔을 때는 녹초가 되어 있었다. 세일렘 학교를 찾기란 좀 어려웠지만 마침내 찾아냈고, 한구석에 있는 건초 더미도 발견할 수 있었다. 나는 먼저 담 주위를 한 바퀴 돌면서, 학교 창문을 바라보았다. 창문은 어두웠다. 안쪽이 고요한 것을 확인하고 나는 건초 더미 옆에 누웠다. 지붕도 없는 하늘 아래 처음 누운 쓸쓸함을 나는 평생 잊지 못할 것이다.

곧 졸음이 쏟아졌다. 문 밖으로 내몰리고, 개들이 보고 짖어대는 세상의 많은 노숙자들에게도 역시 잠은 찾아오듯이. 나는 전에 내가 쓰던 침대에 누워서, 같은 방 학생들에게 이야기를 들려주는 꿈을 꾸었다. 그러다가 스티어포스의 이름을 중얼거리며 벌떡 일어나 앉아 머리 위에서 반짝반짝 빛나는 별들을 멍하니 바라보았다. 때아닌 이런 시각에 이런 곳에 있는 자신을 생각하자, 갑자기 감정이 복받쳐 올랐다. 나는 일어나서 두려움에 사로잡혀 주위를 거닐기 시작했다. 그러나 별빛도 점점 희미해지고, 동이 트며 하늘도 어슴푸레해지자 안심이 되었다. 그러자 또다시 눈이 감겼기에 다시 누워 잠을 잤다. 자는 동안 어쩐지 쌀쌀하다고 느꼈지만, 이윽고 햇살이 따뜻하게 비치고 세일렘 학교의 기상 벨이 울리자 겨우 눈을 떴다. 만약 스티어포스가 학교에 남아 있다면, 그 녀석이 혼자 나올 때까지 그대로 누워 있었을 것이다. 그러나 그는 이미 오래전에 그곳을 떠났을 테고, 트래들스는 아직 남아 있을지 모르나, 그것마저도 확실하지 않았다. 더구나 그 녀석이 착하다는 것은 굳게 믿지만, 지금의 내 어려운 처지를 털어놓고 싶을 정도로 그 녀석의 판단력과 행동을 전적으로 믿을 수는 없었다. 그래서 학생들이 일어날 때, 나는 그 벽을 빠져나와 또다시 길고 긴 먼지투성이 길을 걷기 시작했다. 내가 아직 이 학교 학생이었던 때, 지금처럼 도보 여행자가 되어 누군가의 눈에 띄리라고는 미처 상상도 못했던 그때 처음으로 걸으며 도버 거리라고 들었던 바로 그 길이었다.

같은 일요일 아침인데 그 옛날 야머스의 일요일 아침과는 너무도 달랐다. 터벅터벅 걷기 시작한 지 얼마 되지 않아 교회 종소리가 들려왔다. 나는 교회에 가는 사람들과 마주쳤다. 교회 앞도 한두 번 지나쳤다. 찬송가 소리가 바깥의 햇살 속으로 흘러나왔다. 그러는 동안 교구의 하급 관리가 현관 그늘에 앉아서 바람을 쐬거나, 나무 그늘에 서서 한 손으로 이마를 짚고서 지나가는 나를 노려보는 것이었다. 그 옛날 일요일의 평화와 고요가 그대로 모든 것에 깃들어 있었다. 나만 제외되었다는 것이 옛날과 다른 점이었다. 흙과 먼지 범벅에 머리카락도 헝클어져 있는 내가 아주 나쁜 사람처럼 느껴진다. 난롯가에서 울고 있는 젊고 아름다운 어머니와 어머니를 가엾게 여기는 대고모의 모습을 또렷하게 상상할 수 없었다면, 다음 날까지 여행을 계속할 용기를 내지 못했을 것이다. 두 분의 모습이 늘 내 앞을 아른거리며 내 여행의 길잡이가 되어 주었다.

그 일요일에 나는 똑바로 뻗은 길을 23마일이나 걸었다. 그렇게 고생스러운 일은 처음이었다. 날이 저물어갈 때쯤, 나는 아프고 지친 발을 질질 끌면서 로체스터의 다리를 지나 저녁 식사용으로 사 두었던 빵을 먹었다. 한두 군데의, '여인숙' 간판을 내건 집이 나를 유혹했지만, 얼마 남지 않은 돈을 써버릴까 봐 두려웠고, 도중에 만났거나 지나쳐 온 부랑자들의 험악한 인상은 더 두려웠다. 그래서 나는 밤하늘 밑에서만 자기로 했다.

고생 끝에 채텀에 닿았다. 그날 밤에 본 채텀은, 하얀 기슭과 도개교와 노아의 방주 같은 지붕을 인 돛대 없는 배가 흙탕물에 떠 있는, 꿈 같은 모습이었다.

나는 골목길까지 쑥 나와 있는 풀이 우거진 포대처럼 생긴 곳으로 기어올라 갔다. 그곳에는 파수병 한 사람이 왔다 갔다 하고 있었다. 나는 포대 곁에 누웠다. 파수병의 발소리를 들으며 누워 있으니 마음이 편했다. 세일렘 학교 벽 옆에 누워 있는 것을 학생들이 몰랐듯이, 이 파수병도 내가 누워 있는 것을 전혀 몰랐다. 나는 아침까지 단잠을 잤다.

아침이 되자 발 전체가 쓰라렸다. 좁고 긴 길로 내려가자 군인들이 북을 치면서 행진하는 소리에 얼떨떨해졌다. 그들이 사방에서 나를 에워싸는 것만 같았다. 나는 목적지까지 무사히 갈 힘을 남겨두려면 오늘은 조금만 걸어야 한다고 생각하고, 저고리부터 팔기로 마음먹었다. 저고리 없는 생활에 익숙해지기 위해 그것을 벗어 겨드랑이에 끼고, 기성복 가게를 차례로 뒤지기 시작했다.

그곳은 저고리를 팔기 딱 좋은 곳이었다. 중고의류상점이 많은 데다 저마다 문 앞에서 팔 손님을 찾고 있었기 때문이다. 그러나 잘 보면 대부분의 가게마다, 다른 옷들 사이로 견장 달린 장교복이 한두 벌씩 걸려 있어 주로 고급품만 취급하는 것 같아 잔뜩 주눅이 들었다. 오랫동안 나는 저고리를 내밀지도 못하고 이리저리 돌아다니기만 했다.

그런 수줍은 마음에서, 번듯한 옷가게보다는 차라리 낡은 뱃기구를 취급하는 상점과 돌로비 씨의 가게 같은 데를 더 유심히 보았다. 드디어 어느 지저분한 골목 귀퉁이에서 내 저고리를 사줄 듯한 가게를 발견했다.

골목 끝에는 쐐기풀이 우거진 공터가 있고, 울타리 말뚝에는 상점에서 넘쳐 내린 듯 보이는 고물 선원복 몇 벌이, 간이침대와 녹슨 총과 방수천으로 만든 모자와 쟁반들 틈에서 펄럭이고 있었다. 쟁반에는 세상의 어떤 문이라도 열 수 있을 것 같은 크고 작은 낡고 녹슨 열쇠가 가득 들어 있었다.

나는 가슴을 두근거리며 나지막하고 작은 상점으로 들어갔다. 상점은 길에서 몇 계단 밑에 있었는데, 조그마한 창문이 밝기는커녕 오히려 더 어둡게 만들었다. 내가 발을 들여놓자, 얼굴의 반이 억센 회색 수염으로 덮인 노인이 더러운 뒷방에서 뛰어나와, 나의 머리칼을 잡아채는 것이었다. 그는 땟국이 흐르는 플란넬 조끼를 입고 있었으며, 코를 찌르는 술 냄새를 풍기는, 보기만 해도 무서운 노인이었다. 그가 나온 방에는 천 조각을 그러모아서 만든, 구겨진 이불을 덮어놓은 침대 하나가 있었다. 그 방에도 조그마한 창이 하나 있었다. 창문 너머로 더 많은 쐐기풀과 절름발이 당나귀 한 마리가 보였다.

"아, 무슨 볼일이야?" 노인은 격하고 단조로운 소리로, 이를 드러내고 마치 개가 으르렁거리듯이 말했다. "아, 내 눈이냐, 다리냐? 어느 것을 바라지? 무엇을 바래? 응, 바보 같은 놈!"

노인이 이러한 말들, 특히 목구멍에서 나오는 크윽 소리와 같은 알아들을 수 없는 마지막 말을 되풀이하자 나는 당황하여, 아무 대답도 할 수가 없었다. 노인은 여전히 나의 머리칼을 잡고서 되풀이했다.

"여봐, 뭘 바라지? 내 눈, 다리? 뭘 바라지? 내 허파, 무얼 원해? 바보 같은 놈!" 노인은 몸을 비틀며 얼굴에 박혀 있는 눈알이 튀어나올 정도로 힘을 주어 말했다.

"말씀드릴 게 있는데," 나는 떨면서 말했다. "제 저고리를 사시겠어요?"

"어디 보기나 하자!" 노인은 소리쳤다. "속 터지겠군. 내놔 보라니까. 내 가슴이 탈 것 같다, 저고리를 어서 꺼내 봐!"

노인은 큰 새의 발톱 같은 손을 벌벌 떨면서 내 머리카락을 놓고는 안경을 썼다. 그의 핏발 선 두 눈에 전혀 어울리지 않았다.

"그래, 이걸로 얼마나 받겠다는 거야?" 물건을 자세히 보고 난 뒤에 노인이 물었다.

"반 크라운[1] 주세요." 나는 겨우 정신을 가다듬으면서 말했다.

노인이 소리쳤다. "웃기는 소리! 안 돼! 내 눈! 안 돼! 18펜스 주지. 바보 같은 놈!"

매번 그가 외쳐댈 때마다 그의 두 눈은 꼭 튀어나올 것만 같았다. 게다가 그 한마디 한마디가, 마치 도장으로 찍은 듯이 일정한데, 처음에는 아주 낮은 음으로 시작하여 이윽고 맹렬한 기세로 올라가다가 어느새 소리도 없이 가라앉는— 무어라 설명해야 좋을까, 마치 격렬한 돌풍과 같았다.

"그럼 좋아요. 18펜스 주세요." 나는 거래가 이루어져 기뻐하며 말했다.

"오오, 내 간!" 노인은 내 저고리를 선반 위로 집어던지며 소리쳤다. "꺼져버려! 썩 나가란 말이야! 아, 내 눈, 크윽! 바보 같은 놈! 돈은 무슨 돈, 물물교환으로 해."

나는 지금까지 살면서 그때만큼 놀란 적이 없었다. 그러나 꾹 참고, 돈이 필요하며, 다른 것은 필요 없다고 말했다. 저고리를 원한다면 밖에서 기다릴 테니 서둘지 말라고 했다. 나는 밖으로 나와서, 모퉁이 그늘에 앉아 기다렸다. 그늘이 양지가 되고, 양지가 그늘이 될 때까지 몇 시간이고 앉아서 돈 주기만을 기다렸다.

아무리 장사가 그런 장사라지만, 이토록 지독한 술주정뱅이는 어디에도 없을 것이다. 그가, 악마에게 영혼을 팔아넘겼다는 평판이 자자한 노인이라는 것을 나는 이내 알 수 있었다. 아이들이 끊임없이 노인을 찾아와서, 가게를 둘러싸고 승강이질하며 돈을 내놓으라고 조르는 것을 보고서 말이다. "찰리 영감님, 영감님은 가난뱅이가 아니에요, 단지 가난뱅이인 체하는 거죠. 다 알아요. 돈을 줘

---

1) 5실링짜리 은화.

요! 영감님을 악마에게 팔아서 번 돈을 좀 떼줘요. 침대 매트리스 속에 숨겨 두고 있죠? 매트리스를 뜯어서 돈을 내놓으세요!" 아이들이 매트리스 찢을 칼을 빌려주겠다고 제의하자 노인은 화가 나서 그들을 쫓아다니고 아이들은 달아나면서 그렇게 하루가 끝났다. 이따금 그는 화가 치민 나머지, 나를 그 아이들과 한패로 잘못 알고 고래고래 소리치면서 내게로 달려오다가, 아슬아슬한 순간에 나를 알아보고는 상점으로 뛰어들어가 침대에 누워버리는 것이었다. 미치광이처럼 그 돌풍 같은 소리를 내지르며 〈넬슨의 죽음〉[2]을 부르고 있는 목소리만으로 알 수 있었다. 한 문장마다 먼저 '오오' 하는 추임새가 붙고, 중간에는 쓸데없이 '바보 같은 놈'이 들어가는 것이었다. 그러나 아이들은 그것만으로는 성이 차지 않는지, 내가 반은 벗다시피 하고 참을성 있게 밖에 앉아 있는 것을 보고, 아이들은 내가 영감의 상점과 관계있는 줄 알고, 온종일 나에게 악담을 퍼붓고 못살게 굴었다.

노인은 온갖 시도를 하며 물물교환을 하도록 유인했다. 낚싯대를 가져오기도 하고, 바이올린을 가져와 보기도 하고, 정장용 삼각모자를 내오기도 했으며, 플루트도 가지고 나왔다. 그러나 나는 모든 제안을 거절했다. 나는 결사적으로 버티고 앉아 눈물을 흘리면서 돈 아니면 저고리를 되돌려 달라고 요구했다. 드디어 노인은 그럴 때마다 우선 반 펜스씩 내놓게 되었다. 나머지 1실링을 받을 때까지는 무려 두 시간이나 걸렸다.

"에잇, 빌어먹을!"

한참 뒤에 노인은 끔찍한 얼굴로 상점 밖을 내다보면서 소리쳤다. "2펜스만 더 받으면 가겠니?"

"안 돼요." 나는 대답했다. "그러면 굶어 죽어요."

"그럼 3펜스만 더 주면 가겠지?"

"형편만 된다면, 한 푼도 받지 않아도 가고 싶습니다." 나는 대답했다. "그러나 저에게는 그만한 돈이 꼭 필요해요."

"이봐, 크읔! 4펜스 더 주면 가겠니?"(기둥 뒤에서 교활한 늙은이가 고개만 내밀고 말했지만, 마치 온몸을 짜내어 외치는 듯한 투는, 도저히 글로는 이루 나타낼 수가

---

[2] 사무엘 아놀드 작사, 브라함 작곡의 그 무렵 불리던 노래.

없다.)

나는 힘도 없고 지쳐서 그 제의를 받아들였다. 벌벌 떠는 독수리 발톱 같은 영감의 손에서 돈을 받아 쥐자 배는 고프고, 목도 바작바작 타들어갔다. 태어나서 처음으로 주린 배를 움켜쥐고 걸었다. 해가 지기 직전이었다. 3펜스를 썼더니 완전히 회복되었고, 힘이 나서, 절뚝거리면서도 7마일을 걸어갔다.

그날 밤도 침대는 건초 더미였으나, 부어오른 발을 개울물에 씻고 나뭇잎을 꼭꼭 덮으니 편안히 쉴 수 있었다.

이튿날 다시 길을 걸을 때 보니, 길 양편으로 과수원과 홉[3]밭이 이어져 있었다. 가을이 깊은 만큼 과수원에는 잘 익은 사과들이 빨갛게 매달려 있었다. 두어 곳의 홉밭에서는 사람들이 벌써 홉을 수확하고 있었다. 모든 광경이 매우 아름다워 오늘 밤은 홉 사이에서 잠자기로 마음먹었다. 길게 뻗은 장대에 부드럽게 감겨 있는 잎들이 어떤 새 힘을 주는 동무처럼 보였기 때문이다.

그날은 부랑자들의 횡포가 어느 때보다도 심했다. 어떤 놈들은 정말 무시무시한 불량배 같았다. 그들은 내가 지나가면 노려보다가 대개 발길을 멈추고는 자기들이 있는 데로 와서 이야기하자고 나를 부른다. 내가 달아나면 당연히 돌을 던졌다. 그들 가운데 여자와 같이 있던 한 젊은 사내가—화로와 연장주머니를 가진 것으로 보아 땜장이 같았다—내 쪽으로 고개를 돌려 나를 바라보고는, 돌아오라고 고함을 쳤다. 나는 무심코 걸음을 멈추고 돌아보았다.

"부르면 와야지!" 땜장이가 말했다. "오지 않으면, 네놈의 몸뚱이를 갈기갈기 찢어놓을 테다."

나는 가는 것이 상책이라고 생각했다. 웃는 얼굴로 땜장이의 비위를 맞추면서 나는 그들 가까이로 다가갔다. 땜장이와 같이 있는 여인은 한쪽 눈 주위가 시퍼렇게 멍들어 있었다.

"너 어디로 가는 거지?" 땜장이는 시커먼 손으로 내 가슴팍을 움켜쥐면서 말했다.

"도버에요." 나는 말했다.

"어디서 왔어?" 땜장이는 다시 내 셔츠를 더욱 힘껏 움켜잡고 비틀면서 물

---

[3] 맥주의 원료로 쓰이는 식물.

었다.

"런던에서 왔습니다." 나는 대답했다.

"뭐 하는 놈이야? 도둑놈이지?"

"아, 아니에요, 아닙니다."

"도둑이 아니라고? 건방지게 나를 속였다간 골통이 깨질 줄 알아."

그는 다른 한 손으로 나를 때리는 시늉을 하면서 발끝에서 머리끝까지 나를 훑어보았다.

"너 맥주 한 병 값은 가지고 있지? 좋은 말로 할 때 내놔."

물론 나는 돈을 내놓을 생각이었다. 그러나 그때 문득 여인과 눈길이 마주쳤는데, 그녀는 고개를 약간 저으면서, 입술로 '안 돼!' 하는 시늉을 했다.

"나는 아주 가난해요." 나는 미소 지으려고 애쓰면서 말했다. "정말 한 푼도 없어요."

"뭐라고?" 땜장이가 하도 무서운 표정으로 노려보았으므로, 혹시나 내 주머니에 있는 돈을 본 것이나 아닌지 겁이 났다.

"아저씨!" 나는 더듬거리며 말했다.

"내 형님의 비단 손수건을 가지고 있다니, 어떻게 된 거야? 그 손수건 이리 내놔." 땜장이는 이렇게 말하며 내 목에서 손수건을 낚아채어 여자에게 던졌다.

여자는 땜장이의 말을 농담으로 받아들이고 깔깔거리더니, 손수건을 나에게 던져주면서 조금 전처럼 가볍게 고개를 끄덕이며 '달아나라!'는 입 모양을 했다. 그러나 달아나기도 전에, 땜장이는 사납게 내 손에서 손수건을 빼앗더니 자기 목에다 헐렁하게 맨 다음, 욕설을 퍼붓고는 그녀를 때렸다. 나는 달아났다. 여자는 딱딱한 도로 위에 쓰러지면서, 모자는 날아가고, 머리칼은 먼지로 새하얗게 뒤범벅되어 그대로 뻗어 버렸다. 제법 멀리 가서 돌아보았을 때, 땜장이는 앞장서서 성큼성큼 걸어가고, 여자는 길가 둑에 앉아서 숄 가장자리로 얼굴에 묻은 피를 닦고 있었다. 도저히 잊을 수 없는 광경이었다.

이 일로 나는 너무도 놀랐으므로, 그 뒤로 그런 사람들을 만날라치면 왔던 길을 되돌아가서 숨을 곳을 찾았으며, 그들이 지나간 다음에야 그곳에서 나왔다. 그런 일이 너무나 잦았으므로 내 여행은 늦어졌다. 내가 여행 중에 겪은 다른 많은 고생은 물론, 이런 어려움을 당하고도 견뎌내고 무사히 벗어나게 된 것은 어머니—이상하게도 내가 세상에 태어나기도 전의 젊은 모습이었다—의 모습을 떠올리면서 용기를 얻은 덕택일 것이다. 어머니의 환상은 언제나 나와 함께 있었다. 홉밭에서 잘 때도, 아침에 눈을 뜰 때도, 온종일 내 앞에 서서 이끌어 주었다. 그 뒤로는 따뜻한 햇볕을 받아서 조는 듯이 보이는 캔터베리 거리와 낡은 집들과 문간들, 그리고 탑 주위로 땅까마귀들이 날아다니는 당당해 보이는 회색 사원들—이런 모든 정경들을 떠올릴 때마다 반드시 어머니의 모습이 같이 떠올랐다. 드디어 황폐하고 넓은 도버 근처 초원 지대에 다다르자, 이번에도 어머니의 환상이 그 적막한 풍경을 희망으로 가득 차게 했다. 도피 엿새째 날, 내 여행의 첫 번째 목적을 이루어 실제로 그 도시에 발을 디딜 때까지, 어머니의 환상은 나를 지켜주었다. 그런데 참 이상하게도, 그렇게 오랫동안 갈망했던 이곳에 와서, 다 낡아빠진 구두를 신고 먼지투성이의, 햇볕에 탄 새카만 얼굴로, 옷을 반쯤 벗다시피 한 모습으로 서자마자, 어머니의 환상은 꿈같이 사라지고, 나는 기댈 데 없이 의기소침하게 되었다.

먼저 뱃사람들에게 대고모에 관하여 물었더니, 대답이 각양각색이었다. 한 사람은, 대고모는 남(南)포어랜드 등대에 살고 있는데 그것 때문에 그녀의 구레나룻을 태웠다고 했고, 또 다른 사람은, 대고모가 항구 밖 커다란 구명부대에 단단히 묶여 있기 때문에 조수가 반으로 줄어야만 찾아갈 수 있다고 했으며, 셋째 사람은, 대고모가 어린이를 유괴하다 붙잡혀 메이드스톤 교도소에 수감되어 있다고 했다. 네 번째 사람은, 지난번 태풍 때 빗자루를 타고 곧장 프랑스의 항구 도시 칼레로 날아가는 것을 보았다고 했다. 그다음에는 삯마차의 마부들에게 물어보았는데, 그들도 똑같이 농담조로 이런 식의 실례의 말을 하는 것이었다. 상인들은, 내 모습 자체가 마음에 들지 않아서인지 말은 들은 체도 않고 모른다고 아무렇게나 대답했다. 내가 달아난 이후로 그때가 가장 비참하고 난처했다. 돈은 한 푼도 없고, 팔 물건도 없었다. 나는 배가 고프고, 갈증도 났으며, 기진맥진했다. 아직도 런던에 있는 것처럼 목적지까지의 길은 멀게만 보였다.

그러는 동안 아침나절이 지나가버렸다. 시장 옆 모퉁이에 있는 빈 상점 계단에 앉아서 사람들에게서 들은 다른 곳으로 찾아가야 할지 궁리를 하고 있을 때, 삯마차를 몰고 지나치던 마부가 말 덮개를 떨어뜨렸다. 내가 그 덮개를 집어주면서 마부의 얼굴을 보니 마음이 좋을 것 같아서, 용기를 내어 미스 트롯우드란 사람이 어디에 사는지 아느냐고 물어보았다. 나는 그 질문을 수없이 되풀이했으므로, 이제는 소리도 제대로 나오지 않을 정도로 기대를 버리고 있었다.

"트롯우드? 들은 것 같은데. 늙은 부인이지?"

"네, 그렇습니다. 좀 나이가 드셨어요."

"등이 아주 꼿꼿하고?" 그는 등을 꼿꼿이 세우면서 말했다.

"맞아요. 아마 그럴 거예요."

"늘 주머니를 가지고 다니지? 큰 주머니를. 무뚝뚝하고, 엄격하면서 꼬장꼬장 따지는 분이지?"

마부의 정확한 표현에, 내 가슴이 철렁 내려앉았다.

"그러면, 내가 가르쳐주지. 저쪽으로 올라가서," 그는 채찍으로 언덕을 가리키며 말했다. "오른쪽으로 곧장 가면 바다로 향한 집이 대여섯 채 있어. 거기서 물으면 알 거야. 내 생각에는, 그 부인은 땡전 한 닢 적선해 줄 위인이 아니야. 내가 1페니 주지."

나는 그 돈을 감사하게 받아서 빵을 샀다. 빵을 다 먹고는 마부가 일러준 대로 한참을 걸어가자 집이 몇 채 보이기 시작했다. 나는 조그마한 가게(고향에서는 만물상이라고 부르는 곳이었다)로 들어가, 미스 트롯우드의 집을 가르쳐주면 감사하겠다고 말했다. 내가 물어본 상대는 카운터 뒤에서 젊은 여자에게 쌀을 달아주고 있는 남자였는데, 젊은 여자가 내 말을 듣고는 재빨리 말했다.

"우리 주인아주머니 말이야? 얘, 그 부인에게 무슨 볼일이 있니?"

"저기, 할 말이 있습니다." 나는 대답했다.

"주인아주머니께 구걸하겠다는 거지?"

"아닙니다, 정말 그건 아니에요." 하지만 말하고 나서 생각해 보니 바로 그런 것이었다. 나는 당황하여 입을 다물고 얼굴만 붉히고 있었다.

그녀의 말로 미루어 보아 그녀는 대고모의 하녀 같았다. 그 여자는 조그마한 바구니에 쌀을 넣고 상점 밖으로 나가면서, 미스 트롯우드의 집을 알고 싶으면 자기를 따라오라고 했다. 더 이상 부탁할 필요도 없었다.

나는 너무도 놀라고 흥분해서 다리가 부들부들 떨렸다. 시키는 대로 젊은 여자를 따라가니, 이윽고 환한 내닫이창이 달린 조그마하고 깨끗한 집에 다다랐다. 집 앞에는 조그마한 안마당 같기도 하고 정원 같기도 한 자갈 깔린 네모난

터가 있었는데, 잘 손질되어 향기로운 꽃들로 가득 차 있었다.
"여기가 미스 트롯우드의 집이야. 그럼, 내가 할 일은 다 한 거야." 그녀는 이렇게 말하고는 나를 데려온 책임을 없애려는 듯이 급히 집 안으로 들어가버렸다. 홀로 남은 나는 정원 입구에 서서 서글프게 거실 창문을 바라보았다. 창문 한가운데로 모슬린 커튼이 약간 열려 있어서, 창문턱에 붙은 크고 둥근 초록색 발 같기도 하고 부채 같기도 한 것, 조그마한 탁자와 큰 의자가 보였다. 어쩐지 대고모는 엄한 자세로 거실에 앉아 있을 것 같았다.

13장 결심의 성과 225

내 행색은 초라했다. 구두는 밑창이 조금씩 떨어져나가고, 윗가죽이 찢어지고 터져서 모양조차 알아볼 수 없을 지경이었다. 잠잘 때 쓰는 모자까지 겸해온 내 모자는 납작하게 구겨지고 일그러져서, 두엄 위에 내다버린 낡고 짜부라지고 손잡이 없는 냄비 저리가라였다. 바지와 셔츠는 땀과 밤이슬과 풀물, 내가 누워 잘 때 아래에 깔았던 켄트주(州)의 흙이 묻어 더러워진 데다 찢어지기까지 해서, 내 꼴을 본다면 대고모 댁의 정원에 있는 새들도 놀라 달아날 지경이었다. 내 머리는 런던을 떠난 이후로 빗 맛을 본 적이 없었다. 얼굴과 목, 두 손은 전에 없이 바람에 시달리고 햇볕에 그을려서 나무딸기 같은 갈색으로 변해버렸다. 마치 석회솥에서 나온 것처럼, 머리에서 발끝까지 백토와 먼지를 뒤집어써서 하얬다. 그런 꼴을 하고서, 무서운 대고모께 나를 소개하고 처음으로 심판을 받기 위해 기다리고 있었던 것이다.

거실 창문이 너무도 조용해서 잠시 뒤에는 대고모가 거실에 계시지 않는 것이 아닌가 하는 생각이 들었다. 그래서 고개를 들고 2층 창문을 바라보았다. 그랬더니 머리카락이 하얀, 혈색 좋고 유쾌해 보이는 한 신사가 괴상한 태도로 한눈을 감은 채 나를 향해 몇 번 고개를 끄덕이기도 하고 내젓기도 하다가, 크게 웃더니 사라져버리는 것이었다.

지금까지도 불안했는데, 그 뜻밖의 행동을 보니 한층 더 불안했다. 그래서 생각을 정리하기 위해 막 달아나려는 순간, 모자 위로 손수건을 동여맨 부인이 집에서 나왔다. 손에는 정원용 장갑을 끼고, 통행세 징수원 같은 정원 손질용 주머니 옷을 걸치고, 큰 칼을 들고 있었다. 나는 이 부인이 미스 벳시 대고모라는 것을 금방 알 수 있었다. 왜냐하면 그녀가 으스대며 걸어나오는 모습이, 가련한 어머니가 가끔 말씀해 주셨던 그 모습과 똑같았기 때문이다. 어머니께서는 블룬더스톤 땅까마귀 집 뜰을 활보하던 대고모의 모습을 이따금 들려주었다.

"저리 가!" 미스 벳시는 크게 고개를 젓고, 칼로 공기를 자르는 시늉을 하면서 말했다. "저리 가라고! 아이들이 올 곳이 아니야!"

대고모는 정원 모퉁이로 가더니, 몸을 숙이고 어떤 나무뿌리를 캐는 것이었다. 그 모습을 보고 있자 속에서 뜨거운 것이 목구멍까지 치밀어 올랐다. 나는 용기라기보다는 자포자기한 심정으로 조용히 대고모 곁으로 가서 손가락으로 대고모를 건드렸다.

"죄송합니다만, 마님." 내가 입을 열었다.

대고모는 깜짝 놀라 바라보았다.

"저어, 대고모님."

"뭐라고?" 대고모는 전혀 들어 본 적이 없는 놀란 투로 소리쳤다.

"대고모님, 저는 대고모님의 조카입니다."

"오, 맙소사!" 대고모는 소리치면서, 정원 통로에 주저앉았다.

"저는 서퍽주 블룬더스톤의 데이비드 코퍼필드입니다. 제가 태어나던 날 밤에 대고모님이 어머니를 보러 오셨지요. 어머니가 돌아가신 뒤로 저는 참으로 불행한 생활을 해왔습니다. 멸시당하고, 교육도 받지 못하고, 내버려지고, 힘겨운 일을 해야만 했습니다. 그래서 달아났는데, 출발하자마자 도둑을 만나 가진 것을 다 빼앗겼습니다. 걸어서 여기까지 왔고요. 오면서 한 번도 침대에서 자 보지 못했습니다." 여기까지 말하고 나자 긴장했던 마음이 갑자기 풀렸다. 내가 얼마나 고생했는지 그 또렷한 증거를 제시하기 위해 거지나 다름없는 꼴을 두 손으로 가리키는 순간 나는 갑자기 울음을 터뜨렸다. 한 주일 내내 쌓였던 감정이 폭발한 것이었다.

대고모는 어이가 없다는 표정으로 자갈 위에 앉은 채 나를 지켜보고만 있었지만, 내가 울음을 터뜨리자 부리나케 일어나서 내 옷깃을 잡고 거실로 데리고 갔다. 그러고는 가장 먼저, 큰 찬장 문을 열고는 병을 몇 개 꺼내 안에 든 것을 차례로 내 입에 부어넣었다. 아무렇게나 손에 잡히는 대로 넣어준 것이 틀림없었다. 아니스 열매즙 맛도 났고, 안초비 소스 맛도 났으며, 샐러드드레싱 맛도 났기 때문이다. 그런 원기회복제를 먹였지만, 나는 여전히 흥분하여 울고 있었기에, 대고모는 소파에다 나를 눕히고, 소파 덮개가 더럽혀지지 않도록 숄을 머리 밑에 받쳐주고, 머리에 쓰고 있던 손수건을 벗어서 내 발 밑에 깔아주었다. 그렇게 하고 난 뒤에, 대고모는 이미 말한 바 있는 초록색 부채 같기도 하고 발 같기도 한 물건 뒤에 앉아버렸으므로, 나는 대고모의 얼굴을 볼 수가 없었다. 대고모는 이따금씩 "우리에게 자비를 베푸소서!" 라고 외쳤다. 그 절규는 마치 1분에 한 번씩 발사하는 조포(弔砲) 같았다.

잠시 뒤 대고모는 벨을 울렸다. 하녀가 들어오자 대고모는 말했다. "자넷! 2층으로 가서 딕 씨에게 안부를 전하고, 여쭐 것이 있다고 말해줘."

자넷은 소파에 꼿꼿이 누워 있는 나를 보고 약간 놀란 것 같았지만(사실 나는 움직이고 싶었지만 대고모가 화를 낼까 두려워 가만히 있었다) 대고모의 심부름을 하기 위해 나가 버렸다. 대고모는 뒷짐을 지고 방 안을 왔다 갔다 했다. 드디어 2층 창문에서 나에게 윙크했던 그 신사가 너털웃음을 터뜨리면서 들어왔다.

"딕 씨." 대고모가 말했다. "웃을 일이 아니에요. 당신이 마음만 잡수시면 누구보다도 더 분별력 있는 사람이 된다는 건 우리 모두가 알고 있어요. 그러니까 무슨 일이 있어도 어리석은 소리는 말아요."

그 말을 듣자, 신사는 진지한 표정을 지으면서 나를 바라보았다. 마치 조금 전 창문에서 보인 행동에 대해서는 아무 말 말아 달라는 표정이었다.

"딕 씨." 대고모는 말했다. "내가 언젠가 데이비드 코퍼필드에 대해 이야기한 적이 있지요? 기억에 없는 체하진 말아요. 당신과 나는 서로 잘 알고 있으니까."

"데이비드 코퍼필드?" 딕 씨는 잘 기억이 나지 않는 것 같았다. "데이비드 코퍼필드? 아, 그래요, 기억나요, 데이비드야."

"그래요," 대고모가 말했다. "이 애가 바로 그의 아들이에요. 어머니는 안 닮았지만 아버지를 쏙 뺐죠?"

"그의 아들이라고요?" 딕 씨가 말했다. "데이비드의 아들이라고요?"

"그래요." 대고모가 말했다. "이 애가 큰일을 저질렀어요. 도망쳐왔대요. 아! 이 애가 여자아이고, 벳시 트롯우드였으면 절대로 달아나지 않았을 텐데." 태어나지도 않은 아이의 성격과 행동을 자신 있게 이야기하면서 대고모는 고개를 저었다.

"아, 여자아이라면 달아나지 않았을 거란 말이지요?" 딕 씨가 말했다.

대고모는 날카롭게 소리쳤다. "무슨 말을 그렇게 해요! 당연하잖아요! 계집아이가 태어났더라면, 나와 같이 살았을 거야, 서로 아껴주면서 말이에요. 달아난다든가, 어디로 떠나는 일이 있었을 것 같아요?"

"그야 없겠죠." 딕 씨는 말했다.

"그렇다면," 마음이 누그러진 대고모는 말했다. "당신은 어째서 그렇게 얼빠진 소리를 할 수가 있죠? 눈치 빠르신 분이. 아무튼 이 아이가 어린 데이비드 코퍼필드예요. 내가 묻고 싶은 건 이 애를 어떻게 하면 좋을까 하는 거예요."

"이 애를 어떻게 하면 좋겠느냐고요?" 딕 씨는 머리를 긁적거렸다.

"그래요." 대고모는 엄숙한 표정으로 그리고 집게손가락을 세우며 말했다. "그 부분에 대한 좋은 생각을 들려주세요."

"나 같으면," 그는 나를 멍하니 바라보다가 문득 영감이 떠오른 것처럼 빠르게 말했다. "목욕을 시키겠어요."

"자넷," 대고모는 몸을 돌리며 말했다. "딕 씨는 옳은 소리만 한단 말이야. 목욕물을 데우도록 해!"

내게는 이 대화도 아주 재미있었지만, 그동안에도 나는 끊임없이 대고모, 딕, 그리고 자넷을 관찰하고, 아까부터 하던 일이지만, 이 방을 더욱 자세히 살펴보지 않을 수 없었다.

대고모는 키가 크고 무섭게 생겼지만, 절대로 사나워 보이지는 않았다. 대고모의 얼굴 생김새, 목소리, 걸음걸이, 태도에는 강직성이 엿보였으므로, 어머니 같이 온순한 분은 그것만으로도 이미 겁에 질렸을 것이다. 사실 대고모는 고집스럽고 엄하게 생기기는 했지만, 오히려 늠름하고 기품이 있는 미인이었다. 특히 내가 눈여겨본 것은 대고모의 생기 있고 빛나는 눈이었다. 허옇게 센 머리는 단정하게 두 갈래로 나누어 모자 밑에 감추었다. 모브캡이라는 두건 모양의 모자는 양쪽에 끈이 달려 있어 턱 밑에서 매도록 되어 있는데, 당시에는 제법 유행했었다. 대고모의 옷은 연한 자주색이었으며 아주 깨끗했다. 될 수 있는 한 간편하게 하려고 너덜너덜한 치맛단을 전부 잘라버렸으므로 승마복 같았다. 옆구리에는, 크기와 모양으로 보아 신사용 같은 금시계와 더불어, 그 시계와 어울리는 시곗줄과 인장을 함께 차고 있었다. 목에는 셔츠 옷깃 같은 리넨이, 손목에는 조그마한 셔츠 소매 장식이 달려 있었다.

딕 씨는 머리는 백발이었지만 혈색은 좋았다. 그러나 이상하게도 그는 고개가 구부정했다. 나이 때문에 그런 것은 아니었다. 그런 딕 씨의 모습을 보니 매를 맞고 나서 머리를 수그린 크리클 씨의 학교 학생들이 생각났다. 그리고 이상할 정도로 물처럼 맑게 빛나고 유난히 크고 툭 불거진 딕 씨의 회색 눈은, 그의 멍한 태도와 대고모에 대한 복종, 대고모가 칭찬이라도 하면 어린애처럼 기뻐하는 철없는 행동들을 볼 때, 어쩌면 딕 씨가 약간 돌지 않았나 하는 생각이 들게 했다. 그는 헐렁한 회색 모닝코트와 조끼 그리고 하얀 바지 차림으로 여느 신사들과 같은 복장이었다. 조그마한 주머니에는 시계를 넣고 다녔으며, 큰 주머니에는 돈을 넣고 다니면서 짤랑짤랑 소리를 냈다.

자넷은 열아홉이나 스무 살쯤 된 한창 나이의 처녀였으며, 생김생김이 무척 깨끗했다. 그녀는 대고모가 남자를 포기시킬 교육을 실시할 작정으로 하녀 대신 거두어 돌보는 여자 가운데 하나인데, 나중에 빵장수와 결혼하여 그들의 결의를 포기해버렸다.

방은, 자넷과 대고모의 생김새만큼이나 말쑥했다. 지금도 펜을 놓고 생각하면, 꽃향기를 실은 바닷바람이 살랑살랑 불어오는 것만 같다. 닦아서 윤이 나는 구식 가구와 아치형 창문에 붙어 있는 초록색의 둥근 부채 주위에는 아무도 침범할 수 없는 대고모의 의자와 탁자, 거친 융단, 고양이, 주전자걸이, 카나리아 두 마리, 골동품 도자기, 여러 종류의 병과 항아리가 들어 있는 큰 찬장이 보였다. 그리고 이상하게도 그것들과 어울리지 못한 채, 그 모든 것들을 눈여겨보고 있는 소파 위의 먼지투성이 나 자신을 보았다.

자넷이 목욕물을 준비하려고 나갔을 때, 대고모가 화가 나서 엄한 표정으로 소리를 빽 질렀다. "자넷! 당나귀가 나타났어!" 그 바람에 나는 깜짝 놀랐다.

자넷은 집에 불이라도 난 듯이 계단으로 뛰어올라오더니 집 앞 조그마한 잔디밭으로 뛰어나가, 막 잔디밭에 발을 들여놓은, 그것도 어떤 부인이 타고 있는 당나귀 두 마리를 몰아버렸다. 한편 대고모도 밖으로 뛰쳐나가, 한 아이가 타고 있는 또 다른 당나귀의 고삐를 잡고 밖으로 끌어내더니, 성지를 모독한 죄로 시중드는 불쌍한 아이의 따귀를 때렸다. 대고모가 그 푸른 잔디밭에 대해 무슨 법적 권리를 가졌는지는 나도 모른다. 그러나 대고모는 그런 권리를 가졌다고 생각했으므로 그런 것은 아무래도 좋았다.

아무튼 대고모가 가장 모욕적으로 느끼는 것은 깨끗한 잔디밭으로 당나귀가 지나가는 것이었다. 그래서 언제나 혼쭐을 내주겠다고 벼르고 있었다. 대고모가 어떤 일을 하고 있거나 아무리 재미있는 대화를 나누는 중이라도, 당나귀 얼굴만 보이면 눈이 뒤집히면서, 당나귀 있는 데로 곧장 달려가는 것이었다. 무단 침입하는 아이들을 혼내주려고 물통과 물주전자를 숨겨놓는가 하면 문 뒤에는 회초리까지 준비해두었다. 그리고 낮이나 밤이나 보이기만 하면 늘 돌격해 나갔다. 전투는 온종일 끊임없이 이어졌다. 그러나 대고모의 이런 행동은 당나귀를 먹이는 아이들에게는 아주 신나는 일이었다. 당나귀들 가운데에서도 약삭빠른 놈은 대고모의 처벌이 대수롭지 않다는 것을 알고서, 특유의 고집을 부리며, 그 잔디밭을 밟고 지나가는 것이었다.

목욕물이 준비되는 동안에도, 세 번이나 깜짝 놀랄 일이 있었다. 그중에서 마지막이며 가장 강렬했던 것은, 대고모가 한 손으로 열다섯 살쯤 된 연한 갈색 머리의 소년을 잡고는 대문에 머리를 부딪치게 했던 것이다. 그런 소란이 나에게는 우습게만 여겨졌다. 왜냐하면 마침 대고모는 큰 숟갈로 나에게 고기 수프를 먹여 주고 있었는데(대고모의 말에 따르면, 나는 그때 굶어 죽기 직전이어서 조금이라도 더 영양을 섭취해야 했다), 내가 입을 '아' 하고 벌리면 대고모는 느닷없이 숟가락을 다시 그릇에다 꽂고는, "자넷, 당나귀들이 나타났어!"라고 소리치면서, 밖으로 뛰어나갔기 때문이다.

목욕하고 나니 기분이 좋았다. 그동안 들판에서 잠을 잔 탓에 팔다리가 쑤시고 아팠으며, 피곤하고 기운이 없어서, 단 5분도 눈을 뜨고 있을 수 없었다. 목욕을 마치자, 대고모와 자넷이 나에게 딕 씨의 셔츠와 바지를 입히고 두세 개의 큰 숄로 싸주었다. 모양새는 볼품없었겠지만, 나는 아주 따뜻했다. 게다가 몸이 나른하고 졸음이 와서, 나는 소파에 눕자마자 잠들어버렸다.

오랫동안 마음속에 품어 왔던 공상에서 생겨난 꿈이었는지는 몰라도, 대고모가 다가와서, 몸을 굽혀 내 얼굴에 늘어진 머리카락을 쓸어올리고 더 편안하도록 머리를 고쳐 눕힌 뒤 계속 곁에 서서 나를 지켜보는 듯한 느낌을 가지고 잠에서 깨어났다.

"귀여운 녀석"이니 "불쌍한 녀석"이란 말도 들렸던 듯했다. 그러나 잠에서 깨어나 보니, 대고모가 그런 말을 했다고 믿을 만한 근거는 어디에도 없었다. 대고모는 초록색 발 뒤 아치형의 창문 곁에 앉아서 바다를 내다보고 있었다. 그 발은 회전 쇠고리에 이어져 있어서, 어느 방향으로든 움직였다.

잠에서 깨자 바로 구운 닭과 푸딩으로 식사를 했다. 나는 식탁에 앉았으나, 묶인 새처럼 팔을 놀리기가 무척 어려웠다. 그러나 대고모가 일껏 감싸준 숄이었기 때문에 불편해도 불평은 하지 않았다. 그보다는 대고모가 나를 어떻게 할 것인지가 제일 궁금했다. 그러나 대고모는 말없이 식사만 했다. 이따금씩 맞은편에 있는 나를 지긋이 바라보면서 "자비를 베푸소서!"라고 말할 뿐이었다. 그런 말이 궁금증을 풀어주진 못했다.

식탁을 치우고, 약간의 셰리주가 식탁 위에 놓이자(나도 한 잔 마셨다), 대고모는 또 딕 씨를 부르러 사람을 보냈다. 딕 씨가 우리와 합석했다. 대고모가 내 이야기에 귀를 기울이라고 딕 씨에게 말하자, 그는 정신을 차렸다. 대고모는 나에게 계속 질문을 퍼부어 나에 대한 이야기를 차례차례 이끌어냈다. 그러나 내가 이야기하는 동안, 대고모는 딕 씨를 지켜보고 있었다. 그렇게라도 하지 않으면 그는 잠이 들었을 것이다. 하지만 딕 씨가 미소만 지어도 대고모는 무섭게 쏘아보며 웃지 못하게 했다.

"도대체 그 불쌍하고 철없는 애가 어쩌자고 다시 결혼을 했을까?" 내 이야기가 끝나자 대고모가 말했다. "이해할 수가 없어."

"아마도," 딕 씨가 잠시 생각한 뒤 히죽 웃었다. "쾌락을 위해서였겠죠."

"허, 쾌락이라니!" 대고모는 말했다. "결국 자기를 못살게 굴게 뻔한 개 같은 녀석을 철석같이 믿다니, 참으로 엄청난 쾌락이었겠군! 그 애에게는 번듯한 남편이 있었는데, 어렸을 때부터 늘 밀랍인형 같은 여자만 따라다니던 지금은 고인이 된 데이비드 코퍼필드라는 남편이. 그 애는 아기를 가졌었어요. 오, 여기 앉아 있는 이 애를 금요일 밤에 낳았을 때 그 애에게는 아기가 둘이었지. 그런데 무엇이 모자라서 다시 시집을 갔단 말이에요?"

"그야, 두 번째 남편과 사랑에 빠졌기 때문이겠죠." 딕 씨가 말했다.

"사랑에 빠지다니! 그게 무슨 소리예요? 그 애가 왜 사랑에 빠진다는 거죠?"

딕 씨는 이 상황을 견딜 수 없다는 듯이 나를 보고 고개를 저었다.

"그 애는 다른 여자들처럼 아기를 낳을 수도 없었어요." 대고모의 푸념은 이어졌다. "이 아이의 누이동생, 벳시 트롯우드가 어디에 있냐? 태어나지도 않았다고? 천만에!"

딕 씨는 몹시 놀란 표정이었다.

"그때 그 고개를 한쪽으로 기울이고 있던 작달막한 의사, 이름이 젤립스든가 뭐라든가 했던 자, 그자가 마치 울새처럼 내게 한 말이라곤 '아들입니다'뿐이었어, 아들! 허, 참, 하나같이 다 얼마나 어리석은 자들인지!"

그녀의 맹렬한 기세에 딕 씨는 몹시 놀랐다. 솔직히 말해서 나도 깜짝 놀랐다.

"게다가 그러고도 모자라서, 이 아이의 누이동생 벳시를 불행하게 하는 것만으로도 모자라서 재혼을 하다니, 그것도 살인잔지 뭔지, 그런 이름의 사내와 결혼하다니,[4] 그래서 이번에는 이 아이의 행복까지 방해하다니! 그 결과는, 갓난 아기가 아니고서야 누구든지 알 수 있는데, 이 아이는 떠돌이생활을 할 수밖에 다른 방법이 없었지. 봐요, 이 아이를. 아직 어린데도 벌써부터 카인[5]이랑 똑같잖아요."

카인이 이렇게 생겼구나 하고 확인하는 것처럼, 딕 씨는 나를 빤히 바라보았다.

"그리고 또 한 사람 있었어요. 뭐라더라, 천벌받을 이름의 여자였는데," 대고모의 울분은 여전히 이어졌다. "그래, 페거티, 그 여자도 뒤이어 결혼을 했어. 악마와 같이 지긋지긋한 일이 결혼 뒤에 닥친다는 것도 모르고서. 이 아이의 말을 들으니, 정말 별 볼일 없는 결혼을 한 모양이에요. 아무튼 그 남편이라는 작자도," 대고모는 고개를 저으면서 말했다. "신문에 자주 나는 몽둥이질 잘하는 사내들 가운데 하나일 거예요. 그러니 차라리 그 여편네를 실컷 패주었으면 속이 시원하겠어."

나는 그리운 내 유모가 헐뜯기고 당치도 않는 소원의 대상이 되는 것을 가만히 듣고 있을 수가 없었다. 그래서 나는 대고모가 잘못 생각하고 있다고 말했다. 페거티는 이 세상에서 가장 진실하고 가장 충실하며 가장 성실하고 가장 헌신적인 하인이자 우리의 친구였으며, 나를 진심으로 사랑해 주었고, 어머니를 사랑해 주었으며, 어머니가 돌아가실 때에는 그녀의 팔에 안겨서 그녀의 얼굴에 마지막으로 감사의 키스를 했다는 사실을 말씀드렸다. 어머니와 페거티를 떠올리니 목이 메었다. 페거티의 집이 곧 내 집이고, 페거티의 것이 내 것이며, 내가 있어도 짐이 되지 않을 정도로 그녀의 처지가 딱하지 않았더라면, 그녀와 같이 살았을 것이라는 말을 하려고 작정했지만 가슴이 복받쳐서 그만두었다. 말을 하려고 하자 맥이 탁 풀리면서 울음이 터져 나왔다. 나는 탁자에 엎드려 두 손으로 얼굴을 가렸다.

"됐어, 됐어!" 대고모가 말했다. "자기에게 도움을 준 사람 편을 드는 이 아이가 옳아, 자넷! 당나귀가 나타났어!"

---

4) 머드스톤이라는 이름을 제대로 기억하지 못하고 살인자(Murderer)와 혼동한 것.
5) 창세기 9장 참조. 카인은 아담과 이브의 장남. 동생 아벨을 죽이고, 신의 노여움을 사서 영원히 떠돌이가 됨.

지금도 확신하건대, 만약 당나귀가 끼어들지만 않았더라면 나와 대고모 사이는 분명 좋은 이해를 구축했을 것이다. 왜냐하면 대고모는 내 어깨에 상냥하게 손을 올렸고, 나도 조금 용기를 내어 그녀를 끌어안고 보호를 요청하기 직전이었기 때문이다. 하지만 이런 난입과 뒤이어 발생한 문 밖에서의 소동으로, 누그러지던 마음은 당분간 한쪽으로 밀려났다.

대고모는 몹시 화를 내면서 법대로 변상을 요구할 것이며, 도버의 모든 당나귀 소유자를 상대로 가택 불법 침입죄로 고소하겠다는 단호한 결의를 딕 씨에게 다짐하고 있었다. 그러한 노여움은 차 마시는 시간까지 이어졌다.

차를 마신 뒤 우리는 창가에 앉았다. 대고모의 날카로운 표정으로 보아, 잔디밭을 침입하는 자를 감시하는 것 같았다. 황혼이 깃들자 자넷이 촛불과 주사위 놀이 판을 탁자 위에 가져다 놓고 덧문을 내렸다.

"자, 딕 씨," 대고모는 전처럼 집게손가락을 치켜들고, 심각한 표정으로 말했다. "내가 묻고 싶은 것이 또 있어요. 이 아이를 보세요."

"데이비드의 아들 말이죠?" 딕 씨는 조금 곤란스러운 얼굴로 주의 깊게 나를 보며 말했다.

"그래요. 당신이라면 이 아이를 어떻게 하시겠어요?"

"데이비드의 아들을 말입니까?"

"그래요," 대고모는 말했다. "데이비드의 아들 말이에요."

"아!" 딕 씨는 말했다. "네, 나 같으면 잠을 재우겠습니다."

"자넷!" 대고모는 만족스럽고도 기세 좋게 외쳤다. "딕 씨가 얘기를 마무리지어 주셨어. 잠자리가 준비되면, 애를 재우기로 하자."

자넷이 잠자리는 준비되어 있다고 하자, 나는 그대로 2층으로 이끌려갔다. 친절하게 대해주었으나, 어쩐지 죄수 같은 느낌이 들었다. 대고모가 앞장서고, 자넷이 뒤따랐다. 유일하게 새로운 희망을 안겨준 상황은, 대고모가 계단을 오르다가 탄내를 맡고 무슨 냄새냐고 묻자 자넷이 부엌에서 내 낡은 셔츠로 부싯깃을 만들고 있다고 대답한 것이었다. 그러나 내 방에는 내가 입고 있던 누더기 말고는 입을 것이 아무것도 없었다. 대고모가 꼭 5분간 밝혀줄 것이라고 말하면서 나에게 준 초 한 자루를 가지고 홀로 남게 되었을 때, 대고모와 자넷이 밖에서 문 잠그는 소리를 들었다. 나에 대해서 아는 바가 없는 대고모가, 혹시 내가 달아나는 버릇이 있지 않나 하는 염려에서, 달아나지 못하도록 미리 예방책을 강구한 것이라고 생각했다.

　방은 마음에 들었다. 집 꼭대기에 있어서 바다가 내려다보였다. 바다에는 달빛이 환히 비치고 있었다. 나는 기도를 올리고, 촛불이 다 타버린 뒤에도 조용히 앉아서 바다에 비친 달빛을 하염없이 바라보았다. 반짝이는 그 바다에서 나의 미래를 알 수 있기라도 하는 듯이, 그리고 마지막으로 보았을 때의 그 아름다운 모습으로 어머니가 아기를 안고 나를 보기 위해 그 반짝이는 길을 따라 하늘나라에서 내려오는 것이 보이기라도 하는 듯이. 그러나 나는 마음을 다잡고 눈길을 옆으로 돌렸다. 흰 커튼이 쳐진 침대를 보자 어느새 고맙고 쉬고 싶은 마음으로 바뀌었다. 포근한 흰 침대에 누워서 눈같이 흰 시트 속으로 들어갔을 때는 그런 마음이 더욱 커졌다. 하늘을 지붕 삼아 벌판에서 수많은 밤을 지새우며, 밤마다 다시는 집 없는 신세가 되지 않도록 얼마나 기도를 했으며, 또 집 없는 쓰라린 심정을 잊지 않겠다고 얼마나 다짐했던가! 그리고 쓸쓸한 바다 위에 달빛이 만든 꿈나라로 떠내려가던 심정을 어찌 잊을 수 있을까.

14장
대고모의 결심

다음 날 아침 아래층으로 내려가자, 대고모가 아침을 차린 식탁에 몸을 굽힌 채 팔꿈치를 쟁반 위에 놓고 골똘히 생각에 잠겨 있는 것이 보였다. 찻주전자의 물이 흘러넘쳐서 식탁보를 흠뻑 적시는 것도 몰랐다. 내가 들어서자 대고모는 비로소 명상에서 깨어났다. 틀림없이 나에 대해서 생각하고 있다고 굳게 믿었으므로, 나는 대고모의 결정이 무엇인지 몹시 궁금했다. 그러나 혹시 대고모의 비위를 상하게 할까 두려워 감히 입 밖에 낼 용기는 없었다.

하지만 눈은 혀만큼 내 말을 잘 듣지 않아서, 아침 식사 중에도 여러 번 대고모를 바라보았다. 내가 조금이라도 길게 대고모를 쳐다보면, 으레 대고모도 나를 보았다. 더욱이 조그마한 둥근 식탁 맞은편에 내가 앉아 있는데도, 아주 멀리 떨어져 있는 것처럼 이상한 태도로 나를 바라보았다. 대고모는 식사를 끝내자 침착하게 의자에 기대앉아 눈살을 찌푸리고 팔짱을 낀 채로 뚫어지게 나를 바라보았다. 그 바람에 나는 당황하여 몸 둘 바를 몰랐다. 나는 아직 식사를 하던 중이었기에 식사를 계속함으로써 당황함을 감추고 아무렇지 않은 체하려고 애썼다. 그러나 나이프가 포크에 걸리고 포크는 나이프에 부딪혀서, 한입 크기로 베이컨을 자르려고 하면 깜짝 놀랄 만큼 높이 휙 하고 날아가 버렸다. 차를 마셔도 잘못 들어가 사레들리곤 했다. 결국 나는 식사를 그만두고, 대고모의 빈틈없는 눈길 속에서 얼굴을 붉힌 채 앉아 있어야 했다.

"얘야." 한참 만에야 대고모가 처음으로 입을 열었다.

나는 고개를 들고, 대고모의 날카로운 눈길을 정중히 받아들였다.

"그 사람에게 편지를 썼다." 대고모가 말했다.

"누구에게요—?"

"너의 의붓아버지 말이다. 잘 생각해 보라고 일러 놓았어. 안 그럼 일이 엄청나게 커질 테니까."

"대고모님, 그럼 그 사람이 제가 있는 곳을 알게 되나요?" 나는 깜짝 놀라서 물었다.

"내가 주소를 가르쳐줬어." 대고모는 고개를 끄덕였다.

"그럼 나는 그에게 넘겨지게 되나요?" 나는 더듬거리며 말했다.

"거기까진 모르겠다." 대고모는 말했다. "두고 봐야지."

"아! 어떻게 하면 좋지?" 나는 무심결에 소리쳤다. "만약 머드스톤 씨에게 돌아가야 한다면!"

"그건 나도 몰라." 대고모는 고개를 저으며 말했다. "두고 봐야지."

그 말에 나는 그만 맥이 탁 풀리고 말았다. 보기에도 안쓰러울 정도로 풀이 죽어 있었다. 그러나 대고모는 그런 나에겐 크게 주의를 기울이지 않는 것 같았다. 대고모는 가슴받이가 달린 허름한 앞치마를 찬장에서 꺼내 입고서 손수 찻잔을 씻었다. 다 씻어서 쟁반 위에 다시 포개 놓고, 상보를 접어서 그 위에 놓더니 종을 울려 자넷을 불러서 가져가도록 했다. 이번에는 청소를 했다. 먼저 장갑을 끼고서 조그마한 빗자루로 양탄자에 떨어진 빵 조각을 쓸어냈다. 현미경으로 조사해도 얼룩 하나 없을 정도로 깨끗이 치웠다. 다음에는 빈틈없이 정돈된 방을 다시 털고 정돈하는 것이었다. 대고모는 마음에 흡족하도록 일을 끝내자, 장갑과 앞치마를 벗어 접어서 아까 꺼냈던 찬장 한 귀퉁이에 넣었다. 이번에는 반짇고리를 꺼내 내닫이창 가의 자기 책상으로 가서, 초록색 발로 햇빛을 가리고 바느질을 시작했다.

"너는 2층으로 가서," 대고모는 바늘에 실을 꿰며 말했다. "딕 씨에게 인사말을 전하고, 회상록 쓰는 일이 어느 정도 진행되었는지 듣고 오너라."

나는 그 심부름을 하기 위해 재빠르게 일어났다.

"딕이라니, 이름이 너무 짧다고 생각했겠지?" 대고모는 바늘에 실을 꿸 때처럼 눈을 가늘게 뜨고 나를 쳐다보면서 말했다.

"어제는 그렇게 생각했어요." 나는 솔직히 말했다.

"마음만 먹으면 그도 긴 이름을 쓸 수 있어." 대고모는 도도한 태도로 가슴을 펴며 말했다. "리처드 바블리가 그 신사의 진짜 이름이야."

그 말을 듣자, 나 같은 어린애가 실례인 줄도 모르고 어제부터 너무 버릇없이 부른 것이 죄송스러워, 그를 리처드 바블리라고 부르는 것이 좋지 않겠느냐고 말하려는 순간, 대고모가 다음 말을 이었다.

"그러나 어떤 일이 있어도 그를 본명으로 불러서는 안 돼. 그 사람은 그 이름을 아주 싫어하거든. 그래서 이상한 사람 취급당하지만, 나는 그렇게 생각하지 않아. 자기와 이름이 똑같은 사람이 그를 욕되게 했으므로, 그 이름만 들어도 소름이 끼친다는구나. 그래서 여기서는 딕 씨로 통해. 아니, 다른 곳에서도—다른 곳에는 안 가겠지만. 그러니 얘야, 절대로 딕 말고 다른 이름을 불러서는 안 된다. 알겠지?"

나는 시키는 대로 하겠다고 약속하고서 대고모의 말을 전하려고 2층으로 올라갔다. 아침에 내려올 때 열린 문을 통해서 그가 열심히 회고록을 집필하는 것을 보았는데, 그 속도로 오랫동안 써내려 왔다면 지금쯤은 꽤 진전됐을 거라고 생각했다. 아니나 다를까, 딕 씨는 머리가 원고지에 닿도록 푹 숙인 채 열심히 회고록을 쓰고 있었다. 어찌나 몰두했는지 내가 온 것도 몰랐다. 그래서 나는 여유를 가지고 방 한쪽 구석에 있는 커다란 종이연, 무질서하게 흩어져 있는 원고 뭉치, 수많은 펜과 잉크병을 보았다. 특히 잉크병은, 반 갤런짜리 커다란 병이 12개나 있었다.

"허! 이런!" 딕 씨는 펜을 놓으면서 말했다. "세상 살아가기가 어때? 내가 좀 가르쳐 주마." 그는 갑자기 목소리를 낮추며 말했다. "말하고 싶진 않지만 그러나 세상은—" 그는 손짓으로 나를 불러서, 입을 내 귀에 딱 붙이고 말했다. "미친 세상이야. 정신병원처럼 미쳤어!" 딕 씨는 탁자 위에 있는 둥근 상자에서 코담배를 꺼내면서 크게 웃었다.

나는 그 문제에 대해서 주제넘게 내 의견을 말하지 않고, 대고모의 말을 전했다.

"아, 그래." 딕 씨는 대답으로 말했다. '그럼 대고모님께도 내 인사말을 전해줘. 그리고 일은—일단 시작은 했어. 아무튼 쓰고는 있는데." 딕 씨는 반백의 머리를 긁으며, 자신 없는 눈으로 원고를 바라보았다. "학교에 다닌 적 있니?"

"예, 잠깐 다녔습니다."

"그럼 너 그 연대를 기억하고 있니?" 딕 씨는 진지하게 나를 바라보면서, 내 대답을 적으려고 펜을 쥐고 말했다. "찰스 1세의 목이 달아난 연대 말이야."

나는 1649년이라고 대답했다.

"그래," 딕 씨는 펜으로 귀를 긁으며, 나를 바라보면서 말했다. "책에는 그렇게 씌어 있지. 그런데 어떻게 그럴 수가 있지? 그처럼 오래전 일인데, 어떻게 사람들이, 왕의 목이 달아난 뒤에, 그 왕 머릿속에 있던 골치 아픈 일들을 이 내 머릿속에 집어넣는 잘못을 저지를 수가 있는지?"

나는 그 물음에 몹시 놀랐다. 그러나 그 점에 대해서는 어떤 대답도 할 수 없었다.

"참으로 이상하지." 딕 씨는 낙담하여 원고를 바라보고, 또다시 머리를 긁으며 말했다. "그걸 알 수가 없단 말이야. 그러나 그까짓 것, 상관없어!" 그는 기운차게 말하면서 일어났다. "시간은 충분해! 미스 트롯우드에게 전해다오. 아주 순조롭게 진행 중이라고!"

내가 방을 나오려고 하자, 그는 연을 가리키며 물었다.

"저 연을 어떻게 생각하니?"

나는 참 아름답다고 대답했다. 높이가 7피트는 되어 보이는 커다란 연이었다.

"내가 직접 만들었단다. 우리 밖에 가서 날려 볼까. 나하고 같이." 딕 씨가 말했다. "이거 보이지?"

듣고 보니 그 연은 원고를 덧붙여 발라 만든 것으로, 자잘한 글씨가 빽빽하게 쓰여 있었다. 글씨가 아주 반듯했으므로, 한 줄 한 줄 읽어가는 동안 한두 군데, 찰스 1세의 목 이야기에 관해 언급한 부분을 찾았다.

"연줄도 많아." 딕 씨는 말했다. "연이 높이 날아가면, 찰스 1세의 목에 관한 이야기도 그만큼 멀어지는 거지. 이것이 그 이야기를 여기저기 알리는 내 수법이야. 연이 어디에 떨어질지는 나도 몰라. 바람과 운에 맡기는 거지. 아무튼 나는 날려보는 거다."

그는 표정이 부드럽고 유쾌하며, 태도가 명랑했지만, 보기에 따라서는 가까이하기 어려운 부분도 있었다. 나는 그가 기분 좋게 농담을 한다고만 생각해서 유쾌하게 웃었다. 그도 웃었다. 우리는 가장 좋은 친구가 되어 헤어졌다.

"그런데, 얘야," 아래층으로 내려가자, 대고모가 말했다. "오늘 아침 딕 씨는 어떠니?" 나는 딕 씨의 인사말과 회고록 집필이 아주 순조롭게 진행되고 있다는 말을 전했다.

"네 생각은 어떠니?" 대고모가 물었다.

나는 그 물음을 피하고 싶은 이상한 생각이 들어서, 좋은 사람인 것 같다고만 대답했다. 그러나 대고모는 그냥 넘어가 주지 않았다. 대고모는 바느질감을 무릎에다 놓고, 팔짱을 끼면서 말했다. "허! 벳시 트롯우드였더라면 생각한 대로 솔직히 말했을 텐데. 너도 누이동생을 본받아서 솔직하게 말하려무나!"

"대고모님, 제가 몰라서 묻는데요, 그분은 아주 정신 나간 사람인가요?" 나는 위험한 곳에 발을 디뎠다고 느끼고 어물어물 말했다.

"천만에, 미치지 않았어." 대고모는 말했다.

"아, 그렇군요!" 나는 힘없이 대고모를 쳐다보았다.

"이 세상에서 가장 확실한 것이 있다면," 대고모는 단호히 힘주어 말했다. "딕 씨가 미치지 않았다는 사실이야."

나는 겁에 질려 "아, 그래요!" 말하는 것이 고작이었다.

"그가 돌았다고 말하는 사람들이 있었지. 하지만 내 이기적인 생각일는지는 몰라도, 그가 돌았다는 말을 들으면, 나는 기쁘단다. 그가 돌지 않았으면 10년도 넘게 그와 사귀지 못했을 거고, 그에게 충고를 듣지도 못했을 거야. 네 누이동생 벳시 트롯우드가 나를 실망시켰던 그 뒤부터 지금까지 말이다."

"그렇게 오랫동안 알고 지내셨나요?"

"게다가 그를 돌았다고 하는 사람은 모두 번듯하고 훌륭한 사람들이야." 대고모는 계속했다. "딕 씨는 내 먼 친척이야. 물론 그거야 아무 상관없으니 구태여 이야기할 필요도 없지만, 만약 내가 없었더라면 그의 친형이 평생 가둬 두었을 거야. 그뿐이야."

그것은 위선이라고 생각했으나 대고모가 그 문제에 대해서 철저하게 믿고 있다는 것을 알았으므로, 할 수 없이 나도 대고모와 똑같은 생각이라는 표정을 지었다.

"거만한 바보였지!" 대고모는 말했다. "그 형이 괴짜였어. 세상에는 더 심한 괴짜들도 많지만. 그는 동생이 집에서 사람들 눈에 띄는 것이 보기 싫었던 거야. 그래서 어느 개인 정신병원으로 보냈지. 고인이 된 아버지가 동생을 거의 천치 바보로 생각해서, 형에게 각별히 보살피도록 부탁했는데도 말이야. 아무튼 본인은 어지간히 똑똑한 사람임에 틀림없어! 그런 터무니없는 생각을 다 하고! 그런 본인이야말로 머리가 돈 게 분명해! 자신도 돌았다고 인정할 정도였으니 말이야."
다시 대고모가 자신 있는 얼굴을 보였으므로 나도 그렇게 생각하는 것처럼 보이려고 애썼다.
"그래서 내가 개입하게 되었어." 대고모는 말했다. "내가 그 사람 형에게 말했지. 당신 동생은 당신 못지않게 멀쩡하고 앞으로도 그럴 거라고. 동생에게 정기적으로 약간의 돈을 주어 우리 집에 와서 살도록 하라고. 나는 당신 동생을 무서워하지 않는다고. 나는 뻐기지도 않고 기꺼이 돌볼 것이며, 정신병원이 아니라도 그에게 몹쓸 짓을 하는 사람들이 많은 모양이지만, 나는 절대 그렇지 않다고. 상당한 입씨름을 벌인 끝에 그를 떠맡았어. 그때부터 여기서 살고 있단다. 그는 그렇게 친절하고 다정할 수가 없어. 그리고 여러 가지로 충고도 해주고! 그의 마음을 아는 사람은 나뿐이야."
대고모는 옷의 주름을 매만져 펴며 고개를 저었다. 마치 한쪽에서 세상의 냉대를 누그러뜨리는 한편, 다른 한쪽에서 그것을 흔들어 떨어버리려는 것처럼.
"그에게는 귀여운 누이동생이 있었어. 참 좋은 사람이야. 그도 아주 좋아했고 누이동생도 오빠에게 정말 친절했어." 대고모는 말했다. "하지만 다른 여자처럼 시집을 갔어. 그러자 그 남편이 세상 남편들과 마찬가지로 그녀를 비참하게 만들었거든. 그 동생의 불행이 딕 씨에게 크나큰 충격을 주었어. (미쳤다는 뜻은 아니야) 거기다가 형에 대한 두려움과 동생에게 몹쓸 짓을 했다는 자책감이 겹쳐서 열병이 나고 말았단다. 이건 그가 여기에 오기 전의 일인데도, 지금도 그 일을 생각하면 가슴이 아프다는구나. 혹시 그가 찰스 1세의 이야기를 하든?"
"네, 했어요, 대고모님."
"아아!" 대고모는 약간 화가 난 듯이 코를 비비면서 말했다. "그게 그의 비유적인 표현법이야. 그는 자기의 병을 세상의 큰 혼란과 소란에다 결부시켜 생각하고 싶어해. 비유인지, 직유인지 뭔지는 몰라도 그렇게 말하고 싶어하지. 하지만 본인이 만족한다면, 못 쓸 것도 없겠지?"
"그렇습니다, 대고모님."
"그것이 사무적인 말투가 아닐뿐더러, 그렇다고 흔히 쓰는 세속적인 말투도 아니란 것은 나도 알고 있어. 그래서 회상록에다 그런 말을 써서는 안 된다고 주장하는 거란다."

"그렇다면 그 회상록은 딕 씨의 자서전인가요, 대고모님?"

"그렇단다, 얘야." 대고모는 다시 코를 문지르며 말했다. "그는 자기와 관련된 대법관과 귀족들, 좌우간 기억될 만한 사람들에 대한 이야기를 떠올리고 있단다. 며칠 안에 곧 쓰기 시작할 거야. 그 앞에서 말한 수사법을 쓰지 않고는 쓸 수 없는 모양이지만 그런 건 아무래도 상관없단다. 그걸로 심심풀이는 될 테니까."

뒷날 알았는데, 딕 씨는 자기의 회고록에서 찰스 1세 이야기를 빼려고 몇 십 년째 무던히 애썼지만, 지금도 여전히 남아 있는 것이라고 한다.

"다시 말하지만," 대고모는 말했다. "그의 마음을 아는 사람은 나뿐이야. 그는 정말 다정하고 친절한 사람이야. 가끔 연을 날리고 싶어하는데 그것이 뭐가 잘 못이지? 프랭클린은 퀘이커교도나 그 비슷한 것이었어. 퀘이커교도가 연을 날리는 것이 더 이상한 일이잖아."

대고모가 나를 위해 이런 특별한 이야기를 자세히 해준 것이라면 나를 믿는다는 뜻으로 받아들이고, 대고모가 나에게 호감이 있다는 뚜렷한 표시로 생각해서 기분 좋게 여겼을 것이다. 그러나 대고모가 그런 말을 나에게 한 것은, 마침 그 이야기가 떠올랐는데 들을 상대가 없어서뿐이지 특별히 날 의식해서 그런 것은 아니란 사실을 눈치챌 수밖에 없었다.

그러나 딕 씨의 옹호자로서 대고모가 베푸는 너그러움을 보고, 나는 나도 그 보호 아래 들어가고 싶다는 이기적인 희망으로 가슴이 가득 찼을 뿐만 아니라, 더욱 순수하게 대고모에 대해 새삼 따뜻한 애정을 품게 되었다. 대고모는 괴팍스럽고 기이한 데가 많지만 존경하고 믿을 만한 사람이라는 것도 알게 되었다. 그날도 그녀는 어제처럼 몹시 화가 나 펄펄 뛰며 당나귀를 쫓아다녔고, 지나가는 젊은 사내가 창밖을 내다보고 있는 자넷에게 추파를 던졌을 때는(대고모의 말로는, 이보다 그녀의 위엄을 손상시키는 괘씸한 무례는 없다고 한다) 길길이 날뛰며 성을 냈다. 그런 만큼 아직 그녀에 대한 두려움이 덜해진 것은 아니었지만, 한편으로 존경하게 된 것도 사실이었다.

대고모의 편지에 대한 머드스톤 씨의 답장이 오기까지의 심적 고통은 말할 수 없이 컸다. 그러나 고통을 억누르려고 애썼고, 대고모와 딕 씨에게 아무렇지도 않은 듯 냉정하고 쾌활하게 대하려고 노력했다. 딕 씨와 나는 그 커다란 연을 날리러 밖으로 나가고 싶었으나, 입을 것이 여기에 온 첫날 입은 이상한 옷 뿐이라서 날이 저문 뒤 한 시간을 빼곤 집에만 있어야 했다. 그 한 시간은 대고모가 내 건강을 생각해서, 자기 전에 바깥 언덕을 산책해도 된다고 허락한 것이었다.

드디어 머드스톤 씨한테서 답장이 왔다. 놀랍게도 대고모와 직접 상의하기 위해 그가 내일 직접 찾아오기로 했다고 대고모가 말했다. 다음 날 나는 여전히 기이한 차림새로 머드스톤 씨를 만날 시간만을 초조히 기다리고 있었다. 희망이 사라지고 두려움만 늘어가는 마음속 갈등 때문에 얼굴은 달아올랐고 가슴은 두근거렸다. 당장에라도 심술궂은 머드스톤의 얼굴이 나타날 것만 같아서 움찔움찔 떨면서도, 나타나지 않으면 또 그 때문에 안절부절못했다.

대고모는 평소보다 약간 더 엄하고 딱딱한 표정을 지었지만, 내가 그토록 두려워하는 머드스톤 씨를 맞을 별다른 준비를 하는 것 같지는 않았다. 대고모는 창가에 앉아서 바느질을 하고 있었다. 나는 머드스톤 씨가 찾아오면 과연 어떻게 될까, 있을 법한 일을 떠올려보고, 전혀 근거 없는 일도 멋대로 생각해보면서 정오가 훨씬 지날 때까지 대고모 옆에 앉아 있었다. 점심 식사는 점점 늦춰졌다. 너무 늦어지자 결국 대고모가 점심 준비를 시키려고 하다가 갑자기 "당나귀가 나타났어!"라고 소리쳤다. 나는 미스 머드스톤이 태연하게 그 성스러운 잔디밭 위로 말을 몰고 와서는 집 앞에 세우고 주위를 살피는 것을 보고 깜짝 놀랐다.

"썩 나가요!" 대고모는 창밖을 향해 고개를 저으며 주먹을 꼭 움켜쥐고 소리쳤다. "거기에 무슨 볼일이 있다고 그래요! 감히 여기를 침입하다니, 썩 물러나요! 원, 뻔뻔스럽기도 해라!"

그래도 침입자가 태연하게 사방만 살피자, 대고모는 기가 막혀 꼼짝도 못하고 평소처럼 뛰쳐나가지도 못한 채 그대로 있었다. 내가 그 기회를 틈타 저 여자가 누구이며, 뒤를 따르는 신사(언덕이 높아서 그는 한걸음 늦게 닿았다)가 머드스톤 씨라는 것을 알려주었다.

"누구든 관계없어!" 대고모는 여전히 아치형 창문을 향해 고개를 저으면서 환영과는 거리가 먼 동작을 취하며 소리쳤다. "내 집에 함부로 침입하다니! 절대 용서 못해. 나가요! 자넷, 저 사람을 내쫓아. 끌어내!" 나는 대고모의 등 뒤에서 한바탕 소란한 전쟁을 보았다. 말은 누가 뭐라고 하든 네 발로 딱 버티고 서서 반항했고, 자넷이 말의 고삐를 잡고서 끌어내리려고 했으나, 머드스톤 씨는 여전히 앞으로 나가려고 했다. 미스 머드스톤은 양산으로 자넷을 때렸으며, 그러한 소동을 구경하려고 온 아이들은 고래고래 소리질렀다. 그때 대고모는 상습적으로 말썽을 피우는 아이들 중 한 녀석을 찾아내어—아직 열세 살도 채 못 된 당나귀를 돌보는 어린 악당이었다—한걸음에 달려가 느닷없이 덮쳐 붙들었다. 대고모는 저고리로 그놈의 머리를 덮어씌우더니 질질 끌면서 정원으로 끌어들였다.

그러고는 체포한 놈을 재판에 넘겨 처형하도록 순경과 치안판사를 불러오라고 자넷에게 명령했다. 그러면서 대고모는 그 녀석을 구석으로 몰아갔다. 그러나 오래가지는 않았다. 그 꼬마 악당은 대고모가 떠올리지도 못할 갖가지 속임수와 거짓말에 도가 터서, 대고모의 손에서 빠져나오자 꽃밭에다 구두의 징 자국만 깊게 남긴 채 기세 좋게 당나귀까지 되찾아 달아나버렸다.

그 싸움이 막판에 다다르자, 미스 머드스톤은 말에서 내려 동생과 함께 계단 맨 밑으로 가서 대고모가 자기들을 맞을 여유가 생길 때까지 기다렸다. 그런데 대고모는 싸움 때문에 약간 화가 나 있었으므로 두 사람 앞을 당당하게 지나쳐 집 안으로 들어가버렸다. 자넷이 와서 알릴 때까지 대고모는 그들의 존재를 무시했다.

"대고모님, 저는 나갈까요?" 나는 떨면서 말했다.

"아니, 여기 있어야지!" 그 말과 함께 대고모는 나를 자기 바로 옆의 구석으로 밀어넣고는 의자를 가지고 흡사 교도소나 재판정의 피고인석처럼 나를 둘러싸서 나가지 못하게 했다. 회담이 이어지는 동안 나는 계속 거기에 머물러야만 했다. 그곳에서 머드스톤 남매가 방으로 들어오는 것을 보았다.

"아!" 대고모는 말했다. "누군지도 모르고 야단친 셈이지만, 나는 누구든 잔디밭에 말을 타고 오는 것은 용서 못합니다. 예외는 없습니다. 누구에게든 그것만은 허락하지 않습니다."

"처음 오는 사람에겐 매우 거북한 규칙이군요." 미스 머드스톤이 말했다.

"그래요?" 대고모가 말했다.

머드스톤 씨는 또다시 싸움이 일어날까 두려워하는 것 같았다. 그래서 말을 가로채면서 끼어들었다. "미스 트롯우드!"

"실례지만," 대고모가 날카로운 표정으로 말했다. "당신이 블룬더스톤 땅까마

귀 집에 사는 죽은 내 조카 데이비드 코퍼필드의 마누라와 결혼한 머드스톤 씨요?—어디가 땅까마귀 집인지는 모르겠지만!"

"네, 그렇습니다." 머드스톤 씨가 대답했다.

"실례의 말일는지 몰라도, 그 불쌍한 애를 그냥 혼자 내버려두었더라면 더 행복하고 좋았을 거라고 생각합니다." 대고모가 말했다.

"미스 트롯우드 말에 나도 동감입니다." 미스 머드스톤이 으스대며 끼어들었다. "죽은 클라라는 중요한 문제를 처리할 때는 어린애처럼 철이 없었으니까요."

"그런 점에서 부인이나 나는 편하다고 생각합니다." 대고모는 말했다. "당신이

14장 대고모의 결심 245

나 나나 이제 늙어가는 마당에 외적 매력 때문에 불행을 부를 일이 있겠소? 무엇보다 어느 누구도 우리를 보고 어린애 같다고는 하지 않으니까요."

"물론이에요!" 미스 머드스톤은 기꺼이 동의하는 것 같지는 않았지만 아무튼 맞장구쳤다. "당신 말대로 제 동생이 그 결혼을 하지 않았더라면 더 좋았을 것이고 행복했을 거라고 늘 생각해 왔어요."

"당신 말이 맞아요." 대고모는 종을 울리면서 말했다. "자넷, 딕 씨에게 인사말을 전하고, 이리로 내려오시라고 해라."

딕 씨가 내려올 때까지, 대고모는 똑바로 꼿꼿하게 앉아서 눈살을 찌푸린 채 벽만 바라보고 있었다. 딕 씨가 들어오자, 대고모는 예를 갖추어 그를 소개했다. "이쪽은 딕 씨, 오랜 다정한 내 친구예요. 나는 이분의 의견을 전적으로 믿는답니다." 대고모는 집게손가락을 빠는 바보처럼 보이는 딕 씨에게 경고조로 힘주어 말했다.

그 말을 들은 딕 씨는 입에서 손가락을 빼고는 심각하고 정중한 표정으로 일행 가운데 서 있었다. 대고모가 머드스톤 씨에게로 고개를 기울이자, 머드스톤 씨가 입을 열었다.

"미스 트롯우드, 당신의 편지를 받고서, 이렇게 하는 것이 나 자신에게 정당하고, 당신에게도 경의를 표하는 것이기에—"

"고맙습니다." 대고모는 딱딱하게 굳은 얼굴로 말했다. "그러나 나에게 신경 쓸 필요는 없습니다."

"아닙니다. 아무리 길이 멀어도 직접 와서 대답하는 게 편지로 답하는 것보다 낫다고 생각합니다. 그런데 저 불쌍한 아이가 동료도 버리고 직업도 내팽개치고 달아났다는 것은—" 머드스톤 씨는 말했다.

"게다가 저 꼴 좀 봐." 분명 말할 수 없이 이상한 차림새였지만, 미스 머드스톤은 일부러 내 옷에 모두의 눈길이 쏠리도록 유도하면서 끼어들었다. "정말 낯부끄럽고 꼴사납군요."

"제인 머드스톤," 머드스톤 씨가 말했다. "제발 끼어들지 말아요. 미스 트롯우드, 이 불쌍한 아이는 아내가 살아 있었을 때도, 죽은 뒤에도 늘 집안의 골칫거리였어요. 이 아이는 음흉하고 반항적이며 성질이 거친 데다 고집이 세고 다루기 힘든 놈입니다. 누님과 내가 그 못된 성격을 어떻게든 고쳐주려고 애를 썼습니다만, 효과가 없었습니다. 그래서 나는—아니, 우리라고 해야겠군요. 누님과는 모든 것을 털어놓고 같이 상의하니까요—, 그래서 우리는 생각했죠. 이러한 사실은 우리 남매의 입으로 직접 냉철하게 이야기하는 것이 옳다고."

"동생이 한 말을 제가 다시 되풀이할 필요는 없다고 생각하지만," 미스 머드스톤이 말했다. "내가 꼭 말씀드리고 싶은 것은, 이 아이야말로 이 세상에서 가장 악질이라는 사실입니다."

"말씀이 지나치시군요!" 대고모가 말했다.

"사실대로 말한 겁니다. 조금도 지나치지 않아요." 미스 머드스톤이 대꾸했다.

"헛!" 대고모가 말했다. "그래서요?"

머드스톤 씨는, 대고모가 마주보자 더욱더 심각한 표정을 짓고 이야기를 시작했다.

"저 애를 가장 잘 키울 수 있는 최선의 방법에 대해서는, 나도 나대로의 생각이 있습니다. 이것은 내가 저 애를 잘 알고 겪어보았으며, 또 나 자신의 재력과 수완을 고려해서 이른 결론입니다. 따라서 그에 대해서는 내가 끝까지 책임을 질 생각이며, 그 결론에 따라서 모두 처리할 것이므로, 이 이상 왈가왈부할 필요는 없을 것입니다. 나는 이 아이를 훌륭한 사업을 하고 있는 내 친구의 감시 아래에 맡겼습니다. 그런데 일이 마음에 들지 않는다고 달아나서, 시골구석의 천한 떠돌이 같은 몰골로 당신에게 신세타령을 하려고 찾아온 것입니다, 미스 트롯우드. 그런데도 만약 당신이 얘 하소연에 넘어간다면, 그 결과가 어떠하리라는 것을 정확하게 제시하고 싶군요."

"우선 당신은 훌륭한 사업가라고 했는데," 대고모가 말했다. "만약 이 애가 당신의 친자식이었다 해도 똑같이 그에게 맡겼을까요?"

"만약 이 애가 동생의 자식이었다면," 미스 머드스톤이 끼어들었다. "성격이 그렇지는 않았을 겁니다. 굳게 믿습니다."

"또 이 불쌍한 애의 어머니가 살아 있었더라면, 이 애가 그 훌륭한 일을 하러 갔을까요?" 대고모가 개의치 않고 물었다.

"나는 굳게 믿습니다." 머드스톤 씨는 습관대로 머리를 한쪽으로 기울이며 말했다. "누님과 내가 가장 좋다고 의견 통일을 한 것에 대해서는, 아마 죽은 클라라도 이의를 달지 않았을 겁니다."

미스 머드스톤도 뭐라고 중얼거리면서 긍정했다.

"흥!" 대고모는 말했다. "불행한 아이였군!"

줄곧 짤랑짤랑 동전 소리를 내고 있던 딕 씨가 이제는 더 요란하게 짤랑거렸으므로, 대고모가 그렇게 하지 못하도록 눈짓으로 막은 뒤 말했다. "클라라의 연금은 그 애가 죽으면서 모두 끊겼단 말이오?"

"그렇습니다." 머드스톤 씨가 말했다.

"그리고 얼마 안 되는 그 재산—집과 토지, 땅까마귀는 한 마리도 없으면서 땅까마귀란 이름이 붙은 집—이 이 아이의 것이 아니란 거요?"

"그건 전 남편으로부터 아무런 조건도 없이 아내에게 넘겨졌습니다." 머드스톤 씨가 말하자 대고모는 화가 나서 더는 못 참겠다는 듯이 그의 말을 가로막았다.

"잠깐, 거기까진 말하지 않아도 됩니다. 죽은 데이비드 코퍼필드는 아무리 부당한 조건이라도 싫다고 말 못하는 이상한 사람이었어요. 물론 조건 없이 넘겨졌었겠지요. 그러나 그 애가 재혼했을 때, 다시 말해서 당신 같은 사람과 결혼하는 가장 치명적인 방법을 받아들였을 때, 이 아이를 위해 한마디도 해준 사람이 없었어요?"

"죽은 아내는 나를 사랑했습니다, 부인." 머드스톤 씨가 말했다. "그래서 저한테 완전히 믿고 맡겼어요."

"아니오, 죽은 당신 아내는 누구보다도 세상 물정을 모르고, 불행했으며 가장 운이 없는 어린애였어요." 대고모는 고개를 저으며 반박했다. "당신 부인은 바로 그런 사람이었어요. 또 이번에는 할 말이 뭐요?"

"이뿐입니다, 미스 트롯우드." 그는 대답했다. "나는 데이비드를 데리러 왔습니다. 무조건 이 애를 데려가서, 내가 적당하다고 생각하는 대로, 곧 내가 옳다고 믿는 대로 확실히 조치할 생각입니다. 나는 약속을 하거나 누구에게 언질을 주기 위해 온 것이 아닙니다, 미스 트롯우드. 당신은 그 애가 도망쳐 와서 털어놓은 불평에 대해 편들고 싶으시겠지요. 우리를 대하는 당신의 태도로 보아 그런 것 같은데, 그렇다면 한 가지를 경고하겠어요. 이 애를 한 번 편들면 평생 그 뒷바라지를 해야 합니다. 지금 당신이 이 애와 나 사이에 끼어든다면 영원히 끼어들어야만 합니다, 미스 트롯우드. 아시겠습니까? 나는 무책임한 말은 하지 않지만, 그런 만큼 무책임한 소리를 듣는 것도 딱 질색입니다. 아까도 말씀드렸다시피, 나는 그 애를 데려가려고 여기에 왔습니다. 이 애도 바로 떠날 준비가 되어 있겠죠? 만약 갈 생각이 없다면, 그리고 당신마저 그렇게 말씀하신다면, 이유는 아무래도 좋습니다. 나와는 상관없으니까요. 아무튼 그렇다면 앞으로 이 애에게 우리 집 문은 영영 닫힐 것입니다. 그리고 당연히 당신 집 문이 열리겠지요.”

대고모는 상체를 꼿꼿이 세우고, 한쪽 무릎에 두 손을 포개놓고는 머드스톤 씨를 냉정하게 바라보면서 한마디도 놓치지 않고, 그의 장황한 말에 귀를 기울였다. 그가 말을 마치자 대고모는 그 자세 그대로, 그러나 깔보는 태도로 미스 머드스톤에게 말했다.

“자, 부인. 당신도 한 말씀 하시겠습니까?”

“아닙니다, 미스 트롯우드. 내가 할 말을 동생이 다 했고, 내가 알고 있는 모든 사실도 동생이 뚜렷하게 말했으므로, 더 할 말이 없습니다. 다만 당신의 친절함에 감사한다는 말을 덧붙여야겠군요.” 미스 머드스톤은 빈정거리며 말했지만, 대고모는, 내가 채텀의 대포 옆에서 잠을 잤을 때처럼 끄덕도 하지 않았다.

“그러면 이 애는 뭐라고 할지.” 대고모가 말했다. “데이비드야, 너는 갈 생각이니?”

나는 가지 않겠다고 대답했다. 그리고 나를 데려가도록 내버려두지 말아 달라고 애원했다. 애당초 머드스톤 남매는 나를 좋아한 적도 없었고, 친절히 대해준 적도 없었으며, 언제나 나를 사랑해준 어머니를 나 때문에 불행하게 만든 장본인들이 바로 이들 남매라고 이야기했다. 그런 사실을 내가 아주 잘 알고 있을 뿐만 아니라, 페거티도 알고 있다고 했다. 나는 정말로 슬펐다, 나를 어린애로만 아는 사람들은 도저히 상상할 수 없을 정도로 슬펐다고 말했다. 마지막으로 죽은 아버지를 생각해서라도 내 편이 되어 보호해 달라고—하지만 뭐라고 말했는지 정확하게 기억나진 않는다. 스스로 자신의 말에 감동하고 있었기 때문이다—대고모에게 간청했다.

“딕 씨,” 대고모가 말했다. “이 아이를 어떻게 하면 좋겠어요?”

딕 씨는 생각에 잠겼다. 그는 잠시 머뭇거리다가 이내 싱긋 웃으며 대답했다. “곧바로 옷을 한 벌 해 입힙시다.”

“딕 씨,” 대고모는 기세를 떨치며 말했다. “손을 이리 줘요. 정말 당신의 상식은 참으로 가치가 있어요." 대고모는 그의 손을 잡고 세차게 흔든 뒤에, 나를 끌어 당기며 머드스톤 씨에게 말했다.

"당신 좋을 대로 가도 돼요. 이 아이는 내가 맡겠어요. 당신 말대로 이 애가 그렇게 나쁜 애라면 적어도 당신이 준 만큼 나도 벌할 수 있어요. 그러나 당신 말을 당최 믿을 수가 있어야지."

"미스 트롯우드," 머드스톤 씨는 일어서면서 어깨를 으쓱하고 말했다. "만약 당신이 남자였다면—"

"흥! 쓸데없는 소리는 꺼내지도 말아요!" 대고모는 말했다.

"참, 대단히 친절도 하지!" 미스 머드스톤이 일어서면서 소리쳤다. "듣자듣자 하니까 정말!"

"내가 모르는 줄 알아요?" 대고모는 미스 머드스톤의 말은 들은 체도 않고, 머드스톤 씨에게 계속 이야기하면서, 알 수 없는 표정으로 그를 쏘아보며 머리를 절레절레 저었다. "당신이 그 불쌍하고 불행한 어린 것을 괴롭혀서, 어떤 삶을 살도록 이끌었는지 다 알아요. 당신을 처음 본 순간이, 상냥한 그 아이에게는 재앙의 시작이었던 거요. 분명 거짓 웃음을 짓고, 추파를 던지며, 벌레 한 마리 못 잡는 간살스러운 목소리로 유혹했겠지. 내가 그걸 모를 줄 알고?"

"이런 고상한 말은 처음 듣는군!" 미스 머드스톤이 말했다.

"이렇게 직접 만나서 얘기하고 있는데, 당신이 어떤 사람인지 내가 모를 것 같아요? 오랫동안 보아 온 것처럼 훤히 알고 있어요." 대고모는 계속했다. "솔직히 직접 당신과 이야기를 나누는 게 참을 수 없이 언짢았지만요. 아무튼 처음 만났을 때는 사람 좋은 척하며 온갖 내숭을 다 떨었겠지! 그 불쌍하고 철모르는 순진한 애한테 당신 같은 남자는 처음이었을 거요. 흥, 설탕으로 만들어진 것 같이 달콤하게만 보였겠지. 그 애를 숭배하는 척하고, 또 그 애의 자식을 엄청나게 사랑하는 척했을 거야. 그 애에게 홀딱 빠진 척하지 않았느냐 말이야! 이 애의 새아비가 되겠다면서, 장미꽃밭에서 행복하게 살자고 했겠지? 흥! 나가요, 나가!"

"이런 황당한 이야기는 처음 듣는군요!"

"그리고 그 불쌍하고 어리석은 애—애 어미를 이렇게 부르는 걸 하느님은 용서하시겠지, 그리고 그 애는 천국으로 가 버렸어. 당신 따위는 절대로 감히 발을 들일 수 없는 곳이지—를 손에 넣자, 이번에는 그 애와 이 어린 것을 훈련시키기 시작했을 거야. 그렇잖소? 새장에 가두어놓은 새처럼 그 애의 마음에 상처를 주고, 보기 좋게 구슬려서 생활을 깨뜨리기로 한 거지. 당신의 곡조에 맞춰 노래하도록 가르침으로써, 결국 그 애의 목숨까지 갉아먹은 거야."

"이거야말로 정신병자나 술주정뱅이로군." 미스 머드스톤이 이야기의 방향을 자기에게 돌리려고 했으나 뜻대로 되지 않자 몹시 화가 나서 말했다. "분명 취한 거야!"

그러나 대고모는 이러한 방해에 조금도 신경 쓰지 않고, 머드스톤 씨에게 계속 말했다.

"머드스톤 씨," 대고모는 그에게 손가락질을 했다. "당신은 어린애 같은 그 애에게 폭군 노릇을 했어. 그리고 그 애의 가슴을 찢어놓았지. 정말 착한 아이였는데. 나는 잘 알아. 당신이 그 애를 만나기 훨씬 전부터 알고 있었어. 당신은 그 애의 약점 가운데 아주 급소를 찔러 그 애에게 치명상을 입혔어. 당신이 그걸 얼마나 좋아했는지는 몰라도, 당신에게 위안이 된 것만은 사실일 거요. 그러니 당신과 당신의 앞잡이는 그것을 최대한 이용했지."

"미스 트롯우드, 한마디 묻겠습니다." 미스 머드스톤이 끼어들었다. "듣도 보도 못한, 동생의 앞잡이란 말은 누구를 두고 한 말입니까?"

미스 벳시는 그 소리는 여전히 못 들은 척하고 머드스톤 씨에게 말을 계속했다.

"그건 아까도 말했듯이, 당신이 그 애를 만나기 훨씬 전부터 알고 있었어. 그래도 그렇지, 그 애가 당신 같은 작자와 만나게 되다니, 이 무슨 기이한 조화인지, 인간의 능력으로는 이해하기 어려워. 그 순한 어린 것이 언젠가는 재혼하리라는 걸 알고는 있었지. 그러나 이런 지독한 꼴을 당할 줄은 몰랐어. 그래, 그걸 깨달은 것은 여기 있는 이 아이가 태어났을 때였어—그리고 보니, 그 뒤로 클라라가 당신에게 괴롭힘을 당할 때도 이 아이가 족쇄가 되었겠지. 그 사건은 정말 불쾌했지. 지금도 이 아이를 보면 미운 생각이 들어. 아! 당신이 놀랄 필요는 없어요, 나는 진실을 알고 있으니까."

그동안 내내 머드스톤 씨는 얼굴에는 미소를 띠고 있었지만 검은 눈썹은 잔뜩 찌푸린 채 대고모를 바라보며, 문 옆에 서 있었다. 표정은 웃는 것이었으나 순간 얼굴빛이 흐려지면서, 뜀박질이라도 한 듯이 숨이 거칠어지는 것을 나는 놓치지 않았다.

"잘들 가요." 대고모가 말했다. "부인, 당신도 잘 가세요." 대고모는 갑자기 미스 머드스톤을 향해 말했다. "다시 우리 집 잔디 위로 당나귀를 타고 오는 날에는, 당신의 어깨 위에 머리가 붙어 있는 것만큼이나 확실하게 당신의 보닛 모자를 벗겨 짓밟아버릴 거요!"

이것은 생각지도 못한 말이었다. 그 말을 한 대고모의 얼굴과 그 말을 들은 미스 머드스톤의 얼굴은, 일류 화가가 아니고서는 도저히 그려낼 수 없을 것 같았다. 그러나 아무튼 말의 내용 못지않게 대고모의 태도가 너무도 격했으므로 미스 머드스톤은 한마디 대꾸도 못하고 조심스럽게 동생의 팔짱을 끼고는 거드름을 피우면서 나가버렸다.

대고모는 창가에 앉아서 그들이 사라지는 모습을 바라보았다. 말이 다시 나타나기만 하면 자신의 협박을 바로 실천할 태세를 갖춘 것이 틀림없었다.

상대방에게서 도전할 기미가 보이지 않자, 대고모는 점차 표정을 누그러뜨리고 쾌활해졌으므로 나는 용기를 내어 대고모에게 키스하고 진심으로 감사드렸다. 나는 정말로 기뻐서 무심코 두 팔로 대고모의 목을 꽉 껴안았을 정도였다. 이어서 나는 딕 씨의 손을 잡고 악수했다. 딕 씨는 내 손을 여러 번 흔들어주었고, 큰 소리로 모든 일이 잘 끝난 것을 축하해 주었다.

"딕 씨, 당신도 나와 함께 이 아이의 보호자가 되어주세요." 대고모가 말했다.
"기꺼이, 데이비드 아들의 보호자가 되죠."
"딕 씨, 나는 이 애를 트롯우드라고 부르고 싶어요."
"좋지요. 데이비드의 아들 트롯우드."
"트롯우드 코퍼필드라고 부를 거예요."
"예, 트롯우드 코퍼필드지요." 딕 씨가 약간 얼굴을 붉히며 말했다.

대고모는 이 의견이 아주 마음에 들었는지, 그날 오후 나에게 입히려고 사온 기성복에다 입기 전에 미리 지워지지 않는 잉크로 손수 '트롯우드 코퍼필드'라고 써넣었다. 그리고 주문한 다른 옷(그날 오후 위에서 아래까지 전부 새 옷으로 주문했다)에도 똑같이 '트롯우드 코퍼필드' 라고 써넣기로 했다.

이렇게 나는 새 이름과 새로운 환경 속에서 새 생활을 시작했다. 내 처지에 대한 불안이 가셨으므로 그 뒤 며칠 동안은 꿈 같은 나날을 보냈다. 나는 대고모와 딕 씨 같은 기묘한 보호자를 둘이나 가졌다는 생각은 결코 해본 적이 없었다.

내 마음속에는 뚜렷이 남아 있는 것이 두 가지가 있었다. 하나는 정든 블룬더스톤의 생활에서 아득히 멀어졌다는 것, 즉 그때의 생활이 아주 한없이 먼 안개 속에 떠 있는 듯이 느껴졌다는 것과 머드스톤 앤드 그린비 상점에서의 생활에도 영원히 마침표를 찍었다는 것이었다.

그 뒤로 그 생활의 막을 연 사람은 아무도 없었다. 지금 이 이야기에서 처음으로 그 막을 살짝 들어 올려 보였는데, 그것조차 결코 달가운 작업은 아니었다. 그러므로 기꺼이 다시 한번 그 막을 내리고자 한다.

그런 생활을 떠올리면 너무도 괴롭고 정신적으로 고통스럽고 절망스러우므로 얼마나 오랫동안 그런 생활을 했는지 헤아려볼 용기도 없었다. 1년간 계속되었는지, 그 이상인지 이하인지도 알지 못했다. 내가 아는 것이란 그러한 생활을 했었다는 것과 이제 끝났다는 것뿐이었다.

15장
새로운 출발

딕 씨와 나는 이내 절친한 친구가 되었다. 우리는 그의 일과가 끝나면 곧잘 밖으로 나가 큰 연을 날렸다. 그는 매일 한자리에 앉아 회상록을 썼으나 아무리 노력을 해도 조금도 나아지지 않았다. 찰스 1세가 늘 그 회상록에 끼어들어서 지금까지 썼던 것을 집어치우고 새로 쓰기 시작했기 때문이다. 이러한 영속적인 실망 속에서도 결코 희망을 잃지 않는 인내심, 찰스 1세 이야기가 어딘가 이상하다는 것을 어렴풋이 깨닫고 머리에서 빼내려는 연약한 노력, 찰스 1세를 아무리 쫓아내도 다시 찾아와서 회상록을 엉망으로 만들어 버리는 것에 대한 고뇌, 이러한 것들이 나에게는 퍽 인상적이었다. 만약 회상록이 완성된다면, 딕 씨는 거기서 무엇을 얻으리라 생각했을까? 그것은 다른 사람이 모르듯 그 자신 또한 몰랐을 것이다. 그러나 이러한 문제로 그가 고민할 필요는 없었다. 저 태양 아래 확실한 것이 있다면, 바로 이 회상록은 절대로 완성되지 않으리란 점이었기 때문이다.

그가 연을 하늘 높이 날리고, 연줄을 푸는 모습은 정말 감동적이었다. 미완성 회상록의 헌 종이로 연을 만들어 그 정신을 널리 알린다는 그의 생각을 들었을 때는 덧없는 상상이라고 여겼지만, 그가 밖에 나와서 높이 떠 있는 연을 바라보며 연줄을 쥐고 풀었다 감았다 할 때는 그렇게 보이지 않았다. 그때처럼 그가 평온해 보인 적은 없었다. 저녁 무렵에 그와 비탈길에 나란히 앉아, 고요한 하늘에 높이 떠 있는 연을 바라보는 그의 모습을 볼 때면, 나는 그의 마음까지도 혼란에서 벗어나 공중으로 끌려 올라가는 것이 아닌가 하는 생각이 들었다. 그가 연줄을 감아들이면 연은 아름다운 모습에서 벗어나 점점 낮게 내려와 죽은 듯이 땅에 떨어졌다. 그러면 그도 꿈에서 깨어나는 것처럼 보였다. 한 번은 그 연을 주워 들고, 자기도 연과 함께 떨어진 양 허탈한 모습으로 주위를 둘러보았다. 나는 진심으로 동정을 보냈다.

딕 씨와 나의 우정이 두터워지는 동안, 그의 충실한 친구인 대고모가 내게 보내는 사랑도 줄어들지 않았다. 대고모는 아주 친절하게 대해주었고, 몇 주일 뒤에는 트롯우드란 이름을 줄여 트롯이라고 불렀다. 계속 이렇게만 나간다면, 태어나지 않은 내 누이동생 벳시 트롯우드를 향한 대고모의 사랑을 나도 받을 수 있겠다는 희망이 생겼다.

어느 날 저녁, 대고모와 딕 씨 앞에 주사위놀이 판이 놓이자 대고모가 말했다. "트롯, 너의 교육 문제를 서둘러 해결해야겠다."

내가 오로지 걱정했던 것이 바로 교육 문제였기에 대고모가 이 이야기를 꺼내자 몹시 기뻤다.

"캔터베리에 있는 학교가 어떠냐?" 대고모가 말했다.

가깝기도 해서 좋다고 나는 대답했다.

"좋아. 그럼 내일부터 다니는 것이 어떻겠니?"

대고모는 모든 일을 재빠르게 처리한다는 것을 잘 알고 있었으므로 나는 이 갑작스런 제의에 놀라지도 않고, "예, 좋습니다"라고 대답했다.

"그럼, 됐어. 자넷, 내일 아침 열 시에 회색 조랑말과 마차를 빌려놓아라. 그리고 오늘 밤에는 트롯우드 도련님의 옷을 꾸려놓도록 해라."

나는 그 말을 듣자 무척 우쭐해졌다. 그러나 우리가 헤어진다는 생각에 의기소침해져서 주사위도 제대로 못 던지는 딕 씨를 보자, 내 이기심이 매우 부끄러웠다. 대고모는 경고조로 주사위 상자를 가지고 딕 씨의 손마디를 몇 번 때리다가 결국 주사위 판을 접고는 오늘은 주사위놀이를 하지 않겠다고 선언했다. 그러나 내가 토요일에는 가끔 집에 올 수 있다는 것과 수요일에는 그가 나를 찾아갈 수 있다는 대고모의 말을 듣고, 딕 씨는 다시 기운을 냈다. 그리고 그때는 지금 연보다도 훨씬 큰 연을 만들어두겠다고 약속했다.

이튿날 아침이 되자 그는 다시 낙담했다. 딕 씨는 억지로라도 기운을 차리려고 자기가 가진 금화와 은화를 몽땅 나에게 주고 싶어했다. 대고모가 끼어들어서 선물은 5실링까지라고 제한했지만, 그의 간곡한 부탁으로 10실링까지 허락되었다. 우리는 대문에서 아주 섭섭해하면서 헤어졌다. 딕 씨는 대고모가 모는 마차가 사라질 때까지 들어가지 않고 서 있었다.

세상의 평판 따위는 조금도 신경 쓰지 않는 대고모는 정식 마부처럼 꼿꼿한 자세로 도도하게 앉아 능숙하게 도버 거리로 회색 조랑말을 몰았다. 달리는 말에게서 눈을 떼는 법이 없고, 어떠한 상황에서도 말이 멋대로 행동하도록 놔두지 않았다. 그러나 시골길로 접어들자 대고모는 말을 약간 늦추었다. 그리고 옆에서 푹신한 좌석에 파묻혀 있는 나를 보고 기분이 좋으냐고 물었다.

"네, 아주 좋아요. 대고모님, 고맙습니다!" 나는 힘주어 대답했다.

대고모는 매우 만족해하면서, 두 손으로 말을 몰고 있었으므로 채찍으로나마 내 머리를 쓰다듬어주었다.

"대고모님, 제가 다닐 학교는 큰가요?" 나는 물었다.

"글쎄, 나도 몰라." 대고모가 말했다. "먼저 위크필드 씨한테 가는 거야."

"그 사람이 학교를 운영하나요?"

"아니란다. 그는 개인 사무실을 운영하고 있어."

아무것도 가르쳐주지 않았으므로, 나는 위크필드 씨에 대해 더는 묻지 않았다. 캔터베리에 닿을 때까지 대고모와 나는 다른 이야기를 했다. 마침 그날은 장날이라서 대고모는 짐마차와 바구니, 채소와 행상인들의 물건 사이로 교묘히, 아주 좁고 구불구불한 길을 따라 말을 몰았다. 우리를 바라보는 사람들 입에서 이런저런 말이 튀어나왔다. 그리 듣기 좋은 말만은 아니었다. 그러나 대고모는 뉘 집 개가 짖어대느냐는 듯이 전혀 신경 쓰지 않았다. 대고모라면 적국 한가운데라 할지라도 이런 식으로 태연하게 가로지를 것이다.

드디어 길에 불쑥 튀어나온 어떤 낡은 집 앞에서 말을 세웠다. 길고 나지막한 격자창이 유난히 길가로 튀어나와 있는 집이었다. 대들보 양끝에는 조각이 되어 있었는데 그것도 거리 쪽으로 쑥 나와 있어서, 집 전체가 앞으로 몸을 내밀고 그 밑의 좁은 길로 누가 지나가는가를 보려는 것 같았다. 그 집은 티끌 하나 없이 깨끗했다. 나지막한 아치형 문에 과일과 꽃으로 만든 화환이 조각되어 있고, 문에 달린 놋쇠 고리는 별처럼 반짝반짝 빛났다. 문으로 내려가는 두 개의 돌계단은 마치 깨끗한 리넨을 깔아 놓은 듯했다. 모든 모퉁이와 구석, 조각과 주조물, 기묘하게 생긴 조그마한 유리창과 더욱 묘하게 생긴 창문틀은 매우 낡았지만, 산꼭대기에 덮인 눈처럼 깨끗했다.

마차가 문에 다다라 내가 열심히 집을 살펴보고 있을 때 아래층의(이 집의 한

면을 이루고 있는 작고 둥근 탑에서) 조그마한 창문으로 시체처럼 창백한 얼굴의 남자가 나타났다가 이내 사라졌다. 이어서 나지막한 아치형 문이 열리더니 역시나 시체 같은 그 얼굴이 나왔다. 자세히 보니 피부에는 머리카락이 빨간 사람들에게서 흔히 볼 수 있는 붉은 기가 어렴풋이 감돌았다. 그 사람도 역시 빨간 머리카락이었다. 그런데 머리카락은 아주 짧게 깎았으며, 눈썹과 속눈썹이 거의 없었다. 붉은 갈색의 눈동자가 그대로 드러나 있어서 어떻게 잠을 잘까 궁금하게 여겼던 것을 아직도 기억한다. 지금 생각해 보니 그는 열다섯 살 난 소년에 불과했으나, 그땐 더 어른처럼 보였다. 그는 어깨가 유난히 솟아올라 있었고, 뼈가 앙상했다. 꽤 좋은 검은 양복을 입고, 목도리 비슷한 구식 넥타이를 맸으며, 단추를 목까지 잠그고 있었다. 손이 유난히 길고 하얘서 특히 나의 관심을 끌었다. 그는 조랑말 옆에 서서, 손으로 턱을 쓰다듬으며 마차 안에 있는 우리를 쳐다보았다.

"우라이아 힙, 위크필드 씨 계시니?" 대고모가 말했다.

"네, 계십니다, 부인." 우라이아 힙이 대답했다. "이리로 들어오시지요." 그는 기다란 손으로 방을 가리켰다.

우리는 마차에서 내려, 말을 그에게 맡기고, 거리로 향해 있는 길고 나지막한 거실로 들어갔다. 들어가면서 창밖으로 보니, 우라이아 힙이 조랑말 콧구멍에 숨을 불어넣고는 이내 손으로 감싸 막는 것이 보였다. 마치 말에게 마법을 거는 것 같았다. 높다란 낡은 벽난로 선반 맞은편에는 초상화 두 점이 걸려 있었다. 하나는 반백(결코 노인은 아니었다)에 검은 눈썹을 한 신사의 초상화로, 붉은 끈으로 묶인 서류를 들여다보고 있었다. 또 하나는 아주 조용하고 얌전한 귀부인의 그림이었는데, 꼭 나를 바라보는 것 같았다.

우라이아의 초상화는 없나 싶어서 방을 한 바퀴 둘러보았을 때였다. 방 안쪽 끝에서 문이 열리더니 신사 한 사람이 들어왔다. 얼굴을 본 순간 그 사람이 초상화에서 나온 것이나 아닌지 확인하기 위해 처음에 말한 초상화를 돌아보았다. 물론 초상화는 그대로 걸려 있었다. 그 신사가 밝은 곳으로 걸어나왔을 때, 초상화의 신사보다 더 나이 들어 보인다는 것을 알았다.

"미스 벳시 트롯우드," 신사가 말했다. "들어오세요. 잠깐 일을 하고 있었어요. 용서하세요. 내가 바쁜 이유는 잘 아시죠. 내 일생의 유일한 목적이니까요."

미스 벳시는 그에게 감사하다는 인사말을 남기면서 방으로 들어갔다. 그의 방은 사무실처럼 꾸며져 있었는데, 책과 서류와 양철 상자 따위가 있었다. 창문은 정원을 향해 나 있고, 벽난로 바로 위 벽에는 쇠금고가 박혀 있었다. 나는 굴뚝 청소부들이 굴뚝을 청소할 때, 어떻게 그 주위를 잘 돌아서 일을 처리할까 궁금하게 생각하며 의자에 앉았다.

"그런데, 미스 트롯우드," 위크필드 씨가 말했다. 나는 이 사람이 그라는 것을 바로 알았다. 변호사이며, 이 지방 어느 부자의 재산을 관리하고 있었다. "무슨 바람이 불어서 여기까지 오셨습니까? 나쁜 바람은 아니겠지요?"

"그럼요, 나쁜 바람은 아니에요." 대고모가 말했다. "소송 문제로 온 건 아닙니다."

"거 다행이군요, 부인." 위크필드 씨가 말했다. "다른 일로 오시는 게 더 좋지요."

그의 눈썹은 아직도 검었지만, 머리카락은 백발이었고, 호감이 가는 잘생긴 얼굴이었다. 얼굴은 반들반들했는데, 나는 페거티의 가르침에 따라, 옛날부터 그런 얼굴을 보면 포트와인과 연관시켜 생각하는 버릇이 있었다. 목소리에도 윤기가 돌았으며, 그가 뚱뚱한 것도 똑같은 이유에서라고 생각됐다. 그의 옷차림은 아주 단정했다. 푸른 저고리에다 줄무늬 조끼와 중국 남경산 무명으로 만든 바지를 입고 있었다. 주름 잡힌 멋진 셔츠와 흰 삼베 목도리는 특히 부드럽고 깨끗해 보였다. 그래서 나의(지금 돌이켜보면) 엉뚱한 상상은 백조 가슴팍의 깃털을 떠올렸었다.

"이 애는 내 조카입니다." 대고모가 말했다.

"미스 트롯우드, 당신에게 조카가 있는 줄은 몰랐군요." 위크필드 씨가 말했다.

"정확히는 조카의 아들이죠." 대고모가 말했다.

"조카의 아들이 있는 줄은 몰랐습니다." 위크필드 씨가 웃으며 말했다.

"나는 이 애를 양자로 삼았습니다." 대고모는 손을 한 번 저으면서 말했다. 상대가 알든 모르든, 전혀 상관없다는 투였다. "그래서 이 애를 여기에 데려온 거예요. 철저히 잘 가르치고 잘 대우하는 학교에 넣으려고요. 그런 학교가 어디 있으며, 어떻게 생겼는지 자세히 좀 일러주세요."

"그 질문에 대답을 드리기 전에, 진부한 질문입니다만, 이번 처사에 대한 동기가 무엇입니까?" 위크필드 씨가 말했다.

"맙소사!" 대고모가 소리쳤다. "동기가 분명한데도, 당신은 언제나 동기 타령이군요! 그야 당연히 이 애를 행복하고 쓸모 있는 인간으로 만들기 위해서지요."

"내가 생각하기에는 복잡한 동기가 있는 것 같은데요." 위크필드 씨는 고개를 저으면서, 믿을 수 없다는 듯이 히죽 웃었다.

"그건 엉터리예요!" 대고모가 대답했다. "당신은 당신이 하는 모든 일에는 동기가 딱 하나밖에 없다고 주장하시는데, 설마 이 세상에서 당신만이 정직한 사람이라고 생각하는 건 아니겠지요?"

"그렇지만, 미스 트롯우드. 나는 단 하나의 동기만을 가지고 있습니다." 그는 여전히 미소 지으며 말했다. 다른 사람들은 몇 십 또는 몇 백의 동기를 가지고 있는 모양이지만, 나는 하나뿐입니다. 이 문제는 그만둡시다. 가장 좋은 학교가 어디냐고요? 동기야 어떻든, 당신은 최상의 학교를 원하시는군요?"

대고모는 그렇다고 고개를 끄덕였다.

"가장 좋은 학교에는요," 위크필드 씨는 생각에 잠겨 말했다. "당신 조카를 곧바로 기숙사에 넣을 수는 없을 겁니다."

"그러면 다른 데서 하숙하면 되잖아요?" 대고모가 물었다.

위크필드 씨는 그럴 수 있을 거라고 말하고는 잠시 의견을 나눈 뒤에, 직접 보고 결정하시도록 학교로 모시고 가겠습니다, 하숙집 두서너 곳에도 직접 모시고 가겠습니다, 하고 제의했다. 대고모가 기꺼이 그의 제의를 받아들였고, 우리 세 사람이 밖으로 나가려고 할 때, 위크필드 씨가 걸음을 멈추더니 말했다.

"이 꼬마가 우리의 합의에 반대할 동기를 가졌을 수도 있으니까, 여기에 두고 가는 편이 좋겠습니다."

대고모께서 반대하려는 기미가 보였지만, 나는 일을 쉽게 처리하기 위해 여기에 남아도 좋다고 말했다. 그러고는 위크필드 씨의 사무실로 되돌아와서, 내가 처음 앉았던 의자에 자리잡고 그들이 돌아오기를 기다렸다.

그런데 그 의자는 좁은 복도를 마주보고 있고, 복도 끝에는, 아까 창문을 통해 우라이아 힙의 창백한 얼굴을 보았던 그 조그마한 둥근 방이 있었다. 우라이아는 조랑말을 이웃집 마구간에 맡겨두고 이내 그 방으로 돌아와 책상에 앉아 일하고 있었다. 책상 위에는 서류를 거는 놋쇠로 된 틀이 놓여 있고, 그 틀에는 그가 복사 중인 원본 서류가 걸려 있었다. 그의 얼굴이 내 쪽을 향하고 있었으나, 우리 사이에 서류가 걸려 있어서 그쪽에서는 나를 볼 수 없으리라고 생각했다. 그러나 내가 유심히 살펴보고서, 그의 빨간 태양같이 말똥말똥한 두 눈이 서류 밑으로 이따금씩 나를 훔쳐보는 것을 알았을 때에는 기분이 나빴다. 한 번 바라보는 데 1분은 족히 걸렸지만 나를 훔쳐보면서도 펜은 열심히 놀리고 있었다. 나는 그의 눈길을 피하려고 여러 가지 시도를 했다. 의자 위에 서서 방 저편에 걸린 지도를 보기도 했고, 신문에 관심을 기울이기도 했다. 그러나 나의 관심은 다시 그쪽으로 쏠렸다. 그래서 다시 그 붉은 태양으로 눈길을 돌리면 반드시 일출 아니면 일몰을 마주하게 되었다.

한참 뒤에 대고모와 위크필드 씨가 돌아왔으므로 안심이 되었다. 그런데 바라던 만큼 일이 잘되지는 않은 것 같았다. 학교는 나무랄 데 없었으나 내가 묵을 하숙집이 대고모의 마음에 들지 않았던 것이다.

"아주 운이 없어." 대고모가 말했다. "트롯, 어떻게 하지?"

"확실히 운이 없군요." 위크필드 씨가 말했다. "그러나 미스 트롯우드, 아직 방법이 있습니다."

"어떻게요?" 대고모가 물었다.

"조카를 당분간 우리 집에 맡기세요. 아주 조용한 아이니, 조금도 내 일에 방해가 되지 않을 겁니다. 공부하기에는 여기가 최고죠. 수도원처럼 조용하고 넓기도 하고, 여기에 맡기세요."

대고모는 그 제안이 매우 흡족했으나, 받아들이는 데는 신중했다. 내 마음도 대고모와 똑같았다.

"자, 미스 트롯우드. 해결책은 이것뿐입니다. 일시적인 조치에 불과하지만 불편하다든가, 서로 사정이 여의치 않으면 바로 다른 곳을 찾으면 되고요. 그때까지는 더 좋은 곳을 찾아낼 수 있을 겁니다. 아무튼 당분간은 여기에 맡기는 편이 좋을 겁니다."

"너무 고맙습니다. 이 애도 고맙게 여길 겁니다. 하지만 아무래도—"

"무슨 말씀인지 알겠어요. 미스 트롯우드, 신세 진다는 생각이 싫으시다면, 숙박비를 내셔도 돼요. 우리 까다로운 조건은 달지 맙시다."

"그렇게 이해해주시면, 신세 진다는 데에는 변함이 없지만 기꺼이 이 아이를 맡기겠습니다."

"그럼 우리 집 꼬마 주부를 만나 보시지요."

우리는 난간의 폭이 아주 넓어서 뭣하면 그곳으로 걸어서 올라갈 수도 있을 것 같은, 낡은 계단을 따라 역시 낡고 침침한 응접실로 들어갔다. 내가 길에서 보았던 이상하게 생긴 서너 개의 창문으로 빛이 들어왔고, 낡은 참나무 의자 몇 개가 놓여 있었다. 반짝반짝 빛나는 마루청과 대들보도 똑같은 나무로 만들어진 것 같았다. 그 방은 아름답게 꾸며져 있었다. 피아노가 있고, 붉은색과 녹색의 화려한 가구며 꽃들도 있었다. 구석구석에는 예외 없이 독특하게 생긴 조그마한 탁자나 찬장, 책장, 의자 따위가 놓여 있었다. 이보다 더 아늑한 공간은 없을 거라고 생각했지만, 또 그다음으로 눈을 돌리면, 그보다 훌륭하진 않아도 결코 떨어지지도 않는 멋을 발견할 수 있었다. 모든 것이 그 집의 겉모습과 똑같이 깨끗하고 의젓한 품위를 지니고 있었던 것이다.

위크필드 씨가 널빤지 벽 한쪽 구석에 있는 문을 가볍게 두드리자, 내 나이 또래의 여자아이가 뛰어나와서 위크필드 씨에게 키스했다. 나는 그녀의 얼굴에서, 아까 1층에서 나를 내려다보던 초상화 속 귀부인의 평화롭고도 얌전한 표정을 읽을 수 있었다. 마치 그림은 자라서 어른이 되었는데 그 장본인은 아직도 아이로 남아 있는 듯한 착각이 들었다. 그녀의 얼굴은 명랑하고 행복해 보였지만, 그 얼굴과 몸 전체에는 말하기 어려운 침착함—조용하고 차분한 정신—이 있었다. 그 인상은 지금도, 그리고 앞으로도 영원히 잊을 수 없을 것이다.

위크필드 씨는 그 애를 꼬마 주부인 자기 딸 아그네스라고 소개했다. 말할 때의 그 말투와 딸의 손을 잡은 품새를 보자, 그가 말한 일생의 유일한 동기라는 것이 무엇인지 충분히 알 것만 같았다.

열쇠가 담긴 장난감 같은 조그마한 바구니를 손에 든 그녀는 이 오래된 집에 어울리는 침착하고 신중한 주부 같아 보였다. 그녀는 자기 아버지가 내 이야기를 하자 방긋방긋 웃으며 귀를 기울이더니, 이야기가 끝나자 2층으로 올라가서 내가 묵을 방을 보자고 대고모에게 제의했다.

그녀가 앞장서서 우리를 안내했다. 그 방은 매우 훌륭했다. 아까 말한 방보다도 참나무 대들보와 마름모꼴 창문이 더 많았으며, 2층으로 올라가는 계단에도 넓은 난간이 끝까지 이어져 있었다.

언제 어디서 보았는지는 잊었지만, 아무튼 어렸을 때 어느 교회에서 색유리창을 본 적이 있다. 그 색유리에 어떤 그림이 있었는지도 기억에 없지만, 여자아이가 낡은 계단에 스며든 조용한 햇살을 받으며 돌아서서 우리가 올라오기를 기다리는 것을 보았을 때 나는 교회의 그 색유리창이 생각났다. 그때부터 나는 색유리창의 조용하고 밝은 모양을 볼 때마다 아그네스 워크필드를 떠올렸다.

그 결정에는 대고모도 나도 매우 만족했다. 우리는 아주 즐겁고도 감사한 마음으로 응접실로 내려왔다. 대고모는 혹시나 어둡기 전에 말을 몰고 집에 닿지 못할까 두려워서, 저녁 식사를 들고 가라는 청을 물리쳤다. 워크필드 씨도 대고모의 성격을 잘 아는지라, 더는 권하지 않고 간단하게 점심만 같이했다. 그리고 아그네스는 가정교사에게로 가고, 워크필드 씨는 사무실로 돌아갔다. 덕분에 우리 두 사람만 남게 되어, 우리는 마음 놓고 이별의 아쉬움을 나눌 수 있었다.

대고모는 워크필드 씨가 다 알아서 해줄 것이므로 모자람이 없을 거라고 말하고, 나를 위해 다정한 위로와 훌륭한 충고도 해주었다.

"트롯아," 마지막으로 대고모는 말했다. "너 자신과 나와 딕 씨에게 부끄럽지 않은 사람이 되어다오. 하느님의 가호가 있기를!"

나는 너무도 감격해서 고맙다는 말만 되풀이했다. 그리고 딕 씨에게 나의 안부를 전해 달라고 부탁했다.

"절대로 비겁해서는 안 된다. 거짓말을 해서도 안 돼. 잔인한 행동을 해서도 안 된다. 이 세 가지 악은 무슨 일이 있어도 피하거라. 그래야만 나도 늘 너에게 희망을 걸고 살 수 있어."

나는 대고모의 호의를 욕되게 하지 않고, 충고를 잊지 않겠다고 최선을 다하여 굳게 약속했다.

"말이 왔구나." 대고모는 말했다. "그럼 나는 가마! 잘 있어라."

대고모는 나를 급히 껴안아주고는 방에서 나가 문을 닫았다. 처음에는 너무 급히 떠나는 것을 보고 혹시 내가 대고모의 기분을 언짢게 하지나 않았는지 걱정스러웠다. 그러나 거리를 내다보았을 때, 대고모가 맥없이 마차에 올라 고개를 숙이고서 말을 몰고 떠나는 모습을 보자, 비로소 대고모의 심정을 이해하고, 오해를 털게 되었다.

워크필드 씨의 식사 시간인 다섯 시 무렵에는 나도 기운을 차리고, 식욕도 돌아와 있었다. 식사는 우리 두 사람 몫만 차려졌다. 아그네스는 식사 전부터 응접실에서 기다리고 있다가 위크필드 씨와 함께 내려와서는 그의 맞은편 자리에 앉았다. 위크필드 씨는 딸 없이는 식사도 하지 못한다고 나는 생각했다.

식사가 끝나자 우리는 식당에서 나와 응접실로 다시 올라갔다.

아그네스는 응접실의 아늑한 모퉁이에다 아버지를 위해 유리잔과 포도주 한 병을 준비했다. 딸이 아닌 다른 사람이 차려준다면 분명 평소와 같은 맛이 나지 않을 것이다.

위크필드 씨는 두 시간이나 그곳에 앉아서 포도주를 마셨다. 그동안 아그네스는 피아노를 치기도 하고, 바느질도 하며, 아버지와 나에게 이야기도 했다. 위크필드 씨는 한결같이 유쾌하고 즐거워 보였다. 그러나 때로는 딸을 바라보면서 무슨 생각에 잠겨 전혀 말이 없었다. 그러면 아그네스는 이내 그것을 눈치채고, 무슨 질문을 하거나 상냥한 말을 건네며 기운을 북돋워주었다. 그러면 그도 퍼뜩 정신을 차리고 다시 술잔을 기울였다.

아그네스는 차를 끓여서 내왔다. 식사 뒤 시간이 흐르듯이, 차를 마신 뒤에도 시간이 흘러 이윽고 딸이 잘 시간이 되었다. 아버지는 딸을 두 팔로 안고 키스해주었다. 딸이 자러 가자 자기 사무실에 촛불을 켜 놓으라고 말했다. 나도 이만 자리에서 물러났다.

그러나 그날 밤 잠들기 전에 나는 다시 한번 대문으로 나가서 거리를 따라 잠시 산책했다. 고색창연한 집들과 회색의 성당을 다시 훑어보면서, 언젠가의 그 여행 때도 역시 이 마을을 지났으며, 지금 내가 묵고 있는 이 집도 아무 생각 없이 무심코 지나쳤던 일을 다시 떠올려보고 싶었기 때문이다. 돌아와 보니 우라이아 힙이 사무실 문을 닫고 있었다. 누구에게나 다정하게 대해주고 싶은 밤이었으므로 나는 사무실 안으로 들어가 그와 이야기를 나누고 헤어질 때는 악수를 청했다. 그런데 무슨 손이 그렇게 차디차고 축축한지! 보기에도 그랬지만 실제로 잡아본 느낌은 더욱 섬뜩했다. 나는 온기로 그 축축한 촉감을 없애려고 손을 문질렀다.

아주 불쾌한 느낌을 주는 손이어서, 방에 들어갔을 때까지도 차디차고 축축한 촉감이 그대로 남아 있었다. 창밖으로 몸을 내밀었더니, 대들보 끝에서 깎아 만든 듯한 얼굴 하나가 비스듬히 나를 쳐다보는 것이 보였다. 우라이아 힙이 거기까지 올라온 것만 같아서 나는 재빨리 문을 닫았다.

16장
인생 초년생

 이튿날 아침, 식사를 마치고 나는 다시 학교생활을 시작했다. 위크필드 씨가 앞으로 공부할 학교로 나를 데려갔다. 학교는 뜰에 있는 투박하고 무거워 보이는 건물로서, 대성당의 탑에서 날아 내려와 잔디밭 위를 학자다운 태도로 거닐고 있는 떼까마귀들과 갈까마귀들에게도 아주 잘 어울릴 만큼 학문적인 분위기에 싸여 있었다. 나는 새 선생님인 스트롱 박사에게 소개되었다.
 스트롱 박사는 학교를 둘러싼 높은 쇠난간이나 철문만큼 고색창연하고, '시간'의 신이 가지고 노는 거대한 나인핀스의 핀처럼, 뜰 주위 붉은 벽돌담 위에 일정한 간격으로 놓인 큰 돌항아리처럼 딱딱하고 재미없게 보였다. 스트롱 박사는 서재에 있었는데, 솔질도 잘 안 된 옷을 입었고, 머리는 빗도 들어가지 않을 정도로 텁수룩했으며, 반바지는 멜빵이 축 늘어졌고, 검은색 각반엔 단추도 끼우지 않았다. 구두는 난로 앞에 깔아 놓은 양탄자 위에서 두 개의 동굴처럼 입을 쩍 벌리고 있었다. 그가 흐릿한 눈으로 나를 바라보았을 때, 나는 블룬더스톤 교회 묘지에서 풀을 뜯어 먹으며 뒹굴던, 오래전에 기억 속에서 잊혀진 눈먼 늙은 말을 떠올렸다. 그는 나에게 만나서 기쁘다고 말하며 손을 내밀었다. 그러나 손만 내밀었을 뿐이었으므로 나는 그 손을 가지고 어떻게 해야 할지 몰랐다.
 스트롱 박사에게서 그리 멀지 않은 곳에서는 아름다운 숙녀가 바느질을 하고 있었다. 스트롱 박사는 그녀를 애니라고 불렀다. 나는 그녀가 그의 딸일 거라고 생각했다. 그녀가 무릎을 꿇고서 아주 민첩한 솜씨로 박사의 구두를 신겨주고 각반의 단추까지 끼워주자 내 거북함도 눈 녹듯 사라졌다. 그 일이 끝나고 우리가 교실로 향하려 했을 때, 위크필드 씨가 인사하면서 그녀를 "스트롱 부인"이라고 부르는 소리를 듣고 깜짝 놀랐다. 그렇다면 저 부인은 스트롱 박사의 며느리일까, 아니면 정말로 부인일까, 고개를 갸웃거리고 있는데, 박사가 아주 자연스럽게 내 궁금증을 풀어 주었다.

"그런데 위크필드," 스트롱 박사는 한 손을 내 어깨에 올려놓은 채 복도에서 걸음을 멈추고 말했다. "내 처사촌에게 줄 알맞은 일자리는 구했나?"

"음, 그게, 아직이야." 위크필드 씨는 말했다.

"위크필드, 되도록 빨리 구해 봐. 잭 맬던은 가난한 주제에 게으르기까지 하단 말이야. 나쁜 것이 두 가지 있으면 거기에 또 나쁜 것이 생긴단 말일세. 와츠 박사가 말했잖아?" 스트롱 박사는 이런 말을 인용하면서 나를 바라보고 고개를 저으면서 덧붙였다. "사탄은 게으른 자에게 나쁜 생각을 갖게 한다고 말이야."

"천만에, 스트롱 박사. 만약 와츠 박사가 인간을 잘 알았다면, 오히려 이렇게 썼을 거야, '사탄은 바쁜 사람에게 나쁜 생각을 갖게 한다'고. 바쁜 사람들이 이 세상을 살아가면서 나쁜 일을 하는 데 한몫 단단히 한단 말이야. 내 말이 맞아. 이 한두 세기에 걸쳐서, 돈을 벌고 권력을 잡기 위해 내달려온 사람들이 뭘 했는지 봐! 해독을 끼치지 않았다고 말할 수 있겠나?"

"잭 맬던은 돈벌이에도 권력에도 영 관심이 없지." 스트롱 박사는 생각에 잠겨 턱을 문지르며 말했다.

"그렇겠지. 화제를 딴 데로 돌려서 미안했네. 본론으로 돌아가면, 아직 잭 맬던의 일자리를 주선할 수가 없었어." 위크필드 씨는 약간 망설이면서 말했다. "난 자네의 동기를 다 알고 있어. 그래서 일이 더 어렵단 말이야."

"내 동기는 애니의 사촌이자 소꿉친구에게 마땅한 일자리를 구해주는 거야."

"그래, 그건 나도 알지. 국내든 국외든 상관없지?"

"아!" 스트롱 박사는 왜 그가 마지막 말을 강조하는지 이상하다는 듯이 대답했다. "국내건 국외건 상관없어."

"그건 자네가 한 말이야?" 위크필드 씨가 말했다. "외국도 좋다고 한 거 말이야."

"물론이야." 스트롱 박사는 말했다. "어느 쪽이든 상관없어."

"어디든 좋단 말이지? 어느 하나가 더 좋지는 않고?" 위크필드 씨가 말했다.

"아니." 스트롱 박사가 말했다.

"아니라고?" 위크필드 씨는 놀라서 말했다.

"전혀."

"외국이 좋고, 국내는 곤란한 이유는 없어?"

"없다니까." 스트롱 박사가 말했다.

"자네의 말을 믿어야겠지. 물론 믿고 있어." 위크필드 씨가 말했다. "하지만 그걸 진작 알았더라면 내 일이 훨씬 쉬웠을 텐데. 그런데 솔직히 말해서, 나는 전혀 딴 생각을 하고 있었거든."

스트롱 박사는 당황스럽고 의아한 표정으로 위크필드 씨를 바라보더니, 곧 미소를 지으면서 그런 표정을 지워버렸다. 그래서 나도 한숨 놓았다. 그의 웃는 얼굴은 온화함과 상냥함으로 가득했다. 스트롱 박사의 숨막힐 정도로 학구적이고 사색적이며 서릿발 같은 차가운 태도가 녹아버리자, 소박한 인간미가 들어나면서 나처럼 어린 학생의 마음을 희망으로 이끌어주는 데가 있었다.

"없어" 또는 "조금도 없네"라든가 하는, 같은 뜻의 다른 짤막한 대꾸를 되풀이하면서 스트롱 박사가 우리 앞을 고르지 않은 이상한 걸음걸이로 터벅터벅 걸었고, 우리는 박사의 뒷모습을 좇으며 따랐다. 위크필드 씨는 내가 자기를 보고 있는 줄도 모르고, 아주 심각한 얼굴로 혼자서 고개를 절레절레 저었다.

교실은 건물에서 가장 조용한 곳에 자리한 아름다운 큰 강당이었다. 건너편에는 큰 항아리 여섯 개가 당당하게 노려보고 있었다. 그 강당에서 내려다보면 스트롱 박사의 외딴 정원이 눈에 들어왔는데, 정원의 양지바른 남쪽 벽에는 복숭아가 발갛게 익어 있었다. 창밖 잔디에는 통에서 기른 큰 알로에 두 그루가 있었다. 그 넓고 억센 잎(마치 페인트칠한 양철로 만들어진 것 같았다)은 이후로 연상작용에 의해 내겐 침묵과 은거의 상징이 되었다.

교실에 들어서자 스물다섯 명의 학생들이 열심히 책을 읽고 있었다. 그들은 일제히 일어나서 스트롱 박사에게 인사한 다음, 그대로 서서 위크필드 씨와 나를 바라보았다.

"여러분, 신입생입니다." 스트롱 박사가 말했다. "트롯우드 코퍼필드입니다."

학급 대표인 애덤스란 학생이 나와서 나를 반갑게 맞아주었다. 이 학생은 흰 넥타이를 매고 있어서 젊은 신부처럼 보였는데, 붙임성이 있고 명랑했다. 그는 내 자리를 가리켜주고, 선생님들에게 인사를 시켰다. 참으로 어른스러운 태도에 나는 안심이 되었다.

그러나 나는 이런 학생들이나 내 나이 또래의 친구들(믹 워커와 밀리 포테이토스는 빼고)과 어울려 본 것이 너무나 오래된 것처럼 느껴져서 매우 낯설었다. 이 학생들은 전혀 모르는 인생을 겪었고, 내 또래의 아이들에게는 낯선 것들을 맛보았으며, 내 또래들의 형편이나 처지와는 너무도 다른 상황에서 생활해 왔었기에, 내가 보통의 조그만 학생으로 이 학교에 입학한 것이 어쩐지 사기 행위처럼 생각되었다. 머드스톤 앤드 그린비 상점에서 얼마나 일했건, 그 기간 동안은 내 또래가 하는 운동과 놀이를 전혀 하지 않았다. 따라서 그 애들에게는 가장 평범한 것이 내게는 서툴고 경험 없는 것이란 사실을 나는 잘 알고 있었다. 게다가 내가 지금까지 배웠던 내용마저 밤낮으로 생활 걱정을 하느라 다 잊어버렸으므로, 시험 결과, 아무것도 아는 것이 없는 나는 결국 최하급 반에 편입되었다. 내 지식을 시험한다면 아는 것이 전혀 없는 나로선 아마 맨 꼴찌나 할 것이다. 학생다운 놀이 요령이나 공부 지식이 모자라서 어려운 점도 있었지만, 그러나 더욱 기분 나빴던 것은, 내가 세상 물정을 몰라서가 아니라 너무 알아서 학생들과 도저히 어울릴 수 없다는 점이었다. 내가 채무자 교도소까지도 잘 알고 있다는 사실을 알아챈다면, 그들은 나를 어떻게 생각할까? 내가 미코버 씨 가족과 생활하면서 저당을 잡힌다든가, 세간을 팔아버린다든가, 세 끼 가운데 저녁 식사만 했던 사실이 나도 모르는 사이에 내 태도에 드러난다면? 넝마를 걸친 채 기진맥진하여 캔터베리 거리를 지나가던 것을 본 학생이 있어 그가 내 정체를 폭로한다면? 돈의 귀중함을 모르는 학생들이, 내가 날마다 소시지와 맥주나 푸딩 조각을 사기 위해 한 푼이라도 그러모은 경위를 안다면, 그들은 뭐라고 말할 것인가? 런던의 생활과 런던 거리를 전혀 모르는 학생들이 내가 그곳의 가장 비천한 생활 일부를 아주 잘 알고 있다는 것을 알면(물론 나는 그것을 부끄럽게 생각하지만) 그들은 어떤 영향을 받을까? 스트롱 박사의 학교에 입학한 첫날부터 머릿속에 맴도는 이러한 생각 때문에, 눈 한 번 돌리고 행동 하나 하는 데도 자신이 없었다. 새 친구들이 곁으로 다가올 때마다 가슴이 덜컹거렸다. 그래서 학생들의 친절한 대우와 적극적인 자세에 말려들기라도 할까 봐 두려워서, 수업이 끝나자마자 허겁지겁 나와버렸다.

그러나 위크필드 씨의 오래된 집에는 이상한 힘이 있어서, 새 교과서를 안고 그 집 문을 두드리면 불안한 마음이 순식간에 사라졌다. 바람이 잘 통하는 내 방으로 올라갈 때면, 계단의 그 장중한 그림자가 나의 의혹과 공포 위에 드리워져 과거를 희미하게 해주는 것 같았다.
나는 저녁 식사 시간까지 내 방에 앉아서 열심히 책을 읽다가(수업은 늘 세 시에 끝났다) 그래도 제법 쓸 만한 학생이 될 수 있다는 희망을 품고 아래층으로 내려왔다.
아그네스는 응접실에서 아버지를 기다리고 있었다. 그녀의 아버지는 사무실에서 누군가에게 붙들려 있는 듯했다. 그녀는 반가운 미소로 나를 맞아주고는 학교가 마음에 드느냐고 물었다. 나는 학교는 아주 마음에 들지만, 처음이라 약간 낯설다고 했다.
"학교에 다닌 적 없나요?" 내가 그녀에게 물었다.
"아니, 매일 다녔어요."
"아, 그러면 여기 이 집에서 다녔겠죠?"
"아빠께서 다른 학교에는 보내주지 않아요." 그녀는 미소 짓고 머리를 흔들면서 대답했다. "누군가 안주인 노릇을 할 사람이 집에 있어야 하니까요."
"아버지께서 무척 귀여워하시던데요." 나는 말했다.
"그래요." 그녀는 고개를 끄덕였다. 그러고는 계단에서 아버지를 맞이할 수 있도록 문으로 가서 아버지가 오는지 귀를 기울였다. 그러나 아버지는 오지 않았으므로 다시 돌아왔다.
"엄마는 나를 낳고 돌아가셨어요." 그녀는 조용히 말했다. "나는 저 아래층 초상화로만 엄마를 알 뿐이에요. 어제, 학생도 그 초상화를 봤지요? 그 초상화의 주인공이 누군지 알았나요?"
나는 그렇다고 대답했다. 왜냐하면 그녀를 똑 닮았으니까.
"아빠도 그렇게 말씀하세요." 아그네스는 만족해하면서 말했다. "어머나, 아빠가 오시네요!"
그녀의 얼굴이 갑자기 환하게 빛나면서 아버지를 맞이하려고 방에서 나갔다가 아버지의 손을 잡고 다시 돌아왔다. 위크필드 씨는 나에게 유쾌하게 말을 건네면서, 너그러운 스트롱 박사 밑에서 공부하면 틀림없이 즐거울 것이라고 말했다.
"잘은 몰라도, 스트롱 박사의 호의를 욕되게 하는 학생이 몇 명 있을 거야. 트롯우드, 자네는 절대로 그런 사람이 되어서는 안 돼. 박사님은 전혀 사람을 의심하지 않아. 그런 성격이 장점인지 단점인지는 몰라도, 박사님 아래에서 공부하려면 어쨌든 그분의 그런 성격을 마음에 담아둬야 해."

그러나 그 말투는 어쩐지 그가 지쳤거나, 아니면 무슨 불만이라도 있는 것처럼 보였다. 그러나 그의 기분에 대한 문제는 더 이상 신경 쓰지 않았다. 바로 그때 저녁 식사가 준비되었다고 알려 와서 우리는 아래층으로 내려가 저마다 늘 앉는 자리에 앉았다.

그런데 우리가 자리에 앉자마자 우라이아 힙이 빨간 머리와 깡마른 손을 문 안으로 들이밀면서 말했다. "맬던 씨가 오셔서, 드릴 말씀이 있답니다."

"방금 맬던 씨와 헤어졌는데." 그의 주인이 말했다.

"알고 있습니다. 하지만 맬던 씨가 다시 와서 여쭐 말씀이 있다고 하십니다."

우라이아는 문을 잡은 채 나를 바라보고, 아그네스를 바라보고, 음식 그릇을 바라보고, 방 안에 있는 모든 것을 바라보았다. 그러나 달리 보면 아무것도 보지 않은 것 같기도 했다. 그 빨간 눈으로 자기 주인을 충실하게 바라보는 시늉만 하고 있었던 것이다.

"죄송합니다. 곰곰이 생각해 보니 실례를 무릅쓰더라도 꼭 말씀드려야 할 것 같아서요." 우라이아의 머리는 물러나고 바로 뒤에서 목소리 주인공의 머리가 나타났다. "이번 일에서 제게 선택의 여지가 없다면, 되도록 빨리 외국으로 가는 편이 좋을 것 같습니다. 이 문제를 의논했더니, 내 사촌 애니는 친구가 외국에 나가는 것보다는 가까이 있는 것이 좋다고 했고, 노(老)박사께서도—"

"스트롱 박사 말이지?" 위크필드 씨가 언짢은 듯이 말했다.

"물론 스트롱 박사죠." 남자가 대답했다.

"전 그 매부를 언제나 노박사라고 부릅니다. 뭐라고 부르던 마찬가지지만요."

"난 모르겠군." 위크필드 씨가 말했다.

"그럼 스트롱 박사라고 하지요." 상대 남자가 말했다.

"아무튼 스트롱 박사도 똑같은 생각인 줄 알았는데, 선생님이 저에게 하시는 태도를 보니, 박사님은 마음을 달리하신 것 같습니다. 그렇다면 더 이상 할 말이 없지요. 다만 빨리 외국으로 떠났으면 좋겠습니다. 그 말씀만 드리려고 이렇게 되돌아온 겁니다. 물에 뛰어들어야 할 몸이 둑에서 서성거려 봤자 소용이 없으니까요."

"맬던 군, 자네를 절대로 둑에서 머뭇거리게 하지는 않겠네. 믿어 주게." 위크필드 씨는 말했다.

"고맙습니다." 맬던 씨가 말했다. "정말 고맙습니다. 저는 선물로 받은 말의 나이를 따지는 식의 행동은 딱 질색입니다. 그건 점잖은 행동이 아니니까요. 하려고만 하면, 이번 일 같은 경우는 애니의 한마디로 어떻게든 뒤집을 수 있었을 겁니다. 애니가 노박사께 말씀을 드리기만 하면 될 테니까요."

"스트롱 부인이 박사께 말씀을 드리기만 하면 된단 말이지. 그런가?"

"그렇고말고요. 이러이러한 일을 이렇게 해주셨으면 합니다, 하고 말씀만 드리면, 당연히 원하는 대로 될 겁니다."

"맬던 군, 어째서 그게 당연하지?" 위크필드 씨는 천천히 식사하면서 물었다.

"이유야 뻔하지요. 애니는 젊고 아름답지만, 노박사님은 늙으신 데다 매력이라곤 찾아볼 수가 없으니 말입니다." 잭 맬던 씨는 큰 소리로 웃으면서 말했다. "위크필드 선생님, 딱히 누구를 불쾌하게 하려는 뜻은 없습니다. 다만 이런 결혼생활에는 약간의 보상이 따르는 것이 지당하잖습니까."

"부인에 대한 보상 말인가?" 위크필드 씨가 심각하게 물었다.

"그렇죠, 부인에 대한 보상이죠." 잭 맬던 씨는 크게 웃으면서 대답했다. 그러나 위크필드 씨가 여전히 침착한 태도로 조용히 식사하면서, 얼굴 근육 하나 씰룩이지 않자 그는 덧붙여 말했다.

"굳이 되돌아오면서까지 말하고 싶었던 것은 다 말씀드렸으니 이렇게 불쑥 나타난 것을 다시 한번 사과드리고, 전 이만 물러가렵니다. 그리고 이 문제는 선생님과 저 두 사람 사이의 일이라는 선생님 지시에도 따르겠습니다. 박사님 댁에서는 이 말을 입 밖에 내지 않을 겁니다."

"저녁 식사는 했는가?" 위크필드 씨가 손으로 식탁을 가리키며 물었다.

"고맙습니다, 이제 하렵니다." 맬던 씨가 말했다. "사촌 애니와 같이요. 안녕히 계십시오!"

맬던 씨가 방을 나가자 위크필드 씨는 그대로 앉은 채 난처한 표정으로 그의 뒷모습을 바라보았다. 잭 맬던 씨는 잘생겼으며, 말도 잘하고, 배짱도 두둑해 보였으나 조금 경솔해 보였다. 이것이 나와 잭 맬던 씨의 첫 만남이었다. 그날 아침 박사가 그의 말을 하는 것을 들었을 때는 설마 이렇게 빨리 그를 만나리라고는 생각지도 못했었다.

저녁 식사를 하고, 우리는 다시 2층으로 올라갔다. 모든 것이 전날과 마찬가지로 진행되었다. 아그네스는 어제의 그 구석 자리에 술잔과 포도주병을 가져다 놓았고, 위크필드 씨는 앉아서 술을 마셨다. 그는 꽤 많이 마셨다. 아그네스는 피아노를 치고, 아버지 옆에 앉아서 바느질을 하면서 이야기를 들려주기도 하고, 나와 도미노놀이도 했다. 한참 즐기다가 아그네스가 차를 준비했다. 차를 마신 뒤에 내가 교과서를 가져오자, 아그네스가 들여다보고, 자기가 아는 부분을 가르쳐 주었다(그녀는 별것 아니라고 말했으나 사실 중요한 것이었다). 또 알고 이해하는 방법까지 말해주었다. 지금 이 글을 쓰는 동안에도, 그녀의 겸손하고 차분하며 얌전한 태도가 눈에 선하고, 그녀의 아름답고 나긋한 목소리가 들리는 듯하다. 훗날 그녀가 내게 미친 좋은 영향력이 그 무렵 이미 내 가슴에 엄습하기 시작했던 것이다. 나는 꼬마 에밀리를 사랑한다. 아그네스는 사랑하지 않는다─연애 대상으로 사랑하지 않는다는 뜻이다─그러나 아그네스가 있는 곳에는 선과 평화와 진리가 있다. 전에 보았던 교회 색유리창의 부드러운 빛이 언제나 그녀에게 비치며, 그녀 가까이 있는 나에게도 비치고, 주위의 모든 것에도 비치는 것이다.

밤이 늦어 잠자리에 들 시간이 되자 그녀가 물러갔다. 나도 잠자리에 들려고 위크필드 씨에게 손을 내밀어 악수를 청했다. 그러나 그는 나를 붙들고 말했.

"트롯우드, 우리 집에 있고 싶니, 딴 곳으로 가고 싶니?"

"여기 있고 싶어요." 나는 곧바로 대답했다.

"정말이냐?"

"정말입니다. 그럴 수만 있다면요!"

"여기 생활이 따분할 것 같아서 하는 말이야."

"아그네스가 지루했으면 했지, 저는 절대로 그렇지 않아요!"

"아그네스가 지루했으면 했지." 그는 벽난로 선반 있는 데로 천천히 걸어가서 몸을 기대고 되풀이했다. "아그네스가 지루했으면 했지."

그날 밤 그는 눈에 핏발이 서도록 술을 마셨다. (아니면 내가 그렇게 떠올렸든지) 내가 그의 눈을 뚜렷이 본 것은 아니다. 그는 눈을 아래로 내리뜬 채 한 손으로 가리고 있었으므로 똑똑히 볼 수는 없었다. 하지만 조금 전 그의 눈이 보였다.

"혹시," 그는 중얼거렸다. "아그네스가 나 때문에 지친 것이나 아닐까? 나는 그 애에게 진절머리가 난 적은 한 번도 없지만, 그러나 그것과는 다르지. 전혀 다르단 말이야!"

그는 내게 말하는 것이 아니라 혼자서 뭔가를 곰곰이 생각하고 있었다. 그래서 나는 가만히 있었다.

"따분하고 낡은 집이야. 생활도 단조롭고. 그러나 그 애를 놓아줄 수는 없어. 그 애를 내 곁에 붙들어 둬야만 해. 내가 죽고 딸애만 남는다든가, 딸애가 죽고 내가 남을지도 모른다는 생각이 유령처럼 나타나서 내 행복한 시간을 무너뜨리는데, 이런 생각에서 헤어나지 못한다면—"

그는 말을 멈추고, 아까 앉아 있던 곳으로 천천히 걸어가서는 빈 병을 들고 포도주를 따르는 시늉을 기계적으로 하더니 다시 병을 내려놓고 되돌아갔다.

"그 애가 여기 있어도 이렇게 쓸쓸한데 없으면 어떻게 될까? 아니다, 아니야, 아냐! 이런 생각은 집어치워야지!"

그는 아주 오랫동안 벽난로 선반에 기댄 채 생각에 잠겨 있었다. 나는 그에게 방해가 되더라도 나와버릴까, 아니면 그가 명상에서 깨어날 때까지 조용히 남아 있을까를 결정할 수가 없었다. 이윽고 그는 명상에서 깨어나 방 안을 둘러보다가 나와 눈이 마주쳤다.

"트롯우드, 앞으로도 우리와 함께 사는 거지, 응?" 그는 평소와 같이 말했다. 그것이 내가 한 말의 대답이라도 되는 듯이. "고맙구나. 너는 우리의 친구니까 네가 여기에 있으면 유익할 거야. 나에게도, 아그네스에게도, 아마 우리 모두에게 좋을걸."

"틀림없이 제게도 좋아요, 선생님." 나는 말했다. "전 여기에 있는 게 매우 기뻐요."

"멋진 놈이야!" 위크필드 씨는 말했다. "네가 여기에 있고 싶은 동안은 그렇게 하렴." 그는 나와 악수하고 내 등을 두드렸다. 또 그는 나에게, 아그네스가 자러 간 뒤에도 할 일이 있다든가 책을 읽고 싶을 때, 벗이 필요할 때는 언제든지 자기 방에 들어와도 좋다고 했다. 나는 그의 따뜻한 배려에 깊은 고마움을 나타냈다. 조금 뒤에 그는 자기 방으로 내려갔다. 나도 피곤하지 않았으므로 30분 동안 그의 호의를 맛보려고 책을 한 권 들고 아래층으로 내려갔다.

그러나 작고 둥근 사무실에 불이 켜진 것을 보고는 나에게 큰 관심을 보이는 우라이아 힙에게 마음이 끌려, 위크필드 씨의 서재에 들르는 대신 우라이아가 있는 그 방으로 들어가버렸다. 우라이아는 아주 두꺼운 책을 여봐란 듯이 읽고 있었다. 가느다란 집게손가락으로 한 줄 한 줄 짚어가며 읽었는데, 페이지마다 달팽이가 지나간 것처럼 끈적끈적한 자국을 남겼다.

"우라이아, 오늘은 밤늦게까지 일하는군요." 내가 말했다.

"네, 코퍼필드 도련님." 우라이아가 대답했다.

그와 말하기 편하도록 맞은편 의자에 앉으면서 나는 우라이아가 웃지 않는다는 것을 알았다. 단지 입을 크게 벌리고, 양 볼을 턱에 걸고 하나씩 하나씩 깊은 주름을 만들어 웃는 얼굴을 대신할 뿐이었다.

"저는 사무실 일을 하고 있는 게 아니에요, 코퍼필드 도련님."

"그럼 무슨 일을 하고 있어요?"

"법률 공부를 하고 있습니다, 코퍼필드 도련님. 티드의 《소송서》를 읽고 있답니다. 오, 티드라는 분은 정말 뛰어난 작가예요, 코퍼필드 도련님!"

내 의자는 전망대처럼 높아서, 그가 감탄의 말을 하고 난 뒤에 집게손가락으로 한 줄 한 줄을 짚어가며 다시 책을 읽는 모습을 보다가, 그의 코가 아주 이상하게 생긴 것을 알았다. 가냘프고 끝이 뾰족하며 움푹 패어 있으며, 콧구멍이 저절로 벌름거리는 모습이 특이하고도 불쾌했다. 마치 아직까지 한 번도 빛난 적이 없는 그의 눈 대신 콧구멍이 빛을 발하는 것 같았다.

"아주 굉장한 법률가인가 봐요?" 나는 그를 한참 바라본 뒤에 말했다.

"저 말인가요, 코퍼필드 도련님?" 우라이아는 말했다. "아니에요! 저는 보잘것없는 놈입니다."

그런데 그의 손에 대한 내 생각은 터무니없는 것이 아니었다. 그는 손을 몰래 손수건에 닦기도 하고, 말려서 따뜻하게 하려는 것처럼 손바닥을 세게 비벼대기도 했다.

"다른 사람은 몰라도 저는 제가 천한 인간이란 것을 잘 알고 있어요." 우라이아 힙은 겸손하게 말했다. "제 어머니도 저와 마찬가지로 아주 천한 사람입니다. 우리는 아주 허름한 집에 살고 있지만, 저는 그나마도 오히려 감사하게 생각합니다. 아버지의 전직도 천한 것이었어요. 교회지기였습니다."

"지금은 뭘 하시지요?" 나는 물었다.

"지금은 천국에 가 있어요, 코퍼필드 도련님." 우라이아 힙은 말했다. "그래도 우리는 다행이라고 생각해요. 특히 위크필드 씨와 함께 사는 것을 얼마나 감사하게 생각하는지 몰라요."

나는 오랫동안 위크필드 씨와 함께 살았느냐고 물었다.

"4년째입니다, 코퍼필드 도련님." 우라이아는 읽다 만 곳에다 꼼꼼하게 표시를 해놓고 책을 덮으면서 말했다. "아버지가 돌아가신 1년 뒤부터지요. 친절하게도 위크필드 선생님이 제게 서생 일자리를 주셔서 얼마나 감사한지 몰라요. 그렇지 않았더라면 천한 어머니와 제가 어떻게 살았겠습니까!"

"서생 계약 기간이 끝나면, 정식 변호사가 되나요?" 나는 물었다.

"신의 은총으로 그렇게 되었으면 합니다." 우라이아는 대답했다.

"그럼 머지않아 위크필드 씨의 동업자가 되겠군요." 나는 붙임성 있게 굴려고 말했다. "위크필드 앤드 힙 법률사무소 아니면 힙의 사무실—전 위크필드 사무실이 되겠지요."

"아니에요, 코퍼필드 도련님." 우라이아는 고개를 저으며 말했다. "저는 그런 일을 하기에는 아주 보잘것없는 인간이에요."

입을 벌리고 뺨에 주름살을 만들며 겸손하게 앉아서 나를 곁눈질로 쳐다보는 그의 얼굴은, 내 창문 밖 대들보에 조각해 놓은 얼굴처럼 괴상스러웠다.

"위크필드 씨는 정말 훌륭한 분입니다." 우라이아는 말했다. "오래 사귀셨으니 도련님도 잘 아실 겁니다. 저 같은 것이 말씀드리지 않아도."

우라이아는 틀림없이 훌륭한 사람이지만 대고모의 친구이지, 나는 그와 사귄 일이 없다고 말했다.

"아, 그래요, 코퍼필드 도련님." 우라이아는 말했다. "도련님의 대고모님은 정말 좋은 분이시죠!"

우라이아는 열중하면 몸을 꼬는 버릇이 있었다. 그 모습이 꽤나 보기 흉해서, 나는 대고모에 대한 찬사도 잊은 채 그가 목 아래쪽부터 몸을 뱀처럼 꼬는 데에만 관심을 기울였다.

"멋진 분이에요, 코퍼필드 도련님!" 우라이아 힙은 말했다. "대고모님은 아그네스를 퍽 칭찬하는 것 같던데요, 도련님?"

"물론이죠." 나도 넉살 좋게 대답했다. 물론 거기에 대해서는 전혀 아는 바가 없었지만.

"도련님도 아그네스를 좋아하죠? 다 알아요." 우라이아가 말했다.

"누구든지 그녀를 좋아할 거예요." 내가 대답했다.

"아, 감사합니다, 코퍼필드 도련님. 그렇게 말해줘서 고맙습니다! 그건 사실이에요! 전 비록 하찮은 인간이지만, 그게 아주 뚜렷한 사실이라는 건 압니다!" 우라이아 힙이 말했다.

흥분한 나머지 그는 몸을 뒤틀다가 의자에서 떨어지고 말았다. 그러자 그 길로 집으로 갈 준비를 하기 시작했다.

"어머니가 기다리고 계실 겁니다." 우라이아는 회중시계를 들여다보며 말했다. "걱정하고 있을 거예요. 누추한 집이지만 언제 한 번 도련님이 오후에 저희 집에 들러 차를 한 잔 드신다면, 저는 물론 어머니도 영광으로 생각하실 겁니다."

나는 기꺼이 가겠다고 대답했다.

"고맙습니다, 코퍼필드 도련님." 우라이아가 책을 선반에 올려놓으며 말했다. "한동안 여기에 머무르실 거죠, 코퍼필드 도련님?"

나는 학교에 다니는 동안은 이곳에서 있기로 했다고 말했다.

"아, 그래요!" 우라이아가 말했다. "장차 코퍼필드 도련님도 이 일에 종사하겠군요!"

나는 그럴 생각이 전혀 없고, 나를 위해 그런 계획을 고려하는 사람도 아무도 없다고 잘라 말했다. 그러나 내가 아무리 말해도 우라이아는 부드러운 태도로 자기주장을 굽히지 않았다. "아니, 그렇지 않을 겁니다, 코퍼필드 도련님. 도련님이 이 일을 하실 겁니다. 틀림없어요!" 그는 몇 번이고 되풀이해서 강조했다. 사무실을 나서면서, 그는 불을 꺼도 괜찮겠느냐고 물었다. "좋다"고 대답했더니 그는 바로 불을 껐다. 그리고 나와 악수를 하고 나서—캄캄한 어둠 속에서, 그의 손은 꼭 생선 같았다!—거리 쪽으로 문을 조금 열고 빠져나가더니, 나를 남겨둔 채 문을 닫아버렸다. 나는 의자에 걸려 부딪치고 넘어지기도 하면서, 길을 더듬어 내 방으로 갔다. 그날 밤 내내 그의 꿈을 꾼 것은 아마 위의 사건 때문일 것이다. 꿈속에서 유독 이상했던 것은, 그가 '티드의 소송서'라고 적힌 검은 깃을 돛대 꼭대기에 꽂고, 페거티 씨의 집으로 해적선 원정에 나서서, 그 극악무도한 깃발 아래 나와 꼬마 에밀리를 납치해 스페인 바다까지 끌고 가 물에 밀어 넣어 죽였던 것이다.

나의 불안은 이튿날 학교에 가자 좀 사라졌고, 그다음 날엔 훨씬 더 가벼워졌으며, 그렇게 점점 사라져서, 2주 뒤에는 새로운 친구들 사이에서 편안하고 즐겁게 보낼 수 있었다. 놀이도 서툴고, 학업도 크게 뒤져 있었지만, 놀이는 계속하다 보면 익숙해질 테고, 학업은 열심히 공부하면 따라갈 수 있을 거라고 생각했다. 따라서 놀이도 공부도 열심히 했으므로 칭찬을 들었다. 어느새 머드스톤 앤드 그린비 상점에서 겪었던 생활이 먼 옛날의 기억처럼 낯설어지고 지금의 생활에 익숙해져서, 마치 이렇게 오랫동안 살아온 것만 같았다.

스트롱 박사의 학교는 아주 훌륭했다. 크리클 씨의 학교와는 비교도 되지 않았다. 규율은 아주 엄격했지만, 모두 학생들의 명예와 신의에 호소하는 것이었다. 그러한 자질이 없다는 사실이 뚜렷이 드러나지만 않으면, 학생들은 누구나 처음부터 그러한 자질을 갖추고 있다고 인정하는 정신에서 학교를 운영했으므로, 놀라울 정도로 성과를 거두었다. 학생들 모두가 학교를 운영해 나가고, 학교의 특성과 위엄을 유지시키는 데 한 몫을 담당하고 있다고 생각했다. 그래서 우리는 이내 학교에 애착을 느끼게 되었다. 나도 그랬고, 내가 학교에 다니는 동안 그렇지 않은 학생은 한 사람도 보지 못했다. 학교의 명예를 높이고 싶은 마음에, 학업도 정말 열심히 했다. 수업이 끝나면 품위 있는 놀이를 했고, 자유도 듬뿍 누렸다. 그러나 그때에도 마을에서의 평판은 매우 좋았으며, 우리의 복장이나 행동으로 스트롱 박사나 학생들의 얼굴에 먹칠을 하는 경우는 거의 없었다.

상급생 몇 명이 박사의 집에서 하숙하고 있었던 관계로, 그들을 통해 박사의 경력 가운데에서 몇 가지 특기할 만한 것들을 간접적으로 알게 되었다. 전에 서재에서 본 그 젊고 아름다운 부인과 결혼한 지 1년도 채 안 됐다는 것, 그 부인이 단돈 6펜스도 없는 가난뱅이인데도 박사님이 결혼한 것은 오로지 사랑 때문이라는 것, 부인의 가난한 친척들이 우르르 몰려와서 박사를 집에서 내쫓을 듯이 법석을 떨어도 부인에 대한 박사님의 사랑은 변함이 없다는 것이었다. 또 박사님이 언제나 생각에 잠겨 있는 것은 그리스어의 뿌리를 찾는 데 몰두하고 있기 때문이라고 했다. 뿌리라고 하기에, 아무것도 모르던 나는 박사님이 걸어다닐 때 언제나 땅만 내려다보는 것을 보고 그가 식물에 관심이 많다고 생각했다. 하지만 알고 보니 박사님은 새 사전을 만들기 위한 그리스어의 어간을 생각하고 있었던 것이다. 학급 회장인 애덤스는 수학에 뛰어났는데, 그가 박사님의 사전이 지금대로만 진행된다면 언제 완성되리란 것을 계산했다는 소문을 들었다. 그는 박사님의 지난번 62회 생신 때부터 계산해서 1649년 뒤에야 사전이 마무리된다고 했다.

그러나 박사님은 전교생의 우상적 존재였다. 만약 그렇지 않았다면 틀림없이 이 학교는 잘못됐을 것이다. 박사님은 담 위에 놓인 항아리처럼 돌같이 차디찬 사람들의 마음도 녹여줄 수 있는 순수한 믿음을 가진 친절한 분이었다. 박사님이 교정을 거닐 때면, 떼까마귀나 작은 새들이 영악하게 고개를 갸웃거리며 뒷모습을 가만히 바라보고 있는데, 마치 세상일이라면 자기들이 훨씬 더 잘 안다는 듯한 표정이었다. 또한 어떤 떠돌이라도 박사님의 신발 소리를 듣고 다가와서 고생담이라도 한 대목 풀어놓으면, 꼬박 이틀을 먹고 살 수 있었다. 그 일은 학교에서도 유명해서, 다른 선생님과 상급생들은, 어떻게든 구석에서 그들의 출입을 막거나, 창문으로 뛰어나가서 박사님이 그들의 모습을 발견하기 전에 뜰에서 쫓아내느라 다들 필사적이었다. 때로는 박사님의 바로 코앞에서 겨우 쫓아낸 적도 있다. 게다가 박사님은 발길 닿는 대로 아무렇게나 걸었으므로 그런 일은 전혀 알지 못했다. 일단 전공이 아닌 것, 그리고 돌봐주는 사람이 아무도 없는 경우에는 양털깎이 앞에 끌려나온 양처럼 온순했다. 각반을 끌러서 줘버리는 일도 많았다. 실제로 우리 사이에는 다음과 같은 이야기가 나돌았다. (언제 누구한테 들었는지는 기억나지 않지만 아주 오랫동안 그렇게 믿어왔으므로 이제는 정말 사실이라고 믿고 있다) 매섭게 추운 어느 겨울날, 그는 실제로 자기의 각반을 벗어 어느 여자 거지에게 주었다. 그 여자 거지는 그 각반에다 갓난아기를 싸고 집집마다 돌며 동냥했으므로 이웃에 소문이 자자했다. 박사의 각반으로 말하자면 대성당만큼이나 그 일대에서는 잘 알려져 있어, 누가 보든 그것이 박사의 각반임을 이내 알 수 있었다. 이 이야기에는 뒷얘기도 있다. 즉 자기의 각반을 모르는 사람은 박사뿐이라는 것이었다. 그 일이 있고 얼마 뒤에, 박사님의 각반이 평판이 좋지 않은 어떤 조그마한 고물상점에 진열되었을 때, 한두 번도 아니고 아주 여러 번 갖고 싶은 듯이 만지작거리며, 그 신기한 무늬에 탄복하고 자기 것보다 더 낫다고 생각한 사람도 바로 박사님이었다.

박사님이 젊고 예쁜 부인과 같이 있는 모습은 무척 유쾌했다. 박사님은 부인을 사랑하는 데 있어서도 아버지 같은 인자함을 보였는데, 그러한 태도에서도 박사님이 좋은 사람임이 드러났다. 나는 그들이 복숭아나무가 있는 정원을 거니는 것을 가끔 보았으며, 때로는 서재나 거실에 있는 그들을 더 가까이에서 본 적도 있었다. 내가 보기에는 부인은 박사님을 잘 받들고 매우 사랑하는 것 같았다. 그러나 계획하고 있는 새 사전에는 별로 흥미가 없어 보였다. 박사님은 사전 원고들을 아무리 귀찮아도 늘 주머니와 모자 속에 넣고 다녔으며, 산책하면서 끊임없이 부인에게 설명해 주는 것 같았다.

나는 스트롱 부인을 자주 만났다. 그녀는 처음 스트롱 박사에게 소개되던 날 나를 귀여워해주었고, 그 뒤로도 언제나 나에게 친절했으며 큰 관심을 보였다. 또 부인은 아그네스를 아주 좋아해서 워크필드 씨 집에 자주 드나들었지만, 그녀와 워크필드 씨 사이에는 이상하게도 어색한 데가 있었다(부인은 워크필드 씨를 무서워하는 것 같았다). 저녁에 부인이 워크필드 씨 집에 놀러왔을 때, 워크필드 씨가 집까지 모셔다드리겠다고 제의하면, 부인은 언제나 거절하면서 나를 데리고 달아나다시피 집으로 돌아가는 것이었다. 그리고 때때로 우리는 아무도 만나지 않으리란 생각에 교회 뜰을 가로질러 즐겁게 달리고 있을 때 잭 맬던 씨를 만났는데, 맬던 씨도 우리를 볼 때마다 깜짝 놀랐다.

스트롱 부인의 어머니는 무척이나 유쾌한 부인이었다. 이름은 마클람이었지만, 학생들은 그녀를 노병(老兵)이라고 불렀다. 당당한 장군의 풍모가 있고, 수많은 친척들을 이끌고 박사님을 공격하는 통솔력이 정말 뛰어났기 때문이다. 그녀는 몸집이 작고, 눈매가 날카로웠다. 정장을 할 때에는 늘 똑같은 모자를 썼는데, 모자에는 조화 몇 송이와 그 조화 위를 날고 있는 나비 두 마리가 그려져 있었다. 프랑스제인 그 모자는 솜씨 좋은 프랑스 국민만이 만들 수 있다는 미신이 학생들 사이에 퍼져 있었다. 내가 그 모자에 대해서 확실히 아는 것은, 마클람 부인이 등장하는 곳에는 어디나 그 모자가 나타난다는 것, 친선 모임에는 인도산 바구니에 그 모자를 넣어 가지고 간다는 것, 모자의 나비가 늘 날개를 떨고 있다는 것, 쉴 새 없이 움직이는 벌처럼, 스트롱 박사의 돈으로 그 즐거운 시간을 빛냈다는 것이다.

나는 이 노병—경멸의 뜻으로 쓴 것은 아니다—이 어느 날 저녁 꽤 으스대는 것을 보았다. 내가 그 일을 기억하고 있는 것은, 뒤이어 일어난 어떤 사건 때문이었다.

박사님 댁에서 조촐한 파티가 열린 어느 날 밤이었다. 그 파티는 잭 맬던이 위크필드 씨가 겨우 준비한 사관후보생인가 뭔가 하는 자리를 얻어, 인도로 떠나는 것을 축하하기 위한 모임이었다. 그날은 또한 박사님의 생신이기도 했으므로, 학교에는 수업이 없었다. 오전에는 학생들이 박사님께 선물을 드리고, 학생 대표를 통해 축사를 올리고, 다 같이 만세를 불렀으므로, 우리는 목이 쉬고, 박사님도 목이 메어 눈물을 흘렸다. 저녁에는 위크필드 씨와 아그네스와 함께 나는 박사님이 초대한 다과회에 갔다.

잭 맬던 씨가 우리보다 먼저 와 있었다. 우리가 들어갔을 때, 스트롱 부인은 하얀 드레스를 입고, 버찌색 리본을 달고 피아노를 치고 있었다. 박사님은 부인에게 기대 앉아 악보를 넘겨주고 있었다. 부인이 고개를 돌렸을 때 얼굴빛은 평소처럼 화사하지는 않았지만 여전히 매우 아름다웠다.

"내가 축하 인사하는 걸 깜빡 잊고 있었네, 박사." 우리가 자리에 앉으려 할 때, 스트롱 박사의 장모가 말했다. "자네도 알겠지만, 내가 하는 축하는 단순한 축하가 아니라 그 이상이지. 아무튼 앞으로도 오늘같이 행복한 날이 이어지기를 바라네."

"고맙습니다, 장모님." 박사님이 대답했다.

"이 복된 날이 계속되기를 바라네." 노병이 말했다. "박사 자신을 위해서만이 아니라 애니와 잭 맬던이나 다른 많은 사람을 위해서도. 잭이 코퍼필드 도련님보다 머리 하나만큼 더 작은 꼬마였을 때, 뒷마당 나무딸기 숲 그늘에서 소꿉장난을 하면서 애니와 사랑을 속삭이던 때가 어제 같은데."

"어머니," 스트롱 부인이 말했다. "이제 그만해요."

"애니야, 어리석은 소리하지 마라." 어머니가 말했다. "나잇살 먹은 기혼녀인 네가 고작 이 정도 소리를 듣고 얼굴을 붉히다니. 언제쯤이야 그런 말을 듣고도 아무렇지 않겠니?"

"나잇살을 먹었다고요?" 잭 맬던이 외쳤다. "애니가요? 그렇게 말씀하시긴가요!"

"그래, 존." 노병이 대답했다. "사실이 그렇잖니. 물론 실제 나이가 그렇다는 게 아니야—내가 스무 살 난 여자 보고 늙었다고 말한 적이 있니? 누구든 들은 적이 있는 사람 말해 봐!—하지만 네 사촌은 박사의 부인이야. 그래서 내가 나이든 기혼녀라고 했어. 존, 네 사촌이 박사 부인이 된 건 네게도 잘된 일이야. 너는 박사에게서 꽤 많은 도움을 받았잖니. 너만 잘한다면 앞으로도 더 친절한 도움을 받을 거야. 나는 쓸데없는 허세 따위 부리지 않으니까. 솔직히 말하는데, 우리 친척들 중에는 박사의 도움이 필요한 사람이 많이 있어. 너도 사촌 덕에 박사의 도움을 받기 전까지는 그들과 다를 바 없었잖니."

그때 마음씨 좋은 박사님이 그런 것은 아무렇지도 않다는 듯이, 또 잭 맬던을 이런 시달림에서 구해주려는 듯이 손을 크게 내저었다. 그러나 마클람 부인은 박사님 곁에 있는 의자로 옮겨 앉더니 박사님의 코트 소맷자락을 부채로 누르며 말했다.

"박사, 그래선 안 되네. 내가 지나치게 이 점을 강조하는 것처럼 보인다면 용서하게나. 하지만 나는 진심으로 그렇게 생각하고 있거든. 나 스스로도 집념이라고 말하지만, 나한테는 정말로 중요한 문제라네. 자네는 우리의 큰 은인이야. 하느님의 은총이라고."

"당치도 않은 말씀입니다, 천만에요." 박사님은 말했다.

"아니야, 그렇지 않아." 노병이 대꾸했다. "이곳에는 다정하고 미더운 우리의 친구 위크필드 씨뿐이니까, 나도 꼭 말해야겠어. 박사가 자꾸 고집을 피운다면 나는 장모의 특권을 행사하여, 사위인 자네를 꾸짖겠네. 나는 매우 정직한 사람이니 털어놓고 이야기하겠네만, 이런 말을 하는 것이 오늘이 처음은 아니야. 박사가 처음 애니와 결혼하겠다고 했을 때, 내가 얼마나 놀랐는지 박사도 기억할 거야. 구혼했다는 단순한 사실 자체에는 크게 이상할 게 없지만—이렇게 말하면 우스울지 모르지만!—박사는 애니의 가엾은 아버지를 알고 있었고, 생후 여섯 달 되었을 때부터 이 애를 알고 있었으므로, 나는 박사를 그런 쪽으로는 전혀 생각해 보지도 않았네. 무엇보다 박사가 결혼을 하리라고는 꿈에도 생각지 못했으니까. 알겠나?"

"네, 알았습니다." 박사님은 기분 좋게 말했다. "하지만 이제 그만 잊어 주세요."

"천만에." 노병은 박사님의 입술을 부채로 막으며 말했다. "나는 절대 잊을 수 없네. 내가 그 일을 꺼내는 것은, 만약 내가 잘못 알고 있으면 반박해 주길 원하기 때문이야. 그 뒤 나는 애니에게 이야기했지. 박사의 말을 전해 주었어. '얘야, 스트롱 박사가 방금 오셔서 네게 사랑을 고백하고 구혼했단다!' 내가 조금이라도 압력을 가했을까? 절대로 아니야. 나는 계속했지. '자, 애니야, 네 진심을 말해다오. 이미 사랑을 맹세한 상대가 있니?' 그러자 이 애는 울면서 말했다네. '엄마, 나는 너무 어려요.' 이건 맞는 말이었지. '사랑이 있는지 없는지도 모르겠는걸요'라고 했고. 내가 말했지. '사랑하는 사람이 없다면 됐다. 좌우간 얘야, 스트롱 박사님은 아주 흥분해 계시니 서둘러 대답해 드려야 해. 지금처럼 이도저도 아닌 상태로 둘 수는 없어.' 그런데 애니가 또 울면서 말하더군. '엄마, 내가 없으면 박사님이 불행해질까요? 그렇다면 나는 박사님을 몹시 존경하니까 결혼해도 좋아요.' 이렇게 해서 일이 결정된 거야. 그제야 나도 처음으로 애니에게 말했네. 그 전에는 입도 벙긋하지 않았어. '애니야, 박사님은 네 남편 역할뿐 아니라 돌아가신 아버지 역할까지 해주실 거다. 박사님은 우리 집의 가장, 우리 가문의 지혜와 명예를 대표하고, 집안 살림의 기둥이 되어주실 거야. 간단히 말해서 우리 집안의 은혜가 될 분이야.' 나는 그때도 은혜라는 말을 썼고, 오늘도 또 썼어. 내게 장점이 있다면, 꾸준한 것이지."

애니는 이 장황한 연설 내내 가만히 눈을 내리깐 채 한마디도 하지 않았다. 박사님도 그 옆에 서서 똑같이 바닥만 바라보고 있었다. 그런데 그때 처음으로 애니가 떨리는 목소리로 속삭이듯 말했다.

"어머니, 그만하세요."

"아니다, 애니야." 노병은 말했다. "아직 끝나지 않았어, 네가 그만하라고 하니 말이다만 아직 끝나지 않았다. 내가 불만인 건 네가 친정 식구에게 너무 차갑다는 거야. 너에게 아무리 불평해 보았자 소용이 없으니 이제는 네 남편에게 해야지. 아무튼, 여보게, 박사. 자네의 이 어리석은 아내를 잘 봐주게나."

박사님이 소박하고 점잖은 미소를 띠고 고개를 돌려 상냥하게 아내를 바라보자, 아내는 더욱 고개를 숙이고 말았다. 나는 위크필드 씨도 그녀를 줄곧 바라보고 있다는 것을 알았다.

"지난번에도 이 철딱서니 없는 것에게 말한 게 있어." 어머니는 장난이라도 하듯이 고개를 설레설레 젓고 부채를 딸에게 들이대며 계속했다. "네가 네 남편에게 말해 주면 좋을—아니야, 꼭 이야기해야만 하는—가정 사정이 있다고. 그랬

16장 인생 초년생   281

더니 이 철없는 것이 하는 말이, 그걸 남편에게 말하면 도와달라는 부탁이 된다는 거야. 그리고 남편은 마음이 아주 넓어서 부탁하면 늘 다 들어주므로 그런 말을 할 수가 없다는 거야."

"여보, 애니." 박사님이 말했다. "그건 잘못이오. 모처럼 당신을 기쁘게 해줄 수 있었을 텐데."

"내가 저 애에게 한 말이 바로 그거라네!" 어머니는 외쳤다. "앞으로 또 그런 일이 있을 때 저 애가 같은 이유로 자네에게 말하려 하지 않을 때는 내가 직접 말하겠네."

"그렇게 해주시면 고맙겠습니다." 박사님이 대답했다.

"정말인가?"

"그렇습니다."

"그러면, 그렇게 하겠네! 약속한 걸세." 자기의 취지가 관철되었으므로, 장모는 먼저 부채에 입을 맞추고, 그걸로 박사님의 손을 몇 번 톡톡 친 뒤에 만족스럽게 먼젓번 자리로 돌아갔다.

이어서 몇 사람이 더 들어왔다. 그들 가운데에는 선생님 두 분과 학급 회장 애덤스도 있었다. 화제는 일반화되었다. 그리고 자연히 잭 맬던에 대한 것, 그의 여행과 그가 향할 나라, 앞으로의 계획과 전망에 관한 이야기로 옮겨갔다. 그는 그날 밤, 식사 뒤에 우편 마차를 타고 자기를 싣고 갈 배가 정박 중인 그레이브젠드로 떠나기로 되어 있었다. 그리고 만약 그가 휴가나 건강상 이유로 돌아오지 않는다면, 몇 년 동안이나 떠나 있을지 알 수 없다고 했다. 그때의 이야기에 따르면, 인도는 잘못 알려진 나라로서, 호랑이 한두 마리가 있고 낮에 약간 더운 것 말고는 별 어려움이 없다는 것이 모든 사람들의 공통된 의견이었다. 나한테는 잭 맬던이 현대판 신드바드 같았으며, 하늘을 지붕 삼고 앉아, 늘이면 1마일이나 될 구불구불한 황금 파이프로 담배를 피우는 동양의 모든 왕들과 절친한 친구로 지내는 사람쯤으로 보였다.

스트롱 부인은 가수처럼 노래를 잘 불렀다. 혼자 노래하는 모습을 곧잘 봤으므로 잘 알고 있었다. 그런데 그날 저녁에는 사람들 앞에서 노래하기가 두려웠는지, 아니면 정말로 목이 아팠는지는 모르지만, 사촌 맬던과 이중창을 시도했으나 시작부터 마음대로 되지 않았다. 그다음엔 부인이 독창을 했는데, 처음에는 아름다운 목소리로 불렀으나 갑자기 목소리가 끊어지더니, 피아노 건반 위에 엎드려 울음을 터뜨렸다. 상냥한 박사님은, 부인이 조금 흥분한 것 같다고 말하면서, 부인을 위로하기 위해 카드놀이를 한 판 하자고 제의했다. 하지만 정작 박사님은, 트롬본을 부는 것보다도 카드놀이가 서툴렀다. 노병은 박사님을 바로 자기 파트너로 끌어들이더니, 거들먹거리며 우선 만일을 위해 박사님이 가진 모든 은화를 모두 자기에게 맡기라고 하는 것이었다.

카드놀이는 즐거웠다. 박사님은, 장모가 나비가 새겨진 모자를 쓰고 지켜보고 있음에도 많은 실수를 범했다. 그래서 장모는 크게 화가 난 모양이었지만, 그 때문에 놀이의 흥이 깨질 정도는 아니었다. 스트롱 부인은 기분이 좋지 않다며 처음부터 게임에 끼지 않았고, 사촌 맬던도 짐을 마저 꾸려야 한다면서 자리에서 물러났다. 그러나 짐을 다 꾸리자 맬던 씨는 다시 돌아와, 부인과 같이 소파에 앉아서 이야기했다. 애니도 이따금씩 박사님에게로 와서 박사님의 패를 넘겨다보면서 훈수를 했다. 들여다보는 부인의 얼굴은 유난히 창백했고, 카드를 가리키는 부인의 손가락은 떨리는 것 같았다. 그러나 박사님은 부인이 자기에게 관심을 보여준 것이 마냥 기뻐서, 실제로 부인의 손이 떨렸다 하더라도 눈치채지 못했을 것이다.

저녁 식사 때는 그다지 즐겁지 못했다. 모두가 그런 작별을 거북하게 생각하는 것 같았다. 작별할 시간이 가까워지면 가까워질수록 분위기는 점점 더 어색해졌다. 잭 맬던 씨는 어색함을 지워보려고 수다스럽게 떠들어댔지만, 자기도 마음이 편치가 앉아서 분위기는 오히려 더욱 서먹해졌다. 그래서 노병이 잭 맬던 씨의 어린시절 이야기를 계속 꺼냈으나 어색한 분위기는 조금도 나아지지 않았다.

그러나 박사님은 모두가 즐거워하고 있다고 혼자 철석같이 믿고 크게 기뻐하느라, 우리가 괴로워하고 있다고는 조금도 생각하지 못했다.

"여보, 애니," 박사님은 시계를 보고 나서 술잔에 술을 부으며 말했다. "당신 사촌 잭이 떠날 시간이 지났소. 우리는 그를 붙들어선 안 돼. 세월—특히 이 경우에는 조수도 그렇지—은 사람을 기다리지 않으니까 말이오. 잭, 자네는 앞으로 긴 항해를 해야 하고 낯선 나라에 가야 해. 그러나 지금까지 수많은 사람들이 그 두 가지에 도전해 왔고 앞으로도 영원히 그럴 걸세. 위험을 무릅쓰고 자네가 헤쳐나가야 할 바람도, 수천의 사람을 행운의 기슭으로 몰고 갔다가 행복하게 되돌아오게 한 바람이야."

"그래도 가슴 아픈 일이야." 마클람 부인이 말했다. "아무리 생각해도, 가슴 아픈 일이야. 갓난아기 적부터 잘 알던 훌륭한 젊은이가 모든 것을 버리고, 어떤 운명이 기다리는지도 모르는 세상 반대쪽으로 떠나는 것을 보니, 정말 가슴이 아프단 말이야." 박사님을 바라보면서 그녀는 계속했다. "젊은이는 도움을 받고 보호받는 것이 당연해. 특히 이렇게 큰 희생을 치르고 가는 젊은이는."

"잭 맬던 군, 시간은 빨리 지나갈 걸세." 박사님이 말을 이었다. "누구에게나 그렇지. 우리 가운데는 자연의 섭리 때문에, 자네의 귀국을 못 보고 죽는 사람도 있을 것이네. 그러니 그런 희망만이라도 품고 있어야 해. 나도 아마 자네의 귀국을 못 보겠지. 하지만 좋은 충고를 한답시고 자네를 지루하게 하지는 않겠네. 자네는 오랫동안 사촌 애니를 훌륭한 귀감으로 삼아 왔으니까, 되도록 애니의 미덕을 본받게나."

마클람 부인은 부채질하면서 고개를 설레설레 저었다.

"잭 군, 잘 가게나." 박사님은 일어서며 말했다. 뒤이어 우리도 모두 일어났다. "멋진 항해와 외국에서의 성공과 무사 귀국을 빌겠네!"

우리 모두는 축배를 들고, 잭 맬던과 악수했다. 이윽고 그는 거기 있던 부인들과 작별 인사를 하는 둥 마는 둥 하고는 문 있는 데로 급히 빠져나갔다. 마차에 오르자 환송하기 위해 잔디밭에 모여 있던 많은 학생이 일제히 환호하면서 그를 맞았다. 나도 학생들 사이에 끼기 위해 달려가서 마차가 움직이기 시작할 때는 마차 바로 곁에 서게 되었다. 얼굴이 달아오른 잭 맬던이 덜커덩거리는 마차를 타고서 환성과 먼지 속을 지나쳤다. 손에는 연분홍색 물건을 들고 있는 모습이 인상적이었다.

학생들은 또 한 번 박사님과 박사님 부인에게 환호를 보낸 다음 해산했다. 집으로 돌아와 보니, 손님들이 모두 박사님 주위에 모여서 잭 맬던의 떠날 때의 표정이 어떠했으며, 어떻게 슬픔을 참았으며, 그의 기분이 어떠했다는 따위의 이야기를 하고 있었다. 그러한 수다로 분위기가 무르익을 때 막클람 부인이 "애니는 어디 있어?"라고 소리쳤다.

애니는 그곳에 없었다. 다 같이 애니를 불렀으나 대답이 없었다. 어떻게 된 일

인지 알아보려고 모두 밖으로 몰려나갔을 때, 애니는 현관 바닥에 쓰러져 있었다. 처음에는 모두가 깜짝 놀랐으나, 애니는 단지 기절했을 뿐이며, 평범한 처치로 회복시킬 수 있다는 것을 알게 되었다. 박사님은 부인의 머리를 자기 무릎 위에 올려놓고 한 손으로 부인의 머리채를 쓰다듬었다. 박사님은 주위를 돌아보며 말했다.

"가엾은 애니! 애니는 참으로 성실하고 인정이 많아요! 옛날부터 소꿉친구였으며 가장 따르던 오빠와 헤어진 슬픔 때문에 이 꼴이 되었어요. 아! 가엾어라! 정말 가엾어!"

부인은 눈을 뜨더니 자기가 쓰러졌다는 것을 깨닫고 주위에 둘러서 있는 사람들을 보자, 부인은 부축을 받으며 일어나서 고개를 돌렸다. 그리고 박사님의 어깨에 머리를 기대기 위해서인지, 아니면 우리에게서 얼굴을 숨기고 싶어서였는지, 아무튼 옆으로 고개를 휙 돌렸다.

우리는 부인을 박사님과 어머니와 함께 남겨 두고 응접실로 들어왔다. 그런데 부인은, 아침보다 기분이 훨씬 좋아졌으니 모두가 있는 곳으로 데려다 달라고 말한 것 같았다. 어쩔 수 없이 부인을 부축해 와서 소파에 앉혔는데, 얼굴이 핼쑥하고 쇠약해 보였다.

"애니," 어머니는 딸의 옷을 고쳐주며 말했다. "너, 나비 리본을 잃어버렸구나! 누가 나비 리본을 찾아주지 않겠어요? 연분홍빛 리본인데."

그것은 부인이 가슴에 달고 있던 리본이었다. 모두가 찾아보았으나, 아무도 찾아내지 못했다.

"애니, 네가 마지막으로 그 리본을 달고 있었던 곳을 기억하겠니?" 어머니가 물었다.

조금 전까지 달고 있었다고 말하고는 찾을 만한 것이 못 된다고 대답하는 부인의 얼굴이 왜 그렇게 창백했는지, 왜 그렇게 핏기가 조금도 없었는지, 나는 그것이 몹시 마음에 걸렸다.

아무튼 우리는 리본을 다시 찾아보았으나 허탕이었다. 더 이상 찾지 말라고 부인이 애원했지만 우리는 무작정 찾아보았다. 마침내 부인이 완전히 회복되었을 때에야 우리는 그곳을 떠났다.

위크필드 씨와 아그네스와 나는 천천히 걸어서 집으로 돌아왔다. 아그네스와 나는 달빛의 아름다움을 찬미했지만, 위크필드 씨는 좀처럼 고개를 들지 않고 묵묵히 땅만 내려다보고 걸었다. 드디어 우리가 집에 다다랐을 때, 아그네스가 식당에다 가방을 놔두고 왔다고 말했다. 나는 그녀의 일이라면 무조건 도와주고 싶었으므로 기꺼이 가방을 가지러 달려갔다.

식당에는 불이 꺼져 있었고 아무도 없었다. 식당과 박사님의 서재 사이에 문이 하나 있는데, 그 문을 열고 불이 켜진 서재로 들어갔다. 그러고는 내가 온 까닭을 이야기하고 촛불을 하나 빌리려 했다.

박사님은 난롯가 안락의자에 앉아 있었고, 박사님의 젊은 부인은 그의 발치에 앉아 있었다. 박사님은 흐뭇한 미소를 띤 채로 무슨 이론의 설명 아니면 끝나지 않은 사전 원고를 큰 소리로 읽고 있었고, 부인은 남편을 쳐다보고 있었다. 그때 부인의 표정은 너무 아름다웠다. 한 번도 본 적 없는 표정이었다. 아주 창백해져 넋을 잃은 듯 뭔가를 뚫어지게 바라보고 있었는데 뭐라고 말할 수 없는, 야성적이고도 몽유병자처럼 막연한 공포에 사로잡힌 것 같았다. 부인은 눈을 크게 뜨고 있었다. 갈색의 풍성한 머리채는 두 가닥으로 나뉘어져 양쪽 어깨를 타고, 리본이 없어 가슴팍이 벌어진 하얀 드레스 위에까지 늘어져 있었다. 나는 부인의 표정을 지금도 또렷이 기억하지만, 그 표정이 무엇을 뜻하는지는 알 수가 없었다. 후회, 굴욕, 수치, 자존심, 사랑, 신뢰, 이 모든 것들을 한꺼번에 얼굴에 나타냈고, 그 표정에는 뭐라 말할 수 없는 두려움이 깃들어 있었다.

내가 들어가서 볼일을 말하자 부인은 깜짝 놀랐다. 부인뿐만 아니라 박사님까지 그랬다. 책상에서 가지고 온 초를 돌려주기 위해 다시 방에 들어갔을 때, 박사님은, 책만 읽어주고 다른 것에는 미처 마음을 쓰지 못했으니 자기가 무정했다고 말하면서 아버지같이 부인의 머리를 쓰다듬고 있었다. 그리고 이제 가서 자라고 말하던 참이었다.

그러나 부인은 조급한 태도로, 자기를 그대로 있게 해 달라고 간청했다. 그날 밤은 자기가 박사님의 신임을 받고 있다는 것을 확실히 느끼게끔 머물게 해 달라는 뜻으로 띄엄띄엄 속삭이는 것이 들렸다. 내가 그 방을 나와서 문 있는 데로 향하자, 부인은 나를 한번 바라본 뒤에 다시 두 손을 박사님의 무릎에 포개 놓고, 아까와 똑같은, 그러나 좀 더 평온한 얼굴로 독서하는 박사님을 바라보았다.

그것은 매우 인상적이었다. 나는 그 뒤로도 오래오래 그 광경을 잊지 못했다.

17장
몰래 나타난 남자

지난번 달아난 이래로 나는 페거티에 대해서 이야기하는 것을 잊고 있었지만 물론 편지는 계속 쓰고 있었다. 도버에 자리를 잡자마자 바로 한 통 보냈고, 대고모가 정식으로 나를 보호하게 되었을 때는 좀더 긴 편지에다 모든 것을 자세히 써서 보냈다. 그리고 스트롱 박사의 학교에 다니기로 결정되었을 때도, 나는 그녀에게 편지를 보내 나의 행복한 처지와 장래에 대해 자세히 알렸던 것이다. 나는 딕 씨가 준 돈을 요긴하게 쓸 수 있어서 비할 데 없이 기뻤는데, 바로 페거티한테서 빌린 반 기니 금화를 편지에 함께 넣어 우편 마차 편으로 부칠 수 있었다. 그 편지에 나는 처음으로 당나귀 마차를 모는 그 젊은이에 대해 썼다.

그러한 내 편지에 페거티는 곧바로 답장을 보내왔다. 페거티는 온갖 지혜를 짜내어 내 여행에 대한 자기의 느낌을 써 보냈는데, 잘된 문장은 아니었지만 나에게는 더 큰 감명을 주었다. 편지를 쓰는 동안 내내 울었는지 편지지가 눈물방울에 젖어서 얼룩져 있었다. 군데군데 찍혀 있는 그러한 얼룩이 없었다면, 종결어미는 마구 튀어나오지만 끝나지 않고 종횡무진으로 이어지는 글만으로는, 그녀의 마음을 모두 나타내지 못했을 것이다. 능란한 문장보다도 그런 얼룩자국이 그녀의 마음을 훨씬 잘 전해 주었고, 나로서는 그 이상 바랄 것이 없었다.

나는 페거티가 아직도 대고모를 좋아할 수 없다는 것을 바로 이해했다. 싫은 인상을 계속 품고 있었던 그녀에게는 너무 뜻밖의 소식이었던 것이다. 사람은 참 알 수가 없다더니 미스 벳시가 지금까지 생각하던 것과는 너무도 다른 사람인 듯해서 정말 좋은 교훈을 얻었다고 페거티는 써 보냈다. 그러나 그녀는 아직도 미스 벳시를 두려워하는 것이 확실했다. 대고모에게 겁에 질린 투로, 감사한 마음으로 경의를 나타내는 글을 전해달라고 한 것으로 보아서 말이다. 그리고 페거티는 나의 신상에 관해서도 걱정하고 있음이 분명했다. 야머스까지의 마차 요금은 말만 하면 언제든지 보내 주겠다고 몇 번이나 되풀이한 것을 보면, 그녀는 내가 얼마 안 가서 다시 달아날 거라고 생각한 것 같았다.

페거티는 나에게 아주 충격적인 소식을 전했다. 우리가 살았던 옛집의 가구들이 경매에 부쳐졌고, 머드스톤 남매는 어디론가 떠났으며, 집은 세를 주거나 팔려고 내놓았다는 것이다. 그들 남매가 있을 때는 그 집에 관심이 없었으나, 정들었던 나의 집이 완전히 빈집이 되어, 마당에는 잡초가 자라고 길에는 낙엽이 쌓여 있을 것을 생각하니 가슴이 아팠다. 겨울바람이 집 주위에서 윙윙 불어대고, 비가 유리창을 때리며, 달빛이 텅 빈 방 벽에다 유령 같은 그림자를 드리우면서 밤새도록 쓸쓸한 방을 지켜보고 있는 광경을 떠올려 보았다. 나는 교회 뜰의 나무 밑 묘지도 생각해 보았다. 이젠 그 집 자체가 죽은 것처럼 여겨졌고, 아버지와 어머니에 관계된 모든 것들이 그림자처럼 사라져 없어진 듯했다.

그 밖에는 별다른 소식이 없었다. 바키스 씨는 훌륭한 남편이지만 여전히 약간 인색하다고 했다. 그리고 사람은 누구나 결점이 있으며, 자기도 많은 결점이 있다고 했다(어떤 결점인지 궁금할 정도였지만). 또한 남편이 안부를 전하며, 도련님의 조그마한 침실은 언제나 깨끗하게 준비되어 도련님이 오기만을 기다리고 있다고 말했다. 그녀의 오빠 페거티 씨도 잘 있고, 햄도 잘 있으나 거미지 부인은 우울한 상태라고 했다. 그리고 꼬마 에밀리에게서는 특별히 전할 말은 없었지만, 괜찮다면 이 페거티가 대신 안부를 전해도 좋다고 했다는 내용이었다.

나는 그런 편지 내용을 모두 대고모에게 그대로 전했지만, 꼬마 에밀리에 대한 이야기는 하지 않았다. 대고모가 꼬마 에밀리를 별로 좋아하지 않으리란 걸 알 수 있었기 때문이다.

내가 스트롱 박사의 학교에 갓 입학했을 무렵 대고모는 나를 보러 여러 번 캔터베리까지 왔었다. 대고모가 그때마다 불시에 나타났던 것은 아마 나를 깜짝 놀라게 할 작정에서였을 것이다. 그러나 내가 공부를 잘하고 있으며, 품행도 좋고, 학업의 발전 속도도 빠르다는 칭찬을 여러 사람에게서 듣고는, 대고모의 걸음이 뜸해졌다.

나는 서너 주일마다 한 번씩, 토요일에는 도버에 가서 대고모를 만나 마음껏 먹었다. 딕 씨는 한 주 건너 수요일마다 와 주었다. 딕 씨는 역마차를 타고 정오에 닿아 그 이튿날 아침까지 머물다 갔다.

그때에도 딕 씨는 가죽으로 된 글 쓰는 책상을 꼭 가지고 다녔다. 그 책상에는 필기도구, 회상록 원고가 들어 있었다. 딕 씨는 시간도 촉박하므로 회상록을 빨리 끝마쳐야 한다고 생각하고 있었다.

딕 씨는 생강빵을 몹시 좋아했다. 그래서 딕 씨의 방문을 더욱 즐겁게 해주기 위해, 대고모는 과자점에서 외상거래를 하도록 나에게 지시했다. 하지만 하루에 1실링 이상 거래해서는 안 된다는 조건을 달았다. 그 빵값과 딕 씨가 숙박한 시골 여관비 모두는 내기 전에 대고모에게 맡겨지는 것을 보고, 나는 딕 씨가 돈을 가지고 짤랑짤랑 소리만 냈지 지급할 권리는 없다는 생각을 하게 되었다. 그건 내 생각이 맞았다. 조사해 보니, 적어도 딕 씨가 쓰는 모든 비용은 대고모의 허락을 받아야 한다는 약속이 그와 대고모 사이에 체결되어 있다는 것을 알았다. 딕 씨는 대고모를 속일 마음을 먹기는커녕 언제나 대고모를 기쁘게 해주려고만 애썼으므로 돈을 함부로 쓰지 않으려고 조심했다. 다른 모든 면에서도 마찬가지지만, 금전적인 면에서도 대고모는 누구보다도 현명하고 가장 뛰어난 여자라고 딕 씨는 굳게 믿고 있었다. 그런 말을 딕 씨는 중대한 비밀이라도 털어놓는 것처럼 소리를 낮추고 나에게 말해 주었다.

"트롯우드," 어느 수요일 딕 씨는 또 그 비밀을 털어놓은 뒤 수상한 태도로 말했다. "우리 집 근처에 숨어서 그녀를 놀라게 하는 녀석이 누구지?"

"대고모님을 놀라게 한다고요?"

딕 씨는 고개를 끄덕였다. "나는 누구도 그녀를 놀라게 할 수는 없다고 생각해. 왜냐하면 그 여자는," 여기서 딕 씨는 조용히 속삭였다. "이 이야기는 아무한테도 해서는 안 돼. 대고모님은 누구보다도 현명하고 훌륭한 여자니까" 하고는, 딕 씨는 물러앉아 대고모에 대한 그 말이 나에게 어떤 영향을 미쳤는가를 가만히 살펴보는 것 같았다.

"처음으로 그자가 온 것은," 딕 씨가 말했다. "가만 있자, 1649년은 찰스 왕이 처형된 해였고, 네가 1649년이라고 했었지?"

"네."

"그러니까 그 부분을 도저히 모르겠단 말이야." 딕 씨는 몹시 당황하여 고개를 저으며 말했다. "내가 그렇게 늙었다고는 생각하지 않는데."

"그 사나이가 나타난 것이 바로 그해였나요?" 나는 물었다.

"그래." 딕씨는 말했다. "트롯우드, 어째서 그 일이 하필이면 그해에 일어났는지 알 수 없어. 너는 그 해를 역사를 통해 알았니?"

"네, 그래요."

"역사가 그렇다니까 거짓말은 아닐 텐데."

딕 씨는 한 가닥 희망을 가지고 말했다.

"당연하죠." 나는 아주 자신 있게 말했다. 나는 솔직했고 어렸으므로 정말로 그렇게 생각했었다.

"그런데 나는 그것을 믿을 수가 없단 말이야." 딕 씨는 고개를 저으며 말했다. "어딘가 잘못됐어. 아무튼 그자가 처음 온 것은, 찰스 왕의 두통거리가 그의 머리에서 내 머리로 옮겨온 바로 뒤였어. 나는 차를 마시고, 미스 트롯우드와 산책하고 있었지. 어둠이 깔렸을 무렵이었는데, 그자가 우리 집 가까이 있었어."

"서성거리고 있었나요?" 나는 물었다.

"서성거리고 있었느냐고?" 딕 씨는 되풀이하여 물었다. "가만 있자, 좀 생각을 해야겠군. 아니야, 아니지, 그자는 서성거리지 않았어."

나는 해답을 얻을 수 있는 가장 가까운 길을 택하여 물었다. "그자는 뭘 하고 있었나요?"

"그자는 거기에 있지 않았어." 딕 씨는 말했다. "갑자기 대고모 뒤에 나타나서 낮은 소리로 속삭였어. 대고모는 고개를 돌려 그자를 바라보고는 곧 기절해버렸어. 내가 어안이 벙벙해서 보고 있었더니 그자는 사라져버렸어. 그런데 참으로 이상한 것은, 그자가 땅속으로 숨었는지 어디 다른 곳으로 가버렸는지 몰라도, 그 뒤로는 감쪽같이 숨어서 한 번도 모습을 보이지 않았으니 이 얼마나 이상한 이야기냐!"

"그 뒤로 그자가 숨어 버렸단 말인가요?" 나는 물었다.

"틀림없이 숨어 있었어." 딕 씨는 심각하게 고개를 끄덕이며 대답했다. "그러고는 어젯밤 느닷없이 나타났어! 우리가 산책할 때, 그자가 다시 대고모 뒤에 나타났어. 나는 금방 그자를 알아봤지."

"그자가 다시 대고모님을 놀라게 했나요?"

"온몸을 떨게 했지." 딕 씨는 그때의 감정을 흉내내어 이를 갈면서 말했다. "대고모는 울타리 기둥을 부여잡고 소리쳤어. 그런데 트롯우드, 이리 와봐." 그는 나를 가까이 오게 하더니 아주 나지막하게 속삭였다. "왜 대고모는 달빛 아래에서 그자에게 돈을 주었을까?"

"아마 거지였나 보지요."

딕 씨는 당치도 않다는 듯이 고개를 설레설레 저었다. 그러고는 아주 자신만만하게 대답했다. "거지는 절대 아니야!" 딕 씨는 실은 그 뒤에도 밤늦게 대고모가 뜰 울타리 밖, 달빛 아래에서 그자에게 돈을 주는 것을 창문에서 보았으며, 그자는 돈을 받고서는 다시 땅속으로(그는 틀림없다고 호언했다) 사라져버렸다고 했다. 그리고 대고모님은 허겁지겁 집으로 되돌아왔는데, 그다음 날 아침이 되어도 평소와는 사뭇 다른 모습이어서, 그것이 딕 씨를 괴롭혔다고 했다.

내가 그 말을 처음 들었을 때는, 정체불명의 그자는 딕 씨의 망상에 지나지 않는다고만 믿었다. 딕 씨를 혼란스럽게 하는 불행한 찰스 왕과 같은 부류의 인물이라고만 생각했던 것이다. 그러나 다시 생각해보니, 어쩌면 대고모의 보호 아래에서 불쌍한 딕 씨를 빼앗아가려는 시도 혹은 협박이 아닌가 하는 의심이 들기 시작했다. 그래서 딕 씨를 끔찍이 사랑하는 대고모가 그의 평화와 안전을 위해 몰래 돈을 준 것이 아닌가 하는 의문이 일기 시작했다. 나도 딕 씨를 매우 사랑하고 그의 행복을 바라는 마음이 간절했기에 그런 상상까지 하게 된 것이다.

그리고 오랫동안, 그가 찾아오는 수요일마다, 만약 딕 씨가 마부석에 앉아 있지 않으면 어쩌나 하는 불안감에 시달렸다. 그러나 매번 그는 백발을 휘날리며 즐거운 표정으로 나타났다. 그리고 대고모를 놀라게 한 그자에 대한 이야기를 다시는 하지 않았다.

나를 찾아오는 수요일이 딕 씨의 생활에서 가장 즐거운 날이었다. 딕 씨는 곧 학교의 모든 학생들에게 알려졌으며, 연날리기 말고는 어떤 놀이에도 직접 참여하지는 않았지만, 우리가 하는 모든 놀이에 어느 학생 못지않게 깊은 관심을 기울였다. 구슬치기나 팽이 시합을 그가 얼마나 흥미진진한 얼굴로 구경했으며, 아슬아슬한 순간마다 거의 숨도 쉬지 못한 채 열중하는 것을 나는 얼마나 많이 보았던가! 토끼와 사냥개 놀이[1] 때에는, 언덕 위에까지 올라가 백발의 머리에 썼

---

[1] 토끼가 되어 종잇조각을 뿌리며 달아나는 두 아이를 여럿이 사냥개가 되어 뒤쫓아 가는 놀이.

던 모자를 벗어 들고 흔들면서 달리는 아이들을 응원하던 모습을 내가 얼마나 여러 번 보았던가! 그리고 크리켓 경기를 볼 때의, 그 많은 여름 시간이 그에게 얼마나 행복한 순간이었던가를 나는 알고 있다. 겨울에는 눈보라와 칼바람이 몰아치는 가운데 코가 새빨갛게 언 채로 서서, 학생들이 길게 미끄럼을 타면서 내려가는 것을 보고, 장갑 낀 손으로 열광하며 손뼉을 쳤다.

딕 씨는 모두에게서 사랑받았다. 그리고 손재주도 뛰어났다. 그는 오렌지 하나 자르는 데도 우리가 상상조차 못할 묘할 방법을 동원했고, 꼬챙이 하나로도 배를 만들 수 있었다. 또 양의 뼈로 체스 말을 만들었으며, 낡은 카드로 고대 로마의 멋진 전차를 만들었으며, 실 뽑는 물레로 살아 있는 바퀴를 만들었고, 낡은 철사줄로 새장을 만들었다. 그러나 가장 압권은 솜과 지푸라기로 만드는 것들이었다. 그것들을 보고 있으면, 손끝으로 만들 수 있는 것은 무엇이든 만들 수 있다는 생각이 들었다.

딕 씨의 인기가 우리에게만 한정된 것은 아니었다. 수요일이 두서너 번 지나자, 스트롱 박사가 딕 씨에 대한 몇 가지를 나에게 물어왔다. 그래서 나는 대고모가 들려준 대로 모두 이야기했다. 그랬더니 박사님은 대단한 흥미를 보이며, 다음번에 딕 씨가 찾아오면 자기에게 꼭 소개해 달라고 부탁했다. 나는 그렇게 해주었다. 박사님은 딕 씨에게, 만약 앞으로 역마차 정거장에서 트롯우드를 만나지 못할 때는 직접 학교로 와서, 오전 수업이 끝날 때까지 쉬면서 기다리라고 간곡히 말했다. 그러나 그것이 곧 습관이 되어 그는 당연하다는 듯이 학교로 찾아왔다. 수요일이면 흔히 있는 일인데, 내가 조금 늦게 마중 나가면, 딕 씨는 벌써 안마당까지 들어와서 나를 기다렸다. 그리고 딕 씨는 박사님의 아름다운 부인과도 사귀게 되었다(이 무렵 박사님의 부인은 전보다도 얼굴이 더 창백했고, 내 앞이나 다른 사람들 앞에 전만큼 얼굴을 나타내지 않았으며, 그다지 기운도 없었다. 하지만 여전히 아름다웠다). 그리고 박사님의 부인과 점점 더 친해지자 이제는 교실 안에까지 들어와서 기다리게 되었다.

딕 씨는 언제나 같은 장소의 같은 의자에만 앉았으므로, 그 자리에는 '딕'이라는 별명이 붙게 되었다. 거기에 앉아서 백발의 머리를 앞으로 숙이고, 여태까지 자기가 얻을 수 없었던 학문에 존경심을 보내며 수업에 열심히 귀를 기울였다.

학문에 대한 존경은 박사님에게까지 미쳤다. 딕 씨는 박사님을 고금을 통틀어 가장 고매하고 유능한 철학자로 생각했다. 그가 모자를 쓴 채로 박사님과 이야기할 수 있게 되기까지는 상당한 시간이 걸렸다. 두 사람이 아주 친해져서 박사님의 산책 장소로 알려진 안뜰 가장자리를 몇 시간씩이나 함께 산책할 때도 딕 씨는 가끔 모자를 벗고 스트롱 박사의 지혜와 지식에 경의를 표했다. 그런 산책길에 어째서 박사님이 그 유명한 사전의 일부분을 딕 씨에게 읽어주게 되었는지 그 까닭은 나로서는 알 수가 없다. 아마 처음에는 혼자 읽는 것이나 마찬가지라고 생각하고 시작했을 것이다. 그러나 어느새 그것도 습관이 되어버렸다. 딕 씨는 자부심과 기쁨으로 빛나는 얼굴로 박사님이 읽어주는 것을 열심히 들었다. 그리고 진정으로 그 사전이 이 세상에서 가장 재미있고 멋진 책이라고 여겼다.

교실 창문 앞을 왔다 갔다 하는 그들—스트롱 박사님은 흐뭇하게 미소 지으며 때로는 원고지를 흔들기도 하고 심각하게 고개를 저으면서 읽어주었고, 딕 씨는 홀딱 빠져서 귀를 기울이고 있었지만, 그 어려운 말들의 날개를 타고 그의 빈곤한 지능이 얼마나 방황했을지는 오직 하느님만이 아실 것이다—의 모습에서 나는 둘도 없는 평온함을 느꼈다. 어수선한 세상만사는 사실 세상이나 나에게도 아주 보잘것없는 것이었으므로, 그들이 이 세상을 영원히 산책할 수 있다면 얼마나 좋을까 하고 문득 생각하기도 했다.

아그네스도 곧 딕 씨의 친구가 되었다. 딕 씨는 위크필드 씨 집에 자주 드나들었으므로 우라이아와도 사귀게 되었다. 딕 씨와 나의 우정은 날이 갈수록 더욱 두터워졌다. 더욱이 그 우정은 묘한 관계에서 긴밀하게 이어졌다.

딕 씨는 겉으로는 나의 보호자였지만, 조금이라도 의심스러운 일이 생기면 언제나 나와 의논하고 어김없이 내 지시에 따랐다. 왜냐하면 딕 씨는 나의 타고난 총명함을 깊이 존경했을 뿐만 아니라, 내가 대고모의 피를 진하게 이어받았다고 생각했기 때문이다.

어느 목요일 아침 학교로 돌아가기 전에(그날은 아침 식사 전에 한 시간 수업이 있었으므로) 딕 씨와 함께 역마차 승차장까지 배웅하러 가다가 거리에서 우라이아를 만났다. 그는 내가 자기 어머니와 함께 차를 마시기로 약속을 하고 아직 지키지 않은 것을 상기시켜주고는 몸을 꼬면서 덧붙여 말했다. "나도 도련님이 그 약속을 지키리라고는 생각하지 않았습니다. 어차피 우리는 아주 비천하니까요."

나는 우라이아를 좋아하는지 싫어하는지 갈피를 잡을 수 없었다. 이렇게 얼굴을 마주대고 서 있어도 분명히 알 수 없었다. 그러나 거만한 체하는 것은 무례한 짓인 듯해서 다만 초대해 주기만을 기다리고 있었다고 대답했다.

"아, 코퍼필드 도련님, 그러시다면, 정말로 우리가 비천한 것이 관계없다면, 오늘 저녁에 오시겠어요? 우리가 비천한 것이 마음에 걸리시면 오지 않아도 좋습니다, 코퍼필드 도련님. 우리도 자기 처지를 잘 알고 있으니까요."

나는 위크필드 씨에게 말씀드려서, 허락해 주신다면—물론 허락해 주시겠지만—기꺼이 가겠다고 했다. 마침 그날은 우라이아가 일찍 퇴근하는 날이므로, 저녁 여섯 시에 가겠다고 했다.

"어머니가 정말 기뻐하실 겁니다." 그는 우리와 함께 걸어가면서 말했다.

"그런데 오늘 아침 내 태도가 거만했다고 생각하지 않았나요?" 내가 물었다.

"아, 아니에요, 코퍼필드 도련님!" 우라이아는 대답했다. "그럴 리가 있나요! 생각해본 적도 없습니다! 도련님께서 우리의 처지가 비천해서 어울릴 수 없다고 생각하신다 할지라도 저는 거만하다고 하지 않았을 겁니다. 우리는 정말로 비천하니까요."

"요즘 법률 공부를 많이 하나요?" 나는 화제를 딴 데로 돌리기 위해 물었다.

"아니오, 코퍼필드 도련님." 그는 업신여기듯이 말했다. "제가 읽는 걸 공부라고는 할 수가 없어요. 때때로 저녁에 한두 시간 정도 티드 선생님의 책을 읽을 뿐인걸요."

"상당히 힘들지요?" 나는 물었다.

"그의 책은 가끔 이해가 안 될 때가 있어요. 하지만 똑똑한 분들에게는 그렇지 않겠죠." 우라이아는 대답했다.

걸음을 옮기면서, 그는 해골 같은 오른손 집게손가락으로 턱을 치면서 다음과 같이 말했다.

"코퍼필드 도련님, 티드 씨의 책에는 저처럼 지식이 보잘것없는 독자가 보면 이해가 안 되는 표현이 많아요. 라틴어로 된 낱말도 있고, 용어도 있으니까요."

"라틴어를 배우고 싶어요?" 나는 신이 나서 물었다. "내가 학교에서 라틴어를 배우고 있으니까, 기꺼이 가르쳐주지요."

"아, 고맙습니다, 코퍼필드 도련님." 그는 고개를 저으면서 대답했다. "가르쳐주신다니 친절하십니다. 그러나 그것을 받아들이기에는 제 신분이 너무 천합니다."

"당치 않은 말이에요, 우라이아!"

"아, 용서하세요, 코퍼필드 도련님! 너무 고마워서, 할 수만 있다면 당장에라도 부탁드리고 싶지만, 제가 지식을 쌓는다고 해서 누구의 마음을 언짢게 하는 것도 아닌데, 신분이 천하다고 해서 저를 짓밟으려는 사람이 참 많습니다. 저 같은 사람은 분에 넘치는 뜻을 품지 않는 것이 좋아요. 천하게 태어난 사람은 천하게 살아야죠, 코퍼필드 도련님."

이런 푸념을 늘어놓을 때의 우라이아처럼 그의 입이 크게 벌어지고 두 뺨에 깊은 주름이 잡히는 사람을 나는 여태껏 본 적이 없었다. 그는 일일이 고개를 젓고, 계속 민망한 듯 몸을 비틀었다.

"잘못 생각한 거예요, 우라이아." 나는 말했다. "배울 생각만 있다면 내가 가르쳐줄 수 있는 게 여러 가지가 있어요."

"아, 그렇겠죠, 코퍼필드 도련님." 그는 대답했다. "그러나 도련님은 지체 높으신 분이라 저처럼 천한 사람들이 어떻다는 것을 모르십니다. 괜히 배워서 높으신 분들을 화나게 하고 싶지는 않습니다, 코퍼필드 도련님. 여기가 누추한 저의 집입니다."

우리는 거리에서 바로, 나지막한 구석 방으로 들어갔다. 방에는 키만 작았지 우라이아와 똑 닮은 힙 부인이 있었다. 힙 부인은 흠칫거리면서 나를 맞아주었다. 부인은 아들인 우라이아에게 입을 맞출 때에도, 자기들은 천한 신분이지만 그래도 부모 자식 사이의 정은 여느 사람 못지않으니 부디 기분 나빠하지 말라는 이상한 변명을 했다. 방은 부엌 겸 거실로 쓰는 아주 말쑥한 공간이었으나 아늑하지는 않았다. 차 도구가 식탁에 놓여 있었고, 벽난로 안 양쪽 철판 위의 주전자에서는 물이 끓고 있었다. 위를 열었다 접었다 하며 책상으로 쓸 수 있는 옷장이 있었는데, 밤이면 우라이아가 거기서 공부를 한다.

내팽개쳐진 우라이아의 푸른 가방 밖으로 책들이 튀어나와 있는데, 티드 씨가 쓴 책이 많았다. 가구도 대충 다 갖추고 있다. 하나하나를 보면 보잘것없거나 빈약한 느낌이 없는데, 방 전체 분위기는 보잘것없고 빈약했다.

힙 씨가 세상을 떠나고 오랜 시간이 흘렀지만, 부인은 아직도 상복을 입고 있었다. 그것은 그녀의 비굴한 태도의 단면이었다. 모자만큼은 상복과 평상복을 절충한 것이었으나, 다른 것은 장례를 치르던 그때 그 차림새 그대로였다.

"우라이아, 오늘이야말로 기억할 만한 날이로구나." 힙 부인은 차를 준비하면서 말했다. "코퍼필드 도련님이 우리를 찾아와 주셨으니 말이다."

"어머니께서 그렇게 생각하시리라 짐작하고 있었어요." 우라이아는 말했다.

"아버지가 살아 계셨더라면 오늘 밤 함께 어울릴 수 있었을 텐데." 힙 부인이 말했다.

이렇게까지 추어올리는 바람에 나는 난처해졌다. 그러나 오늘은 귀빈으로 초대받았다는 것을 알고 있었고, 힙 부인도 아주 싫은 사람은 아니었다.

"내 아들 우라이아는," 힙 부인은 말했다. "오랫동안 이날을 기다려 왔답니다. 저 애는 우리의 비천한 신분 때문에 안 될 거라 하고, 어쩐지 저도 그런 생각이 들었지요. 우리는 옛날에도 지금도 비천한 신분이고, 앞으로도 그렇게 살아갈 테니까요."

"아주머니, 절대로 그렇지는 않을 겁니다." 나는 말했다. "아주머니께서 원하지만 않으신다면."

"고맙습니다." 힙 부인은 대답했다. "우리는 우리 처지를 잘 알고 있지요. 매일 고맙게 생각하고 있답니다."

힙 부인은 점점 내 곁으로 다가왔다. 우라이아도 내 앞으로 다가와서 식탁에 놓인 음식 가운데 제일 좋은 것을 골라서 먹으라고 자꾸만 권했다. 딱히 먹고 싶은 음식은 없었지만, 그들의 성의는 정말 고마웠다. 이어서 그들이 대고모 이야기를 꺼냈으므로 나는 대고모 이야기를 들려주었다. 부모 이야기가 나와서 나도 아버지와 어머니 이야기를 했다. 이번에는 힙 부인이 자기의 시아버지 이야기를 꺼냈으므로, 나도 의붓아버지 이야기를 꺼내려다가 입을 다물었다. 의붓아버지에 대해서는 입을 다물도록 대고모가 신신당부했기 때문이다. 그러나 나는 우라이아와 힙 부인에게는 도저히 상대가 되지 않았다. 마치 코르크 뚜껑이 코르크 마개뽑이에 대해, 연약한 젖니가 치과의사 앞에서, 또 배드민턴공이 배드민턴 채에는 아주 무력한 것과 마찬가지였다. 그들은 나를 마음대로 주물럭거렸다. 지금도 생각하면 얼굴이 화끈거리는데, 그들은 내가 말하고 싶지 않은 이야기까지도 능란하게 뽑아냈다. 게다가 젊은 객기가 발동했는지, 우쭐한 기분으로 지껄이면서 두 사람의 보호자라도 된 듯이 생각했으니 더욱 창피한 노릇이다.

그들 모자는 누가 봐도 정말 다정한 사이였다. 그것은 자연적인 감정으로서 나에게 깊은 감명을 주었다. 한쪽이 말하면 다른 한쪽이 맞장구치는 그 빈틈없는 호흡은 예술의 극치라 할 만한 것으로, 나는 거기에 처음부터 끝까지 맥을 못 추었다. 나 자신에 대한 이야기는 이제 끄집어낼 것이 없어지자(머드스톤 앤드 그린비 상점에서의 생활과 내 여행에 대해선 합죽이가 됐으므로) 모자는 위크필드 씨와 아그네스를 화제에 올렸다. 우라이아가 공을 던지면, 어머니는 그것을 받아서 다시 우라이아에게 던진다. 공을 받은 우라이아는 잠깐 그대로 가지고 있다가 다시 어머니에게 던진다. 이렇게 모자가 던지고 받기를 계속하는 통에, 나는 누가 공을 가졌는지도 모르게 되어 완전히 얼이 빠졌다. 그리고 공 자체도 매번 바뀌었다. 지금 위크필드 씨 이야기를 하나 보다 하면 어느새 아그네스 이야기를 하고 있고, 지금 위크필드 씨가 훌륭한 분이라고 이야기하나 보다 하면 어느새 아그네스를 칭찬하고 있었다. 지금 위크필드 씨의 사업과 재력을 이야기하나 보다 하면 어느새 저녁 식사 뒤에 우리가 무얼 하는지 이야기했다. 또 지금 위크필드 씨가 어떤 포도주를 마시고 왜 그것을 좋아하며, 그렇게 과음하면 몸에 나쁠 거라는 이야기도 나왔다. 어느새 꽃을 찾는 나비처럼 이 이야기 저 이야기를 전전하다가 결국은 여러 이야기가 한데 섞여버리는 것이었다. 그동안 나는 그들 모자가 나를 지나치게 치켜세우다 너무 자신들을 비하하지 않도록 가끔 격려해주는 말 말고는 아무것도 하지 않은 것 같았다. 그러나 사실 입 밖에 내선 안 될 이런저런 말들을 줄곧 중얼거린 꼴이 되었는데, 그때마다 우라이아의 뻥 뚫린 콧구멍이 벌름거리는 것을 보았다.

나는 조금 불쾌해져서 빨리 돌아가고 싶었는데, 어떤 사람이 문 앞을 지나가다가 되돌아와서 방 안을 들여다보고는 "코퍼필드! 이거, 코퍼필드 아니야?"라고 소리치면서 안으로 들어왔다. 계절에 비해 무더운 밤이었으므로 방 안에 시원한 공기가 들어오도록 문을 열어놓았던 것이다.

그는 미코버 씨였다! 외알 안경을 끼고 지팡이를 짚고, 셔츠 옷깃을 세우고, 점잖은 체하는 태도와 겸손한 목소리로 봐서 틀림없는 옛날 그대로의 미코버 씨였다!

"코퍼필드," 미코버 씨가 손을 내밀며 말했다. "이거 정말 인생이란 알 수 없고 무상하다는 것을 깊이 새겨주는 만남이군. 이런 기막힌 우연이 또 있을까. 무슨 수가 터질 거라 생각하면서(요즘엔 그것을 낙관하고 있는데) 거리를 거닐고 있는데,

내 생애 가장 복잡했던 시기인 내 인생의 전환점과 관련된 젊고 고마운 친구가 보이지 않겠나! 코퍼필드, 잘 지내나?"

미코버 씨를 거기서 만나서 기쁘다고는 말할 수 없었다. 정말 그렇게 말할 수는 없었다. 하지만 기쁜 건 사실이었으므로 나는 진심으로 그와 악수했다. 그리고 미코버 부인이 어떻게 지내는지 물었다.

"고맙네." 미코버 씨는 옛날처럼 손을 크게 흔들고 셔츠 칼라에 턱을 묻고 말했다. "건강을 많이 회복했어. 쌍둥이도 이제는 자연의 샘에서 영양을 섭취하지 않아도 된다네." 미코버 씨는 갑자기 기세부리며 말했다. "한마디로 젖을 뗐어. 집사람은 지금 나와 여행 중이야. 코퍼필드 군, 우정의 성단에서 귀중한 사도임을 직접 증명한 친구와 우정을 새롭게 한다면 집사람도 매우 기뻐할 거야."

나도 부인을 보면 기쁠 것이라고 말했다.

"그것 참 고맙군."

미코버 씨는 미소를 짓더니 턱을 셔츠 칼라에 대고 주위를 살펴보았다.

"아무튼 나는 내 친구 코퍼필드를 발견했어." 미코버 씨는 특별히 누구에게 말하는 것 같지 않게 점잖게 말했다. "그것도 혼자가 아니고, 미망인과 아들로 보이는 사람과 함께 식사하고 있어." 미코버 씨는 다시 기세가 올라 말했다. "미망인과 아들을 나에게 소개해 준다면 영광으로 생각하겠네."

상황이 이렇다 보니 나는 우라이아 힙과 그의 어머니에게 미코버 씨를 소개할 수밖에 없었다. 모자가 미코버 씨 앞에서 허리를 굽혀 인사하자, 그는 아주 정중하게 손을 흔들었다.

"내 친구인 코퍼필드의 친구라면 누구든지 내 친구입니다."

"우리는 워낙 신분이 천해서," 힙 부인이 말했다. "내 자식과 나는 코퍼필드 도련님의 친구가 될 수는 없답니다. 저희는 도련님을 초대하게 된 것을 영광으로 생각하고 도련님께 감사드립니다. 그리고 선생님께서도 저희에게 관심을 보여주셔서 감사합니다."

"부인," 미코버 씨는 가볍게 머리를 숙였다. "고맙습니다. 코퍼필드, 자넨 뭘 하고 있나? 아직도 술 가게에서?"

나는 곧바로 미코버 씨를 쫓아내고 싶었다. 그래서 모자를 손에 들고, 얼굴을 새빨갛게 붉히고서(분명 그랬을 거라고 생각한다) 스트롱 박사 학교의 학생이라고 대답했다.

"학생이라고?" 미코버 씨는 놀란 표정으로 말했다. "그 말을 들으니 참으로 기쁘군." 그는 우라이아와 힙 부인을 향해 말했다. "세상 물정 모르는 사람에게는 그런 종류의 교육과 수양이 필요하겠지만, 내 친구 코퍼필드에게는 전혀 필요 없어요. 코퍼필드로 말하자면 그런 것이 없어도 잠재적인 생장력이 있는 비옥한 흙과 같지요." 미코버 씨는 미소를 지으며, 다시 한번 기세 좋게 말했다. "고전 정도는 어렵지 않게 터득할 수 있는 지적 능력을 가졌단 말입니다."

우라이아는 그의 긴 손을 마주잡고 천천히 꼬면서, 그런 평가에 동의를 나타내려고 허리 윗부분을 볼썽사납게 비틀었다.

"그럼 이 길로 부인을 만나러 갈까요?" 나는 미코버 씨를 쫓아내기 위해 말했다.

"코퍼필드 군, 자네가 집사람을 위해 그런 호의를 베풀어준다면 더없이 기쁘지." 미코버 씨는 일어서며 말했다. "여기 있는 여러 친구들 앞에서, 내가 지난 몇 년 동안 금전적으로 많은 고난을 겪었다는 것을 망설이지 않고 말하겠어." 나는 틀림없이 그 말을 할 것이라고 생각했었다. 자신의 어려운 처지를 자랑으로 여기는 사람이었으니까. "난 때로는 어려움을 이겨냈고 또 때로는 어려움에 꼼짝 못하기도 했어요. 훌륭하게 반격을 먹인 적도 있지만 반대로 더 이상 손쓰지 못하고 항복한 적도 있지요. 카토[2])의 입버릇처럼, 나는 집사람에게 늘 말했지요. '플라톤이여. 그대의 이론은 흠잡을 데 없으나, 지금은 힘이 다하여 싸울 수가 없다' 하고 말이죠. 하지만 그래도 내 슬픔─변호위임장, 2개월 내지 4개월 분할약속어음에서 생기는 어려움을 슬픔이라고 말할 수 있다면─아무튼 그 슬픔을 여기 있는 내 친구 코퍼필드에게 털어놓았을 때만큼 기뻤던 적은 없었소."

미코버 씨는 마지막으로 "힙 씨, 잘 있어요. 힙 부인, 실례 많았습니다" 하고 그 장황한 이야기를 맺으며 집을 나왔다. 그는 거리를 걸으며 신발 소리를 유난히 크게 냈고 콧노래까지 불렀다.

미코버 씨가 묵고 있는 여관은 조그마했다. 그는 장사꾼들이 묵는 방과 칸막이로 나누어진 작은 방 하나를 쓰고 있었다. 담배 연기 냄새가 코를 찔렀고, 마

---

2) 기원전 1세기 로마의 정치가, 철학자. 시저를 탄핵하려다 실패하고 자살함.

루 틈에선 심한 악취가 올라왔다. 벽에는 물방울이 맺힌 것으로 보아 그 방 밑은 부엌인 것 같았다. 또 술 냄새가 나고 술잔 부딪히는 소리가 들리는 것으로 보아 가까운 곳에 바가 있음을 알 수 있었다. 경마 그림 밑에 있는 조그마한 소파에 미코버 부인이 머리를 난로께로 바짝 두고 비스듬히 누워서 두 발로 방 안쪽 끝에 있는 회전식 식품선반에 놓인 겨자통을 밀고 있었다. 미코버 씨는 방으로 들어서면서 뜬금없이 말했다. "여보, 스트롱 박사 학교의 학생을 소개하겠어."

미코버 씨는 내 나이와 처지에 대해서는 전처럼 혼동했으나, 내가 스트롱 박사 학교의 학생이라는 사실에 대해서는 신사답게 제대로 기억하고 있었다.

미코버 부인은 무척 놀랐으나 나를 보고는 기뻐했다. 나도 부인을 만난 것이 몹시 기뻤다. 서로 반갑게 인사를 나눈 뒤 나는 그 조그마한 소파의 그녀 바로 곁에 앉았다.

"여보," 미코버 씨는 말했다. "코퍼필드 학생에게 지금 우리의 상황을 말해주지 않겠소? 그동안 나는 신문 광고에 무슨 좋은 일이나 실렸는지 가보고 오리다."

"아주머니, 저는 아주머니가 플리머스에 계신 줄 알았어요." 미코버 씨가 밖으로 나가자, 나는 부인에게 말했다.

"코퍼필드 도련님," 부인은 대답했다. "우리는 플리머스에 갔었지."

"그곳에서 살려고요?" 나는 넌지시 옛이야기를 꺼내 보았다.

"물론," 미코버 부인은 말했다. "그곳에서 살기 위해서였어. 그러나 사실 세관에서는 재능이 필요 없어. 남편 같은 능력 있는 사람을 세관에 취직시키기 위해 우리 친척들의 지방 세력을 모두 동원했는데도 효과가 없었어. 사람들은 남편같이 능력 있는 사람을 오히려 싫어하더군. 그이 때문에 다른 사람들의 결점이 드러날까 봐. 그것 말고도, 코퍼필드, 숨김없이 사실을 말하겠어. 플리머스에 살고 있는 친척들이, 남편이 혼자가 아니라 나와 꼬마 윌킨스, 그 누이동생과 쌍둥이까지 데려온 것을 알고는, 남편이 바랐던 것만큼 그이를 열렬히 맞아주지 않았어. 그이가 풀려난 지 얼마 안 되기도 했고." 미코버 부인은 나지막한 목소리로 말했다. "이건 비밀인데, 우리는 냉대받았어."

"아이, 저런!" 나는 말했다.

"사실이야." 미코버 부인은 말했다. "코퍼필드, 그때를 생각하면 정말 괴로워.

우리를 맞아주는 태도가 너무나 차가웠어. 이건 틀림없는 사실이야. 사실, 플리머스에 살고 있는 우리 친척들은 우리가 거기에 간 지 한 주일도 못 되어 남편을 헐뜯었어."

나는 그들이야말로 부끄러워해야 한다고 말했고 정말로 그렇게 생각했다.

"그럼에도 그들은 그랬어." 미코버 부인은 계속했다. "이런 상황에서 남편 같은 성품을 가진 사람이 뭘 할 수 있었겠어? 결국 남은 길은 하나였어. 친척들에게 런던까지 갈 여비를 빌려, 어떻게 해서든 런던으로 돌아가는 것이었어."

"아주머니, 그럼 식구들 다 같이 돌아왔군요?" 나는 말했다.

"그래, 우리 식구 모두가 돌아왔지. 그 뒤부터 나는 남편이 택해야 할 가장 좋은 길을 다른 친척들과 상의해왔어. 코퍼필드, 남편은 무슨 길이든 꼭 택해야 했으니까." 미코버 부인은 토론조로 말했다. "하녀를 빼놓고도 여섯 식구가 공기만 마시고 살 수 없는 건 분명하니까." 미코버 부인은 말을 이었다.

"그야 그렇죠."

"그렇다면 남편이 당장 탄광업에 주목해야 한다는 것이 다른 친척들 의견이었어."

"무슨 사업요, 아주머니?"

"석탄 거래 말이야. 조사해 본 끝에 그이처럼 재능 있는 사람은 미드웨이 강에서 탄광업에 종사하면 어떤 길이 열리지 않을까 하는 데까지 생각이 미쳤지. 그래서 남편 말대로, 우선 미드웨이 강부터 한번 가보기로 한 거야. 지금도 우리는 거기에 갔다 온 길이야. 코퍼필드 도련님, 나는 '우리'라고 말했어." 미코버 부인은 흥분해서 말했다. "나는 절대로 남편을 버리지 않을 거야."

나는 참으로 훌륭하며 감탄할 일이라고 중얼거렸다.

"우리는 미드웨이에 갔었어." 미코버 부인은 말했다. "그리고 미드웨이의 현실을 보았지. 미드웨이 강변 지대의 석탄 사업에 관한 내 생각은, 재능도 있어야겠지만 분명히 더 필요한 것은 자본이었어. 남편은 재능은 갖추었지만 자본이 없어. 우리는 미드웨이 강변 지대의 대부분을 조사했다고 생각해. 이건 내 개인적인 의견이지만. 그런데 남편 의견은, 여기까지 와서 대성당[3]을 보러 가지 않는다

---

3) 캔터베리 대성당.

면 어리석은 짓이라고 했어. 물론 충분히 볼 만한 가치가 있고, 그만큼 큰 중심지이니까 무슨 수가 생길지도 모른다는 기대도 있었어. 그래서 여기에 온 거야. 여기에 온 지 사흘째인데 아직도 좋은 수가 생기지 않았어. 내가 이런 말을 해도 도련님은 다른 사람만큼 놀라지 않을 테니까 이야기하는데, 실은 런던에서 호텔비를 낼 돈이 오기만을 기다리고 있는 거야. 그 송금이 도착할 때까지." 부인은 격한 투로 말했다. "나는 집에도 못 가고, 내 아들과 딸 그리고 쌍둥이와도 이렇게 떨어져 있어야 해!"

이런 곤경에 처해 있는 미코버 부부에게 나는 깊은 동정심을 느꼈다. 이제 막 돌아온 미코버 씨에게 나의 심정을 전하고는, 필요한 만큼의 돈을 빌려 줄 여유가 없는 것을 유감으로 생각한다는 말을 덧붙였다. 미코버 씨의 대답에는 그의 마음속 불안함이 고스란히 나타나 있었다. 그는 내 손을 굳게 잡으면서 말했다.

"코퍼필드 군, 자네는 나의 진정한 친구야. 그런데 최악의 상태에는 말이야, 어려운 문제를 도려낼 면도칼을 가진 친구가 반드시 나타나거든." 이런 불길한 발언에 미코버 부인은 두 팔로 남편의 목을 껴안고 진정하라고 간청했다. 미코버 씨도 울었다. 그러나 바로 울음을 뚝 그치고는 벨을 눌러 웨이터를 불러서 아침 식사로 따끈한 콩팥 푸딩과 새우 한 접시를 주문했다.

마침내 작별인사를 하자, 그들 부부가 떠나기 전에 꼭 한 번 같이 저녁 식사를 하자고 졸라댔으므로 나는 물리칠 수가 없었다. 내일 저녁에는 예습할 것이 많아서 올 수가 없겠다고 말하자 미코버 씨는 다음 날 오전 중에 학교로 찾아오겠다는 새로운 제의를 했다. 그러고는 내일 오전 중에 송금이 도착할 것 같으니 식사는 좋다면 그다음 날 하자며 멋대로 정해 버렸다. 과연 다음 날 오전에 교실에서 불려나가 보니까, 미코버 씨가 응접실에 있었다. 그는 약속한 대로 저녁을 내겠다는 말을 전하러 찾아온 것이었다. 돈이 왔느냐고 물었더니, 그는 내 손을 꼭 쥐고는 나가버렸다.

그날 저녁, 나는 창밖을 내다보다가, 놀랍게도 미코버 씨와 우라이아가 팔짱을 끼고 지나가는 것을 보았다. 우라이아는 자기에게 주어진 그런 명예에 대해 겸손하게 생각하는 것 같았고, 미코버 씨는 자기가 우라이아에게 호의를 베풀고 있는 것을 아주 기쁘게 여기는 듯했다. 그 모습을 본 나는 불안했다. 그러나 다음 날 약속 시간인 4시에 그 작은 여관으로 갔을 때, 미코버 씨가 우라이아와 함께 힙 부인 집에 가서 물 탄 브랜디를 마셨다고 이야기했을 때는 더욱 놀랐다.

"코퍼필드 군, 내가 말하려는 것은, 자네 친구 힙은 검찰총장도 될 수 있는 젊은이라는 거야. 내 어려움이 극에 달했을 때 그 젊은이를 알았더라면, 채권자들을 멋지게 처리했을 텐데."

미코버 씨는 결국 채권자에게 한 푼도 지급하지 않았는데, 어떻게 힙이 그 일을 잘 처리할 수 있다는 건지 이해가 되지 않았다. 그러나 나는 물어보고 싶지 않았다. 우라이아에게 너무 많은 것을 털어놓지 말라고 이야기하기도 싫었고, 나에 대한 이야기를 많이 했는지 묻기도 싫었다. 나는 미코버 씨와 미코버 부인의 마음을 아프게 할까 두려웠던 것이다. 부인은 감정이 몹시 예민했기 때문이다. 그러나 그 일은 오랫동안 불쾌한 기억으로 남았고 몇 번을 생각해도 꺼림칙했다.

우리는 소박하지만 즐거운 저녁 식사를 즐겼다. 우아한 생선 한 접시와 송아지 허릿살과 콩팥 구이, 기름에 튀긴 소시지, 메추라기와 푸딩을 먹었다. 포도주도 나왔고, 독한 맥주도 나왔다. 식사 뒤에는 미코버 부인이 손수 따끈한 펀치를 한 잔 만들어주었다.

미코버 씨는 무척이나 쾌활했다. 나는 그가 이처럼 붙임성 있게 어울리는 모습을 본 적이 없었다. 그의 얼굴은 펀치를 마시자 번쩍번쩍 빛나면서 마치 니스를 칠한 것 같았다. 그는, 자신과 아내는 아주 아늑함과 편안함을 느꼈으므로 캔터베리에서 보낸 즐거웠던 시간을 결코 잊지 못할 것이라고 말하며 건배를 들었다. 그와 부인과 나는 지난날 우리 셋이 친했던 시절을 떠올렸다. 그러다가 언젠가 가재도구를 내다 판 이야기도 나왔다. 그리고 이번에는 내가 미코버 부인을 위해 건배를 들었다. 아니, 적어도 겸손하게 이렇게 말했다. "아주머니, 괜찮으시다면 아주머니를 위해 제가 건배를 올리고 싶습니다만." 그러자 미코버 씨가 부인의 인격에 찬사를 보냈다. 부인은 늘 자기의 안내자이자 철학자였으며, 친구였다고 덧붙였다. 또 내가 결혼할 때가 되면 반드시 자기 부인 같은 여자와 결혼하라고 했다.

펀치가 바닥나자 미코버 씨는 더욱 다정하고 쾌활해졌다. 미코버 부인도 기분이 들떠서, 우리는 〈올드 랭 사인〉[4]을 합창했다. '손을 잡고, 내 친구여' 하는 대목에 이르자 우리는 다 같이 식탁을 둘러싼 채 손을 잡았다. '들어라, 기쁨의 잔을'이라고 부르면서 우리는 이유는 모르지만 모두 감동하고 말았다.

내가 미코버 씨 부부에게 마음으로부터 작별을 고했던 마지막 순간까지 미코버 씨는 누구보다도 기분 좋아 보였다. 그래서 이튿날 아침 7시에 다음과 같은 내용의 편지를 받게 될 줄은 전혀 예상하지 못했다. 편지에는 9시 30분 발신이라고 적혀 있으므로 우리가 헤어진 지 약 15분 뒤에 쓴 것이었다.

친애하는 젊은 친구에게!
주사위는 던져졌네—모든 것은 끝났어. 나는 즐거움이라는 슬픈 가면 뒤에 근심의 자취를 숨기고, 송금 기대는 절망스럽다는 것을 학생에게 말하지 않았다네. 참기도 창피하고, 생각하기도, 말하기도 창피한 이런 상황까지 오자, 나는 이 여관비를 런던에 있는 펜 톤빌 나의 집에서 보름 안에 갚겠다는 약속 어음을 발행하지 않을 수 없었네. 물론, 기한이 된다 해도 갚을 길은 없을 걸세. 결과는 파멸이야. 천둥이 임박했으니 나무가 넘어져야지. 코퍼필드, 학생에게 편지를 쓰고 있는 이 불쌍한 사람을 일생의 등대로 삼게나. 나는 그런 의도와

---
4) 우정을 기리는 오래된 스코틀랜드 노래.

희망에서 이 글을 쓰네. 내가 그렇게라도 유용하게 쓰인다고 생각하면, 나의 이 황량한 감옥과 같은 생활에도 한 가닥 빛이 스며들 걸세. 지금으로서는 내 남은 수명이 그렇게 길 것 같지도 않아.

아마도, 코퍼필드 군, 이것이 마지막 편지가 될 걸세. 친애하는 코퍼필드 군.

천애의 걸인

윌킨스 미코버

나는 이러한 비통한 내용의 편지를 읽고 너무나 충격을 받았으므로 미코버 씨에게 위로의 말이라도 하려고 학교에 가는 길에 그가 묵고 있는 여관으로 달렸다. 길을 반쯤 갔을 때 런던행 승합마차를 만났는데, 뒷자리에 미코버 부부가 앉아 있었다. 미코버 씨가 부인의 이야기에 태평한 얼굴로 미소를 지으며 응수하고, 주머니에서 술병을 꺼내 들고 종이봉투에 든 호두를 먹고 있었다. 다행히 그들은 나를 보지 못했다. 여러 가지로 생각해 보니 나도 그들을 못 본 체하는 것이 나을 것 같았다. 나는 무거운 짐을 내려놓은 기분으로 학교로 가는 지름길인 어느 뒷골목으로 접어들었다. 그들을 몹시 좋아했음에도 그들이 가버리자 안도감을 느꼈던 것이다.

18장
학창 시절의 추억

내 학창 시절! 소년기에서 청년기로 넘어간 그 조용한 시기—보이지도 않고 움직이지도 않는 고요한 삶의 흐름! 지금은 말라서 강바닥에 낙엽이 무성하지만, 그 옛날 물줄기가 흐르던 흐릿한 흔적 정도는 있을지도 모른다. 그 흔적을 더듬어 보고자 한다.

잠깐 기다려보라. 가만히 눈을 감으면 나는 대성당에 앉아 있다. 우리는 일요일마다 먼저 학교에 모여서 함께 대성당으로 갔다. 흙냄새, 볕이 들지 않는 교회 내부의 공기, 세상과 담을 쌓았다는 느낌, 아치형의 흑백 복도와 통로 사이로 울려 퍼지는 오르간 소리, 이런 것들이 내 마음의 날개가 되어 옛날로 돌아가게 해주고, 그 즐거웠던 지난날들이 비몽사몽간의 꿈처럼 떠올라 나를 스치고 지나가는 것이다.

나는 꼴찌는 아니었다. 몇 달 만에 몇몇 학생을 앞질러 성적을 올렸다. 그러나 1등을 하는 학생은 높고도 머나먼 곳에 사는 위대한 인물처럼 보였다. 내 이런 생각에 대해서 아그네스는 '아니다'고 했고, 나는 '그렇다'고 우겼다. 나는 아그네스에게, 당신은 그 위대한 학생이 얼마나 많은 지식을 습득하고 있는가는 모르기 때문에, 나 같은 인간도 열심히 노력하면 따라잡을 수 있다고 말하지만, 나로서는 도저히 꿈도 꿀 수 없다고 진심으로 항변했다. 1등을 하는 학생은 스티어포스처럼 내 친구도 아니고 보호자도 아니었으나, 나는 그를 존경했다. 그가 학교를 졸업하면 무엇이 될까? 어떤 자리에 오르든, 그에게 맞설 수 있는 사람이 과연 있기나 할까? 나는 그런 것만 생각했었다.

그런데 갑자기 내 앞에 나타난 인물이 누구지? 아아, 셰퍼드, 내가 사랑하는 미스 셰퍼드였다.

그녀는 네팅걸 자매가 운영하는 학교의 기숙생이다. 나는 그녀를 사모했다.

그녀는 자그마했고, 짧은 외투를 입고 있었으며, 동그스름한 얼굴에 담황색 머리채는 꼬불꼬불했다. 네팅걸 학교의 학생들도 그 성당에 다녔다. 나는 미스 셰퍼드를 바라보느라 성경을 볼 수가 없었다. 성가대가 찬송가를 부를 때에도 나에게는 미스 셰퍼드의 노랫소리만 들렸다. 기도를 올릴 때에도 나는 마음속으로 미스 셰퍼드의 이름을 넣어 기도했다. 왕실의 번영을 기도할 때도 나는 그 속에 미스 셰퍼드의 이름을 살짝 덧붙였다. 집으로 돌아오면 내 방으로 들어가 사랑에 도취되어 '아, 미스 셰퍼드!'라고 소리치기도 했다.

처음에는 미스 셰퍼드의 마음을 알 수 없어서 안절부절못했지만, 드디어 운명의 여신이 친절하게도 우리를 무용학교에서 우연히 만나게 해주었다. 나는 파트너로 미스 셰퍼드를 택했다. 내 손이 미스 셰퍼드의 장갑 낀 손에 닿자, 짜릿한 기운이 재킷을 걸친 오른팔을 타고 올라와 머리카락 끝까지 퍼졌다. 나는 미스 셰퍼드에게 상냥한 말 한마디 건네지 않았지만, 마음은 완전히 통했다. 미스 셰퍼드와 나는 오직 결혼할 희망을 가지고 살아갔던 것이다.

그런데 왜 나는 미스 셰퍼드에게 브라질산 호두 12개를 몰래 선물로 주었던 것일까. 그것들은 애정의 표시가 될 만한 것도 아니었다. 예쁘게 포장하기도 어렵고, 또 호두는 깨뜨리기도 힘들다. 문틈에 넣어도 잘 깨지지 않고, 깨지면 기름기도 엄청나다. 그러나 나는 호두를 미스 셰퍼드에게 주고 싶었다. 또 부드러운 비스킷과 셀 수 없이 많은 오렌지도 미스 셰퍼드에게 주었다. 한번은 외투 보관실에서 미스 셰퍼드와 키스를 했다. 그 황홀함이란! 다음 날, 미스 셰퍼드가 발부리를 안쪽으로 돌렸다는 이유로 네팅걸 자매에게 벌 받았다는 소문을 들었을 때의 그 괴로움과 분함이란!

미스 셰퍼드는 내 평생의 목표이자 이상이었는데, 어째서 그녀와 헤어지게 되었는지, 지금 생각해도 알 수가 없다. 그러나 미스 셰퍼드와 나 사이에는 점점 찬바람이 일기 시작했다. 내가 자기를 뚫어지게 바라보지 않았으면 좋겠다든가, 나보다 존스를 더 좋아한다는 말을 그녀가 공공연하게 했다는 소문이 내 귀에 들려왔다. 존스를 좋아한다고! 그 멍청한 녀석을! 우리 사이는 마침내 멀어졌다. 어느 날, 나는 산책을 하고 있는 네팅걸 자매 학교 학생들과 마주쳤다. 그런데 미스 셰퍼드가 지나치면서 나에게 얼굴을 찡그리고는 자기 친구를 향해 웃음을 보내는 것이었! 모든 것이 끝장났다. 일생을 건 사랑—나한테는 일생을 건 듯이 보였다—이 끝난 것이다. 이제 미스 셰퍼드는 아침 기도 때에도 내 마음속에서 사라졌으며, 왕족 사이에도 그녀의 이름은 끼지 못했다.

내 학교 성적은 더 올랐으며, 누구도 내 마음의 평화를 깨뜨리지 못했다. 나는 네팅걸 자매 학교의 학생들에게 조금도 친절하게 대하지 않았고, 그들의 수가 곱절로 늘고, 그들의 아름다움이 스무 배로 커진다 해도 누구와도 사랑에 빠지지 않을 참이었다. 무용학교 수업도 따분했다. 왜 여학생들은 자기들끼리 춤추지 않고 우리를 괴롭히는지 모를 노릇이었다. 나는 라틴어 공부에만 빠져서, 구두끈이 어떻다는 따위의 외모에는 전혀 관심이 없었다. 스트롱 박사도 학생들 앞에서 나를 유망한 학생이라고 칭찬해주었다. 딕 씨는 크게 기뻐했고, 대고모는 다음 편지에 1기니를 송금해주었다.

한 어린 정육점 소년의 모습이, 《맥베스》에 나오는 갑옷 입은 유령처럼 내 마음속에 떠오른다. 그 어린 정육점 소년은 누구지? 바로 캔터베리 소년들의 공포의 대상이다. 그는 쇠기름을 머리에 바르기 때문에 무척 힘이 세며, 어른도 당해낸다는 소문이 널리 퍼졌다. 넓적한 얼굴에 황소 같은 굵직한 목, 험상궂게 생긴 붉은 얼굴과 심술궂은 성질에 입까지 험한 정육점 소년. 그가 주로 욕설의 대상으로 삼는 것은 스트롱 박사 학교의 학생들이었다. 그는 공공연하게 학생들이 도전해 오면 언제든지 혼내주겠다고 큰소리쳤다. 학생들 이름을 하나하나 부르면서—물론 내 이름도 포함해서—네놈들은 한 손을 뒤로 묶어놓고 남은 한 손만으로도 모두를 처치할 수 있다고 큰소리쳤다. 또 몸집이 작은 어린 학생을 숨어서 기다렸다가 모자도 안 쓴 맨머리를 주먹으로 쥐어박기도 하고, 억울하면 남들 다 보는 이 큰길에서 한 판 붙어보자고 나에게 싸움을 걸기도 했다. 이렇게 해서 나도 그 녀석과 한바탕 붙기로 했다.

어느 여름날 저녁, 담 모퉁이의 풀이 우거진 움푹한 곳에서 나는 약속대로 그놈을 만났다. 나는 참관인으로 한 무리의 소년을 선발하여 데려갔고, 그 녀석은 정육점 소년 두 명과 술집 소년 하나와 굴뚝 청소부 하나를 이끌고 왔다. 준비가 끝나고, 나와 정육점 녀석이 마주 보고 섰다. 순식간에 내 왼쪽 눈언저리에서 불이 일었다. 나는 벽이 어느 쪽인지, 움푹한 곳이 어디인지 알 수가 없었다. 뿐만 아니라 누가 나고, 누가 적인지도 몰랐다. 아무튼 우리는 뒤엉켜 격투를 하면서 짓밟힌 풀 위에서 이리 뒹굴고 저리 뒹굴었다. 가끔씩 언뜻언뜻 그 녀석의 얼굴이 보인다. 피범벅이었지만 움츠러드는 기색은 전혀 없었다. 때로는 캄캄해서 아무 것도 보이지 않았다. 엉겁결에 헐떡이며 참관인의 다리에 엉겨 붙어 숨을 돌렸다. 그러다가 또 죽기 살기로 덤벼들었다. 내 주먹이 상대의 얼굴 가죽을 찢었지만 그래도 그는 끄떡도 하지 않았다. 마침내 나는 악몽에서 깨어나듯 정신을 차렸다. 머리가 어질어질했다. 나는 얼빠진 상태에서, 정육점 놈과 굴뚝 청소부와 술집 놈의 축하를 받으면서 놈이 저고리를 입으며 유유히 돌아가는 것을 보았다. 나는 비로소 정육점 놈이 이겼다는 것을 알았다.

나는 비참한 꼴로 집으로 돌아왔다. 눈에 쇠고기를 대고, 식초와 브랜디로 온몸을 문질러 주었다. 윗입술에는 큰 혹이 부풀어 올라 있었는데, 그것이 갈수록 엄청나게 커졌다. 나는 눈에 초록색 안대를 한 채 초라한 신세가 되어 3, 4일 동안 집에만 있었다. 만약 아그네스가 위로해주며 책을 읽어주고 유쾌하게 해주지 않았더라면, 정말 지루한 시간이었을 것이다. 나는 언제나 아그네스를 굳게 믿고 있었다. 그래서 그 정육점 놈과 녀석이 내게 저지른 지독한 짓을 모두 이야기해 주었다. 아그네스는 내가 녀석과 싸웠다는 것만으로도 무서워서 몸을 와들와들 떨었으나, 그래도 내가 싸우는 수밖에 달리 방법이 없었을 거라고 말해 주었다.

시간은 걷잡을 수 없이 흘렀다. 애덤스는 이제는 1등이 아니었다. 그것은 이미 아득한 옛날 일이었다. 애덤스는 이미 학교를 졸업하여, 지금은 스트롱 박사를 만나려고 학교에 와도 나 말고는 그를 아는 학생이 별로 없었다. 애덤스는 곧 변호사가 되어 법정에서 변호하게 되었으며, 가발도 써야 했다. 그는 내 생각보다 위압적이지 않고 온후한 사람이 되어 있었다. 그는 아직 세상을 뒤흔든 적도 없었다. 세상은 그를 개의치 않고 언제나 한결같이 흘러가고 있었다.

이를테면, 어떤 공백 속을 시와 역사에 나오는 영웅들이 끝도 없이 떼를 지어 당당하게 행진한다―그러나 다음에 오는 것은 무엇인가! 이제는 내가 1등이다! 나는 일렬로 늘어선 학생들을 보았다. 처음 이곳에 왔을 때의 나 자신처럼 보이는 학생들을 나는 겸손한 마음으로 내려다보았다. 그러나 그들이 나라고는 생각되지 않았다. 인생행로에서 뒤처진 존재―내가 아니라, 그 옆을 지나치면서 보았을 뿐인―어떤 다른 사람으로 생각되었던 것이다.

첫날 위크필드 씨 댁에서 보았던 그 꼬마 아가씨는 어디로 갔을까? 그녀 또한 없어져버렸다. 대신 그녀 어머니의 초상화와 똑같은 어른이 된 실물이 집 안을 돌아다니고 있었다. 상냥한 누나 같은 아그네스, 나의 의논 상대이자 친구였으며, 조용하고 착하며, 헌신적인 그녀의 영향을 받은 이에게는 누구에게나 수호신과 같은 아그네스도 이제는 어엿한 처녀가 되었다.

나의 성장과 외모와 그동안 얻은 많은 지식 말고 또 어떤 변화가 있었을까? 나는 금줄이 달린 금시계를 차고 있었고, 새끼손가락에는 반지를 끼었으며, 연미복을 입고, 머리에는 포마드를 발랐다. 그러나 반지 때문에 어쩐지 어울리지 않았다. 또다시 나는 사랑을 하고 있는 것인가? 그렇다. 나는 라킨스네의 맏딸을 사모하고 있었다.

맏이인 미스 라킨스는 어린 소녀가 아니었다. 키가 크고 가무잡잡한 피부에 눈동자가 검은 어엿한 여인이었다. 막내도 이미 어리지는 않은데, 그녀보다 서너 살 위임이 틀림없었으니, 아마 서른 살은 되었을 것이다. 그러나 그녀에 대한 나의 열렬한 사랑은 끝이 없었다.

미스 라킨스는 장교들을 많이 알고 있었다. 나는 그것이 괴로웠다. 장교들이 길에서 그녀와 이야기하는 것을 보았다. 동생과 같이 거리를 걸어가는 그녀의 모자가 보이면(모자 취향이 매우 화려했다) 장교들은 그녀를 만나기 위해 길을 가로질렀다. 그러면 그녀는 웃으며 이야기하는 것이었다. 나는 시간만 나면 거리를 오르락내리락하면서 그녀를 만날 기회를 노렸다. 하루 한 번이라도 그녀를 만나서 허리 굽혀 정중하게 인사할 수 있다면(그녀의 아버지 라킨스 씨를 알고 있었으므로 그녀와도 인사 정도는 할 수 있었다), 나는 더없이 행복했다. 나도 때로는 인사를 받아도 좋을 것이다. 그 경마가 있는 밤의 무도회에서, 그녀는 언제나 젊은 장교들과 춤을 췄다. 그것을 보는 내 마음은 미칠 듯이 괴로웠다. 만약 세상만사가 공평무사하다면 그 고통에 대한 대가를 받아야 옳았다.

사랑 때문에 나는 식욕까지 잃었으나, 최신 유행의 실크 스카프만은 언제나 목에 감고 외출했다. 나는 가장 좋은 옷을 입고 구두를 반짝반짝 빛나도록 닦아 신어야만 안심이 되었다. 그래야만 미스 라킨스에게 어울릴 것 같았다. 그녀의 물건이나 그녀와 관련된 모든 것이 귀중해 보였다. 라킨스 씨(이중턱에다 한쪽 눈이 움직이지 않는 퉁명스러운 노인)조차도 나에게는 흥미로운 인물이었다. 딸을 만나지 못할 때는, 나는 그를 찾아 나섰다. 그리고 "오늘 하루도 안녕하십니까? 따님들과 온 가족도 안녕하십니까?"라고 말했다. 그러나 그 속셈이 너무도 뚜렷한 것 같아서 얼굴이 붉어지곤 했다.

나는 늘 내 나이를 생각했다. 내 나이가 열일곱이라면, 미스 라킨스에게는 너무 어릴 수도 있지만 그것이 무슨 상관인가. 게다가 나는 곧 스물한 살이 된다.

나는 저녁이 되면 언제나 라킨스 씨 댁 주변을 거닐었다. 장교들이 그 집으로 들어가는 것을 보거나, 미스 라킨스가 하프를 연주하고 있는 응접실에서 그들의 목소리가 새어나올 때는 가슴이 찢어지는 것 같았다. 온 가족이 잠든 뒤에도 나는 병신처럼 미스 라킨스의 방이 어느 것인지 생각하면서 집 주위를 두서너 번 어슬렁거린 적도 있다. 그리고 그 집에 불이 나서, 내가 구경꾼을 헤치고 들어가 사다리를 그녀 방 창문에 걸치고, 그녀를 내 팔에 안고 구해낸 다음, 그녀가 남겨둔 물건들을 가지러 다시 뛰어들어갔다가 불길에 휩싸여 죽는 공상을 하면서 집 주위를 서성거리기도 했다. (그러나 지금 생각하면, 그 방은 라킨스 씨의 방이었다) 내 사랑에는 사심이 없었으므로, 그녀 앞에서 멋진 일을 하다가 죽어도 결코 후회스럽지 않았다.

내 사랑의 자세는 대체로 이러했지만 늘 그런 것은 아니었다. 때로는 더 찬란한 공상이 떠오르기도 했다. 라킨스 씨 댁에서 베풀어지는 무도회에 가기 위해 (3주나 기다렸다) 치장을 하면서(두 시간이나 걸렸다) 즐거운 생각에 잠겨 입이 헤벌쭉 벌어진다. 나는 용기를 내어 미스 라킨스에게 사랑을 고백한다. 그러면 미스 라킨스는 내 어깨에 머리를 기대고 "아, 코퍼필드 씨, 내 귀를 믿어도 되지요?"라고 말한다. 다음 날 아침, 라킨스 씨가 나를 기다리고 있다가 말한다. "코퍼필드 군, 내 딸한테서 다 들었어. 나이가 어리다는 것은 아무런 문제도 안 돼. 자, 여기 2만 파운드가 있네, 행복하게 살게나." 대고모님도 소식을 듣고 우리를 축복해 준다. 딕 씨와 스트롱 박사님도 우리 결혼식에 참석한다. 나는 이러한 공상에 완전히 빠져 있었다. 그래도 돌이켜보면 나는 분별 있고 조심성 있는 인간이었다. 그러나 이 사랑만은 따로였다.

나는 밝게 불이 켜지고, 재잘거리는 담소와 음악, 꽃, 보기 싫은 장교들이 있고, 화려한 미녀 라킨스가 있는, 마법의 성으로 갔다. 그녀는 푸른 옷을 입고, 머리에는 푸른 물망초를 꽂고 있었다. 마치 꼭 물망초를 꽂아야만 하는 이유라도 있는 것처럼! 그것은 내가 처음으로 초대받은 성인들의 파티였다. 그러나 나는 약간 불쾌했다. 라킨스 씨가 나에게 학우들은 잘 있는지 하는 필요도 없는 말을 묻는 것 말고는, 아무도 나를 상대해주지 않았고, 누구도 나에게 말을 걸지 않았기 때문이다.

그러나 내가 잠깐 문간에 서서 마음의 여신인 미스 라킨스를 황홀하게 바라보고 있을 때, 그녀가 나에게로 다가와서 즐거운 표정으로 물었다. "춤추시겠어요?"

나는 가볍게 머리를 숙이고 당황하여 더듬더듬 말했다. "당신하고라면요."

"그럼 딴 사람과는 춤추지 않을 건가요?"

"네, 다른 사람은 시시하니까요."

미스 라킨스는 웃음을 터뜨리고 낯을 붉히며(이건 내 착각인지도 모른다) 말했다. "다른 사람과 한 번 추고 그다음에 당신과 추겠어요."

내 차례가 되었다. 내가 앞으로 나가자, "왈츠곡이군요." 미스 라킨스가 못 미더운 듯이 말했다. "왈츠 출 줄 아세요? 모르시면, 베일리 대위와—"

그러나 나는 왈츠 정도는 춘다. (게다가 제법 잘 춘다) 나는 미스 라킨스의 손을 잡고 나갔다. 베일리 대위 바로 옆에서 그녀를 가차없이 이끌어나갔다. 대위의 심정은 틀림없이 비참했을 것이다. 그러나 대위의 그러한 심정은 나에게는 아무렇지도 않았다. 나도 지금까지 그 비참함을 맛보았지 않은가. 나는 마침내 맏이인 미스 라킨스와 춤을 추고 있다! 어디를 어떻게, 누구 사이를 얼마나 춤추고 다녔는지는 전혀 기억이 없다. 그러나 황홀경에 빠져 푸른 천사를 품에 안고서, 우주를 헤엄치고 다니는 느낌이었다. 문득 정신을 차리니 나는 조그마한 방에서 그녀와 단둘이 소파에 앉아 있었다. 라킨스는 내 단춧구멍에 꽂힌 분홍색 동백꽃(가격은 반 크라운)이 아름답다고 말했다. 나는 그것을 그녀에게 주며 말했다.

"미스 라킨스, 나는 이 꽃 대신 더없이 귀중한 것을 요구하겠어요."

"그래요! 그게 뭔데요?" 미스 라킨스가 묻는다.

"당신이 달고 있는 꽃입니다. 수전노가 황금을 아끼듯이 저도 그 꽃을 아끼겠습니다."

"당신은 용감한 청년이군요." 미스 라킨스가 말한다. "자, 여기 있어요."

그녀는 그 꽃을 나에게 주었는데 싫은 표정은 아니었다. 나는 꽃을 입술에 가져다 댄 뒤에 가슴에 꽂았다. 미스 라킨스는 웃으면서 내 팔에다 팔짱을 끼고서 "자, 이제 베일리 대위에게 데려다줘요"라고 말한다.

나는 이런 달콤한 대화와 왈츠를 떠올리며 여기에 도취되어 있었다. 그때 갑자기 그녀가, 밤새 카드놀이를 하고 있던 그다지 훌륭하다고는 할 수 없는 한 중년 신사를 데리고 왔다.

"아아, 이분이에요, 그 용감한 친구는! 코퍼필드 씨, 체슬 씨가 당신과 인사하길 원하세요."

나는 순간적으로 그가 집안 친구라고 판단하고, 크게 기뻤다.

"취미가 아주 훌륭하십니다." 체슬 씨가 말했다. "아주 좋아요. 홉에 대해서 관심은 없겠지만, 나는 홉 재배를 제법 크게 하고 있지요. 언젠가 그쪽—애시포드 근처예요—에 올 일이 있으시고 한번 보고 싶으시다면, 며칠이라도 좋으니 들렀다 가세요. 기꺼이 안내해 드리리다."

나는 진심으로 감사해하며 악수를 했다. 행복한 꿈속에 빠져 있는 기분이었다. 다시 한번 맏딸 미스 라킨스와 왈츠를 춘다. 그녀는 내가 잘 춘다고 칭찬한다! 나는 말할 수 없는 행복감에 젖어 집으로 돌아간다. 그리고 꿈을 꾼다. 푸른 천사의 허리를 껴안고 꿈속에서 밤새도록 춤을 춘다. 그 뒤 며칠 동안은 이런 황홀한 회상에 빠져 구름 위를 떠다니는 기분이었다. 그러나 나는 거리에서도 그녀를 만나지 못하고, 내가 찾아가도 그녀를 만나지 못했다. 성스러운 약속이었던 그 시들어버린 꽃으로는 나의 실망을 달랠 길이 없었다.

"트롯우드," 어느 날, 저녁 식사를 하고 나서 아그네스가 말했다. "내일 결혼하는 사람이 누군지 아세요? 당신이 사모하는 사람이에요."

"설마 당신은 아니겠죠, 아그네스?"

"저는 아니에요!" 아그네스는 악보를 베끼고 있다가 환한 표정으로 고개를 들면서 말했다. "아빠, 이 사람이 지금 뭐라고 했는지 들으셨어요? 미스 라킨스예요. 첫째 딸인."

"베일리 대위와 결혼하나요?" 나는 겨우 입을 열었다.

"아니에요, 대위가 아니라 홉 재배자 체슬 씨랍니다."

나는 한두 주일 동안 절망의 구렁텅이에 빠져 있었다. 나는 반지도 빼버리고, 제일 낡은 옷을 입었고, 포마드도 바르지 않은 채 미스 라킨스에게서 받은 시든 꽃을 바라보며 한숨을 지었다. 그러한 생활에 싫증나던 참에, 정육점 녀석이 나에게 새로이 도전해 왔다. 그래서 나는 꽃을 던져버리고, 밖으로 나가 격전을 벌인 끝에 영광스럽게도 승리를 거두었다.

  그 승리와 함께 다시 포마드를 조금씩 바르고 반지를 낀 추억, 열일곱에 접어든 그 시절에서 지금까지 기억하는 마지막 흔적이다.

19장
이제는 어엿한 졸업생

드디어 나의 학교생활도 막바지에 접어들어 스트롱 박사의 학교를 졸업할 무렵이 되었을 때, 나는 나 자신이 기뻐하고 있는지 슬퍼하고 있는지조차 도무지 알 수가 없었다.

나는 여기서 매우 행복한 생활을 했으며, 박사님을 무척 따랐다. 이 조그마한 세상에서 훌륭하게 성적도 올렸으므로 떠나기가 섭섭했다. 그러나 또 다른 이유—아주 꿈 같은 얘기지만—때문에, 학교를 떠나는 것이 기쁘기도 했다. 비로소 독립하는 청년이 된다는 것, 또 그러한 청년은 주목을 받는다는 것, 독립한 청년이라는 위대한 존재가 보고 이루는 눈부신 성과, 사회에 틀림없이 놀라운 영향을 끼칠 거라는 막연한 생각이 나를 유혹했다. 꿈 같은 착각이라면 착각이랄 수도 있지만, 어린 마음에 이런 환상적인 유혹은 너무도 강렬했으므로, 학교를 졸업하는 것이 조금도 슬프지 않았다. 또 그 이별은 다른 이별과 같은 강렬한 인상을 주지 못했다. 지금도 그때의 기분이 어떠했는지 떠올리려고 애써 보지만 헛일이 되고 만다. 결국 중요한 추억은 아니었다는 뜻이며, 위에서 말한 부푼 희망만으로 가슴 설레고 있었던 것이다. 달리 말하면, 그 어린 날의 경험에는 이미 흥미가 없었으며, 인생이 이제부터 처음 읽는 거대한 동화처럼 생각되었던 것이다.

대고모와 나는 앞으로 내가 전념해야 할 직업에 대해서 여러 번 깊이 상의했었다. 대고모가 자꾸 되풀이하는 물음, "무엇이 되고 싶니?"에 만족스러운 대답을 하기 위하여 나는 1년 이상을 노력했지만 특별히 하고 싶은 것은 찾을 수가 없었다. 만약 내가 항해 지식을 습득해서 쾌속 탐험대의 선장이 되어, 새로운 땅을 발견하기 위해 기세 좋게 항해하면서 세계를 누빈다면, 나도 흡족했을지 모른다. 그러나 이러한 기적과도 같은 일은 일어날 수도 없으므로, 내 소원은 대고모에게 지나친 재정적 부담을 끼치지 않는 일에 종사하여, 그 일이 무엇이든 열심히 하는 것이었다.

딕 씨는 언제나 신중하고도 현명한 태도로 내 상담에 응해 주었다. 그러나 자기의 의견을 말한 것은 딱 한 번으로, (왜 그가 그런 생각을 하게 되었는지는 모르겠다) 별안간 내가 놋쇠 세공인이 되는 것이 좋겠다고 했다. 그러나 대고모가 그의 제의를 아주 탐탁지 않게 여기자, 딕 씨는 두 번 다시 자기의 의견을 말하지 않았고, 대고모가 이야기를 꺼낼 때마다 열심히 바라보며 돈을 짤랑짤랑 소리나게 흔들었다.

내가 학교를 졸업한 그해 크리스마스 시즌의 어느 날 아침, 대고모는 말했다.
"트롯, 이 어려운 문제가 아직도 해결되지 않았지만 우리 결정에 잘못이 있어서는 안 되니까, 약간 숨 돌릴 시간을 내는 것이 어떻겠니? 너도 학생의 입장에서가 아닌 새로운 관점에서 이 문제를 생각해 보는 게 좋을 것 같구나."
"그러겠습니다, 대고모님."
"내가 좀 생각해봤는데," 대고모는 계속했다. "기분도 돌릴 겸 바깥세상을 한 번 구경해 보면 어떻겠니? 네 자신의 마음을 알고 더욱 냉정한 판단을 내리는 데 도움이 될 거야. 어디로든 여행을 떠나 보렴. 이를테면, 예전에 살았던 곳으로 가서 가장 잔인한 이름을 가진 이상한 여자를 만나 보기도 하고ㅡ" 대고모는 코를 비비며 말했다. 대고모는 페거티라는 이름을 절대로 용납할 수가 없었던 것이다.
"대고모님, 그럴 수만 있다면 정말 기쁠 거예요."
"그래, 그거 다행이구나. 나도 그게 가장 좋다고 생각해. 네가 그걸 바라는 것은 당연하고 도리에 맞는 일이다."
"정말 그래요, 대고모님."
"네 누이동생 벳시 트롯우드가 이 세상에 태어났더라면, 어느 아이보다도 도리에 맞는 온당한 행동을 했을 거다. 그러니 너는 그 애 못지않게 행동해야 한다, 알겠지?"
"대고모님 마음에 들도록 행동하겠습니다. 그것으로 저는 만족해요."
"어린애 같은 불쌍한 네 엄마가 살아 있지 않은 것이 다행이다." 대고모는 흐뭇하게 나를 바라보면서 말했다. "만약 살아 있었다면, 지금쯤 자식 자랑을 하다

19장 이제는 어엿한 졸업생

가 안 그래도 어리석은 머리가 완전히 돌아버렸을지도 모르지. 더 돌아버릴 뭐라도 남아 있었다면 말이다(대고모는 언제나 자신의 사랑을 이런 식으로 어머니께 떠넘기며 말했다). 트롯우드야, 넌 어쩜 그렇게 볼수록 네 어미를 닮았니!"

"대고모님, 많이 닮아서 기분 좋으시죠?" 나는 물었다.

"딕 씨, 이 애는 제 어미를 꼭 빼닮았어요." 대고모는 힘주어 말했다. "그날 오후 흥분해서 울기 전의 그 애를 꼭 닮았어. 아이고, 이것 봐. 저 두 눈으로 지그시 바라보는 꼴이 제 어미랑 똑같단 말이야!"

"정말 그렇게 닮았어요?" 딕 씨가 물었다.

"그리고 제 아버지, 데이비드와도 똑 닮았어!" 대고모가 딱 잘라 말했다.

"정말로요?" 딕 씨가 말했다.

"그런데 트롯아, 내가 너에게 바라는 것은 육체적인 것이 아니라 정신적인 면이야. 너는 신체적으로는 튼튼하니까, 정신적으로도 굳건해야지. 과단성 있는 사람." 대고모는 나를 향해 모자를 흔들고 한 손을 꼭 쥐면서 말했다. "굳은 의지를 갖춘 훌륭한 사람이 되어야 해. 충분한 이유 없이는 누구에게도, 무슨 일이 있어도 움직이지 않는 강인한 인격을 갖춘 사람이 되어라. 네 부모도 분명 그런 사람이 되었을 거야. 그랬다면 참으로 좋았을 텐데."

나는 대고모의 말대로 그런 인물이 되겠다고 했다.

"처음에는 아주 작은 일부터 시작하더라도, 자신을 의지하고 스스로 행동할 줄 알아야 하느니라. 그래서 나는 너를 혼자 여행 보내는 것이란다. 처음에는 딕 씨와 함께 보낼까 했었는데, 다시 생각해 보니, 딕 씨는 나를 돌봐주면서 여기에 있어야 해."

그 순간 딕 씨는 약간 실망한 듯했으나, 이 세상에서 가장 훌륭한 여인을 보살핀다는 명예와 긍지 때문에 다시 얼굴이 밝아졌다.

"회고록도 써야 하고."

"아, 그렇지." 딕 씨가 급히 말했다. "트롯우드, 나는 회고록을 곧 끝내야 해. 아무튼 서둘러서 말이야. 집필이 끝나면 출판하는 거야. 출판하면," 딕 씨는 말을 삼켰다가 한참 만에 다시 이었다. "골치 아픈 사태가 벌어질 거야!"

나는 대고모의 친절한 계획을 실천하기 위해, 돈이 든 멋진 지갑과 가방을 챙겨 들고 여행길에 올랐다. 헤어질 때, 대고모는 나에게 여러 가지 충고와 키스를 수없이 해주었다. 그리고 여행 목적이 스스로 세상을 부딪쳐보고 자기 머리로 생각하기 위한 것이니, 괜찮다면 서퍽에 가는 길이나 돌아오는 길에 런던에 들러 2, 3일 묵고 오라고도 했다. 나는 앞으로 약 한 달 동안 무엇이든 하고 싶은 대로 해도 되며, 직접 세상을 보고 생각하는 것과 한 주일에 세 번씩 편지를 써서 충실히 보고하는 일 말고는, 내 자유를 얽매는 조건은 아무것도 없었다.

먼저 나는 캔터베리로 갔다. 아그네스와 위크필드 씨(내가 머물던 방은 아직도 그대로 있었다) 그리고 맘씨 좋은 박사님과 작별하기 위해서였다. 아그네스는 나를 반가이 맞이해 주었다. 내가 떠난 뒤로는 집이 허전하다고 했다.

"나도 여기를 떠난 뒤로는 도무지 나 같지가 않아요." 나는 말했다. "아그네스가 없으니까, 내 오른팔이 없어진 것 같아요. 그런데 이걸로도 충분한 설명이 되지 않네요. 오른팔에는 머리도 심장도 달려 있지 않잖아요? 아무튼 당신을 아는 사람은 누구나 당신의 의견을 듣고 따르니까요, 아그네스."

"아뇨, 나를 아는 사람은 누구든지 나의 응석을 받아줄 뿐이에요." 아그네스는 웃으면서 말했다.

"아니에요, 당신은 다른 사람과 달라요. 당신은 정말로 친절하고 마음씨가 고운 상냥한 사람이에요. 당신의 말은 늘 바르고 옳지요."

"당신의 말은," 아그네스는 바느질을 하면서 웃음을 터뜨리고 말했다. "꼭 내가, 결혼 전의 미스 라킨스라도 되는 것 같군요."

"이봐요! 그런 식으로 내 신념을 저버리지 말아요." 내 마음을 사로잡았던 그 푸른 옷의 마법사를 생각하면서 나는 얼굴을 살짝 붉히고 말했다. "당신을 향한 내 믿음은 조금도 달라지지 않았어요. 어려움을 당하거나, 사랑에 빠졌을 때도 반드시 당신에게 알리겠어요. 당신이 싫어하지 않는다면—진짜, 진실한 사랑에 빠졌을 때도요."

"당신은 늘 진심으로 사랑하셨잖아요!" 아그네스는 다시 웃으면서 말했다.

"아! 그렇지만 그것은 어린아이나 학생으로서 한 것이었지요." 약간 창피하기는 했으나 나도 웃으면서 말했다. "지금은 옛날과는 다르니까요. 나도 진지한 사랑에 빠져 괴로워할 때가 있을 거예요. 그런데 이상한 것은, 아그네스, 당신은 왜 여태까지 진지한 사랑을 하지 않나요?"

아그네스는 또다시 웃으며 세차게 고개를 저었다.

"아니에요. 그래요, 나는 당신이 진지하지 않다는 것을 알고 있어요! 당신이 진지했다면 나에게 말해 주었을 거예요. 말은 하지 않았더라도, 적어도," 나는 그녀의 얼굴이 약간 붉어지는 것을 보면서 말했다. "내가 눈치채도록 했을 거예요. 하기야 내가 아는 사람 가운데, 당신을 사랑할 만한 인물은 한 사람도 없었지만요. 나도 여기서 온갖 남자들을 보아왔지만, 그런 녀석들보다 더 고상한 인격과 훌륭한 인품을 갖춘 인물이 나타나지 않는다면, 나도 가만히 보고 있지는 않을 겁니다. 앞으로는 당신 주변에 모이는 숭배자들을 모두 신중히 살필 거예요. 당신을 데려가려면 주문이 많은 것 정도는 각오해야죠."

여기까지는 소꿉동무 사이의 오랜 친교에서 오는 농담 반 진담 반의 허물없는 대화였다. 그런데 그때 갑자기 아그네스가 고개를 들고 나를 보면서 정색하고 말했다.

"트롯우드, 묻고 싶은 것이 있어요. 앞으로는 오랫동안 물어볼 기회가 없을 것 같고, 또 다른 사람에게는 묻고 싶지도 않거든요. 요즘 들어 아빠가 점점 이상하게 변해가는 것을 아세요?"

그것은 나도 알고 있었다. 나는, 딸인 아그네스도 그것을 알고 있는지 궁금하게 생각한 적도 여러 번 있었다. 그러한 기미가 내 얼굴에 곧바로 나타났음이 틀림없었다. 순간 시선을 내린 그녀의 눈에 눈물이 고였기 때문이다.

"어떻게 변했는지 말해주세요." 아그네스는 나지막하게 말했다.

"솔직히 이야기할까 하는데요, 아그네스. 나도 당신 아버님을 정말 좋아하니까요."

"네, 좋아요."

"내가 처음 여기 왔을 때부터 점점 더 심해지는 당신 아버님의 그 버릇이 좋지 않은 것 같았어요. 아버님은 너무 예민하고 자주 화를 내셨거든요. 실은 그렇지가 않은데 내가 어쩌면 그렇게 떠올렸는지도 몰라요."

"그건 상상이 아녜요." 아그네스는 머리를 흔들며 말했다.

"아버님은 손을 떠시고, 말씀이 또렷하지 않고, 눈빛조차 살벌하셨어요. 그럴 때마다 난 그것을 눈치챘어요. 그런데 그처럼 아버님이 아버님답지 않을 때는 꼭 무슨 일이 있어서 나가신단 말이에요."

"우라이아가 일거리를 가져오지요." 아그네스가 말했다.

"그래요. 그런데 일을 잘 처리하지 못했다는 생각과, 그 일이 무엇인지 잘 몰랐다는 생각과, 본의 아니게 자신의 추한 꼴을 보였다는 생각이 아버님을 더욱 불안하게 만드는 것 같아요. 그래서 다음 날은 증세가 더 악화되고, 갈수록 점점 더 심해져서 드디어는 몹시 지치고 수척해지지요. 아그네스, 내 말을 듣고 놀라서는 안 돼요. 며칠 전에는 이런 상태에서 아버님이 책상에 머리를 댄 채 어린애처럼 눈물을 흘리시는 모습을 보았어요."

내 말이 끝나기도 전에 아그네스는 손으로 내 입술을 다정스럽게 막고는, 문쪽으로 달려가 방으로 들어오는 아버지를 맞으면서 그의 어깨에 매달리듯 팔을 둘렀다. 둘이서 내 쪽을 돌아볼 때의 그녀의 표정에, 나는 가슴이 저릿저릿하게 아팠다. 아름다운 아그네스의 눈에는 아버지에 대한 사랑, 아버지에게서 받은 사랑과 걱정에 감사하는 빛이 역력했다. 그리고 나에게도, 부디 이 아버지에게 진심으로 다정하게 대하고, 쌀쌀맞고 잔인한 짓은 하지 말아 달라고 간절히 호소하고 있는 것만 같았다. 그녀는 아버지에 대해 긍지를 가졌고, 아버지를 헌신적으로 사랑했으며 또 불쌍히 여기고 동정했으므로, 나도 그렇게 하기를 절실하게 바란다는 눈빛이었다. 그것은 수백 마디 말보다 더 많은 것을 말해주었으며, 나를 감동시켰다.

우리는 박사님 댁에서 차를 마시기로 약속되어 있었다. 평소처럼 박사님 댁에 갔더니, 서재 난로 주위에는 박사님과 박사님의 장모가 앉아 있었다. 내가 중국 같은 어디 먼 데라도 간다고 생각하는 박사님은 나를 귀빈처럼 맞아주었다. 그리고 빨갛게 달아오른 불꽃에 옛 제자의 얼굴을 비춰볼 수 있도록 난로에 나무를 더 넣으라고 했다.

"위크필드, 나는 트롯우드가 가버리면 이제 신입생들의 얼굴을 보는 일도 별로 없을 거야." 박사님은 손을 쥐면서 말했다. "나도 점점 지쳐서 이제 편히 쉬고 싶어. 반 년만 더 하고 학생들 가르치는 건 그만두겠네. 조용한 생활을 하고 싶어."

"박사, 자네는 늘 그런 말을 해왔네, 10년도 넘게." 위크필드 씨가 대꾸했다.

"이번에야말로 꼭 실천할 거야." 박사님이 대답했다. "교감에게 내 자리를 물려주겠어. 이번엔 진짜야. 그러니 자네가 곧 법적인 계약을 맺어주게. 내가 꼼짝 못하도록 말이야."

"그런데 주의할 것이 있네." 위크필드 씨가 말했다. "사기당하지 않도록 말이야. 자네는 무슨 계약을 하든 언제나 그랬으니까 말일세. 아무튼, 나는 언제나 준비되어 있네. 내가 하는 일에는 그것보다 더 나쁜 일도 얼마든지 있었어."

"그러면 난 아무것도 생각할 것이라곤 없네." 박사는 미소를 지으며 말했다. "내 사전과 또 하나의 계약물인 아내 애니 말고는."

위크필드 씨가, 아그네스와 함께 차 탁자에 앉아 있는 애니를 바라보자, 이상하게도 그녀는 망설이고 겁에 질린 듯이 위크필드 씨의 눈길을 피해 버렸다. 위크필드 씨는 무슨 생각이 떠오른 듯 애니를 주시했다.

"인도에서 편지가 왔군요?" 잠깐 침묵을 지킨 끝에 위크필드 씨가 물었다.

"그래, 잭 맬던에게서 편지가 왔어!" 박사님이 대답했다.

"그렇군요."

"불쌍한 잭!" 마클람 부인이 머리를 흔들며 말했다. "정말 엄청 더운가 봐요! 사막 위에서 볼록렌즈를 대고 지글지글 굽고 있는 것 같다는군요! 그 애는 튼튼해 보였지만, 사실은 그렇지 않았어요. 여보게, 박사. 그 애는 용감하게 인도로 갔지만, 그것은 그의 체력이 아니라 정신력으로 간 것이야. 애니, 너도 그 점을 마음에 새겨 두렴. 네 사촌은 그렇게 튼튼한 사람이 아니라는 걸 말이야."

마클람 부인은 튼튼하지 않다고 힘주어 말한 뒤에 우리를 둘러보았다. "내 딸과 그 애가 어렸을 때, 온종일 손을 맞잡고 돌아다닐 때부터 그랬어요."

애니는 아무런 대꾸를 하지 않았다.

"부인, 그렇다면 맬던 씨가 앓고 있다는 말입니까?" 위크필드 씨가 물었다.

"병이에요!" 노병[1]은 말했다. "그 애는 건강이 아주 엉망이라오."

"건강이 좋지 않다는 말입니까?" 위크필드 씨가 물었다.

"좋지 않다마다요. 틀림없이 그 애는 무서운 일사병은 물론이고, 악성 말라리아, 그 밖에도 당신이 알고 있는 질병은 모조리 걸렸을 거예요. 간도 망쳤을 테고요." 노병은 체념한 듯이 말했다. "그건 물론 처음 출발 때부터 완전히 포기했던 모양이지만!"

"그 사람이 자세하게 알려왔나요?" 위크필드 씨가 물었다.

---

1) 마클람. 부인의 별명.

"그 사람이 알려왔냐고요? 그럴 리가 있나요!" 마클람 부인이 머리와 부채를 흔들면서 말했다. "그렇게 묻는 것을 보니, 선생님은 내 불쌍한 잭 맬던을 전혀 모르시는군요. 적어 보낼 턱이 없지요! 그 아이는 사나운 네 마리 말에게 이리저리 끌려 다니더라도 결코 우는 소리 한 번 내지 않아요."

"어머니!" 스트롱 부인이 말했다.

"얘, 애니야." 어머니가 대답했다. "이번만은 이 어미의 말에 참견하지 마라. 내 말을 뒷받침할 생각이라면 몰라도. 네 사촌 맬던은, 어디 네 필뿐이겠느냐. 수십 필을 몰고 와서 끌더라도 기꺼이 끌려갈 사람이다! 네 필도 좋고, 여덟 필도 좋고, 열여섯 필도 좋고, 서른두 필도 좋아. 박사의 계획을 방해하는 말은 절대 하지 않는다."

"위크필드 씨의 계획이었죠." 박사님은 자신의 얼굴을 어루만지며 뉘우치는 듯이 자기 고문인 위크필드 씨를 바라보았다. "즉, 맬던을 위해서 우리가 공동으로 계획을 세웠지. 물론 해외에 나가든 국내에 있든, 결국 내가 명령한 셈이지만."

"그에게 외국으로 가라고 권한 건 나예요." 위크필드 씨도 침울한 표정으로 말했다. "내가 그를 외국으로 보냈어요. 책임은 나한테 있습니다."

"아, 책임이라니요!" 노병은 말했다. "이봐요, 위크필드 씨. 다 좋은 뜻에서 한 일 아닙니까. 모두를 생각해서 친절을 베푸신 걸 잘 알아요. 그러나 그 애가 거기서 살 수 없다면, 그게 그 애의 운명이겠지요. 그는 어차피 살아갈 수 없다면, 박사의 계획을 망치느니 거기서 조용히 죽는 쪽을 택할 거예요. 나는 그 애를 잘 알고 있습니다."

노병은 앞날을 예견한 듯이 고민스러운 태도로 정신 사납게 부채질을 하면서 말했다.

"장모님." 박사님이 쾌활하게 말했다. "나는 내 계획을 고집하지는 않습니다. 계획은 취소할 수도 변경할 수도 있습니다. 건강이 나빠서 잭 맬던이 귀국한다면 다시 되돌려 보낼 수야 없지요. 우리가 이 나라 안에서 그에게 알맞은 더 좋은 일자리를 마련해줘야지요."

마클람 부인은 이 너그러운 말을 듣자 감명을 받아서(그녀는 이런 말이 나오리라고는 생각도 못했고, 또 그런 말이 나오도록 이끈 것도 아니었기 때문이다) 정말 박사답다고만 말하며, 몇 차례나 자기 부채 손잡이에다 입을 맞추고는, 그 부채로 박사님의 손을 가볍게 쳤다. 그러고는 자기 딸 애니를, 박사님이 너 때문에 네 소꿉친구에게 이런 친절을 베풀었는데도, 어찌 더 고마운 마음을 나타내지 않느냐고 은근히 꾸짖는 것이었다. 그러고는 그 기세를 타고, 그녀의 친척은 다들 번듯한 자리에 올라 있지만 그보다 더 훌륭한 일을 찾아 독립할 수만 있다면 좋을 거라는 등의 얘기를 거침없이 쏟아냈다.

그러는 동안에도 애니는 말 한마디 없었고, 고개 한 번 들지 않았다. 위크필드 씨는 자기 딸 곁에 앉아 있는 박사의 부인을 계속 훔쳐보았다. 그는 누군가 자기 행동을 보고 있다고는 전혀 생각지 않은 채 꼭 그녀에게 홀딱 반한 듯이 그녀만 보았고, 그녀와 관련된 일을 골똘히 생각하는 것 같았다. 이윽고 위크필드 씨는 잭 맬던이 자기에 대한 이야기를 뭐라고 적어 보냈는지 또 누구에게 보내왔는지 물었다.

"그야 당연히 이 집으로 보냈죠." 마클람 부인이 박사님 머리 위에 있는 벽난로 선반에서 편지를 꺼내며 말했다. "그 애는 박사에게 직접 썼어요. 어디에 있더라? 응 여기야! '말씀드리기 죄송합니다만, 저는 건강이 나빠서 몹시 고생하고 있습니다. 회복하려면 조만간 한 번 귀국하는 수밖에 없겠습니다.' 이걸 보면 나머지는 안 봐도 훤하잖아요, 불쌍한 녀석! 귀국하는 것이 건강을 회복하는 유일한 길이라니! 그런데 애니에게 보낸 편지를 보면 더 확실히 알 수 있어요. 애니, 편지를 한 번 더 보여다오."

"지금은 안 돼요, 어머니." 그녀는 나지막하게 호소하듯이 말했다.

"얘야, 너를 정말 이해할 수 없구나. 네 친정 식구 일인데 왜 그렇게 이상하게 구니? 내가 그 편지에 대해서 묻지 않았더라면, 아무도 그 편지의 존재를 몰랐을 거야. 그러고도 너는 스트롱 박사에게 아무런 비밀도 없다고 할 수 있겠니? 나는 놀랐다. 네가 알아서 행동해라."

애니는 마지못해 그 편지를 내놓았다. 내가 그 편지를 노부인에게 전달했는데, 편지를 받을 때 보니 애니의 손이 떨리고 있었다.

"자, 읽어봅시다." 마클람 부인은 안경을 쓰며 말했다. "그 말이 어디에 있더라? '사랑하는 애니, 옛날을 생각하면'—여긴 아니고. '친애하는 노(老)감독관님'—이건 누구야? 아이구, 애니야. 네 사촌 맬던은 참 알아보기 어렵게도 쓰는구나. 아이구, 나도 참 바보로군! 당연히 여기 있는 박사님이겠지. 아, 정말 친절하시기도 하지." 노부인은 편지를 놓고는 부채에 키스를 하더니, 아주 만족한 표정으로 조용히 우리를 바라보고 있는 박사님에게 부채를 천천히 한 번 흔들었다. "아, 찾았어. '애니, 너는 이 소식을 들어도 새삼 놀라진 않을 거야.' 그야 그렇지. 실제 그가 튼튼하지 않다는 것을 알고 있으니까. 내가 방금 어디까지 읽었지?—응, 그래, '나는 이 머나먼 이국땅에 와서 완전히 건강을 해치고 말았어. 그래서 무슨 일이 있어도 한 번 귀국하기로 결심했어. 될 수 있으면 병가를 얻어서 말이야. 그것이 여의치 않으면 사표를 내고라도 귀국할 작정이야. 나는 여기서 더는 못 참겠어.' 박사의 지체없는 친절이 없다면," 마클람은 또다시 부채로 박사님에게 신호를 보내고 편지를 접으면서 말했다. "생각만 해도 참을 수 없는 일이었을 거요."

노부인은 자기의 이 말에 위크필드 씨가 한마디 덧붙여주기를 바라는 듯 그를 바라보았지만, 위크필드 씨는 바닥만 내려다보며 침묵을 지키고 있었다. 화제가 다른 데로 흘러갔지만, 위크필드 씨는 여전히 말이 없었다. 다만 때때로 생각에 잠겨 얼굴을 찌푸리면서 가끔씩 박사님과 스트롱 부인을 바라보거나, 한꺼번에 부부를 잠깐 바라볼 때 말고는 고개도 들지 않았다.

박사님은 음악을 좋아했다. 아그네스는 노래할 때 목소리도 아름답고 표정도 풍부했으며, 스트롱 부인도 마찬가지였다. 그들은 같이 노래를 불렀다. 우리는 음악회를 찾은 기분이었다. 그러나 나는 두 가지 사실을 알아차렸다. 하나는 애니는 곧 냉정을 되찾고 평소 모습으로 돌아왔지만, 그녀와 위크필드 씨 사이에는 그들을 완전히 떼놓는 공백이 있었다. 또 하나는 위크필드 씨가 애니와 아그네스가 친해지는 것을 싫어해서, 초조한 마음으로 그들의 행동을 감시하고 있다는 사실이었다. 솔직히 말하면, 맬던 씨가 떠나던 그날 밤에 본 광경이 지금까지와는 전혀 다른 의미로 다가와서, 이상하게 걱정스러워지기 시작했다. 그러자 스트롱 부인의 순진해 보이던 아름다운 얼굴도 이제는 전처럼 보이지 않았다. 부인의 타고난 우아함과 매력에도 의심의 방울이 솟아올랐다. 그녀 곁에 있는 아그네스야말로 정말 착하고 진실해 보였다. 두 사람의 우정은 그다지 바람직해 보이지 않았다.

그러나 부인은 제법 즐거워보였고, 아그네스도 매우 행복해 보였으므로, 덕분에 그날 밤은 시간 가는 줄 모르고 즐겁게 보냈다. 그러나 그 모임이 어떻게 끝났는지는 아직도 또렷하게 기억한다. 헤어질 때 아그네스가 부인을 껴안고 키스하려 하자, 위크필드 씨가 우연인 것처럼 그들 사이에 끼어들어 아그네스를 재빨리 끌고 나갔다. 그러자 맬던이 떠나던 날 밤 문간에 서 있던 그때 이후의 세월이 순식간에 날아가버린 듯했다. 그 밤 위크필드 씨와 맞닥뜨렸을 때 스트롱 부인의 얼굴에 떠올랐던 표정이 지금도 똑같이 그 얼굴에 나타난 것이다.

이 일은 나에게 강한 인상을 남겼다. 그 뒤로 부인을 생각하면 반드시 그날의 인상이 떠오르면서 두 번 다시 그 순수하고 아름다운 얼굴을 떠올릴 수 없게 되었는데, 그동안의 속사정은 이루 말할 수 없다. 아무튼 그것은 집으로 돌아온 뒤에도 끊임없이 내 마음을 따라다녔다.

나는 박사님 댁의 지붕 위에 낮게 뜬 컴컴한 구름처럼 우울한 마음으로 그 집을 나섰다. 백발이 성성한 박사님에 대한 나의 존경심 위에, 믿을 수 없는 자들만 믿는 박사님에 대한 동정과 박사님을 해치기만 하는 자에 대한 분노가 추가되었다. 커다란 고민과 아직 드러나지 않은 크나큰 치욕의 짙은 그림자가, 내가 어렸을 때 공부하고 놀았던 고요한 곳에 끔찍한 흉터를 남기려 하고 있었다. 수백 년 동안 홀로 꿋꿋이 살아온 위풍당당하고 잎이 넓은 고목나무와 잘 다듬어진 풀밭, 돌로 만든 항아리와 박사님의 산책로, 그런 풍경 위로 울려 퍼지는 은은한 성당의 종소리, 그런 것을 생각해도 이제는 즐겁지 않았다. 마치 내 소년 시절의 평화롭던 성역을 눈앞에서 무참하게 강탈당하고, 그곳의 평화와 명예가 흔적도 없이 사라지는 광경을 보는 것만 같았다.

그러나 아침이 되자 아그네스의 감화력으로 가득 찬 이 정든 집과도 작별할 때가 왔다. 머지않아 이곳에 다시 올 테고, 내가 수없는 밤을 보냈던 정든 내 방에서 잠잘 날도 있으리라. 그러나 여기서 살던 날들은 영원히 멀어져갔고, 이제 과거는 돌아오지 않는다. 남겨둔 책과 옷가지를 도버로 보내기 위해 짐을 꾸리고 있을 때, 나는 우라이아에게 내 마음을 감추려고 애썼을 때보다도 더욱 마음이 무거웠다. 우라이아가 쓸데없이 너무 잘 도와주는 바람에 내가 떠나는 것을 그가 매우 기뻐한다는 생각이 들기도 했다.

여하튼 나는 아주 남자답게 아그네스와 위크필드 씨에게 작별인사를 하고 런던행 승합마차의 마부석에 자리를 잡고 앉았다. 마을을 빠져나가는 내 마음은 너그러워져서 내 옛날의 원수였던 정육점 녀석에게 고개를 끄덕여 인사하고 술

값으로 5실링 정도는 던져 주고 싶었다. 그러나 정육점에서 큰 고깃덩이를 저미며 서 있는 녀석의 모습은 예나 다름없이 아주 차갑게 보였고, 더구나 내가 날린 주먹에 달아난 앞니를 아직도 해 넣지 않은 것을 보니, 아무래도 그냥 말없이 지나치는 것이 상책일 듯싶었다.

나는 마부에게 되도록 나이가 많은 것처럼 보이려고 최대한 걸걸한 목소리로 말했다. 걸걸하게 이야기하는 것은 아주 거북했지만, 나는 끝까지 그렇게 해냈다.

그래야만 어른처럼 보일 것이라고 생각했기 때문이다.

"손님은 종점까지 가세요?" 마부가 물었다.

"그래요, 윌리엄." 나는 일부러 의젓하게 대답했다. (나는 이 마부를 알고 있었다) "런던에 갔다가 서퍽에도 들를 작정입니다."

"사냥하러 가십니까?" 마부가 물었다. 이 계절에 사냥은 고래 잡으러 런던에 가는 거나 마찬가지로 불가능하다는 사실을 나처럼 그도 잘 알고 있었다. 그러나 듣고 보니, 아주 싫은 말은 아니었다.

"사냥을 할지 안 할지는 나도 모르겠어요." 나는 결단을 못 내린 척 말했다.

"요즘엔 새들도 아주 날래다고 들었어요." 윌리엄이 말했다.

"나도 그렇게 알고 있습니다."

"서퍽이 고향인가요?"

"예, 그렇습니다." 나는 좀 거만하게 대답했다.

"그곳의 가루반죽 푸딩은 맛이 아주 좋다던데요." 윌리엄이 말했다.

나는 그런 것은 몰랐으나 내 고장 명물은 무엇이든 자랑할 필요가 있다고 생각되어 그것을 잘 아는 듯이 '그래요. 맛이 좋아요!' 라는 뜻으로 고개를 끄덕였다.

"그리고 말도 유명하지요." 윌리엄은 말했다. "가축용이에요! 서퍽 말이라면, 좋은 놈이면 금값 아닙니까. 손님은 서퍽 말을 길러 본 일이 있습니까?"

"아—, 아니요, 딱히 기른다고 할 정도는 아닙니다."

"내 뒷자리 손님은 서퍽 말을 대규모로 기르고 있지요."

이야기의 대상이 된 그 신사는 사팔눈에다 턱이 툭 불거진 아주 볼품없는 사람이었다. 좁고 판판한 챙이 달린 흰 모자를 쓰고 있었는데, 장화에서 엉덩이까지, 양쪽 다리 바깥쪽에 한 줄로 단추가 달린 몸에 꼭 붙는 담갈색 바지를 입고 있었다. 내 바로 뒤에서 마부의 어깨 근처로 턱을 비죽 내밀고 있어서, 그가 숨을 쉴 때마다 내 뒤통수가 간질간질했다. 내가 뒤돌아보면 그는 아주 교만하게 선두에 선 말들을 노려보고 있었다.

"그렇지 않습니까, 손님?" 윌리엄이 말했다.

"무엇이 그렇지 않다는 말이오?" 뒷자리 손님이 말했다.

"서퍽 말을 대규모로 기르고 있지요?"

"그래요." 신사가 대답했다. "어떤 종류의 말이든 다 길러요. 그리고 개도 온갖 종류를 다 기르지요. 어떤 사람은 말이나 개를 취미로 기르지만, 그것들이 나에게는 집이고 마누라고 자식이라오. 읽고 쓰고 셈하는 것처럼 없어서는 안 된단 말이지요. 담배와 술과 음식이나 마찬가지지요."

"역시 마부의 뒷좌석에 앉을 분이 아니지요?" 윌리엄은 말고삐를 조종하면서 내 귀에 대고 말했다.

마부의 말은 내 자리를 그에게 내주라는 뜻으로 들렸다. 그래서 나는 얼굴을 붉히며 자리를 양보하겠다고 말했다.

"손님이 좋으시다면, 그렇게 하는 게 아주 옳은 줄로 압니다."

나는 늘 이것이 내 일생 최초의 실수라고 생각해 왔다. 역마차 사무실에서 좌석을 예약할 때, 장부에다 '마부석'이라고 적어 넣고 좌석료로 반 크라운을 냈다. 그 특등석에 어울리도록 특별히 좋은 옷을 입었고, 특등석에 앉는 것을 커다란 영광으로 여겼으며, 그렇게 하는 것이 마차에도 영광을 베푸는 일이라 생각했다. 그런데 바로 첫 정거장에서 초라한 사팔뜨기에게 내 자리를 빼앗기고 만 것이다. 그자는 말 세놓는 집 냄새를 풍기는 것 말고는 아무 볼품도 없는 형편없는 사람이었다. 말이 느릿느릿 달리고 있을 때 내 앞을 가로질러 특등석으로 옮겨 앉는 모습이란 마치 인간이 아니라 파리 같았다.

차라리 사라져버렸으면 좋을 시시한 경우에도 평생 나를 괴롭혀온 열등감이, 캔터베리 역마차에서 일어난 이 하찮은 사건 때문에 또다시 불거진 것이 확실했다. 걸걸한 목소리로 말해 봐야 헛일이었다. 나는 남은 목적지까지 여행하는 내내 뱃속 깊숙한 곳에서 부글거렸지만, 그러나 무안하기만 할 뿐 나 자신이 너무 어리다고만 느껴졌다.

그럼에도 불구하고 상당한 교육을 받고, 옷도 잘 입고, 주머니에는 돈도 두둑하게 넣고, 사두마차 뒷자리에 앉아서, 대고모 댁으로 달아나는 길에 한뎃잠을 잤던 여러 곳을 따분하게 바라보고 있자니, 이상하게 재미있었다. 길가에 있는 경계표를 볼 때마다 감개무량했다. 우리 옆을 지나치는 도보 여행자를 내려다보다가 낯익은 얼굴이라도 지나가면, 땜장이가 시커먼 더러운 손으로 다시 내 셔츠 앞자락을 잡아끄는 듯한 느낌이었다. 마차가 채텀의 좁은 길을 덜커덕거리며 지나갈 때, 내 저고리를 산 늙은이가 사는 골목길이 보이자 나는 머리를 내밀고서, 저고리 값을 받으려고 그늘과 양지쪽을 왔다 갔다 하며 기다렸던 곳을 열심히 찾았다.

드디어 런던으로 들어서자, 크리클 씨가 그 묵직한 손으로 우리를 때렸던 그 세일렘 학교를 지나치게 되었다. 나는 마차에서 내려, 그자를 때려눕히고 불쌍하고 연약한 학생들이 풀려나게 할 수만 있다면 내 전 재산이라도 바치고 싶었다.

우리는 채링크로스[2]의 골든크로스 호텔에 닿았다. 그 무렵 이 호텔은 집들이 답답하게 밀집해 있는 곳에 자리한 낡은 건물이었다. 웨이터가 나를 식당으로 안내해주었고, 하녀가 다시 나를 조그마한 침실로 안내했다. 그 침실은 삯마차 같은 냄새가 났으며, 무덤처럼 사방이 꽉 막힌 방이었다. 나는 나이가 어리다는 것을 또 한 번 깨달았다. 어느 누구도 나를 두려워하는 사람이 없었다. 하녀는 내가 뭐라고 하든 무시했고, 웨이터는 아무 허물없이 대하면서 내가 모르는 것에는 충고까지 했다.

"이봐요." 웨이터는 우쭐대며 말했다. "저녁은 뭘로 할까요? 젊은이들은 대개 닭이나 오리 같은 것을 좋아하는데, 닭고기로 하지요?"

"나는 닭고기는 좋아하지 않소." 나는 되도록 위엄 있게 대답했다.

"그래요?" 웨이터는 말했다. "젊은 양반들은 보통 쇠고기나 양고기는 딱 질색이라고 하는데, 연한 송아지 고기로 할까요?"

나는 별다른 음식이 생각나지 않아서 그 말에 동의해버렸다.

"감자 좋아하지요?" 웨이터는 웃으면서 고개를 한쪽으로 기울이고 말했다. "젊은 분들은 대개 감자를 잘 드시지요."

나는 웨이터에게 연한 송아지 고기와 감자 그리고 그 밖에 필요한 것을 되도록 굵직한 목소리로 주문했다. 그러고는 카운터에 가서 트롯우드 코퍼필드 씨에게 편지 온 것이 없냐고 물었다. 나는 물론 나에게 편지가 온 것이 없으며, 올 리도 없다는 것을 알고 있었지만, 편지를 기다리는 체해야 어른답게 보인다고 생각했기 때문에 그렇게 물었다.

그는 곧 돌아와서 편지가 없다고 전했다. (나는 그 말을 듣고 뜻밖이라는 듯이 깜

---

[2] 런던 중심부에 있는 광장.

짝 놀란 표정을 지었다) 그러고는 난롯가 상자에 천을 펴놓고 식사 준비를 하면서, 식사와 함께 무엇을 마시겠느냐고 물었다.

내가 "셰리 주 반 파인트"라고 대답하자, 웨이터는 이때야말로 조그마한 병 바닥에 깔린 김빠진 찌꺼기를 모아서 팔아먹을 절호의 기회라고 생각한 것 같았다. 왜 이런 생각을 했느냐 하면, 내가 신문을 읽고 있는데, 그가 칸막이 뒤에서 약제사가 처방대로 약을 조제하듯이 여러 병에 남은 술을 한병에 열심히 모으고 있는 것이 보였기 때문이다. 술이 나왔을 때 보니 과연 맛이 없었다. 외국 포도주에서 기대할 수 있는 순수한 것이 아니라 불순물이 섞인 영국산 포도주가 확실했다. 그러나 그것을 마시게 된 것만으로도 부끄러워서 그냥 입 다물고 있었다.

그러나 술이 들어가자 기분이 좋아져서(문득 생각했는데, 설사 독약을 마셔도 몸속에 약 기운이 퍼져나가는 동안에는 의외로 불쾌하지 않을 것 같았다) 연극 구경을 가기로 했다. 내가 택한 곳은 코벤트가든[3]이었다. 나는 중앙 관람석 뒤에 앉아 《줄리어스 시저》[4]와 새로운 무언극을 관람했다. '그 고상한 로마인'들은, 라틴어 수업에서는 아주 무섭고 까다로운 녀석들이었지만, 살아서 내 앞에서 왔다 갔다 하며 나를 즐겁게 해줄 때는 참으로 신기하고 즐거운 볼거리였다. 연극 전체를 통하여 현실과 신비가 교묘하게 뒤엉키고, 시와 조명과 음악과 자리를 같이한 관람객과 휘황찬란한 무대의 유연하고도 엄청난 변화가 나를 황홀경으로 이끌었다. 마치 끝없는 환희의 세계가 열린 것 같았다. 그래서 자정에 비가 내리는 거리로 나왔을 때는, 내가 몇십 년 동안 낭만적인 생활을 즐기던 하늘나라에서, 떠들썩하고, 질퍽질퍽하며, 횃불이 켜져 있고, 우산들끼리 부딪치고, 삯마차가 앞다투어 달리며, 진흙투성이인 비참한 인간 세계로 내려온 듯한 느낌이었다.

다른 문을 통해서 밖으로 나온 나는 지구에 처음 온 낯선 사람처럼 거리에 잠깐 서 있었다. 그러나 아무렇게나 밀어붙이는 인파 때문에 곧 정신을 차리고 호텔로 향했다. 그 길 내내 화려한 공상이 끊임없이 눈앞에서 어른거렸다. 호텔에 도착하여 굴을 안주로 흑맥주를 마신 뒤에도, 음식점의 난롯불을 바라보면서 한 시가 넘도록 그런 환상에 잠겨 있었다.

---

[3] 런던 중심지구에 있는 오페라 극장.
[4] 셰익스피어의 비극.

나는 연극과 과거의 추억에 잠겨―그 한 장의 투명무늬 안에서 내 유년 시절이 그림자처럼 움직이고 있었다―넋을 잃고 있었으므로, 사실 그 잊을 수 없는 용모 단정한 미청년이, 훌륭한 옷을 아무렇게나 걸치고, 언제 내 앞에 나타났는지 모르지만, 아무튼 그는 어느 틈에 몰래 들어와 내 옆에 앉아 있었다. 그리고 나는 여전히 음식점의 난로를 바라본 채 깊은 생각에 잠겨 있었다.

드디어 내가 자러 가려고 일어나자, 그때까지 졸고 있던 웨이터는 무척 안심이 되는 모양이었다. 그는 다리에 쥐가 나는지 좁은 그의 주방에서 다리를 꼬기도 하고 때려 보기도 했다. 나는 문 쪽으로 가다가, 아까 들어온 사람 옆을 지나면서 그를 슬쩍 보았다. 그러고 나서 다시 돌아와서 그의 얼굴을 자세히 바라보았다. 그는 나를 몰라보았지만, 나는 그를 금방 알아보았다.

아마 다른 때였다면 그대로 말을 걸 자신이 없어서 결단을 내리지 못하고 이튿날까지 질질 끌다가 결국 기회를 놓치고 말았을 것이다. 그러나 내 마음은 연극으로 인한 감회에 젖어 있었고, 전에 나를 보호해준 그가 무척 고맙게 생각되었으며, 그에 대한 옛 우정이 내 가슴에 너무도 또렷하게 흘러 넘쳤으므로 나는 가슴을 두근거리며 그에게로 달려가 말을 걸었다.

"스티어포스! 날 모르겠어?"

그는 전에 곧잘 나를 바라보았던 바로 그런 시선으로 나를 바라보았다. 그러나 그의 얼굴에는 나를 알아보는 기색이 없었다.

"기억을 못하는군!"

"야아!" 그는 갑자기 부르짖었다. "이거, 꼬마 코퍼필드 아니야?"

나는 그의 두 손을 꽉 잡고 놓아주지 않았다. 만약 쑥스럽지 않고 혹시 그를 불쾌하게 하지나 않을까 하는 두려움만 없었다면, 나는 그의 목을 껴안고 엉엉 울었을 것이다.

"이렇게 기쁠 수가! 스티어포스, 너를 만나니 정말 기뻐! 세상에 이런 일이! 너를 다시 만나다니, 정말 기뻐!"

"나도 그래!" 그는 내 손을 힘껏 잡아주면서 말했다. "코퍼필드, 너무 그러지 마!" 그러나 말은 그래도, 그를 만난 것을 내가 무척이나 기뻐한다는 사실이 싫지는 않은 것 같았다.

나는 주체할 수 없이 흐르는 눈물을 훔치고, 어색하게 웃으며 그와 나란히 앉았다.

"그런데 여기는 어떻게 왔어?" 스티어포스가 내 어깨를 탁 치면서 말했다.

"오늘 캔터베리에서 역마차로 왔어. 거기서 대고모의 도움으로 이제 막 학교를 마쳤어. 그런데 스티어포스, 넌 어떻게 왔지?"

"응, 나는 흔히 말하는 옥스퍼드 대학생이야. 그런데 거기 있으면 주기적으로 대학생활에 싫증이 나거든. 그래서 어머니한테 가는 길이야. 코퍼필드, 너 무척 귀여운 놈이 됐구나. 옛날과 똑같아, 조금도 변하지 않았어."

"나는 너를 한눈에 알아봤어. 네가 더 알아보기가 쉬운 게 당연하지만."

스티어포스는 한손으로 숱 많은 곱슬머리를 쓸어올리면서 웃더니 유쾌하게 말했다. "나는 지금 어머니에게 효도하러 가는 길이야. 어머니는 시내에서 약간 떨어진 곳에 사셔. 가는 길이 아주 엉망인 데다 집에 가 봐야 따분하긴 마찬가지라 오늘 밤은 여기서 묵고 갈 셈이었어. 런던에 닿은 지 6시간밖에 안 돼. 연극을 보러 가서 졸기도 하고, 불평을 늘어놓으면서 시간을 보냈지."

"나도 연극 구경을 했어. 코벤트가든 극장에서. 스티어포스, 정말 재미있고 화려한 연극이었지!"

스티어포스는 무척이나 우스운 듯 마구 웃어댔다.

"야, 데이비." 스티어포스는 또다시 내 어깨를 치면서 말했다. "너는 정말 데이지[5]처럼 귀여워. 아침 해와 함께 핀 들녘의 데이지도 너보다는 싱싱하지 않을 거야. 나도 코벤트가든 극장에 갔었는데, 정말 따분한 연극이었어. 야, 이봐!"

마지막 말은 웨이터에게 하는 소리였다. 웨이터는 저쪽에서 우리가 만나서 이야기하는 모습을 주의 깊게 보고 있었으므로, 자기를 부르는 것을 금방 알아채고 공손하게 나타났다.

"친구 코퍼필드 군을 어디로 안내했지?"

"무슨 말씀이신지?"

"그가 어디서 자느냐고? 몇 호실에서 잠을 자느냐 말이야. 알겠나?"

"아, 네." 웨이터는 황송해하며 대답했다. "코퍼필드 씨는 44호실에 투숙하고 있습니다."

---

5) 국화과의 꽃.

"도대체 무슨 생각으로 코퍼필드 씨를 마구간 위 조그마한 다락에 넣었지?" 스티어포스가 따지고 들었다.

"죄송합니다." 웨이터가 여전히 사과하는 태도로 말했다. "코퍼필드 씨가 그렇게 특별하신 분인 줄 전혀 몰랐습니다. 좋으시다면 72호실로 옮겨 드리지요. 손님 바로 옆방입니다."

"당연히 그래야지. 지금 바로 옮기도록 해."

웨이터는 방을 바꾸기 위해 즉시 물러났다. 내가 44호실에 들게 되었던 것이 너무도 우스웠던지 스티어포스는 크게 웃으면서 또 내 어깨를 툭 쳤다. 그리고 내일 아침 10시에 식사를 같이 하자고 초대했다. 나는 그의 초대를 아주 자랑스럽고 기쁘게 받아들였다. 밤이 꽤 깊었으므로 우리는 촛불을 들고 2층으로 올라가, 그의 방문 앞에서 다정하게 인사를 나누고 헤어졌다. 새 방은 먼저 방보다 비할 바 없이 훌륭했다. 퀴퀴한 곰팡내도 안 나는 데다 네 기둥이 달린 커다란 침대까지 놓여 있어 어느 지주의 저택 같았다. 나는 여섯 사람은 족히 누울 수 있는 큰 베개를 베고 아주 기분 좋게 잠들었다. 옛 로마와 스티어포스와 우정에 관한 꿈을 꾸었고, 다음 날 아침 일찍 마차가 아래 아치형 길을 지나는 덜커덩거리는 소리가 들려왔을 때는 천둥과 기타 여러 신들의 꿈을 꾸기도 했다.

20장
스티어포스의 집

아침 여덟 시에, 하녀가 방문을 두드리고 면도 물을 문 밖에 두었다고 알렸다. 나는 면도할 필요가 없을 정도로 어리다는 것이 유난히 창피해서 이불 속에서 얼굴을 붉혔다. 하녀도 그런 말을 하면서 웃었을 것이라는 의심이 옷을 입는 동안에도 사라지지 않았다. 그래서 아침 식사를 하려고 아래층으로 내려가다가 계단에서 하녀 옆을 지나칠 때는 꼭 무슨 죄라도 지은 듯 비굴하게 굴었다. 하다못해 나이가 조금만 더 많아도 좋았을 거라는 생각에 사로잡혀, 이 꼴사나운 상태로는 한동안 그녀 옆을 지나갈 용기조차 나지 않았다. 그리고 지금도 그녀가 빗자루로 청소하는 소리가 들렸다. 나는 창가에 서서, 혼잡한 삯마차들에 둘러싸여 이슬비와 안개 속에서 전혀 국왕다운 위용도 없이 서 있는 말 탄 찰스 왕의 동상만 바라보았다. 웨이터가 손님이 나를 기다리고 있다고 재촉할 정도였다.

스티어포스는 예상과 달리 식당이 아니라 빨간 커튼이 걸려 있고, 터키 양탄자가 깔린 아늑한 방에서 나를 기다리고 있었다. 난롯불이 활활 타고 있었고, 깨끗한 식탁보를 깐 식탁에 훌륭한 아침 식사가 차려져 있었다. 그리고 방 전체, 난로와 아침 식사와 스티어포스와 그 밖의 모든 것이 하나의 축소판이 되어 식기 찬장 위에 걸린 조그마하고 둥근 거울에 비치고 있었다. 여유롭고 침착하며 말쑥한 스티어포스는 나이를 비롯한 모든 면에서 나보다 훨씬 뛰어났으므로 나는 처음에는 완전히 기가 죽어 버렸다. 그러나 그의 허물없는 태도 때문에 어색한 기분이 사라졌으며 아주 편안한 마음이 되었다. 그의 한마디로 골든크로스 호텔의 태도 자체가 확 달라진 데에는 혀를 내두를 수밖에 없었고, 어제의 초라한 처지와 오늘 아침의 안락함과 환대는 비교가 안 되었다. 웨이터의 뻔뻔스럽던 행실도 흔적 없이 사라졌다. 그는 머리를 조아리고 시중을 들었다.

"코퍼필드." 우리 둘만 남자 스티어포스가 말했다. "꼭 알고 싶은 것이 있는데, 너는 지금 무엇을 하고 있고, 어디로 가는 길이지? 너에 대해서 자세히 말해줘. 너는 내 친척이나 다름없으니까."

스티어포스가 아직도 나에게 관심이 있다는 것을 알자, 나는 기쁘고 흐뭇했다. 그래서 이번 여행은 대고모가 제의한 것이라고 말해주고, 행선지 따위에 대해서도 모조리 털어놓았다.

"그래, 그렇게 바쁜 게 아니로구나." 스티어포스가 말했다. "그렇다면 나와 같이 하이게이트의 우리 집으로 가서 하루나 이틀쯤 지내자. 어머니께서도 대환영하실 거야. 다만 내 자랑을 하느라 어머니의 이야기가 많이 길어질 수도 있는데, 그 부분은 네가 이해해 줘. 어머니도 너를 꼭 좋아하실 거야."

"네가 이렇게 친절히 초대해주니 기꺼이 가겠어." 나는 웃으며 말했다.

"나를 좋아하는 사람은 누구든지 어머니에게 인사받을 권리가 있지." 스티어포스가 말했다.

"그럼 난 환대받겠군."

"그렇지! 가서 확인해 봐. 그럼 한두 시간 이름난 곳을 구경하자. 너처럼 처음 보는 사람에게는 제법 볼 만할 거야. 그러고 나서 역마차로 하이게이트에 가자."

나는 이것이 모두가 꿈이어서, 눈을 뜨면 여전히 44호실이고, 또다시 호텔 식당에서 외롭게 식사하고 뻔뻔스러운 웨이터와 만날 것만 같았다. 나는 대고모에게 운 좋게 존경하는 옛 친구를 만났고, 그가 자기 집으로 나를 초대해서 가기로 했다는 내용의 편지를 보냈다. 우리는 전세 마차를 타고 '파노라마관' 등을 구경하고 대영박물관까지 한 바퀴 돌았다. 그건 그렇고, 스티어포스는 다방면으로 모르는 게 없었지만, 정작 본인은 그런 지식을 조금도 대수롭게 여기지 않았으므로 정말 감탄하지 않을 수 없었다.

"스티어포스, 너는 대학에서 높은 학위를 받겠지?" 나는 말했다. "아직 받지 않았을지도 모르지만, 대학에서도 너를 큰 자랑으로 여길 테니까."

"내가 학위를 받아?" 스티어포스는 외쳤다. "나는 안 해! 이봐 데이지—데이지라고 불러도 괜찮지?"

"괜찮고말고!"

"너 참 멋진 놈이구나! 이봐, 데이지." 스티어포스는 소리 내어 웃으며 말했다.

"나는 학위를 받아서 유명해질 생각은 조금도 없어. 하고 싶은 공부는 이미 다 했어. 그리고 지금 상태에서도 나 자신을 주체하지 못할 것 같거든."
"그러나 명예란—" 내가 운을 뗐다.
"넌 참 낭만적이구나!" 스티어포스는 더욱 호탕하게 웃으면서 말했다. "우둔한 녀석들이 입 벌리고 손을 쳐들고서 감탄하도록 하기 위해 내가 왜 애써 고생을 한단 말이야? 그런 건 딴 사람이나 하라고 해. 분명 사내로서는 명예이니 그들은 기꺼이 환영할 거야."
 나는 큰 실수를 한 것이 부끄러워서, 화제를 딴 데로 돌리기로 했다. 다행히 그 일은 어렵지 않았다. 무심하고도 가벼운 마음으로 화제를 여기저기로 옮기는 것이 그의 특징이었기 때문이다.
 우리는 관광을 하고 나서 점심을 먹었다. 겨울 해는 너무나 짧아서 역마차가 하이게이트의 언덕에 자리한 오래된 벽돌집 앞에 멈추었을 때는, 이미 땅거미가 깔린 뒤였다. 우리가 마차에서 내리자, 나이 지긋한 아름답고 기품 있는 부인이 거만하게 문간에서 기다리다가 "제임스" 하며 스티어포스를 두 팔로 껴안았다. 스티어포스가 자기 어머니라고 말하고 나를 소개하자, 부인은 우아하게 나를 맞아주었다.
 그 집은 품위 있고 조용하고 잘 정돈된 고풍스러운 가옥이었다. 내 방 창문을 통해 멀리 런던 시내가 보였는데 커다란 밤안개같이 펼쳐져 있고 여기저기서 등불이 반짝이고 있었다. 나는 옷을 입는 동안, 묵직한 가구와 틀에 끼운 자수(스티어포스의 어머니가 처녀 시절 만든 듯한) 몇 점, 머리에는 분 바르고 보디스를 걸친 부인들을 크레용으로 그린 그림들이, 방금 피운 난롯불이 타닥타닥 소리를 내면서 빛을 터뜨릴 때마다 드러났다 사라지는 것을 재빨리 둘러보았다. 그때 저녁을 먹으라는 부름을 받았다.
 식당에는 다른 부인이 있었다. 가냘프고 자그마했으며 피부가 검고, 시선을 사로잡지는 않았지만 어딘가 예쁘장하게 생긴 부인이었다. 나의 관심은 그 부인에게로 쏠렸다. 아마 뜻밖에 만났기 때문이거나, 그 부인 맞은편에 앉았기 때문이거나 혹은 그 부인이 독특한 그 무엇을 지녔기 때문일지도 모른다. 부인은 검은 머리채에 눈동자도 깊고 검었으며, 야위었고, 입술에는 상처가 나 있었다. 오래된 상처였다. 상처 색깔이 피부색과 다르지도 않았고 오래전에 아물었으므로, 상처라기보다는 주름이라고 하는 편이 옳을 것 같았다. 그러나 입술에서 턱까지 찢어진 상처임에는 틀림이 없고, 단지 지금은 모양이 조금 달라진 윗입술 주위를 제외하면, 식탁 너머에서는 거의 보이지 않을 정도였다. 나는 그 부인이 나이는 서른 살가량이고, 결혼을 하고 싶어하는 눈치라고 결론을 내렸다. 부인은 오랫동안 비어 있던 터라 조금 낡은 집 같아 보였지만 제법 예쁘장했다. 그 부인이 야윈 것은 그 몸 안에서 헛되이 불이 타오른 결과라고 생각되었다. 그리고 그 불은 그 부인의 위태로운 눈 속에 고스란히 드러나 있었다.

그 부인은 미스 다틀이라고 소개되었지만 스티어포스와 그의 어머니는 로사라고 불렀다. 미스 다틀은 이 집에서 살며, 스티어포스 부인의 오랜 친구였다. 내가 보기에 그녀는 생각한 것을 절대로 솔직히 이야기하지 않고 간접적으로 멀리 에둘러서 말하다 보니 어쩐지 무게 잡는 것 같았다. 예를 들면, 스티어포스 부인이 진담 반 농담 반으로, 내 아들이 대학에서 방종한 생활을 한다고 하면, 미스 다틀은 이렇게 말하는 것이었다.

"아, 그래요? 전혀 몰랐네요. 하지만 조금 참고가 될까 하고 말씀드리자면, 보통 다 그렇지 않나요? 즉 세상의 일반상식으로는 그런 생활도, 아아, 뭐였죠?"

"제대로 된 직업을 얻기 위한 교육이란 말이지." 스티어포스 부인이 매정하게 대답했다.

"오, 그래요! 사실 그렇지요." 미스 다틀이 냉큼 대답했다. "하지만 결국 그런 게 아닌가요? 만약 잘못이 있으면 고쳐주시기 바랍니다. 말하자면 그렇지 않나요?"

"그렇다니?" 스티어포스 부인이 물었다.

"오! 그렇지 않다는 뜻이군요!" 미스 다틀이 말했다. "그 말을 들으니 마음이 놓이네요! 이제야 알겠습니다! 다 부인에게 여쭈어 본 덕분이죠. 앞으로는 누구든지 내 앞에서 대학 생활이 시간 낭비라든가 방탕이라는 등의 말을 한다면 용서하지 않을 거예요."

"그래야지." 스티어포스 부인이 말했다. "내 아들의 지도 교수는 정말 양심적인 신사야. 나는 내 아들은 믿지 않더라도, 교수님은 절대적으로 신뢰하지."

"그래요?" 미스 다틀이 대답했다. "어머나! 교수님이 양심적이라고요? 정말 그럴까요, 지금도?"

"그래, 나는 확신해." 스티어포스 부인이 대답했다.
"그것 참 다행이네요! 안심했어요." 미스 다틀이 외쳤다. "정말 그렇게 양심적입니까? 그러니까 그분은 그게 아닐까요? 그야 물론 그럴 리 없지만, 만약 그가 양심적이라면, 저도 앞으로는 그분을 높이 평가하도록 하겠어요. 정말 그렇게 양심적인 분이라면, 그분을 향한 내 존경도 끝이 없을 거예요."

어떤 문제에 대해서든 자기 의견을 말하거나, 자기 의견과 어긋나는 상대 의견을 바로잡을 때, 미스 다틀은 언제나 지금처럼 넌지시 말하는 것이었다. 저녁 식사가 끝나기도 전에 하나의 좋은 예가 될 사건이 터졌다. 스티어포스 부인이 서퍽에 가는 이유를 묻기에, 나는 무심코 스티어포스가 동행해준다면 참 좋겠다고 대답했다. 그러고는 스티어포스에게 옛날 유모와 페거티 씨의 가족, 그와도 옛날 학교에서 만났던 뱃사람을 만나러 간다고 설명해 주었다.

"아, 그 시골 아저씨 말이야!" 스티어포스는 말했다. "아들과 함께 왔었지?"
"아들이 아니라 조카야." 내가 말했다. "조카를 양자로 삼았지. 또 아주 예쁜 꼬마 조카딸도 양녀로 삼았어. 그는 육지에 있는 배 안에서 사는데, 그 집은 그가 너그럽게 돌봐주는 불쌍한 사람들로 만원이야. 너도 그들을 만나 보면 재미있을 거야."

"응, 재미있을 것 같아. 어떻게 할지 생각해 봐야겠어. 너와 같이 여행하는 즐거움은 말할 것도 없고, 그 별난 사람들을 만나 함께 생활해 보는 것도 나쁘지 않겠어."

내 가슴은 새로운 희망으로 두근거렸다. 그러나 스티어포스가 '그 별난 사람들'이라고 말한 것 때문에 문제가 생겼다. 지금까지 눈을 빛내며 우리 얘기에 귀를 기울이던 미스 다틀이 그 말을 트집잡아 말참견했다.

"정말로 그런가요? 나에게 말해줘요. 정말인가요?"
"정말로 별나냐고요? 아니면 그들이 별나냐는 뜻입니까?" 스티어포스가 물었다.

"그 사람들 말이에요. 그들이 짐승 같은 인간인지, 촌뜨기인지, 아니면 별종이라는 뜻으로 말씀하셨나요?"

"하긴, 그들과 우리 사이에는 꽤 먼 거리가 있지요." 스티어포스가 내키지 않다는 듯이 대답했다. "그들은 우리같이 예민하지 않을 거예요. 단순한 일에 충격을 받거나 쉽게 상처받는 섬세함은 없겠죠. 하지만 도덕적으로는 매우 훌륭한 사람들이라고 생각해요. 적어도 그렇게 주장하는 사람이 있고, 나도 거기에 반대할 생각은 없어요. 물론 그들에게 섬세한 마음은 없겠지만, 그들은 자기들의 거친 피부처럼 마음이 쉽사리 상처받지 않는 것을 감사하게 생각해야 해요."

"그런가요?" 미스 다틀이 말했다. "그 말을 들으니 정말 기쁘군요. 참으로 다행이에요. 괴로움을 당해도 느낄 줄 모른다니 얼마나 다행인가요! 그 사람들을 생각하면 어쩐지 마음이 편하지 않았어요. 하지만 앞으로는 그런 걱정을 말끔히 버리겠어요. 역시 이야기는 들어봐야 해요. 솔직히 말해서, 나는 이제까지 많은 의심을 품고 있었지만, 이제는 그런 의문이 깨끗이 해결되었어요. 전엔 모르던 것을 알았으니까요. 이것이 다 질문을 한 덕택이지요—그렇지 않나요?"

나는 스티어포스가 농담을 했거나, 아니면 미스 다틀의 속내를 이끌어내게 하려고 그런 말을 했다고 생각했다. 그 여자가 가버리고 우리 둘만 난롯가에 앉았을 때, 나는 스티어포스가 그 이야기를 다시 꺼낼 거라고 생각했다. 그러나 그는 다만 미스 다틀을 어떻게 생각하느냐고 물었을 뿐이다.

"대단히 영리한 여자 같은데?" 나는 오히려 되물으며 말했다.

"영리하다고? 그 여자는 무엇이든 숫돌에 대고 뾰족하게 갈아야 직성이 풀리거든. 요 몇 년 동안 자기의 얼굴을 뾰족하게 갈아온 것처럼 자기 자신을 날카롭게 갈아버렸지. 온몸이 칼날 같은 여자야."

"그건 그렇고 그 여자 입술 위의 상처가 굉장하던데!"

스티어포스는 고개를 숙이고 잠깐 말을 삼켰다.

"사실은 말이야. 그 상처는 내가 냈어."

"무슨 불행한 사고라도 있었어?"

"아니야, 내가 어렸을 때, 그 여자가 약을 올려서 내가 망치로 때렸어. 그때의 나로 말하면 장래가 촉망되는 천사와도 같은 아이였지!"

나는 그런 괴로운 추억을 되살린 것을 매우 미안하게 생각했지만 이미 손쓸 도리가 없었다.

"그 여자는 죽을 때까지 그 상처를 가지고 갈 거야, 그 여자가 얌전히 무덤 속으로 들어간다면 말이야. 그러나 그 여자는 죽을 것 같지가 않아. 그 여자는 아버지의 사촌뻘 되는 사람의 딸인데, 어머니가 없었어. 그녀의 아버지마저 돌아가

시자, 그때 혼자 사시던 어머니가 벗이나 하려고 집으로 데려왔던 거야. 그 여자에게는 2천 파운드의 유산이 있는데, 매년 이자를 모아서 원금을 불리고 있어. 이것이 미스 다틀의 과거야."

"그러면 틀림없이 그 여자는 너를 친동생처럼 사랑하겠네?" 나는 물었다.

"흥!" 스티어포스는 난롯불을 바라보며 반박했다. "동생들 중에도 지나치게 사랑받는 동생이 있고, 사랑 못 받는 동생이 있지—자, 코퍼필드, 마음껏 마셔! 너를 환영하는 뜻에서 우선 들판에 핀 데이지를 위해 건배하자. 그리고 나를 위해서도, 수고도 아니하고 길쌈도 아니하는 골짜기의 백합을 위해—이래서 나는 더 낯이 없단 말이야." 그러나 이 한마디로 그의 얼굴에 퍼져 있던 우울한 미소가 깨끗이 사라지고, 또다시 그의 솔직하고 매력 있는 본연의 자세로 되돌아왔다.

차를 마시기 위해 들어갔을 때, 나는 미스 다틀의 상처를 몰래 바라보지 않을 수 없었다. 그 상처는 얼굴의 가장 민감한 부위에 있어서, 얼굴이 창백해질 때는 제일 먼저 그 상처의 색깔이 변하면서 흐릿한 남색으로 드러난다는 것을 알게 되었다. 마치 투명 잉크로 그린 줄을 불에 쬐어 드러나게 할 때처럼 전체가 길게 드러나는 것을 알았다. 주사위놀이를 할 때, 주사위를 던지는 방법 때문에 스티어포스와 미스 다틀 사이에 가벼운 말다툼이 있었다. 그때 다틀이 화를 발끈 냈는데, 그때도 나는 다틀의 상처가 벽에 써 놓은 옛날 글씨처럼 드러나는 것을 보았다.

스티어포스 부인이 아들을 헌신적으로 사랑하는 것은 조금도 놀랄 일이 아니었다. 부인이 이야기하고 생각할 수 있는 것은 오직 아들에 관한 것뿐이었다. 부인은 스티어포스의 아기 때 사진과 머리카락을 넣은 작은 상자를 나에게 보여주었다. 그리고 내가 처음 스티어포스를 만났을 때 찍은 사진도 있었다. 지금의 모습을 담은 사진은 부인의 가슴에 지니고 다녔다. 지금까지 아들이 보낸 편지는 난롯가 부인의 의자 곁에 있는 상자에다 모두 보관하고 있었다. 부인은 그 편지를 몇 장 읽어주겠다고 했고, 나도 기꺼이 듣고 싶었지만, 마침 그때 스티어포스가 나타나 못하게 했다.

"내 아들과 처음으로 만난 곳이 크리클 씨의 학교라고 들었는데," 스티어포스 부인이 말했다. 부인과 나는 이쪽 탁자에 앉아서 이야기하고 있었고, 저쪽 탁자에서는 미스 다틀과 스티어포스가 주사위놀이를 하고 있었다. "그래, 그 무렵 스티어포스가 나이는 자기보다 아래지만 마음에 드는 학생이 있다고 말한 것이 기억나네. 그런데 보다시피 건망증이 심해서 그 학생의 이름이 기억에 남아 있지 않단 말이야."

"그때 스티어포스는 제게 정말로 너그럽고 친절하게 대해 주었어요, 아주머니." 나는 말했다. "그때는 스티어포스 같은 친구가 절실히 필요했죠. 만약 스티어포스가 없었더라면, 저는 완전히 무너지고 말았을 겁니다."

"내 아들이야 언제나 너그럽고 고상하지." 스티어포스 부인이 미소를 가득 담은 얼굴로 말했다.

나는 그 말에 진심으로 동의했다. 부인도 그것을 느낀 것 같았다. 지금까지 약간 긴장해 있던 부인의 태도가 어느새 풀어져 있었기 때문이다. 하지만 그를 칭찬할 때만은 예외여서, 그때는 언제나 으쓱거렸다.

"그 학교는 내 아들에겐 여러 면에서 부적합했어. 오히려 문제가 많았지." 스티어포스의 어머니가 말했다. "그러나 그때는 그 학교를 택해야 할 좀더 중요한 사정이 있었지. 내 아들의 고매한 성격을 인정해주고 그 앞에 굽힐 줄 아는 그런 사람에게 아들을 맡겨야 했으니까. 그런데 그런 사람을 그 학교에서 찾아냈어."

나도 그 사람을 알고 있으므로 부인의 말을 충분히 이해할 수 있었다. 그러나 나는 그를 경멸하고 싶지 않았다. 오히려 그 사람이 억센 스티어포스에게 전혀 손을 대지 못함으로써 어떤 효과가 있었다면, 그것은 오히려 그의 장점으로 보였다.

"내 아들의 뛰어난 소질은 그 학교에서 자발적인 경쟁심과 자부심으로 발전하게 되었지." 부인의 자식자랑은 이어졌다. "그 애에게 강압적으로 나왔다면, 그는 곧바로 반항했을 거야. 그러나 왕처럼 대우를 받게 되자, 자기의 신분에 어울리는 가치 있는 행동을 하겠다고 결심했지. 정말 그 애다운 생각이야."

나는 진심으로 그렇다고 맞장구쳤다.

"그래서 내 아들은 남에게 강요당하지 않고 언제나 자기 마음대로 모든 경쟁자를 물리쳤지." 부인은 말을 이었다. "코퍼필드, 내 아들을 무척 좋아한다지? 어제 내 아들을 만났을 때는 반가워서 울었다고? 내 아들이 학생에게 그런 감정을 불러일으켰다는 말을 듣고 놀란 체하면 나는 솔직하지 못한 여자가 되고 말

거야. 그러나 내 아들의 장점을 그토록 잘 이해해주는 사람을 모른 척할 수도 없지. 그래서 나는 학생이 우리 집에 와 주어서 매우 기쁘게 생각해. 틀림없이 저 애도 학생을 굉장한 친구로 생각할 거야. 그러니 학생도 그 애를 의지해도 좋아."

무엇을 하든 그랬지만, 미스 다틀은 주사위놀이에도 매우 집중했다. 만약 지금 다틀을 처음 본다면, 나는 다틀이 저렇게 메마르고 눈만 커다랗게 튀어나온 것은 다 주사위놀이 때문일 거라고 생각했을 것이다. 그만큼 다틀은 여념이 없었다. 그러나 단언하건대, 다틀은 사실 지금의 대화를 한마디도 놓치지 않고 모조리 들었으며, 또 내가 즐거운 마음으로 부인의 말을 귀담아 듣고, 친구 어머니에게서 받은 믿음에 감격했으며, 캔터베리를 떠난 이래 처음으로 어른 대접을 받고 기쁨에 들떠 있는 얼굴까지 결코 놓치지 않았다.

밤이 깊었을 때, 술상이 나왔다. 스티어포스는 난롯불을 바라보면서, 나와 함께 시골에 가는 것을 신중히 생각하겠다고 약속했다. 그러나 지금부터 1주일 뒤에 출발할 테니까 서두를 필요는 없다고 그가 말했고, 그의 어머니도 친절히 같은 말을 해주었다. 이야기를 하면서 그는 나를 데이지라는 애칭으로 불렀는데, 그러자 또 미스 다틀이 끼어들었다.

"정말 그게 별명인가요, 코퍼필드 씨? 왜 그가 그런 별명을 붙여 주었지요? 저어, 그건 당신이 어리고 순진하다는 뜻인가요? 그 부분에 대해서 나는 조금도 몰라서요."

나는 얼굴을 붉히며 아마 그럴 거라고 대답했다.

"어머, 그랬군요! 정말 좋은 말씀을 들었어요. 나는 물어보는 게 많은 모양이지만, 이것저것 묻고 있으면 정말 기쁘거든요. 그는 학생이 어리고 순진하다고 생각해서, 그래서 친구가 되었군요? 정말 잘 된 일이에요."

그리고 얼마 뒤에 미스 다틀은 침실로 올라갔고, 스티어포스 부인도 잠자리에 들었다. 스티어포스와 나는 30분 동안 난롯불을 쬐며 트래들스와 다른 세일렘 학교 학생들 이야기를 하다가 함께 2층으로 올라갔다. 스티어포스의 방은 바로 내 옆방이어서, 나는 그의 방으로 들어가 보았다. 스티어포스의 어머니가 손수 짠 안락의자 덮개며 쿠션과 발판으로 가득 차 있었고, 조금도 모자람이 없도록 꾸며놓아서, 보기만 해도 마음이 따뜻해지는 방이었다. 벽에서는 아름다운 어머니의 초상화가 아들을 내려다보고 있었다. 아들이 잠든 동안에도 그림 속에서나마 지켜봐주는 것이 어머니의 큰 행복인 듯이.

내 방에도 난롯불이 활활 타고 있었고, 창문과 침대에는 커튼이 쳐져 있어서 아늑하게 보였다. 나는 난롯가 큰 의자에 앉아서 행복한 내 처지를 곰곰이 생각해 보았다. 문득 정신을 차려보니, 난로 선반 위에서 미스 다틀의 초상화가 나를 가만히 내려다보고 있었다.

보면 볼수록 실물과 똑같았다. 그 무섭고 매몰찬 표정도 그대로였다. 상처는 그려져 있지 않았지만 나는 상상으로 뚜렷하게 그것을 그려 넣었다. 나타났다고 보면 사라지고, 사라졌다고 생각하면 다시 나타났다. 저녁 식사 때 본 것처럼 윗입술에만 있는 것처럼 보이다가도, 그녀가 벌컥 화를 낸 한순간에 본 것처럼 망치에 맞았을 때의 상처 그대로 길게 나타기도 했다.

나는 그 여자의 초상화를 내 머리 위가 아니라 대신 딴 곳에 둘 수는 없을까 생각해 보았다. 그녀의 생각에서 벗어나려고 급히 옷을 벗고, 불을 끄고는 잠자리에 들었다. 그러나 잠이 들었어도, 그녀가 '그게 사실이에요? 알고 싶어요' 하면서 나를 내려다보고 있다는 생각에서 벗어날 수가 없었다. 밤중에 잠에서 깨어나자, 나는 꿈속에서, 무슨 뜻인지도 모른 채—그게 사실인지, 아닌지, 마음 졸이며 아무나 붙들고 묻고 있었다는 것을 깨달았다.

21장
다시 만난 에밀리

스티어포스의 집에는 그를 시중드는 하인이 하나 있었다. 옥스포드에서 고용했다는데, 정말로 신사다운 사내였다. 하인 치고 그처럼 점잖은 사람은 없다고 생각될 정도였다. 그는 말이 없고, 걸음걸이가 조용했으며, 태도는 신중하고 겸손하며, 사려 깊었다. 주인이 필요로 할 때에는 가까이 있었지만, 필요로 하지 않을 때에는 결코 다가오지 않았다. 무엇보다 존경할 만한 점은 그의 의젓한 태도였다. 그의 얼굴은 온순하게 생긴 편은 아니었다. 목은 뻣뻣했고, 반들반들하게 빗겨진 머리에 짤막한 머리카락들이 양쪽으로 약간 붙어 있었다. 말투가 상냥했지만, 에스(S) 발음을 똑똑히 하는 버릇이 있어서 그 글자를 다른 사람보다 더 자주 쓰는 것처럼 들렸다. 그러나 그런 그의 특징은 모두 그의 장점으로 보였다. 만약 그의 코가 들창코라고 해도 그것 때문에 흉하기는커녕 오히려 훌륭하게 보였을 것이다. 온몸을 품위로 두르고 그 속에서만 움직이는 느낌이었다. 그가 몸에 지닌 것 가운데 이상해 보이는 것은 거의 없었다. 그 정도로 완벽하게 품위가 몸에 배어 있었다. 누구도 그에게 하인의 정복을 입힐 생각은 하지 못했을 것이다. 그에게 천한 일을 시키는 것은, 신사의 감정을 이유 없이 모욕하는 짓이 되었을 테니 말이다. 그 집 하녀들은 그러한 사실을 직감으로 알고서, 궂은일은 늘 자기들이 떠맡아했다. 그러면 그는 대개 식료품실 난로 곁에 앉아서 혼자 신문을 읽었다.

나는 그처럼 말수 적은 사람을 본 일이 없었다. 그러나 과묵한 점도 다른 특성들과 마찬가지로 그의 품위를 높이는 작용을 했다. 아무도 그의 세례명을 아는 사람이 없다는 사실까지도, 그의 훌륭한 인품의 한 면을 보여 주었다. 그는 리티머라고 불렸는데, 그 리티머라는 성에도 토를 달 여지가 없었다. 성이 피터인 사람 가운데에는 교수형당한 이가 있을지도 모르고, 성이 톰인 사람 가운데에는 유배된 이가 있을 수도 있지만, 리티머는 결코 그럴 리가 없는 완전한 신사였다.
 이상적인 품위에 대한 존경 때문이었겠지만, 그 사람 앞에 있으면 특히 나는 내가 어리다는 생각이 들었다. 리티머의 나이가 몇인지는 추측할 수 없었지만, 나이를 짐작할 수 없다는 점도 앞서 말한 것과 똑같은 이유로, 그의 인품을 돋보이게 했다. 그의 침착하고 의젓한 모습은 서른 살로도 보였고, 쉰 살로도 보였다.
 리티머는 면도 물을 가져다 놓고 갈아입은 옷을 가져가기 위해, 내가 일어나기도 전에 내 방에 온다. 내가 커튼을 밀치고 침대에서 고개를 내밀면, 리티머는 정월의 추운 칼바람에도 입김 한 번 내불지 않고, 침착한 태도로 내 장화를 똑바로 세워놓고, 저고리를 아기처럼 조심스럽게 내려놓고는 먼지를 털어준다.
 나는 그에게 아침 인사를 하고서 몇 시냐고 물었다.
 리티머는 내가 본 적도 없는 멋진 사냥용 시계를 주머니에서 꺼내, 열 때는 엄지손가락으로 스프링을 눌러 뚜껑이 너무 열리지 않도록 한다. 그러고는 꼭 신탁(神託)을 기다리는 사람처럼 시계판을 보았다. 이윽고 리티머는 시계 뚜껑을 덮고 나서 "8시 30분입니다"라고 대답했다.
 "스티어포스 나리께서 손님이 잘 주무셨는지 여쭙고 오라고 분부하셨습니다." 리티머가 말했다.
 "고맙습니다. 정말 잘 잤습니다. 스티어포스 씨도 잘 주무셨겠지요?"
 "감사합니다. 스티어포스 나리는 아주 잘 주무셨습니다." 리티머의 특징 가운데 하나는 언제나 침착하게 중용을 지키는 것이었다.
 "제가 해드릴 다른 일은 없습니까? 9시에 예비 벨이 울릴 겁니다. 아침 식사는 9시 30분으로 정해져 있습니다."
 "없습니다. 고마워요."
 "그렇습니까? 고맙습니다." 리티머는 내 말을 정중하게 고쳐 말한 것을 사과나 하듯이 고개를 약간 숙이며 내 침대 옆을 지나갔다. 그리고 방을 나갈 때는 지금 내가 생명을 건 단잠을 자고 있기라도 한 듯이 문을 살며시 닫았다.
 매일 아침 우리는 똑같은 말을 주고받았다. 전날 밤, 스티어포스와 교제하고, 스티어포스 부인의 신임을 받고, 미스 다틀과 대화하여 하룻밤 사이에 어른이 된 느낌으로 잠자리에 들어도, 아침에 그 의젓한 사나이와 마주하면 언제나 나는 우리나라의 어느 시인의 말처럼 '다시 어린애'가 되었다.

리티머는 우리를 위해 말을 준비해 주었다. 못하는 게 없는 스티어포스는 나에게 승마를 가르쳐 주었다. 또한 그는 훈련용 검을 가지고 왔고, 스티어포스는 펜싱을 가르쳐 주었다. 다음은 글로브를 가지고 나왔다. 역시 같은 선생님에게서 복싱 실력을 갈고닦았다. 스티어포스 앞에서는 내가 이러한 기술에 생무지임을 드러내도 조금도 괴롭지 않았으나, 어째서인지 그 의젓한 리티머 앞에서 미숙함을 보이는 것은 도저히 참을 수 없었다. 생각해보면 그가 이런 기술에 통달해 있을 리도 없고, 그 사람도 그런 기색은 눈곱만큼도 보이지 않았지만, 왠지 모르게 연습할 때 그가 옆에 있으면 나 자신이 풋내기, 세상에서 제일 미숙한 사람으로 보이는 것이었다.

나는 리티머를 유난히 자세하게 묘사했다. 그것은 그 무렵 그가 나에게 실제로 특별한 감명을 준 사람인 데다 또 이 뒤에 일어난 어떤 일을 위해서도 꼭 필요하기 때문이다.

그 주일은 아주 즐겁게 보냈다. 그때의 나처럼 도취된 사람에게 흔히 그런 것처럼 일주일이 순식간에 지나갔다. 그런데 스티어포스를 더욱 잘 알 수 있는 많은 기회를 누렸고, 그때마다 감탄밖에 나오지 않았으므로 한 주가 끝날 무렵에는 그보다 훨씬 오래 같이 지낸 느낌이었다. 나를 꼭 장난감처럼 취급하는 그의 박력 넘치는 태도는 그의 어떠한 행동보다도 마음에 들었다. 그러한 태도는 우리의 옛 우정을 떠오르게 했을뿐더러 옛 우정의 자연스러운 계속인 것처럼 생각되었다. 그걸 보면 그는 조금도 변하지 않았다. 내 장점과 그의 장점을 비교하고, 같은 수준에서 우정을 나눌 만한 자격이 있는지를 헤아리면서 내가 느끼는 불안도, 나를 대하는 그의 태도로 모두 사라졌다. 특히 그것은 그가 누구에게도 보여주지 않았던 친밀하고 자유로운 우정이었다. 학교에 있을 때도 나를 대하는 그의 태도는 다른 누구를 대할 때와도 달랐다. 그걸 보고 나는 같은 친구라도 다른 사람들과는 다르다고 믿었고, 그것이 진심으로 기뻤다. 누구보다도 그의 마음에 가까운 친구로서, 내 마음도 그에 대한 애정으로 불타오른 것이었다.

스티어포스는 나와 함께 시골에 가기로 결정했고, 출발할 날이 왔다. 처음에는 리티머를 데려가나 어쩌나 하다가 결국 집에 두고 가기로 결정했다.

의젓한 그 사람은 어떤 운명에 처하든 만족했으므로, 우리를 런던으로 실어다 줄 조그마한 마차에 여행 가방을 몇 년 동안 흔들거려도 끄떡없도록 단단히 실었다. 내가 우물거리며 팁을 내밀어도 그는 의젓한 태도로 받았다.

우리는 스티어포스 부인과 미스 다틀에게 작별을 고했다. 내가 스티어포스 부인에게 대단히 감사하다고 인사했더니, 부인은 친절하게도 좋은 말을 해주었다. 그리고 마지막으로 본 것은 여전히 침착한 리티머의 눈이었다. 생각 탓인지 그 눈은, 말을 하지 않아도 '거참, 어리군'이라는, 그의 생각을 또렷이 드러내는 듯했다.

이처럼 순조롭게 정든 옛 고장으로 돌아가는 나의 감회는 새삼 묘사할 필요도 없다. 우리는 우편마차를 타고 갔다. 나는 야머스의 명예에 관심이 많았으므로 마차가 어두운 거리를 지나 여관에 닿았을 때 스티어포스가 이곳은 야릇하고 색다른 곳이라고 말하자 기분이 정말 좋았다. 우리는 여관에 닿자 즉시 잠자리에 들었다. (방으로 들어갈 때, 옛 생각나는 '돌고래' 방의 입구에 더러운 구두 한 켤레와 각반이 놓여 있는 것을 보았다.) 다음 날 아침 식사는 늦게 했다. 활기 넘치는 스티어포스는 내가 일어나기 전에 바닷가를 산책하고 와서, 이미 이곳 뱃사람들 절반과 친구가 되었다고 말했다. 그리고 저 멀리서, 틀림없이 페거티의 집으로 생각되는 곳에서 굴뚝 연기가 나는 것을 보았다고 했다. 그길로 가서 대뜸, 코퍼필드예요, 너무 커서 몰라보겠지요, 하고 말하고 싶은 마음이 굴뚝같았다고도 했다.

"데이지, 언제 나를 그리로 데려갈 거야?" 스티어포스가 물었다. "난 네가 하자는 대로 따를 테니, 마음대로 해."

"오늘 저녁이 좋겠어. 저녁에는 식구가 모두 난롯가에 모여 있거든. 아늑할 때 데려가고 싶어. 아주 재미있는 곳이니까."

"그래 좋아! 오늘 저녁으로 해."

"우리가 여기에 왔다는 것을 미리 알리진 않을 생각이야." 나는 기뻐서 말했다. "그 집 식구들을 깜짝 놀라게 해줘야지."

"아, 물론 그래야지. 안 그럼 재미없잖아. 그들을 놀라게 하지 않으면 말이야. 원시 그대로의 토인들을 구경해야지."

"그야 네가 말한 '그런 부류'의 사람이긴 하지만." 나는 대꾸했다.

"아하! 뭐야! 내가 미스 로사와 말다툼한 것을 기억하고 있군?" 스티어포스가 소리쳤다. "망할! 나는 그 여자가 기분 나빠. 악마 같은 여자야. 그러나 걱정할 건 없지. 자, 너는 어떻게 할 셈이야? 아마 유모한테 가겠지?"

"응, 그래. 나는 누구보다도 먼저 페거티를 만나야 해."

"그렇다면," 스티어포스는 시계를 보면서 말했다. "한 두어 시간쯤 울도록 너를 보내야겠군. 그러면 충분하지?"

나는 웃으면서 그만한 시간이면 충분하다고 말한 뒤 덧붙였다. "너도 같이 가자. 페거티는 이미 너를 충분히 알고 있고, 나보다 더 위대한 사람이라고 생각하니까 말이야."

"네가 좋다면 어디든 가야지." 스티어포스는 말했다. "또 네가 하라면 무슨 짓이라도 하겠어. 어디로 가야 하는지 장소만 말해. 그러면 두 시간 뒤에는 감상적인 모습이든 익살스런 모습이든 네가 원하는 모습으로 나타날 테니."

나는 블룬더스톤과 다른 지역을 오가는 마부인 바키스 씨의 주소를 되도록 자세히 말해주고, 혼자 집을 나왔다. 피부를 찌르는 듯한 대기였다. 땅은 메말랐고, 맑은 바다에는 잔물결이 일고 있었다. 태양은 눈부시게 빛을 내뿜고 있었으나, 그렇게 따뜻하지는 않았다. 모든 것이 상쾌하고 활기에 차 있었다. 나는 이곳에 왔다는 즐거움만으로 기분이 좋았으며 생기가 넘쳤다. 길가는 사람 아무나 붙잡고 악수라도 하고 싶은 심정이었다.

물론 거리는 좁았다. 어릴 때 보았던 거리를 커서 다시 보면 언제나 좁아 보이는 법이다. 그러나 나는 그 거리에 있던 것을 하나도 잊지 않았고, 무엇 하나 달라진 것도 없었다. 오머 씨의 상점에 닿았다. 전에는 간판에 '오머'라고만 씌어 있던 것이 이제는 '오머 앤드 저램'이라고 되어 있었지만 그뿐, '포목상, 양복점, 잡화상, 장의사' 따위라고 쓰인 것은 옛날과 같았다.

길 맞은편에서 간판 글씨를 읽고 나자, 내 발이 저절로 그 상점으로 움직이는 것 같았다. 나는 어느 틈엔가 길을 건너 안으로 들어갔다. 상점 안에는 아름다운 한 여인이 어린아이를 안고 어르고 있었고, 다른 꼬마가 그 여인의 앞치마에 매달려 있었다. 나는 그들이 미니와 그녀의 아이들이라고 쉽게 알아보았다. 거실 유리문은 닫혀 있었으나, 뜰 건너 작업장에서는 귀에 익은 나무망치 소리가 어렴풋이 들려왔다. 애초에 그 소리는 한 번도 멈춘 적이 없는 것만 같았다.

"오머 씨 계십니까?" 나는 들어서자마자 말했다. "계시면 잠깐 뵙고 싶은데요."

"네, 계십니다." 미니가 대답했다. "이런 날씨에 밖에 나오시면 천식에 좋지 않아서요. 조, 할아버지께 여쭈어라."

어머니의 앞치마를 잡고 있던 꼬마가 기운차게 소리를 질렀다. 그러나 큰 소리에 자기도 부끄러웠는지 꼬마는 얼굴을 어머니의 치마에 묻었다. 그러나 어머니는 그러한 행동을 아주 만족하게 여기는 것 같았다.

심하게 헐떡헐떡하는 소리가 점점 가까이 들리더니, 오머 씨가 나타났다. 전보다 숨이 더 가쁜 것 같았으나 얼굴은 크게 달라지지 않았다.

"어서 오십시오!" 오머 씨는 말했다. "무엇을 도와 드릴까요?"

"오머 씨, 악수부터 해주세요." 나는 손을 내밀면서 말했다. "아저씨는 언젠가 저에게 무척 친절하게 대해주셨는데 그때는 고맙다는 말을 제대로 하지 못했지요."

"내가 그랬단 말이오?" 노인은 되물었다. "그 말씀을 들으니 기분은 좋습니다만 언제 그랬는지는 기억나지 않는군요. 정말 내가 틀림없습니까?"

"틀림없습니다."

"내 기억력도 숨결처럼 짧아진 모양입니다." 오머 씨는 고개를 저으며 나를 바라보았다. "나는 도무지 손님을 본 기억이 없군요."

"마차 정류장까지 나를 마중 나와 여기로 데려와서 아침을 먹인 뒤, 블룬더스톤까지 같이 타고 간 것 기억나지 않으세요? 당신과 나, 그리고 저램 부인과 저램 씨도 같이 갔지요. 그때는 저램 씨가 결혼하지 않았지만요."

"오!" 깜짝 놀란 오머 씨가 거칠게 콜록거리면서 소리쳤다. "이거 원! 얘, 미니, 너 기억하겠니? 저기, 그 당사자는 부인이었죠?"

"제 어머니였습니다."

"아—알—겠어." 오머 씨는 집게손가락으로 내 조끼를 만지면서 말했다. "그리고 갓난아기도 있었지! 그래, 두 사람이었어. 갓난아기는 부인과 합장을 했지요. 물론 블룬더스톤에서요. 그건 그렇고, 그 뒤로 어떻게 지내십니까?"

"아주 잘 지냅니다, 고맙습니다. 댁에서도 안녕하셨지요?"

"아! 뭐 푸념할 것은 없지요." 오머 씨는 대답했다. "다만 숨이 점점 가빠져서 힘들어요. 그러나 늙을수록 숨이 길어지는 법은 없으니까요. 그냥 형편에 맞춰서 열심히 살아가는 거지요. 그게 최선의 길이 아니겠습니까?"

오머 씨는 웃다가 또 기침이 나왔으나, 어린 딸을 카운터 위에 눕혀놓고 얼러 대면서 우리 바로 곁에 서 있던 딸의 도움으로 겨우 가라앉혔다.

"정말 놀랍군요!" 오머 씨는 말했다. "그렇지, 틀림없이 두 사람이었어! 그리고 거짓말 같겠지만, 그날 마차여행 덕분에 내 딸 미니와 저램의 결혼 날짜가 정해졌지요. '결혼 날짜를 정해 주십시오'라고 저램이 애원했고, 딸년 미니도 '그래요, 아버지,' 하고 졸라댔거든요. 그래서 사위도 지금은 이 상점 일을 하고 있어요. 이거 보세요! 이놈이 맨 끝놈입니다."

미니는 웃으면서 양쪽 관자놀이 위에 묶은 머리채를 쓸어올렸다. 오머 씨는 미니가 카운터 위에 올려놓고 어르던 손자의 손에다가 굵은 자기 손가락 하나를 집어넣었다.

"그렇지, 두 사람이었어!" 그는 아주 먼 옛날을 떠올리듯이 고개를 주억거렸다. "분명히 그랬지! 마침 지금 저램은 은못을 박은 회색 관을 만들고 있어요. 아이가 이만하지는 않았죠."

그는 카운터 위의 아기를 가리키며 말했다. "2인치는 족히 차이가 날 겁니다. 참, 뭘 좀 드시지요?"

나는 고맙다고 말하고는 사양했다.

"가만있자!" 오머 씨는 말했다. "마부 바키스의 부인—, 뱃사람 페거티의 누이동생—, 그 여자와 댁과는 무슨 관계가 있지요? 당신 집에 고용되어 있었다든가."

내가 그렇다고 대답하자 그는 아주 만족해했다.

"이만큼 기억력이 되살아났으니 숨도 따라서 길어지겠죠. 그런데 그 여자의 친척뻘인 한 젊은 여자가 저희 집에서 고용살이를 하고 있습니다. 그 여자는 옷에 관해선 눈썰미가 아주 좋아요—. 공작부인도 그 처녀의 솜씨에는 미치지 못해요."

"꼬마 에밀리 아니에요?" 나도 모르게 큰 소리를 냈다.

"이름이 에밀리 맞아요." 오머 씨는 말했다. "아직 한참 어린 아가씬데 얼굴이 아주 예뻐서 마을 여자들이 미친 듯이 시샘한답니다."

"아버지, 그만둬요!" 미니가 소리쳤다.

"애야, 네가 그렇다는 게 아니야." 오머 씨는 내 쪽을 가볍게 흘겨보면서 덧붙였다. "내 말은, 이 야머스 여자의 절반, 아아, 그렇지. 그리고 우선 여기 사방 5마일 안에 있는 여자들은 시샘에 눈이 멀어 있지."

"그러면 그 여자가 자기 분수를 지키고 얌전히 처신해야죠." 미니가 말했다. "괜한 소문이 날 짓을 하지 않으면 될 텐데. 그러면 아무도 이러쿵저러쿵 떠들어대지 않을 거예요."

"그러면 떠들지 않는다고? 애야!" 오머 씨가 반박했다. "떠들지 않는다고! 네가 보는 세상은 그렇더냐? 해선 안 되는 일이라고 여자가 가만히 놔두는 경우가 어디 있더냐? 특히 다른 여자의 아름다움이 도마 위에 오를 때 말이다."

오머 씨는 딸을 나무라는 것만큼 심하게 기침을 했다. 숨을 돌리려고 무던히 애썼지만 헛일이었다. 끝내는 머리가 카운터 뒤로 넘어가고 반대로 무릎 근처에 작은 빛바랜 리본 방울을 단 검은 반바지가 마지막 부질없는 발버둥을 치면서 높이 들려 올라가는 게 아닌가 싶었다. 그러다가 마침내 겨우 좋아졌다. 그러나 오머 씨는 너무 지쳐서 의자에 앉아 한동안 안정을 취해야 했다.

"이봐요." 오머 씨는 숨을 헐떡거리면서 말을 이었다. "그 처녀는 이곳 사람을 그렇게 좋아하지 않아요. 애인은 말할 것도 없고, 특별히 누구와 사귀려고도 않고, 친해지려고 들지도 않지요. 그래서 자연히 에밀리는 귀부인이 되고 싶어한다는 좋지 못한 소문이 퍼진 겁니다. 그런데 내가 볼 때 원인은, 에밀리가 학교 다닐 때 자기가 귀부인이 되면 아저씨에게 이러이러한 것을 해드리고, 이러이러한 좋은 것을 사드리겠다고 가끔 말했으므로 그러한 소문이 도는 거예요."

"그게 틀림없습니다, 오머 씨. 에밀리는 나에게도 그렇게 말한 적이 있거든요." 나는 열심히 변호했다. "우리가 어렸을 때 말입니다."

오머 씨는 고개를 끄덕이고는 턱을 어루만졌다. "바로 그래요. 그리고 에밀리는 아주 보잘것없는 것도 훌륭하게 입어 내거든요. 다른 여자들은 아무리 돈을 써도 안 되는데 말이에요. 그게 말썽입니다. 더욱이 사실 행실이 좀 제멋대로예요. 참을성은 있지만, 귀염받고 자라서, 그래서 처음엔 자기 마음을 잘 다스릴 수가 없었던 겁니다. 그것 때문에 손가락질당하는 거지요, 미니, 그렇지?"

"그래요, 아버지. 고작 그런 문제죠." 저램 부인이 말했다.

"그래서 한번은," 오머 씨는 말했다. "까다로운 노파를 돌봐 드리는 일을 했는데, 도저히 맞지가 않아서 그만둬 버렸죠. 그래서 결국 3년 계약으로 여기에 왔고, 이제 두 해가 지났습니다. 지금까지 그 처녀가 최고였어요. 혼자 여섯 사람 몫을 해내죠. 안 그러냐, 미니?"

"그래요, 아버지. 그러니까 내가 험담했다는 얘기도 하지 말아 주세요." 미니가 대답했다.

"오냐, 알았다. 내 그러마. 자, 젊은 양반." 그는 또 잠깐 턱을 쓸다가 말했다. "숨을 헐떡거리는 주제에 말은 많다고 생각할지 모르니 이쯤 해 둡시다."

그들이 에밀리 이야기를 할 때는 나직한 목소리로 말한 것으로 보아, 에밀리가 가까이에 있음이 분명했다. 그래서 내가 그 처녀가 가까이에 있느냐고 묻자 오머 씨가 턱으로 거실 문을 가리키며 고개를 끄덕였다. 안을 들여다보아도 괜찮으냐고 급히 물었더니, 마음대로 하라고 했다. 유리창을 통해 들여다보니, 에밀리가 앉아서 일을 하고 있었다. 내 어린 가슴을 속까지 꿰뚫어 보았던 그 맑고 푸른 눈동자의 아름다운 꼬마 에밀리가 앉아 있었다. 바로 옆에서 놀고 있는 미니의 아이를 웃으면서 상대해주고 있었지만, 확실히 에밀리의 밝은 얼굴에는 방금 들은 대로 고집이 살아 있었고, 옛날의 변덕스러운 수줍음도 스며 있었다. 그러나 그 얼굴은 자애와 행복으로 차 있었으며, 착하고 복된 삶을 누리고 있음이 분명했다.

그리고 그동안에도, 끊이지 않는 그 일정한 소리—그 소리는 영원히 끊어지지 않을 것이다—는 여전히 뜰을 가로질러 조용히 울리고 있었다.

"젊은 양반, 들어가서 에밀리와 이야기하시겠어요?" 오머 씨가 말했다. "들어가서 이야기하십시오! 사양할 것 없습니다!"

나는 너무 부끄러워서 그렇게 하지 못했다. 나는 에밀리를 당황하게 하는 것이 두려웠으며 또한 나 자신도 어색해서 용기가 나지 않았다.

그래서 저녁에 에밀리의 일이 끝나는 시간을 알아두었다. 그 시간에 다시 찾아오기로 하고, 나는 오머 씨와 그의 아름다운 딸과 손자들과 헤어져 페거티의 집으로 향했다.

페거티는 타일을 붙인 부엌에서 저녁 식사를 준비하고 있었다. 내가 문을 두드렸더니 페거티가 문을 열어주면서 "무슨 일이십니까?"라고 물었다. 내가 미소를 지었으나 페거티는 아무런 반응이 없었다.

편지는 계속 주고받아왔지만, 우리가 만난 지는 7년이나 되었던 것이다.

"바키스 씨 집에 있습니까, 부인?" 나는 일부러 거만한 체하며 물었다.

"집에 있습니다." 페거티는 대답했다. "류머티즘으로 몸이 아파 누워 있지요."

"이제 블룬더스톤으로는 안 가나요?" 나는 물었다.

"몸이 성하면 가지요." 페거티가 대답했다.

"당신도 거기에 갑니까, 바키스 부인?"

그녀는 나를 더욱 자세히 바라보았다. 그러더니 두 손을 재빨리 마주 잡는 것이었다.

"왜 그 집 있잖습니까? 그쪽의 떼까마귀 집에 관해서 묻고 싶은 것이 있어서요." 나는 말했다.

페거티는 한 걸음 뒤로 물러서더니, 어찌할 바를 모른 채 두려운 듯이 두 손을 내밀었다.

"페거티!" 나는 소리쳤다.

페거티도 소리쳤다. "도련님!" 우리는 울음을 터뜨리며 얼싸안았다.

페거티는 야단스럽게 나를 반겼다. 나를 보고 웃기도 하고, 울기도 하고, 자랑스러워하고, 기뻐하기도 했다. 페거티의 자랑이고 기쁨인 나를 지금까지 품에 안고 애지중지할 수 없었던 것이 그녀를 슬프게 했다. 나도 그녀의 감정에 호응하여 행동했다. 나를 어리다고 생각하면 어쩌나 하는 불안도 그때만은 없었다. 이제껏 그날 아침처럼 진심으로 웃고 운 적은 없었다. 전에 페거티 앞에서도 그런 적은 없었다.

"바키스 씨도 무척 기뻐할 거예요." 페거티는 앞치마로 눈물을 닦으면서 말했다. "바르는 약보다 더 효력이 있을 거예요. 도련님이 오셨다고 가서 알릴까요? 아니면 2층으로 올라가서 직접 만나시겠어요, 도련님?"

나는 물론 그렇게 하겠다고 대답했다. 그러나 페거티는 마음 먹은 것처럼 쉽게 방에서 나갈 수가 없는 모양이었다. 문으로 갔다가 뒤돌아보고, 다시 와서는 내 어깨를 끌어안고 웃고, 울기를 되풀이했다. 결국 나는 그러한 분위기를 원만하게 수습하려고, 페거티와 함께 2층으로 올라갔다. 페거티가 남편에게 내가 왔다는 소식을 알리는 동안, 나는 잠깐 밖에서 기다렸다가 환자 앞에 섰다.

그도 나를 아주 열렬히 맞아주었다. 그러나 류머티즘이 너무 심해 악수도 할 수 없었다. 그가 나이트캡 꼭대기에 달린 장식술에 악수해 달라고 간곡히 부탁했으므로 나는 진심으로 그것과 악수를 했다. 내가 그의 침대 옆에 앉자, 지금 자기는 나를 태우고 블룬더스톤으로 향하는 길을 달리는 기분이라서, 이보다 좋은 약이 없다고 말했다. 그가 얼굴만 내놓고, 온몸을 꽁꽁 덮고서 누워 있는 모습은 꼭 그림 속의 아기 천사 같아서, 내가 지금까지 본 것 가운데에서 가장 신기한 광경이었다.

"그렇지, 제가 마차에 쓴 이름이 무엇이었지요?" 바키스 씨는 류머티즘 환자답게 느릿느릿 미소 지으면서 물었다.

"아! 바키스 씨, 우리는 그 문제에 관해 정말 심각하게 이야기했지요, 그렇지요?"

"페거티와의 결혼을 오랫동안 바랐으니까요." 바키스 씨가 말했다.

"그래요, 오랫동안 그랬지요." 나도 거들었다.

"저는 조금도 후회하지 않아요. 도련님, 언젠가 저에게 한 말 기억하죠? 페거티는 사과로 만드는 것은 무엇이든 잘하고, 요리 솜씨가 뛰어나다고."

"네, 기억하고말고요." 나는 대답했다.

"그 말은 사실이었습니다." 그는 나이트캡을 한 번 움직여 보였다. 힘을 주고 싶어도 달리 방법이 없었던 것이다. "세금처럼 정확했어요. 시계와 세금보다 더 정확한 것은 없으니까요." 바키스 씨는 자기의 주장에 동의를 구하듯이 나를 돌아보았다. 물론 나는 그의 말에 동의했다.

"나처럼 가난한 사람이 아파서 누워 있으면 아주 잘 알게 되지요. 나는 정말 가난한 사람입니다, 도련님."

"바키스 씨, 그런 말씀 마세요."

"정말 가난합니다, 나는." 바키스 씨가 말했다.

그렇게 말하고 오른손을 이불 밑에서 천천히 힘없이 빼더니, 침대 옆에 헐렁하게 묶어놓은 막대를 힘없이 잡고서는 얼굴을 이상하게 일그러뜨리고 사방을 찔러보았다. 바키스 씨의 막대기가 어떤 궤짝에 부딪혔다. 그 궤짝 모서리는 처음부터 내 눈앞에 있던 것이었다. 막대기가 닿자 그제야 바키스 씨의 얼굴 표정이 누그러졌다.

"헌 옷 상자지요." 바키스 씨가 말했다.

"아, 그래요!"

"이게 다 돈이라면 좋겠습니다."

"정말, 그랬으면 좋을 텐데요."

"그런데 돈이 아니랍니다." 바키스 씨는 눈을 크게 뜨며 말했다.

내가 "그렇군요" 하고 대꾸하자 바키스 씨는 비로소 부인을 아주 다정하게 바라보며 말했다.

"C.P. 바키스 부인은 가장 쓸모 있고, 가장 으뜸가는 여자랍니다. 많이 칭찬해 주시는 분도 있지만 그야 당연하죠. 아니 어떤 칭찬도 모자라요! 여보, 오늘 저녁에는 한턱 써. 좋은 음식과 술을 준비해야겠어. 알았지?"

나를 위한 이런 불필요한 환대는 하지 않아도 된다고 말하고 싶었지만, 문득 보니 침대 맞은편에서 페거티가 그렇게 해서는 안 된다고 눈짓을 보냈다. 그래서 그냥 가만히 있었다.

"여보, 내 어디엔가 돈을 좀 놔뒀는데," 바키스 씨가 말했다. "그런데 좀 피곤해. 한숨 자도록 해준다면 자고 일어나서 그 돈을 찾아주지."

요청에 따라 우리는 방에서 나왔다. 그러자 페거티는, 바키스 씨는 전보다도 더 구두쇠가 되었다고 말해주었다. 모아놓은 돈에서 동전 하나 꺼내는 데에도 이런 수법을 쓰며, 엄청난 고통을 감수하면서까지 굳이 직접 침대에서 기어 나와 신음을 내면서 궤짝에서 꺼내 준다고 한다. 과연 짓눌리는 듯한 아주 고통스러운 신음 소리가 들려왔다. 그는 그 반 푼어치도 안 되는 돈을 꺼낼 때 마디마디가 쑤시고 아팠던 것이다. 페거티는 딱하다는 듯이 남편 쪽을 바라보았지만, 남편의 이러한 따뜻한 충동은 그에게도 좋은 것이니 말리지 않는 편이 낫다고 말했다. 그가 다시 침대에 들어갈 때까지 신음 소리가 이어졌다. 그는 순교자처럼 엄청난 고통을 받았음이 틀림없다.

이윽고 그는 상쾌한 잠에서 갓 깨난 것처럼 우리를 방으로 불러들여 베개 밑에서 1기니를 꺼내주었다. 그는 우리를 멋지게 속였고 궤짝의 비밀을 지켰다는 만족감에서, 모든 고통을 보상받은 것처럼 보였다.

나는 페거티에게 스티어포스의 도착을 예고해두었는데, 얼마 있지 않아 스티어포스가 왔다. 페거티는 그가 페거티의 은인이건, 나의 친한 친구이건 관계없이, 여하튼 아주 친절하게 그를 맞이했다. 어느 쪽이든 진심 어린 감사를 담아 헌신적으로 그를 환영하고 싶은 것이 페거티의 마음이었다. 그러나 그의 침착하고 활달한 성격, 온화한 태도, 잘생긴 얼굴, 그리고 자기 마음에 드는 사람의 기분은 언제나 맞춰주고, 마음만 먹으면 누구든지 자신에게 반하도록 하는 선천적인 기질은 5분도 못 되어 페거티의 마음을 모두 사로잡고 말았다. 물론 나에 대한 태도 하나만 가지고도 그는 페거티의 환심을 사고도 남았을 것이다. 그런데 거기에 이러한 이유까지 복합적으로 작용해서, 그날 밤 스티어포스가 그 집을 떠나기 전까지 페거티는 그에게 어떤 존경심까지 품게 되었던 것이다.

스티어포스는 나와 같이 그 집에서 저녁을 먹었다. 우리가 얼마나 유쾌하게 시간을 보냈는지 말로는 나타낼 수가 없다. 스티어포스는 바키스 씨의 방에도 들어갔다. 흡사 빛이나 공기처럼, 건강에 좋은 기후처럼 그곳을 명랑하고 상쾌하게 해주었다. 그가 하는 일은 전혀 소리를 내지 않고, 힘을 들이지도 않았으며, 무리하지도 않았다. 그런데 하는 일마다 경쾌하고, 품위 있고, 자연스럽고, 기분 좋아서 감탄이 절로 나왔다.

우리는 작은 거실에서 이야기를 나누었다. 방에는 그때 이후로 들춰보지도 않은 《순교자열전》이 옛날 그대로 책상 위에 놓여 있었다. 그 무시무시한 삽화를 차례차례 다시 훑어보았지만, 그때 느꼈던 세찬 감동은 고사하고, 지금은 아무 것도 느껴지지 않았다. 잠시 뒤에 페거티가 내 방이 준비되었으니 꼭 자고 가라고 했다. 나는 망설이면서 스티어포스를 바라볼 용기도 없었지만, 그는 이미 모든 것을 알아차리고 있었다.

"우리가 여기 머무는 동안 너는 물론 여기서 자야지. 나는 호텔에서 자고."

"하지만 너를 이 먼 곳까지 데려와서 떨어져 자게 하다니, 이건 우정이 아닌 것 같아, 스티어포스."

"그럼 넌 도대체 어디에 있어야 마땅하겠니? '것 같아'와 비교할 수 있는 문제가 아니잖아?" 스티어포스의 말에 따라 이 문제는 단박에 결정되었다.

늦은 8시에 페거티 씨 집으로 떠날 때까지 그의 이런 명랑한 태도는 이어졌다. 오히려 시간이 지날수록 더욱 밝고 명랑해졌다. 그때도 생각했고, 지금도 그렇게 믿고 있다. 그는 일단 누구에게든 잘하자고 마음먹으면 그것을 훌륭하게 성공시키기 위해 더욱 마음씀씀이가 섬세해지고 자연스러워지는 것 같았다. 그래서 그날 밤 만약 누군가가, 그런 것은 결국 순간의 즐거움을 위한 솜씨 좋은 게임일 뿐이다, 이른바 자신의 우월성을 나타내기 위한 매정한 기술—어차피 손에 넣어봐야 자기에게는 시시한 것이라 다음 순간에는 거리낌 없이 내다버릴, 단지 이기고 싶은 공허한 허영이고, 재미일 뿐이라는, 그런 말을 하는 사람이 있다면—나는 과연 어떻게 그 분노를 발산했을지 모를 일이었다.

그렇다, 그에 대한 내 우정과 충성은 오히려 더욱 커졌을 것이다(물론 그런 것은 이미 충분히 끝까지 부풀어 올라 있었지만). 아무튼 그런 마음으로, 나는 그와 나란히 컴컴한 모래 위를 걸으면서 페거티 씨의 집으로 향했다. 바람은 내가 처음 페거티 씨의 집을 방문했을 때보다 한층 더 구슬프게 울어댔다.

"스티어포스, 황량한 곳이지?"

"밤이 되니 엄청난걸. 바다가 우리를 집어삼킬 듯이 노하고 있어. 저쪽에 불빛이 보이는데, 그것이 배로 된 집이야?"

"그래."

"그럼 내가 아침에 본 그 집이로군. 아마 본능적으로 그곳에 갔던 모양이야."

우리는 불빛을 향해 말 없이 걸었다. 현관으로 조용히 다가가서, 빗장을 열면서 스티어포스에게 나를 바싹 따라 들어오라고 속삭였다.

웅얼거리는 소리가 밖에서도 들렸다. 우리가 들어가는 순간 손뼉 치는 소리가 들렸다. 놀랍게도 손뼉을 친 사람은 언제나 울적했던 거미지 부인이었다. 그러나 특별히 흥분해 있는 사람은 거미지 부인만이 아니었다. 페거티 씨도 아주 만족한 표정으로 웃으면서 당장에라도 꼬마 에밀리가 뛰어들어와 안기기를 기다리며 억센 두 팔을 활짝 벌리고 있었다. 햄은 감탄과 환희의 표정과 함께 그에게 딱 어울리는 듬직하면서도 수줍음이 뒤엉킨 표정으로 얼른 에밀리를 페거티 씨에게 넘겨주려는 듯이 그녀의 손을 잡고 있었다. 꼬마 에밀리는 부끄러운 나머지 얼굴을 붉히다가 페거티 씨가 기뻐하자 그녀도 두 눈에 기쁨을 가득 담고 햄의 손에서 빠져나와 페거티 씨의 품에 안기려 했다. 바로 그 순간 우리가 들어가자, 에밀리는 행동을 멈추었다. (우리를 가장 먼저 본 사람은 에밀리였다) 이것이 우리가 어둡고 찬 밤공기에서 따뜻하고 밝은 방으로 들어서는 순간 처음 맞닥뜨린 광경이었다. 거미지 부인마저 뒤쪽에서 미친 사람처럼 손뼉을 치고 있었던 것이다.

그러나 이러한 광경은 우리가 들어감으로써 순식간에 사라져 버려서, 마치 모

든 것이 거짓말처럼 되고 말았다. 놀란 식구들 가운데 서서, 나는 페거티 씨를 바라보고 손을 내밀었다. 그때 햄이 소리쳤다. "데이비 도련님! 데이비 도련님이에요!"

우리는 이내 모두와 악수를 하고, 서로 그동안의 안부를 물으며 다시 만난 기쁨을 나누었다. 페거티 씨는 너무도 자랑스럽고 기뻐서 어찌할 바를 몰랐다. 몇 번이고 나와 악수하다가, 스티어포스와 악수하고, 다시 나와 악수하였다. 그 더부룩한 머리카락을 온통 흐트러뜨리고는 매우 유쾌하게 웃어서 보는 사람들도 절로 신이 날 지경이었다.

"두 분이, 어엿한 어른이 되어서, 내 일생의 여러 밤 가운데에서 때마침 오늘 밤 내 지붕 밑에 오시다니!" 페거티 씨는 말했다. "얘, 에밀리야, 이리 와! 데이비 도련님의 친구도 오셨다! 너도 전에 들은 적이 있는 귀한 분이야. 에밀리, 데이비 도련님과 같이 너를 만나러 오셨단다. 내 평생에 이렇게 기쁜 밤은 전에도 없었고, 앞으로도 없을 거다."

페거티 씨는 신이 나서 단숨에 말하고는 큰 손으로 조카딸의 두 뺨을 잡고 여러 번 키스했다. 그러고는 아주 자랑스럽고 사랑스러운 마음으로 에밀리를 넓은 그의 가슴에 안고서 부드럽게 어루만져준 다음 놓아주었다. 에밀리는 내가

21장 다시 만난 에밀리 359

전에 잠을 잤던 조그마한 방으로 달려가서, 아주 만족한 듯이 얼굴을 붉히고 숨을 헐떡이며 우리를 살펴보았다.

"두 분 다 이제는 어엿한 어른이, 아니, 훌륭한 신사가 되셨어요!" 페거티 씨가 말했다.

"정말 그래요. 데이비 도련님도 그렇고, 정말 두 분 다 어엿한 신사가 되셨어요!" 햄이 소리치듯 말했다.

"어른이 된 두 신사 분이 제가 흥분한 모습을 보고 불쾌할 수도 있겠지만, 사정을 들으면 분명 용서해주시리라 믿습니다. 내 귀여운 에밀리! 그 애는 내가 말할 것을 알고 있지요." 페거티 씨의 즐거움이 또다시 폭발했다. "그래서 달아났어요. 이봐요, 아주머니, 저 애를 잘 보살펴주세요!"

거미지 부인은 고개를 끄덕이며 나갔다.

"만약 이 밤이, 내 평생의 가장 즐거운 밤이 아니라면, 나는 조개나 마찬가지예요. 그것도 삶은 조개. 더 말하지 않겠어요." 페거티 씨는 우리와 함께 난롯가에 앉으면서 스티어포스에게 나지막하게 말했다. "아무튼 저 꼬마 에밀리는 보시다시피 부끄럼쟁이라서요."

스티어포스는 말없이 끄덕였다. 페거티 씨의 감정에 동의하며 재미있다는 표정을 짓고 있었으므로 페거티 씨는 그에게서 대답을 들은 것처럼 말을 이었다.

"정말 그렇다니까요. 그런 애예요. 고맙습니다."

햄도 자기 역시 그렇게 말하고 싶었다는 듯이 고개를 여러 번 끄덕였다.

"에밀리는," 페거티 씨는 말했다. "이 집에서는, 뭐랄까 ―그렇지, 나는 배운 것 없는 무지렁이지만, 이건 내 신념 같은 겁니다―말하자면, 저 아름다운 눈을 보면 알 수 있듯이, 이 집의 등불 같은 존재입니다. 내 자식이 아니에요. 나에게는 자식이 없습니다. 그러나 나는 저 애를 끔찍이 사랑합니다. 아시겠어요? 아주 예뻐서 못 견딜 지경이지요."

"잘 압니다." 스티어포스가 말했다.

"그러시겠지요. 감사합니다. 데이비 도련님은 전에 저 애가 어떠했는지 잘 아실 테고, 나리도 한 번 보면 저 애가 어떤 애인지 잘 아실 거예요. 그러나 두 분은 과거 내가 저 애에게 얼마나 애정을 쏟았으며, 지금도 얼마나 사랑하는지, 그리고 앞으로도 얼마나 사랑할지 모르실 거예요. 나는 거칠고 막돼먹은 놈이지만,

꼬마 에밀리를 얼마나 사랑하는지는 여자가 아니고는 모를 겁니다." 거기서 그는 목소리를 낮추어 말했다. "내가 말하는 여자란 거미지 부인을 가리키는 건 아니에요. 부인에게도 장점은 있지만."

페거티 씨는 아직 하고 싶은 말이 남은 것처럼 또다시 두 손으로 머리카락을 흐트러뜨리고는 무릎에 손을 올려놓고 말을 이었다.

"에밀리의 아버지가 물에 빠져 죽은 뒤부터 에밀리를 잘 아는 사람이 꼭 한 명 있어요. 에밀리를 어린애 때부터, 소녀 때, 처녀인 지금까지 보아온 사람이죠. 뭐 대단한 인물은 아닙니다. 체격은 저와 비슷해요, 거칠고, 바닷바람을 많이 쐰 사람이지요. 소금기가 몸에 밴, 그러나 천성이 정직하고 마음이 곧은 이이지요."

나는 햄이 지금처럼 우리를 바라보고 싱글거리며 웃고 있는 모습을 전에는 본 적이 없었다.

"이 복 받을 뱃사람이 어리석게도 에밀리에게 반해버렸어요. 그 작자는 에밀리를 쫓아다녔고, 그 애의 노예가 되었어요. 끝내는 식음까지 전폐하는 바람에 하루빨리 무슨 수를 써야 했죠. 이제는 보시다시피, 에밀리도 시집갈 때가 되었으니까요. 어떤 일이 있더라도, 저 애를 지켜줄 정직한 자와 연을 맺어주고 싶어요. 내가 얼마나 더 오래 살지, 아니면 곧 죽을지 모르는 일 아닙니까? 어느 날 밤, 야머스 수역에서 큰 파도를 만나 내 배가 뒤집힐 수도 있지요. 그럴 때에, 큰 파도는 내 힘으로 어쩔 수 없어도, 마지막으로 마을의 등불을 보면서, '아아, 다행이다, 저 육지에는 에밀리를 지켜주는 믿을 만한 사내가 있다. 그 사내가 살아 있는 한 에밀리가 잘못 되는 일은 절대 없다'고 믿고, 안심하고 죽을 수 있으니까요."

페거티 씨는 아주 진지하게, 마치 마지막으로 시내 등불을 향하여 손을 흔들듯이 오른손을 흔들며, 햄과 눈길이 마주치자 서로 고개를 끄덕이며 다시 이야기를 이었다.

"나는 그 젊은이에게 에밀리와 직접 상의하라고 말했습니다. 그런데 그는 덩치에 안 맞게 부끄럼을 타서, 직접 이야기하기를 싫어했어요. 하는 수 없이 내가 대신 전했지요. 에밀리가 말했어요. '그 사람 말이에요? 오랫동안 친하게 지내왔으니 좋은 사람인 줄은 알지만, 그러나 아저씨, 그와 결혼할 수는 없어요. 그는 너무도 좋은 사람이지만!' 그러니 할 수 있나요. 나는 에밀리에게 '얘야, 너는 솔직히 말할 권리가 있어. 네 마음대로 배우자를 고르렴. 너는 어린 새처럼 자유로우니까'라고 말해주었습니다. 그리고 그 젊은이에게 전했어요. '일이 성사되기를 바랐지만 잘되지 않았어. 그러나 너희는 옛날처럼 다정히 지내줘. 특히 너에게 하고 싶은 말은, 그 애에게 사나이답게 대해주라는 거야.' 그랬더니 그 젊은이는 내 손을 잡고 흔들면서 '네, 그렇게 하겠어요'라고 대답했지요. 그리고 정말 훌륭하게, 사내답게 잘해줬어요. 그 뒤로 두 해가 지나도록 그는 전과 같이 단란하게 여기서 살아왔습니다."

이야기의 구절마다 표정이 달랐던 페거티 씨가 다시 본디의 명랑함을 되찾으며(자기의 행동을 더욱 강조하기 위해 땀이 밴 양손을) 한 손은 내 무릎 위에, 다른 한 손은 스티어포스의 무릎 위에 놓고서, 우리를 번갈아 보면서 말했다.

"어느 날 저녁—오늘 밤인지도 모르지요—갑자기, 에밀리가 일을 마치고 집에 왔는데, 그 젊은이와 함께 오지 않았겠습니까! 그야 뭐, 그 정도는 대단한 일이 아니라고 할 수도 있지요. 날이 어두워지거나, 아니 아직 환할 때에도 그 녀석은 언제나 오빠처럼 에밀리를 보살펴 왔으니까요. 그런데 그날 밤은 그놈이 에밀리의 손을 잡고는 즐거워서 나에게 외쳤습니다. '보세요! 제 마누라가 될 거예요!' 라고 말이에요. 이어서 에밀리도 부끄러운 건지 대답한 건지 웃기도 하고 울기도 하면서 말했습니다. '네 그래요, 아저씨! 아저씨가 좋으시다면'—내가 좋다면!" 페거티 씨는 생각만으로도 아주 기뻐서 고개를 빙빙 돌리면서 외쳤다. "마치 내가 반대라도 하는 것처럼! '아저씨만 좋으시다면, 결정하겠어요. 저도 이제 어른이에요. 이 문제에 대해서 많이 생각해 보았어요. 그는 소중하고도 참 좋은 분이지요. 그에게 착한 아내가 되겠어요!' 그래서 거미지 부인이 좋아라고 손뼉을 치고 있는데 당신들이 들어온 거예요. 야아! 이제 비밀이 다 드러나고 말았습니다."

페거티 씨는 말했다.

"정말 좋은 때에 들어왔던 겁니다! 방금 여기서 그런 일이 있었지요. 이 젊은이가 에밀리와 결혼할 사람입니다. 에밀리의 도제 기간이 끝나는 대로 식을 올려야지요."

햄은 비틀거렸다. 페거티 씨가 너무 기쁜 나머지, 신뢰와 애정의 표시로 햄을 밀었기 때문이다. 햄은 우리에게 무슨 말을 해야겠다는 생각이 들었는지, 더듬거리면서 겨우 입을 열었다.

"데이비 도련님, 에밀리는 도련님 키만 했지요. 도련님이 여기 처음 오셨을 때 말이에요. 저는 에밀리가 얼마나 자랄까 궁금했어요. 그리고 그 애가 꽃처럼 무럭무럭 자라는 것을 보았지요. 신사 분들, 저는 에밀리를 위해서는 목숨까지도 바칠 작정이에요. 데이비 도련님, 아! 진심으로 기꺼이 말입니다! 에밀리는 저에게는 더할 수 없는 존재예요. 두 신사 분들, 그 애는 제가 바라는 모든 것이랍니다. 말로는 다 나타낼 수가 없어요. 저는, 저는 진실로 그 애를 사랑합니다. 땅 위에서나 바다 위에서나, 이 세상 어느 누구도, 제가 에밀리를 사랑하는 것 이상으로 자기 아내를 사랑하진 못할 거예요. 자기 마음을 저보다 더 잘 털어놓을 사람은 많겠습니다만."

햄처럼 건장한 친구가 자기 마음을 사로잡은 예쁜 꼬마에게 느끼는 강렬한 사랑 때문에 몸을 떠는 모습은 매우 감동적이었다. 페거티 씨와 햄 자신이 우리에게 보내는 믿음 자체만으로도 아주 감격스러웠다. 나는 그 이야기를 듣고 무척 감명받았다.

그러나 내 마음속에서 어린 날의 추억이 얼마나 꿈틀대고 있었는지는 모르겠다. 내가 아직도 에밀리를 사랑한다는 미련을 품고서 이곳에 온 것인지 어떤 것인지도 모르겠다. 다만 아무튼 이 얘기를 듣고 진심으로 기뻤던 것은 사실이다. 처음에는 그 즐거움의 일부가 고통으로 변할 수 있는, 말할 수 없는 민감한 즐거움도 있기는 했지만.

따라서 내가 책임을 다하기 위해 그들의 심금을 울려야 했다면, 나는 아주 서투른 짓을 하고 말았을 것이다. 그러나 다행히도 스티어포스가 그 일을 맡아주었다. 그는 아주 능숙하게 임무를 완수해서 잠시 뒤에는 우리 모두가 아주 즐거워졌고 마음이 밝아졌다.

"페거티 씨," 스티어포스는 말했다. "당신은 아주 좋은 분입니다. 그러니 오늘 저녁처럼 행복한 일이 생기는 것은 당연하지요. 자, 내 손을! 햄, 축하하네. 자, 내 손을! 데이지, 난로의 재를 털어 불을 활활 타게 해줘! 그리고 페거티 씨, 당신의 조카딸을 다시 이 자리로 데려오지 않는다면 저는 가겠습니다! 이처럼 즐거운 밤에 난롯가를—그것도 이렇게 중요한 자리를—비워 두다니요! 인도의 부를 모조리 준다 해도 절대로 그럴 순 없지요."

이리하여 페거티 씨는 에밀리를 데려오기 위해 전에 내가 쓰던 방으로 갔다.

처음에는 에밀리가 오려고 하지 않았으므로 햄도 갔다. 이윽고 그들은 에밀리를 난롯가로 데려오기는 했으나, 에밀리는 몹시 당황하고 수줍어했다. 그러나 스티어포스가 점잖고 공손하게 이야기하면서 에밀리가 난처해할 화제는 교묘히 피했으므로, 에밀리는 차차 자신을 찾게 되었다. 스티어포스는 페거티 씨에게 배와 조수와 생선에 관한 이야기를 했고, 나에게는 세일렘 학교에서 페거티 씨를 처음 만난 날짜를 물으며, 페거티 씨의 배로 된 집과 그 배의 모든 것이 자기를 매우 즐겁게 해주었다고 말했다. 스티어포스는 아주 경쾌하고도 쉽게 이야기를 이끌어나갔으므로 분위기는 점점 화기애애해졌고, 다들 스스럼없이 이야기를 주고받았다.

그날 저녁 에밀리는 거의 말이 없었으나, 이야기는 열심히 듣고 있었다. 얼굴에도 점점 생기가 돌아서 더욱 매력적으로 보였다. 스티어포스는 무시무시한 조난 사고 이야기를 꺼냈다. (페거티 씨와의 대화 중에 그 이야기가 튀어나왔다) 실제로 눈앞에 보이는 듯이 실감나게 이야기했으므로 에밀리 역시 그 장면을 실제로 보는 것처럼 한눈팔지 않고 스티어포스의 얼굴을 바라보고 있었다. 침울했던 분위기를 바꾸기 위하여, 스티어포스는 자신의 즐거운 모험담을 털어놓았다. 그가 아주 신나게 지껄이는 바람에 우리도 덩달아 모험을 하는 것처럼 신이 났으며, 에밀리도 뱃집을 즐거운 음악으로 가득 채울 듯이 소리 높여 웃어댔다. 우리도, 스티어포스까지도 그 신바람 나는 경쾌한 이야기에 참지 못하고 크게 웃었다. 스티어포스는 페거티 씨에게 〈폭풍은 몰아치고 또 몰아치고〉라는 노래를 부르게 하고는—그것은 노래라기보다 고함에 가까웠지만—자기도 사공의 노래를 불렀다. 그의 노랫소리가 너무도 처량하고 아름다워서, 뱃집 주위에서 윙윙거리는 사나운 바닷바람까지도 조용한 우리 사이로 끼어들어 나지막하게 흐느끼는 것 같았다.

거미지 부인도 예외는 아니었다. 남편이 죽은 이래, 언제나 낙심에 빠져 있던 우울한 생각에서 완전히 벗어났던 것이다. 그런 일은 처음이라고 페거티 씨가 말했다. 비참한 생각을 할 여유가 없었던 것이다. 그래서 이튿날 거미지 부인은, 어제는 무슨 마법에 걸렸던 게 틀림없다고 말했다.

그러나 스티어포스는 주위 사람들의 관심과 대화를 독점하지는 않았다. 꼬마 에밀리도 점차 용기가 생겨서(그러나 아직도 부끄러워했지만) 난로를 사이에 두고 내게, 우리는 옛날 둘이 같이 바닷가를 거닐며 조개껍데기와 갯돌을 줍던 이야기도 하고, 그 시절 내가 얼마나 헌신적으로 에밀리를 대했던가를 기억하는지에 대해서 묻기도 했다. 지금 생각하면 꿈만 같은 그 옛일을 떠올리면서 서로 낯을 붉히고 웃기도 했다. 그러는 동안 스티어포스는 말없이 잔뜩 긴장한 채 유심히 우리를 바라보고 있었다. 에밀리는 저녁 내내 그녀의 지정석인 난로 곁 조그마한 구석에 놓인 궤짝 위에 앉아 있었고, 그녀 옆, 내가 앉았던 자리에는 햄이 앉아 있었다. 고민이 있어서 그랬는지, 우리 앞이라 처녀다운 수줍음에서 그랬는지는 몰라도, 에밀리는 햄과 떨어져 벽에 바싹 기대어 앉아 있었다.

우리는 저녁으로 비스킷 몇 개와 말린 생선을 먹었다. 스티어포스가 주머니에서 네덜란드산 술을 꺼냈다. 그것은 우리 남자들(이제 나도 얼굴을 붉히지 않고 남자라고 할 수 있을 것이다)이 다 마셨다. 자정이 가까워서야 우리는 즐거운 마음으로 헤어졌다. 온 식구가 대문에 나와서 되도록 멀리까지 길을 비추어주었다. 꼬마 에밀리는 귀여운 푸른 눈으로 햄의 어깨 너머로 우리를 바라보면서 '조심해서 가세요'라고 부드러운 목소리로 말해 주었다.

"아주 매력 있는 아가씨야!" 스티어포스는 내 팔을 잡으며 말했다. "참으로 재미있는 곳이야. 사람들도 모두 재미있고. 저들과 같이 있으면 참으로 신선한 기분이 들어."

"또 우리한테는 얼마나 다행한 일이야. 햄과 에밀리의 결혼 약속으로 온 식구가 기뻐하는 모습을 직접 보게 되었으니! 나는 그 식구들이 그처럼 행복해하는 것을 본 일이 없어. 그들이 기뻐하는 모습을 보고, 그들의 가식 없는 즐거움을 함께 나누게 되었으니, 정말이지 얼마나 기쁜가 몰라!"

"그런데 햄이란 녀석은 에밀리에 비해 바보스럽게 보이던걸. 그렇지?" 스티어포스가 말했다.

지금까지 스티어포스는 햄을 비롯하여 그 집 식구 모두에게 매우 다정하게 대해주었으므로, 그처럼 불쑥 냉담한 반응을 보이는 것에 나는 놀랐다. 그러나 스티어포스를 쳐다보았을 때, 그가 눈에 웃음을 띠고 있는 것을 보자 크게 안심이 되어서 나는 나직이 대답해주었다.

"아, 스티어포스! 네가 불쌍한 그들을 놓고 농담하는 것은 좋아. 네가 미스 다틀과 말다툼한다든가 너의 동정심을 농담인 양 숨기더라도, 나는 네 마음을 잘 알고 있어. 네가 그들을 아주 완벽하게 파악하고, 소박한 어부들의 행복 속에 아주 교묘히 파고들고, 내 유모의 기분도 잘 맞춰주는 것을 보면, 네가 그들의 기쁨과 슬픔을 놓칠 리가 없다는 것을 알 수 있어. 스티어포스, 그래서 나는 너를 스무 배나 더 좋아하고 더욱 존경하게 되었어."

스티어포스는 발길을 멈추었다. 그리고 내 얼굴을 바라보며 말했다. "데이지, 너는 진지하고 좋은 놈이야. 사람들 모두가 그렇다면 얼마나 좋을까!"

다음 순간 우리는 힘찬 걸음으로 야머스로 돌아가는 길을 걸으며, 예의 페거티 씨의 노래를 즐겁게 불렀다.

22장
옛 생각, 새로운 사람들

스티어포스와 나는 두 주일 이상을 그곳에서 보냈다. 우리는 대부분 붙어 다녔지만, 가끔 몇 시간씩 떨어져 있기도 했다. 그는 배 타기를 아주 좋아했으나 나는 썩 내키지 않아 했다. 스티어포스가 페거티 씨와 배를 타고 바다로 나갈 때면 나는 육지에 남았다. 그리고 나는 페거티의 집에서 묵었으므로 다소 활동에 제약을 받았지만, 스티어포스는 아주 자유로웠다.

나는 페거티가 온종일 남편 바키스 씨를 간호하느라 바쁜 것을 알고 있었으므로, 밤늦게까지 외출하는 것을 삼갔다. 그러나 스티어포스는 여관방에 있었기에 마음 내키는 대로 행동했다. 머지않아 내가 잠자는 동안, 스티어포스가 페거티 씨의 단골 술집인 '윌링 마인드'에서 어부들에게 한턱냈다는 둥 달 밝은 밤 어부 옷을 입고서 밤새도록 배를 타고 아침 만조 때에야 돌아왔다는 둥의 소문이 들려왔다. 그러나 나는 그의 행동에 놀라지 않았다. 스티어포스의 대담한 정신은 무엇이든 새로운 흥분을 찾으면 이내 뛰어들고야 마는데, 이번에는 힘든 일과 거친 기후 속에서 출구를 찾고 기뻐한다는 것을 알았기 때문이다.

우리가 가끔 떨어져 있게 된 또 하나의 이유가 있었다. 나는 자연히 블룬더스톤에 가서 유년 시절의 낯익은 풍경을 다시 찾아보는 것에 관심이 갔던 반면, 스티어포스는 그곳에 한 번 가본 뒤로는 다시 발걸음하기를 싫어했던 것이다. 그래서 사나흘은 아침 일찍 식사를 마치고 각자 제 갈 길을 찾아 나섰다가 늦은 저녁을 함께 들며 얼굴을 마주하게 되었다. 그동안 그가 무엇을 하고 보냈는지 전혀 모르지만, 넌지시 물어보면, 여기서도 그는 이내 인기인이 되었고, 다른 사람이라면 시간을 죽일 방법이 없는 곳에서도 정말 재미있게 노는 법을 알았던 듯하다.

나는 혼자 외로운 순례를 하면서, 정들었던 길을 한 걸음 밟을 때마다 회상에 잠겼다. 정든 곳곳을 찾아다니는 것은 나에겐 조금도 지루한 일이 아니었다. 회상 속에서만 수없이 찾던 장소를 다시 찾아왔고, 멀리 떨어진 어린 마음의 상상으로만 헤매던 장소를 지금은 실제로 걷고 있는 것이다. 내 부모님이 묻힌 저 나무 밑 무덤—아버지 혼자 묻혀 있을 때는 동정심을 품고 바라보았으며, 사랑하는 어머니와 동생을 맞아들이기 위해 파헤쳐졌을 때는 너무나 쓸쓸한 생각이 들어 멍하니 그 곁에 서 있기만 했던 그 무덤—은 페거티가 정성껏 보살펴서 정원처럼 깨끗이 가꾸어져 있었다. 나는 그 주위를 몇 시간씩 거닐었다. 무덤은 묘지의 오솔길에서 조금 벗어난 조용한 구석에 있었는데, 그다지 멀지는 않았다. 오솔길을 왔다 갔다 할 때마다 묘비의 글자가 또렷하게 보였다. 머지않아 시간을 알리는 교회 종소리에 깜짝 놀란다. 마치 죽은 이의 목소리처럼 울리기 때문이다. 그런 때 나는 뒷날 출세했을 때의 내 모습과 해야 할 훌륭한 일들을 생각했다. 그러면 내 발소리도, 다시 내가 살아 있는 어머니 곁에서 끝없는 공상을 하기 위해 집으로 온 것처럼 언제까지나 울리는 것이었다.

내가 살았던 옛집은 많이 변해 있었다. 오랫동안 까마귀가 살진 않았지만, 그 둥지들도 간곳이 없었다. 나무들까지 가지를 쳐내고 꼭대기까지 잘라내어 옛 모습은 더욱 찾을 수 없었다. 정원도 황폐해졌고, 집의 창문들도 닫힌 채였다. 사람은 살고 있었지만, 정신이상의 신사와 그를 간호하는 사람들뿐이었다. 그 신사가 내 방의 작은 창가에 앉아서 교회 묘지를 바라보고 있었다. 과연 그도, 일찍이 내가 장밋빛 아침마다 잠옷 차림으로 저 조그마한 방 창가에 서서, 아침햇살 속에서 조용히 풀을 뜯던 양 떼를 바라보면서 부질없는 공상에 빠졌던 것처럼, 그것과 똑같은 망상을 펼치고 있을까?

이웃에 살던 그레이퍼 부부는 남미로 떠나고 없었으며, 그들이 살다 간 빈 집은 빗물이 새어 바깥벽에까지 커다란 얼룩이 져 있었다. 칠립 씨는 키가 크고 말랐으며 코가 유난히 뾰족한 부인과 재혼했다. 그들 사이에는 몹시 야윈 갓난애가 있었는데, 버티기 어려울 정도의 큰 머리에 두 눈은 생기가 없었다. 두리번거리는 그 눈빛은 꼭 어째서 이 세상에 태어났는가를 스스로 묻고 있는 것처럼 보였다.

붉게 타는 겨울 태양이 이제는 돌아갈 시간임을 알릴 때까지 나는 슬픔과 기쁨이 한데 얽힌 묘한 기분으로, 고향 땅에 서 있었다. 그러나 그곳을 뒤로 하고,

스티어포스와 함께 난롯가에 앉아서 행복하게 저녁 식사를 할 때면, 그곳에 갔다 온 것이 정말 즐겁기 그지없었다. 밤에 깨끗한 내 방에 갔을 때에도, 아까만큼은 아니지만 그래도 고향 땅에 다녀온 것이 여전히 즐겁게 느껴졌다. 그래서 나는 (지금도 조그마한 탁자 위에 놓여 있다) 악어책의 책장을 넘기면서, 스티어포스와 같은 친구, 페거티와 같은 친구, 그리고 비록 어머니는 잃었지만 대신 대고모처럼 훌륭하고 너그러운 분이 있으니 이 얼마나 고맙기 짝이 없는가 하고 생각했던 것이다.

그러한 긴 산책에서 야머스로 돌아오는 가장 가까운 길은 나룻배를 타는 것이었다. 나룻배를 타면, 시내와 바다 사이의 들판에 내려주므로, 거기서는 큰길을 따라 멀리 돌아갈 필요 없이 똑바로 가면 되었던 것이다. 페거티 씨의 집은 그 벌판에 자리하고 있어 길에서 100미터도 떨어지지 않았으므로, 나는 그곳을 지나칠 때마다 그 집 안을 들여다보았다. 스티어포스는 으레 그 집에서 나를 기다리고 있었고, 우리는 함께 서리 찬 공기와 안개 속을 헤치며, 불빛이 깜박이는 시내를 향해 걸어갔다.

어느 어두운 저녁, 내가 평소보다 늦게 돌아와 보니—이제 집에 돌아갈 때가 머지않았으므로 마지막 인사차 블룬더스톤에 다녀오느라 늦었던 것이다—스티어포스가 페거티 씨 집 난롯가에 혼자 앉아서 깊은 생각에 잠겨 있었다. 그는 생각에 몰두해서 내가 방에 들어온 것도 모르고 있었다. 하기야 생각에 잠겨 있지 않아도 몰랐을 것이다. 집 밖의 모래땅에서는 발소리가 거의 들리지 않기 때문이다. 그러나 그날은 들어가도 눈치채지 못했다. 내가 바싹 다가가서 그를 마주 보며 서 있는데도, 그는 여전히 얼굴을 잔뜩 찌푸린 채 깊은 생각에 빠져 있었다.

스티어포스의 한쪽 어깨에다 손을 댔더니, 그가 놀라서 펄쩍 뛰는 바람에 나까지 놀라고 말았다.

"마치 유령처럼 나를 놀라게 하는구나!" 스티어포스는 거의 화를 내면서 말했다.

"어떻게 해서든 내가 왔다는 것을 알려야 하지 않겠어? 내가 별세계에서 너를 부르기라도 했단 말이야?"

"아니야. 그건 아니지만."

"그럼, 반대로 지옥에서?" 나는 그의 가까이에 앉으며 말했다.

"나는 불 속에서 그림을 보고 있었어."

그가 불이 붙은 장작으로 불을 쑤셨으므로, 빨간 불똥이 화드득화드득 튀면서 엄청난 기세로 둑을 통해 공중으로 솟아올랐다.

"그러면 내가 아무것도 볼 수 없잖아."

"어차피 너한테는 안 보여. 나는 낮도 아니고 밤도 아닌 어중간한 이 시간을 싫어해. 너 많이 늦었구나! 어디 갔다 왔어?"

"늘 하던 산책을 완전히 끝내고 오는 길이야." 나는 말했다.

"그런데 나는 여기에 계속 앉아 있었지." 스티어포스가 방을 둘러보며 말했다. "우리가 여기에 닿았던 날 밤 그렇게 기뻐하던 사람들이, 황폐해진 이 집처럼, 앞으로 뿔뿔이 헤어진다든가, 죽는다든가, 아무튼 나는 도저히 상상도 못할 해를 입을지도 모른다는 생각을 하고 있었어. 데이비드, 지난 20년 동안 나에게도 현명한 아버지가 계셨더라면 얼마나 좋았을까!"

"스티어포스, 무슨 일 있었어?"

"올바른 길로 이끌어줄 사람이 있었더라면 더 좋았을 거라고 진심으로 뉘우치고 있어!" 스티어포스는 소리쳤다. "나란 놈에게는 더욱 가르침이 필요했던 거야!"

스티어포스의 태도에서 뜻밖의 침통한 빛이 보였기에 나는 몹시 놀랐다. 그는 딴 사람 같았다.

"차라리 가난한 페거티나 그의 얼뜨기 조카가 되었으면 좋았을 걸!" 스티어포스는 일어서더니, 우울한 표정으로 난로 선반에다 몸을 기대고 불을 바라보며 말했다. "그들보다 스무 배나 부유하고 똑똑한 내가 지난 30분 동안 이 집에서 겪었던 고통, 스스로가 꼴 보기 싫어서 미칠 것 같은 그런 기분보다는 그쪽이 낫단 말이야!"

나는 그가 이상하게 변한 것을 보고 얼떨떨하여, 손으로 머리를 괸 채 우울하게 난롯불을 바라보는 그를 말없이 쳐다보고만 있었다. 드디어 나는 아주 진지하게 물었다.

"왜 그렇게 화가 났지? 내가 충고할 처지는 못 되지만 그 마음만이라도 좀더 알 수 있게 해줘."

그러나 내 말이 끝나기도 전에 스티어포스는 너털웃음을 터뜨렸다. 처음에는 초조한 듯했으나 곧 쾌활해졌다.

"데이지, 아무것도 아니야! 아무것도 아니라고! 나는 가끔 우울해질 때가 있다고 런던 여관에서 말한 적 있잖아. 나는 악몽을 꾸고 있었어, 틀림없어. 때때로 할 일 없이 지루할 때면 옛 동화가 생각나곤 해. 뭔지 모를 온갖 동화들이. 그리고 어느새 분별없이 놀다가 사자 밥이 된 나쁜 소년과 나 자신을 혼동하고 말아. 사자 밥이 되는 것은 다른 것에 비하면 무척 사치스러운 죽음이지만. 옛날 노인들이 말하는 공포심이 내 머리에서 발끝까지 퍼져 있었어. 그래서 나는 자신이 두려웠던 거야."

"네가 두려워할 것이 뭐가 있어." 내가 말했다.

"그럴지도 몰라. 하지만 실제로는 무서운 것이 잔뜩 있어." 스티어포스는 대답했다. "하지만, 이제는 다 지나갔어! 다시 우울해지는 일은 없을 거야. 데이비드, 다시 얘기하지만, 나에게도 현명한 아버지가 계셨더라면 참 좋았을 거야!"

스티어포스는 본디 표정이 풍부한 사내였다. 그러나 난로를 바라보며 이러한 고백을 할 때처럼, 진지하고도 어두운 표정은 본 적이 없었다.

"자, 이 얘기는 이 정도로 해 두자!" 스티어포스는 공중에다 가벼운 물건을 던지는 듯이 말했다. "맥베스 같이, '뭐야, 사라졌다고? 그럼 창이든 대포든 다 덤벼!' 이제 식사하러 가자! 만약 내가 맥베스처럼 잔치를 훌륭하게 망쳐놓지 않았다면 말이야, 데이지!"[1]

"그런데 이 집 사람들은 모두 어디 있지?" 내가 말했다.

"너를 찾으러 나루터까지 갔다가 되돌아오니 텅텅 비어 있었어. 그래서 나는 생각에 잠겼고, 그때 네가 돌아온 거야."

그때 거미지 부인이 바구니를 들고 들어섰다. 거미지 부인은, 만조가 되면 돌아올 페거티 씨를 대접할 물건을 사기 위해 밖으로 나갔었으며, 자기가 없는 사이에 햄과, 오늘은 일이 일찍 끝나는 에밀리가 돌아오면 들어갈 수 있도록 문을 열어놓았다고 했다. 스티어포스는 반갑게 인사하고 익살스럽게 껴안아 부인의 기분을 북돋아준 다음, 내 팔을 잡더니 급히 끌어냈다.

---

[1] 〈맥베스〉 3막 4장 참고.

스티어포스도 거미지 부인만큼이나 쾌활해졌다. 다시 평소처럼 걸으면서 신나게 이야기를 시작했다.

"내일이면 이런 해적 같은 생활을 끝내는 거지?" 스티어포스가 쾌활하게 물었다.

"그러기로 합의했잖아? 역마차의 좌석까지 예약해놓았어."

"그럼 이제는 어쩔 수 없군. 나는 여기서 바다에 나가 몸을 맡기는 것 말고는 이 세상에서 다른 할일이 없다는 생각에 빠져 있었어. 정말 그렇다면 좋으련만."

"모든 것이 신기하게 여겨질 동안에는 말이지." 내가 웃으며 말했다.

"그야 그렇지. 너처럼 순진하고 착한 녀석치고는 그 말에 가시가 돋아 있는걸. 그야 나는 정말로 변덕스러운 놈이야. 나도 나를 잘 알아. 그렇지만 쇠는 뜨거울 때 두드려야 하거든. 나는 이곳 수로 안내인이라면 당장에라도 제법 좋은 성적으로 시험에 합격할 자신이 있어."

"페거티 씨도 네가 정말 놀랍다고 했어." 나는 말했다.

"항해술의 천재라고 말이지?" 스티어포스는 너털웃음을 터뜨리며 말했다.

"그래, 정말로 그렇게 말씀하셨다니까. 너는 무슨 일이든 아주 열심이고 또 쉽게 해내잖아. 그래서 나는 참 놀라워. 스티어포스, 네가 그 재능을 변덕스럽게 쓰는 데 만족하다니 말이야."

"만족한다고?" 그는 재미있다는 듯이 대답했다. "난 너의 순진함 말고는 아무 것에도 만족하지 않아, 나의 데이지. 내 변덕성을 말하자면, 나는 아직까지 현대의 익시이언[2]처럼 자신을 바퀴에 붙들어 매고 빙빙 돌아가는 재주를 배우지 못했을 뿐이야. 배울 기회를 어쩌다 놓쳐버린 탓이지만, 지금은 그것을 문제 삼지 않겠어. 데이비, 내가 여기서 배를 한 척 산 것 알고 있니?"

"넌 진짜 특이한 녀석이로구나!" 나는 걸음을 멈추고 소리쳤다. 처음 듣는 소리였기 때문이다. "이곳에 두 번 다시 안 올지도 모르는데!"

"그건 모르지. 나는 이곳이 좋아졌거든. 하여간 팔려고 내놓은 배가 있어서 사 둔 거야. 페거티 씨 말로는 쾌속정이래. 내가 없는 동안에는 페거티 씨가 선장이야." 나를 재촉하면서 스티어포스가 말했다.

---

[2] 그리스 신화에 나오는 테살리아족의 왕. 제우스의 아내 헤라를 범하려다 제우스의 노여움을 사게 되고, 그 벌로 영원히 돌아가는 지하의 불 수레바퀴에 묶임.

"이제야 이해했어. 스티어포스! 사실은 페거티 씨를 위해서 사준 거지? 너를 잘 아는 사람으로서 처음부터 알아챘어야 했는데. 내 사랑하는 스티어포스, 너의 넓은 마음에 어떻게 인사를 해야 할까?"

"아, 아, 그만둬!" 그는 얼굴을 붉히며 말했다. "그런 말은 하지 않을수록 좋아."

"내가 모를 줄 알고?" 나는 소리쳤다. "그 소박한 사람들이 기뻐하거나 슬퍼하거나 또는 어떠한 감정을 품건, 너는 잘 헤아릴 줄 아는 사람이라고 내가 말했었지?"

"그래, 너는 그렇게 말해주었어. 그 얘기는 이쯤 해두자. 충분히 이야기했으니까!"

스티어포스가 대단치 않게 생각하는 문제를 자꾸 입에 담았다가 그의 기분을 언짢게 할까 두려워서, 나는 걸음을 재촉하면서 속으로만 그 일을 생각했다.

"그 배에다 새로운 장비를 갖추어야 해." 스티어포스는 말했다. "리티머를 여기에 머물게 해서 감독하게 할 생각이야. 그러면 완성 소식을 들을 수 있으니까. 참, 리티머가 왔다고 너에게 말하지 않았던가?"

"안 했지."

"오늘 아침 어머니의 편지를 가지고 왔어."

눈길이 마주치자, 스티어포스는 아주 태연하게 나를 바라보았으나, 나는 그가 입술까지 창백해진 것을 보았다. 혹시 어머니와 의견 충돌이 있어서, 아까 혼자 난롯가에 앉아 우울한 기분에 젖어 있었던 것이 아닐까 하는 생각이 들었다. 그래서 그러냐고 넌지시 물어보았더니, 뜻밖에 고개를 저으며 가볍게 웃었다.

"아아, 아니야! 그런 건 절대로 아니야. 그래, 내 하인이 와 있다니까."

"여전하시지?" 나는 물었다.

"여전해." 스티어포스는 말했다. "북극처럼 냉정하고 말 없는 사람이야. 그에게 배에 새 이름을 달라고 시킬 작정이야. 배의 지금 이름은 바다제비인데, 이런 이름을 페거티 씨가 좋아하겠어? 그래서 이름을 새로 지을 생각이야."

"무슨 이름으로?"

"꼬마 에밀리."

스티어포스는 계속해서 나를 태연히 바라보았다. 그것을 나는 칭찬받기를 거부한다는 뜻으로 받아들였지만, 내 얼굴엔 큰 기쁨이 그대로 드러났다. 그래도 말은 거의 하지 않았다. 그는 평소처럼 빙그레 웃었다. 그제야 안심하는 것 같았다.

"그런데 봐. 진짜 꼬마 에밀리가 온다! 그 사람과 같이 오는군, 응? 야, 저자야말로 틀림없는 기사야. 에밀리 곁을 떠나는 일이 절대로 없는걸!" 그가 문득 앞을 보면서 말했다.

햄은 배 만드는 일을 하고 있다. 선천적으로 재능이 있는 데다 실력을 갈고닦아 이제는 어엿한 기술자가 된 것이다. 작업복을 입은 그의 모습은 초라하기 짝이 없었으나 동시에 사나이다웠다. 그래서 그의 곁에 있는 한창 꽃다운 귀여운 처녀의 보호자로는 아주 적격이었다. 실제로 그의 얼굴에는 솔직함과 성실함이 잘 나타나 있고, 더욱이 에밀리를 얻은 자랑스러움과 그녀에 대한 애정을 거리낌 없이 드러내는 점이, 적어도 나에게는 더없이 아름답게 보였다. 점점 가까워질수록 두 사람은 정말 천생연분 부부처럼 보였다.

우리가 걸음을 멈추고 그들에게 말을 건네자, 꼬마 에밀리는 끼고 있던 팔에서 부끄러운 듯이 손을 빼더니, 얼굴을 붉히며 스티어포스와 나에게 악수를 청했다. 우리와 몇 마디 나눈 뒤 그들은 다시 걸음을 옮겼다. 그런데 꼬마 에밀리는 햄과 팔짱을 끼지 않고 주뼛주뼛하면서 떨어져 걸었다. 희미한 초승달 빛을 받으며 사라져가는 그들의 뒷모습은 참으로 아름답고 매력적이었다. 스티어포스도 그렇게 생각하는 것 같았다.

갑자기 우리 옆을 한 젊은 여자가 지나갔다. 분명히 햄과 꼬마 에밀리의 뒤를 밟고 있는 것 같았다. 우리는 그 여자가 가까이 오는 것을 전혀 눈치채지 못했다. 그런데 그 여자가 우리 곁을 지나칠 때 얼굴을 보니, 어딘지 모르게 낯이 익었다. 가벼운 차림에, 표정은 삭막하고 부루퉁하고, 가진 것이라곤 가난밖에 없어보였지만, 지금은 아무 생각 없이 오직 두 사람을 열심히 쫓고 있었다. 어두운 먼 지평선이 그 두 사람을 집어삼키자, 우리와 바다와 구름 사이에 남아 있는 것은 새카만 벌판뿐이었다. 뒤따라가던 여자도 어둠 속으로 빨려들어가 버렸다.

"저건 꼬마 에밀리를 뒤쫓는 검은 그림자로군." 스티어포스는 가만히 서서 말했다. "왜 그럴까?"

스티어포스가 나지막하게 말했다.

"틀림없이 그들에게 구걸하려는 걸 테지." 나는 말했다.

"거지라면 신기할 것이 없군." 스티어포스가 말했다. "그러나 거지가 오늘 저녁 저런 차림으로 나타난 게 이상하단 말이야."

"뭐가 이상해?" 나는 스티어포스에게 물었다.

"이유는 없어. 그냥 느낌이 그래. 그 여자가 우리 곁을 지날 때 문득 그런 생각이 들었어. 도대체 저 여자는 어디서 왔을까?"

"이 담 그늘에 숨어 있다가 나온 것 같아." 우리가 길을 따라 담이 이어져 있는 곳을 지나갈 때, 내가 말했다.

"이제 가버렸어!" 스티어포스는 어깨 너머로 되돌아보면서 말했다. "재수 없는 것이 모든 것들이 저것과 사라져 버렸으면. 자, 저녁 식사나 하러 가자."

그러나 스티어포스는 또다시 어깨 너머로 멀리서 아물거리는 수평선을 돌아다보았다. 결국 그다지 먼 거리도 아니건만 여관에 닿을 때까지 몇 번씩이나 생각난 듯이 그 얘기를 꺼내는 것이었다. 난로와 불빛이 비치는, 따뜻하고 기분 좋은 식탁에 앉았을 때에야 그는 그 일을 잊은 것 같았다.

리티머가 와 있었다. 그에 대한 인상은 늘 마찬가지였다. 스티어포스 부인과 미스 다틀은 안녕하시냐고 물으니, 그는 아주 공손하게 그렇다고 대답했다. 그러고는 고맙다고 말하고 나서, 그분들도 나에게 안부를 전하라고 하셨다고 말했다. 겨우 이 말만 했을 뿐인데, "아주 어리군요, 정말 어려요" 하고 또렷이 말하는 것 같은 느낌이 드는 것이다.

우리가 식사를 거의 끝낼 때쯤—리티머는 식사 내내 한쪽 구석에서 우리 두 사람, 아니 기분 탓인지 나 한 사람만을 가만히 바라보고 있는 것 같았다—그가 구석에서 한두 걸음 식탁 쪽으로 걸어나와 주인에게 말했다.

"식사 중에 죄송합니다만, 미스 모처가 여기 와 있습니다."

"누구?" 스티어포스가 깜짝 놀라 물었다.

"미스 모처 말입니다."

"도대체, 그 여자가 여기에 뭣 하러 왔지?"

"여기가 모처의 고향인 것 같습니다. 모처 말로는 매년 한 번씩 사업차 여기를 들른답니다. 오늘 오후 길에서 미스 모처를 만났습니다만, 식사 뒤에 주인님을 찾아봬도 좋겠냐고 물었습니다."

"데이지, 자네 그 문제의 '거물 여자'를 아나?" 스티어포스는 나에게 물었다.

나는 리티머 앞에서 모른다고 말하려니 아주 창피했지만, 미스 모처에 대해 전혀 아는 바가 없다고 솔직히 털어놓을 수밖에 없었다.

"그러면 내가 그 여자를 소개하지. 그 여자는 세계 7대 불가사의 가운데 하나야. 미스 모처가 오면 이리로 안내해줘."

나는 그 여자에 대해 묘한 호기심이 생겼다. 특히 내가 그 여자에 대한 이야기를 꺼내면 스티어포스는 갑자기 웃음을 터뜨렸고, 그 뒤로는 내가 모처에 대해 질문이라도 할라치면 일부러 답변을 회피했으므로 더욱 그러했다. 그래서 나는 큰 기대를 품고 기다렸다. 식탁을 치운 뒤 30분이나 지났다. 우리가 난로 앞에 앉아서 포도주를 마시고 있을 때 문이 열리더니, 리티머가 조금도 흔들리는 빛 없이 태연히 나타나서 알렸다.

"미스 모처가 오셨습니다."

문 쪽을 바라보았으나 아무도 보이지 않았다. 시간이 꽤 오래 걸리나 보다고 생각하면서 가만히 바라보고 있다가 나는 정말 질겁했다. 나와 문 사이에 놓여 있는 소파를 돌아서 마흔대여섯 되어 보이는 뚱뚱한 난쟁이가 어기뚱어기뚱 걸어 들어오는 것이 아닌가.

머리와 얼굴이 유별나게 컸고, 장난꾸러기 같은 회색 눈동자에, 팔은 나무 그루터기 같았다. 스티어포스에게 추파를 보내면서 자기 들창코를 잡으려고 했으나, 팔이 너무 짧아 미치지 않자 코를 돌려서 손에 닿도록 했다. 살이 너무 쪄서 모자 끈과 나비 모양 목걸이가 이중턱에 파묻혀 보이지 않았다. 목도 허리도 없고, 다리도 있다고 할 수 없을 정도로 짧았다. 그녀에게 허리가 있다손 치더라도 보통 사람의 허리 부분이 바로 그녀의 상체였고, 그 밑에 짤막한 두 다리가 붙어 있었다. 키도 작았으므로 보통 크기의 의자 옆에 서서 손가방을 올려놓는 모습이 마치 다른 사람들이 탁자 옆에 서 있는 것과 같았다. 옷차림은 수수한 편이었으며, 아까도 말했듯이 간신히 손에다 코를 대고 있었다. 그러자니 자연히 고개를 한쪽으로 돌리고 한쪽 눈이 감겼으니 참으로 심술궂고 간사해 보였다. 또 스티어포스에게 잠깐 추파를 보내더니, 이내 말을 늘어놓았다.

"아! 사랑하는 사람아!" 미스 모처는 커다란 머리를 스티어포스를 향해 내저으면서 기쁜 듯이 입을 열었다. "여기 와 계셨군요. 오, 철없는 애같이, 그럼 못써요. 이렇게 멀리까지 와서 뭘 하고 있어요? 틀림없이 짓궂은 짓을 했겠지, 안 그래요? 정말 당신한테선 눈을 뗄 수 없다니까. 여기서 나를 만나리라고는 꿈에도 생각을 안 했지요? 그렇지만 나는 어디에나 갈 수 있답니다. 못 가는 데가 없어요. 귀부인 손수건에서 나타난 마술사의 반 크라운짜리 은화처럼. 손수건 이야기가 나왔으니 말인데—귀부인 이야기도 그렇고—어쨌든 당신은 정말 어머니에게 얼마나 큰 위안이 되실까! 안 그래요, 나의 귀여운 자기? 내 두 팔 가운데 하나 이상으로. 어느 팔이라고는 말할 수 없지만."

그 말을 하고 나서 미스 모처는 모자 끈을 풀어 뒤로 젖히고, 숨을 헐떡이며 난로 앞에 있는 발 디딤판 위에 앉았다. 식탁이 마치 정자처럼 되어서, 마호가니 지붕을 그의 머리 위에 펼쳐놓은 것 같았다.

"오, 이런!" 미스 모처는 양쪽 무릎을 한 손으로 번갈아 치면서 나를 날카롭게 곁눈질하고는 말했다. "나는 살이 너무 쪘어요, 스티어포스 씨. 마치 물이 가득 든 양동이라도 들고 다니는 것 같아요. 계단을 올라왔더니 숨이 차서 죽을 지경이군요. 하지만 내가 2층 창문에서 내려다본다면, 아마 당신도 나를 아름답다고 생각할 거예요, 그렇죠?"

"어디에서 봐도 나는 그렇게 생각할 거예요." 스티어포스가 대답했다.

"못된 사람 같으니! 다시 한번 말해 봐요!" 난쟁이는 얼굴을 닦고 있던 손수건을 스티어포스 앞에서 휘휘 내저으며 소리쳤다. "그런 터무니없는 소리는 하지 말아요! 그건 그렇고, 난 지난주에 마이더스 부인한테 갔거든요. 그런데 부인의 그 옷 꼴이라니! 게다가 부인을 기다리고 있는데 마이더스 씨가 들어왔어요. 그 남자의 꼴도 말이 아니었지요! 더구나 가발까지 쓰고 있었어요. 그 가발은 자그마치 10년이나 써 왔지요. 그러면서 간살은 또 얼마나 잘 떠는지, 그럼 앞으로도 자꾸 벨을 울려줘야겠다고 생각했다니까요. 하! 하! 그는 사람은 좋지만, 예의범절을 몰라요."

"당신은 마이더스 부인에게 무엇을 해주었나요?" 스티어포스가 물었다.

"그 말 한번 잘 했어요, 도련님." 모처는 자신의 코를 다시 가볍게 두드리며, 얼굴을 찡그리고, 도깨비처럼 눈을 반짝이면서 응수했다. "쓸데없는 걱정은 하지 말아요! 내가 그 부인의 머리카락이 빠지는 것을 멈추게 해줬다든가, 머리에 염색을 해주었다든가, 얼굴을 손질해줬다든가, 눈썹을 다듬어줬다든가 하는 따위의 사실을 알고 싶은 거지요? 내가 모두 말해주지요, 때가 되면 말이에요! 그런데 당신은 내 증조할아버지의 이름을 아나요?"

"모르는데요." 스티어포스가 말했다.

"그래요, 엄청난 허풍쟁이였죠."

미스 모처의 침착한 태도 이외에 그의 윙크처럼 이상한 것을 본 적이 없었다. 모처는 또한 남의 말에 귀를 기울일 때나, 자기의 물음에 대한 대답을 기다릴 때도, 머리를 한쪽으로 기울이고, 까치처럼 한 눈을 위로 치켜뜨는 요상한 버릇이 있었다. 나는 너무나 놀라서, 실례인 줄도 모르는 채 넋을 잃고 바라보고 있었다.

미스 모처는 어느 틈에 의자를 자기 옆으로 당겨 놓고서, 가방에서 작은 병과 스펀지, 빗, 솔, 플란넬 천, 인두, 기타 다른 기구를 열심히 꺼내어(물건을 꺼낼 때마다 짧은 팔을 어깨까지 가방에 밀어 넣었다) 의자에 쌓아놓았다. 모처가 갑자기 하던 일을 멈추고, 스티어포스를 향해 "이 친구 분은 누구죠?"라고 묻는 바람에 나는 깜짝 놀랐다.

"코퍼필드 씨예요. 당신과 사귀고 싶답니다." 스티어포스가 말했다.

"그럼 그렇게 하지요! 어쩐지 그런 것 같다는 생각이 들었어요!" 미스 모처는 가방을 한 손에 들고 내게로 아장아장 걸어와서는, 나를 보고 깔깔 웃으면서 말했다. "복숭아같이 생겼군!"

그러고는 발끝으로 서서 앉아 있는 내 뺨을 꼬집으려고 했다. "아주 마음에 들어요! 나는 복숭아라면 맥을 못 추니까. 코퍼필드 씨, 알게 되어서 기쁩니다."

나도 영광으로 생각하며, 기쁜 것도 마찬가지라고 말해주었다.

"오, 당신은 정말 예의가 바르군요!" 미스 모처는 장난감 같은 작은 손으로 큰 얼굴을 가리려는, 어림도 없는 시늉을 하면서 소리쳤다. "얼마나 엉터리 같은 세상이랍니까, 그렇지요?"

마치 비밀이라도 털어놓는 듯한 투였다. 모처는 조그마한 손을 얼굴에서 떼더니, 또다시 팔을 어깨까지 가방에 집어넣었다.

"미스 모처, 무슨 뜻으로 한 말이지요?" 스티어포스가 물었다.

"하! 하! 그렇잖아요. 우리는 모두 어수룩한 바보니까요, 귀여운 도련님." 축소판 여인은 고개를 기울이고, 한쪽 눈을 치켜뜨며, 가방을 뒤져 뭔가를 꺼내면서 말했다. "이것 봐요! 러시아 공작의 손톱이에요! 나는 그를 뒤죽박죽 알파벳 공작이라고 부르지요. 그의 이름은 알파벳의 모든 글자가 마구 뒤섞여 있는 것 같으니까요."

"그 러시아 공작은 당신의 단골인가요?" 스티어포스가 물었다.

"맞았어요, 도련님. 나는 그의 손톱과 발톱을 손질한답니다. 1주일에 두 번씩."

"보수는 후하겠죠?" 스티어포스가 무었다.

"아주 후하시죠. 콧노래를 부르듯이 값을 쳐주신답니다. 공작님은 당신들처럼 수염이 없지 않아요.³⁾ 도련님들도 그분의 수염을 보면 틀림없이 인정하실 거예요. 본디는 빨간색이지만 검게 염색했지요."

"물론 당신 솜씨겠지요."

미스 모처는 눈빛만으로 끄덕이며 말했다. "그래요. 결국 할 수 없이 나를 부르러 왔지요. 그럴 수밖에 없었거든요. 날씨 때문에 염색약이 엉망이 되었나 봐요. 러시아에서는 괜찮았지만 여기서는 못쓰게 되었죠. 하지만 그토록 무능한 공작을 당신들은 본 적이 없을 거예요. 마치 온통 녹슨 고철 같지요!"

"그래서 아까 다들 어수룩한 바보라고 말한 거로군요?"

"천만에요." 미스 모처는 세차게 고개를 저으면서 말했다. "내 말은, 우리 세상 사람들이 모두 바보처럼 어수룩하다는 뜻이에요. 그래서 지금도 공작의 손톱을 보여 드렸죠. 그게 증거예요. 상류사회에서는 내 실력을 모조리 긁어모은 것보다 공작의 손톱이 더욱 효과가 있지요. 그래서 언제나 가지고 다니는데, 정말 어중간한 소개장보다 훨씬 잘 들어요. '미스 모처는 그 공작 나리의 손톱을 손질해주고 있다지? 그렇다면 역시 그 사람이 제일이야'라고 생각하니까요. 나는 이 손톱을 곧잘 젊은 부인들에게 드린답니다. 그들은 분명 앨범에 넣어서 보관할 거예요. 하! 하! 하! 회의 연설 같은 데서 '모든 사회 조직'이라고 곧잘 말하잖아요. 하지만 내가 볼 때 사회 조직은 결국 공작 나리의 손톱 조직이에요!" 축소판 여인은 짧은 팔을 억지로 꼬고 커다란 머리를 끄덕이면서 말했다.

스티어포스는 크게 웃었고, 나도 웃었다. 한편 미스 모처는 끊임없이 고개를 저으며(오로지 한쪽으로만 기울었지만) 한쪽 눈은 허공을 노려보고 다른 한쪽 눈으로는 여전히 윙크를 하고 있었다.

---

3) 수염이 없다는 말에는 구두쇠라는 뜻도 있음.

"하지만 이런 건 다 부질없는 얘기지요!" 미스 모처는 작은 무릎을 한 번 탁 치고 일어났다. "자, 스티어포스 도련님, 극지 탐험을 해치웁시다."

그러고는 미스 모처는 조그마한 도구 두서너 개와 조그마한 병을 하나 고르더니, (놀랍게도) 탁자가 튼튼하냐고 물었다. 스티어포스가 튼튼하다고 대답하자, 미스 모처는 의자 하나를 기대놓고, 나의 도움을 청했다. 내가 잡아주자, 미스 모처는 무대에 튀어오르듯이 탁자 위로 뛰어오르는 것이었다.

"도련님들, 내 발목을 보셨어요?" 미스 모처가 무사히 탁자 위로 올라가서 말했다. "보았다고 말만 해보세요. 나는 집에 가서 죽어 버릴 테니까."

"나는 못 봤어요." 스티어포스가 말했다.

"나도 못 봤는데요." 내가 말했다.

"그럼, 됐어요. 계속 살기로 하지요. 자, 도련님, 도련님, 본드 부인에게 가서 죽음을 당합시다."[4] 미스 모처가 소리쳤다.

이것은 스티어포스를 자기 손아귀에 넣으려는 하나의 주문이었다. 스티어포스는 탁자에 몸을 기대고 앉아서 웃는 얼굴로 나를 보면서, 머리를 그녀에게 내맡겼다. 우리를 즐겁게 해주려는 것 말고는 다른 목적이 없는 행동이었다. 아무튼 미스 모처가 탁자 위에 서서, 주머니에서 꺼낸 크고 둥근 확대경으로 그의 숱 많은 갈색 머리칼을 들여다보는 모습은 정말 가관이었다.

"어찌 된 일이람!" 잠깐 검사해 보고 나더니 미스 모처가 말했다. "내가 없으면 도련님은 해가 가기 전에 대머리가 될 거예요. 30초만 기다려주세요, 젊은 친구. 그러면 앞으로 10년 동안 당신의 머리칼이 그대로 유지되도록 손봐 드리지요!"

미스 모처는 조그마한 병에 든 약물을 플란넬 붕대에 약간 묻히고, 또다시 그 약물을 조그마한 솔에 칠해서는 그것들로 스티어포스의 머리 한가운데에 문지르고 비벼댔다. 물론 그동안에도 수다는 조금도 멈추지 않았다.

"후작의 아드님, 찰리란 사람 아세요?" 미스 모처는 그의 얼굴을 들여다보면서 말했다.

"조금은 알지요."

"그 사람, 턱에서 귀밑까지 수염이 아주 멋지죠! 그리고 그 다리, 두 개 뿐이지

---

[4] 그 무렵 런던의 보드 거리에서 장사하던 여자 미용사 가운데, 독극물이 든 화장품을 써서 문제를 일으킨 사람이 있었다고 한다.

만—실은 더 있을 텐데—하지만 두 개라도, 겨루면 누구에게도 지지 않을 거예요. 그런데 그 사람이 근위 기병으로 있을 때 내 도움 없이 했다면 당신은 믿겠어요?"

"정신 나간 짓이야!" 스티어포스가 말했다.

"정신이 나갔든 제정신이든, 그렇게 한 것만은 사실이에요. 그는 화장품점에 가서 마다가스카르 액체를 한 병 사려고 했지요."[5]

---

5) 마다가스카르 액체는 동양에서 수입하던 유명한 머릿기름. 그것을 착각했다는 뜻.

"찰리가요?"

"그랬다니까요. 그런데 그 가게에는 마다가스카르 액체가 없었어요."

"마다가스카르 액체란 음료수 종류인가요?" 스티어포스가 물었다.

"마시는 것이냐고요? 콧수염을 손질할 때 쓰는 것이에요. 그 가게에는 여자가 한 사람 있었어요. 나이가 지긋한 분이지요. 마다가스카르란 이름을 들어 본 적도 없는 아주 풋내기였어요. 그 풋내기가 찰리에게 이렇게 말했죠. '미안합니다마는 선생님, 그거 혹시 루주가 아닙니까?' 찰리가 그 풋내기에게 소리쳤어요. '뭐라구, 루주가 아니냐구요! 도대체, 내가 루주 같은 것이 필요해서, 제기랄, 이렇게 공손하게 당신에게 물어 봤겠소?' 점원은 점원대로, '선생님, 저는 나쁜 뜻으로 이야기한 게 아닙니다. 손님들이 루주를 여러 가지 이름으로 주문하시거든요. 그래서 선생님이 주문하시는 것도 루주인 줄 알았지요' 하고 납죽 엎드려 사과하고요. 자아, 도련님, 이것이 내가 말한 어리숙한 바보의 본보기입니다. 그야 저도 가끔은 이런 짓을 할 때가 있지요. 가끔인지, 자주인지. 하지만 빈틈없이 처리하죠. 그러니 걱정 마세요!"

"이런 짓이라니, 루주 이야기 말인가요?" 스티어포스가 물었다.

"그건 이 방법 저 방법 잘 궁리해서, 뭐든 사업의 '비결'을 쓰면, 좋은 결과가 나오거든요. 어떤 마나님은 루주를 입술 연고라 하고, 또 다른 마나님은 장갑이라고도 하고, 부채라고도 하지요. 그러면 나도 그렇게 부르면서 그들에게 루주를 제공하는 거지요. 그야 우리 사이에서는 서로 다 알면서 천연덕스런 얼굴로 서로 속아 주는 거지요. 손님들은 완전히 우쭐해져서, 내 앞에서는 물론 다른 손님들 앞에서까지 아무렇지 않게, '그거 발라줘' 하고 말씀하신다니까요. 그래서 그런 손님의 화장을 해주면, 이런 말씀까지 하신다니까요. '그걸 바르니—물론 듬뿍 발랐죠—내 모습이 어때? 너무 연하지 않아?' 하! 하! 얼마나 재미있는 일입니까, 도련님?"

미스 모처는 탁자 위에 서서 스티어포스의 머리칼을 열심히 비벼대며 나에게는 끊임없이 윙크를 보냈다. 그리고 이렇게 손님의 허물을 들춰내면서 매우 재미있어 했다.

"그런데 여기서는 그런 주문이 별로 없어요. 따라서 내가 돋보이는 거죠. 내가 여기에 온 뒤로 예쁜 여자는 보지 못했어요." 미스 모처는 말했다.

"하나도 없어요?" 스티어포스가 물었다.

"예쁜 여자 그림자도 보지 못했어요." 미스 모처가 대답했다.

"정말로 진짜 미인을 보여줄 수 있는데." 스티어포스는 나에게 눈길을 돌리며 말했다. "그렇지, 데이지?"

"그렇고말고." 나는 대답했다.

"뭐라고요?" 미스 모처는 나를 날카롭게 흘겨보고, 또 스티어포스의 얼굴을 살피면서 소리쳤다. "그게 사실이우?"

처음의 외침은 우리 두 사람을 향한 것이었지만 나중 것은 명백히 스티어포스에게만 해당되었다. 미스 모처는 답을 찾지 못하고 여전히 고개를 한쪽으로 기울이고 눈을 치켜뜬 채 스티어포스의 머리를 문지르고 있었다. 마치 허공에서 답을 찾다 보면 금방이라도 떨어질 거라고 굳게 믿고 있는 모습이었다.

"코퍼필드 씨, 당신의 여동생인 모양이지요?" 한숨 삼켰다가 미스 모처가 소리쳤다. 여전히 손은 바빴지만. "그렇죠?"

"아니요," 내가 대답하기 전에 스티어포스가 말했다. "절대로 그렇지 않아요. 코퍼필드는, 내가 잘못 보지 않았다면, 한때 그녀를 좋아했었지."

"지금은 좋아하지 않나요? 코퍼필드 도련님은 변덕쟁이인가 봐! 그럼 도련님은 폴리가 받아들일 때까지 이 꽃 저 꽃 돌아다니면서 단물만 빨아먹는 바람둥이로군요? 그녀의 이름이 폴리가 맞나요?"[6]

난쟁이의 이런 갑작스런 질문과 부리부리한 시선 때문에, 나는 잠깐 아주 당황했다.

"아닙니다, 미스 모처. 그 여자는 에밀리입니다."

"뭐라고요?" 난쟁이는 아까와 같이 소리쳤다. "으흠? 내가 왜 이렇게 왁자지껄 떠들고 있지! 코퍼필드 씨, 내가 그렇게 수다스럽지는 않지요?"

그 화제에 관한 미스 모처의 말투와 표정에는 불쾌한 점이 있었다. 그래서 나는 지금까지 어느 누구에게도 보인 적이 없는 심각한 태도로 말했다. "그 여자는 예쁘기도 하고 정숙해요. 지금은 자기처럼 아주 가치 있고 훌륭한 남자와 약혼했죠. 나는 그녀의 예쁜 얼굴 못지않게 그녀의 훌륭한 분별력을 존경하고 있

---

[6] 18세기 시인 존 게이의 명작 〈거지 오페라〉 제1막에 나오는 소곡을 비꼰 것.

어요."

"말 잘했어, 데이지!" 스티어포스가 소리쳤다. "그럼 어디, 말 나온 김에 내가 모조리 얘기해서 파티마 선생의 호기심[7]이 더 이상 억측을 펼치지 못하도록 만들어 주겠어. 그녀는 지금 도제로 일하고 있어요, 미스 모처, 이 도시의, 여자용 장신구와 기타 여러 가지를 취급하는 상점에서 말입니다. 오머 앤드 저램 상회 알아요? 이 친구가 방금 이야기한 약혼 상대는 그녀의 사촌이지요. 이름은 햄이고, 성은 페거티며, 직업은 배 만드는 목수로서 이 지방 토박이지요. 그 처녀는 이 세상의 누구보다 아름답고 귀여운 천사와도 같아요. 이 친구도 그렇지만 나도 그녀를 몹시 사모하고 있어요. 이런 말을 하면 코퍼필드가 싫어하고, 내가 그녀의 약혼자를 비방하는 것처럼 보일까 봐 조심스럽지만, 한마디 하자면, 이 결혼은 그녀가 자기 몸뚱이를 그냥 주어버리는 것 같단 말이에요. 그녀에겐 더 좋은 길이 틀림없이 있을 텐데. 확실히, 그 처녀는 귀부인의 자질을 타고났거든요."

미스 모처는 얘기를 매우 귀 기울여 듣고 있었다. 스티어포스가 이야기를 아주 천천히, 또박또박 했기 때문이다. 스티어포스의 이야기가 끝나자마자 미스 모처는 다시 놀라울 정도로 유창하게 이야기를 늘어놓았다.

"아, 그것이 전부예요?" 미스 모처는 스티어포스의 머리 주위로 이리저리 가위를 움직이면서 구레나룻을 다듬으며 외쳤다. "좋았어요! 좋았어! 꽤 긴 이야기군요. 그리고 이야기의 끝은 '한평생 그들은 행복하게 살았다' 이거겠지요? 아! 내 말이 틀림없지요? 틀렸다면 벌금놀이라도 할까요? '그녀는 매력적(Enticing)이니까 E자를 가진 그녀를 사랑합니다. 그녀가 약혼(Engaged)을 했으니까 E자를 가진 그녀를 미워합니다. 나는 그녀를 화려한(Exquisite) 가게로 데려가서 사랑의 도피(Elopement)란 구실로 그녀를 기쁘게 해주었습니다. 그녀의 이름은 에밀리(Emily), 그녀는 지금 동쪽(East)에 살고 있습니다' 이거겠죠? 하! 하! 코퍼필드 씨, 내가 성가신가요? 시끄러운가요?"

미스 모처는 약삭빠른 눈으로 나를 바라보았지만, 물음에 대한 대답도 기다리지 않고 이야기를 이었다.

"자! 어떤 악동을 손질해서 완벽하게 만들었습니다. 도련님의 머리는 머리카락

---

7) 파티마는 '푸른 수염'의 마지막 아내. 캐묻기 좋아하는 여자라는 뜻으로 쓰인다.

한 올까지 다 알고 있으니까요. 도련님, 내 말 듣고 있어요?" 스티어포스의 얼굴을 내려다보면서 미스 모처는 말했다. "이제 끝났으니 가도 좋아요. 코퍼필드 씨도 마음이 있다면 내가 손질해 드리지요."

"데이지, 어떻게 할래?" 스티어포스는 자리에서 일어나며 말했다. "너도 모양을 내는 게 어때?"

"미스 모처, 감사합니다만, 오늘 저녁엔—"

"거절하지 마세요." 마치 감정하듯이 내 얼굴을 빤히 보면서 말했다. "눈썹을 조금 다듬으시겠어요?"

"고맙습니다만, 다음에 하지요!"

"관자놀이 쪽으로 8분의 1인치만 당기면 좋을 텐데."

"고맙습니다만, 지금은 안 됩니다."

"그러면 수염이라도 손질하세요. 아니면 구레나룻이라도, 어때요?"

나는 거절했지만 부끄러워서 얼굴이 새빨갛게 달아올랐다. 이야기가 점점 내 약점 쪽으로 향했기 때문이다. 그러나 미스 모처는 내가 그녀의 완벽한 기술로 치장하길 원치 않는다는 것과 눈앞에서 조그마한 약병을 흔들어 보이며 온갖 달콤한 말로 설득하려 해도 내가 단호히 거절하자, 그럼 빠른 시일 안에 다시 시작하자고 말한 뒤, 높은 탁자에서 내려가는 데 나의 도움을 청했다. 내가 미스 모처를 도와주자 그녀는 아주 경쾌하게 내려와서는 턱을 모자 끈으로 맸다.

"요금은요?" 스티어포스가 물었다.

"5실링이에요, 아주 싸죠, 도련님. 내가 성가시진 않죠, 코퍼필드 씨?"

"절대로 그렇지 않습니다." 나는 예의상 정중하게 대답했지만 사실은 그랬다.

미스 모처는 받은 반 크라운 은화 두 닢을, 마치 파이장수가 그러는 것처럼 위로 휙 던졌다가 받아서 주머니에 넣고, 주머니 위로 팡팡 소리나게 두드렸다. "이게 내 지갑이죠!"

미스 모처는 다시 의자 앞에 서서, 아까 끄집어냈던 조그마한 잡동사니들을 가방에 챙겨 넣으며 말했다. "자, 이제 다들 들어갔나? 들어간 모양이군요. 그 키다리 네드 비드우드처럼, 자기가 직접 결혼식 올리자고 교회에 데려가서는 정작 중요한 신부를 놔두고 돌아오면 안 되니까요. 하! 하! 하! 정말 무정한 놈이지요, 그 네드란 놈은. 말도 안 되는 이야기지만, 코퍼필드 도련님, 내 이야기에 낙담하실지 모르지만, 어쩔 수 있나요. 나는 이만 가보겠습니다. 용기를 내서 꾹 참으세요. 잘 있어요. 코퍼필드 씨! 노퍽의 도련님, 조심하세요. 내가 너무 떠들어댔지요? 그러나 그건 다 두 악당 도련님들 때문이에요. 그러니 내가 용서하지요. 밥 스워(Bob swore)—글쎄, 어떤 영국인이 프랑스어를 막 배우기 시작했을 때 잘 자라는 말을 하려고 밥 스워[8]라고 했대요. 그러고는 이거 영어와 아주 비슷한걸, 하고 생각했다지 뭐예요. 자, 그럼 도련님들, 밥 스워!"

난쟁이 여인은 가방을 팔에 걸고 아장아장 걸어가면서도 수다를 떨었다. 문 있는 데까지 가더니 걸음을 멈추고서 자기의 머리채를 한 타래 두고 가는 것이 어떻겠느냐고 물었다. 그러고는 이런 제의에 대한 해설인 양 "내가 성가신가요?"라고 덧붙이더니, 손가락을 코에 대고 나가버렸다.

그러자 스티어포스가 더는 못 참겠다는 듯이 웃음을 터뜨렸으므로 나도 덩달아 웃었다. 이런 물꼬가 없었다면 웃지 않았겠지만. 한참만에야 우리는 웃음을 그쳤다. 스티어포스의 이야기에 따르면, 미스 모처는 아주 폭넓은 단골손님을 확보하고 있으며, 많은 사람들에게 다양하게 도움을 주고 있다고 한다. 괴짜라는 이유만으로 가볍게 보는 사람도 있지만 그녀만큼 신랄하고 날카로운 관찰자는 없다고 한다. 비록 팔은 짧아도 머리는 길다는 것이다. 미스 모처 본인은 이런 이야기를 해야 할 곳에 저런 얘기를 했지만, 그가 볼 때는 미스 모처 말이 옳다고 한다. 시골에도 곧잘 달려가서 가는 곳마다 손님을 발견하고, 누구하고나 친해진다. 나는 확인하기 위하여 그녀가 어떤 사람인가, 나쁜 뜻은 있는가 없는가, 한마디로 말해 좋은 사람인가 나쁜 사람인가를 물었지만, 그는 조금도 진지하게 들어주지 않았다. 두세 번 다시 물어도 소용없자 참았는지 잊어버렸는지, 아무튼 그 이상 거듭 묻지는 않았다. 대신 그는 끊임없이, 그녀의 실력과 수입, 그리고 어쩌면 내가 신세를 질 일이 있을 수도 있다며, 그녀가 과학적 진공요법 전문가라는 것까지 빠른 말로 얘기해 주었다.

그날 저녁에는 그 난쟁이 여자가 우리 이야깃거리의 주인공이었다. 헤어질 때도 스티어포스는 계단을 내려가는 내 등 뒤에서 "밥 스워!"라고 소리쳤다.

바키스 씨 집에 돌아온 나는 햄이 집 앞에서 왔다 갔다 하는 것을 보고 깜짝

---

[8] '밥은 맹세했다'라는 뜻. 불어 봉수아(bonsoir)를 잘못 말한 것이다.

놀랐다. 그리고 꼬마 에밀리가 집 안에 있다는 소리를 듣고 더욱 놀랐다. 그래서 나는 자연히 그에게, 왜 같이 들어가지 않고 여기서 혼자 이러고 있느냐고 물었다.

"하지만 데이비 도련님, 에밀리가 안에서 누구와 이야기를 하고 있어서요." 햄은 무엇 때문인지 망설이면서 대답했다.

"그렇다면 더욱 집 안으로 들어가야지요." 나는 웃으면서 말했다.

"데이비 도련님, 여느 때라면 그래야지요. 그러나 아주 젊은 여자와 이야기를 하고 있답니다. 에밀리가 옛날에 사귄 여자 친구인데, 앞으로는 더 이상 사귈 필요가 없는 여자이지요." 햄은 목소리를 낮추고 매우 진지한 얼굴로 말했다.

그 말을 듣자 몇 시간 전에 그들을 뒤쫓아가던 여자가 떠올랐다.

"온 시내에서 배척당하는 여자랍니다. 이 거리 저 거리, 어딜 가나 말이에요. 모두가 그 여자를 싫어하고 피하는 마당이니 어디 공동묘지인들 그를 받아주겠어요."

"햄, 오늘 저녁 우리가 헤어진 뒤 바닷가에서 그 여자를 보았던 것 같아요."

"우리를 미행했단 말입니까? 아마 그랬을 거예요. 나는 그 여자가 따라오는 줄 몰랐지만 얼마 뒤에 그 여자가 에밀리의 방에서 불빛이 새나오는 것을 보고선 창 밑으로 기어와서는, '에밀리, 에밀리, 내 후배니까 제발 상냥한 마음으로 나를 맞아줘, 나도 옛날에는 너와 같았어!' 이렇게 말하지 않겠어요. 이 얼마나 듣기 무시무시한 말이에요, 데이비 도련님!"

"정말로 그렇군요, 햄. 그런데 에밀리의 반응은 어땠나요?"

"에밀리가 '어머, 마사 아니야? 오, 정말 마사야?'라고 했어요. 둘은 오머 씨의 상점에서 같이 일했던 사이거든요."

"아, 이제 생각났어요!" 나는 언젠가 처음 오머 상점에 갔을 때 본 두 여자 가운데 한 사람을 떠올리며 외쳤다. "지금도 확실히 기억해요!"

"마사 엔델이에요. 에밀리보다 두세 살 위이고, 둘이 같이 학교에도 다녔답니다."

"그 여자의 이름은 들어본 적이 없어요." 나는 말했다. "햄의 이야기를 방해할 뜻은 없었어요."

"그거야 당연하지요, 데이비 도련님." 햄이 말했다. "그녀의 이런 말에 모든 것이 뚜렷이 나타나 있잖습니까? '에밀리, 에밀리, 제발 후배답게 나를 상냥한 마음으로 맞아줘, 나도 옛날에는 너와 같았어!' 그 여자는 에밀리와 얘기하고 싶어 했어요. 그러나 에밀리는 그럴 수가 없었지요. 삼촌이 집에 돌아왔거든요. 삼촌은 마사 엔델을 아주 싫어했으니까요. 절대로 같이 어울리지 못하게 했어요, 데이비 도련님." 햄은 아주 진지하게 말했다. "삼촌은 착하고 친절하신 분이지요. 그래도 에밀리와 마사가 함께 있는 모습은 절대로 그냥 봐 넘기지 않으실 거예요."

 그것은 나도 동감이었다. 순식간에 햄과 마찬가지로 사정을 전부 읽을 수 있었다.

 "그래서 에밀리는 종잇조각에 연필로 글을 써서, 그것을 이 집으로 가져가도록 창밖으로 마사에게 건넨 거예요. 에밀리는 이렇게 썼죠. '이 쪽지를 우리 이모인 바키스 부인에게 보여줘. 그러면 나를 귀여워하는 이모가 언니를 난롯가에 있도록 해줄 거야. 아저씨가 나가시고, 내가 갈 때까지.' 그러곤 그 이야기를 내게 해주면서, 그 여자를 좀 데려다주라는 거예요. 그러니 어떡합니까? 그런 여자와 사귀는 게 마뜩잖지만, 에밀리가 울면서 부탁하니 통 거절할 수가 있어야 말이지요."

 햄은 털 탈린 외투 가슴 속에 한 손을 집어넣더니, 아담하고 예쁘장한 지갑 하나를 아주 조심스럽게 꺼냈다.

 "에밀리의 눈물 어린 호소는 거절할 수 있다 해도 말입니다, 데이비 도련님." 햄은 그 지갑을 우락부락한 손으로 조심스럽게 매만지며 말했다. "저 여자를 위해 이놈을 가져가달라고 하니, 어떻게 거절할 수 있겠어요? 에밀리가 이걸 대체 왜 가져왔는지 아는데 말이에요. 이런 장난감 같은 걸!" 햄은 생각에 잠겨 그것을 내려다보았다. "얼마 안 되지만 돈까지 넣어서 말이죠."

 햄이 지갑을 다시 넣자, 나는 그와 따뜻하게 악수했다. 어떤 말보다도 악수가 더 어울릴 것 같았기 때문이다.

 우리는 잠깐 말없이 주변을 거닐었다. 그때 문이 열리더니 페거티가 얼굴을 내밀고 햄에게 들어오라고 손짓했다. 나는 물러나 있고 싶었으나, 페거티가 나를 따라와서 같이 들어오라고 청했다. 비록 집으로 들어가기는 했지만, 그들이 모여 있는 방만은 피하고 싶었다. 내가 여러 번 이야기한, 깨끗하게 타일이 깔린 부엌이 아니었으면 했다. 그러나 문이 열리자마자, 어디로 가는지 생각할 겨를도

없이 나는 모두가 모여 있는 가운데로 들어가고 말았다.

그 여자—모래톱에서 보았던 바로 그 여자—가 난롯가에 앉아 있었다. 그 여자는 머리와 한쪽 팔을 의자에 기대고 바닥에 주저앉아 있었다. 그 자세로 보아 에밀리는 이제 막 일어난 모양으로, 여자는 조금 전까지 에밀리의 무릎에 머리를 파묻고 있었을 것이다. 마치 자기 손으로 쥐어뜯은 것처럼 엉클어진 머리카락이 얼굴을 온통 뒤덮고 있어서 얼굴은 거의 보이지 않았지만, 젊고 금발머리라는 것만은 알 수 있었다. 페거티는 소리 내어 울고 있고, 꼬마 에밀리도 울고 있었다. 우리가 방에 들어가도 어느 누구도 말이 없었고, 화장대 곁의 네덜란드제 시계만이 적막 속에서 보통 때보다 두 배 큰 소리를 내면서 똑딱거리고 있었다.

에밀리가 먼저 입을 열었다. "마사가 런던으로 가고 싶대요."

"런던에는 왜?" 햄이 물었다.

햄은 그 두 여인 사이에 서서, 동정과 질투가 뒤섞인 감정으로 엎드려 있는 여자를 바라보았다. 자기가 깊이깊이 사랑하는 여인과 친하다는 데 대한 질투였다. 나는 그의 그러한 감정을 지금도 뚜렷이 기억한다. 두 사람의 대화는, 마치 에밀리가 병이라도 걸린 것처럼 꾹 억누른 낮은 투로 오고갔지만, 거의 속삭임이나 다름없는 그 얘기는 귀에 또렷하게 들렸다.

"여기보다는 런던이 나아." 마사의 목소리가 크게 울렸다. "거기 가면 나를 아는 사람이 없어. 여기선 모두가 나를 알지만."

"거기서 무엇을 하려구요?" 햄이 물었다.

마사가 고개를 들고 잠깐 햄을 넌지시 바라보다가, 다시 푹 숙이고는, 마치 열병에 걸렸거나 총에 맞아 바르작대는 것처럼 오른팔을 목에 감고 온몸을 고통스러운 듯이 비틀었다.

"마사는 잘하려고 힘쓸 거예요." 꼬마 에밀리가 말했다. "마사가 지금 우리에게 무슨 이야기를 해줬는지 당신은 몰라요. 다른 사람들도. 안 그래요 이모?"

페거티는 불쌍하다는 듯이 고개를 끄덕였다.

"저는 노력하겠어요, 여기서 벗어나도록 도와주신다면. 지금보다 더 나쁘게 될 리는 없으니까요. 뭐든 할 수 있어요. 틀림없이!" 마사는 몸을 떨며 말했다. "이 거리에서 나를 빼내주세요. 어릴 때부터 나를 다 알고 있는 이 거리에서!"

에밀리가 햄에게 손을 내밀자, 햄이 돛천으로 된 조그마한 지갑을 에밀리의 손에 쥐여주었다. 에밀리는 자기 지갑이라고 생각해서 받아들고 한두 걸음 앞으로 나가다가, 이내 잘못 알았다는 것을 깨닫고는 내 옆으로 물러선 햄에게로 되돌아와서 지갑을 내보였다.

"에밀리, 그건 당신 거야." 햄이 말하는 소리가 들렸.

"이 세상에서 내 것은 뭐든 모조리 당신 거야. 당신이 없다면 나에게 즐거움이란 없으니까."

에밀리의 눈에서 눈물이 솟구쳤다. 에밀리는 돌아서서 마사에게로 갔다. 마사에게 돈을 얼마나 줬는지는 모르지만, 그녀를 끌어안으면서 얼마간의 돈을 주머니에 넣어주었다. 이 정도면 되겠냐고 물으면서 작은 소리로 뭐라고 속삭였다.

"응, 충분해. 남을 정도야." 마사가 대답했다. 그리고 에밀리의 손을 잡고 입을 맞추었다.

마사는 일어나서, 숄로 얼굴을 가리고는 울면서 문 쪽으로 천천히 걸어갔다. 나가기 전에 못다 한 말이 있는 것처럼 한 번 멈칫 했으나 숄을 뒤집어쓰고서 나지막하고 처량하게 신음 소리를 내며 그대로 말없이 나가버렸다.

문이 닫히자, 에밀리는 당황하여 우리 세 사람을 돌아보았지만, 그대로 손으로 얼굴을 가리고 흐느끼기 시작했다.

"울지 마, 에밀리!" 햄이 에밀리의 어깨를 가볍게 치며 말했다.

"아, 햄!" 에밀리는 울면서 소리쳤다. "난 정말 나쁜 애야! 고마워해야 하는 줄 알면서도 때로는 그렇게 되지 않아요."

"아니야, 아니야, 당신은 착해. 나는 확신해." 햄이 말했다.

"아니에요! 그렇지 않아요!" 꼬마 에밀리는 흐느끼면서 고개를 저었다. "나는 정말 나빠요. 나쁘다고요!"

가슴이 찢어질 듯한 울음은 멈추지 않았다.

"나는 당신의 사랑을 지나치게 시험하고 있어요. 그 사실을 잘 알고 있어요!" 에밀리는 마침내 흐느끼기 시작했다. "심술궂게 굴고, 변덕을 부리고. 그럼 안 되는데 말이에요. 당신은 나한테 절대 그러지 않아요. 그런데 나는 왜 이럴까요? 사실은 당신에게 감사하고 당신을 행복하게 할 것만 생각해야 하는데!"

"당신은 언제나 나를 행복하게 해줘, 에밀리. 나는 당신을 보기만 해도 행복하단 말이야. 당신 생각을 하면 온종일 행복하다고."

"아! 그것으로는 충분치 않아요! 그건 당신이 착하기 때문이지 제가 착하기 때문은 아니에요. 아, 당신이 딴 여자를 좋아했더라면, 당신은 더 행복했을 텐데. 당신에게 헌신적이고, 나같이 허영심도 없고, 변덕스럽지도 않으며, 나보다 더 착실하고 훌륭한 여자를 좋아했더라면!"

"딱하게도!" 햄은 나지막하게 말했다. "마사 때문에 너무 놀란 거야."

"이모," 에밀리가 흐느끼며 말했다. "이리 오셔서 제 머리를 안아주세요. 이모, 오늘 밤은 너무 괴로워요! 오, 착해야 되는 줄 알면서도! 나는 아주 못됐어요!"

페거티가 서둘러 난로 앞으로 가자 에밀리는 두 팔로 페거티의 목을 껴안고, 그의 곁에 무릎을 꿇고 아주 진지한 표정으로 페거티를 올려다보았다.

"오, 이모, 제발 저를 도와주세요! 햄, 저를 도와주세요! 데이비 도련님, 옛날을 생각해서라도 저를 도와주세요! 나는 착한 애가 되고 싶어요. 지금보다 더 감사하는 마음을 갖고 싶어요. 착한 사람의 부인이 되어 평화로운 삶을 누리는 것이 얼마나 복받은 일인가를 더 느끼고 싶어요. 오! 내 가슴이, 내 가슴이!"

에밀리의 모든 행동이 그렇듯 여자 같지도 않고 아이 같지도 않은, 말할 수 없이 고통스러운 애원이었다. (나는 그것이 다른 어떤 태도보다 자연스럽고, 에밀리의 아름다움에 더 잘 어울린다고 생각했다.) 페거티는 훌쩍거리는 에밀리를 마치 갓난아기처럼 달래주었다.

에밀리가 차차 냉정을 되찾아갔다. 우리는 에밀리를 위로하기 시작했다. 격려하기도 하고 또 약간의 농담도 했다. 드디어 에밀리도 고개를 들고 우리에게 말을 걸 수 있게 되었다. 우리가 더더욱 에밀리를 격려하고 위로해주자 에밀리는 다시 미소 짓고, 소리 내어 웃기도 하더니, 부끄러워하면서 일어나 앉았다. 페거티는 집에 가서 왜 울었느냐고 추궁당하지 않도록, 흐트러진 머리를 손질해주고, 눈물을 닦아주고, 옷을 매만져주느라 바빴다.

그날 밤, 나는 에밀리가 전에는 하지 않았던 행동을 하는 것을 보았다. 에밀리는 약혼자의 뺨에 키스하고, 그가 자신의 가장 큰 버팀목이라도 되는 것처럼 그의 옆에 딱 붙어섰다. 그들이 달빛을 받으며 돌아가는 뒷모습을 보면서, 나는 아까 마사가 문을 나갈 때의 모습과 그들을 비교해 보았다. 에밀리는 두 손으로 남자의 팔을 꼭 잡고서 그에게 바짝 붙어 가고 있었다.

23장
첫 직장

 아침에 눈을 뜨자 나는 꼬마 에밀리가 어제 저녁 마사가 떠난 뒤 슬퍼하던 모습을 떠올렸다. 그러자 어떤 성스럽고, 서로 마음을 허락한 사이에 나타나는 이른바 가족적인 나약함과 다감함이 무엇인지 알 것 같아서, 그것을 남에게 얘기하면 상대가 스티어포스라고 해도 안 될 것 같아서 그만두었다. 나는 에밀리에게 쏟았던 다정한 마음을 다른 어느 누구에게도 품은 적이 없었다. 한때는 소꿉친구요, 또 그때는 내가 진심으로 사랑했던 사람이라고 지금도 굳게 믿으며, 죽는 날까지도 그러한 믿음에는 변함이 없을 것이다.
 그렇다면 어제 우연히 에밀리가 자기 마음의 문을 열고, 참지 못하고 여러 사람들 앞에서 심정을 토로하던 사실을 다른 사람들—스티어포스에게조차도—에게 이야기한다는 것은, 스스로를 배신하는 분별없는 행동, 적어도 에밀리를 떠올릴 때면 언제나 머리를 비추는 순수한 어린 시절을 배반하는 행동이라는 생각이 들었다. 그래서 이것만큼은 끝까지 마음 깊은 곳에 묻어두기로 결심했다. 그리고 그로 말미암아 에밀리는 새로운 매력을 더해갔다.
 아침을 먹다가 대고모가 보낸 편지를 받았다. 편지에는 스티어포스가 좋은 충고를 해줄 것이니 그와 상의해서 일을 처리하라는 내용이 씌어 있었으므로, 우리는 곧 돌아갈 길을 의논하기 시작했다. 많은 사람들에게 작별인사를 해야 했으므로 제법 일이 많았던 것이다. 바키스 씨는 우리의 출발을 매우 섭섭해했다. 우리가 야머스에 이틀 더 머문다면, 자기의 비밀 돈궤를 열어 기꺼이 1기니를 희생했을 것이다. 페거티 씨 가족들도 우리가 떠나는 것을 몹시 슬퍼했다. 오머 앤드 저램 상회 사람들도 모두 인사를 하러 와주었고, 여행 가방을 마차에 실을 때는 스티어포스와 함께 일했던 뱃사람들이 우르르 몰려와서 일을 대신해 주었다. 그것이 1개 연대 병력의 군용 장구일지라도, 짐꾼을 살 필요가 없을 정도였다. 요컨대 우리는 관련된 모든 사람들의 애정과 서운함 속에서 그곳을 떠났으며, 그곳 사람들에게 많은 섭섭함을 남겨주었다.

"리티머, 이곳에 오래 머무를 작정이에요?" 마차가 떠나는 것을 보려고 서 있는 그에게 나는 물었다.

"아닙니다, 도련님. 오래 있을 것 같지 않습니다."

"지금으로선 리티머도 알 수 없지." 스티어포스가 불쑥 말했다. "하지만 자기가 해야 할 일을 알고 있으니 잘하겠지."

"그야 당연히 그렇겠지." 나도 맞장구쳤다.

내가 칭찬하자 고맙다는 표시로 리티머는 자기 모자에 가볍게 손을 대고 인사했다. 순식간에 나는 여덟 살짜리 꼬맹이가 된 것만 같았다. 그는 잘 가라는 뜻으로 다시 모자에 손을 댔다. 이집트의 피라미드 못지않게 공손하고 신비롭게 길가에 서 있는 리티머를 그대로 남겨둔 채 우리는 떠났다.

얼마간 우리는 말이 없었다. 스티어포스는 이상할 정도로 입을 굳게 다물고 있었고, 나 역시 수많은 생각에 잠겨 있었다. 언제 또다시 이 정든 고장을 찾을 수 있을까? 그때까지 나와 이 고장에 어떠한 변화가 일어날까? 그런 생각만으로 머리가 가득했다. 그때 스티어포스가 내 팔을 잡아당겼다. 그는 마음만 먹으면 어떤 기분으로든 순식간에 바꿀 수 있었으므로, 그때도 이미 무척 떠들어대고 있었다.

"무슨 말이라도 해봐, 데이비드. 아침 먹을 때 편지, 누구한테서 왔지?"

"아, 대고모님한테서." 나는 편지를 주머니에서 꺼내 보였다.

"생각해야 할 문제가 있다고 했는데, 그게 뭐지?"

"이번 여행은 주변을 돌아보고 앞날의 계획을 생각해 보는 게 목적이었다는 걸 다시 돌이키게 해 주신 거야."

"그렇다면 그건 이미 생각했겠지?"

"그게 그렇지도 않아. 실은 까맣게 잊고 있었어."

"뭐야! 그렇다면 지금 하면 되지. 주변을 돌아보고 잊고 있던 것을 채워 넣는 거야. 먼저 오른쪽을 봐. 평평한 이 들판, 곳곳에 늪이 있지. 다음은 왼쪽. 여기도 마찬가지야. 그럼 앞은 어떻지? 여기도 똑같아. 뒤는? 여전히 허허벌판이야!"

나도 소리 높이 웃었다. 과연 이 경치를 보면서 좋은 일자리를 찾긴 글렀군.

이게 다 허허벌판 때문이야, 라고 대답했다.

"그런데 대고모님은 그 문제를 어떻게 생각하시지?" 스티어포스가 내 손에 든 편지를 흘겨보며 물었다. "무슨 암시라도 해주셨어?"

"편지에는 소송대리인이 되면 어떻겠느냐고 하셨어. 너는 어떻게 생각해?"

"글쎄, 나는 모르겠어." 스티어포스는 쌀쌀맞게 대답했다. "뭐 나쁘진 않겠지. 어차피 직업은 다 똑같으니까."

나는, 이렇게까지 모든 직업을 똑같이 보다니 재미있다고 말하며 웃음을 참지 못했다.

"스티어포스, 그런데 소송대리인이 뭐지?" 나는 물었다.

"말하자면 수도원의 법정대리인 같은 거지. 세인트폴 성당 근처의 한가롭고 오래된 거리 한구석에 자리한 낡은 민법박사회관에서 지금은 별 의미도 없는 법안을 처리하는 직업이야. 사무 변호사가 보통 법정에서 처리하는 일과 같은 것이지. 세상 돌아가는 자연적 추세에 따른다면 이런 직업은 벌써 2백 년 전에 없어졌어야 마땅하지. 민법박사회관이 뭘 하는 곳인지 설명하는 쪽이 빠르겠군. 민법박사회관이란 이미 시대착오적인 고물이야. 교회법을 집행하며, 구태의연한 낡은 괴물과 같은 법령을 적용하여 온갖 장난을 치는 곳이지. 그런데 애당초 교회법이 뭔지 세상 사람들 4분의 3은 전혀 모르고, 나머지 4분의 1은 그것을 에드워드 왕조[1] 때 발굴한 화석 같은 골동품쯤으로 알고 있어. 어쨌든 케케묵은 관습에 따라, 유언이나 결혼이나 선박에 관한 소송 사건이나 크고 작은 논쟁에 관한 독점권을 쥐고 있는 곳이지."

"스티어포스, 터무니없는 소리 마." 나는 소리쳤다. "바다 문제와 교회 문제 사이에 무슨 공통점이 있다는 거야?"

"오, 그런 뜻이 아니야. 내 말은 같은 민법박사회관에 있는 같은 사람들이 그 두 사건을 처리하고 판결을 내린다는 뜻이야. 한번 가 봐. '낸시 호'와 '사라 제인 호' 충돌사건이니, 페거티 씨나 다른 야머스 선주들이 난파한 인도 무역선 '넬슨 호'에 폭풍을 무릅쓰고 구조하러 나선 사건 같은 것을, 영 바다용어사전[2]에 의거하여 변변치 않은 지식으로 처리하고 있을 거야. 그런데 그 뒤에 또 가 봐. 똑

---

1) 에드워드 1세부터 3세까지. 즉 13세기 후반부터 14세기 후반까지의 약 100년.
2) 19세기 중엽에 나온 바다용어사전.

같은 녀석들이 이번에는 수도사들의 난잡한 행실 문제로 흑이니 백이니 어쩌고 하면서 증거를 찾느라 머리를 쥐어짜고 있을 테니까. 아무튼 어제 해사(海事) 재판을 하면 오늘은 수도사 사건의 변호인으로 앉아 있지. 물론 그 반대도 있고. 말하자면 배우 같은 거야. 재판을 하고 있는가 싶으면 벌써 다른 걸 하고 있지. 고양이 눈동자처럼 처음부터 끝까지 달라져. 그런데 돈은 제법 버는 유쾌한 연극인 것만은 틀림없어. 더구나 손님은 한정된 높으신 분들뿐이니, 특별 공연이라고 보면 될 거야."

"대변인과 소송대리인은 다르지?" 나는 알쏭달쏭했다.

"다르지." 스티어포스가 대답했다. "대변인은 민간인, 즉 대학에서 박사학위를 받은 사람들이야. 나도 대학에 다니므로 조금 알게 된 거지. 소송대리인이 대변인을 고용하는 거야. 양쪽 다 수입은 좋아. 그들은 똘똘 뭉쳐 강력한 조직을 형성하고 있지. 그러니까 너도 그 민법박사회 녀석들과는 잘 지내는 게 좋을 거야, 데이비드."

스티어포스의 의견은 매우 신랄했다. 그러나 그의 성격을 고려하고, '세인트폴 성당 근처의 한가롭고 오래된 거리의 한구석'이란 말에 어려 있는 차분하고 고풍스러운 느낌을 생각하면, 대고모의 제의가 마음이 내키지 않는 것은 아니었다. 게다가 대고모는 그 결정을 전적으로 나의 자유에 맡겼다. 요즈음 나를 위해 유언장을 만들려고, 민법박사회관에 소송대리인을 만나러 자주 드나들다가 갑자기 그런 생각을 했노라고 편지에 털어놓았던 것이다.

내가 그런 생각들을 스티어포스에게 말하자, 그는 힘주어 말했다. "어쨌든 대고모님 편에서는 장한 처사야. 멋진 격려에다 아주 지당한 제의군. 데이지, 내가 충고하고 싶은 것도, 민법박사회관을 좋아하도록 해야 한다는 거야."

나는 그렇게 하기로 결심했다. 그리고 나는 스티어포스에게 대고모가 런던에서 나를 기다리고 있다는 것(편지에 그렇게 씌어 있었다), 돌계단이 있고 지붕에 문이 나 있어서 편리한 링컨스인필드에 있는 어떤 여관에 1주일간 묵고 있다는 사실을 얘기했다. 그리고 대고모가 지붕에 문이 있는 방을 특히 좋아하는 이유는, 런던에 있는 집들이 매일 밤 한 채씩 불타 없어진다고 믿기 때문이라고 설명해 주었다.

우리는 나머지 여행을 즐겁게 마쳤다. 때때로 다시금 민법박사회관 얘기가 나와서 내가 그곳의 소송대리인이 되어 있는 먼 미래의 이야기가 나왔지만, 그때마다 스티어포스는 그야말로 재미있게 그때의 모습을 그려보였으므로 우리는 줄곧 유쾌하게 웃었다. 런던에 닿자, 스티어포스는 내일모레 찾아오겠다고 약속하고 집으로 가버렸다. 나는 혼자 마차를 타고 링컨스인필드로 향했다. 대고모는 저녁 식사를 미루며 기다리고 있었다.

내가 세계 일주를 마치고 대고모를 만났다 해도, 그처럼 반가울 수는 없었을 것이다. 대고모는 나를 껴안으면서 울음을 터뜨렸다. 그러면서도 곧 애써 웃으면서 만약 네 어미가 살아 있었다면, 그 어리석은 것이 틀림없이 눈물을 쏟으며 울었을 것이라고 허세를 부리는 것이었다.

"대고모님, 딕 씨는 집에 두고 오셨나요?" 나는 물었다. "아쉽네요. 아, 자넷, 잘 있었어요?" 자넷이 도련님도 잘 있었냐면서 다리를 굽혀서 인사를 하자, 대고모의 얼굴이 매우 어두워졌다.

"나도 잘못했다고 생각하고 있어." 대고모는 코를 비비며 말했다.

"여기 온 뒤로 마음이 편한 날이 없었단다."

대고모는 내가 무슨 일이냐고 묻기도 전에 말을 이었다.

"애당초 말이야," 대고모는 우울한 표정으로 책상 위에다 단호히 손을 놓으면서 말했다. "딕 씨의 성격으로는 그 당나귀를 쫓을 수가 없을 텐데 말이다. 딕 씨 대신 자넷을 집에 두고 왔어야 했어. 그럼 내 마음이 좀더 편했을 텐데. 잔디밭을 짓밟는 당나귀만 없다면 모르지만, 그놈들은 분명 오늘 오후 4시에 들어와 있을 거야." 대고모는 힘주어 말했다. "머리끝부터 발끝까지 소름이 오싹 돋았는걸. 당나귀가 틀림없어!"

나는 대고모를 위로하려고 했으나 대고모는 받아들이지 않았다. "분명 당나귀 때문이야." 대고모는 말했다. "머더링[3] 남매가 우리 집에 왔을 때 타고 왔던, 뚱뚱한 당나귀가 틀림없어." 그때 이후로 대고모가 미스 머드스톤에 대해서 기억하고 있는 유일한 이름은 머더링 남매였던 것이다. "도버 전체를 통틀어 가장 참을 수 없는 무례한 당나귀가 있다면," 대고모는 책상을 치면서 말했다. "바로 그놈이야!"

---

3) 살인하다라는 뜻.

자넷은 대고모가 쓸데없이 불안해하고 있는 것을 염려하여 조심스럽게 말했다. 문제의 그 당나귀는 지금 모래와 자갈을 운반하는 일에 바빠서 남의 잔디밭을 침입할 시간이 없다고. 그러나 대고모에게 자넷의 말은 들리지 않았다.

저녁 식사는 아주 맛이 좋았다. 대고모의 방은 매우 높은 층에 있었지만 음식은 따뜻했다. (대고모가 돈을 낸 만큼 계단이 많은 방을 원했는지, 아니면 지붕에 난 문에 더 가까이 있고 싶어서 그렇게 했는지는 나로서는 알 수가 없었다.) 나는 구운 닭과 스테이크와 채소를 배불리 먹었다. 모두 맛있었다. 그러나 대고모는 런던 음식에 대해서 나름대로의 생각이 있어서 조금만 들었다.

"이 불행한 닭은 지하실에서 태어나서 자랐지." 대고모는 말했다. "역마차 정거장을 제외하면 바깥 공기를 마셔본 적이 없을 거야. 또 스테이크 하면 보통 쇠고기지만, 이건 쇠고기가 아닐 거야. 런던에서는 오물을 제외하고는 진짜라곤 없어."

"닭은 시골에서 가지고 온 것이 아닐까요, 대고모님?" 나는 넌지시 말했다.

"절대로 아니야. 런던 상인들이 선전한 그대로 팔 것 같아? 어림도 없지!"

나는 더 이상 대고모의 의견에 반대하지 않고 저녁을 맛있게 먹었다. 그것을 보고 대고모도 크게 기뻐하는 것 같았다. 식탁이 깨끗이 치워지자, 자넷은 대고모의 머리를 깨끗이 빗겨 드리고는, 특별히 멋지게 만든 나이트캡을 씌웠다.(대고모의 말에 의하면 '만약의 화재에 대비해서'였다.) 그리고 대고모는 가운을 무릎 위까지 접어서 올렸다. 그것들은 대고모가 잠자리에 들기 전에 몸을 따뜻이 하기 위한 평소의 과정이었다. 이윽고 나는 조금도 탈선이 허락되지 않는 단호한 규칙에 따라서, 따끈한 백포도주 한 잔과 길쭉하게 자른 토스트를 대고모를 위해 만들었다. 그러한 것들을 준비해서 자기 전에 대고모와 단둘이 남는다. 대고모는 내 맞은편에 앉아서 물 탄 포도주를 마시고, 토스트 조각을 하나씩 포도주에 적셔 먹었다. 그리고 이따금씩 나이트캡 차양 너머로, 인자하게 나를 바라보는 것이었다.

"얘, 트롯아. 너 소송대리인이 되는 것을 어떻게 생각하니? 아니면 아직 생각해 보지 않았니?"

"대고모님, 거듭 생각해 봤습니다. 스티어포스와 의논도 해보았고요. 저는 소송대리인이 참 좋다고 생각합니다."

"그래. 그것 참 기쁜 일이다."

"대고모님, 그런데 어려움이 하나 있어요."

"말해 보렴, 트롯아."

"제가 아는 바로는 인원수가 제한된 특수 직업 같은데, 그러면 돈이 많이 드는 것 아닙니까?"

"돈이 필요하지." 대고모가 대답했다. "너를 수련시키는 데 꼭 1천 파운드가 든단다."

"그것 때문에 불안해요. 1천 파운드는 큰돈이니까요. 대고모님은 저를 가르치는 데 이미 많은 돈을 쓰셨어요. 무슨 일이나 아낌없이 베풀어주셨고요. 그러니 이제는 그렇게 엄청난 돈을 쓰지 않더라도 인생을 출발하게 되는 새 길이 꼭 있을 거예요. 마음을 단단히 먹고 열심히 노력하면 희망이 있지 않겠어요? 그러한 길을 택하는 것이 더 좋지 않을까요? 그렇게 많은 돈을 투자할 여유가 있으세요? 대고모님은 저에게는 제2의 어머니이시니까 제발 다시 한번 더 생각하시라고 여쭙는 것입니다. 틀림없이, 괜찮으세요?"

토스트를 먹다가 내가 말하는 동안 죽 내 얼굴을 유심히 바라보던 대고모는 그제야 마지막 조각을 입에 넣었다. 그리고 컵을 난로 선반에 놓고서, 둘둘 감싼 치마 위로 팔짱을 끼면서 말했다.

"트롯, 내 인생에 목적이 있다면, 네가 착하고 분별력이 있고 행복한 사람이 되도록 뒤치다꺼리를 해주는 거란다. 나는 그것만 생각하고 있어. 딕 씨도 마찬가지이다. 내가 아는 누구에게든 그 문제에 관한 딕 씨의 생각을 들려주고 싶을 정도야. 그는 정말 현명해! 딕 씨의 지혜가 얼마나 깊은가를 아는 사람은 나뿐이야!"

대고모는 말을 잠깐 멈추고 내 손을 꼭 잡더니 다시 이야기를 이었다.

"트롯, 현재에 보탬이 되지 않는다면, 과거를 생각해 봤자 소용이 없어. 그야 나도 너의 불쌍한 아버지나 어린애 같은 네 어머니와 더 친해질 수가 있었을 거야. 비록 네 누이동생 벳시 트롯우드가 나를 실망시켰어도 말이야. 그러고 보니 네가 먼지를 뒤집어쓰고 거지꼴로 나를 찾아왔을 때도, 나는 그렇게 못한 것을 후회했었지. 그렇지만 그 뒤로 지금까지 트롯, 너는 나의 명예요, 자랑이요, 기쁨이야. 나는 내 재산을 딴 목적에 쓸 생각은 없단다." 여기서 대고모는 갑자기 혼란스러워하면서 망설이는 것 같았다. "그래, 달리 쓰고 싶은 곳은 없단다. 너는 내 양자야. 그러니 늙은 내게 귀여운 아이가 되어 주렴. 내 변덕과 고집을 참아주기만 하면 돼. 한창때 행복하지 못하고 만족하지도 못했던 이 늙은이한테는, 내가 너에게 해준 것보다 그게 훨씬 더 고맙단다."

대고모가 자신의 과거를 이야기한 것은 이번이 처음이었다. 그리고 얘기하는 대고모의 침착한 태도에는 너그러움이 있어 보였다. 그것만으로도 대고모에 대한 나의 존경심과 애정은 더욱 커져갔다.

"자, 이제 우리 둘 사이에서는 얘기가 다 끝났구나, 트롯아. 더 이상 이 얘기를 꺼낼 필요는 없다. 와서 뽀뽀해주렴. 그리고 내일 아침을 먹은 뒤 민법박사회관에 가자꾸나."

그러고도 우리는 난롯가에 앉아서 오랫동안 잡담을 나눈 뒤에 잠자리에 들었다. 나는 대고모와 같은 층에서 잤다. 그러나 밤사이 멀리서 들려오는 역마차와 짐마차 소리에 잠을 깬 대고모가 그때마다 내 방문을 두드리면서, "소방차 소리 아니냐?"라고 묻는 통에 나는 잠을 설쳤다. 새벽녘이 되어 대고모가 곤히 잠든 뒤에야 나도 푹 잘 수 있었다.

정오가 다 되어 우리는 민법박사회관에 있는 스펜로 앤드 조킨스 법률사무소로 향했다. 대고모는 런던 사람은 모두가 소매치기라는 별난 생각을 가지고 있어서, 지갑을 아예 내게 맡겼다. 지갑에는 10기니와 몇 개의 은화가 들어 있었다.

우리는 플리트 거리의 장난감 가게 앞에서 잠깐 쉬었다. 세인트 던스탄 교회[4]의 거인상이 시각을 알리는 종을 치는 것을 보고 싶었기 때문이다. 12시에 닿기 위해 일부러 출발 시각을 맞추었던 것이다. 우리는 러드게이트힐과 세인트폴 성당을 향해 걸음을 옮겼다. 마침 우리가 러드게이트힐로 가려고 길을 재촉할 때, 대고모가 아주 빠른 걸음으로 뛰다시피 하며 놀란 표정을 지었다. 그와 동시에 나도, 지나가는 우리를 유심히 보고 있던 인상이 험악하고 누추한 차림의 사내가 바로 뒤에서 쫓아오는 것을 보았다.

"트롯! 내 귀여운 트롯!" 대고모는 겁에 질려 속삭이며, 내 팔을 꼭 잡았다. "어쩌면 좋지?"

---

4) 플리트 거리에 있는 오래된 교회. 나무로 된 거인상이 매 시간마다 종을 친다.

"두려워할 것 없어요. 가게로 들어가세요. 내 당장 저놈을 떼버리겠어요."
"안 된다, 얘야! 절대로 그에게 말을 걸어서는 안 된다. 내 명령이야!"
"대고모님, 염려 마세요! 저놈은 그저 멀쩡한 몸으로 일하기 싫어서 빌어먹는 게으른 거지인 걸요."
"너는 저 사나이의 정체를 모른다! 너는 아무것도 몰라."
우리는 어떤 빈 집 문간에서 걸음을 멈추었다. 그랬더니 그 사나이도 걸음을 멈추는 것이었다.
"안 된다! 그 사내를 보지 마!" 내가 성난 얼굴로 그자를 바라보자, 대고모가 황급히 말렸다. "마차를 불러 다오. 그리고 얘야, 세인트폴 성당 안에서 기다려라."
"대고모님을 기다리라고요?" 나는 되물었다.
"그래. 난 혼자 가야 해. 저 사내와 가야만 해."
"대고모님이 저 사나이와 같이요?"
"그래, 걱정 말거라. 내가 알아서 할 테니. 아무튼 나는 갈 테니 마차를 불러 다오!"

나는 깜짝 놀랐지만, 이토록 단호하게 명령조로 나오면 더 이상 거역할 수가 없었다. 나는 몇 걸음 달려가서 마침 지나가던 빈 마차를 불렀다. 내가 발판을 내릴 새도 없이 대고모가 잽싸게 마차 안으로 뛰어들었다. 그 사나이도 뒤따라 올라탔다. 대고모는 나에게 빨리 떠나라고 자꾸 손짓을 했기에, 나는 아주 당황스러웠지만, 서둘러 그곳을 떠났다. 떠나면서 대고모가 마부에게, "아무 데나 갑시다. 똑바로 가요!"라고 말하는 소리가 들렸다. 그리고 머지않아 마차는 나를 앞질러 언덕을 넘어갔다.

언젠가 딕 씨가 이야기한 말, 딕 씨의 망상이라고 생각했던 말이 퍼뜩 머리에 떠올랐다. 저 사나이가 바로 딕 씨가 이야기해준 그 신비스러운 작자가 틀림없었다. 그러나 저 사나이가 누구이며, 대고모가 꼼짝 못 하고 쩔쩔매는 이유를 나는 도저히 상상도 할 수가 없었다. 30여 분쯤 세인트폴 성당 구내에서 흥분된 마음을 가라앉히고 있으려니, 마차가 돌아오는 것이 보였다. 마차는 내 바로 옆에서 멈춰섰다. 마차 안에는 대고모 혼자 타고 있었.
대고모는 아직도 흥분된 상태여서 예정된 방문을 준비할 수가 없었다. 대고모는 나를 마차에 타게 하고, 잠깐 이리저리 말을 몰도록 마부에게 말하라고 부탁했다. 정작 중요한 문제에 대해서는, "얘야, 어찌 된 일인지 절대로 묻지 말아다오. 그리고 이 일은 더 이상 꺼내지도 말거라"라고 한 다음 일체 말이 없었다. 드디어 대고모는 냉정을 되찾고, 마부에게 마차비를 내도록 지갑을 내게 건네주었다. 지갑에는 10기니의 돈은 없어지고 은전만 남아 있었다.

나지막하고 좁은 아치형 길을 따라가니 민법박사회관이 나왔다. 그 길을 지나 조금 더 내려가니 시내의 소란스러움이 점점 멀어지다가 마법처럼 모두 사라졌다. 몇 개의 음침한 정원과 좁은 길을 지나, 스펜로 앤드 조킨스 법률사무소에 닿았다. 사무실 천장에 난 창에서는 빛이 들어오고 있었다.

문을 두드리는 절차 없이도 들어갈 수 있는 법률사무소의 문간방에는 서너 명의 서기들이 무엇인가를 베끼고 있었다. 그들 가운데 몸집이 작고 생강과자로 만든 것 같은 빳빳한 갈색 가발을 쓰고서, 일행과 떨어져 혼자 앉아 있던 한 사나이가 일어나서 대고모를 반가이 맞아주었다. 그리고 나서 우리들을 스펜로 씨의 사무실로 안내해주었다.

"부인, 스펜로 씨는 지금 법정에 나가시고 계시지 않습니다." 깡마른 사나이가 말했다. "마침 오늘이 종교재판일이라서요. 그러나 법정은 바로 옆이니 곧 사람을 보내서 모셔오겠습니다."

그가 스펜로 씨를 부르러 간 동안 사무실에는 우리 둘만 남았으므로, 덕분에 나는 주위를 꼼꼼히 살펴볼 수가 있었다. 방의 가구들은 매우 낡았고 먼지투성이였다. 책상에 씌운 녹색 모직 책상보도 색이 바래어 마치 늙은 거지처럼 희끄무레했다. 책상 위에는 서류 뭉치가 산처럼 쌓여 있었다. 그것에는 각각 '진술서', '고소장'(이건 놀라웠다), '감독재판', '종교재판', '유언재판', '해사(海事)재판', '위임재판' 같은 어마어마한 말이 쓰여 있었다. 그렇다면 대체 법정이 전부 몇 개나 있는 걸까? 그리고 그것을 다 알려면 얼마나 많은 시간이 걸릴까? 나는 완전히 기가 질리고 말았다. 또 그 밖에도 엄청난 양의 선서·구술에 의한 증거 서류가 쌓여 있었다. 튼튼하게 제책된 것이 각각 사건별로 산처럼 엮어 있었다. 마치 한 사건마다 10권, 20권의 대역사서라도 읽는 것이나 마찬가지였다. 과연 돈은 많이 들겠지만, 그만큼 소송대리인의 일이 크게 나쁘진 않겠다는 생각이 들었다. 우쭐해져서 서류 뭉치를 바라보고 있을 때 방 밖에서 바삐 걸어오는 발소리가 들렸다. 흰 털로 가장자리를 꾸민 검은 가운을 입은 스펜로 씨가 모자를 벗으면서 서둘러 들어왔다.

스펜로 씨는 키가 작은 금발의 신사로, 멋진 장화를 신고 빳빳하게 풀을 먹인 흰 넥타이를 하고 셔츠 깃을 달고 있었다. 아주 단정하고 깔끔하게 단추를 채웠고, 물결치는 구레나룻은 몹시 공을 들여 손질했음이 틀림없었다. 차고 있는 금시곗줄이 어찌나 무거워 보이는지, 시곗줄을 꺼내자면 금방 간판의 황금 팔처럼 튼튼한 근육을 가져야겠다는 생각이 떠올랐다. 아무튼 머리끝부터 발끝까지 완벽하게 치장하느라 온몸이 막대기처럼 빳빳했으므로 제대로 몸을 굽힐 수도 없었다. 의자에 앉아 책상 위의 서류 하나를 볼 때도, 마치 인형극의 펀치[5]처럼 등끄트머리에서부터 몸을 움직여야 했다.

전에 대고모가 나를 소개해 두어서 나는 친절하게 대접을 받았다. 스펜로 씨가 입을 열었다.

"그러면 코퍼필드 씨, 우리와 같이 일을 해 볼 작정인가? 그저께 미스 트롯우드를 만났을 때도 이야기를 드렸는데, 마침 자리가 하나 비어 있다네. 그 말을 들은 미스 트롯우드가, 특별히 아끼는 조카가 하나 있는데 그 애가 품위 있게 인생을 살아갈 수 있는 직업을 찾고 있는 중이라고 말씀하셨지. 그 조카가 바로 자네로군."

그렇다고 나는 정중하게 허리 굽혀 인사를 했다. 그리고 대고모의 말씀을 듣고, 나도 마음이 내켜서 꼭 해보고 싶었다고 말했다. 그러나 사정을 자세히 알아보기 전에는 이 일을 하겠다고 확답할 수가 없으며, 형식적이기는 하지만, 결정하기 전에 이 일이 나에게 맞는지를 시험해 볼 기회를 주셨으면 좋겠다고 나의 입장을 밝혔다.

"암, 그래야지! 우리 사무소에서는 한 달의 수습 기간을 주고 있어—나로서는 두 달이고 석 달이고 얼마든지 시간을 주고 싶지만—조킨스 씨라는 동업자가 있어서—"

"수습 기간에도 1천 파운드를 내야 하나요?" 나는 정중하게 물었다.

"수습 기간에도 인지대를 포함하여 1천 파운드를 내야 한다네. 미스 트롯우드

---

[5] 유명한 인형극 '펀치와 주디'의 주인공.

에게 이야기했다시피 나는 돈을 탐하는 사람이 아니야—사실 나처럼 잇속을 따질 줄 모르는 사람도 드물 거야—그러나 미스터 조킨스는 나와 의견이 달라. 그래서 나는 그 사람의 뜻을 따르지 않을 수 없다네."

"선생님, 제 생각으로는," 나는 대고모의 돈을 조금이라도 아끼려는 생각에서 말했다. "만약 수습 서기가 특히 능력이 있고, 그의 업무를 모두 숙달했다면, 연기(年期) 계약 말기에는 그에게 어떤 대우를 해주는 것이 관례가 아닌지요?" 나는 스스로를 칭찬하는 것 같아서 얼굴이 조금 붉어졌다.

스펜로 씨는 '급료'라는 말을 예상하고, 고개를 흔들어 머리를 목도리에서 겨우 쳐들고 말했다.

"안 되네, 코퍼필드. 혼자라면 그 점에 대해서 약간의 고려를 할 수도 있지만, 지금 입장으로는 불가능하다네. 미스터 조킨스가 고집불통이라서."

나는 그 지독한 조킨스란 사람을 생각하니 기가 질렸다. 그러나 그는 조금 음침하지만 온화한 사람이었으며, 사업에 있어서는 언제나 뒤에 숨어 있는데도, 완고하고 무자비한 인물로 소개되고 있다는 사실을 나중에야 알게 되었다. 예를 들어 서기가 승급을 요구하면, 언제나 완고하게 거절하는 사람은 조킨스 씨였다. 또 의뢰인의 지급이 늦어질 때 강경하게 걷는 사람도 조킨스 씨였다. 스펜로 씨는 마음이 무척 괴로운데도(아니, 언제나 피를 토하는 심정이라고 한다) 조킨스 씨는 지급 날짜를 절대 늦춰주지 않았다. 그 악마 같은 조킨스만 없으면, 천사처럼 고운 스펜로 씨의 마음과 손은 언제나 활짝 열려 있다고 한다. 나도 점점 나이를 먹으면서 나중에야 알게 되었는데, 이 스펜로—조킨스 방식으로 운영하는 사무소는 이 밖에도 매우 많다고 한다.

나는 되도록 빨리 한 달간의 수습기간을 시작하기로 했고, 대고모는 내 문제에 관한 합의서류에다 서명을 하기 위해 시내에 머물 필요도 없고, 한 달 뒤에 일부러 다시 올 필요도 없다는 이야기까지 마무리되었다. 계약서는 대고모 집으로 보내면 되었기 때문이다. 일이 결정되자 스펜로 씨는 나를 당장 법정으로 데리고 가서 어떤 곳인가 보여주겠다고 제의했다. 나는 알고 싶어서 대고모를 혼자 남겨두고 스펜로 씨를 따라 밖으로 나왔다. 대고모는 그런 곳은 딱 질색이라고 말했다. 틀림없이 대고모는, 법정이 언제 폭발해서 날아갈지 모르는 화약 창고와 같다고 생각했을 것이다.

스펜로 씨는 육중한 벽돌 건물로 둘러싸인 포장된 안뜰을 지나 나를 데리고 갔는데, 집집마다 박사들의 이름이 붙어 있었다. 그래서 나는 이것이 스티어포스가 말한 대변인 박사들의 주택이라고 생각했다. 드디어 그는 왼편에 있는 예배당 같은 크고 어둠침침한 방으로 나를 데리고 들어갔다. 방 윗부분은 칸막이를 하여 구분해 놓았고, 말굽형으로 된 한층 더 높은 연단 양쪽에는 붉은 가운을 입고 회색 가발을 쓴 여러 명의 신사들이 고풍스러운 식당 의자에 앉아 있었다. 이분들이 아까 말한 박사님들이라고 생각했다. 말굽처럼 생긴 곳에 설교단과 같은 조그마한 책상이 있고, 거기에 노신사 한 분이 눈을 깜박이며 앉아 있었다. 그보다 약간 낮은 말굽형 공간에는—즉 바닥과 거의 같은 높이에—스펜로 씨와 같은 계급의 여러 신사들이 스펜로 씨와 같이 흰 털이 달린 검은 가운을 입고서 기다란 녹색 책상에 앉아 있었다. 그들의 목도리는 하나같이 빳빳하고 표정이 거만하다고 생각했다. 그런데 거만해 보인다는 생각은 잘못이었다는 것을 곧 깨닫게 되었다. 왜냐하면 그들 가운데 두세 명이 일어나서 재판장의 물음에 대답하는 자세는 양처럼 순했기 때문이었다. 이곳의 고요한 적막을 깨는 것은, 난롯불 타는 소리와 증거물이 산더미같이 쌓여 있는 사이를 박사들이 느릿느릿 누비다가, 여행길에 오른 바쁠 것 없는 나그네가 길가 술집에서 쉬어가듯이, 걸음을 멈추고 서로 뭐라곤가 말하는 소리뿐이었다. 요컨대 내 평생에, 어떠한 경우에도 나는, 어느 조그마한 가족 파티에서도 이처럼 아늑하고, 나른하고, 구식이고, 시간관념을 저버린 졸음 쏟아지는 분위기에 젖어 본 적은 없었다. 당사자인 원고만 아니라면, 어떤 역할로든 이런 사람들의 동료가 된다면 참 좋을 것이며, 마치 아편에 취한 느낌일 거라고 생각했다.

이 세상과 동떨어진 곳의 꿈 같은 분위기에 나는 아주 만족했다. 그래서 스펜로 씨에게 이제 충분히 보았다고 말을 하고서, 대고모가 기다리고 있는 곳으로 돌아갔다. 대고모와 함께 민법박사회관을 떠나 스펜로 앤드 조킨스 사무실을 빠져나올 때, 서기들이 서로에게 펜으로 쿡쿡 찌르면서 나를 가리켰는데 그것은 아마 내가 너무 어려서 그러는가 보다고 생각했다.

머지않아 우리는 링컨스인필드로 돌아왔는데, 올 때는 딱히 아무 일도 일어나지 않았다. 다만 운 나쁘게, 과일장수의 수레를 들이받은 당나귀를 보았는데, 대고모는 어김없이 싫은 기억을 떠올린 것 같았다. 아무튼 무사하게 여관에 돌아와서, 우리는 내 앞날에 대해서 오랫동안 이야기를 나누었다. 나는 대고모가 집으로 돌아가고 싶어한다는 것과, 화재와 불량 음식과 소매치기에 대한 걱정 때문에 런던에서는 단 30분도 마음이 편치 않다는 것을 알고 있었다. 그래서 나는 대고모에게, 내 일 때문에 불안하게 런던에 있을 필요가 없으며, 내 일은 내가 알아서 처리할 터이니, 맡겨두고 떠나라고 말했다.

"트롯, 내일이면 런던에 온 지 꼭 일주일인데, 실은 나도 생각해 보지 않은 건 아니야. 그래서 말인데, 아델피에 너에게 꼭 맞는 가구가 딸린 셋방이 있더구나"라고, 간단히 소개를 하면서, 대고모는 신문에서 조심스럽게 오려낸 광고문을 주머니에서 꺼냈다. 그 광고문에는 다음과 같이 씌어 있었다. '아델피의 버킹엄가에 셋방 있음. 템스강이 내려다보이는 아름다운 전망이 있으며, 가구가 딸려 있고, 특히 법정에 근무하는 분이나 젊은 신사 분이 살기에 알맞음. 즉시 입주할 수 있음. 집세는 싸고, 필요하면 1개월 계약도 가능.'

"아, 대고모님, 이것 마침 잘됐어요!" 나는 마침내 내 집을 가질 수 있다는 기쁨에 흥분을 감추지 못했다.

"그럼, 가 보자꾸나." 대고모는 방금 벗어놓았던 모자를 다시 쓰면서 말했다.

우리는 곧바로 그곳으로 향했다. 광고에 크럽 부인을 찾으라고 적혀 있어서 크럽 부인에게 전해지는 것으로 생각되는 벨을 눌렀다. 벨을 서너 번 누르자 부인이 나타났다. 부인은 건장하게 생겼으며 난징 무명으로 만든 드레스 밑에 주름 장식이 달린 속치마를 입은 뚱뚱한 부인이었다.

"방을 보러 왔습니다, 부인." 대고모가 말했다.

"이분이 쓰실 겁니까?" 크럽 부인은 주머니에서 열쇠를 찾으며 물었다.

"예, 내 조카입니다."

"그렇다면 딱 알맞은 방이지요!"

우리는 2층으로 올라갔다.

방은 집의 맨 위층에 있었다. 비상구 옆에 있다는 것이 대고모에게는 매우 좋게 여겨졌다. 그 방은 시야를 거의 가리는 반 밀폐된 입구와, 아무것도 안 보이는 캄캄한 부엌과 거실, 그리고 침실로 이루어져 있었다. 가구가 꽤 낡았으나 내가 쓰기에는 손색이 없었다. 창밖으로 템스강도 분명 보이기는 했다.

나는 마음에 든다고 말하고 거실 소파에 앉아, 이런 훌륭한 집에서 살게 되다니 꿈 같은 일이라고 생각했다. 그러는 동안 대고모와 크럽 부인은 부엌으로 들어가서 방세를 의논했다. 마침내 교섭을 끝내고 함께 부엌에서 나왔다. 두 사람의 표정으로 보아 기쁘게도 원만히 해결된 것 같았다.

"모두 전에 살던 사람의 가구인가요?" 대고모가 물었다.

"예, 그렇습니다, 부인." 크럽 부인이 대답했다.

"그분은 어떻게 됐어요?"

"그 사람은 여기서 병을 얻었지요, 부인. 그러다가—어! 안타깝게도! 죽고 말았습니다!" 크럽 부인은 갑자기 기침을 하느라 괴로워하며 간신히 대답했다.

"어쩌나! 무슨 병으로 죽었나요?" 대고모가 물었다.

"그게요, 부인, 술 때문입니다." 크럽 부인은 터놓고 말했다. "그리고 연기 때문이지요."

"연기라고요? 굴뚝 연기를 말하는 건 아니겠지요?" 대고모가 물었다.

"물론 아니지요, 부인. 여송연과 파이프 담배 연깁니다."

"트롯, 어쨌든 전염병은 아니지?" 대고모는 나를 돌아보며 말했다.

"예, 아닙니다." 나는 대답했다.

간단히 말해서, 내가 그 방을 맘에 들어하자 대고모는 한 달간 방을 계약했다. 그 계약 기간이 끝나고 더 있고자 하면 1년 더 있어도 되었다. 크럽 부인은 침대 커버를 가져다주고 음식까지 준비해주기로 했다. 그 밖에 필요한 것들은 이미 준비되어 있었고, 크럽 부인은 나를 친자식처럼 보살펴주겠다고 분명하게 말했다. 내가 이틀 뒤에 이사오겠다고 하자 크럽 부인은 보살필 자식이 생긴 것 같다며 크게 기뻐했다.

돌아오는 길에 대고모는, 앞으로의 생활이 나를 더욱 굳건하게 자립시켜줄 것으로 믿는다고 말했다. 그런데 애당초 이것이야말로 내가 원하는 것이었다. 그다음 날, 내가 위크필드 씨 집에서 옷가지와 책을 옮기려고 준비하고 있을 때도 대고모는 그 말을 수없이 되풀이했다. 나는 이러한 일과 내가 최근 했던 긴 여행에 관해 자세한 내용을 아그네스에게 편지로 썼고, 다음 날 대고모가 떠나면서 전해주기로 했다.

대고모는 한 달 간의 수련 기간 동안 내게 필요한 모든 비용을 부담했으므로 불편한 것은 전혀 없었다. 다만 대고모가 떠날 때까지 스티어포스가 나타나지 않아서, 대고모와 나는 크게 실망했다. 대고모는 침입하는 당나귀를 혼내줄 생각에 벌써부터 흥분하며 자넷을 데리고 도버행 마차에 앉았다. 마차가 떠나자 나는 아델피 쪽을 바라보면서, 지하를 떠돌았던 그 옛날 불행했던 시절과, 나를 지상으로 나오게 하여 햇빛을 보게 한 행복한 변화 따위를 곰곰이 생각해 보았다.

24장
사치스러운 하룻밤

높은 성곽에 터를 잡고 성문을 닫을 때는, 마치 로빈슨 크루소가, 자기가 만든 성채에 들어간 뒤에 사다리를 치울 때와 같은 말할 수 없이 멋진 기분이었다. 내 집 열쇠를 주머니에 넣고 시내를 거닐다가 누군가를 만나면 거리낌 없이 내 집으로 청할 수 있다는 것도 기분 좋은 일이다. 남한테 말하지 않고서도 마음대로 드나들 수 있고, 필요할 때는 언제든지 벨을 눌러 크럽 부인을 흡사 땅속 깊은 곳에서 나오는 것처럼 숨을 헐떡이며 달려나오게 하는 것도 참 신나는 일이었다. 그리고 크럽 부인 스스로 나를 찾아오는 것도 똑같은 기분이었다. 이와 같은 것들은 모두 신나는 일이었다. 그러나 때로는 서글플 때도 있었다.

아침에는, 특히 맑은 아침에는 기분이 좋았다. 낮에도 아주 자유롭고 생기가 넘쳤다. 햇빛이 밝게 빛날 때는 생활이 더한층 자유로워지는 느낌이었다. 그러나 날이 저물면, 내 생활도 덩달아 저물었다. 촛불로는 내 마음을 충족시키기가 어려웠다. 그럴 때는 말할 상대가 필요했다. 나는 아그네스가 그리웠다. 마음놓고 이야기할 수 있는, 언제나 웃음 짓는 아그네스가. 마음이 텅 빈 것 같았다. 크럽 부인이 있었지만, 너무 멀었다. 나는 술과 담배로 죽었다는, 전에 살던 사람을 떠올렸다. 그가 살아 있어서, 내가 죽음을 떠올리지 않아도 된다면 얼마나 좋을까!

겨우 이틀 밤과 낮이 지났는데, 나는 꼬박 1년을 산 것 같았다. 그런데도 나는 전혀 자라지 않았을뿐더러 여전히 유치한 열등감에 사로잡혀 있었다.

스티어포스가 한 번도 나타나지 않았기에 틀림없이 병이 났으리라 생각하고, 사흘째 되던 날 나는 민법박사회관을 일찍 나와 하이게이트로 가 보았다. 스티어포스 부인은 나를 보고 무척 반가워했다. 부인은 스티어포스가 옥스퍼드 친구와 같이 세인트알번스 근처에 있는 다른 친구의 집에 가서, 내일 돌아올 거라고 말해주었다. 나는 그를 매우 좋아했으므로 그 옥스퍼드 친구들에게 강한 질투를 느꼈다.

스티어포스 부인이 저녁을 먹고 가라고 붙잡는 바람에 나는 머물기로 했다. 그러고는 종일토록 스티어포스에 대한 이야기만 했다. 나는 야머스 사람들이 스티어포스를 좋아했다는 것과, 멋진 여행 상대였다고 말했다. 미스 다틀은 교묘하게 떠보기도 하고 이상한 질문도 했지만, 역시 주된 관심은 우리의 여행 중에 일어났던 여러 가지 사건이었다. 미스 다틀은 "정말 그럴까요?"라는 질문을 여러 번 되풀이하면서 결국 알고 싶은 것을 내게서 모조리 캐냈다. 미스 다틀의 모습은 처음 만났을 때와 똑같았지만, 두 부인과 얘기하는 것은 매우 즐겁고 자연스럽게 느껴졌으므로, 미스 다틀에게 어느 정도 호감을 느낀다고 생각할 정도였다. 함께 버킹엄 거리를 걷는다면 얼마나 즐거울까—그날 밤, 나는 날이 저물어 집으로 돌아오면서 몇 번씩 그런 생각을 했다.

아침에 민법박사회관으로 출근하기 전에 커피와 롤빵을 먹고 있는데—참고로, 크럽 부인은 커피를 많이 넣었지만 놀랍게도 맛은 연했다—스티어포스가 불쑥 들어왔다. 나는 말할 수 없이 기뻤다.

"야, 스티어포스." 나는 소리쳤다. "다시는 너를 못 보는 줄 알았어!"

"집으로 돌아간 다음 날 아침 억지로 끌려갔었어, 데이지, 넌 여기서 독신자 생활을 멋있게 하고 있구나!"

나는 스티어포스에게 집안 구석구석을 자랑스러운 마음으로 보여주었다. 그도 칭찬을 아끼지 않았다. "네가 나를 내쫓지 않는다면, 이곳을 나의 별채로 삼고 싶어."

참으로 반가운 소리였다. 나가라는 말은, 최후의 심판날까지 절대 하지 않을 거라고 대답했다.

"아침 식사를 해야지?" 나는 초인종 줄에다 손을 대면서 말했다. "크럽 부인이 새 커피를 끓여올 것이고, 나는 여기 있는 불고기용 냄비에 베이컨을 구워줄게."

"아니, 괜찮아! 초인종을 울리지 마. 나는 여기서 식사할 수가 없어. 코벤트 가든의 피아자 호텔에 있는 친구와 같이 먹기로 했거든."

"그럼 저녁은 나와 같이 할 수 있겠지?" 나는 물었다.

"그것도 안 되겠는데. 마음은 굴뚝같지만 그들과 같이 있어야 하거든. 그리고 내일 아침에 우리 세 사람은 떠나야 해."

"그럼 그 두 사람도 여기서 저녁을 같이 하지. 그들이 오려고 할까?"

"아! 그들이야 기꺼이 오지." 스티어포스는 말했다. "그러나 너에게 너무 폐를 끼치거든. 네가 우리 쪽으로 와서 같이 하는 게 어때?"

나는 그 말에는 절대로 응하고 싶지 않았다. 이 멋진 기회를 이용하여, 이사한 것을 축하하는 파티를 열고 싶었기 때문이었다. 스티어포스가 칭찬해 주었으니, 이 방은 나의 새로운 자랑거리가 되었다. 더더욱 좋은 모습을 보이고 싶었다. 그래서 나는 스티어포스에게 그의 두 친구 대신 굳게 약속하도록 했으며, 시간을 6시로 정했다.

스티어포스가 나간 뒤, 나는 크럽 부인을 불러서, 이 무모한 계획을 설명했다. 크럽 부인은 먼저, 시중을 들 수 없다는 것은 잘 알고 있다고 말한 뒤, 다행히 자기가 아는 한 젊은이가 있으니 그에게 부탁하면 될 것이라고 했다. 보수는 최소한 5실링은 줘야 하고, 그 이상 더 주는 것은 관계없다고 했다. 그리고 크럽 부인은 자기가 한꺼번에 두 곳의 일을 볼 수가 없으니(나는 당연히 그렇다고 생각했다), '젊은 처녀'를 고용해서 침실용 촛불을 가지고 부엌에 대기시켜 놓고 설거지를 하게 하는 것이 필요하다고 했다. 그 처녀에게는 얼마를 줘야 하느냐고 물었더니, 18펜스 정도라면 무리 없이 낼 수 있지 않겠느냐고 말했다. 나는 그렇다고 말하고 크럽 부인의 말대로 모두 결정해버렸다. 마지막으로 정찬을 어떻게 하겠느냐고 크럽 부인이 물었다.

그런데 부엌 오븐을 만든 철물상의 짧은 소견으로 인해, 크럽 부인의 오븐으로는 갈비구이와 으깬 감자 말고는 아무것도 만들 수 없었다. 생선 냄비에 대해서는, 크럽 부인이 잠깐 와서 보고 가라고 했다. 말은 참 그럴듯하다. 잠깐 와서 보고 가라니. 어차피 봐도 모르므로 나는, 생선은 필요 없다고 말하고 거절했다. 하지만 크럽 부인은, 그러지 말고, 굴이 있는데 쓰시겠어요? 하고 물었다. 그래서 그렇게 하기로 했다. 또한 부인은 이렇게 차리면 어떻겠냐고 했다. 즉 요릿집에서 구운 닭 두 마리와 채소를 곁들인 쇠고기 스튜를 주문하고, 잘 부풀게 구운 파이와 콩팥 한 접시 같은 간단히 곁들일 두 가지 요리와, 과일 파이와, (원한다면) 젤리까지 주문하는 것이다. 그렇게 하면 자기는 감자 요리에 전념하고 치즈와 샐러드를 멋지게 차려내겠다고 말했다.

나는 크럽 부인의 의견대로 따르기로 하고, 요릿집에 직접 주문하러 갔다. 그 뒤 나는 스트랜드 거리를 걷다가 햄과 고기를 파는 식육점 창문에, 대리석처럼 생긴 얼룩덜룩하고 딱딱한 물체를 보았는데, 거기에는 '모형 거북'[1]이라고 쓰여 있었다. 나는 들어가서 그것 한 덩이를 샀다. 나중에야 알았는데, 그것은 열 다섯 사람도 먹을 수 있는 양이었다. 그러나 크럽 부인에게 부탁해서 막상 요리를 해 보니까, 많이 줄어서 스티어포스의 말처럼 겨우 네 사람이 먹을 정도였다.

모든 준비를 끝내고, 나는 코벤트 가든 시장에 가서 약간의 디저트를 사고, 근처 포도주 소매점에서 포도주를 대량 주문했다. 오후에 집에 돌아오니, 부엌 마루에 포도주 병들이 직사각형으로 즐비하게 놓여 있는 것을 보고 너무 많은 것 같아서 깜짝 놀랐다. 그나마도 두 병이 모자란다며 크럽 부인이 계속 투덜거리고 있었다.

스티어포스 친구들 이름은, 그레인저와 마캄이었다. 두 사람 다 아주 명랑하고 쾌활한 친구였다. 그레인저는 스티어포스보다 나이가 많았고, 마캄은 어려 보였는데, 기껏해야 스무 살 정도였다. 가만 보니, 마캄은 자신을 말할 때마다 막연하게 '사람'이라고 지칭했으며, '나'라는 1인칭은 절대로 쓰지 않았다. 예를 들면 이런 식이었다.

"코퍼필드 군, 이 사람도 여기서는 아주 멋진 시간을 가질 수 있겠군." 즉 '나도'라는 뜻이다.

"위치도 나쁘지 않지." 나는 말했다. "방도 제법 넓고."

"너희 둘 다 식욕이 왕성하겠지?" 스티어포스가 말했다.

"그야 당연하지." 마캄이 대답했다. "런던에 오면 사람은 식욕이 더해지는 것 같아. 사람은 온종일 배가 고프단 말이야. 아침부터 저녁까지 쉬지 않고 먹지." 전부 자기가 그렇다는 말이다.

나는 처음에는 좀 거북하기도 하고, 또 주인 역을 하기에는 나이가 어린 것 같아서, 식사가 준비되자, 나는 스티어포스를 윗자리에 앉히고 나는 그와 마주 앉았다. 음식은 다 좋았다. 포도주도 계속 나오고, 스티어포스가 분위기를 잘 이끌어 나갔으므로, 모임은 조금도 김빠진 데가 없이 순조로웠다. 다만 나는 식사

---

[1] 송아지고기를 거북이 모양으로 만든 것.

중에 생각만큼 편하지 못했다. 왜냐하면 내 자리가 문을 정면으로 보고 있어서, 그 시중드는 젊은이가 계속 밖으로 나가서 포도주를 마시는 그림자가 여지없이 입구 벽에 비쳐서 거기에 정신이 쏠렸기 때문이었다. 젊은 처녀도 내 마음을 괴롭혔다. 그 처녀가 일을 안 해서가 아니라, 접시가 남아나지 않을까 봐 걱정스러웠다. 그 처녀는 무엇이든 알고 싶어하는 성격이어서, 가만히 부엌에 앉아 있지를 못하고 우리 쪽을 자꾸 들여다보았다. 그러다가는, 들켰다고 생각하고서 뒷걸음질을 치다가 자기가 바닥에 내놓았던 접시를 여러 번이나 밟아서 깨버렸다.

그러나 그것들은 큰 잘못이 아니라서, 식사 접시를 치우고 디저트가 나올 무렵에는 나도 모두 잊고 있었다. 그때쯤에는 시중드는 젊은이도 술이 얼큰하게 취해 있었다. 그래서 나는 그에게 내려가서 크럽 부인과 어울리라고 말하고, 처녀한테도 지하실로 내려가라고 지시한 뒤, 마음껏 즐기며 놀았다.

나는 매우 즐겁고 마음이 홀가분해졌다. 거의 잊고 있던 이야기들이 쉼 없이 머리에 떠올랐다. 그리고 평소와 다르게 혀가 술술 돌아갔다. 다른 사람의 농담은 물론 내 농담에도 마음껏 웃었다. 스티어포스에게 옥스퍼드에 가겠다고 몇 번이나 약속을 하기도 했다. 또 추후 통지가 있을 때까지 매주 이런 연회를 열겠다고 큰소리치기도 했다. 그리고 그레인저의 코담배 통에서 담배 가루를 지나치게 마셨으므로, 부엌에 가서 10분 동안 몰래 재채기를 하기도 했다.

나는 점점 더 빨리 포도주 병을 돌렸으며 아직 필요가 없는데도 계속해서 코르크 마개를 땄다. 스티어포스의 건강을 위해 한 잔 하자고 떠들기도 했다. 스티어포스는 나의 가장 친한 친구이고, 어렸을 때는 나의 보호자였고, 지금은 나의 동료라고 말하며, 그런 뜻에서 그의 건강을 위해 꼭 건배하고 싶다고 했다. 그에게 입은 은혜는 산보다 높고 바다보다 깊으며, 말할 수 없이 그를 존경한다고 덧붙였다. 그리고 "여러분, 스티어포스를 위하여 건배! 신이여, 스티어포스에게 은총을 내리소서! 스티어포스 만세!"라고 외쳤다. 우리는 아홉 번 건배를 하고, 또 마지막으로 한 번 더 호쾌하게 건배하고야 끝마쳤다. 나는 스티어포스와 악수하려고 식탁을 돌아가다 내 술잔을 깨버렸고, 해롱거리며 그에게, "스티어포스, 너는 나를 인도하는 별이야!"라고 말했다.

갑자기 누군가 노래를 하고 있다는 것을 깨달았다. 마캄이었다. 〈남자의 마음에 내리는 비〉를 부르고 있었는데, 노래를 마치자, '여자를 위하여 건배!'하자고 말했다. 나는 곧바로 이의를 제기하고 그건 건배를 하는 점잖은 방법이 아니라고 말했다. 그리고 '숙녀를 위해서 건배!'하는 것이 아니면 내 집에서는 절대로 허락하지 않겠다고 말하며 기염을 토했다. 아마도 스티어포스와 그레인저가 나를 향해—그를 향해—아니면 우리 둘 모두를 향해 큰 소리로 웃고 있었기 때문이라고 생각하는데, 아무튼 나는 그에게 유난히 거만하게 굴었다. 그는 사람은 남의 지시를 받는 것을 싫어한다고 말했다. 그런 바보 같은 말이 어디 있느냐고 내가 맞섰다. 그러자 사람은 모욕당하고 있을 수 없다고 대꾸했다. 그래서 나도 말했다. 네 말이 옳다. 그러므로 이 지붕 아래에서, 성스러운 라레스[2]가 다스리는, 접대 규칙을 으뜸으로 치는 이 집에서 그런 일은 절대 있을 수 없다고. 그러자 뜻밖에 그는, 너는 참 좋은 녀석이며, 그 점을 솔직하게 털어놓는다고 해서 사람의 품위가 떨어지지는 않는다고 말했다. 나는 곧바로 마감을 위해서 축배를 들자고 제의했다.

누군가 담배를 피우고 있었다. 우리 모두 담배를 피웠던 것이다. 나도 담배를 피우면서, 몸이 떨리는 것을 억누르려고 애썼다. 그전에 스티어포스가 나에 대해서 일장 연설을 하고, 나는 눈물을 흘리면서 감격했다. 나는 곧바로 답례를 하고, 내일도 모레도 넷이서 함께 저녁 식사를 하고 싶으며, 매일 5시에 시작해서 긴긴밤을 유쾌하게 떠들며 보내고 싶다고 말했다. 그리고 누군가를 위해서 건배하지 않고는 못 견딜 것 같아서, 이번에는 여성의 귀감인 나의 대고모, 미스 벳시 트롯우드를 위하여 건배!라고 말했다.

누군가가 내 침실 창문으로 몸을 내밀며 차가운 돌난간에 이마를 대고 바람을 쐬고 있었다. 가만 보니 그건 나였다. 스스로 "코퍼필드 군"이라고 부르면서 "왜 담배를 피웠지? 피울 줄 모른다는 걸 알고 있었으면서"라고 중얼거리고 있었다. 또 누군가가 비틀거리며 거울을 보고 있었다. 그것도 나였다. 거울 속의 나는 몹시 창백했고 두 눈이 멍청하게 풀려 있었다. 머리카락—오직 내 머리카락만이 홀로—취해 있었다.

누군가 나에게, "야 코퍼필드, 연극 보러 가자!"고 말했다. 눈앞에 있던 침실이 어느새 사라지더니, 다시 식탁 위에는 시끄럽게 부딪히는 유리잔 소리와 등불에

---

2) 로마 신화에 나오는 가정의 수호신.

서 흘러나오는 빛이 가득하고, 오른쪽에는 그레인저, 왼쪽에는 마캄, 정면에는 스티어포스가 앉아 있었지만, 다들 안개 속에 있는 것처럼 멀고 부옇게 보였다. 연극? 좋지, 바로 그거야. 자 가자구! 그런데 미안하지만 다들 한 걸음 먼저 나가 주게. 나는 등불을 끄고 갈 테니. 불이 나면 안 되니까.

어둠 속에서 우물쭈물하다가 문을 찾지 못했다. 창문 커튼을 더듬거리고 있자 스티어포스가 웃으면서 내 팔을 잡고 밖으로 나갔다. 다 같이 한 줄로 내려갔다. 몇 계단 남겨놓고 누군가가 굴러떨어졌다. 누군가가, 코퍼필드다, 하고 말했다. 헛소리 하지 말라고 화를 냈는데, 정신을 차려 보니 바닥에서 나뒹굴고 있었다. 그렇다면 아주 엉뚱한 말은 아니었던 모양이다. 그제야 겨우 그런 생각이 들었다.

안개가 자욱하여, 가로등 주위에 빛무리가 지는 밤이었다! 누군가가 비가 온다고 말했지만 나는 안개가 내리고 있다고 생각했다. 스티어포스는 가로등 밑에서 내 옷을 털어주었고, 또 누군가가 어디선가 마술처럼 꺼내온 모자 같은 것을 씌워 주었다. 그때까지 나는 모자를 쓰고 있지 않았던 것이다. 스티어포스는, "코퍼필드, 괜찮지, 그렇지?"라고 물었다.

"괜찮아. 고마워." 나는 대답했다.

극장 매표소에 앉아 있던 사나이가 안개 속에서 얼굴을 내밀고서, 누군가로부터 돈을 받고서, 당신도 돈을 낸 사람 중 한 분인가요, 하고 물었다. 그 사나이는 내게서 돈을 받을까 말까 망설이는 것 같았다. 잠시 뒤 우리는 무더운 극장 상석에 자리잡고 앉아서 값이 싼 낮은 관람석을 내려다보았다. 그러나 그곳은 연기가 자욱하게 끼어 있어서 가득 찬 사람들도 그저 흐릿하게 보일 뿐이었다. 커다란 무대가 보였는데, 거리를 걷고 난 뒤에 보니 매우 아름답고 반듯해 보였다. 무대 위에서 사람들이 뭐라고 지껄이고 있었으나 나는 그것이 무슨 소리인지 전혀 알아들을 수가 없었다. 찬란하게 조명이 비치고 음악이 연주되고 있었으며 특등석에는 귀부인들이 앉아 있었고, 그 밖에도 잘 모르지만 많은 사람들이 있었다. 극장 전체가 마치 수영을 하고 있는 것처럼 울렁울렁 흔들리고 있었다. 어떻게든 그것을 멈추어 보려고 오히려 더욱 이상하게 몸을 흔들기 시작했다.

누군가 제의를 해서, 우리는 귀부인들이 앉아 있는 1층 특별석으로 내려갔다.

나는 한 특별석으로 안내되었다. 나는 앉으면서 누군가에게 계속 무슨 말인가를 지껄였고, 주위 사람들은 누구에게 하는 말인지는 몰라도 자꾸 "조용히 해요!"라고 소리쳤고, 귀부인들은 성난 눈초리로 나를 노려보았다. 그런데—이 얼마나 놀랄 일이냐! 아—아그네스가 내가 전혀 모르는 신사 숙녀와 함께 나와 같은 박스에 앉아 있는 것이었다. 그때보다 지금 더 또렷하게 떠오르는 나를 바라보던 아그네스의 당혹스러움과 놀라움의 시선.

"아그네스!" 나는 혀 꼬부라진 목소리로 말했다. "아아! 아그네스!"

"쉬, 제발 조용히 해요!" 아그네스가 말했다. 아그네스가 왜 그러는지 영문을 알 수가 없었다. "다른 분들에게 방해가 됩니다. 무대를 보세요!"

아그네스가 시키는 대로 나는 무대를 바라보면서 대사를 들으려고 했으나 헛일이었다. 그래서 다시 아그네스를 보았더니, 아그네스는 한쪽 구석에 웅크리고 앉아서 장갑을 낀 손으로 이마를 감싸고 있었다.

"아그네스." 나는 말했다. "몸이 불편한가요?"

"아니요, 아프지 않아요. 제 걱정은 마세요, 트롯우드. 연극을 봐요! 곧 가시지요?"

"곧 갈 거냐고요?"

"그래요."

누군지 모르지만 오페라글라스를 손에 들고 소파에 길게 늘어져 있는 정장 차림의 신사가 언뜻 눈에 스치고, 다음에는 내 전신상이 거울 속에 비쳤다. 그리고 아그네스는 잠시 나를 유심히 바라보더니, 나지막하게 말했다.

"제가 진정으로 말씀드리면 제 부탁을 들어주시리라 생각합니다. 트롯우드, 저를 위해서 지금 바로 떠나주세요! 친구들에게 부탁해서 집으로 데려다 달라고 하세요."

그제야 나는 잠깐이나마 정신이 번쩍 들었다. 화도 났지만 부끄러운 생각이 들어서 "안녕!"이라고 인사를 한 뒤에 일어나서 나와버렸다. 친구들이 내 뒤를 따라나왔다. 나는 집까지 달려갔다. 침실에서 스티어포스만이 내 옷을 벗겨주면서 나를 도왔다. 나는 스티어포스에게 아그네스는 내 누이동생이라는 것과, 한 병 더 마실 테니 술병 따개를 가지고 오라는 말을 되풀이해 말했다.

누군가 내 침대에 숨어들어서 밤새도록 열에 들뜬 것처럼 지리멸렬한 말들을 몇 번이고 되풀이했다. 그러나 마치 파도치는 바다처럼 침대가 계속 울렁거렸다. 조금씩 정신이 들면서 그 사람이 나라는 것을 알자 목이 타들어가고, 온몸의 피부는 뻣뻣한 나무판자 같았다. 혀는 오랜 세월 불꽃 위에 얹어놓은 빈 주전자 밑바닥 같았다. 손바닥은 얼음으로도 식힐 수 없는 새빨갛게 달아오른 철판 같았다.

그러나 그보다 더 지독한 것은, 이튿날 눈을 떴을 때의 고통, 후회, 부끄러움이었다! 기억나진 않지만, 돌이킬 수 없는 실수를 수없이 저질렀다고 생각하니 소름이 오싹 끼쳤다. 아그네스가 내게 보낸 지울 수 없는 눈길! 내가 짐승이나 다름없었던 탓에 아그네스가 어떻게 해서 런던에 왔으며, 어디서 묵고 있는지도 모르는 이 괴로움! 난장판을 벌인 방을 바라보았을 때의 혐오감—쪼개질 듯이 아픈 머리—코를 찌르는 담배 냄새, 사방에 흩어져 있는 술잔들, 나갈 수도 없고 일어날 수도 없는 이 참담함! 아, 얼마나 한심한 날이었던가!

아, 얼마나 울적한 밤이었던가! 나는 기름방울이 떠 있는 양 고깃국 그릇을 앞에 놓고 난롯가에 앉아 내가 전에 세들었던 사람과 같은 길을 가고 있으며, 그의 방과 더불어 그의 비참한 운명도 함께 계승하고 있다는 생각이 들자 곧장 도버로 달려가 모든 것을 털어놓고 싶었다! 크럽 부인이 양 고깃국 그릇을 치우기 위하여 방에 들어와서 어제의 잔치 음식 가운데 남은 것이라며 콩팥 한 조각을 치즈 그릇에 내놓았을 때, 나는 뼈저리게 후회가 되어 무명옷을 입은 부인의 가슴에 머리를 묻고서, "오, 크럽 부인, 남은 고기는 필요 없어요! 나는 말할 수 없이 부끄러워요!"라고 하소연하고 싶었지만, 이러한 상황에서도 나는 크럽 부인이, 내 모든 것을 털어놓아도 좋을 만한 인물인지를 의심해 보고 있었다.

25장
선한 천사, 악한 천사

 머리가 아프고, 구역질을 하고, 후회되고, 그 운나빴던 날의 다음 날 아침이었다. 그저께의 만찬을 거인족들이 큰 지렛대를 가지고 몇 달이나 뒤로 밀쳐놓은 것처럼, 이상하게 뒤죽박죽된 마음으로 문을 나설 때였다. 배달원 하나가 손에 편지를 들고 계단을 올라오고 있었다. 마침 한숨 돌리면서 쉬고 있는 중이었지만, 위에서 난간에 기대 내려다보고 있는 나를 발견하자 갑자기 뛰기 시작하더니 금방이라도 숨이 끊어질 것처럼 헐떡이며 계단을 올라왔다.
 "티(T) 코퍼필드 도련님이죠?" 배달원은 그의 짧은 지팡이를 모자에 대고 정중하게 예의를 나타내며 말했다.
 나는 내 이름을 밝힐 수 없었다. 그 편지가 틀림없이 아그네스에게서 온 것이라 생각하니 가슴이 떨렸기 때문이다. 그러나 내가 바로 티(T) 코퍼필드라고 대답했더니, 그는 나를 믿고 편지를 주면서 답장을 받아오라는 부탁을 받았다고 말했다. 나는 그를 계단 층계참에서 기다리라고 내려보낸 뒤에 다시 방으로 들어갔다. 나는 흥분해 있었으므로 편지를 식탁 위에다 놓고 잠시 바라본 뒤 겉봉을 뜯었다.
 편지를 열었다. 극장에서 내가 주책을 떨었던 것에 대해서는 한마디도 없는 아주 친절한 내용이었다. 편지의 내용은 다음과 같았다.
 '트롯우드. 나는 지금, 홀본의 앨리플레이스에 있는 아버지의 대리인 워터브룩 씨 댁에 묵고 있습니다. 오늘 나를 찾아오시겠어요? 시간은 언제라도 좋아요. 아그네스로부터.'
 마음에 차는 답장을 쓰기까지는 제법 오랜 시간이 걸렸다. 배달부는 뭐라고 생각했을까? 글씨 연습이라도 한다고 생각하지 않았을까? 적어도 6통 정도는 다시 쓴 것 같다. 처음에는 이렇게 썼다. '친애하는 아그네스, 그날의 실례를 어찌 잊어달라고 바랄 수 있겠습니까마는'—써놓고 보니 마음에 들지 않아서 찢어 버렸다. 그다음에는, '친애하는 아그네스, 셰익스피어도 말했지만, 스스로 나서서 적을 배 속으로 불러들이는 것은 얼마나 이상한 일입니까.'[1]—그러나 이것도 마캄을 떠올릴 뿐이라 그만두었다. 한번은 시를 써보기도 했다. 1행 6음절로 '아 잊어 주세요' 하고 썼지만 어쩐지 11월 5일을 연상시키므로[2] 역시 바보 같아서 그만두었다. 결국 이것저것 시도한 끝에, 이렇게 썼다.

'친애하는 아그네스, 정말 당신다운 편지로군요. 당신의 편지를 더 이상 칭찬할 말이 생각나지 않는군요. 4시에 찾아가겠습니다. 기쁨과 슬픔에 젖은 티(T)시(C).'

이윽고 배달원이 편지를 가지고 떠났다. 일단 내 손에서 떠나자 다시 되찾아 오고 싶은 마음에 안정을 찾을 수 없었다.

만약 그날이 나에게처럼 민법박사회관에 있는 다른 변호사에게도 몸서리쳐지는 날이었다 해도, 그는 썩은 치즈에 대한 보상을 받으므로 약간 위안을 얻었을 것이라고 나는 믿었다. 나는 3시 30분에 사무실을 나와, 몇 분 뒤에는 약속한 장소에서 어슬렁거리고 있었다. 마지막 용기를 짜내어 워터브룩 씨 댁의 문기둥에 있는 전용 벨의 손잡이를 당겼지만, 세인트 앤드류 성당의 시계를 보니 이미 약속 시간에서 15분이 지나 있었다.

워터브룩 씨는 법률문제는 1층에서 취급했고, 사교상의 용건(이 일이 많았다)은 위층에서 다루었다. 나는 아름답고 아담한 응접실로 안내되었다. 그곳에 아그네스가 앉아서 지갑을 짜고 있었다.

아그네스는 침착하게 보였다. 캔터베리에서의 쾌활하고 발랄했던 내 학창 시절과 만취되어 담배를 피우면서 소란을 피웠던 전날 밤의 내 초라한 모습이 아주 생생하게 되살아났다. 자책감과 부끄러움에 나는 얼굴을 들 수가 없었다. 나는 창피하게도 눈물까지 흘렸다. 전반적으로 그것이 잘한 일이었는지 아니면 가장 어리석은 태도였는지는 지금도 확신이 서지 않는다.

"아그네스, 내 행동을 본 사람이 하필이면 당신이라니! 당신이 아니었다면 나

---

1) 〈오셀로〉 2막 2장 292행. 적을 배 속으로 불러들이는 것은, 술을 마셔서 제정신을 잃는다는 뜻.
2) 11월 5일은 1605년 영국 가톨릭교도인 가이 포크스의 의회폭파 음모가 발각된 기념일. 옛 동요에 '잊지 말라, 5일, 11월'로 시작하는 것이 있다.

는 지금의 반만큼도 뉘우치지 않았을 텐데. 나는 거의 죽고만 싶어요." 나는 고개를 돌리며 말했다.

아그네스는 잠시 한 손으로 내 팔을 잡아주었다. 아그네스 손의 촉감이 위안이 되는 것 같아서 무심코 그 손에 감사의 키스를 했다.

"앉으세요. 지난 일로 끙끙 앓지 마세요. 트롯우드, 당신이 나를 진정으로 믿을 수 없다면 누구를 믿겠어요?" 아그네스는 명랑하게 말했다.

"아, 아그네스, 당신은 나의 천사요!"

아그네스는 약간 슬픈 미소를 지으면서 고개를 저었다.

"아니, 당신은 나의 천사예요. 언제나 그랬죠!"

"트롯우드, 내가 정말 그렇다면, 꼭 부탁드리고 싶은 것이 있어요."

나는 말하라는 뜻으로 아그네스를 바라보았으나 아그네스의 말뜻을 이미 알고 있었다.

"당신에게 경고하고 싶은 게 있어요." 아그네스는 나를 뚫어지게 한 번 바라보고는 말했다. "당신의 나쁜 천사를 조심하세요."

"나의 나쁜 천사라니요?"

"당신은 내 말뜻을 알고 있어요." 아그네스는 대답했다.

"아그네스, 스티어포스 말인가요?"

"네, 그래요. 트롯우드."

"아그네스, 당신은 그를 아주 잘못 알고 있어요. 그가 나의 나쁜 천사라니요, 아니에요. 그는 누구에게도 나쁜 천사가 아닙니다. 그는 내 지도자이자 아군이자, 친구예요. 아그네스! 전날 밤의 내 행동만 보고서 스티어포스를 그렇게 평하는 것은 정당하지 못한 게 아닐까요?"

"나는 전날 밤, 당신을 보고서 그를 판단한 것이 아니에요." 아그네스는 조용히 대답했다.

"그럼 무엇 때문이지요?"

"여러 가지를 보고서. 하나하나를 보면 보잘것없는 것 같지만, 그것이 합쳐지면 그렇게 보이지 않거든요. 트롯우드, 내가 그를 판단하게 된 것은, 첫째 그에 대한 당신의 이야기를 들어서이고, 다음에는 당신의 성격을 보아서고, 마지막으로 그가 당신에게 끼친 영향을 감안한 거예요."

내 속에는 아그네스의 조심스러운 목소리에만 공명하는 마음의 선율이 언제나 있었다. 아그네스의 말은 언제나 진지했다. 그러나 지금처럼 아그네스의 목소리가 아주 진지할 때는 나는 저절로 머리가 수그러지면서 꼼짝도 할 수가 없었다. 나는 아그네스가 눈을 내리뜨고서 뜨개질하는 것을 앉아서 보고 있었지만, 아직도 아그네스의 목소리가 울리는 것 같았다. 스티어포스에게 큰 애착을 가지고 있었음에도 아그네스의 목소리를 들으면 그의 존재가 흐릿해졌다.

"내가 너무 심했지요?" 아그네스가 나를 다시 바라보면서 말했다. "누구와 사귀어본 적도 없고 세상일도 전혀 모르면서, 당신에게 거만하게 충고하고 내 의견을 단호히 말했으니까요. 그런데 왜 내가 그러한 마음을 갖게 되었는지 알고 있어요, 트롯우드? 우리가 함께 자랐다는 사실을 늘 기억하고 있을 뿐만 아니라, 당신에 관한 일에 언제나 깊은 관심을 가지고 있기 때문이에요. 그래서 그런 대담한 말도 할 수 있는 거예요. 제가 말한 건 틀림없이 사실입니다. 당신이 위험한 친구를 사귀고 있다는 것을 당신에게 충고할 때는 내가 아니고 마치 다른 사람이 나를 통해서 말하는 것 같아요."

나는 다시 아그네스를 바라보았다. 아그네스가 잠자코 있을 때에도 그의 목소리는 여전히 울리고 있는 것 같았다. 스티어포스의 그림자는 아직도 마음에 단단히 들러붙어 있긴 했지만 점점 어두워졌다.

"물론 나는 그렇게 분별없는 사람은 아니에요." 잠시 뒤 아그네스는 평소의 어조로 말했다. "당신에게 확고부동하게 굳어 있는 감정을 곧바로 바꾸라는 뜻은 아니에요. 바꾸리라고 생각지도 않고요. 그건 남을 쉽게 믿어버리는 당신의 장점에서 나오는 마음이니까요. 그러니 급하게 바꿀 필요는 없어요. 다만 트롯우드, 당신이 나를 조금이라도 생각한다면, 부탁해요." 아그네스는 내가 하고 싶은 말을 이미 눈치채고 조용히 미소지었다. "당신이 나를 생각할 때마다 내가 말씀드린 것을 생각해 주세요. 이런 말을 한 걸 용서하겠지요?"

"물론이죠, 아그네스. 당신이 스티어포스를 공정하게 판단하고 나처럼 그를 좋아하게 된다면."

"그전에는 안 되나요?" 아그네스가 물었다.

내가 스티어포스에 대해 그와 같이 말했을 때 나는 아그네스의 얼굴에 어둠의 그림자가 스치는 것을 보았다. 그러나 아그네스는 내게 미소 지어 보이고 다시 예전처럼 거리낌 없이 얘기를 시작했다.

"그런데 아그네스," 나는 말했다. "그저께 밤 내가 행패를 부렸던 것을 언제쯤 용서해주시겠소?"

"기억날 때 용서하지요." 아그네스가 대답했다.

아그네스는 그 문제를 대강 처리하려 했으나 나는 그 일이 뼈에 사무쳐서 이대로 넘길 수는 없었다. 그래서 나는 어째서 그런 수치스러운 행동을 했으며, 또 어쩌다가 극장까지 가게 되었는지의 사정을 장황하게 이야기했다. 그때의 상황을 모두 이야기하고, 내가 취해서 정신도 차리지 못할 때 스티어포스가 나를 돌봐주었다며 그의 은혜를 자세히 이야기하고 나니 마음이 한결 가벼워졌다.

"당신은 잊어서는 안 돼요." 내 이야기가 끝나자 아그네스는 조용히 화제를 바꾸어 말했다. "당신이 어려움에 처했을 때나 사랑에 빠졌을 때나 모두 나에게 꼭 알려야 해요. 미스 라킨스 다음에는 누구와 사귀었나요, 트롯우드?"

"없어요, 아그네스."

"누군가 있지요, 트롯우드?" 아그네스는 웃으며 손가락을 세우고 말했다.

"없어요, 아그네스. 절대로! 아, 스티어포스 부인 댁에는 미스 다틀이란 숙녀가 있었는데, 그와 이야기하길 좋아했지요. 아주 똑똑하고 재미있는 분이에요. 그러나 그를 사모하진 않았습니다."

아그네스는 자기의 추측이 들어맞자 재미있어하며 웃었다. 그리고 아그네스는, 만약 당신이 약속을 지켜서 나에게 숨김없이 말해준다면 영국 역사에 나오는 왕과 여왕의 연대표와 같이, 당신의 연애 기록을 모아서 언제 좋아했고, 또 얼마나 이어졌으며, 언제 끝났는가에 대한 일람표를 만들겠다고 말했다. 이어서 아그네스는 느닷없이 우라이아를 만난 일이 있느냐고 물었다.

"우라이아 힙 말인가요? 못 봤어요. 그가 런던에 있나요?"

"그래요. 매일 아래층 법률사무실에 들른답니다." 아그네스가 말했다. "그는 나보다 한 주일 먼저 런던에 왔지요. 별로 좋지 못한 일로 온 것 같아 불안해요, 트롯우드."

"아그네스, 당신을 괴롭히는 일인가요?" 나는 다시 물었다.

아그네스는 뜨개질하던 지갑을 옆으로 밀쳐놓고 깍지를 끼고서 그 아름답고 상냥한 눈으로 시름에 잠긴 듯이 나를 바라보며 말했다.

"그가 아버지와 동업을 하려는 것 같아요."

"뭐요? 우라이아가? 그 비열한 아첨꾼 녀석이 이렇게 출세를 한다는 겁니까!" 나는 화가 나서 외쳤다. "아그네스, 당신은 그 일에 맞서지 않았나요? 그 관계가 앞으로 어떻게 발전하리라는 것을 생각해야지요. 분명히 말해야 해요. 아버님이 잘못을 하시지 않도록 당신이 나서야 합니다. 아그네스, 당신이 막아야 합니다."

내가 말을 시작할 때부터 이미 아그네스는 내 흥분에 대해 가볍게 웃으면서 고개를 젓고 있다가 이윽고 입을 열었다.

"아버지에 관해 지난번에 우리가 나눈 대화를 기억해요? 지금 내가 말한 사실을 아버지께서 나에게 알려주신 것은 그 이야기가 있고 나서 얼마 안 됐을 때였어요. 2, 3일 뒤였을 거예요. 정말 슬펐어요. 아버지는 스스로 그렇게 한 것이라고 말씀하시고 싶었지만, 한편으로는 강요에 못 이겨 그렇게 하시지 않을 수 없었다는 것을 숨기지 못해 괴로워하시는 모습을 보려니, 가슴이 미어지더군요."

"아그네스, 강요를 한다고요! 누가 그런 짓을?"

"우라이아가. 자신을 아버지에게 없어서는 안 될 인물로 만들어놓았어요. 그는 교활하고 빈틈없는 인물입니다. 아버지의 약점을 캐내어 그것을 미끼로 삼아 교묘히 이용했어요. 이제 아버지는, 한마디로 말하자면, 그를 두려워하고 있어요." 아그네스는 잠깐 망설이다가 대답했다.

하려고만 하면 할 말은 많은 것 같았다. 더 깊이 알고 있는 일도 있고, 의심스러운 점도 아직 많다는 것을 잘 알고 있었지만, 그것이 무엇이냐고 물어서 아그네스를 괴롭히기는 싫었다. 아그네스가 자기 아버지를 사랑하므로 숨기고 있다는 것을 나는 알고 있었기 때문이다. 이미 오래전에 시작된 일이라는 것은 나도 눈치채고 있었다. 다만 조금만 생각해 보아도, 그것이 오랫동안 이어져 왔다는 것을 알 수 있었다. 나는 계속 침묵을 지키고 있었다.

"아버지에 대한 그의 영향력은, 아주 대단해요. 그는 신분이 천하고 늘 감사히 생각하고 있다고 입버릇처럼 말하고 있지요—아마 그것은 어느 정도 진심일 겁니다. 나는 그렇기를 바라요—그러나 지금 그의 위세는 엄청나서 그가 자기 권력을 악용할까 두려워요."

그놈은 사냥개 같은 놈이라고 말하는 순간, 나는 마음이 아주 후련해졌다.

"아버지가 처음 저에게 말씀하셨던 그때," 아그네스는 계속했다. "우라이아는 아버지에게 일을 그만두겠다고 말했어요. 무척 죄송하고 떠나기는 싫지만 장래를 생각해서 그만두는 것이 좋겠다고 했어요. 아버지는 아주 우울해하셨어요. 그렇게 걱정스러워하는 얼굴은, 당신도 그렇겠지만 나도 여태껏 한 번도 본 적이 없었어요. 하지만 결국 공동경영이라는 형태로 이야기가 마무리되자 아버지도 어느 정도 힘을 얻은 것 같았어요. 물론 매우 큰 충격을 받으셨고 수치스러워하셨지만."

"아그네스, 당신은 아버지의 그런 결정을 어떻게 받아들였어요?"

"아버지를 편안하게 해 드리려면 무언가를 희생할 수밖에 없다고 생각했어요. 그래서 저도 우라이아에게 동업을 해 달라고 애원했지요. 그러면 아버지 생활의 무거운 짐이 가벼워질 테고—지금도 그렇게 되기를 바라요!—그래야만 제가 아버지와 함께 있을 기회도 많아질 것이라고요. 아, 트롯우드!" 눈물이 흘러내리자 아그네스는 두 손으로 얼굴을 가리고 소리쳤다. "저는, 아버지를 사랑하는 딸이 아니라 평생 아버지의 적이었던 느낌이에요. 오직 저만 생각하느라 아버지가 얼마나 달라지셨는지 몰라요. 저를 중심으로 모든 것을 생각해 주신 것은 고맙지만, 그 때문에 아버지의 감정과 일이 얼마나 좁게 한정되었는지 잘 알고 있어요. 아버지가 저를 위해 얼마나 많은 흥미로운 것들을 외면했으며, 저에 대한 근심 때문에 아버지의 생활이 얼마나 우울하신가를 너무나 잘 알고 있어요. 이 모든 것을 보상할 수만 있다면! 아버지를 늙게 만든 원인이 바로 나니까, 어떻게든 아버지께 젊음을 되찾아 드릴 수만 있다면!"

나는 지금까지 아그네스가 소리 내어 우는 것을 본 일이 없었다. 눈물을 흘리는 것은 보았다. 예를 들어 내가 우등상을 타왔을 때, 그리고 저번에 둘이 그녀의 아버지에 대한 이야기를 했을 때도 아그네스는 눈물을 글썽거렸다. 우리가 헤어질 때도 아그네스는 고개를 돌렸다. 그러나 지금처럼 무척 슬퍼하는 모습을 나는 본 적이 없었다. 나는 그 모습이 너무나 안쓰러워서, "아그네스, 제발 울지 말아요. 울지 말아요!"라는 말만 되풀이하면서 한심스럽고 신통치 않은 위로를 건넬 뿐이었다.

그러나 아그네스는 성격도 의지도 나보다 훨씬 뛰어난 인간이었으므로, 언제까지나 그렇게 매달릴 필요는 없었다(물론 지금에야 다 아는 것처럼 말하지만, 과연 그때도 내가 그것을 알고 있었는지 어떤지는 매우 의심스럽다). 내가 기억하는 한 다른 사람과는 확연히 다른 아그네스의 아름답고 고요한 태도가, 마치 구름이 걷힌 푸른 하늘처럼 다시 돌아왔다.

"우리도 언제까지나 둘이서 있을 수는 없으니, 이 기회에 부탁할게요. 제발 우라이아에게 친절히 대해주세요, 트롯우드. 따돌리지 말고 당신 마음에 들지 않는 점이 있더라도 분개하지 마세요. (당신에게 그런 기질이 있다는 것을 알기 때문에 부탁드리는 거예요.) 따돌리거나 화를 낼 필요는 없어요. 그가 정말로 나쁜 사람인지 어떤지는 확실히 모르니까요. 아무튼 아버지와 저를 생각해서 참아주세요!"

아그네스의 이야기는 여기서 끝났다. 문이 열리고 몸집이 큰 워터브룩 부인이 위풍당당하게 들어왔던 것이다. 부인의 몸집이 거대한 건지, 아니면 옷이 거대한 건지, 나로서는 잘 알 수 없었다. 요컨대 어디까지가 옷이고 어디까지가 사람인지 확실치 않았던 것이다. 마치 빛바랜 그림을 보는 듯한 인상이었다. 나는 그 부인을 극장에서 본 기억이 희미하게 떠올랐다. 그런데 부인은 나를 뚜렷하게 기억하고 있었으며, 아직까지도 내가 취해 있다고 의심하는 것 같았다.

그러나 내가 취해 있지 않다는 것과 얌전한 젊은이임을 차차 깨닫자 워터브룩 부인은 나를 상냥하게 대해주었다. 그리고 공원에는 자주 가는가, 사교계에는 자주 나가는가를 물었다. 둘 다 가지 않는다고 대답하자, 또다시 신용은 바닥으로 뚝 떨어졌다. 그러나 그런 내색은 조금도 하지 않고, 나를 다음 날 만찬에 초대했다. 나는 부인의 초대를 받아들이고 그 집을 떠났다. 떠나기 전에 사무실에 들러 우라이아를 찾았으나 없었으므로 나는 명함을 남겨놓고 왔다.

다음 날 만찬에 가자, 현관문이 열리며 양고기 삶는 김이 자욱하게 쏟아져 나왔다. 오늘 손님이 나뿐이 아니라는 것을 알 수가 있었다. 지난번의 배달원이 하인 차림을 하고, 계단 아래에서 손님을 맞이하고 있었기 때문이다. 그는 천연덕스럽게 내 이름을 물으면서 나를 전혀 모르는 사람처럼 굴었다. 그러나 나는 그를 잘 알고 있었고 그도 나를 잘 알고 있었다.

워터브룩 씨는 목이 짧고 엄청 큰 옷깃이 달린 셔츠를 입은 중년 신사였다. 코만 검다면 퍼그와 똑같았을 것이다. 그는 나에게 알게 되어 영광이라고 말했다. 내가 워터브룩 부인에게 인사를 하고 나자 워터브룩 씨는 점잔을 빼며, 나를 검은 우단 옷을 입고 크고 검은 우단 모자를 쓴 아주 무섭게 생긴 부인에게 소개

했다. 지금도 기억하는데, 마치 햄릿의 친척—고모—같은 부인이었다.[3]

그 부인의 이름은 헨리 스파이커였다. 남편도 같이 있었는데, 그는 아주 차가워 보였으며, 머리칼은 희다 못해 하얀 서리로 뒤덮인 것 같았다. 모두들 헨리 스파이커 부부에게 큰 경의를 표했다. 아그네스의 말로는, 그가 재무성과 관계 있는, 무엇인지 누구인지는 잊어버렸지만, 아무튼 그 고문변호사를 했었기 때문이라고 한다.

손님들 가운데 우라이아 힙도 끼여 있었다. 그는 검은 양복을 입고 무척 겸손한 태도를 하고 있었다. 그에게 손을 내밀자, 그는 내가 찾아주어서 영광이고, 내 쪽에서 먼저 인사를 해오리라고는 생각도 못했다며 정말 감사하다고 했다. 그러지 않는 편이 훨씬 좋았다. 그날 저녁 내내 그는 감사한 마음으로 내 주위를 서성거리며 떠나지 않았다. 그리고 내가 아그네스에게 한마디라도 할 것 같으면 뒤에서 눈을 부릅뜨고서 파랗게 질린 얼굴로 우리를 노려보는 것이었다.

그 밖에도 손님들이 있었지만, 내가 볼 때 그들은 모두 마치 포도주처럼, 얼음으로 차게 식혀놓은 것 같았다. 하지만 여기에 들어오기 전부터 내 관심을 끄는 손님이 딱 한 사람 있었다. 트래들스 씨가 오셨습니다 하고 알리는 소리를 들었기 때문이다. 그 말을 듣는 순간, 내 마음은 세일렘 학교 시절로 되돌아갔다. 언제나 해골만 그리던 토미 트래들스가 아닐까 하는 생각이 들었던 것이다.

나는 큰 관심을 가지고 트래들스 씨를 찾았다. 그는 더부룩한 머리를 우스울 정도로 얌전하게 깎고, 크게 부릅뜬 듯한 눈을 가진, 침착하고 착실해 보이는 젊은이였다. 게다가 들어오자마자 바로 어두운 구석으로 숨어버려서 처음에는 찾아내기도 어려웠다. 드디어 나는 그를 똑똑히 볼 수가 있었다. 내가 잘못 보지 않았다면, 그는 옛날 불행했던 토미가 틀림없었다.

나는 워터브룩 씨에게 다가가서, 저기 있는 이는 옛날 내 학교 친구 같다고 말했다.

"그래요!" 워터브룩 씨는 놀라며 말했다. "자네 같은 어린 친구가 헨리 스파이커 씨와 학교 친구라고?"

"그분이 아니라, 트래들스라는 젊은이 말입니다."

---

[3] 셰익스피어의 햄릿은 아버지 덴마크 왕의 죽음을 슬퍼하며 내내 검은 상복을 입고 등장한다.

"아, 그래!" 주인은 크게 흥미가 없어진 듯이 말했다. "그럴 수도 있겠군."

"만약 옛 친구가 맞다면, 함께 지낸 곳은 세일렘 학교라는 곳입니다. 정말 좋은 친구였어요."

"확실히 트래들스는 좋은 친구지." 그는 크게 끄덕이며 말했다. "정말 좋은 친구야."

"참 이상한 우연이지요."

"트래들스가 오늘 이 자리에 온 것부터가 아주 우연이야. 실은 스파이커 부인의 동생이 오기로 되어 있었는데, 오늘 갑자기 몸이 아파서 올 수 없다더군. 그래서 대신 부른 걸세. 그런데 코퍼필드, 그 동생이란 사람은 정말 신사 중의 신사야."

나는 어쩔 수 없이 우물거리면서 끄덕였다. 하지만 전혀 모르는 사람치고는 매우 성의를 보인 태도였다. 나는 트래들스의 직업을 물었다.

"트래들스는 변호사가 되기 위해 공부하고 있지. 참 좋은 사람이야—자기 자신 말고는 적이라곤 없는 사람이야."

"자기 자신이 자기의 적이라고요?" 나는 그 말이 너무 서글퍼서 물었다.

"그래." 워터브룩 씨는 입을 오므리고, 기분 좋고 만족한 태도로 시곗줄을 만지작거리며 대답했다. "그는 스스로를 그늘 속에 묻어버리는 경향이 있어. 예컨대 그는 돈으로 치면 5백 파운드의 가치도 없는 사람이지. 동업하는 친구가 트래들스를 나에게 추천했다네. 아, 그렇지. 그는 소송 사건을 초안하라고 시키면 간단명료하게 아주 잘해. 나는 올해 안에 트래들스에게 무엇인가 돈이 될 법한 큰일을 맡길 생각이야. 그럼, 그렇고말고."

툭하면 매우 자랑스럽게 "그럼, 그럼" 하고 말하면서 만족스러워하는 워터브룩 씨의 태도가 나한테는 아주 인상적이었다. 정말 의미 있는 '그럼, 그럼'이었다. 곧 은수저까지는 아니더라도[4] 인생의 성공 사다리는 가지고 태어나서, 한 걸음씩 밟고 올라가 마침내 성벽 꼭대기에 서서 까마득한 아래, 여전히 참호 속에서 밀치락달치락하는 사람들을 마치 철학자나 보호자 같은 눈으로 내려다보는, 그런 사람의 사고를 유감없이 드러낸 '그럼, 그럼'이었던 것이다.

---

4) 은수저를 물고 태어났다는 말은 행운을 쥐고 태어났다는 뜻.

이런 생각을 하고 있는 사이에 저녁 식사가 준비되었다는 말을 듣고, 워터브룩 씨는 그 햄릿의 고모와 함께 아래로 내려갔다. 헨리 스파이커 씨는 워터브룩 부인을 안내했다. 내가 안내하고 싶었던 아그네스는 히죽히죽 웃는, 다리가 불편한 친구에게 빼앗겼다. 결국 우라이아, 트래들스, 그리고 나 같은 젊은이들은 신분에 맞게 제일 마지막에 내려갔다. 그러나 아그네스를 빼앗긴 것은 그다지 분하지 않았다. 그 덕에 계단을 내려가다 트래들스를 만날 수 있었기 때문이다. 트래들스는 매우 즐겁게 나를 맞아주었다. 한편 우라이아는 변함없이 불쾌한 자기비하와 무례한 참견을 해대며 몸을 요상하게 꼬고 있었다. 나는 난간 너머로 내던지고 싶은 마음을 꾹 참아야 했다.

트래들스와 내 자리는 멀리 떨어진 식탁 양끝이었으므로 식사를 할 때는 떨어져 앉았다. 트래들스는 붉은 우단을 입은 화려한 숙녀와 함께 앉았으며 나는 햄릿 고모의 어두운 그림자 속에 앉았다. 식사 시간은 길었다. 화제는 온통 귀족과 혈통에 관한 것이었다. 워터브룩 부인은 자기에게 약점이 있다면 바로 혈통이라고 거듭 강조했다.

만약 우리가 지나치게 점잔을 빼지 않았으면 분위기가 더 좋았을 것이라고 나는 여러 번 생각했다. 모두들 너무나 점잔을 뺐으므로 화제가 아주 제한되었다. 걸피지 부부가 있었는데, 그들(적어도 걸피지 씨)은 은행의 법률문제에 간접적으로 관여하고 있었다. 따라서 궁정기사도 아니건만 이야기는 자연히 은행과 재무부 문제로 한정되었다. 그런데 그것을 더 채울 생각에서인지, 햄릿 고모는 툭하면—집안 전통의 결함인 듯한—혼잣말하는 버릇까지 있어서, 이야기마다 종잡을 수 없는 말을 지껄여대는 것이었다. 이야기의 종류는 많지 않았다. 그러나 이야기가 혈통 문제로 옮겨가자마자 이내 조카 왕자[5] 뺨칠 기세로 끝없는 명상의 벌판을 헤매는 것이었다.

우리는 악귀 집단과 마찬가지였고, 이야기는 핏빛을 띠었다.

"나도 집사람과 같은 생각이오." 워터브룩 씨는 포도주잔을 눈앞까지 들어 올리며 말한다. "다른 것은 그런대로 괜찮지만, 역시 절실한 것은 피—혈통이지요!"

"그럼요! 그렇고말고요!" 햄릿 고모가 말했다. "혈통보다 뛰어난 게 어디 있겠

---

5) 햄릿을 말함.

어요! 말하자면—뭐가 좋다고 말할 것도 없이—인생 최고의 이상이니까요. 세상에는 야비한 인간도 있지요—많지는 않지만. 하지만 틀림없이 있어요—그래서 우상 앞에서 무릎 꿇는 거죠—그래요, 맞아요, 우상이요! —사업이나 학문 앞에 머리를 숙이는 사람도 있어요. 하지만 이런 것은 눈에 보이지 않지요. 그런데 피는 그렇지 않아요. 예를 들어 피가 코로 나오면 바로 보이고, 턱으로 흐르면 '봐요, 저게 피예요!' 하고 말하니까요. 이것이 둘도 없는 증거예요. 분명히 가리킬 수 있고, 의심할 여지가 없지요."

이어서 아그네스를 데리고 내려온, 히죽히죽 웃는 다리가 불편한 신사가 똑같은 말을 더욱 또렷하게 지껄였다.

"그야 그렇지요. 여러분," 하고 그는 자못 아둔해 보이는 웃음을 지으면서 전원을 둘러보고 말했다. "피는 버릴 수 있는 게 아닙니다. 이것만큼은 반드시 필요하지요. 아시다시피 여러분, 세상에는 학문이나 품행 면에서 지위에 어울리지 않는 젊은이도 있습니다. 잘못을 저질러서 본인뿐 아니라 다른 사람에게까지 엄청난 피해를 입히는 이도 있고요. 그런데 말입니다, 그게 참 이상해요. 혈통 좋고 집안 좋은 젊은이가 그러면 별로 기분이 나쁘지 않으니, 정말 신기하지요. 실제로 나만 해도, 혈통도 모르는 사람에게 도움을 받는 것보다는 어엿한 가문의 녀석에게 얻어맞는 쪽이 오히려 기쁠 것 같다니까요!"

그런데 이 의견으로 혈통 문제가 완벽하게 마무리되자 모두들 크게 만족스러워했고, 덕분에 다리 불편한 신사는 여자들이 물러날 때까지 사람들의 주목을 한 몸에 받았다. 혈통론이 끝나자 이번에는 걸피지 씨와 스파이커 씨가 서로 이제까지의 어색함을 내던지고 갑자기 공동의 적인 우리에 맞서 동맹을 맺고, 우리를 타도하기 위해 식탁 너머로 이상한 대화를 시작했다.

"그 4천5백 파운드의 제1회 공채 말입니다만," 하고 걸피지 씨가 말을 꺼냈다. "좀처럼 생각대로 되지 않는군요."

"그러면 A의 D란 말입니까?" 스파이커 씨가 말했다.

"B의 C예요." 걸피지 씨가 말했다.

스파이커 씨는 눈썹을 추켜세우며 매우 걱정스러운 얼굴을 했다.

"물론 각하께도 말씀드리고—이름은 말씀드리지 않아도 될 겁니다—" 걸피지 씨는 말하려다가 다시 삼켰다.

"알고 있습니다. N이지요?"

걸피지 씨는 애매하게 끄덕였다. "각하께 말씀드리고 상의했는데, 돌아온 말씀은 '지급하지 않으면 용서할 수 없다'는 한마디였습니다."

"어렵게 되었군요!"

"지급하지 않으면 용서할 수 없다고 말씀하셨어요!" 걸피지 씨는 한 번 더 단호하게 되풀이했다. "최근의 상속권자라고 하면 누군지 아시겠습니까?"

"K지요." 스파이커 씨는 어두운 표정을 지었다.

"그 K가 서명을 거절했어요. 뉴마켓[6]에서 붙잡아서 설득했는데 두 말도 안 하고 거절하더군요."

스파이커 씨는 한껏 열이 올라 몸이 돌처럼 뻣뻣하게 굳었다.

"뭐, 지금으로서는 상황이 그렇다는 겁니다." 걸피지 씨는 의자 위에서 몸을 뒤로 크게 젖혔다. "그러니 이해관계의 범위가 매우 넓은 문제라, 나도 모조리 털어놓을 수는 없다는 것을 워터브룩 씨도 이해해 주시리라고 믿습니다."

워터브룩 씨는 매우 흡족해 보였다. 식탁 너머에서 그런 큰 이해관계와 이름이—비록 암시되었을 뿐이지만—언급된 것으로 이미 충분히 만족스러운 것 같았다. 짐짓 걱정스러운 얼굴을 하고(사실 이야기 내용을 나보다 더 많이 이해했다고는 보기 어려웠다), 충분히 배려해 주어서 고맙게 생각한다는 모습을 보였다. 한편 스파이커 씨는 상대가 이만큼 터놓고 얘기했으니 자기도 그에 상응하는 만큼 가슴을 열어 보여야 한다고 생각했는지, 앞에서 했던 이야기를 이어서 했다. 이번에는 걸피지 씨가 놀랄 차례였고, 그다음에는 다시 스파이커 씨가 놀랄 차례—이런 상태로, 이야기는 서로를 깜짝깜짝 놀라게 하며 끝없이 이어졌다. 그동안 문외한인 우리는 그저 이야기 속의 놀라운 이해관계라는 것에 압도되었고, 또 그 위압감의 희생자로서, 주인 워터브룩 씨의 우쭐거리는 시선을 받아야 했다.

나는 2층의 아그네스의 방으로 올라가 구석에서 아그네스와 이야기도 하고 또 트래들스를 소개할 수도 있어서 매우 기뻤다. 그는 여전히 수줍음이 많았지만 상냥하고 옛날과 다름없는 호인이었다. 트래들스는 한 달 예정으로 내일 아

---

6) 서퍽주의 마을.

침 일찍 여행길에 오를 예정이어서 빨리 돌아가야 했으므로 마음껏 그와 이야기를 나눌 수가 없었다. 그러나 우리는 서로 주소를 주고받았으며 그가 여행에서 돌아오면 그때 만나자고 약속했다. 내가 스티어포스를 만났다는 이야기를 했더니 그는 큰 관심을 보였다. 그리고 스티어포스에 대해 아주 열을 내며 칭찬했으므로 나는 그것을 아그네스에게도 이야기해 주라고 했다. 그러나 아그네스는 그동안에도 나를 바라볼 뿐이었다. 내가 그녀를 바라볼 때만 눈을 돌리고 고개를 약간 저었다.

아그네스가 그다지 친하지 않은 사람들 틈에 있다는 걸 잘 알았으므로, 며칠 뒤 이곳을 떠난다는 이야기를 들었을 때는 만나자마자 헤어진다는 생각 때문에 섭섭하기도 했지만 한편 기쁘기도 했다. 그래서 나는 손님들이 다 돌아갈 때까지 남아 있었다. 아그네스와 이야기를 나누고 아그네스의 노래를 듣고 있으니, 그녀 때문에 아름답기만 했던 그 옛집에서의 행복했던 시절이 생각났다. 그러나 워터브룩 씨의 사교 파티에 참석했던 저명인사들이 다 떠나자 나도 더 이상 머물 구실이 없었으므로 싫지만 그곳을 떠나야만 했다. 그날 밤만큼 절실하게, 아그네스가 정말로 나의 선한 수호신이라고 느낀 적은 없었다. 그 상냥한 얼굴과 부드러운 미소—그것은 마치 천사 같은 아득한 존재에게서 뿜어져 나오는 빛과 같아서—그것을 떠올리고 있을 때는 나쁜 일이 조금도 떠오르지 않았다.

손님들이 모두 돌아갔다고 했지만, 우라이아는 아니었다. 나는 우라이아를 손님으로 생각하지 않았던 것이다. 그는 내내 우리 곁에서 떠나지 않았다. 아래층으로 내려갈 때도 바로 뒤에서 따라왔고, 집에서 나온 뒤에도 옆에 딱 붙어서 해골 같은 긴 손가락을, 그보다 더 길고 마치 가이 포크스 인형[7]을 만드는 데에나 쓰일 법한 커다란 장갑 속으로 천천히 밀어 넣고 있었다.

나는 우라이아와 같이 있는 것이 싫었으나 아그네스가 간곡히 부탁한 말이 생각나 내 방으로 가서 커피나 한 잔 하자고 청했다.

"아, 정말입니까, 코퍼필드 도련님? 아니, 코퍼필드 씨. 아무래도 도련님이라는 말이 자연스럽게 나오네요. 저와 같이 천한 놈을 도련님 집에 초청하셔서 난처한 입장을 만들지는 마십시오."

"조금도 난처한 것 없어요. 가지 않겠어요?"

"가고말고요." 우라이아는 몸을 비틀며 말했다.

"자, 그럼 가지!" 나는 말했다.

나는 그에게 매우 무례하게 대했지만 그는 조금도 신경 쓰지 않았다. 가는 도중에 우리는 별로 이야기도 없이 가장 가까운 길을 택해 걸었다. 우라이아는 그 허수아비 장갑 같은 큰 장갑이 매우 부끄러운지, 여전히 조급해하면서 열심히 손가락을 끼워 넣고 있었다. 집에 닿았을 때에도 여전히 그 상태였다.

나는 우라이아의 머리가 부딪히지 않도록 그의 손을 잡고 어두운 계단을 조심스럽게 올라갔다. 그러나 솔직히 말하면, 그의 손은 마치 개구리처럼 차갑고 축축해서 무심코 잡은 손을 내팽개치고 달아나고 싶은 심정이었다. 그러나 아그네스의 말과 손님에 대한 예의를 생각해서 겨우 마음을 억누르고 난로 앞까지 데리고 갔다. 촛대에 불을 붙이자 내 방의 전경을 둘러보고 입이 마르도록 칭찬하며 마치 여자처럼 황홀해했다. 나는 크럽 부인이 즐겨 쓰는 수수한 양은 주전자에 커피를 끓여주었다.(사실 이 주전자는 본디 면도할 때 쓰는 것으로, 결코 커피를 끓이는 그릇이 아니었다. 또한 더 비싼 특허품 커피 주전자도 있었지만, 그것은 부엌에서 덧없이 먼지만 뒤집어쓰고 있었다.) 그동안에도 그는 너무 호들갑스럽게 흥분하여 떠들어댔으므로, 끓는 물이라도 퍼부어주고 싶었다.

---

[7] 1605년 11월 5일 의회폭파 음모사건이 발각된 기념일에, 거지꼴의 범인 가이 포크스 인형을 만들어 태우는 풍습이 있다.

"아, 코퍼필드 도련님—아니, 코퍼필드 씨, 당신이 저를 이렇게 대접해주시리라고는 꿈도 꾸지 못했습니다! 그러나 요즘은 저처럼 천한 놈에게 꿈도 꾸지 못할 좋은 일들이 많이 일어나고 있습니다. 제 머리 위로 축복의 비라도 내리는 것 같습니다. 도련님—아, 실례, 코퍼필드 씨도 아마 저의 앞날에 큰 변화가 있을 것이라는 소식을 들으셨을 겁니다."

그는 긴 무릎을 커피잔 밑에 나란히 모으고 모자와 장갑은 자기 옆 바닥에 놓고서 내 소파에 앉아 계속 숟가락으로 커피를 젓고 있었다. 눈썹을 홀랑 태워 먹은 듯한 눈꺼풀 없는 눈은 보지 않는 척하면서 가만히 나를 보고 있었다. 앞에서도 말했던 그의 움푹 팬 콧구멍은 숨을 쉴 때마다 벌룽거렸다. 그리고 턱에서 발끝까지 온몸을 뱀같이 비비꼬는 것이었다. 그런 꼴을 보고 있자니 정나미가 떨어졌다. 이런 사내를 손님으로 맞이하다니 정말이지 불쾌했다. 그때는 나도 아직 젊었으므로, 이런 강렬한 감정을 숨기는 데에 익숙하지 못했기 때문이다.

"코퍼필드 도련님, 아니, 코퍼필드 씨, 제 앞날에 일어날 어떤 변화에 관한 이야기를 조금은 들으셨지요?" 우라이아가 말했다.

"아, 조금은."

"그렇죠! 미스 아그네스가 알고 있었을 테니까요! 미스 아그네스가 알고 있다는 사실을 알게 되어 기쁩니다. 고마워요, 도련—아니, 코퍼필드 씨."

젠장! 구두주걱이라도 던져버릴까 하고 생각했다(마침 바로 옆의 깔개 위에 있었다). 아무리 보잘것없는 일이라도 나를 덫에 밀어 넣어 아그네스에 관한 이야기를 털어놓게 하려는 속셈이었기 때문이다. 그러나 나는 묵묵히 커피만 마셨다.

"코퍼필드 씨는 정말 예언자세요! 언젠가 저에게 자네는 위크필드 씨의 동업자가 될 것이라고 말씀하신 것 기억하세요? 그러면 위크필드 앤드 힙의 사무실이 될 것이라고 말씀하셨지요. 하기야 당신은 이미 잊으셨겠죠. 하지만 저 같은 천한 놈은 그런 고마운 말씀을 소중하게 간직하고 있답니다!"

"그 말을 한 것은 기억하고 있어요. 하지만 그때는 정말로 그렇게 되리라고는 생각도 못했지요." 나는 말했다.

"그럼요! 누군들 그렇게 되리라고 생각했겠습니까!" 우라이아가 열렬히 말했다. "저도 생각지 못했는걸요. 저같이 천한 놈이 어찌 감히 그러겠냐고 제 입으로도 말씀드렸잖아요. 정말로 그렇게 생각했으니까요."

그의 얼굴을 힐끗 보니, 마치 조각처럼 능글맞은 웃음을 지으며 난롯불을 바라보고 있었다. 그리고 조금 있다가 다시 입을 열었다.

"하지만 아무리 천한 놈이라도 뜻밖에 도움이 되기도 한답니다, 도련님. 그래서 이제까지도 워크필드 씨에게 힘이 되어 드렸고, 또 앞으로도 그럴 것을 생각하면 정말 기쁩니다. 아, 그분은 참으로 훌륭한 분입니다. 그러나 지금까지 분별 없는 짓도 많이 하셨지요!"

"그런 이야기를 듣다니, 유감이군." 내가 말했다. "어느 점으로 보든지 말이오."

"어느 점으로 보든지 그렇지요. 특히 미스 아그네스를 위해서는! 언젠가 도련님이 모든 사람은 아그네스를 칭찬해야 한다고 한 말씀을 잘 기억하고 있답니다. 그 말씀에 제가 얼마나 기뻐했는지 몰라요! 도련님은 잊으셨죠?"

"기억하고 있어요." 나는 쌀쌀맞게 말했다.

"아, 도련님, 정말 기쁩니다! 이 비천한 가슴에 야심의 불꽃을 붙여 주신 데다가, 또 그 일을 잊지 않고 계시다니! 아!―커피 한 잔 더 주시겠습니까?"

야심의 불꽃을 타오르게 했다고 힘주어 말하면서 나를 바라보는 그 눈빛 속에서, 나는 마치 한 줄기 불빛이 그를 비춘 듯한, 놀랄 만한 어떤 것을 발견했다. 이상하게 정중한 투로 커피를 요구하는 그의 부탁을 떠올리고 나는 면도용 주전자에서 커피를 따라주었다. 그런데 어째서인지 커피를 따르는 손이 부들부들 떨리며, 이 사내에게는 도저히 당해 낼 수 없다고 생각했다. 이다음에는 또 무슨 얘기가 나올지 몰라 극심한 불안에 휩싸였다. 게다가 이러한 내 상태를 상대가 꿰뚫고 있는 것만 같아 더욱 안절부절못했다.

그는 아무 말도 없었다. 자기 커피를 저어 홀짝홀짝 마시기도 하고 그 기분 나쁜 손으로 자기 턱을 만지작거리기도 했다. 그러다가 난롯불을 바라보고 방 안을 두루 살폈다. 몸을 구부정하게 굽히고, 웃는다기보다는 숨을 꺽꺽거리며 뱀처럼 몸을 비비 꼬았다. 그러다가 커피를 저어 홀짝 마시는 것이었다. 그러나 새로운 화제는 나에게 맡겼다. 나는 입을 열 수밖에 없었다.

"그래서 워크필드 씨가," 이윽고 나는 말을 시작했다. "당신이나 나보다 수백 배나 더 훌륭한 그분이, 그렇게 분별없는 짓을 했다는 말이오, 힙 씨?"

"아, 그렇습니다. 정말 그분은 분별이 없었답니다, 코퍼필드 도련님." 우라이아가 한숨을 쉬면서 공손히 말했다. "뭐랄까, 정말로 어리석은! 그런데 도련님, 역시 우라이아라고 불러주시겠어요? 그쪽이 훨씬 정겨우니까요."

"자, 우라이아."

"감사합니다, 코퍼필드 도련님. 도련님이 우라이아라고 불러주시면 상쾌한 산들바람이 불고, 그리운 옛 종소리가 들리는 것 같습니다. 그런데 죄송하지만, 방금 제가 무슨 이야기를 하고 있었지요?"

"위크필드 씨에 관한 이야기예요."

"아! 그렇지요. 그분은 정말 분별이 없었어요, 코퍼필드 도련님. 이건 도련님에게만 이야기하는 겁니다. 하기야 아무리 도련님이라도 큰 윤곽만 얘기하고 그 이상은 말씀드릴 수 없지만요. 만약 딴 사람이 지난 2, 3년 동안 저의 입장에 있었다면 그는 위크필드 씨를, 모두 자기 손안에 넣고 말았을 겁니다. 옴짝달싹 못하게 말이에요." 우라이아는 마지막 말을 유난히 천천히 말하면서 그의 무자비한 손을 내 책상 위에 뻗어 주먹을 쥐고 책상뿐만 아니라 방까지도 흔들릴 정도로 강하게 내리찍었다.

저 볼썽사나운 발을 위크필드 씨 머리 위에 올린 모습을 눈앞에서 보았다 해도, 나는 지금만큼 불타는 증오를 느끼지는 않았을 것이다.

"그렇게 된 겁니다, 도련님." 내리찍은 주먹의 힘이 조금도 달라지지 않았으니 이상한 일이지만, 목소리만은 완전히 부드러워졌다. "그 점만큼은 틀림없습니다. 손해도, 치욕도, 그 밖에도 저는 모르지만 아마 온갖 경험을 하셨을 겁니다. 위크필드 씨 본인이 가장 잘 알 거예요. 그런데 잡일이나 하던 놈인 저를 생각지도 못한 높은 지위로 발탁해 주시겠다지 뭡니까! 정말 감사하고 감사할 일이지요." 여기서 일단 말을 끊고 얼굴을 내 쪽으로 돌렸으나 딱히 나를 보는 것은 아니었다. 그리고 주먹을 책상에서 떼더니, 이번에는 천천히 거드름을 피우며 마치 수염을 깎듯이 말라빠진 턱을 쓸어내렸다.

지금도 뚜렷하게 기억하는데, 시뻘건 난롯불에 비친 그의 교활한 얼굴이 또다시 무슨 계략을 꾸미고 있는 것처럼 보여 내 속이 얼마나 부글부글 끓었는지 모른다.

"코퍼필드 도련님," 그가 말했다. "제가 도련님을 못 주무시게 방해하는 것이 아닌지요?"

"아니오, 힙. 나는 보통 늦게 잠자리에 들어요."

25장 선한 천사, 악한 천사

"감사합니다, 도련님. 처음에 곧잘 말을 걸어 주시던 때와 비교하면 저도 제법 출세했지만, 여전히 별 볼 일 없는 인간입니다. 이것은 평생 벗어날 수 없는 굴레예요. 그런 제가 이런 내밀한 얘기를 털어놓았다고 해서 비천한 놈이라고 나쁘게 생각하진 않으시겠지요?"

"물론 그렇게 생각하진 않겠지요." 나는 속이 쓰렸지만 애써 말했다.

"감사합니다." 그는 주머니에서 손수건을 꺼내더니 두 손바닥을 닦았다. "미스 아그네스는, 코퍼필드 도련님—"

"뭐죠, 우라이아?"

"아, 그렇게 자연스럽게 우라이아라고 불러주시니 정말 기쁩니다!" 그는 물고기가 펄떡 뛰듯이 몸을 벌떡 세우며 소리쳤다. "코퍼필드 도련님, 오늘 밤 미스 아그네스가 참 예뻤다고 생각지 않으세요?"

"나는 미스 아그네스가 평소와 다름없이 아름답다고 생각했소—모든 점에서 주위 사람들보다 뛰어났어요."

"아, 고맙습니다! 지당한 말씀이에요! 정말 고맙습니다!"

"당신이 내게 고마워할 일이 아니오."

"그게 그렇지도 않아요, 코퍼필드 도련님. 실은 도련님을 믿고 이야기할 비밀이 있습니다. 저는 보시다시피 비천한 놈입니다." 우라이아는 두 손을 쓱쓱 닦고 그것과 난롯불을 번갈아 바라보면서 말했다. "그리고 저의 어머니도 비천하고, 집은 부끄러울 건 없지만 가난한 오두막이죠. 하지만 그럼에도 미스 아그네스의 모습은 오랫동안 제 마음을 차지하고 있었습니다. 이런 얘기는 도련님한테만 하는 거예요. 저는 맨 처음 도련님이 당나귀 마차를 타고 오시는 것을 보았을 때부터, 당신에게만큼은 매우 친밀한 정을 느꼈거든요. 도련님, 저는 아그네스가 걸어간 땅까지를 얼마나 순수한 애정으로 사랑하는지 모릅니다!"

나는 빨갛게 달아오른 난로 부지깽이로 놈의 몸뚱이를 찔러 구멍을 내고야 말겠다는 미치광이 같은 생각에 빠졌다. 이런 생각은 총알처럼 휙 하고 날아가서 사라져 버렸지만, 이 붉은 짐승을 생각만 해도, 더럽혀진 아그네스의 모습이 언제까지나 내 마음속에 남아 눈앞이 캄캄해졌다. (더욱이 그는, 그 비천한 영혼이 육체까지 좀먹고 있는 것처럼 추잡하게 몸을 비틀며 앉아 있었다.) 보고 있으면, 그의 몸이 부풀어오르고, 방 안 가득 그의 목소리가 메아리치는 것 같았다. 그리고

(이 일은 누구나 겪은 적이 있다고 생각하는데) 이것과 아주 똑같은 일이 이전에도 한 번 있어서, 다음에 그가 무슨 말을 할지조차 이미 알고 있는 듯한 참으로 이상한 기분이 드는 것이었다.

그때 그런 그의 얼굴에 권력이 있다는 것을 발견하고, 언젠가 아그네스가 부탁했던 일이 또렷하게 떠올랐다. 1분 전만 해도 생각할 수 없었던 침착함을 되찾고, 그 마음을 아그네스에게 알렸느냐고 조용히 물었다.

"아, 아닙니다. 절대로 아닙니다! 도련님 말고는 아무에게도 말하지 않았습니다. 도련님이 아시다시피 저는 이제 겨우 비천한 처지에서 벗어나려는 참입니다. 제가 아그네스의 아버지에게 얼마나 유익하며(이 점은 자신 있습니다), 그분을 얼마나 편안하게 해드리고 경영을 순조롭게 풀어드리는가를 미스 아그네스에게 보여드리고 싶은 마음뿐입니다. 아그네스는 아버지에게 무척 깊은 애정을 갖고 있으니까요. 바람직한 딸이에요. 이렇게 볼 때, 아그네스는 아버지를 위해 저에게도 친절하리라고 생각합니다."

나는 비로소 이 악당의 계획을 모조리 알 수 있었으며, 왜 그가 이러한 계획의 전모를 나에게 밝혔는지 그 의도까지도 알게 되었다.

"코퍼필드 도련님, 만약 도련님께서 저의 비밀을 지켜주시고, 반대하지 않으신다면 저는 특히 감사하게 생각하겠습니다. 도련님도 말썽을 일으키고 싶진 않으시겠죠. 도련님이 얼마나 친절하신지는 잘 알고 있습니다. 그러나 도련님은 제가 비천한 생활을 하고 있을 때(까마득한 밑바닥이라고 말씀드려야 정확하겠지요. 아무튼 지금도 엄청 밑바닥이니까요) 저를 알았으므로 도련님 자신도 모르게 아그네스와 저의 문제에 반대하실 수도 있으니까요. 하지만 코퍼필드 도련님, 아그네스는 제 것입니다. 이런 노래가 있지요. '왕관도 마다하리라, 그녀와 함께할 수 있다면'[8] 내 소망이 바로 이거예요."

아, 맙소사, 아그네스! 그 누구보다도 사랑스럽고 착한 아그네스가 이 비천한 놈의 아내가 되려고 몸을 고이고이 키워왔다니, 이럴 수가 있는가? 내가 놀랍고 기가 막혀서 이런 생각을 하고 있는 동안에도 그는 말을 이었다.

"지금 바로 서둘 필요는 없습니다. 내 아그네스는 아직 어립니다. 그 사이에 어

---

8) 18세기에 유행했던 노래의 한 소절. 레너드 맥낼리의 작품.

머니와 제가 노력해서 우리의 처지를 높여야지요. 모든 일이 순조로우려면 아직 많은 준비도 필요하고요. 그동안 기회가 있는 대로 나는 여유를 가지고 내 포부를 아그네스에게 알릴 생각입니다. 아무튼 이렇게 속내를 털어놓을 수 있는 기회를 주셔서 뭐라고 감사를 드려야 할지 모르겠습니다! 이제 사정도 대충 아셨고, (도련님도 집안에 풍파가 나는 것은 싫으실 테니까요) 도련님이 반대하지 않을 것을 생각하니 저에게는 큰 위안이 됩니다!"

그는 내 손을 잡고(차마 물리칠 수는 없었다) 자신의 축축한 손으로 힘껏 쥐면서 시계를 꺼내 보았다.

"아이구! 코퍼필드 도련님, 옛정을 생각해서 거리낌 없이 이야기를 하다 보니 시간이 흘러 벌써 한 시 반이 다 되었네요!"

나는 더 늦은 줄 알았다고 대답했다. 정말 그렇게 생각한 것은 아니지만, 머릿속이 어지러워서 대화할 상황이 아니었던 것이다.

"이거 어쩌지!" 그는 뭔가를 골똘히 생각하면서 말했다. "제가 묶고 있는 집은—코퍼필드 도련님, 뉴리버 상단 가까이 있는 하나의 개인 호텔 겸 하숙집입니다—두 시간 전에 벌써 잠자리에 들었을 겁니다."

"미안하지만," 내가 말했다. "여기는 침대가 하나뿐이라서, 그리고 나는—"

"아, 코퍼필드 도련님, 침대는 필요 없습니다!" 그는 한 다리를 치켜들면서 신바람이 나서 말했다. "제가 난로 앞에 누워 자는 것은 반대하지 않겠지요?"

"정 그렇다면 내 침대에서 누우시오. 내가 난로 앞에서 자겠소."

그는 정말로 깜짝 놀란 듯이 머리를 조아리며 거절했다. 그런데 그 모습이 야단스럽고 소리가 거의 비명에 가까워서, 저 아래층 방, 간조수위표 높이에서 시끄러운 시계 소리에 파묻혀 자고 있는 크럽 부인까지 깨웠음이 틀림없다. (조금 다른 얘기지만, 그녀와 나 사이에 시간 차이가 생기면 그녀는 반드시 그 괘종시계를 보라고 말하는데, 그것은 45분 이상 늦지 않는 때가 없고, 아침마다 반드시 정확한 시간을 맞춰줘야 하는 성가신 물건이었다) 나는 당황했지만, 상대가 비굴하게 나오기 시작하면 무슨 말을 해도 소용없었다. 그래서 나는 그가 난로 앞에서 자도록 모든 준비를 잘 해주는 수밖에 다른 방법은 없었다. 소파 매트리스(호리호리한 그에게는 좀 짧았지만), 소파 쿠션, 담요, 식탁보, 빨아놓은 아침 식사용 식탁보, 외투 따위를 그러모아서 잠자리를 만들어 주었다. 그는 또다시 머리를 조아리며 감격했다. 하는 김에 나이트캡도 빌려 주었다. 뒤집어쓴 모습이 너무도 끔찍해, 그 뒤로 나도 두 번 다시 그것을 쓰지 못할 정도였다. 아무튼 우리는 그렇게 잠자리에 들었다.

나는 그날 밤을 평생 잊지 못할 것이다. 잠을 못 이루고 이리저리 뒤척거렸고, 아그네스와 저 녀석을 생각하느라 완전히 녹초가 되었다. 어떻게 된 일이며, 어떠한 행동을 해야만 하는지 온갖 궁리를 다 했지만, 결국 나는 아그네스의 마음을 편하게 하려면 그냥 가만히 있어야 하고, 내가 들은 이야기는 나만 알고 있는 것이 최선의 방법이라 결론지었다. 잠깐이라도 잠이 들면, 상냥한 아그네스의 모습과 그녀를 눈에 넣어도 안 아플 것처럼 바라보는 그녀의 아버지 모습이 내게 무엇을 호소하면서 눈앞에서 어른거리는 바람에 공포에 질렸다. 눈을 뜨면, 옆방에 우라이아가 누워 있다는 생각이 악몽처럼 나를 짓누르는 것이었다. 파렴치한 악마를 내 방에 머물게 하는 듯한 납덩이처럼 무거운 불안이, 나를 숨 막히게 했다.

게다가 그 부지깽이까지 옅은 잠 속으로 밀고 들어와서는 도저히 나갈 생각을 하지 않았다. 비몽사몽간에 보는 부지깽이는 새빨갛게 달구어져 있었고, 나는 그것을 손에 잡고 느닷없이 그의 몸을 푹 찌르는 것이었다. 이 몽상이 너무나 끈질기게 떠오르는 바람에, 아무 일도 없다는 것을 알면서도 끝내 옆방으로 몰래 들어가서 그의 안위를 확인하지 않을 수 없었다. 그는 대자로 뻗어서 자고 있었는데, 두 다리는 터무니없이 멀리 뻗어 있었고, 코를 드르렁드르렁 골며, 입을 우체통처럼 쩍 벌리고 있었다. 그 모습은 그 정신 나간 꿈에서 본 것보다도 더욱 끔찍했다. 그런데 나는 그 소름 돋는 광경이 오히려 신경 쓰여서 거의 30분마다 한 번씩 몰래 들어가서 엿보지 않을 수 없었다. 긴긴밤은 여전히 답답하고 암담하기만 했다. 어두컴컴한 하늘은 도무지 동이 틀 것 같지 않았다.

다음 날 아침 일찍, 그가 아래층으로 내려가는 것을 보자(고맙게도, 아침까지 먹고 갈 생각은 없었나보다), 지난밤이 그자의 몸뚱이와 함께 사라지는 것 같았다.

나는 민법박사회관으로 나가면서 특별히 크럽 부인에게 부탁하여 방의 창문을 모두 열어놓도록 했다. 내 방을 환기시켜 그자의 냄새를 말끔히 날려버리고 싶었기 때문이다.

25장 선한 천사, 악한 천사 439

26장
사랑의 포로

그 뒤로, 아그네스가 런던을 떠나는 날까지, 나는 우라이아 힙을 만나지 않았다. 그런데 아그네스가 떠나는 날 작별인사를 하려고 역마차 발착사무실에 나갔는데, 그도 같은 마차로 캔터베리로 돌아가려고 거기에 나와 있었다. 그가 초라하고 허리가 짧고 어깨가 올라간 짙은 자주색 외투를 걸치고 작은 천막 같은 우산을 가지고 지붕 위의 뒷좌석 끝에 앉아 있고, 아그네스가 마차 한가운데에 타고 있는 것을 보자 그나마 마음이 놓였다. 그러나 아그네스가 보고 있는 동안, 내가 얼마나 마음을 억누르고 겉으로 친절을 가장했는가를 생각하면 이 정도 보상은 당연한 것이었다. 그는 파티 때와 같이 마차에서도 조금도 방심하지 않고 내가 아그네스에게 하는 말과 아그네스가 내게 하는 말을 하나도 놓치지 않고 듣고 있었다.

그날 우라이아가 난롯가에서 했던 말이 매우 걱정스러웠으므로, 언젠가 아그네스가 공동경영에 대해 했던 말을 여러모로 생각해 보았다. 그녀는 말했었다. '나는 내가 옳다고 믿는 대로 받아들였다. 아버지를 편안하게 해 드리려면 무언가를 희생할 수밖에 없다고 생각했으므로, 동업해 달라고 애원했다'고. 그렇다면 장래 문제에 대해서도, 아버지를 위하는 마음에서 어떤 희생이든 달게 치를 것이다. 그러한 예감이 줄곧 나를 괴롭혀왔다. 아그네스가 얼마나 아버지를 사랑하며, 얼마나 효성이 지극한 딸인가는 나도 잘 알고 있었다. 또 아그네스는 모르는 사이에 아버지의 실수의 원인이 되었고, 따라서 아버지에게 큰 빚을 지고 있다. 어떻게든 그것을 갚고 싶다는 간절한 소망은 아그네스에게서 직접 들은 바이다.

짙은 자주색 외투를 걸친 불결한 빨간 머리의 사나이와 아그네스는 인간으로서는 하늘과 땅 차이지만, 그래도 나는 안심이 되지 않았다. 왜냐하면, 아그네스의 아름다운 자기희생 정신과 우라이아의 불결한 야비함 사이에 오히려 엄청난 위험이 있었기 때문이다. 게다가 우라이아는 그것을 누구보다 잘 알고 빈틈없이 계산에 넣고 있었다.

아그네스의(아버지를 위한) 희생이 먼 뒷날의 일이라고는 하나 그녀의 행복을 모두 망쳐버릴 것이 확실했다. 그런데도 그것을 조금도 알지 못하고, 어두운 그림자 한 점 드리우지 않은 아그네스의 모습을 볼 때, 지금 그것을 경고했다가는 오히려 그녀에게 상처를 주는 셈이라 도저히 입이 떨어지지 않았다. 그래서 그때도 아무 말도 하지 않고 헤어졌던 것이다. 아그네스는 창 밖으로 손을 흔들며 작별의 미소를 보냈다. 한편 악귀 같은 우라이아는 이미 아그네스를 자기 손아귀에라도 넣은 것처럼 지붕에서 의기양양하게 몸을 비틀대고 있었다.

나는 그들과 헤어지던 그 순간의 모습을 오랫동안 잊을 수가 없었다. 아그네스에게서 무사히 도착했다는 소식을 받았을 때에도 그녀가 떠나던 날 못지않게 비참한 생각이 들었다. 혼자 사색에 잠길 때에는 반드시 이 문제가 고개를 쳐들었고, 내 불안은 더욱 커졌다. 꿈에 나타나지 않은 날은 거의 없었다. 이제는 그것이 내 생활의 일부가 되어 나의 뇌리에서 빼버릴 수 없듯이 내 생활에서도 빼버릴 수가 없었다.

게다가 시간이 남아돌았으므로 불안은 점점 더 커졌다. 편지에 의하면 스티어포스는 옥스퍼드에 있다고 하고, 민법박사회관에 나가지 않을 때는 완벽하게 혼자였기 때문이다. 나는 비로소 스티어포스를 의심하기 시작했다. 그에게 아주 다정하게 답장을 했지만, 그가 런던에 올 수 없다는 것을 속으로 기뻐했다. 스티어포스의 얼굴을 직접 볼 수 없었으므로 오히려 아그네스의 영향이 강하게 작용했고, 그녀의 문제가 내 관심을 크게 차지하면 할수록 그만큼 영향력도 강해졌던 것이다.

그러는 사이에 여러 주일이 지났다. 나는 스펜로 앤드 조킨스 법률사무소에 연기계약으로 고용되었고, 대고모로부터 연 90파운드(집세와 기타 경비를 제외하고)를 받았다. 방도 1년간 계약했다. 그런데도 저녁이면 여전히 쓸쓸했고 밤이 길게만 느껴졌다. 그러나 나는 커피를 마시며, 쓸쓸하긴 하지만 마음을 차분하게 가라앉힐 수 있었다. 그 무렵에는 하루에 몇 갤런씩 커피를 마셨다. 그러한 생활에서 나는 세 가지 사실을 발견했다. 첫째는, 크럽 부인이 '경련'이라는 이상한 병으로 고생하고 있는 것이었다. 그 병은 일반적으로 코에 염증을 동반하므로 언제나 박하를 가지고 치료해야 했다. 둘째는, 내 식료품실의 온도가 갑자기 변해서 브랜디 병이 여러 개 터졌다는 것. 셋째, 나는 거의 매일 혼자였으므로 그때그때의 감정을 짧은 영시(英詩)로 쓰는 습관이 생긴 것이다.

내가 정식으로 계약을 맺던 날도 서기들을 위하여 샌드위치와 셰리주를 가지고 간 것과, 그날 밤에 혼자 극장에 간 것 말고는 별다른 축하도 하지 않았다. 연극 〈낯선 이〉[1]라는 것을, 박사회관 식의 연극이라고 생각하고 보러 갔는데, 보는 내내 눈물을 펑펑 쏟아서, 집으로 돌아와 거울을 볼 때도 내 얼굴을 알아볼 수 없을 정도였다. 또한 그날 스펜로 씨는 이런 말을 했다. 딸이 파리에서 공부를 끝내고 돌아오므로 집안이 어수선한데, 그것만 아니면 나를 노우드의 자기 집으로 초대하여 오늘 우리의 관계를 축하하고 싶었다고. 이어서 그는 자기 딸이 돌아오면 꼭 놀러오라고 덧붙였다. 나는 그가 딸 하나뿐인 홀아비라는 사실을 알고 있었기에 고맙다고 했다.

스펜로 씨는 약속을 지켰다. 두 주일이 지났을 때 전에 약속한 것을 언급하면서 이번 토요일에 와서 월요일까지 머물다 가면 좋겠다고 말했다. 물론 나는 호의를 감사히 받아들이겠다고 대답했다. 그러자 그는 나를 자기의 사륜마차로 데리러 오고 또 갈 때도 데려다주겠다고 했다.

그날이 오자 내 여행 가방조차 유급 서기들의 부러움의 대상이 되었다. 서기들은 노우드의 저택을 성스럽고 신비한 곳으로 여기고 있었다. 한 서기는 스펜로 씨가 아주 귀한 도자기와 은그릇에만 음식을 담아 먹는다고 말해주었고, 또한 서기는 보통 사람들이 맥주를 마시듯 스펜로 씨는 샴페인을 마신다고 귀띔해 주기도 했다. 가발을 쓴 티피란 늙은 서기는 지금까지 근무하면서 사업상의 볼일로 그곳에 여러 번 간 일이 있고, 그 때마다 아침 식사를 하고 있는 식당으로 들어갔다고 했다. 식당은 아주 호화로웠으며, 그도 거기서 갈색의 동인도산 셰리주를 마셨는데, 맛이 기가 막혀서 눈이 저절로 감기더라는 것이다.

그날 우리는 종교재판부에서 휴정되어 있던 사건의 재판에 나갔다. 교구회의에서 포장도로세에 반대한 빵집을 파문하기 위한 재판이었는데, 그 증거서류만

---

1) B. 톰슨의 멜로드라마. 1797년에 첫 공연.

하더라도, 내가 살펴본 바에 따르면, 무려《로빈스 크루소》의 두 배가 넘는 엄청난 양이었다. 따라서 재판은 매우 늦게야 끝났다. 그러나 결국 빵집은 6주 동안 파문당했고, 막대한 재판비용까지 물어야 했다. 재판이 끝나자 빵집의 소송대리인과 재판장, 원고와 피고 양쪽의 대변인(흥미롭게도 이들은 모두 인척관계였다)은 다함께 시내로 나갔고, 스펜로 씨와 나는 사륜마차를 타고 그의 집으로 향했다.

사륜마차는 아주 훌륭했다. 말들은 꼭 자기들이 민법박사회관에 소속되어 있는 것을 아는 것처럼 목을 아치형으로 구부리고 다리를 높이 들며 경쾌하게 달렸다. 그 무렵 민법박사회관에서는 무엇이든지 아름다움을 뽐내려는 경쟁이 치열해서 마차도 일류 장비로 꾸미고 있었다. 그러나 내가 있던 그때 가장 치열한 경쟁을 벌인 것은 빳빳하게 풀을 먹인 옷깃이었다. 그런 것을 잘도 입고 다닌다는 감탄이 절로 나올 정도로 빳빳하게 풀을 먹이는 것이 소송대리인들 사이에서 아주 널리 유행하였다.

우리는 아주 유쾌하게 달렸다. 스펜로 씨는 내 직업에 관해서 이것저것 이야기해주었다. 이 직업은 세상에서 가장 품위 있는 직업이며 무슨 일이 있어도 변호사 따위와 혼동해서는 안 되며, 훨씬 전문적이고, 변호사처럼 기계적이지도 않고, 수입도 훨씬 좋다고 말해주었다. 또한 민법박사회관 사람들은 고생을 거의 모르므로, 일종의 특권계급으로서 다른 사람들과는 다르다고 했다. 물론 나쁜 점이 없지는 않다. 예를 들면 우리가 주로 변호사들에게 고용되어 있다는 사실이다. 그러나 어차피 변호사란 천한 종자들이며 긍지를 가진 모든 대리인들에게 멸시받고 있다고 알려주었다.

나는 스펜로 씨에게 소송대리인의 용무 가운데에서 어떤 일이 최고라고 생각하느냐고 물었다. 그는 3, 4만 파운드의 재산이 걸려 있는 순수한 유언사건을 다루는 것이 아마도 최고일 것이라고 대답했다. 그러한 사건을 맡으면 소송 단계마다 논증을 해야 하고, 심문과 반대 심문의 증거서류가 산더미같이 쌓이므로 제법 많은 수입이 생기며(그 뒤에 법무 위원들과 귀족 위원들에게 상고해야 함은 두말할 여지가 없다), 비용은 그 유산에서 나올 것이므로 쌍방은 돈의 액수에 상관하지 않고 재판에 열중하는 것이다. 그리고 이야기는 민법박사회에 대한 예찬으로 바뀌었다. 특히 좋은 점은, 매우 아담하게 뭉쳐 있다는 점으로, 이보다 편리한 조직은 없으며, 편안하고, 작지만 즐거운 집이라고 한다. 예를 들어 이혼소송이나 손해배상 소송이나 종교재판에 넘겨졌을 때 이보다 좋을 수는 없다. 당연히 종교재판부에서 그 문제를 다루게 되므로, 친한 몇몇 집안사람들끼리 원탁에 둘러앉아 느긋하게 카드놀이를 즐기는 것이나 마찬가지인 것이다. 만일 종교재판부에서 만족스러운 결과를 얻지 못하면 어떻게 할까? 당연히 상고재판으로 끌고 간다. 상고재판이 무엇이냐 하면, 법정도 똑같고 방도 똑같고, 소송대리인도 똑같고 변호인들도 똑같은데, 다만 재판장만 바뀔 뿐이다. 왜냐하면 종교재판 때의 재판장이 이번에는 대변인으로서 얼마든지 변론할 수 있기 때문이다. 그러면 또다시 빙 둘러앉아 카드놀이를 시작한다. 역시 결과에 수긍하지 못해도 상관없다. 이번에는 어떻게 할까? 바로 법무위원회에 상고하는 것이다. 법무위원회는, 역시 하는 일 없는 대변인이라고 생각하면 된다. 어쨌든 두 번에 걸친 법정에서 놀이를 다 본 사람들이다. 카드를 섞다가 멈추는 곳도, 한 장씩 나눠주는 것도 모두 보았을 뿐만 아니라 그 능란하고 서투름에 대해서까지 남김없이 참가자와 논의를 마친 사람이 새로이 재판장이 되어 누구나 납득할 수 있는 판결을 내리는 것이다! 불만을 품은 작자들은, 민법박사회가 부패했고 제 밥그릇만 챙긴다며, 개혁할 필요가 있다고 말한다. (여기서 스펜로 씨는 갑자기 심각한 표정을 지으며) 그러나 민법박사회는, 부셀[2] 당 소맥 가격이 최고치를 기록했을 때 누구보다 바쁘게 움직였으며, 그것을 생각하면 사람들은 가슴에 손을 얹고 온 세계를 향해 이렇게 외쳐야 할 것이다. '민법박사회에 손가락 하나라도 댔다가는 나라가 순식간에 주저앉을 것이다!'라고.

이것이 스펜로 씨의 이야기였는데, 나는 내내 열심히 귀를 기울였다. 솔직히, 과연 나라가, 그가 말하는 것만큼 민법박사회의 덕을 보고 있는지 어떤지는 매우 의문스럽지만, 아무튼 그의 의견에는 경의를 나타내 보였다. 부셀 당 밀 가격이라는 것도, 솔직히 나로서는 알 수 없는 문제라 이의를 제기할 수도 없었다. 이 문제만큼은 내가 지금까지도 풀 수 없는 어려운 문제로 남아 있다. 그리고 오늘날까지 툭하면 튀어나와 나를 괴롭히는 것이었다. 그것이 나와 무슨 관계이며, 어째서 이렇게 시시때때로 나를 괴롭힐 권리를 갖는지는 잘 모르지만, 아무튼 이 오랜 친구 부셀이 억지로 끌려 나오면(꼭 그런 것처럼 보였다), 나는 모두 포기

---

[2] 곡물이나 과일의 무게를 재는 단위.

하기로 마음먹었다.

이것은 전혀 상관없는 이야기로, 나는 민법박사회 문제에 참견하여 나라를 망하게 할 생각은 애당초 없었다. 나는 연배로 보나 지식으로 보나 나보다 뛰어난 스펜로 씨의 이야기를 그저 묵묵히 들으면서 찬성한다는 뜻을 나타냈다. 그리고 그 뒤에는 〈낯선 이〉 이야기나 연극 이야기, 또 말 이야기 따위를 하며 그의 집 앞에 닿았다.

스펜로 씨 댁 정원은 아름다웠다. 한창때가 아닌데도 정말로 잘 가꾸어져 있어서 나는 완전히 반해버렸다. 아름다운 잔디밭이 있고 나무들이 있고, 어둠 속에서도 알아볼 수 있는 산책로가 이어져 있었다. 산책로에는 쇠창살로 아치를 만들어 제철이 되면 관목과 꽃나무가 자라서 그 위를 덮도록 해놓았다. '이 길을 미스 스펜로가 혼자 거니는구나. 참으로 멋지다!' 나는 생각했다.

우리는 환하게 불이 켜진 집 안으로 들어갔다. 현관에는 온갖 종류의 모자와 외투와 긴 솔과 장갑과 말 채찍과 여러 개의 단장이 놓여 있었다. "도라는 어디 있지?" 스펜로 씨가 하인에게 물었다. '도라!' 나는 생각했다. '정말 아름다운 이름이구나!'

우리는 바로 옆방(동인도산 셰리주 이야기로 뇌리에 박힌 그 아침 식사를 하는 식당이었다)으로 들어갔다. 이어서 누군가가 "코퍼필드 군, 내 딸 도라와 도라의 친구라네!"라고 말하는 소리를 들었다. 틀림없이 스펜로 씨의 목소리였을 것이다.

그러나 나는 누군지 잘 알 수 없었고, 또 그게 누구든 아무래도 좋았다. 순식간에 모든 것이 끝났다. 내 운명은 결정된 것이다. 나는 사랑의 포로이자 노예가 되어버렸다. 나는 미칠 듯이 도라 스펜로를 사랑하게 되었다!

나에게는 도라가 인간 이상이었다. 그녀는 선녀이자 요정이고, 또 아직까지 아무도 본 적이 없지만 누구나가 사랑하고 갈구하는 대상이었다. 나는 순식간에 사랑의 심연에 깊이 먹혀버렸다. 낭떠러지에서 발을 멈출 여유도 없이, 내려다보고 뒤를 돌아볼 틈도 없이, 아니, 직접 말을 걸 분별조차 없이 이내 굴러떨어진 것이다.

내가 허리를 굽히고서 혼잣말로 중얼거리고 있을 때, 귀에 익은 또 다른 목소리가 들렸다. "전에 코퍼필드 씨를 만난 적이 있습니다."

이렇게 말한 사람은 도라가 아니었다. 도라의 친구 미스 머드스톤이었다!

나는 크게 놀라지 않았다. 놀랄 기력조차 없었던 것이다. 이제 이 세상에 놀라운 것이라고는 도라 스펜로밖에 없었다. 나는 "안녕하세요? 미스 머드스톤? 별고 없으시리라 믿습니다"라고 인사말을 했다.

"네, 잘 있습니다." 머드스톤이 대답했다.

"머드스톤 씨도 잘 있지요?"

"동생도 여전히 잘 있습니다. 고맙습니다."

스펜로 씨는 우리가 서로 아는 사이라는 것을 알고 매우 놀란 것 같았으나 이윽고 이렇게 말했다.

"코퍼필드 군, 자네와 미스 머드스톤이 서로 알고 있다니 반가운 일일세."

"코퍼필드 씨와 나는 친척간입니다." 미스 머드스톤이 아주 태연하게 말했다. "한때는 꽤 가깝게 지냈지요. 코퍼필드 씨가 어렸을 때였습니다만. 그 뒤로는 사정이 있어서 떨어져 살았습니다. 못 알아볼 정도로 변했는데요."

나는 어디서든지 미스 머드스톤을 알아볼 수 있다고 대답했다.

"고맙게도 미스 머드스톤은—어떻게 말해야 좋을지 모르겠네만—내 딸 도라의 미더운 의논상대가 되어 주겠다고 승낙했지." 스펜로 씨가 말했다. "불행하게도 도라에게는 어미가 없어. 그래서 미스 머드스톤에게 도라의 친구 겸 보호자가 되어 달라고 부탁했다네."

그 순간 나는, 미스 머드스톤으로 말하자면, 호신용으로 주머니에 넣고 다니는 무기처럼 보호의 임무보다는 공격의 임무에 더 알맞다고 생각했다. 나는 도라 말고는 다른 것을 오래 생각할 수 없었기 때문이다. 도라를 한번 바라보았더니, 그녀의 토라진 귀여운 태도로 보아 자기의 친구 겸 보호자에게 그다지 호감을 가지고 있는 것 같지 않았다. 그때 벨이 울렸는데 스펜로 씨가 만찬을 알리는 것이라고 말했다. 그래서 나는 서둘러 옷을 갈아입으러 갔다.

사랑에 도취된 상태로 옷을 갈아입는다든가 그 밖의 다른 행동을 한다는 것은 생각만 해도 조금 우스웠다. 실제로 할 수 있는 일이라고는, 단지 난로 앞에 앉아 융단가방의 열쇠를 깨물면서 내 마음을 사로잡은 귀여운 도라를 생각하는 것뿐이었기 때문이다. 도라는 몸매도 아름다웠고 얼굴도 아름다웠으며 태도도 우아하고, 매혹적이었다!

또다시 벨이 울렸으므로, 아직 하고 싶은 일이 많았지만 옷도 입는 둥 마는 둥 하며 아래층으로 내려갔다. 손님들이 몇 분 와 있었다. 도라는 백발의 늙은 신사와 이야기를 하고 있었다. 상대가 백발노인이었지만—더군다나 증조할아버지라고 했지만—나는 그를 질투하지 않을 수 없었다.

내 마음이 어떻게 되어 버린 걸까! 나는 온갖 사람들을 질투했다. 아무튼 나보다 스펜로 씨를 잘 알고 있는 사람은, 그가 누구이건 참을 수 없었다. 모두는 내가 모르는 이야기를 하고 있었고, 그것을 듣는 것이 고통스러웠다. 번쩍번쩍 빛나는 대머리를 한 살가운 느낌의 신사가 식탁 너머로 여기에 처음 왔느냐고 물었다. 이때 그것만으로도 나는 자칫 폭력 사태를 일으킬 것 같은 이상한 기분이 되었다.

도라 말고는 거기에 누가 있었는지도 기억에 없다. 도라에 대한 생각 말고는, 무엇을 먹었는가도 기억하지 못한다. 마치 도라만 우걱우걱 먹고, 나머지 음식은 손도 대지 않은 채 그대로 돌려보낸 느낌이었다. 내 자리는 도라의 옆이었으므로 많은 이야기를 나누었는데, 그녀는 아주 쾌활하고 차분한 목소리로 이야기했다. 아주 기쁜 듯이 미소를 짓고 가장 상냥하고 매혹적인 태도로 내 말을 받아 주었다. 젊은이가 얼이 빠져 노예가 되는 것도 당연했다. 도라는 몸집이 작았으므로, 그래서 더욱 보석처럼 귀여웠다.

도라가 미스 머드스톤과 같이 방에서 나가자(다른 숙녀는 없었다), 나는 미스 머드스톤이 도라에게 나를 헐뜯지나 않을까 하는 걱정 때문에 몹시 괴로웠다. 반짝이는 대머리의 노신사가 나에게 뭐라고 긴 이야기를 했는데, 원예에 관한 이야기 같았다. 그가 몇 번이나 '내 집 원예사'라고 이야기한 것이 생각난다. 나는 그 노신사의 말에 열심히 귀를 기울이는 척했지만 사실은 도라와 함께 에덴동산을 헤매고 있었다.

마침내 다 같이 응접실로 들어가 미스 머드스톤의 우울한 모습을 멀리서 보았을 때, 나는 내 마음을 송두리째 바치고 있는 도라에게 내 비방을 하지 않았을까 또다시 걱정이 되었다. 그러나 나는 의외로 그러한 걱정에서 벗어나게 되었다.

"데이비드 코퍼필드," 미스 머드스톤이 나를 창가로 부르며 말했다. "할 말이 있어요."

나는 미스 머드스톤과 단둘이 마주섰다.

미스 머드스톤이 말했다. "집안사정을 남에게 자세히 이야기할 필요는 없다고 생각해요. 그렇게 듣기 좋은 이야기도 아니니까요."

"그럼요." 나는 대답했다.

"옛날에 다투었던 일이라든가 학대를 받았던 일들을 다시 꺼내고 싶지는 않습니다. 예를 들어 나는 그 사람에게서―같은 여성으로서 유감이지만―큰 모욕을 당했어요. 그래서 그 사람만 생각하면 경멸과 혐오감을 느껴요. 그러니 그 사람 이야기는 아예 꺼내지 않겠어요."

그것은 대고모에 관한 이야기였기에 나는 화가 치밀었지만 꾹 참고, 미스 머드스톤이 원한다면 대고모에 관한 이야기는 하지 않는 것이 좋겠다고 말했다. 하지만 내 대고모에 대해 모욕적인 말을 하면 절대로 참을 수 없다고 단호히 말해두었다.

미스 머드스톤은 두 눈을 감고서 경멸하듯이 고개를 끄덕였다. 그러더니 천천히 눈을 뜨고 다시 이야기를 시작했다.

"데이비드 코퍼필드, 나는 당신이 어렸을 때, 당신을 좋게 보지 않았다는 것을 변명하지는 않겠어요. 내가 잘못했을 수도 있지만, 당신도 이제는 그런 일을 떠벌리지 못하는 상황일 수도 있지요. 하지만 그것은 지금 우리의 문제가 아니에요. 나는 엄하고 훌륭한 가문에서 자랐으므로 환경에 따라 생각을 바꾸는 연약한 여자가 아닙니다. 나는 나대로 당신에 대한 생각을 가질 수 있고 당신은 당신대로 나에 대한 생각을 가질 수 있습니다."

이번에는 내가 고개를 끄덕였다.

미스 머드스톤이 말했다. "하지만 여기서 서로의 생각을 내세우며 헐뜯을 필요는 없다고 봐요. 우리는 운명의 장난으로 다시 만났지만, 앞으로도 어떠한 경우에 다시 만날지 누가 압니까. 그러니까 여기서는 서로 먼 친척으로서 만난 걸로 합시다. 우리 집안 사정을 생각하면 그것이 가장 좋지 않겠어요? 서로 헐뜯어봐야 무슨 의미가 있겠어요. 내 말에 찬성하지요?"

"당신과 머드스톤 씨가 나를 무척 학대했고 내 어머니에게도 아주 지독하게 대했다는 것을 나는 또렷이 기억하고 있습니다. 내가 살아 있는 한 그 일을 잊을 수는 없을 겁니다. 그러나 당신의 제의에는 찬동합니다."

미스 머드스톤은 두 눈을 감고서 고개를 끄덕였다. 그러고는 차갑고 딱딱한

손가락 끝으로 내 손등을 가볍게 만지더니 자기 팔찌와 목걸이를 매만지면서 저쪽으로 가버렸다. 그 팔찌와 목걸이는 전에 보았던 것과 똑같은 것들이었다. 그것을 보고 나는, 미스 머드스톤의 본성과 연관시켜서 문득 형무소 문에 달려 있는 쇠사슬을 떠올렸다. 그것은 바로, 안에 무엇이 있는가를 들여다보는 사람에게는 외부적 표상이었다.

그 뒤로 그날 저녁에 대해 내가 기억하는 것을 더듬어 보면, 우선 내 마음의 여왕 도라가 기타 같은 멋진 악기로 반주를 하며 프랑스어로 매혹적인 노래를 불렀다. 듣고 있는 우리는 춤이 저절로 나올 것 같았다. 나는 행복에 취해 차와

26장 사랑의 포로 449

다과까지도 먹을 생각이 없어서 거절했다. 미스 머드스톤이 도라를 데리고 갈 때, 도라는 방긋 미소를 지으며 보드라운 손을 나에게 내밀었다. 그리고 문득 거울에 비친 내 모습을 보았는데, 아주 둔하고 백치 같아 보였다. 나는 눈물이 쏟아질 것 같은 심정으로 잠자리에 들었고, 이튿날은 얼이라도 빠진 듯한 한심스런 몰골로 일어났다.

화창한 아침이었다. 아직 이른 시간이었으므로, 나는 아치가 있는 산책로를 걸으며 도라에 대한 사랑을 음미해보기로 했다. 현관을 지나다가 집[3]이라는 이름의 도라의 조그마한 개를 만났다. 그녀의 것이라면 개까지도 사랑스러워서 상냥하게 다가가 보았지만, 개는 나를 보더니 의자 밑으로 들어가서 이빨을 드러내며 으르렁거렸다. 나를 따를 생각은 조금도 없어 보였다.

정원은 시원했고 다른 사람은 아무도 없었다. 나는 어슬렁거리면서 도라와 약혼할 수 있다면 얼마나 행복할 것인가를 생각했다. 에밀리를 좋아했던 때와 마찬가지로, 결혼이나 재산 같은 것에 대해서는 순진할 정도로 전혀 생각해 보지 않았다. 그러나 그녀를 '도라'라고 부르고, 편지를 쓰고, 여신처럼 숭배하고, 그녀가 다른 사람과 함께 있을 때도 나를 떠올린다는 확신만 가질 수 있다면, 그것만으로 이미 인간으로서 가장 큰 소망—적어도 내 소망은 이루어진 것 같았다. 내가 여자에게 반하기 쉬운 성격이었던 것은 틀림없지만, 그럼에도 마음은 언제나 순결했던 것도 사실이다. 따라서 지금도 그때를 되돌아보고 웃을 수는 있어도 경멸하고 싶은 마음은 없다.

조금 걷다가 모퉁이를 돌았을 때, 그녀와 마주쳤다. 지금도 그 모퉁이를 생각하면 머리 꼭대기부터 발끝까지 간질간질하고, 손에 잡고 있는 펜까지 흔들릴 지경이다.

"미스 스펜로, 일찍 나왔군요." 나는 말을 걸었다.

"집에만 있으면 너무 따분한걸요." 그녀가 대답했다. "미스 머드스톤은 참 어처구니없어요! 산책하겠다고 하면 날씨가 따뜻해야만 외출할 수 있다느니, 그런 엉터리 말만 한다니까요.—여기서 정말로 유쾌하게 웃었다—일요일 아침에는 연습이 없거든요. 그러니 뭐 딴 것을 해야지요. 그래서 어젯밤에는 아빠에게, 오늘

---

[3] 집시의 줄임말.

은 무슨 일이 있어도 산책을 해야겠다고 말씀드렸지요. 더군다나 아침은 하루 가운데에서 가장 멋진 시간이잖아요. 안 그래요?"

나는 크게 용기를 내어(반쯤 더듬거리면서), 나는 조금 전만 해도 답답했는데 지금은 날씨가 맑아서 아주 명랑해졌다고 대답했다.

"예의로 하는 말이지요?" 도라가 말했다. "아니면 정말로 날씨가 변했단 말인가요?"

나는 예의로 한 말은 아니라고 대답했다. 나는 더욱 더듬으면서, 예의상 한 말이 아니라 사실을 말했을 뿐이라고 대답했지만, 애당초 날씨 변화 같은 건 전혀 신경 쓰지 않았다. 그래서 좀더 정확하게 설명하기 위해 부끄러운 듯이, 그것은 단지 내 마음의 문제입니다만, 하고 덧붙였다.

그녀는 홍당무가 된 얼굴을 가리려고 머리채를 흔들었다. 나는 그녀의 머리처럼 아름다운 고수머리를 본 일이 없었다. 그렇게 물결치듯이 아름다운 머리채는 어디에도 없으니까! 그리고 그 위에 덮어쓰고 있는 푸른 리본이 달린 밀짚모자! 만약 그 모자를 버킹엄 거리의 내 방에 걸어둘 수만 있다면, 나는 더없는 보물로 간직할 텐데!

"파리에서 방금 돌아오셨지요?"

"네. 파리에 가 본 적이 있어요?"

"없습니다."

"아! 그럼 얼른 가 보세요! 무척 마음에 드실 겁니다!"

깊은 고민의 흔적이 내 얼굴에 나타났다. 도라가 파리에 가보라고 말하고, 또 내가 마음만 먹으면 언제든 갈 수 있을 것이라고 생각하는 게 견디기 힘들었다. 그래서 나는 파리를 깎아내리고, 프랑스를 헐뜯었다. 지금으로서는 아무리 좋아도 영국을 절대로 떠나고 싶지 않으며 어떤 것도 나를 유혹하지 못한다고 말했다. 내 말을 듣고, 도라는 또다시 곱슬머리를 흔들었다. 그때 그녀의 개가 산책로를 뛰어왔으므로 둘 사이의 어색한 분위기는 사라지게 되었다.

개는 나에게 질투를 느끼고 맹렬하게 짖어댔다. 도라가 개를 두 팔에 안고— 오! 맙소사!—부드럽게 쓰다듬어주었지만, 그래도 개는 계속 짖었다. 나도 만져 주려 했지만 놈은 받아들이지 않았다. 그러자 도라는 개를 때렸다. 벌을 주려고 동그란 콧잔등을 가볍게 톡톡 때렸다. 그것을 보는 내 마음은 더욱 고통스러웠다. 개는 두 눈을 깜박거리면서 그녀의 손을 핥았다. 그리고 마치 소형 더블베이스처럼 목 깊은 곳에서 낮게 으르렁거렸다. 그것도 마침내 조용해졌다. 그도 그럴 것이, 그녀가 작은 보조개가 있는 턱을 개의 이마에 딱 붙였던 것이다! 우리는 온실을 구경하려고 발길을 옮겼다.

"당신은 미스 머드스톤과 친하지 않지요? 옳지, 착하지!" 도라가 말했다.

(물론 마지막 말은 개에게 한 말이었다. 아아! 만약 그것이 나에게 한 말이라면 얼마나 좋을까!)

"네. 전혀 친하지 않아요."

"그 여자는 정말 지루한 사람이에요." 도라가 입을 비죽거리며 말했다. "그런 사람을 내 친구로 택한 아버지의 마음을 알 수가 없어요. 누가 보호자를 원했나요? 적어도 나에게는 보호자가 필요 없어요. 저런 미스 머드스톤보다는 이 집이 훨씬 더 좋은 보호자예요. 그렇지, 집?"

도라가 개의 둥근 머리에 키스를 해주었지만, 개는 귀찮은 듯이 눈을 게슴츠레 뜨고 있을 뿐이었다.

"아빠는 그녀를 나의 의논상대라고 말씀하시지만 그녀는 그런 인물이 못 돼요—그렇지, 집? 우리는 그렇게 엉큼한 사람은 믿지 않아요. 나도, 집도 말이에요. 마음을 열어 보이는 일은 스스로 '이 사람이다'라고 생각한 사람에게만 해야 해요. 친구 역시 자기가 직접 찾는 것이잖아요? 다른 사람이 찾아줄 수 있는 게 아닌 걸요.—그렇지 집?"

집은 주전자 끓는 소리 같은 기쁜 목소리로 대답했다. 한편 도라의 한마디 한마디는 나를 족쇄로 채우듯이 꼼짝도 못하게 했다.

"어머니가 계시지 않는다고 심술궂고 엉큼한 늙은 미스 머드스톤과 함께 생활해야 하다니, 괴로운 일이에요. 그렇지, 집? 하지만 신경 쓰지 마! 의논 따위 절대 하지 않을 거야! 그런 여자는 내버려두고, 우리는 우리끼리 즐겁게 지내면서 그 여자를 괴롭혀주자. 절대 기쁘게 해 주지 않을 거야. 그렇지, 집?"

이런 이야기가 이 이상 이어졌다면, 아마 나는 그대로 자갈길에 무릎을 꿇어서, 단지 무릎을 깰 뿐 아니라 순식간에 저택에서 쫓겨났을지도 모른다. 그러나 다행히 온실은 그리 멀지 않아서 이야기를 하는 동안 온실에 닿았다.

온실에는 아름다움을 뽐내는 제라늄이 많이 있었다. 우리는 그 꽃들을 보며 걸어다녔다. 도라가 자꾸 걸음을 멈추고 이 꽃 저 꽃을 정신없이 찬미했기에 나도 발길을 멈추고 똑같은 꽃을 칭찬했다. 그러면 도라는 웃으면서 아이처럼 개를 안아 올려서 꽃향기를 맡게 했다. 우리 모두가 요정 나라에 있었는지는 모르겠지만 적어도 나는 확실히 그러했다. 지금도 나는 제라늄 향기를 맡으면, 그때 순간적으로 내 안에 얼마나 큰 변화가 일어났었는지를, 우스꽝스러우면서도 한편으로는 진지한 경이를 느끼며 떠올린다. 그다음에 떠오르는 것이, 푸른 리본을 단 밀짚모자, 탐스러운 곱슬머리, 그리고 가느다란 팔에 안겨 꽃과 어린 잎 사이로 코를 들이밀던 검고 작은 개의 모습이다.

미스 머드스톤은 아까부터 우리를 찾고 있었던 모양이다. 우리를 발견하자 잔주름 사이로 분가루가 잔뜩 낀 보기 흉한 그녀의 뺨을 도라에게 내밀어 키스하게 했다. 이어서 미스 머드스톤은 도라의 팔을 잡고서 아침 식사에 우리를 끌다시피 데리고 갔다.

도라가 차를 타주었으므로 나는 몇 잔을 마셨는지도 잊어버렸다. 다만 또렷하게 기억하고 있는 것은, 마치 내 온 신경(그때 아직 그런 것이 남아 있었다면)이 어떻게 된 것이 아닐까 싶었을 정도로 정신없이 벌컥벌컥 들이켰다는 사실이다. 그리고 다음에는 교회로 갔다. 미스 머드스톤이 도라와 나 사이에 앉았지만 도라의 찬송가 소리를 들으니 교회에 모인 모든 사람들이 안개처럼 사라졌다. 설교가 있었다. 물론 도라에 관한 것으로 들렸다. 그날 교회에서의 기억은 다 이런 식이었다.

조용하게 하루를 보냈다. 다른 사람은 없었다. 산책하고 저녁에는 네 식구가 오붓하게 식사를 했다. 밤에는 책을 읽고 그림을 보았다. 미스 머드스톤은 앞에 설교집을 놓고 있었으나 눈으로는 우리를 빈틈없이 감시하고 있었다. 저녁 식사 뒤 내 맞은편에 앉아서 손수건을 머리에 대고 있던 스펜로 씨는, 내가 그의 사위가 된 공상을 하면서 얼마나 열렬하게 자기를 포옹하고 있었는지를 꿈도 꾸지 못했을 것이다. 마지막 밤인사를 할 때도 도라와의 약혼을 그가 쾌히 승낙했다고 가상하고 그에게 축복이 내리기를 얼마나 바랐는지, 그는 생각도 못했을 것이다!

우리는 다음 날 아침 일찍 떠났다. 해사(海事)재판소에서 해난 구조사건 재판이 열리기 때문이었다. 그 사건을 처리하자면 항해술 전반에 관한 정확한 지식이 필요했기에(민법박사들에게는 그 지식이 부족했으므로), 재판장은 노련한 전문가 두 명을 파견해 달라고 해사협회에 요청했던 것이다. 그러나 도라는 그날 아침에도 어김없이 차를 끓여 주었다. 그리고 마침내 사륜마차가 떠날 때에는, 현관에서 집을 안아 올리고 배웅해 주었는데, 나는 슬프기도 하고 기쁘기도 하여 그녀에게 모자를 흔들며 인사했다.

그날 해사재판의 인상은 어떠했던가. 나는 재판의 논고를 듣고는 있었지만 속으로는 전혀 엉뚱한 생각을 하고 있었다. 나는 해사재판의 표장으로서 책상 위에 놓여 있는 은으로 된 노에까지 '도라'라고 새겨져 있는 것을 본 것 같았다. 스펜로 씨가 나를 남겨둔 채 혼자 집으로 가버린 뒤에는(나를 오늘도 자기 집으로 데려가 주기를 나는 미친 듯이 바랐다), 내가 선원이 된 것 같았는데, 배는 떠나버리고 나만이 무인도에 남겨진 기분이었다. 그러나 그런 것은 아무리 조바심을 낸들 다 쓸 수 없으니 아예 그만두기로 하겠다. 다만 진실을 밝히고자 한다면, 고요히 잠든 법정에 다시 한번 숨을 불어넣어, 도라에 대한 그때의 내 백일몽을 눈에 보이는 형태로 고스란히 다시 나타내는 수밖에 없다.

그날의 공상만을 말하는 것이 아니다. 매일, 매주, 매기마다의 꿈을 말하는 것이다. 나는 법정에 자주 나갔지만, 진행 중인 심리를 보기 위해서가 아니라 오로지 도라를 생각하기 위해서였다. 느릿느릿하게 진행되는 재판에 내가 조금이라도 관심을 보인 것이 있다면, 이혼사건을 보면서(물론 도라를 생각하면서), 결혼한 사람들이 반드시 행복한 것은 아니라는 데에 놀라고, 유언장 분쟁을 보면서, 만약 그러한 돈이 내게 주어진다면 도라와의 관계를 위해 제일 먼저 무엇을 해야 하는가 하는 생각뿐이었다.

사랑에 빠진 첫 주에 나는 네 개의 비싼 조끼를 샀다. 내가 사치하기 위해서가—나는 그런 것을 조금도 자랑스럽게 생각하진 않았다—아니라 도라에게 잘 보이기 위해서였다. 시내에 나갈 때는 연한 갈색의 양가죽 장갑을 끼었고, 덕분에 처음으로 물집이 생기는 원인을 만들었다. 또한 그 무렵 신었던 구두가 지금도 있는데, 내 발 크기와 비교해 보면 그때의 내 마음을 절절하게 알 수 있다.

나는 도라를 향한 일념에서, 그녀를 한 번이라도 만날 수 있으리라는 덧없는 희망을 걸고서 애처롭게 절뚝거리면서도 매일 몇 마일씩을 걸어다녔다. 머지않아 나는 노우드 가(街)에서는 그 구역을 맡은 우편집배원 못지않게 사람들에게 잘 알려지게 되었다. 그리고 그 기세로 런던 전역을 쏘다녔다. 나는 귀부인들 전용의 최고급 상점 지역을 어슬렁거렸고, 잡화점 거리를 길 잃은 유령처럼 돌아다녔다. 완전히 지친 뒤에도 공원을 수없이 드나들었다. 오랜만에 아주 드물게 도라를 가끔 보았다. 마차 창문을 통하여 도라가 장갑을 흔드는 것을 보았고, 때로는 그녀와 미스 머드스톤과 같이 잠깐 산책하며 이야기를 나눈 일도 있었다. 그러나 이야기를 한 뒤에는 언제나 아주 비참한 생각을 하게 되었다. 이유는 내가 결국 제대로 된 말을 전혀 말하지 못했으며, 내가 얼마나 헌신적으로 사랑하는가를 도라는 전혀 모르고 있었고, 게다가 그녀는 나에게 아주 무관심하다는 생각만 들었기 때문이었다. 나는 스펜로 씨가 또다시 나를 집으로 초대해주기만을 학수고대했지만, 끝내 초대를 받지 못해 완전히 실망하고 말았다.

크럽 부인은 눈치가 무섭게 빠른 사람임에 틀림없었다. 사랑에 눈이 먼 지 불과 몇 주일도 안 되었을 때, 나는 아그네스에게 스펜로 씨 댁에 갔었다는 것과 그 집에 외동딸이 있다는 것만을 써 보냈었다. 그 이상은 도저히 쓸 용기가 나지 않았던 것이다. 그런데 이러한 초기 단계에 크럽 부인은 이미 내 마음을 눈치채 버렸으니, 부인의 통찰력은 정말 대단했다. 어느 날 저녁 내가 몹시 우울해하고 있을 때, 크럽 부인이 내 방으로 올라와서(그 무렵 그녀는 전에 말한 그 병을 앓고 있었다), 카르다몸과 대황근을 섞은 팅크에 정향나무의 순액을 몇 방울 떨어뜨려 주면 고맙겠다고 했다. 그것이 자기 병에 특효약인데, 만약 없다면 약간의 브랜디를 달라고 했다. 물론 브랜디는 자기 입에 맞는 약은 아니지만 효과는 좋다고 했다. 나는 처음 약은 들어 보지도 못했으나 두 번째 약은 늘 벽장 안에 있었으므로 브랜디 한 잔을 부인에게 따라 주었다. 그랬더니 크럽 부인은 그 자리에서 바로 마셨다. (아마 다른 좋지 않은 목적에 쓰지나 않을까 하는 나의 의심을 사기가 싫었던 것 같다.)

"기운을 내요, 도련님." 크럽 부인이 말했다. "도련님이 그렇게 시무룩하게 있는 것을 차마 보지 못하겠어요. 이래 봬도 저 역시 엄마니까요."

크럽 부인이 엄마인 게 나와 무슨 상관이 있는지는 모르지만, 아무튼 나도 될 수 있는 한 부인에게 다정한 미소를 보냈다.

"용서하세요. 왜 도련님이 시무룩하신지 나는 알아요. 그 처녀 때문이지요?"

"뭐라구요, 크럽 부인?" 나는 새빨갛게 낯을 붉히며 말했다.

"아, 괜찮아요, 코퍼풀 도련님. 기운 내세요!" 크럽 부인이 혼자 끄덕이며 격려해 주었다. "그 아가씨가 도련님에게 웃어 주지 않는다 해도 도련님에게 웃어줄 처녀는 많이 있어요. 좀더 자신을 가지세요!"

크럽 부인은 언제나 나를 코퍼풀이라고 부른다. 첫 번째 이유는 그것이 내 이름이 아니기 때문이고, 두 번째 이유는 아마도 세탁하는 날을 떠오르게 하기 때문일 것이다.[4]

"하지만 부인, 어떻게 여자 문제란 걸 알죠?"

"그야 제가 엄마이기 때문이지요, 코퍼풀 도련님." 부인은 유난히 차분하게 말했다.

크럽 부인은 얼마 동안 한손을 가슴에 대고 브랜디를 조금씩 마시면서 아픔을 참는 것이었다. 통증이 가라앉자 부인은 다시 말을 이었다.

"도련님의 대고모님이 오셔서 이 방을 빌렸을 때 제가 말씀드렸었지요. 이제야 내가 돌봐줄 분이 생겼다구요. 그래서 '하느님 고맙습니다'라고 말했었지요. 그런데 도련님은 먹지도 않고 마시지도 않으신단 말이에요."

"그래서 사랑에 빠졌다고 생각하셨군요, 크럽 부인?" 나는 말했다.

"저는 도련님 말고도 많은 젊은 신사 분들을 보살펴왔답니다. 그런 분들 가운데에는 지나치게 몸치장을 하는 분도 있고 또 전혀 신경을 쓰지 않는 분도 있더군요. 머리를 언제나 깔끔하게 손질하는 분이 있는가 하면 빗질도 하지 않는 분도 있어요. 아마 각자 타고난 개성이 달라서겠지요. 그런데 흥미롭게도, 어느 쪽으로든 극단으로 향하는 분에게는 젊은 여자가 개입되어 있더라고요."

크럽 부인은 자신 있는 태도로 고개를 저었다. 나로서는 항변의 여지가 없었다.

"도련님보다 먼저 이 방에 살다가 돌아가신 젊은 분도, 사랑을 하게 되자—상대는 술집 처녀였지만—곧바로 조끼를 몇 개 샀어요. 술을 마셔서 몸집이 아주 뚱뚱했는데도."

"크럽 부인, 제가 좋아하는 처녀와 같은 사람이라고 생각하면 곤란해요."

"도련님, 저도 엄마니까, 그런 걱정은 하지 않으셔도 돼요. 그래도 혹시 제가

---

4) 코퍼풀의 '코퍼'에는 세탁용 가마솥이라는 뜻이 있으니까 코퍼풀은 '가마솥이 가득하다'라는 뜻이 되기 때문일까?

지나쳤다면 용서하세요. 저는 환영받지 않는 일에는 참견하고 싶지 않으니까요. 그러나 도련님은 젊어요. 제가 드리고 싶은 말은 좀더 힘을 내라는 것과 자신감을 가지라는 것, 그리고 도련님의 가치를 아시라는 것입니다. 일단 스키틀스[5]라도 시작해 보는 게 어때요? 건강에도 좋고, 마음이 복잡할 때도 많은 도움이 될 거예요."

이런 말을 하고서 크럽 부인은, 브랜디를 아주 소중히 여기는 체하면서(실은 다 마셔버리고 한 방울도 남아 있지 않았다) 과장스레 허리 굽혀 인사를 하고 물러가버렸다. 부인의 모습이 어두컴컴한 현관으로 사라지는 것을 보면서, 크럽 부인의 무례한 충고에 기분이 나빴으나, 다른 각도에서 본다면 그러한 말은 자명한 충고로, 앞으로 내 비밀을 단단히 지키라는 경고로 풀이할 수 있었으므로, 나는 부인의 충고를 달게 받아들이기로 했다.

---

[5] 공을 굴려 9개의 곤봉을 쓰러뜨리는 놀이.

27장
토미 트래들스

크럽 부인의 충고가 효과가 있었기 때문일 수도 있고, 우연히 스키틀스와 트래들스 두 발음이 비슷했기 때문일 수도 있다. 아무튼 다음 날 나는 트래들스를 찾아가 보려고 생각했다. 그가 말한 한 달이라는 기간은 이미 지나 있었으므로, 지금은 캠든타운[1]의 수의과대학 근처의 조그마한 거리에 살고 있을 것이다. 그 근처에 사는 한 서기의 말에 의하면, 그 지역은 주로 집안이 좋은 학생들이 세들어 사는데, 그들은 살아 있는 당나귀를 사서는 자기들 방에서 동물실험을 한다는 것이었다. 나는 그 서기로부터 수의과대학의 위치를 물어두고, 그날 오후 곧바로 옛 동창을 찾아 나섰다.

그 거리는 트래들스에게 맞는 곳이 아니었다. 주민들은 자신들에게 필요 없는 것을 거리에 마구 버리는 습관이 있는 것 같았다. 축축하고 악취가 코를 찔렀으며, 썩은 양배추 잎들이 보기에도 아주 지저분했다. 쓰레기는 채소뿐만이 아니었다. 집 호수를 찾는 동안에도 나는 구두 한 짝, 납작하게 찌그러진 냄비, 검은 보닛, 우산 따위가 새로운 것 묵은 것이 한데 뒤엉켜 여기저기서 썩어가고 있는 것을 보았다.

거리의 전체적인 분위기를 보니 미코버 씨 부부와 같이 살던 그 옛날이 생각났다. 게다가 내가 찾고 있는 집에서 풍기는, 말로 나타낼 수 없는, 몰락했지만 늠름한 위엄이 더욱더 미코버 씨 부부를 생각나게 했다. 그런 점에서 그 집은 다른 집들과는 달랐다. 다른 집들은 구조가 단조롭고, 집짓기를 처음 배우는, 아직도 벽돌을 모르타르로 붙이는 기술을 모르는 수습공의 습작처럼 보였다.

마침 오후의 우유배달원이 와서 열어놓은 문을 발견했을 때는 더한층 미코버

---

[1] 런던의 서북지역.

씨 부부 생각이 났다.

"지난번의 우유 값 청구서를 주인에게 잘 전달했겠지요?" 우유배달원이 어린 하녀에게 말했다.

"아, 바로 내겠다고 주인께서 말했어요." 하녀가 대답했다.

"왜냐하면," 우유배달원은 하녀의 말을 못 들은 척하며 계속했다. 목소리로 볼 때 하녀가 아니라 집 안에 있는 다른 사람에게 들으라는 듯이 말하는 것 같았다. 복도 안쪽을 노려보는 그의 눈초리에서도 그러한 인상을 느낄 수가 있었다. "왜냐하면 그 청구서가 배달된 지가 오래되어서 주인이 잊어버리고 있는 것 같거든요. 떼먹고 안 주면 어쩌나 하는 생각도 들고요. 아무튼 이제는 더는 기다릴 수 없어요. 아시겠어요!" 우유배달원은 아직도 집 안을 향해 소리치면서 복도를 노려보았다.

조금 벗어난 이야기지만, 우유 같은 차분한 상품을 다루기에는, 이 사내는 매우 별종이었다. 정육점이나 브랜디 상인이라고 하기에도 너무 맹렬한 편이었다.

어린 하녀의 목소리가 갑자기 작아졌다. 입 모양으로 추측하건대, 다음에 내겠다는 똑같은 말을 되풀이하고 있는 것 같았다.

"이봐요." 우유배달원은 처음으로 하녀를 무섭게 노려보더니 그녀의 턱을 잡고 말했다. "당신, 우유 좋아해요?"

"네, 좋아해요." 하녀가 대답했다.

"그럼 내일은 우유를 못 먹을 거요. 알겠수? 내일은 한 방울도 마실 수 없단 말이오."

그러나 하녀의 얼굴은, 그렇다면 오늘은 조금이라도 얻을 수 있겠구나 하고 오히려 안심하는 눈치였다.

배달원이 험악한 눈초리로 하녀를 쏘아보며 고개를 저었으나, 그녀의 턱을 놓고 우유통을 열더니 그 집 그릇에다 평소의 양을 부어주었다. 그러고는 투덜거리며 가버렸지만 바로 옆집에 대고 분풀이라도 하는 것처럼 엄청나게 큰 소리로 "우유 왔어요!" 하고 버럭 소리를 질렀다.

"여기에 트래들스 씨가 살고 있나요?" 내가 물었다.

복도 끝에서 이상한 목소리로 "네" 하는 대답이 들렸다. 그러자 어린 하녀도 "네"라고 앵무새처럼 대답했다.

"지금 집에 있나요?"

또다시 이상한 목소리가, 있다고 대답하자 하녀도 똑같이 있다고 되풀이했다.

나는 안으로 들어가서 하녀의 안내에 따라 2층으로 올라갔다. 그런데 안쪽 응접실 앞을 지나칠 때 그 이상한 목소리의 주인공이 수상한 눈으로 나를 감시하고 있음을 알았다.

계단 꼭대기에 닿자—그 집은 이층집이었다—트래들스가 층계참에서 나를 맞이했다. 그는 매우 반가워했고, 진심으로 환영하면서 나를 방으로 안내했다. 그의 방은 집의 앞쪽에 위치하고 있었으며, 가구는 별로 없었지만 아주 깔끔했다. 나는 그의 방이 그것 하나뿐이라는 것을 알았다. 방에는 의자 겸용의 침대가 있고, 구둣솔과 구두약이 서가 제일 위의 책 사이에—사전 뒤에—끼어 있기 때문이었다. 책상 위에는 서류가 흐트러져 있었다. 그는 낡은 코트를 입고 열심히 공부하고 있었던 것이다. 나는 딱히 둘러볼 생각은 없었으나 자리에 앉았을 때는 도자기로 된 잉크병에 그려진 교회 풍경화까지 모든 것을 본 뒤였다. 그것 또한 내가 옛날 미코버 씨와 같이 살던 시절에 터득한 재능이었다. 장롱, 구두 용구, 면도용 거울 따위를 가리기 위하여 그가 만들어놓은 교묘한 장치들은 특히 인상적이었다. 왜냐하면 그것을 보니까, 옛날에 파리를 잡아넣으려고 편지지로 코끼리 우리 모형을 만들고, 지독한 처사를 견뎌내기 위해 여러 차례 말했던 그 불굴의 예술 작품을 그리면서 스스로 마음을 달래던 바로 그 트래들스가 떠올랐기 때문이었.

방 한쪽 구석에는 커다란 흰 보자기로 단정하게 덮어놓은 것이 있었다. 그러나 그것이 무엇인지는 알 수 없었다.

"트래들스," 의자에 앉아서 그와 다시 악수를 하면서 말했다. "만나서 기쁘다."

"나도 너를 만나서 기뻐, 코퍼필드." 그는 대답했다. "정말 잘 왔어. 내가 사무실 주소 대신에 여기 주소를 말해준 것은 우리가 앨리플레이스에서 만났을 때, 정말 기뻤고 너도 무척 기뻐했다고 확신했기 때문이야."

"아! 너 사무실을 가지고 있어?" 나는 물었다.

"물론이지. 복도가 있는 방의 4분의 1과 서기의 4분의 1도 데리고 있어. 다른 동료 셋하고 방 하나를 같이 빌렸어—제법 일하는 것처럼 보이도록 하기 위해서—그리고 서기도 넷이서 나누어 쓰고 있어. 1주일에 반 크라운씩 경비를 나누어

내고 있지."

옛날 그대로의 그의 단순한 성격, 착한 마음씨, 운이 따르지 않는 점 따위가, 싱글벙글 웃으면서 설명하는 그의 미소 속에 고스란히 드러났다.

"코퍼필드, 말해 두지만, 여기 주소를 가르쳐 주지 않는 것은 절대로 내가 거만해서가 아니야, 오히려 다른 사람들이 여기에 오는 것을 싫어하는 것 같아서 말하지 않는 거야. 나는 살아가는 것만으로도 악전고투하고 있어. 그러니 안 그런 체해 봤자 오히려 어리석은 일이거든."

"너는 변호사 준비를 하고 있다면서? 워터브룩 씨한테 들었어." 나는 물었다.

"그래." 트래들스는 두 손을 천천히 문지르며 대답했다. "나는 변호사시험 준비를 하고 있어. 사실은 오랫동안 빈둥거리며 놀다가 수습을 시작한 것은 얼마 되지 않아. 수습 이야기가 나온 지는 꽤 되었지만 1백 파운드를 내야 하는 게 나에게는 큰 부담이었거든." 트래들스는 얼굴을 찌푸리며 말했다.

"트래들스, 이렇게 앉아서 너를 보고 있자니 저절로 생각나는 것이 있는데, 무엇인지 알겠니?" 나는 그에게 물었다.

"모르겠는데." 그가 대답했다.

"네가 늘 입고 다녔던 하늘색 양복이야."

"아, 그래! 팔과 다리가 꼭 끼던 양복 말이지? 그러나 그때는 참 재미있었지!"

"교장선생님이 우리를 그렇게 못살게 굴지만 않았더라면 더욱 좋았을 텐데."

"아마 그랬을 거야. 그러나 우리도 제법 장난꾸러기였어. 침실에서 가끔 야식을 사다 먹고, 또 매일 이야기를 들려주던, 그 밤들이 생각나? 하, 하! 그리고 내가 멜 선생 때문에 울었다고 매를 맞던 일도 기억해? 그때가 그립다. 늙은 크리클! 그를 한 번 더 만나보고 싶어!"

"그는 너에게 지독하게 굴었지." 나는 분개하면서 말했다. 트래들스가 이렇게 명랑하게 이야기하는 것을 들으니, 그가 두드려 맞는 모습이 마치 어제 일처럼 또렷하게 떠올랐기 때문이다.

"너도 그렇게 생각하니? 정말로? 분명히 그는 나에게 지독하게 굴었지. 그러나 이제는 다 지나간 일이야. 늙은 크리클!"

"너는 그때 삼촌 집에서 살았지?" 나는 말했다.

"그랬어! 늘 삼촌에게 편지를 쓴다 쓴다 하다가 결국에는 못 썼지. 하, 하, 하!

그래, 그때는 삼촌이 계셨었구나. 삼촌은 내가 학교를 나오자 곧 돌아가셨어."

"저런!"

"그래, 삼촌은—그걸 뭐라고 하지?—포목상—옷감장수—아무튼 그런 일을 하셨는데, 은퇴하시고 나를 후계자로 삼으셨어. 그러나 내가 자랄수록 나를 싫어하게 되셨지."

"그게 정말이야?" 무심코 되물었다. 말하는 사람이 너무 침착했으므로, 분명 다른 뜻이 있을 것이라고 생각했기 때문이다.

"정말이야, 코퍼필드! 불행한 일이었지만, 그는 나를 싫어했어. 기대를 배신했다고 삼촌은 말했어. 그러고는 가정부와 결혼해 버렸지."

"그래서 너는 어떻게 했어?"

"아무것도 하지 않았어. 언젠가는 쫓겨날 거라고 생각하면서도 그들과 같이 살았지. 그러다가 불행하게도 삼촌은 배에 통풍이 걸리고—그래서 돌아가셨어. 가정부는 젊은 놈과 재혼을 했고, 나는 쫓겨났지."

"그럼 결국 유산은 한 푼도 받지 못했어, 트래들스?"

"아, 받았어! 50파운드를 받았지. 하지만 나는 직업교육을 받은 것도 아니고 해서 처음에는 어떻게 해야 할지 막막했어. 그러다가 어떤 변호사 아들의 도움으로 일을 시작하게 되었어. 그 아들도 세일럼 학교에 다녔었지. 왜 코가 한쪽으로 비뚤어진 욜러라는 학생 있었잖아. 생각 안 나?"

"모르겠는걸. 내가 있던 때가 아닌 것 아냐? 내가 다니던 때의 학생들은 모두가 코가 반듯했어."

"그런 건 아무래도 상관없어. 아무튼 나는 그 학생의 도움으로 법률서류를 베끼는 일을 시작했어. 그런데 수입이 신통치 않아 소송사건을 대리진술하고 개요를 작성하기도 하는 따위의 일을 시작했지. 코퍼필드, 나는 끈기 있는 인간이라 이런 일을 간결하게 처리하는 법을 익히게 되었어. 그래서 여기까지 온 바에야 법률학도가 되자는 생각을 하게 되었거든. 덕분에 50파운드는 모조리 날아가 버렸지. 그런데 이번에도 욜러가 나를 한두 군데 사무실에 추천을 해주었어—그 가운데 하나가 워터브룩 씨 사무실이야—나는 일을 많이 맡게 되었고, 게다가 운 좋게도 백과사전을 내는 출판업계 사람과도 알게 되어 그 사람에게서도 일을 받게 되었지." (그는 자기 책상을 한번 보고는) "지금 하고 있는 것도 그 사람의 일이야. 코퍼필드, 나는 편집자로서는 결코 실력이 모자라지 않거든." 트래들스는 여전히 자신만만하고 명랑한 태도로 말했다. "그러나 내게는 창의성이 전혀 없어. 아마 젊은이치고 나만큼 독창성이 없는 젊은이도 없을 거야."

트래들스는 내가 당연히 그의 말에 동의할 것이라고 기대하는 것 같아서 나는 일단 고개를 끄덕였다. 그는 활기찬 참을성을 보이며—달리 나타낼 말이 없다—말을 이었다.

"이렇게 나는 사치한 생활은 전혀 하지 않고 조금씩 모아 드디어 1백 파운드가 되었지. 다행히도 그 돈으로 빚을 다 갚았어—확실히 괴로운 이야기이긴 하지." 그는 또다시 인상을 찌푸렸다. "나는 아직까지도 지금 말한 종류의 일을 해서 살아가고 있어. 하지만 머지않아 어떤 신문에 관계되는 일을 할 수 있을 것 같아. 그것만 손에 넣으면 나도 겨우 운이 트이겠지. 그런데 코퍼필드, 너는 과거와 똑같네. 늘 기분 좋은 얼굴이야. 너를 만나서 정말 기쁘기 때문에 너에게만은 아무것도 숨기지 않고 털어놓고 싶어. 실은 나는 약혼도 했어."

약혼! 아, 도라!

"목사의 딸이야. 그 집에는 딸이 열이야. 데본셔에 살고 있어." 트래들스는 내가 문득 잉크병에 그려진 그림을 바라보는 것을 보고서 "저게 바로 그 교회야! 이 대문을 나가서 왼쪽으로 돌아가면," 그는 손가락으로 잉크병을 더듬어가면서 말했다. "펜 끝이 가리키는 바로 여기에 목사관이 있어—교회를 마주 보고 서 있지."

자못 즐거운 듯이 설명하는 그의 기쁨을 진정으로 이해한 것은 훨씬 나중 일이다. 그 순간에 나는 스펜로 씨네 집의 모양새를 마음속으로 그리고 있었기 때문이다.

"아주 사랑스러운 처녀지!" 트래들스는 말했다. "나보다 나이가 조금 많지만 아주 착한 여자야! 내가 여행을 간다고 말했었지? 나는 그 여자 집에 갔다 왔어. 거기까지 걸어서 갔다 왔는데 아주 즐거웠어! 그런데 아무래도 약혼 기간이 길어질 것 같아. 그러나 우리의 좌우명은, '기다리라, 그러면 희망이 있다!'라는 것이야. 우리는 늘 '기다리라, 그러면 희망이 있다!'는 말을 해. 게다가 그녀는 환갑이 되어도 기다린다고 했어!"

트래들스는 의자에서 일어나 흐뭇하게 미소를 지으면서 아까부터 신경 쓰이던 그 흰 보자기로 싼 것에 한 손을 가져다 댔다.
"그러나, 가정을 꾸려나갈 준비를 하지 않은 것은 아니야. 이미 시작을 했지. 조금씩이지만 시작은 했어. 자 보라구." 그는 만족스러운 얼굴로 보자기를 조심스럽게 벗겼다. "우선 가구가 두 개 있는데, 화분과 받침대는 그녀가 직접 샀어. 여기에 꽃을 심어서 응접실 창에 놓으려고 해. 이런 식으로." 아주 감탄을 하면서 그것을 바라보려고 조금 뒤로 물러서며 말했다. "그리고 이 대리석으로 된 둥근 탁자—둘레는 2피트 10인치야—는 내가 샀어. 책을 놓고 싶을 때도 있을 테고, 또 누군가 손님이 찾아올 때는 찻잔도 놓아야 하니까.—자, 이렇게!" 트래들스는 말했다. "아주 훌륭한 물건이야—바위처럼 단단하지!"

나는 그 두 세간을 침이 마르도록 칭찬했다. 트래들스는 보자기를 벗겼을 때와 마찬가지로 아주 조심스럽게 그것을 쌌다.

"아주 대단한 가구는 아니지만, 그래도 가구는 가구지. 다만 아무래도 어려운 건 식탁보와 베갯잇 같은 것들이야. 그리고 철제 도구—양초함이나 구이용 석쇠 같은 필수품—이런 것들은 비싸서 타격이 크니까 말이야. 그러니 그건 '기다리라, 그러면 희망이 있다!'야. 그녀는 세상에서 제일 사랑스러우니까!"

"틀림없이 그러리라고 생각해." 나는 대답했다.

"그런데," 트래들스는 자기 의자로 되돌아오면서 말했다. "따분한 내 이야기는 그만하자. 아무튼 최선을 다해 살아가고 있으니까. 많이 벌지는 못하지만 많이 쓰지도 않고. 식사는 대체로 1층의 주인과 함께하고 있어. 그들은 정말 좋은 사람들이야, 미코버 씨 부부는 인생 경험이 많은 사람들로서 같이 얘기하면 정말 즐거워."

"이봐, 트래들스!" 나는 엉겁결에 큰 소리로 물었다. "너 지금 누구라고 했지?"

트래들스야말로 무슨 일이냐며 놀란 눈으로 나를 바라보았다.

"미코버 씨 부부라고 했지?" 나는 되풀이해서 물었다. "이봐, 나는 그들과 친한 사이야!"

마침 그때 문을 두드리는 소리가 났다. 윈저 테라스에서의 오랜 경험을 통해 나는 미코버 씨 말고는 그렇게 두드리는 사람이 없다는 것을 알고 있었으므로, 그가 옛 친구라는 점은 의심할 여지도 없었다. 나는 트래들스에게 주인을 올라오게 하라고 부탁했다. 트래들스는 계단의 난간 너머로 주인을 불렀다. 미코버 씨는 조금도 변하지 않았다. 몸에 꼭 맞는 옷, 지팡이, 셔츠 깃, 외알 안경까지 모두가 옛날과 같았다. 그는 여전히 점잔을 빼면서 들어왔다.

"죄송합니다, 트래들스 씨." 미코버 씨는 나지막하게 콧노래를 흥얼거리다가, 역시 옛날과 똑같은 낭랑한 목소리로 말했다. "손님이 오신 줄은 전혀 몰랐습니다."

미코버 씨는 가볍게 몸을 굽혀 나에게 인사를 하고는 셔츠 깃을 세웠다.

"안녕하세요, 미코버 씨?" 내가 말했다.

"네, 선생님, 저는 건강히 잘 있습니다."

"부인은요?" 나는 계속했다.

"네, 선생님. 덕분에 그 사람도 잘 있습니다."

"아이들은요, 미코버 씨?"

"감사합니다. 애들도 건강을 누리고 있습니다."

미코버 씨는 코앞에서 바라보면서도 나를 알아보지 못했다.

이윽고 내가 웃는 것을 보더니 자세히 내 얼굴을 들여다보다가 느닷없이 뒤로 펄쩍 물러서면서 소리쳤다. "이게 사실인가? 정말 놀랍군. 코퍼필드가 아닌가?" 그는 내 두 손을 잡고 열렬히 흔들었다.

"트래들스 씨, 이런 일이 있다니요! 당신이 내 옛 친구, 내 젊은 날의 친구와 막역한 사이였다니!—이봐요!" 그는 난간 너머로 미코버 부인을 불렀다. 한편 트래들스도 미코버 씨가 나를 자기의 친구라고 말하는 것을 보고 꽤 놀란 듯했다. (당연했다.) "여보, 트래들스 씨의 방에 귀한 손님이 오셨는데, 꼭 한 번 만나고 싶다는구려!"

미코버 씨는 이렇게 말하고서 이내 돌아와 또 내 손을 잡고 흔들었다.

"코퍼필드, 우리의 좋은 친구, 박사님도 안녕하신가?" 미코버 씨는 말했다. "그리고 캔터베리에 계시는 다른 분들도 안녕하시고?"

"모두가 잘 있다는 말밖에 할 말이 없어요." 나는 대답했다.

"그렇다니, 정말 기쁘구나." 미코버 씨는 말했다. "우리가 마지막으로 만났던 곳이 캔터베리였지. 초서[2]에 의하여 불멸의 장소가 된 대성당의 그늘에서 말이야. 옛날에는 세계 방방곡곡에서 순례자들이 몰려들었던 성지에서. 즉 그 성당 바

---

2) G. Chaucer. 14세기 영국의 시인. 미완성 운문 설화집 《캔터베리 이야기》 저자.

로 근처였다는 말이야."

그렇다고 나는 대답했다. 미코버 씨는 계속 수다를 떨었지만 그의 얼굴은 걱정스러운 빛을 띠고 있었다. 옆방에서 들리는 소리—부인이 손을 씻고 잘 열리지 않는 장롱을 덜그럭거리며 여닫는 소리가 몹시 신경 쓰이는 것 같았다.

"코퍼필드, 자네도 알겠지만," 미코버 씨는 한편으로 트래들스를 바라보면서 말했다. "지금은 보잘것없이 소박하게 지내고 있네. 그러나 알다시피 나는 지금까지 살아오는 동안 수많은 장애물을 이겨 내 왔으니까 말이야. 내게도 참고 기다려야 했던 시기—큰 운이 터지기 전까진 조용히 엎드려 있어야 할 시기가 있었다는 것을 잘 알고 있겠지? 큰 도약을 하기 전에 준비 과정으로 뒤로 한 걸음 물러나야 할 시기가 있었다는 것 말이야. 말하자면 지금이 나에게는 가장 중요한 시기라네. 즉 지금은 도약하기 위해 일시적으로 물러서고 있는 것뿐이야. 그리고 머지않아 박력 있게 도약하여 좋은 결과를 가져올 수 있음을 믿어 의심치 않지."

내가 잘됐다고 말하고 있는데, 미코버 부인이 들어왔다. 부인은 차림새가 전보다 더 허술해진 것 같았다. 그러나 손님 앞에 나오기 위해 어느 정도 단장했고, 갈색 장갑도 끼고 있었다.

"여보," 미코버 씨는 부인을 내게로 인도하면서 말했다. "여기 코퍼필드라는 신사 분이 당신과 옛정을 새롭게 하고 싶다오."

결과적으로 미코버 씨가 이러한 발표를 좀 천천히 했더라면 좋았을 텐데. 워낙 몸이 허약해진 미코버 부인이 그 말을 듣자마자 깜짝 놀라 상태가 아주 나빠졌던 것이다. 미코버 씨는 당황하여 뒷마당에 있는 물통으로 달려가서 물을 대야로 떠다가 부인의 이마를 적셔주었다. 부인은 금방 정신을 차리고서, 정말 기쁘다고 했다. 우리는 30분 동안 이야기를 나누었다. 내가 쌍둥이의 안부를 물었더니, "아주 다 컸지요"라고 대답했다. 그리고 다른 아들과 딸도, "거인처럼 무척 자랐습니다"라고 대답했다. 그러나 그때는 아무도 모습을 나타내지 않았다.

미코버 씨는 저녁을 먹고 가라고 간곡히 부탁했다. 나는 거절하고 싶지 않았지만 미코버 부인의 눈에서, 틀림없이 차가운 고기가 없음으로 해서 풍기는 난처한 기색을 발견했다. 그래서 나는 다른 약속이 있어서 곤란하다고 했다. 그러자 미코버 부인의 얼굴이 갑자기 환해졌다. 나는 아무리 권해도 끝까지 거절했다.

 나는 집을 나서기 전에 날을 정해서 내 집에서 식사를 같이 하자고 트래들스와 미코버 부부에게 말했다. 트래들스는 지금 서약해놓은 일 때문에 날짜를 조금 늦추자고 했는데, 다행히 우리 모두에게 적합한 날짜가 정해졌다. 나는 집으로 돌아왔다.

 미코버 씨는 내가 왔던 길보다 더 가까운 지름길을 가르쳐주겠다는 핑계로 거리의 모퉁이까지 나를 따라나왔다. (나중의 설명에 의하면) 실은 나에게 비밀리에 할 말이 있다는 것이었다.

 "내 친애하는 코퍼필드," 미코버 씨는 말했다. "이제 와서 굳이 말할 필요도 없겠지만, 지금 처지에서 우리와 같은 지붕 아래에서 빛나는 마음씨를 가진—이런 표현을 해도 괜찮다면—자네 친구 트래들스와 같은 훌륭한 사람과 함께 생활하는 것은 말할 수 없는 즐거움이라네. 날마다 거실 창문에 과자를 내다놓고 파는 이웃집 세탁부라든가, 길 건너에 사는 보(Bow) 거리의 경찰관 같은 인물들과 같이 살아가고 있는 것을 보면, 트래들스 씨와 사귄다는 것이 내게는 물론 아내에게도 얼마나 위로가 되는지 짐작하고도 남을 걸세. 코퍼필드, 현재 나는 곡물을 위탁 판매하고 있네. 수지가 맞는 직업은 아니야. 그래서 지금은 금전적으로 어려움을 겪고 있지만 머지않아 좋은 수가 터질걸세. 무슨 일이냐고? 아직은 말할 수 없지만, 아무튼 이 일만 잘되면 나 자신은 물론 자네 친구 트래들스 씨를 평생 도울 기틀이 마련되는 셈이지. 그리고 코퍼필드, 이 얘기도 들어두게. 현재 내 아내의 건강 상태를 보면 우리 집의 사랑의 결정체—아이 말이네—가 하나 더 추가될 가능성이 아예 없는 건 아니야. 처가에서는 절대 안 된다고 반대하지만, 그건 쓸데없는 참견이지. 그런 의사표시에는 경멸과 도전이 있을 뿐이야!"

 그리고 미코버 씨는 또다시 나와 악수를 하고 돌아갔다.

28장
미코버의 도전

다시 만난 옛 친구들을 대접할 날이 오기까지, 나는 오로지 커피와 도라를 양식 삼아 살았다. 그리움으로 몸을 태우다보니 식욕까지 없어졌지만 그것이 오히려 기뻤다. 사랑하는 사람을 그리워하면서도 식욕을 느낀다면 도라에 대한 배신행위라고 생각했기 때문이다.

산책을 많이 했지만 상쾌한 공기도 실의 때문에 상쇄되어 별 효과가 없었다. 또 이 시기의 뼈아픈 경험을 토대로 얻은 교훈이 있다. 언제나 꼭 맞는 장화를 신고 다니느라 괴로워하는 인간이 육식을 향한 기호를 마음껏 발산시킬 수 있을까 의아심을 가지기도 했다. 위가 활발하게 움직이려면 먼저 팔과 다리를 편안하게 할 필요가 있지 않을까?

이번의 작은 모임을 위해, 전처럼 거창한 준비는 하지 않기로 했다. 가자미 두 마리와 조그마한 양의 허벅살 하나와 비둘기 파이만을 준비하기로 했다. 그런데 크럽 부인에게 조심스럽게 생선과 양고기 요리를 부탁했더니, 부인은 무슨 모욕이라도 당한 것처럼 소리쳤다. "안 됩니다! 싫어요! 도련님이 이런 일을 저에게 부탁하실 줄은 정말 몰랐어요. 제가 스스로 납득할 수 없는 일은 절대로 하지 않는다는 사실을 도련님도 잘 아시잖아요!" 그러나 결국에는 타협이 이루어졌다. 앞으로 보름 동안 내가 외식을 하겠다는 조건 아래 크럽 부인은 요리를 해주기로 동의했다.

다른 얘기지만 말이 나온 김에 덧붙이자면, 크럽 부인의 나에 대한 독재권을 확립하는 바람에 생긴 내 피해는 정말 엄청난 것이었다. 나에게는 부인보다 무서운 사람이 아무도 없었다. 우리는 모든 것을 타협했다. 내가 망설이고 있으면 부인은 이내 그 이상한 병에 걸리는 것이었다. 게다가 그 병은 부인의 몸속에 숨어 있다가 사정이 안 좋으면 불쑥 나타나 부인의 중추기관을 괴롭혔다. 예를 들어 내가 여섯 번이나 종을 울려도, 전혀 반응이 없다. 화가 나서 줄을 잡아당기면 그제야 나타나긴 하는데—반드시 나타나는 것도 아니다—우울한 얼굴로 숨을 씩씩거리면서 문 옆의 의자에 쓰러지듯이 주저앉아 한 손을 가슴에 대고 마치 중병에 걸린 환자처럼 행동한다. 그러면 나는 브랜디 같은 보잘것없는 희생을 기꺼이 치르면서 어서 빨리 돌아가 주기만을 바라게 된다. 또한 부인은 저녁 5시가 되기 전에는 절대 자리를 깔아 주지 않는데—물론 그러면 매우 곤란하므로—한 마디라도 불평을 하면 상처받은 마음이 어디 있는지를 가리키듯 또다시 손을 가슴 위로 올린다. 그러면 나는 쩔쩔매며 사과하는 수밖에 도리가 없다. 다시 말하면, 크럽 부인을 화나게 하느니 차라리 무엇이든 스스로 해야 하는 것이다. 아무튼 이렇게 무서운 여자는 태어나서 처음 보았다.

이번 만찬에는 지난번의 그 솜씨 좋은 젊은이를 고용하지 않고 중고품의 회전식 식품선반[1]을 샀다. 그 젊은이를 믿을 수 없기 때문이란다. 어느 일요일 아침, 스트랜드 거리에서 우연히 그 젊은이를 만났는데, 지난번 연회 때 잃어버렸던 내 조끼와 똑같은 것을 입고 있었던 것이다. 그런데 '젊은 처녀'는 다시 쓰기로 했다. 다만 그 처녀는 음식을 나르는 일만 하도록 했다. 그 일이 끝난 뒤에는 곧바로 바깥문 너머에 있는 층계참으로 물러나 있기로 계약을 했다. 그러면 음식 냄새를 맡는 그녀의 습관도 손님들 눈에 띄지 않을 것이며, 뒷걸음질치다가 접시를 깨는 일도 물리적으로 불가능할 것이기 때문이다.

미코버 씨에게 만들어 달라고 하기 위해 펀치 술 재료도 사들였고, 미코버 부인이 화장을 고칠 수 있도록 라벤더 향수 한 병과 양초 두 개, 머리핀 한 꾸러미, 핀꽂이 한 개를 내 방 화장대 위에 준비해놓았다. 또 미코버 부인을 위해 침실 난로에 불을 피워놓았다. 식탁 준비도 스스로 했다. 이제 남은 일은 느긋하게 결과를 기다리기만 하면 되었다.

약속 시간에 맞춰 세 손님이 함께 도착했다. 미코버 씨는 보통 때보다 더 셔츠 깃을 세웠고 외알 안경의 끈까지 새것으로 달았다. 미코버 부인은 연한 갈색의 종이 봉지에 모자를 넣어 트래들스에게 들려 가지고, 그의 시중을 받으며 나타났다. 그들은 내 집을 보고 기뻐했다. 미코버 부인을 화장대 있는 곳으로 안내하

---

[1] 식탁 가운데에 놓고 빙글빙글 돌리며 원하는 요리를 직접 집을 수 있다.

자, 자기를 위해 준비해놓은 것들을 보더니 매우 기뻐하며 미코버 씨를 불러 구경까지 시켰다.

"코퍼필드." 미코버 씨는 말했다. "이거 굉장한걸. 이걸 보니까 내가 독신이었을 때, 즉 하느님 앞에서 부부가 되기로 맹세해 달라고 부탁하기 전의 시절이 생각 나는군."

"코퍼필드 씨, 자기가 부탁했다는 뜻이에요." 미코버 부인이 능청스럽게 말했다. "저이는 다른 사람의 책임은 질 능력이 없으니까."

"여보, 확실히 나는 남의 책임을 지기는 싫어요." 미코버 씨는 갑자기 진지한 얼굴로 말을 이었다. "불가사의한 운명의 장난으로 당신이 내 아내가 되도록 정해져 있었다면, 처음부터 당신은 아등바등 애쓰다가 끝내는 복잡한 금전상의 어려움에 희생되도록 운명 지워진 한 남자의 아내가 되는 것이 당신의 숙명인지도 모르오. 당신의 불만은 잘 알고 있고, 미안하게 생각하지만, 그것은 참기로 합시다."

"여보!" 미코버 부인은 눈물을 글썽이며 말했다. "내가 고작 이런 대우밖에 받지 못하나요? 나는 당신을 버린 적도 없고, 버릴 생각조차 해 본 적이 없는데요, 미코버!"

"여보, 내가 잘못했소." 미코버 씨는 아주 감동하여 말했다. "그 권력의 총아―다시 말하면 수도국 급수전을 맡은 애송이인데―그 녀석과 어쩌다보니 싸우고 말았거든. 그래서 예민해진 상태에서 잠시 흥분한 것뿐이오. 그러니 당신도 용서해 주리라 믿고, 우리 친구 코퍼필드도 너그럽게 봐 주리라고 생각해요. 조금도를 넘었다고 해서, 불쌍하게 여길지언정 꾸짖진 않을 거요."

미코버 씨는 부인을 껴안으면서 내 손까지 꼭 잡았다. 나는 토막토막 들었을 뿐이지만 전후사정을 추측해 보면, 오늘 오후 요금이 밀렸다는 이유로 회사에서 수도를 막아버린 것 같았다.

나는 우울한 분위기를 바꾸기 위해, 펀치 술을 만들 분은 당신뿐이라고 미코버 씨에게 말하고는, 그를 레몬 있는 데로 안내했다. 그러자 그 순간 절망 상태까지는 아니지만 요즈음 침울했던 그의 마음이 순식간에 살아났다. 레몬 껍질과 설탕 냄새, 강렬한 럼주의 향기, 피어오르는 수증기 속에서 그날의 미코버 씨처럼 황홀한 기분에 젖어 있는 사람을 나는 본 적이 없다. 섞고, 휘젓고, 맛을 보고, 향기로운 냄새 속에서 즐거워하는 그의 표정은 펀치를 만드는 것이 아니라 마치 후손들에게 대대로 물려 줄 재산이라도 장만하는 것 같았다. 미코버 부인은 모자 때문인지, 향수 때문인지, 머리핀이나 난로, 혹은 양초 때문인지는 몰라도 꽤 아름다워져서 내 방에서 나왔다. 게다가 그 명랑함은 종달새도 울고 갈 정도였다.

한편 크럽 부인은—절대로 직접 물어 본 것은 아니다—가자미를 튀기고 난 뒤에 또다시 그 병이 발병했을 것이다. 왜냐하면 음식이 엉망이었기 때문이다. 양의 다리가 올라왔는데 속은 익지 않아 여전히 빨갛고 겉도 아직 허옇게 남아 있었다. 그뿐 아니라 아마 유명한 부엌 난로의 재 속에 떨어뜨리기라도 한 것처럼 모래 같은 것이 잔뜩 묻어 있었던 것이다. 그러나 우리는 고기 국물을 보고 그와 같은 사실을 확인할 수도 없었다. 왜냐하면 젊은 처녀가 국물을 모두 계단에 엎질러버렸기 때문이다. 참고로, 그 흔적은 결국 사라지긴 했지만 꽤 오랫동안 지워지지 않고 남아 있었다. 비둘기 파이는, 나쁘진 않았지만 잘 된 것도 아니었다. 파이 껍질은, 골상학에서 말하는 열등한 두개골처럼 온통 작은 혹이 나 있었고, 속에도 내용물이 거의 없었다. 간단히 말해서 이번 연회는 아주 실패였기에 만약 손님들의 멋진 유머와 미코버 씨의 근사한 제안이 없었더라면, 나는 매우 우울했을 것이다. 참고로 이 우울은 그날의 실패 때문에 생긴 것이다. 일반적으로는 이미 도라 문제로 하루하루가 우울함의 연속이었기 때문이다.

"이보게, 코퍼필드." 미코버 씨는 말했다. "아무리 훌륭한 집안이라도 사고란 으레 따라다니는 법이야. 가정의 질을 높이고 신성하게 하는 아내라는 고상한 성격을 가진 여자의 세력에 의해서 다스려지지 않는 가정에서는 사고란 언제나 일어나는 법이지. 그러니 사고가 났을 때는 달관한 경지에서 묵묵히 참아야 하네. 그런데 내가 생각할 때, 이 세상에 겨자와 후추를 잔뜩 발라서 구운 고기보다 맛있는 건 없거든. 저 아가씨가 석쇠를 가져다준다면 우리 각자가 조금씩 수고를 해서 멋진 음식을 만들 수 있다네. 그러면 이 조그마한 실수는 곧바로 만회할 수 있지!"

식료품 저장실에는 내 아침 식사용 베이컨을 굽는 석쇠가 언제나 있었다. 우리는 바로 그 석쇠를 가져다가 미코버 씨의 제안을 실행에 옮겼다. 그가 말한 우리 각자의 수고란 다음과 같은 것이었다. 트래들스는 양고기를 썰고, 미코버 씨는(그는 이런 종류의 일은 무엇이든 완벽하게 해낼 수 있다) 거기에 후추와 겨자와 소금과 고추를 바르는 것이었다. 나는 미코버의 지시대로 그것을 석쇠에 올려놓고 포크로 이리저리 뒤집어서 적당한 때에 내려놓으면 된다. 미코버 부인은 조그마한 냄비에다 버섯 케첩을 넣고 끓이면서 계속 젓고 있었다. 처음 한 판이 다 구워지자 바로 먹기 시작했다. 여전히 소매를 걷어붙인 채였고, 한쪽에서는 두 번째 고기가 석쇠 위에서 지글지글 소리를 내며 익어가고 있었다. 그리고 우리의 주의력은 접시 위의 고기와 석쇠 위의 고기 사이를 바쁘게 왔다 갔다 했다.

이러한 요리는 신기하고 맛이 있으면서도 부산스러웠다. 몇 번이나 일어나서 요리가 되는 것을 살펴보고, 또 앉아서 바삭바삭하게 구워진 고기를 뜨거운 석쇠에서 내려 후후 불면서 먹었다. 바쁘기도 하고 불빛을 받아 얼굴이 빨개졌지만 즐거웠다. 설명할 수 없는 맛과 소리에 둘러싸여 우리는 양고기를 뼈만 남기고 깨끗이 먹어치웠다. 내 식욕도 기적같이 되돌아왔다. 고백하기 부끄럽지만 한동안은 도라에 대한 생각조차 잊고 있었다. 미코버 부부가 비록 침대를 내다 팔아도 이보다 즐거운 식사는 하지 못했을 거라는 생각에, 나는 매우 흡족했다. 트래들스도 끝까지 만족하게 웃으면서 먹고 일했다. 감히 말하건대 더 이상의 성공은 있을 수 없었다.

우리의 즐거움이 최고조에 달해 각자의 위치에서 고기의 마지막 조각을 멋지게 요리하여 연회의 마지막을 장식하려고 열심히 일하고 있을 때, 문득 방 안에 낯선 사람이 있는 것을 보았다. 내 앞에 모자를 들고 서 있는 그는 다름 아닌 리티머였다.

"무슨 일로?" 나는 무의식중에 묻고 말았다.

"용서하십시오, 도련님. 밑에서 들어가도 된다고 해서 이렇게 불쑥 들어왔습니다. 여기 우리 집 도련님, 안 계십니까?"

"아니오."

"그분을 못 보셨나요?"

"못 보았는데. 그럼 스티어포스가 보내서 온 것이 아닙니까?"

"예, 도련님. 곧바로 온 게 아니라서요."

"여기에 오겠다고 했나요?"

"꼭 그렇게 말씀 하시지는 않았습니다, 도련님. 그러나 오늘 오시지 않았으니,

내일은 오실 것으로 생각합니다."
"옥스포드에서 돌아오나요?"
"도련님, 제발." 리티머는 공손하게 말했다. "앉아 계십시오, 제가 하도록 해주십시오." 그는 내가 거절할 사이도 없이 내 손에서 포크를 빼앗더니 석쇠에다 고기를 구웠다. 마치 자기의 모든 관심을 거기에 모으는 것 같았다.

스티어포스가 직접 나타났더라면 아마 우리가 그토록 불안해하지 않았을 것이다. 그러나 그의 공손한 하인 앞에서는 우리는 아주 온순해졌다. 당황하지 않은 척하려고 미코버 씨가 콧노래를 부르면서 의자에 털썩 앉았지만, 재빨리 숨긴 포크 손잡이가 윗옷 밖으로 튀어나와 있는 것이, 마치 가슴을 찔러 자살이라도 하려는 듯한 모양새였다. 미코버 부인은 장갑을 끼고 자못 정숙하게 앉아 있었다. 트래들스는 기름 범벅이 된 손을 머리칼로 닦은 것까지는 좋았지만, 덕분에 머리칼이 빳빳하게 위로 치솟아서 식탁을 굽어보는 꼴이 되었다. 나는 꼭 어린애처럼 식탁 상석에 앉아 있었다. 나는 뒷정리를 해주기 위해서 나타난 듯한 이 공손한 괴물을 감히 바라보지도 못했다.

그 사이에 리티머는 석쇠에서 양고기를 집어 근엄한 태도로 우리에게 나누어

주었다. 우리는 조금씩 먹었으나 이미 식욕이 없었으므로 다만 먹는 시늉만 했다. 각자 접시를 옆으로 밀쳐놓자 리티머는 소리도 없이 치우고 치즈를 가지고 왔다. 치즈를 다 먹고 나자 그는 그것도 깨끗이 치웠다. 리티머는 우리에게 포도주를 나눠 주고 나서, 회전식 식품선반에 모든 것을 싣고는 멋대로 식료품실로 밀고 갔다. 그러한 일을 그는 빈틈없이 해치웠고, 일을 하는 내내 한 번도 한눈을 팔지 않았다.

"도련님, 제가 더 도와드릴 일이 있습니까?"

나는 리티머에게 고맙다고 말하고 더 이상 일이 없다고 했다. 그리고 식사를 하지 않겠느냐고 물었다.

"괜찮습니다. 고맙습니다, 도련님."

"스티어포스는 옥스퍼드에서 오나요?"

"도련님, 다시 한번 말씀해 주십시오."

"스티어포스가 옥스퍼드에서 오냐고요?"

"아니요, 내일은 여기로 오실 겁니다. 저는 오늘 와 계신 줄 알았습니다. 오로지 제 실수였습니다, 도련님."

"당신이 먼저 스티어포스를 만나게 되면—" 내가 말했다.

"죄송합니다만, 제가 먼저 만날 것 같지는 않습니다, 도련님."

"그러니까 만약 만나게 되면, 오늘 이 자리에 참석하지 못해서 매우 아쉽다고 전해 주세요. 스티어포스의 옛 동창도 왔었다고요."

"아, 그러십니까, 도련님!" 리티머는 나와 트래들스에게 가볍게 절을 하고는 트래들스를 한 번 바라보았다.

리티머는 문 쪽으로 조용히 걸어갔다. 하다못해 한마디라도 자연스럽게 말해 보고 싶어서—나는 그에게 전혀 그러지 못했던 것이다—마지막 용기를 짜내어 말했다.

"아, 리티머!"

"네, 도련님."

"그때 야머스에 오래 있었소?"

"그다지 오래 있지는 않았습니다."

"배가 완성되는 것을 보았나요?"

"네, 그렇습니다. 배가 완성되는 것을 보기 위해 남아 있었으니까요."

"그건 아는데!" 그러자 리티머가 갑자기 공손하게 눈을 들어 나를 바라보았다.

"그럼, 스티어포스는 완성된 배를 보지 못했겠군?"

"글쎄요, 아마 그럴 겁니다—자세히 말할 수가 없습니다. 안녕히 주무십시오."

리티머는 손님들에게도 정중하게 인사를 하고 돌아갔다. 리티머가 가 버리자 사람들은 안도의 한숨을 내쉬었다. 특히 내 마음이 편안했던 것은 말할 나위가 없었다. 왜냐하면 리티머 앞에서는 열등감 때문에 거북했을 뿐 아니라, 속으로 그의 주인을 의심했으므로 양심의 가책까지 느껴서였다. 혹시 들키진 않았을까 하는 막연한 불안을 억누를 수 없었다. 하지만 사실 숨기는 일은 아무것도 없으면서 어째서 언제나 들킬 걱정만 하고 있었던 것일까?

그러나 그러한 불안—스티어포스를 직접 만났을 때의 양심의 가책도 포함되어 있었다—도 미코버 씨가, 가버린 리티머를 아주 존경할 만한 사람이니, 대단히 훌륭한 하인이니 하면서 칭찬을 늘어놓는 바람에, 순식간에 사라져 버렸다. 그는 리티머가 모두에게 한 인사를 자기 혼자 받은 것처럼 완전히 느긋하게 앉아 있었다.

"그런데 코퍼필드, 펀치는 말이야," 미코버 씨는 술을 맛보며 말했다. "세월과 같아서, 사람을 기다리지 않아. 아! 지금이 가장 맛이 좋을 때야. 여보, 당신 의견은 어떻소?" 그는 미코버 부인을 돌아보면서 말했다.

미코버 부인도 지금이 최고라고 말했다.

"그럼 우선 건배하지." 미코버 씨는 말했다. "만약 내 친구 코퍼필드가 허락한다면, 그와 내가 젊었을 때 서로 힘을 합쳐 세상을 살아갔던 그날을 위하여! 그렇지, 나와 코퍼필드는 곧잘 함께 노래 불렀었지.

들로, 산으로, 둘이 같이 뛰놀며,
들국화를 땄었네, 그 언덕에서[2]

이것을 예의 표현대로 말하자면—수없이라는 말이지!" 예나 다름없는 낭독조

---

2) 영국의 시인 로버트 번스의 〈그리운 옛날〉의 제3절.

와 점잔빼는 버릇도 조금도 달라지지 않았다. "무슨 국화인지는 잘 몰랐지만, 아무튼 둘이서 그 꽃을 땄던 것만은 틀림없지."

미코버 씨는 펀치 한 잔을 들이켰다. 우리도 모두 한 잔씩 마셨다. 트래들스는 우리가 그렇게 오랜 친구이며, 함께 인생을 헤쳐 온 동료라는 데에 아주 놀란 것 같았다.

펀치와 난롯불로 몸이 충분히 데워지자, 미코버 씨는 "어험!" 하고 헛기침을 하더니 말했다. "당신도 한 잔 더 하지?"

미코버 부인은 아주 조금만 달라고 말했다. 그러나 우리는 그 말을 듣지 못하고 그득하게 따랐다.

"코퍼필드 씨, 여기 있는 우리는 모두 허물없는 사이죠." 미코버 부인이 펀치를 홀짝거리며 말했다. "트래들스 씨도 가족과 같으니까요. 그러니 이 자리를 빌려 우리 집 양반의 앞날에 대해 어떻게 생각하시는지 의견을 듣고 싶습니다. 곡식 관련 일은," 미코버 부인은 이치를 따지는 투로 말했다. "이이에게도 몇 번 말했는데, 점잖은 직업이지만 수지가 맞지 않아요. 두 주에 2실링 9펜스의 수수료를 가지고는 아무리 우리가 소견이 좁다고 해도 이해타산이 맞지 않습니다."

우리는 모두 미코버 부인의 말에 찬성했다.

미코버 부인은 으스대면서 말을 이었다. "그래서 이렇게 물어보고 싶습니다만, 만약 곡식이 수지가 맞지 않다면 어떻게 하죠? 석탄으로 옮겨가나요? 하지만 석탄도 전혀 수지가 맞지 않습니다. 내 친정식구의 권유에 따라 그 방면도 시도해 보았지만 다 틀려버렸지요."

미코버 씨는 주머니에 두 손을 넣고서 바로 그렇다는 듯이, 의자에서 상체를 뒤로 젖히고는 고개를 끄덕이고 있었다.

"곡식과 석탄은, 둘 다 수지가 맞지 않아요, 코퍼필드 씨. 저도 여러 가지로 생각해 보았습니다. 남편 같은 사람도 잘 할 수 있는 일이란 무엇일까요? 수수료를 받는 일은 힘들어요. 확실성이 없으니까요. 이 사람처럼 특수한 기질을 가진 사람에게는 확실성이 가장 중요하다고 생각해요."

트래들스와 나는 미코버 씨의 경우에는 틀림없이 그러하며, 좋은 발견을 했다고 중얼거리며 동의했다. 명철함을 자랑하고, 다른 길로 빠지기 쉬운 미코버 씨를 언제나 여인의 지혜로 올바른 길로 이끈다는 데서 자부심을 느끼는 미코버 부인이 이상하게 물고 늘어졌다.

"코퍼필드 씨, 당신에겐 숨김없이 털어놓겠어요." 미코버 부인이 말했다. "전 오래전부터 양조업에 종사하는 것이 우리 집 양반에게 알맞다고 생각해왔어요. 바클레이 앤드 퍼킨슨을 보세요! 트루먼, 한버리, 그리고 벅스톤은 어떻고요![3] 남편은 넓은 곳에 가야만 진가를 발휘한다고 생각해요. 듣건대, 이익도 많고요! 그러나 이름난 양조 회사에서 받아주지 않는다면—저이는 그런 회사에 막노동이라도 시켜달라고 몇 번이나 편지를 냈지만 답이 없어요—그러니 그런 생각을 고집해 보았자 무슨 소용이 있겠습니까? 아무 소용이 없지요. 그래서 또 생각했어요. 이이의 풍채는—"

"에헴! 정말 그래요." 미코버 씨가 끼어들었다.

"여보, 조용해요." 미코버 부인은 갈색 장갑을 낀 손을 남편 손 위에 놓으면서 말했다. "코퍼필드 씨, 남편의 풍채는 은행에 특히 맞다고 생각합니다. 혼자서 곧잘 생각하는데, 제가 은행에 예금한 것이 있을 때, 은행 대표자로 남편처럼 풍채 좋은 사람이 나타나면 역시 믿고 맡길 수 있지 않겠어요? 그러면 자연히 단골도 늘겠죠. 그러나 여러 은행에서 그 능력을 이용하기를 거절한다든가, 업신여긴다면 그 생각만 고집해 보았자 무슨 소용이 있겠습니까? 은행을 만드는 문제에 대해서는 많은 사람이 자진해서 남편에게 돈을 맡겨준다면, 저의 친정 식구들이 창설기금을 마련해줄 것으로 알고 있어요. 그러나 사람들이 자진하여 돈을 맡기지 않는다면—맡기지는 않겠죠—이런 생각인들 무슨 소용이 있겠습니까? 그러니 다시 말하지만 우리의 형편은 옛날보다 조금도 나아진 게 없습니다."

나는 고개를 저으며 말했다. "그렇군요."

트래들스도 고개를 저으며 "그렇군요"라고 말했다.

"그러니 어떻게 해야 할까요?" 또다시 명석한 해석을 내리듯이 미코버 부인이 말했다. "코퍼필드 씨, 마땅히 제가 닿을 수밖에 없는 결론이 무엇이겠습니까? 아무튼 우리는 살아야 한다는 저의 생각이 잘못입니까?"

"절대로 아닙니다!" 나는 대답했다. 트래들스도 "절대로 아니에요"라고 대답했다. 그리고 이번에는 나 혼자, 물론 사람은 살아가지 않으면 죽을 수밖에 없으니

---

3) 모두 실제로 유명한 양조업자.

까요, 하고 매우 현명한 체하며 덧붙였다.
"정말 그래요, 코퍼필드 씨. 사실은 지금과는 아주 다른 환경의 변화가 당장 일어나지 않는다면 우리는 살아갈 수가 없습니다. 그래서 저는 요즈음 남편에게, 무슨 일이든 저절로 되리라고 기대해서는 안 된다고 자꾸 이야기하고 있어요. 조금은 우리가 노력을 해야만 무슨 운이 트일 거라구요. 내가 틀렸을 수도 있지만, 아무튼 내 생각은 그래요."
트래들스와 나는 당연히 부인의 생각이 맞다고 칭찬했다.
"좋습니다." 미코버 부인은 말했다. "그러면 이이의 쓸모는 어디에 있죠? 남편은—무엇에나—재주가 대단해요."
"그래요, 여보." 미코버 씨가 말했다.
"제발 가만히 있어요, 여보. 남편은 천재적인 재능을 갖추고 있어요. 단지 아내인 저의 편견인지는 모르지만."
트래들스와 나는 중얼거렸다. "절대로 그렇지 않습니다."
"그런데 현재 남편은 알맞은 직책도 없고 일자리도 없습니다. 이건 누구의 책임일까요? 분명히 사회가 잘못이에요. 그래서 저는 이러한 부당함을 널리 알려 그것을 시정하도록 사회에 도전할 생각입니다. 코퍼필드 씨, 이게 제 생각입니다. 남편이 지금 해야 할 일은 사회에 결투를 신청하는 것입니다. 내게 맞설 사람 있으면 어서 나오라고 외치는 일입니다."
나는 미코버 부인에게 어떻게 할 생각이냐고 물었다.
"모든 신문에 광고를 내는 거예요. 그것이 본인을 위해서나 가족을 위해서, 그리고 지금까지 남편을 잊고 있던 사회를 위해서도, 지금 이이가 당연히 해야 할 일이라고 생각해요. 나 아무개는 이러이러한 능력이 있다고 쓴 뒤, '구직. 좋은 조건 희망. 우편 요금 선불. 캠든타운 우체국 전교(轉交) W.M.' 이렇게 광고를 내는 거예요."
"코퍼필드, 아내의 이 생각이 내가 전에 자네를 만났을 때 말했던 그 일대 비약을 뜻해." 미코버 씨는 셔츠 깃의 턱 부분을 만지작거리며 나를 곁눈으로 바라보며 말했다.
"광고를 하자면 돈이 많이 드는데요." 나는 건성으로 말했다.
"맞아요." 미코버 부인은 한결같이 논리 정연하게 말했다. "바로 그렇죠, 코퍼필드 씨. 그래서 저도 그와 똑같은 말을 남편에게 했어요. 그러므로(앞에서 말씀드린 것같이 본인과 가족을, 사회를 위하여) 돈을 마련할 궁리를 해보라고 말했어요─현금이 아니면 어음이라도."

미코버 씨는 여전히 의자에 등을 기대고 외알 안경을 만지작거리면서 천장을 쳐다보고 있었지만, 한편으로는 난롯불을 바라보고 있는 트래들스에게서는 눈을 떼지 않았다.

"제 친정 식구들 가운데," 미코버 부인은 말했다. "어음을 현금으로 변환해 줄 사람이 아무도 없다면, ─상거래 용어로 뭐라고 하더라, 더 좋은 방법이 있죠─".

계속 천장을 쳐다보면서 미코버 씨가, "어음 할인 말이지"라고 말했다.

"맞아요. 어음을 할인하기 위해서," 미코버 부인은 말했다. "저는 남편에게 시내로 들어가서 어음을 금융시장에 내놓고 최대로 유리하게 처분해야 한다고 말하고 있어요. 저쪽에서 너무 심하게 나온다면, 그건 그 사람들과 그들 양심에 문제가 있는 거죠. 저는 그것을 하나의 투자라고 봐요. 코퍼필드 씨, 그래서 남편에게도 권하는 거예요. 나처럼 하나의 투자라고 생각하고 하면 반드시 결과가 돌아오니까, 어떤 희생이든 과감하게 치러 보라고 말이에요."

나는 그것이 미코버 부인의 자기희생, 헌신이라고 생각했다. (왜냐하고 물으면 대답할 수는 없었지만) 그래서 '바로 그렇다'고 나지막하게 말했는데, 그러자 트래들스도 여전히 난롯불을 바라보면서, 나를 따라 똑같이 말했다. 그래서 나와 트래들스는 그와 같은 취지로 중얼거렸다.

"남편의 주머니 사정에 대해서는," 미코버 부인은 펀치 술을 다 마신 뒤에 내 침실로 물러가기 위해 스카프를 어깨에 걸치면서 말했다. "이 이상 말씀드리지 않겠습니다만, 아무튼 코퍼필드 씨, 당신의 난롯가 앞이고, 자리를 함께한 사람은 트래들스 씨뿐이다 보니, 제가 남편에게 평소에 하는 말을 털어놓지 않을 수 없었어요. 트래들스 씨는 오랜 친구는 아니지만 어쩐지 한집안 식구 같은 느낌이 들었어요. 남편에게도 이제 분발하고, 단호하게 결단을 내릴 시기가 닥쳤다고 생각합니다. 그리고 제가 지금 말씀드린 것들이 그러기 위한 유일한 수단이라고 생각했습니다. 물론 내가 여자라는 점과, 세상에서 일반적으로 이런 문제에는 남자의 생각을 더 믿는다는 것도 알고 있어요. 하지만 나는 기억하고 있어요. 아직 친정 부모님 댁에서 함께 살던 무렵, 아버지께서 늘 말씀하셨죠. '에마는 몸집은 가냘프지만 문제를 이해하는 능력만큼은 누구에게도 뒤지지 않는다'고요. 물론 부모라서 너그럽게 본다는 것은 알고 있어요. 하지만 아버지는 사람을 보는 눈이 매우 뛰어나셨어요. 그것만큼은 딸로서 보더라도, 그리고 냉철한 이성으로 판단하더라도, 의심할 여지가 없어요."

그런 말을 하고 부인은 마지막으로 펀치 술을 돌릴 테니 그때까지 함께 있어 달라는 모두의 부탁을 물리치고 내 방으로 가버렸다. 나는 미코버 부인이 정말 훌륭한 여자라고 생각했다. 유명한 고대 로마의 주부도 국가가 위기에 처하면 이처럼 용감하게 활약할 것이라고, 나는 진심으로 생각했다.

나는 그런 강한 인상을 받으며 미코버 씨에게 보배 같은 부인을 가졌다고 축하해주었다. 트래들스도 옆에서 축하를 했다. 미코버 씨는 손을 내밀어 우리와 차례로 악수하고 손수건으로 얼굴을 가렸다. 그 손수건은 담배 냄새가 지독하게 절어 있었지만 정작 본인은 느끼지 못하는 것 같았다. 그리고 다시 명랑함을 되찾은 뒤 펀치 술이 있는 곳으로 갔다.

게다가 정말 신나게 떠들어댔다. 미코버 씨는, 사람은 누구나 자신의 아이라는 형태로 새로이 인생을 살아가므로, 아무리 경제적으로 어렵더라도 자식을 늘리는 것은 이중의 기쁨이다. 아내도 얼마 전까지는 다소 의문을 품고 있었으나, 내가 설득하여 안심시켰다고 말했다. 그리고 처가 식구들은 자기 부인과는 천양지차여서, 내 생각은 조금도 해주지 않으며, 그런 녀석들은—그의 표현을 그대로 옮기면—악마에게 잡아 먹혀버리라고 말했다.

이번에는 미코버 씨가 트래들스를 입에 침이 마르도록 칭찬했다. 트래들스는 인품이 매우 훌륭하며, 자기로서는 도저히 가질 수 없는 확고한 덕을 지녔다고 말했다. 그는 또 감격스럽게, 트래들스가 애지중지하고, 트래들스를 존경하는 미지의 그 젊은 숙녀를 위해 축배를 들었다. 나도 축배를 들었다. 트래들스는 우리에게 "정말 감사합니다. 그런데 사실 참으로 귀여운 아가씨예요" 하고 말했다. 그 소박한 정직함에는 나도 진심으로 감동하지 않을 수 없었다.

미코버 씨는 기회를 놓치지 않고 내 연애 이야기까지 꺼냈다. 아주 조심스러웠으므로 이야기가 외설로 흐르지는 않았다. 그는 '내 친구 코퍼필드'가 진심으로 부정하지 않는 한, 그가 사랑을 하고 있고 또 사랑받고 있다는 인상을 지워버릴 수가 없다고 말했다. 처음에는 너무 흥분해서 울컥하기도 했고, 새빨개지거나 말을 더듬거리며 부인도 해 보았지만, 끝내는 어쩔 수 없다고 각오를 다지고, 술잔을 들고서 "좋아요! 그럼 디(D) 양을 위하여 건배합니다!"라고 말했다. 그 말에 미코버 씨는 펄쩍 뛰며 기뻐했다. 펀치 술잔을 손에 든 채로 내 침실로 달려가, 미코버 부인에게도 디(D)를 위해 건배를 들도록 했다. 부인도 열광적으로 건배를 들고 방에서 큰 소리로 외쳤다.

"정말 축하해요! 코퍼필드 씨, 참으로 기쁩니다. 찬성이에요!" 그리고 박수 대신 벽을 쿵쿵 두드렸다.

그 뒤로 이야기는 세속적으로 흘렀다. 미코버 씨는 캠든타운은 불편한 곳이기 때문에 광고로 인해 아주 만족스러운 수라도 터지는 날에는, 제일 먼저 이사를 하겠다고 했다. 그는 하이드파크와 마주한 옥스퍼드 거리의 서쪽 끝에 위치한 높은 주택지를 눈여겨보고 있지만, 그곳은 집이 너무나 커서 곧바로 사기가 어렵다고 했다. 그래서 그는 우선 살 만한 일류 상업 지역—예컨대 피카딜리 같은 곳—에서 2층에 방을 얻고 싶다고 했다. 그곳이라면 활기찬 곳이어서 아내도 기뻐할 테고, 내닫이창을 단다든가 한 층을 더 올린다든가 해서 조금만 손을 보면 2, 3년은 편안하고 남부끄럽지 않게 살 수 있다는 것이었다. 그리고 그는 앞으로 자기에게 어떤 일이 일어나고, 어디에 가서 살든 반드시 트래들스가 쓸 방 하나와, 나를 위해서는 나이프와 포크를 한 개씩 준비해놓을 것이니 안심하라고 말했다. 우리는 그의 친절에 감사했다. 그는 아주 현실적인 이야기만 한 것처럼 인생을 새롭게 출발하는 사람으로서 당연한 것 아니겠느냐며 이해해 달라고 했다.

미코버 부인의 차 준비가 다 되었는지를 알기 위해 또다시 벽을 두드리는 바람에 우리의 이야기는 멎고 말았다. 부인은 아주 기분 좋게 우리에게 차를 끓여 주었다. 찻잔과 버터 바른 빵을 나르기 위해 부인 옆으로 갈 때마다 작은 소리로, 디(D)는 금발인가 갈색 머리인가, 키는 작은가 큰가, 이런 질문을 받았다. 나는 그것이 너무 기뻤다. 차를 마신 뒤 우리는 난로 앞에 앉아 여러 가지 이야기를 했다. 미코버 부인은 신이 나서 (부인을 처음 만났을 때 듣고 김빠진 맥주 같다고 생각했던, 그 모기처럼 작고 단조로운 목소리로) 부인이 가장 좋아하는 노래인 '하얀 군복의 멋쟁이 병장'[4]과 '귀여운 태플린'[5]을 불러 주었다. 부인은 결혼 전부터 이

---

[4] 18세기 영국에서 유행했던 노래. 버고인 작사, 비숍 작곡.
[5] 8세기 영국의 오페라 〈세 사람과 악마〉에 나오는 소곡.

두 노래로 유명했다고 한다. 미코버 씨의 이야기에 따르면, 그가 처음으로 부인의 부모 집에서 부인과 만났을 때도, 부인은 이 '하얀 군복의 멋쟁이 병장'을 노래했다. 그 모습에 마음이 흔들리기 시작했고, '귀여운 태플린'을 부를 때는, 무슨 일이 있어도 그녀와 결혼할 것이며, 그럴 수 없다면 죽어도 좋다고 결심했다고 한다.

미코버 부인이 엷은 갈색 종이봉투에 모자를 싸고 보닛을 쓴 것은 10시에서 11시 사이였다. 미코버 씨는 트래들스가 외투를 입는 사이에, 내 손에 편지 한 장을 슬쩍 쥐여주면서 한가할 때 읽으라고 속삭였다. 그리고 그는 맨 앞에 서서 미코버 부인과 모자를 든 트래들스를 데리고 돌아가려고 했으므로, 나도 촛불을 들고 난간 너머로 그들의 발밑을 비춰주면서 틈을 이용하여 계단 위에서 트래들스를 불러세웠다.

"트래들스," 나는 말했다. "미코버 씨는 조금도 악의가 있는 사람은 아니야. 다만 무능할 뿐이지. 만약 내가 너라면 그에게 아무것도 빌려주지 않겠어."

"야, 코퍼필드." 트래들스는 미소 지으면서 말했다. "내게는 빌려줄 것이라곤 아무것도 없어."

"이름은 있잖아?"

"오! 이름도 빌려준단 말인가?" 그리고 잠깐 생각에 잠겼다.

"물론이지."

"오! 그래, 틀림없어! 코퍼필드, 참으로 고맙다. 그러나—이미 빌려줬어."

"하나의 투자가 된다는 그 어음에 쓰도록 빌려줬나?"

"아니야. 어음 이야기는 오늘 처음 들었어. 아마 가는 길에 그 어음에 관한 이야기를 할 것 같아. 그건 다른 건이었어."

"아무런 잘못이 없으면 좋을 텐데." 나는 말했다.

"잘못되진 않으리라고 생각해. 얼마 전에도 대책이 다 있다고 미코버 씨가 직접 말했거든. '대책이 있다'는 것은 그의 입버릇이지만."

그때 미코버 씨가 우리가 서 있는 곳을 올려다보고 있었으므로 나는 단지 조심하라는 말만 되풀이했다. 트래들스는 고맙다고 대답하고서 계단을 내려갔다. 저 마음씨 착한 사람이 부인의 모자를 들고 내려가서 부인에게 팔까지 내어주는 것을 보고 있자니, 나는 그가 금융시장으로 끌려갈 것 같아서 몹시 염려되었다.

나는 난롯가로 되돌아와서 미코버 씨의 성격과 나와의 옛 관계를 웃기지만 웃을 일은 아니라고 생각하고 있을 때, 계단을 올라오는 빠른 발소리를 들었다. 처음에는 트래들스나 미코버 씨가 잊고 간 물건을 가지러 돌아왔다고 생각했으나, 발소리가 점점 가까워지자 그가 누구라는 것을 알았다. 갑자기 심장이 쿵쾅거리고 얼굴이 화끈거렸다. 스티어포스의 발소리였던 것이다.

나는 아그네스를 잊은 적은 한 번도 없었다. 아그네스는 처음부터 그녀에게 내어준 내 마음의 성역을—이렇게 말해도 좋다면—떠난 적이 없었다. 그러나 스티어포스가 방으로 들어와서 손을 내밀어 악수를 청하자, 그에게 엉겨 있던 어둠의 그림자가 순식간에 밝은 빛으로 변했다. 이토록 경애하는 참다운 벗을 의심한 것이 당황스럽고 부끄러웠다. 하지만 그렇다고 해서 아그네스에 대한 마음이 달라진 것은 아니었다. 여전히 옛날과 변함없는 상냥한 내 천사였으며, 그를 의심한 잘못을 오로지 내 탓으로 돌렸다. 그리고 무엇을 어떻게 해야 하는가만 알 수 있다면 어떤 보상이든 기꺼이 치르겠다고 생각했다.

"야, 데이지, 왜 넋을 놓고 있어!" 스티어포스는 다정하게 악수를 하고는 내 손을 기분 좋게 뿌리치며 말했다. "또 네가 연회를 베푼 현장을 잡아냈군? 야, 사치와 향락을 좋아하는 사람. 그 민법박사회관 사람들은 이 도시에서 가장 놀기 좋아하는 사람들이라서 우리처럼 소박한 옥스퍼드 사람들은 도저히 상대가 안 된단 말이야!" 그는 방금 전까지만 해도 미코버 부인이 앉았던 내 맞은편 소파에 털썩 주저앉아서 즐거운 듯이 방 안을 둘러보고는 재빨리 난롯불을 휘저었다.

"처음에는 너무 놀라서," 나는 진심으로 그를 환영하면서 말했다. "뭐라고 인사해야 좋을지 말이 나오지 않았어, 스티어포스."

"야, 스코틀랜드 사람들 말처럼 나를 보면 아픈 눈도 나을 텐데." 스티어포스는 말했다. "그건 그래. 꽃이라면 흐드러지게 피었을 때지. 건강하고 발랄한 모습을 보니 정말 기쁘군. 그동안 어떻게 지냈어, 술통아."

"잘 있었어." 나는 대답했다. "하지만 오늘 밤에는 전혀 취하지 않았어. 비록 세 사람 정도 초대했지만."

"그 세 사람을 방금 거리에서 만났는데, 자네 칭찬이 대단하더군." 스티어포스는 말했다. "그런데 몸에 꼭 붙는 옷을 입은 사람은 누구지?"

나는 되도록 간단하게 미코버 씨에 대해 설명해 주었다. 신통치 않은 소개였는데도 그는 배꼽을 부여잡고 웃으며, 정말 재미있는 사람이군, 꼭 소개시켜 주게나, 하고 말했다.

"그런데 다른 한 친구는 누구라고 생각하나?" 이번에는 내가 물었다.

"모르겠는데. 설마 내가 싫어하는 사람은 아니겠지? 그렇게 보이지는 않았지만."

"트래들스야!" 나는 조금 우쭐거리며 대답했다.

"트래들스가 누구야?" 그의 반응은 시들했다.

"트래들스 생각 안 나? 세일렘 학교에서 같은 반에 있었던 트래들스야."

"아! 그 친구!" 스티어포스는 부지깽이로 난로 맨 위의 석탄을 탁 때리면서 말했다. "여전히 멍청한가? 도대체 그 친구와는 어디서 만났나?"

스티어포스가 트래들스를 얕보는 것 같아 나는 트래들스를 칭찬했다. 스티어포스는 고개를 약간 끄덕이고 미소를 지으면서, 그 친구는 늘 독특했었으니까 만나고 싶다는 말을 하면서 이야기를 끝냈다. 이어서 그는 먹을 것을 요구했다. 이 짧은 대화가 이루어지는 동안 그는 매우 명랑하게 쉬지 않고 지껄이는 것 같았지만, 대체로는 멍하니 불을 들쑤시며 석탄 덩어리를 두드리고 있었다. 내가 남은 비둘기 파이와 다른 음식들을 차리고 있는 사이에도 그 모습은 조금도 달라지지 않았다.

"야, 데이지, 이건 제왕의 저녁상 같군!" 그가 갑자기 침묵을 깨며 소리쳤다. 그리고 식탁 앞에 앉아 말했다. "아주 호화롭군. 아무래도 야머스에서 오는 길이다 보니 말이야."

"옥스퍼드에서 온 게 아니야?"

"야머스에서 왔어." 스티어포스는 말했다. "배를 탔지—그쪽이 훨씬 더 멋지잖아?"

"오늘 리티머가 너를 찾아왔었어. 그의 말로는 네가 옥스퍼드에 있는 것 같았는데. 지금 생각해보니 그렇다고 분명히 말하지는 않았지만."

스티어포스는 유쾌하게 술을 따라 나에게 잔을 내밀었다.

"나를 찾아다니다니, 리티머도 생각보다 바보로군. 그런데 그자가 하는 말을 알아듣다니, 데이지, 자네도 제법 머리가 좋군."

"정말 그 말은 맞아. 스티어포스, 야머스에서 오래 있었어?"

나도 식탁 쪽으로 의자를 바짝 붙이면서 가장 궁금하던 것을 물었다.

"그렇진 않아. 1주일가량 도피생활을 했지."

"그곳 사람들은 모두 잘 있어? 꼬마 에밀리는 아직 결혼하지 않았겠지?"

"아직은 안 했어, 아마 당분간은 하지 않을걸. 그 사람들과는 별로 만나지도 못했고. 아, 그렇지," 그는 열심히 움직이고 있던 나이프와 포크를 놓더니 갑자기 주머니 속을 뒤적거렸다. "너에게 보내는 편지를 가지고 왔어."

"누구의 편지인데?"

"너의 옛 유모의 편지야." 그는 가슴 주머니에서 뭐라고 끼적인 것을 꺼냈다. "어디 보자, 'J. 스티어포스 님, 윌링 마인드' 아, 이건 아니군! 조금만 기다려 봐. 곧 꺼낼 테니까. 아, 이름이 뭐더라, 그 늙은이가 위독해. 아마 그것에 대한 편지일 거야."

"바키스?"

스티어포스는 주머니의 내용물을 하나하나 살피면서 대답했다.

"그래 맞아! 가엾게도 바키스는 이제 끝장이 났어. 나는 거기서 너의 산파역을 담당했던 약제사―아니, 의사였나. 아무래도 상관없지만―를 만났는데, 그 사람이 나에게 바키스의 병세에 대해 자세하게 가르쳐주었어. 그의 말로는, 그 마부가 이번에는 아무래도 저승길로 떠날 것 같다더군. 이봐, 데이지, 거기 의자에 있는 내 외투의 가슴주머니를 좀 뒤져 봐. 분명 거기 있을 텐데, 없어?"

"아, 여기 있어."

"그래, 그거야."

페거티가 보낸 편지는 짧았지만 보통 때보다도 읽기가 어려웠다. 남편의 절망적인 상태를 알리고, 여태까지보다도 남편이 더 까다로워서 그의 영양섭취와 위생을 위한 것인데도 비위를 맞추기가 아주 힘이 든다고 썼다. 자기의 피로함이나 병간호에 대한 말은 전혀 없고 줄곧 남편을 칭찬하는 내용이었다. 꾸밈없고 소박하고 경건한 필치에는 페거티의 진정 어린 마음이 고스란히 드러나 있었다. 그리고 끝에는 '내 영원한 도련님께'라고 씌어 있었다.

내가 그 편지를 해독하고 있는 동안 스티어포스는 계속 먹고 마셨다.

"전혀 희망이 없다더군." 편지를 다 읽고 나자, 스티어포스가 말했다. "그러나 태양은 매일 지고, 사람은 매 분 죽어가지. 그와 같은 만인의 운명에 겁을 먹어서는 안 돼. 모든 인간을 두루 찾아가는 발소리가 가까이서 들려온다고 해서 용기를 잃으면, 아무것도 손에 넣을 수 없어. 앞으로 나아가야 해! 억지로 밀고 나가든 사정을 하든 아무튼 나아가야 해! 장애물 따위는 개의치 말고 경기에서 이겨야 해!"

"경기라니, 무슨 경기 말이야?"

"자기가 시작한 경기야. 아무튼 나아가야 해!"

그는 단정한 얼굴을 뒤로 약간 젖히고, 잔을 든 채 내 얼굴을 보면서 잠깐 말을 끊었다. 그의 얼굴에는, 생기 넘치는 바닷바람의 향기가 어리고, 햇볕에 적동색으로 그을리기는 했지만, 그 밖에도 지난번에 만났을 때에는 보지 못했던 것, 뭐랄까, 줄곧 격렬한 긴장상태에 있다고 해도 좋을 어떤 흔적이 나타나 있었다. 대체로 스티어포스에게는, 한번 무언가에 빠지면 정신없이 몰두하는 버릇이 있었다. 예를 들어 이번처럼 거친 바다로 배를 타고 나간다든가, 일부러 험한 날씨에 도전한다든가—아무튼 생각난 것은 무엇이든 저돌적으로 해내고 마는 이 버릇에 대해 다소나마 충고를 하고 싶었지만, 우연히 화제가 페거티의 문제로 향했으므로, 나도 그 이야기를 이었다.

"스티어포스, 모처럼 즐겁게 놀다 온 뒤에 이런 부탁을 해도 좋을지 모르겠지만—"

"괜찮아, 나는 기분이 아주 좋아. 네가 말하는 것은 다 들어줄게." 그는 식탁에서 다시 난롯가로 돌아오면서 말했다.

"나는 유모를 찾아갈 작정이야. 내가 찾아간다고 해서 상황이 나아지거나 실질적으로 도움이 되진 않을 거야. 그러나 유모는 나를 정말 좋아하니까, 내가 가면 두 가지 효과는 나타날 거야. 그녀는 아주 기뻐할 테니 조금은 위로가 되고 힘이 될 거야. 그녀가 지금까지 보여준 따뜻한 인정에 비하면 내가 방문하는 것은 아무것도 아니야. 네가 나라도 하루쯤 방문하지 않겠어?"

그의 얼굴은 갈피를 잡지 못했다. 앉아서 잠시 생각하더니 갑자기 나지막하게 대답했다. "그러면 가 봐! 아무 문제 없어."

"너는 지금 돌아왔으니, 같이 가자고 부탁할 수는 없겠지?"

"그건 좀 어렵겠어." 그가 대답했다. "게다가 오늘 밤에는 하이게이트로 가야 해. 너무 오랫동안 어머니를 뵙지 못해서, 조금 마음에 걸리거든. 나 같은 '방탕아를 이렇게 사랑해 주는 것은 역시 보통 일이 아니니까. 흥! 시시하군! 이런 이야기는 그만하지! 그보다 자네는 내일 갈 건가?" 그는 내 양쪽 어깨에 손을 올리고 꾹 누르며 말했다.

"그럴 생각이야."

"그럼, 하루 더 늦추도록 해. 실은 너를 우리 집에 며칠 초대할 생각이었어. 이 말을 하려고 일부러 여기까지 왔는데, 너는 야머스 같은 곳으로 달려가겠다고 하다니!"

"무슨 소리야, 스티어포스. 내달리는 건 바로 너잖아. 언제나 어딘지 모를 곳으로 총알처럼 튀어 다니는 것은 바로 너야!"

스티어포스는 잠깐 말없이 나를 바라보았다. 여전히 내 어깨를 잡고 한 번 크게 흔들면서 말했다. "자! 모레 떠난다고 말해. 내일은 우리 집에서 쉰다고 해! 지금이 아니면 언제 다시 만날지 누가 알아? 자! 모레 간다고 말해! 제발 네가 로사 다틀과 나 사이에 서서 우리를 좀 떼놓아 주면 좋겠어."

"내가 없으면 사랑이 깊어진다는 거야?"

"그래. 그게 아니면 미움이─." 스티어포스는 웃었다. "그런 것은 아무래도 좋아! 그보다 자, 어서 모레 간다고 확실히 말해!"

나는 결국 동의했다. 그러자 그는 외투를 입고 여송연에다 불을 붙이고 집을 향해 떠났다. 그것을 보고 나도 외투를 걸치고(여송연은 피우지 않았다. 당분간 그것에는 진저리가 났다), 큰길까지─그 무렵에도 밤이면 여전히 매우 적적했다─배웅했다. 가는 동안에도 그는 기분이 매우 좋았다. 기운차게, 가벼운 발걸음으로 돌아가는 것을 지켜보고 있을 때, 나는 문득 그가 한 말이 생각났다. '장애물 따위는 개의치 말고 경기에서 이겨야 해!' 아아, 그도 멋진 경기를 펼칠 수 있기를! 처음으로 나는 진심을 담아 기도했다.

방에 돌아와 옷을 벗는데, 미코버 씨의 편지가 방바닥에 떨어졌다. 그제야 편지를 떠올리고 봉투를 뜯어서 읽기 시작했다. 만찬 1시간 반 전에 이 편지를 쓴다고 적혀 있었다. 내가 전에 이야기했는지는 확실히 모르겠는데, 미코버 씨는 어떤 위기에 처할 때면 꼭 법률 용어를 썼다. 그렇게 하면 자기의 일이 해결된다고 생각되는 모양이었다.

절하고 아뢰네—이제는 친애하는 코퍼필드라고 할 수도 없으니 이해 바라네.

내가 완전히 망했다는 사실을 친애하는 자네에게는 말해주어야 한다고 생각했네. 내 딱한 입장을 자네에게만은 알리지 않기 위해 얼마나 고생하고 있는지는 오늘 알게 되리라고 생각하네. 그러나 희망은 이미 지평선 너머로 사라졌고, 나는 완전히 망했네.

나는 이 글을, 한 중개인의 일개 고용인 앞에서(일부러 '동석'이라는 표현은 쓰지 않겠네) 쓰고 있는데, 그는 기쁨에 겨워 어찌할 줄 모르고 있네. 왜냐하면 그는 집세조로 내 집을 강제 차압하여 소유권을 합법적으로 가지게 되었기 때문이지. 그의 재산 목록에는 1년간 살겠다고 계약한 내 모든 가재도구는 물론, 하숙인이고 법률협회 회원인 토머스 트래들스 씨의 소유물까지 포함되어 있네.

(불후의 문호인 셰익스피어의 말을 빌리면) 내 입술에 마시라고 권하고 있는 남실남실한 술잔에 쓰디쓴 한 방울도 남아 있지 않다면,[6] 그것은 앞에서 말한 토머스 트래들스 씨가 호의를 베풀어 빌려준 23파운드 4실링 9펜스 반의 어음을, 기한이 지나도록 갚지 못했기 때문일세. 또한 내 생활의 부담감은 음력으로 여섯 달 뒤에는 태어날 또 한 사람의 가련한 희생자의 증가로 인해 필연적으로 가중될 것이네.

여기까지 이야기를 하면, 다음에 덧붙는 말은 사족이 될지 모르나, 이후로, 내 머리에는 평생 후회의 재가 끊이지 않을 것이야.

윌킨스 미코버 경구

불쌍한 트래들스! 미코버 씨는 지금까지 보아온 것처럼 그러한 타격을 어떻게든 추스릴 수 있는 사람이지만, 트래들스와 10자매 가운데 하나라는 목사의 따님—머나먼 데번셔의 시골에서 환갑까지라도(참으로 불길한 칭찬이다!), 아니 언제까지나 트래들스를 기다리겠다고 한 그 아가씨를 생각하니 걱정이 되어 잠을 이룰 수가 없었다.

---

6) 《맥베스》 제1막 제7장.

29장
다시 스티어포스와의 결별

다음 날 아침, 나는 스펜로 씨에게 2, 3일간의 휴가를 신청했다. 나는 아직 급료를 받지 않았으므로, 까다로운 조킨스 씨도 별말 없이 선선히 휴가를 내어주었다. 나는 이 기회를 이용하여 미스 스펜로도 잘 있느냐고 물었다. 목소리는 갈라지고, 눈앞이 캄캄해지며 아찔하게 현기증이 났다. 그러나 내 물음에 대해 스펜로 씨는 전혀 상관없는 사람에 대해 이야기하듯 아무 감정도 없이 고맙네, 잘 있다네, 라고 대답했다.

우리 수습 서기들은 소송대리인이라는 귀족계급의 올챙이와 같은 존재여서 꽤 높은 대우를 받았고, 언제나 거의 자기 멋대로 행동할 수 있었다. 그러나 하이게이트에는 그날 1시나 2시 정도에 가면 되었고, 게다가 오전에는 법정에서 종교법원 형사소송이라고 불리는 파문재판이 있었다. 팁킨스가 피고 블랙을 상대로 혼을 내줄 목적으로 소송을 제기한 사건이었다. 스펜로 씨와 함께 그 사건을 처리하기 위해 법정에서 한두 시간 정도 매우 흥미로운 시간을 보냈다. 그 사건은 교구위원들 간에 싸움이 벌어져 한 사람이 다른 한 사람을 펌프에 밀어던졌는데, 우연히 펌프의 손잡이가 교회 지붕 밑에 있는 학교 지붕에 박힌 것이 교회법상 범죄로 성립된다는 것이다. 매우 재미있는 사건이었기에 역마차를 타고 하이게이트로 가는 도중에도 민법박사회라는 조직과, 또 민법박사회관에 손을 댔다가는 나라가 망한다는 스펜로 씨의 말을 곰곰이 생각해 보았다.

스티어포스 부인은 나를 보자 기뻐했으며 로사 다틀도 반가워했다. 리티머가 집에 없는 것이 조금 뜻밖이었지만, 오히려 기뻤다. 푸른 리본을 단 모자를 쓴 아주 얌전한 어린 하녀가 시중을 들어주었는데, 어쩌다 그녀의 눈과 마주쳐도 근엄한 리티머의 눈보다 기분이 더 좋았으며, 불안하지도 않았다.

내가 그 집에서 채 30분을 보내기도 전에, 특히 눈치챈 것은 미스 다틀이 나를 주의 깊게 살피고 있다는 것이었다. 내 얼굴과 스티어포스의 얼굴을 번갈아 비교하면서 우리 두 사람 사이에서 뭔가 나타나기를 기다리는 것 같았다. 볼수록 움푹 꺼진 그 검은 눈동자는 나를 빤히 바라보다가 갑자기 시선을 스티어포스 쪽으로 돌리거나, 우리 둘의 표정을 동시에 살피고 있었다. 살쾡이 같은 그 눈은 내가 그것을 눈치채고 있음을 알면서도 당황하기는커녕 더한층 예리하고 진지한 눈길로 나를 뚫어지게 바라보는 것이었다. 물론 나는 미스 다틀에게 의심을 살 만한 짓은 아무것도 하지 않았지만, 그래도 그 눈은 어쩐지 으스스했고, 특히 무언가에 굶주린 듯한 안광은 차마 눈 뜨고 볼 수 없었다.

그날은 미스 다틀이 온 집안을 석권하고 있는 것 같았다. 스티어포스의 방에서 그와 이야기하고 있는 동안에도 바깥 복도에서 미스 다틀의 옷자락 스치는 소리가 들려왔다. 스티어포스와 내가 집 뒤 잔디밭에서 옛날에 곧잘 하던 운동을 하고 있을 때는 미스 다틀의 얼굴이 이 창에서 저 창으로 시계추처럼 왔다 갔다 하더니, 마침내 한곳에 서서 우리를 가만히 지켜보았다.

오후에 넷이서 산책을 할 때엔 갑자기 야윈 손으로 내 팔을 용수철처럼 꼭 감고서 나를 붙잡아세웠다. 그리고 스티어포스와 그의 어머니가 말소리가 들리지 않는 곳까지 멀리 떨어지자 이야기를 시작했다.

"정말 오랜만에 오셨네요. 당신의 관심을 송두리째 빼앗을 정도로, 당신의 직업은 그렇게도 매력이 있고 재미있나요? 저는 모르는 것이 있으면 꼭 알고 싶거든요. 정말 그런가요?"

나는 내 직업이 참 좋기는 하지만, 그 정도까지는 아니라고 대답해주었다.

"아! 그 말을 들으니 기쁘군요. 제가 잘못 알고 있는 것은 언제나 시정을 받고 싶거든요." 로사 다틀은 말했다. "아마 그 일이 약간 따분한 모양이지요?"

"약간은, 따분해요."

"아! 그래서 휴식과 기분 전환을 위해 갖가지 자극을 원하는 게지요? 알겠어요! 잘 알겠어요! 하지만 저 사람—아, 당신 말고요—저 사람도 그럴까요?"

로사 다틀의 눈이 어머니를 부축하여 산책하고 있는 스티어포스 쪽을 한번 훔쳐보는 것으로 보아 누구를 뜻한다는 것은 알았지만, 그 이상은 전혀 알 수 없었다.

"나는 알고 싶은 마음뿐입니다—그 사람은 너무 열중해 있는 것이 아닐까요?

그렇다고 단언하는 것은 아니에요. 맹목적인 사랑에 빠져서 다른 일은 모조리 잊고 있는 게 아닐까요? 그렇지요?" 로사 다틀은 또 스티어포스 모자를 흘깃 보더니 이번에는 내 속까지 들여다보려는 듯이 내 얼굴을 빤히 노려보았다.

"미스 다틀," 나는 말했다. "그렇게 생각하지 마세요!"

"그렇게 생각하지 않아요! 제가 어떤 생각을 하고 있다고는 생각하지 마세요! 나는 남을 의심치 않습니다. 단지 묻는 것뿐입니다. 내 의견을 말씀드리는 게 아니에요. 당신이 이야기해 준 것을 바탕으로 내 의견을 구축하고 싶었을 뿐입니다. 그럼, 그것은 그렇지 않지요? 이제 알고 나니 참 기쁘군요!"

"그건 사실이 아닙니다." 나는 어찌할 바를 모르고 말했다. "스티어포스가 집을 멀리한 것은—설사 그것이 사실이라고 하더라도—내 책임이 아닙니다. 당신이 이야기하지 않았다면, 나는 그런 사실조차 몰랐을 테니까요. 어젯밤에 그가 찾아오기 전까진 오랫동안 그를 만나지 못했어요."

"오랫동안 못 만났다고요?"

"못 만났어요!"

나를 바라보는 로사 다틀의 얼굴이 점점 더 날카롭고 창백해져 갔다. 옛날의 상처 자국이 입가부터 일그러진 아랫입술까지 깊이 파고들며, 얼굴 전체에 비스듬히 뻗치고 있었다. 그 모습과 나를 뚫어지게 바라보는 눈은 어쩐지 두렵기까지 했다.

"그럼 스티어포스는 무엇을 하고 있습니까?"

나는 놀라서 로사 다틀에게라기보다는 나 자신에게 물었다.

"그가 무엇을 하고 있느냐고요?" 로사 다틀은 자기를 불태워버릴 것 같은 열의를 가지고 말했다. "그가 나를 볼 때마다 그의 눈 속에는 불가사의한 거짓의 그림자가 있으니, 그 사람은 무엇에다 힘을 쏟고 있는지요? 당신이 명예를 중시하고 신의가 있는 분이라면 당신의 친구를 배신하라는 부탁은 않겠어요. 하지만 이것만은 말씀해 주세요. 그의 마음을 차지하고 있는 것은 노여움, 원한, 자만심, 초조함, 변덕, 사랑 같은 것뿐인가요?"

"미스 다틀," 나는 대답했다. "내가 무슨 말을 해야만 믿겠는지요? 내가 볼 때 스티어포스는 달라지지 않았어요. 내가 처음 여기에 왔을 때와 조금도 달라진 데가 없습니다. 달라졌다고는 꿈도 꿀 수 없고, 사실 달라지지 않았으니, 당신이 무엇을 말씀하시는지 잘 모르겠습니다."

미스 다틀은 여전히 나를 뚫어지게 바라보았다. 그때 경련이나 떨림 같은, 고통과 따로 떼어놓고 생각할 수 없는 무언가가 상처에 나타나면서, 상대를 얕보거나 비웃는 것처럼 입꼬리를 실룩거렸다. 미스 다틀은 재빨리 들어—그 손은 야위고 섬세해서 전에 그가 난로 앞에서 손으로 얼굴을 가렸을 때, 아름다운 도자기를 떠올렸던 생각이 난다—입가를 가리고는 빠르고 격한 투로, "이 얘기는 절대 비밀로 해요!"라고 말하고는 더 이상 아무 말도 하지 않았다.

스티어포스 부인은 아들이 돌아온 것이 무엇보다도 기뻤으며 스티어포스도 이번에는 특히 어머니를 공경했다. 두 사람이 함께 있는 모습을 보는 것은 매우 재미있었다. 그들은 서로 애정을 나누었을 뿐만 아니라 용모도 아주 비슷했다. 스티어포스의 거만하고 성급한 성격이 어머니에게서는 연세와 여자의 섬세한 성격과 조화를 이루어 오히려 위엄을 갖추고 있었다. 나는 두 사람 사이에 큰 불화가 일지 않아서 정말 다행이라고 생각했다. 실제로 그런 일이 생기면, 이런 두 사람의 성격—한 가지 성격의 미묘한 차이라고 말하는 쪽이 더 정확할지도 모르겠다— 때문에, 정반대의 극단적인 사람들보다도 오히려 서로 협조하기 어려울 것이라고 생각했기 때문이다. 그러한 생각은, 정확히 말하면 스스로 발견한 것이 아니라, 미스 다틀의 말에 암시되어 있었다.

저녁을 먹을 때 미스 다틀이 말했다.

"아, 누구든지 말해주세요. 저는 하루 종일 그것만 생각했어요. 알고 싶어요."

"로사, 무엇을 알고 싶단 말이니?" 스티어포스 부인이 말했다. "제발, 로사, 그런 괴상한 말은 쓰지 말아요."

"괴상하다구요? 정말 그래요? 저를 그렇게 생각하세요?"

"내가 늘 말했잖아. 네가 생각하는 바를 뚜렷하게 이야기하라고."

"아! 제 이야기가 자연스럽지 않았나요? 이런 말씀을 드려서 죄송해요. 하지만 저는 알고 싶거든요. 누구나 자기 자신을 가장 모르고 있으니까요."

"그러나 너는 그것이 제2의 천성이 되어버렸어." 스티어포스 부인은 아무렇지 않게 말했다. "나는 틀림없이 기억하고 있단다. 아마 너도 그렇겠지만. 넌 예전에는 그렇지 않았잖니? 이상하게 경계하지도 않았고, 좀더 순순히 남을 믿는 아이였어."

"부인의 말씀이 옳아요. 나쁜 습관이 이렇게 해서 자라는군요! 아, 그랬나요? 이상하게 경계하지도 않고, 순순히 남을 믿었다고요? 그런데 어쩌다가 저도 모르는 사이에 그렇게 변해버린 걸까요? 제가 생각해도 이상해요. 옛날의 저 자신으로 돌아가기 위해 노력을 해야겠어요."

"제발 그랬으면 좋겠어." 스티어포스 부인은 미소를 지으며 말했다.

"네, 그럴게요! 그런 솔직함을—그렇지—제임스에게서 배우겠어요."

"그래, 그게 좋겠구나." 스티어포스 부인은 재빨리 말했다. 왜냐하면 로사 다틀의 말 속에는 안 그런 것 같으면서도 언제나 비꼬는 투가 있었기 때문이다. "솔직함에 있어서는, 제임스보다 좋은 본보기가 없으니까."

"그럼요. 그렇고말고요." 그녀는 아주 열정적으로 대답했다. "그보다 분명한 사실은 어디에도 없죠."

스티어포스 부인은 약간 불쾌함을 드러냈던 것을 뉘우치는 것 같았다. 부인은 곧 친절하게, "그런데 로사, 네가 알고 싶어하는 것이 무엇인지조차 묻질 않았구나. 그게 뭐지?"

"제가 알고 싶은 것은," 로사 다틀은 쌀쌀맞게 말했다. "아! 정신구조가 서로 매우 닮은 두 사람이—말이 되나요, 제임스?"

"되고말고요." 스티어포스가 말했다.

"고마워요!—정신구조가 서로 비슷한 두 사람 사이에 어떤 불화 요인이 생겼을 경우 화를 내며 완전히 헤어질 위험성이, 성격이 비슷하지 않은 사람들의 경우보다 더 크지 않을까요?"

"나는 크다고 생각합니다." 스티어포스가 말했다.

"그런가요? 그렇군요! 그러면 예컨대 이러한 경우를 생각해 보세요—어차피 가정이니까 조금 뜬금없어도 괜찮겠죠—당신과 어머니가 심하게 다투기라도 한다면."

"이봐요, 로사." 스티어포스 부인이 친절하게 웃으면서 말참견을 했다. "아무리 가정이라지만 다른 것으로 하렴. 제임스와 나는 각자의 의무가 무엇인지 누구보다 잘 알고 있으니까."

"아! 그야 그렇죠." 미스 다틀은 신중하게 고개를 끄덕이며 말했다. "그러니까 있을 수 없는 일이라고 말씀드렸잖아요? 그렇고말고요. 암요! 하지만 아무리 어리석은 질문이라도 물어봐서 다행이라고 생각해요. 모자분께서는 각자의 의무를 잘 알기 때문에 절대로 있을 수 없다고 말씀하셨어요. 그 말을 들은 것만으로도 큰 성과라고 생각해요. 정말 대단히 감사합니다."

그런데 미스 다틀에 대해서 절대 빼먹을 수 없는 것이 한 가지 더 있다. 그것은 돌이킬 수 없는 과거가 모조리 드러난 나중의 일인데, 다시금 그것을 떠올릴 필요가 있었기 때문이다. 그날 하루 종일, 아니, 이 대화가 있은 뒤로 특히 스티어포스는 거의 온 힘을 다해(그러나 그의 경우 그것은 매우 수월한 일이었다) 이 이상한 상대의 심기를 맞추는 일에 몰두했다. 그리고 머지않아 그녀는 완전히 기분이 좋아졌다. 그의 성공은 전혀 놀랍지 않았고, 또한 그 명랑한 기교의 매력―그때의 나는 그것을 명랑한 성격이라고 생각하고 있었지만―에 대하여 그녀가 줄곧 맞서고 있던 점도 딱히 놀라울 것이 없었다. 왜냐하면, 미스 다틀이 때로는 지독하게 뒤틀린 괴팍한 사람이라는 것을 나도 잘 알고 있었기 때문이다. 그러나 그럼에도, 그녀의 얼굴과 태도가 점점 바뀌더니 이윽고는 그의 얼굴을 황홀하게 바라보는 것을 나는 보았다. 또한 그 저항이 점점 누그러지기는 했지만, 마치 무언가, 자기 안의 그러한 나약함을 분노로 바꾸는 것처럼, 아무튼 그의 매력에 맞서 일단은 싸우고 있는 그녀를 보았다. 그러나 마지막에는 그 날카로운 눈이 부드러워지고, 웃음도 조용하고 상냥해졌으며, 내가 하루 종일 느끼던 두려움마저 사라져 버렸다. 우리는 모두 난롯가에 모여, 마치 아이들처럼 허물없이 웃고 얘기했다.

그러나 우리가 식당에 너무 오래 있었기 때문인지, 아니면 스티어포스가 모처럼 손에 넣은 유리한 입장을 잃고 싶지 않았기 때문인지, 아무튼 미스 다틀이 일어서자 우리도 5분도 지나지 않아 다함께 자리를 떴다. "로사가 하프를 연주하고 있어." 응접실 입구를 지나갈 때 스티어포스가 작은 소리로 말했다. "요즘 3년 동안 저 하프 소리를 들은 사람은 아마 어머니밖에 없을 거야." 그의 입술에 기묘한 미소가 떠올랐다가 이내 사라졌다. 우리 두 사람은 응접실로 들어갔다. 미스 다틀은 혼자 있었다.

"아아, 그대로 있어요. 일어서지 말아요." 스티어포스가 말했다.(미스 다틀은 이미 일어서 있었지만) "로사, 제발 오늘만은 아일랜드 노래라도 불러줘요. 부탁해요."

"그런 노래가 왜 듣고 싶죠?"

"듣고 싶어요, 아주 많이요! 특히 아일랜드 노래가 듣고 싶어요. 그리고 데이지도 음악을 아주 좋아해요. 아일랜드 노래를 불러 줘요, 로사. 옛날에 곧잘 그랬던 것처럼. 나는 여기에 앉아 들을게요."

스티어포스는 미스 다틀의 몸에도, 또 그녀가 앉아 있던 의자에도 손을 대지 않고, 하프 옆에 가서 말없이 앉았다. 미스 다틀은 얼마 동안 옆에 서서, 이해할 수 없지만, 오른손으로 하프를 타는 시늉만 하고 소리는 내지 않으며 가만히 서 있었다. 그러나 이윽고 자리에 앉아 악기를 느닷없이 확 끌어당기더니, 반주를 하면서 노래를 불렀다.

그런데 이유도 모르고 애당초 꿈도 꿀 수 없지만, 그 노래에는 기법이나 목소리에 거의 이 세상 것이라고는 믿을 수 없는 어떤 기분 나쁜 무언가가 있었다. 야릇하게 생생한 섬뜩함이 있었다. 누군가가 작사하고 작곡한 노래라기보다는, 미스 다틀 내면의 정열이 그대로 바로 쏟아져 나와, 마치 웅얼거리는 것 같은 그의 목소리 안에서 간신히 불안한 표현을 찾아내고, 다시 조용히 마음속으로 숨어버린 느낌이었다. 노래를 다 부른 뒤에도 그가 하프에 기대듯이 앉아, 오른손으로 소리 없는 연주를 계속했다. 나는 한마디도 하지 않았다.

그러나 1분도 지나지 않아 내 몽상은 모두 깨졌다—스티어포스가 자리에서 일어나 미스 다틀 옆으로 가더니, 웃으면서 한 손을 그녀 어깨에 두르고, "자, 로사, 앞으로는 사이좋게 지내요, 서로 사랑하면서!" 하고 말했다. 그런데 그때였다. 미스 다틀의 손이 짝 하고 그의 뺨으로 날아가더니, 마치 살쾡이처럼 그를 밀쳐내고 사나운 기세로 방에서 뛰쳐나가 버렸다.

"로사가 왜 그러니?" 스티어포스 부인이 들어와서 말했다.

"글쎄요, 한동안은 마치 천사처럼 얌전했는데, 그 반동 때문인지 느닷없이 정반대로 변해 버렸어요."

"제임스, 그래서 말했잖니, 화나게 하지 말라고. 로사는 조금 이상하니까, 건들면 안 돼."

로사는 그 뒤로 돌아오지 않았고, 우리도 두 번 다시 그의 이야기는 꺼내지 않았다. 그러나 이윽고 잘 시간이 되어 스티어포스의 방까지 따라가자, 갑자기 그가 큰 소리로 웃으며, 저렇게 속을 알 수 없는 여자를 본 적이 있느냐고 나에게 물었다.

　나도 실은 매우 놀랐다는 것을, 그 당시 떠오르는 말을 모두 동원해 가면서 그에게 설명했다. 그리고 대체 왜 그렇게 갑자기 화를 냈는지 너는 아느냐고 물었다.

　"그런 걸 내가 어떻게 알겠어! 좋을 대로 생각해—어쩌면 아무것도 생각하지 않는 게 가장 좋겠군. 언젠가 너에게 말했었지? 아무튼 로사는, 자기를 포함한 모든 것을 숫돌에 대고 모조리 갈아야 성이 차는 여자야. 즉 조심해서 다루어야 하는 칼날 같은 여자지. 아무튼 위험인물이야. 그럼 잘 자게!"

　"스티어포스! 내일 아침 네가 일어나기 전에 난 떠날 거야. 잘 자!"

　스티어포스는 나를 보내고 싶어하지 않았다. 그는 전에 내 방에서 그랬던 것처럼 내 두 어깨에 손을 올려놓고 나를 꼭 잡았다.

　"데이지," 그는 미소를 지으며 말했다. "이건 너의 부모님이 지어주신 이름은 아니지만 나는 이 이름으로 너를 부르는 것이 제일 좋아—그래서 말인데, 나에게도 그런 이름을 하나 지어 줄 수 없겠니? 부탁이야!"

　"그야 나도 마음만 먹으면 그렇게 할 수 있지—"

　"데이지, 만약 피치 못하여 우리가 헤어져야 한다면 최고의 나를 생각해야 해. 자, 약속해! 사정이 있어 헤어지더라도 나의 좋은 점만을 생각하는 거야!"

　"스티어포스, 너에게는 가장 좋은 것도, 가장 나쁜 것도 없어. 나는 언제나 너를 한결같이 사랑하고, 소중한 친구라고 생각하고 있어."

　막연한 의심이긴 했지만 그를 나쁘게 생각한 것에 대해 나는 양심의 가책을 느끼고, 하마터면 실토할 뻔했다. 아무리 생각해도 아그네스의 믿음을 배신하지 않으면서 이 문제를 언급하는 것은 도저히 불가능했으므로 참았지만, 그러한 위험만 없었다면 스티어포스에게 곧바로 고백했을 것이다. 이윽고 스티어포스가 "데이지, 신의 은총을, 잘 자!"라고 말했으므로, 나는 그와 힘차게 악수를 하고 방에서 나왔다.

　다음 날 아침, 나는 먼동이 틀 무렵 조용히 일어나서 옷을 입고 스티어포스의 방을 들여다보았다. 그는 한쪽 팔을 베고서 편안히 누워 곤하게 자고 있었다. 학교 시절에도 그는 가끔 그렇게 잤었다.

　스티어포스의 잠든 얼굴을 보면서, '어떻게 그러고도 잠을 방해하는 근심이 없을 수 있을까' 하고 놀랍고도 신기하게 여기는 날이 이윽고 생각보다 빨리 찾아왔지만, 적어도 이때에는 학교에서 가끔 보던 모습 그대로 곤히 잠들어 있었다. 그리고 나는 그 이른 조용한 아침에 그의 곁을 떠났다.
　—아, 스티어포스! 너도 불쌍한 사람이다! 이제 두 번 다시 그 부드러운 손을 사랑과 우정을 담아 잡는 일은 없을 것이다! 두 번 다시, 절대로!

30장
바키스의 죽음

야머스에는 그날 저녁에 도착해 곧바로 여관에 들었다. 페거티 집의 빈 방—내 방이라고 남겨둔 방—에는 무시무시한 방문자, 그 앞에서는 모든 생명체가 자리를 양보해야 하는 그 방문자[1]가, 아직 찾아오지는 않았어도 머지않아 머물 것 같았다. 그래서 나는 여관으로 가서 저녁을 먹고 방을 빌렸다.

여관을 나섰을 때는 10시였다. 대부분의 상점은 닫혀 있었으며 거리는 쥐 죽은 듯이 고요했다. 오머 앤드 저램 상점에 가 보았더니 덧문은 닫혀 있었지만, 상점 문은 아직 열려 있었다. 들여다보니 오머 씨가 거실 문 옆에서 파이프 담배를 피우고 있는 것이 보였다. 나는 들어가서 그에게 안부를 물었다.

"야, 이거 웬일이오! 어떻게 지내세요?" 오머 씨가 말했다. "앉으세요—담배 피워도 괜찮지요?"

"괜찮아요. 나도 좋아해요—다른 사람이 피우는 걸 좋아하지요."

"그럼 직접 피우지는 않나요?" 오머 씨는 크게 웃으면서 말했다. "피우지 않는 것이 좋지요. 젊은이에게는 나쁜 버릇이니까요. 앉으세요. 저는 천식이 있어서 피웁니다."

오머 씨는 자리를 만들고 의자를 가져다주었다. 그는 몹시 숨을 헐떡이면서 다시 자리에 앉았다. 그리고 꼭 생명의 묘약이라도 마시는 것처럼, 그것이 없으면 죽기라도 할 것 같이 파이프를 빨았다.

"바키스 씨가 위독하다니, 유감입니다."

오머 씨는 나를 바라보면서 고개를 흔들었다.

"바키스 씨의 병세가 오늘 저녁에는 어떠한지 아십니까?" 내가 물었다.

---

1) 죽음을 말함.

"도련님, 제가 묻고 싶었던 질문입니다. 미묘한 문제지요. 이것이 우리 업계의 불편한 점입니다. 동료가 아프더라도 증상을 물을 수가 없어요."

나는 그러한 어려움이 있는 줄은 꿈에도 몰랐었다. 상점 안으로 들어설 때 옛날의 그 망치 소리가 들리지나 않을까 걱정했지만, 거기까지는 생각하지 못했다. 그러나 오머 씨의 말을 듣고 보니 이해가 되었으므로 나는 그 정도로 끝냈다.

"제 말을 아시겠지요?" 오머 씨는 고개를 끄덕이며 말했다. "우리는 감히 그렇게 할 수가 없어요. 요컨대 우리가 찾아가서 '오머 앤드 저램 상회에서 왔습니다. 오늘 아침은 상태가 어떻습니까?' 하고—오후나 저녁이나, 언제든 상관없습니다만—물어보기라도 해 보십시오. 누구나 맥이 탁 꺾일 겁니다. 충격이 클 테니까요."

오머 씨와 나는 동시에 고개를 끄덕였다. 그는 파이프 담배로 겨우 숨을 가라앉히고 말했다.

"그래서 병문안하고 싶어도 사업 때문에 못하는 경우가 가끔 있지요. 지금처럼, 저는 바키스 씨를 40년간 알고 지냈지만 가서 병세가 어떠냐고 물을 수는 없어요."

그것은 그에게는 매우 괴로운 일일 것이므로, 그렇게 말해주었다.

"사실 나는 장사에 눈이 먼 사람이 결코 아닙니다. 저를 보세요! 보시다시피 언제 숨이 멎을지 아무도 몰라요. 그러니 이제 와서 그렇게 장사에 열을 낼 필요도 없지요. 그렇고말고요. 여차하면 눈 깜짝할 사이에 마치 풀무가 터지듯 숨을 거둘 사람이에요. 더욱이 손자까지 있는데 말이지요."

"절대 그렇지 않겠지요." 나도 맞장구쳤다.

"딱히 제 본업에 대해 불평하는 건 아닙니다. 암요, 그런 일은 절대 없어요. 모든 장사에는 좋은 면도 있고 나쁜 면도 있으니까요. 그러니 제가 부탁드리고 싶은 것은, 여러분들이 마음을 더욱 크게 먹었으면 하는 겁니다."

오머 씨는 아주 만족스러운 얼굴로 말없이 담배 연기를 몇 번 내뿜고서, 다시 바키스 씨 이야기로 돌아갔다.

"사정이 그러하니 바키스 씨의 병세를 확실히 알기 위해서는 에밀리에게 물어볼 수밖에 없어요. 그 아이라면 내 진심을 그대로 알아주고, 우리를 무서워하거나 의심하지도 않으니까요. 고작해야 우리를 가련한 어린양쯤으로 생각하고 있지요. 사실은 미니와 저램이 오늘 밤 에밀리에게 바키스 씨의 병세를 확인하기 위해 방금 그 집으로 갔습니다. (에밀리는 이모를 돕기 위해 퇴근 뒤 몇 시간씩 그 집에 있었다.) 그러니까 그들이 돌아올 때까지 기다리면 자세한 것을 알 수 있어요. 무엇을 좀 드시겠습니까? 물에 탄 스럽[2]은 어떠세요? 저는 담배를 피우면서 곧잘 이놈을 마시지요." 그러면서 그는 잔을 들었다. "이놈은 기관지에 아주 좋아요. 이놈을 마시면 씩씩거리는 숨통이 확 뚫리지요. 하기야 저는 기관지가 나쁘게 아니라고 딸 미니에게 언제나 말하고 있지요. '숨 돌릴 틈을 좀 다오. 한숨 돌리면 기관지는 금방 좋아지니까' 하고 말이에요." 오머 씨는 형편없이 쉰 목소리로 말했다.

정말로 숨 돌릴 틈도 없는 것 같았다. 그만큼 그가 웃는 모습은, 보는 사람을 괴롭게 했다. 간신히 이야기를 할 수 있을 정도로 돌아오기를 기다렸다가, 방금 식사를 하고 왔으므로 스럽은 정중하게 예를 갖추어 사양했다. 그리고 바키스 씨의 용태를 알기 위해, 오머 씨의 호의를 받아들여 미니와 저램이 돌아올 때까지 기다리겠다고 했다. 그리고 겸사겸사 에밀리의 안부를 물었다.

"그게 말입니다." 오머 씨는 파이프를 입에서 떼고 턱을 쓰다듬으면서 말했다. "사실대로 말씀드리자면, 저는 어서 결혼식을 올리기를 바라고 있습니다."

"왜 그러십니까?" 내가 물었다.

"지금으로선 그 아이도 안정을 찾지 못하니까요. 미모가 떨어지진 않았어요. 오히려 전보다 더 예뻐졌지요— 그 점은 제가 보증합니다. 일을 못하는 것도 아니에요. 변함없이 열심히 일하고 있으니까요. 애당초 그 아이는 여섯 사람 몫의 일을 했는데, 지금도 여전히 여섯 사람 몫을 하고 있어요. 다만 빈틈없던 부분이 사라졌지요. 아시겠습니까?" 오머 씨는 다시 한번 턱을 쓰다듬으면서 담배를 한 모금 빨았다. "그러니까 그거예요. '길게 당겨라! 힘껏 당겨라! 한 번 더, 다 같이 힘껏 당겨라!'[3] 하는 그것이, 그 의기가 모자라요."

오머 씨의 얼굴과 태도가 너무나 많은 것을 뜻하고 있어서 그의 뜻을 추측하고 진심으로 고개를 끄덕여주었다. 내가 재빨리 이해하는 것이 그를 즐겁게 했던지, 그는 이야기를 이었다.

---

2) 럼주, 과즙 따위를 물에 탄 것.
3) 배를 저을 때 노를 당기는 구호.

"이게 다 에밀리가 마음이 들떠 있기 때문이라고 생각합니다. 그래서 일이 끝난 뒤에 저는 이 문제를 에밀리의 아저씨와도 의논했고 그의 애인과도 여러 번 상의했습니다. 그리고 역시 에밀리가 마음이 안정되지 않아서 그렇다고 결론을 내렸지요. 아무튼 에밀리는," 오머 씨는 점잖게 고개를 저으면서 말했다. "사람을 아주 잘 따르는 아가씨예요. 이 점을 잊어서는 안 됩니다. 속담에 이런 말이 있지요. '오이 덩굴에서 가지 열리는 법은 없다'고요. 그런데 잘은 모르지만, 저는 열린다고 생각해요. 일찍부터 시작만 하면 말이에요. 왜냐하면, 그 허름한 배로 된 집을 돌이나 대리석 못지않은 훌륭한 집으로 만든 것은 그 아이의 힘이잖아요?"

"그야 그렇지요."

"그 귀여운 것이 그의 아저씨에게 달라붙는 것을 보면, 그것도 날이 갈수록 더 찰싹 엉겨붙는 모습을 보면, 참 놀랍다니까요. 그런데 생각하기에 따라서는, 거기에 어떤 말 못할 괴로운 사정이 있는 게 아닐까요? 어째서 필요 이상으로 그런 것을 계속하느냔 말입니다."

나는 이 착한 노인의 말을 귀담아 들으며 진심으로 동의했다.

"그래서 저는 그들에게 '에밀리가 기한부로 내게 매여 있다는 생각은 마십시오. 그런 것은 언제든지 끊을 수 있습니다. 에밀리는 생각보다 더 열심히 일해 주었고, 일도 놀라울 만큼 빨리 배웠어요. 그러므로 오머 앤드 저램 상회는 나머지 계약기간을 언제든지 해제할 수 있어요. 원하는 때에 그만둘 수 있고, 나중에라도 에밀리가 다시 일하고 싶어한다면 그때 또 오면 되는 거예요. 싫다면 어쩔 수 없고요. 어쨌든 우리가 손해 볼 것은 없으니까요' 하고 말해주었어요." 오머 씨는 파이프로 나를 건드리면서 말했다. "나같이 숨도 제대로 못 쉬고 손자까지 둔 늙은이가 꽃송이 같은 귀여운 어린 아가씨에게 무리한 것을 요구하며 괴롭힐 턱이 있겠습니까, 안 그래요?"

"물론, 그렇고말고요." 나는 대답했다.

"그렇지요! 아무렴요! 그런데 도련님, 에밀리의 사촌 말입니다―에밀리가 결혼할 상대가 사촌이지요?"

"네, 그래요. 나도 그를 잘 알고 있습니다."

"물론 그러시겠지요." 오머 씨는 계속했다. "그런데, 그 햄이라는 녀석은 부지런하고, 주머니 사정도 좋아요. 저번에도 나에게 인사를 하러 왔는데, 그 말투가 또 어찌나 사내다운지 감탄이 절로 나오더군요. 아담하고 깔끔한 집까지 마련해놓았습니다. 지금은 마치 인형의 집처럼 가재도구까지 다 갖춰 놓았지요. 바키스 씨의 병만 악화되지 않았어도 지금쯤 부부가 되었을 텐데, 사정이 이러니 미루어졌지요."

"그런데 오머 씨, 에밀리는 전보다 마음이 안정되었나요?"

"지금으로서는," 오머 씨는 또다시 그의 이중턱을 쓰다듬으면서 대답했다. "기대하기 힘들지요. 에밀리는 지금 환경의 변화와 이별, 언제 닥쳐올지 모르는 어중간한 상태에 있으니까요. 차라리 바키스 씨가 빨리 죽는다면 많이 늦춰질 건 없지만, 이렇게 죽지 않고 질질 끈다면 그녀의 결혼은 언제가 될지 모르죠. 여하튼 이도저도 아닌 모호한 상황입니다."

"그렇군요."

"그래서 에밀리는 약간 낙담해 있거나 약간 흥분한 상태에 있습니다. 이제까지 없던 일이지요. 에밀리는 날이 갈수록 더욱더 아저씨에게 어리광을 부리고, 우리와 헤어지는 것도 더 싫어하는 것 같아요. 제가 친절한 말 한마디라도 건네면 에밀리는 금방 눈물을 쏟아낸답니다. 만약 도련님이, 에밀리가 미니의 어린 딸과 같이 있는 것을 보신다면 그 모습을 결코 잊지 못할 겁니다."

마침 좋은 기회였기에, 딸과 사위가 돌아와 대화를 끊기 전에, 나는 오머 씨에게 마사의 소식을 물었다.

"아!" 그는 고개를 저으며 아주 낙담해서 대답했다. "아주 좋지 않습니다. 들으면 들을수록 슬픈 얘기입니다. 마사에게 잘못이 있었다고는 절대로 생각하지 않습니다. 하기야 제 딸 미니 앞에서는 이 얘기를 하고 싶지 않아요—그 애가 싫어하거든요—그래서 그 얘기를 입 밖에 낸 적은 한 번도 없어요. 아니, 아무도 말하지 않죠."

마침 그때 나보다 먼저 딸의 발소리를 들은 오머 씨는 조심하라는 뜻으로 파이프로 나를 가볍게 누르면서 윙크를 했다. 조금 뒤에 딸과 사위가 들어왔다.

그들의 보고에 의하면, 바키스 씨는 '아주 나쁜 상태'이며 의식이 전혀 없다는 것이다. 돌아오는 길에 칠립 씨가 부엌에서 한 말에 의하면, 내과, 외과, 약대의 모든 교수를 다 동원한다 해도 바키스 씨는 살 가망이 없다고 한다. 약을 써 보았자 죽음만 재촉한다는 것이 칠립 씨의 주장이었다.

이러한 소식을 듣고, 또 페거티 씨까지 그곳에 와 있다는 말을 들은 나는 바로 그곳으로 갈 결심을 했다. 나는 오머 씨와 저램 부부에게 작별인사를 한 다음, 곧바로 그쪽으로 걸음을 옮겼다. 매우 비장한 기분이 들면서, 바키스 씨가 마치 새로운, 전혀 다른 사람처럼 생각되었다.

내가 나지막하게 문을 두드렸더니 페거티 씨가 나왔다. 그는 나를 보고 그다지 놀라지는 않았다. 조금 있다가 내려온 나의 옛날 유모 페거티도 그다지 놀라지 않았다. 죽음과 같은 큰 놀라움 앞에서는 다른 변화나 놀라움은 아무렇지도 않게 보인다는 것을 나는 뒷날 겪게 되었다.

나는 페거티 씨와 악수를 하고 부엌으로 들어갔다. 페거티 씨는 살며시 문을 닫았다. 꼬마 에밀리는 두 손으로 얼굴을 가리고 난로 앞에 앉아 있었다. 햄은 바로 옆에 서 있었다.

우리는 때때로 2층에서 무슨 소리가 들리지나 않는지 귀를 기울이면서 귀엣말로 이야기했다. 지난번에 찾아왔을 때는 아무렇지 않았는데, 지금은 부엌에 바키스 씨의 모습이 보이지 않는 것이 매우 이상하게 생각되었다.

"데이비 도련님, 이렇게 와 주셔서 고맙습니다." 페거티 씨는 말했다.

"정말 친절하세요." 햄이 큰 소리로 말했다.

"얘야, 에밀리, 데이비 도련님이 오셨어! 자, 기운을 내려무나! 인사를 드려야지, 데이비 도련님께."

에밀리는 몸을 떨고 있었다. 악수할 때의 얼음장 같은 손의 떨림이 지금도 뚜렷하게 남아 있는 것 같다. 에밀리가 손을 뺄 때에야 겨우 살아 있다고 느꼈을 정도였다. 에밀리는 아저씨 뒤에 숨어서 그의 가슴에 머리를 파묻고는 말없이 몸을 떨었다.

"정말 마음씨가 고운 아이지." 페거티 씨가 크고 억센 손으로 에밀리의 풍성한 머리채를 쓰다듬으면서 말했다. "이런 슬픔을 견딜 수가 없는 모양이에요. 지금 같은 시련은 처음이라 어린 새처럼 겁을 먹고 있어요—당연한 반응이지요."

에밀리는 아저씨에게 더 찰싹 매달렸다. 얼굴을 들지도 않았고 말 한마디 없었다.

"에밀리, 시간이 늦었구나. 여기 너를 데려가기 위해 햄도 와 있으니 같이 돌아가거라. 응? 왜 그러니, 우리 귀여운 에밀리?" 페거티 씨가 말했다.

내게는 에밀리의 목소리가 들리지 않았지만 에밀리는 뭐라고 말했다. 페거티 씨는 고개를 숙이고 에밀리에게 귀를 기울이고 있었다. 이윽고 그는, "아저씨와 같이 있고 싶다고? 얘야, 그런 말 하면 못쓴다. 곧 남편이 될 사람이 널 데려가려고 여기 와 있잖니? 너처럼 귀여운 아가씨가 나 같은 우락부락한 아저씨한테. 사람들이 다 흉본다." 하지만 그것이 싫지는 않은 듯, 우리를 둘러보며 덧붙였다. "아무튼 너의 아저씨 사랑은 바다의 소금보다도 진하다니까!"

"에밀리가 원하고 있고, 또 겁에 질려 벌벌 떨고 있으니까 내일 아침까지 여기 있게 해주십시오. 저도 여기 같이 머물겠습니다!" 햄이 말했다.

"안 돼, 그건 안 돼." 페거티 씨는 말했다. "너 같은 한 집안의 가장—아니, 가장이나 다름없는 사람이 하루 일을 그르치는 건 좋지 않아. 더구나 아픈 사람을 돌보고 일과 생업을 함께 하는 것은 안 돼. 그건 안 되지. 집에 가서 잠이나 자. 에밀리를 소홀히 할까 봐 걱정이 되어서 그런 건가?"

햄은 그와 같은 설득에 집으로 가려고 모자를 집어들었다. 햄이 에밀리에게 마지막으로 키스할 때도—나는 햄이 에밀리에게 가까이 갈 때마다 언제나 그의 본성은 신사라는 것을 느꼈다—에밀리는 미래의 남편을 피하듯이 아저씨에게 더욱 매달리는 것이었다. 나는 햄을 배웅하고, 고요한 분위기를 깨뜨리지 않으려고 조용히 문을 닫았다. 돌아와 보니 페거티 씨가 에밀리에게 무슨 이야기를 하고 있었다.

"자, 나는 이모에게 데이비 도련님이 오셨다는 것을 알리러 2층으로 올라가야 겠다. 그럼 이모도 조금은 힘을 낼 거야." 그는 말했다. "그동안 에밀리야, 너는 난롯가에 앉아서 그 차디찬 손이나 녹이고 있어라. 그렇게 두려워하고 걱정할 필요 없다. 뭐라고? 같이 가겠다고? 자! 그럼 같이 가자—" 이번에도 그는 흐뭇하게 말했다. "큰일이에요, 도련님. 정말이지 이러다가는 내가 집에서 쫓겨나 하수구 속에서 자게 되더라도 에밀리는 함께 따라오겠다고 하겠어요. 그러나 언젠가는 누군가—그렇지, 에밀리, 누군가의 아내가 되겠지!"

나도 나중에 2층으로 올라갔다. 문득 컴컴한 내 방 앞을 지나갈 때 보니 안에서 에밀리처럼 보이는 여자가 혼자 바닥에 엎드린 채로 쓰러져 있는 것 같았다. 그것이 정말 에밀리였는지, 아니면 단지 방 안의 그림자였는지, 나는 지금까지도 제대로 알지 못한다.

나는 부엌 난로 앞에서 꼬마 에밀리의 죽음에 대한 공포를 곰곰이 생각해 보았다. 오머 씨가 이야기해준 것도 있었으므로 에밀리의 평소와 다른 행동은 영락없이 그 두려움 때문이라고 생각했다. 페거티가 내려올 때까지 혼자 시계 소리를 들으면서 고요해진 주변 공기에 오싹함을 느끼면서도, 그녀의 심약함에 동정을 느낄 여유는 충분히 있었다. 페거티가 내려와서 나를 두 팔로 안고서 몇 번이나 고맙다고 하면서, 이토록 괴로울 때 내가 찾아와 주니 살 것 같다고 말했다. (이것은 그녀의 말을 그대로 옮긴 것이다.) 그리고 나서 그녀는 2층으로 올라가자고 권했다. 그녀는 바키스 씨가 늘 나를 좋아하여 칭찬했으며 의식을 잃기 전까지도 내 이야기를 했다고 흐느끼면서 말했다. 그가 정신이 돌아온다면, 나를 보고 기운을 차릴 것이며, 그에게 기운을 북돋워 줄 수 있는 사람은 지구상에 오직 나뿐이라는 것이었다.

그러나 바키스 씨를 보니 도저히 그럴 가망은 없을 것 같았다. 그는 머리와 어깨를 침대 밖으로 내놓은 채 그에게 평생 수많은 고통과 괴로움을 주었던 그 돈 궤짝에 몸을 반쯤 기대고 누워 있었다. 그가 침대에서 기어 내려와 그 궤짝을 열 수 없게 되고 언제나 그가 쓰던 그 지팡이로 궤짝이 무사하다는 것을 확인할 수가 없게 되자, 침대 곁 의자에 그 궤짝을 가져다놓게 하고는 밤낮으로 그것을 부둥켜안고 있는 것이었다. 지금도 한쪽 팔을 궤짝 위에 올리고 있었다. 시간과 온 세상이 그의 손에서 빠져나가고 있는데도 그 궤짝만은 거기에 있었다. 그리고 그가 마지막으로 둘러대듯이 중얼거린 말은, '헌옷!'이었다.

"여보, 바키스!" 페거티는, 그녀의 오빠와 내가 침대 곁에 서 있으니까, 남편에게 몸을 굽혀 기쁜 듯이 말했다. "도련님이 왔어요—우리를 짝지워준 귀여운 데이비 도련님이 말이에요, 바키스! 당신이 곧잘 전언을 부탁한 그분, 아시지요! 당신, 무언가 전할 말은 없어요?"

그는 끌어안고 있는 궤짝처럼 말이 없고 무감각했다. 잠든 그의 표정은 궤짝의 그것과 조금도 다를 바 없었다.

"그는 이번 조수(潮水)와 함께 떠날 거예요." 페거티 씨가 손으로 입을 가리고 나에게 말했다.

내 눈에서 눈물이 흘렀고, 페거티 씨도 마찬가지였다. 그러나 나는 귀엣말로 속삭였다. "조수와 함께라구요?"

"바닷가에 사는 사람들은 썰물 때가 아니면 죽지 않아요. 또 밀물 때가 아니면 아기가 태어나지도 않지요—바키스도 썰물과 함께 숨을 거둘 겁니다. 오늘은 3시 30분에 썰물이 되어 30분 동안 조수가 멈춘 상태에 있습니다. 그러니 만약 그가 썰물이 빠질 때까지 살아 있다면 만조가 지날 때까지 목숨을 지탱하다가, 다음 썰물이 나갈 때 죽을 겁니다."

우리는 오랫동안—여러 시간 동안 그의 곁을 지켰다. 내가 그곳에 있음으로 해서 의식도 없는 환자에게 어떤 영향을 끼쳤는지를 내 입으로 말할 자신은 없다. 그러나 바키스 씨가 드디어 들릴락 말락 하게 뭐라고 중얼거렸다. 그는 나를 학교에 태워다주었을 때를 이야기하고 있었다.

"정신이 돌아온 모양이에요." 페거티가 말했다.

페거티 씨는 가볍게 나를 찌르며 경건하고도 공손한 투로 속삭였다. "아아, 썰물도 생명도 이제 사라질 거예요."

"여보, 바키스!" 페거티가 소리쳤다.

"C.(클라라) P.(페거티) 바키스." 바키스 씨가 가냘프게 말했다. "당신보다 나은 여자는 어디에도 없었소!"
 "자 봐요! 데이비 도련님이 왔어요!" 또다시 페거티가 외쳤다. 그가 눈을 번쩍 떴기 때문이었다.
 나를 알겠어요? 하고 물으려는 순간 그는 느닷없이 팔을 뻗치려고 애를 쓰면서, 미소를 머금고 나에게 또렷이 말했다.
 "바키스가 기다리고 있어요!"
 그리고 썰물 때가 되자, 조수와 함께 그는 영원히 가버렸다.

31장
돌이킬 수 없는 상실

페거티가 간청하기도 했고, 나로서도 아무 지장이 없었으므로, 나는 불쌍한 마부의 유해가 블룬더스톤까지의 마지막 여행을 마칠 때까지 그곳에 남기로 했다. 페거티는 오래전에, 자기가 저축한 돈으로 우리의 옛 교회 공동묘지에 약간의 땅을 사 놓았었다. 페거티가 언제나 '사랑스러운 아씨'라고 부르던 내 어머니의 무덤 근처로, 언젠가는 그들 부부가 잠들 곳이었다.

언제나 페거티의 이야기를 들어주고 내가 할 수 있는 데까지 그녀를 도왔다는 것(해봤자 별수 없었지만)을 생각하면 아쉬운 것도 없고 기뻤다. 거기에는 내 개인적, 직업적 만족감도 있었다고 생각하는데, 바키스 씨의 유언장을 받아서 그 내용을 설명하는 역할도 모두 내가 했기 때문이었다.

자랑은 아니지만 궤짝 속에 유언장이 있을 것이니 찾아보라고 말한 사람도 나였다. 한참 뒤진 끝에 유언장이 발견되었는데, 사료주머니 밑에 있었다.

주머니 안에는 건초 말고도 쇠사슬과 인장이 달린 낡은 금시계가 있었다. 바키스 씨가 결혼식날 차고 있는 것을 보고는 그전에나 뒤에도 결코 본 적이 없는 금시계였다. 그리고 사람 다리처럼 생긴, 살담배를 담뱃대에 재는 은으로 만든 도구가 나왔으며, 잔과 받침 접시가 잔뜩 든 레몬 모양의 모조 완구 세트도 나왔다. 이것은 틀림없이 내가 어렸을 때 나에게 선물하려고 산 것으로, 나한테 주기가 싫어서 자기가 가졌을 것이다. 1기니와 반 기니짜리 금화로 87기니와, 빳빳한 지폐로 210파운드, 영국 은행주의 영수증 몇 장과 낡은 말발굽 하나, 흉하게 생긴 1실링 은화 한 개, 방충제와 굴껍데기 하나도 나왔다. 굴껍데기는 반짝반짝하게 닦여 있었고 안쪽은 다채로운 색으로 빛나고 있었다. 이러한 점으로 보아 바키스 씨는 진주라는 물건에 대해서 막연한 개념밖에 갖지 못하고, 그것이 어떻게 만들어지는가에 대해서는 전혀 몰랐던 것 같다.

몇십 년 동안, 바키스 씨는 매일같이 이 궤짝을 가지고 다녔다. 게다가 남의 의심을 사지 않기 위해, '이 궤짝은 블랙보이 씨 것으로, 찾으러 올 때까지 바키스가 임시로 맡고 있음'이라고 뚜껑에 정성껏 써 놓았는데, 이 엉터리 글자는 지금은 거의 보이지 않았다.

현금만 해도 3천 파운드 가까이 되었다. 1천 파운드의 이자는 페거티 씨가 평생 받기로 하고, 그가 죽은 뒤에는 원금을 페거티와 꼬마 에밀리, 그리고 나 또는 우리의 후계자가 골고루 나누어 갖도록 유언장에 씌어 있었다. 나머지 모든 재산은 부인인 페거티 앞으로 남김으로써 페거티를 유산 상속자, 그리고 마지막 유서의 유일한 유언장 집행자로 정했다.

나는 할 수 있는 한 모든 격식을 갖추어 이 유언장을 소리 내어 읽어 주고 관계된 사람들에게 각 규정을 여러 차례 설명해 주었을 때는 제법 소송대리인이 된 것 같아, 민법박사회도 나쁘지 않다는 생각이 들었다. 유언장을 꼼꼼하게 검토하고, 모든 내용을 빠짐없이 설명하고, 여백에 연필로 두세 군데 표시를 했을 때는, 스스로도 법률을 잘 알고 있어서 새삼스레 놀랐다.

나는 페거티가 받을 재산을 계산하고 온갖 사무를 정리해 주고, 그 밖에도 그녀의 중재인과 조언자 역할을 했다. 이 일은 우리 둘 모두에게 즐거움이었다. 이런 골치 아픈 일들을 처리하며 장례식 전 일주일을 보냈다. 그동안 에밀리를 한 번도 보지 못했으나 두 주일 뒤에는 마침내 결혼식을 올린다고 들었다.

혹시 이런 표현이 가능하다면, 나는 정식으로 장례식에 참여하지 않았다. 즉 검은 상복을 입지 않았으며 리본도 달지 않았다. 그러나 나는 아침 일찍 블런더스톤까지 걸어가서 페거티와 그녀의 오빠만이 뒤따르는 장례 행렬이 닿기 전에 교회 부속 묘지에 와 있었다.

전의 우리 집에 살고 있는 그 미친 신사는 내 방의 조그마한 창문으로 내다보고 있었다. 칠립 씨의 아기는 유모의 어깨 너머로 커다란 머리를 흔들고 눈알을 또록또록 굴리며 목사를 바라보았다. 오머 씨는 뒤쪽에서 가쁘게 숨을 내쉬고 있었다. 다른 사람은 아무도 없었다. 쥐 죽은 듯이 고요했다.

장례식이 끝나자 우리는 한 시간 동안 교회 묘지를 산책했다. 내 어머니의 무덤 위로 드리워져 있는 나무에서 어린잎을 몇 개 따기도 했다.

그런데 여기까지 쓰고 나자, 나는 갑자기 두려워졌다. 쓸쓸한 옛 마을에는 불안한 구름이 걸려 있었다. 내 발걸음이 저절로 멈춘다. 잊을 수 없는 그날 밤 일어난 꿈도 꾸지 못할 일, 이대로 계속 가면 피할 수 없이 맞닥뜨려야 한다고 생각하자 나는 참을 수 없었다.

그러나 생각해보면, 지금 그것을 글로 쓴다고 해서 상황이 더 나빠지는 것도 아니고, 머뭇적거리는 펜을 내려놓는다고 해서 더 좋아지는 것도 아니다. 지난 일은 지난 일이다. 어차피 돌이킬 수 없으며, 벌어진 일은 이제 와서 어쩔 수 없다.

아무튼 나의 옛날 유모는 유언 문제 때문에 다음 날 나와 같이 런던으로 출발하기로 되어 있었다. 그리고 에밀리는 오늘 오머 씨 집에 가 있으니까, 오늘 밤은 다 같이 그 낡은 뱃집에서 만나기로 했다. 에밀리는 평소와 같은 시간에 햄이 가서 데리고 올 것이다. 나는 어슬렁어슬렁 걸어서 갈 것이고 페거티 남매는 왔을 때와 마찬가지로 마차로 돌아가서, 저녁 무렵에 난롯가에서 우리를 기다리기로 했다. 그것이 그날의 대체적인 예정이었다.

나는, 옛날 로데릭 랜덤의 배낭을 짊어진 종복 스트랩이 걸음을 멈추고 한 숨 돌리는 광경을 떠올렸던 그 쪽문 앞에서 페거티 남매와 헤어진 뒤, 곧바로 돌아가지 않고 로우스토프트 거리로 조금 걸었다. 거기서 방향을 돌려 다시 야머스로 향했다. 그런데 전에도 한 번 말했던 그 나루터에서 2마일 정도 떨어진 곳에 아담한 술집이 보이기에 들어가서 식사를 했다. 이러는 동안 날은 저물었다. 야머스에 닿았을 때는 저녁이었다. 때마침 비가 세차게 내려서 힘든 밤이었으나 구름 속에 달이 숨어 있어 그래도 그렇게 어둡지는 않았다.

머지않아 페거티 씨의 집이 보였다. 따뜻한 불빛이 창문 밖으로 새나오고 있었다. 발이 묻힐 정도로 빠지는 모래를 밟고서 허덕이며 걸어 그 집 문 앞에 닿았다. 나는 곧바로 안으로 들어갔다.

집 안은 아주 아늑하게 보였다. 페거티 씨는 막 저녁을 먹으려 하고 있었다. 난롯불이 불꽃춤을 추며 타오르고, 재는 말끔히 치워져 있었다. 에밀리가 앉았던 조그마한 찬장도 옛날 그 자리에 놓여 있었다. 페거티도 지금까지 아무런 일도 없었던 것처럼 옛날 그대로 똑같은 자리에(옷도 똑같았다) 앉아 있었다. 그녀는 옛날에 쓰던 뚜껑에 세인트폴 교회 그림이 그려진 반짇고리와 오두막처럼 생긴 용기에 든 줄자와 그리고 옛날의 양초 조각을 꺼내 들고 있었으므로, 보이는 것 모두가 옛날 그대로였다. 거미지 부인도 약간 화가 난 표정으로 옛날 그 구석자리에 아주 자연스럽게 앉아 있었다.

"데이비 도련님께서 제일 앞에 섰지요." 페거티 씨가 행복한 얼굴로 말했다. "외투를 벗으세요, 젖은 것 같은데."

"페거티 씨, 감사합니다. 지금은 거의 다 말랐어요." 나는 외투를 벗어서 그에게 주면서 말했다.

"그렇군요. 아주 잘 말랐네요. 새삼스럽게 와주셔서 고맙다는 말을 할 필요는 없겠습니다만, 아무튼 도련님을 진심으로 환영해요. 자, 앉으세요." 페거티 씨는 내 어깨에 손을 올리며 말했다.

"감사합니다, 페거티 씨. 정말 감사해요. 그런데 페거티," 나는 그녀에게 키스하며 말했다. "이제는 괜찮아요?"

"하, 하!" 우리와 같이 자리에 앉은 페거티 씨가 이제 다 모여서 안심이 되는 것처럼, 두 손을 비비며 기분 좋게 말했다. "도련님, 누이에게도 말하지만, 이 세상에서 제 누이동생보다 태평스러운 여자는 없어요. 제 동생은 죽은 남편에게 아내로서 의무를 다했으니까요. 이건 죽은 남편도 알고 있지요. 또한 바키스도 제 동생에게 남편으로서의 할 일을 기꺼이 다했습니다—이만하면—된 거지요!"

거미지 부인이 신음하듯이 몇 마디 중얼거렸다.

"기운 내세요, 우리의 어머니!" 페거티 씨가 말을 이었다(요즈음 사태로 인해 자연히 거미지 부인이 죽은 남편을 떠올린다는 것을 페거티 씨는 잘 알았지만, 차마 말을 못하고 우리를 향해 고개를 저어 보였다). "기력을 잃어서는 안 돼요! 조금만 기운을 내세요. 그러면 더 좋은 일들이 저절로 생길 거예요!"

"내게는 좋은 일이 생기지 않아요." 거미지 부인이 대답했다. "기댈 곳 없이 나 혼자 외롭게 살아가는 것이 내 운명이니까."

"그렇지 않아요, 절대로." 페거티 씨는 그녀의 슬픔을 위로하며 말했다.

"아니에요, 그래요. 나는 유산을 이어받는 사람과 한집에 살 자격이 없어요. 하는 일마다 모조리 꼬이고 뒤엉키기만 하는걸요. 차라리 죽는 게 나아요."

"그놈의 유산 타령, 어째서 내가 당신만 쏙 빼놓고 그 돈을 쓸 거라고 생각하는 거요?" 어지간한 페거티 씨도 진심으로 화가 난 것 같았다. "도대체 무슨 말을 그렇게 합니까? 앞으로는 당신이 지금보다 더 애를 써 줘야 하는데."

"다 알고 있어요. 애당초 나 같은 사람한테는 아무 볼일도 없다는 것을!" 숨이 끊어질 듯이 울면서 말했다. "게다가 지금 분명히 말했잖아요! 나 같은 사람한테 무슨 쓸모가 있겠어요—기댈 곳 하나 없이 외롭고, 하는 일마다 어긋나기만 하는데!"

이렇게 큰 오해를 살 만한 말을 했다는 것에 대해서 페거티 씨는 매우 놀랐다. 그러나 이내 페거티가 소매를 잡아끌며 고개를 가로저었으므로, 이제 와서 대답할 수도 없었다. 어찌할 바를 모르고 거미지 부인을 바라보고 있다가, 네덜란드 시계를 흘깃 보고는 벌떡 일어나서 양초에 불을 붙여 창가에 올려 두었다.

"이거 봐요!" 페거티 씨는 명랑하게 말했다. 그러나 거미지 부인은 작게 신음할 뿐이었다. "역시 평소처럼 여기에 이렇게 불을 켜 두어야지요! 아, 무엇 때문인지 데이비 도련님은 아직 모르시죠? 바로 에밀리를 위해서예요. 해가 지면 길이 아주 캄캄하니까요. 에밀리가 돌아올 시간에 내가 집에 있으면 반드시 이 창가에 촛불을 켜 둔답니다." 그는 매우 기뻐서 내 위로 몸을 기울이며 말했다. "여기에는 두 가지 뜻이 있어요. 먼저 에밀리가, '아아, 저기가 집이야' 하고 알 수 있지요. 그리고 곧이어 이렇게도 생각할 거예요. '아, 아저씨도 집에 계시는구나!' 하고요. 내가 없으면 촛불을 켜놓지 않으니까요."

"오라버니도 아직 어린애라니까요!" 페거티가 말했다. 그러나 말은 그렇게 해도 오빠의 마음씀씀이가 말할 수 없이 기뻤다.

"그럴지도 모르지. 겉으로 보기에는 전혀 아니지만 말이야." 페거티 씨는 두 다리를 크게 벌리고 서서 두 손으로 쓰다듬으면서 말했다. 그리고 매우 만족스러운 표정으로 나와 난로를 번갈아 바라보았다.

"그야 그렇죠." 페거티가 말했다.

"암, 그러고말고." 페거티 씨는 큰 소리로 웃었다. "보기에는 그렇지 않아도 생각해보면 그렇다니까요. 아무래도 상관없지만! 그런데 나는 우리 꼬마 에밀리의 집을 여기저기 보고 있으면—뭐랄까, 이 이상은 말할 수 없지만—" 갑자기 이상하게 열을 내며 말했다. "아무리 하찮은 것도 전부 에밀리처럼 보여서 큰일이에요. 손으로 잡아보고, 내려놔 보고, 만져보는 것 하나하나가 다 에밀리처럼 생각되어 함부로 할 수가 없지요. 모자 하나도 그래요. 거칠게 다뤄지는 것을 보기만 해도 참을 수가 없으니 말 다 했지요. 그러니 다른 사람 눈에는 역시 어린애로 보일 테죠, 마치 가시복처럼 생긴!" 그는 큰 소리로 웃음을 터뜨렸다.
 페거티와 나도 웃었다. 그러나 속으로는 웃을 수 없었다.
 그는 여전히 두 다리를 문질러대면서 자못 기쁜 듯이 말했다. "생각해 봤는데, 역시 이건 내가 옛날부터 그 아이와 곧잘 어울려 놀았기 때문이에요. 터키 사람이 되었다가, 프랑스 사람이 되었다가, 상어가 되었다가, 아무튼 온갖 것을 흉내 냈어요—그렇지, 사자가 되기도 하고, 고래도 되었지요. 안 해 본 게 없어요! 그때에는 그 아이도 내 무릎 높이밖에 안 되었는데. 아무튼 정말 잘 놀았지요. 옳거니, 이 촛불 말입니다만!" 그는 기쁜 듯이 촛불 쪽으로 손을 내밀었다. "나는 그 아이가 시집을 가도 지금처럼 여기에 이렇게 촛불을 놔 둘 생각이에요. 밤에 집에 있을 동안에는—여기에 있다는 걸 잘 알 수 있듯이! 아무리 돈이 들어도—그 아이가 있든 없든, 누가 어디에 있더라도 역시 이 촛불만은 창가에 둘 거예요. 이대로, 지금과 똑같이, 이렇게 켜 두고 난로 앞에 앉아 있을 생각이에요. 언제나 기다리고 있겠다는 뜻이지요. 이런, 이런, 또다시 가시복 같은 어린애가 되었군!" 그는 또다시 크게 웃었다. "지금도 이렇게 촛불을 보고 있으면 무심코 혼잣말이 튀어나와요, '지금도 에밀리가 보고 있다. 이제 금방 올 것이다!' 하고 말이에요. 정말 어린애라니까요! 하지만 그래도 좋아요. 왜냐하면, 봐요! 저기 오잖아요!" 그는 갑자기 웃음을 거두고 손뼉을 쳤다.
 그러나 들어온 사람은 햄 혼자였다. 밖에는 내가 왔을 때보다 비가 더욱 세차게 내리고 있었다. 햄은 큰 방수용 모자를 어깨까지 내려오도록 쓰고 있었다.
 "에밀리는 어디 있어?" 페거티 씨가 물었다.
 에밀리는 밖에 있다는 듯이 햄이 고개를 움직였다. 페거티 씨는 창가에서 촛불을 집어 심지를 자르고 나서 탁상 위에 놓았다. 그러고는 난롯불을 열심히 휘저었다. 그때 꼼짝도 않고 서 있던 햄이 느닷없이 나에게 말했다.
 "데비 도련님, 잠깐 밖으로 나가서 에밀리와 제가 가져온 것을 구경해주세요. 직접 보여드리려고 가져왔어요."
 우리는 밖으로 나갔다. 그런데 나가면서 보니, 그의 얼굴이 죽은 사람처럼 창백했다. 나는 놀라기도 했고 두렵기도 했다. 햄은 나를 서둘러 밖으로 밀어내고는 문을 쾅 닫아버렸다.
 "햄! 무슨 일이야?"

"데이비 도련님—!" 아, 이것은 또 무슨 일이란 말인가! 그는 숨이 넘어갈 듯이 울음을 터뜨렸다!

너무도 슬피 우는 모습을 보고 나는 어안이 벙벙해서 어쩔 줄을 몰랐다. 무엇을 생각하고, 무엇을 두려워했는지, 아무튼 나는 그저 멍하니 그를 바라보고만 있었다.

"햄! 이 착한 사람아! 제발 어떻게 되었는지 이야기해 봐!"

"데이비 도련님—내 마음의 자랑이요 희망이었던 에밀리가—그녀를 위해서라면 죽을 수도 있고 또 지금도 그 마음에는 변함이 없는데—그 에밀리가 사라졌습니다!"

"사라졌다고?"

"에밀리가 달아났어요! 아, 데이비 도련님, 나는 너그럽고 인자한 하느님께 그녀를 죽여 주십사고 빌고 싶은 심정입니다(이 세상 무엇보다도 더 소중한 그녀를 죽여 달라구요). 정조를 빼앗기고 치욕을 당하느니 차라리 죽여 달라구요!"

폭풍우 치는 하늘을 쳐다보는 그의 얼굴, 부들부들 떨고 있는 움켜쥔 두 손, 어둠 속에서도 알 수 있는 고통에 찬 모습, 그것이 황량한 모래톱 풍경과 하나가 되어, 아직도 내 뇌리에 또렷하게 박혀 있다. 무대는 언제나 밤이었고, 주인공은 그 한 사람이었다.

"도련님은 배우신 분이니까 어떻게 해야 좋을지 아실 겁니다. 집에 들어가서 무슨 말을 해야 하지요? 데이비 도련님, 제가 아저씨에게 어떻게 이 사실을 말씀드려야 합니까?" 햄은 안달하며 말했다.

나는 그때 문이 움직이는 것을 보고 본능적으로 바깥 빗장을 잡으려 했으나 한발 늦었다. 페거티 씨가 고개를 내밀었다. 그는 우리를 본 순간 얼굴빛이 변했다. 그 표정은 우리가 설령 오백 살까지 산다고 해도 결코 잊을 수 없을 만큼 격렬한 변화였다.

우리는 집 안으로 들어가 말할 수 없는 비탄에 잠겼다. 여자들은 울부짖으며 햄에게 매달렸다. 나는 햄이 준 편지를 들고 우두커니 서 있었다. 페거티 씨는 조끼를 잡아 뜯었다. 머리카락이 흐트러지고, 얼굴과 입술은 창백해졌다. 가슴에는 피가 묻어 있었다(아마도 입에서 나온 것 같았다). 그는 그런 상태로 나를 가만히 바라보고 있었다. 나는 그 광경을 지금도 잊을 수 없다.

"읽어 주세요. 천천히요. 제가 이해할 수 있을는지 모르겠어요."

죽음처럼 고요해진 가운데, 나는 젖은 편지를 읽어나갔다.

"'제가 천진난만했을 때부터 저를 한없이 사랑해주셨던 당신이 이 편지를 보실 때는 저는 이미 멀리 가고 없을 겁니다.'"

"멀리 가고 없다고?" 페거티 씨가 말했다. "잠깐만 기다려요. 멀리! 에밀리가 멀리 가고 없다고! 그리고?"

"'내일 아침—정든 저의 집—아, 저의 소중한 집을 떠난 뒤에는—'"

편지에는 전날 밤 날짜가 씌어 있었다.

"'그 사람이 나를 귀부인으로 만들어 데려오지 않으면, 나는 다시는 돌아오지 않을 것입니다. 나 대신 이 편지를 받아보시는 것은 아마 내일 밤이 되겠지요. 아, 지금 내 가슴이 찢어지게 아프다는 것을 알아주신다면! 당신에게는 정말 미안해요. 크나큰 잘못을 저질렀으므로 용서를 바랄 수는 없지만, 내가 정말 괴로워한다는 것만은 알아주세요! 나는 나쁜 년이라서 내 이야기는 쓸 수가 없습니다. 아, 나를 아주 나쁜 년이라고 생각하시고 마음만이라도 달랠 수 있기를. 그리고 아저씨에게 말씀해 주세요. 지금처럼 아저씨를 사랑한 적은 없었다는 것을. 부탁드려요. 여러분이 저를 얼마나 귀여워해주셨고 사랑했던가를, 이젠 잊어 주세요—우리가 결혼하기로 했던 것도 없던 일로 해주세요. 어렸을 때 죽어서 어디엔가 묻혀 있다고 생각하세요. 아, 하느님, 나는 멀리 사라집니다. 제발 저의 아저씨를 불쌍히 여기소서! 그리고 내가 지금만큼 아저씨를 사랑하고 걱정했던 때는 이제껏 한 번도 없었다는 것을 부디 전해 주세요. 부디 아저씨를 위로해 주세요. 그리고 당신은 더 훌륭한 아가씨와—아저씨에게는 내 빈자리를 채워줄 수 있고, 절대 당신을 배신하지 않을 훌륭한 여자와 사랑을 하세요. 내게 당한 이런 지독한 일을 두 번 다시 당하지 않도록. 하느님! 여러분들께 축복을 내리소서! 저는 앞으로도 여러분의 행복을 위해 매일 무릎을 꿇고 기도드리겠습니다. 만약 제가 귀부인이 되어 돌아오지 못하고, 또 저 자신을 위한 기도는 잊는다 해도, 여러분을 위한 기도는 결코 잊지 않을 것입니다. 아저씨, 건강하세요. 저의 마지막 눈물과 마지막 감사를 아저씨께 드립니다! 그럼.'"

편지는 이것이 전부였다.

내가 편지를 다 읽은 뒤에도 페거티 씨는 여전히 나를 바라보며 멍하니 서 있었다. 나는 그의 손을 잡고, 정신을 차리고 힘을 내라고 말했다. 그러나 그는 꼼짝도 않고, "감사합니다. 도련님, 감사해요!"라고만 했다.

햄이 그에게 말을 걸었다. 페거티 씨는 햄의 괴로운 마음을 잘 알고 있었으므로 그의 손을 꼭 쥐었지만 여전히 멍하니 서 있었다. 그래서 어느 누구도 그에게 말을 걸지 않았다.

이윽고 그는 내 얼굴에서 천천히 눈길을 돌려, 방 안을 둘러보더니 나지막하게 말했다.

"그가 누구지? 이름을 말해."

그 순간 햄이 나를 바라보았다. 나는 깜짝 놀라 무심코 뒷걸음질쳤다.

"의심이 가는 자가 있기는 한데," 페거티 씨가 말했다. "그가 누구지?"

"데이비 도련님!" 햄이 애원하듯 내게 말했다. "잠시만 나가 주세요. 하고 싶은 말은 역시 해야겠습니다. 도련님이 들으시면 안 돼요."

나는 다시금 놀랐다. 쓰러지듯이 의자에 주저앉아 무슨 말을 하려 했으나 혀가 움직이지 않고 목소리가 나오지 않았다. 눈앞이 흐릿해졌다.

"그자의 이름을 말해!"

"지난 얼마 동안," 햄은 더듬거리며 말했다. "이곳에 어떤 하인이 와 있었습니다. 그리고 젊은 신사 한 분도 와 있었지요."

페거티 씨는 여전히 우두커니 서서 햄을 바라보았다.

"어젯밤에도 그 하인이, 같이 있는 것을 보았어요—우리 가련한 에밀리와 함께. 그 하인은 최근 일주일 가까이 이곳에 숨어 있었어요. 다들 그 하인이 가버렸다고 생각했는데 사실은 숨어 있었던 거예요. 데이비 도련님, 제발 자리를 비켜주세요, 제발요!"

페거티 씨의 한쪽 팔이 내 목을 감는 것이 느껴졌다. 그러나 물론 나는 움직이지 않았다. 이 집이 내 위로 무너져 내린다 해도 나는 움직이지 않았을 것이다.

"오늘 동이 트기 전에 낯선 사륜마차가 동구밖 노리치 도로상에 있었어요. 하인은 마차 있는 데로 갔다가 되돌아오더니 다시 그곳으로 갔어요. 그리고 에밀리도 틀림없이 그때 같이 있었어요, 게다가 마차 안에도 누군가가 있었고요. 바로 그자예요."

"제발, 그만." 페거티 씨는 두려움을 쫓아내려는 것처럼 한 손을 휘저으며 뒤로 주춤했다. "햄, 설마 그자의 이름이 스티어포스라고는 하지 않겠지!"
"데이비 도련님." 햄이 괴로운 듯이 말했다. "도련님의 잘못은 아니에요—저는 도련님을 탓하지 않아요—그러나 그자의 이름은 스티어포스예요. 그자는 악질입니다!"

페거티 씨는 소리도 내지 못했다. 눈물도 흘리지 않았다. 미동도 하지 않았다. 이윽고 마치 꿈에서 깨어나듯이 정신을 차리더니 갑자기 방구석 못에 걸려 있는 외투를 집어들었다.

"자, 좀 도와줘! 정신이 없어서 팔이 들어가질 않네." 그는 초조하게 말했다. "자, 나를 거들어서 이 옷 좀 입혀 줘!"

햄이 어디에 가느냐고 물었다.

"에밀리를 찾으러 가는 거야. 먼저 그놈의 배에 구멍을 뚫어서 가라앉혀 버려야겠다. 진작 그놈의 시커먼 속을 알았더라면 놈도 같이 배에 처넣고 수장시켰을 텐데!" 그는 주먹을 거칠게 내지르며 말했다. "내 눈앞에 나타나기만 해봐, 절대 가만 두지 않겠어! 아무튼 에밀리를 찾아오겠어!"

"어디로 가세요?" 햄이 문을 막아서며 소리쳤다.

"어디라도! 온 세상을 뒤져서라도 조카딸을 찾아올 거다! 욕을 당하고 있는 불쌍한 조카딸을 찾아서 데려와야 해! 말리지 마! 에밀리를 찾아오겠다고 하잖아!"

"안 돼, 안 돼!" 거미지 부인이 갑자기 울음을 터뜨리며 두 사람 사이에 끼어들었다. "안 돼요. 지금 그 상태로는 안 돼. 한숨 돌렸다가 가요. 그래도 충분해요! 이대로는 안 돼요. 거기 앉아요. 내가 지금까지 당신에게 걱정 끼친 것 모두 용서하고 가요. 생각해 보면 내 불행은 어느 것 하나 조금도 대수롭지 않으니까요! 그리고 옛날 이야기도 좀 하구요. 에밀리와 햄이 아직 어린 고아였고, 내가 불쌍한 과부였을 때, 당신이 데려다 키워주고 먹여 살렸던 시절 이야기를 해보자구. 그러면 당신 마음도 조금은 누그러질 거예요." 거미지 부인은 페거티 씨에게 조용히 머리를 기대며 말했다. "그리고 슬픔을 참기도 더 쉬울 거예요. 이런 말을 알고 있지요. '너희가 여기 내 형제 가운데 매우 작은 자 하나에게 한 것이 곧 내게 한 것이니라.'[1] 이 말은 여러 해 동안 우리의 안식처가 되어 왔던 이 지붕 밑에서는 절대로 변하지 않아요!"

이제는 페거티 씨도 그냥 듣기만 했다. 그가 흐느껴 우는 소리를 듣자, 나도 아까부터, 모두 앞에 무릎을 꿇고서 나 때문에 일어난 불행에 대해 용서를 빌고 스티어포스를 저주하고 싶던 충동도 겨우 누그러졌다. 답답한 내 심정이 조금 가라앉자 어느 틈에 나도 소리 내어 울고 있었다.

---

1) 〈마태복음〉 25 : 40.

32장
긴 여행의 시작

　나한테 자연스러운 감정은 다른 사람들에게도 자연스러운 감정이라고 믿으므로 서슴지 않고 적는 바이지만, 나와 스티어포스를 이어주던 우정의 끈이 끊어진 그때만큼 내가 그를 좋아했던 적은 없었다. 그의 배덕을 알고 슬퍼하면서도 나는 그의 눈부신 재능을 생각했다. 그에게 온갖 우정을 쏟던 때보다도, 지금 그가 지닌 모든 장점에 더욱더 깊게 마음이 끌렸고, 그를 고귀한 성품의 훌륭한 인물이 되게 할 수도 있었던 그의 소질에 대해서도 그 진가를 전보다 더욱 정당하게 인정했던 것이다. 그가 성실하고 정직한 한 가정을 욕되게 한 데 대해서는 나 자신에게도 책임이 있다고 절실히 느끼기는 했지만, 그와 직접 맞대면 꾸짖는 말은 한마디도 하지 못했을 것이다. 더 이상 그의 매력에 사로잡히는 일은 없고—그에 대한 친애의 정은 여전히 굳게 남아 있었으며, 그에게서 받은 온갖 친절은 그립기 그지없었다—다시 예전의 우정을 되찾으려는 뜻은 버렸지만, 다른 점에서는, 마음에 큰 상처를 입은 어린아이처럼 참으로 공허했다.
　그러나 우리의 우정을 되찾을 수 있다는 생각만은 절대 하지 않았다. 스티어포스도 그렇게 생각했을 것이다. 나는 우리 두 사람 사이가 이것으로 모두 끝났다고 분명하게 느꼈다. 이후로 그가 나를 어떻게 생각했는지에 대해서는 끝내 알 수 없었지만, 아마도 대수롭지 않게 여기며 이내 잊었을 것이라고 생각한다. 그러나 그에 대한 나의 추억은 유명을 달리한 그리운 벗에 대한 추억과 조금도 다르지 않았다.
　그렇다. 이제 이 이야기에서 멀리 사라져버린 스티어포스! 내 슬픔은 최후의 심판장에서 불리한 증언을 할지도 모른다. 그렇지만, 그것이 자네에 대한 내 분노나 비난하는 감정에서 그렇게 하는 것이 아니라는 것만큼은 이 자리를 빌려 분명히 밝혀두는 바이다!

사건에 관한 소식은 곧 마을에 퍼졌다. 다음 날 아침, 거리를 지나갈 때 사람들이 문간에 서서 그 이야기를 하는 것이 분명하게 들려올 정도였다.

대부분의 사람들은 에밀리가 나쁘다고 했고, 드물게 스티어포스를 욕하는 사람도 있었지만, 페거티 씨와 햄에 대해서는 단 한 가지 생각만을 갖고 있었다. 모든 사람이 한결같이 두 사람에게 동정을 나타냈으며, 그것은 친절과 세심한 배려로 가득 차 있었다.

내가 그 두 사람을 만난 것은 바닷가를 걷고 있을 때였다. 날이 완전히 밝은 뒤 나는 페거티 씨 집에서 나왔는데, 페거티의 말에 의하면 그때까지도 두 사람은 한숨도 자지 않았다고 했다. 그러나 그 말을 듣지 않아도 한눈에 그것을 알 수 있었다. 그만큼 그들은 초췌한 모습이었다. 페거티 씨의 머리는 하룻밤 사이에, 지난 오랜 세월 동안 한 번도 본 적 없을 정도로 기력을 잃고 푹 수그러져 있었다. 두 사람 모두 그 아침 바다처럼 몹시 침울해 보였다. 암담한 하늘 아래 펼쳐진 파도 한 점 없는 바다에는—그러나 그것은 잠든 이의 숨결처럼 크고 높게 너울을 만들고 있었다—아직 솟아오르지 않는 태양으로부터 한 줄기 은빛 햇살이 쏟아져나와 수평선 위를 물들이고 있었다.

우리 세 사람은 말없이 걸었다. 한참 뒤에 페거티 씨가 내게 말했다. "앞으로 어떻게 해야 좋을지에 대해 많은 이야기를 나누었고, 대체적인 방향도 잡았습니다."

나는 문득 햄을 바라보았다. 그는 멀리 바다 위에 비치는 햇살을 바라보고 있었다. 그 순간 어떤 무서운 생각이 떠올랐다. 그의 얼굴이 분노에 차 있었기 때문이 아니다. 반대로 그의 얼굴에는 단호한 결의가 나타나 있었다. 당장에라도 스티어포스를 만나면 가차없이 그를 죽여 버리고 말겠다는 결사적인 표정이었다.

"여기서 제가 할 일은 다 끝났습니다. 이제부터는 저의—" 페거티 씨는 말을 끊었다가 단호한 목소리로 다시 이었다. "에밀리를 찾으러 가겠습니다. 그것만이 제가 해야 할 일입니다."

어디로 찾으러 갈 생각이냐고 내가 물었지만, 그는 고개를 저으면서 대답을 피하고, 내일 런던으로 돌아갈 것이냐고 내게 물었다. 실은 오늘 떠날 생각이었으나 당신에게 도움이 되고 싶어서 늦추었으므로, 당신만 좋다면 언제든지 떠나겠다고 대답했다.

"그럼 저도, 도련님만 좋으시다면 내일 같이 가겠습니다."

우리는 다시 묵묵히 걸음을 옮겼다.

"햄은," 페거티 씨가 다시 말을 이었다. "지금 하고 있는 일을 계속할 것입니다. 누이동생 집에서 같이 살기로 했어요. 저기 저 낡은 배는—"

"저 낡은 배는 버리려고요, 페거티 씨?" 나는 조용히 물었다.

"그래요. 앞으로 제 근거지는 여기가 아니니까요. 바다 위가 캄캄해졌을 때 배가 한 척 가라앉았다는 소식을 들으시면, 그게 이 배구나 하고 생각하세요. 하지만 이건 농담이고, 데이비 도련님. 저는 저 배를 버릴 생각은 없습니다. 오히려—"

우리는 또 조금 전처럼 잠깐 걸었다. 이윽고 그가 나직이 설명했다.

"제 소원은, 여름에도 겨울에도, 낮에도 밤에도, 그 애가 저 배를 처음 보았던 그 모습 그대로 남겨두는 것이랍니다. 그 애가 돌아왔을 때 옛날 정들여 살던 곳에서 쫓겨난 것처럼 느끼게 하고 싶지는 않습니다. 유령 같을지 몰라도, 이끌리듯이 비바람을 뚫고 찾아와 창문을 통해 난로 곁에 있는 자리를 들여다보고 싶도록 하고 싶습니다. 어차피 남아 있는 사람은 거미지 부인밖에 없을 테니, 그럼 에밀리도 부들부들 떨면서도 들어가 볼 용기가 날 겁니다. 그리고 그리운 정든 침대에서 재우는 거예요. 옛날의 즐거운 기억이 가득 담긴 베개에 지친 머리를 누이고 쉴 수 있겠죠."

나는 그의 말에 대답을 하려 했으나 목소리가 나오지 않았다.

"그러니까 밤마다," 페거티 씨는 말했다. "매일 그 유리창 앞에 촛불을 밝혀두어야 해요. 에밀리가 돌아와서 그것을 보고, '얘야 어서 오너라!'라고 말하는 것처럼 느낄 수 있도록 말입니다. 그렇지, 햄. 어두워진 뒤 누가 고모네 문을 두드리는 소리가 들려도—어차피 콩콩 하는 작은 소리일 게 뻔해—너는 나가면 안 된다. 비참한 몰골을 한 에밀리를 맞이하려면—너는 안 된다—역시 고모가 나가야 해."

그는 이렇게 말하면서 우리보다 약간 앞서서 걸었다. 그대로 얼마 동안을 걸어갔다. 그 사이에 나는 또다시 햄을 돌아보았다. 그의 얼굴 표정은 여전했다. 눈은 먼 수평선을 향하고 있었다. 나는 그의 팔을 잡았다.

잠들어 있는 사람을 깨우는 투로 그의 이름을 두 번 불렀더니 그제야 그는 겨우 내가 자기를 부르고 있다는 것을 깨달았다.

내가 무얼 그리 골똘하게 생각하고 있느냐고 물었더니 그는, "제 앞에 있는 것이죠, 데이비 도련님. 그리고 그보다 더 멀리 있는 것하고요"라고 대답했다.

"앞으로의 생활 말이오?" 그가 멍하니 수평선을 가리키고 있었으므로 그렇게 물어보았다.

"어찌된 일인지 잘은 모르겠습니다만, 저 멀리서 최후라고 하는 것이 제게로 다가오고 있는 것만 같습니다." 그는 지금 막 잠에서 깨어난 것 같은 눈으로 나를 바라보았다. 표정만은 여전히 확고했다.

"어떤 최후 말이오?"

나는 두려움에 사로잡힌 채 물어보았다.

"글쎄요, 저도 잘 몰라요." 그는 천천히 생각하면서 대답했다. "모든 것이 여기서 시작되었으니까—그 끝장도 여기서 올 것이라고 생각하는 것이겠지요. 그렇지만 이젠 다 틀렸습니다! 데이비 도련님." 그리고 내 눈길에 답하는 것이었으리라. "제 걱정을 하실 필요는 없습니다. 그렇지만 실은 저도 갈피를 잡지 못하겠습니다. 어쩐지 멍하기만 해요." 말인즉슨, 머리가 어떻게 되어서 뭐가 뭔지 전혀 모르겠다는 것이었다.

페거티 씨가 우리와 함께 가려고 걸음을 멈추고 기다리고 있었다. 그래서 우리는 걸음을 재촉하여 그와 합쳤다. 다시 아무도 말을 하지 않았다.

그러나 이날의 산책은, 앞서 내가 말했던 불안과 결합하여 그 예정된 참혹한 결말이 와야 할 때에 어김없이 찾아왔을 때까지 수시로 나를 괴롭혔다.

어느새 우리는 그 낡은 뱃집 앞에 닿아 안으로 들어갔다.

거미지 부인도 이제는 늘 멍하게 앉아 있던 구석에서 자리를 털고 일어나 아침 식사를 준비하기에 바빴다. 거미지 부인은 페거티 씨의 모자를 받기도 하고 의자를 내주기도 하며 아주 상냥하게 말했다. 이제껏 한 번도 본 적 없는 모습이었다.

"당신은 먹고 마시고 해서 기운을 내야 해요. 그렇지 않으면 아무 일도 못해요. 그래야 대장부이지요! 그리고 내 잔소리가 언짢으면 그렇다고 말해요. 조용히 할 테니까요."

우리의 식사 시중을 들고 난 다음 그녀는 창가로 물러가서 페거티 씨의 셔츠며 옷가지를 꿰매고는 곱게 접어서 뱃사람들이 가지고 다니는 낡은 방수가방에 넣었다. 그러는 동안에도 그녀는 여전히 조용한 태도로 혼잣말하듯이 말했다.

"난 사시사철 언제나 여기서 모든 일을 당신 마음에 들도록 보살피겠어요. 배운 것은 없지만 당신이 멀리 떠나 있는 동안 때때로 당신에게 편지도 쓰겠어요. 데이비 도련님한테도요. 당신도 가끔은 내게 편지를 주겠지요? 외롭고 쓸쓸한 나그네의 심정을 알려주겠지요?"

"당신도 혼자서 여기 있으면 외로울 거요!" 페거티 씨가 말했다.

"아니에요. 조금도 외롭지 않아요. 내 걱정은 말아요. 언젠가는 당신도 돌아올 테고,—그렇지, 그리고 당신뿐 아니라 언제 누가 돌아올지 모르잖아요. 그날을 위해 여기서 이렇게 숨 쉬고 있으면(집을 지킨다는 뜻이다) 할 일도 얼마나 많은데요. 날씨가 좋으면 평소처럼 현관 밖에 앉아 있을 거예요. 누군가가 돌아와서, 아, 말한 대로 집을 잘 지키고 있구나 하고 멀리서도 알 수 있도록 말이에요."

그건 그렇고, 그 짧은 사이에 거미지 부인은 얼마나 많이 변했는가! 그녀는 아주 딴 여자가 되었다. 그녀는 헌신적이었다. 말해도 좋을 것과 안 되는 것을 재빨리 구분했고, 자신은 뒤로 돌리고 주위 사람들의 슬픔에만 온 마음을 다 썼다. 나는 어떤 존경심마저 느꼈다. 게다가 그날 그녀가 일하는 품은 또 어땠는가! 노, 그물, 돛, 밧줄, 새우 항아리, 바닥짐 주머니 등 물가에서 가지고 올라와 곳간에 넣어두어야 할 것들이 제법 많았다. 페거티 씨는 일만 하면 품삯은 언제나 넉넉히 주었으므로, 일을 거들겠다고 나서는 사람은 얼마든지 있었다. 그런데도 그녀는 어디까지나 자신도 일하겠다고 주장하며, 아침부터 밤까지 힘에 부치는 무거운 짐까지 척척 옮기고, 그 밖에도 필요 없는 용무에까지 여기저기 쉴 새 없이 뛰어다녔다. 불행을 한탄하는 일은, 여태껏 단 한 번도 그래 본 적이 없다는 듯이 까맣게 잊고 동정 어린 말만 늘어놓았다. 그녀는 밝고 조용하며 침착했다. 이것이 그녀에게 일어난 변화 가운데 가장 놀라운 점이었다. 잔소리 심하고 까다로운 부분은 어디론가 사라져 버렸다. 하루 종일, 목이 메고 눈물짓는 모습은 한 번도 보이지 않았다. 거미지 부인은 저녁이 되어서야 처음으로 눈물을 보였다. 그녀와 나, 그리고 페거티 씨, 이렇게 세 사람만이 남은 뒤, 페거티 씨가 아주 지쳐서 잠들어버리자 터져 나오는 울음을 억지로 참으며 나를 문까지 바래다주었다.

"도련님, 부디 페거티 씨에게 힘이 되어 주세요. 불쌍한 사람이에요!" 거미지 부인은 이렇게 말하고는 곧바로 달려가서 얼굴을 씻고 왔다. 그가 일어났을 때, 바로 옆에서 아무렇지 않게 일을 하고 있으면서 눈물자국을 보이지 않기 위해서였다.

다시 말하면, 그날 밤 내가 거미지 부인과 인사하고 돌아왔을 때, 그녀는 이미 페거티 씨의 괴로움을 달래주고 의지할 기둥이 되었던 것이다. 아무튼 그때 거미지 부인으로부터 받은 교훈과 그녀가 보여준 새로운 태도는 내가 아무리 되새겨도 모자랄 귀중한 것이었다.

내가 울적한 기분으로 시내를 떠돌다가 오머 씨의 집에 닿은 것은 밤 9시에서 10시 사이였다. 그의 딸이 나와, 오머 씨는 이번 일로 너무나 큰 충격을 받아 온종일 기운 없이 풀이 죽어 있다가 그 좋아하는 담배도 피우지 않고 잠자리에 들었다고 전했다.

"모두를 감쪽같이 속이다니, 정말 몹쓸 계집이에요." 저램 부인이 말했다. "그 앤 도대체 돼먹지를 않았어요."

"그런 말씀 마세요!" 나는 대꾸했다. "설마 진심으로 그렇게 생각하는 것은 아니겠지요?"

"아뇨, 진심으로 그렇게 생각합니다." 저램 부인은 화를 내며 외쳤다.

"그렇지 않습니다!" 나는 말했다.

저램 부인은 일부러 고약스럽게 고개를 저었지만, 상냥한 그녀의 본디 마음씨를 숨기지 못하고 그만 울음을 터뜨렸다. 그녀가 그토록 동정심이 많은 것을 보자 그녀를 좋은 사람이라고 생각했으며, 그러한 마음씀씀이가 덕성 있는 아내와 어머니로서 더없이 적합한 조건이라고 생각했다.

"그 앤 앞으로 어떻게 할 작정일까요?" 미니는 훌쩍이며 말했다. "어디로 갈 생각일까? 아! 그 앤 어쩌면 그렇게도 무자비할 수가 있죠. 약혼자는 물론 자기 자신에게도 말이에요!"

나는 그녀가 아직 어리고 아름다웠던 처녀 시절을 뚜렷하게 기억하고 있다. 그런 만큼, 그녀 쪽에서도 그것을 이토록 잘 기억하고 있는 점이 정말로 기뻤다.

"제 딸아이는 지금 막 잠이 들었는데, 자면서도 에밀리를 찾으며 훌쩍거린답니다. 오늘은 하루 종일 울면서 에밀리 얘기만 했어요. 그리고 에밀리는 나쁜 언니냐고 내게 몇 번이나 물었답니다. 그러니 그 애에게 뭐라고 대답할 수 있겠습니까? 에밀리가 여기 있었던 마지막 날 밤에는 자기 목에서 리본을 풀어 딸애의 목에다 둘러 주고 그 애가 깊이 잠들 때까지 옆에 누워서 함께 자 주었답니다! 그 리본은 아직도 제 딸아이 목에 둘려 있어요. 그러면 안 되지만, 풀어버릴 수도 없잖아요? 정말 몹쓸 것이에요, 에밀리는. 하지만 딸아이 미니와는 서로 정말로 마음이 잘 맞았고, 미니는 아직 어려서 아무것도 모르지요!"

저램 부인이 너무 슬퍼하자 남편이 와서 그녀를 위로해주었다. 두 사람을 남겨두고 나는 페거티의 집으로 돌아왔다. 나 자신도 전에 없이 우울한 기분이었다.

그 뼛속까지 착한 사람은—페거티를 두고 하는 말이다—요즘 근심 걱정으로 잠 못 이루는 밤이 이어졌지만, 전혀 피로한 기색 없이 오빠네 집에 가서 오늘 밤도 묵고 올 예정이었다. 페거티네 집에는 나 말고도 한 노파가 있었는데, 그 노파는 지난 몇 주일 동안 페거티가 간병에 전념하기 위해 집안일을 돌보아 달라고 고용한 사람이었다. 나는 그 노파에게 가서 자라고 말하고는 (상대도 기뻐하는 것 같았다) 한동안 부엌 난로 앞에 앉아서 이번 일을 여러모로 생각해 보았다.

자연히 바키스 씨의 임종에 관해서도 이리저리 생각해 보았다. 어느 틈에 썰물과 함께 내 마음도, 오늘 아침 햄이 이상하게 진지한 표정으로 멀리 바라보던 수평선 쪽으로 흘러가기 시작했다. 그때 문을 두드리는 소리를 듣고 종잡을 수 없는 공상에서 퍼뜩 깨어났다.

문에는 노커[1]가 붙어 있었지만 지금 들려온 소리는 손으로 두들기는 소리였으며, 꼭 어린아이가 두드린 것처럼 문 아래쪽에서 들려왔다.

마치 지체 높은 분의 하인이 두드리는 것처럼 들려서 나는 깜짝 놀랐다. 재빨리 가서 문을 열었지만, 아무도 없었다. 단지 커다란 박쥐우산이 저절로 걸어온 것처럼 내 아래쪽에서 움직이고 있었다. 그 우산 밑에는 난쟁이 미스 모처가 있었다.

그녀는 우산을 옆에 두고(아무리 애를 썼지만 그녀는 우산을 접을 수 없었다) 나

---

[1] 손으로 두드리는 대신 쓰는 현관문에 달린 쇠고리.

를 올려다보았다. 그녀가 처음이자 마지막으로 보았던 그 만남에서 나에게 깊은 인상을 주었던 그 쾌활한 표정을 보여주었다면 나는 절대 그녀를 안으로 들이지 않았을 것이다. 그렇지만 나를 돌아다보는 그녀의 얼굴은 진지하기 그지없었다. 내가 우산(아일랜드의 거인도 다루기 힘들 정도로 터무니없이 큰 우산이었다)을 집어 주었더니, 그녀는 몹시 괴로운 태도로 조그마한 손을 꽉 쥐었다. 그 모습에는 나도 연민을 느꼈다.

"미스 모처! 무슨 일로 여기 오셨지요, 웬일이십니까?" 나는 인적이 끊긴 거리를 두세 번 둘러본 다음 말했다(그러나 딱히 무엇을 보려고 기대한 것은 아니었다).

그녀는 짧은 오른팔을 움직여서 우산을 좀 접어 달라는 시늉을 하고는 허둥지둥 내 옆을 지나 부엌으로 들어가버렸다. 내가 문을 닫고 우산을 들고 뒤따라가 보니, 그녀는 난로 철망 한구석에 앉아서 몸을 앞뒤로 흔들면서 고통스러운 사람처럼 두 손을 무릎 위에 놓고 비벼대고 있었다.

나 혼자서 뜻하지 않은 손님을 맞아들인 데다가 불길한 행동까지 보게 되니, 나는 놀라서 무심코 큰 소리를 냈다. "미스 모처, 제발 말해주시오, 어찌된 일입니까? 어디 불편한 곳이라도 있습니까?"

"들어 보세요, 도련님." 미스 모처는 두 손을 가지런히 모아 자기 가슴을 누르며 대답했다. "전 여기가 아파요. 설마 일이 이렇게 될 줄이야! 내가 이렇게 멍청하지만 않았어도 훨씬 전에 눈치채고 어떻게든 막아볼 수 있었을 텐데!"

조그마한 몸을 흔들 때마다 그녀의 큰 보닛이(몸집에 맞지 않는 큰 모자였다) 앞뒤로 흔들거렸다. 그리고 그에 맞춰서 벽에 비친 엄청나게 큰 모자 그림자도 함께 흔들거렸다.

"난 놀랐습니다. 미스 모처가 그토록 고통스러워하다니요." 그녀는 이내 내 말을 가로막았다.

"그래요, 언제나 모두들 놀라지요. 요즘 젊은이들 나이깨나 먹고도 여전히 생각이 없어요! 나 같은 조그마한 사람에게도 남 못지않은 감정이 있어요! 그런데도 다들 신기해하며 깜짝 놀란단 말이에요! 다들 나를 장난감처럼 여기고 심심풀이로 가지고 놀다가 질리면 휙 던져 버리지요. 그래서 내가 화를 내면, 허허, 그래도 감정은 있나 보군. 장난감 말이나 나무 병정이라고 생각했는데, 하고 말하지요. 네, 그래요, 옛날부터 그랬지요!"

"다른 사람들은 그럴지 모르지만, 나만은 절대 그렇지 않습니다. 그야 지금 당신을 보고 깜짝 놀랐다고 말한 건 실례일지 모르지만, 그건 내가 정말로 당신에 대해서 잘 모르기 때문이에요. 별 생각 없이 생각한 대로 말이 튀어나왔을 뿐입니다."

"하지만 저로서도 어쩔 수가 없지 않겠어요?" 그녀는 일어서서 이걸 좀 보란 듯이 두 팔을 펼쳐 보였다. "이게 저예요. 아버지도 이렇고, 여동생도, 남동생도 역시 이렇습니다. 저는 그 동생들을 위해—들어봐요, 코퍼필드 씨—몇 년째 몸이 바서져라 일해 왔어요. 저도 살아야 하지 않겠어요? 전 남에게 피해를 주지 않습니다. 그런데도 다들 어찌나 지독한지, 저를 웃음거리로 삼을 생각밖에 안 해요. 그러니 저도, 저를 포함하여 모두를 우스갯거리로 삼아 놀릴 수밖에 없지 않겠습니까? 지금은 그런 방법으로 살아가고 있어요. 그런데 그게 제 잘못이겠습니까?"

그것은 결코 미스 모처의 잘못이 아니라고 말해주었다.

"이를테면 당신의 그 잔인한 친구에게 내가 세심하게 배려를 한다고 한들 무슨 보람이 있겠습니까?" 그녀는 마음속에 쌓인 울분을 풀어놓듯, 세차게 고개를 저으며 말을 이었다. "과연 내가 얼마만큼 그의 도움과 호의를 받으리라고 생각하십니까? 이 난쟁이 모처가 얼마만큼—제가 이렇게 태어난 것조차 전혀 제 탓이 아니에요—제 불행을 그분 같은 사람들에게 한탄한다고 해서, 그 가느다란 목소리가 그들에게 들리리라고 생각하십니까? 그야, 제가 아무리 심술궂고 둔감한 불구자라고 해도, 역시 목숨은 이어가야 해요. 그런데 그것이 저한테는 결코 쉽지가 않아요. 숨이 끊어지도록 휘파람을 불어봐야 빵과 버터를 나눠주는 사람은 아무도 없으니까요."

미스 모처는 또다시 난로 철망 위에 걸터앉아 손수건을 꺼내 눈물을 닦았다.

"도련님, 그럴 것이라고 생각하지만 만약 당신께 친절한 마음이 있다면, 저 자신의 불행을 잘 알고 있으면서도 그 모든 것을 꾹 참고 활기찬 마음을 가질 수 있다는 점에 대하여 감사하게 생각해야 합니다. 그 누구의 신세도 지지 않고, 비록 보잘것없기는 하지만 이 세상을 헤쳐온 것, 그리고 지금까지 살아오면서 겉모습 때문인지 머리가 나쁜 탓인지는 몰라도 사람들한테서 온갖 소리를 들어오면서 그런 것을 하나하나 되받아칠 수 있었던 것을 설사 제가 여러분 거인들한테는 장난감 같을지라도 역시 저는 친절을 받을 자격이 있어요. 자기가 불구자라고 끙끙 앓을 필요는 전혀 없어요. 그래야 자신한테도 좋고, 남들한테도 피해를 주지 않으니까요."

미스 모처는 골똘한 표정으로 나를 바라보면서 손수건을 주머니에 집어넣고는 다시 말을 이었다.

"방금 길거리에서 도련님을 봤어요. 하지만 저는 보시다시피 다리도 짧고 호흡도 짧아서 도련님처럼 빨리 걸을 수 없으니 끝내 따라잡지 못했지요. 그렇지만 행선지를 대충 짐작하고 뒤따라온 것입니다. 여기에는 낮에도 한 번 왔었지만, 안주인이 집에 없었지요."

"페거티를 알아요?" 나는 물었다.

"오머 앤드 저램 상회에서 소문은 들었답니다. 오늘 아침 7시에 그 상점에 들렀거든요. 그건 그렇고 도련님을 여관에서 처음 뵈었던 때 그 불행한 처녀에 대해서 스티어포스가 제게 말한 것을 기억하세요?"

미스 모처의 커다란 모자와 벽에 비친 그림자가, 그녀의 질문과 함께 또다시 앞뒤로 크게 흔들렸다.

그 말은 그날도 여러 번 내 머릿속에 떠올랐던 것이므로 나는 아주 잘 기억하고 있었다. 그래서 기억하고 있다고 말했다.

"그 사람은 정말 저주받아 마땅해요." 미스 모처는 나와 그녀의 눈 사이에 집게손가락을 치켜들며 말했다. "그리고 그 못된 인간의 하인은 주인의 열 배나 더 저주받을 놈이죠. 그렇지만 그 아가씨를 순수하게 좋아한 사람은 도련님이 아닌가요?"

"나라고요?"

"괜찮아요, 괜찮아요! 그럼 어디 말해 봐요." 그녀는 또다시 난로 철망에 앉은 채로 몸을 흔들면서, 속이 타는 사람처럼 두 손을 비벼댔다. "왜 도련님은 그 아이를 극구 칭찬하면서 얼굴을 붉히고 수줍어했지요?"

그녀가 떠올렸던 것과는 매우 다른 이유에서였지만, 내가 그랬다는 것만은 인정하지 않을 수 없었다.

"하기야 제가 뭘 알겠어요?" 그녀는 또다시 손수건을 꺼내서 두 손으로 부산스럽게 눈가에 댈 때마다 발을 동동 굴렀다. "그러나 그가 당신 말을 반박하고 달콤한 말로 농락하려고 한 것은 알고 있어요. 그리고 그놈 손에 걸려들면 도련님은 녹은 밀초처럼 흐물거렸지요. 그때 제가 돌아갈 때 하인이 저를 붙들고 하는 말이, '순진한 애송이'(놈은 도련님을 그렇게 불렀어요. 도련님도 이제부터는 평생 그놈을 '천벌받을 늙은이'라고 부르셔도 좋아요)가 그 처녀를 좋아하고 있고, 처녀도 생각 없이 들떠서 그 애송이에게 마음이 기울어 있지만, 자기 주인께서는 행여나 잘못된 일이 일어나지 않길 바란다는 거예요. 그래서 그 처녀를 위해서가 아니라 도련님을 위해서, 그래서 그들이 여기까지 찾아온 것이라고 말했어요. 그 말을 제가 어찌 믿지 않을 수 있었겠습니까? 스티어포스가 그 처녀를 칭찬하며 도련님을 즐겁게 해드리는 것을 보았으니까요! 처음에 그 처녀의 이름을 꺼낸 것은 도련님이었지요. 옛날부터 찬미하고 있다고 말하면서, 내가 그 처녀 얘기를 꺼내면 빨개졌다가 하얘졌다가, 열이 올랐다가 식었다가 하면서 아주 가관이었다고요. 그러니 나로서는 당연히 도련님이 아직 새파랗고 경험은 없지만 말할 수 없는 색골이며, 또한 정사 경험은 셀 수 없이 많고 (마음만 먹으면) 도련님을 위해 언제든지 자리를 펴줄 수 있는 사내의 동생뻘로 생각하지 않겠어요? 그렇게 생각할 수밖에요. 아! 아! 그거예요! 그들은 제가 자기네 본심을 알아낼까 두려웠던 거예요."

미스 모처는 난로 철망에서 떠나 그 짧은 두 팔을 치켜들고 비통한 표정으로 부엌 안을 이리저리 종종거리면서 말했다. "저는 이래 봬도 사람 보는 눈만큼은 확실해요. 그렇지 않으면 저 같은 인간은 세상을 살아갈 수 없으니까요! 하지만 그들은 저를 완전히 속였답니다. 그래서 전 그 가엾고 불행한 처녀에게 편지를 전해 주었어요. 그 편지가, 일부러 뒤에 남은 리티머에게 처녀가 말을 걸게 된 시초가 되었을 거예요!"

새삼스럽게 드러난 스티어포스의 배신에 놀랍고 어이가 없어서, 나는 멍하니 서서 미스 모처의 얼굴만 바라보았다. 그녀는 계속 부엌을 왔다 갔다 하다가 숨이 차자 다시 난로 철망 위에 앉아 손수건으로 얼굴을 닦았다. 그리고 오랫동안 고개를 저으며 가만히 앉은 채 한마디도 하지 않았다. 이윽고 마지막으로 입을 열었다.

"계속 시골을 여기저기 돌아다니다가, 그저께 밤에 노리치에 갔더니 이런 소문이 들리더라고요. 코퍼필드 씨. 그들이 도련님은 빼놓고 자기들끼리만 몰래 드나들고 있다지 뭐예요—이상하잖아요?—저는 뭔가 잘못되었구나 하고 생각했어요. 그래서 어젯밤, 런던에서 오는 역마차가 노리치를 지나갈 때 곧바로 그 마차를 타고 오늘 아침 이곳으로 온 것입니다. 아! 아! 하지만 이미 늦었군요!"

불쌍한 난쟁이 모처는 울면서 격분한 뒤, 다시 추위를 느끼고 난롯가 쪽으로 돌아앉아 젖은 작은 발을 재 속에 집어넣고 데우면서, 마치 커다란 인형과 같은 모양으로 난롯불을 바라보고 있었다. 나는 우울한 생각에 사로잡힌 채 난로 맞은편에 있는 의자에 앉아 이따금 난롯불과 그녀를 번갈아 바라보았다.

"전 가 봐야겠습니다." 그녀는 드디어 일어나면서 말했다. "너무 늦었어요. 도련님, 저를 믿지 않으시는 것은 아니겠죠?"

그녀가 날카로운 눈으로 물었다. 눈길이 마주치자, 그렇다고 솔직하게 대답할 수가 없었다.

"그래요?" 그녀는 내가 난로 철망 너머로 그녀를 도우려고 손을 내밀자 기꺼이 그 손을 잡으며 아쉬운 듯 내 얼굴을 쳐다보면서 말했다. "제가 평범한 몸집의 여자라면 도련님께선 저를 믿겠지요?"

그녀의 말이 옳았으므로 나는 나 자신이 몹시 부끄러웠다. 그녀는 고개를 끄덕이며 말했다.

"도련님은 아직 젊어요. 그러니 아무리 내 키가 석 자밖에 안 된다 하더라도 충고는 충고로 받아들여야 해요. 보세요, 도련님. 신체적 결함과 정신적 결함은 전혀 다른 거예요. 뚜렷한 이유도 없이 그 둘을 같은 것으로 보지 마세요."

그녀는 난로 철망에서 내려와 있었고, 나도 의혹에서 벗어나 있었다. 나는 그녀에게, 솔직하게 말해주어서 고맙다, 우리 둘 다 그들의 계략에 말려서 불운한 도구가 되어버렸다고 말했다.

그랬더니 그녀도 기쁜 듯이 고맙다고 인사를 하며, 내게 찬사를 보내는 것이었다.

"그런데, 잘 들어 보세요!" 그녀는 문 쪽으로 가다가 다시 돌아서서, 집게손가락을 세우며 큰 소리로 말했다. "제가 여태까지 들은 말로 미루어 보면, 그들은 외국으로 달아나버린 것 같아요. 저는 귀가 아주 밝아요. 이 아까운 능력을 안 쓰고 썩힐 이유가 없지요. 그들이—아니, 그들 가운데 한 사람이라도—돌아온다면, 어차피 이렇게 사방을 돌아다니고 있으니, 가장 먼저 제 귀에 그 소식이

들어올 겁니다. 그러니까 새로운 소식이 들리는 대로 모조리 도련님께 알려드리지요. 가엾게도 속아넘어간 그 처녀를 위해서 제가 할 수 있는 일이 있다면 무엇이든 할 것입니다. 하기야 리티머 같은 놈에게는 저 같은 난쟁이보다는 사냥개를 붙여주는 것이 나을 테지만요!"

미스 모처가 마지막 말을 했을 때 그 진지한 얼굴을 보자 나는 그 말을 전적으로 믿지 않을 수 없었다.

"나를 믿으라고 했지만, 평범한 여자 이상으로 믿을 필요는 없어요. 그렇다고 해서 그 이하라면 곤란해요." 미스 모처는 강하게 호소하듯이 내 손목을 잡고 말했다. "다음에 만날 때는 오늘 같은 제가 아니라, 예전에 처음 뵈었던 때의 저로 돌아가 있을지도 몰라요. 그러나 설사 그렇더라도, 제가 언제나 어떤 사람과 함께 있는가를 생각해 주세요. 나는 보시다시피 불쌍한 난쟁이고, 일이 끝나고 집으로 돌아가면 저와 똑같은 불구자 동생들과 함께 있다는 점도 잊지 말아주세요. 그러면 당신도 그렇게 무정하게 나를 생각할 일도 없을 것이고, 내가 이렇게 슬픔에 빠져 자괴감을 느낀다고 해서 결코 놀라지도 않으리라 생각해요. 그럼 안녕히 계세요."

그녀는 지금까지 내가 생각하던 것과는 전혀 다른 사람이었다. 손을 내밀어 악수를 청했고, 그녀가 나갈 수 있도록 조용히 문을 열어주었다. 그러나 그 큰 우산을 펴서 그녀가 잘 잡도록 해주는 것은 결코 쉬운 일이 아니었다. 마침내 그 일이 잘 끝나자, 우산 속에 누가 있는 것처럼 보이지는 않았지만 비가 쏟아지는 거리를 깡충깡충 뛰듯이 걸어갔다. 그런데 물받이에서 흘러넘친 빗물이 한꺼번에 주르륵 쏟아지는 바람에 우산이 한쪽으로 기울자, 그녀는 필사적으로 바로잡으려고 애썼다. 한두 번 정도는 나도 무심결에 도와주러 달려나갔으나, 곁으로 가면 우산은 다시 커다란 새처럼 깡충거리며 걸어갔다. 나는 그 일을 몇 번 되풀이하고 난 뒤 집으로 돌아와, 아침까지 깊은 잠에 빠져들었다.

아침에 페거티 씨와 유모 페거티가 왔으므로, 우리는 이른 시간에 역마차 매표소로 나갔다. 매표소에는 거미지 부인과 햄이 우리를 배웅하려고 기다리고 있었다.

페거티 씨가 짐 속에 가방을 밀어넣고 있는 동안, 햄이 나를 자기 곁으로 끌어당겨 나지막하게 말했다. "데이비 도련님, 삼촌의 생활은 모조리 산산조각이 났어요. 저분은 지금 어디로 가야 할지, 자기 앞에 무슨 일이 닥쳐올지조차 전혀 모르고 있어요. 운 좋게 에밀리를 찾으면 다행이지만, 그렇지 못하면 이제부터 한평생, 가다 멈추다 하며 언제 끝날지 알 수 없는 여행길이 이어질 겁니다. 도련님, 도련님만큼은 저분의 힘이 되어 주시겠지요?"

"물론이에요. 날 믿어요." 나는 햄과 진지하게 악수를 하면서 말했다.

"정말 고맙습니다. 도련님은 참으로 친절하십니다. 한 가지만 더 부탁드리겠습니다. 도련님도 아시다시피 저는 벌이가 좋은 일을 하고 있지만, 지금으로서는 전 돈을 쓸 데가 없어요. 먹고사는 것 말고는 제게는 돈이 필요 없으니까요. 그러니 이 돈을 삼촌을 위해 쓸 수 있다면 저도 일하는 보람을 찾을 수 있을 것 같습니다. 그럴 수만 있다면 할 수 있는 일은 무엇이든 하며 열심히 돈을 벌 거예요." 그는 단호한 투로 담담하게 말했다.

나도 그렇게 굳게 믿는다고 그에게 말했다. 그리고 지금은 당신도 고독한 독신 생활을 결심하고 있겠지만 언젠가는 그것을 포기할 때가 오면 좋겠다고 넌지시 덧붙였다.

그는 세차게 고개를 저으며 말했다.

"제겐 모든 것이 끝장났어요. 누구도 그 텅 빈 자리를 메울 수는 없습니다. 그러나 돈에 관해서만은 기억해 주세요. 삼촌을 위해서 언제나 착실하게 저축해둘 테니까요."

그 점은 기억하겠지만, 다만 아저씨의 경우 얼마 전에 죽은 매부의 유산에서 많진 않아도 일정한 수입을 갖게 되었으니 그 점도 잊지 말라고 나는 대답했다. 이윽고 우리는 헤어졌다. 나는 하늘을 채우고도 남을 슬픔 속에서도 햄이 훌륭하게 내보인 침착한 용기를 마음 깊이 느끼면서 돌아섰다.

그런데 거미지 부인은 마차가 움직이기 시작한 뒤에도 여전히 마차를 따라 달려왔다. 그러나 눈물을 억누르면서 지붕 위의 페거티 씨만 바라보며 달렸으므로 이내 마주 오는 통행인과 부딪치기 일쑤였다. 마침내 숨이 차서 빵가게 앞에서 주저앉고 말았다. 모자는 이미 헝클어져서 형태를 갖추지 못했고, 구두는 한쪽이 벗겨져서 멀리 떨어진 포장도로 위에서 외따로 뒹굴고 있었다.

런던에 도착하여 맨 먼저 할 일은 페거티와 그녀의 오빠가 묵을 알맞은 하숙을 구하는 것이었다. 다행히도 하나를 구했다. 내 숙소에서 거리 둘을 건넌 곳에 있는 잡화점 2층의 깨끗하고 싼 방이었다. 이 숙소를 계약한 뒤 나는 근처의 식품점에서 요리해 식힌 고기를 샀고, 페거티 남매에게 차를 대접하기 위해 내 집으로 초대했다. 그런데 크럽 부인이 불같이 화를 내며 그것을 절대 허락하지 않았다. 이때의 그녀의 심리상태를 설명할 필요가 있다. 그녀는 페거티가 집에 온 지 십 분도 지나기 전에 곧바로 상복을 걷어붙이고 내 방을 청소한 것이 마음에 들지 않았던 것이다. 크럽 부인의 말로는 이것이 아주 큰 실례이며, 절대 용서할 수 없다고 말했다.

나는 각오는 하고 있었지만, 페거티 씨는 런던으로 오는 도중 제일 먼저 스티어포스 부인부터 만나겠다고 말했다. 이 문제에 대해서는 내가 그를 돕고 또 중간에서 조정 역할을 해야 한다고 느꼈으므로, 되도록이면 스티어포스 부인의 모정이 상하지 않기를 바라며 나는 그날 밤 부인에게 편지를 썼다. 페거티 씨가 얼마나 끔찍한 일을 당했으며, 이번 사건에는 나에게도 이러저러한 책임이 있다는 것을 되도록 모나지 않은 말투로 썼다. 페거티 씨는 신분은 낮아도 매우 온후하고 정직한 인물이며, 그런 그가 지금 몹시 괴로워하고 있으므로 꼭 만나달라고 간곡하게 적었다. 오후 2시에 들르겠다고 썼으므로, 나는 이 편지를 아침 첫마차 편으로 직접 부쳤다.

약속한 시각에 우리는 그 집 문간에 서 있었다. 며칠 전만 해도 그렇게 즐거운 시간을 보냈으며 젊음 특유의 믿음과 따뜻한 우정을 거침없이 바쳤던 집이다. 그런데 지금은 굳게 닫혀서 황폐해진 폐허처럼 보였다.

리티머는 나타나지 않았다. 지난번에 왔을 때에도 그를 대신해서 나타났던 상냥해 보이는 하인이 오늘도 우리를 응접실로 안내했다. 스티어포스 부인은 이미 방에 앉아 있었다. 우리가 방에 들어서자, 로사 다틀이 방 반대편에서 나타나 부인의 의자 뒤에 섰다.

나는 부인의 얼굴을 본 순간 부인도 자기 아들한테서 사건을 듣고서 이미 알고 있다는 것을 이내 알 수 있었다. 부인의 얼굴은 아주 창백하고 비통해 보였다. 아들에 대한 사랑에 이끌려 내 편지만으로는 믿을 수 없다는 듯한 깊은 감정의 흔적이 얼굴에 나타나 있었다. 나는 여태껏 생각했던 것보다도 이 모자가 더 닮았다고 생각했다. 그것은 페거티 씨도 눈치챘을 것이다. 분명히 본 것은 아니지만 어쩐지 그런 느낌이 들었다.

부인은 그 무엇에도 흔들리지 않겠다는 듯이 당당하고 확고하고 냉정한 태도로 안락의자에 꼿꼿하게 앉아 있었다. 페거티 씨가 앞에 서자 그녀는 눈도 깜박이지 않고 그를 쏘아보았다. 그도 지지 않고 부인을 쏘아보았다. 로사 다틀도 날카롭게 눈을 빛내며 우리 두 사람을 번갈아 바라보았다. 얼마 동안 아무도 입을 열지 않았다. 부인은 페거티 씨에게 앉으라고 손짓했다.

그는 나직한 목소리로 말했다. "말씀은 고맙지만 여기서는 앉고 싶은 마음이 들지 않습니다. 서 있는 것이 오히려 편하겠습니다." 그리고 다시 침묵이 계속되었다.

차갑고 무거운 침묵을 깨고 스티어포스 부인이 말했다.

"참으로 유감스럽습니다만, 여러분이 찾아오신 이유는 잘 알고 있어요. 제게 무엇을 원하시죠? 제게 어떻게 해 달라는 말씀이십니까?"

그는 모자를 겨드랑이에 끼고 가슴에 손을 넣어 에밀리의 편지를 꺼냈다. 그것을 펴서 부인에게 건네주었다.

"읽어 보십시오, 부인. 제 조카딸이 쓴 것입니다!"

부인은 여전히 당당하고 태연하게 읽은 다음—편지 내용에 마음이 움직인 기미는 전혀 없었다—다시 그에게 건네주었다.

"'그분이 저를 귀부인으로 만들어 데리고 오시지 않는다면,'" 페거티 씨는 집게손가락으로 편지의 이 부분을 가리키면서 말했다.

"부인, 저는 아드님께서 이 약속을 지킬지 어떨지를 알기 위해서 왔습니다."

"그건 안 돼요."

"왜 안 된다는 거죠?"

"그 애의 체면이 손상되니까요. 조카 따님의 신분이 우리 아들에 훨씬 미치지 못한다는 것을 잘 알고 계실 텐데요."

"그럼 그 신분을 올려주면 될 것입니다!" 페거티 씨는 말했다.

"조카 따님은 교육도 받지 못했고 세상이 어떻게 돌아가는지도 모르잖아요."

"부인, 저는 그렇지 않다고 생각합니다. 하지만 저도 그런 것은 잘 모릅니다. 그러니 부인께서 그 애를 잘 가르쳐주십시오!"

"이런 말까지 하고 싶지는 않았습니다만, 내가 좀더 솔직히 말해야 한다면 그러지요. 일가친척의 천한 신분만 보아도, 조카 따님은 그런 일을 꿈도 못 꿀 것입

니다."

"그럼 이건 어떻습니까, 부인?" 페거티 씨는 조용한 투로 천천히 반박했다. "부모가 자식을 사랑한다는 것이 어떤 것인지는 부인도 잘 알고 계실 겁니다. 그 애가 지금의 백배쯤 더 귀한 자식이라 할지라도 제가 이보다 더 그 애를 사랑할 수는 없는 것입니다. 자식을 빼앗긴다는 것이 어떤 심정인지 부인께선 모르십니다. 이 세상의 온갖 재물도(비록 저한테는 그런 것이 없지만) 그 애를 다시 돌려받을 수만 있다면, 조금도 아깝지 않습니다! 부탁드립니다! 이 불명예스러운 일에서 그 애를 구해주십시오. 그러면 저희는 다시는 그 애를 욕되게 하지 않을 것입니다. 우리는 그 애를 고이고이 길러 왔습니다. 십몇 년 동안 함께 살면서 눈에 넣어도 안 아플 정도로 애지중지하며 보듬어 왔습니다. 하지만 우리 가운데 그 누구도, 그 애의 아름다운 얼굴을 두 번 다시 보지 않을 것입니다. 이대로 헤어져서, 머나먼 다른 하늘 아래 살고 있다고 생각하는 것만으로 만족하겠습니다. 기꺼이 그 애를 남편에게—그리고 앞으로 태어날 아이들에게—맡길 것입니다. 그리고 우리 모두가 언젠가 하느님 앞에서 위아래 구분 없이 살 수 있는 날을 꾹 참고 기다릴 것입니다!"

세련됐다고는 할 수 없는 그의 능변이 전혀 효과가 없었던 것은 아니었다. 부인은 여전히 거만한 태도를 하고 있었지만 목소리에는 한 가닥의 부드러움이 엿보였던 것이다.

"나는 둘러댈 이유도 없거니와, 당신의 말을 반박할 생각도 없습니다. 그러나 미안하지만 절대 안 된다고 거듭 말하는 수밖에 없습니다. 이러한 결혼은 우리 아이의 일생을 다시 돌이킬 수 없을 정도로 망쳐 놓을 것이며, 그 애의 앞길을 파멸로 이끌 것입니다. 그러므로 결혼은 절대로 인정할 수 없습니다. 달리 보상할 방법이 있다면 하겠습니다만—"

"아아, 그 얼굴과 똑같은 얼굴이군요." 페거티 씨는 불꽃이 이는 눈으로 뚫어지게 부인을 바라보면서 말했다. "우리 집 난롯가에서, 그리고 내 배에서 곧잘 보았던 그 얼굴과 똑같군요. 끔찍한 배신을 꾸미고 있으면서도 겉으로는 미소 지으며 다정하게 나를 바라보던 그 얼굴을 생각하면 나는 지금도 창자가 끊어지는 것 같습니다. 남의 집 처녀를 타락시켜 망쳐놓고 돈으로 해결하겠다는 생각 자체가 부끄럽지 않으십니까? 얼굴만 똑같은 게 아니라 성격도 똑같군요. 아니지, 여자이니만큼 오히려 더 나쁠 수도 있겠군요."

부인의 태도는 갑자기 변했다. 그녀의 온 얼굴이 노기로 가득 차면서, 더는 못 참겠다는 듯이 두 손으로 안락의자를 꽉 붙잡으며 말했다.

"당신이야말로 나와 내 아들 사이에 이토록 깊은 수렁을 파놓고, 내게 어떻게 보상하실 생각입니까? 당신의 사랑 따위가 내 사랑에 비교나 될 줄 아십니까? 당신이 그 애와 헤어진 것이, 내가 우리 아이와 헤어진 것에 비교해 무엇이 대수라는 겁니까?"

미스 다틀이 뒤에서 부인의 몸에 살며시 손을 대고 머리를 숙여 소곤거렸으나 부인은 한마디도 들으려 하지 않았다.

"가만히 있어, 로사. 네가 끼어들 일이 아니야! 이 사람에게 내 뜻을 알려 줘야 해요! 잘 들어요. 내 아들로 말하자면 내 삶의 전부예요. 나는 그 아이만 바라보고 살아왔어요. 어린 시절부터 그 애가 원하는 것이라면 무엇이든 다 들어주었으며, 그 애가 태어난 뒤로는, 말하자면 일심동체나 마찬가지였어요. 그런데 그 애가 순간이나마 보잘것없는 계집애와 눈이 맞아서 이 어미를 버리다니! 그깟 계집애 때문에 이토록 굳건한 어미의 믿음을 거역하고, 내 곁을 떠나다니! 나는 내 아들에게 어미에 대한 의무와 사랑, 감사하는 마음을 갖길 기대했었어요.

그 아이와는 소원해지기는커녕 날로 돈독해져서, 무슨 일이 있어도 절대 끊어지지 않을 끈끈한 유대가 있었다고요! 그런데 그것이 이런 볼썽사나운 연애문제로 단박에 파탄나다니! 그런데도 내가 피해자가 아니란 말입니까?"

다시금 로사 다틀은 부인을 진정시키려 했으나 효과가 없었다.

"안 돼, 로사. 한마디도 하지 마! 그 하찮은 계집애 때문에 그 애가 자기의 모든 것을 걸고자 한다면, 나도 더 큰 목적을 위해서 내가 가진 모든 것을 걸 수 있어. 내가 사랑하므로 물려준 재산을 가지고 그 애가 어디론가 가겠다면 멋대로 해도 좋아! 오래도록 돌아오지 않으면 내가 꺾일 줄 알고? 천만에! 그렇게 생각한다면 그 애는 이 어미를 전혀 모르고 있는 거야. 지금이라도 그 애가 마음을 바꾼다면 내 기꺼이 그 애를 맞아주겠어. 그러나 그게 싫다면 그 녀석이 살아서 돌아오든 죽어서 돌아오든 이 집에는 절대로 들이지 않을 거야. 그 천한 계집애와 영원히 헤어져서 머리를 숙이고 용서를 빌지 않는다면, 내 눈에 흙이 들어가기 전에는 절대로 못 돌아오는 거야. 이것은 어미의 권리이니 절대 양보할 수 없어. 아무리 부모 자식 사이라도 이것만은 분명히 해 두겠어!" 처음 만났을 때의 거만하고 단호한 태도로 우리를 쏘아보며 덧붙였다. "이래도 내가 피해자가 아니란 말입니까?"

부인의 이러한 말을 들으며 그 태도를 바라보고 있자니, 나는 어쩐지 그 어머니에게 대드는 아들의 말과 표정이 선하게 떠오르는 느낌이었다. 스티어포스에게서 보아온 고집 세고 방자한 모습이 부인에게도 그대로 있었다. 이상하게 비뚤어진 그의 정열을, 이제는 모두 이해할 것 같았다. 생각해 보면 그것은 고스란히 그의 어머니의 성격이었으며, 그 둘이 근본적으로는 하나라는 것도 알았다.

부인은 전과 같은 자제력을 되찾아, 더 들어도 소용없고 말해도 소용없으니 이것으로 면담을 끝내자고 말했다. 부인은 방에서 나가려고 위엄 있는 태도로 일어섰다.

그때 페거티 씨가 일어설 필요 없다고 말했다.

"더 이상 막지 않겠습니다. 저도 더 이야기할 것은 없습니다, 부인." 그는 문께로 걸어가며 말했다. "어차피 희망을 가지고 온 것은 아니었으니까, 아무런 희망도 갖지 않고 떠나겠습니다. 다만 저는 해야 할 일을 했을 뿐입니다. 이 집은 저나 제 조카딸에게는 몹시 유해하며, 제정신으로 무슨 부탁을 할 수 있는 곳이 아니라는 것도 잘 알았습니다."

그 말을 마지막으로 우리는 나왔다. 스티어포스 부인은 안락의자 옆에 서 있었다. 과연 고귀해 보이는 아름다운 모습이었다.

우리는 돌바닥으로 된 홀을 가로질러 나갔다. 양쪽 벽과 지붕 모두 유리로 되어 있고, 지붕에는 포도송이가 매달려 있었다. 잎도 새싹도 푸르렀고, 마침 아주 맑은 날이었으므로 정원으로 이어진 유리문도 양쪽으로 활짝 젖혀져 있었다. 우리가 문 가까이 갔을 때 로사 다틀이 소리도 없이 다가와서는 내게 말했다.

"저런 사람을 이곳에 잘도 데려왔군요!"

그녀의 얼굴빛을 흐리게 하고 그 검은 눈 속에서 반짝거리며 빛나는 분노와 비웃음으로 인해, 쇠망치에 맞아서 생긴 상처가 더욱 뚜렷하게 보였다. 전에도 보았듯이 상처가 실룩거리기 시작했다. 그러자 그녀는 느닷없이 손을 들어 그곳을 때렸다.

"어떻게 저런 사람을 옹호하면서 이곳까지 데려올 수 있죠, 네? 정말 친절한 분이시군요!"

"미스 다틀," 나는 대꾸했다. "당신이 설마 나를 꾸짖는 건 아니겠죠?"

"그렇지만 당신은 어째서 그 광적인 모자 사이를 일부러 갈라놓으려고 하는 거죠? 그들은 둘 다 자기 고집과 자존심으로 거의 제정신이 아니라는 것을 모르세요?"

"그게 내 탓이란 말입니까?"

나는 대꾸했다.

"그렇고말고요! 왜 저 사람을 이리로 데려오셨습니까?"

"저분은 마음의 상처를 심하게 입은 사람입니다. 미스 다틀께서는 모르시겠지만."

"물론 알고 있어요. 제임스 스티어포스는," 그녀는 손을 올려 가슴을 눌렀다. 마치 그곳에서 미쳐 날뛰는 폭풍우가 고스란히 목소리로 나오는 것을 두려워하는 것처럼. "마음보가 뒤틀린 잔인한 사람이에요. 성실치 못하고 퇴폐한 생각을 하고 있어요. 그리고 배신자이기도 하지요. 하지만 그렇다고 저 사람이나 그 조카딸인가를 제가 염려할 필요가 어디 있습니까?"

"미스 다틀, 당신은 저분을 또 한 번 모욕하는군요. 상처는 이것만으로도 이미 넉넉합니다. 마지막으로 이 말만은 해야겠습니다. 당신은 저분께 큰 잘못을 저질렀습니다."

"그런 일은 없어요. 두 사람 모두 타락하고, 보잘것없는 사람들인걸요. 그 계집을 흠씬 매질하고 싶은 마음뿐입니다."

페거티 씨는 아무 말도 없이 우리 곁을 지나 문밖으로 나가 버렸다.

"부끄러운 줄 아십시오, 미스 다틀! 정말 너무 하십니다! 아무 죄도 없이 지독한 일을 당한 저분을 당신은 어찌 그렇게 마구 짓밟을 수 있습니까!" 나는 불끈 화를 냈다.

"나는 저 두 사람 다 마구 짓밟고 싶어요. 집이든 뭐든 모조리 허물어뜨리고, 그 계집애 얼굴엔 낙인을 찍고 누더기를 입혀서, 길가로 내동댕이쳐 굶어 죽게 하고 싶어요. 내가 재판관이라면 틀림없이 그렇게 하겠어요! 할 수 있냐고요? 물론이죠, 하고말고요! 난 그 계집애가 정말 싫어요. 만약 그 계집애를 비참하게 만들 수만 있다면 난 어디까지든 쫓아가서 짓밟아 주겠어요. 죽어서도 괴롭힐 수 있다면 기꺼이 하고말고요. 그 계집애가 죽는 순간이 닥쳐왔을 때 위로가 되는 말을 가지고 있다고 해도, 나는 절대로, 내 목이 떨어져나가는 한이 있어도 말하지 않겠어요!"

그녀는 소리치기는커녕 평소보다도 목소리는 낮았지만 온몸에서 뿜어져 나오는 무엇에 홀린 듯한 분노는, 이런 과격한 말을 아무리 늘어놓아도 도저히 채워지지 않는다는 사실을 나는 알았다. 어떤 말로도 그날 그녀에게서 받은 인상, 분노로 미쳐 날뛰던 그녀의 모습을 제대로 나타낼 수 없다. 이제까지 흥분한 사람을 많이 보아 왔지만, 그날의 그녀 같은 사람은 아직 본 적이 없다.

내가 페거티 씨를 따라잡았을 때, 그는 천천히 생각에 잠겨 언덕을 내려가고 있었다. 그의 옆에 서자 그는 런던에서 할 일은 다 끝났으니 오늘 밤 곧 '여행길에 오르겠다'고 말했다.

어디로 갈 작정이냐고 물었더니 그는 단지 "조카딸을 찾으러 가렵니다, 도련님" 하고 대답했다.

우리가 잡화점 2층에 있는 조그마한 하숙으로 되돌아왔을 때, 나는 기회를 틈타 페거티에게 페거티 씨가 내게 한 말을 전해 주었다. 그녀는 그날 아침 오빠가 자기에게 똑같은 말을 했다고 알려 주었다. 그가 어디로 갈 것인지는 페거티도 몰랐지만, 오빠의 마음속에는 이미 뚜렷한 계획이 서 있다고 그녀는 덧붙였다.

나는 이러한 상태로는 페거티 씨와 헤어지기 싫었으므로, 셋이서 함께 저녁으로 비프스테이크 파이를 먹었다. 이것은 페거티가 잘하는 요리 가운데 하나였다. 그러나 그날은 아래층 가게에서 홍차, 커피, 버터, 베이컨, 치즈, 갓 구운 빵, 장작, 양초, 호두, 케첩 등 온갖 냄새가 끊임없이 뒤엉켜 올라왔으므로 지금도 잊을 수 없는 정말 이상한 맛이었다. 식사를 마치고 우리는 별로 할 말은 없었지만 한두 시간쯤 창가에 앉아 있었다. 이윽고 페거티 씨가 일어나서 방수 가방과 굵은 단장을 꺼내어 식탁 위에 놓았다.

그는 유산의 명목으로 페거티에게서 돈을 조금 받았다. 아껴 써야 겨우 한 달 생활비를 채울 정도의 돈이었다. 그리고 무슨 일이 생기면 연락하겠다고 약속하고는 가방을 어깨에 짊어지고, 모자와 단장을 집어 들고서 우리 두 사람에게 작별인사를 했다.

"몸조심 해라, 동생아."

그는 페거티를 힘껏 끌어안고 말했다. 이어서 내 손을 굳게 잡으며 "데비 도련님도 안녕히 계십시오!"라고 말했다. "그럼, 어디까지 가든 반드시 찾아오겠어. 만약 내가 없는 사이에 그 아이가 돌아오면—그럴 일은 없겠지만—그러니까 내가 데리고 돌아온 뒤에는, 아무도 그 아이를 비난하는 사람이 없는 곳으로 가서 평생 둘이서 살 거야. 만약 나에게 무슨 일이 생기면 꼭 기억해 줘. 이것이 에밀리에게 남기는 유언이야. '귀여운 에밀리, 내 마음은 변함없다. 모든 것을 용서하마!'라고."

그는 모자를 벗은 채로 엄숙하게 말하고 나서 모자를 쓰고 계단을 천천히 내려갔다. 우리는 문까지 따라 나갔다. 후덥지근하고 먼지투성이의 저녁이었다. 골목을 빠져나간 큰길에는 온종일 이어지던 발소리가 잦아들고, 붉은 저녁 해가 한바탕 빛을 쏟아내고 있었다. 그의 고독한 그림자가 그늘진 골목 모퉁이를 돌아 환한 햇살 속으로 사라져 가는 것을, 우리는 언제까지나 바라보았다.

그는 우리가 있는 그늘진 거리 모퉁이를 돌아서 홀로 햇볕이 내리쬐는 쪽으로 나갔다.

그 뒤에도 저녁 그 시각이 되거나, 밤중에 잠이 깨거나, 별이나 달을 바라보거나, 빗소리나 바람 소리를 들으면, 나는 혼자 터벅터벅 걸어가던 슬픈 순례자와도 같은 그의 쓸쓸한 뒷모습과 그가 했던 말이 생각나는 것이었다—.

"그럼, 어디까지 가든 반드시 찾아오겠어. 만약 나에게 무슨 일이 생기면 꼭 기억해 줘. 이것이 에밀리에게 남기는 유언이야. '귀여운 에밀리, 내 마음은 변함없다. 모든 것을 용서하마!'라고."

33장
행복

그러는 동안에도 도라에 대한 내 사랑은 점점 커지기만 했다. 그녀를 생각하면 실망과 슬픔이 어느 정도 가라앉았고, 친구를 잃은 아픔도 얼마간 잊혔다. 나 자신이나 남이 가엾게 보일수록 나는 도라의 모습에서 위안을 찾게 되었다. 이 세상의 허위와 번뇌가 쌓이면 쌓일수록 도라라는 존재는 이 세상 위에 드높이, 별처럼 밝고 순수하게 빛났다. 물론 도라가 어디서 왔으며 천사와 얼마나 가까운 존재인가에 대해서 내가 뚜렷한 생각을 갖고 있던 것은 아니지만, 그녀가 여느 젊은 숙녀들과 마찬가지로 단지 평범한 인간에 불과하다는 생각에는 경멸로 일축했을 것이다.

나는 도라에게 머리만 빠져버린 것이 아니라 온몸이 푹 빠져버린 것이었다. 말하자면, 누구든 빠져들게 할 정도의 애정을 내게서 쥐어짠다 하더라도, 내게는 여전히 내 몸과 마음을 흠뻑 적실 정도의 애정이 꽤 남아 있었다. 그만큼 그녀에게 깊이 빠져 있었던 것이다.

그런데 내가 집에 돌아와서 나를 위해 제일 먼저 한 일은 밤에 노우드까지 걸어가서, 어린 시절 곧잘 하던 수수께끼 풀이처럼, '그 집에는 다가가지 않고 집 주위를 빙빙 도는' 것이었다. 이 풀 수 없는 수수께끼의 해답은 '달'이었다. 아무튼 달의 매력에 사로잡힌 듯 꼼짝없이 도라의 노예가 되어버린 나는 2시간 동안이나 그녀의 집 주위를 어슬렁거렸다. 울타리 사이로 들여다보기도 하고, 울타리의 녹슨 못 위로 고개를 들이밀기도 하고, 창문 안의 불빛을 향해 무턱대고 키스를 보내기도 하고, 때로는 나의 도라를 지켜주옵소서 하고 밤하늘을 향해 기도하기도 했다. 무엇으로부터 지켜달라고 했는지는, 지금은 기억나지 않는다. 아마도 그것은 화재였던 것 같지만 어쩌면 쥐였을 수도 있다. 그 무렵 나는 쥐를 매우 싫어했다.

내 가슴은 도라에 대한 사랑으로 꽉 차 있었으므로 페거티에게 털어놓는 것이 아주 당연할 것 같았다. 나는 어느 날 밤, 페거티가 내 장롱 속을 온통 뒤진 끝에 찾아낸 낡은 일감을 손에 들고 옛날처럼 내 곁에 앉았을 때, 빙빙 둘러서 말하긴 했지만 아무튼 내 중대한 비밀을 그녀에게 털어놓았다. 페거티는 크게 관심을 보였지만, 끝까지 내 생각에 동의하지는 않았다. 머리로는 찬성해도, 어째서 내가 그 일로 해서 불안에 싸여 있고 우울한가에 대해서는 조금도 이해하지 못했다. "도련님 같은 연인을 가지면 그 아가씨는 아주 행복할 겁니다. 그리고 그 아버지도 무엇을 더 바랄 것이 있겠습니까!" 이것이 페거티의 생각이었다.

그러나 스펜로 씨의 법복과 빳빳한 넥타이에는 어지간한 페거티도 조금 위축되었으며, 날이 갈수록 경외심이 커지는 것 같았다. 하기야 이 점은 나도 마찬가지였다. 내 눈에도 그는 날이 갈수록 인간이 아닌 존재로 보였다. 특히 그가 법정에 나가 서류 틈에서 정색하고 앉아 있을 때에는, 종이와 연필 따위로 된 바다에서 빛나는 작은 등대처럼 보였고, 그의 주위에는 저절로 후광이 비치는 것 같았다.

참고로 나는 법정에 나가 있을 때면 언제나 이런 생각을 했다. 과연 저 늙은 재판관과 박사들은 도라와 알고 지내면서도 아무것도 느끼지 못할까? 아니면, 그녀와 결혼하면 역시 너무 기쁜 나머지 이성을 잃을까? 도라가 멋지게 기타를 치며 노래를 불렀을 때, 나는 날듯이 기뻐서 정신이 혼미해질 지경이었다. 그런데 이 둔감한 사람들은 조금도 마음이 흔들리지 않는 것일까? 나는 이런 생각을 하며 신기함을 금할 수 없었던 것이다.

결국 나는 그들 모두를 경멸했다. 말하자면 그들은 마음이라는 화단에 선 쌀쌀맞은 늙은 정원사였으므로, 그들에게 은밀한 분노를 느꼈다. 재판관은 그저 둔감하고 실수만 저지르는 인간으로 보였으며, 법정은 다정다감한 감정도 시적 정취도 없는 술집 카운터와 다를 바 없었다.

나는 자랑스러운 마음으로 페거티의 법률사무 전부를 맡았다. 유언장을 증명하고, 상속세 문제도 해결해주었다. 중앙은행에도 데리고 가서 모든 일이 순조롭게 진행되도록 주선해주었다.

이러한 법적 수속을 하는 도중에도 우리는 플리트 가에 있는 땀 흘리는 밀랍인형(그로부터 20년이 지난 지금은 완전히 녹아버렸을 것이다)을 구경하고, 또 자기반성이나 후회를 하는 데에 적격인 자수예술의 본산이라고 할 수 있는 미스 린우드의 전시회[1]에도 가 보고, 런던탑도 구경하고, 세인트폴 성당의 꼭대기에도 올라감으로써 기분을 전환했다. 이러한 볼거리들은 지금의 페거티에게는 더 바랄 것 없이 즐거운 경험이었다. 그러나 세인트폴 성당만은 예외였다. 그 성당 그림은 그녀의 반짇고리 뚜껑에 그려져 있어서 오래전부터 익숙했으므로 진짜 성당을 보아도 쉽게 감동하지 않았던 것이다. 오히려 어떤 점은 실물보다 그림이 낫다고 말할 정도였다.

페거티의 일(민법박사회관에서 '통상 업무'라고 부르는 일로, 처리하기가 아주 쉽고 수지맞는 일이었다)이 다 처리되었으므로 비용을 지급케 하기 위해서 나는 어느 날 아침 그녀를 사무실로 데리고 갔다. 늙은 서기 티피의 말에 의하면 스펜로 씨는 누군가의 결혼 허가증 문제로 선서를 받기 위해서 외출 중이라는 것이었다. 그러나 이 사무소의 위치는 결혼 허가 사무를 취급하는 감독 대리 사무소에서나 주교 총대리 사무소에서나 모두 가까웠으므로 곧 돌아오리라고 생각하고, 나는 페거티에게 기다리라고 말했다.

유언장 검증을 할 때의 민법박사회관은 다소 장의사와 닮은 점이 있다. 상복을 입은 의뢰인을 맡았을 때에는 우리도 조금 슬픈 체하는 것이 통례였다. 반대로 결혼 인가를 의뢰받으면 역시 세심하게 배려하면서 쾌활하고 명랑하게 대한다. 그러므로 나는 페거티에게 스펜로 씨도 바키스 씨의 죽음으로 받은 충격에서 많이 회복되었을 것이라고 넌지시 일러줬었다.

생각했던 대로 스펜로 씨는 갓 결혼한 신랑처럼 들떠서 사무실로 들어섰다.

그러나 페거티와 나는 스펜로 씨를 살필 여유가 없었다. 그가 머드스톤 씨와 함께 들어왔기 때문이었다. 머드스톤 씨는 거의 변한 데가 없었다. 머리칼은 여전히 숱이 많고 새까맸으며 눈초리도 옛날과 변함없이 마음을 허락하지 않겠다는 듯 날카로웠다.

"아, 코퍼필드!" 스펜로 씨는 말했다. "자넨 이분을 알고 있지?"

나는 그자에게 고개를 숙여 쌀쌀하게 인사했다. 페거티도 눈짓으로만 억지로 아는 척했다. 그도 처음에는 우리를 보고 당황한 것 같았으나 곧 어떻게 할 것

---

[1] 그녀가 고금의 명화를 정묘하게 수놓아 전시한 것. 그 무렵 런던의 명물이었다.

인가 마음먹고 내 곁으로 다가왔다.
"그래, 잘 지내고 있나?" 그가 말했다.
"당신이 궁금해하리라고는 생각지 않지만 굳이 말하자면, 그래요, 잘 지냅니다." 나는 말했다.
우리는 서로 매섭게 쏘아보았다. 곧이어 그는 페거티에게 말을 걸었다.
"부군을 사별했다니 유감이네."
"네, 그러나 소중한 사람을 잃은 것이 처음은 아니니까요." 페거티는 머리 꼭대기부터 발끝까지 부들부들 떨면서 말했다. "다행히 이번에는 어느 누구의 잘못으로 일어난 일이 아니니까 괜찮습니다. 그 누구에게도 책임이 없으니까요."
"아, 그래! 잘됐군. 당신도 할 수 있는 일은 다 했다는 말이지?"
"덕분에 남의 목숨을 단축시킨 일은 하지 않았죠. 머드스톤 씨, 저는 죄 없는 사람을 괴롭히거나 위협해서 일찍 죽게 하진 않습니다!"
그는 페거티를 침울한—뉘우치는 듯한—눈으로 잠시 바라보다가 내 쪽으로 고개를 돌렸으나 내 얼굴이 아니라 발만 내려다보며 말했다.
"우리가 다시 만날 일은 없겠지만, 그것이 오히려 서로에게 다행이라고 생각하네. 이런 만남은 결코 유쾌할 수가 없으니까. 나는 다 자네가 잘되길 바라는 마음에서 했던 일인데, 그 정당한 부모의 권위에 자네는 끊임없이 반항했네. 그런 자네가 이제 와서 내게 호의를 가지리라고는 조금도 생각하지 않아. 우리 사이에는 반감이 있어."
"뿌리 깊은 반감이지요?" 내가 그의 말을 자르며 말했다.
그는 미소를 지으며 그 새카만 눈동자에 독기를 가득 담아 나를 노려보았다.
"그거야, 어릴 때 이후로 자네는 줄곧 그것만 생각해 왔어. 자네 어머니의 삶을 불행하게 만든 것도 그것이었지. 자네 말 대로야. 그러나 이제부터라도 좋으니, 마음을 고쳐먹고 좀더 고분고분해지거나."
대기실 구석에서 목소리를 낮추어 속닥거리던 대화는 이것으로 끝이 났다. 그는 스펜로 씨의 방으로 들어가서, 지금까지와는 정반대인 공손한 태도와 큰 목소리로 말했다.
"여기 계신 여러분들은 가정 내의 승강이에는 이미 충분히 익숙하실 테고, 그런 문제가 얼마나 복잡하고 번거로운가도 잘 알고 계실 테니까요." 이런 말을 하면서 그는 수수료를 내고, 스펜로 씨에게서 깨끗하게 접은 결혼허가서를 받았다. 그는 악수를 하면서 그의 행복과 신부의 축복을 빈다는 말까지 듣고 돌아갔다.

그의 말을 듣고 나는 도저히 화를 참을 수 없었다. 하마터면 뭐라고 따질 뻔 했지만, 착한 페거티가 나를 대신해 먼저 불같이 화를 내는 바람에, 이곳에서 싸울 수는 없으니 참으라고 달래는 것만으로도 보통 일이 아니었다. 덕분에 내 속의 분노는 억누를 수 있었다. 그녀는 전에 없이 흥분해 있었다. 옛날의 상처가 다시금 되살아난 것이리라. 나는 스펜로 씨나 서기들 앞이었지만, 그녀를 꼭 끌어안고 진심으로 위로해 주었다.

머드스톤 씨와 나와의 관계를 스펜로 씨는 모르고 있는 것 같아서 나는 기뻤다. 왜냐하면 내 불쌍한 어머니의 평생이 어떠했다는 것을 누구보다 잘 알고 있는 나는, 죽어도 그를 아버지라고 인정할 수 없었기 때문이다. 만약 스펜로 씨가 오늘 일에 대해서 조금이나마 생각했더라도, 고작해야 나의 대고모가 우리 집안에서 이른바 여당 당수인데 그에 대항하여 다른 누구의 지휘 아래 모반을 꿈꾸는 야당이 있다는 것 정도였다. 이것이, 늙은 티피가 청구서를 만들고 있는 동안 그의 말을 듣고 내가 종합한 결론이었다.

"미스 트롯우드는 아주 견실한 사람이라 야당에 머리를 숙이는 일은 절대 없지. 아무튼 그녀의 인품에는 고개가 절로 수그러진다네. 그러니 코퍼필드 군, 자네가 올바른 편에 붙어 있는 것은 참으로 좋은 일이야. 가족끼리의 다툼은 참으로 한탄스러운 일이지만—동시에 아주 흔한 것도 사실이지—, 중요한 것은 올바른 쪽에 붙는 것이라네." 여기서 올바르다는 것은 아무래도 돈이 있다는 뜻 같았다.

"그러나 이번 결혼 건은 오히려 좋았다고 생각하네." 스펜로 씨가 말했다.

나는 그 결혼에 대해서는 전혀 아는 바가 없다고 설명했다.

"아, 그런가! 머드스톤 씨가 우연히 말한 몇 마디와—이런 경우 사람들은 입방아 찧기를 좋아하니까—미스 머드스톤에게서 들은 바에 의하면 이번 결혼은 아주 멋진 결혼인 것 같더군."

"상대방에게 돈이 있다는 말씀입니까?" 나는 물었다.

"그래. 돈도 있고, 꽤 미녀라는 소문이야."

"아, 그래요! 그런데 이번 부인은 젊은가요?"

"딱 결혼 적령기라더군. 얼마 전에 나이를 채운 모양이야. 줄곧 나이가 차기만을 기다려왔다고 알고 있어."

"오, 가엾어라!" 페거티가 단호한 투로 불쑥 외치는 바람에 우리는 어리둥절하고 말았다. 마침 그때 티피 씨가 서류를 가지고 들어왔다.

늙은 티피 씨는 먼저 그 서류를 검토해 달라고 스펜로 씨에게 넘겨주었다. 스펜로 씨는 턱을 목도리 속에 파묻고 천천히 비벼대며, 그 서류의 항목을 불평조로 하나하나 읽어내려갔다. 이번에도 모두 조킨스의 짓이라는 듯이. 이윽고 크게 한숨을 내쉬며 서류를 티피 씨에게 되돌려주었다.

"됐어." 스펜로 씨가 말했다. "이 정도면 됐어. 아주 잘했네. 이런 수수료도 딱 실비 정도로 끝낼 수 있다면 얼마나 좋겠나, 코퍼필드. 그렇지만 나 혼자서 마음대로 결정할 수가 없다는 것이 내가 이 직업에 넌더리 내는 점일세. 내게는 조킨스라는 동업자가 있으니 말이야."

그가 이 일을 처리하는 데에는 조금도 비용이 안 든다는 투로 조용하고 침울한 표정으로 말하고 있는 동안, 나는 페거티를 대신하여 고맙다고 말하며, 티피 씨에게 지폐로 계산을 끝냈다. 그리고 페거티는 자기 숙소로 돌아갔고 나와 스펜로 씨는 법정으로 들어갔다. 법정에서는 교묘한 어떤 법령(지금은 폐지되었겠지만, 그 법령 때문에 몇 건의 이혼이 성공한 것을 보았다)에 의거하여 이혼소송이 진행 중이었다.

이 재판의 시비곡직은 이러했다. 토머스 벤자민이란 남편이 자기가 기대한 대로 결혼생활이 순조롭지 않을 경우를 대비해서 벤자민이란 성은 빼고 토머스란 이름만으로 결혼허가서를 받은 것이었다. 그리고 정말 결혼생활이 행복하지 않았던지, 아니면 그가 부인에게 권태를 느꼈는지는 몰라도, 한두 해 뒤에 그는 자기 이름은 토머스 벤자민이며, 그러므로 자기는 결혼한 사실이 없다고 선언하고는 친구를 통해서 법정에 확인소송을 청구했다. 게다가 법정이 그의 주장을 인정하자 그는 아주 만족해했던 것이다.

이와 같은 판결이 정당한가에 대해서는, 솔직히 나도 많은 의문을 가지고 있었다. 그리고 아무리 세상의 모든 불합리한 변칙을 해결하는 경험법칙 같은 것을 들이밀어도 얌전히 물러설 수는 없었다.

그런데 스펜로 씨는 이렇게 말했다.

"세상을 잘 보게, 거기에는 좋은 면도 있고 나쁜 면도 있다네. 교회법도 마찬가지야. 역시 좋은 점과 나쁜 점이 있지. 그게 다 조직의 일부분이니까 조금도 문제될 것 없다네. 안 그런가?"

우리 모두가 아침 일찍 일어나서 웃통을 벗고 열심히 일을 한다면 세상이 조금 더 좋아질 것이라는 주장을 도라의 아버지에게 말할 배짱은 없었으나, 민법박사회관은 마음먹기에 따라서 개선할 수 있지 않겠느냐고 말해 보았다. 그러나 스펜로 씨는, 그러한 생각은 자네 같은 신사에게는 어울리지 않으니까 일찌감치 버리도록 하라고 특별히 충고하는 바이지만, 어떤 점을 실제로 개혁할 수 있다고 생각하는지는 기꺼이 듣겠다고 대답했다.

그때 마침 우리는 법정에서 나와(즉 벤자민은 보기 좋게 독신으로 돌아가 있었다) 유언 등기소 앞을 지나고 있었으므로, 나는 이 유언 등기소도 참으로 기이하게 운영되는 것 같다고 냉큼 말해 버렸다.

스펜로 씨는 어떤 점을 그렇게 생각하느냐고 나에게 물었다. 나는 그의 경험에 대해서 경의를 표하며 공손히 대답했다(실은 그가 도라의 아버지란 것에 더 경의를 표했지만). 3세기 동안 넓은 캔터베리 지구에서 재산을 남긴 모든 사람의 유언 원문을 보관하고 있는 이 등기소는, 보다시피 임시변통으로 쓰는 가건물이고 등기소로 쓸 목적으로 설계된 것이 아니었다. 등기 공무원들이 자기들의 편익을 위해 임대한 것으로, 보안장치가 전혀 되어 있지 않고 방화시설조차 갖추어져 있지 않은 위험천만한 곳이었다. 그 안에는 중요한 서류들이 문자 그대로 지붕에서부터 지하실에 이르기까지 가득 채워져서 등기소 직원들의 돈벌이를 위해, 욕망을 채우기 위해 운영되고 있었다. 그들은 대중들로부터 많은 돈을 받고 있으면서도 대중의 유언장은 아무 곳에나 처박아두고는 싸구려로 처리해버릴 생각만 했다. 또 연간 8, 9천 파운드나 되는 이익을 챙기는 등기 공무원들이(등기 대리인이나 상임 서기들의 이익은 그만두고도) 여러 계층의 시민들이 좋든 싫든 그들에게 맡길 수밖에 없는 중요 서류를 안전하게 보관할 장소를 찾기 위해 한 푼도 쓰지 않는 것은 매우 불합리한 일이라고 지적했다. 그리고 이 중요한 관청의 고위 간부들은 한결같이 한가한 직책을 맡고 있는데 반해, 춥고 컴컴한 2층 방에서 일하고 있는 불행한 하급 직원들은 가장 중요한 일을 하고 있는데도 런던에서 가장 보수가 적고 제일 시시한 대우를 받고 있다는 것은 불공평하다는 것도 지적했다. 특히 등기소 소장은 끊임없이 찾아오는 대중을 위해서 필요한 모든 시설을 마련해주는 것이 그의 본분인데도, 그 직위 덕분에 가장 한가한 사람이다(그래서 이것 말고도 성직자로서 몇 가지 직책을 겸임하고 있으며, 성당참사회의 의원직 등도 겸하고 있다). 반면 등기소가 바쁜 오후면 대중들은 매일같이 불편을 겪어야 하는 기괴한 꼴을 보는 것은 어처구니없는 일이라고 말했다. 간단히 말해서 캔터베리 주교 관할 교구의 이 유언 등기소는 말도 안 되는 난감한 상태이므로, 만약 이 등기소가 사람들에게 거의 알려져 있지 않는 세인트폴 성당 내의 구석에 자리잡고 있지 않았더라면 이미 오래전에 그 속사정이 폭로되었을 것이라고 말했다.

  이 문제에 대해서 내가 조심스럽게 열을 올리자 스펜로 씨는 미소를 지으며 평소와 마찬가지로 이 문제를 나와 같이 토론했다. 그는 이렇게 말했다. 결국 그래서 어떻단 말인가? 흔한 감정상의 문제가 아닌가? 대중들이 자기네 유언장은 안전하게 잘 보관되어 있다고 믿고 있다면 건물이 이 상태인들 누가 손해를 보겠나? 손해 보는 사람은 아무도 없어. 그럼 이익을 보는 것은 누구겠는가? 바로 한가한 업무를 맡고 있는 직원들 모두 다야. 그럼 무엇이 문제인가? 이익을 보는 쪽이 지배하는 것은 당연하니까. 물론 완전한 조직은 아니지만, 애당초 완전한 것은 어디에도 없네. 따라서 내가 가장 반대하는 것은 일부러 쐐기를 박아 쪼개는 것일세. 실제로 유언 등기소 덕분에 이 나라가 번영해 왔는데, 지금 여기서 유언 등기소에 쐐기를 박아 보게. 나라는 더 이상 번영을 누리지 못할 것일세. 사물을 있는 그대로 받아들이는 것이 신사의 도리일세. 이 유언 등기소 역시 우리가 죽은 뒤에도 계속 존재할 걸세—이것이 그의 의견이었다.

  나는 그의 의견에 크게 의문을 가지고 있었지만 일단은 승복했다. 그의 말도 틀린 것은 아니었다.

  왜냐하면 유언 등기소는 실제로 지금까지 있어 왔을 뿐만 아니라, 18년 전에 만들어진(내켜서 만든 것은 아니었으나) 방대한 의회 보고서에 내가 말한 모든 결함이 낱낱이 밝혀져 있고, 현재의 보관소는 서류로 가득 차서 앞으로 불과 2년 반밖에 기능할 수 없다고 적혀 있는데도 그대로 이어져왔기 때문이다.

  그렇다면 그 뒤에는 어떻게 되었는가. 유언장을 많이 잃어버렸는지 또는 이따금 어딘가에 팔아먹는지는 나로서는 모른다. 다만 내 유언서가 그곳에 있지 않다는 것은 다행이며, 아직 얼마 동안은 거기에 가게 되지 않기를 바랄 뿐이다.

이런 이야기를 이 즐거운 장(章)에서 하는 것은, 마침 여기가 가장 자연스러운 곳이라고 생각했기 때문이다. 스펜로 씨와 나는 이런저런 이야기를 하느라 산책 시간까지 길어졌고 마침내 화제는 일반적인 세상 이야기로 바뀌었다. 마지막으로 스펜로 씨는 다음 주 오늘은 딸 도라의 생일이니 와서 축하 피크닉에 참가해 달라고 말했다. 이 말을 듣는 순간 나는 정신이 아찔해졌다. 그리고 다음 날 '아버지의 호의를 기억하세요'라고 적힌 조그마한 레이스로 꾸며진 편지를 받았을 때는 기분이 날아갈 것 같았고, 그날이 오기까지 완전히 얼이 빠진 사람처럼 굴었다.

이 비할 데 없이 행복한 피크닉 채비를 위해 나는 할 수 있는 모든 바보스러운 일을 다 했다. 그때 산 목도리를 생각하면 지금도 얼굴이 화끈거린다. 구두는 그야말로 고문도구라 해도 손색이 없었다. 또 전날 밤에는 우아하고 조그만 식료품 바구니를 사서 노우드로 가는 역마차 편으로 보내기도 했다. 이것만으로도 거의 사랑 고백이나 다름없었다. 바구니 속에는 돈으로 살 수 있는 것 가운데에서 가장 사랑스러운 점괘가 든 크래커도 넣었다. 아침 6시가 되자 나는 코벤트가든 시장에 가서 도라에게 줄 꽃다발을 샀다. 10시에는 말을 타고(이날을 위해 나는 훌륭한 회색 말을 빌려두었다) 시들지 않도록 꽃다발을 모자 속에 넣고 노우드를 향해 달렸다.

뜰에 있는 도라를 보았지만, 나는 일부러 못 본 체하고 그 앞을 지나가 집을 열심히 찾는 시늉을 했다. 결국 그때 나는 바보짓을 두 가지나 해 버린 셈이었다. 그러나 나로서는 매우 자연스러운 일이었고, 다른 젊은 신사들이라 할지라도 내 처지에 놓이면 곧잘 그렇게 했을 것이다. 아! 마침내 나는 그녀의 집을 찾아 정원 입구에서 말에서 내려, 냉혹하고 무정한 구두를 끌면서 잔디밭을 지나 라일락나무 밑의 벤치에 앉아 있는 도라 곁으로 다가갔다. 그 아름답고 화창한 아침에 무늬목으로 꾸며진 흰색 보닛을 쓰고 하늘색 드레스를 입고 나비들이 날고 있는 가운데 앉아 있는 그녀는 그 얼마나 아름다웠던가!

그녀와 함께 한 젊은 처녀가 앉아 있었다—나이는 비교적 많아 보였다. 거의 스무 살은 되었을 것 같았다. 그녀의 이름은 미스 밀스였는데, 도라는 그녀를 줄리아라고 불렀다. 그녀는 도라의 절친한 친구였다. 미스 밀스는 얼마나 행복할까!

도라의 애견 집도 같이 있었다. 그리고 집은 이번에도 어김없이 나를 향해 짖어댔다. 도라에게 꽃다발을 전해주자 놈은 질투하는 것처럼 이빨을 드러냈다. 그러나 그럴 만도 했다. 내가 이토록 자기 주인에게 빠져 있는 것을 안다면 질투하는 것도 당연했다.

"아아, 고맙습니다, 코퍼필드 씨! 참으로 예쁜 꽃이군요!" 도라는 말했다.

나는(이럴 때에 무슨 말을 하는 것이 가장 좋은가를 3마일을 달려오는 내내 생각했다), '아닙니다. 이렇게 당신을 옆에서 보기 전에는 나도 예쁘다고 생각했습니다만'이라고 곧바로 대답할 생각이었으나 막상 닥치자 그 말이 전혀 나오지 않았다. 너무도 당황했던 것이다. 그녀가 꽃다발을 작은 보조개가 팬 턱에 가만히 가져다대는 것을 보자, 이미 마음이 설레고 정신이 혼미해져서 말이 나오지 않았다. "미스 밀스, 부디 인정을 베풀어 나를 죽여주시겠어요? 나는 이대로 죽어도 여한이 없습니다" 하고 말하지 않은 게 정말 용했다.

그리고 도라는 애견 집에게 꽃향기를 맡게 했다. 그러자 집이란 놈은 끙끙거리기만 할뿐 절대로 맡으려고 하지 않았다. 도라가 웃으며 코앞에 더욱 가까이 들이대자 집은 제라늄 한 송이를 덥석 물고 고양이와 장난치는 시늉을 했다. 도라는 집을 가볍게 '콩' 때리고는 입을 삐죽거리며 "어머, 불쌍한 내 예쁜 꽃이!" 하고 말했다. 정말로 상냥하게 위로하듯 말해서, 마치 나 자신이 집에게 물린 것 같았다. 아아, 차라리 정말로 내가 물렸으면 좋았으련만!

"코퍼필드 씨, 이 이야기를 들으시면 당신도 퍽 기쁘실 거예요." 도라는 말했다. "심술쟁이 미스 머드스톤이 오늘은 여기에 없답니다. 동생 결혼식에 갔어요. 적어도 3주 뒤에나 돌아올 것입니다. 기쁘지 않으세요?"

나는 말했다.

"그것이 미스 도라에게 기쁜 일이라는 것을 잘 알고 있습니다. 그리고 미스 도라에게 기쁜 일은 내게도 기쁜 일이지요."

지혜롭고 배려심 깊어 보이는 미스 밀스는 우리를 보며 빙긋 미소 짓고 있었다.

"그녀는 아주 불쾌한 여자예요." 도라가 말했다. "얼마나 성미가 까다롭고 고약한지 너는 모를 거야, 줄리아!"

"나도 알고 있어, 얘!" 줄리아는 말했다.

"그래, 너는 알 거야." 도라는 줄리아의 손 위에 자기의 손을 놓으며 말했다. "너는 특별하니까. 미안해. 용서해 줘."

나는 이 말에서 미스 밀스가 파란 많은 인생을 헤쳐왔다는 것을 알 수 있었다. 그녀의 현명하고 사려 깊은 태도 또한 그러한 어려움을 이겨내는 과정에서 생긴 것이라고 생각했는데, 그 자세한 사정에 대해서는 그날 안에 알 수 있었다. 미스 밀스는 실연의 불행을 겪고, 그로 말미암아 세상에 등을 돌린 것처럼 보이지만, 그래도 젊은이들의 순수한 희망과 사랑에 대해서는 은근히 관심을 가지고 있었던 것이다.

그때 스펜로 씨가 집에서 나오자, 도라는 곧장 그에게로 달려가서, "이것 보세요, 아버지. 이 꽃 정말 아름답지요!"라고 말했다.

미스 밀스는 빙그레 웃으며 의미심장하게 그들을 바라보았다. 마치 속으로 이렇게 말하는 것처럼.

'불쌍한 하루살이 같은 인간들이여, 이 화창한 인생의 아침에 덧없는 생을 즐기라!'

우리는 잔디밭을 지나 이미 준비를 마치고 대기하고 있는 마차를 향해 걸어갔다. 내가 그처럼 먼 길을 말을 타고 갈 일은 다시없을 것이다. 실제로 그 뒤에도 두 번 다시 없었다. 쌍두 사륜마차 안에는 그들 세 사람과 그들의 음식바구니와 내 바구니, 그리고 기타 케이스만이 있었다. 물론 마차는 포장이 없는 무개마차였다. 나는 말을 타고 마차 뒤를 따라갔고 도라는 마차의 말 쪽으로 등을 돌리고 앉아서 나를 바라보고 있었다. 꽃다발은 자기 바로 옆의 방석 위에 소중히 놓아두고서 망가지면 큰일이라는 듯이, 애견 집이 곁에 오지 못하도록 했다. 자주 꽃다발을 손에 들고는 그 향기를 맡았다. 그때마다 우리 두 사람의 눈이 마주쳤다. 지금 생각해도, 그때 내가 말의 머리를 넘어 마차 안으로 뛰어들지 않은 것이 이상하게 여겨질 정도였다.

먼지가 일었을 것이다. 꽤 많은 먼지가 피어올랐을 것이다. 스펜로 씨가 먼지가 일 때는 말을 타지 말고 마차 안으로 들어오라고 충고한 것이 어렴풋이 기억났다. 그러나 나에게 먼지 따위는 안중에 없었다. 나는 도라에 대한 사랑과 그녀의 아름다움 때문에 정신이 몽롱해서 다른 것은 전혀 느끼지 못했던 것이다.

스펜로 씨는 이따금씩 일어나서 경치가 어떠냐고 내게 물었다.

참 좋다고 나는 대답했다.

사실 경치는 참 좋았다. 그러나 내게는 모든 것이 도라였다. 태양도 도라로 보이고, 새들의 지저귐도 도라처럼 들리고, 남풍도 도라였으며, 산울타리의 들꽃들도 봉오리 하나하나까지 모두 도라로 보였다. 미스 밀스가 나의 기분을 이해한다는 것이 유일한 위안이 되었다. 그녀만이 내 마음속으로 온전히 들어올 수 있었던 것이다.

우리가 얼마나 멀리까지 갔는지 나는 알 수 없었다. 우리가 간 곳이 어디였는지 지금까지도 기억하지 못한다. 아마도 길드포드 근처였다고 생각된다. 마치 천일야화에 나오는 한 마술사가 어느 날 갑자기 우리를 위해 어떤 장소를 열어 주었다가, 우리가 떠난 뒤에 다시 영원히 닫아 버린 느낌이었다. 그곳은 부드러운 잔디가 깔려 있는 언덕 위의 한 푸른 곳이었다. 울창한 숲이 있고 히스 꽃이 피어 있었고, 눈에 들어오는 것 모두가 온통 아름다운 풍경뿐이었다.

여기서 우리 일행을 기다리고 있는 사람들을 발견한 것은 참을 수 없이 화나는 일이었다. 내 질투심은 부녀자들에게까지도 뻗쳐나갔다. 그러나 특히 남자들은 모두—그중에서도 빨간 구레나룻을 기르고 있으며, 참을 수 없으리만큼 오만불손한 태도를 한, 나보다 서너 살 위로 보이는 협잡꾼 같은 사나이—가 불구대천의 원수였다.

우리는 바구니를 열어서 식사준비를 시작했다. 그런데 그 빨간 구레나룻이 샐러드를 만들 수 있다며(사실인 것 같지는 않았다) 사람들의 주목을 끌기 위해 주제넘게 나섰다. 몇몇 젊은 숙녀들이 그를 위해 상추를 씻어와서, 그의 지시대로 잘게 썰었다. 도라도 그 속에 끼여 있었다.

나는 운명의 여신이 내가 그와 싸우기를 바라고 있고, 우리 둘 가운데 하나는 없어져야만 한다고 느꼈다.

빨간 구레나룻은 샐러드를 다 만들자(사람들이 어떻게 그것을 먹을 수 있었는지 모르겠다. 나는 목이 달아난다 해도 그것에 숟가락을 대고 싶지 않았던 것이다), 다음에는 자기가 술을 책임지겠노라고 나섰다. 그는 재주가 있는 놈이라, 나무줄기의 빈 속에 저장소를 만들었다. 그러는 동안 나는 그가 새우 한 마리를 거의 통째로 자기 접시에 담아 가지고 도라의 발밑에서 식사하는 것을 보았다.

이 밉살스런 사내가 나타난 뒤로 무슨 일이 있었는지 나는 잘 기억하지 못한다. 유쾌하게 행동했던 것만은 사실이지만, 틀림없이 그것은 공연한 법석이었다. 나는 분홍색 옷을 입은 눈이 작은 여자 곁에 바싹 붙어 앉아서 그 여자와 자포자기한 심정으로 노닥거렸다. 상대도 이상하게 호감을 보인 것 같았다. 그것은 다만 그것이 진심에서 우러난 것인지, 아니면 빨간 구레나룻에게 마음이 있어서 그랬는지 어쨌는지는 알 수 없었다. 다 함께 도라를 위해 건배했다. 나는 건배하기 위해 말을 멈추었다가 그것이 끝나자마자 다시 떠드는 체했다. 내가 도라 쪽으로 고개를 숙였을 때 도라와 눈이 마주쳤다. 무언가 호소하는 듯 보였으나 그녀의 눈이 빨간 구레나룻의 머리 너머로 나를 보고 있었으므로, 나의 마음은 차갑게 식어 흔들리지 않았다.

분홍색 옷을 입은 여자에게는 녹색 옷을 입은 어머니가 붙어 있었다. 하나의 책략인지는 모르지만, 그 어머니가 우리 두 사람을 갈라 버렸다. 그런데 식사를 마치고 뒷설거지를 하는 동안 마침 모두들 제각기 흩어질 기회가 있었다. 나는 부아가 올라 툴툴거리면서 나무 사이를 홀로 산책했다. 차라리 기분이 좋지 않다고 말하고, 이대로 말을 타고 어디론가―정해진 곳은 없지만―가버릴까 하고 생각했다. 그러다가 도라와 미스 밀스를 만났다.

"코퍼필드 씨, 지루하시죠?" 미스 밀스가 말했다.

"죄송합니다. 절대 그렇지 않습니다."

"그리고 도라도 지루한 것 같은데."

"아아, 아냐! 절대로 그렇지 않아."

"코퍼필드 씨, 그리고 도라." 미스 밀스는 아주 의젓한 태도로 말했다. "이것으로 충분해요. 하찮은 오해로 모처럼 핀 봄꽃을 시들게 하지 말아요. 꽃이 피어도 한번 벌레가 먹으면 다시는 원상태로 되진 않으니까요. 저는 저의 과거 경험―머나먼 돌이킬 수 없는 옛일이 되어 버린 과거 경험으로 말씀드리는데요, 반짝반짝 빛나며 용솟음쳐 나오는 샘물을 단순하고 일시적인 기분으로 멈추게 해선 안 돼요. 사하라 사막의 오아시스를 부질없이 말려서는 안 됩니다."

내가 무슨 짓을 했는지 스스로도 알지 못했다. 그만큼 나는 온몸이 불타고 있었다. 나는 도라의 작은 손을 잡고 키스를 했다―도라는 내가 키스를 하도록 허락해주었다! 나는 미스 밀스의 손에도 키스를 했다. 내 마음은 7번째 천국에 올라가 있는 것 같았다.

그리고 두 번 다시 내려오지 않았다. 그날 오후 내내 우리는 천국에 있었다. 처음에는 수줍어하는 도라와 팔짱을 끼고서 숲속을 이리저리 거닐었다. 아! 어리석은 생각일지는 모르나, 이런 어리석은 기분 그대로 불사의 몸이 되어 영원히 나무들 사이에 머물 수 있다면 얼마나 행복할까!

그러나 그 꿈은 너무 빨리 부서졌다. 다른 사람들이 웃고 떠들며 "도라는 어디 있지?"라고 외치는 소리가 들려왔다. 우리가 그들이 있는 곳으로 돌아가자, 모두들 도라에게 노래를 청했다. 빨간 구레나룻의 사나이가 마차에서 기타 케이스를 찾으려고 하자, 도라가 '기타 케이스를 둔 곳은 코퍼필드 씨밖에 몰라요'라고 말했다. 붉은 구레나룻의 코가 그만 납작해졌다. 그래서 '내가' 재빨리 기타 케이스를 가져와서, '내가' 그것을 열고, '내가' 기타를 꺼내주었다. '내가' 그녀 곁에 앉아서, '내가' 그녀의 손수건과 장갑을 받아들고 그녀의 사랑스러운 목청으로 부르는 가락을 '내가' 빨아들여 삼키듯이 들었다. 그녀도 또한 사랑하는 '나를 위해' 노래를 불러주었다. 다른 사람들은 진심 어린 박수를 보냈지만 결국 의미 없는 청중일 뿐이었다.

나는 기쁨에 푹 빠져 버렸다. 너무나도 행복했기에 오히려 현실이 아닌 것 같았다. 꿈에서 깨어나면 나는 여전히 버킹엄 거리에 있고, 크럽 부인이 아침을 차리느라 그릇이 덜그럭거리는 소리가 들려오는 게 아닐까 걱정되었다. 그러나 현실은 도라가 노래를 불렀고, 다른 사람들도 노래를 불렀으며, 미스 밀스도 노래를 불렀다. 마치 백 살 노파라도 된 것처럼, 기억 저편에 깊이 잠들어 있는 메아리를 깨우는 듯한 노래였다. 이윽고 저녁이 다가오자, 집시식으로 주전자에 물을 끓이고, 다 같이 차를 마셨다. 나는 여전히 행복하기만 했다.

소풍이 끝나자 나는 그 어느 때보다 더욱더 행복했다. 패배를 당한 구레나룻의 사나이와 다른 모든 사람들은 제각기 집으로 돌아갔다. 우리도 주위에서 피어오르는 향기로운 냄새를 맡으며 조용한 저녁 속으로 사라져가는 불빛을 지나갈 길을 재촉했다.

스펜로 씨는 샴페인을 마신 덕분에 약간 졸더니—아아, 그 포도를 키운 대지, 포도주를 만든 포도, 포도를 영글게 한 태양, 그리고 그것을 섞은 상인들에게도 제각기 영광 있으라!—마차 한구석에서 곤히 잠들어버렸다. 그래서 나는 마차와 나란히 말을 몰면서 도라와 이야기를 나누었다. 도라는 내 말을 칭찬하고 말의 목을 부드럽게 쓰다듬어 주었다―아아, 그 귀여운 앙증맞은 손!―. 그리고 그녀의 숄이 떨어질 것 같아서 나는 이따금씩 그것을 그녀의 몸에다 잘 걸쳐주기도 했다. 집도 사정을 파악했는지, 그 뒤로는 나와 사이좋게 지내야 한다고 마음을 고쳐먹은 것 같았다.

그러고 보니 저 영리한 미스 밀스도 그랬다. 지금은 삶에 지쳐서 은둔자처럼 숨어 있지만, 본심은 상냥한 미스 밀스―아직 스무 살도 안 됐는데 이미 노인 같은 생각을 가진 그녀, 세상과는 깨끗하게 손을 끊고 기억의 동굴 깊은 곳에 잠든 메아리를 깨워서는 안 될 그녀이건만, 이때에는 정말로 친절한 말을 베풀어 주었다.

"코퍼필드 씨, 잠깐 마차 이쪽으로 와 주세요. 할 이야기가 있어요."

멋진 회색 말을 타고 마차 문을 한손으로 잡고 미스 밀스 곁으로 몸을 굽히고 있는 내 모습이 참으로 멋지다고 생각했다.

"도라가 저희 집에 놀러올 거예요. 모레 저와 함께 갈 예정인데, 코퍼필드 씨도 함께 오시지 않겠어요? 아버지도 매우 기뻐하실 겁니다."

두 번 생각할 이유는 없었다. 나는 미스 밀스에게 신의 축복이 내리기를 기도하며, 기억의 가장 안전한 곳에다 미스 밀스의 주소를 소중히 새겼다. 나는 기쁨에 겨운 표정과 열렬한 말로써 그녀의 친절함에 대해 한없이 감사하게 생각한다고 똑똑히 말했다.

미스 밀스는 "이제 도라에게 가 보세요!"라고 말하며 나를 부드럽게 놓아주었다. 나는 도라가 있는 쪽으로 갔다. 도라는 마차 밖으로 몸을 내밀듯이 내게 말을 걸었다. 우리는 나머지 길을 줄곧 이야기하며 돌아왔.

그런데 그 훌륭한 회색 말을 마차 바퀴에 너무 가깝게 모는 바람에, 그만 마차 바퀴에 닿아서 말의 앞다리 허물이 벗겨졌다. 말 주인은 "3파운드어치의 살점이 달아났다"고 했다. 나는 그 돈을 물어주었다. 그러나 오늘 하루의 즐거움에 비하면 아주 싸다고 생각했다. 그동안에도 미스 밀스는 계속 달을 바라보며 시 구절을 읊조렸다. 아마도 그녀는, 그녀가 아직 세상과 관계를 맺고 있던 옛날을 떠올리고 있었을 것이다.

그건 그렇고, 노우드까지는 너무 가까웠고 너무 빨리 닿고 말았다. 스펜로 씨는 닿기 직전에 잠에서 깨어나더니 이렇게 말했다.
"코퍼필드 군, 우리 집으로 가서 잠깐 쉬어가는 것이 어떤가!"
나는 기꺼이 동의했다. 우리는 샌드위치를 먹고 물을 탄 포도주를 마셨다. 밝은 방 안에서 얼굴을 빨갛게 붉히고 있는 도라의 모습이 너무도 귀여워서 난 감히 자리를 떠나지를 못하고 꿈속처럼 황홀하게 그녀를 바라보며 앉아 있었다. 그러는 사이에 스펜로 씨의 코고는 소리가 들리자 정신을 차리고 그곳을 떠나야겠다는 생각이 들었다. 우리는 헤어졌다. 런던으로 돌아오는 길 내내, 작별할 때 만졌던 도라의 손이 아직도 내 손에 닿아 있는 것같이 느껴졌다. 그날 일어났던 하나하나의 사건이며 말들을 몇천 번이고 되새겼다. 그리고 사랑 때문에 모든 감각 기관이 마비되어버린 바보처럼 기뻐서 어쩔 줄 모르며 잠자리에 들었다.

이튿날 아침, 잠이 깨자 나는 무슨 일이 있어도 이 정열적인 사랑을 도라에게 털어놓고 그 결과에 따른 운명을 확인하기로 결심했다. 이제 행복이냐 불행이냐 하는 것만이 문제였다. 그것밖에 생각할 수 없었고, 이 세상에서 도라만이 이 문제에 대해서 답할 수 있었다. 하지만 그럼에도 나는 도라와 나 사이에 지금까지 일어난 모든 일을 곰곰이 생각하고 비관적인 결론을 내리고는 나 자신을 괴롭히면서 비참하게 사흘을 보냈다.

드디어 나는 많은 비용을 들여 정장을 갖추고 머릿속에는 고백해야 할 말을 가득히 담고서 미스 밀스의 집으로 향했다.

그러나 계단을 올라가서 문을 두드리기까지, 나는 몇 번이나 거리를 왔다 갔다 하고 광장을 빙글빙글 돌았는지 모른다—그렇다, 나는 이것이 옛날의 그 수수께끼에 대한 달이라는 답보다도 더 딱 맞는 답이라고 뼈저리게 느꼈다—그러나 결국 그것은 지금 당장의 문제가 아니다. 마침내 문을 두드리고 열리기를 기다리면서도 바들바들 떨며, 차라리 블랙보이 씨 댁입니까 하고 묻고는(죽은 바키스의 수법이었다) 실례했다고 말하고 그대로 돌아가 버릴까도 생각했다. 하지만 나는 꿋꿋하게 참았다.

밀스 씨는 집에 없었다. 나는 그분에게는 볼일이 없었으므로 집에 있으리라고는 기대하지 않았다. 미스 밀스는 집에 있었다. 미스 밀스만 있으면 되는 것이다.

나는 2층 방으로 안내되었다. 거기에는 미스 밀스와 도라가 있었다. 애견 집도 있었다. 미스 밀스는 악보를 베끼고 있었고(《사랑의 비가》라는 신곡이었다) 도라는 꽃을 그리고 있었다. 내가 준 바로 그 꽃, 코벤트가든 시장에서 산 그 꽃다발을 그리고 있다는 것을 알았을 때의 내 기분은 말할 수 없이 기뻤다. 그 그림은 실물과는 그다지 닮지 않았고, 오히려 지금까지 내가 본 어떤 꽃과도 비슷하지 않았다. 그러나 꽃을 싼 포장지만은 매우 정밀하게 그려져 있어서, 그것으로 무슨 그림인지 알았던 것이다.

미스 밀스는 나를 보자 무척 기뻐하며 아버지가 집에 계시지 않은 것을 사과했지만, 우리는 그 점을 하는 수 없다는 듯이 받아넘겼다. 미스 밀스는 잠깐 이야기하다가 악보 위에 펜을 놓고 일어서더니 나가버렸다.

역시 그 이야기는 내일 해야겠다고 문득 생각하기 시작했다.

"지난밤 너무 늦게 돌아가시는 바람에 불쌍한 말이 지치진 않았나요?" 도라는 아름다운 눈을 들어 올리며 말했다. "말한테도 먼 길이었으니까요."

역시 오늘이다. 지금 해야 한다!

"정말 먼 길이었지요." 나는 대답했다. "도중에 놈을 격려해줄 만한 것이라곤 아무것도 없었으니까요."

"가엾어라. 중간에 아무것도 먹이지 않았나요?" 도라가 물었다.

아니다, 역시 내일 하는 것이 좋겠다.

"아니, 아닙니다. 그놈을 잘 보살펴 주었어요. 다만 제가 미스 도라 곁에 있을 때 느꼈던, 그런 말할 수 없는 행복을 그놈은 맛보지 못했다는 뜻입니다."

도라는 한동안 자기 그림을 들여다보았다. 그동안 나는 얼굴이 달아오르고, 뻣뻣하게 굳은 두 다리를 어색하게 세우고서 앉아 있었다. 이윽고 그녀가 입을 열었다.

"코퍼필드 씨는 어제 적어도 한때는 그런 행복을 느끼는 것 같아 보이지 않던데요?"

지금이다. 말한다면 지금밖에 없다!

"코퍼필드 씨는 까맣게 잊고 계셨어요." 도라는 눈썹을 약간 치켜세우고 머리를 저으면서 말했다. "미스 키트 곁에 앉아 있었을 때 말이에요."

키트는 눈이 작고 분홍 옷을 입은 그 여자를 말하는 것이었다.

"왜 당신이 그렇게 즐거워했는지 저는 몰라요." 도라가 말했다. "또 그것을 행복이라고 말하는 이유도 모르고요. 그러나 그것이 진심에서 한 말은 아니겠지요? 물론 당신이 좋을 대로 하셔도 상관없어요. 아이 참, 어쩔 수 없구나! 집, 이리 오렴!"

그 뒤 내가 어떻게 행동을 했는지 나도 잘 모른다. 순식간에 저질러버린 것이다. 집을 밀쳐내고 느닷없이 도라를 두 팔로 껴안았다. 나는 웅변조로 이야기를 시작했다. 한마디도 막히지가 않았다. 내가 그녀를 얼마나 사랑하는가. 그녀가 없으면 죽어 버리겠다고 말했다. 나는 그녀를 신이나 성녀처럼 숭배하며 떠받든다고 말했다. 그동안에도 집은 맹렬하게 짖어댔다.

도라가 고개를 숙이고 울면서 몸을 떨자 나는 더욱더 열변을 토했다. 내가 죽기를 원한다면 그렇다고 한마디만 해 달라. 나는 언제라도 죽을 각오가 되어 있다. 당신의 사랑이 없는 인생이란 어떤 여건이 다 갖추어져 있다 해도 내게 아무런 의미가 없다. 나는 처음 만난 이래로 한시도 빼지 않고 당신을 사랑해 왔다. 지금 이 순간에도 미치도록 사랑하고 있다. 지금뿐 아니라 앞으로도 이 미칠 듯한 사랑은 변함이 없다. 지금까지도 앞으로도 연인들은 얼마든지 있을 것이다. 그러나 내가 지금 당신을 사랑하는 만큼 사랑했던 것은 이제껏 없었고 앞으로도 결코 없을 것이다, 아니, 있을 턱이 없다고 말했다. 내가 혼신을 다할수록 집은 점점 더 격렬하게 짖어댔다. 개도 나도 의미는 다르지만 점점 더 이상하게 변해갔다.

아무튼 이윽고 정신을 차리자, 도라와 나는 마음을 가라앉히고 소파에 나란히 앉아 있었다. 집도 얌전히 그녀의 무릎 위에 안겨 나를 쳐다보며 눈을 끔벅이고 있었다. 이제 마음의 짐은 내려놓았다. 나는 황홀하여 어찌할 바를 몰랐다. 도라와 나는 결혼할 것을 약속한 것이다.

우리는 이것이 당연히 결혼으로 마무리될 것이라고 생각했던 것 같다. 적어도 조금은 그렇게 믿었음이 틀림없다. 왜냐하면 도라가 아버지의 허락만 받으면 결혼할 수 있다고 분명하게 말했기 때문이다. 그러나 둘 다 젊은 혈기를 주체하지 못했고, 앞뒤를 따져본다든가 앞날이 캄캄한 현재를 넘어 먼 미래를 내다보고 있었다고는 생각할 수 없다. 우리는 이 일을 스펜로 씨에게는 비밀로 하기로 약속했다. 그러면서도 그것이 나쁜 일이라고는 당시에는 털끝만큼도 생각하지 않았던 것이다.

도라가 가서 미스 밀스를 데리고 왔을 때 그녀는 여느 때보다 더 침울해 있었다. 생각건대, 지금 일어난 일이 그녀에게는 기억의 동굴 깊이 잠들어 있는 메아리를 불러일으키는 효과가 있었기 때문일 것이다. 그러나 미스 밀스는 우리를 축복해 주었다. 앞으로도 우정은 변치 않으리라고 말하고, 수도원에서 들리는 소리와도 같은 목소리로 많은 이야기를 해 주었다.

그 얼마나 한가한 시간이었던가! 얼마나 꿈같고 행복하고 바보스러운 시간이었던가!

예를 들어 물망초로 된 결혼반지를 만들기 위해 도라의 손가락 크기를 재어 치수를 보석상에게 가지고 갔을 때, 그는 내 마음을 알아차리고는 주문서를 펼치고 웃으며, 그저 청색의 돌이 박힌 예쁜 장난감 같은 것에 대해 자기 마음대로 값을 불렀다. 아무튼 내 기억은 도라의 손과 너무도 강하게 결부되어 있어서, 어제도 우연히 내 딸의 손가락에 비슷한 반지가 끼여 있는 것을 보고, 아주 짧은 순간이었지만 마음에 찌릿한 아픔을 느꼈다.

내가 나의 비밀 때문에 기뻐 어쩔 줄 모르며 내 자신의 흥미에 들떠서 거리를 거닐었을 때, 도라를 사랑하고 또 도라로부터 사랑을 받고 있다는 뿌듯한 느낌에 취해 있었을 때, 설령 내가 하늘을 걸어다녔다 하더라도 그때만큼 행복에 겨워 지상에서 꿈틀거리는 사람들을 오만하게 내려다보진 않았을 것이다!

둘이서 광장 뜰에서 만나 곧잘 음침한 정자에 앉아 있었을 때는 너무도 행복하여 특별한 이유도 없이 나는 아직까지도 런던의 참새들을 사랑하고 연기에 그을린 그 깃털조차 내게는 열대조의 아름다운 깃털로 보이는 것이다.

우리가 처음으로 크게 다투었을 때(약혼을 하고 나서 일주일도 지나지 않았을 때였다) 도라는 그 반지를 삼각 모자 모양으로 접은 편지지에 함께 넣어 되돌려 보내왔다. 그녀의 편지에는 이렇게 적혀 있었다.

'우리의 사랑은 어리석게 시작되어 미친 짓으로 끝나고 말았습니다.'

이 무서운 내용을 보자 나는 머리카락을 쥐어뜯으며 '모든 것이 끝장났구나!'라고 탄식했었다.

밤의 어둠을 틈타 나는 미스 밀스네 집으로 나는 듯이 달려갔다. 다리미판이 있는 뒷부엌에서 그녀와 몰래 만나, 이대로는 미칠 것 같으니 제발 우리 둘 사이를 바로잡아 달라고 간청했다.

미스 밀스는 기꺼이 그 역할을 맡아 주었다. 도라를 데려와 자신의 쓰라린 젊은 날의 경험담을 들려주면서, 서로가 양보하여 사하라 사막과 같은 무미건조한 생활만은 피하라고 친절하게 충고해주었다.

 물론 우리 두 사람은 울면서 화해하고 다시 전처럼 행복해졌으므로, 우리에게 뒷부엌은 다림판까지 통틀어 사랑의 전당으로 변하게 되었다. 그리고 앞으로는 미스 밀스를 통해서, 매일 상대방에게 최소한 한 통의 편지를 보내기로 합의했다.

 아, 그 얼마나 한가한 시절이었던가! 그 얼마나 꿈같고 행복하고 바보스러운 한때였던가! 그러나 지금 생각해도, 그 영원의 '시간'의 신이 주관하고 있는 나에게 허락한 시간 가운데, 이때의 반만큼이라도 미소 지을 수 있고, 그 반만큼이라도 따스한 마음으로 생각해 볼 수 있는 시간은 두 번 다시 없었다.

34장
대고모, 런던에 오다

도라와의 약혼을 나는 가장 먼저 아그네스에게 알렸다. 내가 얼마나 행복하며 도라가 얼마나 사랑스러운 소녀인가를 설명하려고 긴 편지를 써서 보냈다. 그리고 이번 일은 우리가 이전에 곧잘 농담을 하던 철없는 충동이나, 금세 식을 일시적 사랑으로 여기지 말아달라고 부탁했다. 우리 사랑은 헤아릴 수 없으리만큼 깊으며, 그 같은 사랑은 지금까지 어디에도 없었을 것이라고 굳게 믿었다.

이 편지를, 아름다운 밤에 활짝 열어젖힌 창가에서 쓰고 있을 때 아그네스의 맑고 고요한 눈동자와 상냥한 얼굴이 머릿속에 떠오르자 이제까지 어수선하고 들떠 있던 기분이(물론 그것이 어떤 의미로는 기뻤다) 그제야 가라앉으며, 무심코 눈물이 흘렀다.

지금도 기억한다. 나는 그 편지를 반쯤 쓰고는 한손으로 머리를 받치고 멍하니 공상에 사로잡혀 앉아 있었다. 그러자 아그네스가 내 가정을 꾸리는 데 필수 불가결한 사람으로 여겨졌다. 그녀가 있음으로써 신성하다고 생각되는 이 고요한 집에서, 도라와 나는 다른 어떤 곳보다도 한층 더 행복할 것에 틀림없다는 믿음이 생겼다. 내가 사랑할 때, 기쁠 때, 슬플 때, 희망에 부풀 때, 절망에 빠져 있을 때, 나의 마음은 자연히 그 집으로 향했다. 거기서 마음의 피난처와 마음의 친구를 발견했던 것이다.

스티어포스에 대해서는 한마디도 쓰지 않았다. 다만, 야머스에서는 에밀리가 가출을 했으므로 모두 슬픔에 젖어 있다는 것과 그로 인해 일어나는 여러 가지 사태 때문에 내가 이중으로 고통을 당하고 있다고만 썼다. 아그네스는 머지않아 진상을 꿰뚫어볼 테지만, 그녀가 결코 스티어포스의 이름을 먼저 입 밖에 내지는 않으리라는 것도 잘 알고 있었기 때문이다.

답장은 곧바로 도착했다. 답장을 읽고 있으니 귓가에 아그네스의 음성이 들리는 것 같았다. 진심이 담긴 목소리였다. 그러니 무슨 말이 더 필요하겠는가!

최근에 내가 집을 비우고 없을 때 트래들스가 두세 번 나를 찾아왔었다. 마침 페거티가 집에 있었는데, 페거티가 나의 옛날 유모라는 이야기를 듣자(페거티는 들어주는 사람만 있으면 누구를 막론하고 이 사실을 반드시 이야기해주었다) 서로 죽이 맞아서 나에 대해서 이런저런 이야기를 나누다 갔다고 했다. 페거티는 이렇게 말했지만 사실 말을 한 것은 주로 그녀였으며 엄청 긴 이야기였을 것이라고 생각했다. 왜냐하면 페거티는 내 이야기를 한번 시작하면 도저히 끝낼 기미를 보이지 않았기 때문이다.

그리고 보니 한번은 이런 일이 있었다. 어느 날 오후 트래들스가 오기로 한 시간에 맞춰 그의 방문을 기다리고 있었다. 그런데 그 바로 전에 크럽 부인이, 페거티가 나타나지 않을 때까지 나를 시중드는 모든 일(급료만은 제외하고)을 사퇴한다고 알려 왔다. 크럽 부인은 계단에서 아주 우렁찬 목소리로 페거티에 관한 여러 가지 이야기를 한 뒤―마치 보이지 않는 아주 친한 혼령과 이야기하는 것 같았는데, 그 당시 그녀는 어디까지나 혼자 있었던 것이다―나에게 편지로 자기 의견을 다시 한번 밝히는 것이었다. 그녀의 편지는, 그녀의 일생에 일어났던 어떠한 사건에도 두루 적용되는 보편적인 이야기로 시작되었다. 즉 그녀도 한때 어머니였고, 지금까지 여러 일을 겪어왔지만, 자기가 살아온 평생 동안 침입자나 참견꾼, 밀고자는 선천적으로 싫어한다고 했다. 누구라고 이름은 밝히지 않겠지만 떠오르는 사람이 있을 것이라고 했다. 특히 미망인의 상복을 입은(이 구절에는 밑줄이 쳐져 있었다) 침입자나 밀고자는 반드시 경멸해왔다고 그녀는 말했다. 물론 본인이 침입자나 밀고자(여전히 이름은 언급하지 않았다)의 희생이 되어도 좋다고 한다면, 그것은 그분의 자유이며 그분에게는 자기 마음대로 할 권리가 있으니까 뜻대로 하면 된다. 그러나 자신은 그런 사람들과는 접촉을 하지 않겠다는 것이었다.

그러므로 앞으로 모든 일이 전과 같이 되고, 원하는 대로 이루어질 때까지는 2층 일을 돌보지 않겠다고 했다. 그리고 매주 토요일 아침마다 아침식탁 위에 계산서를 가져다놓겠으니 수고를 덜고 서로에게 '불편'한 일이 없도록 빨리 지급해 주기를 바란다고 덧붙였다.

그 뒤로도 크럽 부인은 물주전자를 써서 계단에 함정을 만들어서 페거티의 다리를 부러뜨리려고 온갖 노력을 다했다. 이와 같은 비상사태 속에서 사는 것은 매우 괴로운 일이었지만, 나는 크럽 부인이 두려워서 이러지도 저러지도 못했다.

트래들스는 이러한 장애물에도 불구하고 내 방문 앞에 정각에 나타나서 소리쳤다.

"코퍼필드, 잘 있었어?"

"오, 트래들스. 이제야 만나는구나. 지난번에는 내가 집에 없어서 진심으로 사과한다. 계속 바빴었거든—"

"그래그래, 알고 있어, 물론. 코퍼필드, 네 것은 런던에 살고 있겠지?"

"무슨 말이야?"

"네 여자—아차, 미안하다—미스 디(D) 말야." 마음씨가 약한 트래들스는 곧바로 얼굴을 붉히며 말했다. "런던에 살고 있지?"

"아, 그래, 런던 근처야."

"내 것은 너도 기억하고 있겠지?"

트래들스는 진지한 표정으로 말했다. "데본셔에 살고 있어—열 자매 가운데 한 사람이야. 그래서 자네와 같은 뜻으로는— 그렇게 바쁘지 않다고."

"잘도 참는군. 그렇게 뜸하게 만나는데도."

"하! 그야 이상하게 느껴지겠지만,"

트래들스는 의미심장하게 말했다. "그럴 수밖에 없지. 내게는 달리 방도가 없으니까."

"그야 그렇겠지." 나는 싱긋 웃고는 얼굴을 붉히면서 말했다. "그리고 자네는 견실하고 참을성이 많으니까, 트래들스."

"오! 나를 그렇게 보는 거야, 코퍼필드?"

트래들스는 조금 신기하다는 듯이 말했다. "내게 그런 점이 있는지는 스스로도 몰랐는걸. 아무튼 그녀는 매우 귀여운 아가씨니까, 그러한 미덕을 나에게 나누어준 것이겠지. 그렇게 생각하면 별로 이상할 것도 없군, 코퍼필드. 분명히 말하건대, 그 아가씨는 언제나 자신을 돌보지 않아도 나머지 아홉 자매는 빠짐없이 돌보는 착한 아가씨거든."

"그럼 그녀는 맏딸인가?"

"그렇지 않아. 맏이는 정말 미인이야." 대답하는 투가 너무 솔직하고 단순해서 나는 웃지 않을 수 없었다. 그러자 트래들스도 그의 순진한 얼굴에 미소를 띠고 덧붙였다.

"물론 그렇지 않아. 그러나 나의 소피는—이름이 예쁘지, 코퍼필드? 나는 늘 그렇게 생각해."

"응, 아주 예뻐!"

"물론 미인은 아니야. 그렇지만 내 눈에는 정말 예쁘게 보여. 아니, 그 누구의 눈에도 흔치 않은 미인으로 보일 것이라고 생각해. 그런데 맏이가 미인이라고 말한 것은, 그녀는 정말로—"

그는 두 손으로 자기의 둘레에 구름을 그리는 시늉을 하며, 힘주어 말했다.

"아주 근사하단 말이야!"

"과연 그렇겠군!"

"아, 정말이야! 어딜 가도 그만한 미인은 없다고 생각해. 사교계에서 이목을 끌고 찬사를 받을 만한 여자로 태어났으면서도, 집안 형편이 넉넉하지 못해서 그런 기쁨을 즐길 수 없으므로 자연히 신경질도 부리고 가끔 투정을 하기도 한다네. 그래서 소피가 큰언니의 기분을 맞춰주고 있어."

"그럼 소피는 맨 막내인가?"

"그렇지 않아! 맨 아래로 두 딸이 있는데 하나는 아홉 살이고 다른 하나는 열 살이야. 소피가 그들을 교육하고 있어." 트래들스는 턱을 쓰다듬으며 말했다.

"그럼 둘째 딸이군." 나는 어림짐작으로 말해 보았다.

"아니, 둘째는 사라라고 해. 사라는 불행하게도 척추에 이상이 있어. 병세는 시간이 지나면 자연히 낫는다고 의사들은 말하지만, 그때까지 꼬박 열두 달을 누워 있어야 한대. 그래서 소피가 그녀를 간호해주고 있어. 소피는 넷째 딸이야."

"어머니는 살아 계셔?"

나는 물었다.

"그래. 아주 훌륭한 부인이야. 그런데 데본셔는 습기가 많아서 체질에 맞지가 않아. 그래서 손발을 못 쓰게 되었지."

"저런!"

내가 말했다.

"정말 딱한 일이지. 그러나 집안 살림은 그렇게 어려울 게 없어. 소피가 어머니를 대신해 잘 처리하고 있으니. 소피는 나머지 아홉 자매들뿐만 아니라 어머니에게도 어머니 노릇을 하고 있어."

나는 그 젊은 숙녀의 착한 마음씨에 진심으로 찬사를 보냈다. 그래서 마음씨 좋은 트래들스가 속임을 당해서 그들 두 사람의 앞날을 그르치는 일이 없도록 최선을 다해야겠다고 생각하고 미코버 씨의 안부를 물었다.

"그분은 잘 계셔, 코퍼필드. 지금은 그분과 함께 살고 있지는 않아."

"정말?"

"그래. 사실은 말이야." 트래들스는 속삭이듯이 말했다. "미코버 씨는 한때 아주 어려움에 처하여 이름을 모티머라고 바꿔서 쓰고 있어. 어두워지기 전에는 외출을 하지 않아. 그리고 외출할 때는 안경을 쓰지. 왜냐하면 집세를 내지 못해서 집이 차압되었거든. 미코버 부인의 처지가 너무 비참하다 보니 언젠가 여기서 이야기했던 그 두 번째 어음에다 도저히 내 이름을 빌려주지 않을 수 없었어. 그것으로 일이 해결되고, 미코버 부인이 기운을 차린 것을 보았을 때의 기쁨이 얼마나 큰지. 너는 알 거야, 코퍼필드."

"음!"

"하지만 부인의 행복은 오래가지 않았어. 불행히도 한 주일이 채 못 돼 또 다른 압류가 들어왔거든. 그래서 결국 파산했어. 그 뒤 나는 아파트에서 생활하고 있어. 모티머 가족은 남의 눈을 피해 아주 숨어버렸지. 코퍼필드, 이런 말을 하더라도 이기적이라고는 생각하지 않겠지? 전당업자가 대리석판이 붙은 내 둥근 테이블과 소피의 꽃병과 받침을 가져가버렸어."

"정말 지독한 이야기로군!"

나는 분개해서 소리쳤다.

"그래, 정말 뼈아픈 일이었어." 트래들스는 언제나처럼 낙담한 표정으로 말했다. "원망하는 건 아니지만 여기에는 이유가 있어. 그러니까 말이야, 코퍼필드. 내 물건을 빼앗아 갔을 때 나는 그것들을 다시 사들일 수 없었어. 그 전당업자는 내가 그것들을 다시 사들이고 싶어한다는 것을 알고는 터무니없이 값을 올려 불렀고, 나는 돈이 한 푼도 없었거든. 그래서 그 뒤로 나는 그 전당업자의 가게를 늘 지켜보고 있어." 그는 그 비밀이 자못 즐거운 듯이 말했다. "그 가게는 토트넘 코트 가의 위쪽에 있는데, 드디어 오늘 그 물건들을 팔려고 내놓은 것을 보았어. 나는 길 건너편에서 슬쩍 보기만 했지. 왜냐하면 만약 그자가 나를 보기만 하면 비싼 값을 부를 테니 말이야. 그래서 말인데 지금은 돈이 있으니, 너의 유모에게 나와 같이 그 점포로 가 달라고 부탁해도 반대하지 않겠지? 내가 거리 모퉁이에서 네 유모에게 물건을 일러주면 네 유모는 자기가 사는 것같이 하여 싼값으로 흥정을 할 수 있잖겠어?"

이 계획을 이야기하는 기쁨에 찬 그의 얼굴과 그것이 실로 훌륭한 계획이라고 생각하고 있는 그 의기양양한 표정을, 나는 지금도 또렷하게 그릴 수 있다. 나는 대답했다.

"페거티는 기꺼이 너를 도와줄 거야. 또한 그러려면 우리 셋이서 같이 나서는 게 좋을 거야. 그러나 조건이 하나 있어. 앞으로는 그 어떤 것도 미코버 씨에게 빌려주지 않겠다고 단단히 결심해야 해. 나와 약속할 수 있지?"

"이봐, 코퍼필드. 그 문제라면 이미 나는 그렇게 하기로 결심했어. 내가 생각이 짧았었고, 또 소피에게도 아주 못할 짓을 했다고 깨달았거든. 이제는 스스로 맹세했으니 조금도 걱정할 필요 없어. 못 믿겠으면 자네에게도 맹세하지. 첫 번째의 그 불행한 채무는 내가 갚았네. 미코버 씨가 돈만 있었더라면 그것도 자기가 갚고 싶었을 테지만 사정이 그러지 못했지. 코퍼필드, 내가 여기서 내가 가장 좋아하는 미코버 씨의 장점을 한 가지 말해 두어야겠네. 즉 그 두 번째 부채 말인데, 아직 기한이 남았고 돈도 준비되었다고는 볼 수 없지만, 그는 무슨 일이 있어도 돈을 마련하겠다고 말했네. 참으로 공평하고 정직한 사람이 아닌가!"

나는 트래들스의 믿음에 찬물을 끼얹을 수는 없다고 생각했으므로, 그렇다고 동의했다. 좀 더 이야기를 한 뒤 우리 두 사람은 페거티의 도움을 얻기 위해서 잡화점으로 갔다. 트래들스는 그날 저녁을 나와 함께 지내기를 거절했는데, 그것은 자기가 소유물을 되사들이기 전에 다른 사람이 사갈지도 모른다는 걱정과, 마침 그날 저녁은 그가 매주 이 세상에서 가장 사랑하는 사람에게 편지를 쓰는 날이었기 때문이었다.

페거티가 그 소중한 물건을 흥정하는 동안 토트넘 코트 가 모퉁이에서 바라보고 있던 트래들스의 표정―그녀가 부른 값으로 거래가 성사되지 않자 터덜터덜 돌아서는 등 뒤로 결국 전당업자가 고집을 꺾고 그녀를 다시 부르는 모습을 바라보는 동안의 그의 일희일비하는 표정은 지금도 잊히지 않는다. 결국 페거티가 아주 싼값으로 물건들을 되사들여, 트래들스는 기쁨에 넘쳐 어찌할 줄 몰랐다.

"참으로 고맙네, 코퍼필드." 그날 밤 물건들이 그가 사는 곳으로 배달된다는 이야기를 듣고 트래들스는 말했다. "한 번 더 신세를 져야겠는데, 얼빠진 소리라고 말하지는 말아줘, 코퍼필드."

나는 그러지 않겠다고 미리 대답해주었다.

"그렇다면, 대단히 죄송합니다만," 트래들스는 페거티에게 말했다. "그 꽃병을 지금 가져와주실 수 있겠습니까? 그것은(소피의 물건이니까, 코퍼필드) 내가 직접 집으로 가지고 가고 싶어서 그래요."

페거티는 흔쾌히 부탁을 들어주었다. 그는 그녀에게 연거푸 고맙다고 인사를 하며, 기쁨에 찬 얼굴로 꽃병을 두 팔로 껴안고 토트넘 코트 거리를 걸어 올라갔다.

이윽고 페거티와 나는 내 숙소로 향했다. 그곳에 있는 상점들에 페거티가 큰 매력을 느낀다는 것을 알고, 나는 그녀가 진열창을 하나하나 들여다보며 즐기도록 기다리면서 천천히 걸었다. 그래서 우리가 아델피에 닿는 데는 꽤 오랜 시간이 걸렸다.

2층으로 올라가면서 크럽 부인이 만든 함정이 갑자기 없어졌다는 점과 새 발자국이 나 있는 것을 알았다. 우리는 위로 올라갈수록 분명히 닫아 두었던 내 방의 바깥문이 활짝 열려 있고 방 안에서 사람 소리까지 들렸으므로 더더욱 놀랐다.

우리 두 사람은 영문을 몰라 서로 얼굴을 바라보며 거실로 들어섰다. 그런데 다름 아닌 대고모와 딕 씨가 와 있는 것이 아닌가! 대고모는 앞에 두 마리의 새와 무릎에 고양이 한 마리를 올려놓고 영락없는 여자 로빈슨 크루소처럼 산더미 같은 짐 위에 앉아서 느긋하게 차를 마시고 있었다. 딕 씨도 역시 짐을 잔뜩 끌어안고서, 우리가 그전에 가끔 함께 날렸던 것과 같은 큰 연에 몸을 기대고 생각에 잠겨 있었다.

"대고모님!" 나는 소리쳤다. "말씀도 없이 어쩐 일이세요?"

우리는 반가워서 서로 껴안았고, 딕 씨와 나는 성심 어린 악수를 나누었다. 크

럽 부인은 바삐 차를 끓여왔다. 아무리 시중을 들어도 모자란다는 듯이 호들갑을 떨며, '친척을 만나셔서 무척 반가우시지요'라고 나에게 친절하게 말했다.

아주 무서운 사람 앞에서 몹시 겁에 질려 있는 페거티를 보고 대고모가 말을 걸었다.

"이봐, 잘 지냈나?"

"페거티, 대고모님을 기억하지요?"

내가 말했다.

"어머나, 트롯. 그런 야만인의 이름일랑 부르지 마라! 저 사람은 결혼해서 그 흉한 이름을 버렸으니 새로 얻은 이름으로 불러주렴. 그게 이 사람을 위해서도 좋은 일이니까. 지금 이름은 뭐지, 피(P)?" 대고모는 그 불쾌한 이름에 대한 타협 조로 말했다.

"바키스입니다, 부인." 페거티는 공손히 무릎을 굽혀 절을 하며 대답했다.

"아, 그래! 그쪽이 훨씬 더 사람답네. 그럼 이제 선교사도 필요 없겠군.[1] 바키스, 그래 어떤가? 별고 없겠지?"

---

1) 미개인이 아니라 기독교도처럼 들리므로.

부드럽게 말을 걸면서 대고모가 악수까지 청했으므로 용기를 얻은 바키스는 앞으로 나와 대고모의 손을 잡고 몸을 숙여 정중하게 인사를 했다.

"우리 둘 다 꽤나 나이를 먹었구먼. 자네와는 전에 꼭 한 번 만났었지만 그때는 서로 불편해했었지! 트롯, 한 잔 더 다오."

나는 여느 때나 다름없이 꼿꼿하게 앉아 있는 대고모에게 공손히 차를 드렸다. 그리고 궤짝 위에 앉아 있는 것이 힘들어 보인다고 말했다.

"대고모님, 소파나 안락의자를 이리로 가져올까요? 왜 그렇게 불편하게 앉아 계십니까?"

"고맙다, 트롯. 나는 내 짐 위에 앉아 있는 것이 더 편하단다"라고 말하면서 대고모는 크럽 부인을 뚫어지게 바라보며 말했다.

"부인, 고맙지만 공연히 수고스럽게 우리의 시중을 들 것까지는 없어요."

"그럼 제가 물러가기 전에 차 주전자에 차를 좀 더 넣어놓을까요?" 크럽 부인이 말했다.

"아니, 됐어요, 고맙습니다, 부인."

대고모는 대답했다.

"부인, 버터라도 한 덩이 더 갖다 놓을까요? 아니면 갓 나온 달걀이나 햄은 어떠세요? 코퍼플 씨, 제가 도련님의 대고모님을 위해 해드릴 수 있는 일이 없을까요?"

"부인, 이것으로 충분합니다. 고마워요." 대고모가 말했다.

크럽 부인은 환영한다는 뜻을 나타내 보이려고 계속 미소를 지으며 지체 높은 분들에게 봉사를 아끼지 않겠다는 듯이 끊임없이 손을 비벼대다가 방에서 나가버렸다.

"딕 씨!" 대고모는 말했다. "언젠가 기회주의자들과 황금 숭배자들에 대해서 내가 말한 것을 기억하고 있지요?"

딕 씨는 그것을 모두 잊어버렸다는 듯한 놀란 표정으로, 기억하고 있다고 황급하게 대답했다.

"크럽 부인이 바로 그런 족속이에요. 바키스, 차 시중은 자네가 들어주게나. 한 잔 더 따라주게, 아까 그 여자는 따르는 법부터 틀려먹었어!"

대고모가 어떤 사람인가를 잘 알고 있는 나는, 그녀가 마음속에 어떤 중요한 일을 생각하고 있으며, 이렇게 멀리 나를 찾아온 것에도 다른 사람은 떠올릴 수 없는 의미가 있다는 것을 바로 눈치챘다. 나의 관심이 다른 데로 향할 것 같으면 나를 바라보는 대고모의 눈매가 빛났다. 또한 겉으로는 강경하고 태연한 모습을 꾸미고 있지만, 마음속으로는 묘하게 망설이고 있는 모습이 훤히 보였다. 그래서 내가 대고모를 화나게 하는 몹쓸 짓이라도 한 것이나 아닌지 걱정하기 시작했다. 그리고 보니 아직 도라에 관해서 아무 말도 하지 않은 것이 양심에 찔렸다. 절대로 그 일 때문은 아닐 텐데, 참으로 이상했다.

하지만 대고모는 언제나 자기 자신이 이야기하고 싶을 때만 입을 연다는 사실을 이미 알고 있으므로 나는 그녀 옆에 앉아서 새에게 말을 걸기도 하고, 고양이와 장난을 치며 되도록 편안한 척했다. 그러나 속으로는 조금도 편안치 못했다. 게다가 대고모 뒤에서 딕 씨가 연에 몸을 기댄 채 틈이 있을 때마다 의미심장하게 내 쪽으로 고개를 돌리고는 끊임없이 나를 손가락으로 가리켰으므로 더욱 그러했다.

"트롯," 대고모는 차를 다 마시고 옷을 조심스럽게 매만져서 주름을 펴더니, 입술까지 닦은 다음 드디어 입을 열었.

"가지 않아도 괜찮아, 바키스! 트롯. 너는 마음을 단단히 먹고 독립할 수 있겠니?" 대고모는 자리를 피하려는 페거티에게 그대로 있으라는 손짓을 하면서 내게 말했다.

"대고모님, 저도 그러고 싶습니다."

"어떻게 생각하니?"

"대고모님의 말씀이 옳습니다."

"그럼 얘야, 어째서 내가 오늘 밤 이 물건 위에 걸터앉아 있는지 알겠니?"

나는 짐작이 가지 않아서 고개를 저었다.

"그 이유는, 내가 가진 것이 이것뿐이기 때문이란다. 나는 파산했단다, 얘야."

이 집과 우리가 모두 함께 강물 속으로 내동댕이쳐졌다 해도 나는 이보다 더 크게 충격을 받지는 않았을 것이다.

"딕 씨가 모든 사정을 잘 알고 있다." 대고모는 내 어깨에 한 손을 가만히 올려놓으며 말했다. "나는 망했어, 트롯! 내가 이 세상에서 가진 것이라고는 저 오두막집과 이 방에 있는 이것뿐이야. 그 집은 세를 놓도록 자넷에게 부탁해놓았다.

바키스, 이 신사가 오늘 밤 잘 침대를 하나 마련해주겠어? 나는 비용도 절약할 겸 여기서 지내도록 해주면 좋겠는데 좀 불편해도 좋아요. 오늘 밤만 지내면 되니까. 이 일에 대해서는 내일 더 이야기하자."

그때 갑자기 대고모가 내 목에 매달려서 네가 불쌍하다고 소리치며 울음을 터뜨렸으므로, 나는 대고모에 대한 걱정에 잠겨 있다가(틀림없이 그녀에 대한 걱정이었다) 깜짝 놀라 정신을 차렸다. 대고모도 이내 그런 슬픔을 억누르고, 기운을 잃고 풀죽어 있다기보다는 오히려 가슴을 펴고 말했다.

"우리는 용기를 내 역경과 맞서서 이겨야지. 그 정도로 겁을 먹어서는 안 된다, 얘야. 우리는 이 싸움에서 이겨야 해. 불행에 져서는 안 된다, 트롯!"

35장
우울한 날들

대고모의 말을 듣고 처음에는 몹시 놀랐지만 이윽고 마음의 안정을 되찾기 바쁘게, 나는 딕 씨를 재촉하여 잡화점에 가서 전에 페거티 씨가 쓰던 침대에서 자도록 일렀다. 그 잡화점은 헝거포드 시장 안에 있었다. 그 무렵 헝거포드 시장은 지금과 달리, 문앞마다 나지막한 나무기둥이 줄지어 서 있었는데(옛날의 청우계(晴雨計)에서 흔히 보이던 남자와 여자의 인형이 사는 집과 아주 비슷했다)[1] 그것이 딕 씨의 마음에 들었던 것이다. 그런 건물에 투숙한다는 것은 영광이어서 그는 어떤 불편도 감수할 수 있었을 것이다. 들어가 보니, 전에도 말했던 온갖 악취가 뒤섞여 있는 것과 손발을 뻗을 수 있는 여유가 조금 아쉬운 점을 제외하면, 딱히 참아야 할 점이 없었으므로 딕 씨는 아주 만족했다. 크럽 부인은 그곳이 고양이 꼬리를 잡고 한 바퀴 내두를 만한 여유도 없이 비좁은 곳이라고 성이 나서 그에게 말했지만, 딕 씨는 침대 끝 쪽에 앉아서 한쪽 다리를 어루만지며 이렇게 말했다.

"하지만 말이야, 트롯우드. 나는 고양이를 빙빙 휘두를 생각은 털끝만큼도 없어. 그러니 비좁은 것은 아무렇지도 않아!"

나는 대고모의 형편이 이처럼 갑자기 크게 변하게 된 원인을 딕 씨가 알고 있는지 확인해 보고 싶었다. 내가 짐작했던 대로 전혀 모르고 있었다. 그가 해줄 수 있는 설명은 오직 이것뿐이었다. 그저께 대고모가 자기에게 "이봐요, 딕 씨. 당신은 정말로 내가 생각하고 있는 것 같은 철학자인가요?"라고 물은 것과, 그가 "네, 그렇게 생각하고 있습니다"라고 대답했다는 것이었다. 그러자 대고모가 "딕 씨, 나는 망했어요"라고 말을 해서 그도 "아, 그래요!"라고 말하자 대고모가

---

[1] 청우 여하에 따라 남녀 인형이 문밖으로 얼굴을 내미는 집 모양의 청우계가 있었다.

칭찬해주어서 몹시 기뻤다는 것이다. 그리고 두 사람은 내게로 왔으며, 오는 도중 병 흑맥주를 마시고 샌드위치를 먹었다는 것이었다.

딕 씨가 침대 끝에 앉아서 다리를 어루만지며, 눈을 동그랗게 뜨고 놀란 듯한 미소까지 지으며 이런 이야기를 꺼냈기에, 나는 망한다는 것은 고뇌와 가난과 굶주림을 뜻하는 것이라고 설명해주었다. 그러나 그것이 잔인한 설명이었음을 이내 깨달았다. 그의 얼굴이 고통으로 일그러지고 늘어진 양 볼에 눈물을 흘리며, 비통한 표정으로 나를 바라보았던 것이다. 나는 곧 내가 너무 가혹했다고 스스로를 꾸짖었다. 결국 다시 그의 용기를 북돋아주는 데는 그를 침울하게 만든 것의 몇 배가 되는 노력이 필요했다.

그리고 나는 다음과 같은 사실을 곧 알게 되었다(실은 훨씬 더 일찍 알았어야 했다). 딕 씨는 여성 가운데서도 가장 현명하고 훌륭한 미스 트롯우드를 철두철미하게 믿었고, 나의 지적 재능도 절대적으로 믿으므로 안심하고 있을 수 있었던 것이다. 특히 후자는 죽음을 제외한 어떠한 불행과 어려움에도 대처해나갈 수 있다고 믿었던 것 같다.

"트롯우드, 우리는 어떻게 해야 하지?" 딕 씨는 말했다. "회고록도 써야 하는데—"

"그렇군요, 딕 씨. 그러나 지금 우리가 할 수 있는 일은 슬픈 생각을 하는 얼굴을 대고모님께 보이지 않고 즐거운 얼굴을 보이는 것입니다."

그는 아주 진지한 태도로 내 말에 찬성했다. 그리고 너는 언제나 좋은 방법을 알고 있으니까 자기가 조금이라도 실수를 할 것 같으면 바로 지적해 달라고, 나에게 부탁했다. 그러나 유감스럽게도 내가 준 충격은, 그가 아무리 감추려고 애를 써도 감출 수 없다는 것을 알게 되었다. 저녁 내내 그의 눈길은 대고모에게 쏠려 있었다. 대고모가 순식간에 여위어버린 것을 보는 듯한 침울하고 걱정스러운 표정이었다. 그 점은 본인도 알고 있었다. 딕 씨는 어떻게든 고개를 돌리지 않으려고 애썼지만, 고개가 정면을 향해 있어도 눈은 끊임없이 옆으로 돌아갔으므로 상황은 조금도 나아지지 않았다. 저녁 식사 시간이 되자 그는, 이것이 우리의 마지막 만찬이라도 되는 것처럼 빵 조각(확실히 작긴 했다)을 바라보고만 있었다. 대고모가 그에게 평소처럼 식사를 하라고 말하자, 그는 자기 빵과 치즈 조각을 주머니에 몰래 집어넣는 것이었다. 그로서는, 우리가 먹을 것이 없어 곤란할 때 그것을 꺼내어 우리를 기쁘게 해 줄 생각이었을 것이다.

이와는 반대로 대고모는 매우 침착했으며, 이러한 대고모의 태도는 우리에게—특히 나에게—좋은 교훈이 되었다. 내가 무심결에 페거티라는 이름으로 부를 때를 제외하고는, 대고모는 페거티에게도 매우 친절했다. 또한 런던에서는 마음이 편치 않았을 텐데, 그러면서도 아주 편안한 것 같이 보였다. 밤에는 대고모가 내 침대를 쓰기로 했고, 나는 대고모를 보호하기 위해서 거실에서 자기로 결정했다. 큰 불이 날 때를 대비해서 강 바로 곁에 있는 것이 아주 중요하다고 대고모는 늘 주장했으므로, 그 점에서 이곳에 어느 정도 만족하고 있다고 생각했다.

"얘, 트롯아." 내가, 대고모가 밤마다 마시는 술을 준비하는 것을 보고 대고모는 말했다. "나는 마시지 않겠다!"

"대고모님, 아무것도 마시지 않으시겠다고요?"

"아무튼 포도주는 싫다. 차라리 맥주가 좋겠구나."

"그렇지만 여기 포도주가 있는걸요. 대고모님께서는 언제나 포도주로 배합한 것을 드셨잖아요."

"그것은 병이 날 경우를 대비해서 남겨두어라." 대고모는 말했다. "무턱대고 써 버려서는 안 돼, 트롯. 그러니 나는 맥주를 반 파인트만 마시겠어."

딕 씨가 이 말을 들으면 놀라서 기절할지도 모르겠다고 생각했다. 그러나 대고모의 결의가 확고했으므로 나는 맥주를 사러 나갔다. 이미 시간도 많이 늦어서 페거티와 딕 씨는 나와 함께 잡화점으로 돌아가기로 했다. 나는 모퉁이에서 그들과 헤어졌는데, 그 커다란 연을 등에 짊어지고 가는 모습은, 말 그대로 인간 불행의 상징이었다.

내가 돌아왔을 때, 대고모는 나이트캡 가장자리에 손가락으로 주름을 잡으면서 방 안을 서성거리고 있었다. 나는 언제나 하던 대로 맥주를 데우고 토스트를 만들었다. 음식이 다 준비되자 대고모도 나이트캡을 쓰고 치맛자락을 무릎까지 걷어 올리고서 먹을 준비를 했다.

"얘야," 대고모는 음식을 한 숟가락 먹은 뒤에 말했다. "포도주보다 훨씬 낫구나. 쓴 맛도 거의 없고."

아마 이때 내가 믿을 수 없다는 표정을 했던 것 같다. 대고모는 덧붙였다.

"쯧쯧, 얘야. 우리가 맥주라도 마실 수 있는 건 다행이란다."
"그야 그렇지요, 대고모님. 정말입니다." 나는 말했다.
"그래, 그렇다면 너는 어째서 그렇게 생각하지 않지?" 대고모가 말했다.
"왜냐하면 대고모님과 저는 아주 다르니까요."
"말도 안 되는 소리야, 트롯!" 대고모가 말했다.
 그리고 따뜻한 맥주를 찻숟가락으로 떠 마시기도 하고 토스트 조각을 맥주에다 적셔 먹기도 하면서 고요하고 진심으로 편안해하는 모습을 보니, 아주 거짓은 아닌 것 같았다.
"트롯, 나는 대체로 낯선 사람은 좋아하지 않는데, 너의 그 바키스는 좋은 사람 같더구나."
"대고모님께서 그렇게 말씀하시다니 저는 1백 파운드를 받은 것보다 더 기쁩니다!"
"별 희한한 일도 다 있지." 대고모는 코를 만지작거리며 말했다. "어떻게 그 여자가 그런 이름을 받고 이 세상에 태어났는지 까닭을 알 수 없단 말이야. 잭슨이라든가 다른 이름으로 태어났더라면 훨씬 더 편했을 텐데."
"아마 본인도 그렇게 생각하고 있을 겁니다. 하지만 그건 그녀의 잘못이 아니니까요."
"그야 그렇지." 대고모는 인정하기를 싫어하는 기색으로 대답했다. "그러나 역시 아주 기분 나쁜 이름이야. 어쨌든 지금은 바키스라는 이름이니까 좀 낫지. 바키스는 너를 무척 좋아하더구나."
"그 증거를 보이기 위해서라면 그녀는 무슨 짓이든 할 겁니다."
"무슨 짓이든 다하겠지. 아까도 자기 돈을 꾸어주겠다고 했어. 자기에게는 돈이 너무 많다면서 부탁하는 기세였지! 참 바보 같은 여자야!"
 대고모의 눈물이 따뜻한 맥주 속으로 방울방울 떨어졌다.
"참 이상한 여자야! 그 여자는 네 어머니─아직 아기 같던 네 어머니와 함께 있을 때 처음 보았는데, 그때부터 아주 이상한 여자라고 생각했었지. 그렇지만 바키스에게도 좋은 점은 있구나."
 대고모는 웃는 체하면서 손을 눈으로 가져갔다. 그러고는 토스트를 먹으며 하던 이야기로 되돌아왔다.

"아, 그건 그렇고, 다 들었단다!" 대고모는 한숨을 내쉬었다. "참 끔찍한 일이야! 트롯아! 너와 딕 씨가 없을 때 바키스가 다 말해주었어. 그래서 나도 다 알고 있단다. 그런 철딱서니 없는 계집애들은 도대체 무슨 생각으로 사는지 모르겠다. 벽난로 선반에 머리라도 박을 생각인지, 원!" 아마도 나를 생각해서 한 말일 것이다.

"불쌍한 에밀리!" 나는 말했다.

"저런, 불쌍하다는 말은 하지 마라. 그런 것은 그 애 자신이 어리석은 짓을 저지르기 전에 스스로 생각했어야 하는 거야! 트롯, 내게 키스해 다오! 불쌍한 것. 너도 어릴 때부터 고생만 해왔지."

내가 몸을 앞으로 구부리자, 대고모는 내 무릎 위에 큰 컵을 놓고서 나를 꽉 붙잡았다. "아, 트롯! 너는 지금 사랑을 하고 있다고 생각하는구나, 그렇지?"

"생각하느냐고요, 대고모님?" 나는 얼굴을 붉히며 말했다. "저는 진심으로 그녀를 사모하고 있습니다!"

"도라를 사모한단 말이지! 그렇게 그 아이가 좋으니?"

"대고모님, 도라에 대한 마음은 그 누구도 전혀 떠올리지 못할 겁니다!"

"그래, 바보 같은 짓이 아니란 말이지?"

"바보 같은 짓이라고요, 대고모님!"

바보 같은 짓인가 아닌가—솔직히 한 번도 생각해 본 적이 없는 문제였다. 생각하기조차 싫었던 것이다. 그러나 듣고 보니, 역시 새삼스러운 문제로 다가오면서 정신이 퍼뜩 들었다.

"경솔한 행동은 아니겠지?" 대고모는 다시금 물었다.

"경솔한 행동이라고요, 대고모님!" 나는 앞선 물음에서 받은 충격을 다시 느끼며 이번에도 앵무새처럼 똑같이 따라서 되물었다.

"괜찮다. 물어보았을 뿐이야. 비난하는 게 아니란다. 불쌍한 귀여운 것들! 그래서 너희는 서로 한 몸이 되어 소꿉장난 같은 생활을 해나갈 생각이란 말이지, 트롯아?"

대고모가 아주 친절하게 배려하면서, 반은 농담조로 반은 슬픈 듯이 물었기 때문에 나는 아주 감격해버렸다.

"저희는 나이도 어리고 경험도 없습니다, 대고모님. 그래서 어리석은 말을 하거나 어리석은 생각도 많이 할 것입니다. 그렇지만 우린 진실로 서로 사랑하고 있습니다. 도라가 다른 사람을 사랑하거나 나를 더 이상 사랑하지 않는 일은, 그리고 내가 다른 사람을 사랑하거나 더 이상 도라를 사랑하지 않는 일은 절대 없습니다. 그런 생각만으로도 어찌할 바를 모르겠고, 마치 머릿속이 텅 비어버리는 느낌입니다.”

"아, 트롯!" 대고모는 머리를 가로저으며 미소를 지으면서도 진지하게 말했다. "사랑에 눈이 멀었구나, 눈이 멀었어!"

"트롯아, 내가 알고 있는 어떤 사람은," 대고모는 잠시 말을 멈추었다가 계속했다. "아주 유순한 성격이었지만, 애정문제에 관해서는 가엾은 어린아이처럼 외골수였단다. 그런 진지함은 자신을 버티어나가고 향상시키기 위해서 절대 버릴 수 없다고 주장했지. 헤아릴 수 없이 깊고 솔직하고 성실한 진지함 말이다!"

"대고모님께서 도라의 진지함을 아신다면 얼마나 좋겠습니까!" 나는 큰 소리로 말했다.

"아아, 트롯! 그것이 바로 맹목이란다!"

이유는 알 수 없지만, 나는 무언가가 손에서 빠져나가는 듯한 가슴 아픈 불안이 구름처럼 막연히 피어오르는 것을 느꼈다.

"트롯아, 나는 너희 두 젊은이에게 상처를 주거나 불행하게 만들고 싶지는 않아. 비록 그것이 아이들끼리의 철없는 사랑이라 해도 말이다. 그리고 그 철없는 사랑이란 곧잘—알겠니! 늘 그렇다는 게 아니라 자주야!—실패로 끝나곤 하지만. 그래도 너희 문제는 진지하게 생각해서 장차 언젠가는 좋은 열매를 맺기를 바라자꾸나. 아직 시간은 충분히 있으니까 말이다."

이것은 사랑에 빠져 있는 사람에게는 위안이 되지 않았다. 그래도 대고모에게 털어놓을 수 있어서 기뻤고, 또 슬슬 대고모가 피곤할까 봐 걱정이 되었다. 나는 대고모의 애정 어린 충고와 친절에 깊은 감사를 나타냈다. 대고모도 상냥하게 잘 자라는 말을 남기고 나이트캡을 들고 내 침실로 들어갔다.

그러나 나는 잠자리에 눕자 비참한 생각으로 괴로웠다. 스펜로 씨의 눈에 내가 가난하다는 것이 어떻게 비칠 것인지 생각하고 또 생각했다. 지금 내 신분은, 도라에게 청혼했던 무렵에 생각했던 그런 신분이 아니었다. 이렇게 되었으니 지금 내 형편이 어떻다는 것과, 바란다면 약혼을 취소해도 좋다고 도라에게 얘기해야 했다. 또한 그보다도 나의 기나긴 수습 기간 중에는 한 푼의 수입도 없는데 어떻게 살아갈 것이며, 어떻게 해서든지 대고모를 도와드려야 하는데 어떻게 해 볼 방법이 없었다. 주머니에 돈 한 푼 없이 남루한 옷을 걸치고, 도라에게 선물 하나 해줄 수도 없고, 멋진 회색 말도 탈 수 없다. 남에게 인정받을 부분이 전혀 없는 것이다!

나는 그런 생각만 끝없이 계속했다. 자기 불행만 생각하는 것이 얼마나 졸렬하고 이기적인 일인 줄 알면서도, 그리고 그로 인해 스스로 괴로워하면서도, 도라에 대한 사랑이 너무 깊어 나도 어찌할 수가 없었다. 나 자신에게만 급급하여 대고모의 불행을 생각하지 못하는 것이 비열한 줄 알지만, 도라를 생각하면 이기적이 될 수밖에 없었다. 나는 어느 누구를 위해서라도 도라를 한쪽으로 밀쳐놓을 수는 없었던 것이다. 아아, 그날 밤 나는 얼마나 비참했는지 모른다.

잠이 든 뒤에는 갖가지 종류의 가난에 관한 꿈을 꾸었는데, 그러한 꿈은 잠들었다고 느끼기도 전에 느닷없이 찾아왔다. 나는 남루한 옷을 걸치고 도라에게 여섯 다발의 성냥을 단돈 반 페니에 사 달라고 애원도 했다. 잠옷 차림에 장화를 신고 사무실에 출근했다가 그런 망측한 옷차림으로 의뢰인 앞에 나섰다고 해서 스펜로 씨에게 야단맞기도 했다. 세인트폴 성당의 종이 한 시를 알리면 늙은 티피는 매일 그 시간에 비스킷을 먹는데 그 떨어진 부스러기를 허겁지겁 주워 먹기도 했다. 도라와의 결혼 허가증을 얻어내려고 필사적으로 노력하지만 결혼 예물로는 우라이아 힙의 장갑 한 짝뿐이었으며, 민법박사회관 전체가 안 된다고 거절을 하여 끝내 승인을 얻지 못하는 것이었다. 게다가 나는 내 방에서 자고 있다는 생각이 흐릿하게 떠올라서, 침구라는 바다에 조난당한 배처럼 줄곧 엎치락뒤치락했다.

대고모도 잠을 이루지 못했다. 이따금씩 방 안을 왔다 갔다 하는 발소리가 들렸고, 두서너 번이나 긴 플란넬 잠옷 차림으로(그것을 입으면 키가 7피트나 되어 보였다) 유령처럼 내 방에 들어와서 내가 누워 있는 소파 곁으로 왔던 것이었다. 처음에는 나도 깜짝 놀라서 일어났는데, 이야기를 들어보니, 한곳만 유난히 밝은 밤하늘을 보고 웨스트민스터 사원에 불이 난 줄 알았다고 했다. 그리고 만약 바람이 바뀌면 버킹엄 거리까지 불이 옮겨 붙진 않느냐며 진지하게 묻는 것이다. 그 뒤에도 한참 자고 있는 내 곁에 앉아서, "가엾은 녀석!" 하고 혼잣말로 속삭였다. 대고모가 자신은 돌보지 않고 내 생각을 하는 데 반해 나는 나 자신만을 위한 이기적인 생각을 했다는 것을 깨닫자 스무 배나 더 나 자신이 한심하게 느껴졌다.

내게는 이토록 긴 밤이 다른 사람들에게는 짧다는 것은 도무지 믿어지지가 않았다. 이런 생각을 하면서 사람들이 몇 시간씩 춤을 추면서 보내는 무도회를 떠올리다 보니, 이러한 생각이 꿈이 되고 말았다. 한 곡조의 음악이 끊임없이 들려왔다. 도라는 나를 거들떠보지도 않고 줄곧 춤만 추고 있었다. 밤새도록 하프를 타던 사나이가 평범한 나이트캡으로 하프를 덮으려다 실패하는 장면에서 나는 잠을 깼다. 아니, 그보다는 내가 잠을 청하려는 생각을 포기하자 어느새 햇빛이 창문을 통해 비치고 있었다는 것이 옳은 말일 것이다.

스트랜드를 막 벗어난 거리의 막다른 곳에 옛날 로마식의 목욕탕이 하나 있었다(어쩌면 지금도 있을지도 모른다). 나는 곧잘 그 목욕탕에 가서 냉수욕을 했다. 나는 조용히 옷을 갈아입고 대고모를 페거티에게 맡기고, 곧장 목욕탕으로 달려가서 목욕을 하고는 햄스테드까지 산책했다. 이러한 방법으로 어느 정도 정신이 들기를 바랐던 것이다. 그리고 실제로 효과가 있었다.

나는 제일 먼저 수습 계약을 취소하고 보증금을 되찾아야 한다는 결론에 이르렀다. 햄스테드 히스[2]에서 서둘러 아침을 먹고 물을 뿌린 거리를 따라, 정원에서 자라고 있는 여름 꽃들과 꽃장수들이 머리에 이고 시내로 팔러 가는 꽃들의 향기로운 냄새를 맡으며, 민법박사회관으로 걸어갔다. 바뀐 처지에 어울리는 이 첫 번째 노력이 어떤 결과를 가져올까를 생각하느라 정신이 하나도 없었다.

그러나 사무실에 너무 일찍 닿아서 언제나 제일 먼저 출근하는 늙은 티피가 열쇠를 가지고 올 때까지 반 시간 동안 민법박사회관 주변을 서성거렸다. 이윽고 문이 열리자 나는 그늘진 한쪽 구석에 앉아 맞은편 굴뚝 꼭대기에 비치는 햇살을 바라보며 도라를 생각했다. 이윽고 스펜로 씨가 힘차고 활발하게 들어왔다.

"코퍼필드, 잘 있었나? 참으로 기분 좋은 아침이구먼."

"아름다운 아침입니다, 선생님. 법정에 가시기 전에 한 가지 말씀드릴 게 있는데 괜찮습니까?"

---

[2] 런던 북서부에 있는 자연 공원지.

"좋아, 내 방으로 들어오게."

나는 그를 따라 방으로 들어갔다. 그는 곧장 법복을 입고 벽장 문 안에 걸려 있는 조그마한 거울 앞에 서서 몸단장을 시작했다.

"말씀드리기 죄송합니다만, 대고모님으로부터 좋지 않은 이야기를 들었습니다."

"저런! 설마 중풍은 아니겠지?"

"건강상의 문제는 아닙니다, 선생님. 대고모님께서 큰 손실을 입으신 모양입니다. 사실은 거의 무일푼이나 마찬가지라고 합니다."

"그것 참 놀라운 일이군, 코퍼필드." 스펜로 씨가 소리쳤다.

나는 고개를 가로저었다.

"정말입니다. 대고모님의 형편이 딱하게 되었으므로, 그것이 가능한가를 알아보고 싶습니다. 물론 보증금 가운데 얼마의 손실을 각오하고 있습니다." 그의 얼굴 표정이 멍해지는 것을 눈치채고서 순간적으로 이렇게 덧붙였다. 그리고 본론을 꺼냈다. "저의 연기계약을 취소하고 싶습니다."

이 제의로 내가 얼마나 큰 대가를 치러야 하는지 아무도 모른다. 이것은 도라로부터 멀리 유배되도록 선고를 내려 달라고 저자세로 부탁하는 것과 같기 때문이다.

"자네의 연기계약을 취소하겠다고, 코퍼필드? 정말 계약 취소를 원하는가?"

내가 나서서 생활비를 벌 수 없다면 곧바로 어디서 그것을 구할지 막막하다는 것을 나는 강경하게 설명했다. 그러나 장래에 대해서는 걱정하지 않는다고 더 한층 큰 소리로 덧붙였다. 앞으로 언젠가는 사위가 될 자격을 충분히 갖추리라는 것을 넌지시 암시하고 싶었던 것이다.

"그 말을 들으니 참으로 딱하구먼, 코퍼필드." 스펜로 씨는 말했다. "그러나 그런 이유로 연기계약을 취소한 전례가 없고, 직업상 그런 수속 절차도 없어. 또 그게 문제가 아니라도, 다만 동시에—" 그가 이렇게 말했으므로 나도 양보를 예상하고, "선생님은 정말로 친절하십니다" 하고 말했다.

그런데 스펜로 씨는, "천만에, 그렇게 말하지 말게. 내가 말하려는 것은, 내가 재량껏 처리할 수 있는 입장이라면—다시 말해서 동업자 책임이라는 것만—그러니까 조킨스 씨만 없어도—"

내 희망은 좌절되었지만, 그래도 한 번 더 억지 노력을 해 보았다.
"그럼 조킨스 씨에게 이러한 사정을 말씀드려 보면 어떻겠습니까—"
스펜로 씨는 고개를 저었다. "그럴 수는 없네! 내가 누군가에게 부당한 짓을 하다니! 하물며 조킨스 씨에게는 더더구나 안 되지. 그리고 나는 내 동업자를 잘 알고 있다네, 코퍼필드. 조킨스 씨는 이런 제의에 응할 사람이 아니라네. 융통성이라고는 조금도 없이 꽉 막힌 인간이거든. 그의 성격은 자네도 잘 알고 있잖은가!"

그러나 조킨스 씨에 대해서 나는 아무것도 아는 게 없었다. 알고 있는 것은, 원래는 그 사람 혼자 이 사무소를 꾸려가고 있었다는 것, 지금은 몬터규 광장 근처에 있는, 페인트칠이 벗겨진 낡은 집에 혼자 살고 있다는 것, 매일 아주 늦게 출근했다가 일찍 돌아간다는 것, 일을 의뢰받는 모습은 한 번도 본 적이 없으며, 2층에 작고 더러운 창고 같은 방을 갖고 있지만 그곳에서 집무를 보는 일은 없다는 것, 책상 위에는 언제나 낡고 누렇게 변색된 갱지 편지지가 한 다발 놓여 있으나 잉크 자국 하나 없으며, 들리는 말에 의하면 20년 전부터 그 상태라는 것 정도였다.

"그럼 그분께 사정 이야기를 하는 것을 반대하신다는 뜻입니까?" 나는 물었다.
"그런 것은 아니야." 스펜로 씨는 말했다. "그러나 나는 그동안의 경험을 통해 조킨스 씨를 알고 있네, 코퍼필드. 나는 자네 일이 잘되기를 바라네. 그러니 자네가 그러고 싶다면 조킨스 씨에게 이야기하는 것을 조금도 반대할 이유가 없다네."

다정한 악수로써 허락해주었으므로 나도 어느 정도 기운이 났다. 도라를 생각하며 햇볕이 맞은편 집 굴뚝 꼭대기에서 벽 쪽으로 점점 내려오는 것을 보면서 앉아 있는데 조킨스 씨가 들어왔다. 나는 곧장 조킨스 씨의 방으로 갔다. 나를 본 그는 매우 놀라는 것이었다.

"들어오게, 코퍼필드 군." 조킨스 씨는 말했다.

나는 안으로 들어가 앉았다. 나는 스펜로 씨에게 이야기한 그대로 조킨스 씨에게 내 사정을 말했다. 조킨스 씨는 생각했던 것과는 달리 전혀 무서운 사람이 아니었고, 몸집은 커도 온후하고 호감이 가는 예순 줄의 신사였다. 쉬지 않고 담배를 씹고 있었으므로 어느새 민법박사회관에서는, 그의 몸은 다른 음식을 받아들일 여유가 전혀 없으며 오직 그 흥분제만으로 살아간다는 이야기까지 나돌았다.

"그 사정을 스펜로 씨에게도 이야기했겠지?" 차분하지 못한 태도로 내 이야기를 끝까지 듣고 난 조킨스 씨는 말했다.

나는 그렇다고 대답한 뒤, 스펜로 씨가 선생님 이름을 언급했다고 말했다.

"그는 내가 반대할 것이라고 말했지? 그럼 미안하지만, 코퍼필드, 나도 자네 목적을 이루어 줄 수 없네." 조킨스 씨는 이상하게 흠칫거리면서 말했다. "그 이유는—아차, 사실은 지금 잉글랜드 은행에 약속이 있어. 실례를 용서하게."

조킨스 씨는 이렇게 말하고 허둥지둥 일어나 방에서 나가는 것이었다. 그래서 나는 "그럼 이 문제를 달리 조정할 방법은 없습니까?"라고 다시 한번 확실하게 물어보았다.

"없어!" 조킨스 씨는 문가에서 고개를 저으며 이 말만을 남기고는 재빨리 나가 버렸다. "코퍼필드군, 나는 반대야." 조킨스 씨는 다시 문 안으로 고개를 들이밀고 안절부절못하면서 말했다. "만약 스펜로 씨가 반대한다면—"

"개인적으로 반대하진 않는다고 말씀하셨습니다, 선생님."

"아! 개인적으로는!" 조킨스 씨는 말했다. "자네에게 분명히 말하지만 역시 안 되겠네, 코퍼필드 군. 가망 없어! 자네가 바라는 소망은 이루어질 수가 없네. 그럼 은행에 볼일이 있어서 이만." 그는 이 말을 남기고 거의 뛰다시피 하며 가 버렸다. 그가 다시 민법박사회관에 모습을 나타낸 것은 그로부터 사흘 뒤였다.

온갖 수단을 다해 보겠다고 다짐하고 나는 스펜로 씨가 들어올 때까지 기다렸다가 지금까지 일어났던 일들을 그에게 이야기했다. 만약 선생님만 허락해준다면 완고한 조킨스 씨의 고집도 누그러뜨릴 희망이 보인다고 그를 이해시켰다.

"코퍼필드," 스펜로 씨는 친절하게 미소를 지으며 대답했다. "자네는 내 동업자인 조킨스 씨를 내가 아는 것만큼 알지 못하고 있어. 조킨스 씨는 타협을 모르는 사람이야. 어딘지 왕왕 사람들이 속아 넘어가게끔 자신의 생각과는 반대로 말하는 버릇이 있다네. 틀렸어, 코퍼필드. 조킨스 씨의 마음을 움직일 수는 없네!"

두 사람 말을 다 들어보았지만 누가 과연 정말로 반대를 하는지 나는 알 수 없었다. 다만 이 사무소에는 어딘가 냉혹한 데가 있으며, 대고모의 1천 파운드를 돌려받기란 도저히 불가능하다는 것만은 아주 분명히 알았다. 나는 풀죽은 얼굴을 하고 집으로 돌아왔다. 그날의 우울함은, 지금 생각해도 부아가 치밀어서 참을 수가 없다. 왜냐하면 비록 그것이 줄곧 도라와 관계가 있기는 했지만, 역시 결국은 나 자신에 대한 실망과 낙담이었기 때문이다.

나는 최악의 사태를 각오하고, 앞으로 해야 할 여러 일들을 마음속으로 준비하려고 애쓰고 있는데, 전세 마차 하나가 뒤에서 달려오더니 바로 내 옆에서 딱 멈추었다. 나는 무심결에 쳐다보았다. 창문에서 예쁜 손 하나가 내게로 뻗쳐 나왔다. 굵직한 난간이 달린 계단 위에 있는 모습을 처음 보았던 그 순간부터, 그 온화하고 아름다운 얼굴을 보면 교회의 색유리창이 떠오르던 그 순간부터, 고요와 행복감을 느끼지 않을 수 없었던 그 얼굴이 내게 미소를 보내고 있었다.

"아그네스!" 나는 기쁨에 넘쳐 외쳤다. "아, 아그네스, 다른 사람도 아닌 당신을 만나다니 이 얼마나 기쁜 일이오!"

"어머, 정말 그래요?" 아그네스도 진심 어린 목소리로 말했다.

"당신과 이야기하고 싶었어요. 아, 당신을 보기만 해도 한결 마음이 편해지는군요! 만약 내가 마법사의 모자를 가지고 있다면 제일 먼저 당신을 불러냈을 거예요!"

"뭐라고요?"

"글쎄! 어쩌면 도라를 불러냈겠지요." 나는 얼굴을 붉히면서 솔직히 인정했다.

"틀림없이 도라일 거예요." 아그네스는 웃으면서 말했다.

"그렇지만 그다음 차례는 단연코 당신이지요! 그런데 어디 가는 길입니까?"

아그네스는 대고모를 만나기 위해 내 방으로 오는 길이었다. 날씨가 매우 맑았으므로, 그녀는 기꺼이 마차에서 내렸다. 마차 안은(나도 계속 머리를 들이민 채로 있었지만), 마치 오이를 재배하는 온실에 마구간이라도 집어넣은 것처럼 후텁지근했기 때문이다. 내가 마부를 돌려보내자 아그네스는 내 팔을 잡고 걸었다. 영락없이 '희망'의 여신이 강림한 것 같았다. 아그네스가 온 것만으로 순식간에 내 기분이 되살아난 것이다.

대고모가 편지를 써서—은행 지폐 길이만큼도 안 되는 용건만 적은 편지—그녀에게 보냈던 것이다. 그 편지에다 자기는 불우한 처지에 놓이게 되어 영원히 도버를 떠나지만, 이미 결심도 확고하고 몸도 건강하니 자기 걱정을 할 필요는 없다고 적었던 것이다. 그래서 아그네스는 대고모를 만나기 위해 런던까지 왔다.

이들 두 사람은 여러 해 동안 서로 아주 친했던 것이다. 그들의 관계는 내가 위크필드 씨 집에 살던 그때부터 시작된 것이었다. 게다가 아그네스는 혼자 온 것이 아니라 아버지와 같이 왔다고 했다.— 그리고 우라이아 힙도 함께였다.

"그럼 이제 두 사람은 동업자군요." 나는 말했다. "제기랄, 망할 작자 같으니!"

"그래요." 아그네스가 말했다. "아버지와 그가 여기에 볼일이 있었어요, 그래서 나도 그들을 따라 온 거예요. 하지만 오해는 하지 말아요. 내가 온 것은, 아버지 혼자서 그와 동행하도록 내버려두고 싶지가 않았기 때문입니다."

"아그네스, 그 사람은 여전히 아버님께 영향력을 행사하고 있나요?"

아그네스는 고개를 저었다. "저희 집은 많이 변했어요." 그녀가 말했다. "옛날의 그 다정했던 집은 이제는 생각도 할 수 없어요. 지금은 그들이 우리와 같이 살고 있거든요."

"그들이라니요?"

"힙 씨와 그의 어머니 말이에요. 옛날 당신이 자던 방에 이제는 그 인간이 살고 있어요." 아그네스는 내 얼굴을 빤히 들여다보며 말했다.

"내가 그자의 꿈을 마음대로 다룰 수 있으면 좋을 텐데." 나는 말했다. "그러면 그를 곧바로 거기서 내쫓을 수 있을 테니까요."

"그리고 나는 여전히 그 작은 방에 있어요." 아그네스가 말했다. "내가 공부했었던 그 방 말이에요. 세월이 얼마나 빨리 흘러가는지! 기억해요? 응접실로 통하는 조그마한 장식판자가 있는 방 말이에요."

"아그네스, 기억하느냐고요? 내가 당신을 처음 보았을 때 당신은 이상하게 생긴 조그마한 열쇠광주리를 허리에 매달고 그 문에서 나왔지요?"

"지금도 꼭 그래요." 아그네스는 웃으면서 말했다. "당신이 그때 일을 그렇게 즐겁게 기억하고 있다니, 나는 매우 기뻐요. 그때는 정말 즐거웠지요."

"그랬지요."

"나는 지금도 그 방을 쓰고 있어요. 하지만 힙 부인을 언제까지나 못 본 체할 수는 없어요. 그래서 혼자 있고 싶을 때에도 부인의 말동무가 되어주어야 한답니다. 그렇지만 부인은 달리 거슬리는 점이 없어요. 때때로 아들 자랑을 해서 나를 피곤하게 만들지만, 어머니로서는 당연한 일이지요. 그 사람도 어머니에게는 효자니까요."

아그네스가 말을 하는 동안 나는 그녀를 살폈다. 우라이아의 꿍꿍이를 눈치챈 것 같지는 않았다. 온화하지만 한결같은 그녀의 눈과 마주쳤지만, 그 눈은 어디까지나 아름답고 순수했으며 상냥한 얼굴도 그대로였다.

"그들이 집에 있어서 제일 싫은 것은," 아그네스는 숨을 내쉬고 나서 말했다. "내 마음대로 아버지 곁에 있을 수 없게 된 것이에요—우라이아 힙이 우리 부녀 사이에 끊임없이 끼어들어요—너무나 지나친 말인지는 몰라도, 내가 마음껏 아버지를 보살펴드릴 수가 없게 되었어요. 그러나 아버지께 어떠한 사기행위를 하거나 배반을 꾀한다 해도 결국에는 순수한 사랑과 진실이 이긴다고 나는 생각해요."

아그네스가 아닌 다른 어떤 사람에게서도 결코 보지 못했던 그 환한 미소를 보며, 그 아름다운 미소를 한때는 매일 보았었다며 감회에 젖어 있었다. 그런데 그녀가 갑자기 표정을 바꾸며(그때 우리는 내가 살고 있는 거리 근처까지 왔다), 대고모의 처지가 어쩌다가 그처럼 달라졌느냐고 물었다. 대고모가 이야기를 하지 않아서 모른다고 대답했더니, 아그네스는 갑자기 우울해졌다. 내 팔을 잡은 그녀의 팔까지 떨리고 있는 것 같았다.

대고모는 혼자 있었는데 약간 흥분해 있었다. 왜냐하면 대고모와 크럽 부인 사이에 추상적인 문제(독신자용 셋방에 여자가 들어와 있는 것이 합당한가 그렇지 못한가 하는 것)로 의견 충돌이 있었던 것이다. 대고모는 크럽 부인의 경련 증상 따위는 전혀 아랑곳없으므로, 당신한테서 조카의 브랜디 냄새가 난다며 당장 나가라고 쫓아냄으로써 이야기를 끊었다고 한다. 그런데 크럽 부인은 그 말이 명예훼손에 해당한다면서 나라의 주디—즉 국민 권리의 보장자 주디에게 고소하겠다고 말해버린 것이다.[3]

그러나 대고모는 페거티가 근위기병대를 구경시키기 위해 딕 씨를 데리고 밖으로 나간 사이에 겨우 흥분을 가라앉혔고, 게다가 아그네스를 보자 몹시 반가웠으므로, 기분 좋게 우리를 맞이해주었다.

아그네스가 모자를 벗고 대고모 곁에 앉았을 때, 나는 그녀의 유순한 눈과 밝게 빛나는 이마를 바라보고, 그녀가 그 자리에 있는 것이 얼마나 자연스러우

---

[3] 주디는 영국의 전통 인형극〈펀치와 주디〉의 여주인공으로, 어설픈 지식밖에 없는 크럽 부인이 저지, 곧 재판관을 잘못 말한 것이다.

며 당연해 보였는지 모른다. 아그네스는 젊고 경험이 모자라지만 대고모는 그녀를 믿고 있으며, 그녀의 순수한 사랑과 진실이 특히 깊은 인상을 준다는 것을 나는 생각하지 않을 수 없었다.

우리는 대고모의 손실에 관해 이야기했고, 나도 오늘 아침에 한 일들을 들려주었다.

"그것은 분별없는 짓이었어, 트롯." 대고모가 말했다. "그러나 마음은 고맙구나. 너는 정말 착한 아이야. 아니, 이제는 청년이라고 불러야 하겠지. 나는 너를 아주 자랑스럽게 여기고 있단다, 얘야. 그러니 이 이야기는 이쯤 해두자. 자, 트롯과 아그네스, 이 벳시 트롯우드의 경우를 진지하게 살펴보고 사정이 어떻게 되어 있는지 보기로 하자꾸나."

아그네스는 매우 주의 깊게 대고모를 바라보고 있었는데, 그녀의 얼굴빛이 창백하게 변하는 것을 보았다. 대고모는 고양이를 부드럽게 쓰다듬고 있었다. 고양이도 깜짝 놀라 아그네스를 바라보았다.

"이 벳시 트롯우드는," 돈 문제에 대해서는 언제나 침묵을 지키던 대고모가 오늘은 스스로 입을 열었다. "죽은 네 누이가 아니라 나 자신을 말한단다, 트롯. 아무튼 벳시는 약간의 재산을 가지고 있었지. 그 재산이 얼마나 되는가는 문제가 안 돼. 살아가는 데는 충분한 정도였고, 어쩌면 그보다 더 많았는지도 모르지. 약간의 저금도 있어서 나는 그것을 늘려 갔단다. 얼마 동안 그것을 공채에 투자했고, 다음에는 고문 변호사의 충고에 따라 토지를 담보로 하고 투자했단다. 이 일이 뜻대로 잘 되어서, 많은 이자와 함께 원금을 도로 찾고 그만두었지. 그런데 그 뒤 벳시는 새로 투자할 곳을 찾아야만 했어. 그런데 이제는 고문 변호사보다 자기가 더 똑똑하다고 생각하기 시작했어. 아그네스, 네 아버지 이야기를 하고 있는데, 더 이상 전처럼 고문 변호사로서 유능하다고 믿을 수 없었단다. 그래서 벳시는 자기 생각대로 투자할 마음을 가지게 되었단다. 그게 큰 오산이었지. 결국 손실로 끝나버렸어. 먼저 광산에서 실패하고, 그다음은 잠수업으로 손해를 보았지. 바닷속에 묻힌 보물을 끌어올리는 일이었지. 일확천금을 노리다가 오히려 손실을 본 거야." 그녀는 코끝을 문지르며 설명을 이었다. "그다음에도 또 손해를 보았고, 마지막으로 그동안의 손해를 한 번에 되찾을 셈으로 은행에 투자했다가 모든 것을 날리고 말았어. 그 은행의 배당금이 처음에는 얼마였는지 모르지만, 아마 최소 10퍼센트는 주었을 거야. 그런데 그 은행이 머나먼 지구 반대편인 미국에 있었단다. 내가 알기로는, 순식간에 몰락했다는구나. 파산지경이 돼서 다만 얼마라도 내려 하지도 않았고, 낼 수도 없게 되어버렸지. 벳시의 그나마도 얼마 되지 않은 돈은 모두 거기에 들어 있었으니, 만사는 끝장이 나고 말았단다. 불평하느니 포기하는 게 좋아!"

대고모는 기세부리는 눈빛으로 아그네스를 바라보며 이야기를 끝냈다. 아그네스의 얼굴빛은 차츰 되살아났다.

"미스 트롯우드, 그것이 그간의 사연 전부입니까?" 아그네스가 물었다.

"이만하면 충분하잖니? 잃을 돈이 더 있었더라면 아마 그것으로 끝나지 않았을 거야. 돈이 있었더라면 그 돈까지 투자하여, 이야깃거리를 하나 더 만들어냈겠지. 그러나 돈이 없었기에 이야기도 여기서 끝난 것이란다."

처음에 아그네스는 숨을 죽이고 듣고만 있었다. 지금도 얼굴색은 빨개졌다가 하얘지기도 했지만, 숨결은 고요해졌다. 그 까닭은 나도 알 것 같았다. 곧 자기의 불행한 아버지도 이번 일에 책임이 있지 않나 해서 걱정하고 있었던 것이다. 대고모는 그녀의 손을 잡으며 웃었다.

"그것이 전부냐고?" 대고모가 말했다. "그래, 게 다야. 단 한 가지, '그 뒤로 그녀는 행복하게 살았답니다'가 빠졌지만, 아마 언젠가는 그런 말을 덧붙일 수 있을 거란다. 그런데 아그네스, 너는 머리가 좋은 아이고, 트롯, 너도 때와 장소에 따라서는 제법 똑똑하단다. 언제나 그렇다고는 빈말로도 말할 수 없지만."

대고모는 그녀 특유의 힘 있는 몸짓으로 나를 향해 고개를 돌렸다.

"어떻게 해야 하겠니? 우선 그 시골 집 말인데, 그 집에서 평균 1년에 70파운드 정도는 집세가 나올 거야. 그 정도는 충분히 기대할 수 있지. 그런데 우리 손에 들어오는 것은 그것밖에 없단다." 대고모에게는, 어떤 종류의 말처럼 아직 한참 뛸 수 있다고 생각하는 순간 갑자기 딱 멈춰 서 버리는 이상한 버릇이 있었다. 대고모는 잠시 쉬었다가 말을 이었다.

"그리고 딕 씨 말이다. 그는 1년에 1백 파운드의 수입이 있지만 물론 그것은 딕 씨 본인을 위해 쓰지 않으면 안 돼. 그의 가치를 알아보는 사람은 오직 나 혼자라고 생각하지만, 그렇다고 해서 언제까지 그를 여기에 붙잡아두고 자기 돈도 마음대로 쓰지 못하게 할 수는 없단다. 나는 되도록 빨리 그를 내보내려고 하고 있어. 그러니 지금 가진 돈으로 트롯과 나는 어떻게 하는 것이 가장 좋을까? 아그네스의 생각은 어떠냐?"

"대고모님, 역시 제가 뭔가를 해야 합니다!" 내가 옆에서 나섰다.

"군인이라도 되겠다는 말이냐? 아니면 뱃사람?" 대고모는 놀라며 말했다. "그건 안 된다. 너는 소송대리인이 되어야 해. 우리 가문에서 살인자가 나오다니, 절대 안 되지."

나도 그와 같은 직업을 우리 가문에 들이고 싶지는 않다고 설명하려는데, "이 방은 장기로 빌린 것이 아닌가요?"라고 아그네스가 물었다.

"너 말 잘했다. 바로 그거야." 대고모가 말했다. "적어도 여섯 달은 여기서 빠져나갈 수 없는 모양이야. 다시 세를 놓는다면 모르지만 그럴 상황도 아니고. 우리 앞에 세들었던 사람도 여기서 죽었어. 여섯 사람 가운데 다섯 사람은 죽을 거야. 물론 그 크럽 부인 때문이지. 내게는 약간의 현금이 있어. 그러니 너도 그렇게 생각하겠지만, 기한이 끝날 때까지 여기서 살고, 딕 씨에게는 바로 근처에 침실을 하나 얻어주는 게 제일 좋을 것 같다."

대고모는 크럽 부인과 늘 게릴라전을 벌이며 살게 될 것이므로 불쾌하실 것입니다, 라고 말씀을 드리는 것이 내 의무였다. 그러나 대고모는 이미 크럽 부인과 전투를 개시한 이상, 부인의 생명이 다할 때까지 그녀를 놀라게 해줄 각오가 되어 있다고 선언함으로써 나의 우려를 간단하게 처리해버렸다.

"트롯우드, 나에게 생각이 있어요." 아그네스는 조심스럽게 말했다. "만약 시간이 있다면—"

"시간이야 충분히 있지요, 아그네스. 나는 네 시나 다섯 시 이후에는 늘 자유입니다. 오전에도 이른 시간은 비어 있어요." 몇 시간씩 시내를 어슬렁거리거나 노우드 거리를 떠돌던 시간을 생각하며 얼굴을 붉히고 말했다. "이렁저렁 시간은 얼마든지 있어요."

"그렇다면 비서 일이 싫지 않으시겠죠?" 아그네스는 내 곁으로 다가서며 나지막한 목소리로 속삭였다. 그 달콤하고 기대에 찬 목소리는 지금도 귓가에 남아 있다.

"싫지 않냐고요, 아그네스?"

"왜냐하면," 아그네스는 말을 계속했다. "스트롱 박사께서 은퇴를 하시고 지금 런던에 와서 살고 계세요. 그분께서 아버지께 누구 한 사람 추천해 달라고 부탁을 하셨어요. 박사님도 다른 사람보다는 그가 사랑하는 옛 제자를 곁에 두고 싶어하시지 않겠어요?"

"아그네스!" 나는 말했다. "당신이 없으면 나는 아무것도 못해요! 당신은 언제나 나의 좋은 천사요."

아그네스는 명랑하게 웃으며, "좋은 천사는 한 사람(도라를 두고 하는 말)으로 족해요"라고 말했다. 그리고 그녀는 계속해서, 박사님은 이른 아침과 저녁에 서재에서 일을 하므로, 내 한가한 시간과 박사님이 필요로 하는 시간이 잘 들어맞는다고 말했다.

이제 스스로 생활비를 벌 수 있다는 사실도 기뻤지만, 그보다는 옛 스승 밑에서 일을 하게 되어 더욱 기뻤다. 나는 서둘러 아그네스의 충고대로 책상에 앉아 박사님께 편지를 썼다. 편지에 나의 목적을 말하고서 내일 오전 10시에 찾아뵙겠다고 시간 약속을 정했다. 하이게이트라고 수신인의 주소를 적어서(도저히 잊을 수 없는 그곳에 그가 살고 있었다) 곧바로 나가서 직접 편지를 부쳤다.

아그네스는 아무 소리도 내지 않지만 어디에 있든 간에 그녀가 있던 곳에는 기분 좋은 흔적이 반드시 나타났다. 집으로 돌아와 보니 대고모의 새들이, 시골집 거실 창가에 언제나 걸려 있던 것과 똑같이 걸려 있었다. 내 안락의자는, 훨씬 더 안락한 대고모의 의자와 똑같은 모양새로 창가에 놓여 있었으며, 대고모가 가져온 둥근 녹색의 부채까지 창턱에 나사못으로 고정되어 있었다. 마치 그것들이 저절로 움직여서 자기 자리를 찾은 듯한 모습을 보고, 이 모든 일을 누가 했는가를 이내 알 수 있었다. 그뿐만 아니라 내가 아무렇게나 흩트려 놓은 책들도 옛날에 내가 학교 다닐 때처럼 깨끗이 정돈되어 있었다. 아그네스가 책들을 바쁘게 정돈하며, 널절하게 흩어져 있는 것을 보고 미소 짓던 모습을 직접 보았으니 문제될 것 없지만, 설령 아그네스가 멀리 수마일 거리에 떨어져 있다고 하더라도 나는 누가 정리했는지 한눈에 알아볼 것이다.

대고모께서는 템스강에 대해서는 아주 너그러웠다(대고모네 집 앞의 바다와 비교할 수는 없지만, 햇빛이 비친 템스강은 매우 아름다웠다). 그러나 런던의 연기만큼은 도저히 참을 수 없는 듯, "온통 후춧가루를 뿌려 놓은 것 같구나"라고 말했다. 이 후춧가루를 없애기 위해 페거티가 내 방 구석구석에까지 이른바 철저한 혁명을 일으키고 있었다. 그러나 페거티는 야단스럽게 설쳐대기만 하고 성과를 내지는 못했다. 아그네스는 조금도 부산하게 떠들썩대지 않고도 집안 정리를 거침없이 해나간다고 생각하고 있는데, 누군가 문을 두드렸다.

"아마 아빠일 거예요." 아그네스는 얼굴이 창백해지며 말했다. "들르겠다고 약속했거든요."

나는 문을 열었다. 위크필드 씨뿐만 아니라 우라이아 힙도 함께 들어왔다. 위크필드 씨와는 오랫동안 만나지 못했고 아그네스로부터 들은 이야기도 있으므로 몹시 변했으리라고 생각은 했지만, 실제로 보고 깜짝 놀랐다.

그분은 여전히 예나 다름없이 깔끔하게 차리고는 있었지만 몰라보게 늙어 있었다. 그뿐만이 아니다. 얼굴이 건강하지 못한 붉은색을 띠었고 눈은 부어올라 핏줄이 서 있었다. 또한, 손도 움찔움찔 떨리고 있었다─물론 그것은 원인도 알고 있고, 실제로 몇 년 동안 보아온 것이지만. 그러나 그것만으로 놀란 것은 결코 아니다. 다시 말하면 쇠약해진 용모, 신사다움의 상실 같은 것이 아니라(신사다움은 처음부터 없었다), 내가 놀란 까닭은, 그분의 타고난 위엄은 여전히 우수성이 여러 모로 나타나 있었지만, 비굴한 인간의 대명사인 우라이아 힙에게 굽신거리고 있다는 사실이었다. 본디 성격이 서로 바뀌어, 마치 우라이아가 권력을 쥐고 있고 위크필드 씨는 그 밑에서 신세를 지고 있는 것 같은 광경은 무어라 나타낼 수 없을 만큼 가슴이 아팠다. 원숭이가 사람에게 명령하는 것을 보더라도, 이보다 더 모욕적인 장면으로 받아들이지는 않았을 것이다.

위크필드 씨 자신도 그 점을 신경 쓰고 있는 것 같았다. 방에 들어 와서도 그는 고개를 숙이고 가만히 서 있었다. 아그네스가 그에게 나직이 말했다.

"아빠! 여기 미스 트롯우드가 계세요. 그리고 오랫동안 만나지 못했던 트롯우드도 있어요." 그때야 비로소 다가와서, 대고모에게 어색하게 손을 내밀고, 나와도 진심 어린 악수를 했다. 우라이아의 얼굴이 순식간에 혐오스러운 미소를 지었다. 아그네스도 눈치챘는지, 움찔하며 뒷걸음질쳤다.

그런데 대고모가 그것을 보았는지 보지 못했는지의 여부는, 그녀의 동의가 없으면 아무리 골상학을 대입해본들 도저히 추측할 수 없을 것이다. 왜냐하면 대고모는 마음만 먹으면 시치미 뗀 얼굴을 완벽하게 지어낼 수 있었기 때문이다. 대고모의 마음속에 있는 생각의 실마리를 얼굴에서 찾으려고 하다가는 높은 벽에 부딪치고 말 것이다. 마침내 그녀가 특유의 무뚝뚝한 태도로 침묵을 깨뜨렸다.

"그런데 위크필드 씨!" 대고모가 말했다. 그러자 그는 처음으로 대고모를 바라보았다.

"내 돈을 스스로 얼마나 잘 처분했는가를 따님에게 이야기해주던 참입니다. 당신은 일을 처리하는 데 점점 둔해지고 있어서 당신에게 맡길 수도 없었으니까요. 그래서 지금도 우리끼리 의논하고 있었는데, 모든 것을 참작해서 잘 해나가고 있어요. 정말 유능한 아가씨예요. 내 생각으로는 아그네스가 당신 사무실에 있는 사람을 모두 합친 것보다 더 가치가 있어요."

"저 같은 것이 끼어들어서 대단히 죄송합니다만," 우라이아 힙이 몸을 비틀며 말했다. "저는 미스 벳시 트롯우드의 말씀에 전적으로 동의합니다. 그래서 아그네스 양도 사무실 경영에 참여해 주신다면 정말로 기쁘겠습니다."

"이봐요, 당신은 이미 어엿한 경영자죠? 그것으로 충분하다고 생각하는데, 요즘 재미는 어떻소?"

대고모의 무뚝뚝한 질문에, 힙은 주눅이 들어서 푸른색 가방을 움켜잡은 채로, '덕분에 저는 아주 재미가 좋습니다. 감사합니다'라고 대답했다.

"그리고 도련님도, 아니, 코퍼필드 씨라고 말해야 하겠지요." 우라이아는 말을 이었다. "당신도 건강해 보이니 다행입니다! 비록 지금과 같은 형편이기는 해도 이렇게 만나 뵙게 되니 기쁩니다, 코퍼필드 씨." 나는 그럴 것이라고 대답했다. 그는 지금의 내 형편을 매우 기뻐하고 있는 것 같았기 때문이다. "지금의 형편을 당신 친구분들께서는 못마땅하게 생각하시겠죠, 코퍼필드 씨. 하지만 인간성은 돈으로 살 수 없지요. 저 같은 초라한 인간은 무엇이라고 말씀드릴 수가 없습니다만," 우라이아는 개가 꼬리를 흔드는 것처럼 몸을 찔찔거리면서 말했다. "아무렴요. 돈이 인간을 만드는 것은 아닙죠!"

그러고는 내 손을 잡았는데, 보통 하는 식의 악수가 아니고, 내게서 꽤 떨어져서 약간 겁을 먹은 듯이 두려운 태도로 내 손을 잡고 펌프 손잡이처럼 위아래로 흔들어대는 것이었다.

"그런데 저희가 어떻게 보이시나요, 코퍼필드 도련님, 아니 코퍼필드 씨라고 해야지요." 여전히 간살스러운 목소리였다. "위크필드 씨가 한창때라고 생각하지 않으세요? 저의 사무실에서는 나이를 크게 문제 삼지 않는답니다, 코퍼필드 도련님. 비천한 제 어머니와 저를 이끌어 올려 주시는 것과," 그는 뒤에 생각난 듯이 말을 덧붙였다. "또 그 아름다우신 분, 즉 아그네스 양이 더욱더 아름다워지는 것은 별개의 이야기입니다만."

그가 입에 발린 찬사를 늘어놓은 뒤에 정말 눈뜨고는 보지 못할 태도로 몸을 비틀어대자 앉아서 보고만 있던 대고모가 끝내 참지 못하고 폭발했다.

"이 사람은 정말 참을 수가 없군!" 대고모는 준엄하게 꾸짖었다. "당신 뭘 하는 거요? 그런 감전된 듯한 시늉은 당장 그만둬요!"

"용서하십시오, 미스 트롯우드." 우라이아는 대답했다. "부인께서 기분 나빠하실 줄은 알고 있었습니다만."

"썩 나가요!" 대고모는 화가 조금도 누그러지지 않았다. "무엇보다 그 말투가 건방져요! 나는 절대로 그런 사람이 아니오. 당신도 뱀장어라면 뱀장어답게 행동하시오. 사람이라면 자기 팔다리 정도는 똑바로 관리하란 말이에요. 오, 괘씸해!" 대고모는 화가 나서 말했다. "나는 그렇게 뱀이나 나사돌리개처럼 비비 꼬는 것은 딱 질색이에요. 내 머리가 다 이상해지는 것 같아요!"

대고모의 울화통이 폭발하면 대부분의 사람들이 그렇듯이 어지간한 힙도 잔뜩 주눅이 들었다. 그리고 대고모가 의자에 앉은 채로 몸을 내밀어 그에게 덤벼들어 물어뜯을 기세로 고개를 흔들며 성난 태도를 보였으므로 그는 더욱 당황했던 것이다. 그러나 그는 작은 목소리로 내게 말을 걸었다.

"코퍼필드 도련님, 미스 트롯우드는 훌륭한 분이시지만 성미가 급하다는 걸 저는 잘 알고 있습니다. 저는 코퍼필드 도련님보다 훨씬 일찍 비천한 서기였을 때부터 부인을 알고 있습니다. 그리고 지금 사정이 사정인 만큼 더 짜증이 나는 것도 당연하다고 생각합니다. 오늘 이렇게 찾아온 것은, 지금 형편이 이러하니 저희들, 즉 어머니와 저, 혹은 위크필드와 힙이 도와드릴 일이 있다면 기꺼이 도와드리고 싶기 때문입니다. 이렇게 말해도 괜찮을까요?" 우라이아는 동업자를 향해 미소를 보내며 말했다.

"트롯우드, 우라이아 힙은," 위크필드 씨는 마지못한 태도로 말했다. "일을 아주 능숙하게 처리한다네. 이 사람이 하는 말에 나도 전적으로 동의해. 자네도 아는 바와 같이, 나는 자네 일에는 그전부터 관심을 가져왔으니까. 아무튼 우라

이아의 말에는 전적으로 찬성이야."

"그렇게까지 믿어주시니 몸 둘 바를 모르겠습니다!" 우라이아 힙은 대고모로부터 또 한 차례 야단을 맞을 위험을 무릅쓰고, 한쪽 다리를 이상하게 들어올리면서 말했다. "그러나 저로서는 위크필드 씨의 고된 업무를 조금이라도 덜어드리고 싶은 생각밖에 없답니다, 코퍼필드 도련님!"

"우라이아 힙은 내게 많은 도움이 된다네." 위크필드 씨는 앞서와 똑같이 떨떠름한 투로 말했다. "이런 유능한 동업자 덕분에 나는 무거운 짐을 던 기분이라네."

교활한 붉은여우가 그로 하여금 이러한 말을 하게끔 만들어놓은 것을 나는 잘 알고 있었다. 언젠가 끝내 나를 잠 못 이루게 했던 그날 밤 넌지시 얘기했던 그 역할, 그것을 위해 위크필드 씨를 쪼아대고 있는 것이었다. 나는 그 기분 나쁜 웃음이 그의 얼굴에 또다시 떠오르는 것을 보았다. 그리고 문득 정신을 차릴 때마다, 그도 나를 가만히 살피고 있다는 것을 알 수 있었다.

"아빠, 이제 가셔야지요?" 아그네스가 걱정스러운 듯이 말했다. "트롯우드와 저와 함께 걸어서 가시지 않겠어요?"

우라이아 힙이 선수를 치지 않았더라면 딸에게 대답하기 전에 위크필드 씨는 틀림없이 우라이아의 눈치를 살폈을 것이다.

"저는 선약이 있어요." 우라이아는 말했다. "사업 관계지요. 그것만 아니면 기꺼이 여러분과 동행할 텐데 아그네스 양, 잘 부탁합니다. 코퍼필드 도련님도 안녕히 계십시오. 그리고 미스 벳시 트롯우드도 부디 몸조심하십시오."

그는 이러한 말을 하고 위크필드 씨의 큰 손에 작별의 키스를 하고는 우리를 가면 같은 얼굴로 흘겨보면서 물러갔다.

우리는 한두 시간 동안 유쾌한 캔터베리 시대의 이야기를 하면서 앉아 있었다. 위크필드 씨는 아그네스와 둘이 남게 되자 옛날의 그로 돌아갔다. 몸에 밴 우울증은 도저히 떨쳐버릴 수 없었지만, 그럼에도 그는 명랑해졌다. 옛 시절의 일들을 떠올려 이야기하는 것을 듣고 아주 기뻐했으며, 그 자신도 자잘한 일들까지 다 기억하고 있었다. 그는 아그네스와 나와 함께 있으니 옛날로 돌아간 것 같다며, 그대로 변하지 않았더라면 좋았다고 말했다. 틀림없이, 평온한 아그네스의 얼굴과 그의 팔을 잡고 있는 손의 감촉이 이런 기적을 일으켰을 것이다.

대고모는(그녀는 그동안 안방에서 페거티와 분주히 일하고 있었다) 모두가 머물고 있는 숙소에 같이 가려 하지 않고, 한사코 나만 가라고 했다. 어쩔 수 없이 나 혼자 집을 나섰다.

우리는 함께 식사를 했다. 식사가 끝나자 옛날처럼 아그네스가 아버지 곁에 앉아서 포도주를 따랐다. 그는 딸이 따라주는 것만을 마시고, 그 이상은 한 방울도 마시지 않았다. 꼭 어린애 같았다. 어둠이 다가오자 우리 세 사람은 창가에 모여 앉았다. 이윽고 해가 저물자, 그는 아그네스의 무릎을 베고 소파 위에 누웠다. 아그네스는 한동안 아버지의 얼굴을 가만히 들여다보고 있었다. 이윽고 창가로 돌아왔을 때는 이미 날이 꽤 어두워져 있었음에도, 나는 아그네스의 두 눈에 눈물이 글썽이는 것을 볼 수 있었다.

아아, 나는 그때 그 시절의 그리운 아그네스, 사랑과 진실 위에 서 있던 아그네스를 절대로 잊지 않을 것이다! 만약 내가 잊어버리기라도 한다면, 나의 종말이 가까워지고 있음이 틀림없으며, 그때야말로 나는 제일 먼저 그녀를 떠올리고 싶기 때문이다! 그녀는 스스로 모범을 보임으로써, 나의 약한 마음을 강하게 하여 옳은 길로 이끌고—그녀는 너무나 얌전하고 온순해서 시끄럽게 잔소리하며 충고하는 성격이 아니었으므로 어떻게 해서 나를 감화시켰는지는 모르지만—확고하지 않은 목적을 적절하게 지도했던 것이다. 그러므로 내가 행한 모든 하찮은 선행이나 피할 수 있었던 온갖 해로운 일들도 모두 그녀의 덕택이라고 나는 진심으로 믿고 있다.

또한 그녀는, 캄캄해진 창가에 앉아서 도라 이야기를 얼마나 열심히 해주었던가! 내가 도라를 칭찬하는 말을 조용히 들어주고, 그녀 또한 도라 칭찬을 얼마나 했던가. 그때 그 작은 요정과도 같은 그녀 주위에 그녀 속에서 뿜어져 나오는 특유의 청순한 빛이 눈부시게 쏟아지면서, 내게는 그녀의 모습이 한층 더 숭고하고 거룩하게 보였던 것이다! 아, 아그네스, 내 소년 시절의 누이여, 오랜 뒤에서야 안 사실을, 그 무렵 내가 알았더라면—

이윽고 밖으로 나오자 거리에는 거지 하나가 있었다. 그녀의 천사 같은 맑은 눈동자를 생각하며 창가를 올려다보자, 그 사나이가 오늘 아침에 대고모가 한 말의 메아리인 양 똑같은 말로 구걸하는 데에 놀라지 않을 수가 없었다—

"장님입니다! 앞 못 보는 장님입니다!"

36장
열정

 다음 날 나는 먼저 로마식 목욕탕에 가서 목욕을 한 다음에 하이게이트로 출발했다. 나는 이제 풀이 죽지 않았다. 초라한 옷도 마음에 걸리지 않았고, 회색 말을 바라지도 않았다. 이번 불행에 대한 나의 생각이 근본적으로 달라진 것이다.
 내가 해야 할 첫 번째 일은, 대고모의 호의가, 무분별하고 배은망덕한 자에게 베풀어진 것이 아니었다는 사실을 대고모께 증명해 보이는 일이었다. 두 번째는, 어린 시절의 역경을 유용하게 살려 열심히 일하는 것이었다. 세 번째는, 큰 도끼를 들고 나무를 자르고 고난의 숲을 헤쳐나가 자신의 길을 개척하는 것이었다. 마지막은 도라에게로 가는 것이었다. 나는 무척 빠른 속도로 걸었다—걷기만 하면 목적을 이룰 수 있는 것처럼.
 낯익은 하이게이트 가에 나오자, 떠올리지 않을 수 없는 옛날의 그 즐거웠던 방문과는 전혀 다른 용무로 와 있다는 것을 생각하니, 내 생활 전체가 모조리 변해버린 느낌이었다. 그러나 나는 낙담하지 않았다. 새로운 생활과 더불어 새로운 목적, 새로운 계획이 생겼기 때문이다. 고생스럽겠지만, 보수도 크다. 도라가 그 보수이다. 도라만큼은 무슨 일이 있어도 내 손에 넣어야 했다.
 나는 아주 흥분해 있었으므로, 지금은 옷이 말끔한 것이 오히려 유감스럽게 느껴졌다. 지금이야말로 내 힘을 증명할 절호의 기회이다. 어서 빨리 고난의 숲에 가서 속의 나무들을 하나씩 하나씩 잘라가고 싶었다. 마침 철사로 안경다리를 만들어 쓴 노인이 길가에서 돌을 깨고 있었다. 나는 그 망치를 잠깐 빌려서, 화강암을 깨뜨리고 도라에게로 향하는 길을 개척하고 싶다고 생각했다. 생각만으로도 나는 무척 흥분해서 열이 치솟고 숨이 차서 엄청나게 많은 돈을 벌기라도 한 것처럼 느껴졌다.

이런 상태로 나는 지나가는 길에 셋집으로 내놓은 집이 보이면 무작정 들어가 자세히 살펴보았다. 사람은 자고로 현실적이어야 한다. 그 집은 나와 도라에게 아주 알맞을 것 같았다. 도라의 애견(집)이 뛰어다니고 철책 너머로 장사꾼들을 보고 짖을 수도 있는 조그마한 앞뜰이 있고, 2층에는 대고모가 쓰기에 알맞을 훌륭한 방도 있었다. 나는 아까보다도 더 열이 올라서 그 집에서 나와, 점점 더 발걸음을 재촉했다. 하이게이트 가에는 약속 시간보다 한 시간이나 일찍 닿았다. 이르게 닿지 않았더라도, 이 상태로는 다른 사람 앞에 나서기 전에 주변을 거닐면서 몸과 마음을 식힐 필요가 있었다.

이런 준비행동을 하고 나서 가장 먼저 할 일은 박사님 집을 찾는 것이었다. 박사님 집은 같은 하이게이트라도, 스티어포스 부인이 살고 있는 구역과는 정반대쪽에 있었다. 이러한 사실을 알고서도 그 집을 보자 나는 도저히 억누를 수 없는 유혹에 끌려 스티어포스 부인 댁 옆의 골목길로 되돌아가서, 뜰의 벽구석 너머로 집 안을 들여다보았다. 스티어포스의 방문은 굳게 닫혀 있었지만, 온실 문들은 모두 열려 있고, 로사 다틀이 모자도 쓰지 않고 무서운 기세로 잔디밭 한쪽의 자갈길을 빙글빙글 돌고 있었다.

나는 이 관찰 장소로부터 살며시 빠져나왔다. 오지 않는 쪽이 좋았다고 생각하며, 두 번 다시 다가가지 않기 위해 그 주위를 어슬렁어슬렁 걸어다녔다. 이윽고 10시가 되었다. 지금 그 언덕 위에는 호리호리한 탑이 있는 교회가 서 있는데, 그때는 그것이 없어서 시간을 알 방법이 없었다. 그 무렵에는 그 자리에 붉은 벽돌로 지어진 오래된 집이 있었는데, 학교로 쓰이고 있었다. 지금 생각해도 공부하기 딱 좋아 보이는 고풍스럽고 아름다운 건물이었다.

박사님 댁에 갔더니, 박사님은 옛날 내가 학생으로 있던 때부터 산책을 그만둔 적이 없는 것처럼 각반과 모든 준비를 갖추고서 뜰 안을 거닐고 있었다. 박사님 댁은 아름답고 오래된 집이었다. 그리고 방금 완성된 것처럼 보이는 여러 가지 장식들과 수리한 흔적으로 보아 제법 돈을 들인 것 같았다. 또한 그의 곁에는 옛 동료들도 있었다. 주변에는 키가 큰 나무들이 우거져 있고, 떼까마귀 두세 마리가 잔디밭 위를 걸어다니며 가만히 박사의 뒷모습을 보고 있었던 것이다. 마치 캔터베리의 떼까마귀들로부터 연락을 받고서 박사를 뚫어지게 살피고 있는 것처럼 보였다.

멀리서 박사님의 주의를 끌기는 어렵다고 판단하고, 나는 문을 열고 그의 등을 향해 안으로 들어갔다. 오른쪽으로 몸을 돌린 순간 얼굴이 마주칠 것이라고 생각했던 것이다. 이윽고 박사님은 방향을 돌려 다가오면서 나를 보았지만, 여전히 나를 알아보지 못하고 생각에 잠겨 있었다. 한참 뒤에야 이루 말할 수 없는 즐거움이 박사님의 인자한 얼굴에 퍼지며 나의 두 손을 덥석 잡았다.

"아, 코퍼필드." 박사님은 말했다. "어른이 다 됐군! 그동안 잘 있었나? 참으로 반갑네. 잘 왔어. 그건 그렇고, 자네 정말 몰라보게 변했군! 자네는 아주—그래—아, 참!"

나도 박사님께 안부를 묻고, 사모님께서도 평안하시냐고 물었다.

"암, 나는 잘 있다네!" 박사님은 말했다. "애니도 아주 잘 있어. 자네를 만나면 기뻐할 거야. 애니는 자네를 좋아했으니까. 어젯밤에 애니에게 자네 편지를 보였더니 그렇게 말하더군. 그리고—옳지, 자네 잭 맬던을 기억하고 있나, 코퍼필드?"

"기억하고 있습니다, 선생님."

"물론 그렇겠지. 그도 잘 있네."

"그가 돌아왔습니까?"

"인도에서 말인가? 그래, 인도의 기후를 도저히 견딜 수 없었다더군. 마클람 부인—자네 마클람 부인도 기억하겠지?"

그 '노병(老兵)'을 잊고 있었다니! 이 짧은 동안에!

"마클람 부인이, 잭 때문에 몹시 걱정을 했었다네. 그래서 우리가 그를 불러들여 적당한 특허사무소에 자리를 마련해주었지. 그 자리는 그에게 잘 맞는 모양이야."

나는 잭 맬던 씨에 관해서는 잘 알고 있었고, 그 특허사무소의 일자리라는 것이 할 일은 거의 없으면서도 보수는 좋다는 것을 짐작할 수 있었다. 박사님은 내 한쪽 어깨에 손을 얹고 왔다 갔다 하면서 친절한 얼굴로 나를 격려하듯이 말을 이었다.

"그런데 코퍼필드, 자네가 이번에 부탁한 것 말이야. 내게는 고맙고 유쾌한 일이지만 자네는 좀 더 좋은 일을 할 수 있지 않겠나? 자네는 성적이 우수한 학생이었지. 자네는 무엇이든 할 수 있는 능력이 있어. 큰 건물을 지을 토대는 이미 완성되어 있다네. 그러니까 내 비서 같은 보잘것없는 일에 자네의 청춘을 바치는 것은 애석한 일이 아닐까?"

나는 또다시 몸이 달아서 열성적으로 나의 요구를 촉구했다. 이미 법률 쪽에 직업을 가지고 있다는 것도 말했다.

"그래그래. 제대로 된 직업을 골라서 이미 공부를 하고 있다는 것은, 확실히 중요한 일이지. 그런데 연봉 70파운드라면 어떤가?"

"그렇게만 된다면 저희의 수입은 두 배로 늘어납니다, 스트롱 박사님."

"이것 참 놀랍구먼! 물론 1년에 딱 70파운드만 준다는 뜻으로 말한 것은 아니야. 상대가 젊은이이니, 얼마간의 보너스는 언제나 생각하고 있네. 정말이야." 박사님은 여전히 내 어깨에 손을 얹고 거닐면서 말했다. "연례 선물이란 것을 늘 계산에 넣고 있지."

"존경하는 선생님, 이미 신세를 진 것만으로도 뭐라 감사의 말씀을 드려야 할지 모르겠습니다만—"

"아니야, 아니야. 무슨 말을 그렇게 하나!"

"저에게 시간이 있는 아침과 저녁에만 시키는 일이 연봉 70파운드만큼의 가치가 있다고 생각해주신다면 저로서는 더 바랄 수 없는 영광입니다."

"뭘 그렇게." 박사는 어린애처럼 말했다. "그까짓 걸 그렇게 도움이 된다고 말하다니! 그리고 더 좋은 일자리가 생기면 그리로 가게. 어때, 약속할 수 있겠나?" 이것은 언제나 박사님이, 우리 학생들에게 명예를 걸고 다짐하게 하던 방법이었다.

"약속하겠습니다, 선생님!" 나도 옛날 학생시절에 하던 식으로 대답했다.

"그럼, 그렇게 하게나." 박사님은 내 어깨를 가볍게 두드렸다. 여전히 한손을 내 어깨에 얹고 왔다 갔다 하면서 말했다.

"그리고 제 일이 사전에 관한 일이라면, 저는 스무 배나 기쁘겠습니다, 선생님." 나는 약간 아첨하는(나쁜 뜻은 없었다) 투로 말했다.

박사님은 걸음을 멈추고 미소를 지으면서 내 어깨를 툭툭 치더니, 마치 내가 인간 지혜의 아주 깊은 의미라도 규명하고 있는 것처럼 아주 즐거운 태도로 외쳤다. "그래, 맞아, 바로 사전 일이라네!"

어찌 다른 일이 있을 수 있겠는가! 박사의 주머니는 그의 머리와 마찬가지로 사전에 관한 것으로 가득 차 있었던 것이다. 마치 온몸에서 그것이 사방으로 튀어나오는 느낌이었다. 교장직에서 은퇴한 뒤부터 놀라울 정도로 일이 진척되었다고 박사님은 말했다. 그리고 박사님은, 낮에는 깊이 생각을 하면서 산책하는 것이 습관이니까, 아침과 저녁때만 일하겠다는 것은 자신에게는 더없이 좋은 일이라고 말했다. 최근에는 잭 맬던이 임시 필경사로 와 있는데, 일에 익숙하지 않다 보니 원고가 약간 뒤섞여 있으나 우리가 잘못된 곳을 고쳐가면서 일사천리로 해나가자고 했다. 나중에 일을 한참 하다 보니, 맬던이 해 놓은 일은 상상을 넘어설 만큼 지독했다. 단순히 실수가 많을 뿐만 아니라, 원고 위에 온통 군인이나 여자 얼굴을 그려 놓았는데, 그쯤 되자 나도 더 이상 말이 나오지 않았다.

둘이서 이 엄청난 일을 함께 하기로 결론이 나자, 박사님은 매우 기뻐하며 곧바로 내일 아침 7시부터 일을 시작하기로 결정했다. 우리는 매일 아침 두 시간, 밤에는 두세 시간씩 일을 하고 토요일은 쉬기로 했다. 물론 일요일도 쉬기로 했으므로 나로서는 정말 좋은 조건이었다.

서로 만족할 정도로 합의가 되자 박사님은 나를 집으로 데리고 가서 그의 부인에게 소개했다. 부인은 새 서재에서 책의 먼지를 털고 있었다. 그 신성한 책에 대해서 박사님의 귀중품을 다루는 일을, 그는 부인이 아닌 다른 누구에게도 절대 허용하지 않았다.

박사님 부부는 나를 위해 아침 식사를 뒤로 미루고 있었으므로 우리는 모두 함께 식탁에 앉았다. 우리가 식탁에 앉은 지 얼마 지나지 않아 아무 소리도 들리지 않았지만 부인의 얼굴에 누가 온 듯한 낌새가 나타났다. 말을 탄 한 신사가 대문까지 오더니, 한 팔에다 고삐를 걸고 아주 자연스럽게 말을 안뜰로 끌고 들어왔다. 그러고는 자기 집인 양 빈 마구간 벽의 쇠에다 말을 매고 나서 한손에 채찍을 들고 아침 식사를 하고 있는 방으로 들어왔다. 그 사람이 잭 맬던 씨였다. 인도에 가 있었는데도 조금도 나아진 것 같지가 않았다. 하기야, 그때 나는 고난의 숲에서 벌채도 못하는 젊은이들에게 매우 엄격한 잣대를 들이대고 있었으므로, 이 인상은 많이 부풀려져 있었는지도 모르지만.

"잭군!" 박사님이 말했다. "이쪽은 코퍼필드일세!"

잭 맬던은 손을 내밀어 나와 악수를 했으나 이상하게 쌀쌀맞을 뿐 아니라 귀찮은 듯이 은혜를 베푸는 듯한 태도였으므로, 나는 속으로 매우 불쾌했다. 그러나 그의 사촌누이인 애니와 말할 때만은 무기력하지 않아서 깜짝 놀랐다.

"아침 식사는 했나 잭?" 박사님은 물었다.

"저는 아침 식사는 거의 안 합니다." 그는 안락의자 속에서 고개를 뒤로 젖히며 대답했다. "귀찮아서요."

"무슨 새로운 소식은 없나?"

"없어요. 북부에서는 사람들이 굶주림 때문에 불만이 많다는 이야기가 있습니다만, 언제나 어느 한 곳에는 굶주리고, 불만에 차 있는 사람들이 있으니까요."

박사의 얼굴이 조금 어두워졌다. 그리고 화제를 바꿀 생각으로 말했다. "새로운 소식은 없군."

"신문에는 살인사건 기사가 크게 실린 모양입니다. 그러나 매일 누구든 한 사람은 늘 살해당하게 되어 있으니, 내용은 읽지 않았습니다." 맬던 씨가 말했다.

나중에 나도 그런 소리를 들어서 알게 되었는데, 인간의 모든 행동과 정열에 대해 냉담한 태도를 보이는 것이, 그 무렵에는 유별난 풍조가 아니었다. 그것이 대단한 유행이라는 것은 나도 알고 있었다. 어엿한 신사 숙녀지만 무감각한 모충으로 태어났더라면 좋았을 것 같은 사람을 만난 적도 있다. 그러나 그때의 나에게는 아주 새로운 것이었기에 더욱 깊은 인상을 받았다. 그러나 그로 인해 잭 맬던에 대한 평가가 높아지거나 믿음이 깊어지는 일은 절대 없었다.

"애니가 오늘 밤 오페라 구경을 갈는지 어떨는지를 알고자 왔습니다." 맬던 씨는 그녀를 돌아보며 말했다. "오늘이 이번 시즌 마지막 밤인데, 애니한테 꼭 보여 주고 싶은 가수가 나오거든요. 목소리는 정말 감미로운데 얼굴은 이루 말할 수 없이 못생겼다고 합니다." 그러고는 또다시 축 늘어졌다.

박사님은 자기의 젊은 아내를 즐겁게 해줄 일은 무엇이든 좋아했으므로, 부인을 돌아보며 말했다.

"꼭 가서 봐야겠소, 애니."

"가고 싶지 않은데요. 저는 집에 있는 것이 훨씬 더 좋아요."

사촌은 보지도 않고 부인은 나에게 말을 걸어 아그네스의 안부를 묻고, 아그네스가 자기를 만나줄 것인지 따위의 질문을 했다. 그런데 묻는 투가 어쩐지 매우 침착하지 못했으므로, 아무리 토스트에 버터를 바르고 있었다고는 하지만 이토록 분명한 태도를 박사님이 왜 눈치채지 못하는지, 나는 오히려 그쪽이 이상했다.

"당신은 아직 젊으니까 인생을 즐기면서 재미있게 살아야 해. 따분한 늙은이 때문에 당신까지 답답하게 살아서는 안 돼요." 박사님은 아무것도 눈치채지 못하고 인자하게 말했다. "게다가 나는 그 가수의 새로운 노래를 당신이 듣고 와서 불러주면 좋겠는데, 가지 않으면 그럴 수도 없지 않소?" 이렇게 박사님은 부인이 오페라에 가도록 계속 졸라 끝내 약속을 받아냈으므로, 잭 맬던 씨가 저녁때 다시 데리러 오기로 했다. 결정이 나자 잭 맬던 씨는 말을 타고 내키지 않는 모습으로 특허사무실로 가버렸다.

다음 날 아침 나는 부인이 오페라에 갔는지 안 갔는지 매우 궁금했다. 그러나 결국 부인은 오페라에 가지 않았고, 런던에 사람을 보내어 사촌에게 사정이 생겨 갈 수 없다고 전했다. 그리고 오후에 아그네스를 만나러 갔다. 박사님까지 설득하여 함께 갔다고 한다. 박사님의 말에 의하면, 그날 밤은 참으로 즐거웠기에 두 사람은 들길을 걸어서 집으로 돌아왔다고 한다. 그러나 나는, 만약 아그네스가 런던으로 오지 않았다면 과연 부인은 그녀를 만나러 갔을까. 그리고 만난 뒤에는 아그네스가 부인에게도 좋은 영향을 끼쳤을까 하는 두 가지 의문이 들었다.

보아하니 부인의 얼굴은 별로 즐거워 보이지 않았다. 하지만 좋은 얼굴을 하고 있었으므로, 정말 기분이 좋지 않은 거라면 대단한 가면이라고 생각했다. 우리가 일하는 동안 부인은 줄곧 창가에 있었으므로 나는 자주 부인의 얼굴을 훔쳐보았다. 우리 두 사람의 아침밥도 만들어 주어서 우리는 일을 하면서 그것을 먹었다.

내가 아홉 시에 박사님 댁에서 나올 때, 부인은 박사님의 발밑에 무릎을 꿇고서 박사님에게 구두를 신기고 각반을 감아주고 있었다. 부인의 얼굴에는, 열려 있는 나지막한 방 창문 위로 늘어져 있는 싱싱한 푸른 잎들이 아렴풋이 그림자를 드리우고 있었다. 나는 민법박사회관으로 가는 내내, 박사님이 책을 읽고 있을 때 부인이 옆에서 유심히 바라보고 있던 지난 어느 날의 밤을 떠올렸다.

나는 아침 5시에 일어나서 밤 9시나 10시가 되어서야 집으로 돌아가게 되는, 매우 바쁜 몸이 되었다. 그러나 이렇게 바쁜 생활도 말할 수 없이 즐거웠다. 걸음걸이 하나도 결코 느릿느릿 걷는 일이 없었고, 몸이 피곤하면 피곤할수록 도라라는 목표에 더욱 가까이 다가섰다는 생각뿐이었다.

도라가 며칠 안으로 미스 밀스를 만나러 오기로 되어 있었으므로 나는 아직 달라진 생활에 대해서는 그녀에게 알리지 않았다. 그래서 자세한 설명은 모두 그때까지 미루기로 하고, 우선 이야기할 것이 많다는 것만을 편지로 알렸다(우리는 미스 밀스를 통해 비밀리에 연락을 주고받았다).

나는 머리 기름을 절약해서 바르기로 했고, 향수 비누와 향수는 일체 쓰지 않기로 했으며, 아까웠지만 앞으로 해나갈 검소한 생활에는 맞지 않는 세 벌의 조끼도 팔아버렸다.

그러나 그것만으로는 여전히 만족하지 못하고, 무엇인가를 더 해야 한다는 생각에 사로잡혀 있었으므로 트래들스를 만나러 갔다. 그는 홀본의 캐슬 가에 있는 어느 집의 난간 뒷방에서 하숙을 하고 있었다. 나와 함께 벌써 두 번이나 하이게이트에 갔었으므로 박사님과의 우정을 새롭게 쌓은 딕 씨와 이번에도 함께 갔다.

내가 딕 씨를 데리고 간 데에는 이유가 있었다. 그는 대고모의 이번 불행을 매우 걱정하고 있었고, 또 갤리선의 노예나 죄수보다도 내가 더 혹독하게 일한다고 진심으로 믿었다. 그런데도 자기는 아무런 쓸모가 없다는 생각에 점점 안달하고 고통스러워하며 결국 식욕까지 잃고 말았던 것이다. 그러자 회상록도 전혀 진전을 이루지 못했다. 애를 쓰면 쓸수록 그 불행한 찰스 1세의 목이 또다시 튀어나오는 것이었다. 어떻게든 잘 구슬려서 그가 제법 도움을 주고 있다고 믿게 하거나, 다른 진짜 일이라도 시키지 않으면 상태는 더욱 나빠질 것이 틀림없다. 그 점이 매우 걱정스러웠으므로, 트래들스에게 힘을 빌려줄 수 있는지 부탁해 볼 생각이었다. 그래서 가기 전에 미리 편지를 써서 모든 사정을 얘기하니, 그도 동정과 우애로 넘치는 반가운 답변을 주었다.

트래들스는 잉크병과 서류를 앞에 두고 열심히 일하고 있었다. 작은 방 한쪽 구석에 꽃병받침과 작은 원탁을 두니 기분이 아주 좋은 것 같았다. 그는 우리를 진심으로 반갑게 맞아주었으며, 딕 씨와도 금방 친해졌다. 딕 씨와는 전에 한 번 만난 적이 있다고 말했고, 우리도 어쩌면 그랬을 거라고 대답했다.

내가 트래들스와 상담한 첫째 문제는 이런 것이다. 여러 면에서 잘 알려진 많은 사람들 가운데, 의회의 토론을 보조함으로써 출세의 실마리를 잡은 사람이 많다는 이야기를 들은 적이 있다. 언젠가 트래들스도 그의 여러 가지 희망 가운데 하나로서 신문사에 들어가고 싶다는 이야기를 내게 한 적이 있었으므로, 나는 그 방면에 내가 알맞은지를 알고 싶다고 트래들스에게 편지로 물어보았던 것이다. 그랬더니 그는 여러 가지를 조사한 결과, 몇몇 특별한 경우를 제외하고 그 방면에서 두각을 나타내려면 먼저 필요한 기계적인 기술, 즉 속기술 해독의 비결을 모조리 터득해야 하는데, 그것만으로도 6개 국어에 정통하는 것과 맞먹을 정도로 어려우므로, 참을성 있게 해나간다 하더라도 몇 년은 걸릴 것이라고 알려주었다.

그는 이만큼 말하면 내가 포기할 것이라고 생각했겠지만, 나는 이 정도의 나무는 곧바로 잘라버리겠다는 기세로 도끼를 들고 나가 지금이야말로 도라에게로 향하는 길을 개척하겠다고 결심했던 것이다.

"정말 고맙다, 트래들스! 내일부터 시작할 거야."

내 말에, 트래들스는 깜짝 놀랐다. 그는 내가 왜 그렇게 기뻐하는지 아직 몰랐던 것이다.

"일단 책부터 사야겠어." 나는 말했다. "속기술에 관한 개요가 적혀 있는 책. 공부는 민법박사회관에서 하겠어. 어차피 일도 없으니까. 연습 삼아서 법정에서의 연설을 필기해 보는 거야. 트래들스, 나는 꼭 해낼 거야!"

"네가 그렇게 단호한 성격인 줄 몰랐어, 코퍼필드!" 그는 눈을 똥그랗게 뜨고 말했다.

물론 그럴 것이다. 나로서도 처음 있는 일이니까. 그러나 이 문제는 여기서 끝고, 이번에는 딕 씨의 용건을 꺼냈다.

"그런데 말이오," 딕 씨는 서글프게 말했다. "내가 할 수 있는 일은 없을까, 트래들스 군? 북을 친다든가, 무엇을 분다든가!"

"선생님께서는 글씨를 아주 잘 쓰시지요? 틀림없이 네가 그렇게 말했지, 코퍼필드?"

"아주 뛰어나시지!"

정말로 그는 잘 썼다. 놀랍도록 멋지게 글씨를 썼다.

"그럼," 트래들스는 말했다. "제가 일거리를 얻어드리면 베끼실 수 있으시겠습니까?"

나는 고개를 저었다. 딕 씨도 나를 따라 한숨을 쉬었다. "회상록에 관한 이야기를 트래들스 군에게 해주게." 딕 씨가 말했다.

할 수 없이 나는, 딕 씨가 글을 쓰면 반드시 찰스 1세가 튀어나온다는 것을 트래들스에게 설명했다. 그동안 딕 씨는 아주 겸손하고 진지한 태도로, 트래들스를 바라보며 엄지손가락을 빨았다. 불쌍한 딕 씨! 그도 사실은 그런 쪽의 일이 훨씬 더 마음에 들었을 것이다! 그러나 진지한 얼굴을 한 트래들스의 대답은 참으로 침착했다.

"제가 말한 필기거리란 이미 다 써서 완성되어 있습니다." 트래들스는 잠깐 생각하다가 말했다. "그러니 딕 씨는 아무 관계가 없어. 이야기가 다르지 않은가, 코퍼필드? 아무튼 해 보는 게 좋지 않을까?"

딕 씨는 의아해하며 내 얼굴을 보았다.

"뭐라고, 트롯우드?"

이것은 우리에게 새로운 희망을 주었다. 딕 씨가 의자에 앉아서 걱정스러운 듯이 우리를 지켜보고 있는 동안, 조금 떨어진 곳에서 트래들스와 나는 머리를 맞대고 의논을 하여 계획을 짜냈다. 그 결과, 그는 다음 날부터 일을 시작했고, 크게 성공을 거두었다.

버킹엄 가로 향한 창가에 책상을 놓고, 우리는 트래들스가 구해 온 일거리를 늘어놓았다. 그것은 남의 땅을 지날 수 있는 권리에 대한 법률서류를 만드는 일이었다. 그리고 또 다른 책상 위에는 그 방대한 회상록의, 마지막 미완성 부분을 펴놓았다. 우리가 딕 씨에게 부탁한 것은, 눈앞에 있는 서류를 원문 그대로 정확하게 옮겨 써야 한다는 것과, 찰스 1세에 대해 약간이라도 언급할 필요를 느낄 때는 회상록 쪽으로 곧장 달려가야 한다는 것이었다. 우리는 그에게 이것만은 꼭 지켜 달라고 엄중하게 다짐했고, 대고모로 하여금 그를 지켜보게 했다.

나중에 대고모는 우리에게 다음과 같은 사실을 알려주었다. 처음에는 마치 드럼이라도 두드리는 것처럼 끊임없이 두 책상으로 주의가 분산되었지만, 나중에 지쳐서 머리가 혼란스러워지자 눈앞에 사본이 분명히 있었으므로 자연스럽게 그쪽에 앉아 일에 임할 수 있었으며, 회상록은 나중에 여유가 생길 때까지 미루었다는 것이었다.

일의 분량이 너무 지나치지 않도록 우리가 신경도 많이 썼고, 또 그가 주초부터 일을 시작하지도 않았지만, 그는 토요일 밤까지 10실링 9펜스를 벌어들였다.

그는 제일 먼저 근처의 상점을 돌아다니며 그 돈을 6펜스짜리 은화로 바꿔서, 쟁반 위에 하트형으로 가지런히 차려놓고, 자랑스러운 기쁨의 눈물을 흘리면서 대고모에게 바쳤다. 그 모습을 나는 죽는 날까지 잊을 수 없을 것이다. 그가 유용한 일에 종사하게 된 뒤부터, 그는 마법에 걸린 것처럼 사람이 달라졌다. 그 토요일 밤만 보아도, 만약 이 세상에 행복한 사람이 있다면 그 사람은 바로, 대고모가 모든 살아 있는 인간 가운데 가장 위대한 여자요, 또 나까지도 세상에서 가장 훌륭한 청년으로 믿으며 감사하는 마음에 차 있던 딕 씨였다.

"이제 굶진 않겠네, 트롯우드." 딕 씨는 한구석에서 나와 악수를 하며 말했다. "대고모의 생활비는 이제 내가 책임지겠네!"

그리고 그는 자기의 열 손가락이 모두 은행이라도 되는 것처럼 머리 위로 높이 치켜들고 자랑스럽게 흔들어 보였다.

트래들스와 나 가운데 누가 더 기뻐했는지는 잘 모르겠다. 왜냐하면 트래들스가 느닷없이 주머니에서 편지를 꺼내어 나에게 건넸기 때문이다.

"이것 참, 미코버 씨를 내가 깜박 잊고 있었군!"

그 편지는(미코버 씨는 기회가 되면 편지를 써서 보내는 일만은 결코 잊지 않았다) '법학원, 티(T) 트래들스 씨 앞'이라고 주소를 써서 나에게 보낸 것이었다. 편지의 사연은 다음과 같았다.

친애하는 코퍼필드

뜻밖의 편지에 놀랐는지 모르지만 이번에 신상에 변화가 있어서 알리는 바이네. 물론 이 일은 미리 예측하고 있다는 것을 지난번 편지에 이야기했는지도 모르겠네.

우리의 이 영광된 섬나라의 한 지방 도시에서 학구적 직업과 긴밀한 연관이 있는 일을 얻어 정착하려고 하네. 아내와 아이들도 나와 함께 갈 거야. 이곳은 예로부터 이름 높은 성당의 소재지로, 중국에서 페루에 이르기까지 세계 곳곳에 알려진 곳이라네. 앞으로 우리의 유골은 아마도 유서 깊은 그 성당의 부속 묘지에 매장될 테지.

우리가 많은 희로애락을 겪은 현대의 바빌론에게 이별을 고하게 될 때, 아내나 나는 우리의 신성한 가정과 두터운 친분 관계로 맺어진 자네와 여러 해

동안 또는 영원히 헤어질 것을 생각하니 섭섭한 마음 감출 길이 없네. 출발하기 전에 우리 서로에게 친구인 토머스 트래들스 씨와 함께 하룻밤을 누추한 우리 집에서 보내지 않겠나? 이별의 아쉬움을 나눌 수 있는 영광을 준다면 더없이 기쁘겠네.

영원히
자네의 친구인
윌킨스 미코버

미코버 씨가 굴욕과 후회의 구렁텅이에서 빠져나와, 마침내 그에게도 좋은 일이 일어났다는 것을 알고 나는 매우 기뻤다. 그런데 그가 초대한 날이 다름 아닌 오늘이었고, 게다가 이미 저녁시간이었으므로 나는 서둘러 그 초대를 받아들이겠다고 알렸다. 그리고 우리는, 그레이스 인 로드 외곽에 위치한 미코버 씨가 모티머라는 가명으로 세들어 살고 있는 하숙집으로 황급히 달려갔다.

하숙집의 살림살이는 아주 빈약해서, 이제 8, 9세쯤 된 쌍둥이는 거실에 있는 간이침대에서 잠들어 있었다. 그 거실 한쪽에서 미코버 씨가 세면대의 물주전자를 써서, 그의 특기인 펀치술을 만들고 있었다. 오랜만에 장남과도 만났는데, 그는 12, 13세쯤으로 한창 클 때인지, 같은 또래의 아이들이 다 그렇듯 말할 수 없는 장난꾸러기여서 잠시도 가만히 있지 않았다. 누이인 미스 미코버도 있었다. 그녀는 미코버 씨가 말한 것처럼, '영락없는 불사조와도 같이 그녀의 어머니가 다시 젊어진 것' 같았다.

"코퍼필드," 미코버 씨가 말했다. "한창 이삿짐을 싸는 중이다 보니 다소의 실례는 어쩔 수 없네. 부디 두 사람이 이해해 주게."

적당히 대답을 하고 주위를 둘러보았다. 이삿짐은 다 꾸려져 있었지만 양은 얼마 되지 않았다. 나는 미코버 부인에게도 "드디어 이사를 하시게 되어 축하드립니다"라고 인사를 했다.

"코퍼필드 씨," 미코버 부인은 말했다. "당신은 언제나 우리 집 일에 관심을 가지고 친절을 베풀어주셨습니다. 친정에서는 이번 일로 쫓겨나는 것으로 생각하고 있으나 아내이자 어미인 나는 결코 남편을 버리지 않을 것입니다."

미코버 부인이 눈으로 호소하는 바람에 트래들스도 묵묵히 동의하고 말았다.

"내 생각은," 미코버 부인은 말했다. "내 생각은 그렇습니다, 코퍼필드 씨와 트래들스 씨. '나 에마는 당신, 윌킨스를 남편으로 섬기겠나이다'[1]라는 돌이킬 수 없는 말을 선언한 뒤로, 그것이 아내의 의무라고 생각합니다. 나는 어젯밤에도 침실용의 촛불을 켜놓고 그 기도서를 되풀이하여 읽었습니다. 역시 결코 남편을 버릴 수 없다는 결론을 얻었습니다." 미코버 부인은 계속했다. "결혼식에 관한 내 생각이 틀릴 수도 있지만, 그래도 나는 죽을 때까지 남편을 버리지 않을 거예요!"

"알았어요. 알았어. 당신이 그런 짓을 하리라고는 나도 생각지도 않아요." 미코버 씨가 이제 충분하다는 듯이 말했다.

"나도 알고 있어요, 코퍼필드 씨." 부인은 그만두지 않았다. "나는 지금 한 번도 본 적 없는 낯선 사람들 사이에 내 운명을 던지려 하고 있다는 것을. 또 남편은 이번 일을 아주 점잖은 투로 내 친정 식구들에게 편지로 써서 보냈지만, 그분들은 남편에게 답장조차 쓰지 않았다는 것도 잘 알고 있습니다. 내가 너무 미신적인지는 모르겠습니다만, 이런 생각까지 든답니다." 미코버 부인은 숨을 들이마셨다 내쉬고는 말했다. "남편이 아무리 많은 편지를 써도 답장을 받지 못하는 것이, 태어나기 전부터 정해진 운명이 아닐까 하고요. 이번에도 친정에서 침묵을 지키고 있는 것을 보면, 나의 결심에 대해 모두 반대하고 있지 않나 생각합니다. 그러나 나는 아내의 본분을 어기는 일은 절대 할 수 없습니다. 부모님이 살아 계셔서 반대한다 해도."

나는 그것이 정도라고, 이번에는 틀림없이 잘 풀릴 것이라고 말했다.

"그런 성당 마을 속에 평생 틀어박힌다는 것은 큰 희생인지도 모릅니다. 그렇지만 코퍼필드 씨, 그것이 나에게 희생이라면 남편같이 재능이 있는 사람에게는 더 큰 희생이 될 것입니다."

"당신들은 큰 성당이 있는 도시로 가는 겁니까?" 내가 물었다.

세수용 물주전자로 우리에게 혼합주를 따라 주고 있던 미코버 씨가 대답했다. "실은 말이야, 코퍼필드, 캔터베리로 간다네. 우리 친구인 힙과 상담을 하여 그의 개인비서가 되어, 그를 위해 일하기로 계약을 했다네."

나는 깜짝 놀라서 미코버 씨를 바라보았다. 그는 내가 놀라는 것을 재미있어

---

1) 결혼식 선서.

하다가 갑자기 정색을 하고 말했다.

"이것은 꼭 말해두어야겠네만, 아내의 사무적 재능과 사려 깊은 의견이 큰 힘이 되었다네. 아내가 전에 말했던, 신문광고로 낸 도전장을 다행히 힙이 받아들여서 서로가 인정하게 된 것이라네. 힙은 머리가 아주 좋은 사람이라, 나는 모든 존경을 아끼지 않아. 보수를 그다지 높게 책정해주지는 않았지만, 나를 믿고 있고, 긴박한 재정상의 어려움에서 벗어나도록 충분히 애써 주었어. 그러니 얼마 안 되지만 내가 가지고 있는 솜씨와 지식을, 내 친구 힙을 위하여 바칠 생각이야. 나는 이미 법률에 대해서는 조금 알고 있고—민사소송의 피고로서 말이야—앞으로는 하루라도 빨리 국민법학의 으뜸 권위자—당연히 그 블랙스톤 판사를 가리키는 말일세—의 주석서라도 읽으면서 공부할 걸세."

여담이지만, 그날 밤 이야기는 사실 계속 끊어지기 일쑤였다. 왜냐하면 부인이, 장남의 장난을 계속 지적했기 때문이다. 신발 위에 앉는가 싶으면, 목이 꺾일 정도로 두 팔로 머리를 끌어안았다. 우연인지는 모르지만 식탁 밑에서 트래들스의 발을 걷어찼다. 두 발을 질질 끌면서 뛰어다니고, 무례하게 두 다리를 불쑥 내미는가 싶으면, 술잔 사이로 머리카락을 흐트러뜨리고 잠이 들었다. 그 밖에도 공공 이익과는 양립할 수 없는 행동으로 끊임없이 손발을 이용했다. 게다가 어머니가 혼내면 아들은 더더욱 약이 올라 반항했다. 나는 놀라고 어이가 없었지만, 이게 대체 무슨 일인지 의아해하며 그들의 이야기를 듣고 있었다. 이윽고 부인은 이야기의 끄트머리를 더듬더니, 이 말만은 반드시 해야겠다며 입을 열었다.

"트래들스 씨, 그래서 말이에요. 나는 남편에게 반드시 명심하라고 말하고 있어요. 이이가 그런 법률의 허드렛일만 하다가 정작 중요한 출셋길을 잊으면 안 되니까요. 이이의 타고난 재능과 유창한 언변에 알맞은 직업이니까, 열심히만 하면 틀림없이 두각을 나타내게 될 테니까요." 미코버 부인은 매우 진지한 태도로 말했다.

"재판관이나 대법관까지도 될 수 있다고 믿습니다. 그런데 남편이 이번에 승낙한 그런 일을 시작해서는 도저히 그와 같은 높은 지위에 올라갈 수는 없겠지요?"

"여보, 그런 문제들을 생각할 시간은 앞으로 얼마든지 있어요." 미코버 씨가 부인을 제지하면서도, 역시 궁금한지 트래들스의 얼굴을 살폈다.

"그렇지 않아요! 당신은 그래서 안 돼요! 당신의 나쁜 습관은, 먼 미래를 살피

지 않는 점이에요. 당신 혼자라면 모르지만 가족 전체를 생각한다면, 좀 더 큰 눈으로 세상을 봐야 해요. 즉 당신의 재능으로 얻을 수 있는 목표의 상한선을 볼 수 있어야 해요."

미코버 씨는 헛기침을 하고 매우 만족해하며 혼합주를 마셨다. 그러곤 또다시 트래들스의 의견을 듣고 싶다는 듯이 그를 바라보았다.

"부인, 솔직한 사실을 말씀드리자면—" 아무리 사실이긴 했지만, 트래들스는 조심스럽게 말을 꺼냈다.

"그래야지요, 트래들스 씨." 부인이 맞장구쳤다. "이런 중요한 일에 대해서는 나도 되도록 솔직한 말이 듣고 싶어요."

"이 분야의 법률사무란 것은 이를테면 미코버 씨가 정식 변호사라 할지라도 그러한 출셋길과는 아무런 상관이 없습니다. 고등법원 변호사만이 그런 높은 지위에 오를 수 있는 자격을 얻습니다. 그러려면 미코버 씨도 5년 동안 학생으로서 법률학교에 들어가 공부를 해야 고등법원 변호사가 될 수 있습니다." 트래들스가 말했다.

"이렇게 해석하면 될까요? 트래들스 씨, 즉 그 기간을 거치면 미코버 씨도 재판관이나 대법관이 될 수 있는 자격을 갖게 된다고 말이에요." 미코버 부인이 물었다.

"그렇습니다. '자격'은 얻게 됩니다." 트래들스는 '자격'이라는 낱말을 힘주어 말했다.

"고맙습니다. 그만하면 아주 충분합니다. 사정이 그러하고, 미코버 씨가 이번 일을 맡음으로써 자격을 잃지만 않는다면 걱정할 것은 없습니다." 미코버 부인은 말했다. "여자의 좁은 소견에 불과하지만, 내가 친정에 있던 때 아버지가 재판관의 올바른 정신에 대해 자주 이야기하시는 것을 들은 적이 있어요. 그 정신을 내 남편이 가지고 있다고 나는 늘 생각해 왔었습니다. 이번에야말로 미코버 씨의 그런 재능을 키울 수 있는 일을 하게 되었으니, 언젠가는 정점에 오를 수 있다고 생각해요."

미코버 씨는 이미 재판관이 된 자신의 모습을 떠올리고 있는 것 같았다. 만족스러운 듯이 벗겨진 머리를 손으로 쓰다듬으면서 어쩔 수 없다는 기색을 보이며 말했다.

"인간은 운명의 여신의 뜻을 예측할 수 없지만, 만약 내가 가발[2]을 쓸 수 있다면, 적어도 겉모습만은 이미 그럴 듯하게 다듬어져 있지. 벗겨진 머리칼도 아깝지 않아. 특별한 목적이 있어서 머리털을 없애버렸는지도 모르니까. 코퍼필드, 나는 아들을 성직자로 키울 작정이네. 이 애를 위해서도 내가 높은 자리에 있는 게 좋겠지."

"성직자로 만든다고요?" 나는 속으로 우라이아 힙을 생각하면서 말했다.

"그래. 이 애는 놀랄 정도로 높은 음정을 낼 수 있으니까, 우선 교회의 소년합창단원으로부터 시작할 거야. 캔터베리에 살면서 그 고장과 깊은 관계를 맺게 되면, 성가대에 빈자리가 생기는 즉시 기회가 있을 거야."

그 말을 듣고 아들을 다시 살펴보니, 과연 노래를 잘할 것처럼 생긴 얼굴이었다. 실제로 〈딱따구리 노래〉를 부르는 것을 들어 보니 정말로 말 그대로였다. 우리는 미코버 2세의 노래솜씨에 많은 찬사를 보낸 다음, 다시 평범한 잡담을 나누었다.

나는 하고 싶은 일이 너무 많아 가슴이 잔뜩 부풀어 있었으므로, 나의 달라

---

[2] 영국의 판사는 법정에서 가발을 씀.

진 환경을 감추지 못하고 미코버 씨 부부에게 모든 것을 털어놓았다. 그런데 나의 대고모가 곤경에 처했다는 소식이 그들을 한없이 기쁘게 만들었고, 또 그들을 얼마나 기분 좋고 다정하게 만들었는지 모른다.

혼합주도 마지막 잔이 될 무렵, 나는, 헤어지기 전에 부부의 건강과 행복과 새로운 생활의 성공을 기원하며 건배하자고 트래들스에게 말했다. 미코버 씨에게 잔을 가득히 채워 달라고 부탁한 다음, 정식으로 건배를 했다. 그리고 중대한 이 순간을 축하하기 위해, 테이블 너머로 미코버 씨와 악수를 하고 미코버 부인과는 키스를 했다. 트래들스도 나를 따라 악수를 했으나, 아직 그렇게 친한 사이는 아니었으므로 부인에게 키스는 하지 않았다.

"여보게, 코퍼필드." 미코버 씨는 양쪽 조끼주머니에 엄지손가락을 집어넣고 일어서며 말했다. "이렇게 말해도 좋을지 모르겠네만 내 젊은 날의 친구여. 그리고 존경하는 나의 친구 트래들스 씨. 내가 아내와 아이들을 대표하여 각별한 두 사람의 호의에 가장 따뜻하고 자신 있는 말로써 감사인사를 드리는 것을 허락해 주게. 우리가 완전히 새로운 생활을 시작하기 위해 떠나는 전날 밤이니만큼, 두 친구에게 몇 마디 고별의 인사말을 해야겠지요." 마치 50마일이나 넘는 먼 길을 떠나는 듯한 말투였다. "그러나 고별의 인사말로써 해야 할 이야기는 이미 다 말해버렸습니다. 이제부터는 말단이나마 학문의 길로 들어섰으니, 앞으로 어떠한 사회적 지위를 차지하든 간에 나는 결코 그 자리를 욕되게 하지 않도록 노력할 것이며, 내 아내도 반드시 그 자리를 빛내줄 것입니다. 즉시 청산할 생각이었지만 여러 사정이 겹쳐서, 끝내 청산하지 못하고, 본의 아니게 변장을 하고―이 안경을 말하는 것입니다―법적으로는 아무런 권리도 주장할 수 없는 가명까지 쓰게 되었습니다. 그러나 내가 이야기하고 싶은 것은, 이제 그런 먹구름은 사라지고 태양이 다시 한번 빛나고 있다는 것입니다. 다음 월요일 오후 4시, 역마차가 캔터베리에 닿으면 내 발은 고향 땅을 밟게 되고, 내 이름도 다시 미코버로 되돌아갈 것입니다!"

미코버 씨는 이렇게 말하고는 다시 자기 자리로 돌아가더니 혼합주를 연거푸 두 잔 마셨다. 그리고 다시 매우 엄숙하게 말했다. "작별을 하기 전에 한 가지 더 말해 둘 것이 있는데, 그것은 정당한 의무를 다하는 것입니다. 나의 친구, 토머스 트래들스 씨는 두 번이나 나의 대부를 위해 환어음에 '이서(裏書)'를 해주었습니다. 첫 번째 것 때문에 토머스 트래들스 씨는 궁지에 몰렸고, 두 번째 것은 아직 지불할 기한이 차지 않았습니다. 첫 번째 채무의 총액은, 23파운드 4실링 9펜스 반이었으며, 두 번째 경우는, 내 거래장부에 의하면 18파운드 6실링 2펜스입니다. 그래서 내 계산이 맞는다면, 둘을 합하면 41파운드 10실링 11펜스 반이 될 것입니다. 코퍼필드, 미안하지만 합산을 좀 해주지 않겠나?"

나는 재빨리 합산을 해 보고 틀림이 없다고 말했다.

"이러한 금전상의 의무를 다하지 않고 이 수도를 떠나 내 친구 토머스 트래들스 씨와 헤어진다는 것은, 앞으로 마음의 무거운 짐이 될 것입니다. 그래서 나는 토머스 트래들스 씨를 위해 그 목적을 이루는 데에 필요한 모든 서류를 준비해서 지금 이 손에 가지고 있습니다. 나는 실례를 무릅쓰고 41파운드 10실링 11펜스 반에 대한 차용증을 토머스 트래들스 씨에게 전달하고자 합니다. 이로써 나는 정신적 위신을 되찾고, 다시 한번 사람들 사이를 떳떳하게 걸어다닐 수 있게 되어 더없이 기쁘게 생각합니다!"

이렇게 말하며(자기의 말에 스스로 감동해 있었다) 미코버 씨는 트래들스의 손에 차용증서를 넘겨주고 나서, 어떤 인생을 살아가든지 꼭 성공하기를 바란다고 말했다. 이것이 미코버 씨에게는 실제로 돈을 지불하는 것과 똑같다고 생각되었을 뿐만 아니라, 트래들스 자신도 나중에 충분히 생각해보기 전에는 그 차이를 눈치채지 못했다.

미코버 씨는 이러한 도덕적 행위에 힘을 얻어 가슴을 펴고 활보하게 되었다. 그가 등불을 켜고 계단 아래까지 우리를 배웅해 주었을 때는, 그의 가슴이 두 배는 더 넓어 보였다. 우리는 깊은 감동을 느끼며 헤어졌다.

나는 트레들스를 그의 집 현관까지 배웅하고 혼자 집으로 돌아가면서, 여러 가지 기묘하고 모순된 일들을 생각했다. 미코버 씨는 칠칠치 못한 사람이지만, 나에게는 끝까지 돈을 꿔 달라고 하지 않았다. 내가 어린 나이로 그의 집에 하숙하던 기억이 있어, 나를 동정한 때문인지도 모른다. 만일 그가 내게 매달렸더라면 틀림없이 내게는 그의 요구를 거절할 만한 단호한 용기가 없었을 것이다. (그래서 더더욱 그것을 그의 좋은 점이라고 적어두는 바이지만) 아마 내가 알고 있는 것만큼이나 그도 내 약점을 잘 알고 있었던 것이 틀림없다.

37장
싸늘히 식은 물

나의 새로운 생활은 한 주일 이상 이어졌다. 그리고 이러한 위기를 헤쳐나가 겠다는 나의 예사롭지 않은 결의는 전보다 한층 더 굳건해졌다. 나는 여전히 매우 빠른 걸음으로 걸었으며, 걷고 있는 동안은 일이 뜻대로 잘 되어간다고 생각했다. 한번 시작한 일은, 무조건 온 힘을 기울여서 달려들기로 했다. 나 자신을 모두 희생시켰던 것이다. 한때는 내가 채식주의자가 된다면, 도라를 위해서 희생하는 것이라고 막연히 생각하고 채식만 하겠다고 생각했을 정도였다.

그러나 도라는 내가 편지로 어렴풋이 비추었던 것 말고는, 나의 이 단호한 결의에 대해 전혀 모르고 있었다. 이윽고 토요일이 다가왔다. 그날 밤에 도라는 미스 밀스의 집에 오기로 되어 있었던 것이다. 아버지 밀스 씨가 휘스트[1] 클럽에 가면(응접실 가운데 창에 새장을 걸어 밖에 있는 나에게 신호하기로 했고), 나도 다과회에 참여하기로 했다.

그 무렵 우리의 생활은 버킹엄 가에 완전히 자리잡고 있었다. 딕 씨는 매우 행복한 상태로 복사 일을 계속하고 있었다. 대고모는 크럽 부인을 휘어잡아 버렸다. 크럽 부인이 계단 위에 물주전자를 갖다놓으면 느닷없이 창밖으로 던져버리고, 대고모가 고용한 임시 고용인을 시켜 크럽 부인의 흉계를 막게 했다. 결국 크럽 부인은 끽소리도 못했다. 잇단 강경수단에는 어지간한 크럽 부인도 바짝 움츠러들었고, 상대는 미치광이가 틀림없다며 부엌으로 숨어 버렸다. 그러나 대고모는 크럽 부인이든 누구든, 남의 의견에 무관심하여, 오히려 그것을 기뻐했으므로, 크럽 부인은 단 며칠 만에 완전히 기가 죽어 계단에서 대고모와 마주칠 것 같으면 맞서기는커녕 뚱뚱한 몸을 문 뒤에 감추려고 애를 썼고(아무리 그래도 커

---
[1] 카드놀이의 일종.

다란 플란넬 치맛자락이 훤히 보였다), 컴컴한 구석에 숨어 숨을 죽이곤 했다. 그 모습을 보고 대고모는 매우 만족스러워하며, 크럽 부인이 나타날 것 같은 시간대를 노렸다가, 모자를 높이 쓰고 계단을 끊임없이 오르락내리락하는 것이었다.

대고모는 깨끗한 것을 좋아하고 재주가 있었으므로 집 안은 매우 말끔해졌다. 나는 전보다 가난해졌다기보다는 더 부자가 된 것처럼 보였다. 제일 먼저 대고모는 나를 위해 식료품실을 화장실로 바꾸어 주었다. 그리고 내가 잘 침대를 사서 장식까지 달아주었다. 그래서 낮에는 마치 책장처럼 보였다. 사실 대고모는 하루 종일 나를 염려해 주었다. 나의 불쌍한 어머니가 살아 있었어도 이보다 더 나를 사랑해주지는 못했을 것이며, 내 행복을 위해 마음을 써주는 일도 없었을 것이다.

페거티는 이와 같은 일들에 자기도 참여할 수 있게 된 것을 엄청난 특권으로 생각하고 있었다. 대고모를 두려워하는 옛 감정이 조금은 남아 있었지만 대고모로부터 많은 격려와 믿음을 받았기에, 두 사람은 곧 좋은 친구가 되었다.

그러나 이윽고 때가 되어서(미스 밀스의 다과회에 가기로 한 토요일을 말하는 것이다), 페거티는 집으로 돌아가기로 했다. 집에 가서 햄을 돌보아야 했던 것이다.

"그럼, 잘 가게, 바키스." 대고모는 말했다. "몸조심하게나! 자네와 헤어지는 것이 이렇게 섭섭하리라고는 생각해 본 적이 없었다네!"

나는 페거티를 역마차 매표소까지 데리고 가서 배웅했다. 헤어지는 순간에는 눈물을 왈칵 쏟으며, 언젠가 햄이 그랬던 것처럼, 오라버니를 잘 부탁한다고 말했다. 페거티 씨가 햇빛이 빛나던 날 오후 떠나버린 뒤로, 우리는 그의 소식을 전혀 듣지 못하고 있었다.

"그리고 데이비 도련님, 만약 도련님께서 수습 중에 돈이 필요하거나, 수습기간을 마치고 사무실을 차리는 데 돈이 필요하면—둘 가운데 하나, 아니, 두 경우 모두 돈이 필요하니까요—나는 비록 무식한 할멈이지만 도련님의 어머니께 그토록 깊은 사랑을 받아왔으니, 누구보다도 먼저 기쁜 마음으로 도련님께 돈을 빌려드리겠어요! 아셨죠?"

나는 이런 말까지 듣고도 단호하게 거절할 정도로 비뚤어진 사람은 아니었으므로, 만약 누구에게 돈을 빌리게 되면 당신한테서 빌리겠다고 말해주었다. 곧바로 빌려 달라고 말하면 제일 기뻐하겠지만, 그렇지 않다면 이렇게 말해야 그녀가 가장 만족스러울 것이라고 생각했기 때문이다.

"그런데 도련님! 잠깐만이라도 내가 그 아름다운 천사를 뵙고 싶어했다고 도라 아가씨에게 전해주세요! 그리고 그 천사님이 우리 도련님과 결혼하실 때에는, 허락해주신다면 내가 가서 도련님 댁을 아름답게 꾸며드릴 거라고도 전해주세요!" 페거티가 속삭였다.

페거티가 아니면 그 누구도 내 집에 손을 대지 못하도록 하겠다고 말하자, 페거티는 크게 기뻐하면서 아주 좋은 기분으로 떠났다.

그날 나는 여러 가지로 일을 만들어 내어 온종일 민법박사회관에서 녹초가 되도록 일하고는, 날이 저물자 정해진 시간에 밀스 씨가 살고 있는 거리로 갔다. 그런데 밀스 씨는 저녁 식사 뒤에는 한잠 푹 자버리는 이상한 버릇이 있는 만큼, 아직 외출하지 않은 모양이었다. 가운데 창에는 새장이 아직 보이지 않았다.

밀스 씨가 나를 너무 오래 기다리게 했으므로, 나는 휘스트 클럽에서 그의 지각에 대해서 벌금을 물리면 좋겠다고 진심으로 바랐다. 마침내 그가 집에서 나왔다. 그러자 도라가 재빨리 새장을 걸고 나를 찾기 위해 발코니에서 내다보다가 내가 있는 것을 발견하고는 또다시 뛰어들어가는 것이 보였다. 그러나 뒤에 남은 애견 집은, 자기쯤은 한입에 꿀떡 삼켜버릴 것 같은 정육점의 커다란 개를 보고 사납게 짖어대고 있었다.

도라는 응접실 문 있는 데까지 나와서 나를 맞아주었다. 그러자 집이 나를 침입자라고 생각했는지, 순식간에 달려오더니 무시무시하게 으르렁거리며 뛰어다녔다. 우리 세 사람은 행복한 마음으로 안으로 들어갔다. 그러나 곧이어 나는 아무런 예고도 없이 도라에게, 거지를 사랑할 수 있겠느냐고 뜬금없이 물음으로써 기쁨으로 가득 찼던 마음에 찬물을 끼얹었다. 그럴 생각은 없었지만, 내 머릿속은 그 문제로 꽉 차 있었으므로 무심코 튀어나온 것이었다.

깜짝 놀라는 불쌍한 도라! '거지'라는 말에 대해 그녀가 떠올리는 것은 단지 나이트캡을 쓴 누런 얼굴이라든가, 목발이라든가, 의족이라든가 하는 그런 종류였을 것이다. 그래서 그녀는 매우 재미있다는 듯이 놀라는 표정으로 나를 바라보고 있었다.

"어째서 그런 바보 같은 걸 물으시죠?" 도라는 입을 삐죽 내밀며 말했다. "거지를 사랑하느냐고요?"

"도라! 내가 지금 거지요."

"어떻게 당신이 그런 사람이 되실 수 있단 말이에요?" 도라는 나의 손을 가볍게 치며 말했다. "그런 이상한 말씀을 하시다니! 집에게 물어버리라고 시킬 거예요!"

그녀의 어린애 같은 태도가 나에게는 이 세상에서 가장 귀여웠지만, 분명히 밝혀둘 필요가 있었으므로 나는 엄숙한 얼굴로 말했다.

"도라, 나의 생명, 나는 망해버린 당신의 데이비드예요!"

"정말 집에게 물어버리라고 시키겠어요! 자꾸 그런 이상한 말만 하시면." 도라는 곱슬머리를 흔들며 말했다.

그러나 내가 너무도 진지했으므로 도라는 머리를 흔드는 것을 멈추고 떨면서 한 손을 내 어깨에다 올리고, 놀라고 걱정스러운 얼굴을 하더니 끝내 울음을 터뜨렸다. 나는 소파 앞에 무릎을 꿇고, 그녀를 어루만지며, 제발 내 가슴을 찢지 말아 달라고 애원했다. 그러나 가엾은 도라는 다만 울부짖을 뿐이었다.

"오! 맙소사! 오, 맙소사! 나는 이제 어쩌면 좋아! 줄리와 밀스는 어디 갔죠? 줄리와 밀스를 데려와 주세요! 그리고 당신은 이만 돌아가요!"

나는 그녀의 말을 듣자 거의 미칠 지경이었다.

이윽고 간청하고 항의하면서 한참 애를 먹은 뒤에야 나는 도라에게 나를 바라보게 했다. 나는 겁에 질린 그녀를 달래서 겨우 사랑스러운 모습으로 되돌아오게 했다. 그녀의 예쁜 뺨이 내 뺨에 꼭 닿았다. 나는 두 팔로 그녀를 힘껏 껴안고 말했다.

나는 진심으로 그녀를 사랑하고 있으므로 가난뱅이가 되었기 때문에 약혼을 철회하는 것이 당연한 일이라고 생각한다는 것, 그녀를 잃는다면 도저히 견딜 수 없고 다시는 일어설 수도 없지만, 가난은 무섭지 않다는 것, 그녀만 있으면 내 팔엔 힘이 생기고 가슴에선 용기가 솟아나므로, 그녀만 괜찮다면 나는 조금도 두렵지 않다는 것, 이미 지금도 사랑하는 사람이 아니고는 있을 수 없는 용기를 가지고 열심히 일하고 있으며, 이제야 현실을 바라보고 장래도 생각할 수 있게 되었다는 것, 내 힘으로 얻은 한 조각의 빵은 부모가 차려준 진수성찬보다도 더 맛있다는 것을 이야기했다. 내가 생각해도 놀랄 정도로 말이 술술 나왔다. 하기야 대고모가 그 놀라운 소식을 들려준 뒤로 밤낮없이 생각하던 것이었지만.

"당신의 마음은 아직도 내 것인가요?" 도라가 내게 바싹 매달려 있었으므로 나는 그럴 것이라고 믿고 정신없이 물었다.

"오, 그래요! 당신 것이에요!" 도라가 말했다. "그런 끔찍한 말씀은 이제 하지 마세요!"

내가 끔찍한 짓을 저지르다니! 더더군다나 도라에게!

"가난하다느니, 열심히 일한다느니, 그런 말은 그만해요. 부탁이에요!" 도라가 몸을 더욱 가까이 붙이며 말했다.

"하지만 도라, 아무리 딱딱해도 자기 힘으로 산 빵은—"

"그야 그렇겠죠. 하지만 이제 빵 이야긴 하고 싶지 않아요! 그리고 집도 매일 12시에는 양고기를 먹어야 해요. 안 그러면 죽어버릴 거예요!"

그녀의 아이 같은 천진한 모습이 나는 참을 수 없이 좋았다. 그야 애견 집은 그것이 매일의 습관이니까 양고기를 주겠어요, 하고 나는 도라에게 설명했다. 그리고 일단 하이게이트에서 본 그 집의 약도를 그리고, 2층에 살 대고모 이야기를 하며, 내 힘으로 독립하여 이룩할 검소한 가정을 그려 보였다.

"이만하면 싫지 않겠죠, 도라?" 나는 다정하게 말했다.

"오, 그럼요. 조금도 싫지 않아요! 하지만 당신의 대고모님은 언제나 방에만 계셨으면 좋겠어요. 대고모님께서 잔소리를 잘하는 할머니가 아니기를 바라요!"

지금까지도 도라를 사랑해 왔지만, 지금처럼 그녀가 사랑스럽다고 여긴 적은 일찍이 없었다. 그러나 동시에 조금 버거운 느낌도 있었다. 새로 솟아나온 나의 열성은 그녀에게 전달하기가 너무 힘들다는 것을 알자 그만 꺾여버렸다. 나는 다시 한번 용기를 내어 보았다. 그녀가 겨우 냉정을 되찾고 무릎 위에 올린 집의 귀를 만지작거리는 것을 보고 나는 진지한 얼굴로 말했다.

"도라, 한 가지 더 이야기를 해도 좋겠어요?"

"제발 현실적인 이야기는 하지 마세요. 이미 충분히 놀랐으니까요!" 도라가 애교 있게 말했다.

"내 사랑! 이제부터 할 말에 도라를 놀라게 하는 것은 아무것도 없어요. 그렇게 생각하지 말아요. 나는 당신에게 용기를 주고, 격려해주고 싶은 거예요, 도라."

"오, 그렇지만 그것은 정말 충격적인 이야기인걸요!"

"도라, 그렇지 않아요. 끝까지 참고 힘 있게 밀고 나가기만 하면 더 나쁜 일도 견딜 수 있어요."

"제겐 그런 힘이 없는 걸요." 도라는 고개를 저으면서 말했다. "그렇지, 집? 우리, 집에게 뽀뽀해주고 더 즐거운 이야기를 해요, 네?"

그러고는 하는 방법을 가르쳐주는 것처럼, 동그랗게 오므린 빨간 입술을 내밀면서 집을 내 앞에 들이댔다. 코 가운데에 확실하게 해야 한다는 뜻이었다. 나는 곤란했다. 이제 와서 싫다고 할 수는 없었으므로, 결국 시키는 대로 했다(그에 대한 답례로 나중에 도라가 키스해 주었지만). 그리고 실제로 한동안은 너무 기쁜 나머지 진지한 이야기는 새카맣게 잊고 있었다. 그러다가 겨우 본디 하던 이야기로 돌아왔다. "이봐요, 도라. 아까 하던 얘기 말인데—"

그러나 도라는 곧바로 두 손을 모으고, '제발 부탁이에요, 그런 이야기는 싫어요'라는 뜻으로 애원해 보였다. 이 모습에는 유언 재판소의 판사라도 넘어갔을 것이 틀림없다.

"그런 말 하지 말아요." 나는 딱 잘라 말했다. "하지만 도라, 때로는 당신도—뉘우친다는 뜻이 아니에요. 아무렴요. 그래도 역시 때로는—그렇지, 스스로를 격려하기 위해서 말이오—당신의 약혼자가 무일푼이라는 사실을 생각해준다면—"

"그만, 제발 그만해요! 무서워요!" 도라가 소리쳤다.

"절대로 그렇지 않아요!" 나는 일부러 명랑하게 말했다. "때때로 이 사실을 생각하고, 아버지의 가사 처리법을 눈여겨보고 그것을 몸에 익히도록 노력한다면—이를테면 가계부 같은 것을—어떻겠소?"

도라는 반은 흐느끼고, 반은 비명을 지르며 이 제안을 받아들였다.

"—이것은 뒷날 우리 두 사람에게 크게 도움이 될 거요. 내가 보내드릴 요리책 같은 것도 조금 읽겠다고 약속해준다면 큰 도움이 될 겁니다. 왜냐하면 도라, 우리가 걸어갈 길이 지금은 돌이 많고 울퉁불퉁하지만, 그 길을 평탄하게 하는 건 우리 두 사람의 몫이오. 우리는 싸워서 헤치고 나아가야 해요. 용기를 내야 합니다. 많은 장애물이 앞을 가로막겠지만 우리는 싸워서 이겨야 해요."

나는 주먹을 꽉 쥐고 열을 올리며 속사포처럼 빠르게 말했다. 그러나 곧, 더 이상 말해도 소용없음을 알았다. 도라는 계속 "이제 지긋지긋해요. 또 그 얘기예요? 아, 나는 정말 놀랐어요! 줄리아 밀스는 어디로 갔죠? 나를 줄리아에게 데려다 주세요! 그리고 당신은 이만 돌아가요!" 하고 소리칠 뿐이었다.

나는 마음이 몹시 산란해져서 응접실을 미친 사람처럼 소리치며 돌아다녔던 것이다. 나도 이번에는 도라가 죽을지도 모른다고 생각했다. 나는 그녀의 얼굴에 물을 뿌렸다. 무릎을 꿇고 머리칼을 쥐어뜯었다. 나는 나 자신을 무자비한 야수요, 무정한 짐승이라고 비난했다.

나는 도라에게 용서를 빌면서 하다못해 얼굴이라도 들어 달라고 애원했다. 나는 진정제가 들어 있는 약병을 찾기 위해서 미스 밀스의 바느질 상자를 미친 듯이 뒤졌다. 그러나 너무도 정신이 없어서, 나는 약병 대신 상아로 만들어진 바늘통을 집어 들고, 바늘을 전부 도라의 얼굴 위에 쏟아부어버렸다. 나와 마찬가지로 미쳐 날뛰고 있는 집에게도 주먹질을 했다.

내가 온갖 미친 짓을 다하고 나서 어찌할 바를 몰라 당황하고 있을 때 미스 밀스가 방 안으로 들어왔다.

"누가 이렇게 했어요?" 미스 밀스는 곧바로 친구를 도우면서 소리쳤다.

"납니다. 미스 밀스! 내가 했습니다! 이 파괴자를 보십시오!"

이와 비슷한 내용의 말을 하면서 나는 소파의 방석에 얼굴을 파묻었다.

미스 밀스는 처음에는 우리가 싸운 줄로 알고, 이렇게 사하라 사막으로 가는 건가 하고 생각했다. 그러나 미스 밀스는 곧 진상을 알게 되었다. 왜냐하면 도라가 그녀를 끌어안고, 내가 가난한 날품팔이 노동자로 전락했다고 외치기 시작했기 때문이다. 그러고는 울며 나를 껴안으며, 자기 돈 모두를 내게 줄 터이니 가지라고 애원한 다음, 미스 밀스의 목에 매달려 흐느껴 울었던 것이다.

미스 밀스는 하늘이 우리에게 내리신 은총이 틀림없다고 생각했다. 미스 밀스는 나에게서 사태의 전반에 관한 이야기를 간단하게 듣고, 도라를 위로하면서 내가 날품팔이 노동자가 아니라는 것을 그녀에게 이해시켰다. 내 설명이 부족하기도 했지만, 도라는 내가 뱃사람처럼 매일 아침부터 밤까지 손수레를 밀면서 판자 위를 오르락내리락한다고 생각했던 것이다. 사정을 이해하자 우리 둘은 화해했다.

둘 다 마음이 완전히 가라앉고, 도라가 장미 향수를 눈에 바르기 위해 2층으로 올라간 사이에, 미스 밀스는 벨을 눌러 차를 가져오도록 일렀다.

나는 미스 밀스에게 "당신은 나의 영원한 친구이며, 나의 심장 고동이 멈출 때까지 그 호의를 잊을 수가 없다"고 말했다.

이어서 나는 도라에게 잘 설명하려고 애썼지만 뜻대로 되지 않고 실패로 끝난 내 본심을, 미스 밀스에게 설명해주었다. 그러자 미스 밀스는, "일반적으로 오두막집에서 만족하게 사는 것이 호화로운 궁전에서 우울하게 사는 것보다 더 좋으며, 사랑이 있는 곳엔 아쉬운 것이 없는 법"이라고 말했다.

나는 미스 밀스에게 그것은 과연 옳은 말이며, 인간이 여태껏 겪은 일이 없을 정도의 애정으로 도라를 사랑하는 나 말고는 아무도 그 말 뜻을 옳게 이해하지 못할 것이라고 말했다. 그러나 미스 밀스는 실망한 얼굴로, 그렇다고 하더라도 그건 몇몇 연인들에게만 좋은 일이라고 말했다. 나는 지금 내가 한 말은 남성들에게만 한한 것으로 생각해 달라고 황급히 덧붙였다.

그리고 나는 미스 밀스에게, 가계부라든지 집안 살림살이라든지 요리책에 관한 제안을 어떻게 생각하느냐고 물었다.

미스 밀스는 한참 생각하더니 천천히 말했다.

"코퍼필드 씨, 솔직히 말하겠습니다. 정신적 고통과 시련은, 어떤 사람에게는 수년간의 공적과도 맞먹는 것입니다. 그러니 나도 수도원장이라도 된 것처럼 코퍼필드 씨께 분명히 말하겠습니다. 안 됩니다. 도라는 태어난 그대로의 어린애입니다. 밝고 쾌활하고 명랑함만으로 살아가는 여자입니다. 분명히 말씀드립니다만, 만약 이루어진다면야 좋은 일이겠지요. 그러나—" 그리고 미스 밀스는 고개를 저었다.

미스 밀스의 마지막 말에 힘을 얻은 나는, 어차피 도라를 위한 일이니까, 혹시 앞으로 기회가 있으면 진지한 생활을 위한 준비를 하는 데 도라가 주의를 기울이도록 잘 말해줄 수 있겠는지를 그녀에게 물어 보았다. 미스 밀스는 흔쾌하게 그 부탁을 들어주었다.

그래서 나는 더 나아가 그 요리책을 그녀가 보관해 두었다가, 도라가 놀라지 않고 받아들일 수 있도록 잘 타일러달라고도 부탁했다. 이 부탁도 미스 밀스는 두말없이 승낙해주었다. 그러나 그녀는 그다지 낙관적이진 않았다.

도라가 되돌아왔다. 그녀는 너무도 사랑스럽고 아름다웠으므로 나는 이런 시시한 일상 일을 가지고 도라를 괴롭히는 것이 과연 옳은 일인지 다시 생각하게 되었다. 도라가 나를 진심으로 사랑하는 것은 틀림없었고, 특히 집에게 토스트를 주겠다며 앞발 들어올리기를 시키다가 말을 안 듣는다며 그 벌로 집의 코를 뜨거운 찻주전자에 문지르는 시늉을 했을 때에는 내 마음을 모조리 사로잡았으므로, 내가 도라를 놀라게 하고 울게 만들었던 일을 생각하니 스스로가 선녀의 침실에 뛰어든 괴물같이 느껴졌다.

차를 마신 뒤 우리는 기타를 연주했다. 도라는 어떤 일이 있어도 춤추지 않을 수 없다는 내용의 프랑스 옛노래를 경쾌하게 불렀다. 나는 점점 더 내가 괴물같이 느껴졌다.

이런 즐거움을 내가 망치고 말았다. 떠나기 직전에 미스 밀스가 문득 내일아침 이야기를 꺼냈으므로, 나는 지금은 일을 해야 해서 아침 5시에 일어난다고 말해버린 것이다. 도라는 내가 어느 집의 야간 경비원 일이라도 하고 있다고 생각했는지, 충격을 받고 더 이상 기타를 치지도 않았고 노래를 부르지도 않았다.

작별인사를 할 때도 내가 한 그 말은 여전히 그녀의 마음에 남아 있었다. 그녀는 부드럽고 어리광부리는 태도로—마치 인형한테 말하듯이 말했다.

"이 장난꾸러기 도련님, 이제는 5시에 일어나지 말아요, 말도 안 되는 소리예요!"

"나는 일을 해야 해요."

"그만두면 되잖아요! 왜 일을 해야 하죠?" 도라가 말했다.

그 깜짝 놀란 귀여운 얼굴을 보자, 사람은 살기 위해 일하지 않으면 안 된다고, 도저히 정색을 하고 말할 수 없었다.

"아! 재미없어! 시시해요!"

"도라, 일하지 않고 어떻게 살아가지?"

"어떻게 살아가느냐고요! 어떻게든 살 수 있죠!"

그녀는 그것으로 그 문제를 모두 해결한 것 같았다. 그러고는 그 순진한 가슴 속에서 우러나오는 득의에 찬 키스를 내게 해주었다. 나는 백만금을 준다 해도 그녀의 깜찍한 꿈을 깨뜨릴 수는 없으리라고 생각했다.

그렇다, 나는 그녀를 사랑하고 또 사랑했다. 열광적으로 모든 것을 바치고도 조금도 아깝지 않았다.—그리고 열심히 일도 했다. 마음먹은 일을 반드시 해내기 위해 열을 올렸고, 밤이면 대고모와 마주앉아 이런 생각을 하기도 했다. 그때 도라를 몹시 놀라게 했던 일이며, 기타를 끌어안은 채로 고난의 숲을 헤쳐나가려면 어떻게 해야 좋을까를 생각했다. 이대로는 힘들어 내 머리가 백발이 되지나 않을까, 하는 걱정이 들었다.

38장
예기치 않은 죽음

의회 토론의 속기를 하겠다는 결심을 이도 저도 아니게 그냥 내버려두지도 않았다. 그것은 내가 곧바로 아궁이에 넣고, 스스로도 감탄스러울 정도로 참을성 있게 계속 달구고 망치로 계속 두들긴 쇠붙이들 가운데 하나였다. 나는 먼저 정평이 나 있는 고등속기술의 비결이라는 제목의 책을 사서(10실링 6펜스였다) 곧 혹스러운 망망대해에 곧장 뛰어들었다.

그러나 2, 3주일이 지나자 머릿속이 뒤죽박죽 엉키면서 정신착란을 일으킬 것 같았다. 단순히 점의 위치를 바꾸는 것만으로 온갖 소리가 나타나는데, 여기에 있으면 이런 뜻이 되고, 위치를 저기로 바꾸면 전혀 다른 뜻이 된다. 또한 온갖 동그라미가 연주하는 정신없는 변덕, 마치 파리처럼 생긴 기호로 인한 알 수 없는 결과, 곡선 하나만 위치를 바꾸어도 일어나는 엄청난 오해—아무튼 이런 것들이 낮에도 나를 괴롭힐 뿐만 아니라 잠자리에 들면 꿈속에까지 나타나는 것이었다.

그래도 어떻게든 무턱대고 헤쳐나가 겨우 불가사의한 알파벳(그것은 꼭 이집트 신전의 미로 같았다)에 정통하게 되자, 이번에는 부정(不定) 문자라고 불리는 새로운 공포가 나타났다. 이것은 내가 지금까지 알고 있던 것 가운데에서 가장 폭군 같은 존재였다.

예컨대 거미줄의 시작 부분 같이 생긴 문자는 기대한다는 뜻이고, 펜으로 그린 유성의 꼬리 같은 것은 불이익을 나타내는 말이었다. 그런데 이 폭군들이 내 머릿속을 차지하자, 이번에는 다른 모든 것들이 남김없이 쫓겨나 버린 것을 깨달았다. 그래서 그것들을 다시 하나씩 주워 담으면 또 다른 것들이 떨어져나간다. 정말 도저히 참을 수 없는 공부였다.

폭풍우에 시달리는 내 배의 버팀줄이요, 닻인 도라가 없었더라면 나는 완전히 주저앉아 버렸을 것이다. 실제로 그 한 획 한 획이 고난의 숲을 채운 울퉁불퉁한 옹이투성이 떡갈나무라고 생각하고 필사적으로 베서 넘겼으므로, 3, 4개월이 지나자 민법박사회관에서 가장 우수한 변론인을 상대로 실험을 해 보기로 했다.

그런데 막상 해 보니 이 유명한 변론인은 내가 아직 시작하기도 전에 거침없이 앞으로 나아가 버렸고, 내 보잘것없는 연필은 무슨 발작이라도 일으킨 것처럼 종이 위를 비틀거렸다. 그 추태는 한평생 잊을 수 없을 것이다.

이래서는 안 된다는 것은 너무도 분명했다. 너무 자만하고 있었다. 이대로라면 절대로 해낼 수 없을 것이다. 트래들스에게 도와 달라고 부탁했더니, 그가 직접 내 미숙한 실력에 맞추어 천천히 구술해 주고, 때로는 잠시 숨을 돌리며 받아쓸 시간을 주겠다고 했다. 그리하여 내가 박사님 댁에서 집으로 돌아오면 밤마다 우리 두 사람은 버킹엄 가에서 사설판 국회(私設版國會)를 개최했다.

이런 의회가 다른 곳에도 있다면 꼭 한 번 보고 싶다! 대고모와 딕 씨는(그때의 형편에 따라) 정부나 야당을 대표했고, 트래들스는 엔필드의 《명연설집》이나 국회 연설집 한 권을 빌려서 그들에게 불꽃같은 탄핵 연설을 퍼부었다. 트래들스는 책상 곁에 서서 손가락으로 짚어가며, 페이지를 그리고 오른팔을 머리 위로 휘두르면서 영락없이 피트, 폭스, 셰리던, 버크, 카슬레이 경, 시드머스 자작, 캐닝 등등 대정치가처럼 열변을 토하면서, 대고모와 딕 씨의 타락과 부패를 통렬하게 탄핵했다. 나는 조금 떨어진 곳에 앉아 무릎에 노트를 올려놓고 있는 힘을 다해 트래들스의 열변을 속기했다. 그건 그렇고 트래들스의 모순과 난폭함은 진짜 어느 정치가에게도 뒤지지 않았다. 그는 한 주일 내에 모든 정책을 찬성하는 연설을 했고, 모든 정당의 주장을 그대로 지지했던 것이다.

대고모는 어떤 일이 있어도 흔들리지 않는 대영 제국의 수상을 방불케 하는 표정으로, 연설문 가운데 필요하다고 생각되는 대목에는 "옳소!" "틀렸소!" 때로는 "오!" 같은 야유를 보냈다.

그런데 이와 같은 소리를 신호로, 시골신사 딕 씨는, 똑같은 말을 큰 소리로 외치며 대고모를 흉내냈다. 게다가 딕 씨는 이런 의원 생활 중에 비난을 받고 생긴 터무니없는 결과까지 모두 자기 책임이라고 생각하고 가끔 불쾌함을 느끼기도 했다. 그는 그로 말미암아 영국 헌법을 파괴하고 나라의 멸망을 가져오는 짓을 저지르고 있는 것이 아닌가 싶어서, 오히려 그쪽이 걱정스러웠던 것이다.

우리는 시계가 자정을 가리키고 촛불이 다 타버릴 때까지 이러한 토론을 이어 갔다. 이렇게 많은 연습을 한 결과, 나는 점차 트래들스의 연설을 따라 갈 수 있게 되었다. 그러나 필기한 내용을 읽어내지 못하면 의미가 없단다. 내가 필기한 것을 나중에 다시 살펴보면, 차 상자 위에 적혀 있는 중국 글자나, 약국에 있는 빨갛고 초록빛 나는 여러 가지 약병 위에 새겨진 금색 글자를 베끼는 쪽이 훨씬 나을 것 같았다!

그러니 또다시 처음부터 모두 다시 시작하는 수밖에는 별 도리가 없었다. 매우 힘든 일이었다. 그러나 무거운 심정으로 처음으로 되돌아가서, 똑같은 지루한 길을 이번에는 달팽이같이 느린 속도로 차근차근 열심히 꼼꼼히 걷기 시작했다. 전후좌우, 아무리 하찮은 문제라도 눈에 띄면 발걸음을 멈추고 꼼꼼히 살펴보고, 헷갈리기 쉬운 글자는 언제 어디서나 한눈에 알아볼 수 있도록 온힘을 다해 공부했다. 그리고 사무실과, 박사 댁에도 어김없이 출근했다. 아무튼 한눈팔지 않고 정말 열심히 일했다.

어느 날 여느 때처럼 박사회관에 가니, 스펜로 씨가 문턱에서 심각한 얼굴을 하고는 혼잣말로 중얼거리고 있었다. 평소에도 곧잘 두통을 호소했으므로—본디 목이 짧은데 풀을 너무 세게 먹인 빳빳한 깃을 달고 있기 때문이다—처음에는 두통이 난 것이 아닌가 하는 생각이 들어 깜짝 놀랐다. 그러나 그러한 불안은 이제 사라졌다.

내가 "안녕하십니까"라고 인사를 하는데도, 그는 평소처럼 상냥하게 대답하지 않고 딱딱한 태도로 나를 바라보며 커피숍에 같이 가자고 쌀쌀맞게 말했다. 그 커피숍은 세인트폴 성당 경내의 골목 안에 있으며, 입구 하나가 회관과 바로 이어져 있었다. 이상하게 기분이 나쁘고, 걱정이 싹을 틔운 것처럼 온몸이 화끈 달아올랐지만, 얌전히 그의 청을 받아들였다.

길이 좁아서 그가 조금 앞서 가도록 해주었는데, 그는 눈에 띄게 거만한 태도로 걸어갔다. 나는 아무래도 그가 도라와 나의 관계를 눈치채고 있는 것 같아서 마음이 불안해졌다. 그러나 가는 도중에는 몰랐다 하더라도, 그를 따라 2층 방으로 들어가, 찬장 앞에 서 있는 미스 머드스톤을 본 순간 어찌된 상황이라는 것을 깨닫지 않을 수가 없었다. 찬장 위에는 커다란 컵을 몇 개 뒤집어서 레몬이 떨어지지 않도록 눌러 놓았다. 그리고 이것은 지금은 사라졌지만 오히려 인류를 위해 잘 된 일이라고 생각하는 그 기묘한 상자 두 개—전체가 모서리와 홈으로 된 이상한 상자로, 나이프와 포크를 꽂아 두는 용도이다—가 놓여 있었다.

미스 머드스톤은 나와 손끝으로만 쌀쌀맞게 악수를 하고서 몹시 못마땅한 표정으로 자리에 앉았다. 스펜로 씨는 문을 닫고 나서, 나에게 의자에 앉으라고 몸짓을 하고, 자기는 벽난로 앞에 가서 섰다.

"그 손가방 안에 든 것을 코퍼필드 군에게 보여주세요, 미스 머드스톤." 스펜로 씨가 말했다.

그것은 내가 유년 시절에 보았던, 강철 걸쇠가 달려 있어 커다란 소리로 철컥하고 닫히는 손가방이었다. 미스 머드스톤은 가방을 열어서—그와 동시에 자기 입도 약간 벌렸다—내가 얼마 전에 도라에게 보낸 열렬한 사랑의 표현으로 넘쳐흐르는 편지를 꺼내는 것이었다.

"이것은 자네가 쓴 것이라고 생각하는데, 코퍼필드 군?" 스펜로 씨는 말했다.

나는 새빨갛게 달아올라서, "그렇습니다, 선생님!"이라고 대답은 했는데, 그것은 평소의 내 목소리와는 너무도 달랐다.

이어서 미스 머드스톤은 또다시 한 다발의 편지(게다가 그 정겨운 푸른 리본으로 묶여 있는 것이 아닌가!)를 손가방에서 꺼냈다.

"틀림없이 이것도 자네가 쓴 것이겠지, 코퍼필드?" 스펜로 씨가 말했다.

그것을 받아든 내 심정보다 처참하고 딱한 것이 또 있으랴. '사랑스러운 나의 도라'라든가, '내 사랑하는 천사여'라든가, '영원히 행복하길 기도하오, 사랑스런 그대여' 같은 첫머리 문구를 한 번 보고, 나는 얼굴을 붉히며 고개를 숙였다.

내가 기계적으로 그것들을 돌려주려고 하자 상대는 냉담하게 말했다.

"아니, 됐네! 자네 것을 빼앗을 생각은 없어. 미스 머드스톤, 말씀을 마저 하시지요!"

그 점잖은 여인은 깊은 생각에 잠긴 듯, 먼저 바닥의 깔개를 한번 내려다보고서 천천히 입을 열었다. 아주 쌀쌀한 투로, 그러나 겉으로는 감동적인 태도로 다음과 같이 말했다.

"따님과 데이비드 코퍼필드와의 관계를 얼마 전부터 의심해왔다는 것을 솔직하게 털어놓겠습니다. 저는 두 사람이 처음 만났을 때부터 그들을 지켜보았지만,

제가 받았던 인상은 그리 좋은 것이 아니었습니다. 인간 마음의 타락이 이처럼—"

"아, 선생, 죄송합니다만, 사실만을 이야기해 주십시오."

스펜로 씨가 말을 가로막으며 말했다. 미스 머드스톤은 불만스러운 듯이 눈을 내리깔고 고개를 젓더니, 또다시 얼굴을 찌푸리고 점잔을 빼면서 말을 이었다.

"알겠습니다, 원하시는 대로 사실만을 솔직하게 설명하겠습니다. 이미 말씀드린 바와 같이, 따님과 데이비드 코퍼필드와의 관계에 대해서 얼마 전부터 저는 의심을 가져왔습니다. 저는 그런 의심에 대해 결정적인 확증을 잡으려고 여러 번 시도해 보았지만 헛일이었습니다. 그래서 여기 계신 아버님께 말씀을 드리는 것도 삼가 왔지요. 이러한 문제에는 아무리 양심적으로 의무를 수행한다 해도 좀처럼 정당하게 인정해주려 하지 않는다는 것을 잘 알고 있기 때문입니다." 미스 머드스톤은 스펜로 씨를 한 번 흘겨보고 말했다.

스펜로 씨는 미스 머드스톤의 이런 태도에 완전히 겁을 먹은 것 같았다. 미스 머드스톤의 말투는 위압적이었다.

"제가 동생의 결혼식에 참석하느라 얼마 동안 자리를 비웠다가 노우드로 돌아왔을 때, 미스 스펜로도 친구인 미스 밀스를 방문하고 돌아왔지요. 그런데 따님의 태도에 전보다도 더욱 의심스러운 점이 많아졌다는 생각을 하게 되었습니다. 그래서 미스 스펜로를 주의 깊게 지켜봤던 것입니다."

아아, 가엾은 도라! 이 악당의 눈길을 조금도 눈치채지 못했다니!

미스 머드스톤은 말을 계속했다. "하지만 어젯밤까지는 아무런 증거도 발견하지 못했습니다. 미스 스펜로 앞으로 친구인 미스 밀스로부터 편지가 너무 자주 오는 것은 알고 있었습니다만, 미스 밀스는 선생님도 인정하신 따님의 친구이므로 제가 간섭하는 것은 좋지 않다고 생각했으니까요." 미스 머드스톤은 스펜로 씨의 아픈 곳을 찔렀다. "인간의 타고난 타락과 사악함에 대해서는 말씀드리지 않는 쪽이 좋겠지만, 만약 이 잘못된 믿음에 대해서 한 말씀 올리도록 허락해 주신다면, —아니, 이것만은 꼭 말씀드려야겠습니다."

스펜로 씨는 입속말을 웅얼거리며 동의를 표시했다.

"그러니까 어젯밤, 차를 마신 뒤의 일입니다. 문득 보니, 조그마한 개가 무언가

를 물고 응접실에서 으르렁거리고 짖어대며 뒹굴고 있었습니다. 저는 따님에게 '도라, 저 개가 무엇을 물고 있지요? 종이 아닌가요?' 하고 말했습니다. 따님은 곧바로 윗옷에 손을 대고 갑자기 큰 소리를 내며 개에게 달려갔지요. 제가 재빨리 끼어들어 '도라, 나에게 맡겨요' 하고 말했습니다."

아아, 집, 이런 한심한 놈! 모두 네가 저지른 실수 때문이로구나!

"따님은 갖은 수단을 다 썼답니다. 저에게 키스도 해 주고, 바느질 상자와 보석으로 저를 매수하려 하기도 했습니다. 한편 개는 제가 다가가자 소파 밑으로 달아나 버렸으므로, 난로 부지깽이로 겨우 쫓아냈는데, 그래도 물고 있는 편지를 내놓지 않았습니다. 저는 물릴 뻔하면서도 어떻게든 그것을 빼앗으려 했습니다. 제가 편지를 잡고 공중으로 들어 올려도 개는 악바리같이 물고 늘어지며 절대 놓지 않았습니다. 그러다가 드디어 편지를 빼앗아 읽어본 뒤, 똑같은 편지를 더 가지고 있습니까, 하고 따님에게 물어보았습니다. 이렇게 하여 마침내, 지금 데이비드 코퍼필드가 손에 들고 있는 편지 뭉치를 찾아내게 된 것입니다."

이윽고 그녀가 입을 닫았다. 손가방도 입술과 동시에 철컥 하고 닫더니, 지더라도 굴복하지는 않겠다는 표정으로 단호한 태도를 보였다.

"미스 머드스톤의 이야기를 들었지?" 나를 돌아보며 스펜로 씨는 말했다. "코퍼필드 군, 하고 싶은 말이 있으면 해 보게나."

아아, 밤새도록 흐느껴 울었을 내 아름다운 마음의 보석 도라!—기겁을 하고서 혼자 비참한 생각에 빠져 있을 도라—돌같이 차가운 이 여자에게 제발 용서해 달라고 애처롭게 빌고 간청했단 말인가!—키스와 바느질 그릇과 보석까지 주겠다고 했지만 덧없이 거절당한 도라—이같이 쓰라린 고통을 모두 나 때문에 당하고 있는 도라—이러한 모습이 눈앞에 떠오르자 애당초 얼마 되지 않는 위엄을 갖출 여유조차 사라지고 말았다.

나는 내색을 하지 않으려고 애를 썼지만 잠깐 몸의 떨림이 멈추지 않았다.

"드릴 말씀이 없습니다, 선생님. 모든 잘못은 제게 있습니다. 도라는—"

"미스 스펜로라고 말하게, 코퍼필드." 스펜로 씨가 위엄 있게 말했다.

"—단지 제가 시키는 대로 따라서 숨겼을 뿐입니다. 정말 죄송합니다." 나는 차갑게 느껴지는 미스 스펜로라는 이름은 빼버리고 말했다.

"물론 자네 잘못이야." 스펜로 씨는 난로 앞의 깔개 위를 이리저리 거닐면서, 힘주어 말했다. "코퍼필드, 자네는 비겁하고 사내답지 못한 행동을 했어. 내가 한 신사를 우리 집에 초대할 때는, 그 사람이 열아홉 살이든 스물아홉 살이든 아흔 살 노인이든 간에 믿는 마음에서 안내하는 걸세. 그 신임을 배반한다는 것은, 참으로 비열한 행동이라고 생각하네."

"저도 그렇게 생각합니다, 선생님. 그렇지만 저도 처음부터 그럴 생각은 결코 없었습니다. 믿어주십시오. 이것이 거짓 없는 제 본심입니다. 저는 말로는 나타낼 수 없을 정도로 미스 스펜로를 사랑하고 있습니다!"

"어림없는 소리! 내 앞에서 내 딸을 사랑한다는 말은 하지 말게." 스펜로 씨는 시뻘겋게 성을 냈다.

"제가 따님을 사랑하고 있다는 말씀을 드리지 않는다면, 어떻게 제가 한 행위를 설명할 수 있겠습니까, 선생님?"

나는 아주 겸손한 태도로 대답했다.

"허허, 그럼 말한다고 해서 자네가 한 행위가 정당화될 수 있단 말인가? 자네는 자네 나이와 내 딸의 나이를 한 번이라도 생각해 본 일이 있는가? 그리고 우리 부녀 사이의 믿음을 손상시키는 것이 어떤 일이라는 것을 생각해 본 일이 있는가? 내 딸의 사회적인 지위와 앞날을 위해서 내가 생각하고 있는 계획이라든가, 그 아이를 위해 내가 남겨주려고 하는 유언의 내용 따위를 생각해 본 일이 있는가? 무엇이든 자네가 깊이 생각해 본 적이 있는가?"

"거의 없습니다, 선생님." 나는 느낀 대로 송구스러워하며, 서글프게 대답했다. "그러나 저 자신의 사회적 지위에 대해서는 깊이 생각해 보았다는 것만은 제발 믿어주십시오. 그러나 그 문제에 대해서 선생님께 말씀드렸던 때는 우리는 이미 약혼한 상태였습니다."

순간 그는 두 손을 세차게 때렸다. 그것은 이제까지 본 적이 없는 주먹질과 똑같이 보였다―궁지에 바짝 몰려 있었음에도 이것만은 깨닫지 않을 수 없었다. 그리고 그는 말했다.

"제발, 약혼이란 말은 내게 하지 말게."

다른 일에는 아주 쌀쌀맞은 미스 머드스톤도 이 말에는 '흥' 하고 비웃었.

"저의 사회적 지위가 달라졌다는 것을 선생님께 설명 드렸을 때에는 말입니다, 선생님." 그에게 불쾌한 말 대신 새로운 형식의 표현을 써서 다시 말을 시작했다. "불행하게도 제가 미스 스펜로를 유인하여 비밀로 하기로 한 일은 벌써 시작되었습니다. 제 처지가 바뀐 뒤로는 다시 상황을 호전시키기 위해 모든 노력을 다해왔으며, 혼신의 정력을 기울여왔습니다. 그러니 머지않아서 원상으로 회복될 것입니다. 제게 시간을 조금만 주십시오, 아주 조금이라도 좋습니다. 저희는 둘 다 아주 젊으니까요, 선생님."

"자네 말이 옳아." 스펜로 씨는 찌푸린 얼굴로 말을 가로막았다. "둘 다 아주 어리지. 그러니 그런 당치 않은 짓은 그만두는 게 좋아. 저 편지들은 가지고 가서 난로 속에 처넣어 버리게. 그리고 딸애의 편지들은 내가 태울 테니 돌려주게. 우리의 앞으로의 교제는, 자네도 알다시피 여기 민법박사회관에 관한 것으로 한정되어야겠고, 지난 일은 절대 거론하지 않기로 약속하세. 이보게, 코퍼필드 군. 자네도 분별없는 사람은 아니니 이렇게 하는 것이 현명한 처사인 줄 알걸세."

안 될 일이었다. 생각할 수도 없는 일이었다. 대단히 죄송한 일이지만, 이것은 분별보다 더 차원이 높은 문제였다. 이 세상에 사랑보다 중대한 문제가 어디 있겠는가. 그리고 나는 도라를 숭배하듯이 사랑했고, 도라 역시 나를 사랑했다.

나는 직선적으로 그렇게 말하지는 않았다. 말은 부드럽게 돌려 나타냈지만 뜻

38장 예기치 않은 죽음 631

은 그러했고, 또한 내 마음도 확고했다. 한심한 추태를 보이진 않았으며, 태도는 단호했다고 생각한다. 되도록 부드럽게 말했다.

"좋아, 코퍼필드 군, 그럼 딸애부터 타일러 봐야겠네."

미스 머드스톤은 한숨과 신음을 겸한 것 같은 긴 숨을 푸욱 내쉬며, 처음부터 그렇게 했어야 했다고 의견을 말했다. 이에 힘을 얻은 스펜로 씨가 말했다.

"그래, 내가 설득해 봐야겠네! 자네는 이 편지들을 받지 않겠다는 건가, 코퍼필드 군?" 나는 탁자 위에 놓인 편지를 집어 들지 않았던 것이다.

"그렇습니다. 이러한 행동을 나쁘게 생각하지 말아주시기 바랍니다. 미스 머드스톤으로부터는 절대로 그 편지 뭉치를 받을 수 없습니다."

"내게서도 받을 수 없는가?" 스펜로 씨는 말했다.

"네, 받을 수 없습니다." 나는 매우 공손한 태도로 또렷하게 대답했다.

"그런가!" 스펜로 씨가 말했다.

그리고 이야기가 잠깐 멈추었다. 나는 이대로 남아 있어야 할지, 돌아가야 할지 알 수 없어 당황스러웠다. 결국 지금은 물러나는 쪽이 선생님께도 좋으리라고 생각합니다, 하고 말하고 입구로 걸음을 옮기는데, 그가 다시 불렀다. 두 손을 상의 주머니에 깊이 찔러 넣고 아주 차분한 태도로 말했다.

"코퍼필드, 자네도 알겠지? 나는 재산이 전혀 없는 사람이 아니라는 것, 그리고 내 딸은 내가 가장 사랑하는 혈육이라는 것을?"

"사랑에 미쳐서 저지르게 된 철없는 잘못을 돈만 아는 놈이라고 결부시켜 생각하지 말아주십시오." 나는 황급히 대답했다.

"나는 그런 뜻에서 말한 것은 아닐세." 스펜로 씨는 말했다. "자네가 타산적이라면—즉, 자네가 좀 더 분별을 지니고, 이런 젊은 혈기에서 비롯되는 철없는 행동에 좌우되지 않는 쪽이 자네에게나 우리 모두에게 두루 좋을 테니까 말이야. 내가 지금 하는 얘기는 전혀 다른 뜻이네. 자네도 알겠지만, 내가 단지 딸에게 유산으로 남겨 줄 약간의 재산을 가지고 있다는 말이야."

"그야 그러시겠지요."

"그리고 자네도, 사람들이 유언장을 작성할 때 이해할 수 없고 매우 초보적인 잘못을 저지른다는 것을, 이 민법박사회관에서 수없이 보아 왔으리라고 생각하네. 말하자면 인간성의 야릇한 모순이 가장 잘 나타나는 분야지. 그렇다면 자네도 내 유언장이 아직 완성되지 않았다고는 생각하지 않겠지?"

나는 잠자코 받아들이는 뜻으로 고개를 끄덕였다.

"나는 허락할 수 없네." 더욱 차분한 자세로 스펜로 씨는 천천히 고개를 저었다. "이렇게 젊은 혈기에 이끌린 어리석은 행위 때문에 내 자식을 위한 몫을 바꿀 생각은 없네. 아무튼 일시적인 방황일 뿐이야. 시간이 지나면 깃털보다도 가벼워질 게 뻔해. 그러나 이 어리석은 사랑을 도저히 끝낼 수 없다면, 나는 결혼이라는 말도 안 되는 상황까지 고려하여, 그 결과로부터 내 딸을 완전하게 보호하고 최악의 경우에 대비하여 보안책을 마련할 것이네. 자, 그럼, 코퍼필드 군, 나로 하여금 유언서를 다시 열 필요가 없도록 해 주게. 오랫동안 조용히 잠들어 있는 중대 사건들을 흔들지 말도록 부탁하네."

그에게는 나를 감동시키는 잔잔한 석양과 같은 평화스런 태도가 있었다. 그는 평화롭고 체념하고 있는 듯했다.—그는 자신의 일들을 아주 질서정연하게 간직하고 있고, 조직적으로 처리하고 있었다. 그것만 생각해도 충분히 감탄스러운 사람이었다. 그러나 그래서 이번 일에는 더욱 가슴이 북받쳐서 저도 모르게 눈물이 나는 것 같았다.

하지만 그렇다고 해서 내가 어쩔 수 있겠는가? 이제 와서 도라를 단념할 수는, 아니, 무엇보다 나 자신의 감정을 잘라낼 수는 없었다. 스펜로 씨는 일주일 정도 여유를 줄 테니 자기 말을 잘 생각해 보라고 말했다. 거기에다 대고 일주일까지 필요도 없다고 말할 수는 없었지만, 몇 주일이 지나도 내 사랑이 달라지지 않을 거라는 점도 잘 알고 있었다.

"그동안 대고모님이든 누구든, 인생 경험이 많은 사람들과 의논해 보게." 스펜로 씨는 두 손으로 옷깃을 여미며 말했다. "아무튼 한 주일 동안 생각해 보게, 코퍼필드."

나는 그의 말에 따랐다. 그리고 나는 슬프고 실망했다는 기색을 노골적으로 나타내면서도 마음은 변함없다는 결의를 보이며 방을 나왔다.

미스 머드스톤의 짙은 눈썹이 문턱까지 나를 배웅했다. 그녀의 눈이 아니라 그녀의 눈썹이라고 말한 것은 그녀의 얼굴에서는 눈썹이 더 중요한 역할을 했기 때문이었다. 블룬더스톤의 우리 집 거실에서 아침마다 바라보던 바로 그 사나운 눈초리로 나를 바라보고 있었으므로, 나는 무심코 공부를 다 하지 못했나,

하고 생각하고 깜짝 놀랐다. 내 마음에 걸려 있던 무거운 짐이, 계란형의 목판화가 수없이 들어 있고, 그것이 어린 마음에는 마치 안경테에서 빠진 안경알 같다고 생각했던 그 무시무시한 철자책 때문이라고 순간 착각했을 정도였던 것이다.

사무소로 돌아가자, 나는 늙은 티피나 다른 사람들의 눈에 띄지 않도록 두 손으로 가리고, 구석진 내 자리에 앉아서 아주 뜻밖에 일어난 이 큰 변동을 생각해 보았다. 괘씸한 집을 원망하다가, 도라를 생각하자 미칠 것 같았다. 지금 생각해도, 그때 곧바로 모자를 집어 들고 노우드로 달려가지 않은 것이 오히려 신기했을 정도였다. 모두들 도라를 놀라게 하고, 도라를 울리고 있는데도 내가 그녀를 위로해줄 수 없다는 것을 생각하니 너무 괴로워서, 스펜로 씨에게, 내가 아무리 무서운 운명에 처하더라도, 그 결과로써 따님을 고통스럽게 하지 않도록 해 달라고 애원하는 무례한 편지를 쓰지 않을 수 없었다. 그 상냥한 따님은 용서해 달라—가련한 꽃을 짓밟는 짓은 하지 말아 달라—그리고 내 기억이 확실하다면, 당신은 아버지가 아니라 악마다, 원틀리의 사악한 용이다,[1] 라고 써서 보냈다고 생각한다. 나는 편지를 봉하여 그가 돌아오기 전에 그의 책상에 놓아두었다. 곧이어 그가 돌아와서 그 편지를 집어들고 읽고 있는 것을 나는 반쯤 열린 방문 틈으로 보았다.

그는 오전 중에는 그것에 대해서 아무 말도 하지 않았다. 그러나 오후가 되어 퇴근하기 전에 나를 부르더니, 딸의 행복에 대해서 자네가 걱정할 필요는 전혀 없다고 말했다. 이번 일은 당치도 않은 일이라고 확실히 말해 두었으니까 더 이상 할 말은 없다고도 했다. 그리고 스스로도 자식을 사랑하는 너그러운 아버지라고 생각할 정도이니(사실 그렇지만) 내 딸을 위해서 자네가 걱정할 필요는 조금도 없다고 말했다.

"코퍼필드, 자네가 끝까지 고집을 부리며 어리석은 짓을 포기하지 않으면, 그 애를 한 학기쯤 더 유학 보내는 수도 있을 걸세. 하지만 나는 자네를 좋게 보고 있네, 며칠 내로 현명한 결론을 내릴 수 있을 거야. 행동을 해주기 바라네. 그리고 미스 머드스톤 말인데," 나는 편지에 그녀에 대해서도 썼던 것이다. "나는 그 사람이 걱정해 주는 것을 매우 감사하게 생각한다네. 또한 이 문제에 대해서는

---

[1] 영국 고대 가요에서, 어느 집의 아이들을 속여 달걀을 빼앗은 변호사를 말함.

앞으로 절대 언급하지 않도록 엄중히 부탁해 두었어. 내가 바라는 것은 빨리 잊는 것뿐이야, 코퍼필드 군, 그러니 자네도 이번 일은 잊어야 하네."

'잊는 것뿐이라네!' 나는 미스 밀스에게 보낸 편지에다 쓰라린 심정으로 이 말을 인용했다. 내가 해야 할 일은 도라를 잊어버리는 것뿐이라고 하십니다! 어째서 그것뿐이란 말입니까!' 나는 비참한 심정에서 빈정거리는 투로 편지를 썼다. 그리고 미스 밀스에게 오늘 밤 나를 좀 만나 달라고 부탁했다. 밀스 씨가 허락해주지 않는다면, 다림판이 있는 뒷부엌에서 비밀리에 만나자고 간곡히 부탁을 했다. 이대로는 내 이성이 왕좌에서 추락할 것이며, 그대 미스 밀스만이 그것을 막을 수 있다는 사연을 적었다. 그리고 나는 '미칠 듯이 괴로워하고 있는 당신의 친구'라고 서명을 했다. 편지를 보내기 전에 문장을 다시 읽어보니 문체가 어쩐지 미코버 씨의 문체와 비슷한 데가 있어 놀라지 않을 수 없었다.

그러나 나는 그 편지를 보냈다. 밤이 되어 미스 밀스가 사는 거리를 서성거리고 있자, 그녀의 하녀가 나타나 나를 몰래 뒷부엌으로 데리고 갔다. 지금 생각하면, 그때 내가 현관으로 당당하게 들어가 응접실로 안내받지 못할 이유는 전혀 없었다. 그러나 그러지 않았던 것은 단지 미스 밀스가 로맨틱하고 신비스러운 것을 좋아했기 때문이었다.

뒷부엌에서 나는 실연한 사람처럼 그녀에게 마구잡이로 지껄여댔다. 나는 어쩐지 스스로를 바보로 만들기 위해 왔다는 생각이 들었는데, 사실이 그러했다. 미스 밀스는 도라로부터 급히 갈겨쓴 쪽지를 받았다. 모든 것이 발각되었다는 말과 함께 '줄리아, 어서, 지금 바로, 내게 와줘요'라고 적혀 있었다고 한다. 그러나 미스 밀스는 지금 자기가 가면 어른들의 체면이 구겨질 것이라고 생각해서 아직 가지 않았다는 것이었다. 우리는 모두 사하라 사막 한가운데서 밤을 맞이하게 되었다.

미스 밀스는 청산유수와 같이 말을 잘했고, 또 말하기를 좋아했다. 그녀는 나와 함께 눈물을 흘려주었지만, 우리의 고통에 대해선 매우 좋아하고 있다는 것도 느끼지 않을 수 없었다. 그녀는 우리의 고통을 애무해주면서 그것을 이용했다고 말할 수 있다. 예를 들어 그녀는 말했다. 도라와 나 사이에는 깊은 틈이 생겼는데, 사랑의 무지개만이 거기에 다리를 놓을 수 있다고 했다. 사랑은, 이 험한 세상에서는 언제나 괴로움을 당하게 되어 있습니다, 지금까지도 그러했고,

앞으로도 그럴 것입니다, 그러나 그런 것쯤은 문제가 안 됩니다! 거미줄에 걸린 사랑도 언젠가는 거미줄을 찢을 것입니다. 그때야말로 사랑의 복수가 완성되는 것이지요!

이것은 작은 위안이 되었다. 그러나 미스 밀스는 거짓 희망을 불러일으켜 주려고 하지 않았다. 그녀는 나를 그전보다 한층 더 비참하게 만들었지만, 나는 그녀야말로 과연 진정한 친구라고 느꼈다(그래서 나는 더없이 감사한 마음으로 그녀에게 그렇게 말했던 것이다). 내일 아침 일찍 그녀가 도라에게 가서, 나의 변함없는 사랑과 비통한 마음을, 얼굴 표정으로 나타내든지 말로써 나타내든지 간에 그녀에게 잘 납득시킬 수 있는 수단을 강구하기로, 우리는 결론을 내렸다. 나는 깊은 슬픔에 싸인 채 그녀와 헤어졌다. 미스 밀스는 그것을 속으로 즐기고 있었던 것 같았다.

나는 집으로 돌아와 대고모에게 모든 것을 털어놓았다. 대고모는 온갖 말로 위로해주었으나 나는 절망하며 잠자리에 들었고, 다음 날 절망적인 상태로 일어나, 절망적인 마음으로 집을 나섰다. 그날은 마침 토요일 아침이어서, 나는 곧장 민법박사회관으로 갔다.

사무소 문이 보이는 곳까지 왔을 때, 공인 화물 운반인 몇 사람이 밖에 서서 이야기하고 있고, 대여섯 명의 부랑자들이 굳게 닫힌 창문을 지켜보고 있는 것을 보고 나는 깜짝 놀랐다. 나는 걸음을 재촉하여 그들의 표정을 의아하게 생각하며 그들 사이를 지나 서둘러 안으로 들어갔다.

서기들이 안에 있었으나 아무도 일하고 있지 않았다. 늙은 티피는 모자를 쓴 채 남의 의자에 앉아 있었는데, 그런 일은 아마도 생전 처음이었을 것이다.

"크나큰 재난입니다, 코퍼필드 씨." 내가 들어서자 그가 말했다.

"뭐가요? 무슨 일입니까?"

"아직 모릅니까?" 티피뿐만 아니라 나머지 사람들도 모두 내 주위로 모여들어 큰 소리로 외쳤다.

"모르는데요!" 나는 그들의 얼굴을 차례로 바라보면서 대답했다.

"스펜로 씨가," 티피가 말했다.

"그분이 어쨌다는 말입니까?"

"돌아가셨어요!"

서기 가운데 한 사람이 나를 붙들어주었을 때 솔직히 나는 비틀거리고 있는 것은 내가 아니라 사무실이라고 생각했다. 그들은 나를 의자에 앉히고, 내 넥타이를 풀고 물을 가져다주었다. 그동안 시간이 얼마나 흘렀는지는 기억나지 않는다.

"돌아가셨다고요?" 나는 물었다.

"어제 시내에서 저녁 식사를 하시고 직접 마차를 몰고 갔답니다."

티피가 말했다. "마부는 역마차 편으로 돌려보내셨는데, 그분은 가끔 그렇게 하셨지요—"

"그래서요?"

"그런데 마차가 빈 마차로 집으로 돌아왔어요. 마구간 문 앞에서 말이 멈춰서는 소리를 듣고 하인이 등잔불을 들고 나갔는데, 마차 안에는 아무도 없었다고 합니다."

"말들이 난폭하게 달아난 게 아닐까요?"

"말들은 흥분해 있지도 않았습니다." 티피는 안경을 쓰면서 말했다. "평소 걸음으로 돌아왔다고 나는 알고 있습니다. 그런데 고삐가 끊어져서, 땅에 질질 끌려왔습니다. 바로 온 집안 사람들을 깨웠습니다. 그 가운데 세 사람이 길을 따라 수색을 나갔는데, 1마일쯤 떨어진 곳에서 그분을 찾아냈지요."

"1마일보다 더 떨어진 곳이었습니다, 티피 씨." 젊은 서기가 끼어들었다.

"그랬던가? 자네 말이 맞겠군." 티피는 말했다. "1마일도 더 떨어진 곳—성당에서 조금 더 떨어진 곳—에서 반은 길가에 반은 길 위에다 몸을 걸친 채 엎드린 채로 쓰러져 있었습니다. 발작이 나서 마차에서 굴러떨어진 것인지, 발작이 나기 전에 기분이 나빠서 내린 것인지—전혀 의식이 없는 것만은 틀림없지만, 그때 이미 숨이 끊어졌는지 어쨌는지까지도—아무도 알지 못하는 것 같았습니다. 숨이 붙어 있었다 하더라도 물론 말은 못했습니다. 의사가 곧바로 달려왔지만 전혀 소용이 없었습니다."

이 소식을 듣고 내가 얼마나 놀랐는지는 이루 말로 나타낼 수 없다. 이런 충격적인 사건이 느닷없이, 더구나 나와 의견 충돌을 일으켰던 분에게 일어나다니! 얼마 전까지만 해도 그가 있던 방인데, 지금은 방 전체가 섬뜩하게 느껴지는 공허감, 의자며 테이블은 그를 기다리고 있는 듯했고, 어제 그가 쓴 필적은 유령같이 보였다! 그를 이 방과 떼어놓고 생각하기란 도저히 불가능하며 지금도 방문이 열리며 꼭 그가 들어오는 것처럼 느껴졌다. 사무실 안은 침묵과 정적에 싸여 있었고, 사무실 사람들은 이번 사건에 관해 지칠 줄 모르는 흥미를 가지고 이야기를 했다. 다른 사람들도 온종일 들락날락하며 이번 사건에 대해서 떠들어 댔다. 이런 광경은 누구나 쉽게 떠올릴 수 있을 것이다.

그러나 내가 도저히 설명할 수 없는 것은, 그때 내 마음의 가장 깊숙한 곳에서 죽음에 대해 어떤 질투를 느꼈던 것이다. 필시 그 죽음의 위력이 도라의 마음 속에서 나를 몰아내기라도 하는 것 같은 느낌이었다. 말하기 힘들지만 시기하는 마음으로 나는 그녀의 슬픔을 공연히 미워하고 싫어했다. 그녀가 다른 사람에게 안겨 울고, 다른 사람들에게 위안을 받는다고 생각하니 마음이 불안하여 어쩔 줄을 몰랐다. 상황이 이런데도, 나는 나 자신을 제외한 모든 사람들을 그녀 곁에서 쫓아버리고 나만이 그녀의 전부가 되겠다는 탐욕스러운 소원을 가졌던 것이다.

이런 어지러운 마음—내 안에만 비밀로 해 두면 몰라도, 다른 사람이 보아도 한눈에 알 수 있는 그런 마음을 품고, 나는 그날 밤 노우드로 떠났다. 현관에서 하인 한 사람을 붙들고 물어 보았더니, 미스 밀스도 거기에 와 있다는 것을 알았다. 나는 돌아가서 곧바로 대고모의 이름으로 그녀에게 편지를 썼다. 먼저 스펜로 씨의 뜻하지 않은 죽음을 진심으로 슬퍼한다고 쓰자, 쓰는 도중에도 눈물이 솟구쳐올랐다. 그리고 만약 도라가 내 이야기를 들어줄 수 있는 마음 상태라면, 이렇게 전해 달라고 미스 밀스에게 부탁했다. '스펜로 씨는 살아생전에 나에게 더없이 친절하고 사려 깊게 대해주셨고, 도라에 대해서도 아주 다정한 말씀 이외에는 단 한마디도 하시지 않으셨다는 것을.' 내가 이렇게 쓴 것은 그녀의 이름 앞에 내 이름을 갖다놓기 위한 이기적인 행동이라는 것을 잘 알고 있었다. 그러나 동시에 그것이 고인을 추모하기 위한 정당한 행동이라고 믿고 싶었다. 그리고 정말로 그렇게 믿었다고 생각한다.

다음 날, 대고모는 간단한 답장을 받았다. 겉봉에는 대고모의 이름이 씌어 있었으나 내용은 내게 온 것이었다. 도라는 예상대로 슬픔의 구렁텅이에 빠져 있어서 미스 밀스가, "너의 변함없는 사랑을 코퍼필드 씨에게 내가 대신해서 전해 줄까?" 하고 물어 보았을 때에도 그녀는 계속 "아, 아빠! 불쌍한 아빠!" 하며 울부짖고만 있다는 것이다. 그러나 그녀가 필요 없다고 거절하지는 않았으므로, 나는 그 점을 소중하게 여겼다.

이 사건 이래 줄곧 노우드에 가 있던 조킨스 씨가 며칠 뒤 사무실에 나타났다. 티피와 몇 분 동안 밀담을 하고 나더니 티피가 문에서 얼굴을 내밀고 내게 들어오라고 손짓을 했다.

"오!" 조킨스 씨는 말했다. "코퍼필드 군, 티피와 나는 고인의 책상이나 서랍, 그 밖에 물건을 넣어둘 만한 곳을 찾아볼 작정이네. 개인 서류를 밀봉하고, 유언장을 찾아내기 위해서라네. 다른 곳에는 있을 것 같은 흔적이 없으니, 미안하네만 자네도 우리를 도와주었으면 좋겠네."

그렇지 않아도 나는, 도라가 앞으로 처하게 될 환경— 누가 후견인이 되느냐 따위—을 알고자 고민하던 차였는데, 이것이 다소나마 그와 같은 소식을 아는데 도움이 될 것이다. 우리는 곧 뒤지기 시작했다. 조킨스 씨가 서랍과 책상을 열쇠로 열면, 우리가 서류를 꺼냈다. 우리는 공용서류를 한쪽에다 놓고, 개인서류(많지는 않았다)는 다른 한쪽에다 모았다. 다들 매우 비통했다. 잘못 섞여 들어온 도장이나 필통이라든가 반지라든가 우리가 고인을 떠올릴 수 있는 물건이 나올 때마다 우리는 나지막하게 말을 하곤 했다.

몇 개의 서류 뭉치를 밀봉한 뒤에도 말없이 일을 계속하고 있는데 갑자기 조킨스 씨가 입을 열었다. 게다가 고인이 그에 대해 했던 것과 똑같은 말로 고인을 평가하는 것이었다.

"스펜로 씨는 남들이 밟고 간 관례에서 벗어나기가 아주 어려웠던 사람이었어. 그 점은 자네들도 잘 알고 있지! 허허, 아무래도 유언장을 만들어놓지 않은 것 같군."

"아닙니다, 유언장은 만들어놓으신 것으로 알고 있습니다!"

내가 말했다.

두 사람은 하던 일을 멈추고 나를 바라보았다.

"내가 마지막으로 그분을 뵈었던 그날, 유언장을 만들어 놓았으며, 집안 문제는 오래전에 결정해 두었다고 말씀하셨습니다."

조킨스 씨와 늙은 티피는 똑같이 고개를 저었다.

"그런 것 같지는 않습니다." 티피가 말했다.

38장 예기치 않은 죽음　639

"그래, 아주 가망 없는 이야기야." 조킨스 씨가 맞장구를 쳤다.

"설마 나를 의심하시는 것은 아니겠지요?" 나도 뒤로 물러설 수는 없었다.

"코퍼필드 씨!" 티피는 내 팔에다 한 손을 올려놓고, 눈을 감고 고개를 저으면서 말했다.

"당신도 나만큼 오래 민법박사회관에 있어 보면, 사람의 마음이 얼마나 변하기 쉬우며 얼마나 믿을 수 없는 것인지를 알게 될 것입니다."

"놀랍습니다. 고인께서도 그와 똑같은 말씀을 하셨어요!" 나도 지지 않았다.

"나는 거의 확정적이라고 해도 좋을 것 같네. 내 의견으로는—유언장은 없습니다."

나에겐 잘 이해가 되지 않았지만 유언장은 결국 없는 것으로 결정이 되었다. 그분의 서류를 증거로 하는 한, 유언장을 만들어두려는 생각조차 하지 않았다고 볼 수 있었다. 유언을 남기겠다는 하등의 암시나 대략적인 윤곽이나 메모가 전혀 되어 있지 않기 때문이다.

나를 더욱 놀라게 한 것은, 가계 상태가 매우 복잡해서 갈피를 잡을 수가 없는 점이었다. 빚이 얼마나 되며, 얼마만큼의 재산을 지니고 있었는지를 밝히기가 매우 어려웠다. 이 문제에 관해서는 최근 몇 년 동안 그 자신도 잘 몰랐던 것 같았다. 그 무렵 민법박사회관에서는 외모와 체면을 중시하며 경쟁하는 것이 크게 유행했는데, 그도 거기에 수입 이상의 돈을 써버렸다고 한다. 게다가 수입 자체도 결코 많지 않았으므로, 애당초 그가 가지고 있던 사유 재산이 얼마나 되는지는 모르지만(이것도 대단하진 않았던 것 같다) 모조리 탕진해버려 빈털터리가 되었다는 것이 차츰 알려지게 되었다.

노우드에서도 가구와 차용증서에 대한 경매처분이 있었다. 내가 자기의 이야기에 어느 정도의 흥미를 가지고 있는지 전혀 모르는 티피는 다음과 같이 내게 말했다.

즉 고인의 부채를 모두 지급하고, 회수 가능성이 거의 없는 사무소의 부채 가운데에서 그의 책임분을 제하면, 나머지 재산은 모두 합쳐서 1천 파운드도 못될 것이라고.

이것이 약 6주일 동안의 상황이었다. 그동안 나는 지옥의 고통을 맛보았다. 게다가 미스 밀스가, 비탄에 잠긴 도라는 내 이야기를 들려주어도, 다만 "아, 불쌍한 아빠! 오, 그리운 아빠!"하고 외칠 뿐 그 밖엔 아무 말도 하지 않는다고 편지를 썼을 때는, 나는 정말로 죽고 싶은 느낌이었다.

이것도 미스 밀스의 편지로 알게 된 사실이다. 도라에게는 퍼트니에 살고 있는 두 명의 노처녀 고모가 있을 뿐, 다른 친척이라고는 없었다. 이들은 여러 해 동안을 오라버니에게 어쩌다가 편지로 안부를 전하는 것밖엔 거의 접촉이 없었다는 것이었다.

싸운 것은 아니지만(역시 미스 밀스에게서 얻은 정보이다) 옛날 도라의 세례식 때, 고모들은 자기네들이 만찬에 초대될 자격이 있다고 생각했는데 티 파티에만 초대되자, 곧바로, 자기네들이 참석하지 않는 쪽이 '모든 분들의 행복을 위해 더 좋을 것'이라는 뜻의 편지를 보내왔던 것이다. 그리고 그 뒤부터는 그들은 그들의 길을 가고, 오라버니는 오라버니의 길을 갔다는 것이다.

그런데 일이 이렇게 되자 그 두 숙녀가 그들의 은거지에서 갑자기 나타나서, 도라에게 퍼트니에서 함께 살자고 제의했다.

도라는 두 고모에게 매달려 울면서 소리쳤다. "오, 가겠어요, 고모님! 줄리아 밀스와 집과 저를 퍼트니로 데려가 주세요!" 그래서 그들은 장례식이 끝나자 바로 그곳으로 떠나버렸다.

나에게 어떻게 그렇게 자주 퍼트니에 갈 시간 여유가 있었는지 지금 생각해도 놀랍지만, 나는 모든 수단을 다 동원하여 곧잘 퍼트니로 달려갔다. 미스 밀스는 친구로서의 의무를 다하기 위하여 일기를 써 두었다가, 내가 갈 때마다 광장에 나와서 읽어주거나, 그럴 시간이 없으면 그대로 나에게 빌려주곤 했다. 나는 그 기록을 참으로 귀중하게 여겼다! 여기에 그 견본을 조금 보이겠다.

'월요일. 디(D.도라)는 아직도 몹시 우울해하고 있다. 두통. 제이(J.애견인 집)의 털이 특히 아름답고 말쑥하게 보인다. 디는 제이를 귀여워한다. 그러다가 생각이 나는지 수문이 터진 것처럼 매우 슬피 운다. 밀어닥치는 슬픔을 막을 수가 없다(눈물이란 마음의 이슬방울인가? 제이 엠(J. M.줄리아 밀스).'

'화요일. 디는 기운이 없고 신경이 곤두서 있다. 안색이 창백하여 아주 아름답다(저 달의 아름다움과 같다고 할 수 있을까? 제이 엠). 디와 제이 엠과 제이는 마차를 타고 산책. 제이가 창밖을 내다보고 청소부를 향해 맹렬히 짖어대자

마침내 디의 얼굴 가득 미소가 떠오르다(인생의 사슬도 결국 이런 하찮은 고리로 만들어진다! 제이 엠).'

'수요일. 디는 비교적 쾌활하다. 좋아하는 곡이라기에 〈저녁 종〉이란 노래를 불러주었다. 결과는 마음을 위로해주기는커녕 그 반대였다. 디는 매우 흥분했다. 나중에 그녀의 방에서 울고 있는 것을 발견했다. 왕녀와 새끼 영양에 관한 시[2]를 인용하여 들려주다. 효과 없음. 또한 무덤 위의 '인고(忍苦)상'[3] 이야기도 들려주었음(왜 하필 무덤 위에 있는 것일까? 제이 엠).'

'목요일. 디의 기분이 한결 좋아졌다. 밤에도 편안히 잠들었다. 연분홍 색깔이 그녀 뺨에 되살아났다. 디 시(D.C.데이비드 코퍼필드)의 이름을 언급해 봐야겠다고 결심하고, 산책하다가 조심스럽게 그 이름 꺼내다. 디는 곧바로 흥분하면서 외치다. "오, 줄리아! 오, 나는 버릇없고 무책임한 딸이었어!" 달래고 진정시키다. 디 시는 죽기 직전이라고 조금 부풀려 얘기함. 디는 다시 발버둥쳤다. "오, 난 어떻게 하지? 나는 어떻게 해야 해? 제발 나를 어디론가 데려가 줘!" 그리고 또 눈물을 쏟았다. 몹시 놀랐다. 끝내 디가 기절하여 주막에서 물 한 잔 얻어 와서 마시게 하다(마치 시를 읽는 것 같다! 문기둥에 바둑판무늬의 간판. 그것은 곧 인생의 무늬이다. 아! 제이 엠).'

'금요일. 사건의 날. 푸른 가방을 든 사나이가 부엌에 나타나서, "수선할 부인의 구두는 없습니까?"라고 외치다. "그런 것 없습니다"라고 요리사가 대답. 구두장이는 집요하게 매달렸다. 요리사가 그 사나이와 제이만을 남겨놓고 물어보기 위하여 안으로 들어가다. 요리사가 돌아왔을 때에도 구두장이는 여러 말을 늘어놓다가 드디어 가버렸다.

제이가 없어졌다. 디는 미칠 듯이 괴로워했다. 경찰에 신고했다. 사나이는 넓적코와 교량의 난간 같은 다리를 하고 있었다. 사방팔방으로 수색했지만 제이는 없었다. 디는 울음을 터뜨렸다. 또다시 새끼 영양의 이야기를 꺼내보았다. 적절하다고 생각했지만 효과는 없었다. 저녁때쯤 낯선 소년이 찾아와서, 거실로 안내되었다. 1파운드 준다면 개의 행방을 알려주겠다고 말했다. 디가 1파운

---

[2] 19세기 영국 시인 토마스 무어의 장편담시 〈랄라 루크〉 1편 '배화교도' 중의 한 일화.
[3] 셰익스피어작 《십이야》 제2막 제4장에 나오는 말로 바이올러가 자기 여동생을 두고 '마치 인내의 상처처럼 슬픔을 악물고 울고 있었어요'라는 대목을 인용.

드 주니, 소년은 요리사를 어떤 작은 집으로 데리고 갔다. 제이는 홀로 테이블 다리에 매여 있었다. 디의 기쁨은 말할 수 없었다. 저녁을 주고, 그것을 먹고 있는 제이 주위를 춤추며 돌았다. 이 즐거운 변화에 힘을 얻어 나는 2층에서 디 시의 이야기를 다시 꺼냈다. 디는 또다시 울며 애처롭게, "오, 그만, 그만해! 불쌍하신 아빠 이외의 딴 사람은 생각할 수 없어!"라고 외치다(디 시는 커다란 '시간'의 날개에 의지할 수밖에 없단 말인가? 제이 엠.).'

이렇듯 미스 밀스와 그녀의 일기가 나의 유일한 위안이었다. 조금 전 도라와 함께 있던 그녀와 만나―호의로 가득 찬 그녀의 일기를 통해서 도라의 머리글자를 추적해나가고―그로 인해 더욱더 비참해지는 것이 나의 유일한 위안이었다.

나는 마분지로 만든 궁전 속에 살고 있다가 그것이 넘어지는 바람에 미스 밀스와 나만이 그 폐허 위에 서 있는 느낌이었다. 어떤 잔인한 마법사가 내 순진한 여신 주위에다 마법의 원을 그려놓고, 많은 사람들을 태우고 하늘 높이 날 수 있는 강한 '시간'의 날개에 올라타지 않는 한, 나를 절대 그 원 속으로 들어가지 못하게 막는 것처럼 느껴졌다.

39장
위크필드 씨와 우라이아

 내가 너무 오랫동안 의기소침해 있자, 대고모는 마음이 불안했는지 도버에 가서 세 준 집에 이상이 없는지 알아보고, 지금 세들어 사는 사람과 장기 임대계약을 맺고 오라고 말했다.
 자넷은, 스트롱 박사 부인에게 고용되었으므로 나는 거기서 매일 그녀를 만났다. 그녀가 도버를 떠날 때에는, 수로 안내자와 결혼해서, 대고모에게서 교육 받아왔던, 사람을 멀리하는 수행에 마침내 종지부를 찍을 것인가 말 것인가로 아직 고민하고 있었다. 그녀는 결국 그러한 모험을 하지 않는 쪽으로 결정했는데, 그것은 근본 방침을 지키기 위해서가 아니라, 단지 상대가 마음에 들지 않았기 때문이었을 것이라고, 나는 생각했다.
 미스 밀스와 헤어지는 것은 힘들었지만, 아그네스와 조용히 몇 시간을 보낼 수 있다는 생각에서 나는 대고모의 요청을 기꺼이 받아들였다. 사흘 동안 휴가를 얻기 위해서 박사님과 의논했더니, 박사는 흔쾌히 허락해주었다. 박사님은 휴가를 더 가지도록 권했으나 내가 해야 할 일 때문에 그렇게 할 수는 없었다. 그리하여 가기로 결심했다.
 민법박사회관에서는 내가 반드시 해야 할 일은 없었다. 사실은, 사무소 자체가 일류 소송대리인들 사이에서 평판이 좋지 않아, 미덥지 못한 위치로 급격히 떨어져버린 것이다. 애당초 스펜로 씨가 들어오기 전에 조킨스 씨가 혼자 꾸려나가고 있었을 때부터 사업은 기세를 떨치지 못했다. 스펜로 씨라는 새로운 피가 주입되고, 그가 활력을 불어넣음으로써 어느 정도 숨을 되찾았지만, 앞날이 걱정 없을 정도로 탄탄한 상태는 아니었다. 그런데 이번에 그 적극적인 지배인의 불시의 죽음과 같은 타격을 맞고 보니, 느닷없이 무너져내리기 시작했다. 조합 내의 평판이 썩 나쁘지 않았음에도, 조킨스 씨는 게으르고 무능한 인물이었다.

그에 대한 외부의 평판 역시 사무소를 유지해나갈 수 있을 정도는 아니었다.

나도 이번에는 그 사람 밑에서 일하게 되었는데, 그가 코담배만 피우며 일은 되는 대로 내버려두고 있는 것을 보자 대고모가 보증금으로 건 1천 파운드의 돈이 아깝게 생각되었다.

문제는 그것만이 아니었다. 민법박사회관 주위에는 기생충과 같은 많은 중개업자가 있었다. 그들은 자기네들이 소송대리인도 아니면서 일반적인 법률사무에는 곧바로 달려들었다. 그리고 실제적인 일은 진짜 소송대리인에게 맡겼으므로, 소송대리인들 가운데는 이름을 빌려주는 사람도 꽤 많았다.

요즘에는 우리 사무소에서도 어떠한 조건으로든지 사건을 맡고자 했으므로, 우리도 이 고상한 패들과 결탁하게 되었다. 이런 추종자나 기생충들에게 먹이를 던져주고 일거리를 가져오도록 했다. 우리가 주로 찾고 있는 일은 결혼허가 및 간단한 유언 검증을 하는 것으로써 수입이 제일 좋았다. 그래서 그만큼 경쟁도 치열했다.

민법박사회관으로 들어가는 입구마다 호객꾼이 늘 배치되어, 상복을 입은 사람, 조금이라도 망설이는 듯한 사람이 보이면 무조건 붙들어서는, 자기들이 고용된 사무소로 데리고 오도록 엄중히 지시받고 있었다. 그런데 이러한 지시는 정말 잘 지켜져서, 나 자신도 얼굴이 알려지기 전에는 두 번이나 우리의 중요한 경쟁 상대자의 사무소로 끌려갔던 일이 있다.

이렇게 손님을 끄는 이들의 이해 경쟁은 매우 치열했으므로, 자연히 감정이 상하는 개인 간의 충돌도 일어났다. 우리의 손님호리꾼의 우두머리격인 사내는(이 사나이는 전에는 술장사를 했었고, 나중에는 공인의 주식중개인을 했다) 맞서 멍든 눈으로 여러 날 돌아다니는 바람에, 민법박사회관 전체의 체면을 구긴 일도 있었다. 이러한 탐색꾼들은 하나같이, 검은 상복을 입은 노부인이 마차에서 내리면 공손하게 도와주고는, 그 부인이 찾는 소송대리인은 죽은 사람으로 만들고 그 대신 자기 고용주가 그의 정당한 후계자라고 내세워(때로는 아주 그럴 듯하게 가장을 해서) 손님을 자기 고용주의 사무실로 데려가는 것을 아무렇지 않게 생각했다. 이런 수법으로 해서 나에게도 많은 포로들이 끌려왔다. 결혼허가에 관한 사무는 그 경쟁이 아주 치열해서, 허가증을 받고자 하는 수줍은 신사는 제일 먼저 만나는 손님호리꾼에게 끌려가거나 그렇지 않으면 한바탕 싸움이 벌어진 뒤에 제일 힘센 이에게 끌려가는 것 외엔 딴 도리가 없었다.

우리 사무소의 서기 가운데 한 사람은 동시에 이러한 손님호리꾼이었는데, 그는 쟁탈전이 벌어지면 모자를 쓴 채 가만히 보고 있다가, 틈이 생기면 곧바로 달려가서 데려온 손님을 감독대리 앞에 세워 기습적으로 선서시키는 것이었다. 이와 같은 손님호리꾼 제도는 오늘날까지 이어지고 있는 것으로 나는 알고 있다. 얼마 전에 내가 민법박사회관에 들렀을 때, 흰 앞치마를 걸친 체격이 건장한 사내 하나가 입구에서 내게 갑자기 덤벼들어서는 귀엣말로 '결혼 허가증을 받으러 오셨죠, 나리'라고 속삭이더니 다짜고짜 나를 두 팔로 껴안고서 소송대리인 사무소로 데려가려고 하는 바람에 거기서 빠져나오느라 혼이 난 일이 있었다.

아무튼 내가 도버에 갔더니, 세놓은 집은 모든 것이 만족스러운 상태였다. 세 입자도 대고모의 뒤를 이어 당나귀와 쉴 새 없이 전쟁을 하고 있다고 보고하자 대고모는 크게 기뻐했다. 나는 그곳에서 간단한 일들을 해결하고 하룻밤을 지낸 다음, 아침 일찍 캔터베리로 떠났다. 또다시 겨울이 찾아와 있었다. 온몸이 죄어드는 듯한 매서운 겨울바람과 멀리 보이는 드넓은 대지가 조금이나마 내 마음을 새롭게 해 주었다.

캔터베리에 들어서자 나는 차분하고 즐거운 기분으로 옛날 거리를 거닐었다. 마음이 가라앉고 즐거웠다. 낡은 간판과 가게 이름도 옛날 그대로였으며, 옛날 사람들이 그대로 가게에서 일하고 있었다. 내가 여기서 학교를 다녔던 시절이 까마득히 먼 옛날처럼 느껴졌으므로, 나는 이곳이 조금도 변하지 않은 것이 오히려 이상하게 생각되었다. 그러나 이번에는 나 자신도 거의 변한 데가 없다는 생각이 들었다. 생각해보면 이상한 이야기지만, 잊을 수 없는 아그네스의 차분함이 그녀가 사는 마을에까지 어려 있는 것 같았다. 고색창연한 대성당의 탑. 예부터 작은 새들과 떼까마귀의 울음소리는 완전한 정적보다도 오히려 주변을 고요하게 만든다. 옛날에는 다양한 조각상으로 가득 꾸며져 있었을 것이나, 지금은 그것들을 숭배하던 경건한 순례자들과 마찬가지로 완전히 쇠퇴하여 허무하게 무너져 내린 수많은 출입구. 박공 끝과 허물어진 벽을 불문하고 몇 백 년 동안 담쟁이덩굴이 뒤덮고 있는 고요한 구석구석. 시대를 느낄 수 있는 집들. 밭과 과수원, 정원이 이어지는 목가적인 풍경. 보이는 곳 어디에나—그리고 모든 것에도—옛날과 변함없는 조용한 분위기, 마음이 평온해지는 부드럽고 침착한 기분이 새록새록 피어올랐다.
　위크필드 씨 집에 도착해 보니, 우라이아 힙이 옛날에 늘 앉아 있던 1층의 조그마한 방에서 미코버 씨가 열심히 펜을 움직이고 있었다. 그는 법률가처럼 검은 옷을 입고 있었고, 조그마한 사무실 안이라서 그런지는 몰라도 몸집이 더욱 커 보였다.
　미코버 씨는 나를 보자 매우 기뻐했지만, 약간 당황하기도 했다. 그는 바로 우라이아 힙이 있는 곳으로 나를 안내하려 했으나 나는 거절했다.
　"옛날에 내가 살던 집이에요. 그러니 혼자서 2층으로 올라갈 수 있어요. 그런데 법률사무소는 마음에 드는지요, 미코버 씨?"
　"코퍼필드," 그는 대답했다. "법률 공부는 상상력이 풍부한 사람에게는 적합하지 않아 무엇보다 자질구레한 것들이 너무 많거든."
　미코버 씨는 자기가 쓰고 있는 몇 장의 편지를 슬쩍 바라보며 말했다. "이 법률상의 편지만 해도, 마음을 자유롭게 날게 하여 높은 차원의 상상력을 나타낼 수는 없으니까 말일세. 그래도 이것은 근사한 일이야. 참으로 근사한 일이지!"
　그리고 그는 나에게, 자기는 우라이아 힙의 옛날 집을 빌려서 살고 있는데, 한번 들러주면 아내가 매우 기뻐할 것이라고 말했다. "집은 참으로 보잘것없는 오두막이네." 미코버 씨는 말했다. "나의 친구 힙이 즐겨 쓰는 표현을 빌린다면 말일세. 그렇지만 그 집은 좀 더 야심적인 주택을 마련하기 위한 하나의 발판이 될 걸세."
　나는 그에게, 그에 대한 힙의 대우가 만족할 만한지 물어 보았다. 그는 대답하기 전에 일어나더니 문이 꼭 닫혀 있는가 확인한 다음 나지막하게 대답했다.
　"코퍼필드, 재정 곤란의 시달림을 받으며 일하는 사람은 대부분의 경우에는 불리하다네. 재정적으로 시달리면 사람은 어떻게 해서든 급여를 제날짜보다 앞당겨서 가불할 수밖에 없네. 그러면 어떻게 해도 불리함을 피할 수 없지. 따라서 내가 여기서 말할 수 있는 것은, 나의 친구 힙은 내가 호소하면, 그 내용에 대해서는 더 자세히 설명할 필요도 없겠지만, 아무튼 이성적인 면에서나 감정적인 면에서 그의 명예에 합당할 정도로만 응해주었다는 것뿐일세."
　"그가 돈에 너그럽다고는 생각하지 않는데요." 내가 말했다.
　"나는 겪은 대로 내 친구 힙에 대해서 이야기하고 있는 것뿐이야."

"당신의 경험이 그렇다면 매우 기쁩니다."

"고맙네, 코퍼필드." 미코버 씨는 이렇게 말하고 콧노래를 불렀다.

"위크필드 씨는 자주 보나요?" 나는 화제를 바꾸기 위해 물었다.

"자주 만나지 못하네." 미코버 씨는 조금 깔보는 투로 말했다. "위크필드 씨의 취지는 아주 훌륭해. 그러나 그분은 세태에 뒤진 사람이야."

"그의 동업자 힙이 그렇게 만들고 있지요."

내가 말했다.

"코퍼필드!" 미코버 씨는 의자에 앉은 채로 불안하게 몇 바퀴 돌리더니 정색하고 말했다. "내 말을 용서하기 바라네! 나는 지금 여기서 신임을 받는 지위에 있어. 그러므로 화제에 따라서는, 평생 고락을 같이한 동반자며 명석한 두뇌와 지식을 가지고 있는 아내와도 의논할 수 없는 것이 있어. 현재 내게 지워진 여러 역할로 봐서 용납될 수 없는 일이라고 생각하네. 그러니 미안하네만 자네에게도 이 말만은 해야겠어. 자네와는 오랜 친구이고, 물론 그 관계가 달라질 것이라고는 조금도 생각하지 않지만, 어느 정도의 선은 그어야 한다고 말일세. 그 선의 한쪽에는, 직업이나 기타 실리와는 관계없는 순수한 학문과 예술과 지성의 영역이 있고, 다른 한쪽에는 그 예외의 것, 즉 위크필드와 힙 사무소의 업무와 거기에 관련되는 모든 것이 있네. 나는 내 젊은 날의 친구에게 그의 냉철한 판단에 호소하여 이런 제안을 하더라도 노하지는 않을 줄로 믿네만?"

미코버 씨의 태도에 불안스러운 변화가 보이고, 이 새로운 일이 그에게 맞지 않으며 그의 마음을 무겁게 짓누르고 있다는 인상을 받았지만 내가 화를 낼 권리는 없었다. 이러한 나의 느낌을 말해주자 그도 안심이 되는 듯 나의 손을 잡고 악수를 했다.

"그런데 코퍼필드, 미스 위크필드는 정말 훌륭한 아가씨야. 그녀는 뛰어난 매력과 품위와 덕망을 갖추었어. 나는 맹세할 수 있네." 자기 손에 마구 입을 맞추면서 공손하게 절을 하고 말했다. "나는 미스 위크필드에게 최대의 경의를 표하네."

"그래요. 저로서도 매우 기쁜 일입니다."

나는 말했다.

"언젠가 자네가 우리가 함께 행복하게 지냈던 그 유쾌했던 어느 날 오후에, 디

(D.도라)란 글자를 가장 좋아한다고 말하지 않았더라면, 에이(A.아그네스)야말로 자네가 가장 좋아하는 글자라고 생각했을 걸세."

우리는 누구나 지금 말하고 행동하는 것이 옛날에 말하고 행동한 적이 있다고 느낀다든가, 몇 년 전의 일이었는지는 모르지만 같은 얼굴, 같은 물건, 같은 생활에 둘러싸였던 일이 있었다는 느낌 등, 그것이 갑자기 기억난 것처럼 다음에는 무슨 말이 나오리라는 것을 다 알고 있는 것 같은 경험을 가지고 있을 것이다! 사실 나도 이때 그가 위와 같은 말을 하기 직전에 그 신비로운 느낌을 가졌다.

여러분들께 안부를 전해 달라고 부탁한 다음, 나는 미코버 씨와 헤어졌다. 헤어질 때 그가 다시 의자에 앉아 펜을 들고, 옷깃 채 목을 빙글빙글 돌리며 천천히 집무에 임하는 것을 보면서, 나는 분명히 깨닫지 않을 수 없었다. 그가 새로운 일에 종사하고부터는 그와 나 사이에 깊은 도랑이 생겼고, 그로 인해 앞으로는 우리가 전처럼 어울려 잘 지내지를 못하고, 교제의 성격도 모두 변해버렸다는 것을 깨달았다.

예의 그 고풍스러운 응접실에는 힙 부인이 있는 기척이 났지만 모습은 보이지 않았다. 나는 아직도 아그네스가 쓰고 있는 방을 들여다보았다. 그녀가 난로 곁에 있는 구식 책상에 앉아서 글을 쓰고 있는 것이 보였다.

내가 빛을 가로막자 그녀가 고개를 들었다. 심각하던 얼굴이 나를 보자 순식간에 밝은 표정으로 바뀌며 상냥하게 빛났다. 내가 그녀의 관심과 환영의 대상이 된다고 생각하니 참으로 기뻤다.

"아, 아그네스!" 나란히 함께 앉은 뒤 내가 말했다. "정말 만나고 싶었어요!"

"정말이에요? 이렇게 일찍?"

나는 고개를 저었다.

"아그네스, 잘은 모르겠지만 내가 마땅히 가지고 있어야 할 어떤 소중한 마음의 능력이 내게는 모자라는 것 같습니다. 전에 여기서 살던 때에는 무엇이든 당신이 내 대신 생각해 주었지요. 그래서 일이 있을 때마다 당연한 듯이 당신의 지혜와 도움을 빌려 왔는데, 그러다보니 결국 그런 능력을 스스로 익히지 못한 것 같습니다."

"그 능력이란 것이 무엇이죠?"

아그네스는 유쾌하게 물었다.
"그걸 뭐라고 해야 좋을지, 나도 잘 모르겠습니다. 아그네스, 나는 내가 성실하고 끈기가 있다고 생각해요."
"저도 그렇게 생각하고 있어요."
"인내심도 있지요, 아그네스?"
나는 약간 망설이며 물었다.
"그래요, 아주 잘 참지요." 아그네스는 여전히 웃으며 대답했다.
"그런데도 나는 매우 비참하고 괴롭습니다. 발밑이 휘청거리고 모든 것에 확신을 가질 수 없습니다. 그래서 뭐랄까, 자신감 같은 것이 전혀 없어요."
"그런 마음을 뭐라 부르건 그건 아무래도 좋아요."
"그러니까, 아그네스! 당신이 런던에 오면, 나는 당신을 의지하여 곧바로 목적과 진로를 결정하게 됩니다. 또한 내가 런던에서 쫓겨나 여기에 오면 그 순간에 나는 전혀 다른 나로 바뀌어 버릴 겁니다. 내가 이 방에 들어온 뒤부터 나를 괴롭히고 있던 사정들이 바뀐 것도 아닌데, 잠깐 사이에 어떤 영향력이 나를 지배 아래여 나를 바꿔 놓았습니다. 그것도 좋은 방향으로 말입니다! 그것이 무엇입니까? 이렇게 한 당신의 비결은 도대체 무엇입니까, 아그네스?"
그녀는 난롯불을 바라보며 고개를 숙이고 있었다.
"또 같은 얘기만 꺼낸다고 비웃지 마세요. 중대한 문제든 시시한 문제든, 이야기는 결국 같으니까요. 언젠가의 내 고민은 정말로 대수롭지 않았지만 이번에는 심각합니다. 아주 중대한 일이에요. 그런데 나란 사람은 당신과, 피를 나누진 않았지만 친누이처럼 존경하는 당신과 헤어지면—"
아그네스는 고개를 들고—아아, 그 성스러운 천사와 같은 얼굴!—한 손을 내게 내밀었다. 나는 그 손에 입을 맞추었다.
"언제라도 내게 충고해주고 찬성해주는 당신이 없으면, 아그네스, 난 미쳐버리거나 말썽만 일으키고 맙니다. 그러다가도 당신한테 오면(지금도 그렇듯이), 내 마음은 평화롭고 행복해집니다. 나는 지금 지칠 대로 지쳐버린 나그네처럼 돌아와서 이처럼 행복한 휴식을 얻고 있는 것입니다!"
나는 거짓도 과장도 없이, 진심에서 우러나오는 대로 말했다. 그리고 내가 한 말에 스스로도 너무나 감동하여 목소리가 제대로 나오지 않았다. 나는 한 손으로 얼굴을 가리고 눈물을 쏟았다. 나는 사실만을 쓰고 있는 것이다. 누구나 그렇겠지만, 내 안에 어떤 모순과 당착이 있었는가? 무엇이 그렇게 다르고, 좋지 않았는가? 그리고 대체 무슨 짓을 저지르고, 옹고집처럼 내 마음의 소리에서 귀를 닫았단 말인가? 그것은 나도 모르지만, 한 가지 분명한 것은, 아무튼 아그네스의 곁에 있으면 말할 수 없는 안식과 평화를 느꼈으며, 그때 내가 지독히 진지했다는 것이다.

조용한 그녀의 태도, 빛나는 눈동자, 다정한 목소리, 그리고 그녀가 살고 있는 집까지 나에게 아주 신성한 곳으로 만들어준 그녀의 침착성, 이런 것들은 곧 나로 하여금 약한 마음을 이겨내고, 지난번 마지막 본 이래로 일어난 모든 일들을 남김없이 털어놓게 했다.

"할 말은 이게 다입니다, 아그네스. 나는 아그네스만 의지할 뿐입니다." 나는 고백을 마치고 말했다.

"그렇지만 나는 그런 사람이 못 돼요, 트롯우드. 다른 사람을 믿어야 돼요."

"도라 말입니까?"

"물론이죠."

"아, 그 부분은 말하지 않았는데요, 아그네스." 나는 약간 당황해하면서 말했다. "도라에게 의지하기는 좀 곤란합니다―이런 말을 하고 싶진 않지만, 그녀는 순결과 진실의 화신이니까요. 정말 어떻게 나타내야 좋을지 모르겠어요, 아그네스. 그녀는 겁이 많고 몸집이 작으며 쉽게 불안해하고 놀라지요. 그녀의 아버지가 돌아가시기 얼마 전이었는데, 나는 그녀에게 말해주는 것이 옳다고 생각하고―당신이 내 이야기를 참고 들어준다면 그때 이야기도 모조리 하겠어요."

나는, 내가 가난뱅이라고 선언했다는 것과 요리책과 가계부와 다른 여러 가지에 대해 아그네스에게 이야기해주었다.

"어머나, 트롯우드!" 그녀는 미소를 지으며 항의했다. "여전히 앞뒤를 가리지 않는군요! 마음 약하고 세상 경험 없는 아가씨에게 느닷없이 그렇게 말하지 않아도 당신이 열심히 노력하면 충분히 살아갈 수 있잖아요? 가엾은 도라!"

그녀는 나무라고 있었지만 그렇게 다정하고도 너그럽고, 친절로 가득 찬 꾸짖음을 나는 여태까지 들어 본 적이 없었다. 포근하게 도라를 껴안고 보호해주며, 그 어린 가슴을 두려움에 떨게 한 나의 경솔함을 꾸짖는 아그네스를 눈앞에서 보는 듯했다. 게다가 도라는 그 참을 수 없는 천진함을 보이면서 기쁜 듯이 아그네스를 끌어안고 감사하면서, 한편 응석부리면서 나를 고자질하면서도 아이처럼 순진하게 나를 사랑하고 있는, 그런 광경까지 눈앞에 떠오르는 것이었다.

나는 진심으로 감사하고 탄복했다. 두 사람이 이렇게 사이좋게 서로를 끌어안고 있는 모습을, 밝은 미래에 대한 희망 속에서 바라본 것 같았다. 나는 난롯불을 잠깐 바라보다가 말했다.

"그럼 나는 어떻게 해야 되나요, 아그네스?"

"제 생각으로는요, 가장 올바른 길은, 그 두 분에게 편지를 써서 알리는 거예요. 비밀스럽게 일을 진행해 나가는 것은 비겁하다고 생각하지 않으세요?"

"비겁합니다. 당신이 그렇게 생각하신다면."

"아니에요. 나에게는 이런 일을 판단할 자격이 없습니다." 그녀는 망설이면서 말했다. "하지만 저는 이렇게 생각해요. 그러니까 당신이 그렇게 비밀스럽게 처리하는 것은, 당신답지 않아요."

"나답다니, 아그네스가 과대평가하는 게 아닐까요?"

"무슨 일에나 솔직하고 올곧은 것이 당신다워요. 그러므로 나 같으면 그 두 고모에게 편지를 쓰겠어요. 지금까지 일어났던 일을 솔직히 털어놓고 가끔 그들의 집을 방문해도 좋다는 허락을 얻도록 하겠어요. 당신은 아직 젊고, 출세하려고 열심히 노력하고 있으니, 그들이 당신에게 어떠한 조건을 제시하든 간에 당신은 쾌히 따르는 게 좋아요. 도라와 한마디 의논도 없이 당신의 청을 거절하지 말고, 적절한 시기라고 판단이 서면 도라와 의논해 달라고 내가 간곡히 부탁하겠어요. 나라면 지나치게 격렬한 말투를 쓰지 않고, 무턱대고 너무 많이 요구하지도 않을 거예요. 내가 기대는 것은 나의 성실과 인내—그리고 도라예요."

"그러나 그들이 그런 이야기를 도라에게 함으로써 또다시 그녀를 놀라게 한다면, 그리고 도라가 또다시 울면서 나에 관한 얘기를 전혀 하지 않으려 든다면 어쩌죠?"

"그럴 것 같으세요?" 아그네스는 여전히 부드럽고 배려하는 표정을 띄우며 말했다.

"도라는 참새처럼 금방 겁에 질려버립니다! 게다가 그 두 미스 스펜로가—나이든 숙녀들 가운데는 가끔 이상한 사람들도 있으니까요—그런 이야기를 하기에 알맞은 사람이 아닐 수도 있잖아요!"

"그런 것은 생각하지 않는 것이 좋아요, 트롯우드." 아그네스는 정다운 눈길을 들어서 내 눈을 바라보았다. "지금은 그렇게 하는 것이 옳은 일인지 아닌지만 생각하도록 해요. 그것이 옳다면 그렇게 하는 것이 좋아요."

이제는 그 문제에 대해서 나는 조금도 의심이 남아 있지 않았다. 일의 중대성을 생각하면 책임은 무거웠지만, 나는 가벼운 마음으로 그날 오후를 편지 초안을 작성하는 데에 썼다. 아그네스가 자기 책상을 비워주었다.

나는 그전에 먼저 위크필드 씨와 우라이아 힙을 만나보러 아래층으로 내려갔다.

우라이아는 마당 안에 새로 지은, 아직도 건축 재료 냄새가 나는 사무실에서 책과 서류더미에 파묻혀 있었지만, 얼굴은 여전히 천박해 보였다. 그는 언제나처럼 아첨하는 태도로 나를 맞이했으며 내가 왔다는 것을 미코버 씨로부터 못 들은 체했다. 그러나 그것은 사실이 아닐 것이다. 그는 위크필드 씨의 방으로 나를 데리고 갔다. 그 방은 옛 모습을 거의 찾아볼 수가 없었다. 우라이아의 새 사무실을 꾸미느라 가구며 장식품을 모조리 빼앗겼기 때문이었다. 나와 위크필드 씨가 인사를 나누는 동안 그는 난로 앞에 서서 등을 녹이며 그 뼈대가 앙상한 손으로 턱을 매만지고 있었다.

"캔터베리에 있는 동안에는 여기서 머물게, 트롯우드." 위크필드 씨는 우라이아의 동의를 얻기 위해 그가 있는 쪽을 바라보면서 말했다.

"제가 묵을 만한 방이 있는지요?"

나는 말했다.

"있고말고요, 도련님—아니, 코퍼필드 씨. 아무리 해도 도련님이란 말이 자연스럽게 튀어나온다니까요." 우라이아가 말했다. "좋으시다면 전에 쓰시던 방을 비워드리겠습니다."

"아니야, 아니야." 위크필드 씨가 말했다. "자네가 그렇게 불편을 당해서야 되겠는가? 다른 방이 있으니까. 그 방을 쓰면 되네."

"아, 그렇지만," 우라이아는 히죽히죽 웃으며 말했다. "정말로 저는 아무렇지도 않아요!"

나는 이야기를 매듭짓기 위해서, '다른 방을 주십시오. 아니면 돌아가겠습니다'라고 말했다. 이리하여 나는 다른 방을 쓰기로 결정되었으므로, 저녁 식사 시간에 다시 만나기로 하고 사무소를 나와 2층으로 올라갔다.

아그네스 외엔 다른 말동무가 없기를 나는 바랐다. 그러나 힙 부인이 뜨개질거리를 그 방의 난롯가로 가져 와서 일해도 좋으냐고 물어왔다. 바람이 세서 응접실이나 식당보다도 그 방이 자기 류머티즘에 좋다는 것이었다. 속으로는, 대성당 탑 꼭대기에 칼바람을 맞으며 세워 두고 싶었지만, 어쩔 수 없다고 체념하고 친절하게 인사를 하며 건강이 어떠냐고 물었다.

"참으로 감사합니다, 도련님. 그럭저럭 지낼 만합니다. 아주 건강하다고는 할 수 없지만요. 저는 우라이아가 잘되기만 하면 더 바랄 것이 없습니다. 그런데 도련님께선 내 우라이아를 어떻게 생각하십니까?"

나는 그가 더더욱 악당처럼 보인다고 생각했지만 그렇게 말할 수는 없으므로, 아드님은 조금도 달라진 데가 없다고 대답했다.

"오, 우라이아가 달라진 것 같지 않으세요? 말대꾸하는 것 같아 죄송스럽지만, 그 애가 여위었다고는 보지 않으시는지요?"

"여전한 것 같은데요."

"정말인가요? 하기야 도련님께서는 어미의 눈으로 그 애를 바라보지 않으니까 그렇겠군요!"

힙 부인과 눈이 마주쳤을 때, 그 어미의 눈이라는 것은 우라이아에게는 애정이 넘치는 것이겠지만, 다른 사람들에겐 어쩐지 기분 나쁘고 으스스한 눈이라고 나는 생각했다. 그리고 실제로 이 모자는 서로 끔찍하게 사랑하고 있었다. 부인의 눈은 나를 지나 아그네스에게로 향했다.

"미스 위크필드, 그 애가 점점 쇠약해지고 있다는 것을 알지 못하세요?" 힙 부인은 물었다.

"아뇨." 하던 일을 조용히 이어가면서 아그네스는 말했다. "아드님 걱정을 너무 지나치게 하십니다. 그는 매우 건강하답니다."

힙 부인은 코를 크게 한 번 훌쩍이고 다시 뜨개질을 시작했다. 부인은 잠깐이라도 일손을 멈추지 않았고, 우리 곁을 떠나지도 않았다. 일찍 도착했으므로 저녁 먹을 때까지 아직 서너 시간은 남아 있었다. 그러나 그녀는 꼼짝 않고 앉아서, 마치 모래시계의 모래알이 떨어지는 것처럼 지독히 단조롭게 뜨개질을 이어갔다. 그녀가 난로 한쪽에 앉고, 나는 그 앞의 책상에 앉아 있었다. 아그네스는 그 반대편, 나와 조금 떨어진 곳에 있었다. 내가 편지에 쓸 내용을 생각하며 천천히 눈을 들면 깊은 생각에 잠긴 아그네스의 얼굴과 마주쳤다. 그녀의 눈동자를 들여다보고, 천사와도 같은 그 표정에서 든든한 격려의 빛을 발견했다. 그럴 때마다 부인의 기분 나쁜 눈길이 나와 아그네스를 훑어보고 다시 내게로 되돌아왔다가 마지막으로 자기의 뜨개질감 위에 살며시 떨어지는 것을 나는 알아차렸다. 뜨개질에 대해서 잘 모르니 무엇을 뜨고 있는지는 몰랐지만, 무슨 그물 같은 것이 아닌가 싶었다. 불빛을 받은 힙 부인은 영락없이 흉악한 마녀 같았다. 아직까지는 맞은편에 있는 빛나는 착한 요정에게 억눌려 있지만, 금방이라도 올가미를 던질 만반의 준비를 하고 있는 것처럼 보였다.

저녁 식사 때에도 부인은 여전히 눈 한번 깜박거리지 않고 감시를 계속했다. 식사가 끝나자 이번에는 아들이 감시하는 일을 이어받았다. 위크필드 씨와 나, 이렇게 셋이 남자 끊임없이 곁눈질을 하면서 이상하게 몸을 꼬아댔다. 어지간한 나도 더 이상 참을 수 없었다. 그러나 응접실에서는 그의 어머니가 여전히 뜨개질을 하며 감시를 하고 있었다. 아그네스가 노래를 부르며 피아노를 치는 동안에도 부인은 바로 옆에 앉아 있었다. 한번은 우라이아가 좋아하는 노래라며, 소곡을 하나 부탁했다(정작 우라이아 본인은 커다란 의자에 기대어 하품을 하고 있었지만). 때때로 아들 쪽을 바라보고는 그 애는 음악에 푹 빠져 있다고 아그네스에게 보고하기도 했다. 부인은 아들 이야기가 아니면 거의 말을 하지 않았다. 그렇지 않은 경우는 한 번도 없었다. 마치 그것이 부인의 의무인 것처럼.

이런 일이 잘 때까지 이어졌다. 두 모자가 마치 커다란 박쥐처럼 집 전체를 날개로 뒤덮으며, 그 추한 모습으로 집 안에 어둠을 만드는 것을 보자, 말할 수 없이 불쾌했다. 자는 것보다 차라리 아래층에서 뜨개질을 계속하는 쪽이 오히려 낫다고 생각했다. 그날 밤 나는 거의 잠을 이루지 못했다. 그다음 날에도 뜨개질과 감시가 시작되어 하루 종일 이어졌다.

나는 단 10분간도 아그네스와 이야기할 기회를 갖지 못했다. 내 편지를 그녀에게 보일 수도 없었다. 한번은 밖으로 나가자고 말해 보았지만, 그러자 곧바로 힙 부인이, 몸이 불편하다고 호소하는 바람에, 불쌍하게 여긴 아그네스는 집에 남아 부인 옆에 붙어 있었다. 해질 무렵, 나는 결국 혼자 밖으로 나가 내가 해야 할 일을 곰곰이 생각해 보았다. 런던에서 우라이아 힙이 내게 말한 것을 아그네스에게 계속 숨기는 것이 옳은 일일까? 왜냐하면 이 일이 또다시 나를 몹시 괴롭히기 시작했기 때문이었다.

멋진 산책로가 있는 람스게이트 거리를 거닐고 있을 때 내 뒤 어둑어둑한 곳에서 누군가가 나를 불렀다. 호리호리한 체구와 초라한 외투로 보아 틀림없이 우라이아 힙이었다. 내가 걸음을 멈추자 그가 곧바로 쫓아왔다.

"무슨 일이오?"

내가 말했다.

"어쩌나 빨리 걸으시는지!" 그가 말했다. "난 다리가 제법 긴 편인데도 아주 혼이 났습니다."

"어디로 가는 길이오?" 나는 물었다.

"아닙니다. 그냥 같이 좀 걷고 싶어서요, 코퍼필드 도련님. 오래 알고 지낸 사이인데, 한번쯤 산책 정도는 같이 해도 좋겠다 싶어서요." 아첨하는 건지 깔보는 것인지는 알 수 없지만, 그는 이렇게 말하고 몸을 비비꼬며 나와 나란히 걷기 시작했다.

"우라이아!"

나는 잠시 뜸을 들였다가 되도록 친절하게 말했다.

"왜 그러십니까, 코퍼필드 도련님?"

"실은 말이오, 이렇게 말한다고 화를 내지는 않겠지요, 나는 오랜 시간 상대하다 보니 혼자 있고 싶어서 산책하러 나온 거요."

그는 곁눈질을 하고 히죽히죽 웃으며 말했다. "제 어머니 말씀이지요?"

"아, 그래요."

"그러시군요. 그런데 도련님, 아시다시피 우리는 태생부터 자란 환경까지 정말 천합니다. 그 점을 뼈저리게 알고 있으므로 어떻게 해서든 귀하신 분들로부터 밀려나지 않도록 노심초사하는 것입니다. 사랑을 위해서는 수단과 방법을 가리지 않는다고 하지 않습니까."

그는 큼직한 두 손으로 턱을 쓸면서 희미하게 웃었다. 사람이라기보다는 심술궂은 비비처럼 보였다.

"게다가 도련님은 위험한 연적이니까요. 옛날부터 그랬죠." 여전히 그 불쾌하기

짝이 없는 기쁨에 들떠서, 고개를 저으며 말했다.

"그럼 미스 워크필드를 감시하고 숨통을 조이는 것이 모두 나 때문이라는 거요?" 나는 따지고 대들었다.

"오! 코퍼필드 도련님! 그건 지나치신 말씀입니다." 그는 응수했다.

"맘대로 지껄이시오, 그러나 내 말뜻은 당신도 잘 알고 있을 거요, 우라이아."

"아니오! 전 모릅니다! 도련님이 말씀해 주셔야죠."

"우라이아." 나는 아그네스를 위해 마음을 억누르고 조용하게 말했다. "나는 미스 워크필드를 소중한 친누이처럼 생각하고 있을 뿐이오. 당신은 그렇지 않다고 보오?"

"그렇군요. 그런데 코퍼필드 도련님. 그 질문에 대답할 의무가 저에게 없다는 것을 당신도 아시죠?"

그의 천박하고 교활한 얼굴과 속눈썹이라고는 흔적도 없는 민숭민숭한 눈보다 역겨운 것을 나는 여태껏 한 번도 본 적이 없었다.

"자, 그렇다면 좋소! 미스 워크필드를 위해서라도—"

"나의 아그네스!" 그는 말라빠진 몸을 비비꼬며 말했다. "아무쪼록 그녀를 아그네스라고 불러주십시오, 코퍼필드 도련님!"

"아그네스 워크필드를 위해서라도—아, 그녀는 반드시 행복해야 하오."

"그렇게 말씀해 주시니 감사합니다, 코퍼필드 도련님!" 그가 말허리를 자르며 끼어들었다.

"그녀를 위해서라도 당신에게 말해 두는 게 좋겠소. 그것만 아니라면 말하고 싶지 않지만—말한다면, 그렇지, 잭 케치[1]에게 말하는 게 나을 거요."

"누구라고요?" 우라이아는 목을 길게 빼고 귀에 손을 가져다대면서 되물었다.

"사형집행인이오. 떠올릴 수도 없는 인물이지만." 그러나 그의 얼굴을 보고 있으면 무엇보다 먼저 그런 사형집행인의 얼굴이 자연스럽게 떠올랐다. "아무튼 본론을 말하자면, 나는 다른 처녀와 이미 약혼했소. 이만하면 만족하겠소?"

"정말입니까?" 우라이아가 말했다.

나는 화를 참으며 그에게 다시 한번 확인시켜주려고 하는데 그가 내 손을 잡

---

[1] 17세기에 실존했던 유명한 사형집행인.

고서 꽉 쥐었다.

"오, 코퍼필드 도련님!" 우라이아가 말했다. "그러시다면 언젠가 도련님 집에 찾아가서 제 마음을 속속들이 내보였던 밤, 도련님이 제 이야기에 제대로 응수해주셨더라면 좋았을 것입니다. 그러면 지금처럼 이렇게 의심하는 일도 없었을 테니까요. 지금 바로 저의 어머니에게, 손을 떼라고 하겠습니다. 아주 기쁘게 말입니다. 모든 것이 아그네스를 너무 사랑한 나머지, 조심성이 지나쳐서 벌어진 일이니 도련님이 용서하시리라고 믿습니다. 그건 그렇고, 정말 애석한 일입니다, 코퍼필드 도련님. 저는 도련님을 믿고 모든 비밀을 남김없이 털어놓았건만, 이야기에 당신은 조금도 응해주시지 않으셨지요! 저로서는 얼마든지 기회를 드렸습니다만, 제가 바라는 대로 부응해 주시지 않았습니다. 저는 도련님을 정말 좋아하지만, 도련님은 저를 싫어하시니까요."

그러면서도 그는 줄곧 그 축축한 손가락으로 내 손을 꼭 잡고 있었다. 나는 실례가 되지 않는 범위에서 그 손을 뿌리치려고 했지만 그럴 수 없었다. 그가 내 손을 잡고 자기 손을 외투 소매 속에다 넣었으므로, 나는 거의 강제로 그와 팔짱을 끼고 걸어갔던 것이다.

"이쪽으로 갈까요?" 잠시 뒤 우라이아는 시내 쪽으로 나를 이끌며 말했다. 시내 쪽에는 초저녁달이 멀리 떨어진 창문들을 은빛으로 물들이고 있었다.

"당신이 알아두어야 할 것이 있소." 오랜 침묵을 깨고서 내가 말했다. "아그네스 위크필드는 당신보다는 까마득히 높이 있어서, 저 달처럼 당신이 아무리 갖고자 열망해 보았자 도저히 손에 넣을 수 없다는 사실을 말이오!"

"아그네스는 평화롭죠, 그렇죠!" 우라이아는 말했다. "아주 평화롭죠! 자, 이제는 고백하시지요, 코퍼필드 도련님. 도련님은 처음부터 제가 싫으셨지요? 저는 이렇게나 좋아하는데! 맞아요. 도련님은 줄곧 나를 천한 놈이라고 생각해 왔어요! 암요! 그렇고말고요!"

"나는 스스로를 비하하는 것은 좋아하지 않아요. 그것을 큰소리치며 떠들어대는 것은 딱 질색이오."

"그렇죠! 처음부터 알고 있었어요." 우라이아가 몸을 앞으로 내밀었다. 달빛을 받은 얼굴은 지저분한 납빛으로 보였다. "그러나 저 같은 처지에 있게 되면, 천해지는 것이 당연하다는 것을 도련님은 전혀 생각하지 못하고 있습니다, 코퍼필드 도련님. 제 아버지와 저는 둘 다 급비 학교를 나왔고, 어머니 역시 일종의 자선학교[2] 같은 기관에서 자라났습니다. 거기서는 아침부터 밤까지 저희에게 겸손이란 것만을 가르쳐주었습니다. 제가 아는 한 다른 것은 가르쳐주지 않았습니다. 저희는 이 사람에게도 저 사람에게도 굽실거려야 했습니다. 여기서는 모자를 벗어야 했고 저기서는 절을 해야 했습니다. 분수를 알고, 높으신 분들에게는 고개를 숙이라는 것만을 배웠습니다. 저희 아버지는 겸손했으므로 급장 상패를 받았습니다. 저도 받았습니다. 아버지는 겸손하게 처신하여 교회지기가 되었습니다. 아버지는 높으신 분들 앞에서는 매우 예의바르고 겸손했으므로 일자리도 구할 수 있었던 겁니다. 아버지는, '우라이아, 겸손하여라, 그래야만 출세한다'고 내게 말했습니다. '학교에서 언제나 귀가 따갑도록 타이르던 것도 바로 그것이란다. 그래야만 남들에게 인정을 받을 수 있다. 머리를 숙여라. 그래야 네가 잘되는 거야!'라고 말씀하셨어요! 정말 그렇게 했더니, 나쁘진 않았습니다!"

우라이아의 위선적인 겸손이 힙 가문의 전통이라는 것은 나도 이번에 처음 알았다. 나는 지금까지 결과만 보고, 원인은 조금도 생각해보지 않았던 것이다.

"저는 아주 어렸을 때부터 머리를 조아리는 것이 어떠한 결과를 가져온다는 것을 알고 있었고, 계속 그렇게 살아온 것입니다. 맛없는 빵도 기쁜 듯이 받았습니다. 저는 배우는 것도 적당히 멈추고 말았지요. 학문은 시시한 것이니 '치워버리자!'고 스스로 다짐했습니다. 그래서 언젠가 도련님이 라틴어를 배워 보라고 말씀하셨을 때에도, 저는 그런 한심한 짓은 하지 않았습니다. 저의 아버지께서는, '세상 사람들은 모두 네 위에 서는 것을 좋아한다. 그러니 너는 몸을 낮추어 처신해야 한다'고 말씀하셨습니다. 그래서 저는 지금 이 순간까지도 지극히 겸손하게 살아 왔습니다, 코퍼필드 도련님. 그러나 이제는 약간의 권력을 얻게 되었죠!"

우라이아가 이러한 이야기를 자세히 해준 것은 자기의 권력을 이용, 지금까지 자기가 당한 것을 되갚으려 결심하고 있다는 것을 내게 알리기 위한 수법이라는 것을 나는 달빛에 비친 그의 얼굴을 보고 알았다. 우라이아의 비굴함과 교활함과 악의를 나는 처음부터 한 번도 의심한 적이 없었다.

---

[2] 빈민을 위한 학교.

그러나 지금 알고 보니, 우라이아의 비열하고 무정하고 복수심에 불타는 정신은, 어린 시절의 오랜 억압에서 생긴 것이었다.

우라이아의 신상 이야기가 한 가지 좋은 결과도 가져왔다. 그가 기쁨에 겨워서 턱을 만지느라 내 손을 풀어주었던 것이다. 나는 일단 그의 손에서 벗어났으니 계속해서 떨어져 걸어야겠다고 마음먹었다. 그래서 그때부터 우리는 거의 이야기도 하지 않고 나란히 걸어 돌아왔다.

내가 그에게 해준 이야기 때문인지 아니면 그가 자기 회고담에 도취된 때문인지는 알 수가 없지만 어쨌거나 그는 매우 명랑해졌다. 우라이아는 식사 때도 여느 때보다 말이 많았고, 그의 어머니(우리가 집 안에 들어선 순간부터 감시하는 일에서 벗어난)에게, 자신이 총각으로서는 너무 늦지 않았느냐고 뻔뻔스럽게 묻기도 했다. 그러고는 아그네스를 물끄러미 바라보았기에 내가 이 녀석을 때려눕혀도 좋다는 허가만 받을 수 있다면 나는 가지고 있는 모든 재산을 버려도 좋다고 생각했다.

식사 뒤 남자 세 사람만이 남게 되자, 우라이아는 한층 더 대담해졌다. 그는 포도주는 거의 마시지 않았다. 따라서 이런 행동은 나에게 승리를 과시하기 위한 오만한 마음에서 온 것이었다.

어제도 눈치챘지만, 우라이아는 위크필드 씨에게 자꾸만 술을 마시게 하려고 했다. 아그네스가 방에서 나가며 나에게 눈짓으로 신호를 보냈기에 나는 한 잔만 마시고 아그네스를 따라 가자고 제안했던 것이다. 오늘도 그 수를 쓰려고 했으나 우라이아가 선수를 치고 말았다.

"오늘은 참으로 뵙기 어려운 귀한 손님이 찾아오셨습니다." 그는 식탁 끝에 자리잡고 앉아 있는 위크필드 씨에게 말했다. "선생님만 좋으시다면 한두 잔 더 건배를 하여 이 손님을 환영하는 뜻을 나타내고 싶습니다만, 선생님 뜻은 어떠신지요? 자, 그럼 코퍼필드 도련님, 당신의 건강과 행복을 빕니다!"

나는 그가 내미는 손을 잡는 시늉을 하지 않을 수 없었다. 그리고 전혀 다른 기분으로 그의 동업자인 실의에 빠진 불쌍한 신사의 손을 마음을 담아 잡았다.

"자아, 동업자 선생님," 우라이아는 말했다. "실례지만, 코퍼필드 씨를 위해 건배에 대한 축하의 말씀을 해주시겠습니까?"

위크필드 씨는 먼저 나의 대고모의 건강을 위하여 잔을 들었고, 딕 씨의 건강을 기원했고, 민법박사회관과 우라이아의 건강을 위해 잔을 들었는데, 그때마다 두 잔씩 마셨다. 그는 자신의 약점을 잘 알고 있었다. 버티려고 애써도 소용이 없었다. 우라이아의 태도에서 느끼는 참을 수 없는 수치심과 그의 환심을 사려하는 욕망 사이에서 몹시 괴로워하고 있었다. 그러나 우라이아는 아주 만족해했다. 몸을 비비 꼬며, 고양이가 쥐를 굴리고 놀 듯 여봐란 듯이 기뻐하는 것이었다. 보는 것만으로도 욕지기가 치밀어 올랐고, 여기서 다시금 돌이키고 싶지도 않으니 자세한 묘사는 생략하도록 하겠다.

"자아, 동업자 선생님!"

이번에도 우라이아는 말했다.

"저는 또 한 사람을 위해 건배를 부탁드리고 싶은데요. 여성 가운데 가장 신성한 여성을 위해 건배하고 싶으니 잔을 가득 채워주십시오."

위크필드 씨는 빈 잔을 들고 있었다. 그는 잔을 내려놓고, 아그네스와 꼭 닮은 그 어머니 초상화를 바라보더니, 이마에다 손을 대고는 안락의자에 털썩 주저앉아버렸다.

"제가 따님의 건강을 위해 축배를 들기에는 너무도 비천한 놈이지만, 그래도 저는 따님을 존경합니다. 아니, 숭배하고 있습니다."

늙은 위크필드 씨의 하얗게 센 머리는, 지금까지 참을 수 없는 온갖 고통에도 견뎌왔지만, 지금 불끈 움켜쥔 그의 두 주먹에 담겨 있는 극심한 마음의 통증에 비하면 그것은 아무것도 아니었다.

"아그네스 위크필드는 성녀와 다름없으며, 이 세상에 내려온 천사라 해도 과언이 아닙니다. 우리는 다 같은 친구 사이니까 솔직히 이야기해도 괜찮겠죠? 그녀의 아버지라는 것도 자랑할 만한 명예입니다만, 그녀의 남편이 된다는 것은—" 우라이아의 눈에 그 아버지는 보이지도 않았고, 또한 자기가 무슨 짓을 하고 있는지 전혀 알지 못했다.

위크필드 씨가, 두 번 다시 그런 소리를 하지 말라고 소리치며 벌떡 일어났다. 마치 신음 소리 같은 외침이었다.

"왜 그러십니까?" 우라이아는 안색이 창백해지며 말했다. "화를 내시는 것은 아니시겠지요, 위크필드 씨? 그야, 저는 따님을 제 아내로 삼고 싶다고 생각하고 있습니다. 그렇게 말씀드리는 것이 어째서 잘못입니까? 다른 사람들과 마찬가지로, 아니, 다른 사람 이상으로 제게도 그럴 자격이 있습니다."

나는 두 팔로 위크필드 씨를 껴안고서 내가 할 수 있는 모든 생각을 동원하여, 특히 따님에 대한 사랑으로 마음을 진정시키도록 노여움을 달랬다.

그는 한때는 아주 미쳐버렸다. 머리칼을 쥐어뜯고, 나를 떠다밀려 했고, 내게서 빠져나가려고 했으며, 미치광이처럼 날뛰며 한마디 답도 없었고, 아무것도 보려 하지 않았다. 얼굴을 찡그리고 허공을 응시하며 이유 없이 몸부림을 쳤다. 아무튼 처참한 광경이었다.

정신을 놓지 말고 내 말에 귀를 기울여 달라고, 조리가 서지 않았지만 나는 필사적으로 위크필드 씨를 달랬다. 일단 아그네스를 떠올리도록, 아그네스와 내가 함께 자란 시절의 일, 내가 얼마나 그녀를 존경하고 사랑하고 있는가, 또 그녀가 얼마나 당신의 자랑이요 기쁨인가를 생각해 보라고 간청했다. 어떻게든 딸의 이상적인 모습이 그의 눈앞에 떠오르게 하려고 애썼다. 이런 모습을 아그네스에게 보여서는 안 되는데, 참지 못한 그의 인내심 부족을 비판하기도 했다. 이러한 말이 효력을 나타냈던 것인지, 아니면 광란이 자연히 가라앉은 것인지는 모르겠지만, 차츰 나를 바라보기 시작했다. 처음에는 이상하다는 듯이 바라보았지만, 이윽고 분명히 알아보고 겨우 소리를 냈다.

"나는 알고 있네, 트롯우드! 내 딸과 자네는—아아, 다 알고 있어! 그러나 저자를 보게!"

그는 우라이아를 가리켰다. 우라이아는 자기 예상이 너무도 빗나간 데 놀라서 한쪽 구석에서 창백해진 얼굴로 노려보고 있었다.

"나를 못살게 구는 저 무시무시한 녀석을 보게. 나는 저 녀석 때문에, 내 이름과 명예, 평화와 안정, 그리고 집과 가정까지 차례차례 잃어왔네."

"아닙니다. 저는 선생님을 위해서 선생님의 이름과 명예, 평화와 안정, 가정적 즐거움까지 지켜왔습니다." 형세가 불리하다고 판단한 우라이아는 골을 내면서도 황급히 한 걸음 물러섰다. "위크필드 씨, 어리석은 말씀 마세요. 제가 선생님이 생각하지도 않은 곳까지 갔다면, 다시 되돌아올 수도 있는 것 아닙니까? 무슨 해를 끼치는 일을 한 것도 아니니 말입니다."

"아니, 나는 한 사람에게서는 하나의 동기만을 추구해 왔어. 따라서 이익이라는 동기에서 저 사람과 인연을 맺게 된 것을 만족하게 생각했었지. 그러나 저자를 보게. 오, 저자의 정체를 좀 보란 말이야!"

"코퍼필드 씨, 할 수 있다면 저 사람이 말을 못하게 하는 것이 좋을 것입니다." 우라이아가 길쭉한 손가락으로 나를 가리키며 말했다. "두고 보십시오! 분명 쓸데없는 말—선생님도, 도련님도 나중에 뉘우치게 될 말을 꺼낼 것이 틀림없습니다!"

"그래, 모조리 얘기하겠어!" 위크필드 씨는 자포자기한 것 같았다. "내가 너의 지배 아래에 있다면, 이 세상 전체의 지배 아래에 놓인들 뭐가 더 나쁘겠어?"

"잘 들으십시오, 도련님! 분명히 말해둡니다!" 우라이아는 나를 위협하듯 경고했다. "빨리 그의 입을 막지 않는다면, 당신은 그의 친구가 아닙니다! 선생님, 이 세상 전체의 지배 아래에 놓이는 것이 왜 나쁘냐고요? 그야 당연히 선생님에게는 따님이 계시기 때문입니다. 선생님이나 저나 다 알고 있지 않습니까? 공연히 문제를 만들지 마십시오. 제가 이토록 겸손하게 행동하고 있는 것을 모르시겠어요? 제게 지나친 점이 있었다면 사과드리겠습니다. 선생님은 제가 어떻게 하시길 바라십니까?"

"오, 트롯우드!" 위크필드 씨는 두 주먹을 불끈 쥐며 외쳤다. "이 집에서 자네를 처음 만난 그날부터 나는 몰락의 길을 걸었었지! 그때도 이미 몰락하고 있었지만, 그 뒤의 세월은 얼마나 끔찍했는지 모르네! 나는 마음이 약해서 한번 빠지자 헤어나지 못하고 몰락한 걸세. 추억에 빠지고, 망각에 빠졌던 거야. 아그네스의 죽은 어미를 그리워하는 당연한 슬픔도 나에게는 화가 되었고, 딸애에 대한 사랑 또한 그러했네. 나는 내 손에 닿는 모든 것에 그 독을 옮겼지. 사랑하는 이에게까지 일없이 불행을 안겨주었어. 나는 알고 있어—그렇지, 자네도 알지? 나는 이 세상에서 단 한 사람만을 진정으로 사랑하고, 다른 사람은 아무도 사랑할 수 없다고 생각했어. 한 사람의 죽음만을 슬퍼하고, 그 죽음을 애도하는 모든 사람의 슬픔을 같이 나눌 수는 없다고 생각했다네. 이렇게 해서 내 일생의 교훈은 비뚤어지고 말았다네! 나는 병들고 겁 많은 이 마음을 양식 삼아 살아왔는데, 반대로 그것의 먹이가 되어버린 거야. 꽉 막힌 슬픔, 꽉 막힌 사랑, 삶의 어두운 면에서 벗어나고자 한 시도 또한 참으로 꼴사납고 응어리진 것이었어. 그리고 지금은 보다시피 패배자가 되었지! 트롯우드, 나를 경멸하게나! 그리고 외면하게나!"

위크필드 씨는 의자에 털썩 주저앉아 흐느껴 울었다. 일시적인 흥분도 이제야 겨우 가라앉고 있었다. 우라이아가 구석에서 나왔다.

"나는 부끄러울 정도로 어리석어서 내가 무슨 짓을 저질러왔는지 전혀 몰라." 위크필드 씨는 나의 비난을 피하려는 듯이 두 손을 내밀며 말했다. "그는 다 알고 있어."

우라이아 힙을 두고 한 말이다.

"그는 언제나 내 옆에 붙어서 속삭여왔으니까. 그는 내 목덜미에 매달려 있는 무거운 돌덩이야. 내 집에서도, 사무소에서도 그림자처럼 따라다니며 무슨 소리를 지껄여대는지. 자네도 방금 들었지? 더 얘기할 필요도 없네!"

"옳습니다. 선생님은 전혀 말할 필요가 없습니다." 우라이아는 반은 싸움 투로, 반은 아첨하는 투로 말했다. "술만 드시지 않았다면 이러한 행동을 취하지도 않았을 테니까요. 내일이면 분명 마음이 달라지실 것입니다. 선생님, 설령 제가 지나친 말씀을 드렸거나, 마음에도 없는 것을 말씀드렸다 해도, 저는 그것을 고집스럽게 내세우지는 않습니다!"

문이 열렸다. 아그네스가 창백한 얼굴로 조용히 들어와서 한 쪽 팔로 아버지의 목을 껴안고 차분히 말했다.

"아빠, 몸이 편치 않으셔요. 저와 같이 가세요!"

위크필드 씨는 무거운 수치심 때문에 괴로운 듯이 딸의 어깨에 머리를 기대고 같이 나가버렸다. 그녀와 아주 잠깐 눈길이 마주쳤을 때, 나는 그녀가 지금까지 일어난 일을 소상히 알고 있다는 것을 한눈에 알 수 있었다.

"저분이 저토록 노발대발할 줄은 몰랐어요, 코퍼필드 도련님." 우라이아가 말했다. "하지만 그런 것쯤은 아무렇지도 않습니다. 내일이면 또 화해할 테니까요. 그렇게 하는 것이 저분을 위한 길이니까요. 도련님, 이래 봬도 저는 선생님을 진심으로 걱정하고 있답니다."

나는 그에게 대답하지 않고 조용한 2층 방으로 올라와버렸다. 옛날에, 내가 책을 읽고 있으면 언제나 아그네스가 옆에 와서 앉았던 그 방이었다. 밤늦도록 있었으나 아무도 들어오지 않았다. 나는 책 한 권을 꺼내 읽었다. 시계가 자정을 알렸지만, 나는 여전히 책을 읽고 있었다. 뭐가 뭔지 내용을 알지도 못하고 그냥 읽고만 있는데, 아그네스가 나를 어루만졌다.

"내일 아침 일찍 떠나죠, 트롯우드! 그러니 우리 작별인사나 나눠요!"

아그네스는 계속 울고 있었을 텐데, 이때는 이미 침착함을 되찾은 뒤였고, 정말 아름다웠다.

"하느님의 가호가 있기를 빕니다!" 그녀는 악수를 청하며 말했다.

"아그네스! 오늘 밤 일은 얘기하지 말라는 거죠? 알고 있어요.—하지만, 이제 정말로 방법이 없나요?"

"하느님의 뜻에 맡기겠어요!" 그녀는 대답했다.

"내가 할 수 있는 일은 아무것도 없을까요? 나도 내 나름의 슬픔을 지니고 당신에게 오기는 했습니다만."

"그래서 내 슬픔을 한층 가볍게 해주셨어요. 트롯우드, 당신이 하실 일은 없어요!"

"아그네스, 나 같은 인간—당신이 넘치도록 가지고 있는 착함, 결단력, 모든 고상한 성품을 갖추지 못한—그런 인간이 당신의 결정을 의심하고 당신에게 지시한다는 것은 건방진 일입니다. 그러나 내가 당신을 정말 사랑하고, 당신에게 깊은 은혜를 입고 있다는 것은 잘 알 겁니다. 아그네스, 당신은 잘못된 효심 때문에 자신을 희생시키지는 않겠지요?"

순간 그녀는 깜짝 놀라 잡았던 손을 놓고 한 걸음 뒤로 물러섰다.

"아그네스, 그럴 생각은 분명히 없다고 말해줘요! 나는 당신을 친누이 이상으로 생각합니다! 당신의 따뜻한 마음과 아름다운 사랑이 얼마나 귀중한 선물인가를 생각해야 합니다!"

그러고 보니, 그때 그녀의 순간적인 얼굴, 놀라는 것도 아니고 나무라는 것도 아니고, 그렇다고 뉘우치는 것도 아닌 그 얼굴이 머지않아 또다시 내 눈앞에 느닷없이 나타나게 되지만, 물론 그것은 훨씬 나중의 일이다. 그녀는 웃으며, 자기 자신에 대해서는 두렵지 않으니 걱정할 필요가 없다고 했다. 그리고 나를 귀여운 동생이라고 부르는 내 곁을 떠나가버렸다.

다음 날 아침, 여인숙 문 앞에서 나는 마차에 올랐다. 사방은 아직 캄캄했다. 마차가 출발하려고 할 때에야 비로소 먼동이 트기 시작했다. 아그네스를 생각하며 앉아 있는데, 어둑어둑한 곳에서 우라이아의 머리가 마차 옆으로 불쑥 나타났다.

"코퍼필드 씨!" 그는 지붕 위의 쇠줄에 매달려서 숨을 헐떡이며 속삭였다. "떠나기 전에 들어 두시는 게 좋을 것 같아서 왔습니다. 기뻐해 주십시오. 우리들 사이에는 화낼 일이 없습니다. 제가 선생님 방으로 찾아가서 모든 일을 원만하게 처리했습니다. 제가 미천한 몸이지만, 그분에게는 쓸모 있다는 것을 당신도 알고 있지요? 그분도 취하지만 않으시면 자신의 손익이 어떠하다는 걸 충분히 따져보실 수 있으니까요. 아무튼 참으로 호감이 가는 분입니다!"

나는, 자네가 사과했다는 말을 들으니 기쁘다는 말밖에 할 수가 없었다.

"과연, 그렇습니다! 저같이 비천한 인간에게 사과 따위가 무슨 대수겠습니까? 누워서 떡 먹기죠! 그럼요." 그는 몸을 비비 꼬았다. "도련님도 이따금씩 배가 익기도 전에 따버린 경험이 있지요?"

"그, 그야, 있지요."

"어젯밤에 제가 그런 실수를 했습니다. 그러나 배는 언젠가는 익을 겁니다. 그때까지는 신경 써서 잘 보살펴줘야겠지요. 저는 기다릴 수 있어요!"

그는 수다스럽게 작별인사를 늘어놓다가 마부가 올라온 뒤에야 마차에서 내려갔다. 그는 쌀쌀한 아침 공기를 물리치려고 무엇인가를 먹고 있었다. 입을 움직이는 모습이 영락없이, 배가 다 익어서 입맛을 다시는 것처럼 보였다.

40장
유랑자

앞 장에서 자세히 설명한 집안 사정에 대해, 그날 밤 버킹엄 가의 집에서 다시금 진지하게 이야기를 나누었다. 대고모는 그 이야기에 깊은 관심을 갖고 있었으므로, 그 뒤 두 시간이 넘도록 팔짱을 끼고 방 안을 왔다 갔다 했다. 대고모는 특히 마음이 뒤숭숭할 때는 늘 이렇게 서성거리는 습관이 있었다. 그리고 그 서성대는 길이에 따라 걱정의 정도를 거의 추측할 수 있었다. 오늘 밤에는 너무나 마음이 뒤숭숭해서 침실문을 열어놓고 이쪽 방에서 저쪽 방 끝까지 걸어다닐 길을 만들었을 정도였다. 딕 씨와 내가 말없이 난롯가에 앉아 있는 동안에도 대고모는 이 정해진 길을 시계추처럼 일정하게 계속 오가고 있었다.

딕 씨가 잠자리에 들기 위해서 나가버리자, 대고모와 나, 둘만 남게 되었다. 나는 앉아서 두 노부인(도라의 두 고모)에게 편지를 쓰기 시작했다. 이윽고 대고모도 서성거리는 데 지쳐서 여느 때처럼 치맛자락을 걷어 올리고 난롯가에 앉아 있었다. 그러나 평소에는 술잔을 무릎 위에 올려놓고 앉아 있는데, 난로 선반에다 아무렇게나 놓아두고서 왼쪽 팔꿈치를 오른팔 위에 올려놓고 왼손으로 턱을 받친 자세로 나를 뚫어지게 바라보았다. 편지를 쓰다가 고개를 들면, 그때마다 대고모와 눈이 마주쳤다.

"오늘 밤은 기분이 아주 그만이야. 그런데 어쩐지 불안하고 슬프구나!" 대고모는 고개를 끄덕이며 말했다.

나도 바쁘다 보니, 대고모가 잠자리에 든 뒤에야 대고모가 혼합주를 입도 대지 않은 채 난로 선반에 그대로 놓아둔 것을 보았다. 이 사실을 알리려고 대고모의 침실문을 두드렸더니, 대고모는 여느 때보다 더 호의적으로 문까지 나왔다. 그러나 대고모는 나직이, "오늘 밤엔 마시고 싶은 마음이 없구나"라고 말하고는 고개를 가로로 저으며 다시 들어가버렸다.

다음 날 아침, 대고모는 두 노부인에게 보낼 내 편지를 읽고 나서, 좋다고 했다. 곧바로 편지를 부쳤으니, 이제는 답장이 올 때까지 참고 기다리는 수밖에 도리가 없었다. 약 1주일이 지났지만 답장은 오지 않았다. 여전히 편지를 기다리던 어느 눈 내리는 밤에, 나는 박사님 댁을 나와서 집으로 걸어가고 있었다.

그날은 유난히 추웠다. 살을 에는 북동풍이 온종일 불었다. 그러나 해가 지자 바람이 잦아들고, 눈이 내렸다. 탐스런 함박눈이 펄펄 내리면서 두껍게 쌓였다. 마치 깃털로 감싼 것처럼, 마차소리와 발소리도 조용해졌다. 눈이 많이 쌓였다.

집으로 가는 가장 가까운 지름길—날씨가 날씨니만큼 나는 가장 가까운 길을 택했다—은 세인트 마틴 골목길을 통과하는 것이다. 길 이름과 같은 세인트 마틴 교회 주변은, 그 무렵에는 지금보다도 훨씬 황량했고, 지금과 같은 광장도 없었으며, 골목길은 꼬불꼬불하게 스트랜드까지 이어져 있었다. 교회 현관의 계단을 내려갈 때, 모퉁이에서 나는 문득 어떤 여인과 마주쳤다. 그 여인은 내 얼굴을 힐끗 들여다보더니, 좁은 골목을 건너서 어둠 속으로 사라져버렸다. 나는 그 얼굴을 어디선가 본 적이 있었다. 그러나 어디서 보았는지, 도무지 생각이 나지 않았다. 무언가 그 얼굴과 연상된 기억이 남아있어서 순간적으로 퍼뜩 떠올랐으나, 그 순간 다른 생각을 하고 있었던 탓에 알 수 없었던 것이다.

교회 계단에 한 사나이가 웅크리고 있었다. 그 사나이는 짐을 눈 위에다 내려놓고 고쳐 매고 있었다. 얼굴을 보는 순간 나는 그가 누군지 금방 알 수 있었다. 순간 놀라서 걸음을 멈추었는지 어쨌는지는 잘 기억나지 않지만, 아무튼 내가 계속 걸어가자, 사내는 일어서서 느닷없이 내 쪽으로 다가왔다. 나와 정면으로 마주보고 서 있는 사람은 다름 아닌 페거티 씨였다!

그제야 아까 본 그 여인이 누군지 생각이 났다. 언젠가 에밀리가 부엌에서 돈을 준 마사였다. 햄이 내게 말하기를, 페거티 씨는 바닷속에 잠긴 보물을 모조리 준다 해도 자기의 귀여운 조카딸이 그런 여자와 사귀는 것은 싫다고 했다던 바로 그 마사 엔델이었다.

우리는 악수를 했다. 처음에는 우리 둘 다 말을 잇지 못했다.

"데이비 도련님!" 페거티는 나를 꽉 껴안으며 말했다. "도련님을 만나니 매우 기쁩니다. 정말 잘 만났습니다!"

"잘 만났어요, 다정한 옛 친구!" 나도 말했다.

"실은 오늘 밤 도련님을 찾아뵐까 생각했지만, 지금은 대고모님과 함께 사신 다는 이야기를 들은지라—야머스에 갔다 오는 길이거든요—시간도 너무 늦었 고 해서 내일 아침 떠나기 전에 찾아뵈려 했습니다."

"또 떠날 건가요?"

"네, 도련님. 내일 떠납니다." 페거티는 끊임없이 고개를 저으며 말했다.

"이번에는 어디로 갈 건가요?"

"글쎄요! 딱히 정해진 곳은 없습니다." 페거티는 길게 자란 수염에서 눈을 털어 내며 말했다.

그의 불행과 끊으려야 끊을 수 없는 관계가 있는 곳이라 나도 도저히 잊을 수 없는 골든 크로스라는 여인숙의 마구간 뜰로 이어지는 출입문이 우리가 서 있 는 맞은편에 있었다. 나는 그 출입구를 가리켰다. 재빨리 그와 팔짱을 끼고 길을 건너갔다. 두서너 군데의 술집 문이 마구간 뜰 쪽으로 열려 있었다. 한 집을 들 여다보니 손님은 없고, 난롯불만 기분 좋게 타오르고 있었다. 나는 페거티를 데 리고 그곳으로 들어갔다.

밝은 곳에서 그의 모습을 보니 머리털이 텁수룩하게 제멋대로 자랐을 뿐만 아니라, 얼굴은 햇볕에 그을려 있었다. 흰머리가 많아졌고 이마의 주름도 더 깊 어졌다. 추위와 더위 속에서 비바람을 헤치고 고생하면서 방랑생활을 한 흔적이 뚜렷했다. 그러나 여전히 건강해 보였고, 이른바 피로를 모르는 강인한 의지 하 나로 버티고 있다는 느낌이었다. 페거티는 들어온 문 쪽으로 등을 돌리고 나와 마주 앉더니, 또다시 거친 손을 내밀어 다정하게 내 손을 잡았다.

"어디에 가서 무슨 얘길 들었는지 모두 말하겠어요, 데비 도련님. 제법 멀리 까지 다녔지만 알게 된 것은 아주 조금밖에 없어요. 그래도 모두 말씀드릴게요." 페거티는 말했다.

나는 벨을 눌러 따뜻한 마실 것을 부탁했다. 페거티는 맥주보다 독한 것은 마 시지 않는다고 말했다. 마실 것이 나오고, 난롯불에 몸을 데우는 동안, 페거티는 가만히 생각에 잠겨 있었다. 표정이 너무도 침통해서, 나는 감히 말을 걸 수 없 었다.

"그 애가 어렸을 때," 우리 둘만 남게 되자, 페거티는 곧 고개를 들고 말했다. "제게 바다 이야기를 곧잘 했답니다. 검푸른 바다가 햇빛을 받아 반짝인다는 얘기였어요. 저는 그 애의 아버지가 바다에서 익사했으므로 그 애가 바다를 잊지 못한다고 생각했습니다. 저는 잘 모릅니다만, 그 애는 이렇게 믿고 있는 것 같았어요—자기 아버지는 언제나 꽃들이 활짝 피어 있고 햇볕이 찬란하게 내리쬐는 나라로 떠내려간 것이라고 말입니다. 어쩌면 그러기를 바랐는지도 모르죠."

"그럴지도 모르지만 어린애의 환상일 뿐이에요." 나는 나직이 대답했다.

"그 애가 사라졌을 때도," 페거티 씨는 말했다. "저는 그자가 그 애를 그런 나라로 데려가는 게 아닐까 하고 생각했습니다. 그 나라의 신비한 것들을 이야기해주고, 그곳에 가면 귀부인으로 만들어주겠다는 등 그런 식으로 그 애를 설득시킨 게 틀림없다고 말이에요. 그자의 어머니를 만났을 때에도 제 생각이 옳았다는 것을 저는 명백히 알았습니다. 그래서 저는 일단 프랑스로 갔습니다. 마치 하늘에서 뚝 떨어진 것처럼 무작정 가 보았습니다."

그때 문이 열리며 눈송이가 휘날려 들어왔다. 조금 더 열리더니 손이 하나 나타나서 가만히 문을 열린 채로 잡고 있었다.

"그곳에서 공무원이라는 영국 신사 한 분을 만났습니다. 그 신사에게 조카딸을 찾아다닌다고 이야기를 하자 여행하는 데에 필요하다는 서류—무슨 서류인지는 잊어버렸지만—를 주셨어요. 필요할 것이라며 돈까지 주셨는데, 그것은 정중하게 거절했습니다. 그분께서 여러모로 베풀어 주신 친절에는 정말 감사하고 있습니다! 또 그분께서는, '자네가 가는 곳으로 미리 편지를 보내어 그곳 사람들에게 얘기를 해두겠네. 그러면 혼자서 먼 길을 여행하더라도, 그쪽에서 자네를 미리 알아볼 테니까 말이야'라고 말해주셨습니다. 너무나 감사한 말씀인지라, 저도 거듭 감사 인사를 드리고 마침내 프랑스 여행에 나선 것입니다."

"혼자, 걸어서 다녔나요?"

"주로 걸어다녔지만, 때로는 시장에 가는 사람들의 짐마차를 타거나, 빈 역마차를 얻어타기도 했습니다. 대체로는 매일 몇 마일씩 걸었습니다. 그리고 친구를 만나러 간다는 병사와 곧잘 길을 함께 걷기도 했지요. 서로 말은 통하지 않지만, 먼지 날리는 길 위에서는 제법 좋은 길동무가 된다오."

그의 다정한 말투에서, 그때 상황을 짐작할 수가 있었다.

"어느 도시에 닿으면, 일단 여인숙에 찾아가서는, 영어를 아는 사람이 나타날 때까지(대개는 누군가가 나타나죠) 안마당에서 기다립니다. 내가 이러이러한 까닭으로 해서 조카딸을 찾고 있다고 말하면, 저쪽에서도 이러이러한 인상착의의 손님이 묵고 있다는 이야기를 해주었죠. 그러면 저는 드나드는 사람들 가운데 그 애와 닮은 사람이 없나 하고 기다립니다. 그러나 그것이 에밀리가 아니면 저는 또 다른 곳을 향해 길을 떠나곤 했지요. 차츰차츰 이곳저곳의 새 마을에 닿으면 가난한 사람들 가운데 저에 관해서 알고 있는 사람이 있다는 것을 알았습니다. 그들은 자기네 집 문간에다 저를 앉혀놓고, 여러 가지 먹을 것과 마실 것을 주었으며, 잠자리까지도 마련해주었습니다. 에밀리 또래의 딸을 가지고 있는 많은 부인들은 마을 밖 십자가가 있는 곳에서 저를 기다리고 있다가, 제게 그와 같은 친절을 베풀어주셨지요. 그 가운데에는 딸이 이미 죽었다는 분도 있었습니다. 정말이지, 그런 어머니들이 제게 얼마나 친절하게 대해주셨는지는 하느님만이 알고 계실 겁니다."

문가에 있는 사람은 마사였다. 귀를 기울이고 있는 그녀의 수척한 얼굴이 분명히 보였다. 나는 페거티 씨가 고개를 돌려 그녀를 볼까 봐 두려웠다.

"그 어머니들은," 페거티 씨는 말을 이었다. "아이들—특히 어린 딸내미들을 내 무릎 위에 앉혀 주었어요. 그래서 저녁이면 곧잘 그런 사람들 집 앞에 앉아서, 꼬마 에밀리를 안고 있는 기분으로 아이들을 안아 주었습니다. 아아, 에밀리!"

말하다 말고 슬픔에 못 이겨 페거티는 큰 소리를 내며 흐느껴 울었다. 나는 얼굴을 가린 그의 손 위에 떨리는 나의 손을 얹었다.

"고맙습니다. 하지만 그냥 내버려 둬 주세요." 그가 말했다.

잠시 뒤 페거티는 얼굴에서 손을 떼서 가슴에 대고 이야기를 이었다.

"그리고 아침에 내가 떠날 때에는 모두 함께 2, 3마일씩 굳이 나와서 배웅해 주었습니다. 헤어질 때 제가, 고맙습니다! 안녕히 계십시오! 하고 말하면, 그쪽에서도 잘 알아들었는지 기분 좋게 인사해 주었습니다. 그리하여 저는 바다로 나왔습니다. 저 같은 뱃사람 집안 출신에게는 이탈리아로 건너는 것쯤은 일도 아니지요. 그곳에 닿아서도 똑같은 여행을 계속했습니다. 그곳 사람들도 친절히 대해 주었지요. 마을에서 마을로 다니며 온 나라를 뒤질 생각이었는데, 스위스의 산 끝에서 그 애를 보았다는 소식을 들었습니다. 스티어포스의 하인을 알고 있다는 사람이, 세 사람이 함께 있는 것을 보았다면서, 그들이 어떻게 여행하고 있으며, 어디에 있는가를 말해주었습니다. 저는 곧바로 밤낮을 가리지 않고 찾

아갔습니다. 그러나 그곳은 아주 먼 길이었죠. 가면 갈수록 산이 점점 멀어지는 것 같았으니까요. 겨우 도착해서 산을 넘고, 목적지가 코앞에 다가왔을 때 문득 만나서 어쩔 셈인가 하는 생각이 들었어요."

몹시 추운 밤인데도 귀를 기울이고 있는 여인은 아직도 문간에서 얼굴을 숙이고 있었다. 그리고 두 손을 모아 나에게 부탁했다―아니, 애걸했다―제발 쫓아내지 말아 달라고.

"제가 그 애를 의심한 적은 한 번도 없었습니다. 그럼요! 전혀 없었습니다! 그 애에게 내 얼굴을 보여주기만 한다면―, 그 애에게 내 목소리를 들려주기만 한다면―, 그 애 앞에 가만히 서서 그 애가 버리고 달아난 집과 그 애의 어린 시절을 떠올리게만 한다면―, 비록 그 애가 여왕이 되어 있다 하더라도 내 발 밑에 엎드렸을 것입니다! 그렇게 하리라는 것을 저는 잘 알고 있었습니다! 여러 차례, 꿈속에서 그 애가 '아저씨!'라고 소리치며 달려와 제 앞에 쓰러지는 것도 보았습니다. 그리고 이것도 꿈이지만, 저는 그 애를 일으켜주면서, '에밀리야, 걱정 마라. 나는 널 용서하고 집으로 데려가려고 여기까지 왔단다'라고 속삭이지요."

페거티 씨는 말을 멈추고 고개를 저었다. 한숨을 내쉬고 다시 말을 이었다.

"그자는 어찌 되든 상관없습니다. 에밀리가 저의 전부입니다. 저는 그 애에게 입히기 위해 옷 한 벌을 샀습니다. 일단 찾기만 한다면, 그 애는 어디든 저를 따라 그 돌길을 함께 걸을 것이며, 앞으로 절대로 저를 버리고 떠나지 않으리라는 것을 잘 알고 있었습니다. 그 애에게 새 옷을 입히고, 입고 있던 옷을 벗기는 것—그 애를 이 팔로 단단히 안고 고향으로 돌아오는 것—가끔 걸음을 멈추고 쉬면서 아픈 다리와 그보다 더 아픈 마음을 치료해 주는 것, 그것만을 생각했습니다. 그자는 어찌되건 누가 신경이나 쓰겠습니까. 그런데 도련님, 그것도 다 꿈이었어요—다 부질없었습니다! 한발 늦었던 겁니다. 제가 다다랐을 때는 그들이 이미 어디론가 떠나버린 뒤였어요. 어디로 갔는지도 알 수 없었습니다. 이런저런 이야기를 해준 사람은 있었고, 저도 여기저기 가 보았지만 에밀리는 찾을 수 없었습니다. 그래서 결국 돌아왔지요."

"돌아온 지가 얼마나 되었어요?" 나는 물었다.

"나흘 전이었습니다. 이미 어두워진 뒤였는데, 오랜만에 그리운 뱃집 창가에 등불이 켜져 있는 것을 보았어요. 다가가서 창문 너머로 들여다보니, 그 성실한 거미지 부인이 정말 약속한 대로 혼자 난로 앞에 앉자 있지 뭡니까. 저는, 놀라지 마세요, 접니다! 하고 말을 하면서 안으로 들어갔어요. 그런데 그 낡고 정겨운 옛집이 이렇게 서먹하고 마치 남의 집처럼 보일 줄은 생각도 못했어요!"

말하면서 그는 두서너 장의 편지 묶음 같은 종이 꾸러미 하나를 조심스럽게 가슴주머니에서 꺼내어 식탁 위에 놓았다.

"이 첫 번째 것은, 제가 떠난 지 한 주일도 되기 전에 온 것입니다. 50파운드짜리 지폐가 종이에 싸여 있지요. 제 앞으로 해서, 한밤중에 문 밑에 살짝 밀어 넣고 간 모양이더군요. 필적을 감추려고 했지만 제 눈을 속일 수는 없었지요!"

그는 그 지폐를 조심스럽게, 먼저 모양과 똑같이 조심스레 접어서 한쪽에다 놓았다.

"이것은 거미지 부인에게 온 것입니다." 그는 다른 하나를 펴 보이며 말했다. "두서너 달 전에 왔지요." 그는 그것을 잠깐 보다가 내게로 넘겨주며 낮은 목소리로, 읽어 달라고 말했다.

다음과 같은 사연이었다.

이 편지를 보시고 아주머니께서 제 부정한 손으로 썼다는 것을 아시면 어떻게 생각하실는지요! 그러나 저 자신을 위해서가 아니라 아저씨를 위해서 잠깐 동안이라도 마음을 누그러뜨리세요! 그리고 부디 부탁드리오니, 한 불쌍한 계집애를 가엾게 여기시어 쪽지에다가 아저씨가 잘 계신지 몇 자 적어 보내주세요! 여러분들은 이제 제 이름을 입에 올리지도 않으실 줄 알지만, 그전에 아저씨가 저에 관해 뭐라고 말씀하셨는지요?—그리고 제가 밤에 집에 돌아올 시간이 되면 아저씨가 그토록 사랑하셨던 저를 지금도 떠올리고 있는 것처럼 보이는지 어떤지, 그것만이라도 제발 적어 보내주세요. 아, 그런 생각을 하면 제 가슴은 찢어지는 듯합니다! 아주머니, 저는 아주머니 앞에 이렇게 무릎을 꿇고 애원합니다. 물론 천벌을 받아야 마땅합니다. 저도 잘 알고 있어요. 하지만 제발 부탁이니 너무 노여워하지 말아주십시오. 부탁하고 기도드립니다. 제발 아저씨의 소식을 몇 자라도 적어 보내주십시오. 귀엽다느니 하는 말씀을 하실 필요는 없습니다. 또한 제가 스스로 더럽힌 그 이름을 불러주시지 않아도 상관없습니다. 다만 저의 상처 입은 가슴에 귀를 기울여 주시고 불쌍하다고 여겨 주신다면, 부디 저의 고민을 들어 자비를 베풀어 주세요. 앞으로 두 번 다시 살아서는 뵐 수 없는 아저씨의 근황을 한마디라도 좋으니 알려주십시오.

아주머니, 저에 대한 마음은 단호하시겠지요? 하지만 부디 제 청을 들어주십시오. 도저히 마음이 풀리지 않으신다면, 제 부탁을 내치시기 전에 하다못해 햄에게—제가 가장 큰 모욕을 주었고, 그의 아내가 되기로 정해졌었던 그에게 물어봐 주세요. 만약 햄이 저를 동정하여, 저에게 편지를 주어도 좋다고 말을 하거든—그는 분명 그렇게 말할 거예요. 그는 언제나 용감하고 너그러우니까요. 아주머니께서 물어 보시기만 한다면, 그렇게 말하리라고 생각해요. 그러니까 만약 그렇게 된다면 부디 그에게 전해 주세요(그렇지 않다면 전하지 않으셔도 돼요). 제가, 밤에 바람소리를 들을 때면, 마치 그 바람이 불쌍한 햄과 아저씨를 보다 못해 화가 나서 불어대고 있으며, 저의 죄를 하느님께 고해바치기 위해 하늘로 올라가는 것처럼 느끼고 있다고요. 만약 제가 내일 죽는다면(그래야 마땅하다면, 기꺼이 죽겠어요!) 제 마지막 말은 그 사람과 아저씨의 행복을 진심으로 비는 말일 것이며, 그의 행복한 가정을, 숨이 멈추기 전까지 기도할 것이라고도 전해 주세요.

이 편지에도 얼마간의 돈이 함께 들어 있었다. 5파운드였다. 이 돈도 아까 것과 마찬가지로 손대지 않은 채로, 처음과 똑같은 식으로 접었다.

답장을 보낼 주소는 상세하게 덧붙여져 있었다. 이로 보아 몇 사람의 손을 거쳐 왔다는 것이 확실했으므로 그녀가 어디에 숨어 있는지는 짐작도 가지 않았지만, 적어도 그녀가 있는 것을 봤다고 하는 장소에서 보낸 것만은 틀림없었다.

"그래 어떤 답장을 보냈어요?"

"거미지 부인은 글을 쓸 줄 모르므로, 햄이 초안을 잡아준 것을 그녀가 다시 베꼈습니다. 제가 그 애를 찾아나섰다는 것과, 제가 집을 떠날 때 한 말을 그 애에게 적어 보냈던 것 같습니다."

"손에 들고 있는 것도 역시 편지입니까?" 나는 물었다.

"이것은 돈입니다." 페거티 씨는 그것을 조금 열어 보였다. "10파운드입니다. 첫 번째 것과 마찬가지로 '진정한 벗으로부터'라고 안에 씌어 있습니다. 그런데 처음 것은 문밖에 놓여 있었는데, 이것은 우편으로 배달되었습니다. 그래서 소인을 근거로 하여 그 애를 찾아갈 작정입니다."

소인은, 라인강 상류에 있는 어떤 도시였다. 페거티 씨는 야머스에서, 그 지방을 잘 알고 있는 몇몇 무역상을 찾아다녔는데, 그들이 종이에다 그가 잘 알아보도록 약도를 그려주었다고 했다. 페거티 씨는 지도를 식탁 위에 올리고, 한 손으로는 턱을 괴고 또 다른 손으로는 순서대로 길을 따라갔다.

"햄은 잘 있나요?"

"그는 기운차게 일하고 있습니다. 어딜 가든 평판이 아주 좋아요. 무엇이 필요하다고 하면 다들 바로 달려와서 거들어 주고, 그 녀석도 남을 도와주러 곧바로 달려 나가지요. 아무튼 불평할 줄 모르는 녀석이니까요. 하지만 여동생 말을 들어 보면, 살짝 말씀드리면, 역시 마음의 상처는 큰 모양이더군요."

"불쌍한 햄. 역시 그렇겠지요."

"그래도 그 녀석은 조금도 신경 쓰지 않아요." 페거티 씨는 갑자기 진지한 얼굴로 나지막하게 속삭였다. "마치 목숨 아까운 줄도 모른다니까요! 폭풍우 치는 때면 위험한 일이 있을 때마다 그 녀석이 제일 먼저 달려 나가지요. 아무튼 뭐든 위험한 일이 있다고 하면 그 누구보다도 먼저 뛰어나가는 건 그 녀석이에요. 그런데도 마치 어린애처럼 얌전해요. 아무튼 야머스에서 그 녀석을 모르는 꼬마는 한 놈도 없지요."

페거티 씨는 생각에 잠긴 듯이 편지들을 한데 모아 손으로 조심스럽게 주름을 편 다음 조그맣게 한 다발로 뭉쳐서, 다시 가슴에 고이 집어넣었다. 문간에 있던 여인은 어느새 사라지고 없었다. 아직도 눈이 날아들어오고 있었지만 다른 것은 아무것도 보이지 않았다.

"오늘 밤 도련님을 만나서 정말 다행이에요!" 페거티 씨는 가방을 내려다보면서 말했다. "정말로 운이 좋았죠! 이제 내일 아침 일찍 떠날 수 있으니까요. 제가 가지고 있는 것은 도련님께서 모두 보셨습니다!" 페거티 씨는 편지 다발을 넣은 가슴께를 가만히 누르면서 말했다. "이제 남은 걱정은 이 돈을 돌려주기 전에 재난이라도 일어나서 엉뚱한 일이나 당하지 않을까 하는 것뿐입니다. 만약 제가 죽어서 이 돈이 없어진다든지, 도난당했다든지 해서 제가 이 돈을 받아들인 것으로 그자가 알게 된다면, 저는 죽어서도 눈을 감지 못할 것입니다. 기필코 다시 이승으로 돌아올 것입니다!"

페거티 씨가 일어섰다. 나도 따라 일어섰다. 우리는 헤어지기 전에 다시 굳게 손을 잡았다.

"저는 1만 마일이라도 갈 것입니다. 이 돈을 그자의 눈앞에다 내던지기 전에는 쓰러져 죽더라도 계속 걸어갈 것입니다. 갖다 놓겠습니다. 제가 그렇게 해서 에밀리를 찾을 수 있다면 저는 그것으로 만족합니다. 만약 제가 그 애를 찾아내지 못한다 하더라도, 아마 언젠가는 자기를 사랑하던 아저씨가 자기를 찾다가 죽었다는 소문을 그 애가 듣게 될 겁니다. 제 눈이 틀림없다면, 소문을 듣자마자 반드시 집으로 돌아올 것입니다!" 페거티 씨가 말했다.

그가 살을 에는 듯한 추운 밤거리로 다시 나갔을 때 나는 그 외로운 사람의 그림자가 우리 앞을 서둘러 지나가는 것을 보았다. 나는 얼른 핑계를 만들어 그를 반대쪽으로 돌아서게 한 다음, 그 모습이 사라질 때까지 말을 이었다.

페거티 씨는 도버 가에 있는 여인숙 이야기를 했다. 거기에 가면 오늘 밤을 지낼 깨끗하고 검소한 숙소를 얻을 수 있다고 말했다. 나는 그와 함께 웨스트민스터 다리 너머까지 가서 서리 강변에서 헤어졌다. 눈 속을 뚫고 외롭게 다시 여로에 오르는 그의 뒷모습을 보면서, 나는 모든 것들이, 그에 대한 존경심으로 조용하게 숨죽이고 있는 것처럼 생각되었다.

나는 다시 여인숙 마당으로 돌아왔다. 그 얼굴이 너무도 또렷하게 떠올라서, 나는 두려운 마음으로 주위를 둘러보았다. 그러나 그 그림자는 보이지 않았다. 눈이 아까의 발자국을 덮어버렸으므로 지금은 내가 낸 새 발자국밖에 보이지 않았다. 어깨 너머로 고개를 돌려보니 그나마도 벌써 사라져가고 있었다. 그 정도로 눈이 내리퍼붓고 있었다.

40장 유랑자 677

41장
도라의 두 고모

드디어 노부인들에게서 회신이 왔다. 그들은 '코퍼필드 씨'에게 경의를 표한 다음, 편지의 취지에 대해서는 '서로의 행복을 생각하여' 최선의 고려를 했다고 전해왔다. 실로, 나는 이 한 구절을 읽고 놀라운 표현이라고 생각했다. 그 까닭은 가정불화에 대해서 이런 표현을 쓸 뿐만 아니라, 애당초 이런 상투적인 문구라는 것은 말하자면 하나의 폭죽과도 같아서 쏘아올리기는 쉽지만, 한번 쏘아올리면 그 원형을 보아서는 전혀 짐작조차 할 수 없는 여러 가지 모양과 색깔을 나타내기 마련이라는 것을 나는 알고 있었기 때문이다(지금까지도 나는 그렇게 생각하고 있다). 미스 스펜로 고모들은, 말씀하신 그 문제에 대한 의견을 '서신으로' 말씀드리는 것은 피하겠습니다만, 만약 '코퍼필드 씨께서' 언젠가 방문해주신다면(누구든 친구 한 분과 함께 오셔도 괜찮습니다) 그 문제에 관해서 기꺼이 말씀드리고자 한다고 덧붙여 있었다.

이 호의에 대해서 '코퍼필드 씨'는 곧바로 정중한 인사와 더불어 말씀하신 날짜에 찾아뵙겠다고 하고, 두 분의 친절하신 말씀을 고맙게 받아들여 법학원에 다니는 친구 트래들스와 함께 가겠노라고 회답을 보냈다. 이 편지를 보낸 뒤로 나는 극도의 흥분 상태에 빠져, 약속한 날이 올 때까지 그 상태가 이어졌다.

이런 중대한 시기에 미스 밀스의 귀중한 도움을 빌릴 수 없다는 점 때문에 내 불안은 더욱 커졌다. 그러나 마지막으로 결정타를 날린 사람은 밀스 씨였다. 그렇지 않아도 밀스 씨는 전부터 사사건건 나를 방해하더니—사실은 그렇지 않았을 수도 있지만 아무튼 내가 그렇게 생각했으니 결국 같은 것이다—이번에는 끝내 식구들을 데리고 인도로 가겠다고 했다. 나를 괴롭히기 위해서라면 모르지만, 그게 아니라면 왜 하필 지금 인도에 갈 필요가 있겠는가? 하기야 생각해보면, 세계에서 그와 관계가 있는 곳은 인도뿐이었다. 인도와는 꽤 관련이 깊었다. 자세한 내용은 몰라도(적어도 나에게는 캐시미어 양털 솔과 상아 정도가 아련한 꿈처럼 머릿속에 있었을 뿐이다), 그가 하고 있는 무역은 오직 인도무역이었다. 또한 젊은 시절에 콜카타에 있었던 적도 있어서 이번에 주재 조합원의 자격으로 또다시 그곳으로 떠나려는 계획이었다.

이것은 나에게는 아무것도 아니었다. 하지만 그에게는 자기가 인도로 떠나려 하는 것과 줄리아도 함께 간다는 사실은 역시 엄청난 일이었다. 따라서 줄리아는 친척들에게 작별인사를 하려고 시골에 가버렸고, 집은 세를 놓거나 팔고, 가구(그 다림판을 포함한 모든 것)도 가격표를 달고 매물로 나와 있었다. 따라서 나에게는, 이른바 지진이 일어난 뒤 그 영향에서 아직 벗어나기도 전에 다음 지진이 찾아온 것과 다름없었다.

그 중대한 날에 어떤 옷차림으로 갈 것인지 나는 이모저모로 생각해 보았다. 돋보이도록 차려입고 싶은 마음과, 그랬다가는 두 미스 스펜로의 눈에, 내가 낭비벽이 있는 사람으로 보이지 않을까 하는 걱정에 마음이 헷갈렸다. 그래서 나는 이 양 극단에서 적절한 중용을 찾아내도록 애써 보았는데, 대고모도 그 생각에 찬성했다. 마침내 트래들스와 함께 떠나기로 한 날에는, 딕 씨가 행운을 빌며 계단 위에서 신발까지 던져 주었다.

트래들스는 아주 좋은 사람이며, 나는 그에게 깊은 경애를 느끼고 있었지만, 그래도 이런 미묘한 방문을 하면서 머리카락을 위로 꼿꼿이 세우는 버릇만큼은 어떻게 하면 좋겠다고 간절히 바라지 않을 수 없었다. 왜냐하면 머리를 세우면 그의 얼굴이, 난로용 빗자루만큼은 아니더라도 깜짝 놀랄 만큼 우스꽝스럽게 보이므로, 그것이 우리에게 치명적인 결점으로 작용하진 않을까 하고 걱정이 되었기 때문이다.

퍼트니까지 걸어가면서, 나는 트래들스에게 머리를 좀 더 자연스럽게 빗으면 좋겠다고 부탁했다.

트래들스는 모자를 들고 머리털을 이리저리 비벼대며 말했다. "그렇게만 할 수 있다면 그보다 더 즐거운 일이 어디 있겠느냐만, 아무래도 그게 안 된단 말이야."

"머리카락이 옆으로 눕지 않는단 말이지?" 나는 말했다.

"코퍼필드, 너는 내 머리털이 얼마나 고집이 센지 모를 거야. 퍼트니에 닿을 때까지 50파운드 무게의 누름돌로 눌러 놓아도, 돌을 떼는 순간 다시 꼿꼿하게 일어설 게 틀림없어. 이게 바로 성난 고슴도치라고."

솔직히 말해서 나는 약간 실망했지만, 한편 그의 착한 성품에 완전히 감명받기도 했다. 그래서 그의 착한 성품을 높이 평가하며, 머리카락이 고집을 다 흡수해 버려서 그렇게 착한 것이라고 그에게 말해주었다.

"어제오늘 일이 아니야. 우리 숙모님께서도 내 머리에는 손을 드셨지. 내 머리만 봐도 신경질이 난다고 말씀하셨어. 내가 처음 소피를 사랑하게 되었을 때도 이 머리털이 역시 대단히 방해가 되었어!" 트래들스는 웃으면서 말했다.

"그녀가 네 머리털을 싫어하던가?"

"그녀는 그렇지 않았지만, 첫째 언니—미인이라고 말했던—가 아주 심하게 놀렸거든. 사실 그녀의 자매들 모두 내 머리털을 보고 웃었어."

"재미있는데!" 나는 말했다.

"내 머리는 모든 사람의 웃음거리야." 트래들스는 악의라고는 전혀 없었다. "이런 말까지 했었지. 소피가 책상 속에 내 머리털을 한줌 보관하고 있는데, 그것을 가지런히 눕혀 놓으려면 걸쇠가 달린 책 속에 끼워 두어야 할 것이라고 말이야. 그러면서 다 같이 웃었어."

"트래들스, 네 경험이 나에게 참고가 될 수도 있을 것 같아서 말인데, 네가 지금 얘기한 그 젊은 여인과 약혼하게 되었을 때 그녀 가족들에게 정식으로 구혼을 했나? 예를 들자면 오늘 우리가 하려고 하는 것 같은 이런 절차를 밟은 건가?" 나는 조금 걱정스럽게 물었다.

"글쎄," 그때 굳어진 트래들스의 얼굴에 순간 우울한 그림자가 드리워졌다. "내 경우, 매우 고통스러운 교섭이었지. 소피의 집에서 그녀는 아주 쓸모가 있었으므로, 집안사람 누구도 그녀의 결혼에 대해서는 염두에도 두지 않았지. 실제로 소피가 평생 독신으로 늙을 것으로 정해놓고 그녀를 '노처녀'라고 불렀거든. 그래서 나도 매우 조심스럽게 크룰러 부인에게 그 얘기를 꺼냈는데—"

"그녀의 어머니인가?"

"어머니야—호러스 크룰러 목사 말야—될 수 있는 한 조심스럽게 크룰러 부인에게 그 얘기를 했더니, 부인은 비명을 지르면서 그대로 기절해버리는 바람에 아주 난리가 났었지. 그래서 나는 몇 달 동안 그 문제를 다시 꺼내지도 못했어."

"그래도 너는 말했잖아?"

"호러스 목사님이 해주셨어." 트래들스가 말했다. "그분은 정말 훌륭한 분이야. 모든 면에서 더없이 모범적이시지. 그분은, 크리스첸으로서 그런 희생(딱히 희생이라고 확실히 정해진 것은 아니지만)을 달게 받아들여서 나에게 나쁜 감정을 갖지 않도록 해야 한다는 점을 부인에게 지적하셨어. 나로 말할 것 같으면, 코퍼필드, 난 그 집 가족들 앞에서는 완전히 육식동물이 된 듯한 느낌이었어."

"그래도 자매들은 네 편이었겠지, 트래들스?"

"글쎄, 내 편을 들었다고는 말할 수 없어." 트래들스는 대답했다. "크룰러 부인을 어느 정도 회유시켜놓고 나자 이번에는 사라에게 그것을 털어놓아야 했다고. 내가 언젠가, 사라는 척추에 이상이 있는 사람이라고 자네에게 얘기했었지?"

"그래, 기억하고 있어!"

"그녀가 두 손을 불끈 쥐고," 트래들스는 낙담한 얼굴로 나를 바라보며 말했다. "두 눈을 감고 얼굴이 납덩이처럼 변하더니 빳빳하게 몸이 굳어버려서, 찻숟가락으로 떠 먹여준 토스트와 냉수 말고는 이틀 동안 아무것도 먹지를 않았다고."

"어쩌면 그렇게 불쾌한 여자일 수가 있나, 트래들스?"

"아, 미안하네, 코퍼필드!" 트래들스는 말했다. "그 여자는 아주 매력 있는 아가씨지만, 무척 감정이 강해. 사실상 자매 모두가 그렇지만. 소피는 자기가 사라를 간호하는 동안 느낀 자책감이란 이루 말로 나타낼 수도 없었다고 나중에 내게 말했어. 스스로도 내가 죄인처럼 느껴졌으니, 소피의 기분이 어땠으리라는 것은 충분히 짐작할 수 있었지만 말이야, 코퍼필드. 사라가 회복된 뒤 우리는 다른 여덟 사람에게 그 일을 털어놓아야만 했는데 그것이 저마다 반응은 달라도 공통적으로 말할 수 없이 비장한 결과를 낳았지. 소피가 가르치는 두 꼬마는 겨우 그제야 날 싫어하지 않게 되었으니까."

"어쨌든 이제는 모두들 이해해 주겠지?"

"그, 그래. 대체로 모두 체념했다고 말할 수 있을 거야." 트래들스는 자신 없이 말했다. "사실 우리는 그 문제에 대한 언급을 피하고 있어. 그래서 내 불투명한 앞날과 가난한 현재의 처지가 그들에게 큰 위안이 되었어. 그러니 우리가 정말로 결혼을 하는 날에는 개탄할 광경이 벌어질 거야. 결혼식이라기보다 장례식

41장 도라의 두 고모 681

같겠지. 그리고 모두 내가 소피를 빼앗아갔다며 나를 미워할 거야!"
 진지하면서도 우스꽝스럽게 고개를 흔들며 나를 바라보던 그 정직한 얼굴은, 그때 보았던 어떤 얼굴보다도 지금의 기억 속에 한층 더 또렷한 인상으로 남아 있다. 왜냐하면, 그 무렵의 내 마음은 너무도 산란하고 흥분해 있는 상태여서 주의를 집중하려고 애써도 도저히 그럴 수 없었기 때문이다.
 두 미스 스펜로 집 가까이에 이르자 내 표정과 심경이 평소보다 더욱 불안해졌으므로, 트래들스는 맥주라도 한 잔 마시고 기운을 차리는 것이 좋겠다고 제의했다. 근처 술집에서 한 잔 한 다음, 그는 휘청거리는 나를 이끌고 미스 스펜로 집으로 갔다.
 따라서 그 뒤로는 막연한 기억밖에 없는데, 하녀가 문을 열었을 때, 나는 이상하게 무슨 구경거리라도 된 듯했다. 기압계가 있는 현관홀을 지나 아름다운 정원이 바라보이는 조용하고 작은 응접실로 들어간 것 같았다. 소파에 앉아 트래들스가 모자를 벗었다. 그러자 깜짝상자에서 용수철 달린 인형이 튀어나오듯 그의 머리가 별안간 일어섰다. 나는 난로 선반 위에서 째깍째깍 소리를 내고 있는 구식 시계에 심장 고동을 맞추려 하고 있었다—물론 불가능했지만. 이어서 도라의 흔적을 찾아서 방 안을 휘둘러보았지만 어떤 흔적도 볼 수 없었다. 멀리서 집이 짖은 것 같았는데, 누군가가 금방 그 입을 막은 모양이다. 마지막으로 정신을 차려보니, 내가 난로 속으로 트래들스를 밀어 넣듯이 하며, 상복을 입은 작고 바싹 마른 두 중년 부인에게 허둥지둥 허리를 굽혀 인사하고 있었다. 두 부인은 죽은 스펜로 씨와 똑 닮아서, 마치 나무 조각으로 만든 인물견본 같았다.
 "자, 앉으세요." 한 부인이 말했다.
 나는 트래들스 위로 쓰러질 듯이 하며 겨우 고양이가 아닌 것—처음에는 고양이였던 것이다—위에 앉았다. 이때에는 시력도 어느 정도 회복되어, 고인이 남매 가운데 가장 어리다는 것을 알았다. 자매 사이에는 아무리 보아도 서로 대여섯 정도의 나이 차가 있었다. 손에 내 편지—내 눈에는 익은 것인데도 이상하게 낯설게 보인—를 들고 안경 너머로 읽고 있는 것으로 보아, 이번 면담은 동생 쪽이 주관한다는 것을 알았다. 자매는 똑같은 옷을 입고 있었으나 동생이 언니보다는 젊은 차림새였다. 주름장식, 깃, 브로치, 팔찌 따위의 장신구를 잔뜩 달고 있었는데, 그 때문에 훨씬 젊어 보였다. 자매는 다 같이 자세가 곧고, 태도는

빈틈없었으며, 침착하고 차분했다. 편지를 가지고 있지 않은 언니 쪽은 마치 불쌍처럼 가슴 위에 팔짱을 끼고 있었다.

"코퍼필드 씨죠?" 편지를 들고 있던 동생이 트래들스에게 물었다.

느닷없는 이 말에 깜짝 놀랐다. 트래들스는 내가 코퍼필드 씨라고 설명해야 했고, 나는 내가 장본인이라고 주장해야 했다. 그것으로 그들 자매도 트래들스가 코퍼필드라는 선입견을 버려야 했고, 아무튼 모두 어쩔 줄을 몰라 쩔쩔 맸다. 게다가 집이 또다시 두 번 정도 짖어서 이번에도 누군가가 제지했다.

"코퍼필드 씨!" 편지를 든 동생이 말했다.

41장 도라의 두 고모 683

나는 무언가—아마도 절이었겠지만—를 하고 나서 바짝 긴장하면서 귀를 기울이고 있는데, 언니가 불쑥 말을 꺼냈다.

"제 동생 라비니아는 이런 종류의 일에는 아주 정통하니까, 양쪽의 행복을 위하여 가장 옳다고 생각하고 있는 내용을 말씀드릴 것입니다."

나중에 알게 된 일인데, 아주 옛날에 쇼트 휘스트(카드놀이의 일종)를 하고 난 뒤로 그녀를 사모하게 된 피저 씨라는 사람 때문에 라비니아는, 애정 문제에 있어서 권위자가 되었다고 한다. 그러나 내 생각에 이것이 근거 없는 억측이며 피저 씨는 그런 감정을 가졌던 일도 전혀 없었고, 그가 그런 감정을 보인 일이 있었다는 것을 들어본 적도 없었다. 그러나 만약 피저가 과음을 하여 몸을 망치고는 그것을 고쳐보겠다고 바스 온천장의 물을 들이켜는 어리석은 행동을 해서 요절(약 60세쯤이었다)만 하지 않았더라도 그가 언젠가는 사랑을 고백했을 것이라는 이상한 미신을 미스 라비니아와 클라리사는 가지고 있었다. 게다가 자매는 그가 남모르는 사랑 때문에 상사병으로 죽은 것이라는 의심까지도 가지고 있었다. 그러나 지금도 이 집에 걸려 있는 불그레한 주먹코를 가진 피저의 그림을 보면, 남모를 사랑 때문에 애태우는 사람으로는 도저히 보이지 않았다.

"우리는," 미스 라비니아가 말했다. "이번 일에 관한 지난 얘기는 하지 않겠습니다. 불쌍한 동생 프란시스(스펜로 씨)도 죽었으니, 모두 없었던 일로 하십시다."

"우리는," 언니 클라리사가 말했다. "동생 프란시스와 왕래는 거의 없었지만, 그렇다고 해서 우리 사이에 어떤 불화가 있었던 것도 아닙니다. 프란시스는 자기 길을 갔고 우리도 우리의 길을 갔을 뿐입니다. 그것이 서로를 온전한 행복의 길로 인도하는 것이라고 생각했으니까요."

자매는 둘 다, 말할 때에는 몸을 약간 앞으로 기울이고, 말이 끝나면 고개를 한 번 끄덕이고, 다시 꼿꼿한 자세로 되돌아갔다. 미스 클라리사는 여전히 팔짱을 낀 채로 꼼짝도 하지 않았다. 때때로 손가락 끝으로 가볍게 팔을 두드리며 어떤—춤곡이나 행진곡 같았다—박자를 맞추기도 했으나, 아무튼 결코 팔을 풀지 않았다.

"저희 조카딸의 지위라는 것도 동생의 죽음과 함께 많이 변했습니다." 미스 라비니아가 말했다. "따라서 그 애에 대한 동생의 의견도 많이 달라졌으리라고 생각합니다. 코퍼필드 씨, 당신은 훌륭한 자질과 존경받는 인격을 가지신 젊은 신사이시고, 또 저희 조카딸에 대해서 애정을 가지고 계시다는 것—아니, 적어도 스스로 그렇게 믿고 있다는 것—을 저희는 조금도 의심하지 않습니다."

나는 말틈새를 놓치지 않고 내가 도라를 사랑하는 마음은 이 세상 어느 누구에게도 지지 않는다고 대답했다. 트래들스도 입 안에서 웅얼거리는 투였지만 내 편을 들어주었다.

미스 라비니아가 뭐라고 대꾸를 하려는데, 아까부터 동생 얘기를 하고 싶어서 입이 근질거리는 미스 클라리사가 불쑥 끼어들었다.

"만약 도라의 어머니가, 프란시스와 결혼하던 무렵, 만찬 식탁에 식구들이 앉을 자리는 없다고 말하지만 않았더라면 우리는 지금보다 훨씬 더 행복하게 살았을 것입니다."

"언니, 지금 그런 얘기를 할 필요는 없잖아요?"

"아니란다, 라비니아. 그건 이 문제와 크게 관계가 있어. 네 분야에 대해서는 네가 잘 말할 테니까 내가 끼어들 생각은 전혀 없다. 그러나 이 부분에 관해서는 나도 발언권이 있고 의견이 있지. 만약 도라의 어미가 프란시스와 결혼했을 때, 자기 의향은 이렇다고 좀 더 확실하게 얘기를 했더라면 모두의 행복을 위해서 얼마나 좋았겠느냐는 거야. 그랬더라면 우리도 각오해 두었을 것 아니겠니? 우리는 초대하지 않아도 된다고 분명하게 말했을 테고, 그러면 오해가 생길 까닭도 없었을 거야."

미스 클라리사가 고개를 젓자 미스 라비니아는 또다시 안경 너머로 내 편지를 들여다보면서 말을 이었다. 잠깐 다른 얘기를 하자면, 이 자매는 마치 새처럼 작고 둥글며 깜빡거리는 눈을 갖고 있었으며, 전체적인 인상도 어딘가 새와 닮아 있었다. 부산스럽고 파드닥거리는 느낌, 끊임없이 바지런을 떨며 솜씨 좋게 몸치장을 바로잡는 모습 따위는 카나리아를 떠올리게 했다.

다시 돌아가서, 미스 라비니아가 말을 이었다.

"코퍼필드 씨, 당신은 우리 조카딸의 정식 구혼자로서 우리 집을 방문할 수 있도록 허락해달라고 하셨지요?"

"동생 프란시스가," 미스 클라리사가 또 끼어들었다(말투는 여전히 차분했으므로 과연 '끼어들었다'고 말하는 것이 적당한가는 잘 모르겠지만). "자기 주위를 민법박사회관 일색으로 채우고 싶다고 하면 우리로서는 반대할 권리와 이유도 없습니다.

우리는 남에게 참견하려는 생각은 결코 해본 적이 없으니까요. 하지만 그렇다면 왜 그렇다고 말을 하지 않는 거죠? 동생 부부가 자기들은 자기 친구들하고만 어울리겠다고 말해도 전혀 상관없다고요. 우리도 우리 친구들끼리 잘 지내면 되니까요. 우리도 친구들은 얼마든지 있답니다."

듣자하니 이것은 트래들스와 나 두 사람에게 하는 말인 것 같아서, 우리도 뭐라고 대답했다. 트래들스의 대답은 들리지 않았지만, 나는 그럼요, 그게 모두에게 가장 좋지요, 같은 식의 대답을 했던 것 같다. 무슨 뜻으로 한 말인지는 스스로도 도저히 알 수 없었지만.

"라비니아, 이야기를 계속하렴" 하고 싶은 말을 다 해서 개운한 듯, 미스 클라리사는 동생을 재촉했다.

미스 라비니아가 말을 이었다.

"코퍼필드 씨, 언니와 나는 이 편지에 대해서 정말로 신중하게 생각해 보았습니다. 둘이서만 살펴본 게 아니라, 마지막으로는 조카딸에게 보여주고 함께 의논했습니다. 코퍼필드 씨가 그 애를 무척 좋아한다고 생각하고 계신 것을 저희는 아무도 의심하지 않아요."

"생각한다니요!" 나는 정신없이 소리쳤다. "아아, 그런—"

"원숙한 애정이라든가 존경과 헌신은 그리 쉽사리 밖으로 나타나는 것이 아닙니다. 그 목소리는 낮고 신중하고 겸손한 것이어서 숨어서 참을성 있게 기다립니다. 무르익은 과일이 그러하지요. 때로는 일생이 그대로 끝나버려도 여전히 그늘에서 때가 익기를 기다리는 것입니다."

미스 라비니아는 응원해주길 바라며 언니 쪽을 돌아보았다. 그러자 언니는 한마디마다 작게 끄덕이며 찬성의 뜻을 표시했다.

그때는 이 말이 피저를 가리킨다는 것은 아직 몰랐다. 그러나 그 말을 듣고 미스 클라리사가 심각하게 고개를 끄덕이는 것으로 보아서 그 말에 중대한 뜻이 깃들어 있다는 것을 알 수 있었다.

"그에 비해 젊은이들의 가벼운 마음은—가볍다고 말하면 안 될지도 모르지만, 그래도 지금 말한 애정과 비교하면 달리 나타낼 바가 없지요—바위에 비교한다면 먼지 같은 것이지요. 언니와 제가 어떻게 할지 결정을 내리지 못한 것도, 그것이 과연 오래 이어질 것인지, 확실한 근거를 가지고 있는지를 판단하기 어렵기 때문입니다. 코퍼필드 씨, 그리고 저어—"

"트래들스입니다." 트래들스는 눈길이 자기에게 오는 것을 보고 당황하여 말했다.

"실례했습니다. 법학원에 계시지요?" 미스 라비니아는 편지를 보면서 말했다.

"네, 그렇습니다." 트래들스가 대답하며 얼굴을 붉혔다.

나는 아직 어떤 긍정적인 답도 듣지 못했지만, 두 자매에게서, 특히 동생에게서, 새로운 가정 문제에 대해서 열성적인 흥미를 가지고 있고, 그것을 애지중지하려는 마음을 봤기에 밝은 희망이 있다고 생각했다. 보아하니, 미스 라비니아는 도라와 나의 경우와 같은 젊은 연인들을 감독하는 데에 큰 만족감을 갖고 있는 것 같았고, 미스 클라리사 역시 라비니아에게 감독을 맡기고 자기는 속에서 끓어오르는 울분을 언제나 함께 터뜨릴 수 있다는 점에서 동생 못지않게 만족감을 느끼는 것 같았다. 그래서 나도 용기를 내어, 나는 말로는 나타낼 수 없을 만큼 또 아무도 믿지 못할 만큼 도라를 사랑하고 있고, 나를 알고 있는 사람이면 누구나 다 내가 그녀를 얼마나 사랑하고 있으며, 그 사랑 때문에 내가 얼마나 열심히 살고 있는지를 잘 알고 있다, 못 믿겠다면 여기 있는 트래들스에게 물어보라고 열렬하게 변호해나갔다. 트래들스는 마치 국회에서 토론이라도 하는 것처럼 의욕적으로 아주 잘 말해 주었다. 매우 솔직하고 간결하게, 또 빈틈없이 나를 위해 변호해 주었으므로, 그것이 분명히 좋은 인상을 남겼으리라고 생각한다.

"외람된 말씀이오나 이런 일에 약간의 경험을 갖고 있는 사람으로서 한 말씀 드리겠습니다." 트래들스가 말했다. "저 자신, 한 젊은 아가씨—데본셔에 사는 열 자매 가운데 한 명입니다—와 약혼 중에 있습니다만, 현재로서는 언제 결혼할 수 있을지 끝이 보이지 않고 있습니다."

"그럼 댁은 제가 드린 말씀을 이해할 수 있으시겠지요, 트래들스 씨?" 미스 라비니아는 그에게 새로운 흥미를 느끼면서 말했다. "사려 깊고 겸손한 애정, 기다리고 또 기다리는 애정에 대한 것 말씀입니다."

"잘 알고 있습니다, 부인." 트래들스는 말했다.

미스 클라리사가 동생을 대신해서 자못 그렇다는 듯이 고개를 끄덕였다. 이번에는 반대로 동생이 언니를 힐끔 보고 가볍게 한숨을 쉬었다.

"라비니아, 내 정신 들게 하는 약 냄새를 좀 맡으렴."

미스 라비니아는 두세 번 약 냄새를 맡고 정신을 차리자—그동안 우리 두 사람은 마음을 졸이며 바라보고 있었다—힘없는 목소리로 말을 이었다.

"트래들스 씨, 코퍼필드 씨와 도라와 같은 새파랗게 젊은 사람들이 서로 좋아하고 있는 문제—서로 좋아한다고 생각하는 문제—에 대해서, 어떠한 방침을 택해야 좋을지 언니와 저는 아주 망설여 왔습니다."

"우리 동생 프란시스의 딸 말씀인데요," 미스 클라리사가 말했다. "올케가 생전에 우리 같은 집안 식구를 만찬에 초대할 생각을 했더라면(물론 그녀에게는 자기가 하고 싶은 대로 행동할 권리가 있지만) 저희는 지금 도라를 좀 더 잘 알고 있었을 겁니다. 얘, 라비니아, 다음 이야기는 네가 해라."

미스 라비니아는 서명이 자기 쪽으로 오도록 내 편지를 고쳐 들고, 거기 쓰여 있는 메모를 안경 너머로 가만히 바라보았다.

"트래들스 씨, 이러한 감정은 우리가 직접 관찰한 뒤에 판단을 내리는 것이 가장 현명한 방법인 것 같습니다. 현재로서는 이들의 감정에 대해서 아무것도 모르고 있고, 또 그 감정 속에 얼마만큼의 진실성이 들어 있는지도 판단할 처지가 아닙니다. 그러니까 지금은 코퍼필드 씨가 여기에 오시는 것을 허락하는 선에서만, 코퍼필드 씨의 제안을 받아들이도록 하겠습니다."

"부인, 저는 결코 두 분의 친절을 잊지 않을 것입니다!" 커다란 마음의 짐을 내려놓자 기쁜 마음에 내가 소리쳤다.

"하지만," 미스 라비니아는 서둘러 말을 이었다. "하지만, 트래들스 씨, 현재로서는 그 방문이, 저희를 찾아오신 것으로 생각하겠습니다. 코퍼필드 씨와 저희 조카딸 사이의 약혼을 인정한다는 뜻은 아니므로, 그 문제는 앞으로 기회가 있으면—"

"네가 그 기회를 충분히 가진 뒤에 말이지, 라비니아?" 미스 클라리사가 말했다.

"그래요, 그러는 게 좋아요." 미스 라비니아가 한숨을 쉬며 끄덕였다. "내가 충분히 살핀 뒤에 말이에요."

"코퍼필드," 트래들스는 나를 돌아다보면서 말했다. "참으로 합리적이고 사려 깊은 결론이 아닌가."

"그럼, 그렇고말고!" 나는 크게 말했다.

"그러한 이해를 전제로 한 방문이므로, 코퍼필드 씨께서는 우리가 알지 못하는 사이에 어떤 종류의 서신왕래도 조카딸과 하지 않겠다고 뚜렷하게 다짐을 해주셔야겠습니다. 또한 조카딸에 대해서 어떠한 계획을 세우더라도 먼저 우리와 의논을—"

"얘, 라비니아. 너에게 약속하면 돼." 미스 클라리사가 끼어들었다.

"그래요, 좋아요, 언니." 미스 라비니아도 반쯤 포기한 듯이 끄덕였다. "저와, 그리고 언니의 동의를 얻고 시작하셔야 해요. 이 점만은 어떤 일이 있어도 깨뜨리지 않는다고 굳게 약속해 주십시오. 오늘 코퍼필드 씨가 믿을 만한 친구 한 분과 함께 오시기를 청한 것도, 이 문제에 대해서 의혹이나 오해가 없도록 하기 위해서입니다. 만약 코퍼필드 씨나 트래들스 씨께서 이 약속을 하시는 데 조금이라도 망설이신다면 시간을 드릴 테니, 천천히 생각해 보십시오."

나는 너무나 기쁜 마음에 조금도 생각해 볼 필요가 없다고 소리쳤다. 나는 건성으로 약속을 지킬 것을 맹세하고, 트래들스에게 증인이 되어 달라고 부탁했다. 그리고 조금이라도 이 약속을 어기면 나는 사람도 아니라고 말했다.

"잠깐만!" 미스 라비니아가 한 손을 쳐들며 말했다. "저희는 두 분을 맞이하기 전에, 그 점을 잘 고려하시도록 10분이나 20분 정도 두 분만이 계시도록 시간을 드리기로 정했습니다. 그러니까 저희는 저쪽에 가 있어도 되겠지요?"

아무것도 고려할 필요가 없다고 말했지만 소용이 없었다. 정해놓은 시간 동안은 물러가 있겠다고 우기며, 이 작은 새들은 크게 위엄을 부리면서 깡충깡충 뛰는 듯이 나갔고, 나는 트래들스의 축복을 받으면서 마치 천국에 온 기분이었다. 15분이 지나자, 자매는 물러갔을 때와 같은 위엄을 갖추고 다시 나타났다. 가을 낙엽 바스락거리는 소리를 내면서 물러가더니, 이번에도 똑같이 바스락거리면서 되돌아왔다.

나는 정해진 조건에 대해서 또 한 번 서약을 했다.

"자, 언니. 이제 언니 차례예요." 미스 라비니아가 말했다.

미스 클라리사는 처음으로 팔짱을 풀더니 메모를 집어서 한번 들여다보고 말했다.

"코퍼필드 씨, 불편하지 않으시다면 일요일마다 식사하러 와주시지 않겠습니까? 식사 시간은 세 시입니다."

나는 꾸벅 절을 했다.

"가능하시면 평일에도 오셔서 차라도 들어주셨으면 고맙겠습니다. 시간은 여섯 시 반입니다."

나는 또 꾸벅 인사를 했다.

"원칙적으로 매주 두 번입니다." 미스 클라리사는 말했다. "그 이상은 삼가 주시기 바랍니다."

나는 또다시 꾸벅 인사를 했다.

"편지에 말씀하신 미스 트롯우드도, 저희를 한번 방문해주시면 감사하겠습니다. 서로 방문하는 것이 모두의 행복을 위해 좋다면, 우리는 기꺼이 맞이하고 또 답례의 방문도 하겠습니다. 그러나 서로 방문을 하지 않는 것이 모든 분들의 행복을 위한 길이라면(동생 프란시스 경우같이) 사정은 전혀 다릅니다만."

나는 대고모께서도 두 분과 사귀는 것을 자랑스럽게 여기시고 또 기뻐하실 것으로 믿는다고 넌지시 비추었다. 솔직히 그들이 서로 잘 지낼지는 크게 의문이었지만. 이제 이야기가 마무리되었으므로 나는 진심으로 감사의 뜻을 표시하고, 먼저 미스 클라리사의 손을, 이어 미스 라비니아의 손을 잡고 차례로 입술을 갖다댔다.

미스 라비니아가 일어서더니 실례한다고 트래들스에게 말하고서는 나에게 따라오라고 했다. 나는 벌벌 떨면서 시키는 대로 따라갔더니, 그대로 다른 방으로 들어갔다. 그 방에 가 보았더니, 아, 도라! 내 귀여운 도라가 그 사랑스러운 작은 얼굴을 벽에다 대고 문 뒤에서 귀를 막고 서 있었다. 그리고 식기예열기 안에는 집이 수건으로 목이 묶인 채 들어가 있었다.

아! 상복을 입은 그녀의 아름다움! 그러나 처음에는 그녀가 흐느끼면서 문 뒤에서 나오려 하지 않았다. 마침내 그녀가 문 뒤에서 나오자 우리는 지난날의 그리움과 재회의 기쁨을 나누었다. 우리는 둘이 함께 식기예열기에서 집을 꺼내 주고, 킁킁대며 자꾸만 재채기를 하기에 다시 햇볕 속으로 내보내 주었다. 이렇게 다함께 다시 만나게 되다니 뭐라 말할 수 없이 행복했다.

"내 사랑 도라! 이젠 정말 영원한 내 사랑이오!"

"아니, 그런 말 하지 말아요!" 도라가 애원했다. "제발—"

"이제 내 사랑이 아니라는 말이오, 도라?"

"아니에요, 그야 물론 영원히 당신 것이죠!" 도라가 말했다. "하지만 저는 놀랐어요!"

"놀랐다고, 나의 사랑?"

"그래요! 저는 그 사람이 싫어요. 왜 어서 돌아가지 않죠?" 도라가 말했다.

"누구 말이오?"

"당신 친구 말이에요." 도라가 말했다. "그 사람이 나설 자리가 아니에요. 어쩌면 그렇게도 눈치가 없을까!"

"오, 내 사랑! (그래도 그녀의 어린애 같은 말투는 정말 고민스러운 것이었다) 그 사람은 훌륭한 인물이오!"

"하지만 저는 훌륭한 인물은 싫어요!" 도라는 입술을 내밀었다.

"도라, 당신도 곧 그를 잘 알게 될 거고 누구보다도 그를 좋아하게 될 거요. 그리고 내 대고모께서도 이곳에 오실 거요. 대고모도 만나면 분명 좋아하게 될 거고."

"안 돼요, 제발 그분을 데려오지 말아요!" 도라는 겁에 질린 얼굴로 나에게 살짝 키스를 한 다음 두 손을 모으고 말했다. "대고모라는 분은 심술궂은 늙은이란 것을 저는 잘 알고 있어요! 도디, 부탁이에요. 그분을 여기 못 오게 하세요!" 도디는 당연히 데이비드의 애칭이었다.

이럴 때는 타일러 보았자 소용이 없으므로, 나는 그저 웃고 감탄하고, 얼간이처럼 행복해하기만 했다. 도라는 집이 새로운 재주를 익혔다며, 구석에서 뒷발로 서 있는 재주를 보여주었다—아주 짧은 순간이었지만. 미스 라비니아가 나를 데리러 오지만 않았다면 나는 트래들스도 잊고 하염없이 거기에 있었을 것이다. 미스 라비니아는 도라를 정말로 좋아했다(미스 라비니아의 말에 따르면, 도라는 그녀가 젊었을 때와 똑같다고 한다—그런 것치고는 무척 변해 있었지만!) 그리고 마치 장난감처럼 귀여워했다. 나는 도라에게 트래들스를 만나보지 않겠느냐고 권했는데, 그러자 그녀는 자기 방으로 달려가 그대로 문을 잠가 버렸다. 할 수 없이 나는 혼자 트래들스에게로 와서 그와 함께 구름 위를 걸으며 집으로 돌아왔다.

"정말 잘 되었어. 이보다 일이 잘 풀릴 수는 없을 걸세." 트래들스가 말했다.

"그리고 두 분 다 아주 좋으신 분 같아. 이러다간 자네가 나보다 훨씬 빨리 결혼하겠군."

"이보게, 트래들스. 자네의 소피는 악기를 다룰 줄 아나?" 나는 조금 으스대며 물었다.

"응, 피아노를 조금 친다네. 동생들한테 가르칠 수 있을 정도는 해."

"노래는?"

"발라드는 부를 줄 알아. 모두가 우울해 있을 때 기운을 북돋워주려고 부르지. 정식으로 배우진 않았어."

"그럼 기타를 치면서 부르진 않나?"

"아냐, 그런 건 못해."

"그림은 그리나?"

"전혀 못 그려."

그럼 언제 도라의 노래를 들려주겠네, 그리고 꽃그림도 보여 주지, 하고 나는 약속했다. 그도 꼭 보여 달라고 말했다.

우리는 즐거운 기분으로 서로 팔짱을 끼고 집으로 돌아왔다. 오면서 소피 얘기를 꺼내도록 그의 마음을 부채질했더니 그는 애정 넘치는 신뢰감을 가지고 그녀 이야기를 했다. 나는 크게 감탄했다. 나는 마음속으로 그녀와 도라를 비교해 보고 내심 아주 흐뭇했지만, 트래들스에게는 아주 훌륭한 아가씨라고 생각했다.

이번 만남이 성공했다는 것과, 면담 도중에 이야기한 내용을 곧바로 대고모에게 보고했다. 대고모는 내가 기뻐하는 것을 보고 기뻐해주었으며, 바로 도라의 고모들을 방문하겠다고 약속했다. 그러나 그날 밤 내가 아그네스에게 편지를 쓰고 있는 동안 대고모는 방 안을 끝없이 빙글빙글 걸어 다녔다. 이대로는 아침까지 서성거리는 게 아닐까 하는 생각까지 들 정도였다.

아그네스에게 쓴 편지에는, 내가 그녀의 충고를 따른 덕분에 이런 좋은 결과를 얻었다고 상세히 쓰고 감사인사를 성심껏 적었다. 곧바로 답장이 왔다. 그녀의 편지는 희망에 차 있고 열성적이며 명랑한 것이었다. 그런 일이 있었지만 이제는 그녀도 아주 행복해 보였다.

나는 이제 그 어느 때보다도 바빠지게 됐다. 매일 하이게이트까지 가던 것을 생각하면 퍼트니는 꽤 멀었지만 나는 조금이라도 더 자주 그곳에 가고 싶었다.

그러나 저녁 다과회에 가기란 도저히 무리였다. 그래서 미스 라비니아와 상의하여, 매주 토요일 오후에 방문하기로 하고, 일요일의 특권은 그대로 유지하기로 합의를 했다. 그래서 주말은 내게 특별히 즐거운 시간이 되었고, 나는 이 주말을 몹시 기다리면서 나머지 평일을 보냈다.

대고모와 도라의 고모들과의 교제도 전반적으로 예상했던 것보다 훨씬 더 원만하게 이루어지는 것 같았으므로 크게 안심이 되었다. 대고모는 내가 그곳을 처음 방문한 지 2, 3일 안에 약속대로 찾아갔고, 다시 며칠이 지난 뒤에는 도라의 고모들이 정중하게 예의를 갖추어서 대고모를 방문했다. 그 뒤에도 대체로 서너 주일의 간격을 두고 그와 같은, 그러나 전보다 한층 더 다정한 왕래가 이루어졌다.

도라의 고모들을 골치 아프게 한 한 가지는, 대고모가 마차라는 숙녀의 당연한 이동수단을 철저히 무시하고, 아침식사가 끝난 바로 뒤라든가 차를 마시고 난 직후 같은 터무니없는 시간대에 퍼트니까지 훌쩍 걸어오는 것, 또 하나는 문명사회가 요구하는 작법은 조금도 개의치 않고 단지 자기가 좋아하는 방식대로 모자를 쓰고 외출하는 것이었다. 그러나 도라의 두 고모는 이해심이 깊어서, 머지않아 대고모가 유별나며 다소 남성적인 부인이라고 여기게 되었다. 또한 대고모는 예의범절에 대해서 아주 독특한 의견을 내놓아 가끔 두 사람의 비위를 건드렸지만, 그래도 나를 사랑했으므로, 전체의 조화를 위해서 별난 버릇을 희생하기도 했다.

그러나 유일하게 집은, 우리를 위해 끝까지 협력하지 않았다. 집은 대고모의 모습을 보면 곧바로 이를 드러내고 의자 밑에 숨어서 으르렁거리고, 때로는 더 이상 참을 수 없다는 듯이 구슬프게 짖어댔다. 밥을 굶기고 혼내고 때려가며, 가끔은 버킹엄 거리로 데려오기까지 하면서(그러나 느닷없이 고양이 두 마리에게 덤벼드는 바람에 보는 사람의 간담을 서늘하게 했다) 어떻게든 잘 지내게 해 보려고 애썼지만, 이것만큼은 아무리 해도 잘 되지 않았다. 이따금 감정을 억누르는 것처럼 잠깐이나마 얌전해지는 때도 있었으나, 이내 콧구멍을 벌렁거리며 왈왈대는 것이었다. 그러면 무언가에 묶어서 식기예열기 안에 넣어두는 수밖에 달리 남은 방법이 없었다. 결국 대고모가 왔다는 전갈을 받자마자, 언제나 도라가 잽싸게 수건으로 감싸서 그 안에 가둬두게 되었다.

집에 관한 문제가 이렇게 일단락된 다음에도 나를 곤혹스럽게 만드는 것이 하나 있었다. 그것은 모두가 한결같이 도라를 예쁜 장난감처럼 여기고 있는 점이었다. 차츰 그녀와 친숙해진 뒤에는 대고모까지 그녀를 '귀여운 꽃송이'라고 불렀다. 미스 라비니아의 가장 큰 즐거움은, 도라의 시중을 들면서 머리를 말아주고 장식품을 만들어 주고, 그녀를 쓰다듬어주는 것이었다. 그리고 미스 라비니아가 하는 일은 언니인 미스 클라리사도 당연한 듯이 따라 했다. 나한테는 지독히 이상한 광경이었지만, 아무튼 두 사람 다, 마치 도라가 집을 다루는 것처럼 도라를 다루었다.

나는 이 점을 도라에게 한 번 말해보자고 결심했다. 그래서 어느 날 우리가 외출했을 때(얼마 뒤 우리끼리 외출해도 좋다고 미스 라비니아가 허락해주었다), 나는 모든 사람들이 그녀를 좀 다른 식으로 대해주었으면 좋겠다는 이야기를 큰맘 먹고 꺼냈다.

"내 사랑, 당신은 이제 어린애가 아니잖아요?" 나는 조금 불만스럽다는 듯이 말했다.

"이젠 성미가 까다로워지는군요!"

"아니, 내 사랑. 내가 까다롭다고?"

"그래요. 모두들 제게 매우 친절히 대해주셔서 저는 아주 즐겁단 말이에요."

"그래요! 즐겁다니 다행이지만, 그래도 좀 더 어른다운 대접을 받아도 좋지 않을까요?"

도라는 화난 얼굴로(그 모습이 또 아주 사랑스럽다!), 자기가 싫으면 무엇 때문에 그토록 약혼하고 싶어했느냐고 물으며, 자기가 밉다면 곧바로 가버리라고 말하고 흐느끼기 시작했다.

그러면 키스로 그녀의 눈물을 닦아주고 내가 얼마나 그녀를 열렬히 사랑하고 있는가를 말해주는 것밖에 내가 무엇을 할 수 있겠는가?

"저는 이렇게나 당신을 사랑하고 있는데 그런 가혹한 말씀을 하시다니, 너무해요!"

"가혹하다니, 그건 당치도 않은 말이오! 어떻게 그런!"

"그럼 저를 나무라지 마세요." 도라는 장미 봉오리처럼 입을 오므리면서 말했다. "그러시면 저도 얌전하게 행동할게요."

도라는 자진하여, 내가 전에 말했던 요리책을 달라고 하고, 내가 약속했던 가계부 쓰는 법을 가르쳐 달라고 부탁했다. 내 마음은 한없이 기뻤다.

다음번 방문 때 나는 요리책을 가져갔다(나는 그 책이 조금이라도 재미있고 흥미롭게 보이도록 예쁘게 다시 제본했다). 그리고 광장을 거닐면서 대고모의 낡은 가계부를 도라에게 보여주고 직접 연습을 해 보라고 공책과 작고 예쁜 필통과 연필심이 들어 있는 통을 주었다.

그러나 요리책은 도라의 머리를 아프게 했고 숫자는 그녀의 눈물을 뽑았다. 덧셈 따위는 할 줄 모른다며 숫자를 모조리 지워버리고 아름다운 꽃다발이며, 나와 집의 얼굴을 공책 가득히 그려 놓았다.

그래서 이번에는 토요일 오후에 산책을 하면서 장난하는 것처럼 살림살이하는 법을 가르쳐 보았다. 예를 들어, 우리가 푸줏간 앞을 지날 때는 이렇게 물었다.

"도라, 우리가 결혼해서 저녁 반찬거리로 양 앞다리를 산다고 합시다. 어떻게 사면 되는지 알고 있소?"

그러면 도라는 곧바로 고개를 푹 수그리고, 키스로 내 입을 막아버리고 싶다는 듯이 입을 장미 봉오리처럼 작게 오므렸다.

"어떻게 사는지 알고 있소, 내 사랑?" 나도 물러설 수 없다고 생각할 때는 이렇게 한 번 더 물었다.

도라는 잠깐 생각하다가 이내 당당하게 대답했다.

"그런 건 푸줏간 주인이 잘 알고 있으니까 나까지 알 필요는 조금도 없어요! 당신은 참 바보예요!"

한번은 요리책을 보면서, 우리가 결혼한 다음에 내가 맛있는 아일랜드 식 스튜를 먹고 싶다고 하면 어떻게 하겠느냐고 물었더니, 그녀는 단번에 식모를 시켜서 만들도록 하겠다고 대답했다. 그리고 내 팔을 끌어안고 그 조그마한 두 손으로 손뼉을 치며 매력 넘치게 웃었다. 그녀는 여느 때보다도 더 즐거워 보였다.

결국 요리책의 주된 용도는, 방구석에 놓인 채 집의 발받침으로 전락했다. 도라는 집에게, 그 위에 얌전히 서서 필통까지 물고 있게 하는 재주를 가르치며 아주 만족스러워했다. 그 모습을 보고, 나도 사주길 잘했다며 혼자 흐뭇해했다.

그리하여 우리는 기타 이야기와 꽃 그림 이야기, '다라라 춤을 추지 않으면 견딜 수 없어'라는 노래 이야기만 하게 되었지만, 그래도 주말이 기다려지고 즐거웠다.
  때때로 너무 장난감으로 취급하지 말라는 뜻을, 미스 라비니아에게 큰맘 먹고 넌지시 비추어볼까도 생각했다. 그런데 생각해 보니, 나 역시 다른 사람들과 같은 과오에 빠져 이따금 그녀를 장난감 다루듯 할 때가 있구나 하는 것을 깨닫고 깜짝 놀라지 않을 수 없었다.

42장
나쁜 계략

　도라와 두 고모들에 대한 책임감 때문에 내가 얼마나 그 끔찍한 속기술을 열심히 공부했고, 그로 말미암아 얼마나 실력이 나아졌는가를 내가 직접 설명하는 것은, 설령 이 원고를 나 말고는 아무도 읽지 않는다고 하더라도 그다지 바람직한 일이 아니라고 생각한다. 그러므로 그 무렵의 내 노력이나, 그 무렵 겨우 다듬어져서 사실상 내 장점이 된 끈기 있고 정력적인 성격에 대해서는 앞에서 언급한 것으로 그치겠다. 다만 지금 돌아보면 그것이 내 성공의 원동력이었다는 점만을 덧붙이고자 한다. 나는 세속적인 일에는 운이 있었다. 많은 사람이 나보다 훨씬 더 열심히 노력했지만 나의 절반도 성공하지 못했다. 그러나 나 역시 시간을 지키고, 질서를 존중하고, 근면한 습관이 없었다면, 온갖 일이 차례차례 일어나더라도, 한 번에 한 문제에 대해서만 정신을 집중하겠다는 결심이 없었다면, 내가 이루어놓은 것을 절대 이룩하지 못했으리라고 확신한다.

　맹세컨대, 나는 절대로 자화자찬하기 위해서 이 글을 쓰는 것이 아니다. 누구든 지금 나처럼 삶의 한 페이지 한 페이지를 떠올리면서, 허무하게 낭비한 수많은 재능, 어이없이 흘려보내 버린 기회, 가슴속에서 끊임없이 다투어대는 변덕, 그릇된 유혹에 패배한 모습 따위를 돌아보고 나중에 땅을 치면서 뉘우치고 싶지 않다면, 무조건 평생을 훌륭하게 사는 수밖에 방법이 없을 것이다. 나는 타고난 재능이란 재능은 남김없이 혹사했다. 쉽게 말하면 이런 것이다. 나는 평생 동안, 한번 시작한 일은 무엇이든 온 힘을 기울였고, 잘하기 위해 노력했다. 한번 헌신한 일은 정말로 모든 것을 다 바쳐 헌신했고, 한번 목표로 정한 것은 그것이 크고 작음을 가리지 않고 철저하게 열성을 다했다. 선천적 재능이든 후천적 능력이든, 건실함과 소박과 근면을 수반하지 않고 그 목적을 이루는 것이 가능하다고 믿어 본 적이 결코 없다. 이 세상에서 그런 염치없는 성공이 이루어지는 일은 없다. 천부적인 복된 재능과 행운이 성공으로 이어진 사다리의 양쪽을 구성하더라도, 사다리의 계단은 무게에 견디는 튼튼한 재료로 만든 것이어야 한다. 다시 말하면, 철저하고 열성적이고 진지함을 대신하는 것은 아무것도 없다. 마음만 먹으면 온 힘을 기울일 수 있는 데도 가볍게 한 손만 걸치는 것, 그것이 무엇이건 자신의 직업을 업신여기는 것—이 두 가지 만큼은 절대 해서는 안 된다는 것이 나의 금과옥조(金科玉條)였다.

내가 신조로까지 삼게 된 이러한 습성의 대부분은 모두 아그네스 덕분이었다. 깊은 감사와 사랑하는 마음을 가득 담아, 이제부터 아그네스의 이야기를 하고자 한다.

아그네스는 두 주일간 머물 예정으로 박사 댁을 찾아왔다. 위크필드 씨는 박사의 오랜 친구이며, 박사는 한 번 그와 이야기하여 이런저런 충고를 해주어야겠다고 생각하고 있었던 것이다. 전에 아그네스가 런던에 왔을 때 그런 이야기가 나왔었고, 이번 방문은 그 결과였다. 그래서 그녀는 아버지와 함께 왔다. 그런데 아그네스의 말에 의하면, 힙 부인의 류머티즘이 악화되어 전지 요양이 필요하게 되었는데, 부인이 아그네스 부녀와 함께 지낼 수 있으면 그보다 좋은 약이 없다고 하여, 이웃에 숙소를 잡아주겠다고 약속까지 했다는 것이었다. 그 말을 듣고도 나는 전혀 놀라지 않았고, 바로 다음 날, 우라이아가 효자인 척하며 어머니를 모시고 숙소로 들어갔다는 소식에도 전혀 흔들리지 않았다.

"코퍼필드 도련님," 우라이아는 내가 박사님 댁 뜰을 거닐고 있을 때 억지로 따라오더니 말했다. "사람이란 사랑을 하게 되면 질투가 생긴답니다. 적어도 사랑하는 사람에게서는 눈을 뗄 수 없죠."

"그럼, 지금 누구한테 질투하고 있단 말인가?" 내가 물었다.

"도련님 덕분에 지금 당장은 없습니다. 적어도 남자는."

"그럼 여자에 대해 질투를 느낀다는 말인가?"

그 기분 나쁜 새빨간 눈이 나를 흘겨보며 웃었다.

"바로 그래요, 도련님—어이쿠, 죄송합니다. 이제는 도련님이 아닌데 그만 입버릇이 되어 놔서요. 게다가 도련님이라고 부르면 말이 술술 나오면서, 속마음이 있는 그대로 콸콸 쏟아져 나온다니까요! 아무튼 도련님께는 말씀드려도 괜찮을 줄로 압니다." 물고기처럼 축축한 손을 내 손에 얹으면서 계속했다. "저는 대체로 여자에게는 인기가 없습니다. 특히 스트롱 부인에게는 말할 것도 없지요."

둘도 없는 악당처럼 교활하게 내 눈을 가만히 들여다보았는데, 그 눈이 갑자기 뱀처럼 퍼렇게 빛났다.

"그게 무슨 말인가?" 나는 물었다.

"저도 나름 법률가이니까요, 코퍼필드 도련님," 우라이아는 비꼬듯 냉소를 지으며 대답했다. "지금으로선 말씀드린 것이 전부입니다."

"그럼 그 얼굴은 무슨 뜻인가?" 나도 물러서지 않았다.

"얼굴이라고요? 이것 참, 도련님도 만만치가 않으시네요! 이 얼굴이 어떻다는 말씀이십니까?"

"그래, 바로 그 얼굴이야."

우라이아는 아주 마음에 들었는지, 평소와 다르게 큰 소리로 웃었다. 그는 한 손으로 턱을 문지르면서 눈을 아래로 내리깔고는 말을 이었다.

"제가 비천한 서기에 불과했던 시절에는, 그 부인이 언제나 저를 깔보았지요. 자기 집에서 저의 아그네스를 이리저리 끌고 다니던 무렵에도, 도련님께는 늘 정답게 대했지만 저는 신분이 낮아서 주목조차 받지 못했지요."

"그래서 어떻다는 말인가? 그것이 사실이라고 하더라도 말이야."

"─게다가 그 사내보다도 천하게 보았지요." 여전히 턱을 문지르고 있었는데, 무언가 생각하는 바가 있다는 모습이 확연하게 드러났다.

"자네는 박사님을 잘 모르고 있군." 나는 말했다. "눈앞에 있지도 않는 자네의 존재를 의식하라고 말하다니."

우라이아는 곁눈질로 나를 바라보며 말했다.

"저는 박사님 얘길 하는 것이 아닙니다! 맬던 씨 얘기를 하고 있어요."

순간 나는 맥이 풀렸다. 그 점에 대해서는 나도 진작부터 의문과 불안을 품고 있었지만, 박사님 가정의 온 행복이 달린 문제인만큼, 그것이 사실인지 아닌지 정확히 판단하지 못하고 있었다. 그 비밀을 이 뱀 같은 사내가 쥐고 있다고 생각하고, 무심코 기운이 빠진 것이다.

"그 사람은 사무실에 오면 반드시 저에게 거만하게 명령을 하면서 들들 볶지요. 그야 그 사람도 여러분들이 말하는 훌륭한 신사 가운데 한 사람이지요. 저는 매우 천하고 소심한 인간이고요. 지금도 그렇습니다만, 저는 그러한 사람은 좋아하지 않았습니다. 아주 싫어하죠!"

우라이아는 턱을 문지르던 손을 멈추고, 양쪽 볼이 입안에서 서로 맞닿을 정도로 빨아들이더니 줄곧 곁눈질로 나를 바라보았다.

"그리고 부인도 여러분들이 말씀하시는 사랑스러운 부인 가운데 한 사람입니다." 우라이아는 얼굴을 천천히 본디 모습으로 되돌렸다. "그래서 저 같은 미천한 놈에게는 얼음장처럼 차가우세요. 저의 아그네스도 그 부인에게서 좀 더 차원 높은 술수를 배운답니다. 말씀드렸다시피 저는 여자들에게 인기가 없습니다. 그렇지만 제 머리엔 눈이 있습니다. 오래전부터 줄곧 지켜봐왔죠. 우리 같은 비천한 사람들에게도 눈은 있습니다. 그 눈으로 세상을 보아온걸요."

나는 모르는 척하고 마음의 동요를 보이지 않으려고 애쓰면서 그의 얼굴을 보았다.

"하지만 저도 언제까지나 짓밟히고만 있지는 않을 겁니다, 코퍼필드 도련님. 이런 관계를 끝내기 위해 제가 할 수 있는 일은 다할 작정입니다. 마음에 안 들어요. 도련님 앞이니까 말씀드리는데, 저란 놈은 확실히 집요한 면이 있어서, 방해자들은 모조리 내쫓고 싶은 심정입니다. 음모를 꾸미고 있는 것을 그대로 보고만 있을 수는 없지요." 악의에 찬 승리감을 띤 얼굴을 하고 말했다.

"자기가 늘 음모를 꾸미고 있으니까 다른 사람들도 모두 그런 짓을 하고 있다고 착각하는 거겠지."

"그럴 수도 있겠죠. 하지만 위크필드 씨도 말씀하시듯이, 저는 한 가지 동기를 가지고 있어요. 그것을 위해 제 온 힘을 기울일 겁니다. 비천한 인간이라도 짓밟히고 있을 수만은 없지요. 저를 방해하는 자는 가만두지 않을 겁니다. 어서 빨리 옆으로 치워버려야지요!"

"이해하지 못하겠군."

"이해 못하세요? 거 참 놀랐는데요, 코퍼필드 도련님. 그렇게도 머리가 좋으신 분이! 다음번에 좀 더 분명하게 설명드리겠습니다. 지금 말을 타고 대문에서 초인종을 울리고 있는 분이 맬던 씨입니까?"

"그런 것 같군." 나는 되도록 태연하게 대답했다.

우라이아는 갑자기 말을 멈추더니, 무릎 사이에 두 손을 끼우고 몸을 반으로 접으며 웃어댔다. 소리는 전혀 내지 않았다. 그의 이 밉살스런 행동에 화가 나서,

나는 인사도 하지 않고 몸을 돌려 나와버렸다. 우라이아는 뜰 한가운데에 서서, 막대기를 뽑은 허수아비처럼 허리를 반으로 접고 웃고 있었다.

내가 아그네스를 데리고 도라를 만나러 간 것은, 그 이튿날 저녁, 그러니까 토요일이었다. 나는 이 방문에 대해서 미리 라비니아와 의논해두었으므로 그쪽에서도 아그네스가 오기를 기다리고 있었다.

나는 자랑스러운 마음과 걱정으로 조마조마했다. 약혼녀 도라가 자랑스러운 한편, 아그네스가 도라를 좋아해야 할 텐데 하는 걱정스러운 마음이 엇갈렸다. 퍼트니로 가는 도중 아그네스는 줄곧 역마차 안에 있었고 나는 밖에 있었다. 가는 내내 나는 도라의 아름다운 온갖 표정들을 떠올렸다. 그러면서 '그래, 지금 이 얼굴이 가장 좋아. 이만한 게 없지' 하는 생각이 들었다가 이내 '아니야, 그것은 아니야. 그것만큼은 못하게 해야 해' 하면서 다른 때의 얼굴을 떠올리고 걱정에 시달렸다. 아무튼 나는 열병에 걸린 것처럼 몹시 괴로웠다.

그러나 어느 것이나 아름답다는 사실만큼은 의심할 여지가 없었다. 게다가 실제로 만나고 나니, 이토록 아름다운 도라는 나도 아직 본 적이 없을 정도로 아름다웠다. 내가 아그네스를 도라의 고모들에게 소개했을 때 도라는 응접실에 있지 않고 그 우중충하고 낡은 문 뒤에서 귀를 막고 숨어 있었다.

처음에 그녀는 절대 나오지 않겠다고 버티다가 마침내 5분만 더 기다려달라고 호소해왔다. 이윽고 내 팔을 잡고 응접실로 가기로 결심하자, 그 귀여운 얼굴이 붉게 확 달아올랐다. 그것이 또 얼마나 아름답던지, 이루 나타낼 방법이 없었다. 응접실에 들어서자 얼굴은 오히려 창백해졌는데, 그러자 이번에도 역시 천배는 아름다웠다.

도라는 아그네스를 두려워했다. 언젠가 아그네스는 '너무 영리하다'고 내게 말한 적이 있었다. 그러나 지금 아그네스의 쾌활하고, 진지하고, 착한 모습을 보자 도라는 기쁘고 놀라워서 가볍게 탄성을 올리고 두 팔로 아그네스의 목을 껴안고 얼굴에 가볍게 뺨을 댔다.

나로서는 이보다 기쁜 일이 없었다. 두 사람이 나란히 앉아서, 사랑하는 나의 도라가 아그네스의 따뜻한 눈동자를 올려다보면, 아그네스도 온화하게 사랑을 담아 바라보는, 그런 가슴 벅찬 광경은 어디에도 없었다.

미스 라비니아와 미스 클라리사도 그들 나름대로 나와 기쁨을 함께 했다. 그것은 세상에서 가장 즐거운 다과회였다. 미스 클라리사가 다과회를 주재했고, 나는 씨앗이 든 케이크를 잘라서 모두에게 나누어 주었다—두 고모는 마치 새가 그러는 것처럼, 즐거운 듯이 씨앗을 골라 먹거나 설탕을 한 조각씩 입에 넣는 것이었다. 미스 라비니아는 우리의 행복한 사랑이 모두 자기의 공적인 것처럼 자애롭고 편안한 얼굴로 미소 지으며 바라보고 있었고, 우리는 모두 만족스러워했다.

조용하면서도 명랑한 아그네스의 태도는 모두의 마음을 사로잡았다. 도라가 흥미를 보이는 것에는 무엇이건 조용히 동감을 표시해 주었고, 집과도 이내 친구가 되었다(집도 곧바로 기뻐하며 맞아 주었다). 도라가 평소처럼 나와 나란히 앉는 것을 부끄러워했을 때에도, 그 부드럽게 달래는 모습—조심스러우면서도 다정한 정숙함에는 도라도 완전히 매료되어 신뢰의 표정을 보여주었다. 그녀의 존재만으로 그날의 다과회는 대성공이었다.

"저는 정말 너무나 기뻐요." 도라가 차를 다 마시고 나서 말했다. "당신이 날 좋아해주니까요. 이런 일은 생각지도 못했어요. 줄리아 밀스가 가버려서 쓸쓸했는데, 앞으로는 더욱더 귀여움을 받고 싶어요." 도라가 아그네스에게 말했다.

쓰는 것을 빠뜨렸는데, 그때 미스 밀스는 이미 배를 타고 떠난 뒤였다. 도라와 나는 그녀를 전송하러 그레이브젠드에 머물고 있는 거대한 동인도 무역선까지 갔었다. 그리고 우리는, 설탕에 절인 생강이나 구아바[1] 같은 진귀한 것들을 대접받고, 마지막에는 후갑판의 의자에서 훌쩍훌쩍 우는 그녀를 남겨 두고 돌아왔다. 미스 밀스는 커다란 새 일기장을 끌어안고, 거기에 항해 중의 사색으로 얻은 감상을 소중하게 기록할 것이라고 말했다.

아그네스는 내가 도라에게 자기를 형편없는 인물로 소개하지나 않았을까 두려웠다고 말했다. 도라는 이 말을 듣고 바로 부정했다.

"아이, 그렇지 않아요!" 도라는 그 곱슬머리를 흔들면서 나를 바라보며 말했다. "모두 칭찬의 말뿐이었어요. 당신의 의견을 얼마나 존중하는지 난 두려울 지경이랍니다."

"하지만 내가 아무리 좋게 말해도, 이분이 알고 계시는 어떤 분에 대한 애정이

---

[1] 열대과일.

더 커지진 않아요." 아그네스는 생긋 웃으며 말했다. "그러니까 들어도 소용없답니다."

"하지만, 괜찮으시다면 꼭 듣고 싶어요." 도라가 어리광부리듯 말했다.

우리가, 좀 더 귀여움을 받고 싶어하는 도라의 욕심을 놀리며 흥겨워하자, 도라도 내가 바보라서 조금도 마음에 들지 않는다고 농담을 하는 사이에, 짧은 저녁은 가벼운 아지랑이처럼 날개를 달고 날아가버렸다.

역마차가 우리를 찾아올 시간이 다가왔다. 내가 혼자 난로 앞에 서 있으려니까, 도라가 살며시 다가와 내가 떠나기 전이면 언제나 해주는 가벼운 키스를 해주었다.

"만약 제가 오래전에 아그네스와 친구가 되었더라면, 아마도 제가 좀 더 영리해졌을 거라고 생각하지 않으세요?" 도라는 그 눈을 맑게 빛내면서 오른손으로 내 코트의 단추를 만지작거렸다.

"그 무슨 터무니없는 소릴 하는 거요!"

"터무니없는 소리라고 생각하세요? 정말로요?" 도라는 여전히 아래쪽을 내려다보고 말했다.

"물론이죠!"

"아차, 깜빡 잊고 있었어요." 도라는 여전히 단추를 뱅글뱅글 돌리면서 말했다. "당신과 아그네스는 어떤 관계예요?"

"혈연관계는 아니에요. 그렇지만 친남매처럼 함께 자랐어요."

"그런데 어째서 당신은 저를 사랑하게 됐어요?" 도라는 다른 단추를 만지작거리기 시작했다.

"그건, 아마 당신을 만나자마자 사랑하지 않을 수 없었기 때문이겠죠."

"그럼 당신이 저를 만나지 않았더라면 어떻게 되었을까요?" 또 다른 단추로 옮겨갔다.

"그렇다면 만약 우리 둘 다 이 세상에 태어나지 않았었다면 어떻게 되었을까요?" 나는 유쾌하게 말했다.

그러나 무슨 생각을 하고 있는지 조금 궁금하기도 했다. 나는 내 코트의 단추를 하나씩 하나씩 타고 올라가는 작고 부드러운 손, 내 가슴에 기댄 풍성한 머리카락, 움직이는 손가락을 따라가면서 약간 위로 올라갔다가 다시 아래로 향해 있는 긴 속눈썹을 넋을 잃고 바라보았다. 이윽고 그녀는 내 눈을 바라보더니 발돋움을 하고 여느 때보다도 더 차분하게 이별의 키스를—한 번, 두 번, 세 번—하더니 방에서 나갔다.

그러나 5분도 지나기 전에 다 함께 돌아왔다. 드물게 생각에 잠겨 있던 모습은 이미 사라지고 없었다. 도라는 웃으며 마차가 올 때까지 집의 묘기를 모조리 보여주겠다고 말했다. 그러나 그것은 시간이 제법 걸려서(재주의 종류가 많았다기보다는 집이 하기 싫다며 거부했기 때문이다), 현관 밖에서 마차 소리가 들릴 때까지도 여전히 끝나지 않았다. 도라와 아그네스는 황급히, 그러나 다정하게 작별 인사를 했다. 도라가 편지를 쓰고(어떤 바보 같은 내용을 쓸지 모르지만 비웃지 말아달라고 부탁했다), 아그네스도 답신을 하기로 약속했다. 그리고 마차를 타는 곳에서 또다시 작별인사를 했고, 마지막에는 미스 라비니아가 말리는 것도 듣지 않고 마차와 함께 뛰면서 다시 한번 창문 너머로 아그네스에게 편지를 쓰라고 다짐했다. 마부석에 앉은 나에게는 머리카락을 휘날리는 것으로 인사를 대신했다.

우리는 코벤트가든 가까이에서 내려서, 거기서 하이게이트로 가는 다른 마차를 갈아타기로 되어 있었다. 나는 마차를 갈아타는 시간이 어서 오기를 기쁜 마음으로 기다렸다. 아주 짧은 거리지만, 걷는 동안 아그네스가 내게 도라의 칭찬을 할 것이었기 때문이다. 그런데 막상 그때가 되니, 아! 세상 어디에 또 그런 칭찬이 있을까! 그것은, 솔직하고 꾸밈없는 아그네스의 장점이 가장 두드러지게 나타나는 말이었다. 내가 쟁취한 그 예쁜 사람을 성심성의껏 소중하게 돌봐 달라고 열렬하게 부탁하고, 불쌍한 고아가 된 도라를 내가 행복하게 해주어야 하는 책임에 대해서 사려 깊게 타일러주었던 것이다.

사실 나는 그날 저녁만큼 깊고 진실하게 도라를 사랑했던 적이 없다. 두 번째 마차에서 내려, 박사 댁으로 이어진 조용한 길을 따라 별빛 속을 걸어가면서, 나는 모든 것이 아그네스의 덕택이라고 말했다.

"당신이 도라 곁에 앉아 있을 때, 당신은 나의 수호천사일 뿐만 아니라, 그녀의 천사로도 보였어요. 그리고 지금도 그렇게 보여요, 아그네스."

"신통치 않지만 충실한 천사죠."

그녀의 맑은 목소리가 바로 내 가슴에 와 닿았다. "아그네스, 당신의 타고난 쾌활함이(그것은 당신이 아닌 다른 사람에게서는 한 번도 본 적이 없어요) 아주 완전히 회복된 것을 보고 생각했는데, 지금은 집이 전보다 더 행복하지 않으세요?"

"아뇨, 나 자신이 전보다 행복한 거예요. 아주 유쾌하고 마음이 가벼워요."

나는 하늘을 바라보는 그 조용한 얼굴을 살짝 훔쳐보았다. 아그네스의 얼굴이 이토록 고상하게 보이는 것은 저 별들 때문일까?

"집에는 아무런 변화도 없어요." 아그네스는 잠깐 뜸을 들이고 말했다.

"아그네스, 이런 말을 하고 싶지 않지만, 그래도 지난번 우리가 헤어질 때 나왔던 말에 관해서 물어보지 않을 수 없군요. 그 뒤로 아무 언급도 없나요?"

"아무것도 없어요."

"그 문제 때문에 걱정이 많았어요."

"걱정하지 않아도 돼요. 나는 오직 사랑과 진실만을 믿고 살아가는 사람이니까요. 내 걱정은 조금도 하지 말아요, 트롯우드. 나는 당신이 염려하는 그런 길은 절대 밟지 않을 테니까요."

냉정하게 생각했을 때에는 나도 그런 일이 생길 것이라고 진심으로 우려하지는 않았지만, 그래도 아그네스에게서 직접 그 말을 들으니 역시 마음이 놓였다. 나는 그런 내 마음을 솔직하게 전하고, 말을 이었다.

"이제 앞으로는 단둘이 만날 수 없을 것 같으니 말인데, 다음번에는 언제쯤 런던에 오게 될까요, 아그네스?"

"아마도 당분간은 오지 못할 거예요. 아빠를 위해서는 내가 집에 있는 것이 가장 좋을 테니까요. 그러니 한동안은 못 보겠지만, 도라에게는 가끔 편지를 쓸 생각이니까, 서로 소식은 자주 듣게 될 거예요."

어느새 우리는 박사 댁 안뜰에 와 있었다. 날은 저물어가고 있었다. 스트롱 부인의 침실 창문에서 불빛이 보였다. 아그네스는 그 불빛을 가리키며 작별인사를 했다.

"우리의 불행 때문에 괴로워하지 마세요." 아그네스는 내게 한 손을 내밀며 말했다. "나는 당신이 행복하다면 그 이상 더 행복할 수가 없어요. 당신의 도움이 필요할 때에는 곧바로 도움을 청하겠어요. 그럼, 언제나 평안하시기를 빌겠어요!"

아그네스의 밝은 미소와 그 쾌활한 목소리의 마지막 말 속에서 나는 또다시 그녀와 함께 있을 때의 도라를 눈앞에 떠올리고, 그 목소리를 또렷하게 듣는 것 같았다. 나는 사랑과 감사에 가득 찬 마음으로 한동안 현관 앞에 서서 하늘의 별을 바라보다가 천천히 앞으로 걸음을 옮겼다. 나는 바로 근처의 술집에 잠자리를 예약해두어서 대문을 나서다가 우연히 고개를 돌렸더니 박사님 서재에서 불빛이 보였다.

나도 없이 혼자서 사전 편찬작업을 하고 있다고 생각하니 죄송한 마음이 들었다. 그래서 정말로 박사님이 아직까지 일을 하고 있는가를 확인하려, 그렇지 않더라도 아직 깨어 계시다면 안녕히 주무시라는 인사라도 드릴 생각으로, 나는 되돌아서서 조용히 현관 복도를 지나 살며시 문을 열고 안을 들여다보았다.

놀랍게도 맨 처음 눈에 띈 사람은 어둑한 등잔 불빛에 비친 우라이아였다. 그는 그 앙상한 한 손으로 입가를 가리고, 나머지 한 손은 박사의 테이블 위에 얹고 등불 바로 옆에 서 있었다. 박사는 두 손으로 얼굴을 가리고 의자에 앉아 있었다. 위크필드 씨는 괴로운 표정으로, 몸을 앞으로 숙이고 어떻게 해야 할 바를 모르겠다는 듯이 박사의 한쪽 팔을 잡고 있었다.

나는 순간 박사님이 편찮으시다고 생각했다. 재빨리 한발을 내딛었을 때 우라이아와 눈이 마주치자, 어떤 상황인지 깨달았다. 나는 그 자리에서 물러가려 했으나 박사님이 말리는 몸짓을 하기에 그대로 머물렀다.

"어쨌든," 우라이아가 그 꼴사나운 몸을 꼬면서 말했다. "문은 닫아두는 것이 좋겠습니다. 온 시내에 광고할 일이 아니니까요."

이렇게 말하며 그는 내가 열어놓은 문쪽으로 조용히 걸어가서, 조심스럽게 문을 닫았다. 그리고 제자리로 되돌아왔다. 그 목소리며 태도에 자못 동정이 가득 담긴 듯한 고의적인 열성을 드러내고 있어서, 그것이—적어도 나에게는—전보다도 더욱 참을 수 없었다.

"이건 아무래도 제 책임인 듯합니다, 코퍼필드 도련님." 우라이아는 말했다. "전에 도련님과 이야기했던 일을 스트롱 박사님께도 말씀드려야 한다고 생각했거든요. 하지만 도련님께선 제 말을 정확하게 알아듣지 못하셨지요?"

나는 그를 한번 바라보았으나 대답은 하지 않고, 박사님께로 가서 위안과 격려의 뜻으로 몇 마디 이야길 했다. 박사님께선 내가 학생일 때 하시던 버릇대로 내 어깨에 손을 얹었으나, 그 백발의 머리는 끝내 들지 않았다.

"도련님은 잘 모른다고 말씀하셨지만," 우라이아는 주제넘은 태도로 말을 이었다. "어차피 친구들만 모인 자리니까, 제가 큰맘 먹고 스트롱 부인의 행위에 대해서 박사님의 주의를 환기시켜 드렸던 것입니다. 이런 불쾌한 일에 끼어드는 것은 저도 아주 질색이지만, 사정이 사정인 만큼, 바람직하진 않지만 다 같이 관여하고 있는 것입니다. 제가 말씀드린 것은 바로 그런 뜻이었는데, 도련님께서는 제 말씀을 이해 못 하시더군요."

그의 곁눈질을 되새겨보면, 내가 그때 그놈의 목을 졸라서 숨통을 끊어놓지 않았던 것이 이상했다.

"저도 그때는 아주 분명히 말한 것은 아니었습니다만," 우라이아는 말을 이었다. "도련님도 그러셨지요. 우린 둘 다 그런 문제는 멀리 피하고 싶었던 것이니까요. 그러나 마침내 저는 분명히 말씀드리기로 결심하고 스트롱 박사님께 그 이야기를 해 드렸던 것입니다ㅡ. 무슨 말씀을 하셨습니까, 선생님?"

이것은 신음하는 박사를 보고 한 말이었다. 나는 그 신음이 어떤 사람의 가슴도 울릴 수 있다고 생각했으나, 우라이아의 가슴에서는 아무런 반향도 일으키지 않았다.

"ㅡ그래서 스트롱 박사님께 말씀드렸어요." 우라이아는 다시 말을 이어 갔다. "맬던 씨와 박사님의 아름다우신 부인이 지나치게 사이가 좋다는 것은 누구나 다 아는 일이라고요. 어차피 이제는 우리 모두가, 해서는 안 될 일에 깊이 관여하고 있으니, 이번 기회에 분명히 말씀드리는 것이 옳은 일이라고 생각합니다. 이것은 맬던 씨가 인도에 가기 전부터 공공연히 알려져 있던 사실이며, 그가 돌아온 이유와 돌아온 뒤에 늘 여기 와 있는 이유도 그것밖에는 다른 까닭이 없습니다. 방금 도련님께서 들어오셨을 때에도 저는 제 동업자에게 얘기를 막 하던 중이었습니다." 그는 동업자를 보고 말을 이었다. "선생님도 오래전부터 그런 생각을 갖고 있었는지 아닌지를 솔직하게 박사님께 말씀드리라고 말입니다. 자아, 위크필드 선생님! 그런지 아닌지, 저희에게 확실하게 말씀해 주시겠습니까? 어서요, 동업자님!"

"부디, 박사," 위크필드 씨는 난처한 듯이 또다시 박사의 팔에 손을 얹으면서 말했다. "내가 그러한 의혹을 품고 있다 해도 그것을 너무 중요시하지 말게."

"보십시오!" 우라이아는 고개를 저으며 외쳤다. "이렇게 서글픈 확증이 있을 수가 있나, 안 그래요? 바로 이분까지! 이 오랜 친구까지도 인정하셨습니다! 도련님, 제가 이분 사무실의 한낱 서기에 불과했을 때부터, 저는 이분께서 미스 아그네스가 사귀어서는 안 될 사람과 어울려 다닌다고 말씀하시며 걱정을 하고 계시는 것을 여러 번 보았습니다. 정말 곤란해하셨어요(아버지 된 사람으로서는 당연한 일이니, 저는 이분을 나무랄 수 없다고 굳게 믿습니다)."

"여보게, 스트롱," 위크필드 씨는 떨리는 목소리로 말했다. "여보게, 고백하자면, 나는 모든 사람에게서 어떤 하나의 중요한 동기만을 찾아내어 그 좁은 기준으로 모든 행동을 판단하려는 나쁜 버릇이 있다네. 이러한 나의 잘못 때문에 그런 의혹에 빠져 있었는지도 몰라."

"자네도 의심을 품어왔다는 말이군, 위크필드?" 박사는 고개를 들지도 않고 말했다. "그래, 자네도 의심을 품고 있었구먼."

"다 말씀하세요, 동업자 선생님." 우라이아가 재촉했다.

"확실히 한때는 그런 적도 있었지." 위크필드 씨는 말했다. "그리고—미안하지만, 난 자네도 의심하고 있는 줄로만 생각했었네."

"아니, 아니야!" 박사는 더없이 비통한 투로 말했다.

"자네가 두 사람을 갈라놓고 싶어서 맬던 씨를 외국에 보내려 하는 줄 알았지."

"아니야, 아니야! 애니의 어린 시절 친구에게 생활방도를 강구해줌으로써 애니를 즐겁게 해주려는 것이었어. 오직 그뿐이었네."

"나도 그렇게 알고 있었어." 위크필드 씨는 말했다. "박사 자네가 내게 그렇게 말했을 때 나도 의심을 할 수는 없었네, 그러나 한편으로는—좁은 소견이라는 나쁜 버릇을 기억해주기 바라네—박사의 경우처럼 나이 차이가 아주 많을 경우에는—"

"바로 그 점이지요, 코퍼필드 도련님." 그 나름의 동정일 수도 있으나, 아첨을 하면서도 무례하기 짝이 없는 투로 우라이아가 맞장구쳤다.

"—그렇게 젊고 매력적인 부인이면, 아무리 자네를 진실로 존경한다 해도, 결혼함에 있어서는 세속적인 여러 가지 생각만으로도 영향을 받을 수 있다는 말일세. 하지만 나는 편파적인 면이 있어서, 다양한 방향에서 감정과 사정을 고려하지 않는 나쁜 버릇이 있으니, 부디 그 점을 명심해주게!"

"참으로 고마우신 말씀입니다!" 우라이아가 고개를 저으며 말했다.

"언제나 부인을 한 가지 관점에서 보고 있지만," 위크필드 씨는 말했다. "하지만 여보게 친구, 냉정하게 생각해 보도록 간곡히 부탁하네. 나도 어쩔 수 없이 고백하긴 했지만—"

"그렇고말고요. 일이 여기까지 왔으니 어쩔 수 없지요." 우라이아가 말했다.

"—그래, 의심했네." 위크필드 씨는 곤란하기 그지없다는 듯이 우라이아를 곁눈질하면서 말했다. "분명히 의심했어. 자네에 대한 의무감이 모자란 게 아닐까도 생각했네. 그리고 이 말도 해야겠네만, 아그네스가 부인과 친해지면, 내가 본 것—어쩌면 내 병적인 편견으로 단지 그렇게 믿었을 뿐인지도 모르나—을 그 애도 볼 수 있다고 생각하자, 이대로는 안 될 것 같았네. 물론 아무에게도 말하진 않았어. 말할 생각도 없었네. 자네로선 아주 불쾌한 이야기겠지만," 그는 정말로 난처한 듯이, "아무튼 이런 이야기를 하는 것이 나한테 얼마나 괴로운가를 안다면 내 처지도 이해할 수 있을 걸세."

타고난 천성이 착한 박사는 한 손을 내밀었다. 위크필드 씨는 고개를 숙인 채 한동안 그 손을 잡고 있었다.

우라이아가 뱀장어처럼 몸을 꼬면서 침묵을 깨뜨렸다.

"틀림없이 이것은 누구에게나 불쾌하기 짝이 없는 문제지요. 하지만 일이 이렇게 되었으니 죄송하지만, 실은 코퍼필드 씨도 그것을 눈치채고 계셨습니다."

나는 그에게 몸을 돌려, 어찌 감히 나까지 끌고 들어가느냐고 나무랐다.

"아! 참 친절하시기도 합니다, 코퍼필드." 우라이아는 온몸을 꿈틀거리면서 말했다. "도련님이 태어날 때부터 착하신 분이라는 것은 누구나 다 알지요. 하지만 지난 저녁에 도련님께선 제 말 뜻을 곧바로 아셨잖습니까? 그 사실을 이제 와서 모른 척하시다니요! 도련님은 선의로 부인하지만, 그러지 마십시오, 코퍼필드."

나는 박사의 온화한 눈이 잠시 나를 바라보는 것을 보고, 오랜 나의 염려와 회상들이 내 얼굴에 나타나 있어 그것을 못 알아볼 리가 없다고 느꼈다. 허둥거려 보았자 소용없는 일이었다. 이제 와서 없던 일로 돌리기에는 너무 늦었다.

모두들 다시 침묵을 지켰다. 박사는 방 안을 조금 서성거리다가 다시 그의 의자가 있는 곳으로 되돌아가서 의자 등받이에 기대고 앉아, 이따금씩 손수건을 눈에 갖다대었다. 거짓 없는 그의 솔직함이 고스란히 드러나는 동작을 보고, 적어도 나는 다른 어떤 속임수보다도 참으로 훌륭한 태도라고 생각했다.

"내 잘못이야. 내가 잘못했어. 누구보다 사랑하는 사람을 내가 그런 모진 시련과 비방 앞으로 내몰았어―그래, 비방이야. 설사 마음 깊은 곳에 감춰 두고 있었다고 해도 말이야―나만 아니었다면 결코 그런 비방의 표적이 되진 않았을 테니 말일세."

우라이아 힙은 코를 훌쩍이는 시늉을 했다. 동정을 표시할 생각이었을 것이다.

"애니는," 박사는 말했다. "나만 아니었어도, 결코 비방의 대상이 되지 않았을 거야. 보다시피 나는 이제 늙었어. 앞으로도 엄청난 삶의 보람이 있으리라고는 생각지 않아. 그러나 오늘 밤 이야기한 부인의 진실과 명예에 대해서는 내가 이 목숨, 내 목숨을 걸고 보증하네!"

온 세상 화가들이 상상력을 발휘하여 그린 그 어떤 낭만적이고 우아한 기사상도, 이 소박하고 단순한 늙은 박사님만큼 인상적이고 감동적인 위엄을 지니며 기사도의 상징이라고 말할 수는 없을 것이다.

"그러나 나도 모르는 사이에 부인을 불행한 결혼이라는 덫으로 끌어들였는지도 몰라, 그것까지 아니라고 말할 용기는 없네―아니, 어쩌면 무의식적으로 어느 정도 인정할 생각은 있었는지도 모르지. 나라는 사람은 사물을 조금도 살피지 않네. 그러니 나이도 다르고, 처지도 다르고, 몇몇 사람들이 살핀 결과 이것들이 분명하게 한쪽으로 일치할 뿐 아니라 아주 자연스럽게 일치한다면, 역시 그것이 내 생각보다 옳다는 뜻이겠지."

젊은 아내에 대한 박사의 자애로운 태도에는 언제나 탄복했지만, 특히 오늘 밤, 자기 아내에 대한 한마디 한마디에 담겨 있는 존경 어린 애정과 아내의 순결에 대한 추호의 의혹까지도 모조리 떨쳐버리려는 그 숭고한 태도에, 이루 다 나타낼 수 없을 정도로 감동했다.

"나는 그 사람이 아주 어렸을 때 결혼했어." 박사는 말했다. "그 사람의 인격이 미처 형성되기도 전에 아내로 데려왔지. 그 사람이 자라는 동안 그것을 이끌어주고 형성해주는 것이 내 기쁨이었어. 나는 그 사람의 아버지도 잘 알고 있었지. 나는 그 사람의 아름답고 덕성스러운 성격을 사랑했으므로 내가 가르칠 수 있는 모든 것을 가르쳐 주었어. 만약 내가 그 사람의 감사하는 마음과 애정을 이용해서(나는 그럴 작정은 아니었지만!), 그 사람에게 잘못을 저질렀다면―정말 그랬을까 두렵네만―나는 진심으로 그 사람에게 용서를 빌어야 하네!"

박사는 방을 가로질러 먼저 있던 자리로 되돌아갔다. 진지한 분위기 속에 차분히 가라앉은 그의 음성이 이어졌다. 부들부들 떨리는 손은 의자를 꽉 잡고 있었다.

"나는 나 자신이 그 사람에게 있어서는 세상의 여러 위험과 풍파를 피할 수 있는 피난처가 될 생각이었네. 나이는 다르지만 그 사람은 나와 함께 조용하고 만족스럽게 살아갈 것으로 생각했지. 이윽고 그 사람이 아직 젊고 아름답지만 판단력만큼은 어엿한 어른으로 자란 때를 고려하지 않은 것은 아니었어―아무렴, 절대로 아니었다네."

박사의 소박한 모습이 그 성실함과 너그러움으로 더한층 빛나는 것 같았다. 그가 말하는 한마디 한마디에는, 다른 어떠한 덕행도 더 보태줄 수 없는 힘이 있었다.

"지금까지 우리의 생활은 아주 행복했어. 오늘 밤까지도 나는 내가 그 사람에게 지독한 짓을 한 그날을 하루도 빠짐없이 축복해왔네."

박사는 잠깐 멈췄다가 말을 이었다.

"나는 평생토록 여러모로 가엾은 몽상가였네만 이제 꿈에서 깨어나 보니, 그 사람이 옛이야기 상대이자 지금은 남편인 나에 대해 어느 정도 뉘우치는 것은 매우 당연한 일이라고 생각하고, 내가 없었더라면 어땠을까를 생각하면, 역시 나무랄 수 없는 순수한 후회를 느끼며 그 남자를 보리라는 것 또한 사실일 걸세. 알고는 있었지만 지금껏 각별히 주목해 본 적도 없는 일들이, 아까부터 느닷없이 새로운 의미를 띠고 되살아나고 있네. 그러나 여보게들, 문제는 그것뿐이야. 앞으로는 사랑하는 그 사람의 이름이 의혹을 사는 어떠한 말과도 함께 나와서는 절대로 안 되네."

박사의 눈은 형형하게 빛나고 목소리는 단호했다. 그는 짧게 뜸을 들였다가 말을 이었다.

"내가 불러일으킨 이 불행을 마음에 간직해서 할 수 있는 데까지 참고 견디어 나가는 것만이 내게 남은 일이네. 꾸짖을 자격이 있는 사람은 그녀이지, 결코 내가 아닐세. 내 친구들까지도 피할 수 없었던 오해, 그 가혹한 오해에서 그 사람을 구하는 것이 내 의무라네. 우리가 이 세상과 떨어져 살면 살수록 나는 그 의무를 더욱 잘 수행하는 것이 되겠지. 나의 죽음으로 그 사람이 속박에서 풀려날 때가 오면—자비로우신 하느님, 그날이 빨리 오게 하소서—! 나는 무한한 믿음과 사랑으로써 그 사람의 영예로운 얼굴을 보며 눈을 감을 생각이야. 슬픔이 없는, 보다 행복하고 밝은 날에 그 사람을 두고 갈 걸세."

그 성실함과 진지함은 어디까지나 소박한 그의 태도로 인해 더욱더 빛을 얻고, 또 반대로 빛을 주고 있었지만, 나는 눈물이 앞을 가려 그의 모습이 보이지 않았다. 박사님은 문으로 가면서 말을 덧붙였다.

"여보게들, 나는 내 속을 다 내어보였네. 자네들이라면 내 진심을 존중해주리라고 확신하네. 오늘 밤 여기서 한 얘기는 앞으로 절대 입에 올려서는 안 되네. 위크필드, 친구의 팔로 나를 2층까지 부축해주게!"

위크필드 씨는 재빨리 그에게로 갔다. 두 사람은 아무 말도 나누지 않고 천천히 방에서 나갔다.

우라이아는 그 모습을 가만히 지켜보다가, 이윽고 이상하게 얌전히 나를 돌아보고 말했다.

"코퍼필드 도련님! 아무래도 일이 예상했던 것과는 딴판이 되어버렸습니다. 저 노학자님께서는—훌륭하다면 훌륭하지만!—벽돌만큼이나 눈이 어두운 분이시군요. 아무튼 박사님 가정은 곤경을 벗어난 것 같습니다."

그의 목소리만 들어도 나는 앞뒤 가리지 않고 분노가 치밀어 올랐다.

"나쁜 놈! 나까지 네놈의 계략에 끌어들여서 어쩔 셈이지? 이 거짓말쟁이 불량배! 우리가 함께 의논한 적이라도 있는 것처럼 어찌 감히 내게 호소할 수 있느냐 말이야!"

둘이 얼굴을 맞대고 있으면서 나는, 회심의 미소를 짓고 있는 그 표정 속에서 이미 내가 잘 알고 있었던 것을 다시금 확인했다. 그는 나를 비참하게 만들기 위해 그 비밀 이야기를 억지로 꺼내 나를 계획적으로 함정에 빠뜨린 것이다. 나는 그 점을 도저히 참을 수 없었다. 우라이아의 여윈 뺨이 마치 때려달라는 듯이 내 앞에 있는 것을 보고 나는 손가락이 저릿저릿하고 화상을 입은 것처럼 뜨거워질 정도로 온 힘을 다해 그의 따귀를 갈겼다.

우라이아가 내 손을 잡았다. 우리는 서로를 노려보며 오랫동안 서 있었다. 그의 뺨에 남아 있던 하얀 내 손가락 자국이 사라지고 그 부분이 새빨개지는 것이 보였다.

"코퍼필드," 마침내 우라이아가 숨을 헐떡이며 말했다. "정신 나갔소?"

"정신이 나간 건 네놈이야!" 나는 손을 들어서 뿌리치며 말했다. "이 짐승만도 못한 놈! 이제 네놈과는 절교다."

"그래요?" 우라이아는 뺨이 아픈지 손을 갖다대고 말했다. "하지만 바라는 대로 되지 않을 거요. 그럼 당신도 배은망덕한 사람이 아니겠소?"

"내가 너를 멸시하고 있다는 것을, 이미 충분히 네게 보여주었다. 그것을 지금 더욱 확실하게 가르쳐준 거야. 네가 네 주위의 모든 사람들에게 나쁜 짓 말고 무슨 다른 짓을 한 적이 있었느냐?"

이 말이, 이때까지 내가 말해야겠다고 생각하면서도 참아왔던 문제를 간접적으로 언급하고 있다는 것을 그도 알아들었다. 사실 그날 밤 내가 아그네스로부터 확실한 대답을 듣지 않았던들 나는 그를 때리지도 않았을 것이고 저런 말도 하지 않았을 것이다. 그러나 그런 것은 아무래도 좋았다.

또다시 서로 한동안 노려보았다. 나를 노려보는 그의 눈은 이보다 추악한 것이 있을까 싶을 정도로 온갖 색을 띠고 있었다.

"샌님도령," 우라이아는 뺨에서 손을 떼며 말했다. "당신은 처음부터 나를 싫어했소. 나는 당신이 위크필드 씨 댁에 있을 때부터 늘 나를 미워해온 것을 잘 알고 있소."

"멋대로 생각해." 나는 여전히 불타오르는 분노에 싸여 말했다. "하지만 그게 사실이지. 네 가치는 결국 그 정도야."

"그러나 난 처음부터 당신을 좋아했소, 샌님도령!"

나는 대꾸할 마음도 들지 않았다. 자러 가려고 모자를 집어 들고 그곳을 나오려 하는데 그가 나와 문 사이를 가로막았다.

"샌님도령, 싸움에는 상대가 있어야 하죠. 그런데 나는 그 상대가 될 생각은 없습니다."

"쳇! 악마밥이나 돼라!"

"그런 말 하지 마시오! 뉘우치실 겁니다. 그런 상스러운 말을 입에 담다니, 어찌 그리 나보다도 천한 짓을 하는 거요? 그렇지만 난 당신을 용서합니다."

"네가 나를 용서한다고?" 나는 멸시에 찬 투로 말했다.

"용서합니다. 그러니까 당신은 어찌할 도리가 없게 된 거요." 우라이아가 대꾸했다. "언제나 당신의 친구였던 나에게 따귀를 때린 것을 생각하면! 그러나 아까 말씀드렸듯이 상대가 없이는 싸움이 안 되는 법이고, 나는 상대하지 않을 거요. 당신이야 어찌하든 나는 당신의 친구요. 자아, 이제 당신이 내게 기대할 것이 무엇인가를 잘 알았겠지요?"

늦은 밤에 집안 사람들을 깨우지 않도록(상대는 아주 느리게, 나는 아주 빠르게) 아주 낮은 목소리로 논쟁해야 했지만, 내 기분은 조금도 나아지지 않았다(흥분은 점점 가라앉았지만).

나는 늘 기대해왔고 아직 한 번도 실망한 적이 없는 것을 그에게 기대하겠다는 말만 남기고 문을 벌컥 열고 밖으로 나왔다. 그러나 그도 자기 어머니의 숙소에 머물고 있었으므로 그곳을 나왔다.

"이봐요, 코퍼필드." 내가 돌아보지 않자 그는 내 귓전에 입을 들이밀며 말했다. "당신 입장이 매우 난처하지요." 생각해보니 그의 말이 맞았으므로, 점점 더 약이 올랐다. "이번 일은 당신에게 공적이 되기는커녕 싫어도 나에게 용서를 빌어야 할 일입니다. 나는 이번 일을 우리 어머니에게도, 어느 누구에게도 말하지 않을 생각입니다. 나는 당신을 용서하기로 작정했습니다. 그렇지만 당신이 이런 비천한 인간에게 손을 대다니 나로선 정말 알 수 없군요!"

듣고 보니 확실히 비열함은 그와 큰 차이가 없었다. 이 녀석은 나 자신보다도 나를 더 잘 알고 있었다. 만약에 그가 말대꾸를 했다던가, 솔직하게 화냈더라면 차라리 내 마음이 편하고 명분도 섰겠지만, 그가 나를 미지근한 불 위에다 올려놓은 격이어서 나는 아침까지 괴로워하며 누워 있었다.

아침이 되어 밖으로 나오니 우라이아도 자기 어머니와 거닐고 있었다. 그가 아무 일도 없었다는 듯이 다가와 말을 걸었으므로 나도 대답 정도는 해주어야 했다. 치통이 생길 만큼 힘껏 때렸나보다. 검은 비단손수건으로 얼굴을 감싸고 그 위에 모자를 쓰고 있는 모습이 제법 볼만했다. 그가 월요일 아침에 런던의 한 치과의한테서 이 하나를 뽑았다는 소문을 나중에 들었다. 나는 그 이가 덧니였기를 바랐다.

박사는 몸이 불편하다는 이유로 아직 아그네스 부녀가 머물러 있는 동안에도, 날마다 대부분 혼자서 지냈다. 우리가 평소처럼 일을 시작한 것은 아그네스 부녀가 떠난 1주일 뒤부터였다. 일을 다시 시작하던 전날, 박사는 봉하지 않은 편지를 내게 직접 건네주었다. 그것은 나에게 온 것이었는데, 온정이 담긴 몇 마디 말로, 그날 저녁에 있었던 일을 절대 입 밖에 내지 말라는 엄명이었다. 나는 그 이야기를 대고모에게만 하고 다른 누구에게도 하지 않았다. 이 문제만큼은 아그네스에게도 이야기하지 못했으므로, 아마도 그녀는 끝까지 눈치채지 못했을 것이다.

그때는 스트롱 부인도 전혀 모르고 있었다고 생각한다. 그러나 몇 주일이 지나자 부인에게 변화가 보였다. 바람 없는 날의 구름처럼 서서히 변화가 왔다. 처음에는, 요즘 들어 박사의 말투가 특히 부드러워진 것과, 매일이 지루하고 단조로운 것 같으니 어머니를 모셔오는 것이 좋겠다는 말에 이상한 점을 느낀 것 같았다. 박사와 내가 일을 하고 있고 그 곁에 부인이 앉아 있었을 때, 부인이 문득 손을 멈추고 말없이 남편을 바라보고 있는 것을 나는 자주 보았다. 그 얼굴은 지금도 잊히지 않는다. 그 뒤에는 부인이 눈물을 가득 머금고 일어나서 방을 나가버리기도 했다. 부인의 아름다운 얼굴에 어두운 그림자가 서서히 드리워지더니 날이 갈수록 짙어져갔다. 그 무렵에는 마클람 부인이 같이 살고 있었으나, 그녀는 수다만 떨 뿐 아무것도 눈치채지 못했다.

한때는 박사님 댁의 햇빛 같은 존재였던 애니에게 이러한 변화가 슬그머니 기어들자 박사님의 모습은 더욱 늙고 침울해져 갔다. 그러나 박사의 다정한 마음씨며 온화하고 친절한 태도, 부인에 대한 자애로운 배려 같은 것은 이제까지보다도 더욱 깊어졌다. 한번은 이런 일이 있었다. 부인의 생일날 아침 일찍, 여느 때처럼 우리가 일을 하고 있을 때 부인도 창가로 와서 앉았다(그것은 평소와 조금도 다를 바 없는 일인데도, 요즘에는 조금 주뼛주뼛하면서 와서 앉았다. 그 모습이 나는 참을 수 없이 안쓰러웠다). 그러자 박사님이 갑자기 부인의 머리를 양손으로 감싸며 입을 맞추고 더 이상 그 자리에 있을 수 없다는 듯이 허둥지둥 나가버린 것이다. 부인은 혼자 남겨져서 조각상처럼 멀뚱하게 서 있었다. 그러나 이윽고 고개를 숙이고, 두 손을 꼭 쥐고 숨이 끊어질 듯이 울기 시작했다.

그 뒤 가끔, 부인과 나만 남게 될 때면 부인은 나에게 무엇인가 이야기를 하고 싶어하는 것 같았다. 그러나 부인은 단 한마디도 하지 않았다. 박사님은 언제나 부인이 어머니와 함께 외출해서 즐길 수 있는 어떤 새로운 계획을 마련했다. 마클람 부인은 다른 것은 몰라도 노는 일에는 절대 빠지지 않는 사람이었으므로 크게 기뻐하며 그 계획에 끼어들었고 목청을 돋우어 딸까지 끌어들였다. 그러나 애니는 마음이 없어 보였다. 데려가는 대로 끌려다니기는 했지만 기운도 없고 즐겁지도 않아 보였다.

나는 어떻게 생각해야 할지 몰랐다. 대고모도 마찬가지여서, 때로는 끝없이 방 안을 빙글빙글 돌고만 있었다. 무엇보다도 이상했던 것은, 이 가정의 어두운 비밀지대 속으로 발을 들여놓은 유일한 인물이 딕 씨라는 점이다.

이 문제에 대해 그가 어떻게 생각하고 있었으며, 무엇을 보고 있었는가는 나도 도저히 설명할 수 없다. 그가 우리 일을 돕지 못하는 것과 마찬가지이다. 그러나 전에 내가 학교에 다니고 있을 때에도 말했듯이, 박사에 대한 딕 씨의 숭배는 절대적이었다. 그리고 진실한 애정 속에는, 설령 그것이 하등동물이라고 할지라도, 최고의 지성조차 따라오지 못하는 날카로운 직관이 작용한다. 따라서 말하자면 딕 씨의 이 마음의 지각에 느닷없이 진실의 빛이 비친 것이다.

그는 캔터베리에서 박사의 산책로를 거닐었던 것과 마찬가지로 여기서도 한가할 때면 곧잘 박사와 함께 뜰을 산책하는, 이른바 자랑스러운 특권을 되찾았다. 그렇게 되자 그는 곧바로 한가한 시간을 모두 내어(짬을 만들기 위해 일부러 아침 일찍 일어났다) 이런 산책에 쓰는 것이었다. 그는 박사님이 그의 훌륭한 노작인 대사전의 초고를 읽어 줄 때가 더없이 행복했고, 박사님이 그것을 주머니에서 꺼내어 읽지 않으면 정말로 우울했다. 그래서 박사와 내가 일을 하고 있으면 그는 스트롱 부인과 산책도 하고, 부인이 좋아하는 꽃을 손질하거나 꽃밭의 잡초 뽑기를 돕는 것이 습관이 되었다. 아마 그는 한 시간에 열두 마디도 말을 하지 않았을 것이다. 그러나 그의 차분한 관심과 생각에 잠긴 얼굴 표정은 박사님 부부의 가슴에 즉각적인 반향을 불러일으켜서 박사님 부부는 그를 좋아했고, 그 또한 두 내외를 좋아하고 있다는 것을 서로가 잘 알고 있었다. 그리하여 그는 다른 사람은 대신할 수 없는 존재―박사 부부를 잇는 하나의 연줄―가 되었던 것이다.

불가해한 현자의 얼굴을 하고 박사와 산책하고, 사전 속의 어려운 말에 부닥치고 기뻐하던 그, 커다란 물뿌리개를 끌어안고 부인 뒤를 따라가며, 곰발바닥 같은 장갑을 끼고 쭈그리고 앉아 조그마한 잎사귀를 가르며 돋보기가 있어야 할 듯한 지루한 일에 열중해 있는 그, 어떻게든 부인에게 정신적으로 도움이 되고 싶다는 애처로운 마음을 마치 철학자 같은 태도로 온몸에 두르고 있는 그, 물뿌리개로 물을 줄 때도 그 한 줄기 한 줄기에 동정과 성실과 애정을 담아 따르는 그, 또한 그 자신도 불행에 빠져 있지만 그 상냥한 마음은 조금도 변함없고, 예의 불운한 찰스 1세도 이 뜰 안으로는 끌어들이지 않으며, 언제나 감사한 마음으로 일을 하고, 어딘가 자신에게 좋지 않은 곳이 있는데 어떻게든 그것을 고치고 싶다고 한마음으로 열심히 노력하던 그—그런 그를 떠올릴 때면, 나는 그를 단지 이상한 사람, 기인으로만 보았던 것을 정말로 부끄럽게 여겼고, 특히 제정신인 내가 무엇을 할 수 있었나를 생각하고는 더욱 그러했다.

이 점에 대해 얘기하면 대고모님은 언제나 의기양양하게 말했다. "얘야, 트롯, 그 사람의 진가를 아는 사람은 나뿐이란다! 머지않아 딕 씨는 위대한 사람이 될 거야!"

이 장을 마치기 전에 한 가지 더 말해 두어야 할 것이 있다. 아직 위크필드 부녀가 머물고 있을 때, 매일 아침마다 우체국 집배원이 우라이아 힙에게 편지를 두서너 통씩 갖고 오는 것을 알았다. (그 무렵 우라이아는 할 일이 별로 없었으므로 위크필드 부녀가 돌아갈 때까지 그도 하이게이트에 머물러 있었다.) 그리고 나는 그 편지들이, 이젠 제법 법률가다운 원숙한 필적을 익힌 미코버 씨가 늘 사무적으로 보내오는 것임을 알았다. 나는 이같이 하찮은 점만으로도 미코버 씨가 잘 지내고 있다는 것을 알고 기뻤다. 그래서 그 무렵에 그의 부인한테서 다음과 같은 편지를 받고 크게 놀랐던 것이다.

캔터베리에서, 월요일 저녁.

코퍼필드 씨, 이 편지를 받으면 틀림없이 놀랄 것입니다. 그리고 내용을 읽게 되면 더욱 놀랄 것입니다. 제가 이 일을 절대 비밀로 해 달라는 약속을 부탁드리면 더욱더 놀랄 줄 압니다. 하지만 한 사람의 아내이자 어미로서 제 마음은 위로를 필요로 하고 있습니다. 이제 와서 제 가족들(남편은 제 친정 식구를 아주 싫어합니다)과는 의논하고 싶지 않으므로, 한때는 같이 살았고 지금도 언제나 제 편이 되어주시는 도련님 말고는 상의할 사람이 없습니다.

코퍼필드 씨, 아시는 바와 같이 저와 남편(전 그이를 버릴 생각은 절대 없습니다) 사이에는 언제나 서로 믿음의 정신이 유지되어 왔습니다. 하기야, 남편이 때로는 저와 의논 없이 어음을 발행한 적도 있고, 지불 기간에 대해서 말도 안 되는 거짓말로 저를 속인 적도 실제로 있었습니다. 그러나 대체로 남편은 자기가 사랑하는 사람—곧, 저를 말합니다—에게는 어떤 비밀도 갖지 않았고, 밤마다 잠자리에 누워서는 어김없이 그날에 있었던 일들을 되새겨보곤 했습니다.

코퍼필드 씨, 그렇던 남편이 완전히 변해버렸다는 사실을 말씀드리는 지금의 제 기분이 얼마나 비통한가는 상상하실 것입니다. 그이는 말을 하지 않고, 모든 것을 비밀에 부치게 되었습니다. 그이의 생활은, 기쁨과 슬픔을 같이 나누어야 할 반려자—역시 저를 가리키는 것입니다—에게 하나의 수수께끼가 되었습니다. 저는 그이가 아침부터 저녁까지 사무소에 나간다는 것 말고는, 철없는 아이들의 우스갯소리 가운데에 자두가 든 오트밀 맛밖에 모른다는 그 남국 사람보다도 아는 것이 없습니다. 하기야 이렇게 말씀드리면, 틀림없는 사실을 고하는 데는 전혀 도움이 되지 않는 속설을 끌어들이는 셈이지만 말이에요.[2]

게다가 남편은 침울하고 아주 엄해졌습니다. 맏아들, 큰딸과도 서먹하고, 쌍둥이도 자랑스럽게 여기지 않으며, 최근에 우리 가족의 일원이 된 죄 없는 갓난아기까지도 차가운 눈으로 보고 있습니다. 최소액으로 줄여버린 생활비조차 그이에게서 얻어내는 것이 쉽지 않습니다. 그런 말을 하면 죽어버리겠다고 무서운 위협까지 하는 것입니다. 그러면서도 사람을 미치게 하는 그런 처사에 대해서는 아무리 물어도 해명을 완강히 거부하고 있습니다.

이제는 저도 더 이상 참을 수 없고 가슴이 찢어지는 것 같습니다. 저의 나약함을 잘 알고 계시니만큼, 제가 이같이 앞도 뒤도 보이지 않는 궁지에서 어찌해야 좋을지 조언해 주신다면, 이미 베풀어주신 많은 은혜에 또 하나의 두터운 은혜를 더하게 될 것입니다. 제 자식들의 사랑과, 아무것도 모르고 좋아하는 갓난아기의 미소를 함께 보내면서 이만 줄입니다.

괴로운
에마 미코버 올림

---

[2] 오트밀 맛밖에 모른다는 남국 사람에 대해서는 여러 해석이 있지만 정확한 것은 알 수 없다. 남국 사람은 얼음을 알지 못한다는 정도로 해석하면 될 것이다.

미코버 부인과 같은 경험이 많은 부인에게는 인내와 친절로써 남편의 마음을 되찾도록 해야 한다고(그녀라면 틀림없이 할 수 있다고 생각했기 때문이다) 조언하는 것밖에는 다른 도리가 없다고 생각했다. 그러나 이 편지를 보고 나니 나는 미코버 씨가 크게 염려되었다.

43장
결혼식의 추억

내 일생 가운데서 인상 깊었던 시기에 대해 이쯤에서 다시 한번 돌아보고자 한다. 그러려면 잠시 한 걸음 비켜서서 내 그림자에 달라붙어 아련하게 지나가는 하루하루의 환상을 다시금 바라보아야 할 것이다.

한 주일이, 한 달이, 사계절이 소리도 없이 지나간다. 그것들은 무더운 여름날 대낮, 추운 한겨울 밤처럼 느껴진다. 내가 도라와 산책하던 광장은 꽃이 활짝 피어 눈부신 황금빛 들판인가 싶다가도, 어느새 눈으로 덮여 그 밑에 히스[1]덤불이 언덕을 이루고 있다. 일요일 산책하는 동안 흐르는 강물은 여름 햇빛에 반짝거리다가도 이내 겨울바람에 세차게 출렁이고 얼음덩이가 떠내려가다가 쌓이기도 한다. 강물은 빠른 속도로 번쩍이다가 어두워지고, 거침없이 바다로 흘러간다.

작은 새 같은 도라의 고모들 집에는 아무런 변화도 없다. 난로 위에는 여전히 시계가 째깍거리고 있고, 현관홀에는 청우계(晴雨計)가 걸려 있다. 시계도 청우계도 정확한 적은 한 번도 없지만 우리는 모두 그 두 가지를 진심으로 믿고 있다.

법적으로 나는 성년이 되었다. 스물한 살의 권위를 획득한 것이다. 그러나 이것은 누구에게나 주어지는 위엄이다. 그럼, 나 스스로는 과연 무엇을 했는지부터 생각해 보자.

나는 그 어려운 속기술의 비결을 터득했다. 그것으로 나는 꽤 높은 수입을 올린다. 속기술이 관련된 각 분야에서 나는 평판이 매우 좋아졌으므로 다른 11명과 공동으로 의회 토론 기사를 어느 조간신문에 보내는 일을 하고 있다. 나는 매일 밤, 한 번도 적중한 적이 없는 예언과 결코 실행되지 않는 선언문과 사람들

---

1) 진달래과 에리카에 속하는 상록 소관목.

을 어리둥절하게 만드는 설명문을 열심히 기록한다. 불행한 미녀 브리타니아[2]는 통닭구이처럼, 사무소의 펜이라는 꼬챙이에 찔리고, 관료주의라는 빨간 끈으로 발과 날개가 묶인 채 언제나 내 앞에 누워 있다. 나는 정치의 의미를 잘 알 만큼 정계 이면에도 아주 정통하다. 나는 정치에 대해서는 완전한 이단자이며, 결코 개종되지 않을 것이다.

트래들스도 속기에 손을 대보았지만, 그에게는 맞지 않았다. 하지만 그 실패에 대해서는 더없이 태평하여, 자기 입으로 미련한 놈이라고 말할 정도였다. 그도 때로는 같은 신문사 일을 하기도 했으나, 단지 사실을 그대로 전하기만 할 뿐, 그것을 기사로 쓰거나 문장을 다듬는 일은 전부 상상력이 풍부한 다른 기자의 역할이었다. 그는 변호사 자격을 얻었다. 그러자 탄복할 만한 근면성과 극기심을 발휘하여 따로 1백 파운드를 더 모아, 그가 일하고 있는 사무소의 부동산 양도 전문 변호사에게 사례금으로 지급했다. 마침내 변호사로서 등록한 날에는 어지간히 센 포트와인을 잔뜩 가져와 마셨던 모양인데, 그 금액을 생각해 보면 법학원 쪽이 제법 이득이었던 것 같다.

나는 다른 길로도 진출했다. 조심스럽게 창작에 손을 댄 것이다. 아무에게도 말하지 않고 짧은 글을 써서 잡지사에 보냈더니 그것이 그 잡지에 실렸다. 그 뒤로 짧아도 글쓰는 일에 온 힘을 기울였고, 이제 나는 정기적으로 원고료를 받고 있다. 대체로 내 생활은 윤택하다. 수입을 왼손 손가락으로 셈한다면 지금은 중지를 지나서 약지의 중간 마디까지 간다.[3]

사는 곳도 버킹엄 거리에서 나와, 예전에 감탄하며 보았던 그 아늑하고 아담한 집으로 이사를 했다. 대고모는 도버의 집을 많은 이문을 남기고 팔았다. 평생 함께 살 생각은 없으며 어딘가 근처에 있는 좀 더 작은 집으로 이사해서 혼자 살고 싶다고 했다. 이것은 무슨 뜻일까? 내 결혼을 위해서일까? 그렇다, 틀림없다!

그렇다! 나는 마침내 도라와 결혼하기로 했다! 미스 라비니아와 미스 클라리사가 동의한 것이다. 지금 두 사람의 모습은, 카나리아 두 마리가 푸드덕거리며 소란부리는 모습과 똑같았다. 미스 라비니아는 자기가 도라의 옷장을 책임지겠

---

2) 영국의 옛 이름. 의인화된 명칭.
3) 연수 350파운드를 말함.

다고 나서서, 아침부터 저녁까지 내내 옷본을 뜨고 있다. 그녀와, 언제나 길쭉한 꾸러미와 줄자를 옆구리에 차고 젊은 신사인 체하는 옷감장수와는 아무래도 서로 뜻이 맞지 않았다. 언제나 가슴에 실을 끼운 바늘을 꽂고 있는 여자 재봉사 한 사람이 계속 집에 머물고 있었는데, 먹거나 마시거나 잘잘 때에도 절대 골무를 빼지 않을 것 같았다. 마치 도라의 인체모형이라도 뜨고 있는 듯이, 수없이 도라를 부르러 와서는 무엇인가를 입혀 보았다. 그래서 도라와 나는 저녁때에는 단 몇 분도 즐거운 시간을 가질 수가 없었다. 이내 누군가 훼방꾼이 나타나서 문을 두드리고, "미스 도라, 2층으로 좀 올라오시겠어요?"라고 말하는 것이었다.

미스 클라리사와 나의 대고모는 런던 시내를 샅샅이 돌아다니며 가구를 찾아내어 도라와 나에게 보여주었다. 직접 보여주는 성가신 일은 건너뛰고 둘이서 마음대로 사버리면 좋을 텐데. 왜냐하면 우리가 부엌 아궁이망이나 고기 굽는 그릇을 보러 가도, 도라는 뜬금없이 개집—지붕에 방울이 달려 있는 중국풍으로 된 집을 발견하고는 그것을 사버리기 때문이다. 그러나 사 와도 집이 그 새로운 환경에 익숙해지기까지는 꽤 오랜 시간이 걸렸다. 드나들 때마다 방울이 일제히 울려대는 통에 소스라치게 놀랐기 때문이다.

페거티도 도움이 되고자 찾아와서 곧 일을 시작했다. 그녀가 맡은 일은 모든 것들을 몇 번이고 되풀이해서 깨끗하게 닦아 놓는 것 같았다. 무엇이든 닦고 또 닦아서 결국에는 자기 이마처럼 반들반들하게 만들어 놓았다. 그리고 보니 그녀의 오빠가, 밤에 어두운 거리를 돌아다니며 어슬렁거리는 사람들의 얼굴을 들여다보고 가는 것을 처음 보게 된 것도 이때의 일이다. 나는 늦은 시각이었으므로 한 번도 그에게 말을 걸지 않았다. 그의 침울한 모습이 지나갈 때, 그가 무엇을 찾고 있으며 무엇을 두려워하고 있는가를 너무도 잘 알고 있었기 때문이다.

그날 오후 트래들스가 민법박사회관으로 나를 찾아왔을 때, 어째서 그토록 비장한 얼굴을 하고 있었을까? (나는 아직도 형식적으로 이따금씩 민법박사회관에 나가고 있었다.) 소년티를 벗어나지 못한 나의 백일몽이 이제 눈앞에서 현실이 되려 하고 있었다. 나는 결혼허가증을 받기 직전이었다.

결혼허가증은 서류에 불과하지만 그 효력은 엄청난 것이다. 그 증서가 내 책상 위에 놓여 있는 걸 보고 트래들스는, 반은 감탄하고 반은 경외하는 마음으로 자세히 들여다보았다. 한때는 꿈에서까지 그리던 관계 아래 데이비드 코퍼필드와 도라 스펜로의 이름이 적혀 있다. 증서 한구석에는 부모를 대신하는 기관인 인지국(印紙局)의 이름이 우리의 결합을 내려다보고 있다. 인사와 관련된 온갖 관계에 개입하는 기관으로, 우리의 결혼도 빠짐없이 위에서 내려다보고 있다. 또 캔터베리의 대주교라는 글자가 인쇄되어 있는데, 가장 싼값으로 우리에게 축복을 보내주고 있는 것이다.

말은 이렇게 하지만, 나는 기쁘면서도 흥분되고 경황없는 꿈같은 황홀경을 맛보고 있었다. 현실인 것 같지 않았다. 그러나 한편으로는 길에서 만나는 모든 사람이 모레는 내가 결혼한다는 사실을 다 알고 있는 것만 같았다. 선서를 하러 가자 감독 대리가 나를 알아보고, 손쉽게 일을 처리해준다. 마치 우리 사이에는 비밀결사 못지않은 이해가 있는 것 같았다. 트래들스는 나의 일반후원자로서 참석했다.

"다음번에 자네가 여기 올 땐 지금의 나와 똑같은 일로 왔으면 좋겠다. 그날이 빨리 오기를 바라네."

"고마워, 코퍼필드, 나도 그럴 생각이야. 언제까지나 기다려주겠다고 하니 정말로 기쁜데다가, 아주 훌륭한 아가씨니까 말이야."

"역마차 역에서 몇 시에 그녀를 만나기로 했지?"

"7시야." 트래들스는 촌스럽고 낡은 은시계—학창 시절에 물레방아를 만든다며 그가 톱니바퀴를 하나 떼 냈던 그 시계—를 보고 말했다. "미스 위크필드도 그즈음에 도착하지 않아?"

"아니, 조금 일러. 미스 아그네스는 8시 반에 도착할 예정이야."

"자네가 이렇게 반가운 결과를 얻게 되어 정말 기쁘네. 마치 내가 결혼하는 것 같아. 그리고 그 경사스러운 자리에 굳이 소피까지 미스 위크필드와 함께 들러리를 서도록 초청해준 그 큰 우정과 배려에 대해 뭐라고 감사해야 할지 모르겠네."

나는 그의 말을 듣고 악수를 한다. 그리고 우리는 온갖 이야기를 나누고, 산책하고, 식사를 했다. 그러나 그래도 도저히 실감이 나지 않았다. 여전히 꿈을 꾸고 있는 느낌이었다.

이윽고 소피가 시간에 맞춰 도라의 고모 댁에 도착했다. 아주 인상이 좋은 얼굴로—결코 미인이라고는 할 수 없었으나 말할 수 없이 기분 좋은 인상이었다—내가 본 가운데 가장 겸손하고 상냥하고 느낌이 좋은 아가씨였다. 트래들스는 자랑스럽게 그녀를 우리에게 소개했다. 온 머리털을 거꾸로 곤두세우고, 기쁜 듯이 10분 동안이나 문질러대고 있었다. 나는 한쪽으로 그를 불러내어 아가씨를 잘 선택했다고 진심으로 축복해 주었다.

내가 캔터베리행 역마차에서 아그네스를 데리고 옴으로써, 다시 그 밝고 아름다운 얼굴이 우리와 함께 있게 되었다. 그녀는 트래들스를 매우 좋아했으므로, 지금 그 두 사람이 만나, 그가 자랑스러운 얼굴로 세계 제일의 아가씨를 그녀에게 소개하는 모습은 더없이 보기 좋았다.

그래도 여전히 내 결혼이 믿어지지 않았다. 모두 즐거운 저녁을 보내고 행복에 취해 있는 것 같았으나, 그래도 여전히 꿈만 같았다. 마음을 가다듬을 수가 없었다. 정말로 그 행복이 찾아온 것인지 실감이 나지 않았다. 안개 속을 걷고 있는 느낌이었다. 마치 2, 3주 전에 아침 일찍 일어나, 그 뒤로 한 잠도 자지 않은 기분이었다. 언제가 어제였는지조차 확실하지 않았다. 주머니에 든 허가증도, 이미 몇 달 동안 그 안에 넣고 돌아다닌 느낌이었다.

다음 날도 다함께 집—우리 집, 곧 도라와 나의 집—을 보러 갔지만 내가 주인이라는 생각은 전혀 들지 않았다. 누군가의 초대를 받고 거기에 있는 것 같았다. 금방이라도 진짜 주인이 돌아와, 잘 왔다고 인사를 할 것 같았다. 참 아담하고 아름다운 집이었다. 모든 것이 새롭고 깨끗했다. 카펫의 꽃무늬는 방금 꺾어 온 꽃송이 같고, 벽지의 초록 잎은 이제 막 새싹이 돋은 것처럼 보였다. 얼룩 하나 없는 모슬린 커튼, 어렴풋하게 장미 향기를 풍기는 가구, 그리고 그 푸른 리본이 달린 도라의 모자—그러고 보니 처음 만났을 때도 그 모자를 쓰고 있었는데, 그 모습이 얼마나 귀여웠던가!—도 모자걸이에 곱게 걸려 있고, 기타케이스도 구석에 세워져 있다. 불탑처럼 생긴 집의 새집은 이 집에 비하면 너무 커서 다들 지나갈 때마다 반드시 부딪쳤다.

또다시 즐거운 저녁이 오고, 여전히 마음은 꿈같았다. 돌아가기 전에 늘 있던 방에 살짝 가보았다. 도라는 없었다. 아직도 옷 입는 연습이 끝나지 않은 모양이다. 미스 라비니아가 얼굴을 내밀고 금방 올 거라는 애매한 말을 남기고 갔다. 그러나 좀처럼 나타나지 않았다. 마침내 입구에서 옷자락 스치는 소리가 나면서 누군가가 문을 똑똑 두드렸다. "들어와요!" 대답했지만 또다시 두드렸다.

누군가 싶어서 가보니 환한 눈동자와 발그레한 얼굴—도라의 눈과 얼굴이 있었다. 모자며 모든 장신구까지, 미스 라비니아가 내일 선보일 그대로 꾸며서 나에게 보여준 것이었다. 나는 귀여운 내 신부를 꼭 끌어안았다. 모자가 망가질까 봐 미스 라비니아가 괴성을 질렀다. 내가 기뻐하는 것을 보고 도라는 웃는지 우는지 모를 얼굴을 했다. 그래도 나는 여전히 꿈결 속을 헤매고 있었다.

"어때요, 예뻐요?" 도라가 물었다.

당연히 예쁘지! 예쁘고말고!

"정말로 나를 사랑해 줄 거예요?"

얘기할 때마다 모자가 점점 더 위태로워졌으므로 또다시 미스 라비니아가 큰 소리를 냈다. 그러면서 오늘은 보기만 하고, 절대 손을 대서는 안 된다고 말했다. 도라는 기쁜 듯이 조금 우물쭈물하다가 일어서서 가만히 내 시선을 받고 있었다. 그리고 모자를 벗더니―그쪽이 훨씬 자연스러웠다!―그대로 손에 들고 달려가 버렸다. 하지만 곧바로 평상복으로 갈아입고 종종걸음으로 달려와서, 이번에는 집을 향해, 어때, 아주 아름다운 신부지? 하고 말했다. 그러고는 남의 신부가 되도 용서해 줄래? 물으면서 무릎을 꿇고 예의 요리책 위에서 이른바 독신생활의 마지막 두 발로 서기를 시키는 것이었다.

나는 더욱더 꿈속을 헤매는 마음으로 바로 옆에 있는 숙소로 돌아왔다. 그리고 이튿날 아침 일찍 일어나 하이게이트까지 마차로 대고모를 모시러 갔다.

나는 정장을 한 대고모를 본 적이 없었다. 대고모가 연보라색 비단옷에 하얀 보닛을 쓰고 있는 모습은 정말로 놀라웠다. 자네트는 대고모의 옷을 입혀드리고 나를 보려고 기다리고 있었다. 페거티는 2층에서 결혼식을 구경할 작정으로 벌써 교회에 갈 준비를 마치고 있다. 제단에서 도라를 내게 건네주기로 되어 있는 딕 씨는 머리를 곱슬곱슬하게 말고 있었다. 약속한 대로 유료 도로에서 트래들스를 마차에 태웠다. 트래들스도 크림색과 연한 푸른색이 배합된 단벌옷을 차려입었으며, 딕 씨와 마찬가지로 온몸이 장갑으로 되어 있는 것처럼 보일 정도로 새하얀 장갑이 두드러져 보였다.

이러한 사실들을 알고는 있으니 틀림없이 보고 있었는데도, 그것이 아련하게 비친 탓인지 조금도 눈에 들어오지 않는 것 같았다. 모든 것이 거짓말 같았다. 그래도 무개마차를 타고 달려가고 있으니 이 동화 같은 결혼도 조금은 실감할 수 있었다. 아무 관계없이 가게를 청소하거나 하루 일과를 시작하러 나서는 불쌍한 사람들을 보고 있으니 어쩐지 이상한 동정심까지 솟아올랐다.

대고모는 오는 길 내내 가만히 내 손을 잡은 채 앉아 있었다. 교회 바로 앞에서 마부석에 앉아 있던 페거티가 내리자, 대고모는 내 손을 꼭 쥐고 키스해 주었다.

"신의 은총이 깃들기를, 트롯! 내 친자식인들 이보다 귀엽진 않을 거다. 그런 만큼 오늘은 그 가엾은 네 어미가 생각나는구나."

"저도 그래요. 그리고 대고모님께 신세를 진 모든 일들도 생각납니다."

"별소릴 다 하는구나!" 대고모는 말하고 나서, 벅차오르는 감동과 함께 한 손을 트래들스에게 내밀었다. 그러자 트래들스도 딕 씨에게 손을 내밀었다. 이어서 딕 씨가 나에게, 나는 또 트래들스에게 내밀면서 교회에 닿았다.

교회는 조용했다. 그러나 나는 증기기관차가 돌진하는 것처럼, 이미 교회의 고요만으로는 가라앉을 수 없을 정도로 흥분해 있다.

모두 앞뒤가 맞지 않는 꿈만 같았다.

도라를 데리고 사람들이 들어왔다. 자리 안내원이, 신병훈련소의 조교처럼 우리를 제단 칸막이 앞에 나란히 세웠다. 그러나 그때까지도 나는 정신을 차리지 못하고, 자리 안내원은 골라도 왜 이렇게 무뚝뚝한 여자만을 고르는 걸까? 교회에서의 의식에는 들뜬 기분으로 있으면 안 되므로 그렇게 벌레 씹은 듯한 얼굴들만 일부러 골라서 천국으로의 길목에 두는 것일까? 하는 생각에만 빠져 있었다.

이윽고 목사와 서기가 나타나고, 뱃사람처럼 보이는 몇몇 사람들과 그 밖의 다양한 사람들이 어슬렁어슬렁 들어왔다. 내 뒤에 있던 늙은 선원이 독한 럼주 냄새를 끊임없이 교회 안에 퍼뜨리고 있었다. 장중한 목소리로 예배가 시작되고, 우리는 일제히 귀를 기울인다. 하지만 그것도 다 꿈결 속이었다.

들러리 보조를 하겠다고 나선 미스 라비니아가 제일 먼저 울음을 터뜨리며 훌쩍거렸다. 아마도 죽은 피저를 그리워하는 것 같았다. 미스 클라리사는 각성제 병을 코에 갖다대고 있다. 아그네스는 도라를 보살피고 있고, 대고모는 눈물이 얼굴을 타고 흘러내리는데도 근엄한 얼굴로 꼿꼿하게 등을 펴고 있었다. 도라가 온몸을 부들부들 떨며 개미만 한 목소리로 목사의 말에 응답을 하고 있었다.

 우리는 나란히 무릎을 꿇었다. 도라는 차츰 몸의 떨림이 가라앉았지만 여전히 아그네스의 손을 꼭 잡고 있었다. 예식은 조용하고 엄숙하게 진행되었다. 식이 끝나자 우리는 모두 웃었다 울었다 하면서 변덕스런 얼굴로 서로를 바라보고, 나의 어린 아내는 법의실에서 히스테리를 일으켜 아버지를 부르며 울부짖었다.
 신부는 곧 기운을 되찾았고, 모두가 돌아가며 서명했다. 페거티에게도 서명시키려고 2층으로 데리러 가니, 그녀는 한구석으로 나를 데려가서 꼭 끌어안으며

내 어머니의 결혼식도 보았다고 말했다. 서명이 끝나고 모두 집으로 돌아왔다.

나의 사랑스러운 아내를 받치듯 한 팔을 내어주고 자랑스럽고 정답게 복도를 빠져나왔다. 사람들, 제단, 기념비, 신도석, 세례단, 오르간, 그리고 교회의 창문도 안개 속에 있는 것처럼 어렴풋하여 잘 보이지 않았다. 단지 먼 소리가 들릴 뿐이었다. 옛날 어린 시절 고향의 교회가 아련하게 떠올랐다.

우리 두 사람이 지나가자, 참으로 어린 부부이며 참으로 예쁘고 귀여운 신부라고 속삭이는 소리가 들렸다. 돌아오는 마차 안에서는 다함께 아주 유쾌하게 재잘거렸다. 결혼허가증은 트래들스에게 맡겨 두었다가 돌려달라고 하자 소피가 놀라며 기절할 뻔했다고 했다. 이 사람이라면 분명 잃어버리든가 소매치기에게 도둑맞을 게 틀림없다고 생각했기 때문이었다. 아그네스는 명랑하게 웃었고, 도라는 아그네스를 좋아하여, 그녀에게서 떨어지려 하지 않고 여전히 손을 잡고 있었다.

아침이 나왔다. 먹을 것도 마실 것도 정갈하고 몸에도 좋은 것이 잔뜩 나왔다. 나도 같이 먹었다. 그러나 다른 꿈과 마찬가지로 맛은 전혀 느낄 수 없었다. 말하자면 사랑과 결혼만을 먹고 마시고 있었던 것으로, 먹고 있는 것조차 진짜 음식이라고 생각되지 않았다.

나도 뭐라고 말은 했지만, 역시 꿈처럼 뭐라고 말했는지는 전혀 기억나지 않는다. 다만 하지 않은 말에 대한 확신은 있었다. 아무튼 기분은 날아갈 것 같았고, 행복에 흠뻑 취해 있었다(물론 그것도 꿈 같았지만). 집도 웨딩케이크를 먹었으나, 속이 안 좋았던지 나중에 모두 토해버렸다.

세 낸 두 대의 역마차가 오자, 도라는 옷을 갈아입으러 갔다. 대고모와 미스 클라리사는 남아서 우리와 함께 산책했다. 대고모는 아침 식사 때 도라의 고모들을 감동시킨 연설을 하고 나서 약간 자랑스러워했다.

도라가 준비를 마치자, 미스 라비니아는 그토록 즐거움을 안겨 준 이 예쁜 장난감을 잃는 것이 싫어서 그녀 주위를 맴돌았다. 도라가 깜빡 잊은 온갖 자잘한 물건들을 차례차례 떠올리며 놀라고 당황한다. 모두들 허둥거리며 사방으로 뛰어가 그것들을 가지고 온다.

마침내 마지막 작별인사를 하자, 모두들 도라 주위로 모여든다. 가지각색의 화려한 옷과 리본들이 모여서 꼭 꽃밭 같다. 도라는 숨도 못 쉴 정도로 꽃 속에 파묻혔으나, 이윽고 꽃밭 속에서 웃음과 울음이 뒤범벅이 된 채 빠져나와 이제나 저제나 하고 기다리고 있는 나의 팔에 안긴다.

집도 함께 갈 것이므로 내가 안고 갈까 하고 물으니 도라는 자기가 안겠다고 말했다. 결혼하면 더 이상 사랑해 주지 않을 거라고 생각하고 낙담하면 안 되기 때문이라고 했다.

우리는 팔짱을 끼고 떠났다. 도라가 걸음을 멈추고 돌아보면서 "만약 제가 지금까지 여러분께 불쾌하거나 배은망덕한 짓을 했더라도, 모두 잊어주세요!"라고 말하면서 울음을 터뜨렸다.

도라가 한 번 더 손을 흔들고 우리는 다시금 떠났다. 도라가 이번에도 걸음을 멈추고 뒤를 돌아보더니, 아그네스에게로 달려가 그녀에게만 마지막 작별의 키스와 함께 작별인사를 했다.

마차가 움직이기 시작하자, 나는 비로소 꿈에서 깨어난다. 역시 사실이었던 것이다! 내 옆에는 사랑하고 사랑하는 아내가 있다!

"행복해요? 후회해요? 바보 같은 사람!" 도라가 작은 소리로 속삭였다.

지금까지 나는 한 걸음 비켜서서, 이 행복한 나날의 환상을 따라가 보았다. 그것은 이미 모두 사라진 환상들이다. 이제 다시 내 이야기의 여정으로 되돌아가겠다.

44장
신접살림

　신혼의 달콤한 기간이 지나고, 신부 들러리들도 돌아가서 아담한 집에 도라와 단둘이 앉아 있으니 정말 이상했다. 이를테면 사랑을 속삭이던 지난날의 달콤한 작업이 모두 사라졌기 때문이다.
　온종일 도라와 함께 있다는 사실이 아주 색다른 일처럼 느껴졌다. 그녀를 만나러 굳이 나갈 필요도 없고, 그녀 일로 골머리를 앓을 이유도 없다. 편지를 써야 할 필요도 없고, 단둘이 있을 기회를 만들려고 계획하고 궁리할 까닭도 없다는 것이 참으로 이상했다. 이따금 저녁에 글을 쓰다가 얼굴을 들면 맞은편에 도라가 앉아 있다. 나는 의자에 몸을 뒤로 젖히고 앉아서—더 이상 다른 사람이 참견할 일이 아닌—우리 두 사람이 여기에 함께 있다는 아주 당연한 사실이 참으로 신기하기 그지없다고 생각했다. 이른바 약혼이라는 달콤한 로맨스는 모조리 선반 위에 올려놓고 녹슬도록 내버려둔 채—누구의 눈치를 볼 필요도 없이—오직 서로가 즐겁기만 하면 그만인 것이다.
　의회토론이 있어 밤늦게 퇴근하고 돌아오는 길에, 도라가 집에서 기다리고 있다고 생각하자 너무도 어색했다. 내가 저녁을 먹고 있으면 그녀가 살며시 내려와 말을 거는 것이 처음엔 신기했다. 도라가 종이로 머리를 싸고 있는 것을 보자 말할 수 없이 이상했고, 눈앞에서 머리를 싸는 모습을 직접 볼 때는 큰 충격을 받았다!
　아무리 어린 새라도 나와 도라만큼 살림살이를 모르지는 않았을 것이다. 우리는 물론 하녀를 두었고, 집안일은 모두 그녀가 했다. 나는 그 하녀가 변장한 크럽 부인의 딸일 것이라고 생각했다. 우리는 메리 앤 때문에 힘든 나날을 보냈다.
　성은 패러건이었다. 그녀를 처음 고용했을 때, 이름에 성질이 조금 나타나 있다고 생각했다.[1] 그녀는 성명서만큼이나 큰 인물 증명서를 가지고 있었다. 그 서류에 의하면, 그녀는 내가 알고 있는 가사에 관한 모든 일과 한 번도 들어 본 적이 없는 일들까지 모조리 할 줄 안다는 것이었다. 그녀는 한창 일할 나이의 여자로서 용모가 매서웠으며, 늘 일종의 풍진이나 부스럼 같은 것이(특히 두 팔에)나 있었다. 그녀에게는 근위병으로 있는 사촌이 하나 있었다. 그 사나이는 다리가 어찌나 긴지 평범한 사람의 오후 그림자 같은 모습이었다. 게다가, 이 집에 비하면 그의 몸이 너무 큰 것과 반대로, 군복은 그에게는 아주 작았다. 아무튼 유난히 키가 컸으므로 그가 우리 집에 오면 집이 매우 작아 보였다. 게다가 여기서 자고 갈 때는 밤새도록 부엌에서 엄청난 신음 소리가 끊임없이 들려오는 바람에, 우리 집 벽이 얇다는 것을 알았다.

그 보배 같은 하녀는, 술을 마시지 않고 정직하다는 보증이 붙어 있었다. 그래서 그녀가 보일러 밑에 쓰러져 있는 것을 발견해도, 우리는 그녀가 발작을 일으킨 것이라고 말하면 그렇다고 생각했으며, 찻숟가락이 모자라면 청소부 탓이라고 말하는 대로 믿었다.

그러나 그래도 우리는 그녀 때문에 몹시 괴로웠다. 우리 부부는 우리가 세상 물정을 모른다는 사실을 잘 알고 있었고, 실제로 우리만으로는 아무것도 할 줄 몰랐다. 따라서 그녀가 조금이라도 인정이 있었으면 우리는 그녀의 뜻대로 되었을 것이나, 그녀는 몰인정하고 무자비한 여자였으며, 동정은 약에 쓰려고 해도 없었다. 우리 부부가 처음으로 싸움을 한 것도 그녀 때문이었다.

"도라," 어느 날 나는 아내에게 말했다. "당신은 메리 앤에게 시간관념이 조금이라도 있다고 생각해요?"

"왜 그러세요?" 도라는 그림을 그리다가 천진난만하게 얼굴을 들고 물었다.

"벌써 5시요. 우리는 4시에 식사하기로 되어 있는데 말이오."

도라는 생각에 잠긴 듯이 시계를 한 번 보더니, 시계가 빨리 가는 줄 알았다고 말했다.

"그렇지 않소, 도라." 나는 내 시계를 보며 말했다. "오히려 몇 분 느리다오."

내 귀여운 아내는, 나를 달래서 마음을 가라앉히려고 내 무릎 위에 와 앉더

---

[1] 패러건에는 모범(模範)이라는 뜻이 있음.

니 내 코 한가운데다 연필로 선을 하나 긋는 것이었다. 나는 기분이 매우 좋았지만 그래도 그냥 넘길 수는 없었다.

"여보, 당신이 한 번 단단히 일러두는 것이 좋지 않겠소?"

"어머, 안 돼요, 나는 할 수 없어요!" 도라가 말했다.

"안 된다니, 어째서요?" 나는 부드럽게 말했다.

"왜냐하면 저는 아주 바보니까요. 그리고 그녀도 제가 그렇다는 것을 알고 있어요!"

그런 마음으로는 도저히 메리 앤을 단속할 수 없다는 생각이 들어서, 나는 눈썹을 약간 찌푸렸다.

"어머나, 우리 말썽꾸러기 남편의 이마에 이 무슨 보기 흉한 주름살이람!" 도라는 여전히 내 무릎에 앉은 채 연필로 이마의 주름들을 따라가며 덧그렸다. 더 진하게 칠하려고 장밋빛 입술로 연필 끝을 적시고는 심혈을 기울여 내 이마를 화폭 삼아 그리는 바람에 나도 모르게 기분이 매우 좋아졌다.

"착한 아기지, 이렇게 해 두면 웃을 때 더 예뻐진답니다."

"그렇지만, 도라."

"싫어요, 싫어요! 제발!" 도라는 가볍게 키스를 하면서 외쳤다. "푸른 수염 같은 무서운 얼굴은 하지 말아요! 그렇게 심각한 표정 지을 것 없어요!"

"여보, 때로는 심각할 줄도 알아야 하오. 자아, 이 의자에 앉아요! 연필도 이리 줘요! 자아! 우리 진지하게 얘기해 봅시다. 생각해 봐요, 도라, 저녁도 못 먹고 외출해야 하다니 조금도 유쾌한 일이 못 되잖소! 그렇지 않소?"

"그야—그것은—좀—그렇죠!" 도라는 모기 소리만 하게 대답했다.

"그런데 도라, 왜 그렇게 떨고 있소?"

"저를 꾸중하시려고 하는 걸 알고 있으니까요!" 도라는 슬픈 목소리로 외쳤다.

"나는 다만 이치를 따지자는 것뿐이오."

"이치를 따지는 것이 꾸중하시는 것보다 더 나빠요!" 도라는 절망하여 외쳤다. "나는 이치를 따지자고 결혼하지 않았어요. 나같이 이렇게 가엾고 조그마한 사람에게 이치를 따질 생각이셨다면 진작 그렇게 말씀을 하셨어야죠, 무정한 사람!"

나는 도라를 진정시키려 했으나 그녀는 얼굴을 돌리고 곱슬머리를 좌우로 흔들며 끊임없이 "정말 무정한 사람이에요!"라는 말만 되풀이했다. 나는 어떻게 해야 좋을지 몰랐다. 나는 불안한 마음으로 방 안을 이리저리 돌아다니다가 다시 제자리로 돌아왔다.

"도라, 내 사랑!"

"아뇨, 난 당신이 사랑하는 사람이 아니에요. 당신은 나와 결혼한 것을 뉘우치시는 것이 틀림없어요. 그렇지 않고서는 내게 이치를 따지려 들진 않을 거예요!"

나는 부당한 문책을 받자 기분이 무척 상해서 덕분에 강하게 밀고 나갈 용기가 솟았다.

"그런 가당치 않은 말을 하다니, 도라, 당신은 정말 어린애 같구려. 분명히 당신도 기억하고 있을 거요만, 어제도 나는 저녁을 반도 못 먹고 나가야 했고, 그저께는 설구운 송아지고기를 급히 먹다가 체했고, 오늘은 아예 저녁을 먹지도 못하고 있소. 그리고 아침 식사는 또 얼마나 오래 기다려야 했소! 게다가 물도 끓이지 않았소. 당신을 나무랄 생각은 없지만, 이 상황은 조금도 유쾌하지 않소!"

"오, 비정한 사람, 내가 마음에 들지 않는 아내라니요!" 도라가 소리쳤다.

"이봐요, 도라, 나는 그런 말을 한 적이 없소!"

"말씀하셨어요, 내가 불쾌하다고!"

"그렇지 않소! 나는 집안 살림살이가 불쾌하다고 말한 거요."

"그게 바로 그 말씀이죠!" 도라는 외쳤다. 그녀는 정말로 그렇게 생각했던 것이다. 결국 서글프게 울음을 터뜨렸다.

나는 철없는 아내가 사랑스러워 어쩔 줄 모르며 방 안을 다시 한 바퀴 돌았다. 자책감으로 마음이 무거워 문에 머리를 부딪고 싶었다. 나는 다시 앉아 말했다.

"나는 당신을 꾸짖는 것이 아니오, 도라. 우리 두 사람은 배워야 할 것이 많소. 내 말뜻은, 도라, 당신이 메리 앤을 감독하는 일에 있어서만큼은 꼭 익숙해져야 한다는 거요(나는 이 문제만큼은 반드시 말해둘 생각이었다). 당신 자신과 나를 위해서 무슨 수를 써야 해요."

"이상해요, 정말 이상해요, 그런 고마움을 모르는 말씀을 하시다니." 도라는 훌쩍거렸다. "당신도 알잖아요, 저번에 당신이 생선이 먹고 싶다고 하기에, 당신을 놀라게 하려고 제 발로 몇 마일이나 먼 곳까지 직접 가서 주문해 왔었잖아요."

"그건 정말 고마웠소, 도라." 나는 말했다. "너무도 고마워서, 나도 당신이 연어 한 마리를 통째로 사 온 것에 대해서는 아무 말도 하지 않았던 거요. 우리 두 사람에게는 양도 너무 많았고, 1파운드 6실링은 큰돈이오. 우리로서는 그럴 만한 여유가 없지만 그때는 말하지 않았소."

"당신은 그 생선을 아주 맛있게 잡수셨고," 도라는 훌쩍거렸다. "나를 사랑스럽다고 하셨잖아요!"

"여보, 당신이 사랑스럽다는 말은 지금도 할 수 있소. 천 번이라도 하겠소!"

나는 도라의 상냥하고 어린 마음을 상하게 해놓고, 달래줄 길이 없었다. 그녀가 어찌나 비통하게 우는지 내가 그녀의 마음을 상하게 하는 말이란 말은 죄다 한 것 같은 기분이 들었다. 나는 서둘러 나가서, 밤늦게까지 돌아올 수 없었다. 그리고 밤새도록 후회의 고통을 겪었다. 이른바 자객의 양심과 같은 것으로, 이미 죽여 놓고 끊임없이 아주 몹쓸 짓이라도 한 것 같은 막연한 불안에 시달리는 것이었다.

나는 새벽 2, 3시쯤에 집에 돌아왔다. 와 보니, 대고모가 앉아서 나를 기다리고 있었다.

"무슨 일이세요, 대고모님?"

나는 놀라서 물었다.

"아무 일도 없었다, 트롯." 대고모가 말했다. "앉아라. 새아기가 풀이 죽어 있어서 내가 상대를 해 준 것뿐이란다."

나는 턱을 괴고 난롯불을 가만히 바라보고 있었다. 그러자 아주 나쁜 짓을 한 것 같아 미안한 마음이 들었다. 찬란한 희망을 성취한 지 얼마 되지도 않아서 이게 무슨 일이란 말인가! 생각에 잠겨 있는데 문득 대고모와 눈이 마주쳤다. 대고모도 나를 지그시 바라보고 있었던 것이다. 대고모의 눈에는 근심스러운 표정이 엿보였으나 곧 사라져버렸다.

"대고모님, 저도 도라가 슬퍼해서 내내 괴로워하던 참이었어요. 하지만 저는 그 사람에게 가사에 관한 것을 부드럽고도 다정하게 일러주고자 한 것뿐입니다."

대고모는 기운을 차리라는 듯이 끄덕였다.

"꾹 참아야 한다, 트롯."

"사리에 맞지 않는 말을 했다고는 생각하지 않습니다, 대고모님!"

"그야 그렇겠지. 하지만 그 아이는 아주 연약한 꽃송이란다. 그러니까 바람도 부드러워야지."

아내에 대한 대고모의 사랑에 나는 말은 하지 않았지만 진심으로 감사했다. 그 마음은 대고모에게도 전해졌다고 생각한다. 나는 또다시 난롯불을 바라보다가 말했다.

"그래서 부탁드립니다만, 이따금 대고모님께서 조금씩 지적해주시지 않으시겠습니까? 우리 두 사람을 위해서요."

"그럴 순 없단다, 트롯!" 대고모는 깜짝 놀라 말했다. "그런 부탁은 들어줄 수 없구나."

너무나도 진지해서 나도 깜짝 놀라 고개를 들었다.

"트롯, 옛날을 돌이켜 보면 말이다, 얘야," 대고모는 말했다. "이미 세상을 떠난 사람들 가운데, 생전에 좀 더 사이좋게 지냈더라면 좋았다고 생각되는 사람들이 몇몇 있단다. 다른 사람들의 잘못된 결혼생활에 대해서 나도 심한 말을 한 적은 있지만, 그건 아마도 내 결혼생활도 엄격하게 바라보아야 한다는 쓰라린 경험을 했기 때문인 거야. 이런 이야기는 그만하자꾸나. 아무튼 나는 오랫동안 까다롭고 성미 고약한 할멈이었어. 그야 지금도 그렇고 앞으로도 다르지 않겠지만, 너하고는 서로 잘 맞춰가며 살아왔다고 생각한다―아니, 적어도 너는 아주 잘해 주었어. 그러니 지금에 와서 사이가 틀어지는 것은 바라지 않는단다."

"사이가 틀어지다니요!" 나는 소리쳤다.

"얘야, 만약 내가 여기서 잔소리를 하면 언제 사이가 틀어질지, 또 그 아이가 얼마나 불행해질지 아무도 모를 일이야. 나는 그 귀여운 새아기에게 사랑받고 싶단다. 나비처럼 밝게 찾아와 주면 좋겠어. 네 어미가 재혼한 뒤를 생각해 보려무나. 그때와 같은 상처를 그 아이나 나에게 주어서는 안 된다."

대고모님의 말씀이 옳다는 것을 나는 바로 이해했다. 그리고 도라에 대한 사랑도 충분히 알 수 있었다.

대고모는 말을 이었다. "지금이 신혼기간임을 생각해야지. 로마는 하루아침에 이루어진 것도 1년 만에 이루어진 것도 아니다. 너 스스로 도라를 선택하지 않았느냐." 그때 대고모의 얼굴에 어두운 그림자가 살짝 스쳤다. "너는 정말로 사랑스럽고 상냥한 여자를 선택했다고 생각한단다. 그러니 그 아이가 가지고 있는 좋은 점을 평가해 주는 것이 네 의무이자 즐거움이기도 하지. 설교할 생각은 없지만, 아내가 가지고 있지 않은 것만을 찾아내어 비난해선 안 된다. 그 아이가 갖고 있지 않은 성품은 네가 직접 잘 길러주어야 해. 그래도 안 된다면," 대고모는 코를 문질렀다. "그것 없이도 지낼 수 있도록 익숙해져야 한다. 아무튼 얘야, 너희의 앞날은 너희 두 사람 손에 달려 있단다. 남이 어떻게 해 줄 수 있는 문제가 아니야. 너희 힘으로 헤쳐나가야 한다. 그것이 결혼생활이야, 트롯. 숲의 아이들[2] 같은 두 사람에게 신의 은총이 있기를."

대고모는 기운차게 말하고 나서 내게 키스를 해주었다.

"그럼, 트롯," 대고모는 말했다. "내 등에 불을 켜서, 정원길을 따라 성냥갑 같은 내 집까지 바래다 다오. (정원을 따라 우리 두 집 사이에 길이 하나 이어져 있었다) 그리고 돌아오거든 도라에게도 벳시 트롯우드의 사랑을 전해주렴. 무슨 일이 있어도 도라를 위협하는 도구로 나를 끌어들이면 안 된다. 왜냐하면 혼자 있을 때 거울을 보면 나 스스로도 흉하고 무서운 얼굴이라고 생각하거든!"

그리고 대고모는 평소에 늘 하듯이 손수건으로 머리를 둥글게 감쌌다. 나는 대고모를 집까지 모셔다 드렸다. 대고모는 정원에 서서 등을 높이 들고 돌아가는 나를 배웅해 주었다. 문득 얼굴을 보니, 불안한 표정이 슬쩍 떠오른 것 같았다. 그러나 나는 대고모가 한 말을 되새기느라 바빴고, 우리의 앞날은 우리 힘으로 개척해야 했다. 어느 누구도 대신해 줄 수 없다는 말에—사실 이것이 첫 번째 이유이다—깊은 감동을 받은 뒤였으므로 대수롭지 않게 넘겼다.

돌아와서 혼자 있자, 도라가 앙증맞은 슬리퍼를 신고 살며시 내려와, 내 어깨에 매달려 울면서, 자기도 잘못했지만 나도 너무했다고 말했다. 나도 결국 그녀와 같은 말을 했다. 덕분에 화해하고, 이런 충돌은 이것이 처음이자 마지막이며, 백 년을 산다 해도 두 번 다시 이런 싸움은 하지 말자고 서로 다짐했다.

우리에게 닥친 시련은 하녀 문제로 인한 것이었다. 메리 앤의 사촌이 우리 집 석탄창고로 도망쳐 들어왔다. 놀랍게도 무장을 한 보초병들이 그를 끌어내어 수갑을 채우고 모여든 구경꾼들을 헤치고 끌고 가는 바람에 우리 집 앞뜰이 온통 치욕으로 뒤덮였던 것이다. 이 일로 나는 마음을 단단히 먹고 메리 앤을 내보

---

2) 동요 〈숲의 아이들〉에 나오는 고아들.

내기로 했다. 그런데 그녀가 급료를 받고 순순히 나가는 데 놀랐다. 알고 보니 찻숟가락을 훔쳐간 것은 물론이고, 나의 허락도 없이 내 이름으로 장사꾼들에게 얼마간의 돈도 빌려 쓴 것이었다. 그 뒤 얼마 동안 키저베리 부인(부인은 켄티시 타운에서 가장 오래 산 주민으로, 날품을 팔러 다녔지만, 몸이 너무 허약해서 마음먹은 대로 일을 해낼 수가 없었다)이 와 있었고, 그다음에 또 하나의 보배라고 할 수 있는 여자를 구했다. 이 여자는 마음씨는 아주 고왔지만, 쟁반을 들고 부엌 계단을 오르내릴 때면 넘어지기 일쑤였고, 차도구를 들고 응접실에 들어오는 꼴은 꼭 목욕탕에 뛰어들어가는 듯했다. 딱하기는 하지만 이 여자가 입힌 손해가 너무 커서 해고하지 않을 수 없었다. 그 뒤에도 무능한 인간들만이 줄을 이어 들어왔다(키저베리 부인도 몇 번 더 왔었다). 보기에는 얌전한 젊은 여자가 마지막으로 들어왔지만, 그 여자는 그리니치 시장에 가면서 도라의 모자를 쓰고 갈 정도였다. 이들은 한결같이 실패작이었다.

　우리와 조금이라도 관계가 있는 사람은 모두 작정하고 우리를 속이는 것 같았다. 우리 부부가 가게에 나타나면, 그것은 곧 나쁜 물건을 내오는 신호가 되었다. 새우를 사면 물만 가득 차 있었고, 고기는 모두 질겼고, 빵도 맛있는 껍질은 거의 없었다. 고기 굽는 법, 곧 너무 익지 않도록 적당하게 굽는 원칙을 요리책에서 찾아보았다. 책에 따르면 고기 1파운드는 15분, 많이 구워도 15분이라고 나와 있었다. 그런데 어째선지 우리에게는 결코 그렇지 않았다. 덜 익어서 새빨간 것과, 숯처럼 타서 새카만 것만 나오고, 그 중간이 없었던 것이다.

　그런데 이러한 실패를 되풀이하다 보니, 모든 일이 잘 풀린 경우와 비교하여 경비가 매우 많이 드는 것을 알았다. 상인들의 장부를 보면 마치 우리는 지하실 한 면에 버터를 가득 채워놓는다고 보일 정도였다. 그만큼 버터 소비가 많았다. 또한 그 무렵의 국내소비세가 후추의 수요에 따라서 과연 얼마나 더 걷혔는지는 몰라도, 우리가 소비한 것이 시장에 영향을 미치지 않았다면, 그것은 분명 몇몇 집에서 후추를 절대 쓰지 않았기 때문일 것이다. 게다가 가장 이상한 것은, 그런데도 집에는 그러한 것들이 한 번도 끊이지 않았다는 사실이다.

　세탁부가, 맡긴 옷을 전당포에 잡히고는 사과를 한답시고 술에 취한 상태로 찾아오는 것은 누구에게나 몇 번씩은 있는 일이라고 생각했다. 또 굴뚝에서 불이 나서 교구 주민들이 출동하고, 나중에 교구 임원이 위증하는 일도 흔히 있는 일이다. 그러나 우리는 정말 불행하게도 술을 아주 좋아하는 하녀를 고용한 적이 있다. 이 여자는 정말 이해할 수 없었다. '과즙이 든 럼 1쿼튼(C 부인)', '정향이 든 진 반 쿼튼(C 부인)', '박하가 든 럼 한 잔(C 부인)'이라는 내용을 추가하여 계산을 부풀리고 있었던 것이다. 괄호 안의 C 부인은 물론 코퍼필드 부인, 즉 도라를 뜻한다. 설명을 들어보면 저것을 모두 도라 혼자서 마셨다는 것이다.

살림을 해가면서 우리가 처음으로 이룩한 업적의 하나는 트래들스에게 간단한 식사를 대접한 일이었다. 나는 시내에서 그를 만나, 오후에 우리 집에 가자고 청했다. 그가 쾌히 승낙했으므로 나는 곧바로 그를 집으로 데리고 가겠다고 도라에게 쪽지를 써보냈다. 집으로 가는 길에 우리 집의 행복이 끊임없이 화제로 올랐다. 트래들스는 그 화제에 열중해서 그러한 가정을 가진 자기 모습을 떠올리고, 소피가 집에서 식사를 준비하고 기다리고 있는 모습을 생각하면, 그보다 더한 행복이 없다고 말했다.

나는 식탁 맞은편에 그보다 더 예쁘고 귀여운 아내가 있어 주기를 바랄 수는 없었지만, 우리가 식탁에 앉을 때면 언제나 자리가 조금 더 넓었으면 했다. 어떻게 된 까닭인지는 몰라도, 우리 부부밖에 없는데도 언제나 비좁다는 생각이 들었다. 그런데 이상하게도 그 방에는 늘 물건을 잃어버리기에는 충분한 여지가 있었다. 그것은 언제나 길목을 막고 있는 집의 방울 달린 집을 제외하고는 제자리에 놓여 있는 물건이 하나도 없기 때문이라고 생각했다.

지금의 경우만 하더라도 트래들스는, 개집과 기타 케이스와 도라의 꽃그림과 내 책상 같은 것들의 틈에 끼여서 나이프와 포크질도 못하는 것이 아닐까 하고 진심으로 걱정되었지만 트래들스는 더없이 명랑하게 말했다. "바다같이 넓은 방일세, 코퍼필드, 정말 바다 같아!"

내게는 또 하나의 소망이 있었다. 그것은 식사 도중에는 집이 식탁보 위를 걸어다니지 않았으면 하는 것이었다. 소금이나 녹인 버터에 발을 집어넣는 버릇은 없다 하더라도, 나는 놈이 식탁 위에 올라앉아 있는 것만으로도 칠칠하지 못하다고 생각했다. 그리고 이때는 트래들스를 가까이 오지 못하게 하려고 자기를 일부러 데리고 나왔다고 생각하고, 내 친구 트래들스에게 짖어대는 것은 물론, 그의 접시 바로 옆에까지 무서운 기세로 돌진하면서 혼자서 화제를 차지해 버렸다.

 그러나 나의 사랑하는 도라는 마음이 너무나도 예민하고, 자기가 좋아하는 것을 조금이라도 트집잡으면 예민해지는 것을 잘 알고 있었으므로 나는 한마디도 하지 않았다. 이와 비슷한 이유로, 접시들이 마룻바닥에서 부딪혀 요란한 소리를 내거나, 양념병이 한꺼번에 뒤죽박죽이 되어 술에 취한 사람처럼 흔들거려도, 야채 접시나 주전자 때문에 트래들스가 꼼짝 못 하고 갇혀 있어도, 나는 아무 말도 하지 않았다. 내 앞에 아직 썰지 않은 삶은 양다리가 놓여 있었는데, 자세히 들여다보면서 나는 우리 집에 오는 고기는 왜 언제나 이처럼 괴상한 꼴을 하고 있는 것일까, 우리가 다니는 푸줏간은 병신 양만 골라서 들여오는 것일까, 하고 생각하지 않을 수 없지만, 이런 생각은 마음속에만 간직해두었다.
 "도라," 나는 도라에게 말했다. "그 접시에 담아놓은 게 뭐요?"
 어째서 도라가 키스를 바라는 듯한 귀여운 얼굴로 나를 바라보고 있었는지 나는 알 수가 없었다.
 "굴이에요." 도라는 머뭇거리며 말했다.
 "그건 당신 생각이었소?" 나는 기쁜 마음으로 물었다.

"그—, 그래요." 도라는 대답했다.

"정말 잘했소!" 나는 나이프와 포크를 내려놓으며 외쳤다. "트래들스가 가장 좋아하는 것이라오!"

"그—, 그래요! 그래서 예쁘고 조그마한 통으로 하나 샀어요. 장사꾼이 아주 좋은 물건이라고 했거든요. 그런데 내가 볼 때는 좀 문제가 있는 것 같아요. 아무래도 이상해요." 도라는 머리를 저었다. 두 눈에서 구슬이 반짝 빛났다.

"굴은 양쪽 껍질을 열기만 하면 돼요." 내가 말했다. "위쪽을 하나 따 봐요."

"따지지 않아요." 도라는 열심히 따려고 해 보았으나 되지 않아 몹시 난처한 표정이었다.

"그건 말이야, 코퍼필드," 트래들스가 매우 유쾌한 얼굴로 접시 위의 굴을 자세히 살펴보며 말했다. "이건 정말 좋은 굴이지만 아마 이제까지 한 번도 열었던 적이 없기 때문일 거야."

그 굴들은 열린 적이 없는 것이었다. 게다가 우리에게는 굴까는 나이프도 없었고, 있었다 하더라도 아무도 쓰는 방법을 몰랐으므로, 굴은 그냥 바라보기만 하고 양고기를 먹었다. 양고기도 구워진 곳만 골라 먹고, 나머지는 케이퍼[3]로 채웠다. 내가 가만히 있었더라면 트래들스는 식사를 맛있게 했다는 표현을 하기 위해서, 야만인처럼 날고기 한 접시를 몽땅 먹어치웠을 것이 틀림없지만, 아무리 친구라도 그런 희생을 요구하고 싶지 않았다. 그래서 대신 베이컨 한 접시를 내놓았다. 다행히도 마침 찬장에 찬 베이컨이 있었던 것이다.

가엾고 귀여운 도라는 내가 화낼 줄로 알고 몹시 괴로워하다가 그렇지 않은 것을 보고는 어찌나 기뻐하는지, 내가 참고 있던 이 낭패도 이내 사라져버리고, 우리는 모두 즐거운 저녁시간을 보냈다. 트래들스와 내가 포도주를 마시고 있는 동안에, 도라는 한쪽 팔을 내 의자에 올려놓고 앉아서, 내가 화를 내지도 않고 싫은 소리도 안 해서 정말 고마웠다고 툭하면 내 귀에다 대고 속삭였다. 도라는 우리에게 차를 만들어주었다. 마치 장난감 차도구를 만지는 듯한 모습이 예쁘고 사랑스러워서, 나는 그 차 맛이 좋은지 나쁜지도 모르고 마셨다. 그러고 나서 트래들스와 나는 카드놀이를 한두 판 벌였고, 도라는 기타를 치며 노래를 불렀다.

---

3) 케이퍼 꽃봉오리를 식초에 절인 것.

그러자 또다시 구애와 결혼이 아직 행복한 꿈만 같던 무렵, 그리고 처음으로 그녀의 노래를 들었던 그날 밤이 아직 끝나지 않은 것만 같았다.

트래들스를 배웅하고 거실로 돌아오니, 아내는 자기 의자를 내 의자 곁에 나란히 갖다놓고 앉아 있었다.

"정말 미안해요. 앞으로도 계속 가르쳐주시겠어요?"

"그전에 나부터 먼저 공부해야겠어요. 아무것도 모르는 건 나도 마찬가지니까요."

"어머! 하지만 당신은 금방 배울 거예요. 똑똑한 사람이니까!"

"말도 안 되는 소리요."

"저는 말이에요," 아내는 잠깐 묵묵히 있다가 말했다. "1년쯤 시골에 가서 아그네스와 함께 지냈더라면 좋았을 걸 그랬어요!"

도라는 두 손을 내 어깨 위에서 맞잡고 그 손에 턱을 얹고서, 조용히 내 눈을 들여다보았다.

"왜 그러오?" 나는 물었다.

"그랬더라면 아그네스한테서 많이 배워서 저도 조금은 나아졌을 테니까요."

"언젠가는 좋은 기회가 있을 거요, 도라. 아그네스는 지난 여러 해 동안 아버님을 보살펴 왔다는 것을 잊지 말아야 하오. 즉 아그네스는 어릴 때부터 지금과 같은 아그네스였어요."

"제가 원하는 이름으로 저를 불러주시겠어요?" 도라는 움직이지도 않고 물었다.

"그게 어떤 이름이오?" 나는 빙그레 웃으며 물었다.

"아주 바보 같은 이름이에요." 그녀는 가볍게 머리를 흔들며 말했다. "베이비 와이프[4]라고 불러주세요."

왜 그렇게 불러주기를 바라느냐고, 나는 웃으며 나의 베이비 와이프에게 물었다. 그녀를 안고 있던 팔에 힘을 주어, 그녀의 눈이 조금 더 내게 가까이 다가왔지만, 그것 말고는 여전히 꼼짝도 않고 대답했다.

"아이참, 바보 같기는! 도라란 이름으로 불러달라는 뜻은 아니에요. 다만 그런

---

4) 철없는 아내라는 뜻.

식으로 저를 생각해달라는 뜻이에요. 예를 들어 제게 화가 날 때는 이렇게 생각해주세요. '정말 철없는 아내구나!' 그리고 제게 실망할 땐 '나는 진작부터 저 사람이 베이비 와이프밖에 못 되리라는 것을 알고 있었어!'라고 말해주세요. 저도 훌륭한 아내가 되고 싶지만, 결코 그렇게 될 수 없어서 당신이 아쉬울 때는 '여전히 바보 같은 베이비 와이프지만, 나를 사랑하거든!' 해주세요. 저는 정말로 당신을 사랑하고 있으니까요.”

사실 그때까지는 나도 진심으로 상대한 것은 아니었다. 그녀가 진지하다고는 생각도 못했기 때문이다. 그런데 애당초 천성이 고운 아내는 내가 그때 진정으로 한 말이 매우 기뻐서 아직도 반짝이고 있는 눈물이 마르기도 전에 환하게 웃는 얼굴이 되었다. 그리고 곧바로 베이비 와이프가 되고 말았다. 그 중국풍 개집 앞에 찰싹 붙어 앉아서, 오늘저녁에 집이 한 버릇없는 행동을 벌주겠다며, 개집에 달려 있는 방울을 하나씩하나씩 울리는 것이었다. 게다가 집은 도라가 귀찮게 하는 것이 싫어서, 입구에서 머리를 내밀고 눈만 끔벅거릴 뿐이었다.

그러나 도라의 이러한 호소는 내게 강한 인상을 주었다. 그 시기를 돌아보면, 지금도 그 사랑스러운 도라의 얼굴이 과거의 안개 속에서 떠오르듯 나타나서, 조용히 내 쪽을 돌아본다. 그때의 이 말은, 그 뒤로도 언제나 가슴에 남아 있었다. 물론 그것을 얼마나 살릴 수 있었는가는 다소 의문이지만. 왜냐하면 나 역시 젊고 경험이 없었기 때문이다. 그러나 나는 그 꾸밈없는 솔직한 호소에, 귀를 기울이지 않은 적은 한 번도 없었다.

그 뒤 얼마 지나지 않아 도라는 훌륭한 살림꾼이 되겠다고 말했다. 그녀는 칠판을 닦기도 하고, 연필을 깎기도 하고, 엄청나게 큰 가계부를 사고, 요리책의 책장을 실과 바늘로 꼼꼼하게 꿰매기도 하며 이른바 그녀가 말하는 '훌륭한 주부'가 되려고 그야말로 필사적인 노력은 하고 있었다. 그러나 숫자에 대해서는 옛날부터 고집스러운 면이 있어서—도저히 덧셈이 되지 않았다. 게다가 모처럼 그녀가 끙끙거리며 골치 아픈 몇몇 항목을 적어 넣고 있으면 집이 곧장 장부 위로 올라와 꼬리를 저으며 글자를 지워버리는 것이었다. 도라의 오른손 가운뎃손가락은 속까지 잉크가 배어들었지만, 그것이 그녀가 얻은 유일한 성과였다.

가끔씩 저녁에 집에서 글을 쓰다가—여담이지만, 요즘 나는 글을 제법 많이 썼고, 작가로서도 조금씩 알려지기 시작했다—펜을 놓고 나의 베이비 와이프가 훌륭한 주부가 되려고 애쓰는 모습을 지켜보았다. 먼저 도라는 커다란 가계부를 가져와서 무거운 한숨을 쉬면서 탁상 위에 올려놓는다. 그리고는 어젯밤 집이 망쳐놓은 곳을 펼치고, 집을 불러 잘못을 꾸짖는다. 아마도 그 벌로 콧등에 잉크를 살짝 찍어 주었는데, 집은 그것이 재미있어 죽겠는 모양이다. 도라는 '사자처럼' 탁상 위에 앉으라고 명령한다—그것은 집의 묘기 가운데 하나이기도 했다(내가 볼 땐 조금도 비슷하지 않지만). 집은 기분이 조금이라도 좋을 때는 시키는 대로 했다. 그러면 그녀는 펜을 든다. 그런데 털이 한 올 끼어 있다. 도라는 다른 펜을 든다. 이번에는 이상하게 서걱서걱하는 소리를 낸다. 또다시 펜을 바꾸어 쓰기 시작하더니, 작은 소리로 중얼거린다.

"아이참, 정말로 마음에 안 드는 펜이에요. 이래선 당신에게 방해만 되잖아요!" 결국 안 되겠다고 포기하고는, 가계부를 덮고 사자라도 때려잡을 기세로 제자리에 돌려놓았다.

도라의 마음이 조금 더 안정되고 진지한 상태에 있을 때는, 그녀는 장부와, 그녀가 가지고 다니면 마치 컬 페이퍼[5]처럼 보이는 청구서와 다른 서류들이 담긴 작은 광주리를 가지고 나와서, 어떻게든 가계부를 정리해 보려고 애쓰는 것이었다. 하나하나 자세히 비교해 보고 장부에 적어 넣거나 지워버리기도 하고, 왼손 손가락을 모두 동원하여 왼쪽 오른쪽 번갈아가면서 몇 번이고 계산해 보기도 했다. 그러나 결국에는 짜증나고 풀이 죽어 보기에도 처량한 얼굴이 된다. 그 귀여운 얼굴이 이런 일로 어두워지는 것은—그것도 나를 위해서!—보고 있는 내가 더 괴로워서, 옆으로 살짝 다가가서 "무슨 일이오, 도라?"하고 묻는다.

도라는 불쌍한 표정으로 나를 올려다보고 대답했다. "아무리 해도 계산이 맞지 않아요. 머리가 아파요. 왜 생각대로 되지 않는 걸까요?"

내가 계산을 도와주면, 도라는 5분 정도는 관심 있게 보다가도 이내 기진맥진해져서 내 머리털을 돌돌 말기도 하고, 내 셔츠 깃을 내려서 내 얼굴에 어울리는지를 보기도 하는 것이었다. 만약 내가 장난을 못하게 하고 계산을 계속해나가기라도 하면, 그녀는 당황하여 겁을 먹고 우울해한다. 그러면 나는 처음 그녀에게 사랑을 느꼈던 그때의 타고난 명랑성과, 그녀가 나의 베이비 와이프라는 기

---

[5] 머리를 말아서 고정시키는 데 쓰는 종이.

억이 떠올라 오히려 내가 잘못한 것처럼 느껴진다. 결국 나는 펜을 놓고 기타를 치자고 청했다.

나는 할 일도 많고 걱정거리도 많았지만, 이러한 이유로 자연히 그런 것들을 내 안에만 간직해두었다. 지금 생각하면 과연 그것이 잘한 일인지 크게 의심스럽지만, 아무튼 나는 베이비 와이프를 위해 그렇게 했다. 지금도 나는 마음속을 돌이켜보며 그런 비밀을 내가 기억하는 한 있는 그대로 여기에 적고 있다. 무언가 소중한 것을 잃었다거나, 어떤 소중한 것이 모자란다는 불행한 느낌이 마음속에 분명히 있었다. 그러나 그것이 내 생활을 괴롭히는 정도는 아니었다. 화창한 날씨에 혼자 산책하면서 한때는 주위의 공기까지 온통 나의 소년다운 꿈으로 가득 차 있던 그 여름날을 생각하면, 그 꿈을 허무하게 잃었다는 느낌을 지울 수 없었다. 그러나 동시에, 생각하기에 따라서는, 다른 어떤 것으로도 붙잡을 수 없는 아련한 과거의 영광이었다. 이따금씩 나는 아내가 좋은 의논 상대가 되어주었으면 좋았을 것을, 나를 받쳐주고 향상시켜줄 수 있는 단호한 성격과 의지를 가졌더라면 좋았을 것을, 내 주위에 있는 공허를 채워주는 힘을 타고났더라면 좋았을 것을, 하고 느끼는 때가 있었다. 그러나 이러한 것은 나에게는 처음부터 있지도 않았고 또 있을 수도 없는 그림의 떡 같은 행복이었다.

게다가 나도 나이로 보면 어린애 같은 남편이었다. 나는 지금 여기에 적은 슬픔이나 경험 말고는 고생을 몰랐다. 내가 어떤 잘못을 저질렀다면, 그것은 나의 그릇된 사랑과 분별의 부족으로 인한 것이 틀림없다.

따라서 나는 우리 생활의 고생과 근심을 결국 나 혼자 떠맡았다. 함께 맡아줄 사람은 아무도 없었다. 살림살이는 여전히 뒤죽박죽이었지만 익숙해졌고, 반갑게도 도라가 좀처럼 성가시게 구는 일이 없게 되었다. 도라는 여전히 옛날의 어린애 같은 태도로 활달하고 명랑했으며, 나를 무척 사랑하고, 자질구레한 일에도 기뻐하고 있었다.

국회 논쟁이 심해져서—논쟁의 길이를 말하는 것이지 질을 말하는 것이 아니다. 질적인 면에서는 그런 경우가 좀처럼 없었기 때문이다—내가 늦게 집에 돌아가는 때면, 도라는 자지 않고 기다렸다가 내 발소리를 듣고 꼭 아래층까지 내려와서 나를 맞이해주었다. 그리고 밤에, 속기 일이 없어서 집에서 글을 쓰고 있을 때면, 아무리 늦은 시각까지라도 그녀는 말없이 내 곁에 조용히 앉아 기다렸다. 곧잘 그녀가 잠들었다고 생각될 정도였다. 그러나 내가 고개를 들어 보면, 대체로 그녀의 푸른 눈이 앞에서 내가 얘기한 바 있는 그 차분한 주의력을 가지고 나를 바라보고 있었다.

"아, 많이 피곤하시지요?" 어느 날 밤 내가 책상을 치울 때 눈이 서로 마주치자, 도라가 말했다.

"당신이야말로 피곤할 거요! 내 말이 맞지요? 도라, 더 일찍 자도록 해요. 너무 늦었어요."

"싫어요, 자라고 하지 마세요!" 도라는 내 곁으로 다가와서 애원했다. "제발 그러지 말아요."

"도라!"

놀랍게도 도라는 내 목에 매달려 훌쩍훌쩍 우는 것이었다.

"몸이 불편하오, 도라? 기분이 언짢소?"

"아니에요! 아무렇지도 않아요, 아주 행복해요! 그렇지만 제가 여기서 당신이 글 쓰는 것을 보고 있어도 괜찮겠죠?"

"이봐요, 한밤중에 이렇게 맑은 당신의 눈동자로 보기에는 너무 시시한 광경 아니오?"

"맑은 눈동자라니요?" 도라는 웃으면서 대답했다. "하지만 맑은 눈동자라고 해주시니 정말 기뻐요."

"이 귀여운 허영꾼!"

그러나 그것은 허영이 아니었다. 도라는 내가 칭찬을 하자 순진하게 기쁨을 표시했을 뿐이었다. 그것은 아내가 말하지 않아도 잘 알고 있었다.

"제 눈을 예쁘다고 생각한다면, 제가 계속 여기 남아 당신이 글 쓰는 모습을 봐도 좋다고 말해주세요! 그런데 정말로 제 눈이 정말 예쁘다고 생각하세요?"

"아주 예뻐."

"그럼 언제까지나 당신 글 쓰는 것을 보겠어요."

"그런다고 해서 당신의 눈이 더 아름다워지진 않을 텐데, 도라."

"아니에요, 더 예뻐질 거예요! 그러면 당신이 말없이 공상에 잠겨 있을 때도 저를 잊지 않을 테니까요. 제가 그야말로 바보 같은—평소보다 더 바보 같은 소리를 해도 괜찮겠어요?" 도라는 어깨 너머로 내 얼굴을 들여다보며 물었다.

"무슨 일이오?"

"제가 펜을 건네드려도 될까요? 당신이 몇 시간이고 일에 열중해 있는 동안 저도 뭔가 하고 싶어요. 제가 펜을 가지고 있어도 좋겠어요?"

내가 좋다고 말했을 때 기뻐하던 그녀의 모습을 떠올리면 지금도 눈물이 난다. 그 뒤로는 언제나, 내가 앉아서 글을 쓰기 시작하면, 그녀도 여분의 펜무더기를 옆에 놓고 늘 앉던 그 자리에 앉았다. 나의 일에 이와 같이 한몫하고 있다는 그녀의 만족감과 기쁨과 내가 새 펜을 원할 때의 기쁨은—나는 일부러 새 펜을 자주 청했다—말할 수 없이 컸다! 그 모습을 보고 있으면 베이비 와이프를 즐겁게 해주는 새로운 방법이 저절로 떠오르곤 했다.

때때로 나는, 일부러 원고의 한두 페이지를 정서해달라고 부탁했다. 그럴 때면 도라의 기쁨은 절정으로 치달았다. 마치 중대한 사업이라도 시작하는 사람처럼 단단히 채비를 했다. 먼저 앞치마를 두르고, 잉크가 묻지 않도록 부엌에서 턱받이까지 가져왔다. 그리고 천천히 시간을 들여서 일을 한다. 몇 번씩 손을 멈추고 집을 보며 웃고, 마치 개도 내용을 읽을 수 있는 것처럼 법석을 떤다. 그리고 마지막으로 자기 서명을 하지 않으면 일이 끝나지 않는다고 생각하는 듯했다. 마침내 완성되어 가지고 오는 모습은 꼭 초등학생 같았다. 잘했다고 칭찬해 주면 내 목을 껴안고 기뻐했는데, 남들에게는 한심해 보일 수도 있지만 나에게는 더없이 소중한 기억이다.

얼마 지나지 않아 그녀는 모든 열쇠들을 스스로 관리하게 되었다. 작은 바구니에 넣은 열쇠다발을 그 가느다란 허리에 차고는 집 안을 짤랑거리며 돌아다녔다. 그러나 제대로 자물쇠를 채운 적은 거의 없었다. 그것들이 활용되는 때는 집과 놀 때뿐이었다. 그러나 그래도 도라는 즐거워했고, 그녀는 이렇게 살림살이 흉내만 내면 크게 도움이 된다고 믿었고, 인형의 집을 가지고 소꿉놀이하듯 즐거워했다.

우리의 결혼생활은 이렇게 흘러갔다. 도라는 내게 대하는 것 이상으로 대고모에게 다정하게 대했으며, 처음에는 대고모를 '성미 고약한 노파'라고 생각했던 일까지 스스럼없이 대고모에게 이야기했다. 대고모도, 다른 누구에게 그보다 더 자상하게 대하는 것을 나는 본 일이 없다. 집은 여전히 따르지 않았지만 대고모는 집의 비위까지 맞추었다. 또한 음악에는 취미가 없는 줄로 알았는데 날마다 기타에 귀를 기울였다. 무능한 하녀를 호되게 야단치고 싶었을 텐데 절대 그러지 않았다. 도라가 원하는 것이면 아무리 하찮은 것이라도, 그것을 사러 아주 먼 곳까지도 걸어갔다. 그 물건을 사가지고 돌아올 때엔 절대로 정원으로 들어오지 않고, 도라가 방에 없으면 계단 아래서 온 집안에 울려 퍼지는 큰 소리로, "우리 새아기, 어디 있느냐?"라고 외쳤다.

45장
딕, 대고모의 예언을 실현하다

박사님 일에서 손을 뗀 지도 제법 세월이 흘렀다. 그러나 근처에 살고 있으므로 자주 만났고, 둘이 함께 두서너 번 정도 식사나 다과에 초대를 받기도 했다. 그 노병(老兵)[1]은 변함없이 박사님 댁에 눌러앉아 있었다. 마클람 부인은 옛날과 조금도 변함없었고, 그 불멸의 나비가 여전히 모자 위를 떠다니고 있었다.

내가 알고 있는 다른 어머니들과 마찬가지로 마클람 부인도, 애니보다 더 놀기를 좋아했다. 그 부인에게는 꽤 많은 오락이 필요했는데 엉큼한 노병처럼, 실제로는 자기 하고 싶은 대로 하면서도 겉으로는 오직 자기 딸만을 생각하는 척했다. 그래서 애니를 즐겁게 해달라는 박사의 부탁은, 이 어머니에게는 바라지도 않던 행운이었다. 부인은 박사의 깊은 배려에 전적으로 찬의를 표했다.

부인은 박사의 상처 입은 마음에 자기도 모르게 칼을 들이대고 있었다. 중년 여자라 무뎌서 그런 것이 아니라 단지 타고난 경솔함과 방자함이 심해져서 그런 것인데, 부인은 애니의 짐을 조금이라도 덜어주고 싶다는 박사의 생각을 쓸데없이 치켜세움으로써 결국 박사의 불안—곧, 젊은 아내의 행복을 방해하고 있는 것은 자신이며, 두 사람 사이에는 마음이 통하는 길이 없다는 불안—을 더욱 강하게 부채질한 것이다.

"여보게," 어느 날 나도 있는 자리에서 그녀는 박사에게 말했다. "애니가 늘 여기에 갇혀 있는 것은 틀림없이 갑갑한 일이겠지?"

박사는 머리를 끄덕였다.

"그 애도 이 어미 나이쯤 되면," 마클람 부인은 부채질을 하며 말했다. "그때는 문제가 달라지겠지만 말일세. 나는 점잖은 사람들과 트럼프만 있으면 감옥 안에

---

[1] 스트롱 부인의 친정어머니 마클람 부인을 말함.

있다 해도 절대로 밖에 나가고 싶어하지 않을 걸세. 하지만 나는 애니가 아니고, 애니 또한 내가 아니잖는가."

"그럼요, 그렇고말고요." 박사가 말했다.

"나는 뒤에서 말한 것처럼 자네 앞에서도 말해야겠네. 자네는 참으로 훌륭한 사람이야, 그렇지만, 애니와 똑같은 짓을 하거나 생각하는 일은 도저히 못하지 않겠나, 안 그런가?"

"못하지요." 박사는 슬픈 투로 말했다.

"그렇지. 물론 안 되겠지." 노병이 말했다. "자네의 사전을 예로 들어 보세. 사전 편찬이란 참으로 유익한 일이지! 얼마나 필요한 일인가! 낱말의 의미 말일세! 존슨[2] 박사 같은 분들이 없었던들, 우리는 오늘까지도 이탈리아 다리미를 침대라고 불렀을지도 모르지. 하지만 사전이 애니에게—특히 편찬 중에 있는 사전이—애니에게 어떤 흥미를 주리라 기대할 수는 없지 않은가, 안 그런가?"

박사는 고개를 저었다.

"그래서 내가 자네 생각에 찬성한다는 걸세."

마클람 부인은 접은 부채로 박사의 어깨를 툭 치면서 말했다. "자네는 다른 늙은이들처럼, 젊은이의 어깨 위에 늙은이의 머리가 얹혀 있기를 바라는 어리석은 생각은 하지 않는다는 것을 알고 있네. 자네는 애니의 성격을 잘 연구해서 잘 이해하고 있어. 그것이 자네의 좋은 점이야."

입발린 찬사를 받자, 차분하고 참을성 많은 스트롱 박사도 약간 고통스러운 빛을 띠었다.

"그러니까, 박사," '노병'은 정답게 사위의 어깨를 툭툭 치며 말했다. "필요하면 언제 어느 때든 내게 말해주게. 언제든지 나는 애니와 함께, 오페라든 음악회든 전시회든, 어디든지 기꺼이 가겠네. 지겨워도 싫은 기색을 보이는 일은 결코 없을 걸세. 그것이 무엇보다도 중요한 어미의 의무니까."

그녀는 약속을 지켰다. 그녀는 노는 것은 얼마든지 감당해낼 수 있는 사람 가운데 하나였으며, 그 방면으로는 한 걸음도 물러서지 않았다. 먼저 신문을 펼치고(매일 집에서 가장 푹신한 의자에 앉아 두 시간 정도 안경을 쓰고 본다) 반드시 애

---

[2] 사무엘 존슨. 18세기의 영국 시인. 영어사전 편찬으로 유명함.

니가 보고 싶어할 만한 것을 찾아낸다. 아무리 애니가 보고 싶지 않다고 말해도 듣지 않았다. 노병은 언제나 이렇게 말했다. "얘, 애니, 그야 너도 잘 알겠지만, 네가 그러면 모처럼의 박사님의 호의가 뭐가 되겠니?"

게다가 그것을 박사님 앞에서 말하는 것이었다. 그것은 언제나 애니가 반대의 견을(그런 것이 있다면) 거두는 유력한 동기가 되었다. 대체로 그녀는 어머니가 시키는 대로 어디든 따라갔다.

이 무렵에는 맬던 씨가 모녀와 함께 가는 일이 거의 없었다. 때때로 대고모와 도라가 초청을 받고 함께 가기도 했고, 때로는 도라만 초청받기도 했다. 그녀가 가는 것에 대해서 나도 다소 불안을 느끼던 때도 있었으나, 언젠가 박사님 서재에서 있었던 일을 생각하면, 그런 걱정도 날아가고, 역시 박사님 말씀이 옳다고 믿으며 더 이상 의심하지 않았다.

나와 단둘이 있게 되면 대고모는 가끔 코를 문지르면서, 자기는 도저히 알 수가 없다고 말했다. 대고모는 박사 부부가 좀 더 행복하기를 바라고 있었다. 대고모는 그 '군인'(대고모는 '노병'을 그렇게 불렀다)이 옆에 붙어 있으면 절대 상황이 나아지지 않을 거라고 생각했다. 대고모는 이런 말도 했다. "만약 '군인'이 그 나비를 잘라내어 노동절에 굴뚝청소부에게라도 줘버리면 조금은 분별이 생겼다는 증거가 될 텐데."

대고모는 변함없이 딕 씨를 믿고 있었다. 그 사람이 분명히 머릿속에 한 가지 아이디어를 갖고 있다는 것이었다. 그러니까 그 사람이 그 아이디어를 한쪽 구석에 몰아넣기만 하면, 크게 이름을 떨치게 될 거라고 말했다.

이러한 예언도 모르는 채, 딕 씨는 계속해서 박사와 스트롱 부인에 대해서 여전히 똑같은 입장을 유지하고 있었다. 건물과 마찬가지로 처음의 토대에서 한 걸음도 움직이지 않는 것이다. 사실 나도 그가 움직인다는 것은, 건물이 그렇듯 도저히 믿을 수 없었다.

그런데 내가 결혼한 지 몇 달이 지난 어느 날 밤, 혼자 글을 쓰고 있는데(도라는 대고모와 함께, 도라의 두 고모 집에 차를 마시러 갔다) 갑자기 딕 씨가 응접실로 머리를 들이밀고 의미심장한 기침을 하며 말하는 것이었다.

"할 말이 좀 있는데, 방해하는 것 아니냐, 트롯우드?"

"괜찮아요, 딕 씨. 들어오세요!"

"트롯우드," 딕 씨는 나와 악수를 하고 나서, 손가락으로 코를 누르고 말했다. "앉기 전에 한마디 하고 싶은 말이 있네. 자네는 자네 대고모를 잘 알고 있는가?"

"조금은요." 나는 대답했다.

"자네 대고모는 이 세상에서 가장 훌륭한 부인일세!"

그는 가슴에 가득 차 있는 것을 쏟아내듯 말하고 나서, 아주 심각한 태도로 앉아서 나를 바라보았다.

"그런데 자네한테 한 가지 물어볼 게 있네."

"무엇이든지 물어보세요." 나는 말했다.

"자네는 나를 어떻게 생각하는가?" 딕 씨는 팔짱을 끼며 물었다.

"다정한 오랜 친구라고 생각하고 있습니다."

"고맙네, 트롯우드." 딕 씨는 기쁜 듯이 웃으면서 손을 내밀어 악수를 청했다. "그런데 내 말은, 이 점에 대해서 나를 어떻게 생각하느냐는 말일세." 그는 자기 이마를 만지며 말했다.

내가 대답을 못하자 딕 씨가 거들었다.

"약하지?"

"글쎄요. 그런 편이죠." 나는 딱 잘라 말할 수 없었다.

"바로 그래!" 그는 내 대답이 아주 마음에 드는지, 큰 소리로 외쳤다. "그러니까 트롯우드, 자네도 잘 아는 그 남자의 머리에서[3] 고민을 조금 덜어준 것은 좋았는데, 이번에는 그것을 대신 다른 누군가의 머리에 집어넣어 버렸어. 그래서—" 딕 씨는 혼란스러워서, 두 손을 조급하게 돌리다가 손뼉을 쳤다가 몇 번씩 주물러댔다. "그러니까 나는 그런 상황에 처해 있어. 알겠나?"

내가 고개를 끄덕여 보이니까 그도 따라서 끄덕였다.

"말하자면," 그는 목소리를 낮추었다. "난 어리석어! 대고모는 그렇지 않다고 말하면서 내 말을 들어주지 않아. 그러나 나는 어리석어. 잘 알고 있네. 만약 대고모가 내 편에 서주지 않았던들, 나는 이미 오래전부터 감금되어 우울한 생활을 했을 걸세. 나는 대고모를 보살펴줄 걸세. 나는 정서대금으로 번 돈은 절대 함부로 쓰지 않을 것이네. 난 그 돈을 상자 속에 넣어두고 유언장도 만들어두었

---

3) 망상에 나오는 찰스 1세의 목.

어. 모두 자네 대고모에게 드릴 거야. 그러면 대고모는 부자가 되어서—어딜 가도 남부럽지 않은—"

딕 씨는 손수건을 꺼내 눈물을 닦았다. 그리고 다시 곱게 접어서 두 손으로 눌러 주름을 펴고 원래대로 주머니에 넣었다. 대고모 이야기도 그와 함께 끝난 것 같았다.

"자넨 이제 학자야, 트롯우드." 딕 씨는 말했다. "그것도 훌륭한 학자야. 그러니 박사가 얼마나 훌륭한 학자이며 얼마나 훌륭한 사람인가를 잘 알고 있을 거야. 알다시피 그분은 언제나 나에게 아주 잘 해 주셨어. 자신의 지혜를 자만하지 않고 어리석고, 아무것도 모르는 이 한심한 딕에게까지도 겸손하게 대해준다네. 그래서 나는 그 연을 종달새가 우는 하늘 높이 날릴 때에는 그 사람의 이름을 종잇조각에 적어서 실에 매어 날렸네. 연도 기꺼이 날아올랐고, 덕분에 하늘까지 평소보다 더욱 아름다워 보였네."

박사는 최고의 경의와 존경을 받을 만한 사람이라고 내가 진심으로 말하자 딕 씨는 기뻐했다.

"그리고 박사의 아름다운 부인은 하나의 별이야." 딕 씨는 말했다. "빛나는 별이지. 그 부인이 빛나는 것을 난 봤네. 그런데," 그는 의자를 더 가까이 끌어다 붙이고 한 손을 내 무릎에 얹었다. "구름이 끼었어, 구름이 말일세."

그의 얼굴에 나타난 근심스런 표정에, 나도 같은 표정을 짓고 고개를 좌우로 저으며 동감을 표시했다.

"그 구름은 무엇인가?" 딕 씨는 말했다.

그가 생각에 잠겨 내 얼굴을 들여다보고 까닭을 알려고 했으므로, 나는 어린 아이에게 하듯 천천히 또박또박 대답했다.

"불행하게도 두 분 사이에는 틈이 있어요. 어떤 불화의 원인이 있어요. 비밀이지만, 두 분의 나이 차이에서 오는 것일 수도 있고, 어쩌면 아주 하찮은 문제에서 온 것일지도 모릅니다."

그는 골똘히 생각하며 말 한마디 한마디마다 끄덕이다가, 이윽고 내 이야기가 끝나자 나를 물끄러미 바라보며 손을 내 무릎 위에 올린 채 생각에 잠겼다.

"박사님은 부인에게 화를 내지 않나, 트롯우드?" 그는 얼마 있다가 불쑥 말했다.

"아니오, 부인에게는 헌신적입니다."

"그렇다면 알겠네!"

그는 느닷없이 기뻐하며 내 무릎을 탁 치더니 의자에서 몸을 뒤로 젖히고, 눈썹을 위로 한껏 끌어올렸다. 나는 그가 어느 때보다도 제정신이 아니라고 생각했다. 그런데 별안간 그가 또다시 침통한 표정을 지으며 아까처럼 몸을 앞으로 내밀고, 마치 그것이 대고모인 것처럼 손수건을 공손하게 꺼내고 말했다. "그런데 왜 세상 누구보다도 훌륭한 여성은 일을 바로잡도록 조치를 취하지 않을까?"

"문제가 너무도 미묘하고 어려워서 끼어들기 힘든 게 아닐까요?"

"훌륭한 학자" 그는 손가락으로 나를 가리켰다. "왜 손을 쓰지 않는 걸까?"

"같은 이유 때문이지요."

"그렇군, 알았네!" 마침내 그는 내 앞을 가로막고 서서, 마치 온몸의 숨이란 숨을 모조리 뽑아내듯이 몇 번씩 고개를 끄덕이며 가슴을 두드렸다.

"그렇다면 정신이 좀 나갔고 어리석고 무식한 내가, 그런 훌륭한 사람들도 할 수 없는 일을 한번 해 보이겠네. 내가 그 두 분을 화해시키겠어. 그들이 나를 탓하지는 않을 거야. 반대도 하지 않겠지. 설사 내가 하는 일이 잘못된다 해도 그들은 개의치 않을 거야. 나는 딕에 불과하니까, 누가 고작 딕을 문제 삼겠는가? 딕은 아무것도 아닌데!" 그는 자기 몸을 불어서 날려보내기라도 하려는 것처럼 자조적인 숨을 내쉬었다.

다행히 이야기가 여기까지 진행되었을 때 대고모와 도라를 태운 마차가 정원 앞에서 멈추는 소리가 들려왔다.

"아무 말도 하지 말게!" 그는 귓엣말로 계속했다. "모든 책망은 이 딕에게 맡기게나—어리석은 딕—미친 딕에게. 나도 어렴풋이 알 것 같았지만, 지금 자네 말을 듣고 나서 모두 다 알았네, 이제 됐어!"

이 문제에 대해서 딕 씨는 더 이상 한마디도 이야기하지 않았다. 그러나 그 뒤로 30분 정도는 끊임없이 나에게 눈짓을 하면서(대고모는 그것이 몹시 마음에 걸리는 것 같았다) 절대로 말하지 말라는 신호를 보내는 것이었다.

그가 말한 결론에는—그가 늘 보여주는 호감과는 별개로—좋은 의미의 한 줄기 신비로운 빛이 보였으므로 그의 노력이 어떤 성과를 낼 것인지에 대해 나는 깊은 관심을 가지고 있었다. 그런데 놀랍게도 그 뒤 2, 3주일이 지났지만 아무

45장 딕, 대고모의 예언을 실현하다

소식도 들려오지 않았다. 나는 딕 씨가 들뜨고 불안정한 심리상태에서 자신의 의도를 잊어버렸거나 포기해버린 것이라고 생각하기 시작했다.

그런데 어느 화창한 날 저녁, 도라는 외출할 생각이 없었기에 나는 대고모와 둘이서 박사님 댁까지 천천히 걸어갔다. 가을이라서 저녁 공기를 어수선하게 하는 국회 토론도 없었다. 우리가 밟고 걸어가는 낙엽은 블룬더스톤의 우리 집 뜰과 같은 냄새를 풍겼고, 한숨짓는 바람을 타고 옛날의 불행했던 감정이 몰려오는 것 같았다.

박사님 댁에 닿으니 이미 해질녘이었다. 스트롱 부인이 마침 뜰로 나오고 있었고, 딕 씨는 정원사를 도와 칼을 바삐 놀리며 말뚝을 뾰족하게 깎고 있었다. 박사님은 서재에서 어떤 사람과 이야기를 나누고 있었다. 스트롱 부인은 손님이 곧 돌아갈 터이니 기다렸다가 만나 보고 가라고 했다. 우리는 스트롱 부인과 함께 응접실로 들어가 저물어가는 창가에 앉아 기다렸다. 우리는 오랜 친구이자 이웃사촌이므로 새삼스럽게 인사치레를 할 필요는 전혀 없었다.

우리가 응접실에 앉아 있은 지 몇 분도 되지 않았을 때, 언제나 일을 만들어서 소란을 피울 궁리만 하는 마클람 부인이 한 손에 신문을 들고 헐레벌떡 들어오면서 말했다. "하느님, 맙소사, 애니, 왜 서재에 손님이 계시다고 말하지 않았니?"

애니는 조용히 대답했다. "어머니께서 그것을 알고 싶어하시는지 제가 어떻게 알 수 있었겠어요?"

마클람 부인은 소파에 털썩 주저앉으며 말했다. "내 평생 이렇게 놀란 적은 없었다!"

"그럼 서재에 가셨었나요, 어머니?"

"갔었지! 사랑스러운 내 사위가—그는 정말 좋은 사람이에요! 미스 트롯우드, 그리고 데이비드, 내 마음을 아시겠어요?—유언장을 만들고 있는 자리에 내가 들어간 겁니다."

애니가 창가에서 돌아보았다.

"그렇단다, 마침 유언장을 쓰고 계시는 중이야."

마클람 부인은 신문을 식탁보처럼 무릎 위에 펴고 두 손으로 가볍게 토닥거리며 말했다. "어쩌면, 앞날까지 세심하게 생각해 주시는구나. 그 장면을 꼭 네게 이야기해야겠다. 착한 사위—이보다 더 착할 수가 없지!—를 위해서라도 꼭 얘기해야겠어요. 미스 트롯우드, 이 집에서는 신문 하나를 읽을 때도 말 그대로 머리에서 눈알이 튀어나올 지경이 될 때까지는 촛불을 켜는 법이 없답니다. 그리고 이 집에는, 서재에 하나 있는 것 말고는 앉아서 느긋하게 신문을 읽을 수 있는 의자다운 의자도 없어요. 그래서 서재로 갔더니 불빛이 보이더군요. 문을 열었지요. 박사하고 척 봐도 변호사 같은 두 사람이 있었는데, 세 사람 모두가 책상 앞에 서 있었어요. 박사는 펜을 들고 말입니다. '그러면 여러분, 이것으로 —아니, 이 대목을 잘 들으렴—아내에 대한 나의 신뢰를 나타내고, 재산을 아내에게 무조건 넘겨주는 것이 되겠지요?'라고 박사가 말하더군요. 그러자 변호사 한 사람이 대답했어요. '그렇습니다. 무조건 양도하는 것입니다'라고. 그 말을 듣는 순간, 어미로서 기쁜 마음에, '실례했습니다' 하고 말하고 문턱에 걸려 넘어지면서 찬장이 있는 뒷복도로 해서 이리로 달려온 것이랍니다."

스트롱 부인은 창문을 열고 베란다로 나가서 기둥에 기대고 서 있었다.

"미스 트롯우드, 그리고 데이비드, 정말 든든한 얘기 아닙니까?" 마클람 부인은 기계적으로 애니를 눈으로 좇으며 말했다. "그 나이가 되도록 여전히 이만한 일을 할 수 있는 기력이 있으니까요. 이 점만 보아도 내 생각이 얼마나 옳았는지 알 수 있어요. 박사가 직접 나를 찾아와서 애니를 사랑한다고 말하고 결혼을 허락해 달라고 했을 때에 나는 애니에게 이렇게 말했지요. '저분은 분명 네 미래를 확실하게 책임져 주실 것이고, 그뿐만 아니라 단순한 의무보다 더한 것까지 해주실 거란다'라고 말이에요."

그때 벨소리가 나고 손님이 나가는 발소리가 들려왔다.

"일이 모두 끝났군, 틀림없어요." '노병'은 귀를 기울이고 있다가 말했다. "서명하고, 밀봉해서 넘겨주었으니까 박사도 이제는 안심이 될 거야. 얼마나 훌륭한 사위인지! 애니, 얘야, 나는 신문을 들고 서재로 가겠다. 세상 소식을 모르고는 견딜 수 없으니까 말이야. 미스 트롯우드, 데이비드, 함께 가서 박사를 만나시겠어요?"

우리가 부인과 함께 서재로 들어가니 딕 씨가 나이프를 접으며 그늘진 곳에 서 있었다. 대고모는 더 이상 노병을 참고 볼 수 없어서, 살짝 감정을 터뜨리며 코끝을 세차게 문질렀다. 그리고 누가 제일 먼저 서재에 들어갔고, 마클람 부인이 어떻게 안락의자에 털썩 주저앉았으며, 어째서 내가 대고모와 둘이서 문 앞에 남아 있었는지도(그것은 아마도 나보다 눈이 좋은 대고모가 재빨리 나를 제지했기 때문일 것이다) 눈치챘을 테지만, 지금은 모두 잊어버렸다. 그러나 이것은 기억하고 있다. 박사님이 눈치채기 전에 우리가 먼저 알아챘는데, 박사님은 책더미에 싸여 책상에 앉아 조용히 한 손으로 머리를 괴고 있었다. 동시에 스트롱 부인이 파랗게 질려 몸을 떨면서 서재로 들어왔다. 딕 씨가 뒤에서 한 팔로 부인을 부축하고 있었다. 그리고 또 다른 손을 박사의 어깨에 올리니, 박사가 깜짝 놀라 고개를 들었다. 박사의 머리가 움직이자 애니는 느닷없이 그의 발치에 무릎을 꿇고 애원하듯이 두 손을 치켜들었다. 그리고 이루 표현할 수 없는 눈빛으로 박사를 올려다보았다. 마클람 부인은 신문을 떨어뜨리고, 제일 먼저 '경악'호의 선수상(船首像)[4] 같은 얼굴로 화들짝 놀라 그 모습을 바라보았다.

놀란 와중에도 상냥한 박사의 태도, 애원하면서도 위엄을 잃지 않는 애니, 안쓰럽기 그지없는 딕 씨의 걱정스러운 얼굴, 그리고 '저 사람을 보고 미쳤다니!' 하고 무심코 중얼거린 대고모의 심각한 표정(그것은 대고모가 그를 구해낸 불행에 대해 여봐란 듯이 말한 것이라고 생각하면 된다)—그러한 장면이, 지금 이 글을 쓰고 있는 동안에도 눈앞에 또렷하게 펼쳐져 있다.

"박사님!" 딕 씨는 말했다. "무엇이 잘못됐어요? 여길 보세요!"

"애니!" 박사가 외쳤다. "꿇어앉아서 무얼 하는 거요!"

"제발 부탁드립니다. 아무도 이 방에서 나가지 말아주세요! 아, 저의 남편이자 아버지와도 같은 당신, 이제 그 긴 침묵을 깨고 말씀해 주세요. 우리 사이에 무슨 일이 있었는지 제게도 가르쳐 주세요!"

마클람 부인이 겨우 입을 열 수 있게 되자, 가문의 명예 때문인지 어미로서의 분노 때문인지 불같이 화를 내며 소리쳤다. "애니, 일어서. 그렇게 비굴하게 우리 집안을 욕되게 하지 마라! 여기서 내가 미치는 모습을 봐야겠니?"

"어머니!" 애니가 대답했다. "저에게 쓸데없는 말씀 하지 마세요. 제 호소는 남편에게 하는 것이니까요."

"쓸데없다고? 지금 나한테 쓸데없다고 말했니? 얘가 정신이 나갔구나! 아아,

---

[4] 범선 앞머리를 꾸미는 사람이나 동물 모양의 조각상.

누가 물 좀 줘요!"

나는 박사님 부부에게만 정신이 쏠려 있었으므로 그 목소리가 들리지 않았다. 다른 사람들도 마찬가지였던 모양이다. 그래서 부인은 단지 눈을 내리뜨고 씩씩거리며 험악하게 부채질만 하고 있었다.

"애니!" 박사는 두 손으로 다정하게 아내를 일으켜세우며 말했다. "여보, 세월의 흐름에 따라 우리의 결혼생활에도 불가피한 변화가 있을 수 있지만 그것은 당신이 책망받을 일이 아니오. 잘못은 모두 내게 있소. 그러나 당신을 향한 내 사랑과 존경은 조금도 변함이 없소. 나는 당신을 행복하게 해주고 싶은 생각밖에 없소. 정말로 당신을 사랑하고 존경하고 있소이다. 일어서요, 애니, 제발!"

애니는 일어서지 않았다. 잠시 남편을 바라보고 있다가 한 팔로 남편의 무릎을 끌어안고 그 위에 머리를 얹으며 말했다.

"이번 일에 있어서 저와 제가 사랑하는 남편을 위해서 한마디라도 해주실 수 있는 분이 계십니까? 이따금 내 마음을 스치고 지나가는 의문을 확실히 설명해주실 분은 안 계시는지요? 이이를 존경하시는 분, 그리고 저를 생각해주시는 분

45장 딕, 대고모의 예언을 실현하다 757

이 계시면, 어떤 말씀이라도 좋아요. 조금이라도 우리 사이가 나아지는 방법을 아시는 분이 계시다면, 꼭 좀 말씀해 주시기를 간청드립니다."

한참 동안 무거운 침묵이 흘렀다. 망설임 끝에 내가 침묵을 깨뜨렸다.

"스트롱 부인, 실은 제가 알고 있는 것이 있습니다. 그러나 박사님께서, 그것을 입 밖에 내지 않도록 간곡히 부탁하셨으므로, 오늘 밤까지 그것을 감춰두었던 것입니다. 하지만 이 이상 그것을 감추는 것은 옳지 못한 신념이고 그릇된 배려이며, 부인의 호소를 들으니 박사님의 명령도 더는 소용이 없다고 생각하므로 이만 말씀드리고자 합니다."

순간 스트롱 부인이 내게 얼굴을 돌리는 것을 보고 나는 내 행동이 옳다는 것을 알았다. 설령 그 확신에 근거가 모자란다고 하더라도, 애원하는 부인의 얼굴을 보고는 차마 말하지 않을 수 없었다.

"저희 앞날의 평화는," 부인은 말했다. "당신의 손에 달려 있는지도 몰라요. 그러니 어떤 것이라도 숨김없이 모두 말해주리라 믿습니다. 당신도, 그리고 다른 분들도, 말씀하시는 것이 이이의 훌륭한 마음에 상처가 된다고는 생각하지 않아요. 그러니 그것이 내 마음을 울려놓을 것 같이 생각된다 하더라도 구애받지 마세요. 언젠가 나중에, 내 스스로 남편과 하느님 앞에서 모조리 말씀드릴 생각이니까요."

이같이 간곡한 부탁을 받자, 새삼스럽게 박사님의 허락을 받을 필요도 없었다. 나는 우라이아 힙 같은 막된 표현은 쓰지 않았지만 나머지는 조금도 사실과 다름없이 그날 밤 이 방에서 있었던 일을 다 말했다. 그동안 마클람 부인이 눈을 동그랗게 뜨고 놀라면서 이따금씩 새된 소리를 지르는 모습은 여기에 다 설명할 수 없을 정도로 엄청났다.

내가 이야기를 끝내자 애니는 고개를 숙이고 얼마간 말없이 있더니, 이윽고 박사님의 한 손을 잡고 (박사는 우리가 들어왔을 때와 똑같은 자세로 앉아 있었다) 자기 가슴에 갖다 대고 꼭 누르면서 그 손에 입을 맞추었다. 딕 씨가 조심스럽게 그녀를 일으켜주었다. 그녀는 일어서서 딕 씨에게 몸을 기대고 박사님을 살짝 내려다보며─그러나 눈길은 조금도 떼지 않았다─말을 시작했다.

"제가 당신과 결혼한 뒤부터 제 마음속에 있던 모든 것을, 사실 그대로 말씀드리겠습니다. 이런 이야기까지 들었으니 하나라도 숨겨두고는 살아갈 수 없으니까요." 그녀는 숨이 끊어질 듯이 낮은 목소리로 말했다.

"아니오, 애니. 나는 당신을 의심한 적이 한 번도 없소. 여보, 그럴 필요는 없소—정말이오." 박사님이 부드럽게 말했다.

"아니에요, 있어요." 그녀는 여전히 조용하게 대답했다. "이토록 너그럽게 성의를 다해 주셨으니, 이 기회에 모조리 말씀드려야 한다고 생각해요. 하느님도 알고 계세요. 덕분에 해가 갈수록, 아니 날이 갈수록 점점 더 깊이 사랑하고 존경하고 있는걸요!"

"아, 내가 조금만 더 분별이 있었더라면—" 마클람 부인이 끼어들었다.

("당신한테 그런 것이 있을 리가 있나! 이 참견쟁이 여자야!" 대고모가 작은 소리로 부루퉁하게 말했다.)

"—역시 한마디 해야겠구나. 그런 하찮은 이야기는 하지 않아도 된단다."

"어머니, 그건 이분이 판단하실 문제예요." 애니는 박사님에게서 눈을 떼지 않고 대답했다. "그리고 이분은 잘 들어주실 거예요. 어머니께서 듣기 힘드시다면 죄송해요. 하지만 저는 이미 오랫동안, 그것도 자주 괴로움에 시달려왔어요."

"이것 참, 놀랍구나!" 마클람 부인은 신음 소리를 냈다.

"제가 어렸을 때, 제가 알던 모든 것에 첫째로 떠오르는 것은 바로 이분이세요. 스승이자 친구로서 정말로 끈기 있게 가르쳐주셨고—돌아가신 아버지의 친구시기도 하죠—언제나 저에게 친절하셨어요. 돌아가신 아버지의 친구분이었지요. 지금 제가 알고 있는 것은 이분을 떼어놓고는 떠올릴 수가 없답니다. 이분은 가장 중요한 보물로 제 마음을 채워주셨고, 그러한 지식 위에 인격까지 또렷하게 새겨주셨습니다. 만약 제가 그 지식을 다른 사람으로부터 받았다면, 그것들이 지금처럼 소중한 것이 될 수는 없었을 것입니다." 애니가 말했다.

"제 어미를 업신여기다니!" 마클람 부인이 외쳤다.

"그렇지 않아요, 어머니. 저는 진실을 말하고 있을 뿐이에요. 그렇게 해야 한다고 생각해요. 그리고 성장한 뒤에도 역시 친구이자 스승이셨어요. 저는 이분이 관심을 가져주시는 것을 자랑스럽게 생각했고, 깊이 사랑하고 사모하였습니다. 뭐라고 말해야 좋을지 모르겠지만—이른바 아버지로서, 인도자로서 진심으로 존경했습니다. 다른 누구에게 아무리 칭찬을 들어도 박사님이 칭찬해 주시는 것이 가장 기뻤고, 설령 세상 사람을 아무도 못 믿게 되더라도 박사님만은 절대적으로 믿었을 것이라고 생각해요. 어머니께서 느닷없이 그분을 애인으로 제게 소개하셨을 때 저는 어리고 세상을 모르는 철부지였었지요."

"그 일이라면 내가 이미 여기 있는 사람 모두에게 적어도 쉰 번은 말했다!" 마클람 부인이 말했다.

("그럼 이제 좀 가만히 있으면 좋으련만! 더 이상 듣고 싶지 않아!" 또다시 대고모가 중얼거렸다.)

"저에게는 엄청난 변화이고, 엄청난 손실이었어요. 제일 처음에는 그렇게 생각했습니다." 애니는 얼굴빛과 말투를 조금도 바꾸지 않고 말했다. "아주 놀라고 당황했습니다. 아무튼 아직 어렸으니까요. 그토록 오랫동안 존경해오던 분이 갑자기 변하자 정말 슬펐어요. 하지만 이제는 원래대로 돌이킬 수도 없고, 또 생각해보니, 그토록 나를 높이 평가해 주시는 것도 기분 좋았어요. 그래서 결혼까지 하게 된 거죠."

"—그래, 캔터베리의 세인트 올페지 교회였지." 마클람 부인이 말했다.

("흥, 또 저 여자야! 잠시도 조용히 있지 못하는군!" 대고모가 말했다.)

"저는 생각해 본 적이 없습니다." 애니가 살짝 상기된 얼굴로 말을 이었다. "제 남편이 가져다줄 세속적인 이익 같은 것 말입니다. 저의 어린 가슴에는 그에 대한 존경 때문에 그따위 보잘것없는 생각이 들어설 자리가 없었던 것입니다. 어머니, 이렇게 말씀드려서 죄송해요, 하지만 그같이 무자비한 의혹으로 저를 그르치고 그이를 그르칠 수도 있다는 생각을 맨 처음 가르쳐주신 분은 바로 어머니세요!"

"나라고!" 마클람 부인은 외쳤다.

("그래, 당신이야!" 대고모가 말했다. "아무리 부채질을 해도 이 사실만은 날아가지 않을 거야!")

"결국 그것이 제 인생의 첫 번째 불행이었습니다." 애니는 말했다. "그것이 제 불행의 시작이었어요. 그리고 그런 것이 요즘에는 셀 수 없을 정도로 늘어났어요. 하지만—여보, 결코 당신이 생각하는 이유는 아니에요. 저는 어떤 생각도 추억도 희망도, 당신 없이는 도저히 떠올릴 수 없어요."

그녀는 고개를 들고 두 손을 맞잡고, 마치 요정처럼 청초한 모습으로 박사님을 바라보았다. 박사님도 똑같이 그녀를 바라보고 있었다.

"어머니가 자신을 위해 당신을 다그친 건 아니에요." 그녀는 말을 이었다. "어머니에게 나쁜 뜻이 있었다고는 생각지 않아요. 하지만 너무도 성가신 요구들이 제 이름으로 당신에게 강요되었고, 제 이름으로 당신이 얼마나 이용당했는지 몰라요! 그런데도 당신은 참으로 너그러우셨고, 당신의 행복을 진정으로 바라시는 위크필드 씨가 그 탓에 얼마나 화를 내셨는가를 생각하면, 자연스레 제 애정은 돈에 팔린 것이다, 다시 말하면 다른 사람도 아닌 당신에게 돈으로 팔린 여자라는 야비한 세상의 의혹에 끊임없이 드러나 있는 것만 같아서, 그런 마음을 당신에게까지 밀어붙인 셈이 되었어요. 하지만 그런 불안과 피로를 끊임없이 마음에 품고 있다는 것이 어떤 것인지 도저히 말로 다 설명할 수 없어요. 어머니도 상상도 못하실 거예요. 하지만 이것만은 분명히 말씀드릴 수 있어요. 제 결혼식날에 저는 일생의 사랑과 영광을 훌륭하게 획득했습니다!"

"오랫동안 길러준 데에 대한 보답이 겨우 이것이라니!" 마클람 부인이 눈물을 흘리며 말했다. "아아, 차라리 터키 사람이었더라면 좋았을 것을!"

("그럼, 정말 그렇지. 그리고 터키로 돌아가 버리면 더 좋을 텐데!" 또다시 대고모가 내뱉듯이 말했다.)

"어머니가 맬던에 대해서 걱정하시던 것이 바로 그때였습니다. 저도 그를 아주 좋아했어요." 그녀는 조용히 그러나 조금도 망설이지 않고 말했다. "어렸을 때는 진심으로 사랑했어요. 만약 여러 가지 사정들만 아니었더라면, 저도 그것이 진정한 사랑이라고 착각하고 그와 결혼해서, 가장 비참한 꼴이 되었을지도 몰라요. 마음과 목적이 어울리지 않는 결혼만큼 부부 사이를 갈라놓는 것은 없으니까요."

그 뒤의 말에도 나는 열심히 귀를 기울이고 있었지만, 지금 이 말에는 조금 생각해보지 않을 수 없었다. 나로서는 추측할 수 없는 어떤 특별한 의미나 뜻밖의 관련이 있는 것처럼. '마음과 목적의 불일치만큼 부부 사이를 갈라놓는 것은 없다'—'마음과 목적의 불일치만큼 부부 사이를 갈라놓는 것은 없다.'

애니가 말을 이었다. "그와 나 사이에는 공통된 것이 없어요. 그 점은 오래전부터 알고 있었어요. 저는 박사님에게 매우 감사하고 있어요. 설령 제가 저의 남편에게 더 이상 감사할 것이 아무것도 없다 할지라도, 미숙한 제 마음을 최초의 그릇된 충동에서 구출해주신 데 대해서는 정말로 감사하게 여겨야 할 겁니다."

애니는 박사 앞에 조용히 서서 나까지 감동할 정도로 진지하게 이야기했다. 그녀의 목소리는 차분했다.

"저의 사촌이 당신의 은혜를 입기 위해 기다리고 있던 때에도, 저는 오히려 스스로 자신의 길을 개척해 나가는 쪽이 훨씬 좋다고 생각하고 있었습니다. 그야 당신은 저를 위하는 마음에서 무엇이든 너그럽게 베풀어 주셨지만, 저는 돈만 노리는 탐욕적인 인간으로 보이는 것이 몹시 괴로웠어요. 만약 저라면 아무리 괴로운 일이 있어도 혼자 힘으로 해나갈 거라고 생각했습니다. 하지만 그래도 그 사람을 나쁘게 생각하지는 않았어요. 정말로 실망한 것은 그가 인도로 떠나는 밤이었습니다. 그날 밤 저는 비로소 그 사람이 거짓되고 배은망덕한 마음을 가지고 있는 것을 알았습니다. 그때 위크필드 씨가 저에게 여러 가지를 캐물었는데, 이중의 뜻을 지니고 있다는 것도 잘 알았습니다. 그때 저는 처음으로 제 인생에 드리워진 의혹의 그림자를 확실히 보았습니다."

"의혹의 그림자라니, 애니!" 박사가 말했다. "아니야, 아니야!"

"당신 마음속에 아무런 의혹도 없는 것은 저도 잘 알고 있어요, 여보!" 그녀는 말했다.

"그래서 그날 밤, 저는 모든 수치와 슬픔을 털어놓을 생각으로 당신께 갔지만, 저를 위해, 저를 사랑하시는 나머지 당신께서 은혜를 베푸신 제 친척이, 당신 집 지붕 밑에서 입 밖에 내서는 안 될 말을 제게 했다는 것을 당신께 말씀드리려고 하자, 너무 역겹고 부끄러워 견딜 수가 없었습니다. 저는 그가 생각하는 바와 같이 마음이 악하고, 욕심 많고, 천박한 사람일지도 모릅니다. 하지만 아무튼 그런 이유로 목구멍까지 올라온 말을 차마 말씀드릴 수 없었습니다. 결국 그 말은 지금까지 한 번도 입 밖에 낸 적이 없습니다."

마클람 부인은 짤막한 신음을 내면서 안락의자에서 몸을 뒤로 젖히고는 다시는 끼어들지 않겠다는 듯이 부채로 얼굴을 가렸다.

"그때부터 저는 당신이 계시지 않는 곳에서는 그 사람과 한마디도 주고받지 않았습니다. 당신 앞에서 말을 한 것도 다만, 가만히 있으면 언젠가는 이런 설명을 해야 할 날이 올 테니 그것이 싫어서 대꾸했을 뿐입니다. 그 사람이 이 집에서 자기 처지가 어떻다는 것을 여러 해 전에 일러주었습니다. 그래서 그 사람의 승진을 위해서 당신이 손써 주셨다는 말을 듣고, 저는 깜짝 놀랐지만 기쁘기도 했습니다. 하지만 그런 만큼 제 마음속의 비밀은 점점 더 무거워졌고, 솔직히 더욱더 비참해지기만 했습니다."

박사는 아내의 말을 막으려고 했지만, 그녀는 남편의 발치에 주저앉아 눈물을 머금고 남편의 얼굴을 올려다보면서 말했다.

"아직은 저에게 아무 말씀 말아주세요! 조금만 더 제 말씀을 들어주세요. 옳고 그름은 차치하더라도, 또다시 이런 일이 일어나면 저는 역시 똑같이 행동할 수밖에 없다고 생각해요. 아까부터 언급하고 있는 오랜 인연을 끌어안은 채 당신의 아내가 된 것, 그것만으로도 사람들은 제 사랑은 돈으로 팔린 것이라고 색안경을 끼고 봅니다. 그것이 자못 사실처럼 보이는 환경에 둘러싸여 있는 이 괴로움을 당신은 이해할 수 없을 거예요. 그때는 저도 어렸고, 의논할 사람도 아무도 없었습니다. 당신께 관계되는 모든 것에 있어서 어머니와 저 사이에는 의견 차이가 꽤 났습니다. 그래서 제가 겪은 치욕을 숨기고 스스로 움츠러들었던 것입니다. 하지만 그것은 제가 당신을 그만큼 존경했기 때문이고, 당신께서도 역시 저를 존중해주시기를 원했기 때문이었습니다!"

"여보, 애니!" 박사가 말했다. "내 사랑스러운 아내!"

"조금만 더! 몇 마디만 더요! 당신이 결혼하실 수 있었던 사람은 많이 있었을 것입니다. 당신께 이 같은 부담이나 말썽을 끼치지 않고, 당신의 가정을 좀 더 훌륭하게 만들 수 있는 분이 얼마든지 있었을 것이라고 저는 늘 생각해 왔어요. 저는 언제까지나 당신의 제자로, 아니, 당신의 딸로 있는 쪽이 훨씬 더 좋았을 거예요. 저는 당신의 학식과 지혜에 조금도 어울리지 않는다고 늘 두려워했습니다. 이런 이야기는 훨씬 일찍 말씀드렸어야 했지만, 모두 소극적이 되어 버린 이유는 —정말 그래요—첫째로, 당신에 대한 깊은 존경 때문이고, 둘째는, 저도 언젠가는 당신에게 존경받는 여자가 될 수 있을 것이라고 생각했기 때문이에요."

"언젠가라니! 그날은 이미 오래전부터 줄곧 빛나지 않았소, 애니. 기나긴 밤도 없진 않았지만, 그것은 딱 한번 뿐이었소. 앞으로는 절대 없을 거요." 박사가 말했다.

"한 말씀만 더! 그 뒤로 저는 당신이 친절을 베풀어주신 그 상대가 쓸모 없는 인간이라는 사실을 깨달은 괴로움도 묵묵히 참아낼 생각이었습니다. 아니, 그렇게 하기로 단단히 결심했던 것입니다. 마지막으로 한마디만 더, 당신의 호의에 기대게 해 주세요. 요즘 당신이 완전히 달라진 것은 저도 알고 있었습니다. 그리고 혹시 전에 걱정하던 그 일이 원인이 아닐까 하고 생각한 적도 있었습니다. 어떤 때는 아마도 이쪽이 진실에 가깝다고 생각하는데, 저로서는 잊을 수 없는 온갖 억측과 연결하여 생각하기도 했습니다. 그것이 오늘 밤에야 명백해졌습니다. 그리고 오늘 밤 우연히도 그러한 오해가 있음에도 고귀한 마음씨로 저를 믿고 계시다는 것을 잘 알았습니다. 그 보답으로 제가 아무리 사랑을 바치고 의무를 다한다 해도 당신의 무한히 값진 믿음에 보답할 수 있으리라고는 생각하지 않습니다. 그러나 이러한 것을 모두 알았으니, 제가 아버지처럼 존경하고, 남편으로서 사랑하고, 특히 어릴 때에는 누구보다도 좋은 친구로서 우러르던 당신의 얼굴을 제대로 바라볼 수가 없습니다. 농담으로나 변덕으로도 제가 당신을 배반한 일은 결코 없었으며, 당신을 향한 사랑과 믿음이 흔들린 적은 한 번도 없었습니다!"

그녀는 박사의 목을 두 팔로 껴안았다. 박사는 그녀를 꽉 껴안고 자기의 백발과 그녀의 짙은 갈색 머리가 뒤엉킬 정도로 얼굴을 깊게 파묻었다.

"아, 저를 안아주세요, 여보! 저를 버리지 마세요! 두 번 다시 우리 사이에 거리가 있다고 생각하시거나, 말씀하시지 말아주세요! 애당초 그런 것은 없어요. 제게 모자란 점은 많이 있지만요. 당신을 존경하는 마음이 커질수록 저는 더욱더 그 사실을 잘 알게 되었어요. 여보, 저를 꽉 안아주세요! 제 사랑은 반석 위에 세워진 사랑, 언제까지나, 영원토록 변하지 않아요."

침묵이 이어지는 동안, 대고모는 딕 씨에게로 천천히 걸어가더니 그를 껴안고 소리가 나도록 입을 맞추었다. 그의 명예를 위해서는 대고모의 행동이 아주 큰 도움이 되었다. 왜냐하면 바로 그때 그는 기쁨을 나타내느라 한쪽 다리로 일어서려고 하고 있었기 때문이다.

"당신은 참으로 훌륭한 사람이에요, 딕!" 대고모는 진심 어린 칭찬을 아끼지 않았다. "그러니까 당당하게 가슴을 펴세요. 겸손하실 것 없어요. 나는 잘 알고 있으니까!"

대고모는 그의 소매를 끌어당기며 나를 보고 고개를 끄덕였다. 우리 세 사람은 방에서 살며시 빠져나와 집으로 돌아왔다.

"노병의 체면이 말이 아니겠군." 집으로 돌아가는 길에 대고모가 말했다. "딕

분에 다른 기쁜 일이 전혀 없어도 오늘 밤은 편하게 잘 수 있겠어."

"그 부인은 완전히 손을 들었을 거예요." 딕 씨는 동정하는 빛으로 말했다.

"뭐라고요! 당신은 악어가 손을 드는 것을 본 적이 있어요?" 대고모가 되물었다.

"나는 악어를 본 일이 없는데요." 딕 씨는 순진하게 대답했다.

"아무튼 그 늙은 악어만 없었어도 아무 일 없었을 텐데." 대고모가 힘주어 말했다. "어머니들 가운데에는 딸이 시집을 가고 난 뒤에도 지나치게 사랑하는 사람들이 있어. 가만히 내버려두는 게 상책인데 말이야. 그런 어머니들은, 딸자식이 낳아달라고 부탁했거나 스스로 태어나기를 바랐다고 생각하지. 그리고 낳아준 대가로 그 딸을 괴롭혀서 죽일 권리도 자신에게 있다고 생각하는 것 같단 말이야. 트롯, 무슨 생각을 하고 있니?"

나도 오늘 들은 말들을 하나하나 생각하고 있었다. 나는 오늘 이야기에 나왔던 어떤 표현이 이상하게 신경 쓰였다. '마음과 목적이 어울리지 않는 결혼만큼 부부 사이를 갈라놓는 것은 없다'라든가, '미숙한 제 마음을 최초의 그릇된 충동에서 구출해주었다'라든가, '제 사랑은 반석 위에 세워져 있습니다' 등.

그러나 어느새 나는 집에 닿았다. 낙엽들은 발밑에서 밟혀 흩어지고, 하늘에는 가을바람이 불고 있었다.

46장

소식

 날짜에 관한 내 기억이 틀리지 않는다면, 결혼한 지 1년쯤 지났을 때였다. 어느 날 저녁, 그 무렵 쓰고 있던 책에 대해서 생각하면서(나는 꾸준히 출판해왔기에 명성도 점점 높아졌고, 그때에는 첫 번째 소설 작품에 손을 대고 있었다) 혼자 산책에서 돌아오는 길에 문득 정신을 차리니 스터어포스 부인의 집 앞을 지나고 있었다. 옛날 그 이웃에 살고 있던 동안, 다른 길을 택할 수 있는 경우에는 절대 그러지 않았지만, 멀리 돌아가지 않고서는 다른 길을 찾기 어려운 경우도 있었으므로, 사실상 나는 자주 그 길을 지나다녔던 것이다.
 물론 그럴 때에는 빠른 걸음으로 지나가면서, 집 쪽을 흘낏했을 뿐이었다. 그 집은 언제나 침울하고 활기가 없었다. 좋은 방은 길 쪽으로 난 것이 하나도 없고, 한 번도 마음을 밝게 한 적이 없었던 좁고 육중한 창틀의 고풍스러운 창문들은 언제나 닫혀 있고 덧문까지 내려져 있어, 더욱 음산했다. 앞뜰을 가로지르며 포장이 된 작은 길이 있는데, 그 길을 따라가면 한 번도 사용한 적이 없는 현관이 있다. 거기에는 나머지 것들과는 전혀 어울리지 않는 둥근 층계 창문이 하나 있고 거기에만은 블라인드가 내려져 있지 않았지만, 사람이 살고 있지 않는 공허감은 마찬가지였다. 아무튼 집 안에 등불이 켜져 있는 것은 본 적이 없었다.
 내가 어쩌다 그 집 앞을 지나가는 평범한 사람이었더라면, 아마도 그 집엔 자식도 뭣도 아무것도 없는 사람이 죽은 채로 누워 있을 것이라고 생각했을 것이다. 만약 내가 운 좋게도 이 집에 대해 아무것도 모른다면, 언제까지나 조금도 달라지지 않는 집을 보고 여러 가지 억측을 하며 재미있는 공상을 했을 것이다.
 그러나 사실 나는 되도록 생각하지 않기로 했다. 그러나 내 마음은 몸처럼 그냥 지나치지 못하고, 늘 온갖 회상이 구름처럼 뭉게뭉게 솟아올랐다. 그날 저녁에도, 어린 시절의 추억과 그 뒤의 온갖 공상, 걷잡을 수 없는 환상 같은 희망,

스스로도 확실히 인식하지 못했던 많은 실의, 나 같은 사고를 하는 이가 빠지기 쉬운 경험과 공상의 혼동이 한꺼번에 어우러져서 평소보다도 더 깊은 회상에 잠겨 있었다. 나는 걸어가면서 공상에 사로잡혀 잠겨 있었는데, 그때 갑자기 옆에서 누가 부르는 바람에 깜짝 놀랐다.

여자 목소리였다. 언제나 푸른 리본을 모자에 달고 있던 스티어포스 부인의 하녀라는 것을 이내 알았다. 그러나 지금은, 달라진 그 집 분위기에 맞게 수수한 갈색 나비 리본 몇 개로 바꿔 달고 있어 조금은 음산해 보였다.

"도련님, 죄송합니다만, 들어오셔서 미스 다틀과 얘기를 좀 나누시지 않겠어요?"

"미스 다틀이 나를 불러오라고 당신을 보냈소?" 나는 그녀에게 물었다.

"오늘 밤은 그렇지 않습니다만, 그러신 거나 마찬가지예요. 어제인가 그제 밤에 도련님이 지나시는 것을 미스 다틀이 보고, 계단에 앉아 일을 하고 있다가 도련님께서 또 지나가시는 것을 보거든, 들어오셔서 얘기나 하고 가시도록 부탁드리라고 말씀하셨습니다."

나는 하는 수 없이 돌아서서 하녀와 함께 걸어가면서 스티어포스 부인의 안부를 물었다. 그녀는 부인이 아파서 늘 방에서만 지낸다고 했다.

집에 도착하자 하녀는 나를 뜰에 있는 미스 다틀에게로 안내하고는 인사는 직접 하라고 하고는 가버렸다. 미스 다틀은 시가지가 내려다보이는 테라스 한쪽 끝에 의자를 놓고 앉아 있었다. 그날은 하늘에 으스스한 빛이 감도는 음침한 밤이었다. 멀리 여기저기서 큰 건물들이 음산한 빛을 번쩍거리면서 나타나는 음울한 풍경을 보자, 나는 이 하늘 모양이야말로 이 심보 고약한 여성에게 딱 어울리는 배경이라고 생각했다.

그녀는 나를 보더니 자리에서 일어나 맞아주었다. 그녀는 지난번에 보았을 때보다도 더 창백하고 여위어 보였다. 번쩍이던 눈은 더욱 빛났고, 흉터도 더욱 뚜렷했다.

우리의 만남은 정다운 것이 못 되었다. 지난번에도 마지막에는 화를 내고 헤어졌으므로, 그녀에게는 상대를 얕잡아 보는 태도가 있었지만 그것을 애써 감추려 하지도 않았다.

"내게 뭔가 할 얘기가 있으시다고요, 미스 다틀." 그녀가 몸짓으로 의자를 권하는 것을 무시하고, 나는 의자 등받이에 한 손을 얹고 서서 말했다.

"그 아가씨는 찾았습니까?"

"아니오."

"그 애는 달아났어요!"

그녀의 얇은 입술이 더욱 험악한 말로 비난하고 싶은 마음을 감추느라고 몰래 움직이는 것을 보았다.

"달아났다고요?"

"네! 제임스한테서 말이에요." 그녀는 큰 소리로 웃으며 말했다. "아직 찾지 못했다면 앞으로 영원히 찾지 못할지도 모르죠. 어쩌면 이미 죽었을 수도 있어요!"

그녀는 우쭐거리며 내 시선을 되받아쳤다. 그 냉혹한 눈빛은 이제까지 한 번도 본 적이 없을 정도였다.

"그녀가 차라리 죽기를 바라는 것은," 나는 말했다. "그녀와 같은 여성으로서 에밀리에게 베풀 수 있는 가장 친절한 소원일지도 모르죠. 미스 다틀, 당신도 나이 탓인지 많이 부드러워졌군요."

그녀는 아무런 대꾸도 하지 않았지만 여전히 거만하게 몸을 돌리면서 멸시하는 웃음을 띠고 말했다.

"그 잘난 상처투성이 젊은 아가씨의 친구들은 모두 당신의 친구들이지요. 그리고 당신이 그들을 대표하는 투사이고요. 그 아가씨에 대해서 내가 알고 있는 사실을 듣고 싶어요?"

"듣고 싶습니다." 나는 대답했다.

그녀는 엷은 미소를 띠며 일어서더니, 잔디밭과 채소밭의 경계선을 이루고 있는 사철나무 울타리 쪽으로 몇 걸음 걸어가서 마치 불결한 짐승이라도 부르는 것처럼 "이봐요, 이리 와요" 하고 소리쳤다.

"여기서는 노골적인 변호나 복수 같은 것은 삼가주시겠지요, 코퍼필드 씨?" 표정 하나 바꾸지 않고 어깨 너머로 나를 돌아보며 미스 다틀은 말했다.

그녀의 말이 무슨 뜻인지 몰랐지만 나는 고개를 끄덕였다. 그러자 그녀는 또다시 "이리 와요" 하고 말하며, 그 신사처럼 거들먹거리는 집사 리티머를 데리고 왔다. 리티머는 여전히 거만한 얼굴로 내게 인사를 하고 그녀의 뒤에 가서 섰다. 미스 다틀은 심술궂고 의기양양한 태도—그러면서도 어쩐지 가냘프고 남의 이

목을 끄는 부분이 있어서 재미있다—로 우리 사이에 천천히 기대어 앉아 내 얼굴을 물끄러미 보았다. 그 모습은 마치 이야기 속에 나오는 잔인한 악녀와 똑같았다.

그녀는 리티머를 바라보지도 않은 채, "그 여자가 달아난 얘기를 코퍼필드 씨에게 해줘요"라고 명령하며 실룩거리는 그 오래된 흉터를 어루만졌다. 아마도 아픔을 느끼기보다는 기쁜 마음이 앞서서 그랬을 것이다.

"제임스 씨와 내가 말입니다, 미스 다틀."

"나한테 말구요!" 그녀는 얼굴을 찌푸리며 말을 막았다.

"제임스 씨와 내가 말입니다, 도련님."

"내게도 하지 말아요." 나는 말했다.

그러나 그 정도로 흔들릴 리티머가 아니다. 우리에게 즐거운 것은 무엇이든 자기에게도 즐겁다고 말하는 것처럼 가볍게 인사를 한 번 하고, 말을 이었다.

"그 아가씨가 제임스 씨의 보호 아래 야머스를 떠난 뒤로, 저는 그들과 함께 외국에 가 있었습니다. 저희는 프랑스, 스위스, 이탈리아 등 대부분의 나라를 돌았습니다."

그는 의자 등받이를 향해 이야기하는 것처럼 그것을 가만히 바라보며, 울리지 않는 피아노를 치는 것처럼 두 손으로 살짝살짝 두드렸다.

"제임스 씨는 그 아가씨를 무척 좋아했으며 제가 그분을 돌본 뒤로 처음 보았을 정도로 오랫동안 안정되어 있었습니다. 게다가 그 아가씨는 머리가 좋아서 이내 여러 나라 말을 곧잘 해서 시골사람이라고는 도저히 여겨지지 않을 정도였습니다. 저는 가는 곳마다 그 아가씨가 칭찬받는 것을 보았습니다."

미스 다틀은 한 손으로 옆구리를 짚었다. 나는 리티머가 그녀를 힐끗 보며 싱긋이 웃는 것을 보았다.

"옷맵시는 물론, 건강한 혈색과 그녀의 인품은 어디서나 사람들의 감탄을 자아냈습니다."

그는 잠시 말을 멈추었다. 미스 다틀은 먼 야경을 보고 있었으나, 움찔거리는 입술을 감추기 위해 아랫입술을 꽉 물고 있었다.

리티머는 등받이에서 손을 떼어 두 손을 마주잡고, 이번에는 한쪽 다리로 서서 점잔을 부리며 머리를 약간 앞으로 내밀어 옆으로 기울이고는 다시 말을 이었다.

"한동안 이런 식으로 지냈으나, 이따금 아가씨는 매우 우울해하셨습니다. 너무 울적해하셔서, 저는 이 상태로는 제임스 씨가 견디지 못하실 거라고 생각했습니다. 아무튼 좋지 않은 공기가 피어올랐습니다. 그러자 제임스 씨는 또다시 불안해하시기 시작했고, 제임스 씨가 짜증을 내면 낼수록 아가씨도 점점 더 망가져 갔습니다. 그래서 저도 두 분 사이에 끼여서 정말 난처했었지요. 그래도 어떻게든 여기서 얽어 맞추고 저기서 보충하여 한때는 사이가 회복되었고, 생각보다는 오랫동안 잘 이어졌다고 알고 있습니다."

미스 다틀은 먼 야경을 바라보던 눈길을 다시 원래대로 거두고 변함없이 거만한 태도로 다시 나를 보았다. 리티머는 점잖게 기침을 한 번 하여 목을 가다듬고는 다시 말을 이었다.

"그러므로 전체적으로 말씀드리면, 많이 타이르기도 하고 나무라기도 한 끝에 제임스 씨가, 어느 날 아침 나폴리 근처의 별장에서(아가씨가 바다를 무척 좋아해서 빌린 것입니다) 느닷없이 떠나버리셨습니다. 겉으로는 하루나 이틀 뒤에 돌아오시겠다고 하셨지만, 실은 저에게 모두의 행복을 위해 자기가—그는 여기서 다시 한번 헛기침을 하였다—떠난다고 나중에 말해 달라는 부탁을 하면서 떠나셨지요. 저는 제임스 씨가 참으로 훌륭한 행동을 했다고 생각합니다. 아가씨가 다른 사람과 결혼해도 된다고 하셨으니 말입니다. 과거를 묻지 않고, 그 아가씨가 정상적으로는 더 바랄 수 없는 그런 훌륭한 상대를 찾으라고 말씀하셨습니다. 그녀의 연고자들은 아주 천한 사람들이었으니까요."

리티머는 마른 입술을 침으로 축였다. 나는 이 악당이 자신의 이야기를 하고 있다고 생각했다. 그러한 나의 확신은 미스 다틀의 얼굴에도 드러나 있었다.

"저는 제임스 씨의 어려운 사정을 구하고, 크게 걱정하고 계실 상냥하신 어머니와의 사이를 원래대로 되돌릴 수 있는 일이라면 어떤 것이든 마다할 생각이 없었으므로, 그 부탁을 기꺼이 받아들였습니다. 그런데 제가 제임스 씨의 출발을 이야기하자, 아가씨가 난폭해진 정도는 정말 꿈도 꾸지 못할 정도였습니다. 말이 통하지 않을 정도로 아주 미쳐버려서 힘으로 막을 수밖에 없었습니다. 그러지 않았다면 나이프를 쥐거나 바다로 가기 전에 대리석 바닥에 머리를 박을 기세였으니까요."

미스 다틀은 의자 등받이에 기대면서, 그의 목소리를 즐기는 것처럼 득의양양한 표정을 지었다.

"그런데 그 부탁을 반 정도 전했을 때," 리티머는 안절부절못하고 두 손을 비비면서 말했다. "이것은 누가 보더라도 사려 깊은 호의일 텐데, 오히려 그 아가씨는 본성을 그대로 드러냈습니다. 저는 그렇게 난폭한 여자는 처음 보았습니다. 정말 놀라웠어요. 감사는커녕 참을성도 분별도 전혀 없이, 이른바 목석과 다를 바 없었습니다. 만약 제가 넋을 놓고 있었더라면 분명 큰 상처를 입었을 것입니다."

"거기에 대해서는 에밀리가 아주 잘했다고 생각합니다." 나는 몹시 화가 나서 말했다.

"저런, 그렇습니까? 당신은 아직 젊군요!"

리티머는 가볍게 고개를 숙이더니 다시 말을 이었다.

"결국 저는 그녀 자신이나 다른 사람을 해칠 수 있는 물건은 모두 치우고, 그녀를 가둬 둘 필요가 있었습니다. 그렇게 했는데도 그녀는 밤에 몰래 빠져나가 버렸습니다. 제가 직접 못을 쳐둔 창을 열고, 아래로 늘어진 포도덩굴을 타고 내려갔습니다. 그 뒤로는 제가 아는 바로는 아무도 그녀를 보지도 못했고 소식도 듣지 못했습니다."

"아마, 죽은 게지. 확실해." 미스 다틀이 미소를 지으며 말했다. 마치 가련한 처녀의 시체를 발로 걷어찰 듯한 기세였다.

"아무래도 그런 것 같습니다. 바다에 몸을 던졌는지도 모르고요. 그렇지 않으면 뱃사공이나 그 처자들에게 구출되었는지도 모르고요. 그 여자는 천한 사람들을 좋아해서 바닷가에서 그런 사람들에게 말을 걸기도 하고 또 그들의 뱃전에 하염없이 앉아 있곤 하였으니까요. 제임스 씨가 안 계실 때는 온종일 그러고 있었습니다. 한번은 아이들에게 자기는 원래 뱃사람의 딸이라, 옛날에는 고향에서 너희와 똑같이 곧잘 바닷가를 거닐었다고 말해서, 제임스 씨를 화나게 한 적도 있습니다." 리티머가 말했다.

아, 에밀리! 박복한 에밀리! 먼 이국 바닷가에서, 한때는 자신도 그랬던 순진한 아이들 틈에 끼여, 만일 그녀가 가난한 사내의 아내였다면 틀림없이 어머니라고 불리었을 귀여운 아이들의 목소리에 귀를 기울이고, 또한 영원히 '이제는, 더 이상!' 하고 말하며 부서지는 파도 소리에 귀를 기울이고 있는 그 아름다운 모습이 눈앞에 한 폭의 그림처럼 떠올랐다!

"더 이상 손을 쓸 수 없게 되자, 미스 다틀—"

"내게 말하지 말라고 아까도 말했잖아요?" 그녀는 경멸조로 엄격하게 말했다.

"그러나 당신께서 저를 부르셨기에. 실례했습니다. 그러나 저는 분부받은 대로 따르는 것이 의무라서요."

"그럼 그 의무대로 하세요. 얼른 말하고 가 버려요!"

그는 한없이 점잔을 빼면서 공손하게 인사를 한 번 하고 말했다.

"그 여자를 찾을 수 없다는 것이 분명해지자, 저는 편지를 드리기로 약속이 되어 있던 곳으로 제임스 씨를 찾아가서 모든 사정을 알려 드렸습니다. 그 바람에 저희 사이에는 언쟁이 벌어졌습니다. 저는 일을 그만두는 것이 당연하다고 느꼈습니다. 제임스 씨의 일은 저도 참을 수 있고, 실제로 많이 참아왔습니다만, 그분은 저를 지나치게 모욕하고, 제 마음에 상처를 입혔습니다. 그분과 어머니 사이의 불화와 어머니의 근심이 어떠하다는 것을 잘 알고 있었으므로, 저는 제 마음대로 영국으로 돌아왔습니다."

"그리고 내게서 받아야 할 돈도 있었으니까요." 미스 다틀이 나를 보고 덧붙였다.

"그렇습니다. 아무튼 이걸로 제가 알고 있는 내용은 모조리 말씀드렸습니다." 그는 잠시 생각하다가 덧붙였다. "더 이상은 드릴 말씀이 없습니다. 그리고 저는 지금 실직 상태인지라, 언젠가는 좋은 일자리를 찾을 생각입니다."

미스 다틀은 내가 물어보고 싶은 것이라도 있는지 하는 눈으로 내게 묻기라도 하듯 나를 흘낏했다. 내 머리에 문득 떠오르는 것이 있어서 나는 말했다.

"이—자에게 묻고 싶은 게 있습니다. 집에서 그 아가씨에게 보낸 편지를 중간에서 가로챘는지, 아니면 그 아가씨가 편지를 받았는지를 말입니다." 나는 고운 말을 쓸 수 없었다.

그는 오른손 손가락을 왼손 손가락에 단정하게 끼운 채 조용히 땅을 바라보고 있었다.

미스 다틀은 멸시하듯 그 사람 쪽으로 고개를 돌렸다.

"용서해 주십시오, 미스." 그는 멍하니 있다가 말했다. "제가 비록 하인일망정 저에게도 견해가 있습니다. 코퍼필드 씨가 미스 다틀과 같을 수는 없습니다. 만약 코퍼필드 씨가 저한테 묻고 싶은 것이 있으시다면, 직접 제게 물어주셔도 괜찮다는 것을 코퍼필드 씨에게 말씀드리는 바입니다. 제게도 지켜야 할 인격이 있으니까요.”

나는 마음에 걸리는 것이 있었으나 이내 그에게 눈길을 돌려 말했다. “내 질문은 들었지요? 그것은 당신을 보고 한 말이라고 생각해도 좋소. 그래 어떤 대답을 하겠소?”

“도련님, 제 대답은 경우에 따라 다를 수밖에 없습니다. 그 이유를 말하자면, 제임스 씨의 믿음을 배신하고 그 비밀을 그분 어머님께 털어놓는 것과 도련님께 털어놓는 것은 다르니까요. 그 아가씨는 편지를 받을 때마다 더욱더 우울해졌습니다. 그렇다면 저로서는 제임스 씨가 더욱 불쾌해질 것이 뻔한 편지를 받도록 권할 수는 없었습니다. 이 이상은 더 말할 수 없습니다.”

“더 묻고 싶은 것은 없나요?” 미스 다틀이 나에게 물었다.

나는 더 이상 없다고 대답했으나 그자가 떠나려는 것을 보고 재빨리 덧붙였다. “이로써 나는 이 지독한 이야기들 가운데서 이 사람이 어떤 역할을 했는가를 알았고, 이 이야기는 에밀리를 위해 어릴 때부터 아버지 노릇을 대신 해온 페거티 씨에게도 해 줄 생각입니다만, 아무튼 이 사람이 다시는 주제넘게 나서지 않기를 권할 따름입니다.”

그런데 그는 내가 말을 꺼낼 때부터 가만히 서서 예의 느긋한 태도로 듣고 있다가 말했다.

“고맙습니다, 도련님. 그러나 제가 한 말씀 드리자면, 이 나라에는 더 이상 노예도 노예감독도 없습니다. 그러므로 개인이 법을 멋대로 휘두르는 것은 허용되지 않습니다. 만약에 그런 짓을 한다면, 다른 사람보다도 자신에게 더 위험하지요. 따라서 저는 어디든지 제가 가고 싶은 곳에 거리낌 없이 갈 수 있습니다.”

그렇게 말하며 그는 공손히 절을 하고 왔던 길을 돌아 나가버렸다. 미스 다틀과 나는 한동안 아무 말 없이 서로를 바라보고 있었다. 그녀의 태도는 그자를 데려왔을 때와 똑같았다.

미스 다틀은 슬그머니 입술을 삐죽거리면서 말했다. “리티머는 이런 말도 했어요. 제임스는 지금 스페인에서 배로 여행을 하고 있는데, 그것이 끝나면 또다시 어딘가에서 싫증이 날 때까지 자기의 항해 취미를 만끽할 생각이라는군요. 하지만 당신은 그런 소식에는 관심이 없겠죠. 그리고 어머니와 아들 모두 자존심만 높아서 이번 일로 두 사람 사이는 전보다도 더 넓은 간격이 생겼고, 그것이 좁아질 가망은 거의 없습니다. 두 사람 다 성격이 똑 닮아서, 시간이 흐를수록 고집을 부리며 융통성을 잃어가고 있어요. 물론 이런 이야기도 당신은 흥미가 없겠지요. 하지만 이 점을 말해두지 않으면 제가 이제부터 하려는 말을 시작할 수 없기 때문에 말씀드립니다. 당신께서 천사라고 생각하고 계시는 그 악마 같은 계집은 당연히 제임스가 바닷가에서 주워 온 그 계집 말입니다." 그녀는 새카만 눈으로 나를 바라보며 격렬하게 손가락을 세웠다. "저는 그 여자가 살아 있다고 생각해요—천한 것들은 쉽게 죽지 않으니까요. 만약 그 여자가 살아 있다면, 당신께서는 값진 진주처럼 찾아내어 잘 돌봐주려고 하실 것입니다. 저희도 그러길 원하고 있어요. 다시는 제임스가 그 계집의 미끼가 되지 않게 하기 위해서 말입니다. 여기까지는 우리 두 사람의 이해가 일치하지요. 그래서 저는 당신이 와서 아까의 이야기를 듣기를 바랐던 거예요. 마음 같아선, 그런 악질적인 계집은 아무리 힘한 꼴을 당해도 모자라지만 말이에요."

그때 그녀의 안색이 변하는 것을 보고 나는 내 뒤에 누군가가 오고 있다는 것을 알았다. 스티어포스 부인이었다. 부인은 전보다 더욱 쌀쌀하고 거만한 태도로 내게 손을 내밀었으나, 그래도 아들에 대한 나의 옛정만큼은 되새기고 있다는 것을 알고, 나도 감동했다. 부인은 변해 있었다. 당당한 풍채는 쪼그라들었고 아름답던 얼굴에는 주름살이 크고 깊게 잡혔고, 머리는 거의 백발이 되어 있었다. 그러나 의자에 앉으니 여전히 변함없는 미인이었다. 그리고 자존심 센 아름다운 눈도, 옛날 학교에서 꿈에까지 나왔던 빛나는 눈동자와 조금도 달라지지 않았다.

"코퍼필드 씨에게 모든 것을 알려 주었나요, 로사?"

"네."

"리티머의 이야기도 직접 들었고?"

"네, 그래요. 마님께서 그것을 원하시는 이유도 말해주었어요."

"정말 기특하구먼. 나는 자네의 옛 친구 제임스에게서 이따금씩 편지가 오지." 부인은 나를 보며 말했다. "그러나 그 편지로도 부모에 대한 의무라든가 은혜를 되새기는 것 같지 않았어. 그래서 이번에 부른 것에 로사가 얘기한 그 이상의 목적은 없지. 언젠가 자네가 데려왔던 그 점잖은 사람의 마음을(나는 그분에 대해서 미안하게 생각하고 있어—하지만 그런 식으로 말할 수밖에 없지) 안심시키고, 내 아들이 다시는 그 독사 같은 계집의 흉계에 빠지지 않도록 할 수 있다면 더없이 좋을 걸세!"

부인은 몸을 바로 세우고 똑바로 멀리 앞을 바라보았다.

"부인," 하고 나도 정중히 말했다. "지금 말씀하신 그 목적에 대해서 절대로 왜곡된 해석을 할 우려는 없다는 것을 확인합니다. 그러나 이것만은 부인께도 분명히 말씀드려야 하겠습니다. 저는 그 딱한 집안을 잘 알고 있습니다만, 사실 연달아 호된 곤혹과 기만을 당한 쪽은 바로 불쌍한 그 아가씨 쪽입니다. 그 아가씨가 댁의 아드님의 손에서 한 잔의 물을 받는 것보다는 차라리 백 번이라도 죽는 것이 낫다고 생각하신다면, 그것은 엄청나게 잘못된 생각이라고 말씀드리지 않을 수 없습니다."

"괜찮아, 로사." 그녀가 말참견을 하려 들자 부인이 가로막았다. "괜찮으니까 가만히 있어. 자넨 결혼했다고 들었는데?"

나는 얼마 전에 결혼했다고 대답했다.

"그래, 행복한가? 나는 집 안에만 있어서 듣는 것이 거의 없지만, 그래도 자네가 점점 유명해져가고 있다는 것은 알고 있네."

"운이 좋아, 이름이 좀 나게 되었습니다."

"어머님이 안 계시지?"

"네."

"거 참 안됐군. 계셨더라면 아드님을 자랑스럽게 여기셨을 텐데. 잘 가요."

부인은 위엄 있는 태도로 손을 내밀었다. 그 손은 가슴속까지 싸늘해질 정도로 차가웠다. 부인의 우월감은 손의 맥박까지도 가라앉히고, 그 얼굴에 베일을 드리울 수도 있을 것 같았다. 그리고 그 베일 너머로 부인은 여전히 먼 곳을 내다보며 앉아 있었다.

나는 테라스에서 나와 그 두 사람 곁을 떠났다. 문득 보니 두 사람은 먼 곳을 뚫어지게 바라보고 있었고, 이윽고 땅거미가 지기 시작했다. 여기저기 켜진 초저녁 등불이 멀리 시내에서 깜빡이는 것이 보였고, 동쪽 하늘에는 아직도 빛이 떠돌고 있었다. 그러나 그 사이에 펼쳐진 저지대에서는 안개가 마치 바닷물처럼 밀려 올라와, 그것이 땅거미와 뒤섞여 철썩거리며 밀려오는 홍수처럼 두 사람의 모습을 삼키려 하고 있었다. 이 경치와, 그 경치에 일종의 두려움을 느끼며 바라보았던 것을 나는 지금도 또렷하게 기억한다. 왜냐하면 내가 그다음 두 사람의 모습을 돌아보았을 때에는 폭풍 같은 안개의 바다가 그녀들의 발밑까지 차올라 있었기 때문이다.

나는 이 이야기를 페거티 씨에게 전하는 것이 옳다고 생각했다. 다음 날 밤 나는 그를 찾아 런던으로 갔다. 그는 조카딸을 되찾겠다는 일념으로, 여기저기를 떠돌았지만 다른 어느 곳보다 런던에 가장 오래 머물러 있었다. 한밤중에 혼자 거리를 떠도는 그의 모습을 곧잘 볼 수 있었다. 그런 늦은 시각에 밖에서 돌아다니는 여자는 별로 없지만, 설마 하면서도 그 속에서 에밀리의 모습을 찾고 있는 것이었다.

그는 헝거포드 시장에 있는 작은 양초상 2층에서 하숙하고 있었다. 전에도 몇 번 언급한 적이 있는데, 그는 바로 이 집에서 처음으로 자기의 자비로운 사명을 시작했던 것이다. 나는 그곳으로 향했다. 그를 찾아왔다고 말하자, 그 집 사람이, 그가 아직 외출을 하지 않았으니 2층으로 올라가면 만날 수 있을 것이라고 알려 주었다.

그는 화분 몇 개가 놓여 있는 창가에 앉아 책을 읽고 있었다. 방은 아주 깨끗하게 정돈되어 있었다. 언제든지 그녀를 맞이할 수 있도록 준비해 두고 있으며, 외출할 때마다 오늘이야말로 데리고 돌아오겠다고 다짐하고 나선다는 것을 한눈에 알 수 있었다. 그는 내가 문을 두드리는 소리를 듣지 못하고, 안으로 들어가서 그의 어깨에 손을 얹었을 때에야 비로소 눈을 들었다.

"데이비 도련님! 와 주셔서 정말 고맙습니다! 앉으십시오!"

"페거티 씨, 아주 기대할 만한 내용은 아니지만, 내가 소식을 좀 들었어요." 나는 그가 내민 의자에 손을 대면서 말했다.

"에밀리의 소식입니까?"

그는 안절부절못하는 태도로 한 손을 입에 갖다 대고, 창백한 얼굴로 내 눈을 바라보았다.

"에밀리가 어디에 있는지는 모르지만, 아무튼 그 사나이와 함께 있진 않아요."

그는 다시 앉아서 뚫어지게 나를 바라보았다. 그리고 바위처럼 내 이야기를 묵묵히 들었다. 그러다가 점점 내 얼굴에서 시선을 떼어 고개를 숙이고 한 손으로 이마를 괴면서 듣고 있었다. 지금도 뚜렷하게 기억하는데, 괴로움을 참는 그 심각한 얼굴에는 어떤 위엄과 아름다움마저 어려 있었다. 내가 이야기하는 동안, 그는 아무 말도 하지 않고 끝까지 가만히 있었다. 그동안에도 에밀리의 모습만 쫓고 있는 것 같았으며, 다른 것은 아무것도 아니라는 듯이 그저 흘려듣고 있는 것 같았다.

내 이야기가 끝나도, 그는 여전히 말없이 얼굴을 감싸고 있었다. 나는 창밖을 바라보고, 화분을 보면서 기다렸다.

"도련님은 어떻게 생각하십니까?" 마침내 그가 입을 열었다.

"에밀리는 살아 있다고 생각해요." 나는 대답했다.

"저는 모르겠습니다. 첫 충격 치고는 너무 컸고, 그 애의 마음도 거칠어져서—! 그 애가 늘 말하던 푸른 바다가 그 애의 무덤이 되기로 되어 있었으므로, 옛날부터 그런 말을 해왔던 게 아닐까요?"

그는 생각에 잠겨 낮고 겁먹은 목소리로 말하더니 방 안을 가로질러 걸었다.

"그런데도," 그는 말을 덧붙였다. "데이비 도련님, 저는 그 애가 살아 있다고 믿어 왔습니다—자나깨나 그 점만은 의심치 않았습니다—저는 그 확신에 이끌려 왔으며 그 확신에 기대어 버텨온 것입니다—그러므로 저는 그것이 거짓이었다고는 생각지 않습니다. 에밀리는 살아 있습니다!"

그는 탁자 위에 한 손을 힘차게 올려놓고, 햇볕에 그을린 얼굴에 단호한 자신감을 나타냈다.

"에밀리는 살아 있습니다, 도련님!" 그는 단호히 말했다. "어디서 어떻게 들었는지는 모르지만, 살아 있다는 얘기는 저도 직접 들었습니다!"

그는 영감이라도 받은 사람처럼 보였다. 직접 그가 내 이야기에 주의를 집중할 수 있을 때까지 잠깐 기다렸다가, 어젯밤 문득 생각났던 주의점 몇 가지를 설명했다.

"페거티 씨—"

"정말 고맙습니다, 도련님." 그는 두 손으로 내 손을 꽉 쥐며 말했다.

"에밀리가 런던에 돌아와 있다면, 아무래도 그럴 것 같아요—왜냐하면 이 넓은 도시만큼 쉽게 몸을 숨길 수 있는 곳이 없고, 또 집으로 돌아가지 않을 생각이라면, 몸을 숨기는 것 말고는 다른 방도가 없지 않겠어요?"

"집에는 오지 않을 겁니다. 자진해서 집을 나갔다면 돌아올지도 모르지만, 사정이 그러하니 돌아오지 않을 겁니다, 도련님." 그는 서글프게 고개를 저으며 말했다.

"그러니까 만약 에밀리가 런던에 있다면, 그 누구보다도 잘 찾아낼 수 있을 것 같은 사람이 한 사람 있어요. 기억합니까? 꾹 참고 내 말을 들어봐요. 당신의 큰 목적을 생각해서 말이에요. 마사를 기억하고 있나요?"

"우리 마을의 마사 말이죠?"

대답은 필요 없었다. 그의 표정만으로도 충분했다.

"그녀가 런던에 있다는 것을 알고 있어요?"

"거리에서 본 적이 있습니다." 그는 몸을 떨면서 말했다.

"당신은 모르겠지만, 마사가 고향을 떠나기 전에 햄을 통해서 에밀리가 그녀에게 은혜를 베풀어준 일이 있어요. 그리고 어느 날 밤 우리가 길 건너 저쪽 집에서 함께 이야기를 했을 때 마사가 문 밖에서 엿듣고 있었어요."

"데이비 도련님!" 그는 깜짝 놀라서 물었다. "눈이 많이 내리던 그날 밤 말입니까?"

"맞아요. 그 뒤로는 한 번도 본 적이 없어요. 그날 밤 나는 당신과 헤어진 뒤 그 여자와 얘기하려고 다시 돌아왔으나 이미 가버리고 없었어요. 그 무렵에는 그 여자 얘기를 당신한테 하고 싶지 않았고 지금도 그래요. 그러나 내가 얘기하는 것은 바로 그 마사이며, 우리는 그 여자와 연락을 해야 한다고 생각해요. 아시겠어요?"

"잘 알았습니다, 도련님." 그는 대답했다. 우리 두 사람은 느닷없이 속삭이다시피 목소리를 낮추어 말을 이었다.

"그 여자를 봤다고 했지요? 찾을 것 같아요? 나는 우연히 마주치지 않고는 찾을 수 없다고 생각하는데."

"도련님, 어디를 찾아봐야 되는지 알아요."

"그럼 많이 어두워졌으니 이 길로 함께 나가서 마사를 찾아보지 않겠습니까? 오늘 밤 안에 찾아봅시다."

그는 내 말에 동의하고 나갈 준비를 했다. 아주 꼼꼼하게 방 안을 정돈하고 양초를 준비해서 불을 켤 수 있게 해놓더니 침대를 정돈하고 마지막으로 장롱에서 다른 옷들과 함께 단정하게 정돈된 에밀리의 옷 한 벌(에밀리가 입었던 것을 본 기억이 난다)과 모자를 꺼내 의자 위에 놓았다. 그 옷에 관해서 그는 아무 말도 하지 않았고, 나도 묻지 않았다. 하지만 오랫동안 주인을 기다리며 잠들어 있던 것이 틀림없다.

"도련님, 옛날에는 말이죠," 그는 계단을 내려가면서 말했다. "저는 마사를 에밀리의 신발 밑의 때만큼도 못하게 생각했어요. 그런데 지금은 생각이 바뀌었어요!"

걸어가면서 나는 한편으로는 그와 대화를 유지하기 위해서, 또 한편으로는 내 궁금증을 풀기 위해서 햄은 어떻게 지내느냐고 물어보았다. 그는 예전과 토씨까지 거의 똑같은 말로, 여전히 "위험을 무릅쓰고 목숨을 걸고 있지만, 절대로 불평을 하는 일이 없이 모든 사람의 사랑을 받고 있답니다"라고 말했다.

나는 그 불행의 원인에 대해서 햄이 어떻게 생각하느냐고, 그에게 물었다. 그의 상태가 위험한 것은 아닌가, 만일 스티어포스와 마주치기라도 한다면 햄이 어떻게 할 것 같은가를 물어보았다.

"저는 모르겠습니다, 도련님." 그는 대답했다. "저도 자주 그 일을 생각해 보았습니다만 저로서는 전혀 알 수 없습니다."

그래서 나는 에밀리가 집을 나간 아침에 우리 세 사람이 바닷가에 나갔던 얘기를 꺼냈다. "생각나지 않으세요? 사나운 눈으로 바다를 바라보며 햄이 '바다의 끝' 운운하던 것 말입니다."

"기억하고말고요!" 그는 말했다.

"그가 무슨 뜻으로 그런 말을 했다고 생각하세요?"

"데이비 도련님, 그것은 저도 여러 번 생각해 보았습니다만 답을 찾지 못했습니다. 그리고 한 가지 이상한 일이 있습니다—햄이 아주 쾌활한 듯이 지내는 만큼, 저도 대화를 그쪽으로 이끌고 가고 싶지 않은 것입니다. 그 애는 남의 신경을 거스르는 말은 한마디도 한 적이 없고, 앞으로도 그럴 것입니다. 그 애의 생각은 결코 얕지 않고 아주 깊습니다. 도련님, 저는 그 깊은 속까지 볼 수가 없습니다."

"그래요. 그래서 가끔 걱정이 된답니다."

"저도 그래요, 데이비 도련님. 그 애가 목숨을 아끼지 않고 무모한 짓을 하는 것보다도 그쪽이 더 걱정입니다. 그 어느 쪽도 한 가지 원인에서 나온 서로 다른 반응이지만 말입니다. 그 애가 어떠한 상황에서도 난폭한 짓을 하리라고는 생각하지 않습니다만, 그래도 두 사람은 떼놓는 것이 좋다고 생각합니다."

우리는 템플 바를 지나서 런던 시내로 들어왔다. 그는 한마디 말도 없이 나와 나란히 걸었다. 그는 오로지 목적만을 좇아 말없이 모든 신체 기능과 신경을 한 곳으로 모아 걸어갔다. 그는 군중 속에 고립된 외로운 섬이었다. 우리가 블랙프라이어스 다리에서 멀지 않은 곳에 다다랐을 때, 그는 고개를 돌려 맞은편 거리를 종종걸음으로 걸어가고 있는 한 외로운 여자를 손가락으로 가리켰다. 바로 우리가 찾고 있는 사람이었다.

우리는 길을 가로질러 그녀 쪽으로 다가갔다. 그때 문득 내 머리에, 만약 군중들 틈에서 멀리 떨어져, 사람들 눈에 띄지 않는 조용한 곳에 가서 그녀에게 말을 건다면, 그녀가 에밀리에 대해서 한층 더 여자로서 깊은 동정을 느끼지 않을까 하는 생각이 떠올랐다. 그래서 페거티 씨에게도 그 점을 말하고, 여기서 말을 걸지 말고 그냥 뒤를 따라가자고 말했다. 게다가 나는 그녀가 어디로 가는지 알아야겠다는 막연한 생각도 있었다.

그도 내 말에 찬성했으므로 우리는 조금 떨어져서 뒤를 밟았다. 그녀를 놓치지 않으면서도, 그녀가 자주 사방을 둘러보았으므로 너무 가까이 가지 않도록 조심했다. 그녀가 한번은 악대의 연주를 들으려고 걸음을 멈추었다. 우리도 걸음을 멈추었다.

그녀는 계속 걸어갔다. 우리도 걸어갔다. 서두르는 태도로 보아, 정해진 목적지로 열심히 가고 있는 것이 분명했다. 이 점과, 그녀가 계속 번잡한 거리만을 골라서 지나는 점, 또 이렇게 누군가를 뒤따라간다는 야릇한 긴장 때문에 나는 최초의 목적을 계속 고집했다. 드디어 그녀는 소음도 군중도 사라진 한적하고 어두운 거리로 접어들었다. "이젠 이야기해도 좋아요"라고 내가 말했다. 우리는 발걸음을 재촉하여 그녀를 뒤쫓아갔다.

47장
마사

우리는 웨스트민스터에 와 있었다. 애당초 우리는 마주 오는 그녀를 발견하고 뒤를 쫓기 위해 되돌아온 것이었다. 웨스트민스터 사원이 있는 곳에서 그녀는 번화가의 불빛과 혼잡을 벗어나 골목으로 들어갔다. 다리를 오가는 행인들의 두 행렬에서 벗어나자 그녀는 갑자기 빠른 걸음으로 걸어갔다. 그녀가 길모퉁이를 돌 때 우리보다 훨씬 앞서 가고 있었으므로 우리는 밀뱅크[1] 쪽의 좁은 강기슭 길을 지나서야 겨우 그녀 뒤를 따라잡았다. 그 순간, 그녀는 등 뒤에서 들리는 발소리를 피하기라도 하려는 듯이, 길을 건너 뒤도 돌아보지 않고 더욱 빠른 걸음으로 걸었다.

어두운 벽문 옆에 하룻밤 주차를 위해 짐마차 몇 대가 자리잡고 있고, 문을 통해서 맞은편의 강이 보였다. 강이 나의 발길을 잡는 것 같았다. 나는 말없이 페거티 씨의 어깨를 잡고, 그녀를 따라 길을 건너지 못하게 했다. 우리는 맞은편에서 그녀를 뒤따라갔다. 되도록 집 그늘에 몸을 숨기면서 그녀와 일정한 거리를 유지했다.

그 낮은 집들을 지나자, 본디는 나루터의 오두막이었지만 지금은 낡고 허물어진 목조 건물이 한 채 있었다. (그 건물은 아직도 남아 있다) 건물의 위치는 그 거리가 끝나는 지점으로, 거기서 줄지은 집들과 강 사이로 길이 다시 시작되었다. 그녀는 거기에서 강물을 보자 목적지에 다다르기라도 한 것처럼 걸음을 멈추더니 이윽고 강물을 바라보면서 강기슭을 따라 천천히 걸어갔다.

여기까지 오는 동안 나는 그녀가 어떤 집으로 향하고 있다고 생각했다. 그리고 그 집은 에밀리와 어떤 관련이 있을지도 모른다는 막연한 희망을 품고 있었

---

[1] 템스강 왼쪽 지역.

다. 그러나 그 문을 지나 어두운 강물을 본 순간, 나는 여기가 그녀의 목적지라고 본능적으로 직감했다.

그 무렵 이 근처는 황량한 곳이어서 밤이 되면 런던 근처의 어느 곳보다도 처량하고 쓸쓸했다. 거대한 감옥이 이어져 있는 우울하고 황폐한 길가에는 부두도 집도 없었다. 느릿느릿 흐르는 도랑물이 감옥 담 밑에 진흙을 쌓고 있었다. 근처의 늪지대에는 억센 풀과 무성한 잡초들이 제멋대로 자라 있었다. 한쪽에는, 짓다 말고 내버려둔 음산한 집들의 잔해가 썩어가고 있었고, 또 한쪽에는 어느 투기꾼이 모아놓은 스팀 보일러, 차바퀴, 크랭크, 파이프, 용광로, 노, 닻, 잠수기, 풍차 날개와 무엇인지 알 수 없는 이상한 물건들이 녹슨 쇠붙이 괴물들로 변해서 먼지구덩이 속에서 우글거리고 있고, 비가 오는 날이면 스스로의 무게 때문에 흙 속에 가라앉은 탓에, 모습을 감추려다가 실패하고 진흙탕 위를 뒹구는 것처럼 보였다. 강가의 제철공장들이, 요란한 쇳소리와 시뻘겋게 타오르는 불꽃으로, 밤새도록 온갖 것들의 잠을 방해하고 있고, 그나마 평온해 보이는 것은 그 공장 굴뚝이 끊임없이 토해내는 묵직한 연기뿐이었다. 낡은 목재더미 사이를 뚫고 진흙투성이의 샛길과 둑길이 구불구불 이어져 있고, 둑길에는 기분 나쁜 무언가가 녹색 머리칼처럼 엉겨붙어 있었다. 익사자를 찾는 오래된 현상 광고 조각이 만조선 위에서 펄럭이고 있었는데, 그 끝은 축축한 진흙탕 위를 지나 썰물 경계선까지 이어져 있었다. 대역병(大疫病)[2]이 있었을 때, 죽은 자들을 묻기 위해서 판 구덩이들 가운데 하나가 이 근처에 있다는 소문이 있어, 그 독기가 이곳 전체를 뒤덮고 있는 것 같았다. 그렇지 않으면, 오염된 도랑물이 넘쳐흘러서 이러한 악몽 같은 상태로 변해버린 것처럼 보였다.

우리가 뒤를 밟아온 여자는 그녀 자신이 거기에서 튀어나온 오염의 일부라서 썩기를 기다리는 것처럼, 강가로 내려가 야경 속에 서서 강물을 바라보고 있었다.

진흙 속에 몇 척의 보트와 화물선이 끌어올려져 있었으므로, 우리는 그녀에게 들키지 않고 가까이까지 갈 수 있었다. 나는 페거티 씨에게 가만히 있으라는 신호를 하고 나서 그녀에게 말을 걸 작정으로 혼자 보트 그늘에서 나왔다. 그러

---

[2] 1665~6년의 유명한 런던의 대역병. 7만 명 이상의 사망자가 나왔다.

　나 쓸쓸히 서 있는 그녀에게 다가가자, 이 길을 걸어온 그녀가 이렇게 어둡고 축축한 강가에 걸음을 멈추고 동굴 같은 철교 그늘 속에서, 물결에 일그러져 비친 불빛을 바라보며 서 있는 모습이 내 가슴속에 공포를 불러일으켰다.
　그녀는 혼자서 중얼거리고 있었다. 멍하니 물을 바라보고 있었는데, 그때 그녀의 숄이 어깨에서 흘러내렸다. 그녀가 서둘러 두 손으로 그것을 붙잡은 것처럼 보였으나, 당황하고 망설이는 듯한 그 모습은 도저히 정상적인 사람으로는 보이지 않고, 마치 몽유병 환자 같았다. 그녀의 광적인 태도로 보아 그대로 몸을 던질 것처럼 보여서, 나는 불안한 마음에 그녀의 한쪽 팔을 덥석 잡았다. 그러면서 동시에 외쳤다. "마사!"
　그녀는 비명을 지르며 어찌나 힘차게 몸부림치는지 나 혼자 힘으로 해낼 수 있을까 의심스러울 지경이었다. 그때 나보다 더 힘센 손 하나가 그녀를 잡았다. 그녀가 겁에 질린 눈을 들어 그가 누구인가를 알아보고는 우리 두 사람 사이에 털썩 주저앉았다. 우리는 마른 돌이 있는 곳으로 그녀를 데리고 갔다. 그녀는 돌 위에 누워 신음을 내며 울었다. 얼마 뒤, 그녀는 처참하게 흐트러진 머리를 두 손으로 움켜쥐고 돌 위에 앉았다.
　"아, 이 강! 이 강!" 그녀가 격렬하게 소리쳤다.

"쉿, 진정해요!" 내가 말했다.

그러나 그녀는 여전히 같은 말만 되풀이하면서 소리쳤다.

"이 강은 저를 닮았어요! 이 강이야말로 제 집이에요! 저 같은 사람의 진정한 친구지요! 이 강도 조용한 시골에서 나왔어요. 거기서는 모든 것이 좋았는데—그것이 무시무시한 도시들을 거치는 사이에 더럽혀지고 불행해져서—이윽고 제 일생과 마찬가지로 저 거칠게 파도치는 바다로 흘러 가버리는 거예요—그러니 나도 함께 가야 해요!"

나는 그녀의 말을 듣고서야 비로소 절망이란 것이 어떤 것인지 이해했다.

"저는 이제 저 강에서 달아날 수 없어요. 잊을 수도 없어요. 밤낮으로 저 강이 제게 붙어다녀요. 제가 있을 곳은 온 세상을 통틀어서 저 강뿐이에요. 저와 어울리는 곳은 오직 저곳뿐이지요. 아, 무서운 강!"

페거티 씨가 말없이 꼼짝도 않고서 그녀를 바라보고 있을 때 비록 그의 조카딸이 어떻게 되었는지는 전혀 모르지만 나는 그의 얼굴에서 그가 그녀의 운명을 생각하고 있다고 깨달았다. 어떤 그림이나 현실에서도 나는 절망과 동정이 그토록 강렬하게 뒤섞여 있는 것을 본 적이 없었다. 그는 당장에라도 쓰러질 듯이 덜덜 떨고 있었다. 나는 그의 표정에 놀라서 그의 손을 만져 보았다. 시체처럼 차가웠다.

"흥분 상태에 있지만," 나는 페거티 씨에게 속삭였다. "조금 있으면 말할 수 있게 될 겁니다."

그는 내 말에 대답할 생각으로 입을 약간 우물우물하면서 한 손을 뻗쳐서 그녀를 가리켰다.

또다시 그녀는 울면서 우리 두 사람 앞에 엎드렸다. 그것은 굴욕과 파멸의 모습이었다. 이런 상태로는 얘기를 할 수 없었으므로, 나는 페거티 씨가 그녀를 일으켜 세우려는 것을 가로막았다. 우리는 잠자코 곁에서 기다렸다.

"마사." 나는 그녀의 마음이 가라앉자 허리를 굽혀 그녀를 일으키며 말했다. 그녀에게도 몸을 일으킬 의지는 있었다. 다만 또다시 달아날 생각이었지만 몸이 말을 듣지 않아 그대로 배에 기대고 말았다. "나와 함께 있는 이분이 누구인지 알아요?"

마사는 꺼져 들어가는 목소리로 "네"라고 대답했다.

"아까부터 우리가 계속 뒤따라온 것도 알고 있어요?"

마사는 고개를 저었다. 페거티 씨를 보는 것도 아니고 나를 보지도 않았다. 그저 기운 없이 서서 한 손으로 멍하니 모자와 숄을 잡고 또 다른 손으로는 주먹을 꽉 쥐고 이마를 힘껏 누르고 있었다.

"괜찮아요? 조금 마음이 가라앉았나요?" 나는 말했다. "마사가 그렇게도 관심을 갖고 있던 그 문제에 대해서 다시 한번 얘기해 주겠소?—아직 기억하고 있으면 좋겠는데—눈 내리던 밤 말이오."

마사는 또다시 흐느끼면서, 그날 밤 문턱에서 자기를 쫓아버리지 않았던 일에 대해 중얼거리면서 내게 감사했다.

"저에 대한 이야기는 더는 하지 않겠어요." 잠시 뒤 그녀는 말했다. "제가 나빠요. 타락했어요. 이제 아무 희망도 없어요. 그렇지만 저분께 말씀해 주세요." 그녀는 몸을 움츠리고 페거티 씨한테서 떨어지면서 말했다. "저분의 불행의 원인은 절대로 제가 아니었다는 것을. 저와 같은 닳고 닳은 여자를 위해서 그런 부탁을 들어주실 수 없다면 모르지만요."

"마사의 탓이라고 하지 않았어요." 그녀가 너무 진지해서 나도 힘주어 말했다.

"제가 잘못 생각한 것이 아니라면, 에밀리가 저를 동정해 주었던 그날 밤 부엌에 계셨던 것은 도련님이셨군요." 그녀는 띄엄띄엄 말했다. "저에게 상냥하게 대해주시고, 다른 사람들처럼 저를 피하시지도 않고, 친절하게 도와주신 분이 도련님이셨지요?"

"그래요."

"만약 제가 에밀리에게 나쁜 짓을 했다는 마음이 조금이라도 있었다면 저는 이미 오래전에 저 강에 몸을 던졌을 거예요." 그녀는 무시무시한 말을 하면서 강을 흘깃 바라보았다. "그 일에 조금이라고 관계가 있었다면, 겨울날의 단 하루도 살아갈 수 없었어요!"

"그녀의 가출 원인은 잘 알고 있어요." 나는 말했다. "마사 당신이 결백하다는 것을 우리는 전적으로 믿고 있어요."

"아아, 내가 좀 더 착한 사람이었더라면 에밀리를 위해서도 참 좋았을 텐데!" 그녀는 한탄하며 말했다. "에밀리는 언제나 제게 상냥했고, 즐겁고 옳은 말만 했어요. 저 자신을 잘 알고 있는 제가, 에밀리를 저와 같은 여자로 만들려고 했겠습니까? 제가 살아갈 가치를 모조리 잃었을 때, 가장 괴로웠던 것은 에밀리와 영원히 헤어지게 되었다는 것이었습니다!"

페거티 씨는 뱃전에 한 손을 짚고 눈을 감고 서 있다가, 다른 한 손을 들어 얼굴을 감쌌다.

"그 눈 내리던 밤 이전에 에밀리의 일을 마을 사람에게서 들었을 때," 마사는 큰 소리로 말했다. "무엇보다도 가슴 쓰렸던 것은, 사람들이 한때 에밀리가 저와 사귀던 일을 떠올리고, 제가 그녀를 타락시켰다고 생각하리라는 것이었습니다! 저는 에밀리의 명예를 회복시킬 수 있다면 죽어도 좋다는 것을 아무도 모르실 겁니다."

오랫동안 자제와는 거리가 멀었던 그녀인지라 그 뉘우침과 슬픔의 고통은 차마 눈 뜨고 보기 어려운 것이었다.

"하기야 죽었다 해도 아무 보탬이 되지 않았을 겁니다. 그렇다면 제가 어떻게 해야 좋겠습니까? 저는 살기로 했습니다! 그 비참한 거리에서 늙고 찌그러져서 사람들의 미움을 받으며 어둠 속을 헤맬 때까지 살고, 또 사는 것입니다! 그리고 문득 송장같이 늘어선 집들 위에 날이 밝는 것을 보고, 저 햇빛이 한때는 내 방 안에도 찾아와 내 잠을 깨우곤 했다고 서글프게 떠올리는 것입니다. 아아, 저는 그래도 좋으니 어떻게든 에밀리를 구하고 싶었습니다!"

돌 위에 털썩 주저앉은 그녀는, 두 손으로 그 돌을 갈아 없애기라도 하겠다는 듯이 꽉 움켜쥐었다. 그녀는 쉴 새 없이 몸을 비틀면서 두 팔을 곧게 펴고, 아련하게 남아 있는 빛까지 몰아내려는 것처럼 내 얼굴 앞에서 두 팔을 꼬았다. 견딜 수 없는 갖가지 회상으로 머리가 무거운 듯이 고개를 떨어뜨렸다.

"저는 앞으로 어떻게 해야 합니까?" 그녀는 절망에 몸부림치면서 말했다. "저 자신에게도 버림받고 저주받으며, 제가 아는 모든 사람에게는 살아 있는 치욕입니다. 천벌받을 지금의 제가 어떻게 살아갈 수 있겠습니까!" 별안간 그녀는 페거티 씨를 돌아보면서 "저를 밟아 죽여주세요! 그녀가 아저씨의 자랑이었던 시절에는, 제가 거리에서 그녀와 옷소매만 스쳐도 제가 에밀리에게 해로운 짓을 했다고 생각하셨습니다. 제가 하는 말은 한마디도 믿어주지 않으셨지요. 하긴, 그럴 만도 했지요. 그리고 지금도 제가 그녀와 한마디라도 주고받았다면, 아저씨에게는 말할 수 없는 치욕이 될 것입니다. 저도 인정해요. 에밀리와 제가 같은 사람이라고는 절대 생각하지 않아요. 다르죠, 아주 달라요. 그런데 이 말씀만은 꼭 드리고 싶어요. 저는 보시는 바와 같이 죄 많은 여자, 인간쓰레기 같은 하찮은 존재이지만, 진심으로 에밀리에게 감사하며, 아직도 그녀를 사랑하고 있습니다. 아, 제 처지가 이렇다고 해서 사랑하는 마음마저 없어졌다고는 생각하지 말아주세요! 다른 사람들처럼 저를 내동댕이치셔도 좋아요. 이렇게 타락했고, 제가 에밀리의 친구였다는 사실만으로 저를 죽이셔도 좋아요! 하지만 사랑의 샘까지 말라비틀어진 여자라고는 생각하지 말아주세요!"

마사가 정신없이 애원하고 있는 동안 페거티 씨는 조용히 그녀를 바라보다가 그녀가 말을 끝내자 부드럽게 안아 일으켰다.

"마사, 내가 널 심판하다니, 당치 않은 일이야! 다른 사람도 아닌 내가 그런 짓을 하다니! 애야! 네가 그렇게 생각하는 건, 그 뒤로 내가 완전히 변했다는 것을 네가 잘 모르기 때문이란다. 그리고!" 페거티 씨는 잠시 말을 멈추었다가 다시 이었다. "여기 계시는 이분과 내가 네게 할 말이 있다는 것을 너는 이해 못하고 있다. 우리가 앞으로 어떻게 하려는지도 너는 모르고 있다. 자, 일단 들어보려무나!"

이 말의 영향력은 대단했다. 마사는 그의 눈을 마주보는 것이 두렵다는 듯이 몸을 움츠리고 서 있었지만 격정적인 슬픔은 가라앉아 잠잠해졌다.

"눈이 펑펑 쏟아지던 그날 밤에, 데이비 도련님과 내가 했던 말을 들었다니, 너도 이미 알겠구나. 내가 에밀리를 찾으러—어디에 있는지도 모른 채—여행을 하고 있다는 것을 말이다. 아아, 사랑스러운 에밀리!" 그는 차분히 되풀이했다. "마사, 나는 그 애가 전보다도 더 사랑스럽단다."

마사는 두 손으로 얼굴을 가렸지만 울고불고하지는 않았다.

"에밀리한테서 네 얘기는 들었다. 어려서 부모님을 여의고, 뱃사람들이 곧잘 그러는 것처럼 부모 노릇을 해 줄 친지도 없었다지. 네게 그런 친지가 있었더라면, 너도 점점 그 친지를 좋아하게 되었을 것이며, 내 조카딸이 내게는 딸이나 마찬가지라는 것도 짐작할 수 있었을 게다."

마사가 말없이 몸을 떨고 있는 것을 보자, 그는 땅에 떨어진 그녀의 숄을 집어 조심스럽게 어깨에 걸쳐주었다.

"그래서, 만약에 그 애가 나와 다시 만나게 된다면 이 세상 끝까지 가버릴 수 있다는 생각도 든단다. 요컨대 그 애는 내 사랑을 의심할 생각도 없고 실제로 의심하고 있지도 않아—그래, 조금도 의심하지 않아."

페거티 씨는 자기가 한 말을 확인하듯이 차분히 곱씹었다. "부끄러운 일이 생겨서 우리 두 사람 사이를 떼어 놓았단다."

꾸밈없는 인상적인 태도로 심경을 털어놓는 그의 한마디 한마디 속에서, 나는 그가 이 문제를 얼마나 깊이 생각하고 수없이 많은 각도에서 바라보았다는 증거를 읽었다.

"우리의 짐작으로는," 페거티 씨는 말을 이었다. "여기 계시는 데이비 도련님과 나는 그 애가 언젠가는 가엾고 쓸쓸한 모습으로 런던으로 돌아올 것이라고 생각한단다. 그리고 우리—데이비 도련님과 나, 그리고 우리 모두가, 그 아이의 신상에 일어난 모든 일에 대해, 너는 아무런 책임이 없다는 것을 잘 알고 있단다. 그 애가 네게 상냥하고 친절하고, 예의바르게 대했다고 말했지? 그랬을 거야! 그 애는 누구에게나 그랬거든. 너는 지금도 감사하고 사랑하고 있다고 말했지? 그렇다면 우리가 그 애를 찾을 수 있도록 네 힘을 빌려다오. 제발 부탁한다!"

마사는 그의 말을 믿을 수 없다는 듯이 재빨리, 처음으로 그의 얼굴을 바라보았다.

"저 같은 여자를 믿으시겠어요?" 마사가 놀라서 목소리를 낮추고 조심스럽게 말했다.

"믿고말고!" 페거티 씨는 말했다.

"제가 에밀리를 발견하면, 그리고 제게 함께 숨어 있을 피신처가 있다면 그 애를 숨겨 두었다가 그 애 몰래 아저씨한테 와서 아저씨를 그곳으로 모셔가 달라는 말씀이시죠?" 마사는 급히 물었다.

우리 두 사람은 함께 "그래"라고 대답했다.

마사는 고개를 들고, 열성적으로 또 충실하게 온 힘을 다하겠다고 힘주어 다짐했다. 그리고 조금이라고 희망이 있는 동안은 결코 망설이지 않을 것이고, 정신을 다른 곳에 팔지 않겠으며, 포기하지 않겠다고 말했다. 만약 배신한다면, 지금 그녀가 악에서 벗어나고자 하는 목적이 그만큼 사라지고, 오늘 밤 이 강가에 서 있는 자신보다도 더욱 비참하고 구제할 길 없는 인간(그런 것이 있을 수 있다면)이 된다고 해도 어쩔 수 없다. 사람들의 동정과 신의 가호를 영원히 잃는다

해도 상관없다! 마사는 이렇게 말했다.

그녀는 숨소리 이상으로 목소리를 높이지 않았고, 또 우리를 향해서 말하는 것이 아니라 밤하늘을 향해 말하는 것이었다. 그러고는 조용히 서서 강물을 바라보고 있었다.

우리는, 우리가 알고 있는 것을 모두 그녀에게 이야기 해주는 것이 이롭다고 판단하고 차근차근 이야기를 해주었다. 그녀는 열심히 들었다. 이따금씩 얼굴색이 달라졌지만 결심의 빛은 전혀 조금도 변하지 않았다. 마사는 마치 영혼 자체가 달라진 것처럼 조용히, 한마디도 하지 않고 귀 기울여 들었다.

이야기가 모두 끝나자, 마사는 일이 생기면 어디로 연락해야 하느냐고 물었다.

나는 수첩을 한 장 찢어서 거리의 희미한 등불 밑에서 우리 두 사람의 주소를 적어 주었다. 그녀는 그것을 앙상한 가슴 속에 넣었다. 나는 그녀에게 어디에 사느냐고 물었다. 그녀는 잠시 망설이다가 한곳에 오래 머무르지 않는다고 대답했으므로, 더 이상 묻지 않는 것이 좋겠다고 생각했다.

그때, 나도 생각하고 있었지만 페거티 씨가 귀엣말을 해서 나는 지갑을 꺼냈다. 그러나 그녀를 설득해서 돈을 받게 할 수는 없었고, 다음번에는 꼭 받겠다는 약속을 억지로 받아둘 수도 없었다. 나는 그녀에게, 페거티 씨는 뱃사람이지만 절대 가난하지는 않으니까, 마사가 자기 돈을 들여서 수색하겠다는 말이, 우리 두 사람은 당황스럽다고 일러주었다. 그러나 그래도 그녀는 완고했다. 결국 이 문제만큼은 어지간한 페거티 씨의 설득력도 나와 마찬가지로 힘을 쓰지 못했다. 마사는 고맙다는 말은 하면서도 결코 물러서지 않았다.

"일자리를 구해 보겠어요." 마사가 말했다.

"구할 때까지만이라도, 최소한의 보조를 받으면 어떻겠소?" 내가 말했다.

"돈 때문이라면, 저는 약속드린 일을 할 수 없습니다. 굶어 죽는 한이 있어도 받을 수 없어요. 저에게 돈을 주신다는 것은 저에 대한 두 분의 신임을 거두어 가는 것이 됩니다. 모처럼 주신 목적을 다시 빼앗아 가시고, 제가 강에 몸을 던지지 않아도 되는 단 한 가지 확실한 희망마저 또다시 없애 버리시는 겁니다."

"마사, 우리가 마지막 심판의 날에 그 앞에 서야 할 최고 심판자에 맹세코 하는 말인데, 죽겠다는 무서운 생각은 버려요! 우리는 누구나 마음만 먹으면 조금 더 나은 일을 할 수 있어요."

마사는 떨고 있었다. 입술이 덜덜 떨리고 얼굴은 더 창백해져 있었다.

"저 같은 여자를 어떻게든 참회시켜 보실 생각이시군요. 하지만 저는 그런 생각을 하는 것이 무서워요. 너무 뻔뻔하잖아요. 제가 해온 일 가운데 다소나마 좋은 일이 있다면, 저라도 조금은 희망을 갖겠지요. 하지만 제가 지금까지 해온 일이란 모두 나쁜 짓밖에 없었어요. 그런데 지금 부탁받은 일 덕분에 오랜만에 처음으로 이런 한심한 저라도 다른 사람의 믿음을 얻게 되었어요. 저로서는 이 이상은 모르므로 더는 말씀드릴 수 없습니다."

그녀는 또다시 솟구치는 눈물을 참으며, 떨리는 손을 내밀어, 그 안에 비장의 치유력이라도 있는 것처럼, 페거티 씨를 한번 잡더니 쓸쓸히 어둠 속으로 걸어가버렸다. 그녀는 오랫동안 앓아왔는지, 지치고 수척했으며, 움푹 꺼진 눈에는 가난과 인고의 자국이 진하게 나타나 있었다.

우리가 가는 길도 그녀와 같은 쪽이어서 우리는 불이 켜진 번잡한 거리가 나올 때까지 얼마간 그녀의 뒤를 따라갔다. 나는 표현은 안 했지만 그녀의 말을 믿었으므로, 페거티 씨에게, 이 이상 계속 뒤를 밟는 것은 처음부터 상대를 믿지 않았다고 받아들여질 수 있다고 말했다. 그도 그녀의 말을 믿는다고 동의했으므로, 그녀가 혼자 가도록 두고 우리는 무작정 하이게이트 쪽으로 걸었다. 페거티 씨는 나와 함께 한참을 걷다가, 이 새로운 노력이 성공하기를 빌면서 헤어졌다. 그의 얼굴에 깊은 동정심이 어려 있는 것을 보았고, 그 의미도 어렵지 않게 추측할 수 있었다.

내가 집에 닿은 것은 자정께였다. 대문 앞까지 와서, 수많은 시계 소리와 뒤섞여 울리고 있는 세인트폴 사원의 장엄한 종소리에 귀를 기울이고 서 있다가, 대고모 댁 문이 열려 있어서, 현관 불빛이 길 건너까지 비치는 것을 보고 약간 놀랐다. 대고모가, 지난날의 공포증이 되살아나서 일어나지도 않은 먼 곳의 화재를 보고 있다고 생각하고, 대고모에게 말을 해 보려고 갔다. 그런데 놀랍게도 뜰에 한 사나이가 서 있었다.

그 사나이는 술잔과 술병을 들고 술을 마시고 있었다. 나는 걸음을 멈추고 바깥의 우거진 덤불 속에 몸을 숨겼다. 희미하기는 해도 달이 떠 있었고, 게다가 처음에는 그 사나이가 딕 씨의 망상이라고 생각했는데, 보아하니 언젠가 시내 거리에서 대고모와 만난 적이 있는 그 사람이 아닌가.

그는 술을 마시고 있을 뿐 아니라 음식도 먹고 있었다. 정말 게걸스럽게 먹고 있었다. 그리고 신기한 듯이 끊임없이 집을 바라보고 있었다. 몸을 수그려서 술병을 땅에 놓은 다음, 창문을 쳐다보기도 하고 사방을 둘러보기도 하였지만, 그러면서도 이곳을 떠나고 싶은 생각이 간절한 것처럼 초조해 보였다.

현관의 불빛이 잠깐 어두워지더니 대고모가 나왔다. 대고모는 안절부절못하며 약간의 돈을 그의 손에 쥐여주었다. 돈을 세는 소리가 들렸다.

"이까짓 걸 어디에 쓰란 말이오?" 사나이가 따졌다.

"더는 여유가 없어요." 대고모가 대꾸했다.

"그럼 난 못 가겠소. 자, 도로 받아가요."

"나쁜 사람." 대고모는 격하게 흥분하며 말했다. "어째서 날 이렇게 못살게 굴죠? 하기야 물어볼 것도 없지. 내가 약하다는 것을 알고 있으니까 그러는 거지! 당신이 찾아오는 것을 영원히 막으려면 내가 어떻게 해야 한단 말이오? 당신을 될 대로 내버려두는 수밖에 없단 말인가요?"

"어째서 날 될 대로 내버려둔단 말이오?"

"정말 뻔뻔스럽군!"

사나이는 짤랑짤랑 돈 소리를 내며 시무룩하게 서서 고개를 젓고 있다가, 이윽고 말했다.

"이것밖엔 못 주겠단 말이지?"

"그게 다예요." 대고모가 말했다. "내가 손해를 당해서 전과 같지 않다는 것을 당신도 잘 알지 않소. 내가 얘기했잖아요. 그 점을 잘 알고 있으면서 뭣 때문에 또다시 당신의 그 꼬락서니를 보는 고통을 주느냐 말이에요!"

"확실히 몰골이 초라하긴 하지. 난 요즘 올빼미 생활을 하고 있소."

"당신은 내 재산을 대부분 빼앗았을 뿐 아니라, 오랜 세월 동안 내 마음까지 세상으로부터 닫아버리게 했어요. 당신의 행동은 거짓되고 배은망덕하고, 잔인해요. 어서 돌아가서 후회나 곱씹도록 해요. 당신이 지금까지 내게 지은 죄만 해도 이미 충분히 깊으니 또 새로운 죄를 추가시키지 말란 말이에요!"

"좋아, 말은 잘하는군! 그럼 당장은 이걸로 어떻게든 해 보지."

그러나 말은 그렇게 하면서도, 대고모의 격분에 찬 눈물을 보자 풀이 죽어서 몸을 웅크리고 뜰에서 나왔다. 나는 지금 막 다다른 것처럼 빠른 걸음으로 걸어가서 대문에서 그 사람과 엇갈리며 안으로 들어갔다. 우리는 스치면서 서로 노려보았다.

"대고모님," 나는 곧바로 말했다. "저자가 대고모님을 또 협박했군요! 제가 얘기해 보겠습니다. 도대체 누굽니까?"

"얘야" 하고 대고모는 내 팔을 잡으며 말했다. "들어와서, 10분간만 내게 아무 말도 하지 말아라."

우리는 자그마한 거실에 앉았다. 대고모는 의자 등받이에 고정해 둔 녹색 부채 뒤에 숨어서 5분 동안 이따금씩 눈물을 닦았다. 그러고는 나와서 나와 나란히 앉았다.

"트롯" 대고모는 조용히 말했다. "그 사람은 내 남편이란다."

"남편이라고요, 대고모님? 그분은 돌아가신 게 아닙니까?"

"내게는 죽은 거나 다름없지만, 실은 살아 있단다." 대고모는 대답했다.

나는 놀라서 말이 나오지 않았다.

"이 벳시 트롯우드가 사랑이나 연애와는 거리가 먼 여자로 보이겠지만," 대고모는 여전히 침착하게 말했다. "이래 봬도 옛날에는 그 사람을 전적으로 믿었던 시절도 있었단다. 그 사람에게 애정의 징표로서 주지 않으려 했던 것이 없던 시절이 있었단다. 그런데 그 사람은 그 대가로 내 재산을 망쳐버리고 내 가슴을 찢어놓다시피 했단다. 그래서 그 뒤로 내 사랑하는 마음은 영원히 무덤 속에 묻어버린 거야. 흙을 덮고 단단히 밟아버렸지."

"아, 대고모님!"

"나는 그 사람과 선선히 헤어졌어." 대고모는 여느 때처럼 내 등을 안으며 말을 이었다. "이미 옛날 일이니 선선히 헤어졌다고 말할 수 있는 거겠지. 트롯, 그 사람이 내게 너무도 가혹했단다. 마음만 먹었으면 제법 좋은 조건으로 이혼할 수 있었지만, 그렇게 하진 않았다. 그런데 그는 내가 준 것을 곧 탕진해버리고 점점 더 타락했어. 딴 여자와 결혼하고도, 노름꾼에다 사기꾼이 되어서 지금 본 그 지경까지 되었지. 하지만 나와 결혼했을 때에는 아주 좋은 사람이었단다." 그 말투에는 옛날의 긍지 같은 것이 아련하게 남아 있었다. "내가 어리석었지만, 마치 신사의 귀감이라고 믿었었지."

대고모는 내 손을 꼭 쥐고는 고개를 저었다.

"물론, 지금 그 사람은 내게 아무것도 아니고, 오히려 그 이하야. 그런데도 교도소에 집어넣는 것은 내키지 않아서—하기야 국내를 어슬렁대다가는 머지않아 가게 되겠지만—, 그래도 어째선지 그건 싫어서 저렇게 얼굴을 내밀 때마다 돈을 쥐여주고 돌려보내는 거란다. 그 사람과 결혼했을 때 나는 바보였지. 지금도 약이 없을 정도로 바보였어. 한때 내가 그 사람을 믿었던 것을 생각해서, 지금은 어리석은 공상의 그림자에도 미치지 못하는 사내일지라도 역시 감옥에 보낼 마음은 들지 않는구나. 트롯, 나는 그때의 나보다 더 진지한 여자는 없다고 생각한단다."

대고모는 깊은 한숨을 내쉬며 이야기를 끝내더니 옷의 주름을 바로잡았다.

"자, 트롯, 자초지종을 다 알았으니 이 문제에 대해서는 더 이상 말하지 말자꾸나. 물론, 다른 누구에게도 말하지 말아라. 나의 불쾌하고 저저분한 내력은 우리만 아는 일로 해두자, 트롯!"

48장
가정

 신문사 일은 빠뜨리지 않았지만, 그 밖에는 대체로 글을 쓰는 데 온 힘을 다했다. 이윽고 책이 나오자 대성공을 거두었다. 제법 많은 호평이 들려왔지만 나는 별로 놀라지 않았다. 가장 민감하게 의식하고, 누구보다도 내 작품의 완성도를 높이 평가한 사람은 바로 나 자신이었기 때문이다. 자기 자신을 믿는 사람은, 남들의 믿음을 얻기 위하여 그들 앞에서 결코 자만하지는 않는다는 것을 나는 인간성을 관찰하면서 깨달았다. 이러한 이유로 나는 자중하면서 겸손을 잃지 않았고, 칭찬을 받으면 받을수록 거기에 보답하려고 노력했다.
 이 작품에서 중요한 것은 나의 추억을 기록한 점이지만, 내 창작 역사를 더듬어가는 것은 이 작품의 목적이 아니다. 창작은 창작대로 스스로 움직이는 것이므로 그대로 내버려두면 된다. 이따금 내가 내 작품을 언급할 때도 있지만, 그것은 단지 내 발전의 한 부분으로서일 따름이다.
 지금까지, 나는 천성과 우연에 따라 당연히 작가가 될 수밖에 없었다고 믿을 만한 근거도 손에 넣었으므로 자신을 가지고 이 작업에 몰두했다. 이러한 확신이 없었더라면 나는 틀림없이 저작 생활을 포기하고 다른 일에 정력을 기울였을 것이다. 요컨대 천성과 환경을 통해 내가 과연 무엇이 될 것인가를 알아내고, 오로지 그렇게 되고자 힘써 나아갈 것이다.
 신문과 그 밖의 기고로 수입이 크게 늘었고, 새 책이 성공을 거두자, 그 재미없는 의회 토론의 속기에서는 당연히 자유로워질 자격이 있다고 생각했다. 그래서 마지막으로 의회의 백파이프 음악[1]을 기록한 뒤로는 나는 두 번 다시 그 음악을 들어 본 일이 없다. 그날은 참으로 즐거운 밤이었다. 그러나 의회가 실질적

---

1) 백파이프는 스코틀랜드 특유의 민속악기. 단조로운 음을 내는 데, 여기에서 백파이프 음악은 '의회의 토론'을 뜻함.

인 변화 없이(한층 더 길어진 것 말고는) 기나긴 회의 내내 여전히 단조롭다는 것을 요즘도 신문에서 읽고 있다.

우리는 1년 반쯤 결혼생활을 하며 여러 일을 겪은 끝에, 살림살이란 소용없는 일이라고 생각해서 그만 치워 버렸다. 집안일은 어떻게든 저절로 나아가는 것이어서 어린 소년 하인을 두었다.

그런데 하인이 하는 일은 주로 여자 요리사와 싸우는 것이었으니, 그 점에 있어서는 틀림없는 위팅턴이었으나, 이 하인에게는 고양이도 없었고, 또 시장이 될 가망성은 어디에도 없었다.[2]

그는 냄비 뚜껑들이 우박처럼 쏟아져내리는 속에서 살아온 것처럼 보였다. 그의 삶은 하나의 격투였다. 정말 뜬금없는 때에, 우리가 간단한 만찬회를 벌이고 있다든가 또는 저녁때 몇몇 친구가 방문한 때, 느닷없이 살려 달라고 비명을 지르며 날아오는 쇠붙이에 쫓겨 부엌에서 고꾸라지며 쫓겨나오곤 했다. 우리는 그 녀석을 내보내고 싶었지만, 그 녀석은 우리 부부를 무척 좋아해서 좀처럼 나가려 하지 않았다. 그 녀석은 울보여서 조금이라도 해고 이야기가 나올 것만 같으면 어찌나 서럽게 울어대는지 어쩔 수 없이 집에 둘 수밖에 없었다. 그 녀석에게는 어머니가 없었다. 누이가 하나 있을 뿐, 일가친척이라고는 찾아볼 수 없었다. 그 누이마저, 우리가 그 녀석을 데려온 그날로 미국으로 달아나 버려서, 어쩔 수 없이 우리가 떠맡게 되었다. 그 녀석은 자신의 불행한 처지를 잘 알고 있어서, 늘 저고리 소매로 눈물을 닦거나 몸을 웅크리고 조그마한 손수건 한쪽 귀퉁이에 코를 풀었다. 그런데 그 손수건을 주머니에서 완전히 꺼내서 푸는 것이 아니라, 아끼느라 그러는 것인지 늘 손수건 끄트머리만 꺼내어 코를 팽 풀고 다시 고이 접어 넣어 두었다.

상황이 곤란하긴 했지만, 연간 6파운드 10실링으로 고용한 이 불행한 심부름꾼 아이는 언제나 내 근심 걱정의 원인이었다. 그 녀석이 자라나는 것을 지켜보고 있자니—녀석은 붉은 강낭콩처럼 무럭무럭 자랐다—나는, 녀석이 수염이 나서 면도하기 시작하는 날, 녀석이 늙어서 대머리가 되거나 백발이 되는 그날이

---

[2] 딕 위팅턴으로 통칭되는 전설적인 런던 시장. 15세기 때 세 번이나 시장을 역임. 가난한 고아 딕이 쥐를 잘 잡는 고양이를 길러 그걸 밑천으로 입신출세했다는 이야기로, 동화나 동요에 자주 나오는 유명한 이야기.

진심으로 걱정스러웠다. 그 녀석을 내보낼 희망이 보이지 않았으므로, 이런저런 미래를 그려보다가, 그 녀석이 늙으면 얼마나 귀찮아질 것인가 하는 생각에 사로잡혀 매일 머리가 아팠다.

어차피 쉽게 끝날 것이라고는 생각하지 않았지만, 그래도 이 골칫거리를 내쫓았을 때의 소동이 또 엄청났었다. 그 녀석이 도라의 시계를 훔쳤는데—우리 집에 있는 다른 모든 물건들과 마찬가지로 그것을 치워둘 만한 일정한 곳이 없었던 것이다—그것을 잽싸게 돈으로 바꿔, 역마차 바깥자리에 올라타고 런던과 옥스브리지 사이를 끊임없이 왔다 갔다 하느라 그 돈을 다 써버린 것이었다. (녀석은 머리가 나빴다.) 내가 기억하기로는 그 녀석이 열다섯 번째 여행을 끝냈을 때, 보스트리트[3]에 잡혀갔는데 그때 몸에 지니고 있던 것은 4펜스 반과, 불 줄도 모르는 중고품 피리 하나뿐이었다.

그 녀석이 참회하지만 않았으면, 이 놀라움과 그 결과가 그토록 불쾌하지는 않았을 것이다. 그러나 녀석은 정말 크게 참회했다. 더욱이 한꺼번에 하는 것이 아니라 여러 번에 걸쳐서 조금씩 하는 별난 방식이었다. 예를 들면 다음 날 내가 피해자로서 출두하자, 녀석은 광에 있는 식료품 바구니에 관한 생각지도 못한 사실을 폭로했다. 우리는 그 안에 포도주가 가득 차 있다고 생각했는데 알고 보니 빈 병들과 코르크 마개 말고는 아무것도 들어 있는 것이 없었다. 그가 모든 것을 털어놓을 생각으로 알고 있는 요리사의 가장 큰 악행을 폭로한 것이라고 우리는 생각했다. 그런데 하루 이틀 지나자, 그 녀석의 양심은 또 새로운 가책을 느꼈다. 그 요리사에게는 어린 딸이 하나 있는데, 그 애가 새벽마다 와서 우리 빵을 가져간 일과, 내친 김에 그 자신도 우유 배달부에게 매수되어 석탄을 내주었던 일까지 폭로했다. 그리고 또 며칠이 지나 경찰서에서 연락이 왔다. 그 녀석의 제보에 따라 조사한 결과 부엌 연장 틈에서 쇠고기 허릿살 몇 점이 발견되었고, 넝마보따리 속에서 시트 몇 장이 발견되었다는 것이다. 또 얼마 있다가, 이번엔 전혀 새로운 방면으로 입을 열어, 술집 사환 녀석이 우리 집 물건을 훔쳐낼 생각을 하고 있는 것을 알고 있다고 털어놓아 그 사환이 잡혀가버렸다. 나는 매번 이용당했다는 얘기가 나오는 것이 너무도 창피하여, 놈의 입을 막을 수만 있

---

[3] 런던 중심의 거리 이름으로서, 런던 경범죄 재판소가 있음.

다면 놈에게 얼마든지 돈을 주어도 좋고, 경찰이 그를 달아나도록 풀어준다면 뇌물을 잔뜩 바쳐도 좋다고 생각할 정도였다. 그러나 놈은 이런 내 심정은 아랑곳하지 않고, 새로운 사실들을 하나하나 털어놓을 때마다 내게 무슨 보상이라도 해주는 것같이 생각하고 있는 데는 정말 화가 났다.

마침내 경찰서에서 보낸 사람이 새로운 정보를 가지고 오는 것을 볼 때마다 결국 내가 달아나게 되었다. 놈이 재판을 받고 국외추방 명령을 받을 때까지 나는 눈을 피해 숨어 살았다. 형이 결정되어도 놈은 조용히 있지 못하고 번번이 우리에게 편지를 보냈다. 쫓겨나기 전에 도라를 꼭 만나고 싶다고 해서 도라가 면회를 갔으나 철창 안으로 들어서자마자 기절해버렸다. 요컨대, 그가 국외로 쫓겨나 어느 '오지'—내 지리감(地理感)으론 어딘지 잘 모르겠지만—그 '오지'에서 목동이 되기까지는(이것은 나중에 들은 이야기이다), 베개를 높게 베고 잠드는 날이 없었다.

이런 일이 있었으니 나도 진지하게 반성하고 우리의 잘못을 다른 견지에서 살펴보게 되었다. 도라에 대한 내 사랑은 변함없었지만 어느 날 저녁에 끝내 한마디 하지 않을 수 없었다.

"여보, 우리 집 살림의 체계와 관리가 부실하여 우리 자신뿐만 아니라(우리는 그것에 익숙해졌지만) 남들에게까지도 폐를 끼치는 것을 생각하면 매우 가슴이 아프오."

"오랫동안 잠잠하시더니 또다시 역정을 부리시는군요!" 도라가 말했다.

"아니오, 그런 게 아니오! 내 말뜻을 설명하겠소."

"듣고 싶지 않아요." 도라는 말했다.

"그렇지만 당신이 꼭 들어야겠소. 집은 바닥에 내려 두시오!"

그런데 그녀는 개의 코를 내 코에 대더니 갑자기 큰 소리로 "앗!" 하고 말했다. 진지한 이야기를 얼버무리려는 것이었다. 그러나 잘되지 않자 이번에는 집을 그 엄청난 개집 안에 밀어 넣고, 팔짱을 끼더니 체념한 듯한 귀여운 표정으로 앉아서 나를 바라보았다. 내가 입을 열었다.

"우리에게는 전염병이 있어서 주위 사람들에게까지 옮기는 모양이오."

그때 도라의 얼굴을 보고 깜짝 놀랐다. 왜냐하면 그 표정으로 볼 때, 그녀는 내가 우리의 이번 병적 사태에 대해 새로운 백신이나 치료법을 꺼내려는 것일까

하고 열심히 생각하고 있었기 때문이다. 이것만 아니라면 나는 이 비유를 좀 더 이어갔을 것이나, 지금은 자제하고 더 쉽게 설명하기로 했다.

"도라, 우리가 조심성이 없어서 스스로 돈을 잃고, 불쾌한 일을 당하고, 이따금 신경질을 부리는 것까지는 그렇다 칩시다. 그런데 문제는 그게 다가 아니오. 일을 도와주러 오는 사람이나, 우리와 거래가 있는 사람까지 모두 망쳐 놓는 심각한 문제를 가져오고 있소. 잘못이란 한쪽에만 있는 것이 아니오. 우리 자신이 올바르게 행동하지 못하므로 그러한 사람들이 모두 나쁜 마음을 먹는 것이라는 생각이 들기 시작했소."

"어떻게 그런 트집을 잡으시죠!" 목청을 높인 도라의 두 눈이 휘둥그레졌다. "내가 금시계를 가져가는 것을 봤다고 말씀하시다니! 아!"

"여보, 터무니없는 소리 그만해요! 누가 금시계 이야기를 했단 말이오?"

"당신이 했죠." 도라가 대꾸했다. "당신이 말씀하신 것을 잘 알고 있잖아요. 내가 조금도 나아지지 않는다고 말씀하시면서 날 그 녀석과 비교했어요."

"누구 말이오?"

"그 심부름꾼 아이요." 도라는 훌쩍거렸다. "아, 너무하세요. 당신의 사랑하는 아내를 나라 밖으로 쫓겨난 하인 녀석과 비교하다니! 나를 그런 식으로 생각하신다면 어째서 결혼 전에 그렇다고 말해주지 않았어요? 정말 너무해요. 어째서 쫓겨난 하인 녀석보다도 내가 더 나쁜 여자라고 생각한다는 점을 말해주지 않았죠? 아, 나에 대해서 그런 끔찍한 생각을 갖고 있다니! 아, 하느님, 맙소사!"

"도라" 그녀가 눈에 대고 있는 손수건을 부드럽게 떼내려고 하며 나는 대답했다. "그런 말은 어리석을 뿐 아니라, 아주 잘못된 말이오. 첫째로 그것은 사실이 아니오."

"당신은 늘 그 하인 녀석이 거짓말쟁이라고 말씀하셨어요" 하면서 도라는 더 크게 훌쩍거렸다. "그리고 그와 똑같은 말을 지금 제게 하셨어요! 아, 난 어떡하면 좋아!"

"도라. 제발 부탁이니 정신을 차리고, 내가 말한 것과 이제부터 하는 말을 잘 들으시오. 도라, 우리가 먼저 고용한 사람들에 대한 의무를 다하지 않는다면, 그들도 우리에 대한 자신들의 의무를 절대 다하지 않을 거요. 우리는 그들에게 나쁜 짓을 할 기회를 일부러 주고 있는 것 같소. 그래서는 안 되오."

나는 한숨을 감추며 말을 이었다.

"설사 우리가 좋아서 살림살이를 지금처럼 허술하게 해나간다 하더라도—사실은 그렇지 않지만—그리고 설사 우리가 그런 식의 생활을 좋아해서 즐겁게 여기고 있다 하더라도—이 점 역시 그렇지는 않지만—이런 식으로 살아서는 안 된다고 깨달았소. 이러면 남을 타락시킬 뿐이오. 우리도 그 점을 생각해야 해요. 적어도 나는 생각하지 않을 수 없소. 나는 이 점이 아주 신경 쓰여서 때로는 불안해서 견딜 수가 없어요. 할 말은 이것뿐이오. 자, 더욱 정신을 차려야 해요!"

도라는 싫어하며 손수건을 치우지 못하게 했다. 얼굴을 가리고 훌쩍거리면서도, 내가 그렇게 불안하다면 결혼은 왜 했느냐, 식을 올리러 교회에 가기 전날에라도, 그렇게 걱정스러운데 그만두자고 왜 말하지 않았느냐, 그렇게 자기를 참을 수 없다면 왜 퍼트니에 있는 고모님들한테로 보내거나, 인도에 있는 줄리아 밀스한테 보내버리지 않았느냐? 그랬더라면 줄리아는 기꺼이 맞아주었을 테고, 자기를 보고 쫓겨난 하인 녀석이라고 부르지도 않았을 것이다, 줄리아는 절대 자기를 그렇게 부른 적이 없었다고 중얼거렸다. 요컨대 도라는 몹시 괴로워했지만 나 역시 똑같은 상태였으므로 그 말에는 대꾸하지 않았다. 이런 노력을 되풀이해 봤자 아무리 상냥하게 말해도 소용없으니 다른 방도를 택해야겠다는 생각이 들었다.

그럼 어떤 방도가 남아 있을까? '마음을 가라앉혀 바로잡아주기?' 평범한 말이지만 공정하고 믿음직하게 들렸으므로 나는 도라의 마음을 다잡아주기로 결심했다.

나는 곧바로 시작했다. 도라가 아주 어린아이 같고 나도 그녀에게 장단을 맞춰주고 싶은 마음이 한없을 때면 나는 근엄하려고 노력했다. 그러나—그 때문에 그녀뿐 아니라 나까지 당황하게 되었다. 나는 내가 관심 있는 문제들을 도라에게 말해주고, 셰익스피어를 읽어주었다. 그러자 그녀는 극도로 지쳐버렸다. 나는 평소에 어쩌다 생각난 것처럼 가장하여 유익한 정보라든가 건전한 의견을 단편적으로 그녀에게 전해주는 습관이 있었다. 그러나 내가 그런 이야길 꺼내기만 하면 그녀는 피해버리는 것이었다. 내가 아무리 우연인 것처럼, 자연스럽게 귀여운 아내의 마음을 다잡아주려고 애서도 그녀는 언제나 내 의도를 본능적으로 알아차리고는 극심한 불안에 사로잡히는 것이었다. 특히 내가 보기에 그녀는 셰익스피어를 몸서리나는 인간으로 생각하는 것이 분명했다. 마음을 다잡는 일은 좀처럼 진행되지 않았다.

나는 트래들스까지도 그가 모르게 이 일에 살짝 끌어들였다. 그가 우리를 찾아올 때마다, 도라를 간접적으로 교육시키기 위해서 나는 그의 머리 위에 일제히 폭격을 가했다. 이런 식으로 내가 트래들스에게 준 실제적 지식의 양은 엄청났으며, 질적으로도 가장 우수한 것이었다. 그러나 도라에게는 그것도 다만 그녀의 기를 죽이고 다음은 자기 차례려니 하는 공포심에 늘 조마조마하게 떨게 만드는 결과를 낳았을 뿐이었다. 말하자면 나는 학교 선생 아니면 올가미나 함정이었고, 도라라는 파리를 노리는 거미여서 언제나 구멍에서 숨어 있다가 뛰어나와 그녀를 한없이 난처하게 만들었다.

그래도 나는 이와 같은 중간 단계를 거쳐서, 언젠가는 도라와 나 사이에 완전한 공감대가 생기고, 완전히 만족할 정도로 '그녀를 성장시키는' 데에 성공하는 때가 올 것으로 기대하면서 수개월 동안 꾸준히 그 일을 이어나갔다. 마지막에는 온몸의 털을 빳빳이 곤두세우고 있는 고슴도치나 바늘다람쥐도 되어 보았지만, 결국 내가 아무런 영향도 주지 못했다는 것을 알자, 어쩌면 도라의 마음은 이미 완전히 형성되어 있는지도 모르겠다는 생각이 문득 떠오르기 시작했다.

더욱 깊이 생각해 보니 아무래도 그런 것 같았으므로, 말로는 거칠 것이 없지만 실제 행동에는 아무 도움도 되지 않는 그 계획을 포기하고, 앞으로는 철없는 아내에게 만족하고 절대 어떠한 방법으로도 그녀를 다른 사람으로 바꾸기 위해 애쓰지 않기로 결심했다. 이제는 나 혼자 현명한 체하거나, 사랑하는 아내를 거북하게 만드는 데는 지쳐버렸다. 그래서 어느 날, 아내에게 줄 예쁜 귀고리 한 쌍과, 집에게 줄 목걸이 하나를 사들고 즐거운 기분으로 집에 돌아왔다.

도라는 나의 이 하찮은 선물에 크게 기뻐하며 내게 다정하게 키스해 주었다. 그러나 우리 두 사람 사이에는 아주 작기는 했지만 어떤 그림자가 드리워져 있었으므로, 이참에 모두 걷어내버리기로 마음먹었다. 그래도 어딘가에 그림자가 남아 있다면, 그것을 내 가슴속에만 간직해 두기로 했다.

나는 도라와 나란히 소파에 앉아서 귀고리를 걸어주면서, 요즘 우리 두 사람 사이가 전만큼 좋지 못한 것 같은데, 그것은 모두 내 잘못이라고 말했다. 진심으로 그렇게 느끼고 있었고, 또 사실이 그러했기 때문이다.

"사실은 말이오, 도라. 나는 현명해지려고 노력했던 거요."

"그래서 저까지도 현명하게 만들려고 하셨군요." 도라는 머뭇거리며 말했다.

귀엽게 눈썹을 치켜세우며 묻는 도라에게 나는 고개를 끄덕여 동의하고, 열린 입술에 키스해주었다.

"그러시면 안 돼요." 그녀는 고개를 저었다. 귀고리가 작게 울렸다. "제가 얼마나 어린애 같은지, 그래서 처음부터 당신에게 뭐라고 불러 달라고 했는지 알고 계시잖아요. 만일 당신이 그렇게 할 수 없다면 절대로 저를 좋아할 수 없을 거예요. 때때로 이렇게 했더라면 더 좋았을걸, 하고 생각하지 않으세요?"

"어떻게 말이오, 도라?"

"아무것도 아니에요!"

"아무것도 아니라고?"

도라는 두 팔로 내 목을 껴안고 웃으면서 자기를 바보라고 부르고 숱많은 머리에 가린 얼굴을 나의 한쪽 어깨에 파묻었다. 나는 그 엄청난 숱을 자랑하는 금발을 헤치고 그녀의 얼굴을 들여다보는 것만으로도 한바탕 일을 치르는 것 같았다.

"내 귀여운 아내의 교양을 높이려고 노력하는 것보다는, 차라리 아무 일도 하지 않는 편이 더 좋았을 거라고 생각하느냐는 말이지?" 나는 나 자신에게 웃으며 말했다. "그런 질문이지? 맞아요, 정말 그렇게 생각하고 있소."

"그런 생각을 하셨어요?" 도라가 소리쳤다. "아, 정말 놀라운 분이군요!"

"그렇지만 더 이상 그런 노력은 절대 하지 않겠소. 있는 그대로의 내 아내를 진심으로 사랑하니까."

"거짓말이 아니지요? 정말이죠?" 도라는 가까이 다가앉으며 말했다.

"이토록 소중한 것을 내 어찌 바꾸어놓으려 하겠소. 그러니까 이제 오만한 실험은 그만두고, 옛날의 우리로 돌아가 행복하게 삽시다."

"행복하게요? 그래요, 그렇게 해요! 온종일! 때로는 일이 약간 잘못돼도 더는 상관하지 않겠죠?"

"그럼요. 우리는 우리 나름대로 헤쳐나가면 돼요."

"그리고 앞으로는 내가 남을 나쁘게 만든다는 말은 더는 하지 않겠죠, 네?" 도라는 어리광부리며 말했다. "그게 얼마나 나쁜 일인지 잘 아셨죠?"

"그럼, 그럼" 하고 나는 대답했다.
"나도 불쾌한 얼굴을 하는 것보다는 바보가 되는 편이 더 나아요, 그렇지요?" 도라는 말했다.
"있는 그대로의 도라가 이 세상의 무엇보다도 더 좋소."
"이 세상이라고요? 아, 세상은 넓은 곳이에요!"
그녀는 고개를 젓더니, 기쁨에 찬 맑은 눈으로 나와 눈을 맞추며 키스를 하고는, 즐거운 웃음을 터뜨렸다. 그러고는 집에게 목걸이를 걸어주러 달려 나가버렸다.

도라를 바꾸어 보려는 나의 마지막 시도는 이렇게 헛수고로 끝났다. 그 노력은 조금도 유쾌하지 않았으며, 나 혼자만의 지혜로는 이루어 낼 수 없었다. 그리고 철부지 아내로서의 예전의 매력이 내 안에서 자리를 잃어가고 있었다. 나는 우리 두 사람의 생활을 개선해나가기 위해서 조용한 방법으로 나 자신이 할 수 있는 일을 하기로 결심했으나, 그러한 방법으로는 성과가 매우 적으리라는 것을 알고 있었다. 하지만 그게 아니면 또다시 거미로 돌아가서 영원히 먹이를 노리며 기다리는 수밖에 없는 것이다.

그리고 앞에서 말한 그림자—우리 사이에는 두 번 다시 꺼낼 수 없으며, 모두 내 마음속에 묻어 두어야 할 그 그림자— 그것은 대체 어떻게 되었을까?

옛날의 바람직하지 않은 기분이 내 생활 곳곳에 나타났다. 달라진 점은, 단지 그것이 더욱 깊어진 것뿐이다. 게다가 여전히 매우 막연했는데, 말하자면 한밤중에 어렴풋이 들려오는 서글픈 음악처럼 울리는 것이었다. 나는 진정으로 아내를 사랑했고, 행복했다. 그러나 지금의 행복은 한때 막연히 예상했던 행복과 너무나 달랐고, 언제나 무엇인가 모자란 것이 있었다.

나는 처음에 이 기록을 마음의 성찰로 삼고자 은밀히 다짐했었다. 그것을 실행하기 위해서라도 여기서 다시 한번 꼼꼼하게 검토하고, 되도록 그 비밀을 밝혀두고자 한다. 조금 전에도 무엇인가 모자란다고 말했다. 지금 더욱 그것이— 사실 지금만이 아니라 언제나 그러했다—옛날 젊은 시절의 몽상에 불과하며, 따라서 실현 가능성은 애당초 없었다는 사실을 겨우 깨달은 것이다(모든 사람이 다 그렇겠지만, 그래도 나는 매우 슬펐다). 그러나 그래도 만약 아내가 나를 좀 더 도와줄 수 있고 남에게 말할 수 없는 내 고민들을 함께 생각해주었더라면 참으로 좋았을 것이고, 또 그것이 불가능한 일은 아니라고 생각했다.

이러한 서로 다른 두 가지 결론—하나는 그러한 마음이 누구에게나 있으므로 아무도 피할 수 없다는 것이고, 다른 하나는, 그것은 어디까지나 나만의 경험이므로 충분히 피할 수 있다는 결론—의 중간에 서서, 나는 참으로 이상한 이야기지만, 모순이나 반대를 의식하지 않고 하나의 신비한 균형을 유지했다. 예를 들어 실현될 수 없는 어린 시절의 공상과 꿈을 생각하면, 지금 같은 어른이 되기 직전의 좋았던 세월이 자연스레 떠오르는 것이었다. 예컨대 그리운 옛집에서 아그네스와 함께 지낸 흐뭇했던 나날이, 저승에서는 다시 되살아날지는 모르지만 이승에서는 절대로 돌아오지 않는 죽은 자의 유령처럼 눈앞에 떠오르는 것이었다.

이따금씩 이런 상상을 하기도 한다. 도라와 내가 알지 못했더라면 어떻게 되었을까? 아니, 어떻게 했을까? 그러나 도라는 내 존재와 완전히 밀착되어 있었으므로 그런 가정은 모든 공상 가운데에서도 가장 부질없는 것이어서 허공에 떠 있는 아지랑이처럼 피어올랐다가는 이내 나의 손과 눈이 닿지 않는 곳으로 사라져버리는 것이었다.

나는 늘 그녀를 사랑했다. 그러므로 지금 내가 여기에 쓰고 있는 것은, 정말로 내 마음의 가장 깊숙한 구석에서 졸다가 반쯤 깨어났다가는 다시 잠들어버리는 것이었다. 흔적도 없으려니와, 그것이 나의 말과 행동에 조금이라도 영향을 주었다고도 생각하지 않는다. 온갖 자잘한 집안일과 내 생활계획 같은 부담은 모두 내가 짊어지고 도라는 그저 펜을 들어줄 뿐이었지만, 그래도 우리는 이것으로 두 사람의 책임부담을 실정에 맞게 적용했다고 믿고 있었다. 도라는 진정으로 나를 좋아했고 자랑스럽게 생각했다. 언젠가 아그네스가 도라에게 보낸 편지에서 옛 친구들이 나의 명성이 점점 높아가고 있음을 자랑스럽게 생각하고 있고, 내게서 직접 듣는 듯한 마음으로 내 작품을 읽고 있다는 말을 써올 때면, 도라는 그 반짝이는 눈에 기쁨의 눈물을 글썽이며 그 편지를 읽어주면서 내가 정말로 머리 좋은 유명인이라고 말했다.

'수양이 모자란 젊은 혈기로 저지른 최초의 충동'이라 했던 스트롱 부인의 말이 요즘 자꾸 떠올라서, 거의 언제나 내 마음속에 자리잡고 있었다. 밤에 자다가도 그 말 때문에 가끔 잠이 깼고, 꿈속에서도 집집마다 벽에 새겨진 그 말을 읽기도 했다. 생각해보면, 내가 처음으로 도라를 사랑했을 때에는 정말로 아무것도 몰랐으며, 만약 좀 더 제대로 된 인간이었다면, 결혼했을 때 설마 그런 마음을 남몰래 느끼지는 않았을 것이라고 생각했기 때문이다.

'마음과 목적의 불일치만큼 부부 사이를 갈라놓는 것은 없다.' 나는 이 말도 기억하고 있었다. 나는 도라를 내 쪽으로 끌어들이려고 노력했지만, 그것은 불가능하다는 것을 깨달았다. 앞으로는 내가 도라에게 맞추어나가는 수밖에 없었고, 좋은 일만 나누며 행복하게 살고, 어쩔 수 없는 책임은 혼자 짊어지고 역시 행복하게 살아가는 수밖에 없었다. 이것이 내가 이것저것 생각하기 시작했을 때 마음을 쏟으려고 애썼던 수련이었다. 그 결과 결혼 2년째가 첫해보다 훨씬 더 행복했고, 더 좋았던 것은 도라의 생활이 그야말로 밝아진 것이었다.

그러나 그때부터 도라의 건강이 나빠지기 시작했다. 사실 나는 내 손보다 더 부드러운 손이 그녀의 성격을 형성하는 데 도움이 되고, 그녀의 가슴에 안긴 아기의 미소가 철없는 아내를 의젓하게 바꾸어줄 것을 바라고 있었다. 그러나 그렇게 되지는 않았다. 영혼이 한순간 작은 감옥의 문턱에서 활갯짓하다가 잡히는 것도 의식하지 못하고서 영원히 날아가버린 것이다.

"제가 전처럼 다시 뛰어다닐 수 있게 되면요, 대고모님." 도라는 말했다. "집에게 경주를 시켜야겠어요. 요즘 점점 게으름뱅이가 되어가니까요."

"얘야," 대고모는 도라 곁에서 조용히 일하면서 말했다. "집은 게으른 게 아니라 몸이 불편한 거란다. 나이가 들었거든."

"그 녀석이 그 정도로 늙었다고 생각하세요?" 도라는 놀라며 말했다. "아, 집이 늙었다니 참 이상해요!"

"얘야, 그건 살아가노라면 누구나 걸리는 병이야." 대고모는 쾌활하게 말했다. "나도 전보다 그 병이 깊어졌다고 느낀단다."

"하지만 이렇게 귀여운 집이," 도라는 동정 어린 눈으로 집을 바라보며 말했다. "아, 가엾어라!"

"하지만 그 녀석은 앞으로도 한참 더 살 거다, 얘야." 대고모는 도라의 한쪽 뺨을 톡톡 치며 말했다. 도라는 집을 보려고 긴 의자에서 몸을 내밀었고, 집은 뒷발로 일어서서 기어올라오려고 숨을 할딱거리며 이리저리 애쓰고 있었다. "이번 겨울에는 개집 안에다가 플란넬이라도 깔아주어야 할 거야. 그러면 내년 봄 꽃이 피는 것과 함께 다시 활기를 되찾게 될 게다. 어이구, 이 개 좀 보게!" 대고모는 큰 소리로 말했다. "놈은 고양이처럼 목숨이 아홉 개라 마지막 숨이 끊어질 때도 나한테는 짖어댈 거다!"

도라가 집을 소파에 안아올리자 놈은 대고모를 향해 어찌나 사납게 짖어대는지 제 몸을 똑바로 가누지도 못하고 곁눈질을 하면서 짖어대는 것이었다. 대고모가 놈을 보면 볼수록 점점 더 사납게 짖어댔다. 아마도 대고모가 요즘 안경을 쓰기 시작했는데 어찌 된 까닭인지 집은 그 안경이 도저히 마음에 들지 않는 것 같았다.

도라가 겨우 달래서 자기 옆에 눕혔다. 녀석이 조용해지자 도라는 그 길쭉한 놈의 귀를 손으로 계속 어루만지며 서글프게 중얼거렸다. "귀여운 집까지도! 아, 가엾은 녀석!"

"그래도 폐는 튼튼하고," 대고모는 명랑하게 말했다. "좋고 싫은 것도 아직 확실하니 틀림없이 오래 살 거야. 그러나 같이 뛰어다니기에는 나이가 좀 있는 것 같구나. 그러니 내가 다른 개를 선물하마."

"대고모님, 고맙습니다." 도라는 힘없이 말했다. "하지만 그러지 마세요. 부탁드려요!"

"싫단 말이냐?" 대고모는 안경을 벗으며 말했다.

"다른 개는 기를 수 없어요. 집에게 미안해서요! 게다가 저는 집이 아니고는 어떤 개와도 이렇게 친해질 수 없어요. 집은 결혼 전부터 저를 알고 있고, 또 그이가 처음 저희 집에 왔을 때부터 그이를 보고 짖어댔어요. 다른 개들은 그러지 않았으니까, 아무튼 저는 집이 아니면 어떤 개도 사랑할 자신이 없어요, 대고모님."

"그렇겠구나!" 대고모는 도라의 뺨을 다시 토닥거리면서 말했다. "네 말이 옳다."

"대고모님, 기분이 언짢으신 것은 아니지요?" 도라는 말했다.

"이런, 어쩌면 이렇게도 세심하담!" 대고모는 허리를 구부려서 도라를 내려다보며 정답게 말했다. "내가 화낼 리가 있겠니!"

"아녜요, 아녜요. 정말 그렇게 생각하진 않았어요. 좀 피곤한 데다가, 집 이야기를 하다보니 잠시 어리석은 생각이 들었나 봐요. 아시다시피, 저는 평소에도 바보인데 더욱더 바보가 되어버렸네요. 집은 지금까지 제게 일어난 일은 다 알고 있어요. 안 그래, 집? 그래서 전 녀석이 좀 달라졌대도 소홀히 대할 수는 없어요.

그렇지 집?"

집은 도라의 품에 안겨서 그녀의 손을 가볍게 핥기 시작했다.

"집, 아직 나와 헤어져야 할 정도로 나이가 든 건 아니지? 앞으로도 나랑 사이 좋게 살자!"

아, 나의 귀여운 도라! 다음 일요일, 그녀가 식사를 하러 아래층으로 내려와서 트래들스를 보고 무척 기뻐했을 때에는(트래들스는 매일 우리와 함께 식사를 했다), 우리는 그녀가 2, 3일만 지나면 전처럼 '뛰어다닐 수 있을' 거라고 생각했다. 그러나 우리는 2, 3일 더 기다리자고 말했고, 또다시 2, 3일을 더 기다리자고 했는데도 여전히 그녀는 뛰지도 걷지도 못했다. 보기에는 매우 아름답고 명랑했지만, 언제나 집 주위를 경쾌하게 뛰어다니던 그 작은 발은 무겁게 늘어져서 움직이지 않았다.

나는 매일 아침 2층에서 아래층으로, 밤에는 2층으로 그녀를 안아서 옮기기 시작했다. 그러면 그녀는 무슨 내기라도 하는 것처럼 내 목을 꼭 껴안고 안겨서 큰 소리로 웃는 것이었다. 간병인 중에서도 가장 훌륭하고 가장 쾌활한 간병인인 대고모가 숄과 베개 뭉치를 한 아름 안고 우리 뒤를 비틀거리며 따라온다. 딕 씨는 상대가 누구이건 촛불을 들어주는 역할을 마다하는 일이 절대 없다. 트래들스는 자주 계단 밑에 서서 쳐다보며, 이 세상에서 가장 사랑스럽다는 그의 소피에게 도라가 보내는 반농담조의 전갈을 받곤 했다. 우리의 행렬은 더없이 명랑했고, 그중에서도 나의 철없는 아내가 제일 명랑했다. 집은 큰 소리로 짖으며 우리 주변을 경중경중 뛰면서 앞장선다. 그리고 층계참에서 뒤돌아보고 숨을 헉헉거리면서 우리가 올라오기를 기다린다.

그러나 이따금씩 그녀를 안아 올리면서, 내 팔에 안긴 그녀가 이상하게 가벼워졌다고 느낄 때면, 모든 생명이 꽁꽁 얼어붙는, 보이지 않는 극한의 땅에 한걸음씩 다가가는 것 같은, 어떤 절망적인 공허감이 밀어닥쳐 그것이 내 생명을 오그라들게 했다. 나는 그 감정에 이름을 붙이거나 깊이 생각하기를 피해왔다. 그런데 드디어 어느 날 밤, 그 감정이 나를 유난히 강하게 덮치고 있는데, 대고모가 평소처럼, "꽃같이 귀여운 도라야, 잘 자거라!"라는 작별인사를 하고 그녀 곁을 떠나는 것이었다. 나는 홀로 책상 앞에 앉아 소리 내어 엉엉 울었다. 아, 이 얼마나 불길한 말인고! 꽃, 꽃, 활짝 핀 채로 가지에서 시들어가는 꽃이여!

49장
시들어가는 꽃

어느 날 아침, 나는 다음과 같은 편지를 받았다. 발신지는 캔터베리였으며, 민법박사회관의 내 앞으로 보내온 편지를 읽고 나는 무척 놀랐다.

삼가 글을 올리네.
나는 혼자 힘으로는 어쩔 수 없는 사정으로 인해 오랜 세월 동안 우정을 나누지 못하고 단절시켜 왔으나, 그 우정은 많은 기억의 색채로 채색된 과거의 여러 광경과 사건들을 떠올릴 때나, 법률수업에 힘쓰느라 사정이 여의치 않을 때에도 내게 늘 큰 기쁨을 주어왔으며, 앞으로도 그럴 것이 틀림없네. 친애하는 코퍼필드, 그러나 이 사실과 자네의 뛰어난 재능으로 말미암아 뚜렷하게 높아진 지위를 생각하면, 코퍼필드라는 무람없는 이름으로 내 청년시절의 친우를 함부로 부르기가 쉽지 않네! 앞으로는 그 이름이 애정 어린 존경심과 함께 우리 집 기록문서(물론, 어리석은 아내가 관리하고 있는, 우리 집 대대의 하숙인들에 관한 옛 기록을 말하는 것일세) 안에 가보로서 영구 보존되리라는 것을 알아주면 그것으로 충분하네.
펜을 들어 이 글을 쓰고 있는 나는 본인의 과실과 우연한 불상사의 연속으로 말미암아, 좌초된 배와도 다름없는 처지(바다와 관계되는 용어를 써도 좋을지 모르겠네만)에 있는지라, 찬미나 축하의 말을 올릴 자격이 없네. 그것은 좀 더 유능하고 순결한 사람의 손에 맡겨야 한다고 생각하니, 부디 용서바라네.
자네의 귀중한 시간을 내어 이 하찮은 글을 살펴 준다면―경우에 따라 그렇게 할 수도, 하지 못할 수도 있겠지만―어떠한 목적에서 내가 이 편지를 보낼 생각을 하게 되었는가를 물을 걸세. 지금부터 그 물음에 대한 설명을 덧붙일 것이며, 다만 그것이 금전상의 목적이 아님을 미리 말해두겠네.

원래, 그릇됨을 바로잡기 위해 천둥을 사용하고, 복수와 분노의 불꽃을 내뿜는 능력이 내게 잠재되어 있더라도 당장은 제쳐두고, 먼저 내 찬란한 환상이 모두 사라졌고—평화는 산산조각이 났으며, 향락의 힘은 파괴되어버리고, 마음도 제자리를 지키지 못하며—이제 동료들 앞에서 당당하게 활보할 용기도 없다는 것부터 말해야겠네. 꽃은 시들고, 술잔은 가장자리까지 쓰디써졌네. 벌레가 활동하기 시작했으니, 머지않아 그 먹이를 처치해버릴 걸세. 빠를수록 좋지. 그렇지만 내가 탈선하지는 않을 것이야.
　여자요, 아내요, 어머니로 활동하는 아내의 영향력 아래에서 특수한 고통의 상태에 놓이고 보니, 이 기회에 달아나서, 집행유예와도 같은 이틀간의 휴식 기간을 지난날의 향락지였던 수도의 몇몇 군데를 다시 방문하는 데 바치려 하네. 가정의 평온과 마음의 평화를 찾기 위해 내 발걸음은 다른 어떤 안식처보다도 자연히 고등법원형무소로 향하게 될 것이야. 나는 모레 저녁 일곱 시 정각에 민사범구치소 남쪽 담 밖에(사정이 허락한다면) 닿아 있을 것이라고 말함으로써 이 편지의 목적은 이루어졌네.
　옛 친구인 코퍼필드, 또 법학원의 토머스 트래들스 씨와 만나(아직도 건재하시고 나를 만나러 와준다면) 지난날의 우의를 새롭게 해 주기를 기대할 자격은 없으나, 위에 적은 시간과 장소에서, 내 몰락한 모습을 발견하고, 비웃으며 손가락질할 것으로 생각하면서 이만 줄이네.

무너진 높은 탑의 잔해와 같은
윌킨스 미코버

　나는 이 편지를 몇 번이나 되풀이해서 읽었다. 미코버 씨의 특유의 고상한 문체와, 기회가 있건 없건 이내 장문의 편지를 쓰는 특이한 취미를 감안하더라도, 이 사연의 밑바닥에는 어떤 중대한 일이 숨어 있다고 믿지 않을 수 없었다. 나는 편지를 내려놓고 잠깐 생각하다가 다시 집어들어 읽어 보았다. 몹시 곤혹스러워하고 있을 때 트래들스가 찾아왔다.
　"여보게, 정말 잘 왔어. 가장 적절한 때에 올바른 판단을 주려고 찾아왔군. 트래들스, 미코버 씨로부터 이상한 편지가 왔어."
　"그래? 그럴 수가 있나?" 트래들스가 큰 소리로 말했다. "나도 미코버 부인한테서 편지를 받았는데!"

걸어오느라 얼굴이 상기되고, 운동과 흥분이 겹쳐서 머리칼들이 꼭 명랑한 유령처럼 곤두선 트래들스는 자기가 받은 편지를 꺼내서 내 편지와 바꾸었다. 나는 트래들스가 미코버 씨의 편지를 읽어내려가다가, "그릇됨을 바로잡기 위해 천둥을 사용하고, 복수와 분노의 불꽃을 내뿜는다.' 이것 참, 야단났군, 코퍼필드!" 하고 눈썹을 치켜세우며 외치는 것을 듣고 고개를 끄덕이며 미코버 부인의 편지를 읽기 시작했다.

다음과 같은 내용이었다.

토머스 트래들스 씨, 귀하께서 전에 가까이 사귀던 사람을 아직도 기억하고 계시다면 2, 3분 정도 시간을 내주시기 바랍니다. 제가 지금처럼 마음이 아프지만 않다면 결코 귀하의 친절에 기대려 하지 않을 것이니, 부디 제 고통을 헤아려주십시오.

이런 말씀을 드리게 된 것이 저로서는 마음 아픈 일입니다만, 남편 미코버가 전에는 처자식들에게 그렇게 상냥했건만 요즘은 이전 같지 않아서 고심한 끝에 이 불행을 귀하에게 하소연하는 바입니다. 남편의 행동이 변하고 그이가 난폭해진 것을 도저히 꿈도 꾸지 못하실 것입니다. 그와 같은 남편의 행동은 점점 더 심해져서, 이제는 완전히 이성을 잃은 것 같습니다. 거짓말 같겠지만 하루라도 발작을 일으키지 않는 날이 없습니다. 요즘에는 자기 육신을 악마에게 팔았다는 말까지 아무렇지 않게 합니다. 이만큼 말씀드렸으니 제 심정을 다시금 설명할 필요는 없다고 생각합니다. 아무튼 요즘에는 비밀주의가 남편의 큰 특징이 되었습니다. 전에는 무슨 일이건 저한테만은 털어놓던 상냥함은 모두 자취를 감추어버렸습니다. 식사 때 무얼 드시겠냐고 묻기만 해도 불같이 화를 내며 곧장 이혼하자는 말을 한답니다. 어젯밤에도 그이는 레몬 과자가 먹고 싶다며 2펜스만 달라고 졸라대는 쌍둥이에게 성을 내며 굴까는 칼을 들이댔답니다.

이런 시시한 말씀만 드려서 정말로 죄송한 줄 알지만, 그래도 이런 사정을 말씀드리지 않으면 지금 저의 괴로운 상황을 이해하기 어려우시리라 생각하고 말씀드렸습니다.

49장 시들어가는 꽃 809

이제 이렇게 편지를 올리는 취지를 분명하게 말씀드려도 좋겠습니까? 귀하의 호의에 이 몸을 맡겨도 괜찮겠는지요? 틀림없이 허락해주시리라고 생각합니다. 저는 귀하의 상냥한 마음을 잘 알고 있으니까요!

여자의 경우, 사랑하는 이의 눈은 결코 쉽게 속일 수 없습니다. 남편은 런던으로 가려 하고 있습니다. 오늘 아침을 들기 전에 그는 옛날 즐거웠던 시절에 쓰던 밤색 가방을 꺼내어, 거기에 달 행선지 카드를 쓰는 데 애써 자기는 필적을 감추려 했지만, 근심으로 가득한 아내의 예리한 눈은 디 오 엔(d, o, n)[1]이란 글자를 똑똑히 읽어내고 말았습니다. 웨스트 엔드로 가는 역마차의 종점은 금십자 여관입니다. 길을 잘못 든 제 남편을 잘 타일러주십사고 간곡히 부탁드려도 좋겠습니까? 그리고 남편과 고통받는 그의 가족 사이의 문제에 개입해주십사고 감히 간청해도 좋겠는지요? 그리고 아, 실례했습니다. 그것은 조금 무리한 부탁이군요!

만약 코퍼필드 씨께서 아직도 이 사람을 기억하고 계시다면, 이 부탁과 함께 변함없는 저의 존경을 함께 전해주시기 바랍니다. 이 편지는 절대 비밀로 해주시길 바라며, 특히 남편에게는 무슨 일이 있어도 반드시 함구해주시기를 간곡히 부탁드립니다. 무리한 부탁인 줄은 알지만 이 편지의 답장을 보내주신다면 캔터베리 엠 이(M E) 우체국의 주소로 편지를 보내주시는 것이, 곤경에 처한 사람이 쓴 주소로 직접 보내시는 것보다 오히려 안전 무사할 것으로 생각합니다.

그러면 인사를 겸해서, 베풀어주신 친절을 믿고 염치없이 부탁을 드립니다. 당신을 존경합니다.

에마 미코버 올림

"그 편지를 어떻게 생각하나?" 내가 그 편지를 두 번이나 되풀이해서 읽고 나자 트래들스가 나를 보며 말했다.

"그 편지는 어떻게 생각하나?" 나도 말했다. 그는 미간을 찌푸린 채 아직도 미코버 씨의 편지를 읽고 있는 중이었다.

---

[1] London 철자의 일부.

"이 두 편지는, 미코버 씨 부부가 평소에 보내는 편지와는 퍽 다르다고 생각해. 이유는 모르지만." 트래들스가 말했다. "두 편지 모두 진심을 적은 것만은 의심의 여지가 없고, 공모했다고도 생각지 않아. 가엾기도 하지!" 트래들스는 미코버 부인의 편지를 가리키며 말했고, 우리는 두 편지를 비교해 보면서 나란히 서 있었다.

"아무튼 부인께 편지를 써서, 우리가 미코버 씨를 만나겠다고 알려주는 것이 친절일 것 같군."

트래들스가 말했다.

나는 전에 온 부인의 편지를 소홀히 취급했다는 자책감 때문에 그의 의견에 동의했다. 그 편지가 그 무렵에는 나로 하여금 많은 생각을 하게 했지만, 무엇보다 그때는 나 자신의 일로 바쁘고 집안일이 복잡했으며, 그 뒤로 아무 소식도 들려오지 않자 그 문제는 점점 내 머리에서 사라져갔던 것이다. 미코버 씨 부부의 생각을 하기는 했지만, 단지 그들이 또 캔터베리에서 '금전상의 채무'를 만들었나 하는 것을 궁금히 여기고, 또 미코버 씨가 우라이아 힙의 서기가 되었을 때, 나를 보고 무척 부끄러워하던 것을 떠올렸을 뿐이었다.

나는 곧장 우리 두 사람 이름으로 미코버 부인에게 위로 편지를 썼다. 곧장 그 편지를 부치기 위해 시내로 걸어가면서 오랫동안 상의하고 손쓸 방법을 고심했지만, 그것을 여기서 나열할 필요는 없다고 본다. 또한 오후에는 대고모까지도 상담을 하는 데 끌어들였지만, 최종 결론은 미코버 씨가 정한 시간을 지키자는 것뿐이었다.

우리는 지정된 장소에 15분이나 일찍 나갔는데도, 미코버 씨는 벌써 와 있었다. 그는 팔짱을 끼고, 벽을 보고 서서 벽 위의 철창을, 마치 젊은 날 그의 머리 위에 가지를 드리우고 그림자를 만들던 나뭇가지를 바라보듯 감개무량한 표정으로 바라보고 있었다.

우리가 다가가자 옛날과 달리 꽤나 당황해했고 품위가 없어 보였다. 그는 이번 여행에서는 뜻하는 바가 있어 검은 법복을 입지 않고 옛날에 입던 옷을 그대로 입고 있었으나 옛날 모습과는 아주 달랐다. 대화를 하면서 그는 차츰 옛 모습을 되찾았지만, 그래도 전 같지는 않았다.

"여러분!" 미코버 씨는 대충 인사가 끝나자 말했다. "여러분은 진정 참된 벗입니다. 현재의 코퍼필드 부인과 미래의 트래들스 부인—다시 말해서, 저의 벗인

트래들스 씨는 행이든 불행이든 간에, 아직도 사랑하는 대상과 결합하지 않았다고 가정하고—그 두 분에 대한 안부를 여쭙는 바입니다."

우리는 그의 공손한 인사에 감사를 나타낸 다음, 각자 적절하게 대꾸했다. 그러자 이번에는 앞에 있는 벽을 가리키며 매우 격식을 차린 투로 "여러분!" 하고 말을 꺼냈다. 나는 그 말을 가로막으며, 그런 의례적인 투는 그만두고 옛날처럼 허물없이 얘기해 달라고 부탁했다.

"이보게, 코퍼필드." 그는 내 손을 꽉 잡으면서 말했다. "자네의 따뜻한 우정은 정말 감격스럽네. 이보게, 이런 말을 해도 될지 모르겠네만, 한때는 인간이라고 불린 이 신의 궁전도 지금은 폐허로 바뀌어 그 파편 한 조각과도 같은 이 사람을[2] 환대해 주다니, 말 그대로 온 인류의 명예이자 자랑이라고 할 만해. 생애에서 가장 행복했던 시절을 보냈던 평화로운 집을 다시 보는 심정일세."

"그것은 모두 부인 덕택이었지요. 부인께서는 안녕하십니까?" 내가 말했다.

"고맙네." 미코버 씨는 대답했으나, 부인 이야기가 나오자 순간 얼굴 표정이 흐려졌다. "그 사람은 그저 그래. 그런데 보게, 여기가 고등법원형무소야! 여러 해 동안 여기에 들어와서 처음으로, 날이면 날마다 몰려와서 못살게 재촉하는 끈질긴 빚쟁이들의 빗발치는 독촉을 받지 않게 된 곳이 여기고, 빚쟁이가 잡고 두드릴 노커가 없는 곳도 여기고, 영장을 직접 보낼 필요도 없지. 구류자는 대문간에 재우기만 하면 되는 곳도 여기야! 여러분, 저기 저 벽돌담 위의 철망 그림자가 자갈로 덮인 산책로 위로 떨어지는 것은 나도 자주 보았었어. 내 아이들이 그 어두운 그림자를 피하고 피하면서, 마치 미로 사이를 뚫고 가듯이 거닐었었지. 저 안에 있는 돌은 어느 것 하나 익숙하지 않은 것이 없어. 나약한 소리를 하는 것 같지만 그래도 어쩔 수 없다는 것을 자네들 두 사람만은 알아주길 바라네." 미코버 씨는 말했다.

"우린 모두 그 뒤로 잘 지내 왔어요, 미코버 씨." 나는 말했다.

"코퍼필드," 미코버 씨는 씁쓸하게 대답했다. "나도 저 안에 있었을 때는 남의 얼굴을 똑바로 바라보고, 그가 내 기분을 언짢게 하면 머리통을 갈겨줄 수도 있었어. 그런데 지금은 같은 사람인데도 그럴 수가 없네."

---

2) 고린도 전서 제3장 제16절 참조.

초췌한 모습으로 건물에서 몸을 돌린 미코버 씨는, 한쪽으로는 내가 내민 팔을 잡고, 다른 한쪽으로는 트래들스가 내민 팔을 잡고서, 우리 두 사람 사이에서 걸어갔다.

그러면서도 어깨 너머로 몇 번이나 돌아보면서, "어차피 인간은 모두 무덤을 향해 가고 있네. 분에 넘치는 큰 희망이라도 품고 있지 않다면 결코 거쳐가기 싫은 이정표가 몇 개 있기 마련이지. 내 덧없는 인생에서는 이 고등법원형무소가 바로 그것일세!"

"아, 미코버 씨, 기운이 없어지셨군요." 트래들스가 말했다.

"그래요." 미코버 씨가 대답했다.

"설마 법률 쪽이 싫어져서 그런 건 아니겠지요. 저도 어쨌거나 법률가니까요."

미코버 씨는 대답하지 않았다.

"친구인 우라이아 힙은 잘 있나요, 미코버 씨?" 나는 잠시 침묵을 지키다가 말했다.

"코퍼필드." 미코버 씨는 갑자기 흥분하여 핏기를 잃고 대답했다. "내 고용주를 자네 친구인 것처럼 안부를 묻는다면 나는 매우 섭섭하게 생각하고, 그를 내 친구인 것처럼 안부를 묻는다면 비웃을 수밖에 없네. 어떤 자격으로 내 안부를 묻든 간에 아무튼 내 고용주니 미안하네만 이 말밖에 못하겠네. 그 사람의 건강 상태가 어떻든 간에, 악마까지는 아니더라도 여우와 똑같아. 그리고 직업상의 전망 문제로 나를 절망의 코앞까지 몰고 간 것에 대해서는 개인적으로 더 이상 말하고 싶지 않네."

아무리 몰랐다고 하지만 그를 이토록 자극한 데 대해 나는 유감의 뜻을 나타냈다. "물어봐도 될지 모르겠습니다만," 나는 말했다. "저의 옛 친구인 위크필드 씨와 미스 위크필드는 안녕하신지요?"

"미스 위크필드로 말하자면," 이번에는 갑자기 얼굴을 붉히면서 말했다. "언제나 그렇듯이 하나의 표본이요, 훌륭한 모범이지. 그녀만이 이 비참한 생활 속에서 유일하게 빛나는 별일세. 그 젊은 숙녀에 대한 나의 존경과, 그녀의 사랑과 진실과 선량함에 대한 나의 헌신적인 믿음—! 나를 저 골목으로 데려가주게." 미코버 씨는 말했다. "지금 내 심정으로는 결코 그러한 이야기를 할 만한 처지가 못 되네!"

우리는 그를 데리고 좁은 골목으로 돌아 들어갔다. 그는 손수건을 꺼내더니, 벽에 등을 기대고 섰다. 만약 나까지 트래들스처럼 심각한 표정으로 그를 바라보고 있었더라면, 그는 우리가 그와 함께 있다 해도 결코 아무런 격려도 될 수 없다고 생각했을 것이다.

"이것도 내 운명입니다." 미코버 씨는 체면도 따지지 않고 진심으로 울먹이며, 그러면서도 점잔을 부리는 옛날의 표정은 희미하게 띠면서 말했다. "타고난 아름다운 감정이 나를 질책하는 것도 내 운명이라는 말이야. 미스 워크필드에 대한 나의 경의는 곧 내 가슴을 파고드는 화살과 같네. 차라리 내가 방랑자로서 이 세상을 살아가도록 내버려두는 것이 더 나을걸세. 그러면 그 벌레 같은 인간이 내 문제를 순식간에 해결해줄 테니까."

우리는 그의 그러한 소망에는 관심을 보이지 않고 옆에 서 있었다. 이윽고 그는 손수건을 주머니 속에 넣고 셔츠 깃을 세우고는, 행여나 누가 자기 모습을 보았을지도 모른다는 부끄러움에 모자를 한쪽으로 아주 비스듬하게 쓴 다음 멋쩍음을 얼버무리려고 콧노래를 흥얼거렸다. 나는 이대로 그를 놓쳐서는 안 되겠다고 생각하고, 대고모를 소개하고, 침대도 마련해 줄 테니 하이게이트로 가자고 말하고 말았다.

"미코버 씨의 특기인 펀치주를 만들어 주세요. 근심 걱정은 모두 잊어버리고 즐거운 추억담이나 나눕시다."

"그리고 친구에게 마음속에 있는 것을 털어놓고 후련해진다면 우리에게 털어놓으십시오, 우리가 들어 드릴게요, 미코버 씨." 트래들스가 조심스럽게 말했다.

"자네들이 좋을 대로 하게! 나는 망망대해에 떠 있는 지푸라기나 마찬가지야. 마치 엘리펀트(elephants : 코끼리)의 힘으로 전후좌우, 끊임없이 흔들리고 있지— 아차, 실수했네, 엘리먼트(elements : 자연)의 힘이었지."

우리는 팔짱을 끼고 다시 걷기 시작했다. 마침 역마차가 막 출발하려 하고 있었으므로 곧장 집어타고 도중에 어려움 없이 하이게이트에 무사히 닿았다. 이럴 때는 어떻게 해야 하고, 무슨 말을 해야 좋을지 나는 전혀 알지 못했다—틀림없이 트래들스도 그런 것 같았다. 미코버 씨는 내내 깊은 수심에 잠겨 있었다. 그는 이따금씩 쾌활한 체하며 노래를 흥얼거리기도 했으나 모자를 지나치게 한쪽으로 기울여 쓰고 셔츠 깃이 눈언저리까지 치켜세워져 있는 우스꽝스러운 모습이 그가 다시 깊은 우울감에 빠져 들었을 때의 인상을 더 강하게 했다.

도라의 몸이 불편했기 때문에, 우리는 대고모 집으로 갔다. 사람을 보내어 대고모를 모셔오자 대고모는 흔쾌히 미코버 씨를 맞이했다. 미코버 씨는 대고모 손에 입을 맞추고 나서 창가로 물러가 손수건을 꺼내 들고는 혼자 마음속으로 고민하는 기색이었다.

딕 씨도 집에 있었다. 그는 선천적으로, 마음이 불안해 보이는 사람에 대해서는 누구에게나 지나치게 동정적이었고, 또 그러한 사람을 알아보는 데도 매우 빨랐으므로, 5분 동안에 적어도 예닐곱 번은 미코버 씨와 악수를 했다. 고민에 빠져 있는 미코버 씨도 생면부지인 사람으로부터 이러한 온정을 받자 감동한 나머지, 악수를 할 때마다 "이거 황송하기 이를 데 없습니다"고 되풀이했다. 그 말이 또 딕 씨를 무척 기쁘게 해서, 앞에서 했던 것보다 더욱더 힘차게 그의 손을 흔들어댔다.

"이분의 친절로 말하자면," 미코버 씨가 대고모를 보고 말했다. "부인—조금 상스러운 우리나라의 국기(國技)[3] 용어를 쓰는 것을 허락해주신다면—저는 완전히 바닥에 뻗었습니다. 곤혹스러움과 불안이 뒤얽힌 복잡한 짐을 지고 발버둥치는 사람에게는, 그러한 환대가 진정 괴로운 시련입니다."

"내 친구인 딕 씨는" 대고모는 자랑스럽게 대꾸했다. "보통 사람이 아니에요."

"저도 잘 알고 있습니다." 미코버 씨가 대꾸했다. 그리고 또다시 그와 악수하면서, "딕 씨, 선생의 친절에 대해서는 깊이 감사하고 있습니다."

"그래, 기분은 어떠신지요?" 딕 씨가 걱정스러운 표정으로 물었다.

"별로 신통치 않습니다." 미코버 씨는 한숨을 쉬며 말했다.

"기운을 내십시오." 딕 씨가 말했다. "그리고 되도록이면 마음을 편안하게 가지셔야 합니다."

미코버 씨는 이러한 친절한 말과 함께, 딕 씨가 또다시 자기 손을 잡고 악수하자, 완전히 감동하고 말았다. "저도 이제까지 기구한 삶을 헤쳐오면서 때로는 오아시스를 만나기도 했지만, 지금처럼 이렇게 시원하고 용솟음쳐나오는 오아시스를 만난 것은 처음입니다!"

---

[3] 권투를 말함.

다른 때 같으면 이런 광경을 보고 재미있다고 생각했을 테지만, 나는 지금 모두의 마음이 답답하고 불안하다는 것을 느꼈고, 또 미코버 씨가 자기 마음속을 드러내 보이고 싶은 기분과, 반대로 아무것도 보이고 싶지 않은 망설임 속에서 흔들리는 모습을 지켜보다보니, 도저히 그럴 상황이 아니었다.

트래들스는 눈을 크게 뜨고 여느 때보다 더 빳빳하게 머리칼을 곤두세우고서 의자 모서리에 걸터앉아, 한마디도 하지 않고 마룻바닥과 미코버 씨를 번갈아 바라보았다. 대고모는 이 새 손님에게 여느 때와 같은 날카로운 관찰의 눈길을 쏟고 있었는데, 우리 가운데 누구보다도 여유가 있고 침착했다. 대고모는 그를 대화 속으로 끌어들여, 그가 좋건 싫건 말하지 않을 수 없게 만들었다.

"미코버 씨는 트롯과 오랜 친구 사이라지요?" 대고모는 말했다. "저도 전부터 꼭 한 번 뵙고 싶었습니다."

"부인," 미코버 씨가 대꾸했다. "정말 진작 뵐 수 있었더라면 얼마나 좋았겠습니까. 저도 전에는 지금과 같은 몰락한 사람은 아니었으니까요."

"부인과 가족들은 모두 무고하십니까?" 대고모는 말했다.

미코버 씨는 고개를 조금 갸우뚱했다. "그럭저럭 잘 있습니다, 부인." 그는 잠깐 망설이다가 자포자기한 듯이 말했다. "뜨내기나 기댈 곳 없는 처지 치고는 잘 있다고 할 수 있지요!"

"아아, 맙소사!" 대고모는 서슴없이 말했다. "무슨 말씀을 하시는 거죠?"

"부인, 저희 집 살림살이는 위기 일발의 상태에 있습니다. 제 고용주가—"

미코버 씨는 화가 치민다는 듯이 말을 잠시 끊고, 그가 펀치주를 만드는 데 쓸 다른 도구들과 함께 그의 앞에 갖다놓은 레몬 껍질을 벗기기 시작했다.

"선생의 고용주가요?" 딕 씨가 부드럽게 재촉하며 그의 한쪽 팔을 가볍게 찔렀다.

"아, 생각났어요. 고맙습니다, 선생." 두 사람은 또다시 악수했다. "부인, 제 고용주인 힙 씨가 언젠가 생색을 내며 제게 이렇게 말한 적이 있습니다. 만약 제가 자기에게 고용되어 급료를 받지 못했다면, 아마 칼날을 집어 삼키고 불덩이를 먹으면서 떠돌아다니는 협잡꾼이 됐을 것이라고 말입니다. 그렇지 않으면 자식놈들이 생활비를 벌기 위해서 몸을 비틀며 곡예를 하고 부인은 손풍금을 치며 아이들의 가련한 곡예에 장단을 맞춰주고 있었을 것이 틀림없다고 말하더군요."

미코버 씨는 아무렇게나 하면서도 잽싼 솜씨로 칼을 휘두르면서, 그러한 일도 자기가 이 세상을 떠나면 정말로 일어날 수도 있겠다고 말하더니, 다시 레몬 껍질을 열심히 벗겼다.

대고모는 늘 자기 곁에 놓아두는 조그마한 둥근 탁자에 팔꿈치를 기대고 주의 깊게 그를 바라보았다. 그가 하고 싶어하지 않는 말을 잘 구슬려서 하게 하는 것은 내키지 않았지만, 사실 이때에는 그 유혹을 아주 강하게 느꼈었다. 그러나 그렇게 하지 않은 이유는 마침 그때 그가 아주 이상한 행동을 하기 시작했기 때문이다. 그중에서도 가장 기가 막힌 행동은, 레몬 껍질을 주전자 속에 집어넣기도 하고, 사탕을 양초 심지를 자르는 가위를 올려둔 쟁반에 놓는가 하면, 술을 빈 병에 붓고, 아무렇지 않게 촛대에서 끓는 촛농을 부으려고 한 것이었다. 이대로는 위험하겠다고 생각했더니, 정말로 그렇게 되었다. 그는 갖고 있던 것과 놓아둔 모든 도구들을 시끄럽게 한데 뒤섞어버리더니 의자에서 벌떡 일어나 손수건을 꺼내어 왈칵 울음을 터뜨렸다.

"코퍼필드." 그는 손수건으로 얼굴을 가린 채 말했다. "마음에 근심이 없고 스스로를 존경할 수 있는 때가 아니고는 도저히 만들 수가 없네. 지금은 도저히 그럴 수 없어."

"미코버 씨," 나는 말했다. "어찌 된 일입니까? 제발 말해주세요. 당신은 지금 친구들에게 둘러싸여 있습니다."

"친구라! 그렇지!" 그는 가슴속에 맺혀 있던 응어리를 터뜨렸다. "지금 이 꼴이 된 것도 모두 친구들에게 둘러싸여 있기 때문이야. 어찌 된 일이냐고요, 여러분? 뭐든 제대로 된 게 있는 줄 아십니까? 지독한 악당, 비겁한 놈이에요. 기만, 사기, 음모—이 모든 악질적인 것을 합친 극악무도한 이름이 바로 힙입니다."

대고모가 손뼉을 탁 치는 바람에 우리는 모두 정신 나간 사람처럼 벌떡 일어섰다.

"투쟁은 끝났습니다!" 미코버 씨는 손수건을 마구 휘두르면서, 이따금 상상을 초월하는 어려움을 견디고 있는 것처럼 두 팔을 크게 헤엄치듯이 휘두르면서 말했다. "저는 더는 그런 생활을 하지 않을 것입니다. 비참했습니다! 전 인생을 즐겁게 하는 모든 것을 빼앗기고 말았습니다. 그 극악무도한 악한에게 고용되어 이러지도 저러지도 못했습니다. 제 처를 돌려주십시오. 가족을 돌려주세요. 이

발에 긴 장화를 끼고 걸어다니는 비참하고 쓸모없는 인간 노릇은 관두고, 진짜 미코버를 돌려주시오! 그리하여 내일 당장 칼날을 집어삼켜야 한다면 내 기꺼이 하겠소! 얼마든지 삼켜주겠어!"

내 평생 이렇게 흥분한 사람은 본 일이 없다. 나는 그를 진정시키려고 무척 애썼으나 그는 점점 더 흥분하여, 단 한마디도 들리지 않는 것 같았다.

"저는—누구와도—악수를 하지—않겠어요." 미코버 씨는 숨을 헐떡이며 씩씩거리고 훌쩍훌쩍 울면서 말했다. "내가—저 뱀 같은—악당—힙을—가루로 만들어서—날려보내기 전에는!—천벌받을—힙의—머리 위에—베수비오 화산을—폭발시킬 때까지는—누구의 환대도 받지 않겠어요!—사기꾼이요, 거짓말쟁이—힙의—머리통에서—눈알을 도려내기—전에는, 이 집에서—음식을—특히 펀치주를—넘길 수 없어요!—아무튼—그 지독한 위선자—벼락 맞을 위증자—힙을—박살내기 전에는—누구와도 사귀지 않고—한마디도 하지 않고—어디에도 가지 않을 겁니다!"

나는 미코버 씨가 그 자리에서 죽지나 않을까 걱정스러웠다. 그가 거의 알아들을 수도 없는 이런 말을 하며 몸부림치다가 힙이란 이름이 나올 것 같으면 그 이름을 향해 미친 듯이 돌진하다가, 불가사의할 정도로 격렬하게 그 이름을 내뱉었다. 정말 소름이 끼칠 지경이었다. 그러다가 의자에 축 늘어진 것을 보니, 우리를 보고 있는 그의 이마에서 김이 모락모락 피어오르고 있었다. 얼굴색은 전혀 상관없을 텐데도 칠면조처럼 자꾸만 변했고, 목구멍 언저리에서는 자꾸만 무언가 덩어리 같은 것이 치밀어 올라서 그것이 이마까지 치고 올라가는 것 같았다. 영락없이 임종에 이른 사람의 형상이었다. 나는 재빨리 그를 도우려 했으나, 그는 손을 내저으면서 누구의 말도 들으려 하지 않았다.

"안 돼요, 코퍼필드! 남한테 말하면—안 됩니다—미스 워크필드가—대악당—힙의(이 힙이라는 말이 나올 때마다 솟아오르는 놀라운 정력이 없었더라면, 그는 아마 말을 하지 못했을 것이다) 독니 앞에서—벗어나기 전에는! 그리고 이것은—절대 비밀입니다!—누구도—예외는 없어요. 다음 주—아침 식사 시간에—대고모님을 포함하여—그리고 매우 친절하신 선생(딕 씨를 말함)도—캔터베리의 호텔로 모시고—제 처와 제가—〈올드 랭 사인〉(석별)을—합창하고—그리고—용서할 수 없는—힙 놈의—악행을—폭로하겠습니다—더 말씀드릴 것은—없습니다—설득도 듣지 않겠습니다—그럼—이만 떠나겠습니다—아무래도—함께 있을—기분이—아니라서—어디 두고 봐라—천벌받을—지옥으로 떨어질—힙 놈!"

미코버 씨는 그를 여기까지 이끌고 온 마법의 주문—혼신의 힘으로 다시 되풀이하고는 허둥지둥 뛰쳐나가버렸다. 남은 우리의 심경도 흥분과 희망과 놀라움이 뒤섞여서 그와 크게 다를 바 없었다. 그러나 그러한 판국에서도 미코버 씨의 편지 사랑은 도저히 막을 수 없는 강렬한 것이었다. 그 까닭은, 우리가 아직도 흥분과 기대와 놀라움 속에 있는데, 이웃주막에서 다음과 같은 목가적인 시정이 넘치는 편지 한 통이 도착했기 때문이다. 그는 오직 편지를 쓰려고 거기에 들렀던 것이다.

직접 열어보게. 특히 극비 사항일세.
삼가 말씀 올리네.
내 흥분에 대해 대고모님께 사과의 말씀을 전해 주기 바라네. 오랫동안 억눌러 온 화산의 폭발은 마음속의 번민이 일으킨 일로, 붓으로 묘사하기 어려움을 헤아려주기 바라네.
트위드 강가에서 자라난 불후의 징세관의 그 유명한 가락[4]을 내 아내와 내가 자네와 합창했던 그 캔터베리의 호텔에서 다음 주 아침에 만나기로 한 약속은 꽤 또렷하게 전달한 것으로 믿고 있네.
그리하여 의무를 이행하고 보상을 완수하는 것이, 나도 내 동료의 얼굴을 대할 수 있는 길이며 그렇게 되면 죽어도 여한이 없네. 다만 만인의 안식처로 향하길 바라며, 그곳은,
제각기, 그 비좁은 잠자리에 누워,
이 마을의 먼 조상들이, 조용히 잠든, 곳일세.[5]
—그리고 묘비명에는 단지 한 줄,
윌킨스 미코버

---

4) 18세기 영국 스코틀랜드의 시인 로버트 번스의 가곡 〈그리운 옛날〉·〈올드 랭 사인〉·〈석별〉.
5) 위의 두 줄은 18세기 영국 시인 토마스 그레이의 걸작 〈마을의 묘지에서 노래하다〉로부터.

50장
페거티 씨, 꿈을 이루다

그런데 이때는, 우리가 템스강변에서 마사와 만난 이래 몇 달이 지난 뒤였다. 그 뒤 나는 그녀를 만나지 못했지만 페거티 씨는 그녀와 몇 차례 편지를 주고받았다. 그녀가 열성적으로 관여를 했는데도 성과는 전혀 없었다. 그의 이야기를 들어보아도 에밀리의 운명에 대해서는 아무 단서도 얻을 수 없었다. 솔직하게 말해서 나는, 에밀리가 돌아오리라는 것에 대해서는 점점 절망을 느끼기 시작했으며, 날이 갈수록 그녀가 죽었단 확신이 점점 깊어졌다.

그러나 페거티 씨의 신념은 여전히 변하지 않았고 그의 한결같은 인내심은 지칠 줄 몰랐다. 에밀리를 반드시 찾아내겠다는 그의 신념은 절대 흔들리지 않았다. 그의 끈기는 지칠 줄 몰랐다. 나는 언젠가 그의 강한 신념이 가차 없는 일격을 받고 무너져 그에게 견딜 수 없는 고통을 안겨주는 날이 올 것만 같아서, 온몸이 떨릴 정도로 두려웠다. 그러나 정작 페거티 씨의 신념에는 종교적인 데가 있었고, 그 신념의 뿌리는 그의 아름다운 천성의 바닷속 가장 정결한 곳에 내려져 있다는 것이 또렷했으므로 그에 대한 나의 존경심은 드높아갔다.

게다가 그의 확신은, 부질없이 희망만 안고 있고 별달리 아무것도 하지 않는 그런 미적지근한 것이 아니었다. 그는 굽힐 줄 모르는 행동인이었고, 남의 도움을 바라려면, 충실하게 자기 자신의 본분을 다함으로써 스스로를 도와야 한다는 것을 잘 알고 있었다. 그는 만약 일이 잘못되어 옛 뱃집 창가에 등불이 켜져 있지 않으면 어쩌나 걱정되어 한밤중에 야머스까지 다녀온 적도 있다. 또한 신문에서 에밀리와 관계가 있을 듯한 기사를 읽으면, 곧바로 지팡이를 손에 들고, 7, 8마일이나 되는 먼 길을 서슴없이 나섰다. 내가 미스 다틀에게서 들은 이야기를 해 주었을 때에는, 곧바로 그는 배를 타고 나폴리까지 갔다 왔다. 그의 여행은 언제나 지독히 가난했다. 그의 말에 따르면, 에밀리를 찾아냈을 때를 위해 필사적으로 돈을 남겨두기 위해서라고 한다. 게다가 이 오랜 여행을 계속하면서 그의 불평을 들은 적은 한 번도 없다. 지쳤다거나 실망했다는 말도 절대 입에 올리지 않았다.

결혼한 뒤, 도라도 가끔 그와 만났으며 그를 아주 좋아하게 되었다. 지금도 눈앞에 또렷하게 떠오르는데, 그가 구깃구깃한 모자를 손에 들고 그녀의 소파 옆에 서 있었다. 그러자 천진한 도라가 깜짝 놀란 얼굴로 파란 눈을 들어 가만히 올려다보는 것이었다. 때때로, 황혼이 짙어갈 무렵, 그가 이야기를 하려고 찾아오면 나는 그와 함께 뜰을 거닐면서 파이프 담배를 권하곤 했다. 그럴 때면, 이제는 황폐해진 그의 집과 난롯불이 붉게 타오르고 밖에서는 바람이 윙윙거리던 그 어린 날 보았던 아늑한 분위기가 마음속에 생생하게 되살아나는 것이었다.

어느 날 저녁, 그가 찾아 와서 말하기를, 간밤에 마사가 근처에서 기다리고 있었다고 한다. 그녀는 자기와 다시 만날 때까지는 어떤 일이 있어도 런던을 떠나지 말아 달라고 부탁했다는 것이다.

"그 이유를 말하던가요?" 내가 물었다.

"물어봤지요, 데이비 도련님. 그러나 여느 때처럼 말없이, 제 약속만 듣고는 가 버렸어요."

"언제 만날 수 있을 것이라고 말을 하던가요?"

"그것도 물어봤지요. 그러나 자기도 잘 모른다고 하더군요." 그는 생각에 잠긴 듯이 얼굴을 한번 쓸면서 말했다.

실낱같은 희망으로 그에게 부질없는 희망을 주는 일은 오랫동안 조심해왔으므로, 이번에도 머지않아 그녀를 만나게 되리라는 말 밖에는 별다른 의견을 말하지 않았다. 속으로는 이런저런 생각을 했지만, 그것은 가슴속에만 간직해 두었다. 하기야 그것도 아주 덧없는 희망이었지만.

그 뒤 약 두 주일쯤 지난 어느 날 저녁, 나는 홀로 뜰을 거닐고 있었다. 그날은 미코버 씨와의 재회를 기다리던 주의 둘째 날이었다. 종일 비가 내려 공기가 습했다. 무성한 나뭇잎들은 비에 젖어 무겁게 늘어져 있었다. 하늘은 아직 어두웠으나 비가 그치고, 새들이 노래하기 시작했다. 뜰 안을 이리저리 거닐고 있는 사이에 황혼이 깔리면서 새들이 지저귀는 소리도 그쳤다. 이따금씩 나뭇가지에서 떨어지는 물방울 소리 말고는 가벼운 나뭇가지 끝의 바람소리마저 잠잠해질 무렵, 이른바 시골의 저녁에서만 볼 수 있는 특이한 정적이 덮였다.

우리 집 옆에는 담쟁이덩굴이 덮여 있는 녹색의 자그마한 격자 울타리가 있는데, 그곳을 통해 뜰에서 앞에 펼쳐진 한길을 볼 수 있었다. 여러 일들을 생각하다가, 우연히 눈을 한길 쪽으로 돌리자, 초라한 외투를 걸친 여자의 모습이 보였다. 그녀는 서둘러 내가 있는 쪽으로 오면서 열심히 손짓하며 나를 부르고 있었다.

"마사!" 나는 그쪽으로 가면서 말했다.

"저와 함께 가실 수 있겠어요?" 그녀는 흥분하여 귀엣말로 물었다. "그분한테 갔다 왔는데, 그분은 집에 계시지 않아요. 오실 곳을 적어서 탁자 위에 올려두긴 했는데, 곧 돌아오실 거라고 하더군요. 알려 드릴 것이 있어요. 지금 가 주실 수 있겠어요?"

내 대답은 곧바로 대문 밖으로 나가는 것이었다. 그녀는 너무 서두르지는 말고, 조용히 하라고 부탁하듯 손을 모으고 런던 쪽으로 돌아섰다. 그녀의 옷에도 나타나 있듯이 런던에서 급히 걸어온 모양이었다.

런던이 우리의 목적지가 아니냐고 나는 그녀에게 물어보았다. 그녀가 황급히 몸짓으로 그렇다는 시늉을 해보였으므로, 나는 때마침 옆을 지나가는 빈 마차를 세워 올라탔다. 마부에게 어디로 가자고 하면 되느냐고 그녀에게 물었더니, 그녀는 "골든스퀘어 근처면 어디든 좋아요—, 빨리요!"라고 말했다. 그러고는 떨리는 손으로 얼굴을 감싸고, 또 다른 손으로는 더 이상 말하지 말라는 듯이 저으며 마차 한구석에 웅크리고 앉았다.

나는 당황하여 좋은 소식인지 나쁜 소식인지도 몰랐으므로 무엇이든 설명을 바라며 그녀를 보았다. 그러나 그녀는 말하고 싶어하지 않았고, 나도 이런 때에는 오히려 가만히 있는 성격이었으므로 억지로 묻지 않았다. 우리는 한마디도 하지 않고 마차에 앉아 있었다. 그녀는 이따금씩 창밖을 흘끗거렸으나 그 밖에는 처음과 똑같았다. 마차는 제법 빨리 달리고 있었지만 그녀에게는 아주 느리게 느껴지는 것 같았다.

우리는 그녀가 말한 골든스퀘어로 들어가는 한 입구에서 내렸으나 마차를 다시 써야 할 경우가 생길지도 몰라서 그대로 대기시켜 놓았다. 그녀는 내 팔을 잡고 어두컴컴한 거리로 급히 끌고 갔다. 그곳의 집들은 한때는 어엿한 주택이었지만, 오래전부터 방을 빌려주는 초라한 하숙으로 전락해버린 것들이었다. 그녀는 어느 한 집의 열린 문 안으로 들어서더니 잡고 있던 내 팔을 놓고 거리 쪽에서 보면 갈림길처럼 되어 있는 공동 계단을 자기를 따라 올라오라고 내게 손짓했다.

그 집에는 거주자들이 우글거렸다. 우리가 올라가자, 방마다 문이 열리며 사람들이 고개를 내밀었고, 계단에서 내려오는 다른 사람들과 스치기도 했다.

이 집에 들어오기 전에 밖에서 한번 위를 쳐다보았다. 아낙네들과 어린아이들이 화분 너머 창가에 우글우글 모여 있는 것으로 보아 우리가 그들의 호기심을 끌었던 모양이었다. 왜냐하면 문밖으로 고개를 내민 것은 주로 그 구경꾼들이었기 때문이다. 계단에는 검은 목재의 육중한 난간이 달려 있고, 넓은 굽도리 널빤지가 끼워져 있었다. 문 위에는 과일과 꽃의 조각물로 꾸민 처마 박공이 있었고, 창문 쪽에는 폭이 넓은 의자가 있었다. 그러나 과거의 이 모든 영광도 비참하게 썩어서 녹슬고 때 묻고 습기 찼으며, 세월이 마루청을 약하게 만들어서 여러 곳이 삐걱거리고 위험하기까지 했다. 값싼 소나무 목재로 그 값비싼 목재 세공물들을 여기저기 수리해서 점점 쇠약해가는 몸에 새로운 피를 수혈해 보려는 시도는 있었으나, 그것은 몰락한 늙은 귀족이 평민 거지와 결혼한 꼴이어서 서로가 이 어울리지 않는 결합을 외면하고 있었다. 계단 위의 뒷창문 몇 개는 판자를 대어 모조리 막아버렸다. 나머지 창문에도 유리는 거의 없었으며 찌그러진 창틀을 통해서 나쁜 공기가 밀고 들어와선 절대로 다시 나가지 않을 것같이 보였다. 역시 유리가 없는 다른 창문을 통해서는 비슷한 상태의 다른 집들이 보였고, 현기증이 날 것 같은 기분으로 까마득한 안뜰을 내려다보니 그 뜰은 이 큰 주택의 공동쓰레기장이 되어 있었다.

우리는 맨 위층까지 올라갔다. 가는 도중에 두세 번 희미한 불빛 속에서 어떤 여자의 치맛자락이 우리 앞에 올라가는 것을 본 듯했다. 마침내 우리와 지붕 사이의 마지막 계단을 올라가려고 돌아서자 그 여자가 어떤 문 앞에서 걸음을 멈추고 숨을 고르는 것이 똑바로 보였다. 이어 그 여자는 문손잡이를 돌리더니 안으로 들어갔다.

"이게 어떻게 된 거죠?" 마사가 속삭였다. "저 여자가 내 방으로 들어갔어요. 난 저 여자를 모르는데!"

나는 그녀를 알고 있었다. 놀랍게도 그녀는 미스 다틀이었다.

나는 간단하게, 전에 만난 적이 있는 여자라고 마사에게 설명했다. 말이 끝나자마자 우리가 서 있는 자리에서는 알아들을 수가 없었지만, 방 안에서 여자 소리가 들려왔다. 마사는 놀란 표정으로 앞장서서 살며시 나를 계단 끝까지 데리고 올라가더니 자물쇠도 없어 보이는 작은 뒷문을 밀어서 열고, 지붕 천장이 비스듬히 경사진, 좁은 다락방으로 데리고 들어갔다. 이 방과, 마사가 자기 방이라고 부른 그 방을 잇는 문이 있었는데, 그것이 약간 열려 있었다. 계단을 올라오느라 숨이 차서 걸음을 멈추고 잠깐 쉴 때, 그녀가 자기의 한 손을 내 입술에 살짝 갖다댔다. 건너편 방은 꽤 컸다. 침대가 하나 놓여 있고, 벽에는 평범한 배 그림 몇 폭이 걸려 있는 것만이 보일 뿐, 미스 다틀은 보이지 않았고, 또 우리가 들었던 말소리의 주인공도 보이지 않았다. 내가 있던 곳의 위치가 더 좋았으므로, 아마 마사에게도 보이지 않았을 것이다.

얼마 동안 쥐죽은 듯한 침묵이 이어졌다. 마사는 여전히 한 손을 내 입술에 댄 채, 다른 한 손을 올려서 귀를 기울이는 시늉을 했다.

"집에 없어도 상관없어요." 위압적인 미스 다틀의 목소리가 들렸다. "난 그런 여자는 알지도 못해요. 내가 만나러 온 사람은 당신이에요."

"저라고요?" 조용한 목소리가 대답했다.

그 목소리를 듣자 온몸에 소름이 돋았다. 분명히 에밀리의 목소리였기 때문이다!

"그래요." 미스 다틀이 대꾸했다. "난 당신을 만나러 왔어요. 당신은 이런 엄청난 잘못을 저지른 그 얼굴이 부끄럽지도 않나요?"

그녀의 단호하고 가차없는 증오에 찬 말투, 분노를 억누르고 있는 목소리를 듣자, 지금 그녀가 밝은 곳에 서 있기라도 하는 것처럼 내 눈앞에 그 모습이 또렷하게 드러났다. 번쩍이는 검은 눈동자와 분노에 떠는 모습이 눈앞에 보였다. 그녀의 입술을 가로지르는 흰 흉터가 말할 때마다 움찔거리며 덜덜 떨리고 있었다.

"난 제임스 스티어포스의 혼을 뺀 여자, 남자와 달아나서 고향의 천한 사람들의 입방아에 오르내리고 있는 여자—제임스 같은 사람의 상대라기엔 너무도 뻔뻔하고 교활한 여자가 대체 어떻게 생겼나 알고 싶어서 왔어요."

모욕적인 언사를 뒤집어쓴 그 불행한 아가씨가 문 쪽으로 달려가려고 하자, 욕설을 퍼붓던 자가 재빨리 그 앞을 가로막는 소리가 났다. 그러고 나서 얼마 동안 침묵이 뒤따랐다.

미스 다틀은 이를 악물고 발을 구르며 말했다.

"거기 있어! 그렇지 않으면 이 집과 온 동네에 네 소문을 퍼뜨리고 다닐 테야! 네가 나를 피해 달아나려고 한다면 머리채를 휘어잡고 돌멩이 세례를 받게 해줄 것이야!"

겁에 질려서 중얼거리는 소리가 들려왔다. 침묵이 이어졌다. 나는 어떻게 해야 좋을지 몰랐다. 이 대화를 어서 끝내주고 싶은 생각은 간절했지만, 과연 내가 나서도 좋을지 자신이 없었다. 지금 나서서 에밀리를 구해줄 사람은 오직 페거티 씨뿐이었다. 그는 오지 않는 것일까? 나는 초조해서 견딜 수 없었다.

"이제야 찾았어!" 로사 다틀은 경멸하듯 웃으며 말했다. "연약하고 수줍은 체하고, 고개 숙여 내숭떠는 모습에 속아 넘어가다니, 제임스도 참 가엾기도 하지!"

"제발 저를 살려주세요!" 에밀리는 애원했다. "누구신지는 모르지만 딱한 저의 내력을 알고 계실 테니까, 제발 부탁입니다. 저를 살려주세요. 당신도 구원을 받고 싶으시다면!"

"뭐, 구원을 받고 싶다면이라고! 잘도 그런 소리를 지껄이는구나. 내가 너와 무슨 공통점이라도 있단 말이야?" 미스 다틀이 불같이 화를 냈다.

"같은 여자라는 것 말고는 아무것도 없지요." 에밀리는 울음을 터뜨리며 말했다.

"너같이 천한 계집이 말은 잘하는구나! 설사 내 가슴에 너에 대한 멸시와 혐오감 이외에 다른 감정이 있다 하더라도 네 그 한마디로 꽁꽁 얼어붙고 말거다. 같은 여자라구? 참 명예롭기도 하겠구나!"

"무슨 말씀을 하셔도 좋아요." 에밀리가 말했다. "하지만 그것은 무서운 일이에요! 부탁이에요, 제가 받은 고통이 얼마나 컸으며, 얼마나 괴로운가를 생각해주세요. 아, 마사, 돌아와줘요! 아, 돌아와요, 제발 돌아와요!"

미스 다틀은 문에서 보이는 곳에 놓여 있는 의자에 앉아, 에밀리가 자기 앞에 웅크리고 있는 것처럼 바닥을 내려다보고 있었다.

"내 말을 잘 들어! 그런 수법은 네 봉한테나 쓰도록 해. 눈물 따위로 내 마음을 움직일 수 있을 것 같아? 그래봐야 네 미소로 날 매혹할 수 없는 것과 마찬가지로 아무 소용없어, 이 돈에 팔린 노예야!"

"아, 제발 자비를 베푸시기 바랍니다!" 에밀리는 말했다. "제발 저를 동정해주세요. 아니면 전 아마 미쳐서 죽을지도 몰라요."

"그래 봐야 네가 지은 엄청난 죄에 비하면 대단한 참회도 아니야." 로사 다틀은 말했다. "넌 자신이 무슨 짓을 했는지 알고는 있니? 네가 엉망으로 망쳐놓은 가정을 조금이라도 생각해 본 적이 있어?"

"아, 밤이고 낮이고 그 생각에서 벗어난 적이 없어요!" 에밀리는 말했다. 이때 그녀의 모습이 슬쩍 보였다. 무릎 꿇고 고개를 뒤로 젖혀 핏기 없는 얼굴로 상대를 계속 올려다보고 있었다. 미친 듯이 두 손을 앞으로 모아 빌었고, 머리카락이 양쪽 어깨를 가득 덮고 있었다. "자나 깨나 그 집이 제 눈앞에 떠오르지 않은 적이 없어요. 제가 영원히 등을 돌리고 나온 그 모습 그대로의 집! 아, 집, 집! 아, 그립고 그리운 아저씨! 제가 타락한 뒤에도, 저에 대한 아저씨의 사랑 때문에 제 가슴이 얼마나 아팠는가를 아신다면 아무리 저를 사랑하셨다 해도, 그렇게 끊임없이 당신의 사랑을 제게 표시하시지는 않았을 거예요! 분명 일생에 한번쯤은 제게 화를 내셨겠죠. 그렇게 해주셨더라면 오히려 제게 위안이 되었을 텐데! 아아, 저는 너무 괴로워요. 모두들 저에게 너무 잘해주시기만 하시는 걸요!" 에밀리는 로사 다틀의 옷자락을 잡고 필사적으로 애원하면서 의자에 앉아 있는 그 오만한 모습 앞에 울면서 쓰러졌다.

로사 다틀은 동상처럼 꼿꼿한 자세로 에밀리를 내려다보며 앉아 있었다. 어지간히 감정을 억누르지 않으면 아름다운 에밀리를 짓밟을 수 없다는 듯이 입술을 꽉 물고 있었다. ─나는 내가 생각한 대로 쓰고 있는 것이다. 나는 이 눈으로 똑똑히 보았다. 그녀의 얼굴과 성격이 모두 이 표정 하나에 모아져 있는 것처럼 보였다. 아아, 페거티 씨는 끝내 오지 않는 것일까?

"이 지렁이같이 천한 것이 무슨 착각을 하고 있는 거야! 너희 집이라고! 내가 네 집 따위를 조금이라도 염두에 두고 있는 줄 아니? 아니면 너 같은 천한 것의 집이 대단한 것이라도 된다는 거야? 그딴 것은 돈으로 해결할 수 있는, 그것도 훨씬 더 좋게 만들 수 있는 손해일 뿐이야. 기가 막히는구나! 넌 너희 집 상품의 일부에 불과한 거야. 그러니까 넌 너희 집 사람들이 취급하는 다른 상품과 마찬가지로 사고팔리고 한 거야."

"아, 그렇지 않아요!" 에밀리는 말했다. "저에 대해서는 무슨 말씀을 하셔도 좋아요. 그러나 당신 못지않게 훌륭한 우리 집 식구들에게 제가 하지도 않은 일로 치욕과 창피를 씌우진 말아주세요! 아무리 제가 미워서도, 당신도 숙녀라면 조금 더 그 사람들을 존경해주길 바라요."

그러나 이러한 애원을 들어줄 리가 없었다. 에밀리가 붙잡고 있는 치맛자락을 마치 더러운 것에 닿은 것처럼 끌어당기며 말했다.

"난 제임스의 집, 내가 지금 살고 있는 그 집에 대해 말하는 거야. 너는 귀부인인 어머니와 신사인 아들 사이를 갈라놓은 원흉이야. 하녀로도 써주지 않을 그런 집안에 슬픔을 안겨준 장본인이고, 분노와 한탄과 치욕의 원인이야. 물가에서 주워다가 한동안은 소중히 여겨졌겠지만 결국은 다시 본디 장소로 되던져진 이 더러운 계집!"

"그렇지 않아요! 그렇지 않아요!" 에밀리는 두 손을 꽉 맞잡고 외쳤다. "그분을 처음 뵀을 땐—아아, 차라리 그날의 태양이 영원히 떠오르지 않고, 내가 무덤으로 끌려가는 날에 뵀더라면 좋았을걸!—저도 당신이나 다른 어떤 숙녀와도 다름없이 정숙하게 자랐으며, 당신 같은 숙녀들의 상대로도 손색이 없는 훌륭한 남성의 아내가 되기로 약속까지 했습니다. 당신이 그분 댁에 살고 계시고 그분을 잘 아신다면, 연약하고 허영된 소녀에 대한 그분의 힘이 얼마나 막강한가를 잘 아실 겁니다. 변명은 하고 싶지 않지만, 그분이 그 힘을 이용하여 나를 속였다는 것과, 제가 그분을 믿고 의지하고 사랑했다는 것을 저도 알고 있고, 그분도 잘 알고 계실 것입니다! 지금은 모르더라도 돌아가실 때에는 분명 이 일로 괴로워하실 것입니다!"

로사 다틀이 자리에서 벌떡 일어나서 한 걸음 뒤로 물러섰다. 분노로 일그러진 험악한 얼굴로 에밀리를 때리려고 달려드는 바람에, 하마터면 나는 그들 사이에 뛰어들 뻔했다. 그러나 따귀를 때리려던 손은 목표를 맞추지 못하고 덧없이 허공을 갈랐을 뿐이었다. 그녀는 증오를 드러내고 경멸과 분노로 치를 떨며 그대로 서 있었다. 이런 광경은 지금까지 본 적이 없고, 앞으로도 보지 못할 것이다.

"네가 제임스를 사랑한다고, 네가?" 그녀는 주먹을 불끈 쥐고 부들부들 떨면서 소리쳤다. 마치 이 가증스러운 계집을 찌를 흉기가 없는 것이 아쉬운 것처럼.

에밀리가 몸을 움츠려서, 내게는 보이지 않게 되었다. 대답하는 목소리도 들리지 않았다.

"내게 그 따위 말을 지껄여? 그 더러운 입술로? 어째서 사람들은 이런 것들을 매질하지 않는 걸까? 내게 명령만 내릴 권한만 있다면, 이런 계집애는 때려 죽이게 했을 텐데."

그냥 하는 말이 아니었다. 그 섬뜩한 모습이 이어지는 한 모자걸이 하나도 안심하고 놓아둘 수 없을 것 같았다.

그녀는 아주 천천히 웃음을 터뜨리더니, 에밀리가 신과 인간들 앞에 놓인 치욕의 구경거리라도 되는 것처럼 한 손으로 그녀를 가리켰다.

"이런 계집이, 이 타락한 계집이 사랑이라니! 그리고 제임스에게 사랑받았다니! 하, 하, 하! 얼마나 천한 계집인지 모르지만 그런 뻔뻔한 거짓말을 잘도 지껄이는구나!

이 비웃음은 노골적인 분노보다도 더 질이 나빴다. 나 같으면 차라리 후자 쪽이 더 참기 쉬웠을 것이다. 그러나 노골적으로 분노를 쏟아낸 것은 아주 잠깐 뿐이고, 그 뒤로는 곧바로 화를 억누르며, 속으로는 어떤지 몰라도 겉으로는 스스로를 억누르고 있었다.

"순수한 사랑의 옹달샘 같은 소리를 지껄이지만, 내가 여기 온 것은, 처음에도 말했듯이, 도대체 어떻게 생겨먹은 여자인지 보고 싶어서야. 정말 궁금했거든. 이젠 소원이 풀렸어. 그리고 이제 넌 서둘러, 너를 기다리고 있는, 네가 돈만 들고 가면 기뻐할 식구들 품으로 돌아가는 게 좋을 거야. 돈이 다 없어지면, 또 믿든 사랑을 하든 마음대로 해! 난 너라는 인간을 수명이 다 된 고장 난 장난감, 한때는 금박을 둘렀지만 지금은 버려진 장난감이라고만 생각했어. 그런데 네 얘기를 들으니 넌 진짜 금, 진정한 숙녀, 아무것도 모른 채 지독한 꼴을 당했지만 지금도 영원한 사랑과 진실한 마음을 가지고 있는 여자라는 걸 알겠구나. 보고 있으면 그런 면이 없지도 않고, 네 얘기와도 잘 들어맞으니까! 그러니 몇 마디 더 해야겠으니 잘 들어. 나는 한다고 하면 반드시 실천에 옮기니까. 이봐, 아가씨, 듣고 있어? 난 입 밖에 낸 말은 꼭 실천한다고!"

그녀의 분노가 한순간 다시 끓어올랐으나 이내 경련처럼 얼굴을 스쳐가고 미

소를 되찾았다.
 "어디로든 몸을 감추도록 해." 그녀는 말을 이었다. "집이 아니더라도 어디로든, 우리 눈앞에서 사라져. 아무도 모르게 숨어 살아—아무도 모르는 새에 죽어버리면 더욱 좋지만. 네 그 사랑의 심장이 이대로 사그라지면 더할 나위 없지만, 그럴 수 없다면 스스로 잠재우는 방법을 모르는 쪽이 이상하다고 생각해. 그런 방법이 있다는 말은 나도 들은 적이 있으니까, 아마 쉽게 찾을 수 있을 거야."
 에밀리의 나지막한 울음소리가 그녀의 말을 가로막았다. 미스 다틀은 말을 멈추고, 음악을 듣는 것처럼 가만히 귀를 기울였다. 그리고 다시 입을 열었다.
 "내 성질이 묘한 탓인지도 모르지만, 난 네가 마시고 있는 공기 속에선 마음껏 숨을 쉴 수가 없어, 병에 걸릴 것 같단 말이야. 그래서 청소를 하려는 거야. 여기서 나가도록 해. 만일 네가 내일도 여기에 살고 있다면, 난 네 이야기와 네 품행을 적어서 이 공동 계단에 붙여놓겠어. 이 공동 주택에도 점잖은 부인네들은 제법 있는 것 같은데, 아무도 네 얘기를 모른다는 것은 애석한 일이야. 아니면 여길 나가서 이 런던 어딘가에 숨을 생각이니? 네가 어떤 여자인지 분명히 밝힌다면 나도 방해하지 않겠지만, 그렇지 않다면 숨어 있는 곳을 찾아내는 즉시 또다시 같은 일을 할 거야. 얼마 전까지 네게 관심이 있었다는 한 신사의 도움이 있으니, 그런 것쯤은 충분히 해낼 수 있어."

아아, 페거티 씨, 끝내 오지 않을 것인가? 나는 얼마나 더 오래 참고 기다려야 한단 말인가! 얼마나 더 참고 기다릴 수 있단 말인가!

"아, 저는 어떻게 하면 좋아요?" 에밀리는 아무리 매정한 마음이라도 감동시킬 것 같은 구슬픈 투로 소리쳤지만, 로사 다틀의 미소에는 아무런 용서의 빛도 보이지 않았다.

"어떻게 하느냐고?" 다틀은 말했다. "넌 옛일이나 떠올리면서 즐겁게 살면 되는 거야! 제임스 스티어포스의 상냥함을 추억하며 깨끗하게 살아. 그는 너를 자기 하인[1]의 아내로 삼으려 했잖니? 아니면 너를 기꺼이 받아들이려고 했던 그 정직한 하인에게 감사하면서 사는 것도 좋겠지! 너한테는 딱 맞는 사내니까. 그런 자랑스러운 기억이나 네가 말하는 그 여자의 미덕인가 하는 것 덕분에 너도 세상의, 쓰레기 같은 사람들 눈으로 보면 제법 출세한 셈이야. 그래도 그것만으로는 살아갈 수 없다면 역시 리티머와 결혼하도록 해. 그리고 그 은혜에 감사하며 행복하게 사는 거야. 만일 어떻게도 할 수 없다면 죽는 게 나아! 절망하여 죽은 사람에게는 나갈 문과 쓰레기장이 있으니, 그중 하나를 찾아 서 빨리 하늘나라로 날아가버려!"

그때 계단을 올라오는 먼 발소리가 들려왔다. 아아, 틀림없었다. 그것은 그의 발자국 소리였다. 이렇게 고마울 수가!

미스 다틀은 이렇게 말하고, 내가 엿보고 있는 문 앞에서 움직여 사라졌다. "하지만 명심해 둬." 그녀는 방에서 나가려고 다른 문을 열면서, 천천히 그리고 준엄한 투로 말을 덧붙였다. "나는 여러 가지 이유도 있지만 무엇보다도 네가 미워. 그러니 내 손이 전혀 닿지 않는 곳으로 사라져버리든지, 아니면 그 위선적인 가면을 벗어버리지 않는 한 나는 반드시 널 내동댕이치기로 결심했어. 내가 하고 싶은 말은 이게 다야. 하지만 나는 말한 것은 꼭 실천한다는 것을 알아둬!"

계단을 올라오는 발소리가 점점 가까워지더니, 내려가던 그녀와 스치면서 방 안으로 뛰어들어왔다.

---

1) 리티머를 말함.

"아저씨!"

절규하는 소리가 이어졌다. 깜짝 놀라 방 안을 들여다보니, 그가 정신을 잃은 에밀리를 안고 있었다. 그는 잠깐 에밀리의 얼굴을 들여다보다가, 몸을 굽혀 그녀에게 입을 맞추고—아, 어쩌면 그렇게도 다정스러울까!—그 얼굴 위에 손수건을 폈다.

"데이비 도련님!" 그는 손수건으로 에밀리의 얼굴을 덮고 나서 나직하고 떨리는 목소리로 말했다. "제 꿈이 실현된 것을 하느님께 감사드립니다! 하느님께서 당신의 방법으로 사랑하는 이 아이와 저를 만나게 해주신 데 대하여 진심으로 감사를 드립니다!"

이렇게 말하면서 그는 에밀리를 두 팔로 안아 올리고, 손수건으로 덮은 얼굴을 자기 가슴에 꼭 붙이고는, 의식을 잃어 꼼짝도 않는 그녀를 계단 아래로 옮겼다.

51장
다시 긴 여행의 시작

다음 날 이른 아침이었다. 내가 대고모와 함께 뜰을 거닐고 있는데(이 무렵 대고모는 나의 사랑하는 도라를 보살피는 데만 골몰했으며, 다른 운동은 하지 않았다), 페거티 씨가 나와 이야기하려고 왔다는 전갈을 들었다. 내가 대문 쪽으로 가기도 전에 그는 벌써 뜰 안으로 들어왔다. 그는 나의 대고모를 보자, 언제나 그렇듯 모자를 벗어 인사를 했다(대고모를 매우 존경하고 있었던 것이다). 지난밤에 일어난 일을 대고모에게 모조리 말한 뒤였으므로, 대고모는 말없이 웃으며 그에게 다가가서 악수를 하고, 그의 한쪽 팔을 가볍게 두드려주었다. 옆에서 보기에도 성의가 듬뿍 담겨 있어서 아무 말도 할 필요가 없었다. 페거티 씨는, 대고모가 천 마디 말을 한 것만큼이나 그녀의 심정을 잘 이해했다.

"트롯, 나는 이제 들어가서 귀여운 새아기를 살펴봐야겠다. 곧 일어날 시간이니까."

"설마 제가 여기에 온 때문은 아니시겠지요?" 페거티 씨가 말했다. "저도 오늘 아침은 정신이 새집을 찾으러 나가 있었어요—새집을 찾으러 나가 있다는 말은 멍하니 얼이 빠져 있다는 뜻이다—설마 제가 와서 들어가시는 것은 아니시겠지요?"

"뭔가 하실 말씀이 있어서 오셨지요? 그러니까 내가 없는 편이 좋을 겁니다."

"실례입니다만, 부인, 제가 떠드는 것을 허물하지 않으신다면 여기 그냥 계시는 것이 좋겠습니다만."

"그래요? 그러시다면 그렇게 하죠!"

대고모는 페거티 씨의 팔을 끼고, 뜰 가장자리에 있는 나뭇잎이 우거진 조그마한 정자로 함께 걸어가서 벤치에 앉았다. 나도 대고모 곁에 앉았다. 페거티 씨가 앉을 자리도 있었지만 그는 이쪽이 더 편하다면서, 작은 탁자에 한 손을 짚고 서 있었다. 얼마간 침묵하며 자기 모자를 바라보고 있었으므로 그동안 나도 관찰하지 않을 수 없었는데, 우락부락하고 다부진 손은 그의 강인한 성격을 고스란히 드러내고 있었다! 그리고 그 정직한 이마와 은백색 머리칼과도 잘 어울리는 믿음직스런 손이었다!

"어젯밤 귀여운 제 조카딸을 제 숙소로 데려왔습니다." 페거티 씨는 눈을 들어 우리의 눈을 바라보며 말을 시작했다. "오랫동안 기다려오던 일이었으니 준비는 다 해두었거든요. 그 애가 의식이 돌아와 저를 알아보기까지는 여러 시간이 걸렸습니다. 그런데 저를 알아보자, 제 발밑에 무릎을 꿇고, 꼭 기도라도 하는 것처럼 지금까지의 이야기를 자세히 들려주었습니다. 그 옛날 집에서 까불거리던 시절의 목소리와 똑같은 목소리를 들으니—게다가 지금은 그리스도가 그 땅 위에 글자를 쓰셨다는 그 땅 위에 엎드리듯 조그맣게 웅크리고 있으니[1]—감격스러우면서도 마음 한구석이 아팠습니다."

그는 눈물을 숨기려 하지도 않고 옷소매로 얼굴을 문지른 다음, 헛기침을 하고 나서 다시 말을 이었다.

"그 아픔은 오래가지 않았습니다. 그 애를 찾았으니까요. 그 애를 찾아냈다는 사실을 생각하기만 해도 가슴 아픈 생각은 사라져버렸습니다. 저런, 왜 이런 얘기를 하고 있는지, 원. 조금 전까지만 해도 제 얘기는 한마디도 하지 않겠다고 생각했었는데 말입니다. 아무튼 만나고 나니 마음이 약해져서 저절로 튀어나온 모양입니다."

"댁은 참 헌신적인 분이시군요. 언젠가 분명히 하느님의 보답을 받을 겁니다." 대고모가 말했다.

얼굴에 비스듬히 비치는 나뭇잎의 그림자를 받으면서, 페거티 씨는 대고모로부터 받은 칭찬에 대한 답례로 고개를 숙였다가, 다시 말했다.

"에밀리가 달아났을 때는," 그 순간 그는 준엄하게 격노하며 말했다. "데이비 도련님도 아시는 바와 같이, 그 얼룩덜룩한 반점이 있는 뱀(리티머)에게 잡혀 있던 집에서요—그놈의 얘기는 사실이었습니다. 망할 놈 같으니!—그때는 한밤중이었답니다. 별들이 총총히 빛나는 어두운 밤이었습니다. 정신이 좀 나갔었는지,

---

[1] 간음한 여자가 그리스도의 앞에 끌려갔을 때, 그는 조용히 땅 위에 글자를 쓰고 "너희 중 죄 없는 자는 돌을 던지라"고 말한 이야기.

그 낡은 뱃집이 거기에 있다고 믿고 바닷가로 달려갔던 것입니다. 그 애는 지금 자기는 갈 곳으로 가고 있으니 모두 못 본 체해 달라고 저희에게 외쳤습니다. 자기가 외치는 소리가 다른 사람이 외치는 소리인 양 들렸다고 합니다. 그래서 날카로운 돌과 바위에 몸을 다치면서도 자기 자신이 바위가 되기라도 한 것처럼 아무렇지도 않게 느꼈던 것입니다. 무작정 달려갔던 탓으로 눈앞에 헛불이 보이고, 귀에서는 요란한 소리가 울리더니 갑자기—단지 그렇게 느꼈을 뿐이겠지만—날이 밝으면서 비바람이 몰아쳤다고 합니다. 그대로 바닷가의 돌더미 밑에 쓰러져 있었는데, 그때 어떤 여인이 나타나, 어째서 그런 꼴이 됐느냐고 그 나라 말로 물으면서 그 애에게 여러 말을 걸더라고 했습니다."

그는 직접 눈으로 보고 있는 것처럼 말했다. 그가 너무도 생생하게 열심히 이야기했으므로, 나로서는 도저히 묘사할 수 없을 만큼 선하게 그 광경이 떠올랐다. 그 뒤 오랜 세월이 흘러간 지금 이 글을 쓰면서도 나는 실제로 그 사건의 현장에 있었다는 생각이 든다. 다시 말해서 놀라울 만큼 박진감에 넘치도록 그 장면이 내 마음속에 새겨져 있는 것이다.

"에밀리의 눈에는 초점이 없었지만, 그 여인을 자세히 보니," 페거티 씨는 말을 이었다. "그 여인은 에밀리가 바닷가에서 가끔 얘기를 나누곤 했던 여인들 가운데 하나였습니다. 그 애는 밤에 아주 멀리까지 달려가기는 했지만(제가 말씀드린 바와 같이), 그 일대는 걷기도 하고 마차나 배를 타고서 곧잘 다니던 곳이었으므로, 바닷가를 따라 여러 마일에 걸친 그 고장을 구석구석까지 잘 알고 있던 것입니다. 그 여인은 젊은 아낙네였는데 자식이 없지만 오래잖아서 하나 태어날 예정이었습니다. 저는 그 아낙네를 위해 매일 기도할 것입니다. 태어날 아이가 그녀 일생의 행복이 되고 위안이 되고, 영광이 되도록 간절히 기원하나이다! 그 자식이 어머니를 공경하고, 효도를 다하며, 그녀가 이 세상을 떠나는 마지막 순간에도 그녀의 힘이 되고, 이승에서나 저승에서나 그녀를 지키는 천사가 되게 하시옵기를 바라옵나이다!"

"아멘!" 대고모가 말했다.

"그 여자는 겁이 좀 많고 허약했답니다." 페거티 씨가 말했다. "처음에는 에밀리가 아이들에게 말을 걸 때도 그녀는 약간 떨어진 곳에 앉아서 실로 무엇을 짠다든가 하는 일을 하고 있었지요. 그러나 에밀리가 그녀에게 다가가서 상냥하게 대하고 말을 걸자, 그 젊은 여자도 아이들을 좋아했으므로 두 사람은 곧 친해졌답니다. 에밀리가 그 여자한테로 가면 그 여자가 에밀리에게 꽃을 줄 정도로 친해졌습니다. 어쩐 일로 이렇게 딱한 꼴이 됐느냐고 물었던 것도 바로 그 여자였지요. 에밀리가 그 여자에게 모든 사연을 이야기하자 그 여자가―, 그 애를 자기 집으로 데려갔던 것입니다. 자기 집으로 그 애를 데리고 갔던 겁니다, 자기 집으로.”

페거티 씨는 얼굴을 가리면서 말했다. 그 여인의 친절한 행위에 그는 매우 감격했다. 에밀리가 가출한 이래, 이토록 감동한 그를 나는 본 적이 없었다. 대고모와 나는 되도록 그의 감정을 방해하지 않았다.

“짐작이 가시겠습니다만, 아주 조그마한 오두막집이었습니다.” 그는 곧 이어서 말했다. “그런데도 그 여인은 집 안에 에밀리가 머물 곳을 마련해주고―때마침 그녀의 남편은 바다에 나가고 없었어요―그 사실을 비밀에 부쳐주었습니다. 이웃 사람들에게도(어차피 많지는 않았지만) 비밀로 해 달라고 설득했던 것입니다. 에밀리는 열이 나서 자리에 누워 있었습니다. 그런데 참 이상한 일입니다만―학자들에게는 별로 이상하지 않겠지요―그 나라의 말이 그 애의 머리에서 모두 지워져버렸습니다. 그곳 사람들이 알아듣지 못하는 영어로만 얘기하며, 만(灣) 하나만 돌면 그 낡은 뱃집이 있다고 믿고, 거기에 사람을 보내서 지금 자기가 죽어가고 있다는 것을 전하고, 단 한마디라도 좋으니까 용서해주겠다는 회답을 받아달라고 사정했던 일들을, 지금 꿈꾸듯 떠올리고 있답니다. 게다가 에밀리는 조금 전에 말씀드린 뱀 같은 사나이가 창문 밑에 숨어 있거나, 자기를 이 꼴로 만든 사내가 그 방에까지 찾아와 있다고 거의 언제나 생각했던 것입니다. 그래서 그 애는 자기를 그자에게 넘겨주지 말아 달라고 그 친절한 젊은 여인에게 울며 애원했습니다. 그러면서도 말이 통하지 않는다는 것을 알고 있었으므로 아무래도 그자에게 데리고 갈 것이라 생각하고 벌벌 떨었던 것입니다. 여전히 눈앞에선 불이 번쩍이고 귀에선 큰 소리가 울렸으며 그 애에게는 어제도 오늘도 내일도 없었습니다. 그 애의 일생 동안, 지금까지 실제로 일어났던 일이나 일어날 수 있는 일들, 여태껏 일어난 적도 없고 그럴 가능성도 없는 모든 일들이 한꺼번에 그 애에게 밀어닥쳐서 무엇 하나 분명한 일도 반가운 일도 없었지만, 에밀리는 노래를 부르며 웃고 있었다고 합니다. 이러한 상태가 얼마나 이어졌는지 저는 모릅니다. 이어서 그 애는 잠이 들었고, 잠 속에서, 그것은 그 애보다 몇 배나 더 강력했으므로 그 애는 아주 어린애만큼이나 기력이 약해졌던 것입니다."

 여기서 그는 자신이 말한 무서운 이야기로부터 피하려는 듯이 말을 멈추었다. 잠깐 말이 없다가 다시 이야기를 이었다.

 "그 애가 눈을 뜬 것은 꽤 맑은 오후였는데 너무나 고요하여 썰물과 밀물도 없는 푸른 바다의 잔잔한 물결이 출렁거리는 소리밖에는 아무런 소리도 들리지 않았습니다. 그 애는 처음에는 일요일 아침에 자기 집에 있는 것으로만 믿었습니다만, 창가의 포도덩굴 잎이며, 멀리 있는 산을 보고, 여기가 자기 집이 아니라는 사실과 자기가 잘못 알고 있다는 것을 비로소 깨달았습니다. 이어서 그 젊은 여인이 병간호를 하러 들어오자, 그 낡은 뱃집이 만(灣)의 돌출부 너머에 있는 것이 아니고 더 먼 곳에 있다는 것을 알게 되었으며, 그래서 지금 자기가 어디에 있고 어쩌다가 지금 이 자리에 있는가를 알게 되었습니다. 그러자 그 애는 그 친절한 젊은 여인의 가슴에 기대어 울음을 터뜨렸습니다. 지금 그 여인의 품에는 예쁜 눈을 가진 갓난아기가 어머니를 즐겁게 해주고 있을 것입니다!"

 그는 눈물 없이는 에밀리에게 다정하게 대해 주었던 그 여자 이야기를 할 수 없었다. 아무리 눈물을 참으려 해도 소용이 없었다. 끊임없이 그 여인을 축복하며 또다시 울음을 터뜨리고 말았다. 그 모습에는 나도 감동하지 않을 수 없었고, 대고모 역시 마음속으로 눈물을 흘리고 있었다.

 "그것은 에밀리에게 도움이 되었습니다." 그는 말을 이었다. "에밀리에게 도움이 되었어요. 그 애는 점점 회복되었습니다. 그러나 그 나라 말을 모두 잊었으므로 그 애는 손짓으로 의사를 전달하는 수밖에 없었습니다. 이렇게 해서 느리기는 했으나 확실히 회복해갔으며, 말도, 주변에 있는 사물의 이름부터—평생 한 번도 들어 본 적이 없는 이름들이었죠—다시 익히려고 노력했습니다. 그러던 어느 날 저녁, 창가에 앉아 바닷가에서 놀고 있는 어린 소녀를 바라보고 있는데, 별안간 그 소녀가 한 손을 내밀더니—영어로 말하면 '어부의 따님, 여기 조개껍데기가 있어요!'라고 말을 했습니다. 미리 말해 두자면, 그 나라 사람들은 그 나라의 일반적인 관습에 따라 처음에는 에밀리를 보고 '예쁜 아가씨'라고 불렀는데, 그 애가 자기를 '어부의 따님'이라고 부르도록 가르쳐놓았던 것입니다. 그 어린 소녀가 별안간 '어부의 따님, 여기 조개껍데기가 있어요!'라고 말하자 에밀리는 그 소녀의 말을 알아듣고, 울음을 터뜨리며 대답을 해주었습니다. 이 일을 계기로 잊고 있던 모든 것들이 모두 다시 되살아난 것입니다."

페거티 씨는 또다시 한숨을 쉬었다가 말을 이었다. "에밀리는 그 친절한 여인과 작별하고 제 나라로 돌아올 궁리를 했습니다. 그때는 여인의 남편이 집에 돌아와 있었는데, 그들 부부가 그 애를 리보르노[2]로 가는 작은 상선에 태웠고, 다시 거기서 프랑스행 배에 태워 주었습니다. 그 애는 약간의 돈을 가지고 있었는데 여러모로 보살펴준 데 대한 답례로 그 돈을 주려 했으나 그들 부부는 받지 않았습니다. 그들은 매우 가난했지만 그럼에도 돈을 받으려 하지 않았던 것이 저는 정말 기뻤습니다. 그들이 한 일은 좀먹지도 녹슬지도 않으며, 도둑이 침입할 수도 없고, 훔쳐갈 수도 없는 저 천국에 깊이 간직되어 있는 보물입니다.[3] 데이비 도련님, 이 세상 모든 보물이 다 없어져도, 그것만은 언제까지나 남아 있을 것입니다.

에밀리는 프랑스에 도착하여, 항구의 어느 여인숙에서 여행하는 부인들의 시중드는 일을 했다고 합니다. 그런데 바로 거기에, 어느 날 그 뱀이 찾아온 것입니다.—그놈이 내 곁에 다가오기만 하면 절대 가만 두지 않겠어요.—다행히 놈은 우리 애를 보지 못했지만, 에밀리는 그놈을 보자마자 공포와 분노가 되살아나서 숨을 돌릴 새도 없이 달아났답니다. 그 애는 영국으로 건너와 도버에 상륙했습니다.

에밀리가 언제부터 그렇게 기가 약해졌는지는 모르지만, 아무튼 영국으로 오는 내내 줄곧 그리운 집으로 돌아갈 생각만 했다고 합니다. 그래서 도버에 닿자마자 곧장 집으로 향했다고 합니다. 그런데 용서받지 못할 것이라는 두려움, 손가락질을 당하지나 않을까 하는 두려움, 자기 때문에 집안의 누군가가 죽지나 않았나 하는 두려움, 그 밖의 온갖 두려움 때문에, 억지로 집을 등지고 길을 떠났다고 합니다. 그 애는 어제도 말했습니다. '아저씨, 아저씨, 저도 가슴이 찢어지고 피가 쏟아지는 심정으로 이렇게도 해보고 저렇게도 해보고 싶었지만, 제게는 그럴 자격이 없다고 생각하자, 그것이 가장 두렵고 괴로웠어요! 돌아왔을 때에는 밤에 기어서라도 문 앞까지 가고 싶다, 그리고 그 입구 계단에 입을 맞추고

---

2) 이탈리아의 북부 해안에 있는 항구 도시.
3) 마태복음 6장 19~20절을 인용한 것.

이 끔찍한 얼굴을 들이밀 수만 있다면, 아침에 사체로 발견되어도 좋다고 생각했어요'라고요."

"그래서 런던으로 온 것입니다." 페거티 씨는 목소리를 낮추어 속삭이듯 말했다. "생전 와본 적도 없는 런던으로—혼자 무일푼으로, 젊고—그렇게도 예쁜 아이가—온 것입니다. 그런 처참한 몰골로 런던에 오자마자 친구가(에밀리는 그렇게 생각했지요) 생겼다고 합니다. 보기에는 제법 기품 있는 여자였는데, 어릴 때부터 하던 재봉일 이야기를 꺼내면서 일은 얼마든지 있으니 찾아주겠다고 했습니다. 숙소도 주고, 저나 집 식구들 소식은 내일이라도 몰래 알아봐 주겠다고 했습니다. 그 애가 그러한 파멸의 문턱에서 서 있을 때, 마사가 약속대로 그 애를 구해준 것입니다!"

그는 감사의 마음을 담아 머리에서 발끝까지 부들부들 떨릴 정도의 큰 소리로 말했다.

나도 무심코 탄성을 질렀다.

"데이비 도련님." 그는 억센 손으로 내 손을 꽉 잡으며 말했다. "맨 처음 제게 마사의 얘기를 해주신 것은 도련님이었습니다. 고맙습니다! 그녀는 열성적이었습니다. 자기의 쓰라린 경험을 통해서 어디를 찾아봐야 하는지, 어떻게 해야 되는지 알고 있었습니다. 그리고 훌륭하게 해냈어요! 물론 무엇보다 하느님의 가호가 있었던 덕분이지만요! 마사는 에밀리가 잠자고 있을 때 파랗게 질린 얼굴로 그곳으로 달려가서, '이 엄청난 곳에서 자다니, 어서 일어나서 나와 함께 가!'라고 에밀리에게 말했습니다. 그 집에 살고 있는 사람들이 마사를 말리려고 몰려왔습니다만 바닷물을 가로막으려는 것과 다를 바 없었지요. '모두 저리 비켜요, 난 무덤가에서 에밀리를 부르러 온 유령이오!'라고 마사는 말했습니다. 마사는 그 애에게, 저를 만났으며, 제가 변함없이 그 애를 사랑하고 있으며, 용서해줄 것을 잘 알고 있노라고 말해주었답니다. 마사는 자기 옷으로 재빨리 그 애를 감싸가지고, 겁에 질려 벌벌 떨고 있는 그 애를 감싸 안고 나왔던 것입니다. 마사는 귀가 없는 사람처럼 그들이 하는 말을 들은 척도 하지 않고 오직 그 애에게만 신경을 쓰면서 그들 틈을 헤치고 그 애와 함께 걸어나와, 죽은 듯이 고요한 밤에, 캄캄한 파멸의 구렁텅이로부터 그 애를 안전하게 구해냈던 것입니다."

페거티 씨는 잡고 있던 내 손을 놓고서 벅차오르는 자기 가슴을 억누르면서 말했다. "게다가 그 뒤로도 참 잘 보살펴 주었습니다. 에밀리는 축 늘어져서 누워 있기만 했고, 이튿날도 늦게까지 헛소리를 했는데, 아주 잘 보살펴 주었어요. 그러고 나서 마사는 저를 찾아오고, 이어서 도련님을 찾아갔던 것입니다. 에밀리에게는 비밀로 하고서요. 그 애가 행여 심장이 멈추거나 숨어 버리기라도 하면 큰일이니까요. 그 애의 거처를 그 잔인한 여자가 어떻게 알아냈는지 저도 모르겠습니다. 아까부터 말씀드린 그 뱀 같은 자가 우연히도 두 사람이 그리로 가는 것을 보았던 것인지, 그렇지 않으면 그자가 그 매춘부한테서 들었던 것인지 모르지만, 그것은 이제 문제 삼을 것도 없지요. 조카딸을 찾았으니까요."

"어제는 밤새도록 에밀리와 함께 있었습니다. 늦은 시각이기도 했으니 그 애가 구슬프게 울면서 해준 얘기는 얼마 되지 않았고, 그 집의 난롯가에서 훌륭하게 여자가 된 그 귀여운 얼굴을 다시 보고 있자니 시간은 더욱 짧게 느껴졌어요. 그러나 밤새도록 에밀리의 두 팔은 제 목에 감겨 있었고, 그 머리도 여기, 이쯤에 기대고 있었어요. 앞으로는 서로 믿으면서 두 번 다시 헤어지지 않으리라는 것을, 서로가 뼈저리게 알았어요."

그는 이야기를 끝내고서 물처럼 조용하게 테이블 위에다 한 손을 놓았다. 그 손에는 언제든지 사자라도 때려눕힐 수 있는 침착한 결의가 깃들어 있었다.

"트롯." 대고모는 눈물을 닦으며 말했다. "내가 네 누이 벳시 트롯우드의 대모가 되겠다고 결심했을 때, 그 앤 내게 한 줄기 광명이었단다. 그 애가 나를 실망시키기는 했지만 말이다. 그러니 이번에는 내가 그 귀여운 에밀리의 아기의 대모가 된다면 이 이상 즐거운 일이 없을 것 같구나!"

페거티 씨는 대고모의 기분을 이해하고 고개를 끄덕이기는 했으나 막상 소리 내어 말하려고 하니 자신이 없었다. 우리는 각자 묵묵히 나름대로의 생각에 잠겨 있었다. (대고모는 눈을 닦고, 발작적으로 코를 훌쩍이더니 큰 소리로 웃으면서 자신을 바보 같은 여자라고 불렀다.) 마침내 내가 페거티 씨에게 물었다.

"페거티 씨는 앞날에 대해서 단단히 결심하셨죠? 물어볼 필요도 없겠지만."

"네, 데이비 도련님. 에밀리에게도 이야기했습니다. 여기서 멀리 떨어진 곳에 강대한 나라들이 많이 있어요. 저희의 장래는 바다 너머에 있습니다."

"두 사람은 함께 이민 갈 겁니다, 대고모님." 내가 설명했다.

"그렇습니다!" 페거티 씨는 희망에 찬 미소를 띠며 말했다. "호주에선 그 누구도 제 귀여운 조카딸을 헐뜯을 수 없을 테니까요. 저희는 거기서 새 생활을 시작할 것입니다."

나는 출발 날짜를 이미 정해 놓았느냐고 그에게 물었다.

"오늘 아침에 배편을 알아보려고 부두에 다녀왔습니다. 지금부터 6주 뒤나 2개월 뒤에 출항하는 배가 한 척 있답니다. 오늘 아침에 배도 확인하고 안에도 들어가 보았어요. 그 배로 갈까 합니다."

"단둘이 가는 건가요?" 나는 물었다.

"그럼요, 데이비 도련님! 제 누이가 있습니다만, 그 앤 도련님이나 도련님 가족들을 무척 좋아하고 또 자기 고장밖엔 생각할 줄 모르니 데려가긴 힘들 겁니다. 그리고 그 애에겐 소중한 사람을 하나 맡겨두고 있어서요."

"가엾은 햄!" 내가 말했다.

"제 착한 누이가 혼자 그의 집을 돌봐주고 있습니다, 부인." 페거티 씨는 대고모가 잘 알게끔 설명을 했다. "다른 사람과는 말도 못 할 때에도 누이와는 침착하게 차분하게 얘기를 할 수 있었어요. 딱한 것!" 페거티 씨는 고개를 저으며 말했다. "그 애는 애당초 물려받은 것도 없는데, 하물며 이제는 그마저도 남아 있지 않을 겁니다!"

"그럼 거미지 부인은?" 나는 물었다.

"저도 거미지 부인에 대해서는 깊이 생각해 봤습니다." 순간 난처한 빛이 스쳤지만 이야기를 하는 도중에 점점 사라졌다. "아시는 바와 같이 그녀가 죽은 남편 생각을 할 때면, 뭐랄까, 같이 있기가 쉽지 않아요. 거미지 부인이 훌쩍거리기 시작하면, 부인의 옛 남편을 모르는 사람들에게는 그녀가 까다로운 사람으로 보일지도 모르겠습니다만 전 부인의 옛 남편을 잘 알고 있습니다. 뿐만 아니라 전 부인의 장점까지도 잘 알고 있으므로 그만큼 부인의 심정을 잘 알지요. 그렇지만 다른 사람들은 모르는 것이 당연하지요."

대고모와 나는 묵묵히 동의했다.

"그 때문에," 페거티 씨는 말했다. "제 누이도 거미지 부인이라면 때때로 귀찮게 여길지도 모릅니다. 어쩌면 그렇게 생각할 수도 있다는 뜻이지, 그렇게 생각하고 있다는 뜻은 절대로 아닙니다. 그러니까 거미지 부인을 이대로 그 애들과 함께 지내도록 둘 생각은 없습니다. 그보다는 어디 다른 곳에 집을 구해서, 혼자 힘으로 사실 수 있도록, 떠나기 전에 돈을 드릴 작정입니다. 성실하기로 치자면 그녀만큼 성실한 사람도 없지만, 그 나이에 몸을 기댈 곳도 없는 외톨이 신세지요. 나이 지긋한 할멈이 배 안에서 들볶이거나 새로운 먼 나라의 숲속이나 허허벌판에서 고생한다는 건 너무 딱해서 생각할 수도 없어요. 그래서 지금 말한 것처럼 할 생각입니다."

그는 그 누구도 잊지 않고 있었다. 자기 자신을 빼고는 다른 모든 사람의 요구와 욕망에 대하여 생각하고 있었다.

"에밀리만은 데려갈 것입니다. 가엾게도, 그 애는 마음의 평화와 안정이 꼭 필요합니다! 지금은 열심히 필요한 옷을 만들고 있어요. 그 애가 변변치 못하기는 해도 자기를 사랑해주는 이 아저씨 곁에서 다시 살게 되면, 그 애의 괴로움도 옛날 일인 것처럼 여겨지게 될 것입니다."

대고모는 그의 희망을 확증한다는 듯이 고개를 끄덕이면서 페거티 씨에게 크게 만족한다는 뜻을 나타냈다.

"한 가지 더 있습니다, 데이비 도련님." 그는 안주머니에서 전에 본 적이 있는 작은 서류 뭉치를 꺼내서 테이블 위에 펼쳐놓았다. "여기 지폐로 50파운드 10실링이 있는데, 여기에다 에밀리가 가져온 돈을 합치고 싶습니다. 이유는 말하지 않았지만 그 애한테 얼마 가지고 왔느냐고 물어보고, 그 돈과 이 돈을 합쳤죠. 그런데 제가 무식하다보니 다 해서 얼마인지 알 수가 있어야죠. 이러면 맞는지 어떤지 좀 봐주십시오."

그는 자기가 계산을 못하는 것을 사과라도 하듯이 종이 한 장을 내밀고는, 그것을 살펴보는 동안 내 얼굴을 뚫어지게 바라보았다. 계산은 맞았다.

"고맙습니다, 도련님." 그는 종이를 도로 받으면서 말했다. "도련님께서 반대하지 않으신다면, 전 이 돈을 떠나기 직전에 그에게 보내는 봉투 속에 넣고, 그것을 그의 어머니에게 보내는 다른 봉투 속에 다시 넣어서 보내겠습니다. 그리고 그 편지에다가 이 돈이 어떤 돈이라는 것과, 나는 이미 떠나고 없으니 그 돈을 돌려 보낸다 해도 받지 못한다는 것을 적어 보내겠습니다."

나는 본인이 그렇게 믿고 있다면 문제 될 것 없다, 그렇게 하는 것이 옳은 일인 것 같다고 말했다.

"하나가 더 있습니다고 말씀드렸습니다만," 그는 다시 그것을 작게 접어서 주머니 속에 넣더니, 조용히 미소를 띠며 말을 이었다. "실은 또 하나 더 있습니다. 제가 오늘 아침에 나올 때는 이번에 일어난 이 일을, 햄에게 찾아가서 모두 털어놓을 결심이 서지 않았습니다. 그래서 저는 편지를 써서 오는 길에 우체국에서 부쳤습니다. 편지에는 지금까지의 이야기를 자세히 말한 다음, 이런저런 필요한 일을 마무리지음으로써 마음의 짐을 덜고, 겸해서 이번이 마지막이 될 야머스와 작별을 하기 위해 내일 그곳으로 가겠다고 적었습니다."

"그래서 나도 함께 가 달라는 건가요?" 그가 아직도 못다 한 말이 남아 있다는 것을 눈치채고 물었다.

"그렇게 해주신다면 좋지요, 데이비 도련님. 게다가 도련님을 보면 모두 조금은 기운이 날 테니까요."

도라도 기분이 매우 좋았고 내가 가기를 바랐으므로 나는 그의 소원대로 함께 갈 것을 기꺼이 약속했다.

이튿날 아침, 우리 두 사람은 야머스행 역마차를 타고, 또다시 정든 길을 달리게 되었다.

밤에, 그 낯익은 거리를 지나갈 때—내 가방은 아무리 안 된다고 말려도 페거티 씨가 들어 주었다—, 오머 앤드 저램 상점을 들여다보았더니, 나의 오랜 친구인 오머 씨가 파이프 담배를 피우고 있는 것이 보였다. 페거티 씨가 자기 누이동생과 햄을 처음 만나는데 내가 그 자리에 있는 것은 싫어해서, 나는 오머 씨를 만난다는 것을 핑계삼아 나중에 가겠다고 말했다.

"오머 씨, 안녕하셨습니까?" 나는 가게 안으로 들어가면서 말했다.

그는 잘 보이도록 파이프에서 나온 연기를 흩어내다가 이윽고 나를 알아보고 매우 기뻐했다.

"이런 고마운 방문에는 마땅히 일어나서 인사를 드려야 하겠습니다만, 도련님, 제 다리가 좀 불편해서 이렇게 바퀴에 의지하는 신세라서요. 손발이 불편하고 숨이 차는 것 말고는 저는 아주 건강하답니다."

나는 그의 만족해하는 얼굴과 활기 있는 모습에 대해 일단 축하한다는 말을 했지만, 내려다보니 그의 안락의자에는 정말로 바퀴가 달려 있었다.

"참 잘 만들어졌지요?" 그는 내 눈길이 가는 쪽을 따르면서 팔로 의자의 팔걸이를 문지르며 물었다. "새털처럼 가볍게 움직이고 우편 마차처럼 정확하게 달리지요. 정말 놀랍게도 말씀입니다, 우리 꼬마 미니—제 손녀입니다. 아시죠, 미니의 딸 말입니다—가 뒤에서 살짝만 밀어주면, 아주 기분 좋게 미끄러져 가거든요! 게다가 도련님, 앉아서 파이프 담배를 피우기엔 이보다 좋은 것이 없어요."

그러고 보니 나는 오머 씨처럼 화를 복으로 바꾸어 최대한으로 이용하고 즐길 줄 아는 노인을 본 적이 없다. 그는 정말로 그의 의자도, 그의 천식도, 부자유스러운 손발까지도 모두 파이프 담배의 맛을 더욱 좋게 하기 위한 위대한 발명품의 부품 정도로 생각하며 즐거워하고 있었다.

"사실 서서 걸어다니는 것보다, 이 의자에 앉아 있으면 세상 돌아가는 사정을 더 잘 알 수 있습니다. 매일같이 들러서 잡담을 하고 가는 사람들의 숫자가 얼마나 되는지 아시면 놀라실 겁니다. 제가 이 의자에 앉게 된 뒤로는 신문의 읽을 거리가 그전의 두 배나 됩니다. 일반 독서로 말하자면 엄청나게 많이 읽는답니다! 그래서 이렇게 건강한 것이겠죠. 눈이 불구가 되었더라면 어떡할 뻔했겠습니까? 귀가 멀었으면 어떡할 뻔했겠어요? 다리가 불구가 되었으니 다행이지요. 다리가 성하던 때는 숨이 더 차기만 했었지요. 그런데 지금은 거리든 바닷가든 내가 가고 싶을 때는 저램의 가장 나이 어린 견습생인 딕을 부르기만 하면 되죠. 그러면 저는 런던 시장처럼 내 전용 마차로 갈 수 있어요."

그는 숨이 막힐 정도로 크게 웃고는 다시 파이프 담배를 피웠다.

"도련님, 사람이란 자고로 이득이 있는 일만 하고자 할 게 아니라 때로는 밑지는 장사도 해야 되는 거죠. 이 세상은 그러한 마음가짐으로 살아가야 합니다. 저램은 장사를 잘하고 있습니다. 아주 잘하고 있어요!"

"거 참 잘됐군요." 나는 말했다.

"도련님께서 기뻐하실 줄 알았습니다. 게다가 저램과 미니는 연인 사이 저리 가라입니다. 그러니 뭘 더 바랄 수 있겠습니까? 그것에 비한다면 이 다리쯤이야, 아무 문제도 아니지요!"

그가 앉아서 담배를 피우며 자기의 다리를 아주 무시하는 모습은 내가 여태까지 본 가장 기쁘고 기이한 장면의 하나였다.

"저는 닥치는 대로 책을 읽기 시작했는데, 도련님께선 닥치는 대로 쓰는 일을 시작하셨죠, 도련님?" 오머 씨는 감탄한 듯이 나를 훑어보며 말했다. "어쩌면 그렇게 아름다운 작품을 쓰셨습니까! 도련님의 작품은 얼마나 멋진 표현으로 가득 차 있었던지요! 저는 그 작품을 한 줄 한 줄 꼼꼼히 읽었답니다. 졸리지 않았냐고요? 그런 일은 절대로 없었어요!"

나는 웃으며 감사의 뜻을 나타냈지만, 이 졸음이 온다는 얘기가 나온 것에는 스스로도 조금 반성하지 않을 수 없었다고 말해 두어야겠다.

"제가 자신 있게 말씀드립니다만, 도련님." 오머 씨는 말했다. "그 책을 탁자 위에 놓고—1, 2, 3, 세 권으로 분철된 한 질(帙)—가만히 바라볼 때면, 영예롭게도 제가 옛날에는 도련님 댁 가족과 인연을 맺은 적이 있었다는 것을 생각하고 자연히 어깨가 으쓱해진답니다. 그러고 보니 정말로 아주 오래전 일이네요. 블런더스톤에서 귀여운 갓난아기와 함께 묻어드렸지요. 그때는 도련님도 아주 어렸었죠. 그럼, 그럼요!"

나는 에밀리 이야기를 꺼내서 화제를 바꿨다. 오머 씨가 에밀리에게 늘 관심을 가져주셨고 친절하게 대해주셨던 것을 잊을 수 없다고 말해둔 다음, 에밀리가 마사의 도움으로 무사히 자기 아저씨에게로 돌아가게 된 경위를 대충 이야기해주었다. 그도 분명 기뻐할 것이라고 생각했기 때문이다. 그는 아주 열심히 귀를 기울이고 있더니, 내 말이 끝나자 감동한 듯이 말했다.

"그 말씀을 들으니 참 기쁩니다, 도련님! 오랜만에 들어보는 희소식입니다. 그런데, 그 불쌍한 마사를 위해서는 어떤 일을 해주실 작정이시죠?"

"그 점에 대해서는 저도 어제부터 줄곧 생각하고 있지만 아직은 무엇이라 말씀드릴 수가 없습니다, 오머 씨. 페거티 씨도 그 문제에 대해서는 아무런 얘기도 없었어요. 게다가 제가 그 얘기를 꺼내기에는 조금 불편해서요. 하지만 페거티 씨는 그 일을 결코 잊지 않고 있습니다. 남을 위한 좋은 일은 결코 잊는 사람이 아니니까요."

"그래서 말입니다만, 도련님." 오머 씨는 아까 하다가 만 이야기를 다시 꺼냈다. "무슨 일을 하시든 저도 한몫 거들게 해주세요. 어떻게 하면 좋은지는, 도련님께서 정하셔도 좋으니 제가 할 몫을 적으셔서 알려주세요. 저는 그 아가씨가 나쁘다고는 한 번도 생각하지 않았는데, 나쁘지 않다는 것을 알게 되어 참으로 기쁩니다. 제 딸 미니도 기뻐할 겁니다. 아무튼 젊은 처녀는 이따금 무슨 생각을 하는지 모르겠어요—그 애 어머니도 똑같았죠—하지만 속마음은 상냥하고 친절하죠. 마사에 대해 미니가 한 짓은 모두 꾸민 것이었습니다. 그 애가 그런 짓을 한 이유는 제 입으로 말씀드릴 수 없지만, 아무튼 그건 모두 꾸민 것이었습니다. 그 애도 은밀하게라면 마사에게 어떤 친절이고 베풀어줄 겁니다. 그러니까 무슨 좋은 결정이 나면 제 이름도 적어서 어디로 보내면 좋을지 알려 주십시오. 사람이 다시 어린아이로 돌아갈 나이가 되면, 제아무리 건강하다 할지라도 또다시 유모차를 타고 이리저리 실려다니게 되면, 할 수만 있다면 친절을 베풀어 기쁨을 느끼고 싶을 겁니다. 해야 할 일은 얼마든지 있어요. 딱히 제 얘기가 아니에요. 시간이란 잠시도 머무르지 않는 것이므로, 인간은 나이가 몇 살이든 모두 산기슭으로 다가가고 있으므로 우리는 늘 친절을 베풀며 기뻐해야 합니다."

그는 파이프에서 재를 톡톡 털어내더니, 그것을 위해 일부러 만든 의자 등받이 뒤의 선반 위에다 올려놓았다.

"에밀리에게 사촌 오빠가 있지요, 야머스에서 으뜸가는 사내로, 에밀리가 그 애와 결혼하기로 되어 있었습니다만. 요즘에는 그가 밤에 찾아와 때로는 한 시간이나 얘기를 하거나 책을 읽어준답니다. 참 친절하지요. 아무튼 평생을 친절 하나로 살아온 듯한 사내니까요." 오머 씨는 힘없이 두 손을 비비며 말했다.

"나는 지금 그를 만나러 가는 길입니다." 내가 말했다.

"아, 그러세요?" 오머 씨는 말했다. "그럼 저도 잘 있다고 전해주십시오. 미니와 저램은 무도회에 갔습니다. 그 애들이 집에 있었더라면, 도련님을 뵙게 된 것을 저와 똑같이 자랑스럽게 여겼을 것입니다. 미니는 '아빠를 위해서예요'라고 말하면서 좀처럼 가려고 하지 않아요. 오늘 밤은 안 가면 6시에 자버릴 거라고 을러서 겨우 둘 다 보냈죠."

나는 그와 악수를 하고, 안녕히 주무시라고 작별 인사를 했다.

"잠깐만, 도련님," 오머 씨는 말했다. "저의 작은 코끼리 놈을 보시지 않고 가신다면, 가장 볼 만한 구경거리를 보지 못하시는 셈이 됩니다. 정말이지 귀여워서 깨물어주고 싶을 정도랍니다! 미니!"

음악 같은 작은 목소리가 2층 어느 곳에서 대답했다. "네, 가요, 할아버지!" 이어서 엷은 황갈색의 긴 곱슬머리를 한 예쁜 꼬마 계집애가 가게 안으로 달려왔다.

"이게 저의 작은 코끼리입니다, 도련님." 오머 씨는 아이의 머리를 쓰다듬어주며 말했다. "샴 종(種)이랍니다, 도련님. 자, 작은 코끼리야!"

꼬마 코끼리는 거실 문을 열었다. 2층으로 올라가기 힘든 오머 씨를 위하여, 최근에 거실을 침실로 바꾸었다는 것을 알 수 있었다. 아이는 오머 씨의 의자 등에 긴 머리카락을 흐트러뜨리고 예쁜 이마를 감추었다.
"이 코끼리 놈은 물건을 보면 머리로 떠밀죠, 도련님. 코끼리야, 한 번! 두 번! 세 번!"
이 신호에 따라 그 귀여운 코끼리는 그렇게 작은 동물치고는 신기하리만큼 교묘한 솜씨로 오머 씨를 태운 채 의자를 빙 돌리더니, 문기둥에 닿지도 않고서 거실 안으로 밀고 들어갔다. 오머 씨는 이것이 참을 수 없이 기쁜 것 같았다. 그는 이것이야말로 자기 일생의 노력에서 나온 크나큰 성과라도 되는 것처럼, 자랑스러워하며 방으로 들어가는 도중 나를 돌아다보았다.

나는 시내를 돌아다니다가 햄의 집으로 갔다. 페거티는 아주 그곳으로 이사를 왔으며 자기 집은 바키스 씨의 운수업을 인수한 사람에게 빌려주었는데, 상호와 마차와 말 사용료도 아주 잘 치러준다고 한다. 옛날에 바키스 씨가 부리던 그 느릿한 말도 여전히 다니고 있겠지.

그들은 모두 깨끗한 부엌에 모여 있었다. 페거티 씨가 그 낡은 뱃집에서 데리고 온 거미지 부인도 그 자리에 있었다. 페거티 씨가 아니라면 거미지 부인을 그 집에서 데리고 나오기란 불가능했을 것이다. 페거티 씨는 이 두 사람에게 모든 이야기를 한 것이 분명했다. 페거티와 거미지 부인은 앞치마로 눈물을 닦고 있었고, 햄은 '바닷가를 한 바퀴 돌고 오겠다'며 막 나간 뒤였다. 그는 이내 집에 돌아왔는데, 나를 보자 무척이나 반가워했다. 다들 나를 보자 조금은 기운이 나는 것 같았다. 우리는 제법 즐겁게, 페거티 씨가 새로운 나라에 가서 부자가 되리라는 것과 편지에다 신기한 이야기들을 잔뜩 적어 보낼 것이라는 이야기를 나누었다. 에밀리 이야기는, 이름을 직접 언급하지는 않았지만, 완곡하게 말한 것은 여러 번 있었다. 이 가운데에서 햄이 가장 차분했다.

그러나 어릴 때 보던 그 악어 책까지 탁자 위에 그대로 있다며 페거티가 촛불을 들고 작은 방으로 나를 안내해 주었을 때 그녀가 한 말에 따르면, 햄은 언제나 저 상태라고 했다. 그녀는(울면서 얘기해 주었다) 역시 그가 실연하여 우울해하고 있다고 말했다. 상냥함뿐 아니라 용기도 있고 배목수로서 어느 일터에 내놓아도 가장 유능한 일꾼임에는 틀림없지만, 이따금 밤에 옛날 뱃집에서 살던 이야기를 꺼내는 때가 있는데, 그럴 때에도 어린 시절의 에밀리 이야기는 하지만 결코 여자로서의 에밀리는 입에 올리지 않는다고 한다.

햄의 얼굴에서 나와 단둘이서 이야기하고 싶어하는 기색을 읽을 수 있었다. 그래서 이튿날 저녁, 나는 그가 일터에서 돌아올 때에 맞추어 도중에서 만나기로 마음을 먹었다. 그날 밤은 처음으로 창가에서 촛불을 치웠고, 페거티 씨도 그리운 뱃집의 낡은 그물침대에서 흔들거리며 잠을 잤다. 바람이 그의 베갯머리에서 옛날과 똑같이 윙윙거리는 소리를 내고 있었다.

이튿날 페거티 씨는 종일토록 자기 어선과 고기잡이 도구를 처분하고, 필요할 것 같은 자질구레한 가정용품을 꾸려서 마차편에 런던으로 보냈고, 나머지 물건들은 버리거나 거미지 부인에게 주느라 몹시 바빴다. 부인은 종일 그와 함께 있었다. 나는 옛집을 폐쇄하기 전에 다시 한번 그리운 그 집을 보고 싶었으므로 그날 저녁, 그 집에서 모두와 만나기로 약속했다. 그러나 먼저 햄을 만나려는 계획도 잊지 않았다. 그의 일터가 어디인지는 잘 알고 있었으므로 도중에 그를 붙잡기란 식은 죽 먹기였다. 나는 그가 지나다니는 한적한 모래톱에서 그를 기다렸다가 함께 돌아왔다. 그가 정말로 생각이 있다면 10분 정도 얘기할 여유가 있다고 생각했기 때문이다. 내 예상은 틀리지 않았다. 함께 얼마쯤 걸어갔을 때 그는 나를 보지도 않고 입을 열었다.

"데이비 도련님, 에밀리를 만나셨습니까?"

"에밀리가 기절해 있을 때 잠깐 봤어요." 나는 나직하게 대답했다.

조금 더 걸은 뒤 그는 또 말했다.

"데이비 도련님, 그녀를 만나주시겠습니까?"

"그건 그녀에게 너무 고통스러운 일일지도 모르는데."

"그럴 겁니다, 도련님. 아마, 그렇겠죠."

"하지만 햄, 전하고 싶은 말이 있다면 직접 만나서 얘기하진 못하더라도 햄을 대신해서 편지를 쓸 수는 있어요. 나를 통해도 상관없다면 내가 기꺼이 전해주겠소."

"네, 좋습니다. 도련님, 정말 고맙습니다! 말로도 편지로도 전하고 싶은 것이 있지요."

"그게 뭐지요?"

또다시 묵묵히 몇 걸음 옮긴 뒤 말했다.

"제가 에밀리를 용서하겠다는 것은 아닙니다. 저는 그럴 자격이 없어요. 오히려 용서를 빌어야 합니다. 제가 제 애정을 에밀리에게 강요한 셈이니까요. 이따금 생각합니다. 만약 결혼하기로 약속만 하지 않았더라면, 친구로서 나를 좀 더 믿고, 고민이 있을 때는 털어놓고 같이 의논도 했을 거예요. 그랬다면 제가 도와줄 일이 있었을지도 몰라요."

나는 그의 손을 꼭 쥐었다. "그것뿐인가요?"

"그 밖에도 몇 가지 있습니다. 말해도 된다면요."

그리고 우리는 또다시 걸었다. 지금까지 걸어온 것보다 더 멀리 걸어왔을 때 그가 말했다. 아래의 그의 이야기 가운데 ─를 넣었는데, 그것은 단지 말을 멈추었던 순간으로, 딱히 울고 있었던 것은 아니다. 분명히 말하기 위해 다만 마음을 가라앉히고 있었을 뿐이다.

"전 에밀리를 사랑했습니다―지금도 사랑하고 있습니다―마음 깊이―지금 제가 행복한 인간이라는 사실을 에밀리가 믿지 못할 정도로―사랑하고 있습니다. 에밀리를 잊기만 하면―행복해질 수 있지만―도저히 그 애에게 잊었다고 말해줄 생각은 들지 않습니다. 하지만 데이비 도련님, 도련님은 똑똑하시니까, 제가 그다지 상심하지 않았고―아직도 사랑하고 있으며, 슬퍼하고 있다는 것을―그리고 저는 살아가는 것이 싫기는커녕 언젠가는 악한 사람도 더는 괴로워하지 않고, 지친 사람은 안식을 얻는다는 그 천국에서[4] 다함께 용서하고 다시 만날 날을 마음속으로 기다리고 있다는 것을―그리고 에밀리의 슬픈 마음을 편안하게 해주고 싶다는 것과, 에밀리를 대신할 다른 여자와 결혼할 생각은 없다는 것을―에밀리를 위한 제 기도와 함께 전해주십사고 부탁드리는 바입니다."

나는 다시 그의 손을 꽉 잡고, 내가 할 수 있는 한 책임지고 전하겠다고 말했다.

"고맙습니다, 도련님. 그분과 함께 여기까지 와 주셔서 정말 감사드립니다. 데이비 도련님, 고모는 그들이 배를 타고 먼 나라로 떠나기 전에 런던에 가서 그들을 다시 만나게 되겠지만, 전 다시는 그분을 만날 수 없을 것이라는 것을 잘 알고

---

[4] 욥기 3 : 17.

있습니다. 모두 말은 안 하지만 분명히 그럴 것이고, 그러는 게 좋아요. 도련님께서 삼촌을 마지막으로 만나시거든 그분께서 늘 친아버지 이상으로 사랑해주셨던 이 고아의 진정한 경의와 감사의 뜻을 그분께 전해주시지 않겠습니까?"

꼭 그렇게 해주겠다고 나는 굳게 약속했다.

"다시 한번 감사드립니다." 그는 정중하게 악수를 하면서 말했다. "도련님께서 이제부터 어디로 가시는지 잘 알고 있습니다. 안녕히 가십시오!"

자기는 이제 그 옛집에는 갈 수 없다는 것을 설명이라도 하듯이 한 손을 가볍게 흔들며 돌아서버렸다. 달빛이 쏟아지는 쓸쓸한 모래톱을 넘어가는 그의 뒷모습을 바라보고 있자, 그는 한 줄기 바다 위에 비친 은빛 빛줄기를 돌아보면서 그대로 멀어져 가더니 이윽고 아득한 그림자가 되었다.

뱃집에 가까이 다가가 보니 문이 활짝 열려 있었다. 안으로 들어가 보니 세간은 모두 없어졌고 낡은 찬장 하나만 남아 있었다. 그 찬장 위에 거미지 부인이 무릎 위에 바구니를 올려놓고 앉아서 페거티 씨를 바라보고 있었다. 페거티 씨는 조악한 난로 선반에 팔꿈치를 대고 꺼져가는 불꽃을 가만히 바라보고 있었다. 그때 내가 들어가자, 그는 고개를 들고 쾌활하게 말했다.

"약속대로 작별인사를 하러 오셨군요, 데이비 도련님!" 그는 촛불을 들며 말했다. "어떠세요, 휑뎅그렁하죠?"

"짧은 시간에 이걸 다 치우셨군요."

"별것 하지 않았어요. 거미지 부인이―뭐랄까―정말 열심히 일하셨지요." 뭔가 적절한 비유를 하려고 했지만 떠오르지 않자 페거티 씨는 그녀를 바라보며 말했다.

거미지 부인은 바구니에 기댄 채 아무 말도 없었다.

"도련님이 오랫동안 에밀리와 함께 앉았던 저 찬장은," 페거티 씨가 속삭였다. "맨 마지막으로 내갈 겁니다. 그리고 여기가 도련님의 조그마한 침실이에요. 오늘 밤은 바람이 거세군요!"

정말 바람은 장엄한 소리를 내며 구슬프게 울부짖듯이, 쓸쓸한 집 주위를 휘몰아치고 있었다. 모든 것이―저 작은 굴 껍데기를 박아 넣은 거울까지 모두 사라져 있었다. 그러고 보니 처음으로 내 인생을 크게 바꾼 사건이 있었던 날도

⁵⁾ 나는 여기에 누워 있었다. 나를 매혹시켰던 그 푸른 눈동자의 소녀를 생각해 보았다. 스티어포스에 대해서도 생각해 보았다. 그러자 그 사나이가 지금 바로 내 곁에 있어, 당장에라도 얼굴을 내밀 것 같은 어리석고 무서운 공상이 밀어닥쳤다.

"이 집에 새로 들어올 사람은 없을 거예요." 페거티 씨가 나지막하게 중얼거렸다. "여기는 재수 없는 집으로 유명하니까요!"

"집주인은 이웃 사람인가요?" 나는 물었다.

"아뇨, 시내 높은 지대에 사는 돛대 제조업자랍니다." 페거티 씨가 말했다. "오늘 밤 그에게 열쇠를 돌려주러 갈 생각입니다."

우리는 또 다른 조그마한 방을 들여다보고 나서 돌아왔다. 페거티 씨는 벽난로 선반 위에 촛불을 놓으면서, 여전히 찬장 위에 앉아 있는 거미지 부인에게, 이 촛불이 꺼지기 전에 찬장을 밖으로 내갈 터이니 일어나라고 말했다.

거미지 부인은 별안간 바구니를 내치고 그의 팔에 매달리며 소리쳤다. "이봐요, 이 집에서 내가 하는 마지막 말은, 나를 버리고 가선 안 된다는 거예요. 날 내버려두고 가지 말아요! 그것만은 절대 안 돼요!"

페거티 씨는 뒤로 물러서더니, 잠에서 깨어난 것처럼 거미지 부인과 나를 번갈아 바라보았다.

"제발 나를 여기다 버리고 가지 말아요, 응, 제발!" 거미지 부인은 울면서 소리쳤다. "나도 에밀리와 함께 데려가요. 당신의 하녀가 되어 성실하게 일하겠어요! 거기에 노예가 있다면 나는 기꺼이 당신의 노예가 되겠어, 언제까지나."

"보세요." 페거티 씨는 고개를 저으며 말했다. "이번 여행길이 얼마나 멀고, 생활이 얼마나 고통스러운지 당신은 몰라요!"

"아니, 나도 짐작하고 있어요!" 거미지 부인은 말했다. "나를 데리고 가지 않으면, 이 집 지붕 아래서 하는 내 마지막 말은, 나는 양로원에 들어가서 죽겠다는 거예요. 나는 김도 맬 수 있어요. 일할 수도 있고. 아무리 고생스러워도 참을 수 있어요. 꾹 참으면서 상냥하게 굴 수도 있어요. 시켜만 줘요. 당신이 생각하는 것보다 훨씬 잘할 수 있어요. 돈 따위는 바라지 않아요! 설사 굶어 죽더라도 당신

---

5) 어머니가 재혼한 날.

이나 에밀리와 함께라면 세상 끝까지라도 가겠어요! 다 알아요. 당신은 내가 기댈 곳 없는 외톨이라고 생각하고 있지요. 하지만 이제 그렇지 않아요. 나는 이제까지 오랫동안 밤에도 자지 않고 당신의 많은 노고를 지켜봐 왔어요. 이제는 내게도 좋은 일이 있어야죠. 데이비 도련님, 나대신 이 사람에게 좀 말해주세요! 나는 이 사람과 에밀리를 잘 알고 있으며, 두 사람의 슬픔도 잘 알고 있으니까, 때로는 두 사람의 위로도 될 수 있고, 늘 두 사람을 위해 일할 수도 있습니다! 이봐요, 제발 나도 데려가줘요!"

거미지 부인은 그의 한 손을 잡고, 사랑과 감사하는 마음을 고스란히 드러내며 소박한 연민과 애정을 담아 미친 듯이 입맞추었다.

우리는 찬장을 꺼내고 촛불을 끄고 바깥문을 닫고 흐린 밤 속에 떠 있는 하나의 그림자 같은 낡은 뱃집을 떠났다. 이튿날 우리가 역마차 지붕 위에 앉아 런던으로 돌아갈 때, 거미지 부인과 그녀의 바구니는 뒷자리에 자리잡고 있었다. 그녀는 한없이 행복했다.

52장
폭로

미코버 씨가 지정한 그 이상한 시간이 스물네 시간 앞으로 다가왔을 때, 대고모와 나는 우리가 어떻게 해야 할 것인가를 의논했다. 왜냐하면 대고모는 도라를 남겨두고 가는 것이 도저히 내키지 않았기 때문이다. 아아, 지금은 도라를 안고 계단을 오르내리는 것이 참으로 즐거웠으며 조금도 무겁지 않았다!

미코버 씨는 대고모도 참석해 달라는 조건을 제시했지만, 우리는 딕 씨와 내가 대표로 가고, 대고모는 집에 남기로 했다. 요약하자면 처음에는 그렇게 하기로 정했으나, 도라가 반대했다. 어떤 핑계를 대든 대고모가 가지 않으면 자기도 괴로우며, 이 심술쟁이 남편도 그것은 용서할 수 없다고 말한 것이다.

"대고모님과는 말하고 싶지 않아요." 그녀는 머리칼을 흐트러뜨리며 말했다. "저는 싫어요! 가시지 않으시겠다면 온종일 집에게 덤비라고 시킬 거예요! 대고모님은 심술쟁이 할멈이에요."

"어쩔 수 없는 애로구나!" 대고모는 웃었다. "내가 없으면 안 된다는 것을 잘 알고 있잖니!"

"아뇨, 대고모님. 아무렇지도 않아요. 대고모님은 제겐 소용이 없으셔요. 저를 위해서 하루 종일 계단을 오르내리시지도 않으니까요. 도디[1]가 구멍 난 신발을 끌고 온몸이 먼지투성이가 되어 왔을 때의 일도 얘기해주지 않으셨어요. 저를 즐겁게 해주는 일이라곤 한 적이 없으시잖아요?" 말은 그렇게 했지만 도라는 곧바로 대고모에게 입맞추더니 진정으로 그러는 줄로 알까봐, "아뇨, 해주셨어요. 농담이에요!"라고 얼른 말했다. 그러고는 "그렇지만, 대고모님," 도라는 달래듯이 말했다. "역시 가셔야 해요. 제 말에 따라주시지 않으시면 무리한 일만 부탁드릴

---

[1] 데이비드의 애칭.

거예요. 그리고 도디도, 대고모님을 모시고 가지 않는다면 반드시 뉘우치게 만들어 줄 거예요. 집이랑 같이 말썽만 부릴 줄 알아요! 대고모님, 만약에 대고모님이 가시지 않는다면, '그때 잠자코 갔더라면 좋았을 것을' 하고 두고두고 아쉬워하실 거예요." 도라는 머리를 뒤로 넘기더니 대고모와 내 얼굴을 의아스러운 표정으로 바라보며 말했다. "왜 함께 가시지 않는 거예요? 저는 정말 아프지 않다고요, 그렇지요?"

"아니, 무슨 당치 않은 말을 묻는 거냐!" 대고모는 말했다.

"말도 안 되는 소리 말아요!" 내가 말했다.

"알았어요! 전 철없는 어린애예요." 도라는 대고모와 나를 천천히 바라본 다음 긴 의자에 누우면서 그 귀여운 입술을 키스하는 것처럼 둥글게 오므렸다. "두 분 다 가시지 않으면 전 그 말을 믿지 않을 거예요. 그리고 엉엉 울 거예요!"

대고모를 보니 이제 항복하기 시작했다는 것을 그 표정에서 읽을 수 있었다. 도라도 그것을 눈치채고 다시 명랑해졌다.

"그리고 많은 얘깃거리를 가지고 돌아오세요. 제가 이해하는 데에 1주일은 걸릴 정도로요. 그 얘기 속에 틀림없이 무슨 골치 아픈 사건이 들어 있을 테니 이해하려면 아주 오래 걸릴 거예요. 저도 알아요! 게다가 덧셈이라도 해야 한다면 말 다 했죠. 언제 끝날지 알 수가 없는걸요. 그러면 이이는 계속 한심한 표정을 짓죠! 자, 그러니 어서 가세요, 네? 하룻밤 정도 집을 비우셔도 저는 집이 보살펴 줄 거예요. 그리고 도디, 가기 전에 나를 2층으로 데려다 줘요. 여러분이 돌아올 때까지 계속 2층에 있겠어요. 그리고 아그네스에게, 그녀를 몹시 꾸짖는 편지를 쓸 테니 전해주세요. 그분은 한 번도 우릴 만나러 온 적이 없으니까요!"

더 이상 상의할 것도 없이, 우리는 둘 다 가기로 했다. 그리고 도라는 응석 부리고 싶어 몸이 아픈 체하고 있는 귀여운 사기꾼이라는 데에도 의견이 모아졌다. 그녀는 무척 기뻐했고 명랑했다. 대고모, 딕 씨, 트래들스, 그리고 나는 그날 밤 도버행 우편마차를 타고 캔터베리를 향해 떠났다.

미코버 씨가 우리에게 기다려 달라고 부탁했던 그 호텔에는, 한밤중이어서 약간의 옥신각신 실랑이 끝에 들어갔는데, 거기에는 이튿날 아침 정각 아홉 시 반에 반드시 오겠다고 적은 편지가 한 통 와 있었다.

때가 때이니만큼 우리는 떨면서 좁은 복도를 몇 개나 지나 겨우 각자의 침대에 들어갔다. 그런데 그 복도는 마치 몇 십 년 동안이나 물에 젖은 채로 내버려 둔 마구간 같은 악취가 진동하고 있었다.

이른 아침 나는 그 정답고 고요한 옛 거리를 한가로이 거닐었다. 떼까마귀들은 여전히 대성당 탑 주위를 날고 있었고, 그 밑으로 흐르는 개울을 굽어보고 있는 탑은 정말 이 지상에는 변화 같은 것은 없다는 듯이 맑은 아침 하늘에 우뚝 솟아 있었다. 탑에서 종을 치자, 그 종소리는 세상만사가 허무하다는 듯이 구슬프게 울려 퍼졌다. 종들 자체의 연륜과 내 아름다운 도라의 어린 시절, 이 세상에 태어나 사랑하고 죽어 간, 이제는 늙지 않는 수많은 사람들의 이야기를 내게 들려주었고, 한편 종소리의 여운은 그 안에 걸려 있는 흑태자(黑太子)[2]의 녹슨 갑옷과 시간의 심연 속에 쌓인 티끌 속을 어물거리다가, 흡사 둥근 원이 물속에서 사라져가듯이 공중으로 사라져갔다.

나는 거리 모퉁이에서 옛날 집을 바라보기만 하고 가까이 가지는 않았다. 만일 그들 눈에 띄기라도 한다면 도와주러 온 계획에 뜻하지 않은 지장을 줄지도 모르기 때문이었다. 아침 햇빛이 박공과 격자창들의 언저리를 따라 비치며 아름다운 금빛으로 물들이고 있었다. 옛날과 조금도 다름없는 평화로운 빛살을 보자 가슴이 죄어드는 것 같았다.

한 시간 정도 시골을 어슬렁거리다가 큰길 쪽으로 돌아왔다. 그 사이에 거리는 모두 잠에서 깨어나 있었다. 여느 가게도 모두 일어나 일하고 있었다. 문득 보니 한때의 적수였던 그 정육점 소년도 그대로 있었다. 이제는 장화를 신고 아이까지 있는 걸 보니 아무래도 독립한 것 같았다. 그는 스스로 아기를 돌보면서 모두 착한 시민이 되어 있었다.

아침상을 받았지만 우리는 모두 걱정이 되고 조바심이 났다. 아홉 시 반이 다 가오자, 미코버 씨를 기다리는 불안감은 점점 커갔다. 아침 식사도, 딕 씨를 제외하고는 모두 애당초부터 흉내만 내고 있었는데, 결국에는 그마저도 그만두고 말았다. 대고모는 방 안을 빙글빙글 돌았고, 트래들스는 소파에서 신문을 읽고 있는 척했으나 실은 일없이 천장을 바라보고 있었을 뿐이었다. 나 역시, 미코버 씨가 오면 곧바로 알릴 생각으로 창가에서 열심히 내려다보고 있었다. 그러나 오

---

[2] 에드워드 3세의 장자(長子). 백년 전쟁 때 부왕과 함께 프랑스로 출정했으며 그때 그가 입은 녹슨 갑옷에서 유래. 지금은 캔터베리 대성당에 보존.

래 보고 있을 필요는 없었다. 아홉 시 반을 알리는 종소리가 울리자마자 그가 거리에 나타났다.

"그가 왔습니다!" 나는 말했다. "그런데 그가 법복을 입지 않았어요!"

대고모는 타협의 여지가 없는 일에 대처할 만반의 준비를 하기라도 하듯 모자 끈을 고쳐 매고(그녀는 모자를 쓰고 아침 식사를 하러 내려온 것이었다) 숄을 걸쳤다. 트래들스는 저고리 단추를 채웠다. 딕 씨는 삼엄한 분위기에 당황했으나, 자기도 그들의 흉내를 낼 필요가 있다고 생각했으므로, 되도록 단단히 두 손으로 모자를 귀 있는 데까지 눌러 썼다. 그러나 곧 미코버 씨를 맞이하기 위하여 다시 모자를 벗었다.

"신사숙녀 여러분," 미코버 씨는 말했다. "좋은 아침입니다! 그리고," 딕 씨와 열렬한 악수를 나누면서 말했다. "당신도 참으로 잘 오셨습니다."

"아침은 드셨는지요?" 딕 씨가 물었다. "괜찮으시다면, 고기라도 한 점 드시지 않겠습니까!"

"천만에요, 선생!" 미코버 씨는 음식을 준비시키려고 벨을 누르러 가는 딕 씨를 말리며 말했다. "딕 선생, 저는 식욕이 떨어진 지가 오래되었습니다."

딕 씨는, 선생이라고 불러준 것이 마음에 들었다. 그 호칭을 영광으로 생각하는 듯, 다시 그와 악수를 하고 약간 어린애같이 웃었다.

"딕," 대고모가 말했다. "정신차려요!"

딕 씨는 얼굴을 붉히며 제자리로 돌아왔다.

"자, 미코버 씨." 장갑을 끼면서 대고모는 미코버 씨를 보고 말했다. "당신만 좋으시다면, 우린 바로 베수비오 화산이든 어디든 갈 준비가 되어 있어요."

"부인," 미코버 씨가 대꾸했다. "폭발을 이제 곧 목격하실 수 있습니다. 트래들스 씨, 우리 두 사람이 미리 의논했었다는 것을 여기서 밝혀도 좋겠죠?"

"그건 사실이야, 코퍼필드." 트래들스가 말했다. 나는 놀라 그를 바라보았다. "미코버 씨가 계획을 내게 상의해왔기에 나도 최대한의 지혜를 짜서 조언을 했어."

"트래들스 씨, 내 이해가 틀리지 않다면, 이 계획은 아주 중대한 사건을 폭로하는 것입니다."

"맞는 말씀입니다." 트래들스는 말했다.

"그런데 여러분, 사태가 이처럼 중대한 갈림길에 서 있으니, 여기서는 전부 이 미코버의 지시에 따라 주십시오. 지금의 저는 참으로 보잘것없는 인간으로, 인간 세계의 표착물, 쓰레기라고 해도 반박할 수 없는 처지이기는 하나, 사람은 역시 사람입니다. 개인적인 과오와 여러 가지 사정에 겹겹으로 싸여서 본디 형태가 모두 망가지긴 했습니다만." 미코버 씨가 말했다.

"우린 당신을 믿으니까 무엇이든 시키는 대로 하겠어요." 내가 말했다.

"코퍼필드 군, 지금 시점에서 자네의 믿음은 절대로 잘못되지 않았네. 제가 이 시계로 5분 먼저 떠나겠습니다. 여러분은 제가 봉급을 받고 있는 위크필드 앤드 힙 사무소로, 미스 위크필드를 방문해주시기 바랍니다. 저는 거기서 여러분을 맞이하겠습니다."

대고모와 내가 트래들스를 보니, 그는 좋다는 뜻으로 고개를 끄덕였다.

"지금은 더는 말씀드릴 것이 없습니다."

미코버 씨는 놀랍게도 우리에게 한번 꾸벅 인사를 하고 허둥지둥 사라져버렸다. 그 태도는 몹시 서먹서먹했고, 얼굴은 새파랗게 질려 있었다.

내가 어찌 된 영문이냐고 설명을 구하자, 트래들스는 다만 고개를(정수리 머리털은 여전히 거꾸로 곤두서 있었다) 젓기만 했다. 할 수 없이 나는 회중시계를 꺼내 5분을 세나갔다. 대고모도 한 손에 시계를 들고 같은 일을 하고 있었다. 5분이 지나자, 트래들스가 대고모에게 팔을 내밀었고, 우리는 묵묵히 그 옛집으로 떠났다.

도착해 보니 미코버 씨는 사무실 책상머리에 앉아서 열심히 글을 쓰는 체하고 있었다. 사무실용의 장부에 선을 긋는 데 쓰는 부기봉이 그의 조끼에 꽂혀 있었다. 그런데 제대로 숨어 있지 않고 1피트 이상이나 가슴에서 툭 튀어나와 있어서 마치 새로 유행하는 셔츠 장식 같았다.

내가 말을 걸기를 기다리고 있는 눈치였으므로 큰 소리로 말했다.

"안녕하십니까, 미코버 씨?"

"코퍼필드 군이 아닌가," 미코버 씨는 정색하고 말했다. "그동안 잘 지냈나?"

"미스 위크필드는 집에 계시는지요?" 나는 물었다.

"몸이 편찮으셔서, 급성 류머티즘으로 누워 계시지만, 이렇게 옛 친구분들이 찾아오셨으니 기꺼이 만나주실 것으로 생각하네. 어서 들어오시게."

그는 앞장서서 식당—그 옛날 내가 이 집에서 맨 처음 들어간 방—으로 가더니 위크필드 씨의 전 사무실 문을 확 열어젖히고서 큰 소리로 말했다.

"미스 트롯우드, 데이비드 코퍼필드 군, 토머스 트래들스 씨, 그리고 딕 씨가 오셨습니다."

지난번에 한 방 먹인 뒤로, 나는 우라이아 힙을 만난 일이 없었다. 우리의 방문을 받고 그는 소스라치게 놀랐다. 우리도 놀랐지만, 그는 우리와는 비교도 안 될 정도로 놀란 것 같았다. 애당초 눈썹이라 부를 만한 것이 없으니 눈썹을 찌푸렸다는 표현은 옳지 않지만, 그 작은 눈이 거의 사라질 정도로 얼굴을 찡그렸다. 그리고 그 깡마른 보기 흉한 손을 허둥지둥 턱에 갖다 댔다. 그것은 그가 당황하고 놀랐다는 것을 말해주는 것이었다. 하기야 그것은 우리가 들어갔을 때 대고모의 어깨 너머로 내가 그의 얼굴을 흘끗 보았던 순간의 표정으로, 1초도 안 되어 그는 여느 때와 다름없이 굽실거렸다.

"이야, 뜻밖의 영광이로군요! 세인트폴 사원 주변의 친구들 모두가 한꺼번에 찾아와주시다니, 생각도 못한 즐거운 일입니다! 코퍼필드 씨, 도련님께서는 좋아 보이시는군요. 그리고—이렇게 말하긴 좀 뭣하지만—아무튼 여전히 모든 친구들에게 변함없이 친절하시군요. 코퍼필드 부인께서도 안녕하실 줄로 믿습니다. 최근 부인께서 건강이 좋지 않으시다는 말씀을 듣고 걱정하던 참이었습니다만."

이 사나이와 손을 잡는 것은 수치스러운 일이었지만 달리 방도가 없었다.

"이 사무소도 변했지요, 미스 트롯우드? 제가 하찮은 서기로서 마님의 당나귀 고삐를 잡던 그 무렵에 비하면 말씀입니다. 그렇잖습니까? 그러나 저 자신은 조금도 변하지 않았습니다."

우라이아 힙은 여느 때와 마찬가지로 기분 나쁘게 히죽히죽 웃으며 말했다.

"그렇군요" 하고 대고모가 말했다. "사실을 말하자면 당신은 젊은 시절의 소망을 훌륭하게 실현했군요, 이렇게 말해도 실례가 되지 않는다면."

"칭찬해주셔서 감사합니다, 미스 트롯우드." 우라이아 힙은 흉물스럽게 몸을 비비 꼬며 말했다. "미코버, 여러분께서 오셨다는 것을 미스 아그네스에게 알려주시오. 그리고 내 어머니에게도. 여러분들을 뵙게 되면 어머니께서도 무척 기뻐하실 것입니다!" 우라이아는 의자를 갖다놓으면서 말했다.

"바쁘지 않지요, 힙 씨?" 트래들스가 말했다. 우리의 눈치를 살피며 피해다니던 그의 교활한 빨간 눈이 우연히 트래들스의 눈과 딱 마주쳤다.

"네, 바쁘지 않습니다, 트래들스 씨." 우라이아는 자기 자리로 돌아가, 앙상한 두 손을 무릎 사이에 넣고 비벼대며 말했다. "제가 바라는 만큼 바쁘진 않습니다. 아시다시피 변호사와 사기꾼, 그리고 고리대금업자는 좀처럼 만족할 줄 모른다지요! 위크필드 씨께서 거의 아무 일도 못 하시므로 저와 미코버의 손이 빠듯할 정도지만, 위크필드 씨를 위해서 일하는 것이 제 의무이자 즐거움입죠. 트래들스 씨, 댁은 위크필드 씨와는 친분이 없으시죠? 저는 언젠가 딱 한 번 댁을 뵈었던 것 같습니다만."

"네, 나는 위크필드 씨와는 친분이 없습니다. 그리고 힙 씨, 당신에게는 아주 오래전에 한 번 찾아간 적이 있습니다." 트래들스는 대답했다.

이 대답에 무언가 번뜩 떠오르는 것이 있었는지, 우라이아는 또다시 그 고약하고 의심 가득한 눈을 들어 트래들스의 얼굴을 바라보았다. 그러나 상대, 머리털은 고슴도치처럼 곤두서 있지만 참으로 착해 보이는 얼굴과 우직한 태도를 지니고 있었으므로 우라이아도 안심한 것 같았다. 온몸, 특히 목을 움찔거리면서 대답하는 사이에 의심하는 표정이 모두 사라져버렸다.

"그것은 유감입니다, 트래들스 씨. 당신도 그분과 친분이 있었더라면 우리와 마찬가지로 그분을 존경했을 텐데요. 물론 자잘한 결점은 많이 있지만 오히려 그로 인해 더욱 인간미를 느낄 수 있지요. 그 부분에 대한 열렬한 예찬을 듣고 싶으시다면, 역시 코퍼필드 씨에게 물어보시면 될 것입니다. 아직 그분의 이야기를 듣지 못했다면 말입니다. 코퍼필드 씨는 위크필드 가족의 열렬한 팬이니까요."

그때 아그네스가 미코버 씨의 안내를 받고 들어왔으므로 나는 그의 아첨을 그냥 들어 넘겼다. 아그네스는 전처럼 침착하지 못했으며, 근심과 피로에 눌려 있었다. 그러나 그 탓에 진심에서 우러나는 친절과 아름다움은 한층 더 은은하게 빛났다.

그녀가 우리에게 인사하는 동안, 우라이아는 선남선녀의 영혼을 노리는 추악한 악마처럼 눈을 빛내고 있었다. 그러는 동안에 미코버 씨와 트래들스 사이에 간단한 신호가 오가더니 나 말고는 아무도 눈치채지 못한 가운데 트래들스가 밖으로 나갔다.

"기다릴 것 없어요, 미코버." 우라이아가 말했다.

미코버 씨는 가슴의 부기봉에 한 손을 대고 자기 고용주인 우라이아를 노려보며 문 앞에 똑바로 서 있었다.

"뭘 기다리는 거요?" 우라이아는 말했다. "미코버! 기다리지 말라는 말이 들리지 않나요?"

"들었어요!" 미코버 씨는 꿈쩍도 않고 말했다.

"그렇다면 왜 기다리고 있는 거요?" 우라이아가 말했다.

"그저 기다리고 싶어서 기다리는 거요." 미코버 씨는 단숨에 말했다.

우라이아의 뺨에 창백한 빛이 번져갔다. 얼굴 전체에 초조함이 어리고 얼굴의 부분 부분이 각기 따로 뒤틀리면서 미코버 씨를 노려보았다.

"온 세상이 알고 있듯이, 자넨 희대의 방탕아야." 우라이아는 억지로 웃으며 말했다. "그러니까 자넨 그만둬 줘야겠어. 나가게! 나중에 자세히 얘기하지."

"얘기라면 이미 진저리날 만큼 들었소." 별안간 미코버 씨가 아주 격한 투로 말했다. "이 세상에 악당이 있다면, 그 악당의 이름은—힙이요!"

우라이아는 한 대 얻어맞은 것처럼 뒷걸음질쳤다. 그는 악의에 찬 표정으로 우리를 천천히 둘러보면서 말했다.

"아하! 이것은 음모야! 당신들은 약속을 하고 여기에 모였어! 내 서기와 한패가 되어 나를 속이려는 거지, 코퍼필드? 조심하는 게 좋아. 그따위 짓을 해도 아무 소용없어. 당신과 나는 서로 잘 알고 있으니까. 우리 사이엔 아무런 우정도 없어. 당신은 맨 처음 여기에 왔을 때부터 오만불손한 풋내기였지. 그래서 내가 출세한 것을 샘내고 있는 거야, 그렇지? 내게 무슨 음모를 꾸며 봐도 소용없어. 내가 모조리 되돌려놓을 테니까! 미코버, 자넨 나가 있어, 이야기는 나중에 마무리 지을 테니까."

"미코버 씨," 나는 말했다. "이놈이 여러 면에서 순식간에 꼬리를 드러냈어요! 특히 어처구니없는 본심을 털어놓았으니까요! 절체절명의 궁지에 몰린 증거예요. 자, 참지 말고 하고 싶은 대로 하세요, 미코버 씨."

"참 훌륭하신 일당들이군요." 우라이아는 목소리를 낮게 깔고 있었지만, 온몸이 질척하게 땀에 젖어 있었다. 그는 앙상한 긴 손으로 이마의 식은땀을 훔쳤다. 낮은 목소리로 말했다. "사회의 쓰레기 같은—하기야 코퍼필드, 당신 자신도 누군가가 자비를 베풀어주기 전에는 똑같았지—아무튼, 사회의 쓰레기 같은 내 서기를 매수해서 내 명성에 흠집을 내려 하다니! 미스 트롯우드, 이런 짓은 그만두는 것이 좋을 겁니다. 그렇지 않으면 댁의 남편을 흠씬 두들겨줄 테니까요. 별로 유쾌한 일이 아니시지요, 내가 직업상 댁의 지난날을 알고 있으니 말이오, 부인! 그리고 워크필드의 따님, 당신도 아버님을 사랑하신다면 저 일당에 끼지 않는 것이 좋을 것입니다. 만일 저 일당에 낀다면 아버지는 끝장날 겁니다! 자, 어때! 난 당신들 가운데 몇 사람 목을 쥐고 있소. 혼이 나기 전에 한 번 더 생각해 보는 게 좋을 겁니다. 미코버, 자네도 지독한 꼴을 당하고 싶지 않다면 한 번 더 생각해 보는 게 좋을 거야. 당장은, 아직 발밑이 환할 때 잽싸게 나가는 게 좋을 거야, 멍청한 놈! 얘기는 나중에 마저 하겠어. 어머니는 어디 계시나?" 그는 트래들스가 없어진 것을 갑자기 깨닫고 깜짝 놀라서 벨 끈을 잡아당기며 말했다. "남의 집에서 멋대로 잘들 노시는군!"

"힙 부인은 여기 계십니다." 트래들스는 훌륭한 아들의 그 훌륭한 어머니를 데리고 들어오며 말했다. "느닷없이 마주치는 바람에 실례를 무릅쓰고 부인께 자기소개를 했어요."

"자기소개도 좋지만, 도대체 당신은 누구요? 여기에 무슨 볼일이 있는 거요?"

"나는 워크필드 씨의 대리인이자 친구요." 트래들스는 침착하고 사무적인 태도로 대답했다. "그래서 모든 일에 있어서 그분을 대리하여 행동해도 좋다는 대리 변호사 위임장도 받아 왔소."

"그 늙은 얼간이, 망령이 들었구먼." 우라이아는 흉악한 얼굴로 말했다. "그 영감을 잘 구슬려서 빼앗은 것이겠지!"

"그래요. 확실히 그분은 속아서 빼앗긴 것이 있지요. 당신도 잘 알 거요." 트래들스는 조용히 대꾸했다. "그 이야기는 미코버 씨에게서 들어 봅시다."

"우라이아," 힙 부인이 걱정스런 듯이 머뭇거렸다.

"어머니는 아무 말씀 마세요. 말이 적으면 재난도 적답니다."

"하지만, 우라이아."

"아무 말씀 마시고 제게 맡겨두세요!"

이 사나이의 굽실굽실하는 태도는 거짓이며, 그가 하는 말은 모두 술수이고 허울뿐임을 나는 오래전부터 알고 있었지만, 지금 그가 가면을 벗어버리는 것을 보기 전까지는 그 위선의 정도가 얼마나 깊은가를 정확하게 알 수 없었다. 그는 가면이 더 이상 소용없다고 판단하자 순식간에 던져버렸다. 노골적인 악의와, 오만한 행동과 증오감, 그리고 지금 이 순간까지도 자기가 저지른 악을 뉘우치기는

커녕 승리를 뽐내는 듯한 음험한 눈—하지만 사실 그는 이미 자포자기한 상태로, 우리를 때려눕히고 싶지만 방도를 몰랐던 것이다—이런 본성은 내가 지금까지 알고 있던 그의 모습과 조금도 모순되지 않았지만, 그래도 오랫동안 그를 알아왔고 철저하게 싫어하던 나조차도 처음에는 기가 막히고 놀라지 않을 수 없었다.

우리를 차례차례 노려보는 그의 표정에 대해서는 이 이상 말하지 않겠다. 왜냐하면 그가 나를 싫어하는 것은 전부터 잘 알고 있었고, 또한 내가 찍은 그의 뺨의 손자국도 나는 잊을 수 없었기 때문이다. 그러나 그 눈길이 아그네스에게로 옮겨 가서, 그녀에 대한 자신의 위력이 점점 사라져가고 있는 데서 오는 분노와, 그로서는 도저히 이해할 수 없고 애당초 상관도 없는 정숙한 여성을 노린 추악한 욕정이 그 절망한 눈에 여지없이 드러나는 것을 보았을 때, 단 한순간이라도 그런 인간의 눈에 그녀가 들어갔다는 생각만으로 나는 치가 떨렸다.

그는 끊임없이 턱을 비벼대며 나를 노려보았으나, 이윽고 반은 우는소리로, 반은 악담하듯이 내게 말을 걸었다.

"당신은 이래도 된다고 생각하오, 코퍼필드? 신사니 뭐니 해가며 잘난 척하는 당신이 남의 집에 쳐들어와서 내 서기와 어울려 남의 말을 하다니! 그것이 만약 나였더라면 이상할 것도 없지. 난 스스로 신사라고는 입도 벙긋하지 않았고, 아 참, 그렇지, 난 구걸만큼은 한 적이 없지. 미코버 얘기를 듣자니, 당신은 거리에서 구걸을 한 적도 있었다더군. 아무튼 그런 당신이! 그런 짓을 해도 아무렇지도 않다는 거요? 그러나 나도 이 은혜를 어떻게 갚을지, 이 음모를 어떻게 되돌려줄지 모르니 각오해 둬. 좋아. 두고 봐! 거기 아무개 씨가 미코버에게 이러쿵저러쿵 말한 모양이지. 자, 당신의 감정인은 여기 있소. 왜 아무 말도 않는 거요? 하하, 선생도 뭘 좀 깨달은 모양이군."

그는 자기가 한 말이 나나 우리 가운데 어느 누구에게도 효과가 없다는 것을 알자, 주머니에 손을 집어넣고 테이블 가장자리에 앉아, 다음에 일어날 일을 기다리고 있었다.

미코버 씨는, 내가 지금까지 과격한 행동을 만류해왔으므로 어쩔 수 없이 악당이란 말의! '악'이란 첫 음절만 되풀이하여 내뱉다가 말을 삼켰다. 이제는 거칠 것 없이 가슴에서 부기봉을 빼들더니(보아하니 호신용으로 들고온 것 같았다) 주머니에서 큰 편지 모양으로 접은 서류 뭉치를 꺼냈다. 그는 옛날과 다름없는 과장된 동작으로 서류를 펴더니 마치 그 예술적인 문체에 감탄한 듯이 한 번 훑어본 다음 소리 내어 읽기 시작했다. "미스 트롯우드, 그리고 신사 여러분—"

"아니, 이 사람 좀 봐!" 대고모가 낮은 목소리로 말했다. "저 사람은 사형을 앞두고 편지를 쓴다면 아마 종이 한 다발 정도는 순식간에 써버릴 거야!"

미코버 씨는 대고모의 말을 무시하고 계속 읽어 나갔다.

"이제까지 이 세상에 존재한 악한 가운데에서 최고의 극악무도한 악한을 규탄하기 위하여 여러분 앞에 나타남에 있어서—" 미코버 씨는 편지에서 눈을 떼지 않고 경찰봉처럼 부기봉으로 우라이아 힙을 가리켰다. "나는 나를 위한 어떠한 동정도 바라지 않습니다. 유년 시절부터 감당할 수 없는 채무의 희생자인 나는 여태껏 타락한 환경의 놀림감이요 장난감이었습니다. 굴욕과 궁핍과 절망과 광기는, 그것이 한데 뭉쳐서든 개별적으로든, 제가 지금까지 살아오는 동안 늘 따라다녔습니다."

이 역경과 불행에 그가 얼마나 농락당해 왔는가를 말하는 그의 표정에 필적하는 것은 그 편지를 낭독하는 그의 힘찬 어조였다. 그리고 실로 어렵고 까다로운 문구를 발견했다고 생각하는지, 고개를 저으며 황홀한 듯이 편지를 바라보는 모습은 놓칠 수 없는 볼거리였다.

"굴욕과 궁핍과 절망과 광기에 싸여서 저는 이 사무소—명목상으로는 워크필드 앤드 힙이란 이름으로 경영되고 있지만, 실제는 힙 한 사람의 지배를 받고 있는 조합의 사무소에 들어오게 되었던 것입니다. 힙, 힙만이 이 기관의 중추기관이며, 힙만이 상습 위조자요, 사기꾼인 것입니다."

이 말을 들은 우라이아는 얼굴이 하얗게 질리면서 편지를 갈가리 찢으려고 달려들었다. 그러나 기적처럼 운이 좋았는지 아니면 원래 재빨랐는지, 미코버 씨는 달려드는 주먹을 재빨리 부기봉으로 막아 상대의 오른손을 무력하게 만들었다. 봉이 부러질 듯이 세차게 손목에 명중하자 나무토막을 치는 것 같은 소리가 났다.

"이 짐승! 악마에게나 먹혀버려라!" 우라이아는 고통 때문에 몸을 비틀며 악을 썼다. "두고 봐, 복수하고 말 테다!"

"또 한 번 덤벼 봐라, 이—이—파렴치한 자식!" 미코버 씨는 헐떡이며 소리쳤다. "네놈 대가리도 인간의 대가리라면 박살을 내주마. 자, 덤벼라! 자, 덤벼!"

미코버 씨가 부기봉을 잡고 수비 자세를 취하며 "자, 덤벼!"라고 도발했다. 트래들스와 나는 방구석으로 그를 밀고 갔다. 그는 그럴 때마다 기세등등하게 나오려고 했는데, 이런 우스꽝스러운 광경은 나도 이제껏 본 적이 없었다.

한편 힙은 혼자 중얼거리며 다친 손을 한참 동안 문지르다가 목도리를 풀어서 손을 동여매고 다른 손으로 감싸며 불만스러운 얼굴을 숨기고 탁자에 앉았다.

미코버 씨는 냉정을 되찾자 편지를 계속 읽어 나갔다.

"제가 힙의—" 이 이름이 나올 때마다 그는 말을 끊었다가 단숨에 토해내듯이 뱉어냈다. "—고용인으로 들어온 것은 돈 때문이었는데, 주(週) 22실링 6펜스란 기본급 말고는, 제가 노력한 만큼 더 주기로 했습니다. 즉, 다른 말로 나타내자면 제 인성의 비열함, 동기의 탐욕스러움, 집안의 가난, 일반적인 도덕성이 힙과 어느 정도 닮았느냐에 따라 주겠다는 것이었습니다. 그 때문에 좌절감에 사로잡혀 있었지만 가족을 부양하기 위해서는 돈을 미리 내 줄 것을 힙에게 간청할 수밖에 없었습니다. 그리고 이러한 필요성을 힙은 처음부터 예상하고 있었습니다. 이렇게 해서, 저는 그가 자기 손안에 잡아 넣을 목적으로 쳐놓은 올가미에 걸려들게 되었다는 것을 여기서 밝힙니다."

미코버 씨의 그 불행한 사태를 묘사한 자신의 필력에 대한 만족감은 그가 당면한 현실이 주는 고통과 근심을 정말로 능가하는 것같이 보였다. 그는 계속 읽어 나갔다.

"그리고 힙은 그의 흉악한 사업을 해 나가는 데 꼭 필요한 만큼의 믿음을 보이며 저에게 선심을 쓰기 시작했습니다. 사업상의 사기를 치기 위해서, 그리고 W씨라는 한 개인을 속이기 위해서 언제나 저의 도움이 필요했다는 것을 저는 알게 되었습니다. W씨는 이용당하고, 속아 넘어가고 기만당했습니다. 그동안 악당 힙은 무자비하게 이용한 그 신사에 대한 무한한 우정을 여러 사람 앞에서 공공연하게 말하고 다녔다는 것을 저는 알게 되었습니다. 정말 악질입니다. 또한 이 악당은 처녀왕조[3]의 영광스러운 시성이 덴마크 공자[4]의 입을 빌려 갈파한 보

---

3) 엘리자베스 여왕조를 말함.
4) 햄릿을 말함.

편적인 금언과 같이 한층 더 무서운 흉계를 그 등 뒤에 숨기고[5] 있었습니다."

미코버 씨는 이렇게 훌륭한 인용구를 들어 단락을 마무리한 것이 참으로 만족스러운 나머지, 어디까지 읽었는지 깜빡 잊었다는 핑계로 일부러 그 부분을 한 번 더 읽었다.

"지금 이 편지에서 제가 W씨라고 부른 그분 개인에게 영향을 미치게 될 하찮은 여러 가지 악행을 상세히 늘어놓을 생각은 없습니다. 그것에 대해서는 저도 묵인한 같은 패거리였으니까. 안으로는 말없는 경고자요 밖으로는 이에 못지않게 측은하고 애절한 경고자—그분은 미스 W라고 말하겠습니다—에게 자극되어 저는 비밀 조사라는 용이하지 않은 일을 시작하여 1년 이상 끌어왔습니다."

마치 국회법이라도 읽는 것처럼 이 대목을 읽으면서 또다시 그 말의 울림에 완전히 취해 있었다.

"힙의 죄목을 늘어놓으면," 그는 여기서 우라이아의 얼굴을 힐끗 보고 만일의 경우를 대비하여 부기봉을 왼쪽 옆구리의 손에 잡히기 쉬운 곳에 끼웠다. "다음과 같습니다."

우리는 일제히 숨을 삼켰다. 물론 우라이아도 그랬다.

"첫째로, W씨의 사무적 능력과 기억력이 약해지고 혼란에 빠졌을 때, 중요한 서류를 전혀 중요하지 않은 서류인 것처럼 꾸미서, W씨의 서명 날인을 받아냈습니다. 1만 2,614파운드 2실링 9펜스에 달하는 신탁금도 이와 같은 방법으로 인출할 권리를 손에 넣어, 그 돈을 이미 지불이 끝났거나 거짓으로 꾸민 운영비 및 결손 충당조로 썼습니다. 그는 철두철미하게 이 모든 처리가 W씨 자신의 부정한 행위에 의해서 이루어진 것처럼 꾸며 놓았고, 그 뒤 그것을 핑계 삼아 그분을 괴롭히고 그분에게 압력을 가하곤 했습니다."

"그 증거를 대라, 코퍼필드!" 우라이아는 협박조로 고개를 저으면서 말했다. "우물쭈물하지 말고, 지금 당장!"

"트래들스 씨,—힙에게 물어 보세요! 힙의 뒤를 이어 누가 그 집에 들어가 살았는지를."

미코버 씨는 편지 읽는 것을 멈추고 말했다.

---

[5] 햄릿 3막 4장.

"바로 저 바보 자식이잖아, 지금도 억지로 살고 있는 주제에!" 우라이아는 멸시하는 듯이 소리쳤다.

"—힙에게 물어 보세요, 그 집에 수첩이 한 권 있었는지 어떤지를."

턱을 비벼대고 있던 우라이아의 앙상한 손이 본의 아니게 딱 멈추는 것을 나는 보았다.

"그렇지 않으면 이렇게 물어 보세요." 미코버 씨는 말했다.

"그가 거기서 수첩을 한 권 태운 일이 있는지 없는지를. 그가 태워 버렸다고 말하고서 그 재가 어디 있느냐고 묻거든 이 윌킨스 미코버의 이름을 가르쳐 주십시오. 그러면 그에게는 조금도 유리하지 못한 이야기를 듣게 될 겁니다."

미코버 씨가 지금까지 한 말들은 그의 어머니에게 큰 충격을 주었다. 그의 어머니는 흥분하여 소리쳤다. "우라이! 우라이! 머리를 조아리고 얌전히 해결하도록 해라, 얘야!"

"어머니! 조용히 하세요! 어머니는 너무 놀라서 무슨 말씀을 하고 계시는지, 무슨 영문인지 모르시는 거예요! 머리를 조아리라니요!" 그는 나를 바라보고 을근거리며 되풀이했다. "오래전부터 저는 저들에게 머리를 조아려 왔어요, 옛날에 그랬던 것처럼!"

미코버 씨는 점잖게 턱을 목도리 속에 파묻고서 자기 편지를 다시 읽어내려갔다.

"둘째로, 제가 알고, 듣고, 믿고 있는 한, 힙은 여러 차례에 걸쳐—"

"하지만 그것으론 안 될걸." 우라이아는 안도의 한숨을 쉬며 중얼거렸다. "그러니까 어머니는 조용히 계세요."

"지금 곧바로 네놈을 해치울 수 있는 것을 보여줄 테니 기다리게." 미코버 씨가 대답했다.

"둘째로, 제가 알고, 듣고, 믿고 있는 한, 힙은 여러 차례에 걸쳐 각종 등기, 장부, 문서에 W씨의 서명을 조직적으로 위조했으며, 특히 그중 어떤 경우는 제가 입증할 수 있는 확실한 증거도 있으므로, 즉 다음과 같습니다. 다시 말해서—"

미코버 씨는 이와 같이 말을 형식적으로 쌓아올리면서 본인은 크게 만족하고 있었다. 그러나 그의 경우, 그것이 아무리 우스꽝스럽게 들리더라도 그것이 결코 그 사람에게 한한 것만은 아니다. 나는 여태까지의 경험에서 많은 사람들이 그렇게 하는 것을 보아왔다. 오히려 그것은 일반적인 통칙이었다. 예컨대 법정에서 선서를 할 때 증인들은 증오, 혐오, 포기 운운하며 한 가지 관념을 나타내기 위해 연속으로 말을 늘어놓으면 아주 기분이 좋아 보인다. 그리고 케케묵은 저주하는 말들도 이와 같은 원리에서 재미있게 만들어졌다. 우리는 곧잘 언어의 횡포란 말을 하지만, 반대로 우리 자신이 언어에게 횡포를 부리고 싶어하는 것이다. 우리는 만일의 경우를 대비하여 평소부터 쓸데없는 말을 늘어놓기를 좋아한다. 그렇게 하면 훌륭해 보이고, 위대하게 들린다고 착각하는 것이다. 공식 의식에서, 하인들의 제복이 다만 아름답고 많기만 하면 그 제복의 함축적인 의미 따위는 상관하지 않는 것과 마찬가지로, 우리의 말도 다만 많이 늘어놓기만 하면, 그 뜻이나 필요성 같은 것은 모두 2차적인 것으로 전락한다. 개인의 경우, 지나치게 야단스러운 하인의 제복을 과시한 나머지 처벌을 받는다든가, 또는 노예의 수가 너무 많으면 주인에게 반항하는 것처럼, 나라도 말이라고 하는 하인을 너무 많이 거느린 탓에 큰 곤경에 빠지거나, 앞으로 보다 더 큰 곤경에 빠지려 하는 예를, 나는 얼마든지 알고 있다.

　미코버 씨는 매우 만족스러운 듯이 계속 읽어 내려갔다.

　"즉 다음과 같습니다. 다시 말해서 W씨는 병약하셔서, 자식으로서의 효심을 움직여 따님이 조합의 사정을 조사하는 것을 허용하지 않도록 남몰래 손을 쓰지 않으면—서명자인 나, 윌킨스 미코버의 추측에 불과하지만—W씨가 죽을 경우 사실이 폭로되어, 힙의 W가문에 대한 세력이 실추될지도 모르므로, 힙은 W씨가 부도를 내는 일이 없도록 하기 위해서, 앞에서 말한 1만 2,614파운드 2실링 9펜스에 이자를 가산한 금액에 대하여 W씨에게 힙이 전도한 것처럼 기입하고 W씨 명의로 작성한 차용증서를 만들어두는 것이 유리하다고 생각했습니다. 그러나 그 금액은 꿔준 적이 없고 오래전에 이미 상환된 것입니다. W씨가 작성하고 윌킨스 미코버가 확인한 것으로 되어 있는 이 서류는 틀림없이 힙이 위조한 것입니다. 그가 직접 수첩에 적어놓은 W씨의 사인을 위조한 것을 저는 몇 개 가지고 있습니다. 그 사인들은 군데군데 불에 타서 지워지기는 했으나 지금도 충분히 판별할 수 있습니다. 아무튼 저는 결코 그런 서류를 확인한 일이 없으며, 더욱이 그 서류는 지금 제 손안에 있습니다."

　우라이아 힙은 깜짝 놀라 주머니에서 열쇠꾸러미를 꺼내서 서랍을 열었다. 그러나 그는 갑자기 자신이 하고 있는 일에 생각이 미쳐, 그 서랍 속은 들여다보지도 않고 다시 우리 쪽을 돌아보았다.

"더욱이 그 서류는 지금 제 손안에 있습니다." 미코버 씨는 그것이 무슨 설교 원고라도 되듯이 주위를 둘러보며 되풀이해 읽었다. "즉 오늘 아침 일찍 이 편지를 쓰던 때까지는 제 손안에 있었으나 그 뒤에 트래들스 씨에게 드렸습니다."

"그것은 분명한 사실입니다." 트래들스가 증명했다.

"우라이, 우라이!" 그의 어머니가 소리쳤다. "얌전히 머리를 숙이고 해결을 해라. 여러분, 제 자식에게 생각할 시간을 조금만 주신다면 그는 분명 다시 생각할 것입니다. 코퍼필드 씨, 아시다시피 이 애는 언제나 겸손하고 예의바르지 않았습니까, 도련님!"

참으로 이상한 광경이었다. 아들은 이제는 그 수법이 소용없음을 알고 버렸는데, 어머니는 여전히 같은 수를 쓰려 하고 있었다.

"어머니," 그는 자기 손을 싸고 있는 목도리를 이로 악물고서 말했다. "그런 말씀을 하시려거든 차라리 총으로 저를 쏴 주십시오!"

"나는 너를 사랑하고 있어, 우라이!" 힙 부인은 소리치며 울었다. 확실히 그 여인은 자기 아들을 사랑했고, 조금 이상하게 들릴지 모르지만 그 아들도 문제없이 어머니를 사랑하고 있었다. 그러나 인간으로서 두 사람은 놀랄 만큼 닮아 있었다. "그러니까 네가 훌륭하신 분의 비위를 건드리면서, 너 자신을 더욱 위험 속으로 내모는 말을 듣고만 있을 수는 없단다. 아까 모든 일은 이미 탄로가 났다고 저분이 2층에서 내게 말씀하셨을 때, 네게 용서를 빌게 하고 잘못을 보상하게 하겠다고 말씀드렸단다. 아, 여러분, 저는 뉘우치고 있습니다. 부디 이 아이를 용서해 주십시오!"

"그렇지만 코퍼필드가 있어요, 어머니." 그는 뼈가 앙상한 손가락으로 나를 가리키면서 약이 올라 대꾸했다. 그는 내가 이번 폭로 사건의 주동자라고 생각하고 나를 향해 온갖 증오를 퍼부었다. 그러나 나 역시 그의 잘못을 지적하여 사실을 깨우쳐줄 마음은 없었다. "코퍼필드가 있단 말입니다. 지금 어머니께서 말씀하신 것의 반이나 삼분의 일만 말했어도 이 녀석은 기꺼이 1백 파운드쯤은 내놓을 것입니다!"

"어쩔 수 없었단다, 우라이." 그의 어머니는 말했다. "나는 네가 너무 도도하게 굴다가 위험 속으로 빠지는 것을 보고 있을 수가 없단다. 역시 늘 그랬듯이 겸손하게 구는 게 좋아."

그는 목도리를 씹으면서 잠깐 그대로 있더니, 얼굴을 험악하게 찌푸리고 말했다. "더 폭로할 게 있소? 있다면 계속하시지. 뭣 때문에 나를 노려보는 거요?"

미코버 씨는 그가 좋아하는 연기로 되돌아가는 것이 무척 기쁜 듯이 편지를 다시 읽기 시작했다.

"셋째, 마지막입니다. 힙의 위조장부 및 반쯤 사라져 버린 수첩과 같은 힙의 비밀 서류에 의해서 불행한 W씨의 약점, 과실, 덕망, 어버이로서의 애정, 그리고 도의심이 다년간 힙의 야비한 목적에 의해 좌우되었으며, 왜곡되었다는 것을 증명할 수 있습니다. (참고로, 그 수첩은 제가 현재 살고 있는 곳으로 처음 옮겨왔을 때 우연히 아내 미코버 부인이 난로의 재를 처리하기 위해 비치되어 있는 용기 안에서 발견한 것으로, 그 무렵 저도 이해하기 어려운 물건이었습니다) 이것을 통해 W씨가, 탐욕스럽고 간악하고 만족할 줄 모르는 힙에게 온갖 의미에서 희생물이 되고 그의 재산 증대에 이용되었다는 것, 돈을 버는 일 다음으로 힙이 몰두한 일은 W씨와 미스 W를(후자에 관한 그의 저의에 대해서는 언급하지 않겠습니다) 모조리 자기에게 굴복시키는 것, 불과 몇 달 전에 완수한 그의 최후의 행동은, W씨로 하여금 이 법률사무소의 공동소유권을 포기하도록 하는 것과, 앞으로 매년 사계절의 지급일마다 힙이 가능한 얼마간의 연금을 내는 대신 W씨가 가재 일체까지도 양도하게 만들었다는 것 따위를 모두 증명할 수가 있습니다. 아무튼 W씨가 신중하지 않고 무분별한 투자 사업에 몰두하기 시작하여 도의적으로나 법률적으로 언제나 지켜야 할 책임이 있는 금액을, 손해 볼 가능성이 있는 시기를 선택하여 W씨가 맡아 관리하고 있는 동산과 부동산에 대하여 믿을 수 없는 허위 평가를 내렸다는 것부터, 이하, 상기의 투기 따위를 구실로 일단은 다른 곳에서 융통되었다는 것도 실은 모두 힙에게서 나온 것이며, 속여서 힙이 취득했고, W씨 본인에게는 비밀로 하고 거액의 고리 금융을 하는 등, 하나하나 열거하기도 힘든 후안무치한 간계와 함정으로 W씨를 곤경에 빠뜨려서, 불쌍한 W씨는 마침내 자기 몸 이외의 일에는 완전히 장님이 되기에 이르렀습니다. W씨는 그의 환경에 있어서나 모든 희망, 명예에 있어서도 다 파란에 이르렀다고 믿었으므로, 그가 의지할 것이라고는 사람의 옷을 입은 저 괴물뿐이라고 생각했습니다."—이 마지막 문장은 미코버 씨도 처음 쓰는 표현으로 그 문장이 몹시 마음에 들었는지 주석까지 추가했다—"다시 말해서, 저 괴물은 그분에게 꼭 필요한 인물로 가장하여 파멸로 이끌었습니다. 제가 증명할 수 있는 것은 이것이 전부이지만, 이 밖에도 더 있을지 모릅니다!"

나는 기쁨과 슬픔이 엇갈린 표정으로 내 곁에서 울며 슬퍼하고 있는 아그네스에게 몇 마디 말을 속삭였다. 다른 사람들 사이에서도 편지가 끝났다는 움직임이 있었다. 그러나 미코버 씨는 진지한 표정으로, "죄송합니다"라고 말하더니 침통한 기분과 즐거운 기분이 뒤섞인 얼굴을 하고 편지의 결론을 읽기 시작했다.

"결론은 이와 같습니다. 제게 남은 의무는 이것이 사실이라는 것을 증명하고 나서, 저의 불운한 가족들과 함께 저희가 방해물로 보이는 이 무대에서 어서 빨리 퇴장하는 일뿐입니다. 그다지 먼 미래의 일은 아닙니다. 우리 갓난아기는 식구 가운데에서 제일 허약하니까 영양실조로 제일 먼저 명이 다할 것이고, 이어서 쌍둥이가 그 뒤를 따를 것입니다. 이것으로 되었습니다! 저 자신으로 말하자면 캔터베리 순례는 이제 질렸으므로, 앞으로는 민사재판교도소에 갇혀 가난과 고통을 당하는 것도 각오하고 있습니다. 조사에 따른 노고와 모험은—그 조사의 결과가 아무리 보잘것없더라도, 격무와 가난에 시달리면서, 해 뜨는 아침, 이슬 내린 저녁, 밤의 어둠 속에서도 악마 힙의 빈틈없는 감시를 받으면서 장시간에 걸쳐 수집에 성공한 것입니다. 그 노고와 모험은 어버이로서의 가난에 대한 고민과 함께 저의 장례식의 화장용 장작 위에 정죄를 위해 뿌려지는 몇 방울의 정화수가 될 것이라고 저는 믿고 있습니다. 그 이상 바랄 것은 아무것도 없습니다. 그 사람과 경쟁할 생각은 더욱 없습니다만, 용감한 바다의 명장[6]에 대해 말하는 것처럼 제가 이룩한 일은 사리사욕을 위해서가 아니고 오직 영국을 위하여, 조국을 위하여, 아름다운 여인을 위하여[7]

분투 노력했다는 것을 인식해주시기만 하면 그것으로 만족합니다.

머리 숙여 삼가 아룁니다.

윌킨스 미코버."

---

6) 넬슨을 말함.
7) 《넬슨의 죽음》이란 소설 속의 시 한 행.

그는 크게 감동했고 즐거워했으며, 대고모가 그것을 평생 간직해 주기를 바라는 것처럼, 편지를 접어가지고 깊게 절을 하면서 대고모에게 드렸다. 오래전에 내가 처음으로 이 집을 들렀을 때도 보았지만, 이 방 안에는 철제 금고가 하나 있었다. 그 금고에는 열쇠가 꽂혀 있었다. 그것을 본 우라이아는 갑자기 어떤 생각이 떠오른 것 같았다. 그는 미코버 씨를 한번 보고는 금고로 다가가서 큰 소리를 내며 문을 철컥 열었다. 금고는 비어 있었다.

"장부는 어디 있지?" 그는 무서운 얼굴로 소리쳤다. "도둑놈이 훔쳐갔구나!"

미코버 씨는 부기봉으로 자기 몸을 툭툭 치며 말했다. "내가 훔쳤소, 여느 때처럼. 하지만 약간 시간이 일렀지. 네놈한테서 열쇠를 받아 오늘 아침에 그것을 열었을 때 말이야."

"걱정하지 않아도 좋소." 트래들스가 말했다. "그 장부들은 내가 갖고 있으니까. 아까 말한 권한으로 앞으로는 내가 보관하겠소."

"훔친 물건을 맡아둔단 말이오?" 우라이아가 소리쳤다.

"이런 상황에서는 그래야 하고말고." 트래들스가 대답했다.

그때 여태까지 침착하게 입을 다물고 주의를 기울이고 있던 대고모가 느닷없이 우라이아 힙에게 달려들어 그의 멱살을 잡았다.

"내가 요구하는 것은 잘 알고 있겠지?" 대고모가 말했다.

"구속복[8]이겠죠."

"아니야, 내 재산이야! 아그네스, 내 재산이 아버지 때문에 모두 없어졌다고 알고 있던 동안은 네게도—그리고 트롯에게도—내가 여기 사업에 투자했다는 것을 한마디도 입 밖에 내고 싶지 않았고, 실제로도 말하지 않았어. 그렇지만 이제는 그것이 모두 이 작자의 책임이라는 것을 알았으니 반드시 그 돈을 받아야겠어! 트롯, 이리 와서 받아내다오!"

대고모는 그 재산이 지금 그의 목도리 속에 들어 있기라도 하는 것처럼 힘껏 잡아당기고 있었다. 나는 급히 두 사람 사이에 들어서서 이자가 부정한 방법으로 손에 넣은 것을 무엇이든 모조리 돌려받도록 조치하겠다고 다짐하여 대고모를 진정시켰다. 대고모는 이것저것 생각해보고 겨우 조용해졌다. 그러한 난폭한

---

8) 난폭한 환자의 안전을 위해 입히는 옷.

행동에도 (모자는 그렇지 않았지만) 당황해하는 기색 없이 침착하게 자기 자리로 되돌아갔다.

이 몇 분 동안 힙 부인은 아들에게 '겸손하게' 굴라고 타이르고, 우리에게 차례로 무릎을 꿇고 미친 듯이 약속했다. 아들은 어머니를 자기 의자에 앉히고 그 곁에 서서 어머니의 팔을 붙잡은 채 사나운 표정으로 내게 말했다.

"어떻게 해 달라는 거요?"

"당신이 어떻게 해야 되는지는 내가 말해주겠소." 트래들스가 말했다.

"저 코퍼필드는 혀가 없소?" 우라이아가 중얼거렸다. "누군가가 그 혀를 잘라버렸다는 것을 정직하게 말해준다면 고맙겠소이다."

"여러분, 우라이아는 반성하고 있습니다!" 그의 어머니가 외쳤다. "이 애의 말을 언짢게 여기지 말아주세요!"

"당신이 해야 할 일은," 트래들스는 말했다. "첫째로, 우리가 지금 들은 그 양도 증서들을 남김없이 내게 넘기는 것이오. 지금 이 자리에서."

"내가 가지고 있지 않다면?"

"당신은 가지고 있소. 그러니 그런 가정은 필요 없소." 트래들스가 말했다. 그런데 내 옛 급우가 이토록 머리가 좋고, 이토록 분명하고 끈기 있는 실제적인 식견을 발휘하는 것을 본 것은 이번이 처음으로, 그를 완전히 다시 보게 되었다. "그리고 당신이 약탈하여 손에 넣은 것을 모두 내놓고, 마지막 한 푼까지 되돌려 주어야 하오. 사무소의 장부와 서류는 모두 우리에게 넘기시오. 당신의 장부와 서류 일체, 모든 계산서와 대차 증서(貸借證書) 일체를 포함해서. 다시 말하면 여기 있는 모든 것을 말이오."

"그렇게 해야 한다고?" 우라이아가 말했다. "천천히 생각할 시간적 여유를 가져야겠소."

"좋소." 트래들스는 말했다. "그러나 그동안, 모든 일들이 우리에게 만족스럽게 이루어질 때까지는, 일단 우리가 이 모든 것을 보관할 것이오. 당신은 방 안에 틀어박혀서 누구와도 접촉을 하지 말기 바라오. 이건 명령이오."

"아니, 싫소!" 우라이아는 악담과 함께 말했다.

"그렇다면 메이드스톤 교도소에 구치하는 게 안전하겠군. 법에 호소하면 손해를 배상받는 데 시간도 더 걸릴지 모르고, 당신이 직접 배상하는 것만큼 완벽하지도 못하겠지만 당신이 처벌받는 것만은 확실하니까. 당신도 나만큼 잘 알고 있을 거요. 코퍼필드, 자네, 길드홀[9]에 가서 경찰관 두 사람을 데려와 주겠나?"

힙 부인이 울음을 터뜨렸다. 아그네스 앞에 무릎을 꿇고 자기들을 위해 중재 역할을 해 달라고 호소하면서 울부짖었다. 우라이아는 반성하고 있으며 그것은 틀림없는 사실이다. 만일 그가 우리의 말을 듣지 않을 경우는 자기가 대신하겠다, 아니, 그 이상으로 하겠다고, 그녀는 아들을 염려하는 마음 때문에 반미치광이처럼 소리쳤다. 만약 그에게 용기가 있었다면 어떻게 했을까? 이 질문은 잡종견에게 호랑이의 용기가 있다면 어떻게 하겠느냐는 문제와 같은 것이다. 그는 머리 꼭대기부터 발끝까지 겁쟁이였으며 지금도 옛날 말단 시절에 그랬던 것처럼 그저 억울하고 화난 얼굴로 유감없이 그 비열한 본성을 드러내고 있었다.

"잠깐!" 우라이아는 나를 향해 신음하며, 얼굴에 맺힌 식은땀을 한 손으로 훔쳐냈다. "어머니, 가만 계세요. 좋아요, 증서를 넘겨줍시다. 가져오세요!"

"딕 씨, 따라가 주시겠습니까?" 트래들스가 말했다.

딕 씨는 부탁을 받은 것이 자랑스럽고 또 그 뜻을 잘 알고 있다는 표정으로, 힙 부인의 뒤를 따라갔다. 그러나 힙 부인은 그에게 아무런 수고도 끼치지 않았다. 그녀는 증서뿐만 아니라 그것이 들어 있는 상자까지 들고 곧바로 돌아왔다. 상자 안에는 은행 통장이며 나중에 도움이 될 온갖 서류까지 들어 있었다.

"좋소!" 그것을 받아들고 트래들스가 말했다. "그럼, 힙 씨. 당신은 물러가서 생각해봐도 좋지만 이 점을 명심하십시오. 여기 모인 우리가 바라는 것은 단 한 가지뿐이오. 내가 방금도 설명했지만 그것을 재빨리 해주시오. 이 점을 분명히 해두겠소."

우라이아는 고개를 숙이고 턱에 한 손을 대고 발을 질질 끌며 방을 가로질러 가더니 입구에서 걸음을 멈추고 말했다.

"코퍼필드, 난 처음부터 당신이 아주 싫었어. 당신은 언제나 건방졌고 늘 나를 적대시해왔으니까."

"전에도 한번 말했다고 생각하는데," 나는 말했다. "탐욕과 교활한 짓으로 온 세상을 적으로 돌린 것은 바로 당신이야. 앞으로는 반성하는 것이 이로울 거야.

---

[9] 런던 시청.

다시 말하면, 탐욕과 간계는 반드시 도를 넘게 되어 있어. 그래서 결국 자기 꾀에 자기가 넘어가게 되지. 이것은 죽음과 마찬가지로 명확한 사실일세."

그러나 그는 콧방귀를 뀌며 비웃었다. "그러니까 학교에서 가르치던 것처럼 (내가 그 엄청나게 많은 겸손이란 것을 배운 그 학교에서) 9시에서 11시까지는 노동이 저주라고 가르치는가 하면, 11시부터 1시까지는 노동은 축복이요, 유쾌하고 존엄한 것이라느니 하는 알 수 없는 소리만 하던 그것처럼 틀림없다는 것인가? 당신도 그들과 똑같이 조리 있는 설교를 하는군. 그러나 겸손이란 것은 제법 효과가 있지 않은가? 겸손하지 않았더라면 나도 위크필드 씨를 구워삶아서 내 손안에 넣지는 못했을 거야—야, 미코버, 이 늙은 쥐새끼 같은 놈. 두고 봐, 반드시 보복하고 말 테다!"

미코버 씨는, 삿대질하며 으르대는 힙의 도발에는 꿈쩍도 않고, 그가 문밖으로 나가버릴 때까지 가슴을 내밀고 바라보고 있다가 내게로 몸을 돌려, "나와 내 아내가 경사스럽게 화해하는 모습을 봐주지 않겠나" 하고 말했다. 그는 모두에게, 감동적인 광경일 테니 다 함께 와서 봐달라고 했다.

"이것으로 오랫동안 아내와 나 사이를 가로막던 장막도 모두 걷혔고, 아이들과 아버지, 즉 나와의 사이도 다시 대등한 입장에서 우정을 되찾게 되었으니까."

우리는 모두 미코버 씨에게 큰 고마움을 느끼고 있었으므로, 마음이 다급하고 산란하기는 했지만 고마움을 전하기 위해 미코버 부인에게로 다함께 가고 싶었다. 그러나 아그네스는 아직은 희망의 서광이 약간 보이는 아버지에게 한시라도 빨리 돌아가야만 했고, 누구든 한 사람은 우라이아가 달아나지 못하도록 지키고 있지 않으면 안 되었다.

그래서 나중에 딕 씨와 교대하기로 하고 먼저 트래들스가 그를 지키기 위해 뒤에 남았다. 딕 씨와 대고모와 나는 미코버 씨와 함께 그의 집으로 갔다. 그래서 나는 일단 아그네스와도 헤어졌다. 이제까지 여러 모로 크게 신세를 진 아그네스, 그녀가 오늘 아침에—그녀 자신의 훌륭한 결심도 한몫했지만—구제된 불행을 생각하면, 미코버 씨와 사귀게 된 어린 시절의 불행까지도 마음 깊은 곳에서 감사하게 여기지 않을 수 없었다.

그의 집은 멀지 않았다. 길 쪽으로 나 있는 현관문을 열자 바로 거실이었으며, 그가 여느 때처럼 성급하게 안으로 뛰어들어가는 바람에 우리는 곧바로 그 집 식구들에게 둘러싸이게 되었다. 미코버 씨는 "에마! 내 소중한 여보!"라고 외치면서 느닷없이 부인 품으로 달려들었다. 그러자 미코버 부인은 놀라서 소리를 질렀지만 이내 남편을 꼭 껴안았다. 딸도, 얼마 전에 편지에 썼던 그 철부지 갓난아기를 돌보고 있다가 깜짝 놀라서 튀어 올랐는데, 갓난아기까지 함께 튀어 올랐을 정도였다. 쌍둥이도 조금 소란스러웠지만 천진하게 날뛰며 크게 기뻐했고, 큰아들도 소년 시절의 실망 때문에 그 뒤로는 계속 울적해 있었으나 오늘만큼은 기분이 좋아 큰 소리로 울음을 터뜨렸다.

"에마!" 미코버 씨는 말했다. "내 마음속의 먹구름은 사라졌소. 한때 우리 사이에 오랫동안 유지되어 왔던 믿음도 다시 회복되었으며, 앞으로는 방해받지 않을 것이오. 자, 이제 가난해도 좋아요!" 미코버 씨는 눈물을 흘리며 말했다. "불행해도 좋고, 집이 없어도 좋고, 굶주려도, 누더기를 입어도, 폭풍이 몰아쳐도, 거지가 되어도, 좋아요! 당신과 믿음을 나눌 수 있다면 아무것도 두렵지 않소!"

미코버 씨는 부인을 의자에 앉히고, 아이들을 하나하나 돌아가며 껴안아 주었다. 앞날을 생각하면 아무리 보아도 좋은 일 하나 없고 황량하기 그지없었지만, 그는 그마저도 기뻤던 것이다. 달리 먹고 살 길이 없으니 모두 캔터베리로 가서 합창단에 들자고까지 말했다.

그러나 미코버 부인이 너무도 감격한 나머지 기절해버렸으므로 합창단에 들 생각을 하기 전에 먼저 부인의 정신을 되돌려야 했다. 그 일은 대고모와 미코버 씨가 했다. 그 뒤에 비로소 대고모의 소개가 끝났고, 미코버 부인도 이윽고 나를 알아보았다.

"죄송합니다, 코퍼필드 씨." 불쌍한 부인은 내게 손을 내밀며 말했다. "전 건강이 좋지 않답니다. 이이와 저 사이에 있던 오해가 모두 풀렸다고 생각하자 처음에는 너무 기뻐서 그만."

"이들이 모두 댁의 식구인가요, 부인?" 대고모가 물었다.

"지금은 이게 전부입니다." 미코버 부인이 대답했다.

"아니, 난 그런 뜻으로 말한 것이 아니에요, 부인. 이 아이들이 모두 댁의 자녀들이냐는 뜻이에요."

"그렇습니다," 미코버 씨가 대답했다. "신상명세서상 틀림없이 그렇습니다."

"큰아들은 무슨 일을 하고 있습니까?" 대고모가 생각에 잠기면서 말했다.

"이곳에 왔을 때는," 미코버 씨는 말했다. "윌킨스를 성직, 아니, 더 정확하게는 그 성가대에 넣는 것이 제 소망이었습니다. 그러나 이 도시를 너무도 유명하게 만든 그 장엄한 캔터베리 사원에는 테너 자리에 결원이 없어서, 녀석은—요약해서 말하자면 신성한 대성당보다는 술집에서 노래 부르게 되었습니다."

"그러나 잘하려고 애쓰고 있답니다." 미코버 부인이 아들을 두둔하며 말했다.

"여보," 미코버 씨가 끼어들었다. "당연하지. 잘 하려고 애쓰고 있다는 것은 나도 알아요. 그런데 녀석이 도대체 어느 쪽으로 각별히 잘 해 보겠다는 것인지 난 잘 모르겠소."

큰아들은 또다시 침울해지면서 약간 화가 난 듯이, 그럼 나는 어떻게 해야 하느냐고 대들었다. 나는 금수로 태어나지 않은 것과 마찬가지로, 목수나 마차 도장공으로 태어나지도 않았다. 내가 어디 다른 동네에 가서 약방을 차릴 수라도 있겠는가? 아니면 다음 순회 재판에 뛰어들어가서 변호사라고 나서란 말인가? 억지로 오페라 무대에 달려 올라가서 폭력을 휘두르면 성공할 수 있는가? 내가 배우지도 않은 일을 어떻게 할 수 있겠는가?

대고모는 잠시 생각하다가 말했다. "미코버 씨, 이민을 생각해 본 일은 있습니까?"

"부인, 그건 제 어린 시절의 꿈이요. 쓸데없는 줄은 알지만 장년기의 동경이었습니다." 미코버 씨는 그렇게 대답했지만, 나는 그가 그런 생각을 가졌었다고는 도저히 믿을 수 없었다.

"그러세요." 대고모는 나를 한 번 바라보고 말했다. "지금 이민을 가신다면 내외분이나, 아이들에게 얼마나 좋은 일이겠습니까!"

"하지만, 부인. 자본이 문제입니다." 미코버 씨는 우울한 표정으로 말했다.

"그것이 가장 큰, 유일한 어려움이죠, 코퍼필드 씨." 미코버 부인이 맞장구를 쳤다.

"자본이라고요?" 대고모가 큰 소리로 말했다. "당신은 우리에게 큰 도움을 주었어요, 불 속에서 정말 많은 것을 건져냈으니까. 그 보답으로써 그 자본을 만들어드리는 것이 당연한 인사가 아니겠습니까?"

"그런 것을 받을 수는 없습니다." 미코버 씨는 생기에 넘쳐서 말했다. "그러나 돈을 빌려주신다면 이자는 연리(年利) 5부로—어떻게든 자리잡을 때까지, 각각 12개월, 18개월, 24개월 기한의 약속어음으로—"

"가능하냐고요? 그럼요. 당신이 원하시는 조건으로 해드리지요. 그럼 두 분 다 이 문제를 잘 생각해 보세요. 데이비드가 알고 있는 한 가족이 곧 오스트레일리아로 떠나게 되어 있어요. 만일 생각이 있으시면 같은 배로 떠나는 것이 어떨까요? 서로 도움이 될 겁니다. 천천히 잘 생각해 보세요."

"부인, 꼭 하나 여쭈어 볼 말씀이 있는데요," 미코버 부인이 말했다. "기후는 건강에 좋겠지요?"

"세계에서 가장 좋지요!" 대고모가 말했다.

"그렇습니까? 한 가지 더 여쭙고 싶습니다. 그 나라에 가면 저희 집 양반같이 유능한 사람이 사회적 지위를 차지할 정당한 기회를 가질 수 있습니까? 당장 총독이라든가 그런 높은 자리를 바라는 것은 아닙니다. 다만 남편의 재능이 계발되고, 그 재능을 발전시킬 수 있는 길이 열릴까요? 그것만 가능하다면 더 바랄 것이 없습니다."

"성실하게 열심히 일하기만 하면 그곳보다 더 앞날을 개척하기 좋은 곳은 어디에도 없을 겁니다." 대고모는 말했다.

"성실하게 열심히 일하면 말이지요. 부인, 이이가 바로 그런 사람이에요. 잘 알겠습니다. 남편에게 있어 이보다 딱 맞는 무대는 없을 겁니다!"

"부인, 저도 확신이 생겼습니다." 미코버 씨가 말했다. "지금과 같은 상황에서 저와 제 가족들에게는 그곳이 안성맞춤이자 유일한 땅이겠지요. 분명 그곳에서 놀라운 일이 일어날 겁니다. 멀다니, 당치도 않지요. 그보다 더 먼 곳도 얼마든지 있는걸요. 부인께서는 친절하시게도 생각해보라고 말씀하셨지만, 더 이상 생각하고 말고 할 것도 없습니다."

그는 곧바로 행운을 바라는 쾌활한 사람이 되었고, 미코버 부인은 캥거루의 습성에 대하여 이야기를 늘어놓았다. 장날의 캔터베리 거리를 떠올리면, 그 길을 우리와 함께 걸어서 되돌아가던 그의 모습, 용감한 방랑자 흉내를 내고, 임시 체류자의 불안한 습성을 나타내 보이기도 하고, 곁을 지나가는 황소를 오스트레일리아 농부와 같은 눈으로 바라보던 그 미코버 씨가 지금도 잊히지 않는다.

53장
도라! 오, 나의 도라!

여기서 다시 한번 발걸음을 멈춰야겠다. 아, 나의 철없는 도라, 추억의 페이지를 넘겨보면, 말없이 지나가는 군중 속에 조용히 외따로 서 있는 쓸쓸한 모습이 있다. 청순한 사랑과 어린아이 같은 천진함으로 말한다—걸음을 멈추고 저를 생각해주세요, 덧없이 사라져간 '작은 꽃 한 송이'를 봐주세요!라고.

좋다. 그렇게 하자. 다른 모든 것은 희미해지면서 사라져 간다. 나는 다시 도라와 함께 그 시골집에 있다. 그녀가 앓아누운 지 얼마나 되었는지 나도 모르겠다. 내 감각은 그것에 익숙해져 정확한 시간을 셈할 수가 없다. 몇 주, 몇 달, 결코 긴 세월은 아니었다. 그러나 나의 습관과 경험으로 보면 끝없이 길고 지겨운 세월이다.

이제는 모두들 "2, 3일만 더 기다려 보세요"라는 말도 그만두게 되었다. 나의 철부지 아내가 오랫동안 정든 친구인 짚과 함께 햇빛 속을 달리는 모습을 보게 될 날은 영원히 없을 것 같아 어렴풋이 두려워지기 시작했다.

짚은 하루 만에 늙어버렸다. 이제는 그 주인에게서, 그에게 활기를 불어넣고 젊음을 되찾아주는 활력을 느끼지 못하는 것 같았다. 그저 멍하니 있다 보니 시력도 떨어지고 손발도 떨린다. 이제는 대고모를 보고 짖기는커녕 대고모가 침대 옆에 가서 앉아도, 도라의 침대에 누운 채로 몸을 기대어 조용히 대고모의 손을 핥아줄 뿐이었다. 그 모습을 보고 대고모는 또 슬픔에 잠겼다.

도라는 누워서 우리를 보고 미소 짓고 있다. 여전히 아름답다. 이제는 성급하게 굴거나 불평을 하지 않는다. 우리가 자기에게 참으로 잘해주고, 내가 지칠 대로 지쳐버린 것도 잘 알고 있고, 대고모는 주무시지도 않고 늘 뜬눈으로 자기를 보살펴 주는 것을 잘 알고 있다고 말한다. 때때로 도라의 두 고모가 찾아와서, 언제나 우리의 결혼식날과 그 행복했던 옛 시절에 대한 이야기를 한다.

나는 그 고요하고 깨끗하게 정돈된 어둑한 방에 앉아 있다. 도라의 푸른 눈이 나를 바라보고, 그녀의 작은 손가락이 내 손을 꼭 감아쥐고 있다. 내 지금까지의 생애에서—집 안팎을 가릴 것 없이—가장 이상한 휴식과 고요함이 있다! 몇 시간이고 나는 그렇게 앉아 있다. 그러나 그러는 중에도 다음 세 가지 광경이 또렷하게 떠오른다.

아침이다. 대고모의 손으로 깨끗하게 꾸민 도라가 자기의 아름다운 머리칼을 보이며, 베개 위에서도 아름답게 곱슬거릴 것이라고 말한다. 그리고 그것이 얼마나 길고 윤이 나며 또 이렇게 풀어놓은 채로 천천히 머리그물 속에 느슨히 묶는 것을 그녀가 아주 좋아한다고 말했다.

"자랑하는 게 아니에요, 놀리지 마세요." 내가 웃자 그녀는 말한다. "그렇지만 당신이 참 아름다운 머리칼이라고 늘 말씀하셨잖아요. 제가 처음 당신을 생각하기 시작했을 때 거울을 들여다보고는 당신이 제 머리 한 타래를 갖고 싶어하시지 않을까 하고 곧잘 생각했어요. 정말로 당신께 머리를 한 타래 드렸을 때, 오, 당신은 얼마나 넋 나간 얼굴을 하셨는지 몰라요!"

"내가 준 꽃을 당신이 그리고 있던 날이었지, 도라. 그리고 내가 얼마나 당신을 사랑하고 있는가를 당신에게 고백한 날이기도 했고."

"아! 그렇지만 그때 제가 그 꽃을 들여다보며 한참 울었다는 것을 당신께 말하고 싶지 않았어요. 당신이 저를 진정으로 좋아하신다고 믿었거든요! 제가 전과 같이 다시 뛰어다닐 수 있게 되면, 우리 둘이서 바보처럼 돌아다니던 곳에 가 봐요, 네? 옛날처럼 산책도 해요. 그리고 불쌍한 아버지도 잊지 말아요."

"응. 그래요, 다시 한번 행복을 만끽합시다. 그러니 어서 털고 일어나요, 여보."

"오, 저는 곧 나을 거예요! 벌써 많이 좋아졌는걸요."

저녁이다. 나는 똑같은 침대곁에서, 똑같은 의자에 앉아 있다. 똑같은 얼굴이 나를 보고 있다. 도라의 얼굴에는 미소가 떠올라 있다. 나는 이제 가벼운 짐을 안고 2층을 오르내리는 일도 없었다. 그녀는 종일 여기에 누워 있다.

"여보!"

"왜 그래요?"

"제가 이제부터 말씀드리는 것을 이치에 닿지 않는다고 생각지 말아 주세요.

방금 위크필드 씨가 편찮으시다는 말씀을 듣고 나니 아그네스가 너무 보고 싶어요. 만나고 싶어 못 견디겠어요."

"그럼, 도라, 내가 그녀에게 편지를 쓰겠소."

"그래주시겠어요?"

"지금 곧바로 쓰지."

"고마워요! 여보, 저를 안아주세요. 일시적인 변덕이 아니에요. 저는 정말 그녀가 보고 싶어요!"

"알겠소. 그렇게 쓰기만 하면 아그네스는 틀림없이 올 거요."

"요즘 아래층으로 내려가시면 아주 적적하시죠?" 도라는 내 목을 껴안고 속삭였다.

"당연하지. 당신의 의자가 비어 있으니까."

"그렇죠, 비어 있죠!" 그녀는 말없이 잠시 내게 매달린다. "제가 없으면 당신 정말 허전하세요?" 나를 보고 환하게 웃으며 묻는다. "이처럼 보잘것없고 경솔하고 철없고 어리석은 저라도 말이에요."

"당연하지 않소. 아니면 누굴 그리워하겠소?"

"오, 당신! 저는 정말 기쁘고 슬퍼요!" 두 팔로 나를 꼭 껴안는다. 도라는 웃으면서 울고 있다. 이윽고 다시 행복한 듯이 조용해진다.

"정말 그래요!" 그녀는 말한다. "아그네스에게 안부를 전해주세요. 그리고 제가 아주 많이, 죽을 만큼 보고 싶어한다고 적어주세요. 제 소망은 그것뿐이에요."

"다시 건강이 좋아지는 것을 빼고는 말이오, 도라."

"그래요, 여보! 하지만 때때로—저는 언제나 바보였잖아요!—이제 좋아지지 않을 거란 생각이 들어요!"

"그런 말은 하지 말아요, 도라! 그런 생각은 하는 게 아니오!"

"하지 않을 수만 있다면 저도 생각하고 싶지 않아요. 하지만 당신은 내 빈 의자 앞에서 혼자 쓸쓸해하실지 모르지만, 저는 아주 행복해요!"

밤이다. 나는 여전히 도라와 함께 있다. 아그네스가 왔다. 만 하루 낮과 하루 저녁을 우리와 지냈다. 그녀와 대고모, 그리고 나는 아침부터 계속 도라 곁에 있다. 우리는 별로 말을 하지 않았지만 도라는 아주 만족해했고 명랑했다. 지금은 우리 두 사람뿐이다.

　도라가 머지않아 내 곁을 떠나리라는 것을 나는 알고 있는 것일까? 모두들 그렇게 말했다. 내 생각과는 다른 새로운 것은 아무것도 말하지 않는다. 그러나 나는 그 사실이 피부로 다가오지 않는다. 받아들일 수 없는 것이다. 오늘은 여러 차례 몰래 울었다. 나는 살아 있는 사람과 죽은 사람과의 이별 때문에 눈물을 흘린 사람이 생각났다.[1] 우아하고 축복이 넘치는 그 이야기를 생각해 보았다. 나는 체념하고, 자신을 달래려고 했지만 생각지 않는다. 마침내 마지막이 온다는 것을 도저히 이해할 수 없는 것이다. 나는 도라의 손을 꼭 잡고, 그녀의 가슴을 내 가슴에 꼭 댔다. 나에 대한 그녀의 사랑이 변함없이 힘차게 살아 있다. 그녀가 죽을 리 없다는 덧없는 희망의 그림자를 나는 쫓아버릴 수가 없다.

　"드릴 말씀이 있어요, 여보. 요즘 몇 번이고 생각해온 것을 말씀드리려 하는데 괜찮으시겠어요?" 유난히 상냥한 얼굴로 말했다.

　"괜찮겠냐고, 도라?"

　"당신이 어떻게 생각할지, 또 요즘 어떻게 생각해 오셨는지 전 모르니까요. 당신도 아마 똑같은 생각을 하셨을 거예요. 여보, 저는 정말로 어렸던 것 같아요."

　내가 도라의 베개 위에 얼굴을 갖다 대자, 그녀는 내 눈을 들여다보며 조용히 이야기한다. 그녀가 자신의 이야기를 과거처럼 하고 있는 것에 가슴이 철렁한다.

　"너무 어렸어요. 나이뿐만 아니라 경험이나, 생각이나, 매사에 있어서요. 정말 어쩔 수 없는 바보였어요! 우린 서로 소년 소녀 같이 사랑만 하다가 그것으로 끝냈더라면 더 좋았을지도 몰라요. 저는 아내로서는 모자랐다는 생각이 들기 시작했어요."

　나는 눈물을 억지로 참고서 말했다. "오, 도라, 그렇다면 나 역시 남편으로서 자격이 없어요!"

　"글쎄요." 그녀는 언제나처럼 곱슬머리를 흔들며 말한다. "아마 그럴지도 모르죠! 그렇지만 제가 아내로서 더 자격이 있었더라면 당신도 더욱 그렇게 되었을 거예요. 당신은 매우 현명하지만 저는 결코 그렇지 못하니까요."

　"우리는 참으로 행복했소, 도라."

---

[1] 요한 전 제11장. 나사로의 죽음 참조.

"저는 정말 행복했어요. 하지만 세월이 흐르면 당신은 철없는 아내에게 싫증이 났을 거예요. 갈수록 상대가 되지 않고 가정에 모자라는 걸 점점 크게 느끼겠죠. 게다가 저는 나아질 가망이 없어요. 그러니까 지금 이대로가 좋아요."

"오, 도라, 제발 내게 그런 말을 하지 말아요. 한마디 한마디가 모두 나를 꾸짖는 것만 같소!"

"그렇지 않아요!" 그녀는 내게 키스하면서 말한다. "당신은 꾸중을 들을 까닭이 없어요! 그리고 당신을 꾸짖기에는 전 너무도 당신을 사랑했어요. 그것만이 제 장점이라면 장점이었지요. 귀엽다는 것을 빼놓고는 말이에요. 그것도 당신이 그렇게 생각하셨을 뿐일지도 몰라요. 아래층에서 적적하지 않아요, 여보?"

"적적하오! 아주!"

"울지 마세요! 제 의자는 아직도 있어요?"

"본디 있던 그 자리에 있소."

"오, 가엾게도, 왜 그렇게 우세요! 조용히! 조용히 하세요! 자, 제게 한 가지 약속을 해주세요. 아그네스와 이야기를 하고 싶어요. 아래층에 가시거든 아그네스에게 그렇게 전하시고 제게 올려 보내주세요. 그리고 그녀와 이야기하는 동안 누구도 오지 못하게 해주세요—대고모님도요. 저는 아그네스하고만 이야기하고 싶어요."

나는 바로 아그네스를 올려 보내겠다고 약속했지만 슬픔이 너무 커서 도라 곁을 떠날 수가 없다.

"지금 이대로가 더 좋다고 제가 말했지요!" 나를 두 팔로 껴안으며 속삭였다. "오, 여보, 세월이 지나면 당신은 지금만큼 이 철없는 아내를 사랑할 수 없을 거예요. 그리고 세월이 더 지나고 나면 실망과 괴로움 때문에 지금의 절반만큼도 저를 사랑할 수 없게 되겠죠! 저는 너무 어리고 어리석었어요. 지금 이대로가 좋아요!"

아래층 거실에 아그네스가 있었다. 나는 그녀에게 도라의 말을 전했다. 아그네스는 나와 집을 남겨둔 채 사라졌다.

그 중국풍 개집은 난로 옆에 놓여 있다. 집은 그 안에서 플란넬 침대 위에 누워 잠들려고 애쓰는 것 같았지만 심기가 영 불편해 보인다. 밝은 달이 중천에 떠 있다. 밤경치를 바라보고 있노라니 눈물이 마구 쏟아진다. 수양이 모자라는

내 마음은 무겁게―무겁게 가라앉는다.

  나는 난롯가에 앉아 결혼한 이래 남모르게 품어온 감정을 뼈저리게 뉘우치면서 생각해 본다. 도라와 나 사이에 있었던 온갖 하찮은 일들이 하나하나 떠오르는 것이다. 하찮은 일들이 인생의 총결산이 된다는 진리를 절감한다. 그 추억의 바다에서 끊임없이 솟아오르는 것은 내가 도라를 처음 알게 되었던 때의 천진난만한 모습이었다. 나의 풋내 나는 사랑과 그녀의 철없는 사랑이, 그러한 사랑에 담긴 온갖 아름다운 매력으로 꾸며져 있다. 우리는 풋사랑만으로 끝내고 잊어버리는 쪽이 정말로 더 좋았을까? 분별없는 내 마음이여, 대답해 다오!

나는 시간이 흐르는 것도 잊고 있었다. 한참 만에 집의 목소리를 듣고 정신이 들었다. 개는 초조한 기색으로 끝내 잠을 이루지 못하고 제 집에서 꾸물꾸물 기어나와 나를 가만히 바라보다가 그대로 문 앞으로 가서 2층으로 올라가려고 낑낑거린다.

"오늘 밤엔 안 돼! 오늘 밤엔 안 돼!"

개는 아주 천천히 내게로 돌아와서 내 손을 핥더니, 탁한 눈을 들어 내 얼굴을 바라본다.

"아아, 집! 어쩌면 두 번 다시 못 만날지도 몰라!"

개는 내 발밑에 누워 몸을 길게 늘이더니 구슬픈 목소리로 한 번 울고는 그대로 죽어버렸다.

"아, 아그네스! 봐요, 여기를, 봐요!"

―아아, 슬픔과 연민이 가득 찬 아그네스의 얼굴, 비처럼 쏟아지는 눈물, 그리고 저 엄숙한 표정, 한 손을 높이 하늘을 향해 뻗친 무언의 호소!

"아그네스, 역시?"

그렇다, 모든 것이 끝났다. 눈앞이 캄캄해진다. 그리고 한동안 모든 것이 내 기억에서 사라져버렸다.

54장
미코버 씨의 거래

지금은 아직, 슬픔이라는 무거운 짐에 짓눌린 내 마음을 이야기할 때가 아니다. 나는 미래의 문이 모조리 닫히고, 무엇을 할 기력도 바닥나서, 무덤 말고는 몸을 의지할 곳조차 없다고 생각했다. 분명히 그렇게 느꼈지만 그것은 슬픔의 충격을 받은 순간부터 그런 것이 아니라, 서서히 그렇게 변한 것이다. 만약 이제부터 기술할 사건이 내 주변에서 차례차례 일어나, 처음에는 슬픔을 흐트러뜨렸다가 마지막에 결국 크게 부풀리지만 않았더라면, 확실하다고는 할 수 없지만 아마도 곧장 그러한 상태에 빠졌을지도 모른다.

그러나 사실 진짜 고통을 알기 전까지 어느 정도의 시간이 있었던 것이다. 그 사이에 나는 가장 격렬한 고통은 지나갔다고 생각했으며, 이제는 영원히 닫혀버린 사랑 이야기지만, 그 속에서 가장 순결하고 아름다운 것만을 마음의 버팀목으로 삼아 스스로 위로했던 것이다.

과연 그 이야기—이 기회에 내가 외국에 나가 여행과 요양을 하며 마음의 평화를 되찾는 게 좋겠다는 이야기가 언제 처음 언급되어 우리 사이에서 만장일치를 얻게 되었는지, 지금은 나도 확실히 알지 못한다. 아마도 아그네스의 존재가, 그 슬픔을 앞에 둔 우리의 모든 생각과 행동과 말을 강하게 지배하고 있었던 것만은 분명하므로, 그 계획도 그녀가 제안한 것이라고 생각한다. 그러나 아그네스의 영향은 아주 은근한 것이었으므로 그 이상의 것은 알지 못한다.

나는 옛날부터 아그네스를 교회의 스테인드글라스와 관련시켜서 생각해 왔다. 그것을 떠올리자, 때가 되면 닥쳐올 슬픔 속에서 과연 그녀가 내게 어떤 존재가 될 것인가 하는 이른바 예언적인 암시가 은밀해 내 마음속으로 스며들어 온 것을 깨닫기 시작했다. 깊은 슬픔 속에서 그녀가 한 손을 높이 하늘로 들고 내 앞에 섰던, 잊으려야 잊을 수 없는 그 순간부터 아그네스는 나의 쓸쓸한 집에서 유일하게 신성한 존재였다. 죽음의 천사가 우리 집에 내려왔을 때 사랑스러운 아내 도라는—이윽고 내가 그런 이야기를 듣고도 견딜 수 있게 됐을 때 비로소 그들이 말해주었지만—미소를 지으며 아그네스의 품에 안겨 영원히 잠들었다고 한다. 내가 정신을 잃었다가 깨어났을 때에도 처음으로 깨달은 것은, 그녀의 동정 어린 눈물, 희망과 평화로 가득한 말, 하늘나라에 가까운 순결한 지역에서 내려온 것 같은 그 상냥한 얼굴을 미숙한 내 가슴에 기대고 조용히 고통을 달래주고 있던 그녀였다.

이야기를 진행하자.

나는 외국으로 떠나게 되어 있었다. 그것은 처음부터 모두들 사이에 결정되어 있던 것 같았다. 이제 죽은 아내의 몸은 흙으로 뒤덮여 있으니, 나는 오직 미코버 씨의 '힙의 완전 타도'와 이주자들의 출발을 기다리고 있었다.

그 고통 속에서도 언제나 깊은 우정을 보여주고 헌신적이었던 트래들스의 요청에 따라 우리—대고모와 아그네스와 나—는 캔터베리로 돌아갔다. 우리는 약속한 대로 먼저 미코버 씨의 집으로 직행했다. 그 폭발적인 회합이 있었던 날부터 트래들스는, 그곳과 위크필드 씨 집에서 줄곧 헌신적으로 일하고 있었다. 내가 상복을 입고 들어서자, 미코버 부인은 무척이나 측은하게 여기며 맞이해 주었다. 그 오랜 고난의 세월에도 그녀의 아름다운 마음은 조금도 상하지 않았던 것이다.

"미코버 씨 내외분께서는," 우리가 앉자 대고모가 인사 겸 물었다. "내가 제의한 그 이민 건에 대해서 생각해 보셨는지요?"

"마님," 미코버 씨가 대답했다. "그 결론에 대해서는 이렇게 말씀드리는 것이 최선이라고 생각합니다. 제 처와 저와 그리고 아이들까지도 모두 함께 그리고 개별적으로 이른 결론은, 유명한 시인의 말을 빌리자면, '우리의 보트는 바닷가에 있고, 우리의 범선은 앞바다에 떠 있도다'[1]라는 것입니다."

"잘 생각하셨습니다." 대고모가 말했다. "좋은 일들만 생길 것입니다."

"마님, 정말 감사합니다." 그리고 그는 기억을 되짚으며 말했다. "그런데 저희의 약한 카누를 모험의 대양으로 저어 나갈 수 있도록 경제적 원조를 해주시겠다

---

[1] 바이런의 시 '토머스 모어에게 바친다'의 한 행을 비튼 것.

는 호의에 대해서는, 중대한 사무적인 문제이므로 저도 깊이 재고해 보았습니다만, 그 결과, 여기 제 약속어음—이들 증서에 관한 의원조례에 따라 정해진 각각 일정액의 인지를 첨부하여 발행한 것입니다만—을 받아 주십시오. 기한은 18개월, 24개월, 30개월로 해두었습니다. 제가 당초에 말씀드린 안은 12개월, 18개월, 24개월이었습니다만, 그러한 약정으로는, 자리를 잡는 데에 필요한 충분한 시간적 여유가 없지 않을까 염려되어서 말입니다." 미코버 씨는 수백 에이커가 넘는 풍요로운 경지가 주변 일대에 펼쳐져 있는 것처럼 방 안을 둘러보며 말했다. "첫 번째 지불 기일이 되었는데 흉작일지도 모르고 풍년이 들어도 수확이 아직 끝나지 않았을지도 모릅니다. 아무리 땅이 풍요로워도, 그것과 싸워야 하는 이주지에서는 일손을 구하기가 어려울 때도 왕왕 있을 것으로 생각됩니다."

"어떻게든 좋도록 정하세요." 대고모는 말했다.

"아닙니다. 친구 여러분과 후원자 분의 호의에 제 처와 저는 깊이 감사하고 있습니다. 그러나 제가 바라는 것은 철저하게 사무적으로 처리하여 행여나 어긋남이 없도록 하는 것입니다. 이번에는 마음을 다잡고 새 생활을 시작하려고 생각하고 있고, 지금의 이른바 후퇴와 기다림을 뒤로하고 앞으로 일대 도약을 하기 위해서는, 이러한 약정은 남자 대 남자로서 당당하게 맺는 것이 제 자식들에게 모범이 되고, 또 저의 자존심을 위해서도 중요한 일이라 여겨집니다."

미코버 씨가 이 마지막 말에 어떠한 뜻을 부여했는지 나는 모른다. 그런 것을 할 필요가 있는지도 모른다. 그러나 그는 그 말이 무척 마음에 들었는지, 점잖게 헛기침을 하면서 '남자 대 남자의 관계로서'라고 되풀이했다.

"그러므로," 미코버 씨는 말했다. "이런 어음은—애당초 어음이란 상업계에서는 참으로 편리한 것이지요. 원래는 유대인이 만든 것이라고 생각하는데, 그래서인지 그들은 어음을 쓸데없이 남용하고 있어요—곧바로 현금으로 바꿀 수 있는 것이니까 말입니다. 그러나 채권 같은 다른 증서가 좋으시다면 기꺼이 바꾸어 오겠습니다. 물론 남자 대 남자로서 당당하게 말씀입니다."

"쌍방이 기꺼이 동의하고자 하는 이런 경우에는 그런 것은 전혀 문제가 되지 않는다고 생각해요." 대고모는 대답했다. 미코버 씨도 동의했다.

"저희 집안의 준비에 관해서 말씀입니다, 마님." 미코버 씨는 약간 자랑스럽게 말했다. "이번에 몸바쳐 뛰어들기로 한 운명과 싸우기 위해서 우리도 다소 준비를 했는데, 그것에 관하여 보고 드리겠습니다. 제 맏딸은 매일 아침 다섯 시에 이웃 가게에 가서 젖 짜는 법—그것을 법이라고 말할 수 있다면 말씀입니다—을 배우고 있습니다. 그 아래 아이들에게는 이 도시의 변두리에서 사육하고 있는 돼지와 닭의 습성을 자세히 살피라고 일러두었습니다만, 일러둔 대로 하다가 두 번이나 차에 치일 뻔하기도 했지요. 저 자신으로 말씀드리자면, 지난주 내내 빵 굽는 기술을 배웠습니다. 제 아들놈 윌킨스는 지팡이를 가지고 나가서 느닷없이 소몰이꾼에게 무료봉사를 제안해서는, 허락이 떨어지자 소를 모는 연습까지 했었지요. 하지만 안타깝게도 자주는 아니지만 녀석은 악담과 함께 그만두라는 경고를 받았답니다."

"모두 정말 좋습니다." 대고모는 격려하듯 말했다. "부인께서도 바쁘시지요?"

그러나 미코버 부인은 아주 사무적인 태도로 응답했다. "아니요, 솔직히 말씀드리면, 저는 경작이라든가 가축 따위와 직접 관계가 있는 일에는 종사한 적이 없습니다. 물론 저쪽에 가면 그런 일에도 신경을 써야 한다는 것은 잘 알고 있습니다만. 저는 집안일을 하다가 짬이 나면 친정에 되도록 자세한 편지를 써 보내는 일에 전념해왔습니다. 그 까닭을 솔직히 말씀드리면, 코퍼필드 씨." 옛날부터 미코버 부인은 처음에는 누구를 보고 말을 했든 간에 마지막에 가서는 언제나 나를 보고 말했다. "바로 지금이 과거를 망각 속에 묻을 가장 좋은 때라고 생각했기 때문입니다. 친정 식구들이 남편의 손을 잡고 남편도 친정 식구들의 손을 잡으며, 사자와 양이 함께 눕듯이 친정 식구들과 남편이 화해할 때가 왔다고요."

나도 그렇게 생각한다고 말했다.

"저는 이 문제를 이렇게 보고 있습니다, 코퍼필드 씨." 미코버 부인은 말을 이었다. "제가 친정 부모님과 함께 살던 시절에는 집안에서 어떤 문제를 토론할 때에는 아버지께서 '에마는 어떻게 생각하느냐?' 하고 늘 묻곤 하셨지요. 아버지는 조금 편파적인 부분도 있지만, 남편과 친정 식구들 사이에 뿌리박혀 있는 서먹서먹한 냉기에 대해서는, 비록 잘못 보았을 수도 있지만 저도 제 나름의 생각을 갖고 있습니다."

"틀림없이 그렇겠지요." 대고모가 말했다.

"그렇습니다." 미코버 부인이 동의했.

"제 결론이 틀릴지도 모르지만, 친정 식구와 남편 사이의 장벽은 남편이 돈의 융통을 요구하지나 않을까 하는 친정 사람들의 염려에서 비롯된 것이 아닌가 하고 생각합니다. 제 친정 식구들 가운데에는 남편이 이름—아이들에게 붙여 주는 세례명이 아니라 환어음에 서명해서 금융시장에서 현금화하는 그것 말이에요—을 빌려 달라고 간청하지나 않을까 하고 염려하는 사람들이 있었을 것입니다."

"부인, 나도 대체로 부인이 하신 말씀이 옳다고 생각해요." 대고모는, 이런 깊은 통찰력을 지닌 사람은 아무도 없을 거라는 미코버 부인의 의기양양한 얼굴에 오히려 놀라서 적당히 대답했다.

"남편은 이제, 오랫동안 얽매어온 금전상의 속박에서 벗어나, 그의 능력을 발휘하기에 충분한 여지가 있는 드넓은 땅에서 새로운 삶을 시작하려 하고 있으므로 제 친정 식구들도 와서 이 기회를 특별히 빛내주어야 한다고 생각합니다. 제가 보고 싶은 것은 경사스런 축하연에서—물론 비용은 그쪽에서 내야겠지요—남편과 친정 식구가 서로 얼굴을 마주하고, 그 자리에서 친정 대표가 남편의 건강과 번영을 위해 건배를 드는 것입니다. 그러면 남편이 자신의 의견을 피력할 기회도 생기는 것이죠."

"여보," 미코버 씨는 약간 열을 올리고 말했다. "그렇다면 나도 분명히 말해 두어야겠는데, 내가 그 자리에 모인 사람들에게 의견을 말한다면 아무래도 그들의 기분을 상하게 할 것 같소. 아무튼 당신 친정 사람들은 전체적으로 무례한 속물들이며, 개인적으로도 순 악당들이오."

"그렇지 않아요. 당신은 그들에 대해서 아무것도 모르고, 그들도 당신을 모를 뿐이에요." 미코버 부인은 세차게 고개를 저었다.

미코버 씨는 헛기침을 했다.

"그래요, 그 사람들은 당신에 대해서 아무것도 몰라요. 이해하기 어려울 수도 있죠. 하지만 그렇다면 그건 그 사람들의 불행이에요. 참 딱해요."

"이거 정말 미안하오, 에마." 미코버 씨도 조금 누그러졌다. "무심코 심한 말을 했소. 내가 말하고 싶은 것은 당신 친정 식구들이 와서 호의를 보여주지 않더라도 조용히 떠나는 것이 훨씬 좋소. 요컨대, 그렇게 요상하게 불쑥 끼어드느니보다는 현재 내가 갖고 있는 자극만으로 영국을 떠나고 싶소. 그러나 동시에 여보, 만일 그들이 당신 편지에 답장을 보내오기라도 한다면—우리 부부의 경험으로 보아 그런 일이 있을 것 같지는 않지만—당신의 소망을 방해할 생각은 추호도 없소."

일단 원만하게 해결되자 미코버 씨는 부인에게 그의 한쪽 팔을 내밀고, 트래들스 앞의 책상 위에 산처럼 쌓여 있는 장부와 서류를 한번 보고는 '저희들은 이만 실례합니다'라고 정색을 하고 나갔다.

"코퍼필드," 트래들스는 두 사람이 나가자 의자에 기대앉으며, 감동한 탓에 눈이 충혈되고 머리털을 곤두세우고서 나를 보며 말했다. "한 가지 부탁이 있네. 딱히 양해를 구하진 않겠어. 이 문제는 자네도 아주 흥미로울 테고, 재미도 있으니까. 아주 지쳐버린 것은 아니겠지?"

"난 문제없어." 나는 잠깐 생각하고 대답했다. "우린 다른 누구보다도 대고모님을 생각해야 해. 대고모님께선 정말 고생이 많으셨어."

"그럼, 그렇고말고!" 트래들스는 대답했다. "내가 그것을 모를 리 있겠나?"

"그런데 그뿐만이 아니야." 나는 말했다. "대고모님은 지난 두 주일 동안 새로운 골칫거리에 시달리며 매일 런던을 드나들고 계셔. 아침 일찍 떠나서 밤늦게야 돌아오신 날도 몇 차례나 있었지. 트래들스, 어제는 이번 여행을 앞두고도 한밤중에 돌아오셨어. 대고모님께서 남을 생각하시는 마음이 어떻다는 것은 자네도 알지? 그런데도 어떤 걱정거리인지 결코 내게 말씀하시려 하지 않아."

대고모는 창백해지며 얼굴을 찌푸리고 내 말이 끝날 때까지 가만히 앉아 듣고 있었다. 그러면서 난데없는 눈물이 두 볼을 타고 흘러내렸다. 대고모가 내 손을 꼭 잡았다.

"아무 일도 아니다, 트롯, 아무 일도 아니야. 이제 다 끝난 일이니까, 차차 알려주마. 자, 아그네스, 이 일이나 열심히 합시다."

"미코버 씨에 대해서는, 저는 이 말만은 꼭 해야 한다고 생각합니다." 트래들스가 시작했다. "그분은 자신의 이득을 위해서는 아무것도 한 게 없는 것 같지만, 일단 남을 위해서 일할 때는 정말 지칠 줄 모르는 사람입니다. 저는 그런 사람을 본 적이 없습니다. 만약 그가 언제나 그런 식으로 해나간다면, 지금쯤 2백 살쯤 되어 있을 것입니다. 그가 끊임없이 열중해온 그 정열, 밤낮으로 서류와 장부에 몰두한 그 미친 듯한 정열로 말할 것 같으면, 그가 이 집과 위크필드 씨 댁 사이의 연락용으로 쓴 수많은 편지—그는 나와 책상을 마주하고 있어도 편지를 써서 보낸다니까요—그 막대한 편지는 말하지 않더라도, 정말 예사로운 것이 아니었습니다. 특히 이 마지막 편지는 직접 말하는 게 훨씬 빠른데 말이에요!"

"편지라고요?" 대고모는 말했다. "그야 그분은 꿈까지 편지로 보냈지요!"

"그리고 딕 씨도 말입니다." 트래들스는 말했다. "정말 훌륭하십니다! 유라이아 힙의 감시도 더할 나위 없이 잘해 주셨습니다만, 그 일이 끝나기가 바쁘게 위크필드 씨를 보살피는 일에 열중하셨죠! 아무튼 우리가 하고 있는 조사에 진정으로 도움이 되려고 아주 열심이세요! 발췌를 하고, 베껴 쓰고, 물건을 이리저리 옮기는 허드렛일까지 너무 잘해주셔서 정말 커다란 격려가 되었습니다."

"딕은 정말 훌륭한 사람이에요." 대고모가 말했다. "난 늘 그렇게 말해 왔지요, 트롯, 너는 알고 있지?"

"그리고 미스 위크필드." 트래들스는 진지하면서도 조심스럽게 말을 이었다. "기쁘게도 아가씨가 안 계시는 동안 위크필드 씨의 건강이 눈에 띄게 좋아지셨습니다. 오랫동안 마음속에 달라붙어 있던 끔찍한 악몽과 끊임없이 벌벌 떨던 그 무서운 걱정을 털어버리시고 나니, 같은 분이라고 생각되지 않을 정도입니다. 이번 사건의 요점에 대하여 여러 모로 기억을 떠올리고 증언해 주시는 일은 기대할 수 없다고 생각했는데 그 기억력과 집중력까지도 거의 회복이 되어서, 그분이 없으면 불가능까지는 아니더라도 정말 어렵다고 생각했던 많은 일들이 뚜렷하게 드러났습니다. 그러나 저는, 이런 제가 발견한 유리한 조건이나 영원히 몰랐을 일들만 장황하게 늘어놓을 게 아니라 우선 결과부터 보고해야겠지요. 그런데 그것은 아주 간단해요—"

그러나 그의 자연스럽고 호감이 가는 순박한 태도로 보아, 그는 우리의 힘을 북돋아주고 아그네스에게는 더욱 자신감을 가지고 그녀의 아버지 이야기를 들을 수 있도록 일부러 그렇게 말한 것이 분명했으므로, 조금도 불쾌하지는 않았다.

"그런데 뭐랄까," 트래들스는 책상 위의 서류를 뒤적이며 말했다. "먼저 우리의 자금을 계산하고, 이어서, 첫째로 고의가 아닌 혼란과, 둘째로는 엄청나게 많은 고의적인 혼란과 위조를 정리해 보니, 위크필드 씨께서는 이대로 법률사무소 및 대리위임 업무를 그만두셔도 결손과 위탁금 횡령은 한 푼도 발생하지 않는다는 것이 확실해졌습니다."

"오, 고마워라!" 아그네스는 열렬히 외쳤다.

"그러나," 트래들스는 말했다. "그분의 생활비로 남는 것은—집은 팔 것으로 생각하고 말씀드립니다만—몇 백 파운드를 넘지 않을 것입니다. 그러니, 미스 위크필드, 아버님께서 오랫동안 해 오셨던 그 소유재산 대리 일을 그대로 계속하실지 어떨지 하는 것을 잘 생각해 보시는 것이 좋을 것입니다. 앞으로는 아버님의 친구분들이 조언을 할 것이고, 이제 아버님께선 자유로우시니까요. 미스 위크필드도 계시고—코퍼필드도 있고—저도 있으니—"

"저도 그것은 생각해 보았어요, 트롯우드." 아그네스는 나를 보며 말했다. "그러나 역시 그럴 수는 없고 또 그래서는 안 된다고 생각해요. 제가 정말 고맙게 여기고 있고, 또 큰 신세를 진 친구의 권유가 있어도 말이에요."

"딱히 권하는 것은 아닙니다." 트래들스는 말했다. "다만 말씀드려 두는 것이 옳다고 생각했을 뿐입니다. 그뿐입니다."

"그렇게 말씀해 주시니, 저는 더욱 기뻐요." 아그네스는 차분히 대답했다. "저희 모두가 같은 생각을 하고 있다는 것이 제게 큰 희망과 확신을 주니까요. 트래들스 씨, 트롯우드, 아빠께서 자유의 몸이 되셨으니 저는 더 바랄 게 없어요! 저는 늘 열망해왔어요. 만일 그 올가미에서 아빠가 풀려나실 수만 있다면, 조금이라도 은혜를 갚기 위해 노력하고 제 평생을 아빠께 바치겠다고요. 이 몇 년 동안 그것만이 저의 가장 큰 소망이었어요. 그리고 우리 부녀의 장래를 이 한 몸이 맡는 것은 아빠의 무거운 짐을 풀어드리는 것, 다음 가는 행복이에요."

"그 방법도 생각해 본 적이 있나요, 아그네스?"

"언제나요! 저는 염려하지 않아요, 트롯우드. 꼭 잘해낼 거예요. 여기서는 아는 사람들도 많고, 그들은 모두 제게 호의를 갖고 계세요. 그러니 저는 자신 있어요. 저희는 많은 돈이 필요치 않은, 정든 낡은 집을 세놓고 학교라도 경영하면 저도 제법 쓸모 있고, 즐거울 테니까요."

그녀의 기운찬 목소리에 담긴 차분한 정열은 그 정든 옛집과 나의 쓸쓸한 집을 내 눈앞에 또렷하게 되살려놓았으므로 나는 가슴이 벅차서 아무 말도 하지 못했다. 트래들스는 바삐 서류를 들여다보는 체했다.

"다음은 미스 트롯우드," 트래들스는 말했다. "마님의 재산에 관한 얘기입니다만."

"글쎄요." 대고모는 한숨을 쉬었다. "그 문제에 대해서 한마디 하자면, 만일 그것이 다 없어져버렸다 해도 나는 신경 쓰지 않을 것이고, 조금이라도 남아 있다면 기꺼이 돌려받겠소."

"그것이 처음에는 콘솔 공채[2]로 8천 파운드였지요?"

"그래요!"

"도무지 계산이 맞지 않는데, 5—" 트래들스는 당황한 얼굴로 말했다.

"천 말씀인가요? 아니면, 그냥 파운드인가요?" 대고모는 이상하리만큼 침착하게 물었다.

"5천 파운드입니다. 그 이상은 어떻게 되었는지 모르겠습니다." 트래들스는 말했다.

"그곳에 있었던 것은 그게 전부입니다." 대고모는 응답했다. "3천은 내가 팔아버렸죠. 1천은 네 도제 계약금으로 냈다, 트롯. 2천은 내가 지금 가지고 있어요. 나머지를 전부 잃어버렸을 때, 그 금액에 대해서는 말하지 말고, 만일의 경우에 대비해서 몰래 가지고 있는 것이 현명하다고 생각했던 거요. 네가 그 시련을 어떻게 이겨내나 보고 싶었단다, 트롯. 넌 정말 훌륭하게 이겨냈지. 참을성 있게, 스스로를 의지하고 자제하면서! 딕도 그랬지. 더 이상 아무 말도 말아요, 참을 수 없이 슬퍼지니까요!"

팔짱을 끼고 똑바로 앉아 있는 대고모의 모습을 보면 아무도 그럴 것이라고는 생각할 수 없었지만, 사실은 놀라운 자제력을 발휘하고 있었던 것이다.

"그렇다면, 기쁘군요." 트래들스는 기뻐서 싱글벙글하면서 말했다. "돈을 모두 되찾게 되었으니까요!"

"축하한다는 말은 하지 말아요, 누구든!" 대고모가 외쳤다. "그런데 어째서 그렇죠?"

"마님께선 위크필드 씨가 횡령한 것으로 믿으셨죠?" 트래들스는 말했다.

"물론이죠." 대고모는 말했다. "그래서 난 입을 다물어 버렸는걸요. 아그네스, 아무 말도 하지 말아요!"

"확실히 누가 팔긴 했지요." 트래들스는 말했다. "마님에게서 받은 위임권을 이

---

[2] 1751년 영국 정부가 발행한 3부 이자를 붙인 정리 공채.

용해서요. 하지만 누가 팔았고, 누구의 서명으로 팔았는지는 새삼 말씀드릴 필요도 없습니다. 게다가 그 악당은 나중에 위크필드 씨에게 이렇게 말했습니다. (계산에 의해서 밝혀졌습니다.) 다른 결손이나 곤란한 일이 겉에 드러나지 않도록 자기가 그 돈을 가지고 있다고 거짓말까지 한 것입니다. 게다가 독단이 아니라 지시에 따라서 했다고 말했습니다. 이리하여 위크필드 씨는 그 뒤로 실제로는 있지도 않는 원금에 대한 이자를 때마다 마님께 낼 수 없었으므로, 불행하게도 그 사기의 공범이 된 것입니다."

"그래서 그분이 책임을 뒤집어쓴 것이군요." 대고모는 말했다. "언젠가 이상한 편지를 보내셨어요. 자기는 도둑놈이라는 둥, 전대미문의 악한이라는 둥 자신을 나무라는 글을 써서 보내셨지요. 그래서 나는 어느 날 아침 일찍 그분을 찾아갔어요. 양초를 가져오게 해서 그 편지를 불태우고 나와 당신 사이를 그전처럼 되돌려놓아 주시든지, 그럴 수 없으면 따님을 위해 당신 가슴속에만 간직해 달라고 말했지요. 다들 아직도 내게 할 말이 남았습니까? 말한다면 난 이 집에서 나가버리겠어요!"

우리는 모두 조용히 있었고, 아그네스는 얼굴을 가렸다.

"그런데, 트래들스 씨," 잠깐 사이를 두었다가 대고모는 말했다. "정말로 그 녀석으로부터 그 돈을 되찾았다는 말인가요?"

"사실은," 트래들스는 응답했다. "미코버 씨가 놈을 꼼짝 못 하게 완전히 가두어두고, 이런 수법이 듣지 않으면 저런 수법으로 얼마든지 새 수단을 쓰도록 준비해 두어서 놈도 도망칠 수 없었던 것입니다. 크게 주목할 만한 일은, 그놈의 욕심도 보통은 아니었지만 그보다는 코퍼필드에 대한 증오심 때문에 그 돈을 쥐고 있었던 것으로 생각됩니다. 그놈이 제게 분명히 말했습니다. 코퍼필드를 방해하거나 해칠 수만 있다면 자기는 얼마든지 그 돈을 썼을 것이라고 했어요."

대고모는 생각에 잠긴 듯이 이맛살을 찌푸리고 아그네스를 보며 말했다. "그래서 그 녀석은 어떻게 됐어요?"

"모릅니다. 아무튼 여기서는 떠났습니다." 트래들스가 말했다. "어머니와 함께요. 놈의 어머니는 처음부터 끝까지 내내 울고 아우성치고, 애원하고, 사실을 털어놓기도 하며 아주 난리였습니다. 아무튼 모자는 런던행 야간 역마차를 타고 떠났고, 그 뒤로는 저도 모릅니다. 다만 놈이 떠날 때 저에 대한 적개심으로 들끓었는데, 놈은 저를 미코버 씨와 마찬가지로 원수라고 생각하는 모양이었습니다. 저는 아주 영광이라고 대꾸해 주었지요."

"놈이 돈을 좀 가지고 있다고 생각하나, 트래들스?" 나는 물었다.

"아, 그럼. 가지고 있겠지." 그는 고개를 끄덕이며 진지하게 대답했다. "그렁저렁해서 놈은 꽤 많은 돈을 주머니에 챙겼을 것이 틀림없어. 그러나 만약 네가 앞으로 놈의 행적을 주목할 기회가 있다면, 코퍼필드, 놈은 돈이 있어도 나쁜 짓을 하리라는 것을 알게 될 거야. 놈은 위선의 화신이어서 어떠한 목적을 추구하든 비틀린 방법으로 추구할 것이 분명해. 놈이 평생 숨겨온 본성의 유일한 배출구가 바로 악행이니까. 놈은 언제나 하찮은 목표를 향해 땅바닥을 기어다니므로, 자기 길을 방해하는 것은 무엇이든 늘 확대해서 보지. 따라서 이쪽에서는 나쁜 뜻이 전혀 없어도 그와 그 목적 사이에 들어가면 그 즉시 증오와 의심의 대상이 된단 말이야. 그래서 대단치도 않은 이유로 또는 아무런 이유도 없이, 언제든지 그 비틀린 성미는 더욱 비틀어져버리고 말지. 그 점은 여기서 놈이 한 짓을 생각해 보면 금방 알 수 있을 거야." 트래들스는 말했다.

"그자는 비열한 괴물이야!" 대고모가 말했다.

"글쎄요, 비열한 쪽으로만 마음을 쓰다보면 누구나 비열해질 수 있지 않겠습니까?" 트래들스는 생각에 잠긴 듯이 말했다.

"미코버 씨에 관한 이야긴데." 대고모는 말했다.

"아, 그렇군요," 트래들스는 쾌활하게 말했다. "미코버 씨는 다시 한번 크게 칭찬해야 합니다. 그분이 그토록 오랫동안 꾹 참고 견디지 않았던들, 우리는 이렇다 할 일을 아무것도 하지 못했을 겁니다. 그분이 입을 다물겠다고만 하면 우라이아 힙과 어떤 유리한 계약이라도 맺을 수 있었다는 것을 생각하면, 미코버 씨는 정말로 정의를 위한 정의를 관철했다고 생각합니다."

"나도 그렇게 생각해." 나는 말했다.

"그렇다면, 그분께 무엇을 드릴 생각인가요?" 대고모가 물었다.

"아 아! 그 이야기를 하기 전에," 트래들스는 약간 당황한 듯이 말했다. "이 어려운 사건에 관하여 법을 끌어들이지 않고 조정을 하기 위해서는—철두철미하게 법을 배제했으니까요—두 가지 점을 생략하는 것이(모든 일을 저 혼자 해낼 수는 없으니까요) 분별 있는 처사가 아닐까 생각했습니다. 첫째로, 미코버 씨가 빌린 금액에 대한 증거로 놈에게 써준 차용증서 따위입니다만—"

"그건 내야겠죠." 대고모는 말했다.

"그건 그렇습니다만, 놈이 언제 절차를 밟을 것인지 또 그것들이 어디에 있는지 전혀 모릅니다." 트래들스는 눈을 크게 뜨고 말했다. "그래서 제 예상으로는, 지금부터 출발할 때까지 미코버 씨는 끊임없이 체포되거나, 강제처분을 당할 것 같습니다."

"그렇다면 이쪽에서도 그때마다 끊임없이 풀려나고 강제처분에서 벗어나도록 손을 써야겠군요." 대고모는 말했다. "그 액수는 모두 얼마지요?"

"손을 써야겠군요. 미코버 씨는 장부에다가 아주 부풀려서 그 거래를—그분은 그것을 거래라고 불렀죠—기재해놓았습니다." 트래들스는 미소 지으며 말했다. "그 금액은 103파운드 5실링으로 되어 있습니다."

"그렇다면 그걸 포함해서 모두 얼마를 드리면 될까요?" 대고모가 말했다. "아그네스, 그 돈의 할당에 대해서는 나중에 우리 둘이서 얘기하면 되겠군요. 얼마면 될까? 5백 파운드면 어떨까?"

그 말에 트래들스와 내가 동시에 참견을 했다. 돈은 소액으로 하되 나머지는 미코버 씨와는 약속하지 말고 우라이아의 청구가 있을 때마다 내면 된다고 말했다. 가족에게는 뱃삯과 이주준비금에다 1백 파운드를 더 보태주고, 이번 선불금을 갚는 데 있어서 미코버 씨와의 약정을 확실하게 기록해두자고 제의했다. 그러한 채무를 지고 있다는 사실을 그가 알고 있는 쪽이 이롭다고 생각했기 때문이다. 그러한 제의에다가 나는 또 페거티 씨라면 믿을 수 있으므로 그에게 미코버 씨의 성격과 이력을 설명해주고, 또 다른 1백 파운드의 입체금을 필요에 따라 자유재량으로 내어주도록 은밀히 맡겨두는 것이 좋을 것이라고 덧붙였다.

미코버 씨에게는 나는 내가 말해도 되는 부분이나 말해 두는 게 낫다고 생각되는 범위 안에서 페거티 씨에 관한 이야기를 해주고, 그분으로 하여금 페거티 씨에 대해 흥미를 갖게 해서 공통되는 이익을 위해서 서로 돕게 하자고 제의했다. 모두 크게 찬성했고, 참고로 얼마 뒤에는 정말로 사이좋게, 서로 도우며 잘 지내게 되었다.

그때 트래들스가 아주 걱정스러운 듯이 대고모를 바라보았으므로, 나는 그가 조금 전에 말한 두 번째 점에 대해 그의 주의를 촉구했다.

"아무래도 그렇게 되지 않을까 무척 걱정스러운데, 내가 아주 아픈 문제를 언급하더라도 너나 대고모님께선 용서해주시겠지, 코퍼필드? 아무튼 다시 떠올려주길 바라네. 미코버 씨가 우라이아의 죄를 폭로했던 그날, 우라이아 힙은 대고모님의, 바깥어른 문제로 어떤 협박 같은 말을 했어."

대고모는 똑바른 자세로 고개를 끄덕이며 동의했다.

"아마도 그건 의미 없는 협박이라고 생각하지만," 트래들스가 말했다.

"그렇지 않아요." 대고모는 대답했다.

"그렇다면, 죄송합니다만, 실제로 그런 분이 계셔서 우라이아가 힘을 행사하고 있단 말인가요?"

"그렇습니다, 트래들스." 대고모가 말했다.

트래들스는 눈에 보이게 시무룩한 표정을 짓더니, 실은 그 문제까지는 손을 대지 못한 데다가 우라이아와 얘기한 조건 속에도 들어 있지 않았으므로, 미코버 씨의 채무와 마찬가지로 제외되어 버린 것이다. 놈은 자유이므로, 만일 놈이 우리나 우리 가운데 어떤 사람에게 해를 입히거나 괴로움을 줄 생각만 있다면 꼭 그렇게 할 것이라고 설명했다.

대고모는 계속 조용히 있더니, 끝내 눈물을 흘렸다.

"정말 그렇습니다." 대고모는 말했다. "그런 말씀을 하시다니, 매우 생각이 깊군요."

"저나 코퍼필드가—도움이 될 수 있는 일이 있을까요?" 트래들스는 조용히 물었다.

"없습니다. 정말 고마워요. 트롯, 그건 공연한 협박이야! 자, 미코버 씨 부부를 다시 부르자. 그리고 모두들 내게 아무 말 말아줘요!" 대고모는 옷의 주름을 펴고, 꼿꼿한 자세로 문을 바라보며 앉아 있었다.

"미코버 씨 내외분!" 그들이 들어오자 대고모가 말했다. "오랫동안 나가계시게 해서 정말 죄송합니다. 하지만 우린 여러분의 이주에 대한 이야기를 하고 있었어요. 우리가 합의한 내용을 말씀드리죠."

그 내용을 설명하자 아이들을 비롯한 그 자리에 있던 가족 전원이 아주 기뻐했다. 게다가 미코버 씨는, 모든 어음거래를 개시하는 단계에서의 꼼꼼한 버릇을 역력히 드러내며, 아무리 말려도 약속어음에 붙일 인지를 사러 간다고 힘차게 뛰쳐나가버렸다.

　그러나 그의 기쁨에 갑자기 쐐기가 박히고 말았다. 나간 지 채 5분도 되지 않아 집행관에게 붙잡혀 돌아오더니, 폭포처럼 눈물을 흘리며, 이젠 모두 틀렸다고 말하는 것이었다. 우리는 우라이아 힙의 짓이란 것을 알고 있었고, 만반의 준비를 하고 있었으므로 곧 돈을 지급했다. 5분이 채 지나지 않아 미코버 씨는 책상 앞에 앉아서 아주 즐거운 표정으로 인지를 붙이고 있었는데, 그 표정으로 말하면, 그의 성격에 딱 맞는 일과 혼합주를 만들 때만 나타나는 아주 상쾌한 표정이었다. 마치 화가가 그림을 그리고 있을 때처럼 기분 좋게 인지를 붙였다. 살짝 만져보고 옆에서 바라보고, 날짜와 금액을 소중하게 수첩에 옮겨 적고는, 끝나자 마치 걸작이라도 이루어 낸 듯이 뿌듯하게 바라보는 모습이 참으로 볼만했다.

　"미코버 씨, 죄송하지만 한 가지 충고를 드리자면," 대고모는 그를 바라보다가 말했다. "그와 같은 일은 앞으로 그만두어야 합니다. 그게 가장 좋아요."

　"마님," 미코버 씨는 대답했다. "저도 장래의 새 페이지에는 그와 같은 맹세를 적어두려고 생각했습니다. 집사람이 증인입니다." 미코버 씨는 엄숙하게 말했다. "그리고 아들 윌킨스도요, 불쌍한 이 아비의 생피를 빨아 먹은 독사[3]들을 처리하는데 그 주먹을 쓰니, 차라리 타오르는 불꽃 속에 던져 버리는 쪽이 낫다고 말했습니다!" 그는 매우 감동하여, 어두운 절망의 빛을 띠고 이른바 그 뱀들을 증오스럽게 바라보면서(그러나 아까의 찬탄이 모조리 사라진 것은 아니었다) 깔끔하게 접어 주머니에 넣었다.

　이것으로 그날 밤의 일은 끝났다. 우리는 슬픔과 피로로 녹초가 되었으며, 대고모와 나는 다음 날 아침 런던으로 돌아가기로 했다. 미코버 씨 가족은 가재도구를 고물상에 팔아넘긴 다음 우리를 뒤따라오기로 했고, 위크필드 씨의 일은 트래들스의 지휘 아래 되도록 빨리 해결할 것, 아그네스는 그러한 일들을 정리하는 동안 런던에 와 있는 것이 좋다는 것 따위가 결정되었다. 우리는 그 그리운 옛집에 묵었는데, 힙 모자가 사라지자 어쩐지 집 전체가 소독된 것만 같아서, 나는 나의 옛 방에서, 마치 정처 없이 떠돌다가 돌아온 사람처럼 곯아떨어졌다.

　우리는 이튿날—내 집이 아니라—대고모의 집으로 돌아왔다. 그리고 옛날처

---

3) 인지, 서류 같은 법률에 관한 일을 혐오하여 독사에 비유했다.

럼 대고모와 나, 둘만 남자 대고모가 말했다. "트롯, 내가 요즘 무슨 생각을 하고 있는지 정말 알고 싶으냐?"

"물론이지요, 대고모님. 제가 나누어 가질 수 없는 슬픔과 근심을 대고모님께서 가지지 말았으면 하는데, 지금은 특히 그렇습니다."

"너도 정말 많은 슬픔을 겪었어." 대고모는 자애롭게 말했다. "나의 이 작은 불행 따위를 보태지 않더라도 말이다. 트롯, 내가 네게 털어놓지 않은 까닭은 그것뿐이란다."

"그건 잘 압니다. 하지만 제게 말씀해 주세요."

"그럼 내일 아침 나와 함께 잠깐 마차로 외출하지 않겠니?" 대고모는 물었다.

"나가고 말고요."

"그럼 아홉 시에. 그때 얘기해주마."

아침 아홉 시에 우리는 마차를 타고 런던으로 갔다. 오랫동안 거리를 달려 어떤 큰 병원에 닿았다. 병원 바로 옆에는 초라한 영구마차 한 대가 서 있었다. 그 마차의 마부가 대고모를 알아보고, 대고모가 창가에서 손짓하는 대로 천천히 마차를 몰고 떠났다. 우리도 그 뒤를 따랐다.

"너도 인제 알겠지, 트롯? 그이는 돌아가셨단다!"

"이 병원에서 돌아가셨나요?"

"그래."

대고모는 꼼짝도 않고 내 곁에 앉아 있었으나, 또다시 눈물이 뚝뚝 떨어지는 것을 나는 보았다.

"그이는 전에도 한 번 입원했던 적이 있어." 얼마 뒤 대고모가 말했다. "오랫동안 앓았지. 지난 몇 해 동안 몸이 엉망으로 망가져버렸어. 이번 병환으로는 더 이상 가망이 없다는 것을 알자 나를 부른 거란다. 이번에는 아주 미안해하면서."

"그래서 대고모님께선 가셨지요?"

"갔었지. 그 뒤로는 오랫동안 옆에 붙어 있었단다."

"우리가 캔터베리에 가기 전날 밤에 돌아가셨군요?"

대고모는 고개를 끄덕였다. "이젠 그 누구도 그이를 해칠 수는 없어." 대고모는 말했다. "그러니 그것은 공연한 협박이었단다."

마차는 시내를 벗어나 혼지에 있는 묘지에 닿았다. "시내에 있는 것보다는 여기가 더 좋지." 대고모는 말했다. "그이는 여기서 태어났거든."

우리는 마차에서 내려서 한구석으로 그 초라한 관을 따라갔다. 거기서 장례식이 거행되었다.

"36년 전 오늘," 마차가 있는 곳으로 돌아오면서 대고모는 말했다. "우린 결혼했었단다. 신이여, 용서하소서."

우리는 말없이 자리에 앉았다. 대고모는 내 손을 잡고 오랫동안 내 곁에 그대로 앉아 있었다. 그러다가 갑자기 큰 소리로 울음을 터뜨리며 말했다. "나와 결혼했을 때만 해도 그이는 풍채가 좋은 분이었단다, 트롯―그런데 저렇게 애처로울 정도로 변해버린 거야!"

그것은 오래 이어지지는 않았다. 대고모는 눈물을 흘리고 나니 마음이 후련해졌다며 쾌활해지기까지 했다.

우리가 하이게이트에 있는 대고모의 집으로 돌아오니, 아침 우편으로 배달된 다음과 같은 미코버 씨의 짧은 편지가 있었다.

캔터베리에서 금요일.

마님과 코퍼필드 씨에게

요즘 지평선 위로 아련히 모습을 드러내고 있는 아름다운 희망의 땅이, 또다시 깊은 안개에 싸여 운명이 완전히 밀폐된 방랑자의 눈앞에서 영원히 사라져버렸습니다!

힙 대 미코버의 또 다른 소송 사건에 대하여, 웨스트민스터에 있는 채무재판소에서 또 다른 영장이 발급되어, 피고는 해당 관할 구역 내에서 사법권을 가지고 있는 집행관에게 체포되어 있습니다.

지금이야말로 그날, 때는 지금,
전운(戰雲)은 깊게 드리워지고,
아, 엄중한 적군―
쇠사슬과 노예의 치욕![4]

---

4) 영국 시인 로버트 번스가 쓴 전쟁에 대한 시의 한 소절.

저는 지금 쇠사슬과 노예의 운명을 짊어지고 파멸을 향해 달리는 비참한 신세가 되었습니다. 자고로 정신적인 고통이란 어떤 한계점을 넘어서면 참기 어려운 것인데, 제가 지금 그 한계점에 닿아 있습니다. 저의 종말이 가까워지고 있는 것입니다. 아, 슬프도다! 눈물에 젖어서든 호기심에서든, 이 도시의 채무자들에게 할당된 감금된 생활을 해야 할 곳으로 찾아 떠나야 할 한 나그네는, 그가 벽에다 녹슨 못으로 새겨놓은 아래의 문자를 보고 혹시라도 감개에 잠길지도 모르겠습니다. 아니, 그러기를 바랍니다.

머리글자조차 알아볼 수 없는 사람
W. M

추신. 우리의 친구 토머스 트래들스 씨, 미스 트롯우드, 두 분의 명의로 위의 채무와 모든 경비를 지불해 주셔서, 저와 가족들은 아주 건강하게 있다는 것을 말씀드리는 바입니다. 트래들스 씨는 아직도 그곳에 머물러 계시지만 아주 무탈하십니다.

55장
폭풍우

나는 지금 중대한 사건을 향해 다가가고 있다. 나로서는 도저히 잊을 수 없는 무시무시한 사건이며, 지금까지의 모든 일들과 헤아릴 수 없이 많은 인연으로 얽혀 있어서, 애당초 이 이야기의 발단에서부터 평원에 서 있는 높은 탑처럼 내가 가까이 다가감에 따라 점점 더 커져서, 나의 유년 시절의 여러 사건에까지 예측할 수 있는 그림자를 던지고 있었던 것이다.

그 일이 일어난 뒤 여러 해 동안 나는 가끔 꿈에 그것을 보았다. 깜짝 놀라 벌떡 일어나곤 했는데, 고요한 밤이면 그 사건이 또렷하게 되살아나 나의 조용한 방에서 공포가 맹위를 떨치고 있는 것이었다. 지금은 아주 가끔이긴 하지만, 그래도 이따금 생각지도 못한 순간에 그 꿈을 꾼다. 아무튼 폭풍, 아니, 어쩌다 바닷가란 말만 들어도 내 마음에는 무엇보다 먼저 그 사건이 선명하게 떠오르는 것이다. 이제, 그 사건을 그때 일어났던 그대로 쓰고자 한다. 떠올리는 것이 아니다. 그 사건은 언제든 곧바로 눈앞에서 되풀이되므로 지금도 뚜렷하게 눈앞에 나타나 있다.

이민선 출항일이 다가오자 유모 페거티가(처음 만났을 때는 차마 볼 수 없을 정도로 비탄에 잠겨 있었다) 런던으로 왔다. 나는 그녀와, 그녀의 오빠와, 미코버 씨 가족과 늘 함께 있었지만 에밀리는 끝내 만나지 못했다.

출발 시간이 임박한 어느 날 저녁, 나는 페거티 남매와 함께 있었다. 자연히 햄의 이야기가 나왔고, 그녀는 햄이 얼마나 다정하며 얼마나 사나이답고 침착하게 처신하는가를, 특히 가장 괴로울 텐데 가장 잘 참고 있다는 것을 자세히 이야기해주었다. 페거티는 이 이야기를 시작하면 지칠 줄을 몰랐다. 햄과 대부분 같이 지내는 그녀가 풀어놓는 미담에, 말하는 그녀도 열심이었지만 듣는 우리도 정신없이 빠져들었다.

대고모와 나는 하이게이트에 있는 두 채의 집을 팔기 위하여 내놓았다. 나는 외국에 가기로 되어 있었고, 대고모는 도버의 집으로 돌아가기로 했기 때문이었다. 우리는 코벤트 가든에 임시로 묵고 있었다. 그날 밤에도 이야기를 마치고 집으로 돌아오면서, 지난번 야머스에 갔을 때 햄과 주고받은 이야기를 생각하는 사이에, 배에서 에밀리의 아저씨와 헤어질 때 그녀에게 편지를 전해주려 했던 당초의 생각을 바꾸어 지금 쓰는 것이 좋겠다는 결론을 내렸다. 그러면 그녀도 내 편지를 받아 본 다음 내게 부탁하여 그녀의 그 불행한 애인에게 작별의 말이라도 전하고 싶어하지나 않을까 하는 생각이 들었기 때문이었다. 아무튼 기회만이라도 줘야 한다고 생각했던 것이다.

나는 잠자리에 들기 전에 그녀에게 편지를 썼다. 그를 만났다는 것과 햄이 그녀에게 전해 달라고 했던 것 따위를 적었다. 단지 그것만을 전하고, 따로 무언가를 채울 필요는(그럴 권리가 나에게 있다 하더라도) 없었다. 그 변함없는 사랑과 상냥한 마음은 나나 다른 사람이 윤색해도 좋은 것이 아니었다. 그 편지를 그녀에게 전해 달라고 페거티 씨에게 부탁하는 글을 한 줄 더 적은 다음, 아침에 도착하도록 편지를 부치고 동이 틀 무렵에 잠자리에 들었다.

나는 그 무렵 내가 알고 있던 것 이상으로 몸이 쇠약해 있었다. 날이 밝아올 때까지 잠을 이루지 못하고, 이튿날은 늦게까지 잤지만 기분은 조금도 좋아지지 않았다. 대고모가 말없이 내 침대 곁에 서 있는 기색에 나는 잠이 깼다.

"트롯," 눈을 뜨자 대고모가 말했다. "너를 깨우고 싶진 않았지만, 페거티 씨가 와 계시단다. 올라오시게 할까?"

네, 하고 내가 대답하자 그가 곧 나타났다.

"데이비 도련님," 악수를 마치자 그가 말했다. "도련님의 편지를 에밀리에게 전해주었더니, 그 애가 이 편지를 써주더군요. 도련님께서 읽어 보시고, 아무 탈이 없다고 생각하시면 그쪽에 보내주시도록 도련님에게 부탁해 달라고 했습니다."

"페거티 씨도 읽어 보셨나요?"

그는 슬픔에 젖은 눈으로 고개를 끄덕였다. 나는 편지를 펴서 읽었다. 그것은 다음과 같았다.

보내주신 편지 잘 받았습니다. 언제나 제게 베풀어주신 너그럽고 고마우신 친절에 대해, 뭐라고 감사의 말씀을 드려야 할지요!

모든 말씀은, 제 마음에 깊이 새겨두겠습니다. 죽는 날까지 잊지 않을 것입니다. 제게는 그 말씀이 날카로운 가시와 같사오나, 큰 즐거움이며 위안이기도 합니다. 편지를 읽으면서 아, 몇 번이나 기도를 올렸는지 모릅니다! 당신이 어떤 분이시고 아저씨께서 어떤 분이시라는 것을 생각하면, 저는 하느님의 자애를 사무치게 느끼고 그분께 울며 매달렸습니다!

영원토록 안녕히 계십시오. 그립고 그리운 당신, 이 세상에서의 영원한 작별입니다. 저 같은 인간도 용서받을 수 있다면 저세상에서, 다시 태어나서 당신 곁으로 가겠습니다. 마음을 다하여 진심으로 감사와 축복을 드립니다. 그럼 안녕, 영원히.

이것이 눈물로 얼룩진 편지였다.
"도련님께서는 아무런 문제가 없으니 상대에게 꼭 전하겠다는 말을 에밀리에게 해도 좋겠는지요, 데이비 도련님?"
"물론입니다. 그러나 제 생각으로는—"
"뭔데요, 도련님?"
"저는 다시 야머스에 다녀오려고 생각하고 있습니다. 아직은 배가 떠나기 전에 다녀올 만한 시간이 충분히 있으니까요. 나는 쓸쓸히 혼자 있을 햄이 늘 마음에 걸린답니다. 지금 이 편지를 건네주면 배가 떠나기 전에 당신이 그 편지를 햄이 받았다는 말을 에밀리에게 해줄 수도 있고, 그것이 그들 두 사람에게 두루 좋을 것입니다. 나는 햄의 부탁을 진심으로 받아들였어요. 그러니 이 일은 아무리 만전을 기해도 충분하다고 할 수 없어요. 먼 길 따위는 조금도 대수롭지 않아요. 어차피 가만히 있지 못하는 성미이니 오히려 움직이는 게 나을 수도 있고요. 오늘 밤에 가겠어요."

그는 나를 가지 못하게 하려고 애썼지만, 애당초 나와 같은 생각이라는 것을 알았다. 확인하려고 마음만 먹었다면 바로 알 수 있었을 것이다. 그는 내 부탁을 받고 역마차 사무실에 가서 마부석 옆자리를 잡아주었다. 그날 저녁 그 마차를 타고 이제까지 수많은 우여곡절을 겪으며 다녔던 그 길을 다시 밟았다.

런던을 떠나 첫 번째 역에 다다랐을 때 나는 마부에게 물었다. "어떻소, 심상찮은 날씨가 아니오? 이런 하늘을 본 적이 없어요."

"저도 그렇습니다—이런 묘한 하늘은 처음이에요." 그는 대답했다. "손님, 바람이 붑니다. 머지않아 바다에서는 사고가 일어날 것 같아요."

먹을 뿌린 듯한 새카만 하늘은 젖은 장작에서 나는 연기와도 같은 색의 먹구름으로 여기저기 얼룩져 있었다. 어수선한 구름 덩어리가 하늘 높이 무시무시한 기세로 솟구쳐 올랐는데, 그것들의 높이는 지상에 있는 가장 깊은 구덩이의 맨 밑바닥에 이르는 깊이보다 더 멀어 보였다. 그 구름 사이로 성난 듯한 달이, 자연의 무시무시한 이변에 놀라 길을 잃고 곤두박질을 치는 것 같았다. 바람은 온종일 엄청나게 큰 소리를 내며 거세게 불고 있었는데, 이 무렵에는 이상한 신음까지 내며 휘몰아쳤다. 한 시간이 더 지나자, 하늘은 더욱더 캄캄해졌고 바람도 미친 듯이 날뛰었다.

밤이 깊어가면서 구름에 새카만 하늘을 에워싸고 바람이 점점 더 거세져서 우리의 말들로는 바람에 맞서 앞으로 나갈 수가 없었다. 아직 9월이라 밤이 짧지도 않았지만, 새카만 어둠 속에서 선두의 말들은 몇 번이고 방향을 바꾸기도 하고 급정거를 하기도 했다. 우리는 마차가 뒤집히지나 않을까 하고 진심으로 걱정하기 시작했다. 이따금 세찬 소나기가 마치 강철로 된 비처럼 바람을 타고 옆으로 내리쳤다. 이럴 때는 나무 밑이든 담장 옆이든 숨을 곳만 있으면 곧바로 달려들었다. 이런 빗속을 뚫고 나아가기란 생각도 할 수 없는 일이었다.

동이 트자 바람은 점점 거세게 불었다. 뱃사람들이 곧잘 대포 바람이라고 부르는 그런 날의 야머스에도 있어 보았지만 이런 바람은 처음이었다. 오후 늦게 우리는 입스위치에 닿았다. 런던을 10마일을 달린 뒤로는 한 걸음 한 걸음 옮기는 것조차 여간 고되지 않았던 것이다. 시장에 가보니 굴뚝이 무너진 줄 알고 밤중에 일어난 사람들이 아직도 모여 있었다. 우리가 말을 바꾸고 있는 동안, 여인숙 안뜰에 모인 사람들 가운데는, 높다란 교회 탑에서 여러 장의 함석지붕이 벗겨져서 뒷골목에 내리꽂히는 바람에 골목길이 막혔다고 말하는 사람도 있었다. 인근 마을에서 온 사람들의 말에 의하면, 큰 나무들이 뿌리째 뽑혀 넘어지고 쌓아 놓은 볏가리는 온 길과 들판에 흩어져 있다는 것이었다. 그래도 바람은 기세를 늦추지 않고 점점 더 거세게 불었다.

바닷가 쪽에서는 바람이 정면으로 불어왔으므로 우리가 다가감에 따라 그 기세는 점점 더 무시무시해졌다. 바다가 보이기 훨씬 이전부터 물보라가 우리 입술을 적셨고, 몸에는 소금비가 쏟아졌다. 야머스 근처의 저지대는 수마일에 걸쳐 물에 잠겼고 홍수가 둑을 후려치면서 부서진 작은 파도가 우리 쪽으로 사납게 밀어닥쳤다. 마침내 바다가 보이는 곳까지 오자, 용솟음치는 파도 사이로 보이는 수평선 위의 높은 파도는, 마치 어느 피안 도시의 높은 탑과 건물처럼 보였다. 겨우 시내에 닿으니, 사람들은 모두 몸을 비스듬히 기울이고 머리칼을 흩날리며 문간에 나와 서서 이런 밤에 용케도 우편마차가 왔다고 신기하게 여겼다.

나는 언제나 묵는 여인숙에 투숙하고, 일단 바다를 보러 나갔다. 비틀거리며 거리를 거닐었는데, 그곳은 모래며 해초며 날려온 바다 거품으로 엉망이 되어 있었다. 떨어지는 슬레이트와 기와도 걱정이었다. 바람이 거센 길모퉁이에서는 느닷없이 지나가던 사람에게 붙잡히기도 했다. 바닷가에 더 가까이 다가가자 뱃사람들뿐만 아니라 마을 사람들 절반이 높은 건물들 뒤에 숨어 있었다. 그중에는 때때로 바다를 내다보려고 밖으로 나왔다가는 비틀걸음으로 돌아가려다가 엉뚱한 방향으로 날려가는 사람들도 있었다.

그들 틈에는 울부짖는 아낙네들이 있었다. 남편들이 청어잡이 배나 굴 따는 배를 타고 바다로 나갔는데, 안전한 곳으로 대피하기 전에 침몰했을 가능성이 너무나 컸기 때문이었다. 반백의 늙은 뱃사람들이, 바다와 하늘을 번갈아 보고 고개를 저으며 서로 중얼거리고 있었다. 선주들은 흥분하고 불안해했다. 아이들은 한데 모여서 어른들의 얼굴을 살피고 있다. 건장한 선원들조차 마음이 불안하고 걱정이 되어 적군의 정세를 정탐하듯이 안전한 곳에 숨어서 쌍안경으로 바다를 살펴보고 있었다.

아찔하게 휘몰아치는 바람, 흩날리는 모래와 자갈, 그리고 엄청난 굉음 속에서 겨우 빈틈을 찾아 바다를 내다보았더니, 그 광경이 얼마나 섬뜩한지 심장이 덜컹 내려앉았다. 높이 솟은 바닷물의 벽이 단숨에 덮쳐오는가 싶으면, 곧바로 그 꼭대기부터 부서져 내린다. 가장 작은 것도 이 마을 정도는 충분히 삼킬 수 있을 것 같았다. 그리고 그 파도가 불길한 소리를 내며 물러갈 때면, 대지를 속부터 무너뜨릴 속셈인지, 곳곳에 깊은 구덩이를 파놓고 간다. 머리가 흰 큰 파도가 우렁찬 소리를 내며 밀려오다가 미처 육지에 닿기 전에 서로 부딪혀 산산조각이 나면, 부서진 파도 조각들은 불같이 성을 내며 또 다른 괴물을 만들기 위해 급히 모여들었다. 굽이치는 산더미 같은 파도는 계곡으로 변하고, 계곡은 곧바로 다시 높아져서 산으로 변하며(그리고 이따금 바다제비 한 마리가 파도 사이를 스치며 날고 있었다), 태산 같은 파도가 사납게 소리를 내며 바닷가를 뒤흔들었다. 온갖 파도는 만들어지기가 바쁘게 그 형태와 위치를 바꾸고, 또 다른 파도에 격렬하게 부딪치며 덤벼들었다. 수평선 위에 펼쳐진 환상의 피안에서도 탑과 건물이 솟아오르기 무섭게 무너져 내렸다. 구름은 더욱 빠르고 빽빽해졌으며, 마치 온 천지가 개벽하는 것 같았다.

그런데 어떻게 된 일인지 이 심상치 않은 태풍—이 해안에서는 지금도 유례없는 강풍으로 기억되고 있다—속에 모여든 사람들 가운데 햄을 찾을 수가 없었으므로 나는 그의 집으로 향했다. 그러나 집은 문이 닫혀 있었고, 노크를 해도 대답이 없었다. 나는 뒷길과 골목길을 지나 그가 일하고 있는 조선장으로 갔다. 거기서 나는 그의 기술을 필요로 하는, 매우 긴급하게 배를 수리할 일이 있어서 그가 로스토프트에 갔으며 내일 아침 일찍 돌아온다는 것을 알게 되었다.

나는 여인숙으로 돌아와서 세수를 하고 옷을 갈아입고 누웠으나 잠을 잘 수 없었다. 시간은 아직 오후 5시였다. 여인숙 식당 난롯가에 앉은 지 5분도 지나기 전에 입이 근질근질한 웨이터가 난롯불을 핑계 삼아 이야기를 하려고 들어왔다. 그는 두 척의 석탄선이 몇 마일 떨어진 곳에서 전원을 태운 채로 침몰했으며, 다른 몇 척의 배도 어떻게 해서든 해안에서 떨어져 있으려고 정박소에서 파도와 죽을힘을 다해 싸우고 있다고 전했다. 그는 오늘 밤도 어젯밤과 같다면, 아아, 하느님, 불쌍한 선원들에게 은혜를 베푸시옵소서, 라고 말했다!

나는 우울하고 고독했다. 이러한 때에 햄이 없어서 매우 불안했다. 게다가 사실 요즘에 일어난 여러 사건으로 나는 제법 큰 충격을 받은 것 같았다. 그리고 이틀 동안 사나운 바람을 맞은 것도 타격이 컸다. 나의 사고와 기억은 뒤범벅이 되어 시간과 거리 구별도 할 수가 없었다. 그러므로 지금 거리로 나가서, 분명히 런던에 있다고 알고 있는 사람과 마주쳐도 조금도 이상하지 않았을 것이다. 아무튼 그 점에서, 말하자면 기묘한 마음의 공백이 있었던 것인데, 그러면서도 한편으로는 이 마을에서의 추억이 차례차례 끝없이 떠올랐다. 게다가 그 추억들은 유난히 또렷했다.

이런 상태에서 웨이터로부터 우울한 소식을 듣게 되자, 나는 무의식적으로 햄에 대한 불길한 생각을 하게 되었다. 그가 로웨스토프트에서 배로 돌아오다가 죽는 생각을 멈출 수가 없었다. 그러한 걱정은 점점 커졌으므로 저녁을 먹기 전에 조선장으로 가서 햄이 배를 타고 돌아올 가능성이 조금이라도 있는지를 물어보기로 결심했다. 만약 그렇게 생각할 이유가 조금이라도 있다면, 내가 로웨스토프트로 가서 배에 태우지 않고 직접 햄을 데려올 작정이었다.

나는 서둘러 저녁 식사를 시켜놓고, 조선장으로 되돌아갔다. 서둘러 오기를 잘했다. 조선공이 손에 등불을 들고 조선장 문을 닫는 참이었다. 내가 걱정스럽게 물으니 그는 껄껄 웃으며 그럴 염려는 전혀 없다고 했다. 제정신이든 제정신이 아니든 이렇게 거센 바람 속에서 누가 배를 띄우겠느냐, 하물며 날 때부터 뱃사람인 그 햄 페거티가 그럴 리 있겠느냐고 말했다.

그러고 보니 그런 것은 처음부터 잘 알고 있었는데, 그럼에도 시시한 질문을 해 버린 스스로가 부끄러워 나는 그대로 여인숙으로 돌아왔다. 전대미문의 대폭풍이 있는지 없는지는 몰라도, 만약 있다면 바로 지금 일어나려 하고 있다. 울부짖는 소리와 으르렁거리는 소리, 문과 창문이 흔들리는 느낌, 굴뚝이 우르르 울리는 소리, 집 전체가 흔들리는 소리, 엄청난 파도 소리, 이러한 것들이 오전보다도 더욱 크고 거세졌다. 더구나 지금은 캄캄해져서 폭풍은 사실이든 가상적이든 새로운 공포를 불러일으켰다.

식욕은 전혀 없었다. 가만히 앉아 있을 수도 없었으며, 어떤 일을 침착하게 해나갈 수도 없었다. 마음속에 있는 어떤 것이 바깥 폭풍에 어렴풋이 호응하여, 나의 기억의 깊숙한 곳을 뒤흔들고, 그것을 어지럽혔다. 그렇지만 노호하는 바다와 발맞추어 미친 듯이 달리고 있는 나의 조급한 생각들 속에서—폭풍과 햄에 관한 나의 불안이 늘 맨 앞을 달리고 있었다.

저녁 식사는 거의 손도 대지 않고 되돌려 보냈으므로 한두 잔의 포도주로 기분을 새롭게 하려고 했지만 아무 소용이 없었다. 나는 집 밖의 소란과 내가 있는 집 안을 걱정하며 난로 앞에서 선잠이 들었다. 집 안이나 밖이 모두 무엇이라고 말할 수 없는 새로운 공포에 싸였다. 잠에서 깨자—아니, 오히려 내 몸을 의자에 묶어두고 있는 어떤 무력감을 억지로 떨쳐내자—불가해한 불안과 공포로 온몸이 떨렸다.

나는 일어서서 방 안을 서성거리기도 하고 오래된 지명 사전을 읽어 보려고도 했으며, 그 무시무시한 소리에 귀를 기울여 보기도 했다. 난로의 불꽃 속에 떠오르는 여러 얼굴들이며 경치며 모습들을 바라보았다. 그러는 사이에, 언제나 변함없는 벽에 걸린 시계 소리마저 나를 몹시 괴롭혔으므로 나는 잠을 자기로 결심했다.

여인숙의 몇몇 하인들이, 아침까지 불침번을 서기로 합의했다는 말을 들으니 마음 든든했다. 나는 지칠 대로 지쳐서 잠자리에 들었으나, 눕기가 바쁘게 이러한 생각은 마술에 걸리기라도 한 것처럼 모두 사라지고, 모든 감각이 맑아지면서 잠에서 완전히 깨고 말았다.

바람과 파도 소리에 귀를 기울이면서 나는 몇 시간이나 누워 있기만 했다. 때로는 바다에서 비명이 들리는 것 같기도 하고, 또 때로는 시내에서 집이 쓰러지는 소리가 들리는 것 같았다. 나는 몇 번이나 일어나서 밖을 내다보았다. 그러나 끄지 않고 둔 촛불이 창문 유리에 비치고, 피로에 찌든 내 얼굴만이 바깥의 새카만 어둠 속에서 안을 들여다보고 있을 뿐이었다.

마침내, 나는 초조해서 더 이상 참을 수가 없었으므로 서둘러 옷을 입고 아래층으로 내려갔다. 커다란 부엌에는 베이컨과 새끼로 엮은 양파가 대들보에 매달려 있는 것이 어렴풋이 보였다. 자지 않고 지키고 있는 웨이터들이 일부러 난로 곁에서 문 가까이로 옮긴 식탁 둘레에 각양각색의 모습으로 모여 있었다. 앞치마로 귀를 싸고 가만히 문을 바라보고 있던 예쁜 여성이, 내가 들어가자 유령이라도 본 것처럼 '꺅' 하고 소리를 질렀지만, 다른 사람들은 침착했다. 오히려 하나라도 동료가 늘어난 것을 기뻐했다. 한 남자가 그들이 지금까지 토론하던 문제를 언급하며, 침몰한 석탄선 선원들의 망령이 폭풍 속에 나타난다고 생각하느냐고 내게 물었다.

나는 두어 시간 동안이나 거기에 있었을 것이다. 한번은 안뜰로 이어진 문을 열고 텅 빈 거리를 살펴보기도 했다. 모래와 해초와 물거품이 바람을 타고 엄청난 기세로 날리고 있었다. 나는 다른 사람의 손을 빌려 겨우 문을 닫고, 바람에 밀려 열리지 않도록 단단히 잠갔다.

도로 방에 돌아와 보니 그 쓸쓸한 방은 캄캄한 어둠에 묻혀 있었다. 나는 완전히 지쳐 있었으므로 다시 잠자리에 들어가, 마치 탑이 벼랑 아래로 곤두박질치듯 깊은 잠에 빠져들었다. 나는 오랫동안 어딘가 다른 곳으로 가서 다양한 정경 속을 전전하는 느낌이었지만, 꿈속에서도 바람은 계속 불고 있었다. 그런데 그마저도 현실과의 관련을 모두 잃자, 이번에는 누군지는 모르지만 두 사람의 친한 친구와 함께 포성이 요란한 가운데 어느 도시를 포위하는 작전에 참가하고 있는 것이었다.

그 대포 소리가 너무 크고 그치지 않았으므로 정말 듣고 싶은 것은 아무리 귀를 기울여도 들리지 않았다. 듣기 위하여 안간힘을 썼더니 잠이 깨고 말았다. 이미 날이 완전히 밝았다. 8시나 9시쯤이었다. 포격 대신 폭풍이 몰아치고 있었다. 누군가 내 방문을 두드리며 나를 부르고 있었다.

"무슨 일이오?" 나는 큰 소리로 물었다.

"배가 난파했습니다! 아주 가까이에서요!"

나는 벌떡 일어나서, 어떤 배냐고 물었다.

"과일과 포도주를 싣고, 스페인 아니면 포르투갈에서 온 범선입니다. 보시고 싶으시면 빨리 오십시오, 선생님! 당장에라도 산산조각이 날 것 같아서 바닷가가 아주 소란스럽습니다!"

흥분한 목소리는 계단을 따라 사라졌다. 나도 되도록 빨리 옷을 걸치고 거리로 달려나갔다.

거리는 이미 사람들로 가득했고 모두 일제히 바닷가로 달려가고 있었다. 나도 서둘러 사람들을 앞질러서 같은 방향으로 달려가 곧 사나운 바다를 마주보게 되었다.

이제야 바람이 좀 가라앉았다. 꿈속에서의 포격은 몇 백에 이르는 포문 가운데 겨우 몇 개만 침묵했을 정도였지만, 바다는 밤새도록 사납게 소란을 피웠으므로 지난번에 보았던 것보다 더 무시무시했다. 아무튼 그때는 바다 전체가 하염없이 부풀어 올랐고, 파도의 높이도 이루 말할 수 없었다. 무수한 파도가 서로를 가만히 내려다보다가 서로 밀치락달치락하며 단숨에 몰려오는, 기가 막힌 광경이었다.

바람과 파도 소리 말고는 아무것도 들리지 않았다. 엄청난 인파, 이루 말할 수 없는 혼란, 게다가 바람에 맞서 서 있는 데만도 숨이 막힐 정도의 힘이 들었다. 나는 당황하여 난파선을 찾아보려고 바다를 내다보았으나 거품이 이는 큰 파도만이 보일 뿐이었다. 내 곁에 서 있던 웃통을 벗은 뱃사람이 아무것도 걸치지 않고 팔로 왼쪽을 가리켰다(게다가 문신의 화살까지 같은 쪽을 가리키고 있었다). 세상에, 우리 바로 곁에 난파선이 있었다!

돛대 하나가 갑판에서 6피트 내지 8피트쯤 떨어진 곳에 짤막하게 여러 동강으로 부러져서 배 옆구리에 쓰러져 돛과 밧줄로 어지럽게 뒤엉켜 있었다. 그리고 부서진 모든 것들이 배가 흔들리고 부딪힐 때마다 배 측면을 후려치고 있었다. 이 순간에도 그 부분을 잘라내려는 노력이 이어지고 있었다. 뱃전을 드러내고 기울어 있는 배가 흔들리며 이쪽으로 기울 때마다 선원들이 도끼를 들고 분투하고 있었다. 특히 긴 곱슬머리의 한 사나이가 유달리 활약하는 모습이 눈에 띄었다. 그때 바람과 파도 소리를 압도하는 비명이 바닷가에서 일었다. 순식간에 커다란 파도가 난파선을 덮쳐서 갑판 위의 모든 것을 앗아갔다. 사람이며 둥근 목재며, 통이며 널빤지며, 갑판 양쪽 옆에 마련한 방파벽이며 모든 자질구레한 것들을 모조리 들끓고 있는 파도 속으로 쓸어담았다.

또 다른 돛대는 뒤엉켜 있는 너덜너덜해진 돛과 밧줄을 바람에 펄럭이며 서 있었다. 아까 그 뱃사람이 쉰 목소리로 얘기해주기를, 배는 한번 얕은 곳에 한번 부딪친 뒤 떠올랐다가 다시 부딪쳤으며, 얼마 안 있어 선체가 두 동강이 날 것이라고 했다. 듣고 보니 과연 그러했다. 저렇게 맹렬하게 흔들리면 어떤 건조물도 버틸 수 없을 것이며, 그 순간이 머지않았음이 분명했기 때문이다. 또다시 바닷가에서 커다란 비명이 들려왔다. 네 사람이 남아 있는 돛대의 밧줄에 매달린 채 난파선과 함께 물속에서 떠올랐던 것이다. 그 가장 위에는 건강해 보이는 곱슬머리 사내가 밧줄을 단단히 붙잡고 서 있었다.

배 위에는 종이 하나 있었다. 배는 미쳐서 날뛰는 짐승처럼 좌우로 흔들리고 또 앞으로 돌진하기도 하고, 때로는 바닷가 쪽으로 기울며 갑판 전면을 우리에게 드러내 보이기도 하고, 반대로 바다를 향해 기울어서 이쪽에서는 용골 말고는 아무것도 보이지 않게 되었다. 그렇게 격렬하게 움직일 때마다 그 종이 울렸다. 마치 이 불행한 사람들을 애도하듯이 바람을 타고 바닷가까지 실려왔다. 배는 보이지 않게 되었다가는 또다시 떠올랐다. 두 사람이 사라졌다. 바닷가의 슬픔은 깊어만 갔다. 남자들은 신음을 내며 두 주먹을 불끈 쥐었고, 여자들은 비명을 지르며 얼굴을 돌렸다. 어떤 사람들은 미친 듯이 바닷가를 이리저리 뛰어다니며 어찌할 도리가 없는데도 도와 달라고 외쳤다. 나도 그들 가운데 한 사람이었다. 남은 두 사람이 우리 눈앞에서 죽는 일이 없도록 해 달라고, 알고 지내는 뱃사람들을 붙잡고 애원했다.

뱃사람들은 기를 쓰며—어떤 식으로였는지는 잘 모르겠지만, 겨우 귀에 들리는 부분도 흥분하여 뜻을 잘 이해할 수 없었다—내게 다음과 같이 설명했다. 즉 사람들이 한 시간 전에 용감하게 구조선에 올라타기는 했지만 속수무책이었으며, 밧줄을 가지고 헤엄쳐 가서 바닷가와 연결을 시켜 보려고 할 만큼 무모한 사람도 없었으므로 이제는 아무런 방도가 없다는 것이었다. 그때 바닷가에 있는 사람들이 긴장하며 길을 비켜서자, 햄이 앞으로 나왔다.

나는 곧바로 달려가서 도와 달라는 호소를 되풀이했다. 그러나 아무리 새롭고 무서운 광경에 마음이 산란해 있었음에도, 그의 얼굴에 나타난 결의와 바다를 바라보는 그의 눈빛을 보자—잊을 수 없는, 에밀리가 가출을 한 다음 날 아침과 똑같은 눈빛이었다—나는 그 역시 위험하다는 것을 깨달았다. 나는 두 팔로 그를 잡아당겼다. 그리고 조금 전까지 같이 이야기하던 사람들에게 그가 이 모래톱에서 한 발자국도 떠나지 못하게 해 달라고 애원했다!

바닷가에서 또다시 비명이 울렸다. 난파선 쪽을 보니, 펄럭이는 돛이 두 사람 가운데 아래에 매달려 있던 사람을 후려쳐서 물속에 처넣고는 돛대 위에 홀로 매달려 있는 사나이에게 기세피우며 덤벼드는 것이었다. 자세히 보니 그 사내는, 이상한 빨간 모자를 쓰고 있었다—일반 선원들이 쓰는 것보다 색이 좀 더 아름다웠다.

이러한 광경과 얼음장 같은 햄의 결의는, 여기에 있는 사람들의 절반의 마음을 이미 움직이고 있었다. 이제 아무리 매달려도 바람에게 간청하는 것이나 마찬가지로 나의 호소는 소용이 없었다. "데이비 도련님," 그는 내 두 손을 힘차게 잡으며 말했다. "만일 저에게 기회가 온다면, 그것이 바로 지금입니다. 도련님도, 여러분도, 건강하십시오! 자, 여러분 준비를 해주시오! 나는 가겠소!"

나는 조금 떨어진 곳으로 억지로 밀려났다. 주위 사람들이 모두 나를 붙잡았다. 나도 당황한 나머지 잘 들을 수 없었지만, 사람들은, 햄은 도와줄 사람이 있든 없든 나아갈 결심이니 그의 출발을 돕고 있는 사람들을 방해하면 그의 안전을 위태롭게 한다고 우겼다. 내가 뭐라고 답했는지 또 그 말에 그들이 뭐라고 답했는지는 모르지만, 바닷가는 매우 분주했다. 햄은 사람들에 둘러싸여서 보이지 않았다. 이윽고 햄이 뱃사람이 입은 저고리와 바지를 입고 손에는 밧줄을 쥐고, 쥐었다기보다는 손목에 밧줄을 걸고 또 다른 밧줄은 몸에 감고 혼자 서 있었다. 그리고 몇몇 힘센 장정들이 조금 떨어진 곳에서 햄이 몸에 감고 있는 밧줄 끝을 잡고 있었다. 햄은 그 밧줄을 모래톱 위 자기 발밑에 느슨하게 풀어놓았다.

나 같은 문외한이 보기에도 난파선은 산산조각으로 부서지고 있었다. 돛대 위에 매달린 외로운 사나이의 목숨은 풀잎에 맺힌 이슬 같았다. 그런데도 그 사나이는 여전히 매달려 있었다. 그 사나이와 발밑의 지옥을 가로막고 있는 몇 장의 널빤지가 크게 흔들리고 부풀어 오르며 죽음의 종이 성급하게 울릴 때마다 그는 돛대를 흔들었다. 지금도 그랬다. 그 동작이, 한때 다정했던 친구의 버릇을 내 마음속에 되살렸으므로, 나는 정말로 미칠 것만 같았다.

뒤에는 숨을 죽인 침묵이 흐르고 앞에는 폭풍이 몰아치고 있는 가운데 햄은 혼자 서서 바다를 지켜보다가 마침내 큰 파도가 밀려가자 자기 몸에 감은 밧줄을 잡고 있는 사람들을 한 번 돌아보더니 밀려가는 파도를 쫓아 뛰어들었다. 처음에는 파도와 싸우다가 산더미만 한 파도와 더불어 치솟아 오르고 아래로 떨어져서 물거품 밑으로 사라지더니 다시 육지 쪽으로 끌려왔다. 사람들이 급히 밧줄을 당겼다.

그는 다쳤다. 내가 서 있는 자리에서도 얼굴에 피가 흐르는 것이 보였지만 그는 아랑곳하지 않았다. 그는 자신의 행동이 훨씬 자유롭도록 밧줄을 늦추어 달라고 급히 몇 가지 지시했다. 그가 팔을 움직이는 동작으로 보아 그런 것 같았다. 그리고 나서 그는 또다시 돌진했다.

이번에도 그는 산더미만 한 파도에 실려 치솟아 오르기도 하고 파도 골짜기로 떨어지기도 하고 거친 물거품 밑으로 사라지기도 하면서 안간힘을 다하여 용감하게 난파선을 향해 전진했다.

거리는 문제가 되지 않았지만 맹렬한 파도와 바람의 힘 때문에 사투를 벌였다. 마침내 그는 난파선에 다가갔다. 한 번만 더 힘차게 휘젓기만 하면 배에 매달릴 수 있을 만큼 그는 배에 바싹 다가갔다. 때마침 높고 푸른 거대한 파도의 허리께가 배 뒷편에서 바닷가 쪽으로 밀어닥치자 그는 힘껏 뛰어서 파도 속으로 들어가는 것처럼 보였다. 그리고 배는 더 이상 보이지 않았다!

통 한 개가 부서진 것 같은 허약한 파편 몇 개만이, 그 묘지로 서둘러 돌아가려는 것처럼 바다에서 소용돌이치고 있었다. 사람들의 얼굴에 경악의 빛이 감돌았다. 밧줄을 당겨 그를 내 발밑까지 끌어올렸지만 이미 의식은 없었다. 죽은 것이다. 가장 가까운 집으로 그를 옮겼다. 지금은 나도 누구에게 책망받는 일 없이 그의 곁에 붙어 있었고, 그 사이에 사람들은 온갖 소생 수단을 시도해 보았다. 그러나 결국 그는 엄청난 파도에 부딪혀서 죽었고, 그 너그러운 심장의 고동은 영원히 멈추고 말았다.

희망이 사라지고 모든 것이 끝장이 난 지금 내가 그의 침대 곁에 앉아 있는데, 에밀리와 내가 어렸을 때부터 알고 지내던 한 어부가 문간에서 내 이름을 불러댔다.

"도련님, 잠깐 저쪽으로 와보시지 않겠습니까?" 그가 말했다. 입술은 떨리고, 창백한 얼굴에 눈물이 흘러내렸다.

내 가슴에 되살아난 옛 생각이 그의 얼굴에까지 깃들어 있었다. 내 몸을 받쳐주려고 그가 내민 팔에 기대고 겁에 질려 그에게 물었다.

"시체라도 올라왔나요?"

"네."

"내가 아는 사람인가요?" 그는 아무 대답이 없었다.

그는 묵묵히 나를 바닷가로 데려갔다. 에밀리와 내가 어렸을 때 함께 조개를 줍던 그 바닷가에—간밤의 바람에 날려간 그 낡은 뱃집의 가벼운 부스러기들이 흩어져 있는 그 바닷가에—이를테면 그가 파괴해버린 그 가정의 폐허 속에—스티어포스가 학교에서 자주 보았던 것처럼 한 팔로 머리를 가볍게 괴고 누워 있는 것이었다.

56장
새로운 상처, 오래된 상처

아아, 스티어포스, 마지막 작별의 시간이 될 줄은 추호도 모르고, 지난번에 함께 이야기를 나누었을 때, 너는 '가장 좋은 때의 나를 생각하라!'고 했었지. 말할 필요도 없었는데! 나는 언제나 그렇게 생각해 왔는데, 이 광경을 보고 어떻게 마음을 바꿀 수 있겠는가?

사람들이 들것을 가져와서 그를 싣고, 깃발로 덮고 나서 오두막으로 운반해 갔다. 그를 운반한 사람들은 모두 그를 알고 있었고, 함께 배를 타고 나가 쾌활하고 대담한 그를 본 적도 있었다. 그들은 사납게 울부짖는 바람을 헤치고 죽음의 신이 이미 기다리고 있는 집[1]으로 그를 데리고 갔다.

그러나 들것을 입구에 내려놓고 사람들은 서로 얼굴을 바라보더니 나를 바라보고 수군거렸다. 이유는 나도 알고 있다. 햄과 한 방에다 스티어포스를 안치하는 것은 옳지 않다는 생각들인 것이다.

우리는 시내로 들어가 내 숙소로 유해를 옮겼다. 조금 마음이 가라앉자 나는 사람을 시켜 저램을 불러서는 오늘 밤 안으로 런던에 닿을 수 있도록 마차를 마련해 달라고 부탁했다. 시체를 보살피고 그의 어머니가 아들의 시체를 인수할 준비를 하게 하는 괴로운 임무는 아무래도 내가 맡을 수밖에는 없었으므로, 나는 되도록 충실히 그 임무를 다하려 했다.

시내를 떠날 때 되도록 사람들의 눈에 띄지 않기 위해 나는 일부러 밤에 길을 떠나기로 했다. 그러나 맡은 물건들을 뒤따르게 하고 마차를 타고 안마당을 나온 때가 거의 자정 무렵이었는데도 많은 사람들이 기다리고 있었다. 게다가 거리 곳곳마다, 그리고 큰길로 나온 뒤에도 한동안은 더 많은 사람들의 그림자가

---

[1] 햄의 유해가 놓여 있는 곳.

눈에 띄었다. 그러나 이윽고 보이는 것이라고는 살풍경한 밤과 주위에 펼쳐진 널따란 전원, 그리고 학창 시절 친구의 유해뿐이었다.

온화한 가을날, 대지는 아련한 낙엽 향기로 가득하고, 가지에는 아름다운 색으로 물든 더 많은 잎들이 매달려 있었다. 그 나무들 사이로 환한 햇살이 파고드는 길을 따라 정오쯤 하이게이트에 닿았다. 마지막 1마일 정도는 걸어서 갔다. 가면서, 어떻게 하면 좋은지 생각해 보고 있었기 때문이다. 그리고 밤새 뒤에서 따라온 마차에는 지시가 있을 때까지 기다리라고 말했다.

그 집은 전과 똑같았다. 덧문은 모두 닫혀 있었다. 포장된 어두운 안뜰과 지금은 쓰지 않는 듯한 대문까지 이어진 지붕 덮인 회랑에서도, 살아 있는 인간의 기척은 조금도 느낄 수 없었다. 바람은 완전히 가라앉았으며 움직이는 것이라고는 아무것도 없었다.

처음에는 대문의 초인종을 누를 용기가 나지 않았다. 그런데 초인종을 누르고 나자, 나의 사명이 바로 그 초인종 소리 속에 담겨 있는 것 같이 생각되었다. 하녀가 손에 열쇠를 들고 나왔다. 대문 자물쇠를 열며 내 얼굴을 빤히 보고 말했다.

"저, 실례입니다만, 어디가 편찮으신지요?"

"아니요, 너무 흥분했던 탓으로 지쳐 있을 뿐입니다."

"무슨 일이 있었나요?—저, 제임스 씨에게—?"

"쉿! 그래요. 긴한 볼일이 있는데 스티어포스 부인은 계시는지요?"

하녀는 걱정스러운 듯이, 부인은 마차를 타고 산책도 가지 않고, 온종일 방에 들어앉아 누구와도 만나지 않지만 나라면 만나줄 것이라고 대답했다. 부인께선 2층에 계시며 미스 다틀이 함께 있는데, 마님께 뭐라고 전해야 되느냐고 물었다.

나는 그녀에게 말투와 태도에 주의할 것과 내 명함을 갖다 드리고 내가 기다리고 있다는 말만 전하라고 당부하고 나서 그녀가 돌아올 때까지 응접실에 앉아서 기다렸다. 응접실에는 그전처럼 사람이 살고 있는 분위기는 흔적도 없었고 덧문들도 절반쯤 닫혀 있었다. 하프도 쓰지 않은 지가 여러 날이 되었다. 그의 소년시절 사진은 그대로 있었고, 스티어포스 부인이 그의 편지를 보관해두고 있는 상자도 거기에 있었다. 그녀는 지금도 그 편지를 읽고 있을까? 앞으로도 읽게 될까?

집은 아주 조용해서 2층으로 올라가는 하녀의 가벼운 발소리까지 들릴 정도였다. 하녀가 돌아오더니 스티어포스 부인은 환자이므로 내려올 수 없지만 부인의 방에서라도 좋다면 기꺼이 나를 만나겠다는 취지의 말을 전했다. 잠시 뒤 나는 그녀 앞에 섰다.

그녀는 자기 방이 아니라 아들 방에 있었다. 물론, 그가 그리워서였을 것이다. 또한 그가 옛날 운동을 하거나 그림, 음악을 할 때 쓰던 모든 물건들이, 그가 집을 나갔을 때 그대로 남아 있는 것도 역시 같은 이유일 것이다. 그러나 내가 들어가자 부인은 자기 방의 여건이 몸이 허약한 자기에게 맞지 않아서 그 방에서 나온 것이라고 중얼거렸다. 그녀의 그 당당한 모습은 본심을 털끝만큼도 드러내려 하지 않았다.

부인의 의자 곁에는 여느 때처럼 로사 다틀이 있었다. 그녀의 새카만 눈이 나를 바라본 순간부터 그녀는 내가 좋지 못한 소식을 가져왔다는 것을 알아차린 것 같았다. 순간 그 흉터가 떠올랐다. 그녀는 자신의 얼굴이 스티어포스 부인에게 보이지 않도록 의자 뒤로 한 걸음 물러선 다음, 결코 망설이거나 겁을 내지 않는 눈으로 나를 뚫어지게 바라보았다.

"상복을 입고 계시는군요." 스티어포스 부인은 말했다.

"불행하게도 아내를 여의었습니다."

"아직도 젊으신데 그렇게 큰 슬픔을 당하시다니, 정말이지 안됐군요. '시간'이 위로해줄 것입니다."

"네, '시간'은 누구에게나 친절하니까요. 부인, 우리는 어떤 불행 속에 있어도, 역시 '시간'을 의지할 수밖에 없습니다."

나의 진지한 태도와 눈에 도는 눈물을 보자 그녀는 놀랐다. 그녀의 사고가 모두 멎고 순식간에 달라진 것 같이 보였다.

나는 되도록 침착하고 조용하게 그의 이름을 말하려고 했으나, 목소리는 내 의지와 상관없이 떨리고 말았다. 그녀는 나직하게 그의 이름을 두세 번 되풀이해 불렀다. 그러고 나서 억지로 냉정한 태도를 취하고 말했다.

"그 애가 아픈가요?"

"많이 아픕니다."

"그 애를 만나셨나요?"

"만났습니다."
"화해하셨나요?"

나는 그렇다고 말할 수도 없었고 그렇지 않다고도 말할 수 없었다. 그녀는 아까 로사 다틀이 서 있던 쪽으로 약간 고개를 돌렸다. 그 순간 나는 로사를 보고 입술만 움직여서 "죽었습니다!"라고 말했다.

행여나 스티어포스 부인이 뒤를 돌아보고, 아직 마음의 준비도 되지 않은 상태로, 로사 다틀의 눈빛을 읽어버리면 곤란하다고 생각하고 나는 재빨리 그녀와 눈을 맞췄다. 그러나 로사 다틀은 격렬한 절망과 공포로 두 손을 허공에 뻗더니 그것을 맞잡아 얼굴에 갖다대는 것이었다.

늙어도 여전히 아름다운 부인은—아아, 어쩜 이리도 닮았단 말인가! 어쩌면!—나를 뚫어지게 바라보더니 한 손으로 이마를 짚었다. 나는 그녀에게 진정하고 내가 할 말을 들을 마음의 준비를 해 달라고 할 생각이었지만, 사실은 울어달라고 부탁하고 싶었다. 왜냐하면 그녀는 마치 돌부처처럼 꿈적도 하지 않았기 때문이었다.

"제가 지난번에 여기에 왔을 때," 내가 말을 꺼냈다. "그는 여기저기를 항해하고 있다고 미스 다틀이 말했습니다. 그저께 밤에는 바다가 아주 거칠었습니다. 만일 그가 그날 밤바다에 있었다면, 위험한 해안을 항해하고 있었다면—그렇다고 들었습니다—그리고 제가 본 배가 바로—"

"로사!" 스티어포스 부인이 말했다. "이리 와요!"

그녀는 부인에게로 갔다. 그러나 동정하거나 상냥한 기색이 전혀 없는 차가운 태도였다. 그의 어머니를 마주 바라보는 그녀의 눈은 불꽃같이 빛났고, 마치 폭발하듯이 웃음을 터뜨렸다.

"인제 당신의 자만심도 충족되었겠군, 이 미친 여자 같으니! 제임스는 당신에게 목숨으로 속죄를 한 거예요! 알겠어요? 자신의 목숨으로!"

스티어포스 부인은 막대기처럼 의자에 주저앉아, 신음 말고는 아무 소리도 내지 않고, 망연히 그녀의 얼굴을 바라보았다.

미스 다틀은 주먹으로 가슴을 치면서 소리쳤다. "나를 봐요! 신음하고 괴로워하며 여길 봐요!" 입술의 흉터를 두들기며 "당신의 죽은 아들이 한 짓을 보라구요!"

 이따금 그의 어머니가 내는 신음 소리가 내 가슴에 사무쳤다. 언제나 똑같은 신음 소리! 무슨 말을 하는지도 알 수 없을 정도로 억누른 괴로운 신음 소리! 그 신음과 함께 고개가 무력하게 움직거렸지만 얼굴에는 아무런 변화도 없었다. 마치 턱에는 자물쇠를 채우고, 얼굴은 고통으로 얼어붙은 것처럼 딱딱하게 굳은 입술과 꼭 다문 입에서 신음이 새어 나왔다.
 "언제 그가 이렇게 했는지 기억해요? 당신의 성질을 이어받은 데다가 당신이 자존심과 격정을 제멋대로 길러주는 바람에, 언제 내가 이런 꼴을 당하고 평생토록 불구가 되었는지를 기억하고 있느냐고요? 죽을 때까지 그의 격렬한 불쾌감의 표지를 달고 있는 나를 보아요. 당신이 제멋대로 만든 자식 때문에 신음하

고 괴로워하라고요!"

"미스 다틀," 나는 그녀에게 간청했다. "제발 부탁합니다—"

"아뇨, 난 말을 해야겠어요!" 그녀는 날카로운 눈을 번득이며 말했다. "댁이야 말로 잠자코 계세요! 오만하고 성실치 못한 아들을 낳은 오만한 어머니, 내 얼굴을 봐요! 그를 키운 것을 슬퍼해요, 그를 타락시킨 것을 슬퍼해요. 다 스스로 저지른 짓이니까! 당신이 그를 잃은 것 때문에 슬퍼한다면 내가 잃은 것까지 슬퍼하라고요!"

그녀는 주먹을 움켜쥐고, 울화가 치밀어서 조금씩 죽어가고 있기라도 한 것처럼 그 여윈 몸을 사시나무 떨듯 떨었다.

"당신이 그의 방자함을 분개하다니!" 점점 목소리가 커졌다. "당신이 그의 거만한 기질 때문에 상처를 입었다니! 웃기지 말아요! 방자함도 거만함도 당신이 그를 낳았을 때부터 만들어준 것이잖아요. 그것을 자기가 늙었다고 해서, 싫다, 마음에 들지 않는다고 반대하다니요! 갓난아기 때부터 그를 그런 인간—가장 위대한 인간이 될 수도 있었는데 그런 잡상스러운 인간으로 기른 것은 다 당신이잖아요! 그동안의 오랜 노고를 이제야 훌륭하게 보상받은 거예요! 흥!"

"아, 미스 다틀, 아무리 그래도 말씀이 심하십니다! 이제 그만하세요!"

"아니요," 그녀는 말했다. "나는 그녀에게 똑똑히 말해야겠어요. 누가 뭐라고 해도 절대 멈추지 않을 거예요. 나는 이리 오랫동안 침묵을 지켜왔는데, 왜 지금 말하면 안 된다는 거죠?" 또다시 스티어포스 부인을 보고 말했다. "당신이 그를 사랑했던 것보다 내가 그를 더 사랑했어요! 오로지 그를 사랑하기만 하고 아무런 보답도 요구하지 않았어요. 내가 만일 그의 아내였더라면, 1년에 한 번뿐인 사랑한단 그의 한마디를 듣기 위해 기꺼이 그의 변덕의 노예가 되었을 겁니다. 누가 나보다도 그것을 더 잘 알고 있을까요? 당신은 엄하고, 오만하고, 까다롭고 이기적이에요. 그에 비하면 내 사랑은 오직 헌신이에요—당신의 그 시시한 넋두리 따위는 구둣발로 밟아 뭉개버려야 해요!"

그녀는 눈을 번득이며, 정말로 그렇게 하는 것처럼 발로 방바닥을 쾅쾅 굴렀다.

"이걸 봐요!" 그녀는 또다시 입술 흉터를 치며 말했다.

"그는 성장해서 자신이 한 짓을 알게 되자, 그것을 깨닫고 뉘우쳤어요! 나는 그에게 노래를 불러주고 이야기도 하고 그가 한 모든 일에 나도 함께 엄청난 관심을 나타냈으며, 그가 가장 흥미를 느끼면 나도 온갖 고생을 하며 공부했어요. 그렇게 함으로써 나는 그의 마음을 사로잡았다고 생각했어요. 그가 아직 순진하고 진실했을 때는, 그는 나를 사랑했는걸요! 그럼요, 그는 정말 나를 사랑했어요! 여러 번, 당신이 모욕적인 말을 하고 자리를 뜨면, 그는 나를 자기 품에 안아주기도 했었다고요!"

격분이 휘몰아치는 가운데—실제로 격분한 상태였다—그것은 교만한 도전이기도 했지만, 그래도 진심으로 그 추억을 그리워하는 점, 상냥한 여심이 타다 남은 불기운처럼 한순간 확 타오른 것처럼 보였다.

"나는 그의 인형이 되고 말았습니다. 그의 어린애 같은 구애가 나를 사로잡지만 않았던들 정신을 차렸을 것입니다만. 그가 심심할 때면 변덕스러운 기분에 따라 나는 버려지기도 하고, 주워오기도 하고, 희롱당하기도 하는, 그의 보잘것없는 장난감으로 떨어졌던 것입니다. 그가 싫증이 나게 되자 나도 진저리가 났어요. 그의 마음이 돌아선 뒤로는 붙잡을 노력도 하지 않았고, 억지로 결혼하여 아내가 될 생각도 전혀 없었어요. 우린 한마디 말도 없이 헤어졌습니다. 분명 당신도 알고 있었을 거예요. 그런데도 당신은 태연했어요. 그 뒤로 나는 당신네 모자 사이에 놓인 쓸모없는 가구, 눈도 없고, 귀도 없고, 감정도 없고, 기억도 없는 나뭇조각에 불과했어요. 그렇게 억울해요? 슬퍼요? 당신이 그를 그 모양으로 만들어 놓은 것이나 슬퍼하세요. 당신의 사랑 때문에 슬퍼하다니 말도 안 되죠! 분명히 말하지만, 그때는 정말 당신보다 내가 훨씬 더 그를 사랑했어요!"

그녀는 분노로 이글거리는 두 눈을 부릅뜨고, 노려보는 그 어머니의 얼굴을 마주보고 서 있었다. 그 뒤로도 서글픈 푸념이 이어졌지만, 그녀는 마치 그림 속의 얼굴이라도 보는 것처럼 조금도 표정을 누그러뜨리지 않았다.

"미스 다틀," 또다시 내가 끼어들었다. "설사 당신이, 괴로워하는 어머니에게 동정을 느끼지 못할 정도로 고집이 세다 할지라도—"

"그럼 나는 누가 동정해 주죠?" 그녀는 날카롭게 대꾸했다. "이 사람은 자기가 씨를 뿌렸어요. 이제 그 수확을 슬퍼하도록 내버려두세요!"

"그러나 제임스에게도 결점이—"

"결점이라고요?" 그녀는 울음을 터뜨리며 말했다. "잘도 그런 악담을 하는군

56장 새로운 상처, 오래된 상처　921

요! 결국 그는 졌지만, 그를 이긴 친구 몇 백만 명보다 그가 훨씬 훌륭해요!"

"고인에 대한 사랑으로 보자면, 외람되지만, 나보다 더 그를 사랑한 사람은 아무도 없었습니다. 나보다 더 그와의 추억을 그리워하는 사람도 없다고 생각합니다. 그러니까 당신이 그의 어머니를 조금도 불쌍히 여기지 않고, 그의 결점이—그것은 당신도 통렬히 비난했지요—"

"그건 거짓말! 거짓말이에요!" 그녀는 자기의 검은 머리칼을 쥐어뜯으며 소리쳤다. "그를 사랑한 사람은 나예요!"

"—그의 결점이, 이러한 때에도 당신의 기억에서 사라지지 않는다면, 저 모습을 좀 보세요! 당신도 여태껏 본 적이 없을 것이라고 생각해요. 제발 도움을 좀 드리세요!"

그러나 스티어포스 부인의 모습은 전혀 변하지 않았다. 변할 것 같지도 않았다. 꼼짝도 하지 않고, 딱딱하게 굳어 한곳을 바라보고 있었다. 때때로 힘없이 고개를 저으면서 말없이 슬픔을 나타냈으나, 그 밖에는 전혀 살아 있다는 기색이 없었다. 미스 다틀은 갑자기 그 앞에 무릎을 꿇고 부인의 옷을 느슨하게 풀기 시작했다.

"당신을 저주해요!" 그녀는 분노와 슬픔이 뒤섞인 표정으로 나를 돌아보며 말했다. "운수 사납게도 이런 불길한 때 여기에 오다니! 당신을 저주해요! 썩 나가요!"

나는 방에서 나갔다가 하인들에게 조금이라도 빨리 알려주기 위해서 초인종을 누르려고 되돌아왔다. 돌아와 보니 그녀는 두 팔로 기절한 부인을 껴안고 무릎을 꿇은 채, 울고, 입을 맞추고, 이름을 불러보고, 어린애처럼 가슴에 안고 이리저리 흔들면서 잃어버린 의식을 일깨우려고 온갖 다정한 방법을 동원하여 필사적으로 애쓰고 있었다. 인제 돌아가도 염려가 없겠다고 생각하고, 다시 소리 없이 돌아서 나오면서 그 집 사람들에게 주의를 시켰다.

나는 그날 늦게 다시 와서 스티어포스의 유해를 그의 어머니 방에 안치했다. 부인의 용태는 변하지 않았다고 한다. 미스 다틀은 여전히 부인 곁을 떠나지 않았다. 의사들이 와서 여러 가지로 치료를 했으나, 부인은 때때로 나지막한 신음을 낼 뿐 미라처럼 누운 채로 꿈적도 하지 않았다.

나는 썰렁한 집 안을 돌아다니며 창문들을 어둡게 했다. 유해가 잠들어 있는 방의 창문도 맨 마지막으로 어둡게 했다. 나는 그의 납덩이같이 차가운 손을 들어올려서 내 심장에 댔다. 그러자 온 세상은 죽음과 침묵같이 고요했으며, 그 침묵은 이따금 그의 어머니의 신음에 의해서만 깨어질 뿐이었다.

57장
이민자들

　이러한 감정의 충격에 굴복하기 전에 나는 해야 할 일이 한 가지 더 있었다. 나라를 떠나는 사람들에게 이번에 일어난 일을 숨기고, 아무것도 모르는 채 즐거운 마음으로 뱃길을 떠나게 해 주는 것이었다. 그러기 위해서는 꾸물거릴 시간이 없었다.

　그날 밤 나는 미코버 씨를 불러서, 이번에 일어난 불상사가 페거티 씨 귀에 들어가지 않도록 중간에서 힘을 써달라고 부탁했다. 그랬더니 그는 열심히 그 일을 맡아주었다. 방심하면 알아챌 수 있으므로 우선 신문들을 모조리 도중에서 가로챘다.

　"만약에 그 소식이 그에게 전해지려면," 미코버 씨는 자기 가슴을 치면서 힘주어 말했다. "반드시 이 몸을 먼저 통해야만 할 것이야!"

　한 마디 덧붙이자면, 미코버 씨는 앞으로의 새로운 사회에 자신을 적응시키기 위해 벌써부터 대담한 언동을—아주 무법은 아니지만 방어적이고 민첩한 해적과도 같은 언동을 몸에 익히고 있었다. 보는 사람은 누구나, 애당초 그는 거친 황야 태생이며, 문명의 테두리 밖에서 살아가는 데는 이미 오래전부터 익숙하고, 지금은 다시 고향으로 돌아가는 길이라고 생각했을 것이다.

　그는 모든 일을 젖혀놓고, 겉에 기름을 먹인 방수복 한 벌에다, 표면에 송진을 발랐거나 그 틈을 송진으로 발라막은, 높이가 아주 낮은 밀짚모자까지 구해 왔다. 그러한 거친 옷차림을 하고서, 선원용 망원경을 겨드랑이에 끼고, 날씨가 나빠지지나 않을까 살피면서 먼 하늘로 눈길을 보내는 빈틈없는 태도는, 페거티 씨보다도 더 뱃사람처럼 보였다.

　미코버 씨 가족은 전투태세를 완벽하게 갖추었다. 미코버 부인은, 꼭 끼는 딱딱한 모자를 쓰고 턱밑에서 끈을 단단히 졸라맸으며, 몸을 모조리 감쌀 정도로 커다란 숄로 (언젠가 내가 처음으로 대고모의 집을 찾아갔을 때도 그랬던 것처럼) 몸을 둘둘 감고 허리 뒤에서 단단히 졸라매고 있었다. 미스 미코버도 폭풍에 대비해서 불필요한 것은 아무것도 걸치지 않고 간편하게 차려입었다. 장남 윌킨스는 내가 한 번도 본 적이 없는 선원 복장으로 몸을 감싸서 거의 얼굴도 보이지 않을 정도였고, 다른 아이들도 마치 저장 식육처럼 방수방습 자루로 둘둘 감겨 있었다. 미코버 씨와 장남 윌킨스는 옷소매를 손목 근처에서 천천히 접으며, 이러면 무슨 일이 있을 때 곧바로 일손을 도울 수 있고, 언제든 가뿐하게 달려가서 "영차—감아올려라—여엉차—감아올려라!" 하는 노래를 부를 수 있다고 했다.

황혼이 질 무렵 그들이 그 무렵 헝거포드 계단[1]이라는 이름으로 불리던 목조 계단에 모여서 배에 실을 자기네들 짐을 싣고 거룻배가 떠나는 것을 바라보고 있는 것을 트래들스와 나는 보았다. 트래들스에게는 그 끔찍한 사건을 모조리 말해두었다. 그는 큰 충격을 받았지만, 입이 무겁기로는 두말할 여지도 없었으므로, 나의 이 마지막 임무도 열심히 도와주었다. 내가 미코버 씨를 불러내어 위에서 말한 약속을 받아낸 것도 여기였다.

미코버 씨 가족은, 비좁고, 더럽고, 다 쓰러져가는 주막에 투숙하고 있었다. 그 무렵엔 여기가 그 계단과 아주 가까웠고, 앞으로 불쑥 튀어나온 이 집의 방은, 바로 바다 위에까지 나와 있었다. 이민 가족이라는 점이 헝거포드 일대 사람들의 흥미를 자극하여, 곧바로 수많은 사람들이 구경하러 몰려들었다. 그래서 우리는 재빨리 그들의 방으로 피신했다. 방은 2층의 목조 방 하나였고, 바로 그 밑으로 템스강이 흐르고 있었다. 대고모와 아그네스는, 그 방에서 아이들에게 입힐 옷가지들을 만들어주기에 바빴다. 페거티도 오랫동안 써온 그 낡은 반짇고리와 오랫동안 견디어 온 그 옛날의 무심한 야드 자와 조그마한 양초 조각을 들고 와서 조용히 일손을 거들고 있었다.

그녀의 여러 가지 질문에 대답한다는 것은 쉬운 일이 아니었다. 미코버 씨가 페거티 씨를 데리고 들어왔을 때, 편지는 잘 전했으며 모든 일이 잘 되었으니 걱정 말라고 그에게 속삭이는 일은 더더욱 쉽지 않았다. 그러나 나는 그 두 가지 일을 모두 해냈으며, 남매는 아주 기분이 좋았다. 그러는 사이에 내 감정이 조금

---

[1] 헝거포드 시장이라고 불리는 생선과 채소 시장이 있는데, 그 안에 이 이름의 계단 시설이 있고, 거기서 거룻배가 드나들었다고 한다.

겉으로 드러났다고 해도, 내게도 슬퍼할 이유는 충분히 있었으므로 그것으로 핑계를 댈 수 있었다.

"그런데 배는 언제 떠나지요, 미코버 씨?" 대고모가 물었다.

미코버 씨는, 대고모나 자기 아내나 조금씩 마음의 준비를 하는 것이 필요하다고 생각했으므로, 어제 예상했던 것보다 빨라졌다고 대답했다.

"그러면, 거룻배가 무슨 소식을 가져왔습니까?"

"그렇습니다, 부인."

"그럼? 출항은—"

"부인, 실은 내일 아침 7시까지는 승선해야 한다고 합니다."

"저런? 아주 갑작스럽군요. 먼 길을 떠날 때는 다 그런가요, 페거티 씨?"

"그렇습니다, 부인, 조수를 타고 강을 내려가니까요. 데이비 도련님과 제 누이가 모레 오후에 그레이브젠드에서 배에 올라와 주시면, 거기서 마지막 작별을 할 수 있습니다."

"괜찮나요? 그럼 그렇게 하지요." 나는 말했다.

"그럼 저희가 바다로 나갈 때까지는," 미코버 씨가 내게 눈으로 신호하면서 말했다. "페거티 씨와 제가 눈에 불을 켜고 우리 세간을 지키고 있도록 하겠습니다. 그리고 에마," 그 특유의 의젓한 태도로 헛기침을 하며 말했다. "실은 우리 친구 토머스 트래들스 씨가 살짝 부탁한 일인데, 옛날 영국의 로스트비프와 떼려야 뗄 수 없는 아주 특별한 명주—이렇게 말하면 아주 거창하지만, 다시 말해 펀치주 말이오—를 넉넉하게 1인 분 만드는 데 필요한 재료를 주문할 특권을 자기에게 달라고 했소. 보통 때라면, 미스 트롯우드와 미스 위크필드의 허락을 받아야 할 일입니다만—"

"다른 사람은 몰라도 저는," 대고모는 말했다. "가장 즐거운 마음으로 당신의 행복과 성공을 빌며 건배하겠습니다."

"저도 그래요!" 아그네스도 싱긋 웃으며 말했다.

미코버 씨는 금방 제집처럼 편안해 보이는 바로 내려가더니, 곧 김이 나는 병을 들고 왔다. 보아하니 자신의 접는 칼로 레몬 껍질을 까온 듯했다.

칼날은 길이가 1피트나 되는 큰 칼로 실제로 개척 이주자의 칼로는 알맞은 것이었는데, 그는 그 칼을 자랑해 보이는 기색이 조금은 없지 않은 태도로 저고리

소매에다 쓱쓱 문질러댔다. 자세히 보니 미코버 부인이나 두 큰 아이들도 똑같은 무시무시한 연장을 몸에 지니고 있었고, 어린아이들은 모두 자기 목제 수저를 단단한 끈으로 몸에다 잡아매고 있었다. 그리고 미코버 씨는 포도주 잔은 방 안 선반에 잔뜩 있으므로 거기다 따라주는 것이 쉬울 텐데도, 해상에서나 오지에서의 생활을 예상하고, 아내, 큰아들, 큰딸에게 펀치주를 일부러 조그마한 깡통에 따라주었다. 이어서 자기는 자기 전용인 파인트짜리 잔[2]을 꺼내서 거기다 따라 마셨다. 저녁 술잔치가 끝나자 잔을 다시 주머니에 넣었는데, 그가 그렇게도 즐거워하는 모습은 이제껏 한 번도 보지 못했다.

"저희는 정든 고국의 사치품을 모조리 버립니다." 미코버 씨는 내버리는 것이 이루 말할 수 없이 만족스럽다는 듯이 말했다. "오지 숲속의 거주민이 자유민의 나라인 영국의 문화에 젖을 수는 없지요."

그때 한 소년이 들어와서, 아래층에 미코버 씨를 찾아온 사람이 있다고 전했다.

"저는 예상하고 있었어요." 미코버 부인이 깡통잔을 내려놓으며 말했다. "분명 제 친정 사람일 거예요!"

"그렇다면, 여보." 미코버 씨는 이 문제만 나오면 언제나 왈칵 성을 냈다. "당신 친정 식구라면—남자든 여자든 그 누구든 간에—우리를 아주 오래도록 기다리게 했으니, 이번엔 그쪽에서 내 형편에 맞추어 기다려야 할 거야."

"여보," 아내가 낮은 목소리로 말했다. "이런 때에—"

"그래요." 미코버 씨는 일어나며 말했다. "하찮은 잘못을 이러쿵저러쿵 할 때가 아니지! 에마, 내가 잘못했소."

"게다가 그래서 손해 본 것은 제 친정 쪽이지 당신이 아니에요. 저희 친정 사람들이 과거에 자기네들이 가져온 손실을 마침내 깨닫고 우정의 손을 내밀고자 찾아왔다면 물리치지는 마세요."

"여보, 그렇게 하고말고!"

"그들을 위해서가 아니라, 저를 위해서 말이에요, 여보."

"에마, 그렇게까지 말하니 나도 거절할 수가 없구려. 나는 지금도 당신 친정 식

---

[2] Pint. 액량(液量)의 단위로, 1파인트는 1갤런의 8분의 1임. 영국에선 1파인트가 0.75리터이고, 미국에서는 0.47리터임.

구들을 반갑게 포옹하겠다고는 분명히 약속할 수 없지만, 지금 와 있는 당신 친정 식구의 따뜻한 정을 얼어붙게는 하지 않겠소."

미코버 씨는 그렇게 말하고 자리를 비웠다. 부인은 남편과 친정 식구가 말다툼을 하지나 않을까 하는 근심을 떨쳐버리지 못했다.

그 소년이 다시 나타나서, 법률적인 문장으로 '힙 대 미코버의 소송사건'이라고 연필로 표제를 적은 쪽지를 내게 주었다. 쪽지를 보고, 나는 미코버 씨가 또다시 체포될 위기가 닥치자 마지막 절망 속에서 발작적으로 허우적대고 있음을 알았다. 그는 감옥에서의 짧은 여생을 보내는 데 작게나마 도움이 되는 그의 칼과 파인트짜리 술잔을 이 쪽지를 지닌 사람 편에 보내 달라고 하는 것이었다. 그는 또한, 우정의 마지막 표시로 자기 가족들을 교구의 빈민소에 데려다주고, 자기와 같은 인간이 이 세상에 있었다는 것은 깨끗이 잊어달라고 부탁했다.

내가 그 돈을 내려고 소년과 함께 아래층으로 내려가 보니, 미코버 씨는 구석에 앉아서 체포수속을 끝낸 집행관을 우울한 얼굴로 바라보고 있었다. 이윽고 풀려나자 그는 아주 열렬하게 나를 껴안은 다음 곧바로 이번에 받은 액수를 수첩에다 적었다. 내가 총액을 말할 때 실수로 빠뜨렸던 반 페니까지도 적어 넣을 만큼 그는 아주 꼼꼼했다.

그 중요한 수첩 때문에 때마침 그는 또 하나의 거래를 생각해냈다. 2층으로 돌아오자마자 (참고로, 그가 아까 바로 올라오지 않았던 것은, 어쩔 수 없는 문제가 생겨서 그랬다고 제법 잘 설명했다) 수첩 속에서 조그맣게 접은 큰 종이를 한 장 꺼냈다. 그 종이에는 꼼꼼히 산출된 금액들이 기다랗게 가득 차 있었다. 얼핏 보아도 내가 학교의 산수책에서는 한 번도 본 적이 없는 계산이었다. 그것들은 이른바 '41파운드 10실링 11펜스 반이라는 원금'에 대한 여러 기간 중의 복리 계산인 것 같았다. 그것들을 신중히 검토하고 자기 재산을 세밀하게 평가해 본 다음, 그는 그날부터 2년 15개월 14일이라는 기간의 복리를 가산한 액수를 택한다는 결론에 이르고, 깔끔한 글씨로 적은 약속 어음을 만들어 두었던 것이다. 그 자리에서 트래들스에게 건네주면서 이것으로 모든 부채를(남자 대 남자의 계약을 통해) 말끔히 청산할 수 있다며 몇 번이나 감사하다고 말했다.

"저는 아직도 그런 예감이 들어요." 미코버 부인은 수심에 잠긴 듯이 고개를 저으면서 말했다. "우리가 떠나기 전에 제 친정집 사람들이 배 위에 나타날 것만 같아요."

 미코버 씨도 그 문제에 관해서는 나름대로 예감을 느끼고 있었다. 그러나 그것은 깡통에 따른 술과 함께 벌컥 들이켜 버리고 끝내 말하지 않았다.
 "항해 중에 고국으로 편지 쓸 기회가 있으면, 미코버 부인," 대고모가 말했다. "꼭 우리에게도 소식을 주세요."
 "미스 트롯우드," 미코버 부인은 대답했다. "누군가가 저희 같은 사람들의 소식을 기다리고 계신다고 생각하면 기쁘기만 합니다. 틀림없이 편지를 드리겠습니다. 그리고 코퍼필드 씨도, 정든 옛 친구니까 이따금 편지를 드려도 싫다고 하지 않으시겠지요? 저 쌍둥이가 아직 철도 들기 전부터 알던 사이니까요."
 나는 당연히 기다리고 있으니, 시간이 나면 언제든지 보내 달라고 대답했다.
 "정말로 그런 기회가 많이 있기를 바랍니다." 미코버 씨는 말했다. "요즘에는 대양에서도 배들이 줄을 이어 다니고 있으니 항해를 하다 보면 틀림없이 많은 배를 코앞에서 만나게 될 것입니다." 미코버 씨는 안경을 만지작거리며 말했다. "한 걸음 차이뿐입니다. 거리 같은 것은 그렇게 큰 문제가 되지 않죠."
 참으로 이상한 것이, 그가 런던에서 캔터베리로 가던 때에는 이 세상에서 가장 먼 끝까지 가기라도 하는 것처럼 말하더니, 영국에서 오스트레일리아까지 가는 지금에는, 아주 좁은 해협을 건너서 간단한 여행길에 오르기라도 하는 듯한 말투였다. 그러나 그것이 놀라우리만큼 미코버 씨답다고 생각했다.
 "항해 중에는," 미코버 씨는 말했다. "가끔 식구들에게 재미있는 이야기를 들려줄 생각입니다. 그리고 제 아들 윌킨스의 노랫소리는 배의 주방이나 난롯가에서 틀림없이 환영을 받을 것입니다. 고래나 돌고래들이 뱃머리를 스쳐 지나갈 것이고, 오른쪽 왼쪽에서 매일 끊임없이 재미있는 것들이 나타날 것입니다." 미코버 씨는 옛날의 점잖은 태도로 돌아가서 말했다. "요컨대 배 위에서나 밑에서나 매일 신기한 것들뿐이라서, 돛대 위에 있는 전망대에 올라가 있던 파수꾼이 '야! 육지다!'라고 외치기라도 하면 그야말로 깜짝 놀랄 것입니다!"
 이렇게 말하면서 그는 이미 항해를 마치고, 최고의 해사(海事) 당국자들 앞에서 1급 시험에 합격이라도 한 양 으쓱거리며 작은 깡통술잔에 든 것을 쭉 들이켰다.
 "하지만 제가 가장 바라는 것은, 코퍼필드 씨," 미코버 부인이 이론을 제기했다.

"다시 고향 땅으로 돌아와서 제 친정집 식구들과 함께 사는 것입니다. 당신, 불쾌한 표정을 짓지 말아요! 그럼 친정 식구들은 그만두고 손자들과 같이 사는 걸로 해요." 미코버 부인은 고개를 저으며 말했다. "아무리 어린 나무가 튼튼하다고 해도 우리는 역시 밑그루를 잊을 수 없는걸요. 그러니까, 만약 우리 자손이 명성을 얻고 재산을 모으게 되면, 그 재산이 브리타니아[3] 금고로 들어가도록 하고 싶다는 것이 저의 솔직한 심정입니다."

"그러나 그 브리타니아도 이쯤에서 되든 안 되든 뭐라도 해 봐야 해요. 게다가 영국은 지금까지 내게 별로 도움을 준 일도 없었으니, 그 문제에 대해서는 특별히 이렇다 할 소망이 없소."

"여보, 그건 당신이 틀렸어요. 당신이 이렇게 먼 땅으로 가시는 것은 당신 자신과 앨비언[4]의 관계를 강화하려는 것이지, 약화시키는 것이 아니에요."

"그러나 그 관계라는 것은 말이오," 미코버 씨가 말했다. "다시 말해 두지만, 다른 관계가 생겼다고 해서 그것을 신경 써야 할 정도로 대단한 은혜를 베푼 적이 없어요."

"미코버 씨, 그것도 잘못 생각하신 거예요. 당신은 자신의 힘을 모르고 계세요. 비록 이번과 같은 길을 선택하더라도, 당신과 앨비언 사이의 관계는 오히려 끈끈해지고 있어요."

미코버 씨는 놀라서 눈썹을 치켜세우고 의자에 앉아 있었다. 아내의 의견에는 찬성하는 것 같기도 하고 반대하는 것 같기도 했지만, 그것이 앞날을 내다보고 있다는 점만큼은 분명히 이해했다.

"코퍼필드 씨," 미코버 부인이 말했다. "저는 남편이 자신의 위치를 좀 더 알아주시면 좋겠어요. 배에 오르는 순간부터 자신의 위치를 깨닫는 것은 가장 중요하다고 생각합니다. 코퍼필드 씨, 당신은 저를 오래 봐왔으니, 제가 이이처럼 그런 낙천적인 기질이 아니라는 것을 잘 알고 계시겠지요. 제 성격은 아주 실리적입니다. 이번 여행은 갈 길이 멀기 때문에 온갖 어려움이나 마음대로 할 수 없는 일이 많으리란 것을 잘 알고 있습니다. 그런 사실까지 모른 척하자는 것이 아닙니다. 그러나 동시에 남편이 어떤 사람인가도 잘 알고 있어요. 이이의 잠재능력

---

[3] 영국의 옛 이름.
[4] 영국의 다른 옛 이름.

도 잘 알고 있어요. 그래서 남편이 자신의 입장을 좀 더 확실히 깨닫는 것이 무엇보다 중요하다고 생각합니다."

"여보," 미코버 씨는 말했다. "당신은 그렇게 말하지만, 나로서는 지금 같은 상황에서 자신의 위치를 깨닫는 것이 거의 불가능하오."

"여보, 저는 그렇게는 생각하지 않아요." 그녀는 말했다. "절대로 그렇지 않습니다. 코퍼필드 씨, 남편은 예외적인 경우예요. 이이는 이번에 처음으로 자신의 진가를 인정받기 위해서 일부러 먼 나라로 가는 것입니다. 저는 오히려 이이가 뱃머리에 서서 이렇게 큰 소리로 외쳐주기를 바라고 있습니다. '나는 이 나라를 정복하러 왔다! 너희에게 명예가 있느냐? 부(富)가 있느냐? 돈벌이가 되는 일자리가 있느냐? 있다면 내놓아라! 그건 모두 내 것이다!'라고 말입니다."

미코버 씨는 우리를 흘낏하면서, 이 생각이 제법 그럴듯해 보인다는 얼굴을 했다.

"분명히 말씀드리면," 미코버 부인은 토론하는 투로 말했다. "저는 남편이 자기 운명을 지배하는 사람이 되어 주었으면 합니다. 그것이 이이의 진정한 위치라고 생각해요. 그러므로 이 항해를 시작한 순간부터 뱃머리에 서서, '기다리는 것은 이제는 질색이다! 실망도 질색이다! 가난도 싫다! 그러나 그것은 모두 낡은 나라에서의 일이다. 이곳은 새 나라다! 보상을 하려거든 어서 내놓아라! 지금 곧바로 내놓아라!'라고 말해주기를 바랍니다."

미코버 씨는 정말 뱃머리에 서 있는 것처럼, 단호한 태도로 팔짱을 끼었다.

"그렇게 한다면," 미코버 부인은 말했다. "—자기 처지를 깨닫는다면—미코버 씨는 대영제국과 자기와의 관계를 강화하는 것이지, 약화시키는 것은 아니지 않습니까? 남반구에서 이름을 드높인 사람을 본국에서 무시할 수 있을까요? 오스트레일리아에서 재능과 권력을 휘두르는 미코버 씨를 영국에서는 콧방귀도 뀌지 않는다니, 도대체 어떤 바보가 그런 생각을 할 수 있겠습니까? 그야 저는 평범한 아낙일 뿐입니다. 하지만 그런 어리석은 생각을 떠올리는 것만으로도 스스로가 부끄러울 뿐 아니라 제 아버지에게도 죄송스러울 따름입니다."

미코버 부인은 자기주장이 반드시 옳다는 굳은 마음을 가지고 있었으므로, 그녀의 말투에는 전에 듣지 못한 기세가 올라 있었다.

"그래서," 미코버 부인은 말했다. "장래에는, 다시 모국에서 살게 될 날을 바라는 것입니다. 미코버 씨는 어쩌면—솔직히 말씀드리면 저는 그렇다고 꼭 믿어요—역사의 한 페이지를 꾸미는 인물이 될 수도 있습니다. 그리고 무슨 일이 있어도 남편이 태어난 나라, 그리고 남편에게 생업에서 쓰라림을 겪게 한 나라에서 제대로 인정받아야 합니다."

"여보," 미코버 씨가 말했다. "당신의 사랑에 감동하지 않을 수가 없소. 그러나 되는 일은 가만히 내버려둬도 다 되기 마련이라오. 만약 운이 좋아서, 내 아이들이 돈을 많이 벌게 되면 그 일부를 본국에 보내도 반대하지 않겠소."

"그거 참 좋은 생각입니다." 대고모는 페거티 씨를 보고 고개를 끄덕이며 말했다. "여러분들을 위해 건배를 듭시다. 하느님의 은총과 성공이 늘 함께 하기를!"

페거티 씨는 두 무릎에 각각 하나씩 올려놓고 있던 두 아이를 내려놓고, 이번에는 반대로 우리를 위해 건배를 들자는 미코버 부부의 제안에 동참했다. 이어서 그가 미코버 씨 부부와 동지로서 진심에서 우러나오는 악수를 나누고, 검게 그을린 얼굴이 미소로 빛나는 것을 보고, 나는 그가 어디에 가든 간에 출세를 하고 이름을 날리고 사랑받을 것이라고 진심으로 기쁘게 생각했다.

그리고 아이들에게도, 각자의 나무숟가락으로 미코버 씨의 잔에서 술을 떠서 우리를 위해 건배를 하라고 시켰다. 축배가 끝나자 대고모와 아그네스는 자리에서 일어나 이민 갈 사람들과 작별인사를 나누었다. 슬픈 작별이었다. 모두 소리 내어 울었다. 아이들은 끝까지 아그네스에게 매달렸다. 이윽고 우리는, 불쌍한 미코버 부인이 희미한 촛불 곁에서 흐느껴 울면서 가슴 아파하는 모습을 뒤로 하고 그곳을 나왔다. 강 위에서 보면 아주 서글픈 등대라도 보이는 것일까!

다음 날 아침 다시 가 보았지만, 그들은 모두 떠나고 없었다. 새벽 5시에 거룻배를 타고 출발했다는 것이었다. 쓰러져 가는 주막과 나무 계단을 보고 그들을 떠올리기 시작한 것은 불과 어젯밤부터의 일이었지만, 그들이 가고 나자, 그것들이 더욱 황량하고 쓸쓸하게 느껴졌다. 이것도 또한 이별이 주는 허전한 심정의 신비로운 한 가지 실례인 것일까?

그다음 날 오후, 페거티와 나는 그레이브젠드로 갔다. 큰 배 한 척이 많은 거룻배에 둘러싸여서 강에 떠 있는 모습이 보였다. 우리는 곧 거룻배를 세내어 배를 향해 출발했다. 배를 둘러싼 혼잡의 소용돌이를 헤치고 배에 올랐다.

페거티 씨가 갑판에서 우리를 기다리고 있었다. 그의 말에 따르면, 미코버 씨

가 힙의 고소로 방금 또 체포되는 바람에(이것이 마지막이었다), 내가 해놓은 부탁에 따라 그가 돈을 치러 주어 풀려났다고 한다. 나는 그에게 그 돈을 계산해 줬다. 이어서 그는 갑판 사이로 우리를 안내했다. 나는 그 사건에 관한 소문을 페거티 씨가 듣지나 않았을까 하고 또다시 걱정이 되었다. 그런데 미코버 씨가 어둠침침한 곳에서 나오더니, 친구며 보호자라도 되듯이 페거티 씨의 한 팔을 잡으며, 둘은 어젯밤부터 잠시도 떨어져 있지 않았다고 말했으므로 걱정은 사라져버렸다.

그곳은 몹시 답답하고 어두우며, 참으로 이상한 곳이었다. 처음에는 거의 아무것도 분간할 수 없었지만, 점차 눈이 어둠에 익숙해져서 뚜렷이 보이게 되었다. 바람도 좋았고, 돛대 꼭대기에는 출범을 알리는 깃발이 펄럭이고 있었다. 마치 오스타더[5]가 그린 그림 속 인물이 된 느낌이었다. 화물들, 배의 고리가 달린 볼트, 이민용 침대, 궤짝, 보따리, 통, 기타 잡다한 짐들이 산더미같이 쌓여 있고, 그것을 여기저기 매달아 놓은 등불이 둔탁하게 비추고 있었다. 다른 곳은 통풍구나 승강구를 따라 노란 햇빛이 스며들었다. 여기저기 사람들이 모여서, 새로

---

5) 네덜란드의 풍속 화가. 1610~85.

친구를 사귀기도 하고, 서로 작별을 아쉬워하는가 하면, 울고 웃는 사람에, 먹고 마시는 축들도 있었다. 벌써부터 머물 곳을 마련하고, 많지 않은 짐을 깔끔하게 정리하고, 아이들은 걸상이나 작은 팔걸이의자에 앉혀둔 사람들도 있는가 하면, 앉을 자리도 없이 어슬렁거리며 안절부절못하는 사람도 있었다. 태어난 지 1, 2주밖에 되지 않은 갓난아기부터 앞으로 20일이나 더 살까 말까한 꼬부랑 노인에 이르기까지, 조국의 흙을 그대로 신발 바닥에 붙이고 가는 농부도 있고, 피부 위에 검댕과 연기의 표본을 달고 가는 대장장이도 있었다. 아무튼 다양한 연령, 다양한 직업의 사람들이 두 개의 갑판 사이에 끼인 좁은 공간 안에서 서로 밀치락달치락하고 있었다.

주변을 둘러보다가 에밀리처럼 보이는 모습이 미코버 씨의 한 아이와 함께, 열려 있는, 화물을 싣고 내리는 문 곁에 앉아 있는 것을 본 것 같았다. 처음에는 또 다른 여자가 그녀에게 키스를 하고 헤어졌으므로 나의 주목을 끌었다. 그 모습은 혼잡을 뚫고 조용히 지나갔는데, 그녀는 틀림없이 아그네스였다! 그러나 주위가 분주하고 소란스러운 데다가, 나 자신도 안정을 잃고 있었으므로, 나는 또다시 그 모습을 놓쳐버리고 말았다. 확실히 안 것은, 전송하는 사람들은 모두 배에서 내리라는 방송이 나온 것과, 나의 유모가 내 곁의 궤짝 위에 앉아서 울고 있다는 사실과, 거미지 부인이 상복을 입은 젊은 여인의 도움을 받아가며 페거티 씨의 짐을 바삐 정리하고 있었다는 사실뿐이었다.

"데이비 도련님, 마지막으로 하실 말씀은 없는지요?" 페거티 씨가 물었다. "헤어지기 전에 잊으신 말씀은 없으신가요?"

"하나 있어요! 마사에 관한 거예요." 그는 내가 방금 말한 젊은 여인의 한쪽 어깨에 손을 댔다. 그러자 마사가 일어섰다.

"아, 친절하시군요!" 나는 크게 말했다. "마사를 데리고 가는군요."

그녀는 왈칵 울음을 터뜨리며 그의 답을 대신했다. 나는 더 이상 말을 할 수가 없어서 그의 한 손을 힘껏 잡았다. 지금까지 내가 누군가를 진심으로 사랑하고 존경한 일이 있다면, 그 사람은 바로 페거티 씨였다.

전송 나온 사람들이 차례차례 배에서 내려갔다. 그러나 나에게는 마지막 시련이 남아 있었다. 나는 죽은 고귀한 청년이 작별하는 순간에 전해 달라고 부탁한 말을 페거티 씨에게 해주었다. 페거티 씨는 크게 감동했다. 그러나 그 대답으로, 이제는 들리지 않는 햄의 귀를 향한, 애정과 회한에 찬 많은 말을 부탁받았을 때, 나는 더 깊은 감동을 받았다.

때가 왔다. 나는 그를 껴안고, 울고 있는 유모를 한 팔로 끌어안은 다음, 서둘러 배에서 내렸다. 갑판에서 가엾은 미코버 부인과도 작별을 했다. 그녀는 그때까지도 미친 듯이 자기 친정 식구를 찾고 있었다. 그녀가 내게 마지막으로 한 말은, 결코 미코버 씨를 버리지 않겠다는 것이었다.

우리는 뱃전으로 가서 거룻배에 옮겨 탄 다음 조금 떨어진 곳에서 배가 떠나는 것을 지켜보았다. 고요하고 햇살이 눈부신 일몰이었다. 배는 우리와 붉은 태양 사이에 있었으므로, 끝으로 갈수록 늘어지는 밧줄과 돛대의 둥근기둥들이 붉게 타오르는 황혼을 배경으로 뚜렷이 보였다. 배는 저녁햇살을 받으며, 눈부시게 빛나는 수면 위에 조용히 누워 있었다. 배에 탄 모든 사람들이 뱃전에 모여서 잠깐 모자를 벗고 묵묵히 서 있었다. 그토록 아름답고, 슬프고, 희망에 찬 광경을 나는 본 적이 없다!

침묵은 찰나에 불과했다! 돛들이 바람을 맞으며 올라가고 배가 천천히 움직이기 시작하자 모든 거룻배에서 갑자기 만세 삼창이 터져 나와 주위에 울려 퍼졌다. 그 소리를 듣고 일제히 모자와 손수건을 흔드는 것을 보자 내 가슴은 찢어질 것만 같았다—그때 그녀의 모습을 보았다!

그녀는 아저씨 곁에 서서 그의 한쪽 어깨에 매달려 떨고 있었다! 그는 한 손을 들어 열심히 우리 쪽을 가리켰다. 그녀도 우리를 발견하고, 마지막 작별의 손을 흔들었다. 아, 아름다운 에밀리, 지금은 슬프더라도 그대의 상처받은 가슴에 무한한 믿음을 지니고 그에게 매달려라! 그도 그의 크나큰 사랑의 힘을 다하여 너에게 매달려 있으니!

마치 그곳만 따로 장밋빛 황혼에 둘러싸인 것처럼, 갑판 위에 높이 서서 그녀는 그에게 매달리고 그는 그녀를 껴안은 채 멀어져 갔다. 우리가 해안으로 돌아왔을 때는 밤의 장막이 켄트산 언덕을 덮었고—또 우리 주위에도 어둠이 짙게 내려앉아 있었다.

58장
방랑

 허무한 그림자와 같은 희망, 그리운 추억, 실수, 헛된 슬픔과 후회의 망령에 홀린 나를 더욱 착잡하게 한 것은 어둡고 기나긴 우울한 밤이었다.
 나는 내가 참고 견디어야 할 마음의 충격을 미처 깨닫지 못한 채 영국을 떠났다. 다정한 모든 사람들을 남겨두고 나는 훌쩍 떠나버렸다. 그러고는 이제 충격을 이겨냈으며 다 지난 일이라고 믿었다. 전쟁터에서 군인이 치명상을 입고도 자기가 총탄에 맞은 것을 거의 모르는 것처럼, 나도 수양이 모자라는 마음으로 혼자가 되었을 때는 그것이 싸워 나아가야 할 상처임을 전혀 모르고 있었다.
 게다가 그러한 생각은 갑자기 깨닫게 된 것이 아니라 조금씩 서서히 찾아왔다. 고국을 떠나던 때의 그 적막한 감정은 시시각각으로 깊어지고 넓어졌다. 처음에는 막연하고 무거운 상실감, 비애라는 느낌 말고는 다른 것을 거의 의식할 수가 없었다. 그러나 나도 모르는 사이에 점차로 내가 잃어버린 모든 것—사랑, 우정, 그리고 관심—을 인식하게 되었다. 예를 들어 최초의 믿음, 최초의 애정, 내 일생에 그린 모든 헛된 꿈—그런 것이 모두 끊어지고 흩어졌으며, 남아 있는 모든 것은, 저 멀리, 내 주위에 어두운 지평선 너머까지 구불구불 길게 펼쳐져 있는 폐허가 된 빈 땅과 황무지—이와 같은 것만이 절망스러울 정도로 느껴지는 것이다.
 비록 나의 슬픔이 이기적인 것이었다 할지라도 나는 그것조차 알지 못했다. 그토록 젊은 나이에, 꽃을 피우기도 전에 꺾여버린 내 천진난만했던 아내를 애도했다. 오래전에 나의 사랑과 칭찬을 차지했던 것처럼, 앞으로도 수많은 사람들의 사랑과 칭찬을 차지할 수도 있었던 스티어포스의 죽음을 아파했다. 폭풍이 몰아치는 바닷속에 안식처를 마련한 비탄에 젖은 햄을 생각하면 통탄하지 않을 수 없었다. 그리고 내가 어렸을 때 곧잘 밤바람이 부는 소리를 들었던 그 소박한 가정의 와해 역시 그러했다.

　이처럼 쌓이고 쌓인 슬픔에 짓눌려, 나는 다시 일어설 희망을 잃고 말았다. 나는 이 무거운 짐을 지고서 정처 없이 방황했다. 지금은 그 중압감을 견디지 못하고 짐 밑에 깔렸으며, 그것이 가벼워지는 날은 결코 오지 않을 것이라고 생각했다.

　이와 같은 절망 상태가 극에 달했을 때는, 나는 내 목숨도 끝장났다고 믿었다. 어차피 죽는다면 집에서 죽고 싶다는 생각에, 조금이라도 가까이 다가가려고 실제로 길을 되돌아선 적도 있었다. 또 어떤 때는 반대로 무엇을 추구하거나, 뒤에 남겨놓으려는 생각도 없이, 도시에서 도시로, 앞으로만 나아간 적도 있었다.

　지금 내가 지나온 괴로운 마음의 행적을 하나하나 되짚으며 밟을 수는 없다. 우리의 꿈에는 그저 막연하여 완전하게 설명할 수 없는 것이 있다. 지금 이렇게 그 무렵을 돌아보아도, 그러한 꿈의 기억이 떠오를 뿐이다. 신기한 외국의 도시, 궁전, 대성당, 사원, 화랑, 성, 분묘, 이상한 거리—이것은 모두 역사와 공상이 살아 숨 쉬는 그리운 장소이다—사이를 누비고 다니는 내 모습을 떠올려보고자 해도, 그것은 역시 꿈의 회상에 불과하다. 언제나 반드시 그 괴로운 짐을 짊어지고 있었다. 그리고 차례차례 내 눈앞에서 사라져 가는 것의 모습은 거의 의식 표면으로 떠오르지 않았다. 만사가 귀찮고, 다만 깊은 슬픔만이 내 미숙하고 유치한 마음을 뒤덮었던 어두운 밤이었다. 그러나 지금은 그것들에서 눈을 들어—다행스럽게도 마지막에는 겨우 그럴 수 있었다!—그 길고 슬프고 비참한 밤에서 빠져나와 여명을 바라보도록 하자.

　여러 달 동안, 나는 이 어두운 구름으로 내 마음을 뒤덮고 여행을 했다. 다시는 고향에 돌아가지 않겠다는 맹목적인 이유—좀 더 뚜렷하게 나타낼 수 있는 이유를 찾았으나 허사였다—에 따라 나는 방황을 계속했다. 때로는 쉬지 않고 정처 없는 여행을 계속하다가도, 때로는 천천히 한 곳에 머물러 있기도 했다. 목적도 전혀 없었고, 딱히 지향하는 것도 없었다.

　나는 스위스에 머물고 있었다. 알프스의 험한 산길을 넘어서, 이탈리아에서 들어온 이래, 안내인과 함께, 산속의 오솔길을 따라 유랑생활을 해왔던 것이다. 장엄한 고독이 내 가슴에 말을 걸어왔지만 나는 그것도 알지 못했다. 나는 무서운 봉우리와 절벽, 우렁차게 흘러내리는 급류, 얼음과 눈으로 덮인 황량한 설원의 장엄함과 신비로움은 알았지만, 그 밖의 것은 아무것도 배우지 못했다.

어느 날 저녁, 해가 지기 전에 나는 그날 밤 쉬기로 되어 있는 골짜기로 내려갔다. 산허리의 구불구불한 길을 따라 한 걸음씩 내려가다 보니, 아래의 계곡이 저녁놀을 받아 붉게 반짝이고 있었다. 그때 내 가슴속에서, 오랫동안 깨닫지 못했던 아름다움과 평온함, 평화로움이 그 고요함 속에서 눈을 떴거나 희미하게 움직이는 것을 느꼈다. 답답함도 아니요, 절망도 아닌 어떤 슬픔을 느끼고, 나는 걸음을 멈추었다. 어떤 좋은 변화가 일어나지 않을까 하는, 거의 동경에 가까운 느낌이었다.

나는 석양이, 눈에 덮인 높은 산봉우리들을 비추고 있을 무렵, 골짜기로 내려갔다. 그 봉우리는 영원히 사라지지 않는 구름의 벽처럼 골짜기를 에워싸고 있었다. 협곡을 이루고 있는 산기슭에 조그마한 마을이 있었는데 짙은 녹음에 둘러싸여 있었다. 그 보드라운 초목이 끝나는 곳에는 높이 솟은 검은 전나무 숲이, 쐐기처럼 쌀쌀한 설원 속으로 치고 들어가 눈사태를 막고 있었다. 또 그 위에는 험준한 절벽, 잿빛 바위, 번쩍이는 얼음, 점점이 흩어져 있는 푸른 목장이 산꼭대기의 눈과 뒤섞여 있었다. 산허리 여기저기에는 깨알 같은 점이 보인다. 하나하나가 한 가정을 이루고 있는 외로운 목조 가옥들이었다. 그 집들은 우뚝 솟은 산봉우리에 압도되어 초라한 장난감처럼 보였다. 골짜기에 오밀조밀 모여 있는 이 마을 또한 그러했다. 이곳은 집이 조금이나마 밀집해 있고, 그러했으며, 깨진 바위를 뛰어넘고 나무들 틈으로 우렁찬 소리를 내며 흘러가는 개울에 나무다리가 놓여 있었지만, 그것들 또한 아주 작아 보였다. 고요한 공기를 가르며 멀리서 노랫소리가 들려왔다. 양치기의 노랫소리였다. 그러나 때마침 빛나는 해 질녘의 구름 한 조각이 산중턱에 걸려 있었으므로 나는 그 노랫소리가 구름 속에서 들려오는 천상의 음악이라고 생각했다. 그 정적 속에서 갑자기 대자연이 나에게 말을 걸었다. 마음이 너그러워진 나는 지친 머리를 풀밭 위에 눕히고 도라가 세상을 떠난 이후 한 번도 그랬던 적이 없을 정도로 서럽게 울었다.

숙소에는 몇 분 전에 도착했다는 편지 한 묶음이 나를 기다리고 있었다. 나는 저녁이 준비되는 동안 그 편지를 읽어 보려고 천천히 마을을 빠져나갔다. 다른 편지들은 전부 도착하지 않았으므로, 제법 오랫동안 편지를 한 통도 받지 못했었다. 게다가 나도 나라를 떠난 뒤로는, 잘 있다든가 어디 어디에 도착했다든가 하는 짤막한 소식을 한두 줄 적어 보내는 것 말고는, 도저히 편지를 쓸 기력도 인내심도 없었다.

그 편지 다발이 손에 들어온 것이다. 나는 재빨리 펼쳐서 먼저 아그네스의 편지를 읽어내려갔다.

그녀는 건강하게 열심히 일하고 있으며, 평소 바라던 대로 순조롭게 잘 살아가고 있다고 했다.

그녀는 나에게 아무런 충고도 하지 않았고, 아무런 의무도 강요하지 않았다. 다만 그녀만의 열렬한 태도로 나를 믿는다고만 했다. 나라면 분명히 전화위복을 할 수 있다고 말했다. 시련과 슬픔이 행복감을 높이고 굳건하게 해준다는 것도 잘 알고 있다고 말했다. 내가 겪은 슬픔 때문에 오히려 어떠한 목적에 있어서도, 좀 더 확고하고 좀 더 고상한 격려를 얻을 것으로 굳게 믿는다고 말했다. 나의 명성을 자랑스럽게 여기고, 그 명성을 더욱 크게 떨치기를 바라고 있는 그녀는 내가 절대로 노력을 멈추지 않으리라는 것을 알고 있다고 말했다. 나에게는 슬픔이 분명히 큰 힘이 될 것이라고 했다. 내 어린 시절의 인내심이 오늘의 나를 만든 것처럼, 지금의 이 큰 고난 역시 나를 격려하여 좀 더 훌륭한 사람으로 만들 것이며, 그 고난이 가르쳐준 것 역시 다른 사람들에게도 가르쳐줄 것이라고 그녀는 말했다. 도라를 안식처로 데려가신 하느님께 나를 맡길 것이며, 누이동생 같은 애정으로 언제나 나를 소중히 여기고, 내가 어디로 가든, 언제나 내 곁에 있을 것이라고 했다. 지금까지의 나도 자랑스럽지만 앞으로 내가 하려는 일은 더 큰 자랑으로 여길 것이라고 말했다.

나는 편지를 품 안에 넣고, 한 시간 전까지 내가 어떠했던가를 생각해 보았다! 이윽고 양치기들의 노랫소리가 사라지고, 고요한 저녁 구름이 어두워지고, 골짜기의 모든 색채가 희미해졌다. 오직 산꼭대기의 황금빛 눈만이 창백한 밤하늘 아래 어스레하게 남아 있었지만, 내 마음속에서는 밤이 지나가고, 그 그림자도 모두 말끔히 걷혔다. 그런데 지금까지보다 더욱 커진 그녀에 대한 내 사랑을, 앞으로는 뭐라고 나타내야 좋을 것인가!

나는 그녀의 편지를 몇 번이고 되풀이해서 읽었다. 잠자리에 들기 전에 답장을 썼다. 나는 지금 당신의 도움이 절실히 필요하며, 당신이 없으면 나는 당신이 생각하는 그러한 사람이 되지 못하고, 되지도 못했을 것이라고 썼다. 오직 당신 덕분에 여기까지 올 수 있었으며, 앞으로도 더욱 노력해 보겠다고 썼다.

정말로 나는 노력했다. 앞으로 석 달만 있으면, 나의 슬픔이 시작된 지 한 해가 된다. 그 석 달이 지날 때까지는 어떠한 결심도 하지 않고 그냥 노력만 했다. 나는 그동안 줄곧 이 골짜기와 그 주위에 머물러 있었다.

석 달이 지났다. 나는 얼마간 더 고국에서 떨어져 살기로 결심했다. 그날 밤의 추억으로 점점 더 다정하게 느껴지는 스위스에 자리를 잡고, 다시 펜을 들어 글을 쓰기로 했다.

나는 아그네스가 권한 하느님 앞으로도 겸허하게 향했다. 나는 자연의 섭리도 추구했는데, 그것은 언제나 결코 허사가 아니었다. 요즘에는 그동안 멀리했던 사람과의 유대를 다시 그리워하게 되었다.

머지않아 이 골짜기에서도 야머스에서보다 더 많은 친구가 생겼다. 겨울이 오기 전에 잠시 제네바에 갔다가 봄이 되어 다시 돌아왔더니, 영어로는 나타낼 수 없지만, 그 따뜻한 환대는 마치 고국에 돌아온 것만 같았다.

나는 아침 일찍부터 밤늦게까지 글을 썼다. 끈기 있게, 열심히. 맨 처음 쓴 것은, 내가 겪은 것을 바탕으로 분명한 목적을 지닌 소설이었다. 그것을 트래들스에게 보냈더니 그는 아주 유리한 조건으로 출판을 주선해주었다.

나의 명성이 점점 높아가고 있다는 소식이, 우연히 만나는 나그네들의 입을 통해서 내 귀에도 들려오기 시작했다. 나는 얼마간 휴양을 하여 기분을 전환한 다음 옛날과 같은 열렬한 태도로, 내 마음을 강력히 사로잡았던 새로운 공상을 바탕으로 하여 신작 집필에 착수했다. 일이 진행되어감에 따라 더욱더 흥이 났고, 온 힘을 다해 퇴고에 몰두했다. 그것이 나의 세 번째 소설이었다. 반쯤 탈고했을 때, 잠깐 쉬면서 고향에 돌아갈까 생각을 했다.

꾸준히 공부하고 집필을 계속해왔으므로, 심한 노동이 습관이 되어 있었다. 그러나 나라를 떠나온 덕에, 나빴던 건강도 완전히 되찾았고, 견문도 넓혀져 있었다. 많은 나라를 다니며 지식도 크게 늘었다고 생각한다.

내가 고국을 떠나 있는 동안 떠올릴 필요가 있다고 생각하는 것은 하나도 빼놓지 않고 적었으나 아직 말하지 않은 것이 딱 한 가지 있다. 특별히 숨기려고 그런 것이 아니라, 언젠가 전에도 말했듯이, 이 이야기가 내 회상의 기록이기 때문이다. 나는 내 마음속에 가장 깊이 흐르는 비밀을 끝까지 지니고 싶었던 것이다.

마침내 지금 그 비밀을 털어놓고자 한다.

하지만 나 역시, 내 마음의 비밀을 완전히 파악하고 있는 것은 아니므로, 아그네스에게 언제부터 눈부신 희망을 품게 되었는지는 분명히 알지 못한다. 또한 아무리 철없는 어린 시절이었다고는 하지만 어떻게 그녀의 사랑이라는 귀중한 보물을 스스로 내던져버릴 수 있었는가. 그리고 그것을 내 슬픔의 어느 단계에서 처음으로 뉘우치게 되었는가도 확실하지 않다. 그러나 그러한 생각은, 아직 도라가 살아 있던 무렵부터, 어쩐지 슬프고 채워지지 않는 것, 잃어버린 것, 나아가서는 이룰 수 없는 꿈으로서, 머나먼 속삭임처럼 귓가에 어려 있었고, 나 자신도 그 점을 잘 알고 있었다. 그런데 그것이 자책과 뉘우침의 감정과 함께 새삼스럽게 마음에 떠오른 것은, 홀로 쓸쓸하게 슬픔 속에 던져진 뒤부터였다.

만일 그때 내가 아그네스와 자주 만났더라면, 나는 외로움에 마음이 약해져서 이런 감정도 솔직히 털어놓았을 것이다. 사실 그러한 두려움이 있으므로 나는 영국을 떠나기로 결심했던 것이다. 그녀의 누이로서의 애정을 잃는다면 나로서는 도저히 견딜 수 없을 것이고, 내가 진심을 고백해 버리면, 지금까지 느끼지 못했던 어색한 감정이 우리 두 사람 사이에 생겼을 것이다. 나는 그것이 두려웠다.

그녀가 지금 나를 보는 누이로서의 애정은, 어디까지나 내가 멋대로 만들어냈다는 점을 잊을 수가 없었다. 게다가 그녀가 다른 종류의 애정을 가지고 나를 사랑했다 하더라도—그녀가 아마도 그랬을 것이라고 여겨지는 때가 가끔은 있었다—내가 그것을 물리쳤다는 사실 또한 잊을 수 없었다. 우리가 아직 어렸을 때, 그녀만은 종잡을 수 없는 내 연심 따위와는 상관없는 사람으로 보였으나, 지금 생각하면 정말 어이없는 이야기이다. 나는 나의 정열적인 애정을 다른 대상에게 주었으며, 아그네스에게는 하면 좋았을 것까지 일부러 하지 않았다. 그러므로 나에 대한 아그네스의 누이 같은 태도는 나와 그녀의 고귀한 마음이 일부러 그렇게 만들어버린 것이었다.

내 안에서 겨우 변화의 조짐이 나타나기 시작한 무렵, 곧 내가 나 자신을 더욱 잘 이해하고 보다 좋은 인간이 되려고 애쓰던 때에, 아무 생각 없이 이런저런 반성을 하다가 잘못된 과거를 지워버리고 그녀와 결혼하는 축복을 받을 수도 있다는 생각이 슬쩍슬쩍 고개를 들었다. 그러나 시간이 흐르면서 그 그림자와 같은 가망은 희미해지더니 이내 사라져버리고 말았다. 그녀가 나를 사랑한 적이 있다면, 나는 그만큼 더 그녀를 신성한 존재로 남겨두어야 한다고 생각했다. 내가 지금까지 가지고 있던 그녀에 대한 믿음, 내 흔들리는 마음을 그녀가 알고 있다는 사실, 나의 친구가 되고 누이가 되기 위해서 그녀가 치른 큰 희생, 그리고 그녀가 얻은 승리, 이런 것들을 생각하면 그렇지 않은가. 반대로 그녀가 나를 사랑한 적이 없었다면, 이제 와서 나를 사랑할 것이라고 어떻게 믿을 수 있겠는가!

그녀의 한결같은 지조와 불굴의 성품에 비해 나는 나약하다고 느껴왔는데, 지금은 더욱더 그렇게 느꼈다. 연인 또는 남매—그 관계가 무엇이든, 먼 옛날의 나였다면 그나마 그녀에게 어울리는 사람이었을 수도 있으나, 지금의 나는 그렇지 않고, 그녀 또한 옛날의 그녀가 아니다. 시간은 이미 지나가버렸고, 그렇게 만든 사람은 다름 아닌 나 자신이므로, 그녀를 잃어도 이른바 자업자득이었다.

이러한 마음의 갈등 속에서 나는 몹시 괴로워했으며, 내 마음은 불행과 뉘우침으로 가득 찼다. 그럼에도 희망이 빛나고 있을 때는 고집스럽게도 그녀를 외면했다가도, 그 희망이 사그라지면, 사랑스러운 그녀에게 추파를 던지는 것은 남자의 체면이나 정의감으로 보아 반드시 그만두어야 한다는 굳은 신념을 가지고 있었다. 지금 그녀를 사랑하고 있으며, 그녀에게 헌신적이라는 것을 숨기려고 하지 않았지만 이제는 너무 때가 늦었다. 두 사람 사이에 오랫동안 쌓아온 관계만은 무너뜨려서는 안 된다는 것을 내 마음 깊이 확실히 해두었다.

다행히 우리의 애정을 전혀 의심할 여지가 없었던 시절에, 도라가 어쩌면 일어났을 수도 있는 어떤 가정을 내게 암시한 일이 있다. 그 뒤로 나도 그 문제를 깊이 생각해 보았다. 결코 일어나지 않은 일들도 그 결과에 있어서는, 우리에겐 실제로 일어난 일만큼이나 현실적인 의미를 지니고 있다고 생각했었다. 도라가 말했던 바로 그 시기도 지금은 나의 잘못을 바로잡기 위한 하나의 현실인지도 모른다. 우리는 어리고 분별이 없을 때 헤어졌지만, 아마도 좀 더 뒷날에는 그러한 현실을 마주했을지도 모른다. 나는 아그네스와 결혼했을 수도 있다 생각하면서, 그것이 나를 더욱 자제하게 하고, 결심을 굳게 하고, 더욱 나 자신의 결점과 과오를 깨닫는 수단으로 바뀌도록 노력했다. 이렇게 해서, 생각하기에 따라서는 충분히 가능했을 수도 있었던 것을, 마지막에는 절대 있을 수 없는 일이라는 확신으로 바꾸어 버린 것이다.

심한 혼란으로 갈피를 잡을 수 없는 괴로움과 모순을 지닌 이러한 일들이, 내가 고국을 떠난 지 3년 만에 다시 그 땅을 밟을 때까지 내 마음을 괴롭혀 왔었다. 그러고 보니 이민선이 떠난 지도 3년이 지났다. 같은 시각, 해질 무렵, 같은 장소에서, 그 이민선의 그림자를 비추던 장밋빛 물결을 지금 다시 바라보며, 나는 나를 고국으로 데리고 온 정기선 갑판에 서 있었다.

　3년, 지나고 보면 짧지만 전체적으로 보면 길었다. 고국도 몹시 그리웠지만 아그네스도 그리웠다—그러나, 그녀는 내 것이 아니다—영원히 내 것이 될 수 없다. 그렇게 될 수는 있었을지도 모르지만, 지금은 너무 늦어버렸다.

59장
귀국

 마치 겨울과 같은 가을날 저녁, 나는 런던에 닿았다. 어둡고 비가 내리고 있었다. 마치 1년 치의 안개와 진창을 순식간에 본 느낌이었다. 나는 세관에서 기념탑[1] 있는 데까지 걸어가서 겨우 마차를 잡았다. 물이 넘쳐흐르는 하수구 앞의 집들까지 그리운 옛 친구처럼 생각되었지만, 대단히 지저분한 친구라는 것은 인정하지 않을 수 없었다.
 나는 곧잘 이런 것을 눈치채곤 한다―누구나 그럴 것이라고 생각하지만―정든 곳에서 떠나는 것은 곧 거기서 일어날 변화의 신호처럼 생각된다는 사실이다. 그날도 마차의 창문을 통해, 1세기 동안 페인트도, 판자도, 벽돌도 손질하지 않은 채 방치되어 있던 피시 스트리트 힐[2]의 오래된 낡은 집이 철거돼 사라지고, 옛날부터 불결하고 불편한 곳으로 유명하던 인근 거리에는 배수시설이 늘어난 것을 보면서, 세인트폴 사원도 아주 많이 낡아버렸을 것이란 생각이 들었다.
 친구들의 처지에도 변화가 있을 것으로 나는 미리 각오하고 있었다. 대고모는 도버로 돌아간 지 오래되었고, 트래들스는 내가 고국을 떠난 바로 뒤부터 법정에서 변호사 실습을 시작했었다. 지금은 그레이스 인[3]에 사무실을 가지고 있으며, 그의 최근 편지에 의하면, 사랑하는 아가씨와 곧 결혼할 가능성이 아주 없지는 않다고 했다.
 모두들 내가 크리스마스 전에는 귀국하리라고 생각하고 있었지만, 이렇게 일찍 돌아올 줄은 모르고 있었다. 나는 그들을 깜짝 놀라게 해주고 싶어서 일부러 그들을 속였던 것이다. 그러나 마중 나온 사람 하나 없이 혼자서 말없이 안개 낀

---
1) 1666년의 런던 대화재를 기념하기 위해 세워진 원기둥의 기념탑.
2) 런던 브리지 북쪽 건너의 한 지구.
3) 런던에 있는 변호사 조직 인스오브코트(Inns of Court, 법학원)의 네 건물 가운데 하나.

거리를 달리고 있으니, 알 수 없는 실망감과 냉기가 느껴졌다.

그러나 자주 다니던 상점들마다 켜져 있는 환한 등불이 내 마음을 달래 주었다. 이윽고 그레이스 인 커피하우스 문턱에서 마차를 세웠을 때는 원기가 완전히 회복되어 있었다. 먼저 나는, 옛날에 투숙했던 골든 크로스 여관을 떠올리며 지금과는 너무도 달랐던 그 시절을 떠올리고, 그 뒤로 일어난 여러 가지 변화를 생각해 보았다.

"트래들스 씨가 그레이스 인의 어디에 살고 있는지 아세요?" 나는 커피점 난롯가에서 몸을 녹이며 웨이터에게 물었다.

"홀본코트 2번지입니다."

"트래들스 씨는 변호사들 사이에서 평판이 한창 높아가고 있다고 들었는데요?"

"그렇습니까? 저는 잘 몰라서요."

빼빼 마른 중년 웨이터는 자기보다 높은 자리에 있는 듯한 웨이터에게 도움을 청했다. 검정 반바지에 긴 양말을 신은, 이중턱의 뚱뚱한 웨이터가, 식당 끝에 있는 교회 위원석 같은 곳에서 느릿느릿 나왔는데, 그는 거기서 금고와 인명록, 변호사 명부, 기타 서적과 서류를 가지고 일하고 있었던 것이다.

"홀본코트 2번지의 트래들스 씨입니다만." 깡마른 웨이터가 말했다.

그러나 거들먹거리는 웨이터는 손을 저어서 그를 보낸 다음, 진지한 표정으로 나를 바라보았다.

"내가 물어봤던 것은," 나는 말했다. "홀본코트 2번지의 트래들스 씨가 변호사 사이에서 평판이 높아가고 있느냐는 거예요."

"그분 성함은 들어 본 적이 없는데요." 웨이터는 커다란 쉰 목소리로 말했다.

나는 트래들스를 위하여 변명해주고 싶은 마음이 간절했다.

"아주 젊은 분이시겠지요?" 웨이터는 나를 매섭게 노려보며 말했다.

"그분이 그레이스 인에 오신 지 얼마나 됐습니까?"

"3년 정도예요."

40년 정도는 그 교회 위원석 같은 자리에 앉아 있었을 것으로 보이는 웨이터는 그런 하찮은 문제는 얘기할 가치도 없다는 듯이, 저녁 식사로 무엇을 먹겠느냐고 내게 물었다.

나는 진심으로 영국에 돌아왔다는 생각이 들었다. 그리고 트래들스 때문에 몹시 낙심하고 말았다. 그에게는 희망이 없어 보였다. 나는 주뼛거리며 생선과 구운 고기를 주문해놓고, 그의 불운을 곰곰이 생각하면서 난로 앞에 서 있었다.

급사장이 나가는 것을 바라보면서, 그가 자라 이제야 겨우 꽃을 피운 이 화단도, 온통 관례로 얼룩져 있으며, 완고하고, 거드럭거리며 오만한 곳이라, 이곳에서 그가 출세하기는 어렵겠다고 생각했다. 나는 방 안을 둘러보았다. 바닥 위에는 모래가 곱게 뿌려져 있었다. 그것 역시 그가 어렸을 때와(도저히 그럴 리는 없겠지만 만약 그렇다고 가정하면) 조금도 다를 바 없이 여전히 그대로 뿌려져 있는 것이라고 생각했다. 번쩍번쩍 빛나는 테이블을 들여다보니, 맑은 연못물 같은 오래된 마호가니 표면에 내 얼굴이 뚜렷하게 비쳤다. 그리고 저 램프는, 심지를 자르고 청소를 하는 데에 한 점의 실수도 없었을 것이다. 아담하게 구역을 나누고 있는 놋쇠 봉이 달린 따뜻한 느낌의 녹색 커튼. 새빨갛게 타오르는 커다란 난로 두 개. 즐비하게 늘어선 술병—지하의 술 저장고에 값비싼 오래된 포트와인이 큰 통으로 쌓여 있는 것을 아는지 모르는지, 침착하게 늘어서 있다. 과연, 영국이나 그 법이나, 이래서는 기습을 감행할 수 없음을 잘 알 것 같았다. 나는 침실로 올라가 젖은 옷을 갈아입었다. 오래된 징두리 벽판을 댄 휑뎅그렁한 방(그것은 그레이스 인으로 통하는 아케이드 위에 있었다), 역시 엄청나게 큰 기둥 달린 침대, 지레로도 움직일 수 없을 것 같은 요란한 옷장을 비롯한 모든 것들이, 트래들스뿐 아니라 다른 모든 용감한 젊은이들에게 무시무시한 위압감을 가지고 다가오는 것이었다. 나는 식사를 하러 또다시 아래층으로 내려갔다. 느릿한 식사 속도와 고요한 분위기—아직 장기 여름휴가가 끝나지 않았으므로 다른 손님은 하나도 없었다—마저도, 트래들스의 무모함과, 앞으로 20년간은 그가 제대로 된 수입은 꿈도 꿀 수 없다는 그의 비운을 크게 웅변하고 있었다.

이런 광경을 보는 것은 나라를 떠난 뒤로 처음이었다. 그런 만큼 내 친구를 생각하니 마음이 아주 우울해졌다. 웨이터는 더 이상 나 따위에게는 관심이 없었다. 근처에 다가오지도 않았다. 그가 눈을 떼지 않고 시중을 들고 있는 상대는 긴 장화를 신은 노신사였다. 이 손님에게는 파인트 크기의 특제 포트와인이 저절로(그는 따로 주문을 하지도 않았건만) 술 저장고에서 올라오는 것 같았다. 다른 웨이터가 내게 귀엣말한 바로는, 그 신사는 그레이스 인 광장에 살고 있는 은퇴한 부동산법무사로, 말 그대로 막대한 부를 쌓았다. 그것은 전부 나중에 그의 집 세탁부의 딸이 차지하게 된다고 한다. 이것도 그가 해준 이야기이다. 소문에 의하면, 그의 집에서는 숟가락과 포크가 하나씩 사라지는 것 말고도, 식기를 보지 못한 사람이 줄을 잇는다. 그래도 커다란 찬장 안에는 화려한 은제식기 한 벌이 고스란히 들어 있으며, 아무도 쓰지 않으므로 완전히 녹이 슬었다고 한다. 이쯤 되자 나도 트래들스에 대해서는 완전히 포기해 버렸다. 어차피 희망이 없다고 혼자 결정지어 버렸다.

그래도 나는 내 다정한 친구를 만나고 싶은 생각이 간절해서, 그 웨이터에게는 경멸당하겠지만 허겁지겁 식사를 마치고 뒷문으로 서둘러 나와버렸다. 홀본 코트 2번지에는 이내 닿았다. 입구의 문패를 보고, 트래들스가 맨 꼭대기 층에 있는 방을 차지하고 있음을 알았다. 나는 말할 수 없이 낡은 계단을 올라갔다. 층계참마다 작은 등불이 흐릿하게 켜져 있었다. 그 불은 작고 지저분한 유리 감옥 안에서 금방이라도 꺼질 듯이 켜져 있었다.

비틀거리며 계단을 올라가고 있을 때 즐거운 웃음소리가 들리는 것 같았다. 법률대리인이나 법정 변호사, 그들 서기의 웃음소리가 아니라 명랑한 아가씨 두세 명의 웃음소리였다. 그런데 웃음소리에 귀를 기울이며 걸음을 멈춘 순간, 우리의 영예로운 '그레이스 인 법조협회'에서 널빤지가 모자라 그대로 버려둔 바닥의 구멍에 발이 빠져서 나는 요란한 소리와 함께 넘어져버리고 말았다. 내가 다시 일어섰을 때 주위는 조용했다.

나머지 계단은 더욱 조심하면서 올라가서 '미스터 트래들스'라고 쓰인 바깥문이 열린 것을 보았을 때, 내 가슴은 몹시 두근거렸다. 문을 두드리자, 안에서 통탕거리는 요란한 소리가 나더니 조용해졌다. 나는 또다시 노크했다.

반은 사환이요 반은 서기인 날카로운 얼굴을 한 어린 소년 하나가 얼굴을 내밀었다. 소년은 몹시 숨을 헐떡거리고 있었다. 마치 그것을 법률적으로 증명할 수 있으면 해 보라는 얼굴을 하고 나를 노려보았다.

"트래들스 씨 계시는가?"

"네. 그렇지만 사무를 보고 계십니다."

"만나고 싶은데."

소년은 잠시 나를 훑어본 뒤 안으로 들어가게 해도 좋다고 판단했는지, 문을 더 넓게 열고는 나를 안내했다. 우선 좁은 현관을 지나, 이어서 조그마한 거실로 데리고 들어갔다. 거기서 나는 책상에 앉아 서류를 살펴보고 있는 오랜 친구(그도 역시 숨을 헐떡이고 있었다)의 모습을 맞닥뜨렸다.

"아!" 트래들스는 고개를 들며 소리쳤다. "코퍼필드 아닌가!" 그리고 그는 내 두 팔 안으로 냅다 뛰어들었다. 나도 그를 꽉 껴안았다.

"어때, 트래들스. 잘 있었나?"

"그래, 잘 있었어! 코퍼필드, 온통 좋은 소식뿐이야."

우리 두 사람은 너무도 기뻐서 울었다.

"여보게," 그럴 필요는 없었지만 트래들스는 흥분한 나머지 머리를 헝클어뜨리며 말했다. "코퍼필드, 정말 오래간만일세! 아주 잘 왔네, 자네를 만나서 내 얼마나 기쁜지! 햇볕에 얼굴이 많이 탔군, 그렇지? 와, 정말 기쁘네! 진짜 이렇게 기쁜 일은 일찍이 없었다네, 결코 없었어!"

내 감정을 어떻게 나타내야 할지 나 역시 어찌할 바를 몰랐다. 처음에는 말조차 나오지 않았던 것이다.

"여보게, 친구!" 트래들스가 말했다. "자넨 정말 유명해졌어! 나의 훌륭한 코퍼필드! 그래, 언제 어디서 돌아왔나? 그동안 어떻게 지냈어?"

트래들스는 물음에 대답할 여유도 주지 않고서, 나를 끌고가 난롯가의 안락의자에다 억지로 앉혔다. 그는 한 손으로는 난롯불을 마구 쑤석거리면서 다른 한 손으로는 목도리를 외투로 착각했는지 자꾸만 잡아당기고 있었다. 그러더니 이번에는 부지깽이를 든 채로 나와 얼싸안았다. 우리는 울고 웃으며 앉아서 난로 너머로 악수를 나누었다.

"참 유감일세." 트래들스는 말했다. "자네가 고국에 와 있으면서 식에 참석하지 못한 것을 생각하면 말이야!"

"식? 무슨 식 말인가?"

"저런! 저번에 보낸 내 편지를 못 받았나?" 트래들스는 옛날과 다름없이 눈을 동그랗게 뜨고 소리쳤다.

"그래, 못 받았어. 그 식에 관한 편지라면,"

"저런, 저런, 코퍼필드, 나 결혼했다네!" 트래들스는 두 손으로 머리칼을 바싹 쓸어 올리고, 그 두 손을 내 무릎 위에 얹으며 말했다.

"결혼을 했다고?" 나는 너무 기쁜 나머지 큰 소리로 외쳤다.

"그렇다네! 호러스 목사의 주례로,—소피와—데본셔에서. 여보게, 신부는 지금 커튼 뒤에 있다네! 여길 좀 보게!"

놀랍게도, 그가 가장 사랑하는 여인이 웃으며 얼굴을 붉히고 숨어 있던 곳에서 나왔다. 나는 그녀보다 더 쾌활하고, 상냥하고, 정직하고, 행복하고, 명랑한 얼굴의 신부를 (나는 그 자리에서도 이렇게 말했다) 본 적이 없었다. 나는 오랜 친구처럼 그녀에게 키스하고, 진심으로 두 사람의 행복을 빌었다.

"이보게, 코퍼필드, 다시 만나니 얼마나 즐거운가! 자네 얼굴이 정말로 많이 탔군! 난 참으로 행복하네!"

"나도 그렇다네."

"저도 정말 행복해요!" 소피가 얼굴을 붉히고 웃으며 말했다.

"우리는 정말로 행복해." 트래들스는 말했다. "아가씨들도 모두 행복해! 저런, 그 사람들을 잊고 있었군!"

"잊고 있었다니?"

"아가씨들, 소피의 자매들이야. 지금 여기 와 있네. 런던을 구경하러 나왔어. 그런데, 아 참—조금 전에 계단에서 넘어진 게 자네였나, 코퍼필드?"

"나였다네." 나는 웃으며 대답했다.

"그럼, 자네가 계단에서 넘어지던 그때에, 나는 내 처제들과 뛰어다니고 있었어. 사실 우린 술래잡기를 하고 있었다네. 그런데 이 웨스트민스터 홀[4]에서 할 만한 것이 아닌데다가, 의뢰인들이 보면 직업적 권위에도 문제가 생긴다며 모두 달아나버렸어. 지금쯤 틀림없이 엿듣느라 귀를 기울이고 있을 거야." 트래들스는 다른 방의 문을 한번 보면서 말했다.

"이거 미안하게 됐군. 내가 쫓아버렸다니." 나는 다시 웃으면서 말했다.

"천만에." 트래들스는 신이 나서 대답했다. "처제들이 우르르 달아났다가 자네가 방문을 노크한 뒤에 머리에서 떨어진 빗을 주우려고 허둥지둥 뛰어들어와서 법석을 떠는 것을 보았더라면, 자네도 그런 말을 하진 않을 거야. 여보, 처제들을 좀 데려오겠소?"

---

4) 영국 의회 부속 홀이며, 수많은 역사적인 재판이 열린 곳.

소피가 경쾌한 발걸음으로 달려가자 옆방에서 그녀를 맞이하는 왁자지껄한 웃음소리가 들렸다.

"정말 아름다운 소리가 아닌가, 코퍼필드?" 트래들스가 말했다. "저 소리를 들으면 정말 기분이 좋단 말일세. 이 낡아빠진 방이 환하게 밝아지는 것 같아. 홀로 살아온 불행한 노총각에게는 정말 상쾌하다네. 참을 수 없을 정도야. 실은 처제들도 소피를 빼앗겨서 아주 쓸쓸한 거야—나무랄 데 없는 언니이자 동생이었으니까!—그러니 모두가 저렇게 기뻐해주면 나도 정말 기쁘다네. 아무튼 젊은 아가씨들과 함께 있으면 아주 즐거워. 변호사답지 않다고 할 수도 있겠지만 정말 즐거운 일이라네."

그런데 그가 말을 약간 더듬은 것을 보니, 자기가 한 말 때문에 내가 괴로워할까 염려하는 것 같았다. 내가 곧바로 진심으로 동의한다고 말했더니, 그는 크게 안심하고 기뻐했다.

"그건 그렇다 치고," 트래들스는 말했다. "사실을 말하자면, 집에서는 직업과 관련된 것을 모조리 배제한다네, 코퍼필드. 소피가 여기 있다는 것부터가 직업상 적절하다고 할 수 없지. 우리에겐 달리 살 곳이 없어. 말하자면 거룻배를 타고 망망대해로 나온 셈이라, 처음부터 힘든 것은 각오하고 있었어. 그런데 소피는 뛰어난 살림꾼이야! 소피가 자기 자매들을 다루는 솜씨를 보면 자넨 깜짝 놀랄 걸세!"

"처제 아가씨들이 다들 와 있나?"

"그래, 맏이인 미인도 있다네." 트래들스는 비밀을 털어놓듯이 나지막한 목소리로 말했다. "그리고 캐롤라인과 사라도 있어. 척추가 탈이 나 안 좋다고 말했던. 이젠 많이 좋아졌다네! 그리고 소피가 교육을 맡았던 두 막내도 함께 있지. 루이자도 있다네."

"대단하군!" 나는 크게 말했다.

"정말이야." 트래들스가 말했다. "이 집—방이라고 해야겠지만—에는 방이 세 개밖에 없어. 그런데 소피가 아주 놀라운 솜씨로 그 세 방을 아가씨들을 위해서 잘 조정했으므로 모두 더없이 쾌적하게 잘 수 있네. 저 방에 세 사람," 트래들스는 손으로 가리키며 말했다. "이 방에 두 사람."

나는 트래들스 부부의 방을 찾기 위해서 둘러보지 않을 수 없었다. 트래들스는 그런 내 마음을 바로 알아차렸다.

"그건 말이야," 트래들스가 말했다. "방금 말했듯이 우리는 고생을 참고 견딜 마음의 각오가 되어 있지. 그래서 지난주 임시변통으로 이 마룻바닥 위에 침대를 만들었네. 그리고 지붕 밑에 작은 다락방 하나가 있는데—올라가 보게. 아주 좋은 방이야—소피가, 나를 놀라게 해주려고 손수 도배를 했다네. 지금은 거기가 우리 방일세. 아담한 것이 집시의 거처 같지. 게다가 전망이 참 좋다네."

"결혼생활이 행복하기 그지없단 말이로군, 트래들스." 나는 말했다. "나도 얼마나 기쁜지 모르겠네!"

"고맙네, 코퍼필드." 트래들스는 다시 한번 악수를 하면서 말했다. "그래, 나는 더 바랄 것 없이 행복하네. 보게, 저기에도 자네의 옛 친구가 있네."

트래들스는 옛날에 샀던 그 화분과 받침대를 보고 고개를 끄덕이면서 말했다. "그리고 그 대리석을 깐 테이블도 있네! 그 밖의 가구는 모두 수수하고 실용적인 것들이지만. 금은으로 만든 식기라곤, 우리는 찻숟가락 하나 없는 형편일세."

"모두 벌어서 마련해야겠군?" 나는 기분 좋게 말했다.

"그렇다네." 트래들스는 말했다. "모두 벌어서 사들여야 해. 물론 찻숟가락이란 것을 가지고는 있지. 차를 저어 마셔야 하니 말일세. 모두 브리타니아 합금[5]으로 된 싸구려지만."

"은이라면 그만큼 더 번쩍이겠지." 나는 말했다.

"내가 말하는 것이 바로 그거야!" 트래들스는 말했다. "여보게, 코퍼필드." 그는 또다시 비밀을 말하는 것처럼 목소리를 낮추었다. "변호사로서 주가를 올리는 데에 크게 도움이 되었던 그 자이프스 대(對) 위그젤 사건의 변론을 한 뒤에, 나는 데본셔에 가서 호러스 목사와 내밀히 이야기를 했네. 나는 그 사실을 누누이 강조했지. 소피는—코퍼필드, 두말할 것 없이 훌륭한 아가씨야!—"

"그건 사실이야!"

"소피는 정말 사랑스러워! 앗, 하지만 이건 다른 이야기지. 호러스 목사 얘기를 하던 중이었지?"

---

5) 주석, 구리, 안티몬 따위에 아연을 조금 섞은 합금으로서 숟가락으로서는 하등 제품.

"그래, 호러스 목사와 내밀히 이야기를 했다는—"

"그래, 그랬지! 나는 호러스 목사와 얘기를 했어. 소피와는 약혼한 지가 오래되었으며, 소피는 부모의 허락만 있으면, 언제든지 나와 결혼할 수 있다고—쉽게 말하면" 트래들스는 여느 때와 다름없는 정직한 미소를 지으며 말했다. "우리가 현재 브리타니아 신세를 지고 있는 가난한 처지에 있다 할지라도 괜찮다고 말일세! 그래서 나는 호러스 목사에게 제의를 했어—그분은 정말 훌륭한 목사님이셔. 마땅히 대주교가 되어야 할 분이요, 적어도 쪼들리지 않는 생활을 해나갈 수 있을 정도의 돈은 받아야 할 그런 분이시네—일단 연수 250파운드라는 난관을 뚫고, 그다음 해에도 그 정도, 아니 그 이상의 수입이 생길 길이 열리며, 이 정도 집에 간소하게 가구를 마련할 수만 있으면, 그때에는 소피와 결혼해도 되지 않겠냐고 말이야. 나는 실례를 무릅쓰고 이렇게 말했다네. 우리가 이미 여러 해 동안 참아왔으며, 내가 소피를 얼마나 사랑하고, 소피가 집에 꼭 필요하다는 사정 때문에 자애로운 부모께서 그녀가 인생의 새로운 보금자리를 차리는 데 반대해서는 안 된다고. 자네 그렇게 생각하지 않는가?"

"물론, 그래선 안 되지." 나는 말했다.

"코퍼필드, 자네가 그렇게 생각해주니 기쁘네." 트래들스가 대답했다. "왜냐하면, 호러스 목사님을 나쁘게 말할 생각은 없지만, 부모나 형제는 이러한 문제에는 의외로 이기적인 면이 있으니까. 그리고 말이야, 내 간절한 소망은 그 집안에 쓸모 있는 사람이 되는 것이라고 분명히 밝혔다네. 만약 내가 출세를 하고, 그분—그분이란 호러스 목사님을 말하는 거야—"

"나도 알고 있어." 나는 말했다.

"그분이나 크룰러 부인에게 무슨 일이 생기면, 내가 기꺼이 처제들의 아버지 노릇을 하고 싶다고. 그것이 가장 큰 소망이라고 말했어. 그분은 나를 무척이나 칭찬하시면서 아주 호의적인 태도로 내게는 과분한 대답을 해주셨지. 크룰러 부인의 동의는 그분께서 책임지고 얻어주시겠다고 하셨다네. 그런데 그 일 때문에 아주 애를 먹은 모양이야. 부인의 다리에서 가슴으로, 가슴에서 머리로 올라갔으니 말이야."

"뭐가 올라갔단 말인가?"

"부인의 슬픔이 말이야." 트래들스는 진지한 표정으로 대답했다. "부인의 온 감정이 말일세. 지난번에 말한 것처럼 부인은 아주 훌륭한 분이지만, 손발을 못 쓴다네. 무엇이든 부인을 괴롭히는 일이 일어나면 언제나 먼저 다리로 온단 말이야. 그런데 이번에는 그것이 가슴으로 올라왔다가 머리로 올라가고, 요컨대, 온몸으로 퍼져서 아주 큰일이었네. 그러나 끈질기고 애정 어린 간호를 하며 부인을 설득했으므로, 마침내 우리는 6주 전 어제 결혼했다네. 자네는 꿈도 꾸지 못하겠지만 온 집안 식구들이 이 구석 저 구석에서 울고 기절하는 것을 보자, 나는 나 자신이 마치 못된 괴물이라도 되는 것 같았다네, 코퍼필드! 크룰러 부인은 우리가 떠나기 전까지 나를 만나주지도 않았다네. 내가 자기 딸을 빼앗아간다고 하면서 결코 용서해주지 않았어. 그러나 부인도 좋은 분이라서, 그 뒤에는 용서해주셨지. 오늘 아침에도, 부인으로부터 즐거운 편지를 받았다네."

"다시 말하자면," 나는 말했다. "지금은 그 당연한 행복을 만끽하고 있다는 말이로군!"

"아! 그건 자네가 내 편이므로 할 수 있는 말이야!" 트래들스는 소리 내어 웃었다. "하기야 남들이 아주 부러워할 처지에 놓여 있는 것은 사실이지. 나는 열심히 일하고, 미친 듯이 법률서적을 읽고 있어. 매일 아침 5시에 일어나는데, 그런 것은 조금도 문제가 안 된다네. 낮에는 처제들을 숨겨두었다가, 저녁이면 그들과 즐겁게 지낸다네. 그런데 처제들이 화요일에는 집으로 돌아가기로 되어 있어서 정말 섭섭하다네. 그날이 미클머스 개정기(開廷期)[6]가 시작되는 이틀 전이거든. 그런데,"

트래들스는 갑자기, 비밀 이야기를 하듯이 속삭이는 것을 그만두고 갑자기 큰 소리로 말했다. "처제들이 왔네! 이쪽이 코퍼필드 씨, 이쪽은 미스 캐롤라인—미스 사라—미스 루이자—마거릿, 그리고 루시!"

말 그대로 장미밭이었다. 건강하고 생기 넘쳐 보였다. 다 예뻤지만 미스 캐롤라인은 아주 아름다웠다. 그러나 소피의 밝은 얼굴에는 사랑스럽고 쾌활하고 가정적인 데가 있어 더욱 마음에 들었으므로 트래들스의 선택은 뛰어났다고 생각했다. 우리는 난로 주위에 둘러앉았다. 서류를 꺼내느라고 숨을 헐떡거렸던 것으로 짐작되는 그 날카롭게 생긴 소년이 다시 서류를 정리한 다음 찻잔을 내

---

[6] 9월 29일. 고등법원의 개정기를 말함.

왔다. 그 일이 끝나자 그 소년은 바깥문을 거칠게 닫고는 돌아가 버렸다.

트래들스 부인은 침착하게 차를 준비한 다음, 난로 곁에 앉아 토스트를 만들어 주었다.

그녀는 토스트를 만들면서, 아그네스를 만났다고 내게 말했다. 신혼여행차 켄트에 갔었는데, 거기서 나의 대고모도 만났다고 했다. 대고모와 아그네스는 모두 건강하며 그들은 내 이야기만을 했다는 것이다. '톰'[7]은 내가 없는 동안에도, 한시도 나를 잊은 적이 없다고 소피는 말했다. '톰'은 모든 일에 있어서 자기에게 커다란 영향력을 지니고 있고, '톰'은 우상과 같은 존재이며, 어떠한 소동이 일어나더라도 이 반석이 흔들리는 일은 절대 없을 뿐 아니라, 무슨 일이 있어도 자기는 그를 언제나 믿고 진심으로 공경하고 사랑한다고도 말했다.

그녀와 트래들스가 캐롤라인에게 경의를 나타내는 모습은 나를 무척 기쁘게 했다. 생각해 보면 조금 이상한 면도 없지 않았지만, 보고 있으니 꽤 흐뭇했고, 나는 그것이 두 사람의 본성이라고 생각했다. 트래들스가 아직 사지 못한 찻숟가락을 유감스럽게 생각한 순간이 있다면, 바로 그녀에게 차를 건네줄 때였을 것이다. 한편 마음씨 착한 신부가 어떤 일로 자신을 내세우는 경우가 있다면, 그것 또한 오직 자기가 캐롤라인의 동생이라는 이유가 전부일 것이다. 캐롤라인에게는 응석 부리며 자란 제멋대로의 기질이 눈에 띄는데, 그것조차 트래들스 부부는 언니의 고유한 특권, 타고난 인덕이라고 생각하는 것 같았다. 만약 그녀가 여왕벌로 태어나고 두 사람이 일벌로 태어났다고 해도, 그들은 그것을 무한한 영광으로 느낄 것이 틀림없다.

그들 부부의 헌신은 나를 매혹시켰다. 아가씨들을 진심으로 자랑스럽게 여기고, 그들의 변덕스러운 마음을 잘 받아주는 것은 두 사람의 진가를 입증하는 가장 유쾌한 증거였다. 그날 밤, 소피가 트래들스에게, 이건 이렇게 저건 저렇게 하고, 물건을 가지고 오거나 가지고 가고, 위에서 내리거나 무엇을 찾아 달라고 한 번 부탁한다고 가정하면, 그동안 다른 자매들은 그런 부탁을 스무 번은 족히 했을 것이다. 게다가 모두 소피가 없으면 아무것도 할 줄 몰랐다. 누군가의 머리 모양이 망가졌다. 소피가 아니면 바로잡을 수 없다. 누군가가 노래 대목을 잊었

---

[7] 토머스 트래들스.

다. 올바른 대목을 흥얼거리는 사람은 언제나 소피였다. 누군가가 데본셔에 있는 지명을 까먹었다. 제대로 기억하고 있는 사람은 소피가 유일했다. 누가 집에 편지를 쓰지 않겠느냐고 말을 꺼내면, 아침저녁으로 빠짐없이 쓰는 사람 역시 소피였다. 누군가가 뜨개질을 하다가 뜨개질을 그만 잘못했다. 올바르게 고칠 수 있는 사람은 소피뿐이었다. 자매들이 이 집 주인공이고, 소피와 트래들스는 그들의 시중꾼 같았다.

소피가 평생 몇 명의 자녀를 키우게 될지는 모르지만, 아무튼 영어로 된 자장가나 동요라면 모르는 것이 없기로 유명했다. 실제로 내가 들은 것만도, 주문하는 대로 몇십 곡은 거뜬히 불렀다. (자매들이 저마다 내키는 대로 주문을 하면 마지막에 캐롤라인이 정하는 것이었다.) 그것은 정말로 놀라웠다. 게다가 무엇보다 좋았던 것은, 그들이 모두 무리한 요청을 하면서도, 결국 모두 소피와 트래들스를 진심으로 사랑하고 존경하는 점이었다.

내가 작별을 고하고, 트래들스가 나와 함께 커피하우스까지 배웅하겠다고 했을 때, 트래들스의 빳빳한 말총머리가, 자매들의 키스 세례를 받고 그렇게 잘 움직이는 것을 나는 본 적이 없다.

그것은, 트래들스에게 잘 자라고 인사를 하고 숙소로 돌아온 다음에도 생각하면 생각할수록 즐거운 광경이었다. 그 낡은 그레이스 인 꼭대기에 몇 천 송이의 장미가 피어 있다고 한들 그 반만큼도 주위를 환하게 만드는 힘은 없었을 것이다. 무미건조한 법률서류 대서소나 변호사 사무소에 그 데본셔 아가씨들이 있다고 생각하면, 잉크 번지는 것을 방지하는 가루와 양피지, 서류를 묶는 빨간 끈, 먼지투성이의 봉함지, 잉크병, 소송사건 적요서, 초안서, 영장, 원고 진술서, 소송 비용 명세서 따위가 있는 그 어둡고 우울한 분위기 속에서 즐거운 공상을 꿈꾸는 것 같았다. 마치 《아라비안나이트》에 나오는 터키 황제 일족이 갑자기 변호사가 되어서, 말하는 새와 노래하는 나무와 금색의 물을 이 그레이스 인 법원으로 가져온 듯한 모습이었다.

트래들스와 헤어져서 커피하우스로 돌아왔을 때에는 그에 대한 불안과 실망이 크게 달라졌다. 아무리 그 웨이터 같은 사람이 영국 전역에 잔뜩 있다고 해도, 그는 꼭 출세할 것이라고 생각하기 시작했다.

나는 식당 난로 앞에 의자를 가까이 놓고 그에 대해서 천천히 생각하고 있었다. 그러다가 문득 깨닫고 보니, 나는 그의 행복을 생각하다가 어느 틈에 타오르는 석탄의 불꽃을 눈으로 좇고 있었다. 그리고 맹렬히 타오르다가 스러지는 불꽃을 보면서, 내가 거쳐 온 커다란 변화, 이별의 흔적을 떠올리고 있었다. 그러고 보니 3년 전에 영국을 떠난 뒤로, 석탄의 불꽃을 본 적이 없다. 오로지 다 타면 하얀 재가 되고 가벼운 깃털처럼 되어 난로 위에 쌓이는 장작불뿐이었다. 그런 만큼 내가 실의에 빠져 소침해 있던 시기에는 더더욱 나의 절망을 상징하는 것처럼 보였다.

지금은 그 과거를 떠올려도 슬프기는 했지만 아프지는 않았다. 용감한 정신으로 미래를 곰곰이 생각할 수 있게 되었기 때문이다. 좋은 의미로서의 가정이란 이젠 내게는 없었다. 깊은 애정을 불어넣을 수도 있었던 아그네스를 나는 내 누이로 만들어버린 것이다. 그녀도 언젠가는 결혼할 것이며, 그 상냥한 마음씨를 차지하게 될 사람이 새로이 나타날 것이다. 내 가슴속에 자라던 그녀에 대한 사랑을 그녀는 끝내 모를 것이다. 그러나 그 경솔한 정열[8]에 대한 대가를 치르는 것은 당연히 내가 해야만 할 일이다. 내가 뿌린 씨를 내가 거두어들이는 것이다.

그러나 그에 대한 내 마음의 준비는 단단히 되어 있는가? 꾹 참으며, 그녀가 한때 내 가정에서 조용히 차지하고 있던 자리[9]를 나도 그녀의 가정에서 조용히 해낼 수 있을까? 이러한 생각을 하다가 또다시 문득 정신을 차리니, 마치 불꽃 속에서 튀어나온 것처럼, 내 어린 날의 추억과 함께 어떤 얼굴이 떠올랐다.

바로 내가 신세를 졌던 의사인 칠립 씨—그의 친절에 대해서는 이미 제1장에서 언급했다—가 맞은편 모퉁이의 그늘진 곳에 앉아서 신문을 읽고 있는 것이 아닌가! 그도 나이가 많이 들어 있었다. 그러나 칠립 씨는 온순하고 조용하며 몸집이 작은 분인지라, 확 늙었다는 느낌은 없었고, 오히려 내가 태어나는 것을 기다리며 우리 집 거실에 앉아 있었던 그 무렵에도 꼭 저런 모습이었을 것이라는 생각이 들었다.

칠립 씨는 6, 7년 전에 블룬더스톤을 떠났으므로, 그 뒤 나는 한 번도 만나지 못했다. 그는 그 작은 머리를 한쪽으로 기울이고, 곁에 따뜻한 셰리주 한 잔을

---

[8] 도라에 대한 사랑.
[9] 도라의 친구이자 그의 누이동생 같은 자리.

놓고 느긋하게 신문을 읽고 있었다. 그 모습이 너무도 온화해서 그가 신문한테 마음대로 읽어서 죄송하다고 사과라도 하는 것 같이 보였다.

나는 그가 앉아 있는 데까지 걸어가서 말했다.

"안녕하십니까, 칠립 선생님."

그는 낯선 사람으로부터 뜻밖의 인사를 받고 몹시 놀랐으나, 이내 평소의 느린 투로 대답했다. "고맙소. 참 친절하시군요? 당신도 안녕하십니까?"

"저를 기억하시겠습니까?"

"글쎄올시다—" 아주 온순하게 미소 짓고 나를 살펴보더니 고개를 저으면서 대답했다. "어디서 뵌 적이 있는 것 같기는 합니다만, 이름이 생각나지 않는군요."

"그렇지만 제가 저를 알기 훨씬 전에 선생님은 제 존재를 알고 계셨습니다."

"그렇소이까? 그렇다면 당신이 태어날 때 내가 입회했던 모양이군요—"

"그렇습니다."

"그래요! 하지만 그 뒤로 당신은 많이 변하지 않았소이까."

"그야 그렇지요."

"그럼, 실례지만, 이름을 말해줄 수 있겠습니까?"

내가 이름을 말하자, 그는 놀라면서 크게 감동했다. 그는 나와 악수를 했다. 선생님은 흔치 않게 흥분했다. 평소라면 그 생선뒤집개 같은 얇은 손을 허리 앞으로 1, 2인치 정도 내미는 게 전부였고, 그마저도 세게 잡으면 깜짝 놀라 당황했던 것이다. 실제로 지금도 마침내는 손을 빼어 주머니 안에 넣으면서, 무사히 돌아와서 안심했다는 얼굴을 했다. 그리고 여전히 고개를 기울인 채로 나를 뚫어지게 바라보았다.

"이런이런! 그럼, 코퍼필드 씨군요? 글쎄, 댁의 얼굴을 좀 더 자세히 들여다보았더라면 알았을 것을. 돌아가신 부친을 많이 닮았군요."

"저는 불행하게도 아버지를 뵌 적이 없습니다."

"그래요, 그랬지요." 칠립 씨는 위로조로 말했다. "정말 유감스러운 일이오. 그나저나 댁의 명성은" 칠립 씨는 그 작은 머리를 천천히 흔들면서 말했다. "우리 고장에서도 아주 유명합니다. 대단한 인기지요." 칠립 씨는 집게손가락으로 이마를 톡톡 치면서 말했다. "참 힘드는 작업이지요!"

"지금 살고 계시는 곳은 어디십니까?" 나는 그의 곁에 앉으며 물었다.

"베리 세인트 에드먼즈[10]에서 2, 3마일 떨어진 곳이오. 집사람이 자기 부친의 유언으로 그 근처에 조그마한 건물을 상속받았으므로 내가 거기에서 개업을 했다오. 그리고 댁도 기뻐해 주시겠지만, 아주 성업 중이랍니다. 딸도 이젠 아주 다 큰 처녀가 되었지요." 칠립 씨는 또다시 그 작은 머리를 저으며 말했다. "지난주에도 애 어미가 저고리 단을 2인치나 늘려주었답니다. 세월이란 참 빠르지요!"

그는 옛날을 떠올리면서 빈 잔을 입술에 갖다댔다. 나는 그 잔을 다시 채우자고 청하고, 나도 함께 한잔하고 싶다고 말했다. "글쎄요." 그는 여전히 느릿하게 대답했다. "평소보다 좀 과합니다만, 모처럼 댁과 얘기하는 즐거움을 물리칠 수는 없군요. 홍역 때도 내가 돌봤는데, 그것도 꼭 어제 일 같군요. 댁은 정말 잘 이겨냈지요."

나는 감사한 마음으로 셰리주를 주문했고 그것은 곧 나왔다. "나로서는 계획과 다르지만!" 칠립 씨는 술을 저으며 말했다. "그러나 이렇게 좋은 기회를 거절할 수는 없지요. 그런데 가족은 있소?"

나는 고개를 저었다.

"얼마 전에 배우자를 여의었다는 것은 나도 들었어요. 미스 머드스톤한테서 들었지요. 그분도 참 과단성이 있는 분이지요?"

"네, 그렇고말고요." 나는 말했다. "정말 과단성이 있는 분입니다. 그런데 그분은 어디서 만나셨습니까, 칠립 선생님?"

"댁은 아직 모르는군요." 칠립 씨는 온화한 미소를 지으며 말했다. "당신의 의붓아버지가 다시 내 이웃이 되었다는 것을?"

"몰랐습니다."

"그렇게 되었어요! 그 고장의 젊은 숙녀와 재혼했답니다―그녀는 약간의 재산을 가지고 있었지요. 그런데 당신은 머리를 쓰는 일이 피곤하지 않소?" 칠립 씨는 감탄에 잠긴 울새처럼 순진한 표정으로 나를 바라보며 말했다.

나는 질문에는 대답하지 않고 머드스톤 남매에 대한 것으로 화제를 돌렸다. "그분이 재혼한 것은 알고 있었어요. 선생님께서 그 댁 가족의 치료를 맡고 계시나요?"

---

10) 런던의 동북방 80마일 지점.

"일정치 않아요. 이따금 왕진을 가긴 하지요." 그는 대답했다.

그 말에 내가 매우 인상적인 얼굴로 긍정했고, 또 셰리주의 힘도 얻어, 그는 대담하게 서너 번 고개를 저으면서 감개에 젖어 큰 소리로 말했다.

"아! 옛날 일이 생각나는군. 코퍼필드 씨!"

"그럼, 그들 남매는 옛날 버릇 그대로 계속하고 있다는 말인가요?"

"그렇소. 자고로 의사란 남의 가정 속으로 깊숙하게 들어가므로, 직업 외의 일에는 어떤 것에도 눈과 귀를 돌려서는 안 됩니다. 그러나 두 분은 여전히 아주 엄격하다는 것을 말해야겠소. 그 남매는 골상학적으로도 전혀 굽힐 줄 모르는 사람처럼 보이지요. 지금 일에나 사후의 일에나 말입니다."

"저세상 일은, 그들의 뜻대로 되지 않을 겁니다." 나는 대답했다. "그런데 이 세상 일에 관하여 그들은 무엇을 하고 있습니까?"

칠립 씨는 머리를 흔들며 셰리주를 저어서 한 모금 들이마셨다.

"그분은 매력 있는 여성이었어요!" 그는 서글프게 말했다.

"지금의 머드스톤 부인 말인가요?"

"그래요. 정말 매력적인 분이었어요. 더없이 상냥했지요! 우리 집사람 말로는, 그분이 결혼한 뒤로 아주 원기를 잃어버렸으며, 지금은 우울증으로 거의 미쳐 있다고 합니다. 부인들이란 관찰력이 뛰어나단 말입니다!"

"그분은, 그 두 사람의 무시무시한 우리에 말려들어서는 꼼짝도 못하고 엉망이 되어버렸지요? 가엾게도! 틀림없이 그럴 거예요."

"처음에는 제법 맹렬하게 싸우기도 했어요. 그러나 지금은 아주 그림자 같은 존재가 되어버렸답니다. 댁에게 이런 얘기를 하는 것은 주제넘은 참견인지도 모르지만, 살짝 말씀드리면, 그의 누이가 도우러 온 뒤부터는 남매가 그분을 구석으로 몰아넣고, 거의 바보로 만들어버렸습니다."

'능히 그렇게 했으리라고 믿습니다'라고 나는 대답했다.

"이것만큼은 망설이지 않고 말할 수 있습니다. 우리끼리니까 하는 얘기지만, 그 부인의 어머니도 그 때문에 돌아가신 것 같습니다. 부인도 횡포와 우울과 근심 걱정으로 인해 거의 백치가 되었지요. 결혼 전에는 아주 명랑하고 훌륭한 아가씨였는데 머드스톤 남매의 음울한 엄격함이 부인을 망쳐놓은 것입니다. 지금은 부인의 남편이요 시누이기보다는 부인의 감시인 같은 태도로 부인에게 붙어

다니고 있습니다. 이건 불과 지난주에 집사람이 내게 들려준 이야깁니다. 자고로 여자들은 관찰력이 뛰어난데다가, 집사람의 눈은 조금 특별하거든요!"

"그럼 아직도 음울한 얼굴로 종교를 들먹이고 있습니까? 여기서 종교라는 말을 쓰는 것도 부끄러울 지경입니다만."

"우리 집사람이 한 말과 똑같은 말을 당신이 먼저 말해 버렸군요." 칠립 씨는 몸에 익지 않은 흥분제 탓으로 눈꺼풀이 빨개져서 말했다. "집사람에게서 처음 그 말을 들었을 때는" 그는 아주 조용히 아주 느리게 말을 이었다. "마치 감전된 것 같은 충격을 받았었지요. 머드스톤 씨는 자기 자신을 우상으로 만들어놓고 '신성한 사람'이라고 부르고 있다고 하더군요. 실제로 집사람이 그렇게 말했을 때는 가벼운 펜의 깃털로 등을 후려치는 듯한 느낌이었습니다. 부인들이란 보는 눈이 대단하지요?"

"직감적이죠." 내가 말하자, 그는 매우 기뻐했다.

"나와 생각이 같은 사람이 있다니 정말 기쁘군요. 내가 의학과 상관없는 의견을 말하는 것은 드문 일이에요. 머드스톤 씨는 가끔 공개 연설도 하는 것 같더군요. 소문에 의하면—요컨대 집사람이 말하는 바에 의하면—그 사람이 음침한 폭군이 되면 될수록 그의 연설도 더 음침하고 포악해진다는군요."

"저는 부인의 말씀대로라고 믿습니다." 나는 말했다.

"집사람은 이런 말까지 했답니다." 그는 크게 용기를 얻어서 말을 이었다. "그런 사람들이 종교라고 잘못 부르고 있는 것은, 결국 그들의 뒤틀린 기질이나 오만함의 배출구라고 말입니다." 그는 고개를 한쪽으로 약간 기울이고 말했다. "나 역시 그 두 사람의 말은, 신약성서에 근거한 것이 아니라고 생각하는데, 당신은 어떻게 보시오?"

"당연하지요, 그런 근거가 있을 리가 없습니다!"

"한편 그 남매는 모두에게서 몹시 미움을 받고 있습니다. 그러면 자기네를 미워하는 사람들은 모두 지옥에 떨어지라고 서슴지 않고 저주하지요. 그러다보니 우리 이웃에서는 지옥에 빠질 사람들만 자꾸 늘고 있지요! 그러나 집사람이 말했듯이, 결국 끊임없이 형벌을 받고 있는 삶은 바로 그들이에요. 둘 다 안에서 공격을 당하고 있어요. 말하자면 스스로 자신의 심장을 파먹고 있는 것인데, 그 심장에서는 영양소를 얻을 수 없지요. 그런데 댁의 두뇌에 관한 얘기로 돌아가자면, 만일 이야기를 해도 좋다면 말입니다, 역시 두뇌를 몹시 흥분시키는 작업이지요?"

그러나 셰리주를 마셨으므로 오히려 칠립 씨의 두뇌가 흥분상태에 있었으므로, 그의 관심을 다시 그 자신의 일로 돌리는 것은 조금도 어렵지 않았다. 칠립 씨는 그 뒤 30분 동안이나 자기 자신에 관한 일로 수다를 떨었으며, 자기가 이 그레이스 인의 커피하우스에 와 있는 것은, 알코올 의존증인 한 환자의 정신상태를 정신감정위원회 앞에서 전문적으로 증언하기 위해서라고 말했다.

"그런데 정말이지, 나는 이런 경우에는 극도로 신경질적이 된답니다. 예를 들어 고압적인 태도로 협박을 당하거나 하면 나는 꼼짝도 못하는 것이지요. 아주 기가 꺾여버리고 만답니다. 댁이 태어나던 밤에도, 내가 그 무서운 부인[11]의 태도에 기가 눌려서, 회복하는 데에 한참 걸렸다는 것을 당신은 알고 있소?"

나는 내일 아침 일찍, 그날 밤의 엄격한 감시인이었던 대고모에게 간다는 것과, 사귀어보면 대고모는 마음씨 상냥하고 훌륭한 분이라는 것을 그에게 이야기했다. 그러나 칠립 씨는 대고모를 다시 만난다는 생각만 해도 무서워지는 모양이었다. 그는 창백한 얼굴에 엷은 미소를 띠며 대답했다.

"그분이 정말 그러한가요?" 그러고는 재빨리 촛불을 가져오라고 하더니 침실로 돌아가 버렸다. 마치 그곳보다 안전한 곳은 없다고 생각하는 것 같았다. 그가 셰리주를 마셨다고 해서 실제로 비틀거리지는 않았다. 그러나 그의 조용하고 희미한 맥박은, 대고모가 딸이 아니라 아들이 태어났다고 해서 실망을 한 나머지, 모자로 칠립 씨를 때리면서 소란을 피웠던 그 엄청난 밤이 있은 뒤로, 1분에 2, 3회는 더 빨라졌을 것이 분명했다.

완전히 기진맥진하여 한밤중이 되어서야 나도 잠자리에 들었다. 다음 날은 도버행 마차 위에서 보내고 마침 대고모가 오후에 차를 마시는 시간에 무사히 그 거실로 뛰어들었다. 이제는 돋보기를 끼게 된 대고모와 딕 씨, 그리고 가정부로 일해 온 다정한 페거티가 두 팔을 벌리고 기쁨의 눈물을 흘리며 나를 맞아주었다.

차분하게 이야기할 수 있게 되자, 나는 칠립 씨를 만났다는 것과 그가 대고모

---

11) 벳시 트롯우드. 대고모.

를 무척 무서운 분으로 기억하고 있더라고 말하자, 대고모는 아주 재미있어 했다. 한편 대고모와 페거티와는 내 불쌍한 어머니의 두 번째 남편인 머드스톤과 '그 살인자 같은 누나'의 험담도 많이 했다. 대고모는 어떠한 고문이나 형벌을 받는다 해도 그 누나에 대해서는 어떤 사람다운 이름이나 명칭으로도 절대 부르려 하지 않았다.

60장
아그네스

　대고모와 나는 둘만 남게 되자 밤늦도록 이야기를 나누었다. 이민 간 사람들은 희망에 찬 사연만을 보내오고, 미코버 씨는 정말로 그 남자 대 남자의 '금전적 채무'를 지키기 위해 꼬박꼬박 조금씩 돈을 보내오고 있으며, 대고모가 도버로 돌아오자 자네트도 다시 돌아와서 대고모의 일을 도와주었는데, 결국 한창 번창 중에 있는 술집 주인과 결혼하여 독신 결의를 포기하기에 이르렀고, 대고모는 신부를 돕기도 하고 부추기기도 하면서, 직접 결혼식에 참석하여 그 자리를 빛나게 함으로써 독신 결의 포기를 훌륭하게 인정했다는—물론 모두 편지로 조금씩은 알고 있었지만—것이 이야기의 중심이었다. 딕 씨는 자신의 손에 들어오는 것은 무엇이든 베끼는 일을 쉴 새 없이 하고 있으며, 그와 같은 일에 종사함으로써 찰스 1세까지도 경원한다는 것이었다. 아무튼 그가 단조로운 억압 속에 짓눌려 있지 않고 자유롭고 행복한 것이 대고모에게는 가장 큰 즐거움이요 보답이라고 했다. 그리고(총체적인 결론으로서) 그가 어떠한 사람인가를 진정으로 알고 있는 사람은 이 넓은 세상에서 오직 자기 한 사람뿐이라고 말했다.
　"그런데 트롯, 캔터베리에는 언제 갈 생각이냐?" 우리는 옛날처럼 난로 앞에 앉아 있었다. 대고모는 내 한쪽 손등을 토닥거리면서 말했다.
　"말을 구해서 내일 아침에 갈 작정이에요, 대고모님. 대고모님께서도 가신다면 얘기가 달라지지만요."
　"안 가! 나는 여기에 머물러 있을 생각이다." 대고모는 아주 무뚝뚝하게 말했다.
　만약 대고모님 댁에 오는 게 아니라면 캔터베리를 그냥 지나치지 않았을 테니, 나는 다녀오겠다고 말했다.
　대고모는 그 말을 듣고 아주 기뻤으나 "바보 같은 소리 마라, 트롯! 내가 아무리 늙었지만 내일까지는 버틸 수 있단다!"라고 대답했다. 그리고 내가 생각에 잠겨 난롯불을 바라보고 있자, 대고모는 또다시 내 손등을 가볍게 토닥여주었다.

내가 생각에 잠겼던 것은, 다시 여기 와서 아그네스와 아주 가까이 있고 보니, 오랫동안 마음속을 차지하고 있던 그 후회가 되살아났기 때문이다. 그것은 앞길이 창창했던 그 젊은 시절에 끝내 배우지 못했던 것을 가르쳐주는 부드러운 뉘우침인지도 모르지만 그래도 후회임에는 틀림없었다.

대고모는 '아, 트롯, 그것이 사랑의 어둠이란다'라고 했다. 대고모의 그 말이 또다시 들리는 것 같았다. 지금은 그 말을 뼈저리게 이해할 수 있었다.

우리는 잠깐 침묵을 지키고 있었다. 눈을 드니 대고모도 나를 살피고 있었다. 아마 내 마음의 흐름을 따라오고 있었을 것이다. 왜냐하면 옛날에는 아주 제멋대로 움직이던 것이, 지금은 얼른 보아도 쉽게 따라올 수 있게 되었기 때문이다.

"위크필드 씨도 백발노인이 다 되었다. 그것 말고는 전보다 훨씬 좋아졌지만. 사람이 아주 달라졌단다. 이제는 전처럼 온갖 세상일이며, 슬픔과 기쁨을 그분의 보잘것없는 작은 자로 재는 짓은 하지 않으신단다. 하기야 그런 일이 있었으니 기쁨도 슬픔도 이겨내기 힘드시겠지."

"그렇고 말고요."

"아그네스는 여전히 아름답고 친절하고 성실하고 욕심이 없단다. 트롯, 내가 더 높은 칭찬의 말을 알고 있다면 얼마든지 그녀에게 해주고 싶단다."

그러나 이 이상의 찬사는 없었고, 따라서 내게 이보다 더 아픈 비난도 없었다. 아, 어찌하여 이토록 멀리 빗나가게 되었는가!

"그 아가씨가 주변의 나이 어린 아가씨들을 자신처럼 되게끔 가르친다면, 아그네스에게 이보다 더 잘 맞는 일은 없다고 생각한단다!" 대고모는 눈물을 글썽이면서 진지하게 말했다. "그날 아그네스가 말한 것처럼, 그야말로 유익하고 행복한 삶이야! 하기야 그 아이가 하는 일인데 어찌 쓸모 있고 행복하지 않을 수 있겠느냐!"

"그런데 아그네스에게 어떤—" 나는 말한다기보다는 나도 모르게 마음속 소리가 고스란히 새어나오고 말았다.

"그런데, 얘야 무엇이 어떻다는 말이냐?" 대고모는 날카롭게 되물었다.

"그—애인이라도 있습니까?"

"많이 있지! 그럴 생각만 있었다면 네가 없는 동안에 그 아가씨는 스무 번은 시집갈 수 있었다!" 대고모는 자존심에 상처를 입은 것처럼 화가 난 투로 말했다.

"틀림없이 그랬겠지요. 그렇지만 그녀의 사랑을 받을 만한 연인이 있느냐는 말이에요. 그렇지 않고는 아그네스가 마음에 들어 하지 않았을 테니까요."

대고모는 한 손으로 턱을 받치고 잠깐 생각에 잠겨 앉아 있다가 천천히 눈을 들어 나를 보았다.

"마음이 끌리는 사람이 한 사람 있는 것 같더구나, 트롯."

"크게 성공한 인물인가요?"

"트롯, 그건 나도 모르겠다. 나한테는 그런 말을 할 자격이 없으니까. 아그네스가 내게 털어놓은 게 아니라, 다만 내가 그렇다고 생각하고 있을 뿐이란다."

대고모가 진지하고 걱정스럽게 나를 바라보았으므로(대고모가 떨고 있는 것까지도 알아볼 정도였다), 내 속을 들킨 것이 틀림없다고 생각했다. 그리고 내가 그 많은 날 동안 밤낮으로 번민하면서 내린 일대 결심을 용기를 내어 불러일으켰다.

"만약에 그렇다면," 나는 입을 열었다. "물론, 나는—"

"사실 그런지 난 모른다." 대고모는 퉁명스럽게 말했다. "다만 내 추측일 뿐이니 그런 것에 좌우되어서는 안 된다. 그냥 마음속에만 묻어 두어야 해. 추측이라고 해도 아주 하찮은 것이니까. 내게는 말할 자격이 없단다."

"하지만 만약에 그렇다면, 아그네스는 머지않아 제게 말해줄 것입니다. 내가 모든 것을 고백해온 누이 같은 사람이니 아그네스도 내게 말해줄 겁니다."

대고모는 내게로 눈을 돌리던 때와 같이 천천히 내게서 눈을 옮기고는 생각한 일이 있는 것처럼 눈을 감았다. 그리고 한 손을 내 어깨 위에 놓고, 우리 두 사람이 잠자리에 들기 위해 헤어지기 전까지, 한마디도 하지 않고 서로 과거를 떠올리며 앉아만 있었다.

이튿날 아침 일찍, 나는 옛 학창 시절을 보냈던 곳으로 말을 타고 떠났다. 점점 나 자신을 이겨내고 있다는 희망과 그녀를 만나게 되리라는 기대를 갖고 있었는데도, 별로 마음이 즐겁지는 못했다.

기억에 역력한 곳을 지나서 조용한 거리로 들어섰다. 그곳은 돌 하나 풀 한 포기까지도 다 나에게는 어린 시절의 책을 읽는 것 같았다. 말에서 내려 그리운 집으로 다가가다가 돌아섰다. 가슴이 벅차 안으로 들어갈 수 없었다. 처음엔 우라이아 힙이, 그다음에는 미코버 씨가 늘 앉아 있던 그 탑처럼 생긴 방을 낮은 창문을 통해 들여다보니 지금은 작은 거실이 되어 있었고, 사무실은 이제 없었다. 그 밖에는, 청결하고 정돈이 잘 되어 있으며 옛날과 변함없이 차분한 모습이, 내가 처음 보았던 때와 똑같았다.

나는 나를 맞으러 나온 새 하녀에게 외국에 있는 친구의 부탁을 받고 찾아온 사람이 왔다고 미스 위크필드에게 전해 달라고 부탁했다. 이어서 나는 그 육중한 오래된 계단(잘 알고 있는 계단인데도 하녀는 내게 주의하라고 일렀다)을 지나서 전과 조금도 달라지지 않은 응접실로 안내되었다. 아그네스와 함께 읽던 책들도 서가에 그대로 꽂혀 있었고, 매일 밤 앉던 책상도 옛날과 똑같은 구석에 그대로 놓여 있었다. 힙이 있었을 때에는 방의 꾸밈새가 달라졌지만, 지금은 그것도 본디대로 돌아왔으며, 즉 모든 것이 그 행복했던 시절 그대로였다.

나는 창가에 서서 옛 거리 너머 맞은편 집들을 바라보았다. 내가 맨 처음 여기에 왔을 때는, 비 오는 날 오후에 곧잘 그 집들을 바라보곤 했었다. 맞은편 창문에 사람 그림자라도 보이면, 그들에 대해 생각하면서 그들이 계단을 오르내리는 것을 하염없이 바라보았다. 아래의 포장길을, 나막신을 신은 여자들이 딸깍딸깍 소리를 내며 지나간다. 무딘 빗방울이 옆에서 세차게 들이치며, 물받이에서 넘친 빗물이 거리로 흘러나온다. 언제나 그런 비 오는 저녁이면, 부랑자들이 막대기 끝에 짐 보따리를 묶어 어깨에 둘러메고 절뚝거리며 마을로 들어온다. 그 모습을 바라보던 그때의 기분이 갑자기 역력히 떠올랐다. 그와 동시에 축축한 땅과 비에 젖은 나뭇잎 냄새, 그리고 나 자신의 고달픈 여행길 동안 온몸으로 받았던 바람의 느낌까지 선명하게 되살아났다.

장식 널빤지를 댄 벽의 작은 문이 열리는 소리에 나는 깜짝 놀라 돌아보았다. 그 순간 눈에 들어온 것은, 다가오는 그녀의 아름답고 맑은 눈동자였다. 그녀가 걸음을 멈추고, 한 손을 가슴에 댔다. 나는 그녀를 껴안았다.

"아그네스! 내 그리운 아그네스! 내가 너무 갑자기 찾아왔나요?"

"아뇨, 아녜요! 정말 잘 왔어요, 트롯우드."

"아그네스, 이렇게 당신을 또다시 만나다니 내게는 참으로 행복한 일이오!"

그녀를 가슴에 안고 얼마간 둘 다 말없이 있었다. 이윽고 나란히 앉자, 그녀는 내가 몇 년 동안 자나깨나 꿈에 그리던 모습 그대로 열렬히 환영해 주었다.

그녀는 진실되고, 아름답고, 인정이 많았다. 나는 반가움과 감사의 마음으로 가슴이 벅차서 무슨 말을 해야 좋을지 도저히 생각나지 않았다. 나는 감사와 축복의 말을 하고(이것은 편지에도 곧잘 썼지만), 그녀에게서 얼마나 큰 영향을 받았는가를 말하려고 했지만 끝내 할 수 없었다. 내 사랑과 기쁨은 끝내 벙어리가 되고 말았다.

그러나 그녀의 상냥하고 고요한 마음은 내 흥분까지 가라앉혀 주었다. 우리가 헤어지던 그 무렵으로 나를 되돌아가게 해주었으며, 몇 번이나 몰래 에밀리를 찾아갔던 이야기와 도라의 무덤에 관한 이야기를 성의껏 들려주었다. 그녀는 그 고귀한 마음씨의 본능을 가지고 내 기억의 현(弦)에 부드럽고 조화롭게 닿았으므로 그중 어느 한 줄도 내 마음에 거슬리지 않았다. 나는 그 슬프고도 먼 가락에 귀를 기울였고, 그 가락이 일깨워주는 것으로부터 달아나고 싶은 생각은 없었다. 그것 하나하나에 이른바 나의 수호천사인 그녀의 사랑스러운 참모습이 나타나 있는데, 내 어찌 그런 생각을 할 수 있었겠는가!

"아그네스," 이어서 나는 말했다. "자신에 관한 얘기를 좀 해줘요. 당신은 3년 동안 자신의 얘기를 해준 적이 전혀 없었어요!"

"딱히 할 얘기가 없는걸요." 그녀는 밝게 미소를 지으며 말했다. "아빠도 건강하시고, 보시는 바와 같이 이 집에 조용히 살고 있으며, 걱정거리도 말끔히 없어졌고 가정도 다시 되돌아왔지요. 트롯우드, 이게 전부인걸요."

"그게 전부라고요, 아그네스?"

그녀는 또렷한 동요의 빛을 드러내며 나를 바라보았다.

"다른 건 정말 없어요?"

사라진 핏기가 순간 다시 돌아온 듯했으나 그것도 이내 또다시 사라졌다. 그녀는 가볍게 미소 지으며 고개를 가로저었으나, 그것은 어쩐지 조용하고 슬픈 미소인 것 같았다.

나는 대고모가 넌지시 말했던 화제로 끌고 가려 했다. 분명한 대답을 들으면 견딜 수 없이 괴로울 테지만, 스스로 이겨내고, 그녀에 대한 의무를 다해야 한다고 생각했던 것이다. 그러나 그녀가 불편해하는 것 같아서, 나도 더는 묻지 않았다.

"할 일이 많지요, 아그네스?"

"학교 일이요?" 그녀는 다시 아주 밝고 침착한 태도로 나를 바라보며 말했다.

"그래요, 힘든 일이지요?"

"그렇기는 하지만 재미있어요. 그러니까 그 일을 힘들다고 말하고 싶지는 않아요."

"당신은 좋은 일이라면 무엇이든 어려워하지 않으니까요."

그녀의 얼굴에 잠깐 화색이 돌았다가 금방 사라져버렸다. 조용히 고개를 숙였을 때 다시 똑같은 슬픈 미소가 떠오르는 것을 보았다.

"기다리셨다가 아빠를 만나세요. 오늘은 우리와 함께 보내 주세요. 밤에는 당신 방에서 주무시면 돼요. 우리는 언제나 그 방을 당신 방이라고 부르지요."

나는 밤에 대고모에게 돌아가기로 약속했으므로 그럴 수는 없지만, 그전까지는 괜찮다고 대답했다.

"저는 잠시도 일손을 놓을 수가 없어요." 아그네스는 말했다. "그렇지만 여기에 옛날 책과 악보들이 그대로 있어요, 트롯우드."

"옛날 꽃들까지도 여기에 있군요." 나는 방 안을 둘러보며 말했다. "옛날과 같은 종류의 꽃들이 말이에요."

"당신이 없는 동안에는 모든 것을 우리의 어린 시절에 있던 그대로 해두기로 결심했거든요. 그때 우린 아주 행복했었잖아요."

"정말 그랬지요!" 나는 말했다.

"게다가 당신을 생각나게 해주는 것이라면 아무리 하찮은 것이라도 모두 반가운 친구 같았어요." 따뜻한 눈망울을 환하게 빛내며 그녀가 말했다. "이것까지도 옛 노래를 연주하고 있는 것 같아요." 그녀는 여전히 옆구리에 차고 있는 열쇠가 든 조그마한 꾸러미를 내보였다.

그녀는 다시 미소를 짓고 들어왔던 그 문으로 나갔다.

누이 같은 애정을 소중히 지키는 것이 내가 할 일이었다. 지금 나에게 남은 것은 그것뿐이었으며, 그것은 일종의 보배였다. 신성한 오랜 믿음 덕분에 주어진 보물이므로 만의 하나라도 그 토대를 흔들어버린다면 그 보물은 영원히 사라지고 다시는 되찾을 수 없다. 그 점은 철저하게 내 마음에 새겨두었다. 곧 그녀를 사랑하면 할수록 더욱더 그 점을 잊어서는 안 되는 것이었다.

나는 거리를 돌아다녔다. 옛날의 원수였던 고깃간 사내와도 만났으므로—지금은 경관이 되었는지 가게 앞에 봉이 걸려 있었다—옛날에 싸웠던 곳도 보러 갔다. 그리고 미스 셰퍼드에 대한 것, 첫째 언니인 미스 라킨스에 대한 것, 그리고 그 밖에 좋네 싫네 하던 철없던 시절의 부질없는 사랑을 떠올려 보았지만, 결국 시간을 이기고 여전히 남아 있는 것은 오직 아그네스뿐이었다. 그녀만이 언제나 내 위에서 빛나는 별처럼 더 밝고 더 높게 떠 있었다.

밖에 나갔다가 돌아오니 위크필드 씨도 돌아와 있었다. 시내에서 약 2마일쯤 떨어진 곳에 있는 그의 농원에서 거의 매일같이 나무를 손질하고 있었다. 과연 대고모가 말한 대로였다. 데리고 있는 6명 정도의 아가씨들도 함께 식탁에 앉았는데, 벽에 걸려 있던 그 초상화의 호남아다운 인상과 비교하면 정말 그림자만 남은 모습이었다.

지금도 기억 속에 뚜렷하게 남아 있는 이 집 특유한 그 고요와 평화가 또다시 돌아온 것 같았다. 식사가 끝나자 위크필드 씨는 포도주를 들지 않았으며, 나도 마시고 싶은 생각이 없었으므로 우리는 모두 2층으로 올라갔다. 거기서 아그네스와 어린 아가씨들이 노래를 부르고, 피아노를 치고, 바느질을 했다. 차를 마신 뒤 아가씨들이 돌아가자 우리 세 사람은 함께 앉아 지난날을 이야기했다.

"지난날의 나는," 위크필드 씨는 흰머리를 저으면서 말했다. "후회되는 일만 했지, 트롯우드. 대단히 유감스럽고 후회막심한 일. 그러나 그 사실을 지워버릴 생각은 없네."

곁에서 그의 얼굴을 바라보면서 나는 쉽게 그 마음을 믿을 수 있었다.

"그것을 지워버리는 것은 그것과 함께 헌신과 인내와 성실, 그리고 부모에 대한 자식의 사랑까지도 지워버리는 일이니까 말이야. 그것만은 잊을 수 없지. 설령 나에 대한 것은 잊어도 그것은 잊을 수 없어."

"선생님 마음은 잘 알고 있습니다." 나는 조용히 말했다. "정말로 훌륭하십니다. 저는 언제나 그렇게 생각했습니다."

"그러나 아무도 모르네, 자네도 몰라." 그는 대꾸했다. "이 애가 얼마나 잘해 주었고 얼마나 많은 시련을 겪었으며 얼마나 열심히 싸웠는가를! 아아, 사랑하는 아그네스!"

그녀는 아버지의 입을 막으려고 애원하듯이 그의 한팔을 잡았다. 그녀의 얼굴은 몹시 창백해졌다.

"오냐, 알았다, 알았어!" 그는 한숨을 한 번 내쉬고, 아그네스가 견뎌 왔고 또 앞으로도 견뎌내야 할 시련에 대해서는 입을 닫아 버렸다. "자, 그런데 말일세! 내가 자네에게 이 애 어머니 얘기를 한 적은 없었지, 트롯우드. 누군가에게 들었나?"

"아니요."

"별로 대단한 것은 아니야, 고생은 무척 많이 했지만. 그 사람은 자기 아버지의 반대를 거역하고 나와 결혼했으므로, 아버지로부터 버림을 받았지. 그 사람은 아그네스가 세상에 태어나기 전에 용서를 빌었지만, 그 아버지는 완고하신 분이라 용서해 달라는 청을 단칼에 거절해버렸어. 어머니는 훨씬 전에 돌아가셨고 그 일로 완전히 슬픔에 잠겨버렸어."

아그네스는 아버지의 어깨에 몸을 기대고는 한 팔로 그의 목을 살며시 껴안았다.

"그 사람은 아주 다정하고 부드러운 마음의 소유자였으므로 그 일로 완전히 낙심하고 말았어. 그 사람이 얼마나 마음이 여렸는지는 내가 잘 알고 있어. 내가 모르면 누가 알겠나. 그 사람은 나를 무척 사랑했지만 끝내 행복하지는 못했지. 그 사람은 이와 같은 고민 때문에 늘 남몰래 괴로워했다네. 마지막으로 아버지한테 거절당했을 때는—거절당한 것은 한 번이 아니고 여러 번이었어—몸이 쇠약해지고 의욕도 없이 우울하게 세월을 보내다 죽었지. 그때 그 사람은 생후 2주일 된 아그네스를 내게 남겨놓았고, 나는 자네가 맨 처음 여기에 왔었을 때 기억하고 있는 것처럼 백발 머리가 되어버렸다네."

그는 아그네스의 뺨에 입을 맞추었다.

"사랑하는 아그네스에 대한 내 사랑은 병적인 것이었으나 내 마음 자체가 건강하지 못했기 때문이야. 그러나 이 일은 더는 말하지 않겠네. 트롯우드, 나는 얘 어머니와 얘의 이야기를 하고 있는 걸세. 내 얘기가 아니야. 만일 현재의 나에 대한, 그리고 과거의 나에 대한 어떤 이야기의 실마리를 내가 자네에게 준다면, 자네가 그것을 자연히 풀 수 있을 테니까. 아그네스가 어떤 애인가를 내 입으로 말할 필요는 없을 걸세. 이 아이의 성격을 보면 나는 그 불쌍한 어미의 이야기를 그대로 읽는 것 같거든. 오늘 밤 이런 이야기를 하는 이유는, 우리 세 사람 다 온갖 큰 변화를 겪고 오랜만에 함께 모였기 때문이야. 이제 내 얘기는 끝났네."

그의 깊이 수그린 머리와, 그녀의 천사 같은 얼굴과 효성만으로도 이 이야기는 이제껏 몰랐던 깊은 슬픔을 자아냈다. 이 재회의 밤을 특별히 인상 깊게 하는 것이 있다면 바로 이 모습이었다.

아그네스는 일어나서 조용히 피아노 앞으로 가더니 우리가 전에 자주 듣곤 했던 귀에 익은 그리운 곡을 몇 곡 연주했다.

"또다시 떠날 건가요?" 내가 곁에 서 있자 아그네스가 물었다.

"어떻게 하면 좋겠소?"

"안 떠나셨으면 해요."

"그럼 안 떠나겠소, 아그네스."

"당신이 물어보니까 가지 말라고 대답한 것뿐이에요. 당신이 성공해서 명성이 점점 높아짐에 따라서 좋은 일을 하실 힘도 커질 거예요. 그러니 제가 당신을 붙잡는다 해도," 그녀는 나를 지켜보며 말을 이었다. "아마 세상이 그것을 허락하지 않을 거예요."

"그러나 현재의 내가 있게 된 것은 모두 당신 덕택이에요, 아그네스. 그것은 당신이 가장 잘 알고 있을 거요."

"제 덕택이라고요, 트롯우드?"

"그래요, 아그네스!" 나는 그녀를 위에서 감싸듯 몸을 구부리면서 말했다. "그래서 오늘 만난 김에 도라가 세상을 떠난 뒤로 계속 생각하고 있었던 것을 당신에게 이야기하려 했었소. 기억하고 있소? 당신이 그날 밤 위를 가리키면서 우리의 방으로 내려온 것을 말이오, 아그네스."

"아, 트롯우드!" 그녀는 눈에 눈물이 그렁그렁한 채 대답했다. "그렇게 젊고 사랑스러웠고 마음이 맞았는데! 어떻게 잊을 수 있겠어요?"

"그 뒤로 나는 곧잘 생각해 봤어요. 내게는 그때의 당신이 지금까지도 계속 변함없는 당신이에요. 늘 위를 가리키며, 아그네스, 나를 좀 더 낫고 좀 더 높은 것들로 이끌어 주지요!"

그녀는 다만 고개를 저을 뿐이었다. 눈물 젖은 얼굴에는 그 서글픈 미소가 떠올라 있었다.

"나는 정말로 당신에게 감사하고 있소. 그 깊은 은혜를 생각하면 내 가슴속의 감정을 뭐라고 이름 지어야 할지 모를 만큼 당신에게 한없이 감사하고 있소, 아그네스. 나는 지금까지도 당신 덕분에 암흑을 헤쳐왔듯이, 앞으로도 평생 당신을 우러러보며 당신에게 이끌려가고 싶어요. 그것만은 당신이 알아주기를 바라고 있지만, 다만 어떻게 말을 해야 좋을지 모르겠어요. 무슨 일이 일어나더라도, 당신이 어떠한 새로운 인연을 만들더라도, 우리 사이에 어떤 변화가 생기더라도, 나는 언제나 당신을 바라보고 의지하며, 지금까지 늘 그래왔듯이 당신을 사랑할 것입니다. 아그네스, 당신도 부디 지금까지와 마찬가지로 나를 위로하고 기댈 곳이 되어 줘요. 귀여운 내 누이, 죽을 때까지 내 앞에 서서 하늘을 가리키던 당신 모습을 잊지 않겠어요!"

그녀는 한 손을 내게 맡긴 채, 그것은 과분한 칭찬이지만 나와 내가 한 말을 자랑스럽게 여긴다고 말했다. 이어서 그녀는 조용히 피아노를 계속 연주했으나 시선은 내게서 떼지 않았다.

"아그네스, 당신은 알고 있어요? 오늘 밤 내가 들은 것은, 신기하게도 내가 당신을 처음 만났을 때 당신에 대해 가졌던 감정과 어떤 면에서는 완벽하게 맞아 떨어지는 것 같소. 천방지축이던 학창 시절에 당신 곁에 앉아 있을 때의 감정과 말이오."

"제게 엄마가 안 계시다는 걸 알고," 그녀는 미소 지으며 대답했다. "저를 동정해주셨군요."

"아그네스, 그 이상이었소. 내가 이 얘기를 이미 알고 있었기라도 한 것처럼 당신 주변에는 뭐라고 설명할 수 없을 만큼 온화하고 부드러운 그 무엇이 감돌고 있었어요. 다른 사람이었다면 더 슬픈 것을 가졌었겠지만(이것도 지금 처음 깨달았지만), 당신에게는 조금도 슬프지 않은 그 무엇이 감돌고 있다는 것을 나는 알고 있었소."

그녀는 말없이 나를 보며 피아노를 계속 쳤다.

"내가 터무니없는 생각을 한다고 당신은 비웃겠지요, 아그네스?"

"아뇨!"

"아니면 그 무렵에도 당신은 다른 사람의 실의를 부드럽게 보듬어주었고, 또 당신이 살아 있는 한은 평생 그럴 것이라고 내가 이미 믿고 있었다고 말한다면 꿈같은 소리를 한다고 비웃겠지요?"

"아뇨! 비웃지 않아요!"

순간 고뇌에 찬 그림자가 그녀의 얼굴을 스쳐갔다. 내가 깜짝 놀라자 그것은 곧바로 사라져버렸다. 그녀는 계속 피아노를 치며 그 조용한 미소를 띤 채 나를 바라보고 있었다.

나는 적막한 밤에 말을 타고 돌아왔다. 어수선한 추억처럼 바람이 지나갔다. 길을 오면서 나는 그녀가 불행하지는 않을까 하고 염려했다. 나 자신도 결코 행복하지는 않았다. 그러나 지금까지 나는 내 과거에 대해서는 입을 열지 않았고, 하늘을 가리키는 그녀만을 생각하면서, 내세의 신비 속에서는 어쩜 이 지상에 알려지지 않은 사랑으로 다시 그녀를 사랑할 수 있을지도 모르며, 이 세상에서 그녀를 사랑했을 때는 내 마음속 갈등과 번뇌가 얼마나 컸는가를 그녀에게 말해줄 수도 있을 것이라고 생각했다.

61장
뉘우친 두 사람

잠깐—이라고 하더라도, 그것은 내 소설이 완성될 때까지의 5, 6개월간이었다—나는 도버의 대고모 댁에서 지내기로 했다. 나는 내가 처음으로 그 집 지붕 밑에서 비바람을 피하게 됐을 때 곧잘 바다 위의 달을 바라보던 그 창가에 앉아서 조용하게 일을 계속했다.

애당초 이 이야기에서는 우연히 소설의 줄거리가 이 이야기의 진행과 특히 관계가 없는 한 그것을 언급하지 않을 생각이었으므로, 여기서도 내 예술에 대한 포부, 기쁨, 불안, 성공 따위에 관해서는 일절 파고들지 않기로 하겠다. 물론 나는 내 최대의 열의를 작품에 쏟았고 모든 정력과 정신을 기울였다. 만약 내가 쓴 책들이 조금이라도 읽을 가치가 있는 것이라면 앞으로도 계속 출간될 것이며, 그 반대로 아무 가치도 없다고 한다면 그것은 부질없는 헛고생이었으며, 따라서 앞으로의 작품에 관심을 갖는 사람 역시 어차피 한 명도 없을 것이다.

가끔 나는 런던에 나갔다. 그곳에 들끓는 수많은 사람들 속에 섞여서 자신을 잊기도 하고, 트래들스와 업무에 관한 문제를 의논하기 위해서이기도 했다. 그는 내가 없는 동안 아주 현명하게 재정상의 문제를 처리해주었으므로, 내 경제면은 아주 순조로웠다. 평판이 높아짐에 따라 전혀 알지 못하는 사람들로부터 엄청나게 많은 편지가 쏟아졌으므로—대체로 내용은 별 볼 일 없는 것들이며, 답장을 하기도 무척 어려운 것들이었지만—나는 트래들스와 상의한 끝에 내 문패를 그의 문에다 붙이기로 합의했다. 그러자 그 구역을 맡은 성실한 우편집배원이 수없이 많은 편지를 배달해주었고, 나는 내무대신은 아니지만 이따금 가서 무보수로 그것들을 처리하는 것이었다.

편지들 가운데에는 늘 민법박사회관 주변에 잠복하고 있는 수많은 문외한들 가운데 한 사람으로부터, 만약 내가 소송대리인이 되는 데 필요한 나머지 수속을 밟기만 한다면 그가 내 명의로 개업해서 나에게 얼마간의 이익을 지급하겠다는 친절한 제의가 때때로 들어오기도 했다. 그러나 나는 이와 같은 무허가 개업자가 많이 있다는 것은 이미 알고 있었고, 또 민법박사회관은 나까지 끼어들지 않더라도 이미 충분히 나쁜 곳임을 알고 있었으므로 제의를 거절했다.

내 문패가 트래들스의 문을 화려하게 꾸몄을 때는 그의 처제들이 집으로 돌아간 뒤였다. 그 날카롭게 생긴 소년은 매일 뒷방에 틀어박혀 일을 하면서, 바느질을 하면서 이따금 펌프가 있는 거뭇한 뜰을 내려다보는 소피에 대해서는 들어본 적도 없다는 얼굴을 하고 있었다. 그러나 그녀는 언제나 그곳에 있었으며, 그 명랑한 주부는 낯선 발소리가 2층으로 올라오지 않는 때는, 곧잘 그녀가 즐겨 부르는 데본셔 민요를 흥얼거려서 사무실에 있는 소년의 기분을 유쾌한 가락으로 위로해주고 있었다.

나는 처음에는 소피가 왜 언제나 습자장(習字帳)에다 글씨를 쓰고 있으며, 왜 내가 나타나면 그 습자장을 덮어 책상 서랍에 다급히 집어넣는 것인지 도저히 이해할 수 없었다. 그러나 곧 그 비밀을 알게 되었다. 어느 날, 트래들스가 질척거리는 진눈깨비를 맞으며 법원에서 막 돌아오더니, 책상에서 종이를 한 장 꺼내 들고 이 필적을 어떻게 생각하느냐고 내게 물었다.

"여보, 안 돼요, 톰!" 난로 앞에서 그의 슬리퍼를 녹이고 있던 소피가 소리쳤다.

"안 될 게 뭐 있소? 이 필적을 자넨 어떻게 생각하는가, 코퍼필드?" 트래들스는 재미있다는 듯이 말했다.

"아주 정통적이고 법률가다운 글씨인데. 이렇게 딱딱한 필체는 한 번도 본 적이 없네."

"여자의 필체로 보이나, 응?" 트래들스는 말했다.

"여자의 필체라고? 벽돌과 회반죽이 그보다는 더 여자의 필체 같겠네!"

트래들스는 호탕한 웃음을 터뜨리며 그것이 소피의 필적이라는 것과, 소피가, 당신도 곧 문서 전문 서기가 필요하게 될 테니 그때는 제가 그 서기가 되어 드리겠어요, 라고 약속했다는 것과 그녀가 글씨본에서 이 필적을 배웠고, 지금은—한 시간에 몇백 자를 쓸 수 있다고 했는지는 들었어도 잊었지만—좌우간 쉽게 써 낼 수 있게 되었다고 말해주었다. 이 이야기를 내가 듣게 되자 소피는 몹시 당황하여, 만약 톰이 재판관이 되면 그런 말은 하지 않을 거라고 말했다. 그러자 톰은 그렇지 않다고 말하고 자기는 언제나 그것을 자랑으로 여기겠노라고 주장했다.

"얼마나 착하고 매력적인 아내인가, 트래들스!" 그녀가 가버리자 나는 웃으며 말했다.

"정말 사랑스러운 여자라네! 살림을 해나가는 방식이며, 그 꼼꼼함이라든가, 검소하고, 깔끔하고, 쾌활한 성격을 보더라도 말일세, 코퍼필드!"

"그래, 자네가 칭찬할 만해! 자네는 행복한 사람이야. 분명 지금도 온 세계에서 가장 행복한 두 사람일 거야, 서로가 서로에게 말일세."

"정말로 우리가 가장 행복한 사람들인지도 몰라." 트래들스가 대답했다. "나도 인정하네. 아아! 집사람은 어두운 꼭두새벽에 촛불을 켜고 일어나서, 서둘러 그 날의 일과를 준비한다네. 서기들이 출근하기 전에, 날씨 따위에는 아랑곳하지 않고 장에 나가 장을 보고, 가장 수수한 재료를 써서 가장 훌륭한 음식을 마련하지. 푸딩이나 파이도 만들지. 그 뒤에는 모든 것을 제자리에 정돈해놓고, 언제나 몸을 단정하게 단장하고, 아무리 내가 밤늦도록 일을 해도 자지 않고 나와 함께 앉아서 언제나 상냥하게 나를 격려해준다네. 이 모두가 나를 위해 하는 일이라고 생각하면 나는 사실 이게 다 꿈인 것만 같을 때가 있다네, 코퍼필드!"

부인이 녹이고 있던 바로 그 슬리퍼를 신으면서도 그는 그것을 소중히 아끼면서, 난로망 위로 즐거운 듯이 두 발을 내미는 것이었다.

"나는 정말이지, 이게 사실이라고 믿어지지가 않아."

"그렇겠군."

"모든 것이 너무 즐거워! 여보게, 돈은 들지 않는데도 기막히게 멋지다네! 저녁 때 집에 있을 때는 바깥문을 닫고 커튼을 치면—그 커튼도 그녀가 만들었어—어디에 이보다 더 아늑한 곳이 있겠는가? 날씨가 좋아서 저녁에 산책하러 나가면, 거리에는 우리를 즐겁게 해 주는 것들로 가득 차 있다네. 보석상의 번쩍이는 진열장 안을 들여다보면, 나는 부풀린 흰 공단 위에 똬리를 틀고 있는 다이아몬드 목걸이를 가리키며 돈만 있다면 당신에게 저것을 사줄 텐데, 하고 말하지. 그러면 소피도 지지 않고, 뚜껑이 있고 보석이 박혀 있고 로제트 무늬[1]가 새겨져

---

[1] 시계 딱지 따위 금속에 기계로 새긴 줄무늬.

있으며 수평식으로 시간과 태엽을 조정하는 장치가 달린 금시계를 가리키며, 저는 이걸 사드리고 싶은데 어떤 게 맘에 드세요 하고 내게 이것저것 묻는다네. 우리는 숟가락과 포크, 생선칼, 버터나이프 및 각설탕 집게 같은 것까지 고르며, 여유만 있으면 그것까지 모조리 사기로 하네. 이렇게 해서 그곳을 떠날 때는 실제로 그 물건들을 산 기분이니 이 얼마나 재미있겠나! 그다음에 우리는 광장이나 큰 거리를 어슬렁거리며 셋집을 보러 다니지. 때로는 안으로 들어가 보기도 하면서 만약 내가 재판관이 되면 이런 집이 어떨까 하고 이야기한다네. 뿐만 아니라 방을 분배해 보기도 한다네. 여기는 우리 부부 방, 저기는 처제들 방 같은 식으로 말일세. 형편에 따라 좋겠다든가 이건 안 되겠다든가 하는 둥 완전히 신이 나서 결론까지 내 버린단 말일세." 그는 숨을 고르고 나서 말을 이었다.

"때로 우리는 반값으로 일반석에서 연극을 즐긴다네. 이 자릿세로는 그곳의 냄새만 맡아도 나는 싸다고 생각해. 아무튼 소피는 대사의 한마디 한마디를 모두 실화라고 믿어버린다네. 나도 그렇지만. 집으로 돌아오는 길에는 대개 찬가게에 들러서 간단한 찬거리를 사기도 하고 생선가게에서 새우를 사 가지고 와서, 구경한 이야기를 하면서 멋진 저녁을 먹는다네. 어떤가, 알겠지, 코퍼필드? 만약 내가 대법관이라면 이런 일은 못할 걸세!"

"자네가 무엇이건 간에 트래들스, 자네는 아주 유쾌하고 재미있게 살아갈 거야. 그런데," 나는 큰 소리로 말했다. "이젠 자네도 해골은 그리지 않겠지?"

"실은 말이야," 트래들스는 웃으면서 얼굴을 붉히고 말했다. "전혀 그리지 않는다고는 말할 수 없다네. 지난번에도 대법원 맨 뒷줄에 앉아서 손에 펜을 쥐고 있을 때, 문득 지금도 내가 그 재주를 가지고 있는지 시험해 보겠다는 생각이 떠올랐으니 말일세. 보게, 저 책상 한 모서리에 가발[2]을 쓴 해골이 있지?"

우리 두 사람은 배를 부여잡고 한바탕 크게 웃었다. 그리고 트래들스는 빙그레 웃으며 난롯불을 한 번 보더니 여느 때와 같은 관용을 보이며 마지막으로 한마디 덧붙였다. "그러고 보니 크리클 선생님도 그립군!"

"실은 그 그리운—아니, 딱 질색인 늙은 악당으로부터 편지를 받았네." 내가 말했다. 왜냐하면, 트래들스가 기꺼이 그를 용서해주려는 것을 보자, 나로서는

---

[2] 영국 법정에서 재판관이 쓰는 가발.

수없이 그를 매질한 놈을 도저히 용서할 수 없었기 때문이다.

"크리클 교장에게서 말인가?" 트래들스는 소리쳤다. "아니겠지!"

"내 이름이 유명해지고 난 뒤부터, 내 글을 좋아하는 팬이나," 나는 편지더미를 뒤적거리면서 말했다. "전부터 내게 많은 흥미를 느껴 왔다고 말하는 사람들 가운데, 그 크리클이 있다네. 그는 지금은 교장이 아니야, 트래들스. 은퇴해서 지금은 미들섹스주의 치안관이래."

트래들스가 이 말을 들으면 깜짝 놀랄 것이라고 생각했었는데, 그는 전혀 그렇지 않았다.

"그자가 어떻게 미들섹스주의 치안관이 되었다고 생각하나?" 내가 물었다.

"그 질문에 대답하긴 좀 어렵군. 아마도 그자가 누군가에게 지지 투표를 했거나 돈을 빌려주었다든지, 누군가로부터 무엇인가 샀다든지, 어떤 일로 은혜를 베풀었다든지, 아니면 누구를 위해 물건이나 주식을 사고파는 중매인 노릇을 해주었는데 우연히 그 사람이 주의 부총독을 알고 있어서 그 자리에 그자를 임명하도록 한 것이겠지."

"어쨌거나 그는 그 직무를 맡고 있어." 나는 말했다. "그래서 그는 교도소 제도의 유일한 진실이랄까, 실제로 이루어지는 것을 기꺼이 내게 보여 주겠다고 이 편지를 보내왔다네. 성실하고 영구히 변하지 않을 개심자와 참회자를 만드는 유일한 방법을 보여주겠다는 거야. 자네도 알다시피 독방감금을 말하는 것이지. 그래 자넨 어떻게 생각하나?"

"그 제도에 대해서 말인가?" 트래들스는 진지한 표정으로 물었다.

"아니야. 내가 그자의 초대를 받아들이고 자네와 함께 가는 것에 대해서 말일세."

"이의 없네." 트래들스는 말했다.

"그럼 그렇게 답장을 쓰겠네. 그가 우리에게 한 짓은 말할 것도 없고, 그 크리클이란 자가 자기 아들을 집에서 쫓아내고 아내와 딸에게 어떤 생활을 시켰는가를 자네도 기억하나?"

"암, 잘 기억하고 있지." 트래들스는 말했다.

"그런데 이 편지에 의하면, 죄수들―그것도 온갖 중죄를 지은 죄수들에게도 아주 배려 깊은 인간이 된 모양이야. 그 배려가 다른 사람들에게도 적용되는지는 모르지만."

　트래들스는 어깨를 움찔했지만 여전히 놀란 기색은 없었다. 하기야 나도 그것을 기대했던 것은 아니었다. 무엇보다 나 스스로도 놀라지 않았던 것이다. 왜냐하면 그런 얄궂은 사실이 그렇게 드문 일은 아니었기 때문이다. 우리는 방문 시간을 의논한 다음 그날 밤 크리클 씨에게 답장을 했다.

　약속한 날에—아마도 그다음 날이었다고 기억하는데 아무래도 상관없는 일이다—트래들스와 나는 크리클 씨가 관리하는 교도소로 갔다. 그것은 막대한 비용을 들여서 지은 방대하고 튼튼한 건물이었다. 문이 점점 가까워질수록 나는 무심코 생각했다. 만약 어떤 별난 사람이, 하다못해 이 건축비의 절반이라도 좋으니 그 돈으로 젊은이들을 위한 공업학교나 노인들을 위한 양로원 등을 짓자고 제안한다면, 그야말로 온 나라에서 얼마나 큰 소동이 벌어졌을지 모른다.

　바벨탑 지하실에나 있을 것 같은 사무실에서—전체가 그만큼 무겁게 건조되어 있었다—우리는 옛날 교장선생을 만났다. 그는 치안관들 가운데에서도 가장 바빠 보이는 두서너 명의 치안관과 그들이 데리고 온 몇 사람의 방문객과 함께 있었다. 그는 일찍이 내 정신을 단련해 주었을 뿐만 아니라, 옛날부터 언제나 다정한 마음씨로 나를 아껴주기라도 한 사람처럼 환영해주었다. 트래들스를 소개하자 크리클 씨는 나를 대할 때만큼은 아니어도 여전히 같은 태도로 자기가 언제나 트래들스의 지도자이며, 스승이며, 친구였다고 거침없이 말했다. 그는 전보다 늙었지만, 풍채는 조금도 달라진 게 없었다. 얼굴은 여전히 열화 같았고 눈도 여전히 작았으나, 전보다는 좀 더 움푹 들어가 보였다. 숱이 적고 젖은 듯이 보이는 백발—나는 그 백발로 그를 기억하고 있었다—은 거의 다 빠져 없어졌으며, 벗겨진 이마에 솟은 굵은 힘줄도 옛날과 똑같이 보기 흉했다.

　그 신사들 사이에 얼마간 대화가 있었다. 그들이 말하는 바에 의하면, 어떤 희생을 치르더라도 죄수들의 최고 행복 말고는 이 세상에서 우선시되어야 할 것은 아무것도 없으며, 감옥 문밖에서는 이 넓은 세상 어디에도 할 일이 없다는 것이었다. 대화가 끝난 뒤 견학을 시작했다. 때마침 저녁 식사 시간이었으므로 우리는 먼저 큰 부엌으로 들어갔다. 거기서는 죄수 한 사람 한 사람의 식사가 시계태엽처럼 규칙적으로 정확하게(각 독방에 있는 죄수에게 주게끔) 차례차례 나가고 있었다. 나는 트래들스에게 귀엣말을 했다. 질적으로나 양적으로 나무랄 데 없는 이 식사와, 한편 거지까지 갈 것도 없이, 병사나 수병, 노동자, 그 밖에 정직하게 일하는 대다수 농민이 먹고 있는 식사가 얼마나 다른가를(아마도 오백 명 가운데 한 명도 이 반만큼도 먹지 못할 것이다), 이 사람들은 한 번이라도 생각해 본 적이 있는가라고 말이다. 그러나 이 '제도' 자체가 높은 생활수준을 요구하고 있다는 것을 이내 알 수 있었다. 즉, 이 제도를 실시하는 한 식사나 그 밖의 부분도 모두 '제도' 자체가 해결해 주고 모든 의문과 변칙을 없애 주는 것이었다. 아무튼 이 사람들에게는 '이 제도' 말고는 달리 고려할 만한 제도가 없다는 것이 움직이지 않는 신념인 것 같았다.

장대한 복도를 지나가면서 나는 크리클 씨와 그의 친구들에게, 지금 전성을 누리고 있는 이 제도의 주요한 장점이 도대체 무엇이라고 생각하느냐고 물었다. 그러자 그들은, 죄수들을 완전히 고립시켜서 갇혀 있는 사람들끼리 어떠한 연락도 취하지 못하게 함으로써 죄수들이 건전한 정신 상태로 되돌아가게 하고 참된 뉘우침과 참회로 인도하는 것이라고 말했다.

그러나 우리가 죄수들의 독방을 하나하나 찾아가고 그들이 예배 보러 가는 모습 등의 설명을 들으면서 보니, 죄수들은 서로 잘 알고 있었고 어떻게 보아도 서로 완벽하게 연락을 주고받고 있다고 생각하지 않을 수 없었다. 이 글을 쓰고 있는 지금은 이미 모두 증명되었으리라고 생각하나, 그때에는 이런 의문을 제기하는 것이 곧 제도 자체에 대한 비방으로 받아들여지는 시기였으므로, 나는 되도록이면 열심히 잘못을 뉘우치고 마음 고쳐먹은 자를 찾아보기로 했다.

그런데 여기에서도 나는 큰 의문에 부닥쳤다. 여기서 유행하는 개심의 형식이라는 것이, 말하자면 일반 사회에 있는 양복점 진열창에 있는 저고리나 조끼 같은 것과 모두 똑같이 이루어지고 있다는 것을 알았기 때문이다. 아주 많은 참회와 고백을 들었지만, 그것들 거의 대부분이 똑같은 내용이었고, (게다가 더욱 의아스러운 것은) 표현까지 거의 차이가 없다. 이른바 그림의 떡 같은 포도밭을 보고 전적으로 깎아내리는 여우[3]는 잔뜩 있지만 안심하고 포도나무 옆에 둘 수 있는 여우는 한 마리도 없는 것과 같았다. 게다가 무엇보다 중요한 점은 뽐내듯이 뉘우치는 녀석일수록 오히려 더 이상한 녀석들이었는데, 그들의 고백은 모두 그

---

[3] 유명한 이솝 우화. 손이 닿지 않는 포도를 보고 여우가 맛이 신 포도라고 깎아내린 이야기.

들의 자만심, 허영심, 무감동, 그리고 거짓말(이런 마음을 다들 믿어지지 않을 만큼 많이 갖고 있다는 것은 그들의 경력을 보아도 뚜렷했다)에서 나오는 것이었으므로 다들 장황한 고백을 하면서 아주 만족해한다는 것이었다.

그러나 우리가 여기저기 돌아다니는 동안 나는 이 감옥에서 가장 인기가 있으며, 모범수로 통하는 27호 죄수 이야기를 몇 번씩이나 되풀이해 들었으므로 그를 만나 볼 때까지는 판단을 미뤄두기로 했다. 28호 역시 인기가 많았지만 27호의 광채에 밀려 약간 흐릿해진 것이 그자의 불행이었다. 아무튼 27호는 주위에 있는 모든 사람에게 경건한 충고를 하며 그의 어머니에게(이를 볼 때 아주 훌륭한 어머니인 것 같았다) 끊임없이 아름다운 편지를 써 보낸다는 등 좋은 이야기만 들었으므로, 나는 그를 무척이나 만나 보고 싶었다.

그러나 27호는 마지막 구경거리로 돌려놓았으므로 나는 조바심을 참아야만 했다. 마침내 우리가 그의 감방 문에 이르자, 크리클 씨는 감방문의 작은 구멍을 통해 안을 들여다보더니 지금 그가 찬송가책을 읽고 있다고 감탄하는 태도로 말했다.

곧바로 모두가 그 광경을 보려고 머리를 들이댔으므로 예닐곱 개의 머리가 일제히 몰리며 구멍이 막혀버렸다. 27호와 이야기할 기회를 우리에게 주기 위해서 크리클 씨는 감방 문을 열고 그를 복도로 불러내도록 지시했다. 죄수가 복도로 나왔다. 놀랍게도, 그 마음을 고쳐먹었다는 27호는 바로 우라이아 힙이 아닌가!

그도 곧 우리를 알아보았으며, 나오자마자 옛날 그대로 몸을 비틀어 꼬았다.

"이야, 안녕하십니까, 코퍼필드 씨? 안녕하십니까, 트래들스 씨?"

그가 인사를 하자 일행은 모두 감탄했다. 그가 조금도 거만스럽지 않은 태도로 정중하게 우리에게 인사를 했기 때문에 감탄한 것 같았다.

"27호," 크리클 씨는 딱하다는 듯이 그 죄수를 기특하게 여기면서 말했다. "오늘은 기분이 어떤가?"

"저는 겸손할 따름입니다, 선생님!"

"자넨 늘 그렇지, 27호."

다른 신사가 역시 걱정스러운 얼굴로 물었다. "불편한 점은 없나?"

"네, 그렇습니다. 감사합니다, 선생님!" 우라이아 힙은 그쪽을 바라보며 대답했다. "밖에 있던 때보다도 여기가 훨씬 더 편안합니다. 제가 어리석었다는 것을 아주 잘 깨달았으므로 저는 매일 편안하게 지내고 있습니다."

몇몇 신사는 감동을 받았다. 또 다른 질문자가 사람들을 헤치고 나와서 매우 감동한 모습으로 물었다. "쇠고기는 어떤가?"

"고맙습니다, 선생님." 우라이아는 새로운 목소리가 나는 쪽을 향해 대답했다. "사실 어제 것은 아주 질겼습니다만 참는 것이 제 의무입니다. 저는 아주 어리석은 짓을 저질렀답니다, 여러분." 우라이아는 부드럽게 미소를 지으면서 사방을 한 바퀴 둘러보고 말했다. "그 응보를 묵묵히 받아들이는 것이 당연한 일입니다."

순간 작은 웅성거림이—27호의 성자 같은 정신상태에 대한 만족과, 그에게 불평의 원인을 준(이것은 크리클 씨가 즉시 기록했다) 청부인에 대한 분노 때문에—일어났다가 가라앉자, 27호는 꼭 자기가 매우 훌륭한 박물관의 으뜸가는 귀중품이라도 된 것처럼 우리 한가운데에 서 있었다. 처음인 우리를 위해 눈부신 조명을 밝히려는 생각에서인지 크리클 씨는 28호도 나오도록 명령을 내렸다.

나는 이미 충분히 놀랐으므로, 이어서 리티머가 의젓하게 책을 읽으면서 걸어 나왔을 때는 어떤 체념 같은 놀람을 느꼈을 뿐이었다.

"28호." 아직까지 한 번도 말하지 않은 안경을 낀 신사가 말했다. "자네는 지난주 코코아 때문에 불평을 했는데 그 뒤로는 어떤가?"

"고맙습니다, 선생님." 리티머는 말했다. "코코아는 전보다 훨씬 좋아졌습니다. 그러나 죄송한 말씀입니다만 거기에 섞은 우유는 진짜가 아닌 것 같습니다. 물론 런던의 우유는 불량품이 많아서 진짜를 구하기가 어렵다는 것은 저도 잘 알고 있습니다만."

크리클 씨가 27호를 지지하는 반면 안경을 낀 신사는 28호를 지지하는 것 같았다. 두 사람은 저마다 말을 거는 죄수가 분명히 정해져 있었기 때문이다.

"자네 심정은 어떤가, 28호?" 안경 낀 신사가 물었다.

"고맙습니다, 선생님." 리티머가 대답했다. "이제는 제가 어리석었다는 것을 잘 알고 있습니다. 이전의 제 패거리들이 지은 죄를 생각하면 몹시 괴롭습니다, 선생님. 그러나 그들도 용서받게 되리라고 저는 믿고 있습니다."

"그런데 자네는 행복한가?" 질문자는 상대를 격려하듯이 고개를 끄덕이며 말했다.

"대단히 고맙습니다, 선생님. 너무 행복해서 더 바랄 것이 없습니다."

"지금 마음에 걸리는 것이라도 있나? 있다면 말하게, 28호."

"선생님," 리티머는 얼굴을 숙인 채 말했다. "제 눈이 틀림없다면 전에 제가 알던 분이 여기에 와 계십니다. 제 과거의 어리석은 행동이 전적으로 젊은 나리를 위해서 일해 오는 가운데 자연히 철없는 생활에 빠지고, 그로 인해서 자연히 온갖 약점을 드러내게 된 탓이라는 것을 조금이라도 이해해 주시는 것이 그분께도 좋을 듯합니다. 저 신사분께서도 이것을 교훈 삼아, 솔직히 털어놓는 제 말씀에 화를 내지 말아주시기를 바랍니다. 결국은 그분을 위한 것이기도 하니까요. 저는 지난날 저의 어리석은 짓을 잘 알고 있습니다. 저 신사분께서도 일찍이 한 패가 되어 저지른 악행과 죄를 뉘우치시기를 바랍니다."

몇 명의 신사들이 흡사 지금 막 교회에 들어와 회개라도 하는 것처럼, 저마다 한 손으로 눈을 가리고 있는 것이 눈에 띄었다.

"그것은 명예로운 일일세, 28호." 질문자는 대꾸했다. "자네에게 그 정도 일쯤은 있었을 것이라고 생각했었네. 그 밖에 다른 것은 없는가?"

"선생님," 리티머는 눈썹만 약간 올린 채 눈은 들지 않고 대답했다. "방탕한 길을 걷고 있는 젊은 여인이 있었는데, 저는 그 여인을 구출하려고 애썼습니다만 끝내 구출하지 못했습니다. 저 신사 분께서 할 수 있으시다면 제 말을 그 여인에게 전해주십사고 부탁드립니다. 저에 대한 그 여인의 그릇된 행위를 용서하겠다는 것과, 그녀가 꼭 회개해주기를 바란다는 말씀입니다만 부탁해도 될는지요?"

"걱정 없네, 28호. 자네가 한 말을 백 번 지당하니 그 신사도 아주 깊이 감동하셨을 것이 틀림없네―여기 있는 우리가 모두 그러하니 말일세. 이제 볼일은 다 끝났네."

"고맙습니다. 여러분, 안녕히 가십시오. 그리고 여러분과 여러분의 가족들께서도 자신들의 죄를 깨닫고 회개하시도록 기도하겠습니다!"

28호는 서로 연락하는 방법이 있어서 둘이 전혀 모르는 사이도 아닌 것처럼 우라이아와 눈빛을 한 번 주고받은 다음 물러갔다. 문이 닫히자 일행 사이에서, 아주 훌륭한 사나이야, 아주 훌륭한 죄수야, 라고 수군거리는 말들이 오갔다.

"그런데, 27호," 크리클 씨는 마침내 자기 무대가 돌아왔다는 듯이 말했다. "우리가 자네를 위해서 해주었으면 하는 것은 없나? 있다면 말하게."

"황송하지만 부탁드려도 된다면, 선생님." 우라이아는 그의 그 심술궂은 머리를 갑자기 비틀면서 말했다. "어머니께 한 번 더 편지를 쓰도록 허락해주십시오."

"물론 허락해주지." 크리클 씨가 말했다.

"고맙습니다, 선생님! 어머니 일이 마음에 걸립니다. 어머니께서 괜찮으실까 염려스럽습니다."

누군가가 경솔하게 무엇 때문이냐고 물었다. 그러자 꾸짖는 듯이 "쉿!" 하는 소리가 짧게 튀어나왔다.

"저는 참으로 마음이 편하답니다, 선생님. 어머니께서도 저같이 편안하셨으면 합니다. 제가 여기에 오지 않았더라면 저는 결코 지금과 같이는 되지 못했을 것입니다. 그러니 차라리 어머니께서도 여기에 오셨으면 합니다. 누구든지 체포되어 여기 끌려오는 쪽이, 그 사람을 위해서 보다 좋은 일이니까요."

이 한마디가 크리클 씨에게 무한한 만족감을 주었다. 아마도 지금까지 들었던 그 어떤 말보다도 더 큰 만족감을 주었을 것이다.

"제가 여기 오기 전에는," 우라이아는 할 수만 있으면 우리가 살고 있는 바깥 세계를 산산이 부숴놓기라도 하겠다는 듯이 우리를 슬쩍 훔쳐보면서 말했다. "정말 어리석은 짓만 했습니다. 그러나 이제는 제가 어리석었다는 것을 깨닫고 있습니다. 바깥세상에는 온갖 죄가 넘치고 있습니다. 어머니도 죄에 사로잡혀 있습니다. 여기 말고는, 어디를 가나 죄뿐입니다."

"자네 참 많이 변했네." 크리클 씨가 말했다.

"예, 그렇습니다, 선생님!"

"자네는 여기서 나가더라도 다시 옛날로 돌아가지는 않겠지?" 누군가가 물었다.

"그럼요, 선생님! 당치도 않습니다."

"됐어." 크리클 씨가 말했다. "그 말을 들으니 정말 만족스럽군. 자넨 아까 코퍼필드 씨에게 말을 했었지, 27호. 그분께 더 얘기하고 싶은 게 있나?"

"제가 여기에 와서 완전히 다른 사람이 되기 오래전부터 당신은 저를 알고 계셨지요, 코퍼필드 씨." 우라이아는 나를 바라보며 말했다. 그보다 악당 같은 험악한 표정을 일찍이 그의 얼굴에서조차도 나는 본 적이 없다. "저는 어리석은 짓을 했습니다만, 제가 거만한 사람들 틈바구니에서는 겸손한 태도를 취했고, 난폭한 사람들 사이에서는 유순한 태도를 취했다는 것을, 당신은 그때부터 알고 계셨습니다. 그런데도 당신 자신은 제게 난폭한 짓을 했지요, 코퍼필드 씨. 한 번은 제 따귀를 때리기도 하셨지요."

모두들 그를 동정했다. 몇몇 분노에 찬 눈이 나를 흘겨보았다.

"그렇지만 용서해 드리겠습니다, 코퍼필드 씨." 천벌을 받아도 모자랄 우라이아는 마치 자기가 신이라도 된 듯한 투로 용서한다는 말을 거듭 입에 담았다. "저는 모든 사람을 용서합니다. 원한을 품는다는 것은 제게는 어울리지 않으니까요. 저는 당신 역시 망설임 없이 용서하겠습니다. 그러니 당신도 앞으로는 감정을 억누르기 바랍니다. 더블유(W)씨와 미스 더블유(W)도, 그리고 그 죄 많은 자들도 모두 다 이참에 회개하시기를 바랍니다. 당신도 괴로움을 많이 당하신 모양이지만, 그것이 다 당신께 이익이 될 것입니다. 당신도 여기에 들어오셨더라면 좋았을 걸 그랬습니다. 더블유(W) 씨와 미스 더블유(W)도 마찬가지지요. 코퍼필드 씨, 당신과 당신네 사람들이 체포되어 이곳으로 끌려오는 것이 제 가장 큰 소원입니다. 제 과거의 어리석음과 지금의 저를 생각해 볼 때, 그렇게 하는 것이 여러분께 가장 좋을 것이라고 굳게 믿습니다. 저는 여기에 끌려오지 않은 다른 모든 사람들이 가여워 견딜 수 없답니다."

일행이 모두 당연한 말이라고 수군거리는 가운데 그는 자기 감방으로 슬그머니 들어가버렸다. 그의 방에 자물쇠가 걸리자 나와 트래들스는 안도감을 느꼈다.

그 두 죄수가 도대체 무슨 짓을 했기에 여기 들어오게 되었느냐고 묻지 않을 수 없는 것이 그들의 회개에 나타난 특징이었다. 모두들 그 문제에 대해서는 아무 말도 하고 싶지 않은 눈치였다. 나는 두 간수 가운데 한 사람에게 물어 보았다. 그들은 비록 말은 하지 않았지만 그 얼굴에 숨어 있는 표정에서, 이와 같은 소동이 얼마나 무의미한가를 잘 알고 있는 것 같았다.

"당신은 알고 있습니까?" 나는 복도를 지나가면서 물어보았다. "27호가 말한, 마지막 어리석은 '짓'이란 도대체 어떤 무거운 죄입니까?"

간수는 은행사건이었다고 대답했다.

"잉글랜드 은행에 대한 사기사건인가요?"

"네, 그렇습니다. 사기, 위조 및 공모였습니다. 그와 다른 몇 명이 공모했는데 그가 다른 녀석들을 선동했답니다. 엄청난 금액에 대한 깊은 음모였지요. 선고는 종신 유형(流刑)입니다. 27호는 그 패들 가운데에서 가장 빈틈없는 놈이라서 조금만 더 잘 했더라면 달아날 수도 있었습니다. 하지만 일이 그렇게 쉽게 풀리지 않았죠. 은행에서도 겨우 그자를 잡았는데 아주 위험한 상황이었지요."

"그럼 28호의 죄는 무엇입니까?"

"28호는," 간수는 복도를 걸어가면서도 끊임없이 어깨 너머로 뒤를 돌아보며 아주 작은 목소리로 말했다. 이 흠 없이 깨끗한 죄수들에 대한 그 같은 무례한 말이 크리클 씨와 다른 사람들 귀에 들어가면 큰일이었기 때문이었다. "28호도 역시 유형인데, 어떤 높은 지위에 앉아 주인과 함께 외국으로 떠나려던 밤에, 젊은 주인한테서 현금과 귀중품 약 250파운드를 약탈했답니다. 그자가 난쟁이에게 잡혀왔으므로 저도 그 사건을 잘 기억하고 있습니다."

"뭐라고요?"

"아주 작은 여인입니다. 이름은 잊어버렸습니다."

"모처 아닌가요?"

"맞습니다! 그자는 추격을 피해서 노르스름한 가발에 구레나룻 따위로, 나리들은 평생 구경도 못할 정도로 완벽한 변장을 하고 미국으로 건너가려 했습니다. 그런데 그 난쟁이가 사우샘프턴 항구에서 그 녀석과 딱 마주치자—눈썰미가 좋아서 금방 알아보았지요—그 녀석 가랑이에 찰싹 달라붙었지요—놈도 갑작스러운 일에 놀라 당황했죠. 그러고는 그대로 사신처럼 물고 늘어진 거예요."

"훌륭한 미스 모처!" 나는 소리쳤다.

"선생님께서 그 여인이 재판소 증인석 의자 위에 올라서는 모습을 저처럼 보셨더라면, 그때에도 그렇게 소리쳤을 것입니다. 놈은 여인에게 사타구닛것을 잡히자 그녀의 얼굴을 쥐어뜯고 아주 잔인하게 때렸지만, 그녀는 놈이 잡혀 들어갈 때까지 사타구닛것을 움켜잡은 손을 놓지 않았다고 하니까요. 그 여인이 하도 단단히 놈을 잡고 놓아주지 않아서, 경찰은 두 사람을 함께 연행하지 않을 수 없었어요. 증언도 아주 잘 해서 재판관들로부터 많은 칭찬을 받았고, 만세 세례 속에서 자기 집까지 경호를 받으면서 갔답니다. 그녀는 법정에서 이렇게 말했어요—그 사내에 대해서는 나도 잘 알고 있어요. 설령 그가 삼손이라 할지라도 나는 혼자서라도 붙잡을 생각이었어요. 이야, 정말 대단한 여자지요!"

나 역시 그렇게 생각했으므로, 미스 모처에게 다시금 깊은 경의를 표했다.

이제 봐야 할 만한 것은 다 보았다. 27호도 28호도 전혀 달라지지 않았으며, 놈들은 예나 지금이나 똑같다는 것, 저런 장소에서 그런 고백을 거리낌 없이 하는 것이 위선적인 악당들의 전매특허라는 것, 그리고 두 사람 다 그렇게 말해 주는 것이 쫓겨났을 때 얼마나 큰 공덕으로 빛을 내는가를 우리와 마찬가지로 잘 알고 있으므로 말하고 있을 뿐이라는 것, 다시 말하면 그것은 완전히 썩어빠졌고, 허울뿐이고, 추한 일이라는 것을 말해 주고 싶어서 입이 근질거렸지만, 상대가 크리클 씨를 비롯한 존귀하신 분들인 만큼 해도 아무 소용없다고 생각하고 그만두었다. 우리는 그들의 제도는 그들 자신에게 맡겨두고 어처구니없음에 기가 질려서 집으로 돌아왔다.

"트래들스, 오히려 불건전한 취미에 빠져보는 것도 나쁘지 않을 거야. 안 그런가? 그만큼 더 빨리 죽겠지만."

"그렇군." 트래들스가 맞장구를 쳤다.

62장
희망의 빛

 이윽고 크리스마스가 다가왔다. 고향에 돌아온 지도 두 달이 넘었다. 아그네스와는 자주 만났다. 세상의 목소리가 아무리 나를 격려해주어도, 또 그로 인하여 불붙는 정열과 노력이 아무리 격렬할지라도, 그녀가 지나가는 말로 한마디 해 주는 칭찬이 내게는 그 무엇보다도 특별하게 들렸다.
 적어도 1주일에 한 번, 때로는 더 자주, 나는 그녀의 집으로 가서 저녁을 보냈다. 나는 대개 밤에 돌아왔다. 옛날의 불행한 추억이 요즘 들어 늘 내 주위를 맴돌았으므로—특히 그녀와 떨어져 있을 때 더욱 심했다—기진맥진하여 잠을 설치거나 가슴 아픈 꿈을 꾸면서 과거를 방황하기보다는 차라리 분발하여 그곳으로 갔기 때문이다. 그렇게 멀리 나감으로써, 몇 번이나 길고 슬픈 밤을 지셨던가! 그리고 긴 외국여행 동안 내 마음을 차지했던 그 생각을 다시 한번 되살려보았다.
 아니, 되살렸다기보다는 오히려 그런 생각들의 메아리에 조용히 귀를 기울였다고 해야 옳을 것이다. 메아리는 머나먼 하늘에서 울려 퍼진다. 나는 그 목소리를 일부러 멀리 밀어내고, 지금의 처지를 체념하고 받아들인 것이었다. 그러나 내가 쓴 글을 아그네스에게 읽어주면서, 그녀가 귀를 기울이고 듣는 얼굴을 본다든가, 그녀가 감동하여 미소 짓거나 눈물을 흘릴 때나, 내가 사는 그 상상세계의 온갖 그림자 같은 사건을 열의가 담긴 진실한 목소리로 얘기하는 것을 들을 때면, 내 마음은 만일 아그네스와 결혼했다면 내 운명은 어떻게 되었을까를 생각한다. 그러나 다만 그렇게 생각했을 뿐이었다. 내가 도라와 결혼한 뒤에 아내가 이래주었으면 좋겠다고 생각했던 것처럼.
 나는 아그네스에게 지켜야 할 의무가 있었다. 그녀는 나를 사랑하지만 내가 그 사랑을 내가 휘젓는 것은 내 이기심과 천박한 근성으로 인해 그녀에게 상처를 주는 일이며, 두 번 다시 돌이킬 수 없게 되기 때문이다. 또한 나는 스스로 내 운명을 개척했으며, 그리하여 원하는 것도 확실히 손에 넣었으므로 이제 와서 내다 버릴 자격은 당연히 없으며, 그저 참는 수밖에 도리가 없다는 것도 나이를 먹으면서 깨달았다. 생각해보면 이 의무감과 깨달음이 내가 겨우 배워 익힌 것의 전부였다. 그러나 아무리 그래도 아그네스를 사랑하는 것은 사실이며, 언젠가는 그것을 거리낌 없이 고백할 수 있는 날,—지금과 같은 상태가 다 끝나고 "아그네스, 나는 외국에서 돌아온 뒤로 줄곧 지금과 똑같은 마음이었소. 이 나이가 되었지만 그 뒤로 당신 말고는 아무도 사랑하지 않았소!"라고 말할 수 있는 먼 미래를 넣 놓고 생각하는 쪽이 오히려 위로가 되었다.

게다가 그녀는 어떠한 변화도 내게 보여주지 않았다. 그녀는 언제나 옛날과 다름없는 아그네스였다.

내가 그날 밤 돌아온 이후로 대고모와 나 사이에는 이 점에 있어서 무엇인가가—거리낌이라든가 회피가 아니라, 두 사람 모두 그 문제에 관해서 생각은 하고 있으면서 말로는 나타내지 않는 어떤 양해 사항과도 같은 것이 생겼다. 예로부터의 습관대로 밤에 우리 둘이 난로 앞에 앉을 때면, 우린 언제나 이러한 생각에 빠지곤 했다. 둘 다 숨김없이 말하기라도 한 것처럼 아주 자연스럽게 알고 있으면서도 서로 줄곧 침묵을 지켰다. 대고모는 그날 밤 내 마음을 모조리, 아니 적어도 일부는 읽었다. 그리고 어째서 내가 마음을 좀 더 명확하게 밝히지 않는가 하는 이유도 충분히 알고 있다고 나는 생각했다.

크리스마스가 다가왔으나 아그네스는 내게 아무런 고백도 하지 않았다. 그러자 지금까지 수없이 내 마음에 떠올랐던 의심—어쩌면 그녀가 내 진심을 꿰뚫어보고 있으므로, 나에게 고통을 줄 수 없다고 생각하여 가만히 있는 것이 아닐까 하는 의심이 나를 점점 무겁게 짓눌렀다. 만약 그렇다면 내 희생은 무슨 의미가 있는가? 그녀에 대한 자명한 의무조차 이행하지 못한, 오히려 지금까지 하지 않겠다고 결심했던 꼴불견인 행동을 끊임없이 되풀이해온 셈이 된다. 이것만큼은 분명히 확인해야 한다.—이러한 장애가 두 사람 사이에 있다면 무슨 일이 있어도 곧바로 허물어버려야 한다!

잊을 수 없는—도저히 잊을 수 없는 이유가 있었다!—춥고 혹독한 겨울날이었다. 몇 시간 전부터 내린 눈이 높이 쌓이지는 않았지만, 땅바닥에 꽁꽁 얼어붙었다. 창문 너머, 저쪽 바다에서는 북풍이 거세게 불어댔다.

"오늘도 말을 타니, 트롯?" 대고모가 문간에서 얼굴을 들이밀면서 말했다.

"네, 캔터베리까지 갈 생각입니다. 말을 타기에는 더없이 좋은 날이니까요."

"글쎄다, 네 말도 너와 생각이 같다면 좋겠다만. 지금은 제 마구간이 더 좋다는 듯이 문 앞에 서서 머리와 귀를 늘어뜨리고 있지 않니?"

대고모는 그 금단의 뜰에 내 말이 들어가는 것은 허용해주었지만 당나귀들은 여전히 결코 용서하지 않았다.

"이제 금방 기운을 낼 겁니다!"

"말을 타는 것은 주인에게는 건강에 좋겠지." 대고모는 내 책상 위에 있는 원고를 보면서 말했다. "애야, 넌 꽤 많은 시간을 이 방에서 보내는구나! 나도 전에는 책을 많이 읽었지만 책 쓰는 일이 이렇게 힘든 줄은 생각도 못해봤단다."

"읽는 것도 힘들지요. 그리고 글 쓰는 일은 나름대로 매력이 있답니다, 대고모님."

"그래, 알고 있어! 야심이라든가 찬양과 공감 같은 그런 것이겠지? 자, 어서 가봐라!"

"여쭙고 싶은 게 있는데요." 나는 대고모 앞에 참착하게 마주 서면서 말했다─대고모는 내 어깨를 가볍게 치며 의자에 앉았다─"아그네스의 그 애정에 관해서 그 뒤로 소식이 있나요?"

대고모는 대답하기 전에 잠깐 내 얼굴을 바라보았다.

"소식이 없는 건 아니란다, 트롯."

"대고모님께서 받은 인상은 확실하세요?"

"그런 것 같다, 트롯."

대고모는 어떤 의혹이나 동정 또는 마음의 불안 같은 것을 가지고 차분히 나를 바라보았다. 나는 다시 한번 마음을 다잡고 대고모에게 아주 유쾌한 얼굴을 보였다.

"그리고 또 있단다, 트롯─"

"뭔데요?"

"아그네스가 결혼할 것 같구나."

"주여, 그녀에게 축복을 내려주소서!" 나는 쾌활하게 말했다.

"주여, 그녀에게 축복을 내려주소서! 그리고, 신랑에게도!"

나도 똑같이 따라 말한 뒤, 대고모와 헤어져 가벼운 걸음으로 아래층으로 내려와서 말을 타고 길을 나섰다. 조금 전에 결심한 일을 실행할 더 큰 이유가 생긴 것이었다.

그날 얼마나 빨리 말을 달렸는지는 지금도 뚜렷하게 기억한다! 풀잎에 달라붙어 있던 작은 얼음조각들이 바람을 타고 날아와 돌멩이처럼 얼굴을 때렸다. 말발굽이 꽁꽁 얼어붙은 땅바닥을 박차면서 맑은 소리를 냈다. 일궈 놓은 경지, 바람에 날리며 석회석 광산 속을 가볍게 소용돌이치고 있는 눈송이, 풀을 실은 수레를 매단 채 언덕 꼭대기에서 숨을 돌리고, 희미하게 방울 소리를 내면서 하얀 입김을 내뿜고 있는 말들. 마치 커다란 석판에 그린 것 같은 어두운 하늘 아래 드넓게 펼쳐진 언덕 지대의 하얀 표면과 굽이치는 능선!

아그네스는 혼자 있었다. 꼬마 아가씨들이 모두 집으로 돌아갔으므로 그녀는 혼자 난롯가에서 책을 읽고 있었다. 내가 들어서는 것을 보자 그녀는 책을 놓고 여느 때와 다름없이 나를 맞아주었다. 그리고 바느질 그릇을 꺼내 들고 창가에 앉았다.

나도 그녀와 나란히 창가에 앉았다. 우리는 지금 내가 쓰고 있는 작품이 무엇이며, 언제쯤 그 일이 끝날 것이며, 지난번에 방문한 뒤로 얼마나 진척이 되었는가를 이야기했다. 아그네스는 무척 활발했으며 '당신은 곧 유명해질 테니까 앞으로 이런 화제로 이야기할 수는 없겠지요?'라고 웃으며 말했다.

"그러니 지금을 소중히 여기며 얘기할 수 있을 때 얘기해두어야겠어요."

열심히 바느질을 하고 있는 그녀의 아름다운 얼굴을 가만히 보고 있었다. 그녀가 갑자기 그 부드럽고 맑은 눈을 들어 나를 바라보았다.

"오늘은 생각이 많으시군요, 트롯우드!"

"아그네스, 내가 무엇을 생각하고 있는지 말할까요? 오늘은 그것 때문에 왔으니까."

우리가 진지하게 의논할 때는 늘 그러했듯이 그녀는 자기 일을 옆으로 밀쳐놓고 모든 주의를 내게 집중했다.

"아그네스, 내가 언제나 당신에게 진실하다는 것에 대해 조금이라도 의심하고 있나요?"

"아뇨!" 그녀는 놀란 표정으로 대답했다.

"지금도 나는 그대로라는 것에 대해 의심하나요?"

"아뇨!" 그녀는 같은 대답을 되풀이했다.

"내가 귀국했을 때, 내가 당신에게 말하려 했던 것을 기억하고 있소? 내가 얼마나 당신에게 감사하고 있으며 또 얼마나 열렬히 당신을 생각하고 있는가를 말이오."

"기억하고 있어요." 그녀는 조용하게 대답했다.

"당신은 비밀을 갖고 있어요. 내게 그것을 말해줄 수 없을까요, 아그네스?"

그녀는 두 눈을 내리깔고 몸을 와들와들 떨기 시작했다.

"당신이 말하지 않아도—다른 사람의 입을 통해서 조금 듣고 왔더니 참 이상한 느낌이 드는군요. 당신이 당신의 소중한 사랑을 바친 사람이 있다는 것 말이오. 당신의 행복과 이토록 깊이 관계되는 일에서 나를 따돌리지 말아 줘요! 당신 말대로—나도 그것은 사실이라고 생각해요—나를 믿고 있다면, 이 문제에 있어 나를 친구나 오빠가 되게 해줘요!"

호소하듯, 아니, 거의 꾸짖듯 그녀는 일어나서 몽유병자처럼 비틀거리며 방을 가로지르며, 두 손으로 얼굴을 가리고 나의 가슴을 찌르는 듯한 울음을 터뜨렸다.

그러나 동시에 그 눈물은 내 가슴에 작은 희망을 가져다주었다. 이유는 모르지만 아무튼 그 눈물은, 잊을 수 없는 언젠가의 조용하고 슬픈 미소와 연결되어, 내 마음을 불안과 슬픔이 아니라 희망으로 크게 뒤흔든 것이다.

"아그네스! 사랑하는 동생! 이봐요! 내가 뭘 어떻게 했다고 그러오?"

"저를 가게 해주세요, 트롯우드! 몸이 불편해요. 차차 말씀 드릴게요.—나중에 편지 드릴 테니까 지금은 아무 말씀 말아 주세요!"

그러고 보니 언젠가 그녀와 이야기했을 때, 그녀가 자기 사랑은 보답을 받지 않아도 좋다고 이야기한 것을 떠올려 보았다. 그것에야말로 내가 지금 구석구석을 찾아다녀야 할 세계가 있는 것 같았다.

"아그네스, 당신이 우는 모습을 보고 또 그 원인이 나라고 생각하니 견딜 수가 없어요. 아그네스, 내게는 그 무엇보다도 소중한 아그네스, 당신이 불행하다면 그 불행을 내게도 나눠줘요. 도움이나 격려가 필요하다면, 내가 그것을 당신에게 줄 수 있게 해줘요. 가슴에 무거운 짐이 있다면, 내가 가볍게 해 줄게요. 내가 지금 누구를 위해서 살겠어요, 아그네스 당신을 위해서가 아니라면?"

"아, 놓아주세요! 저는 지금 제정신이 아니에요! 다음번에 말씀 드릴게요!"

이렇게까지 말할 수 있었던 것은 역시 이기심에서 온 실수였을까? 아니면 한 번 희망의 실마리를 잡고 나자, 지금까지는 생각할 용기조차 없었던 희망으로의 한 줄기 길이 열린 것일까?

"조금 더 들어줘요. 이대로 헤어질 수는 없어요! 제발 아그네스, 이렇게 여러 해 동안 친하게 지냈고 그동안 많은 일들을 겪었으니, 서로 오해만큼은 남기지 않도록 합시다! 나는 사실 그대로 말해야겠어요. 이번에 당신이 누군가에게 주고자 하는 그 행복을 내가 질투한다든가, 당신 스스로 선택한 나보다 훌륭한 보호자의 손에 당신을 넘겨줄 수 없다든가, 멀리서 당신이 기뻐하는 모습을 바라보는 것만으로는 만족할 수는 없다든가 하는 생각을 당신이 가지고 있다면 그것은 당장 버려줘요. 나는 그런 마음은 조금도 없으니까요! 나도 지금까지 괴로웠지만 그것은 전혀 헛된 것이 아니었습니다. 지금까지 당신이 내게 가르쳐준 것도 전혀 헛된 것은 아니었어요. 지금 내 마음에는 이기적인 것은 조금도 섞여 있지 않아요."

그녀는 이젠 조용했다. 얼마 뒤 창백한 얼굴을 내게로 돌리고 나지막하나 아주 또렷한 목소리로 말했다.

"트롯우드, 당신의 순수한 우정에 대한 의무라고 생각하므로—전 그것을 절대 의심치 않아요—말씀드리는데, 당신은 오해하고 계세요. 저는 더는 아무 말씀도 드릴 수 없어요. 여러 해 동안 당신의 조력이나 조언이 필요했을 때는 틀림없이 그것을 받았어요. 그야 때때로 가슴이 아프기도 했지만 그 감정은 예전에 지나가버렸습니다. 무거운 짐을 짊어지고 있었다 하더라도 이미 그 짐은 내려놓았습니다. 만약 제가 어떤 비밀을 가지고 있다면, 그것은—지금 시작된 것도 아니고—당신이 생각하고 계시는 그런 것이 아닙니다. 이것만큼은 말씀드릴 수 없으려니와 둘이서 나눌 수 있는 것도 아닙니다. 오랫동안 저만의 것이었고 앞으로도 저 혼자 짊어지고 가야 해요."

"아그네스! 기다려요! 잠깐만!"

나는 나가려는 그녀를 붙들고 한쪽 팔로 그녀의 허리를 끌어안았다. '여러 해

동안', 그리고 '지금 시작된 것이 아니'라니! 새로운 불안과 새로운 희망이 폭풍처럼 내 마음속에 소용돌이쳤다. 어쩐지 내 평생의 색채가 순식간에 달라지는 느낌이 들었다.

"소중한 아그네스! 존경하는 아그네스. 진정으로 사랑하는 아그네스! 오늘 여기에 왔을 때는, 난 어떠한 일이 있어도 이러한 고백을 하지 않겠다고 생각했소. 우리가 늙을 때까지 한평생 내 가슴속에 간직해둘 수 있다고 생각했던 거요. 그러나 아그네스, 내가 당신을 누이 이상으로, 아니, 누이와는 전혀 다른 이름으로 부를 수 있을지도 모른다는 새로운 희망이 생겼으니!—"

그녀는 또다시 눈물을 흘렸다. 그 눈물은 아까 흘리던 눈물과는 전혀 다른 것이었다. 나는 희망이 점점 빛나는 것을 보았다.

"아그네스! 언제나 변함없는 나의 안내자요, 으뜸가는 지지자였던 아그네스! 우리 두 사람이 여기서 함께 자랄 때, 당신이 자신을 더 마음에 두고 나를 지도하려고만 애쓰지 않았더라면, 아무리 바보 같은 나라도 당신에게서 떠나 방황하지는 않았을 거예요. 그러나 당신은 나보다 너무 훌륭했어요. 그 어린 시절, 희망에 부풀었을 때나 실망했을 때나 당신이 없어서는 안 되는 존재가 되었어요. 모든 일에 있어서 당신을 믿고 의지하는 것이 내 제2의 천성이 되어버렸지요. 그것이 내가 당신을 사랑한다는 더욱 중요한 문제까지 한동안 뒤덮어버린 것입니다."

그녀는 여전히 울고 있었지만 슬퍼서 우는 것이 아니라—기쁨의 눈물이었다! 그리고 그녀는 내 두 팔에 안겼다. 이렇게 되리라고는 내가 꿈에도 생각하지 못했던 일이 일어난 것이다.

"도라를 사랑했을 때—정말 맹목적으로 사랑했을 때—그때도—"

"알겠어요! 그것을 알게 되어 기뻐요!" 그녀는 진지하게 힘주어 말했다.

"도라를 사랑했을 때도 당신이 찬성하지 않았다면 내 사랑은 불완전했을 거요. 당신이 찬성한 뒤에야 비로소 완전한 것이 되었어요. 그리고 도라가 죽었을 때도, 아그네스, 당신이 없었더라면 난 어떻게 되었을까요?"

그녀는 내 가슴으로 더욱 바싹 파고들며 얼굴을 내 심장 위에 붙이고 떨리는 손으로 내 어깨를 둘렀다. 눈물로 빛나는 그녀의 아름다운 눈이 내 눈을 열심히 들여다보고 있었다!

"아그네스, 당신을 사랑하면서 나는 여행을 떠났고, 당신을 사랑하면서 멀리서 머물렀고, 당신을 사랑하면서 돌아왔소."

나는 그녀에게, 내가 지금까지 얼마나 괴로웠으며 끝내 어떤 결론을 내렸는가를 열심히 설명했다. 나는 진실로 내 마음을 그녀 앞에 모두 드러내고 싶었다. 어떻게 나 자신과 그녀에 대한 문제를 깨닫게 되었으며, 그 결과 어째서 포기해버렸는지 그리고 오늘도 그 결심을 끝까지 지킬 생각으로 왔다는 것까지 모조리 털어놓았다. 그녀의 사랑이 나를 남편으로 받아들일 수 있다면 더 바랄 것이 없다. 그러나 내게 그럴 가치가 없다면 다만 그녀에 대한 내 진실한 사랑과, 그것이 충분히 익기까지의 괴로웠던 과정을 생각하며 겸허하게 받아들일 생각으로 모두 털어놓는다고 말했다. 아, 아그네스, 그녀의 진실한 눈도 미치지 못하는 깊은 곳에서 도라의 영혼이 나를 바라보며 고개를 끄덕였다! 그리고 지금 아그네스를 통해서 한창 꽃필 시기에 시들어버린 '귀여운 꽃송이'에 대한 다정다감한 추억으로 나를 이끌어갔다!

"정말 행복해요, 트롯우드—심장이 터질 것만 같아서 말도 잘 나오지 않지만—그렇지만 한 가지 꼭 말씀드려야 할 것이 있어요."

"뭔데요, 아그네스?"

그녀는 부드러운 두 손을 내 어깨에 얹고 조용히 내 얼굴을 들여다보았다.

"무엇인지 알고 계세요?"

"아뇨, 생각하기가 두렵군요. 뭔데요? 말해봐요."

"저는 처음부터 당신을 줄곧 사랑해왔어요!"

아, 우리는 행복했다, 정말 행복했다! 우리 눈물은 오늘날까지 겪어온 어려움과 시련(그녀의 시련이 훨씬 더 컸지만) 때문이 아니라, 오로지 이렇게 된 기쁨, 이제는 결코 헤어질 수 없는 현재의 환희 때문이었다.

우리는 그 겨울 저녁을 함께 거닐었다. 얼어붙은 듯이 차가운 공기도 우리의 행복한 평화를 함께 나누어 갖는 듯했다. 우리가 산책하는 동안 샛별들이 비치기 시작했고, 우리는 그 별들을 우러러보며 우리를 이 평온 속으로 인도해준 하느님께 감사 드렸다.

밤이 되어 달이 뜨자 우리는 또다시 아까의 창가 자리에 앉았다. 아그네스를 따라 나도 달을 바라보았다. 그때 기나긴 길이 내 마음속에 활짝 열리더니, 남들에게서 버림받고 무시당한 한 소년이 남루한 옷을 입고 먼 길을 걸어오느라 녹초가 되어 터벅터벅 걸어오는 것이 보였다. 그런데 그 아이가, 지금 내 가슴에 안겨 고동치는 그녀의 심장까지도 자신의 것이라고 부를 수 있게 되다니!

우리가 대고모에게 간 것은 다음 날 저녁 식사 무렵이었다. 대고모는 내 서재에 계시다고 페거티가 말했다. 그 방을 나를 위해서 깔끔하게 정돈해놓은 것이 대고모의 자랑이었던 것이다. 들어가 보니 대고모는 안경을 끼고 난롯가에 앉아 있었다.

"아니!" 어둠침침한 곳에서 우리를 자세히 보며 대고모가 말했다. "네가 데리고 오는 사람이 누구냐?"

"아그네스입니다."

우리는 처음에는 아무 말도 않기로 미리 약속했으므로 대고모는 무척 당황한 것 같았다. 내가 '아그네스'라고 말한 순간 대고모는 희망에 찬 눈으로 나를 바라보았으나, 내 태도가 여느 때와 다름없자 실망한 나머지 안경을 벗고 코를 문질렀다.

그러나 대고모는 진심으로 반가워하며 아그네스를 맞아들였다. 머지않아 우리는 저녁이 준비되어 있는 아래층 거실로 내려갔다. 대고모는 내 표정을 다시 보려고 두세 번 안경을 고쳐 썼지만, 그때마다 실망하고 다시 벗으며 코를 문지르곤 했다.

이것이 나쁜 징조라는 것을 알고 있는 딕 씨는 어찌할 바를 몰랐다.

"그런데 대고모님, 대고모님께서 말씀하신 것을 아그네스에게도 얘기했어요." 식사를 마친 뒤 나는 말했다.

"트롯, 약속을 어겼구나." 대고모는 새빨갛게 달아오르며 말했다.

"대고모님, 설마 역정을 내고 계시진 않겠지요? 아그네스가 사랑 문제로 우울해했던 게 아니란 걸 아신다면 대고모님께서 역정을 내시지 않을 거라고 생각합니다만."

"무슨 허튼소리를!"

대고모가 퍽 괴로워하는 것 같아서 어서 빨리 오해를 푸는 것이 상책이라고 생각했다. 나는 아그네스를 한쪽 팔로 껴안고, 대고모 의자 뒤로 가서 대고모에게 기댔다. 대고모는 손뼉을 딱 치고 안경 너머로 한번 바라보더니, 갑자기 흥분하는 것이었다. 내가 대고모와 알게 된 이래 처음 있는 일이었다.

그 바람에 페거티가 올라왔다. 흥분이 가라앉자 대고모는 페거티를 향해 쏜살같이 달려가서 그녀를 보고 '이 바보 같은 늙은이야'라고 말하며 그녀를 힘껏 껴안았다. 이어서 대고모는 딕 씨도 끌어안은(그는 많이 놀랐지만 큰 영광이라고 생각했다) 뒤에야 비로소 이유를 설명해 주었다. 그리고 모두들 아주 행복해졌다.

그런데 아까 대고모와 나눈 짧은 대화에서, 과연 대고모가 나를 위해서 거짓말을 한 것인지, 아니면 정말로 내 마음을 오해했었는지는 나도 알 수 없었다. 게다가 대고모는 이렇게 말하는 것이었다. 아그네스가 결혼할 것이라고 네게 말했었는데, 이젠 그 말이 사실이라는 것을 누구보다도 네가 잘 알고 있을 테니 그것으로 충분하지 않느냐고.

우리는 2주일 뒤에 결혼했다. 트래들스와 소피, 스트롱 박사님 부부만이 우리의 조용한 결혼식의 손님이었다. 우리는 크게 기뻐하는 그들을 남겨두고 마차를 타고 그곳을 떠났다. 내 온갖 동경의 원천, 나 자신의 중심이며, 내 일생의 전부인 내 아내를 나는 꼭 끌어안았다. 아내에 대한 내 사랑이 비로소 반석 위에 세워진 것이었다!

"아, 여보!" 아그네스가 말했다. "이제 당신을 여보라고 부를 수 있게 되었으니, 한 가지 더 말씀드릴 게 있어요."

"뭔지, 말해 봐요."

"도라가 세상을 떠나던 그날 밤, 도라는 당신을 시켜 저를 불러오게 했었지요?"

"그랬지요."

"도라는 제게 남겨줄 것이 있다고 했어요. 그게 뭔지 아시겠어요?"

그러고 보니 알 것 같았다. 나는 오래전부터 나를 사랑해온 이 아내를 내 곁으로 바싹 끌어당겼다.

"도라는 제게 마지막 부탁이 있다고, 죽기 전에 맡길 것이 있다고 말했어요."

"그래서 그것은—"

"자기가 죽은 뒤 이 빈자리를 넘겨주고 싶은 사람은 나뿐이라고."

그리고 아그네스는 내 가슴에 얼굴을 파묻고 울었다. 우리는 더없이 행복했다. 나도 같이 울었다.

63장

방문자

 이것으로 쓰고자 했던 것은 거의 다 썼으나, 아직도 내 기억에 뚜렷이 남아 있는 사건이 있다. 그것을 생각하면 기분이 유쾌해지며, 또한 그것을 적지 않으면 내가 뜬 그물코의 한 가닥 실 끝이 헝클어져버릴 것이다.

 나는 명예도 재산도 가졌고, 가정적인 기쁨도 넘쳐흘렀다. 결혼한 지 이미 10년이 지났다. 어느 봄날 밤, 아그네스와 나는 런던의 우리 집 난롯가에 앉아 있고, 우리 세 아이들도 같은 방에서 놀고 있었다. 그때 어떤 낯선 사람이 나를 찾아와 만나고 싶어한다고 했다.

 무슨 용건이냐고 물어보라 했더니, 딱히 볼일은 없지만 그냥 나를 만나고 싶어서 멀리서 찾아왔다는 것이었다. 그는 노인이며 농부 같아 보인다고 하인이 말했다.

 하인의 이 말이 아이들에게는 아주 이상하게 들렸다. 아그네스가 곧잘 들려주던 옛날이야기의 시작과도 같아서, 사람을 아주 미워하는, 긴 외투를 입은 요괴 할멈의 등장을 떠올린 것이다. 놀란 아이들 사이에서 동요가 일어났다. 사내아이 하나는 달아나듯이 엄마의 무릎에 얼굴을 묻었고, 큰딸 아그네스는 자기 대신 인형을 의자 위에 올려 두고는 커튼 뒤에 숨어서 귀여운 금발머리만 내밀고 다음에 일어날 사태를 가만히 엿보고 있었다.

 "들어오시라고 해라!" 내가 말했다.

 곧 건장한 백발노인이 나타나더니, 어두운 문턱에서 걸음을 멈추었다. 그의 모습에 마음이 끌린 꼬마 아그네스가 달려가서 그를 안으로 데리고 왔다. 내가 미처 그의 얼굴을 보기도 전에 아내가 벌떡 일어서서, 페거티 씨예요! 하고 기뻐하며 소리쳤다.

 그는 틀림없는 페거티 씨였다. 나이는 들었지만 얼굴은 여전히 다부지고 건강

한 붉은색을 띠고 있었다.

첫 번째 감격이 가라앉자 그는 무릎에 아이들을 앉히고 난롯가에 앉았다. 불빛에 드러난 그의 얼굴은 여전히 옛날처럼 박력 있고 건장하고 게다가 단정한 노인으로 보였다.

"데이비 도련님," 그가 입을 열었다. 귀에 익은 투로 부르는 옛 이름이 얼마나 자연스럽게 들리던지! "데이비 도련님, 도련님을 다시 뵙게 되니 참으로 기쁩니다! 게다가 이렇게 훌륭하신 부인까지 계시고!"

"정말 기뻐요, 아저씨!" 나도 소리쳤다.

"그리고 이 귀여운 자녀들까지 보게 되다니 말입니다! 아이구, 데이비 도련님, 제가 맨 처음 도련님을 뵈었을 때는 도련님도 여기 있는 제일 꼬마 정도에 불과했죠. 에밀리도 그만했고, 햄도 이제 막 사내 태가 나기 시작했었지요!"

"페거티 씨도 변했겠지만 나는 더 많이 변했겠지요." 나는 말했다. "이 장난꾸러기들을 재우고 나면, 우리 집 아닌 영국 어디에서도 아저씨를 묵게 해서는 안 되니까, 어디로 짐을 가지러 보내면 되는지 말해주세요. 옛날에 그 멀리까지 들고 갔던 낡은 검정 가방도 가지고 오셨겠지요? 그러고 나서는 야머스 혼합주라도 한잔 하면서, 10년 동안의 이야기를 들어 봅시다."

"혼자신가요?" 아그네스가 물었다.

"그렇습니다, 부인." 그는 그녀의 손에 입을 맞추며 말했다.

우리는 어떻게 환영해야 충분할지 몰라 일단 그를 우리 두 사람 사이에 앉혔다. 귀에 익은 그의 목소리를 듣기 시작하자, 나는 어쩐지 그가 아직도 에밀리를 찾아 기나긴 여행을 계속하고 있는 것만 같은 느낌이 들었다.

"하여간 많은 물을 건너왔습니다." 페거티 씨는 말했다. "여기 와서 겨우 4주일 머물건대 말입니다. 하지만 물이라도 소금물이라면 제 손안에 있지 않겠습니까? 그리고 친구가 그리워서, 나는 여기에—이야, 이건 노래 가사군요." 페거티 씨는 비로소 깨달은 듯이 깜짝 놀라며 말했다. "그럴 생각은 없었는데 말이에요."

"수천 마일을 오셨는데 그렇게 빨리 돌아가시려고요?" 아그네스가 물었다.

"네, 부인. 떠나기 전에 에밀리에게 약속했거든요. 저도 이젠 젊지 않으니 이쯤에서 한 번 돌아오지 않으면 앞으로 다시는 올 기회가 없을 테니까요. 아무튼 저도 더 늦기 전에 돌아가서, 데비 도련님과 결혼해서 행복하게 살고 계시는 아름다운 부인의 모습을 꼭 한 번 뵈어야겠다고 늘 생각하고 있었지요."

계속 그는 아무리 보아도 성에 차지 않는다는 듯이 우리를 바라보았다. 그가 우리를 더 잘 볼 수 있도록, 아그네스는 웃으며 그의 흐트러진 백발을 몇 가닥 뒤로 넘겨주었다.

"자, 여러분들의 이야기를 해주세요." 나는 말했다.

"저희는 아주 순조롭습니다. 잘 풀리지 않을 까닭이 없으니까요. 다들 순식간에 성공했어요. 열심히 일했지요. 처음에는 조금 힘든 일도 있었지만, 결국 모두 계속 번창했지요. 양을 치는 것이며 목축이며, 하는 일은 모두 잘 되었습니다. 하느님의 축복 같은 것이 있었던 것이지요." 페거티 씨는 경건히 고개를 숙이며 말했다. "게다가 돈 되는 일들뿐이에요. 물론 길게 봤을 때의 얘기지만, 말하자면 어제 안 됐으면 오늘, 오늘 안 되면 내일 하면 되는 겁니다."

"그런데 에밀리는?" 아그네스와 내가 동시에 물었다.

"에밀리는, 그날 헤어진 뒤로—마침내 저희가 미개지에 자리를 잡고 나서도, 그 애가 밤마다 기도를 올리면서 부인 이름을 언급하지 않은 적이 없었습니다.

그 쾌청한 출항하던 날 저녁에 마침내 도련님의 모습이 더 이상 보이지 않자, 그 애가 처음에는 아주 기운을 잃고 말았어요. 그 때문에 도련님께서 그토록 친절하고 깊은 생각으로 저희에게 숨기신 그 사건을 에밀리가 그때 알았더라면 그 애는 정말 낙심하고 말았을 거라고 생각합니다. 그러나 배에 탄 사람들 가운데 병든 불쌍한 사람들이 많이 있어서 에밀리는 그들을 간호했으며, 또 아이들도 꽤 있었으므로 그 아이들을 돌봐주느라 눈코 뜰 새 없이 바빠졌지요. 게다가 좋은 일을 하는 것이 그 애에게 큰 도움이 되었습니다."

"에밀리는 언제 그 소식을 처음 알게 되었나요?" 내가 물었다.

"제가 그 소식을 들은 다음에도," 페거티 씨는 말했다. "거의 1년 동안 그 애에게는 숨겼어요. 그때 저희는 적적하기는 해도 아주 아름다운 숲속에서, 장미꽃이 지붕까지 덮고 있는 곳에서 살고 있었습니다. 그런데 어느 날, 제가 밭에서 일을 하고 있을 때 영국의 노퍽인지 서퍽인지에서 여행자가 찾아왔습니다. 저희는 그를 집에 데려가서 먹고 마실 것을 주며 환대했지요. 식민지에서는 누구나 그렇게 한답니다. 그런데 그 사람이 헌 신문과 그 밖의 폭풍에 관한 인쇄물을 가지고 있었습니다. 그래서 에밀리도 그 사건을 알게 되었지요. 밤에 제가 집에 돌아와 보니 이미 다 알고 있었습니다."

여기까지 말하면서 그는 목소리를 낮추었으며 내가 잘 기억하고 있는 그 침통한 표정이 얼굴 전체에 퍼졌다.

"그래서 에밀리는 많이 변했나요?" 나는 물었다.

"네, 한동안은요." 그는 고개를 저으며 말했다. "지금까지 그렇다는 것은 아니에요. 제 생각으로는 사람들과 떨어져 있었던 것이 그 애에게 도움이 되었던 것 같아요. 닭을 치고 그 밖에도 여러 가지로 돌봐야 할 일이 많았으므로 그것에 정신이 쏠려서 무사히 헤어났지요." 그는 잠깐 생각하다가 말했다. "도련님께서 지금 에밀리를 만나신다면 과연 그 애를 알아보실는지요!"

"그토록 변했단 말이오?" 나는 물었다.

"저야 모르지요. 매일같이 그 애를 보니까요. 하지만 가끔 그런 생각을 할 때가 있답니다. 여전히 날씬하고," 페거티 씨는 난롯불을 바라보며 말했다. "좀 수척해졌지만 상냥하고 슬픈 듯한 푸른 눈동자, 연약해 보이는 예쁜 얼굴, 조용한 목소리와 태도—이것이 지금의 에밀리입니다!"

난롯불을 가만히 바라보며 앉아 있는 그를 우리는 말없이 지켜보았다.

"개중에는 에밀리가 사랑에 실패해서 왔다고 생각하는 사람도 있고, 또 어떤 사람은 결혼했으나 사별하고 왔다고 말하고 있습니다만, 아무도 사실을 아는 사람은 없습니다. 여러 차례 좋은 혼처가 있기는 했습니다만 그 애는 저한테 말했습니다. 그것은 영원히 가버렸다고요. 그 애는 저와 함께라면 쾌활하게 지내지만 다른 사람들이 곁에 있으면 뒤로 숨어버립니다. 그러나 아이를 가르친다든지, 환자를 돌본다든지, 결혼하는 젊은 신부를 위해 일을 해줄 때는 아무리 먼 곳일지라도 기꺼이 달려갑니다. 하지만 일은 죽어라고 하면서도 결혼식은 절대로 보지 않아요. 저한테는 아주 잘하고, 참을성이 있고, 늙은이 젊은이 모두에게 사랑을 받으며, 근심 걱정이 있는 모든 사람들에게 인기랍니다. 이것이 에밀리입니다."

그는 한 손으로 얼굴을 쓰다듬고 나서 반쯤 억누르고 있던 한숨을 내쉬며 난롯불에서 얼굴을 들었다.

"마사도 같이 있습니까?"

"마사는 그 이듬해에 결혼했습니다, 데이비 도련님. 젊은 농부인데, 주인의 짐마차를 끌고—왕복 오백 마일이 넘는데도—시장으로 가는 도중에 곧잘 들르곤 했지요. 그런데 그가 마사를 신부로 달라고 하더군요. 그곳은 여자가 아주 귀하답니다. 신부로 주면 어디 다른 미개지로 가서 가정을 꾸릴 생각이라고 했어요. 마사에게 물어보니, 옛날에 있었던 일을 모두 다 얘기해 주라고 하더군요. 그래서 저도 얘기했어요. 그래도 역시 결혼으로 이어져서 지금은 자기들 목소리와 새소리 말고는 아무 소리도 들리지 않는 곳에서 단둘이 살고 있답니다."

"거미지 부인은요?"

이것이 또 재미있는지 페거티 씨는 그 이름이 나오자마자 별안간 배를 잡고 웃으며, 옛날 낡은 뱃집에서 살던 때의 버릇대로 두 손으로 다리를 위아래로 문질렀다.

"두 분께서 믿으실까 모르겠습니다! 어떤 사내가 그녀에게 결혼하자고 제의했어요! 배의 요리사였는데 언젠가는 이민할 꿈을 키우고 있었지요. 아무튼 그 거미지 부인에게 청혼을 하다니 저도 깜짝 놀랐죠—어이쿠, 이거 말이 좀 심했군요!"

나는 아그네스가 그렇게 웃는 것을 본 적이 없었다. 페거티 씨가 갑자기 신바람이 나서 폭소를 터뜨리는 바람에 아그네스는 그것이 재미있어서 웃음을 멈추지를 못했다. 그녀가 웃으면 웃을수록 나도 우스워졌고, 페거티 씨도 흥이 나서 자기 다리를 자꾸만 비벼댔다.

"그래 거미지 부인 반응은 어떠했나요?" 나는 겨우 웃음을 그치고 물었다.

"그게 또 거짓말 같은 이야기입니다만 거미지 부인은 '정말 고마운 말씀입니다만 나는 이제 와서 내 생활을 바꾸고 싶은 마음은 없습니다' 같은 대답을 할 줄 알았는데, 느닷없이 옆에 있던 양동이를 들고 벌떡 일어나서 요리사의 머리에다 물을 뒤집어씌우는 게 아니겠습니까! 요리사는 깜짝 놀라서 비명을 질렀지요. 그래서 제가 달려가서 그자를 구해줬지요."

여기서 페거티 씨가 크게 웃음을 터뜨리는 바람에 아그네스와 나도 그를 따라 웃음을 터뜨렸다.

"하지만 그녀는 정말 좋은 사람이에요. 이것만큼은 꼭 말해야 해요." 우리가 웃다 지치자, 그는 얼굴을 쓰다듬으며 다시 말을 이었다. "그녀는 우리에게 이러이러한 사람이 되겠노라고 말했던 그 이상의 일을 해주었습니다. 그토록 무슨 일이든 흔쾌히 해주고 거짓이 없고 정직한 여자는 저도 본 적이 없어요. 막 도착해서 주변에 온통 황무지밖에 없을 때에도 단 한 번도 혼자라서 외롭다고 말한 적이 없습니다. 그리고 영국을 떠난 이래로는 옛날 남편만 생각하는 일도 결코 없었지요."

"그럼 마지막으로, 가장 중요한 인물인 미코버 씨는 어떻게 되었습니까? 이쪽의 채무는—트래들스의 어음까지 포함해서, 그렇지, 아그네스?—그래요. 그것도 포함해서 전부 해결됐는데 그쪽에서도 잘 해나가고 있겠죠? 최근 소식은 없나요?"

페거티 씨는 빙긋이 웃으며 가슴 주머니에서 납작하게 접은 종이 뭉치를 꺼내더니 그 속에서 아주 작고 이상해 보이는 신문지 하나를 조심스럽게 꺼냈다.

"잠깐 말씀드리자면, 데이비 도련님." 그는 말했다. "저희 모두 일이 잘 풀려서 돈을 제법 모아 가지고 지금은 개간지를 떠나서 이른바 도시라 할 수 있는 포트미들베이항으로 이주했답니다."

"미코버 씨는 그 황무지에서도 이웃이었나요?"

"네, 그랬지요. 그는 굳은 결의를 가지고 일했습니다. 그렇게 열심히 일하는 사람은 어디에도 없었어요! 뙤약볕 아래에서 온통 땀범벅이 되도록 일했지요. 대머리가 햇볕에 녹아버리지나 않을까 염려될 정도였다니까요, 도련님. 그래서 지금은 보안관이 되었습니다."

"보안관이라고요?" 나는 물었다.

페거티 씨가 그 신문에 실린 한 구절을 가리켰다. 나는 포트 미들베이 타임스지의 다음 기사를 소리 내어 읽었다.

'이곳 이주민의 한 사람인 포트 미들베이 지방보안관 윌킨스 미코버 씨에 대하여 시에서 주최한 축하연이 어제 호텔의 큰 홀에서 개최되어, 많은 인사들이 모여들었다. 복도와 계단까지 가득 채운 참석자들 말고도, 적어도 47명 이상의 특권층 인사들이 연회에 참석했다고 추측된다. 포트 미들베이의 신사 숙녀, 특권층의 인사들이, 재능이 뛰어날 뿐 아니라 널리 신망을 얻고 있는 미코버 씨에게 경의를 표하고자 모인 것이다. 포트 미들베이의 식민 세이렘 소학교장 멜 박사가 사회를 맡았고, 그 오른쪽에 우리의 주빈이 자리했다. 테이블 덮개가 치워지고 축가 합창이 있은 다음(합창은 아주 훌륭했다. 그중에서도 천부의 재능을 지닌 아마추어 가수 윌킨스 미코버 2세의 노래가 특히 뛰어났다), 통례에 따라 고국을 위해 일제히 건배를 올린 뒤, 이어서 멜 박사가 감격에 찬 연설을 하며 '이 도시의 꽃인' 오늘의 주빈을 위해 건배를 제안했다. 그는 '아무쪼록 다른 곳으로 영전하는 이외엔 결코 이 고장을 떠나지 말 것과, 오히려 영전하는 일이 없도록 이 고장에서의 큰 성공을 기원합니다!'라고 말했다. 이어서 일어난 건배의 장관은 말로 설명할 수 없으며 그 물결은 거센 파도처럼 드높았다. 이윽고 잠잠해지자 윌킨스 미코버 씨는 감사의 뜻을 표시하고자 일어섰다. 아직도 완벽하다고 할 수 없는 본지의 현재 보도 능력으로는 우리의 저명한 시민의 세련되고 화려한 명연설의 내용과 유창하게 흐르는 미사여구를 그대로 옮길 수가 없다. 도저히 불가능한 일이다! 그러나 한마디로 나타내자면 실로 웅변의 모범이라고 할 수 있다. 특히 그가 성공의 비결을 먼 과거로 거슬러 올라가 설명하고, 변제할 수 없는 채무를 짊어지는 일은 참으로 위험하며 그것은 암초와 다름없다고 젊은 청중들에게 특별히 경고한 부분에서는 전원이 목메어 울었다. 다음 건배는 멜 박사, 미코버 부인(부인은 옆의 문간에서 가볍게 감사 인사만 했지만, 그 주변에서는 한

무리의 숙녀들이 의자 위에 올라서서 이 눈부신 광경을 주시함으로써, 그날의 장관에 한층 광채를 더했다), 리저 베그스 부인(이전의 미스 미코버), 멜 부인, 윌킨스 미코버 주니어(그는 감사 연설은 못하지만 원한다면 노래로 대신하겠다고 재치 있게 말해 회장에 웃음꽃을 피웠다), 미코버 부인의 친정집 식구들(말할 것 없이, 모두 고국에서는 저명한 인사들이다) 등을 위해 들었다. 식이 끝나자 홀에 있던 많은 테이블이 무도회를 벌이기 위해 순식간에 마술에 걸린 것처럼 말끔히 치워졌다. 태양신이 그만 집으로 돌아가라고 경고할 때까지, 흥에 겨워 있던 춤의 여신의 신도들 가운데, 윌킨스 미코버 주니어와 멜 박사의 미와 교양을 겸비한 넷째 딸 미스 헬레나가 특히 주목을 끌었다.'

미들섹스 보안관[1] 밑에서 가난에 쪼들리며 보조교사로 있던 멜 선생님이 이런 행복을 얻은 것은 정말 기쁜 일이었다. 내가 그리운 멜 박사의 이름을 되풀이해 보고 있는데, 페거티 씨가 그 신문의 다른 곳을 가리켰다. 거기에는 내 이름이 있는 것이 아닌가! 나는 읽었다.

당대의 고명한 작가

데이비드 코퍼필드 씨에게

삼가 올립니다.

오늘날 거의 대부분의 문명 세계에서 명성을 떨치고 계시는 귀하의 모습을 제가 직접 뵙는 영광을 가졌던 이래 많은 세월이 흘렀습니다.

불행히도 제 힘으로는 어쩔 수 없는 운명에 의해, 젊은 날의 벗과 몸소 친교를 나눌 기회가 멀어지기는 했지만, 귀하의 비약적인 발전에 대해서 무관심한 적은 결코 없었습니다. 또한 저는 우리 사이의 대양이 아무리 멀다 할지라도[2] 대형께서 차려주신 지적향연에 관심을 보이지 않은 적도 절대 없었습니다.

나의 친애하는 대형이여, 우리 두 사람이 서로 존경하고 아끼는 페거티 씨가 이번에 그곳으로 출발함에 즈음하여, 나 자신과 포트 미들베이의 전 주민을 대신하여, 대형께서 베풀어주신 모든 것들에 대해 이 지면을 빌려 깊은 감

---

1) 크리클 씨.
2) 번스 작, 예의 '올드랭사인(석별)'의 1절 중.

사의 뜻을 나타내는 바입니다.

　앞으로는 그저 대형의 정진을 기원하는 바입니다. 대형의 명성은 이곳에서도 이미 알려져 있으며, 훌륭한 작품 역시 충분히 감상하고 있으므로 '멀리 떨어져 있다'고는 하지만 저희는 절대 '고독', '우울'하지 않으며 '용기'가 없지도 않으니 부디 안심하십시오. 그리고 대형도 대형의 길에 매진하시기를 바랍니다! 포트 미들베이 주민들도 환희와 기쁨과 감명을 느끼며 더욱 눈부신 발전을 거듭하시기를 애타게 기다리는 바입니다!

　멀리 떨어진 이곳에서 대형의 발전을 기대하며, 지상에 빛과 생명이 있는 한 대형을 우러러보는 많은 눈동자들 속에 아래의 이름을 가진 자의 눈이 언제나 있을 것입니다.

보안관 윌킨스 미코버

　그건 그렇고, 신문의 나머지 내용을 보고 나는 미코버 씨가 그 신문사에서 크게 인정받는 주요한 기고가임을 알았다. 그 신문에 어떤 다리에 관한 글이 있었고, 그 밖에도 비슷한 글들을 모아서 '대대적으로 보충한 뒤' 곧 출판될 것이라는 광고도 실려 있었다. 그리고 내 추측이 틀리지 않는다면 사설까지도 그의 글인 것 같았다.

　페거티 씨는 체류하는 동안 줄곧 우리 집에 있었으므로 미코버 씨에 관한 이야기는 그 뒤로도 자주 들었다. 그는 줄곧 집에만 있었으며—한 달 가까이 있었다—그의 누이동생과 나의 대고모도 그를 만나려고 런던으로 왔다. 그가 다시 떠날 때 아그네스와 나는 배 위에서 작별을 했다. 아마도 이것이 이 세상에서는 그와의 마지막 이별이 될 것이다.

　그는 출발하기에 앞서 내가 햄을 추도하기 위해서 세운 묘비를 보러 나와 함께 야머스로 갔다. 그의 요청으로 내가 그 소박한 비문을 옮겨 쓰는 동안, 그는 몸을 구부리고 묘지에서 한 줌의 흙과 풀을 모으고 있었다.

　"에밀리에게 주려고요." 그는 가슴 속에 넣으며 말했다. "약속했거든요, 데이비 도련님."

64장
마지막 회상

이것으로 이야기는 끝을 맺는다. 펜을 놓기 전에 다시 한번—마지막으로 떠올려 본다.

나는 아그네스와 함께 인생의 여행을 계속하고 있다. 우리 주변에는 자식들과 친구들이 있다. 내가 인생행로를 계속 걸어갈수록, 내게 관심을 보이는 많은 목소리를 듣는다.

빠르게 스쳐 가는 수많은 사람들 가운데 가장 뚜렷이 보이는 얼굴은 누구일까? 아아, 그렇다, 이 얼굴들! 내가 속으로 그것을 물어보면 모두가 일제히 나를 뒤돌아본다!

먼저 대고모가 있다. 도수 높은 돋보기를 낀 여든을 넘긴 노인이지만 아직 허리도 굽지 않았고, 추운 겨울날에도 한번에 6마일은 예사로 걷는 건강한 분이다. 그리고 언제나 그 옆에 있는 나의 옛 유모인 페거티—그녀도 역시 돋보기를 끼고 있으며 밤이면 늘 남폿불 곁에서 바느질을 하는데, 옆에는 언제나 초 한 도막, 조그마한 집 모양의 용기에 든 줄자, 그리고 뚜껑에 세인트폴 사원의 그림이 있는 바느질상자를 꺼내놓는다.

내가 어렸을 때는 아주 단단하고 빨개서, 새들이 사과로 착각하고 쪼아 먹지 않는 것이 오히려 신기했던 페거티의 두 뺨과 팔에도 인제는 주름이 자글자글하다. 마치 주변 일대가 어두워지는 것만 같았던 그 아름다운 눈도(아직 빛나고는 있지만) 꽤나 침침해졌지만, 육두구 강판처럼 꺼슬꺼슬한 검지만은 옛날과 똑같았다. 내 막내 아이가 대고모 품에서 페거티에게로 뒤뚱뒤뚱 걸어가서 그 손가락을 붙잡으면, 나는 문득 그 고향집의 작은 거실과 아직 걸음마도 제대로 떼지 못한 내 모습이 떠올랐다.

대고모의 실망도 마침내 보상받았다. 지금은 살아 있는 벳시 트롯우드의 대모가 되었으며, 끝에서 두 번째 딸인 도라는 대고모가 벳시를 버릇없게 만든다고 항의하곤 한다.

페거티의 주머니에는 뭔가 두툼한 것이 들어 있다. 크기로 보아 그 악어책이 틀림없다. 인제는 책장이 군데군데 사라지고 찢어져서 꿰매놓았지만 페거티는 그것을 귀중한 유품이라고 말하며 아이들에게 보여주었다. 그 악어 이야기책에서 이따금 내 어린 얼굴이 나를 올려다보고 있는 것을 보거나, 셰필드의 칼 장수 브룩스를 떠올릴 때면 참으로 이상한 기분이 든다.

지금은 여름휴가인데, 내 사내아이들 틈에 섞여 한 노인이 큰 종이연을 띄우며 말할 수 없이 즐겁다는 듯이 하늘의 연들을 바라보고 있다. 내 얼굴을 보자 노인은 기뻐하며 인사를 하고, 여러 번 고개를 끄덕이고 윙크를 하며 소곤거린다.

"트롯우드, 내가 할 일이 아무것도 없을 때, 그 회상록을 완성할 생각이라는 말을 들으면 자네도 기뻐할 걸세. 그리고 자네 대고모는 이 세상에서 가장 훌륭하신 부인이야!"

그런데 지팡이에 몸을 의지하고, 옛날의 자존심과 미모의 흔적이 남아 있는 얼굴을 보이며, 불평 많고 허약하고 방황하는 마음과 기운 없이 싸우고 있는 허리가 구부러진 저 부인은 누구일까? 그녀는 정원에 있고, 그 옆에는 입술에 흰 흉터가 난 가무잡잡하고 생기가 없는 여인이 서 있다. 이 두 여인의 이야기를 들어 보자.

"로사, 이분의 성함을 잊어버렸구나."

로사는 얼굴을 바싹 들이대며 대답했다. "코퍼필드 씨예요."

"아아, 코퍼필드 씨. 어서 오세요. 가엾게도 상복을 입고 계시는군요. 하지만 언젠가 '시간'이 치유해줄 겁니다."

로사가 부인을 나무라며 이분은 상중에 있지 않습니다. 다시 한번 잘보세요 하고 깨우쳐주려 애쓴다.

"내 아들을 만나셨지요? 화해했나요?"

부인은 나를 뚫어지게 바라보며 한 손을 이마에 대고 신음하다가 갑자기 끔찍한 목소리로 소리친다.

"로사, 이리 와봐! 그 애가 죽었어!"

로사는 부인 앞에 무릎을 꿇고 달래기도 하고 나무라기도 하다가 격렬한 투로 소리친다.

"나는 당신보다도 더 그를 사랑했어요!" 그러나 그러다가도 부인을 병든 아이처럼 가슴에 안고 달래서 잠을 재운다.

나는 언제나 이런 식으로 그들과 헤어지고 또 만난다. 그렇게 그들은 해를 넘기며 나이를 먹는다.

지금 막 인도에서 돌아오는 배에 타고 있는, 귓불이 코끼리처럼 커다란 스코틀랜드의 늙은 크리서스[1]와 결혼했다는 저 여자는 누구지? 혹시 줄리아 밀스인가?

분명히 줄리아 밀스이다. 꽃처럼 아름답지만 성격은 아주 까다로워졌다. 새카만 얼굴의 하인이 명함과 편지를 금색 쟁반에 얹어 가지고 온다. 옷방에서 가볍게 무엇을 먹고 싶다고 말하면 무명옷을 입고 화려한 수건을 머리에 감은 구릿빛 피부의 인도 여자가 공손하게 가지고 온다. 그러나 이제 일기도 쓰지 않거니와 '사랑의 만가'도 노래하지 않는다. 매일, 아침부터 저녁까지 무두질한 가죽을 두른 갈색곰 같은 늙은 크리서스와 말싸움만 하고 있다. 줄리아는 목구멍 밑까지 황금으로 차 있다. 돈 이야기만 하고 돈 생각만 한다. 차라리 사하라 사막에 있던 때가 나았다.

아니면 지금 여기가 사하라 사막인지도 모르겠다! 줄리아는 이제 거대한 저택에 살고 권세 있는 친구들과 사귀며 날마다 호화스러운 식사를 하지만, 그녀 가까이에는 풀 한 포기 자라나고 있지 않으며 꽃이나 열매가 되는 것은 아무것도 없다. 줄리아가 이른바 '사교계'라고 부르고 있는 패거리 가운데에는 특허사무소의 잭 맬던 씨도 있는데, 그는 자기에게 그 지위를 준 은인인 스트롱 박사를 비웃으며, '정말 매력 있는 골동품'이라고 내게 말한다. 그러나 줄리아, 사교계라는 것이 그처럼 경박한 신사 숙녀들의 대명사라면, 그리고 그 교양이란 것이 인류를 진보시키거나 퇴보시키는 모든 일에 대한 공공연하게 무관심을 말하는 것이라면, 우리는 이미 사하라 사막에 들어왔음에 틀림없으니 어서 빨리 빠져나갈 길을 찾아야 한다.

---

[1] 고대 리디아의 왕, 큰 부자로 유명하다.

아아, 그리고 박사님. 언제나 우리의 좋은 벗이었던 박사님! 그는 여전히 사전 편찬에 열중하고 있으며(아직도 디(D)자 근처이다), 가정과 아내 문제에서는 완전히 행복하다. 그리고 그 노병은 입장이 매우 약해져서 옛날 같은 세력은 없다!

이윽고 나는, 쉴 새 없이 쓰고 벗는 변호사용 가발의 마찰 때문에 빠지다 만 머리털을 바짝 곤두세우고서, 법학원 사무실에서 바삐 일하고 있는 나의 옛 친구 트래들스에게로 달려간다. 그의 책상에는 서류가 산더미처럼 쌓여 있다. 나는 주위를 둘러보며 말한다.

"소피가 자네 비서였다면, 트래들스, 할 일이 많았을 텐데!"

"그렇겠지, 코퍼필드! 그렇지만 홀본 코트에 있던 시절도 아주 근사했어! 그렇지 않나?"

"자네가 재판관이 될 거라고 부인이 말하던 시절? 그렇지만 그때는 그게 동네 소문거리도 되지 못했었지!"

"어쨌거나 내가 판사가 된다면—"

"틀림없이 그렇게 될 걸세."

"코퍼필드, 그렇게 된다면 언젠가도 말했듯이 다 얘기하겠네."

우리는 팔짱을 끼고 밖으로 나간다. 나는 트래들스네의 만찬에 초대를 받았다. 오늘은 소피의 생일이다. 가는 동안, 그는 자기가 얼마나 운이 좋았는가를 얘기해주었다.

"이보게, 코퍼필드. 나는 간절히 바랐던 것은 모두 이루었다네. 호러스 목사는 연 450파운드를 받는 교회로 옮겼고, 두 아들놈은 최고의 교육을 받는 착실한 모범생이며, 세 처제는 결혼하여 잘 살고 있고, 다른 세 처제는 우리와 함께 살고 있으며, 또 다른 세 처제는 크룰러 부인이 작고한 뒤로 호러스 목사를 위해 집안살림을 돌봐주고 있는데, 모두 행복하다네."

"그러나 한 사람—"

"그래, 가장 미인인 캐롤라인만은 예외지. 그런 뜨내기와 결혼하다니 그녀도 참 운이 없어. 하기야 그에게 여심을 사로잡을 만한 선드러진 무언가가 있었는지도 모르지. 그러나 지금은 그녀도 우리가 무사히 데리고 왔네. 그 남자와는 완전히 연을 끊었고, 그러니 어떻게든 앞으로 또 기운을 차리게 해 줘야지."

트래들스의 집은, 소피와 그가 둘이서 저녁 산책을 할 때 곧잘 살펴보곤 하던 집들 가운데 하나였다. 아니, 틀림없이 그 집이었을 것이다. 큰 집이었지만 트래들스는 옷방에 자기 서류들과 신발까지 함께 넣어두었고, 가장 좋은 침실은 그 미인과 처제들을 위해서 내어주었으며, 정작 주인 부부는 2층 방으로 겨우 들어갔다. 집 안에 빈방은 하나도 없다. 셀 수 없으리만큼 많은 '아가씨들'이, 무슨 일로 늘 이 집에 와 있었기 때문이다. 오늘도 그 집에 들어서자, 아가씨들이 떼 지어 현관으로 뛰어내려와서 트래들스를 이리저리 잡아끌며 차례로 줄키스를 하는 바람에 그는 숨도 못 쉴 지경이었다. 어린 딸을 데리고 미망인이 된 가련한 미인은 여기에 영원히 터를 잡은 모양이었다. 결혼한 세 딸들은 각각 남편과 함께 소피의 생일을 축하하러 왔고, 그 밖에도 그 남편의 형제, 또 다른 남편의 사촌, 그리고 또 다른 남편의 여동생까지 함께 와 있었다. 게다가 그 여동생은 다른 남편의 사촌과 약혼했다고 한다.

예부터 전혀 거들먹거리지 않고 소탈한 트래들스는 가장답게 커다란 식탁의 아랫자리에 앉았고, 맞은편 상석에서는 소피가 남편에게 밝은 미소를 보내고 있다. 아직 브리타니아 합금으로 된 식기를 살 여유는 없었지만 참으로 유쾌한 식탁이다.

아직 더 쓰고 싶은 욕망을 억누르며 이제 펜을 내려놓고자 한다. 그리운 얼굴들도 사라져 간다. 그러나 그 위에서, 그 뒤에서, 다른 모든 것을 비추어주는 천상의 빛처럼 환하게 빛나는 한 얼굴이 있다. 그 얼굴은 언제까지나 사라지지 않는다.

나는 고개를 들고 바라본다. 그 얼굴은 내 곁에 아름답고 조용하게 자리 잡고 있다. 남폿불도 이제 거의 다 탔다. 오늘도 나는 밤이 깊도록 글을 썼지만, 이 그리운 얼굴, 내가 살아가는 보람인 이 아름다운 얼굴은 끝까지 내 곁에서 벗이 되어주고 있다.

아아, 아그네스! 아아, 나의 영혼 아그네스! 내가 삶의 마지막 장을 덮을 때에도 그대가 이렇게 내 곁에 있어 주었으면 하오! 내가 지금 헤어지고자 하는 수많은 그림자들처럼 이 현실이 나에게서 사라질 때도, 그대만큼은 변함없이 내 곁에서 저 높은 하늘을 가리키며 서 있기를!

찰스 디킨스 생애와 문학

어린 시절 1812~22년

찰스 디킨스는 1812년 2월 7일 포츠머스 랜드포트의 마일 엔드 테라스에서 태어났다. 이날은 금요일이었는데 그 뒤 디킨스에게 금요일은 특별한 의미를 지니게 되었다. 새로운 일을 시작하기 좋은 행운의 날이 된 것이다. 아버지 존 디킨스와 어머니 엘리자베스는 성격이 밝고 느긋한 젊은 부부로, 1809년 6월에 결혼하여 해군 경리국이 있는 부두 근처 이 마을로 이사를 왔다. 존이 경리국에서 사무관으로 일하고 있었기 때문이다. 이들 부부에게는 이미 1810년에 태어난 프랜시스 엘리자베스(애칭은 패니)라는 딸이 하나 있었다. 찰스가 태어난 뒤에 동생들이 차례로 태어났는데, 그 가운데 레티샤(1816년생)·프레데릭(1820년생)·알프레드(1822년생)·오거스터스(1827년생) 넷만이 자라나 성인이 되었다.

디킨스 집안에 대해서는 그다지 알려진 바가 없다. 존 디킨스는 체셔의 크루 홀(Crewe Hall)에서 자랐다. 존의 아버지는 이 저택의 집사였고 어머니는 하녀장이었다. 이 어머니는 매우 유능한 여성이었는데 손자 찰스의 희미한 기억에는 "엄격하며 말린 라벤더의 곰팡내가 났다"고 하지만, 크루 저택 아이들은 그녀를 훌륭한 이야기꾼으로 기억했다. "모두를 즐겁게 해 주려고 즉석에서 이야기를 지어내는" 뛰어난 재능이 있었던 것이다. 아름답고 쾌활한 찰스 어머니 엘리자베스는 존 디킨스의 해군 경리국 선배인 찰스 배로의 딸이었다. 겉보기에 배로 집안은 평범한 중류가정이었으나, 1810년 찰스 배로가 저지른 불미스런 일이 발각되면서 가족은 이사를 가게 된다. 경리국의 돈을 횡령한 죄로 추궁받아 고발당하지 않기 위해 나라 밖으로 달아난 것이다.

존과 엘리자베스는 행복한 신혼생활을 보냈다. 나폴레옹전쟁이 벌어지던 긴박한 시대였지만 존은 착실히 승진하여, 1812년부터는 엘리자베스의 자매이자 미망인인 메리 앨런이 디킨스 집에 같이 살면서 집안의 수입을 늘려 주었다. 이들은 계속 이사를 다녔는데—50년 뒤 디킨스는 낭독회를 열기 위해 포츠머스를 다시 찾았을 때 자신이 태어난 집을 찾아내지 못했다—디킨스는 이 시절을 집 앞 조그만 정원에서 어린 누나를 뒤따라 아장아장 걸었던 추억, 낮은 부엌 창 너머 유모가 따스한 눈빛으로 그들을 지켜본 즐거운 추억으로 기억하고 있다. 디킨스는 이 집에서 새해 파티 손님들을 훔쳐보려고 계단 밑

디킨스가 태어난 곳 포츠머스, 마일드 엔드 테라스의 현재 모습

으로 숨어들었던 일도 기억했다. "신사숙녀들이 매우 긴 줄을 이루어 벽 쪽에 앉고, 커스터드 컵 같은 조그만 유리컵에 든 음료수를 다함께 마신" 그 기억은 그에게 강렬한 인상을 남겼다.

1815년, 존 디킨스는 잠시 런던으로 전근을 갔는데 2년 뒤에는 켄트주 시어니스, 이어 같은 주의 채텀으로 이사했다. 그곳에는 엘리자베스 1세 시대부터 왕립 해군 공창(工廠)이 있었다. 메드웨이 강변에 있는 이 활기찬 도시에서 디킨스네는 5년간 살았다. 도시 남쪽에는 풍요로운 밀밭과 홉밭이 있었고, 북쪽에는 바닷물이 들어오는 황량한 습지대가 있었다. 서쪽으로 1~2마일쯤 가면 대성당이 있는 조용한 도시 로체스터가 있다. 채텀은 디킨스의 상상력을 사로잡아 그의 장편소설 및 단편소설과 수필에 거듭 나오게 된다. "꿈에 나오는 백악(白堊)의 땅과 도개교, 노아의 방주 같은 지붕을 이고서 흙빛 강에 머물러 있는 돛대 없

는 배", "군대, 수병, 유대인, 백악, 새우, 관리, 조선소 사람들"로 가득 찬 도시, 공기에 밴 담배의 '향긋한' 냄새, 이런 식으로 말이다.

디킨스네의 새로운 집은 오드넌스 테라스 2번지에 있었다. 교외에 훌륭한 3층 건물이었는데 포트 핏(Fort Pitt)과 항구 주위에 펼쳐져 있는 들판이 내려다보였다. 이웃은 모두 훌륭한 사람들이었다. 퇴직한 부자 재봉사도 있었는데, 그의 미망인은 디킨스의 초기 스케치에 '노부인'으로 나온다. 무뚝뚝하지만 사람이 좋은 전 해군사관도 있었고, 배관공 겸 유리 취급자로 성공한 사람도 있었다. 스스로 신사라 여기며 다소 사치스럽더라도 쾌적하게 살고 싶어하는 연봉 300파운드의 사무관이 살기에는 딱 알맞은 곳이었다. 찰스 디킨스에게 이 시절은 매우 행복한 한때였다. 생일 파티라든가, 집 건너편 건초밭에서 사랑하는 누나 패니랑 이웃 아이들과 함께 놀던 여름날의 추억이 가득한 시기였다.

이 시대 아이들 대부분과 마찬가지로 다섯 살이 된 찰스는 어머니 밑에서 공부했다. 그의 작품 《데이비드 코퍼필드》의 주인공처럼 초보독본의 굵고 커다란 문자 때문에 골머리를 썩이고 또 "O나 Q나 S의 부드럽고 사교적인 성질"에 감탄하기도 하면서, 그는 어머니 무릎에서 즐겁게 알파벳을 배웠을 게 틀림없다. "디킨스의 지식욕, 독서욕을 처음 눈뜨게 해 준 사람은 어머니였다"고 디킨스 전기를 쓴 친구 존 포스터는 말한 바 있다. "어머니는 매일 규칙적으로 오랜 시간을 들여 아들을 가르쳤다. 아들이 완전히 이해할 때까지 가르친 것이다." 그때 디킨스 집안의 고용인이었던 메리 웰러의 말에 따르면 디킨스는 아주 어릴 적부터 "독서를 무척 좋아하는 도련님"이어서 《잭과 콩나무》, 《빨간 두건》, 《멋쟁이들의 무도회》 같은 그림책을 즐겨 읽었다고 한다. 얼마 뒤 찰스와 패니는 한 여선생이 가르치는 학원에 다녔다. 이 학원은 염색가게 위층에 있었는데, 뒷날 디킨스가 연설을 하다가 떠올린 학원 원장은 무시무시한 노부인으로 "나한테는 회초리로 세상을 지배하고 있는 것처럼 보였다"고 한다.

아이들은 매일 밤 이야기에 귀를 기울였다. 한 아이 돌보는 여자(메리 웰러라는 설도 있다)는 디킨스의 기억에 특히 뚜렷하게 남았다. 그녀는 잔인한 이야기—아내를 몇 명이나 죽여서 파이로 만든 살인귀 대위라든가, 밤이 되면 눈을 번뜩이면서 어슬렁거리며 어린애의 생명을 먹어치우는 고양이 톰의 이야기—를 하여 디킨스에게 겁을 주면서 '악마적인' 기쁨을 맛보았다고 한다. 이 이야기는《상도덕에 어긋난 여행자 The Uncommercial Traveller》에 수록된 수필에 나오는데 어쩌면 디킨스는 문학적 효과를 위해 부풀렸는지도 모른다. 그러나 어린 시절에도 그 뒤에도 악몽을 보고 괴로워하던 섬세한 소년에게는 그런 생생한 이미지가 불안감을 가져다주었음에 틀림없다. 디킨스는 이렇게 결론을 맺고 있다. "만약 우리가 모두 자기 마음을 잘 알고 있다면, 자기 의지에 반하여 되돌아갈 수밖에 없는 마음의 어두운 구석의 추억들은 유모나 아이 돌보는 여자들이 만들어 냈음을 깨닫게 되지 않을까." 그러던 가운데 디킨스는 자기 스스로 이야기를 짓게 된다. 메리 웰러가 나중에 묘사한 바로는, 찰스는 부엌에서 자주 즉흥 연기를 했다. 어릴 때부터 흉내를 잘 내서 패니의 피아노 반주에 맞춰 "노래하고 암송하고 배역을 연기하기도 했다"고 한다. 찰스와 패니가 이렇게 솜씨를 자랑하면 아버지 존은 크게 기뻐했다. 아버지는 두 아이를 채

아버지 존 디킨스의 초상

어머니 엘리자베스의 초상

텀 시내에서 유명한 마이터 인(Mitre Inn)으로 자주 데려가 이중창을 부르게 하여, 사람들의 박수갈채와 함께 공짜로 성찬을 얻어먹었다. 처음으로 굴을 먹은 것은 이 무렵이었다. 이를 두고 디킨스는 "무척 흥분했다"고 떠올렸다. 디킨스는

어린 시절 이곳에서 가장 행복한 한때를 보냈다.

연극을 비롯하여 온갖 종류의 대중오락은 일찍부터 디킨스의 마음을 사로잡았다. 아직 어릴 적에 셰익스피어의 〈맥베스〉나 〈리처드 3세〉와 더불어 릴로[1]의 〈런던 상인〉 같은 대중연극을 보기 위해서도 로체스터 로열 극장에 다녔다. 30년이 지나 〈가정의 말 Household Words〉에서 밝혔듯이, 디킨스는 '낡고 때가 탄 멋진' 소극장에 처음으로 발을 들였을 때 맛본 흥분을 지금도 또렷하게 느낄 수 있었다. "녹색 막에 뚫린 구멍 너머에서 번쩍이는 눈 하나가 이쪽을 엿보고 있었다……머리를 뒤로 늘어뜨린 푸른 옷의 여주인공이 빛을 내자 다들 무서워서 마른침을 삼키며 그녀에게 상찬을 보냈다……붉은 가발을 쓴 코미디언(그렇게 우스꽝스러운 사람은 처음 봤다)은 성의 해자 밑 지하감옥에 갇혀서 양다리에 대한 골계적인 노래를 불렀다. 마지막으로 녹색 막이 내리자, 오렌지 껍질이며 램프 기름 냄새가 향기롭게 풍겼다." 무엇보다도 마음에 든 것은 팬터마임이었다. 팬터마임은 순회공연물로서 자주 가설무대에서 상연됐는데 화려한 의상을 입은 곡예사와 할리퀸이 등장했다. 크리스마스에 런던 극장에 간 것도 소중한 추억이었다. 유명한 팬터마임 배우이자 광대인 그리말디를 보러 간 것은 특히 잊을 수 없는 경험이었다. "나는 참 조숙하게도 그리말디를 칭찬하고 성대한 박수를 보냈다고 한다."

자라나면서 찰스는 아버지와 점점 더 많은 시간을 함께 보내게 된다. 그는 자주 아버지와 함께 해군 공창에 가서 로프 제조자나 조선공이 일하는 모습을 질리지도 않은 채 구경했다. 디킨스가 코를 찌르는 톱밥과 뱃밥과 돛천 냄새 한가운데서 대장장이들의 노랫소리를 들은 장소는 바로 이곳이었다. 노역하는 죄수들의 묵묵한 긴 행렬을 엿본 장소도 이곳이었다. "거리로 난 대문처럼 등에다 커다란 번호를 붙인" 죄수들의 모습은 《위대한 유산》에 실감나게 묘사되어 있다. 특별한 때에는 찰스와 패니는 채텀호(號)를 탈 수도 있었다. 채텀호는 낡은 해군 요트인데 해군 공창의 용무 때문에 메드웨이강을 항행하였다. 디킨스와 아버지는 로체스터 주변의 시골을 탐험하면서 몇 시간이나 즐겁게 놀기도 했다. 두 사람은 갯즈 힐 플레이스(Gad's Hill Place) 옆을 지나는 길을 즐겨 걸었다. 그것은 위

---

[1] 18세기 영국 극작가.

풍당당한 시골저택이었는데, 네가 열심히 일하면 언젠가 저 저택에서 살 수 있을지도 모른다는 아버지의 말씀을 디킨스는 늘 마음에 두고 있었다.

1821년 초에, 디킨스는 여선생의 학원을 그만두고 '고전·수학·상업학교'에 다니게 된다. 이 학교 교장은 침례교회 목사의 아들인 교양 높은 윌리엄 자일스였다. 이 학교에서 "구불구불한 밝은색 머리를 길

채텀, 오드넌스 테라스 2번지

게 기른 잘생긴 소년"(교장의 자매는 그렇게 떠올렸다) 디킨스는 곧 주목을 받았고 친절한 선생님들의 주의 깊은 지도 아래 열심히 공부했다. 본디 몸이 튼튼하지 않고 신장(腎臟)이 심하게 아파 괴로워할 적도 많았지만(특히 스트레스를 받았을 때), 그래도 디킨스는 친구들을 사귀고 크리켓 게임을 하는 등 학교생활을 즐겼다. 특히 그는 문학에 대한 정열에 눈을 떠, 아버지가 다락방에 넣어 둔 싸구려 복사본 전집을 몇 번이고 다시 읽었다. 《로빈슨 크루소》, 《돈키호테》, 《아라비안나이트》, 《요정 이야기》, 필딩과 스몰렛의 소설 따위는 일상적인 경험을 초월한 세계를 그의 눈앞에 펼쳐 주었고, 디킨스는 거기서 평생토록 기쁨을 발견하게 된다.

이 무렵 존 디킨스는 자꾸만 빚을 져서 심각한 재정 위기에 처해 있었다. 1821년 여름에 그들 가족은 해군 공창에 가까운 지역, 그 도시에서도 가장 황량한 지역에 있는 가장 작은 집으로 이사할 수밖에 없었다. 1년 뒤 존 디킨스는 런던 서머싯 하우스에 도로 불려가서 이 목가적인 시대는 갑자기 끝이 났다. 가족들이 떠나고 나서도 찰스는 자일스네 집에 하숙하면서 몇 주 더 채텀에 머물렀다. 그러나 그 역시 출발하지 않을 수 없었다. 그는 교장선생이 작별 선물로 준 골드

스미스의 《꿀벌》과 작은 짐만 가지고서 혼자 승합마차를 타고 여행했다. 이 우울한 여행을 그는 평생 잊지 못했다. 눅눅한 지푸라기 냄새도 그 기억에 들러붙어 있었다. "나는 사냥당한 짐승처럼 지푸라기에 싸인 채 발송된 것이다." 몇 년이나 지나서 그는 괴롭게 술회했다. "승합마차 좌석에는 다른 손님이 하나도 없었다. 나는 혼자서 쓸쓸한 기분에 젖어 샌드위치를 씹었다. 가는 길 내내 비가 세차게 내렸다. 인생은 내가 기대하던 것보다 축축한 것이라는 생각이 들었다."

런던 1822~27년

찰스가 런던에 다다라 보니 가족은 베이엄 거리 16번지에 살고 있었다. "초라한 작은 셋집인데 좁고 지저분한 뒷마당이 있고, 뒷마당은 더러운 골목과 닿아 있었다." 서머스타운과 캠든타운 사이에 있는 이 지역은 1822년에는 아직 비교적 시골스러운 구석이 남아 있었으며, 런던 인구증가에 대응할 셈으로 투기적인 건설업자들이 막 집을 세우기 시작한 참이었다. 길의 포석 사이에는 잡초가 자라고, 주위 들판에서는 양과 소가 풀을 뜯고 있었다. 그러나 완만한 언덕이 있는 탁 트인 전원 풍경에 익숙해져 있던 아홉 살 소년에게 "이 부근은 칙칙하고 누추하고 축축하고 초라해서 누구나 눈을 돌리고 싶어할 듯했다."

가정의 분위기도 나빠진 탓에 찰스는 더욱 비참한 기분을 느껴야 했다. 존 디킨스—그의 낙천적이고도 변덕스런 인품은 미코버 씨의 성격에 완벽하게 나타나 있다—는 눈덩이처럼 불어나는 빚 앞에서 아무런 대책도 세우지 못하고 있었다. 열한 살 난 패니를 신설 왕립 음악학교에 보낼 돈은 어떻게든 마련할 수 있었지만, 찰스를 학교에 보낼 준비는 전혀 되어 있지 않았다. 친구도 없어서 심부름을 하거나 아버지 구두를 닦는 정도의 집안일 말고는 아무것도 할 일이 없는 아들의 현재 상황에 부모님은 전혀 무관심해 보였고, 그래서 찰스는 더욱 낙담할 수밖에 없었다. 그가 뒷날 포스터에게 털어놓은 말로는, 아들 찰스는 언제나 아버지를 상냥하고 정이 깊은 분이라고 생각했는데 "성격이 무르고 생계가 어려운 탓에 그때 아버지는 나를 교육할 생각을 아예 하지 않는 듯 보였다. 그리고 이에 관해서 내가 아버지에게 무엇인가를 요구할 권리가 있다는 점을 깨끗이 잊어버린 듯싶었다."

방치된 채 쓸쓸한 생활을 보내던 찰스는 외삼촌 토머스 배로와 대부(代父) 크리스토퍼 허펌을 방문하면서 기쁨을 느꼈다. 배로는 소호의 책방 미망인네 집에서 하숙하고 있었으며, 성공한 조선공인 허펌은 템스강변 라임하우스에 살고 있었다. 둘 다 어린 찰스에게 친절해서 책을 빌려 주거나 생일선물을 주기도 하고, 찰스가 채텀에서 익힌 통속적인 노래를 부르면 박수갈채를 보냈다. 런던 거리를 다니는 일은 가슴이 두근거릴 정도로 재미있었다. 찰스는 곧 런던 길거리의 활기에 가득 찬 사람들의 모습에 매료되었고, 이 흥미는 평생 사그라지지 않는다. 아직 어린아이였는데도 그는 이미 스트랜드나 코벤트 가든 같은 번화가를 즐겨 탐험했다. 그러나 특히 그를 사로잡았던 것은 세븐 다이얼스였다. 이곳은 좁은 뒷골목이 미로처럼 얽혀 있는 악명 높은 지역인데, 길가에는 싸구려 술집이나 다 쓰러져 가는 더러운 집들이 늘어서 있고, 지저분한 헐벗은 아이들이 득시글거리는 곳이었다. "정말이지 기가 막힐 정도의 사악함과 가난함과 걸식에 관해서, 이 장소의 강력한 인상이 얼마나 터무니없는 이미지를 내 머릿속에 불러일으켰는지" 하고 디킨스는 포스터 앞에서 개탄한 적이 있다.

1823년 말에, 디킨스네 재정은 절망적인 상태에 빠졌다. 남편이 파산에 맞닥뜨린 것을 본 엘리자베스는 이제는 자기가 어떻게든 해 봐야겠다고 마지못해 결심한다. 그래서 크리스토퍼 허펌의 격려를 받아 학교를 열기로 하고, 그렇지 않아도 얼마 없는 돈을 탈탈 털어서 유스턴 스퀘어에 가까운 가우어 거리에 우아한 새집(현재 유니버시티 칼리지 병원 부지의 일부)을 빌렸다. 놋쇠 표찰이 문에 걸리고 이웃에는 안내장이 배부되었다. 그러나 찰스의 말로는 학생은 한 사람도 없었다. "누가 입학할 것 같다는 소문도 없었고 애초에 학생을 받을 준비가 전혀 되어 있지 않았다." 그 대신 독기 오른 채권자들이 찾아와서 집 앞에 모여 모욕적인 말들을 퍼부어 댔다. 이윽고 디킨스 집안의 가구는 하나씩 팔려 나갔고, 찰스는 그들의 소지품 가운데 가지고 나갈 수 있는 것들을 전당포까지 가져가는 비참한 일을 맡았다. 아버지의 소중한 장서도 햄스테드 로드에 있는 주정뱅이의 서점으로 조금씩 팔려갔다. 곧 그들의 집은 방 두 개만 남기고 텅 비었고, 가족들은 낮에도 밤에도 그 방에 모여서 그날그날 근근이 살아갔다.

이런 위기 상황에서 그들의 친척이자 구두약 공장 지배인인 조지프 래머트가 주급 6~7실링으로 찰스를 고용하겠다고 나섰다. 가족들은 이 제안을 즉시 받아들였고 1824년 2월 9일(열두 살 생일을 맞이한 지 이틀 뒤) 찰스는 행거포드 스테어스 30번지의 워렌 구두약 공장에 갔다. 강기슭에 위치한 다 무너져 가는 공장에는 쥐들이 우글거렸다. 그곳에서 그는 아침부터 밤까지 검은 구두약이 든 용기에 뚜껑을 덮고 라벨을 붙이는 일을 했는데, 단조롭기 그지없는 지겨운 작업이었다. 동료라고는 같은 작업장에서 일하는 거칠고 무식한 소년들뿐이었다. 이 동료들은 찰스한테 '꼬마 신사'라는 별명을 붙이고 그럭저럭 친절하게 대해 주었다. 그 가운데에서도 밥 페이긴이라는 소년은 찰스가 지병인 발작성 복통으로 괴로워할 때 무척 걱정하면서 그를 돌봐 주었다. 그럼에도 성인이 된 디킨스는 "이런 동료들의 일원이 되었을 때 내가 느꼈던 정신적 고통"을 표현할 말을 찾지 못할 정도였다. "나는 이 시기의 동료들을 행복했던 어린 시절의 친구들과 비교했다. 그리고 어른이 되면 교양 있는 훌륭한 사람이 되고 싶다던 어린 날의 희망이 마음속에서 부서져 가는 것을 느꼈다."

뒷날 디킨스는 이 공장에서 얼마나 오래 지냈는지 기억해 내지 못했다. 여섯 달 정도일지도 모르고, 어쩌면 1년일 수도 있다. 그러나 이 짧은 기간은 그의 생애와 작품에 깊고 영속적인 영향을 주었다. 그 시대에는 아이들이 생계를 위해 어쩔 수 없이 일하는 것은 드문 일도 아니었다. 그리고 부모님은 아이가 친척 밑에서 일하는 것이 안전하기도 하고 장래성도 있다고 생각했을지도 모른다. 그러나 디킨스는 그때까지 자기는 좀 더 훌륭한 일을 하기 위해 태어났다고 믿었으며, 육체노동을 하는 아이가 될 줄은 꿈에도 몰랐다.

그는 이 경험에서 충격을 받아 깊은 상처를 입었고 결국 괴로움에 찬 분노까지 느끼게 되었다. 그는 포스터에게 이렇게 털어놓았다. "그저 놀라울 뿐이다. 그렇게 어린 나이에 그토록 쉽게 내버려지다니…… 아무도 나를 동정해 주지 않았다. 비범한 재능을 가졌고 머리 회전도 빠르며 의욕이 넘치고 섬세한, 육체적으로나 정신적으로나 상처받기 쉬운 아이였는데. 그런 나를 어디 평범한 학교에 들여보내 주려고 조금이라도 노력하든가─실제로 그럴 수 있었을 테니까─, 적어도 그런 제안을 할 만큼 나를 동정해 주지는 않았던 것이다."

게다가 그는 곧 결정적인 굴욕감을 맛보게 되었다. 찰스가 일을 시작한 지 얼마 안 되어, 존 디킨스가 빚 때문에 체포되어 템스강 남안 서더크의 마샬시 감옥에 투옥된 것이다. 돈을 아끼기 위해 엘리자베스와 어린 아이들 셋도 감옥에서 동거하게 되었다. 그리고 쇠꼬챙이가 주르르 박힌 담벼락에 둘러싸인 생활에

전당포 "런던 거리에 유감스럽게도 수없이 존재하는 불행과 빈곤이 모여드는 장소 가운데 가장 인상적인 정경을 볼 수 있는 곳은, 아마도 전당포 앞일 것이다."《보즈의 스케치》 제23장)

익숙해지자, 그들 가족은 감옥에서 보내는 단조로운 생활이 비교적 평온무사하다는 데에 기뻐하기까지 했다. 찰스는 무서운 노부인의 집에서 하숙했다. 나중에 이 노부인은 《돔비와 아들》의 "놀랍도록 불쾌하고 기분 나쁜" 핍친 부인의 모델이 된다. 혼자 어떻게든 살아갈 수밖에 없었으므로 찰스는 생활비를 1일분씩 작게 나눠서 썼다. 그는 주로 빵과 치즈만 먹으며 살았고, 저녁에는 거기에 맛없는 푸딩 한 조각을 곁들여 먹었다. "돈이 좀 있을 때에는 커피숍에 가서 커피 반 파인트랑 버터 바른 빵을 사 먹었다"고 디킨스는 포스터에게 말했다. "돈이 없을 때에는 코벤트 가든을 한 바퀴 돌면서 파인애플 따위를 구경했다." 일요일이 없었더라면 그는 이런 생활을 견디지 못했을 것이다. 일요일이 되면 찰스와 패니는

6마일을 걸어 마샬시 감옥에 가서 부모님과 형제자매들과 함께 하루를 보냈다.

1824년 5월 말에, 지급불능 채무자 조례에 의해 존 디킨스는 감옥에서 풀려난다. 몇 주 전에 어머니가 죽어 그 유산 덕분에 몇몇 채권자에게는 빚을 모두 갚을 수 있었다. 조그만 셋집을 전전하는 불안정한 생활을 하면서도 그들은 차츰 가계를 일으켜 세울 수 있었다. 그러나 가족들은 찰스는 당연히 구두약 공장에서 계속 일할 거라고 생각했던 것 같다. 그 자신의 말로는 그가 절망적인 상황에서 겨우 벗어난 것은 단지 아버지가 조지프 래머트와 다퉈서 둘 사이가 틀어졌기 때문일 뿐이다. 존 디킨스는 맏아들이 그토록 천한 일을 하고 있다는 생각에 마침내 견딜 수 없게 되었는지도 모른다. 엘리자베스 디킨스는 둘을 화해시키려 했으나, 존 디킨스는 아들에게 구두약 공장을 그만두게 하고 공부를 다시 시키겠다는 결의를 단단히 다지고서 물러서지 않았다. 디킨스는 자신의 마음을 알아주지 않았던 어머니의 잔혹함을 도저히 용서할 수 없었다. "나는 원한과 분노를 담아 글을 쓰지는 않는다. 그 모든 것이 작용해서 현재의 내가 완성됐음을 알고 있기 때문이다" 하고 한참 뒤 디킨스는 포스터에게 조용히 말했다. "하지만 어머니가 나를 일터로 돌려보내려고 애썼다는 사실을 나는 그 뒤에도 결코 잊지 않았고, 앞으로도 잊지 않을 것이다. 잊을 수가 없을 것이다."

디킨스가 소년시대에 겪었던 이 괴로운 경험은 가족들 사이에서는 결코 화제에 오르지 않았다. 디킨스 본인도 20년이나 지나서 포스터에게 보내는 자전적 단장(斷章)을 쓸 때까지 이 사실을 아무에게도 밝히지 않았다. 그리고 그때 쓴 것을 아내에게는 보여 줬어도 아이들과는 한 번도 그 이야기를 하지 않았다. 그래도 이 경험은 디킨스의 작품에 늘 따라다니며 여러 형태로 나타났다. 예컨대 그는 구두약 용기, 구둣솔, 구두약 광고 따위를 의미심장하게 언급하고 있다. 또한 조나 스마이크같이 가난하고 고독하고 누구의 도움도 받지 못하는 많은 등장인물들의 처량한 생활이나, 그 자신이 어느 편지에서 이야기한 "우리의 친절하고 자비로운 마음에 호소하는 모든 무력한 피조물……특히 어린아이들"에 대한 깊은 우려에도 이 경험은 반영되어 있다. 디킨스 본인은 이 경험으로 강해짐과 동시에 완고해졌다. 포스터가 눈치챘듯이 디킨스는 이 경험으로 인해서 비판에 매우 민감해졌고, 또 자신감이 무척 강해 한번 말을 꺼내면 절대 물러서지 않는 사람이 되었다. 그래서 그를 잘 모르는 사람들에게 그는 엄격하고 공격적

행거포드 스테어스(1822) 오른쪽 건물이 디킨스가 1822~25년에 다니던 워렌 구두약 공장이다.

이기까지 한 인물로 비춰질 수밖에 없었다.

그 뒤 2년간 디킨스는 웰링턴 하우스 아카데미에서 지냈다. 그 지방에서는 평판이 좋은 학교였으나 《데이비드 코퍼필드》에 세일럼 하우스로서 묘사된 내용만 본다면 그런 느낌은 들지 않는다. 그곳에서는 교장—"내가 만나 본 사람들 가운데에서도 특별히 무식한 사람"—이 전제군주처럼 선생과 학생을 지배하고 있었는데, 디킨스는 데이비드 코퍼필드와 마찬가지로 새로운 학교생활을 나름 대로 최대한 활용하려고 노력했다. 급우들의 기억에 남아 있는 디킨스는 건강해 보이는 잘생긴 소년으로, 희끗희끗한 낡은 바지와 웃옷을 입었지만 전체적으로 세련된 느낌이었고 나이에 어울리지 않게 자신감이 넘쳤다. 머리 회전이 빠르고 책을 많이 읽었다. 급우들은 또 디킨스가 아마추어 연극에 열중했다는 점과 대중잡지를 애독하고 이야기하기를 좋아했다는 점도 기억하고 있었다. 그는 편안하고 자유로운 한때를 보내고 다시 소년다운 즐거움을 맛볼 수 있었다. 책상 서랍 속에다 몰래 흰쥐를 키우고 또 장난도 쳤다. 온갖 경기도 해 보았다. 1827년 3월 아버지가 또다시 돈이 궁해져서 디킨스는 학교를 그만둘 수밖에 없었지만, 이때 그는 이미 '세상에 나올' 준비가 되어 있었다.

문학수업시절 1827~36년

이제 열다섯 살이 된 디킨스는 가족들과 아는 사이인 어느 변호사의 사무소에 말단 사무원으로 들어간다. 사무소는 홀본과 챈서리 레인 부근에 위치한 런던 법조타운의 중심부에 있었다. 그가 "매우 좁은 세계, 매우 따분한 세계"에 들어갔다는 사실은 이내 밝혀졌다. 그는 서류를 베끼고 틀에 박힌 기록을 하고 잔심부름을 했는데, 그 밖에는 자유시간이 많았으므로 근처 거리를 여기저기 탐색하거나 법정의 "곰팡내나고 세속적인 냄새가 풀풀 풍기는" 공기를 마시거나 했다. 할 일이 하나도 없어서 지나가는 사람의 모자를 겨냥해 버찌씨를 날리는 장난이나 치게 되는 고요한 오후 한때에 디킨스는 뛰어난 흉내내기 능력을 발휘해서 동료들을 즐겁게 해 주었다. 그 가운데 한 사람은 이렇게 떠올린다. "그는 거리를 왔다 갔다 하는 서민들의 모습을 참으로 멋지게 흉내냈다. 그냥 건달도 그렇고 과일장수나 채소장수나 뭘 파는 상인이든 간에 온갖 사람들을 다 연기했다." 일이 끝나면 《피크위크 페이퍼스》의 위세 당당한 젊은 사무원들과 마찬가지로 디킨스는 다른 사무소 젊은이들과 함께 저녁으로 소시지와 맥주를 먹으러 가거나, 런던에 숱하게 있는 극장 또는 대중적인 오락시설에 갔다. 때로는 깊은 밤까지 이렇게 놀기도 했다. 몇 년이 지나고 나서도 디킨스는 특히 기괴했던 하룻밤 일을 떠올릴 수 있었다. 그때 그는 실컷 먹고 마시고 담배를 피운 끝에 "하바나 담배가 별로 강하지 않다는 이야기가 슬슬 의심스러워질 무렵, 마차를 타고서(그것도 반대 방향으로 타고서) 몸이 덜덜 떨리는 기분을 느꼈다."

디킨스는 동료들과 친하게 지내긴 했지만, 이 시기에 이미 좀 더 보람찬 일을 찾아 사방을 살피고 있었다. 1830년 2월에 열여덟 살이 되자마자 그는 대영박물관 도서 열람증을 손에 넣는다. 모자라는 지식을 스스로 채우기로 결의한 것이다. 독학으로 속기도 배우기 시작한다. 의회 기록을 쓰는 신문기자가 되고 싶었기 때문이다. 이는 그 무렵 야심적인 청년들 사이에서 인기 있는 직업이었고 수입도 좋았다. 1년도 채 지나지 않아 그는 속기를 충분히 익혀 재판소에서 자유계약 속기사로 일하게 되었다. 낡고 활기 없는 재판소가 여럿 모인 이른바 '민법박사회관'으로 알려진 합동청사에서 그는 진술을 하나하나 기록했다. 하지만 이 일은 따분한 데다 안정적이지 못했다. 게다가 디킨스는 법적 절차의 한없는 지연과 번잡함에 참을 수 없었다. 한때는 다른 직업으로서 무대에 서는 일도 생각해

보았다고 디킨스는 포스터에게 말했다. 그는 거의 매일 밤 극장에 다니고 가장 좋은 연기를 연구했으며, 특히 코미디언이자 성격배우인 찰스 매튜스를 모범으로 삼았다. 1832년 봄에는 코벤트 가든에서 오디션에 신청하기까지 했다. 하지만 감기 탓에 약속을 지키지 못했고, 결국 두 번 다시 신청할 마음이 나지 않았다. 그러나 한참 뒤에 그가 자신의 아마추어 극단에서 연기를 하게 되자, 비평가들은 디킨스의 연기에 매튜스의 영향이 배어 있음을 알아보았다. 자작

구두약 공장에서 고된 시절 디킨스 작품의 하우스홀드판에 실린 프레데릭 버나드의 삽화

소설을 극적으로 낭독하게 되면서부터는 이 점이 더욱 자주 지적되었다. 그의 큰아들의 말에 따르면 디킨스는 '천생 배우'였다.

1831년에, 디킨스는 드디어 하원(下院) 신문기자석에 데뷔했다. 처음에는 외삼촌 존 헨리 배로가 편집을 책임지고 있는 주간지 〈미러 오브 팔러먼트(Mirror Of Parliament)〉의 임시직 기자였는데, 이어 급진적인 석간지의 기자로 일하다가 나중에는 〈모닝 크로니클(Morning Chronicle)〉의 제작진에 합류했다. 이것은 대표적인 일간지 가운데 하나였다. 디킨스는 곧 정확하고도 빠른 보고로 이름을 얻었다. 열악한 노동조건도 별로 문제는 되지 않았다. "나는 무릎이 다 닳았는데 그것은 오래된 하원 건물의 낡은 뒷줄 좌석에서 무릎을 책상삼아 필기를 했기 때문이다"라고 어느 강연에서 그는 말했다. "발도 닳았는데 오래된 하원 건물에서 비좁은 울타리 안에 선 채로 기록을 했기 때문이며, 거기서 우리는 한 무리 양

떼처럼 서로 바싹 붙어 있었다." 그때 그가 기자석에서 밤이면 밤마다 기록해야 했던 회의는 1832년 선거법 개정안, 1833년 공장법, 1834년 구빈법 개정안을 둘러싼 것이었는데 이 시대의 가장 중요한 여러 사회적 변화와 관련되어 있었다. 그러나 그는 스스로 경멸을 담아 "특히 광대 노릇이 돋보이는" 정치적 연극이라고 묘사한 이런 회의에 대해 실망했다. "나는 정치적 생활의 무대 뒤편 사정을 충분히 알고 있으므로 그 가치가 어떤 것인지도 안다"고 그는 《데이비드 코퍼필드》에서 밝혔다. "나는 그 가치를 완벽하게 불신하고 있으며 결코 개종하지 않을 것이다."

이 지루한 수업시절의 가장 좋은 친구는 젊은 은행원인 헨리 콜이었다. 디킨스는 그를 통해 마리아 비드넬과 만났는지도 모른다. 마리아는 롬바르드가의 어느 은행가의 딸인데 검은 머리에 몸집이 작은 미인이었다. 디킨스는 그녀를 열렬히 사랑했다. 거의 4년 동안 그녀를 너무도 사랑한 나머지 "다른 생각은 하나도 하지 않았다"고 스스로 떠올렸을 정도다. 처음에 마리아는 디킨스의 사랑을 기쁘게 받아들였다. 그러나 구혼자는 많이 있었고 그녀는 분명 구혼자들을 서로 경쟁하게 하면서 즐기고 있었다. 게다가 어차피 그녀의 부모님이 젊은 '디킨 씨'—그들은 이런 말투를 썼다—나 그의 씀씀이 헤픈 아버지를 인정해 줄 리가 없었다. 점차 마리아의 마음은 싸늘해져 갔다. 그리고 디킨스는 "박정하고 무관심한 취급을 몇 번이나 당하여" 괴로워하고 며칠 밤이나 잠도 못 자고서 연인의 집 주위를 이리저리 오가며 실의에 빠져 헤맨 끝에, 마침내 마리아와의 교제를 끝냈다. 스물한 살 생일을 맞이한 직후의 일이었다. 그에게 이 사랑은 단순한 젊은 날의 열병이 아니었다. 마리아에게 거절당한 디킨스는 깊이 상처받았음에 틀림없다. 실제로 이 상처는 너무도 깊었기에, 20년 가까이 지나고 나서 데이비드 코퍼필드와 도라의 사랑 이야기를 쓰게 되었을 때 그는 "제라늄 잎사귀의 향기"를 맡거나 "밀짚모자와 푸른 리본"을 얼핏 볼 때마다 자기 자신의 괴로운 첫사랑의 기억이 아직도 또렷이 되살아나는 것을 느꼈다.

상처를 입은 디킨스가 즉시 취한 대처 방법은 일에 몰두하는 것이었다. 그는 어떻게든 성공하고 싶다고 전보다도 더욱 강하게 결의를 다졌다. 그해 여름, 의회의 휴회 기간에 그는 저술 활동을 시작했고 첫 간행물—〈포플러 가로수길에서의 저녁 식사(A Dinner at Poplar Walk)〉라는 골계적인 이야기—이 1833년 12

홀본의 스테이플 인(1884) 런던 법조타운인 홀본지구의 건물과 광장, 거리, 골목은 디킨스의 소설 곳곳에 반복하여 등장한다.

월 〈먼슬리 매거진(Monthly Magazine)〉에 실렸다. 자기 작품이 활자화된 것을 보았을 때 디킨스는 기쁨을 숨길 수 없었다. "나는 웨스트민스터 홀[2]까지 걸어가서 안에 들어가 30분쯤 그곳에 있었다. 넘치는 기쁨과 자랑스러움으로 눈에 눈물이 글썽해져서 길거리에는 있을 수가 없었기 때문이다. 그런 모습을 남들에게 보이고 싶지 않았다." 이어서 비슷한 단편들 몇 편이 모두 익명으로 출판되었는데, 1834년 8월에 나온 〈하숙집 성쇠기 2〉에서 저자는 처음으로 '보즈'라고 서명을 했다. 그것은 가족들이 막냇동생 오거스터스에게 붙인 별명이었다. 처음에는

---

2) 영국 의회의사당의 커다란 홀.

디킨스의 첫사랑 마리아 비드넬

골드스미스가 쓴 《웨이크필드의 목사》의 등장인물 이름에서 딴 '모지즈'였는데, 이것이 "우스꽝스러운 콧소리로 발음되어 '보지즈'가 되었고 줄여서 '보즈'가 된 것이다."

1834년 여름, 디킨스는 주급 5기니를 받고 〈모닝 크로니클〉의 제작진에 합류했다. 보도기자로서 수완이 좋은 데다 '훌륭한 사생문'을 쓴다는 이유로 고용된 것이었다. 편집장 존 블랙—"나를 진심으로 상찬해 준 최초의 인물"—은 디킨스가 의회 보도라는 틀에 박힌 일에 매달리지 않도록 배려해 주었고 평론이나 스케치를 쓰도록 그를 격려했다. 동시에 중요한 모임이나 만찬회나 선거운동 따위를 전국적인 규모로 취재할 기회도 주었다. 디킨스는 열심히 이에 응하여 밤새도록 마차를 타고 빠르게 달리는 흥분을 마음껏 즐겼다. 흔들리는 등불 빛에 의지하여 원고를 재빨리 갈겨쓰고 있으면 열린 창문으로 진흙이 튀어 들어왔다. 그는 큰 맘 먹고 외투를 새로 샀다. 푸른 천에 검은 벨벳 테두리가 둘린 망토인데, 한쪽 끝을 반대편 어깨에 걸치는 에스파냐식 세련된 방식으로 차려입고 다녔다고 한다. 그는 머리를 길게 기르고 멋들어진 조끼를 입는 취미에 빠졌다. 그해가 저물 무렵 아버지가 또다시 심각한 재정 위기에 빠지자, 아들은 아버지의 빚을 얼마쯤 갚아 드리고 어머니와 형제자매들을 좀 더 싼 곳으로 이사하게 했다. 그리고 자기는 열네 살 난 동생 프레드와 함께 홀본 근처에 있는 퍼니발스 인(Furnival's Inn)의 사글셋방으로 이사했다.

아직 만 스물셋도 되기 전에 디킨스는 완전히 자립하여 유능한 기자로서 갈

수록 높은 평판을 얻고 있었다. 1835년 초에, 그는 문학적 성공에 한 걸음 더 다가간다. 〈모닝 크로니클〉의 자매지로 창간된 〈이브닝 크로니클〉에서 '시정(市井) 스케치'를 20회에 걸쳐 연재하자는 제의가 들어온 것이다. 주급이 2기니 오른 데다가 이제는 전문적인 작가가 되는 길까지 열렸다.

〈이브닝 크로니클〉의 편집자 조지 호가스는 이 젊은 기대주를 브롬프턴에 있는 자택으로 초대했다. 이내 디킨스는 호가스 저택에서 열리는 파티와 음악회의 단골손님이 되었다. 그는 대가족과 그 친구들의 유쾌함과 따뜻함을 마음껏 즐겼고, 웃기는 노래를 부르

최초의 디킨스 초상화

거나 익살을 떨어 사람들을 즐겁게 했다. 그의 넘쳐흐르는 활기를 접하기만 해도 사람들은 저절로 즐거워졌다.

호가스 집안의 맏딸 캐서린은 두 사람이 만났을 때 열아홉 살, 여동생 메리는 열네 살, 조지나는 일곱 살이었다. 캐서린은 약간 통통하지만 예쁜 아가씨였는데 '도톰한 눈꺼풀에 덮인 크고 푸른 눈, 살짝 들린 코, 입술이 붉은 작고 동그란 입, 미소를 머금은 온화한 표정'을 지니고 있었다. 그녀를 아는 사람들은 대개 상냥하고 친절한 여성이라고 평했다. 조용한 성품이면서도 유머 감각이 있고 때로는 지나치다 싶을 만큼 얌전해 보였는데, 그런 그녀와 디킨스는 이윽고 행복한 연인이 되었다. 1835년 5월에 두 사람은 약혼한다. 그러나 이번 연애에서 디킨스는 늘 두 사람의 관계를 리드하고 자신의 감정을 완벽히 조절했다. 일은 점점 더 바빠졌으므로, 디킨스는 저녁에 방문하기로 한 약속을 취소하거나 늦추게 돼서 미안하다고 사과하는 편지를 약혼자에게 계속 보냈다. 그리고 약혼자가 풀이 죽지

▲《이브닝 크로니클》의 편집장이자 장래의 장인이 될 조지 호가스에게 쓴 디킨스의 편지

◀약혼 뒤 디킨스가 캐서린에게 쓴 편지(1835. 5) 영원한 사랑을 약속했다.

앉도록 토라지거나 화내지 말아 달라고 부탁하고, "우리가 만난 날부터 나는 단 한순간도 그대를 사랑하지 않은 적이 없고, 앞으로도 없을 것"임을 기억해 달라고 했다.

　디킨스의 첫 번째 책 《보즈의 스케치》는 1836년 2월 8일, 존 매크론을 통해 출판되었다. 신문에 게재한 소품들을 모아 수정하고 보충해서 낸 이 책에는 저명한 예술가 조지 크룩생크의 삽화도 실려 있었다. 판매 성적이 좋아 8월에는 제2판이 간행되었다. 12월에는 벌써 20편짜리 소설 및 스케치를 모은 속편이 나왔다. 나중에 디킨스는 이를 가리켜 "생각이 짧았던 미숙한" 작품으로 취급하는 경향을 보였지만, 포스터가 기록했듯이 《보즈의 스케치》는 "런던의 일상을 꼭대기부터 밑바닥까지 통틀어서 그 웃음과 즐거움, 괴로움과 죄악을 모두 또렷하게 그려 낸" 작품이었다. 곧 디킨스는 새로운 출판사로부터 연락을 받는다. 채프

먼 앤드 홀(Chapman & Hall) 출판사가 매달 14파운드를 받고 연재 기사를 써 주지 않겠느냐고 그에게 제의한 것이다. 다만 그 연재의 주체는 로버트 시모어의 삽화이며, 글은 삽화에 곁들여지는 식이었다. 출판사는 이것을 한 권당 1실링씩 분책 형식으로 판매하려 했다. 이 제안은 디킨스의 계획과는 달랐다. 그는 이미 오페라 대본 하나와 희극 하나에 대한 집필에 착수했으며, 나아가 더 많은 스케치 및 3권짜리 장편소설 아이디어도 가지고 있었다. 그러나 캐서린과 디킨스는 곧 결혼할 예정이었고, 살림을 차리려면 돈이 들 터였다. 디킨스는 2월 10일, 캐서린에게 보낸 편지에 이렇게 적었다. "이 일은 마음에 안 들 테지. 하지만 보수가 좋아서 유혹을 뿌리치기 힘들군."

캐서린의 초상화 결혼 2년 뒤(1838).

　출판 비용을 분산하는 한 방법으로 시작된 분책 형식의 출판은 19세기 초까지는 주로 삽화가 실린 책이나 고전작품의 조잡한 염가 책에 한해서 이루어지고 있었다. 디킨스가 기억하기로 "친구들은 나에게 분책 형식은 저속한 싸구려 출판 방식이라고 했다. 그런 짓을 하면 출셋길을 스스로 망치는 꼴이 될 거라고 했다." 하지만 그렇기는커녕 디킨스는 그것이 소설을 출판하는 새롭고도 무척 효과적인 방법임을 즉시 깨달았다. 이 방법을 쓰면 독자를 최대한 확보할 수 있는 것이다. 그 뒤 분책 형식은 디킨스 소설의 태반을 발표하는 상투적 수단이 되었다. 9편의 장편소설이 매달 분책 형식으로 세상에 나온 것이다. 이윽고 화려한 색 표지와 생생한 삽화가 곁들여진 매호 32쪽짜리 분책은 서점에서 흔히 볼 수

《피크위크 페이퍼스》 작품에는 새로 기용된 해블롯 K. 브라운이 삽화를 그리기 시작했다. 디킨스가 죽고 나서, 손이 불편했음에도 '하우스홀드판' 삽화를 새로 그려 주었다.

있게 되었다.

《피크위크 페이퍼스》 첫 호는 1836년 3월 31일 목요일에 간행됐다. 출판계에서는 전통적으로 '잡지의 날'로 알려진 날이었다. 그리고 이틀 뒤인 4월 2일에 디킨스와 캐서린은 첼시의 세인트 루크 교회에서 결혼식을 올렸다. 작가 찰스 킹슬리의 아버지가 이 교회의 목사였다. 결혼식은 집안사람들끼리 모여 소박하게 치렀는데, 가족 외에는 존 매크론과 디킨스의 오랜 친구인 토머스 비어드 정도가 참석했다. 비어드는 신랑 들러리를 섰다. 패니 디킨스의 약혼자 헨리 버넷이 기억하기로는 신부는 밝고 쾌활해 보였으며 "참으로 소박하고 말쑥한 차림을 하고 있었다." 간소한 결혼 피로연을 마친 다음 신혼부부는 로체스터에서 별로 멀지 않은 고즈넉한 초크 마을로 가서 짧은 신혼여행을 즐겼다. 그리고 다시 퍼니발스 인으로 돌아와서 좀 더 큰 스위트룸으로 옮겼다. 방에는 고상한 가구들이 갖춰져 있었다. 월말에 이곳을 들른 메리 호가스는 언니가 무척 행복하게 지낸다

《피크위크 페이퍼스》(표지 제목은 《피크위크 클럽》) 1936. 3~37. 11까지 월간 분책 발행하였다.

고 느꼈다. 그러나 디킨스는 또다시 일심불란하게 일에 몰두하고 있었다.

《피크위크 페이퍼스》는 처음엔 그다지 잘 팔리지 않았다. 제1호는 정말 조금밖에 팔리지 않았고 별로 주목받지도 못했다. 엎친 데 덮친 격으로 실의에 빠져서 정신이 불안정해진 시모어가 제2호 삽화를 완성하기도 전에 그만 자살해 버렸다. 채프먼 앤드 홀 출판사는 글의 비중을 늘리기로 결정했는데, 시모어를 대신할 삽화가 찾기가 쉽지 않았다. 그리하여 디킨스는 사실상 이 기획의 중심인물이 되었다. 나머지 삽화를 그릴 화가로서 해블롯 K. 브라운을 선택한 사람은 아마도 디킨스 본인일 것이다. 브라운은 숫기 없고 솔직한 젊은이였는데, 디킨스와는 금세 절묘한 콤비를 이루었고(실제로 브라운은 "보즈와 더 잘 어울리게끔" 피즈라는 펜네임을 썼다), 두 사람의 협력 관계는 20년이 넘도록 이어졌다.

브라운의 삽화는 《피크위크 페이퍼스》 제4호에 처음으로 실렸는데, 이것은 동시에 샘 웰러가 처음 등장한 호였다. 이 애교 있는 코크니[3]는 금세 많은 독자들의 공감을 얻는다. 〈메트로폴리탄 매거진〉은 "지금까지 나온 것 가운데 최고"라

---

[3] 런던 토박이.

고 평했다. 이턴즈윌의 선거를 재미있게 묘사한 제5호가 간행될 무렵에는 신문은 보즈가 "이 나라 사람들의 이목을 사로잡았을 뿐만 아니라 마음까지 모두 사로잡아 버렸다"고 기사를 냈으며, 최신호를 한번 보려고 많은 사람들이 서점 유리창에 딱 달라붙어 있더라는 이야기도 실었다. 채프먼 앤드 홀은 디킨스의 월급을 25파운드로 올려 줬는데 판매량은 꾸준히 늘었다. 1837년 2월에 1만 4천 부, 6월에는 2만 6천 부, 그리고 마지막 호가 나오는 11월까지는 약 4만 부에 달했다.

그 무렵 스몰렛이나 스턴이나 필딩이 쓴 피카레스크 소설에 큰 영향을 받은 이 유쾌한 이야기는 선풍을 일으키고 있었다. 그 억누를 수 없는 유쾌함—슬픔과 냉정함도 지닌 유쾌함—은 빈부와 노소의 격차를 전부 뛰어넘어 모든 사람을 매료했다. 말단 사무원이나 수습생부터 지주계급 부인들과 목사에 이르기까지 광범위한 독자층이 이루어졌다. 리버풀의 열쇠 기술자와 동료들도 런던의 지체 높은 재판관과 의사도, 신간이 나오면 다들 그것을 정신없이 탐독했다. 피크위크풍(風) 모자와 지팡이, 엽궐련, 커튼 따위가 상품으로 나오고, 피크위크를 소재로 한 노래집이나 유머 모음집, 번안 소설과 속편 따위도 나왔다. 토실토실 살이 찌고 안경을 쓴 피크위크 씨의 모습에 모든 사람들이 익숙해졌고, 샘의 유쾌한 '웰러식(式) 기지'(유명한 글귀를 익살스럽고도 적절하게 인용하는 것)는 여기저기서 사람들 입에 자주 올랐다. 《우리 마을》의 저자 밋포드 부인은 아일랜드의 친구에게 보내는 편지에서 이렇게 말했다. "영어 대화가 오가는 곳치고 '보즈' 이야기가 안 나오는 곳이 없었을 정도입니다." 어느 비평가의 인상적인 표현을 빌리자면 스물다섯 살 때 디킨스는 '불꽃처럼' 명성을 향해서 솟아오른 것이다. 그는 '비길 데 없이 위대한 보즈'가 되었으며 대중적인 인기를 얻었다. 그리고 이 인기는 한평생 이어진다.

비할 바 없는 보즈 1837~42년

성공은 디킨스의 저술에 더욱 맹렬한 박차를 가했다. 그는 친구에게 '완전히 일에 빠져 있다'고 말했다. 그런데도 1836년 11월, 출판인 리처드 벤틀리가 월간지 편집주간을 제의하자, 이미 소설을 몇 편 집필할 계획이 잡혀 있으면서도 그 제의를 받아들이고 만다. 그는 매달 20파운드의 급여를 받고, 매호 기고하는 원고 고료로 20기니를 더 받기로 했다. 채프먼 앤드 홀에서 받던 액수보다 훨씬 많았으므로, 디킨스는 〈모닝 크로니클〉 일을 그만둘 수 있었다. 디킨스는 그 새로운 일이 전보다는 쉬운 일이기를 바랐다. 또한 가정적 책임이 더욱 무거워진 것도 한 이유였다. 1837년 1월 6일, 캐서린이 첫 아이를 낳았다. 아이는 아버지와 똑같이 찰스라는 이름을 가졌고, '신동'이라며 팔불출 아버지는 크게 기뻐했다.

디킨스의 두 번째 장편소설 《올리버 트위스트》는 〈벤틀리 미셀러니〉에 연재되었다. 이 소설은 신빈민구제법을 언론인으로서 통렬하게 비판하는 것으로서 시작되었다. 신빈민구제법은, 가난에 허덕이는 사람들을 그 지역의 행정교구에서 구제하는 옛 제도를 폐지하고, 그들을 구빈원에 수용하여 관리하는 무자비하고 비인간적인 제도를 도입한 것이다. 그런데 그는 작품 주제에 몰두할수록, 어린 시절에 맛봤던 비참함, 굶주림과 고독의 기억이 물밀듯이 되살아났다. 디킨스는 갓 태어난 아기를 곁에 두고, 사람들이 지나치게 꽉 들어찬 런던 빈민가라는 폭력과 악몽의 세계에서 필사적으로 살아남고자 하는 고아의 애처로운 이야

인형극장판 〈올리버 트위스트〉를 위해 제작된 종이인형과 배경

기에 온 힘을 쏟아 부었다. 〈행정교구 소년(피구제민)의 일대기〉라는 부제는, 화가 호가스나 18세기 풍자작가의 작품을 통해 이미 친숙한 형식이었다. 착한 사람과 나쁜 사람의 뚜렷한 대비 또한 대중적인 연극이나 소설의 전형적인 방식이다.

그러나 디킨스의 책을 읽은 많은 사람들은 그의 음울한 말투에 놀라고, 그가 범죄자나 부랑자의 삶에 동정적으로 매료되어 있음을 알고 충격을 받았다. 이 작품을 '뉴게이트 소설'[4]의 오랜 전통을 잇는 최신 작품으로 본 사람들이 있는가 하면, 수상 멜번 경처럼 하층민의 생활 묘사, 특히 매춘부 낸시를 바라보는 연민 어린 눈길에 반감을 느끼는 이들도 있었다. 그러나 인물을 창조하는 작가의 월등한 재능—모든 등장인물이 살아 있는 감정과 정념으로 가득 차 있어서 그 모습이 곧바로 눈앞에 그려지므로, 우리는 그들을 개인적으로 잘 아는 것 같은 느낌을 받는다—을 눈치챈 사람도 있었다. 이 소설이 단행본으로 나왔을 때 디킨스가 본명으로 간행하고 광고할 것을 단호히 주장한 사실도 매우 중요하다. 그로 인해 비평가들은 그를 동시대 사람으로 보지 않고, 셰익스피어나 월터 스콧 경과 같은 대작가에 비견하게 되었다.

1837년 4월, 디킨스는 캐서린과 아기를 데리고 다우티 거리 48번지—몹시 고급스러운 가족적인 느낌의 저택—로 이사했다. 그러나 새로운 환경에서 쾌적한 생활을 시작한 지 얼마 안 되어, 아내 캐서린의 동생 메리 호가스가 갑작스러운 죽음을 맞는다. 디킨스 부부는 큰 충격을 받았다. 두 사람이 결혼한 당초부터 메리는 곧잘 그들을 찾아와 같이 어울렸다. 젊은 부부와 함께 '난롯가에 앉아 시시한 농담을 하고', 상냥하고 사랑스러운 성품으로 부부와 친구들의 마음까지 사로잡았다. 5월 7일 저녁, 세 사람이 극장에서 돌아왔을 때 메리가 갑자기 쓰러졌다. 디킨스 부부는 허둥대며 밤새도록 간호했지만, 몇 시간 뒤 메리는 디킨스의 품에 안겨 숨을 거둔다. 그녀는 겨우 열일곱 살이었다.

디킨스는 엄청난 충격에 빠졌다. 어린 시절 그를 괴롭히던 참을 수 없는 옆구리 통증이 다시금 그를 덮쳤다. 그는 처음이자 마지막으로, 매달 빼먹지 않고 연재하던 작품을 쓸 수가 없었다. 디킨스는 메리의 손가락에서 반지를 빼 자기 손가락에 끼웠다. 머리카락도 한 줌 간직했다. 그리고 그 뒤로 몇 달 동안 매일같

---

[4] 실재 범죄자의 삶을 바탕으로 한 대중적인 픽션.

이 메리의 꿈을 꾸었다. 1년쯤 지난 뒤 디킨스는 일기에 이렇게 적었다. '행복의 가치는 그것을 잃기 전까지는 깨닫지 못한다. ……만약 그녀가 지금도 우리와 함께 있다면……내가 생각하고 느끼는 모든 것에 대하여, 이제껏 내가 알아 온 사람과 앞으로 알게 될 그 누구보다도 깊이 공감해 주었던 그녀가―나는 그 행복이 이어지는 것 말고는 아무것도 바라지 않을 것이다.' 절절한 감정이 고스란히 느껴지는 말이다. 어떻게 보면 그는, 젊

메리 호가스의 초상　헤블롯 K. 브라운 그림.

고 낙천적이던 그들에게 닥친 이 끔찍한 상실을 평생 이겨내지 못했다고 볼 수 있다. 디킨스가 '너그러운 아버지의 긍지를 가지고' 가장 사랑한 처제, 착하고 상냥한 메리는, 포스터의 말을 빌리면, '그의 한평생의 이상'이었다. 그 죽음은 작품에도 깊은 영향을 끼쳐, 아이들이 병에 걸려 죽어 가는 모습을 비통하게 그린 곳에서 그 그림자를 찾을 수 있다. 또한 리틀 넬 같은 등장인물의 이상화된 이미지―어린아이와 성숙한 어른 사이에서 동화처럼 무구한 상태로 머물러 있는 소녀―에도 메리가 투영되어 있다.

　이 비극은 작은 가정에 큰 구멍을 만들었고, 그로 인해 친구들과의 교제를 더욱 중요시하게 되었다. 디킨스는 친구들과 함께 햄스테드나 리치먼드 공원에 가서 말을 타고, 오후에 시내 거리를 어슬렁거리는 것을 아주 좋아했다. 작품을 쓰는 도중에 이렇게 외출을 하면 마음도 여유로워지고 사고도 풍부해졌다. 상상력을 자극하려면 몸을 꾸준히 움직여야 한다고 그는 입버릇처럼 말했다. 다우티 거리의 집을 문턱이 닳도록 들락거린 친구들 가운데 하나인 역사소설가 W.H. 에인스워스는, 디킨스를 보헤미안 예술가 무리에 끌어들였다. 그 무리에 화가인

윌리엄 찰스 맥크리디(1793~1873)
당시 50세 때의 초상화. 1837년 6월에 디킨스와 만난 맥크리디는 디킨스와 평생 좋은 친구로 남았다. 디킨스는 그에게 《니콜라스 니클비》를 헌정했다.

대니얼 매클리스, 유명한 셰익스피어 배우 윌리엄 맥크리디, 그리고 디킨스에게 가장 중요한 존재였던 존 포스터가 있었다. 포스터와 디킨스는 공통점이 많았다. 나이도 같았고, 하층중산계급 출신이라는 점도 같았으며, 둘 다 똑같이 법률로 성공하려다가 저널리즘과 문학으로 방향을 바꾸었던 것이다. 또한 두 사람 다 명랑했으며, 연극과 만찬회, 유쾌한 친구와의 교제를 좋아하는 점도 같았다. 포스터는 독선적이고 거만한 면도 있었지만, 디킨스에게는 평생 헌신적이고 충실한 친구였다. 일 문제로 도움이 필요할 때 디킨스는 늘 포스터를 의지했다.

일약 유명인이 되어 우쭐한 나머지, 디킨스는 도저히 이겨낼 수 없는 일정을 짜고 말았다. 게다가 '보즈'가 이렇게까지 인기를 얻게 되자, 약속받은 보수가 턱없이 적은 액수로 보였다. 디킨스는 이 경솔한 약속을 모두 백지로 돌리고 자유로워지고자 결심한다. 그와 관계를 맺고 있던 세 사람의 출판업자와 관련된 이야기였지만, 특히 벤틀리가 문제였다. 벤틀리도 큰 수입원인 작가를 잃고 싶지 않았던 것이다. 법률적으로도 자신이 유리했으므로 더더욱 쉽게 물러설 리가 없었다. 논의는 점차 날카로워지며 몇 달 동안 이어졌다. 마침내 1839년 1월, 디킨스는 분통을 터뜨리며 〈벤틀리 미셀러니〉 편집주간 일을 내던졌고, 이어서 그가 '배링턴 거리의 노상강도'라고 여기는(공정한 평가라고는 할 수 없지만) 벤틀리와의 관계를 모조리 끊어 버렸다. 그 뒤로도 이와 같은 분쟁이 여러 번 일어났지만, 아무튼 현재 디킨스의 장편소설은 모두 《미셀러니》에 새 연재 광고가 뜬 《바나비 러지》까지 포함하여) 채프먼 앤드 홀에 위임되었다. 그들은 이미 《피크위크 페이퍼스》와 관련된 일에서 아주 너그러운 태도를 보여 주었고, 다음 소설 《니콜라스 니클비》 출판 계약도 맺고 있었다.

디킨스는 자기 작품에 대하여 너무나 타산적인 태도를 보인다는 비판을 자주 들었는데, 사실 그는 다른 수입원이 없는 직업 작가로서 어떻게든 생활비를 벌어야 했던 것이다. 그러나 그는 약빠른 사업가이기도 했고, 팔리지 않는 작가

존 포스터(1812~1876)의 초상
디킨스와 절친한 사이였고, 그의 소설 대부분의 원고 정리 및 교정을 보았다. 포스터가 쓴 《디킨스 전기》(1872~74년에 전3권)는 디킨스의 생애를 기록한 훌륭한 자료가 되었다.

의 생활이 어떠한가를 잘 알고 있어서 그들의 생활이 밑바닥까지 떨어질 수도 있다(특히 저작권 문제에 신경 쓰지 않으면 겪게 되는)는 것을 잘 이해하고 있었다. 1839년에 포스터에게 푸념했듯이, 글 쓰는 일은 가끔 어렵고 진저리나는 작업이며, '내 책이 관련된 모든 사람들—나를 제외하고—을 부유하게 만드는데…… 나와 가장 가깝고 가장 소중한 이들의 삶을 풍족하게 해 주지는 못하는 점을 생각하면…… 기운이 쭉 빠진다.' 게다가 가족에 대한 책임은 한결같이 무거워지기만 했다. 1838년 3월 큰딸 메리(애칭은 메이미)가 태어났고, 이어서 1839년 10월 디킨스의 자녀들 가운데 가장 활기찬 케이트가 태어났다. 한편 디킨스의 아버지는 지속적으로 전에 없는 부담을 안겨주었다. 유명한 아들 디킨스의 명성을 등에 업고 끊임없이 돈을 빌려 썼던 것이다. 동생 알프레드도, 아버지에게서 오직 돈에 무신경한 점만을 이어받은 듯한 태도를 보여 그를 괴롭혔.

디킨스의 세 번째 작품인 《니콜라스 니클비》는 1838년 3월부터 39년 9월까지, 매월 분책되어 간행되었다. 《피크위크 페이퍼스》와 '같은 노선으로' 즐겁고 유쾌한 축제 분위기와 '다정한 공감'을 강조한 작품이 될 예정이었으나, 《올리버 트위

스트》와 마찬가지로 머지않아 사회비판적인 요소가 짙어진다. 노스요크셔에 있는 몇몇 무료 기숙학교—버림받은 아이들의 수용소 역할을 했다—의 참상은 오래전부터 유명했는데, 디킨스는 이제 직접 그것을 파헤쳐 보기로 결심한 것이다. 1838년 1월에, 해블롯 브라운과 함께 조사차 들렀을 때 본 실상은 너무도 참혹했다. 디킨스는 '요크셔에 있는 이런 학교 교장들의 악행은 더는 부풀릴 방법조차 없다'고 굳게 믿었다. 그는 15년 전에 학생을 학대한 죄로 기소된 윌리엄 쇼가 경영하는 보스 아카데미를, 작품 속의 두더보이스 홀의 모델로 삼았다. 이러한 끔찍한 시설에 처음이자 마지막으로 사람들의 주의를 한곳으로 모으고자 한 것이다. 그 결과는 정말로 더할 나위 없었다. 이 소설이 발행된 뒤 채 10년도 지나기 전에 이러한 학교가 하나도 남김없이 문을 닫은 것이다.

그러나 《니콜라스 니클비》는 사회풍자에 성공한 작품으로 머물지 않았다. 스퀴어즈 가족의 훌륭한 코미디, 스마이크의 괴로운 생활과 비애, 떠돌이 극단 크러믈스 가족의 독특한 활력에 독자는 곧바로 빠져든다. 디킨스 자신도 그들 모험에 빠져들어서 숨 막히는 기세로 글을 써내려 갔다. 제1호의 팔림새는 놀랍게도 5만 부에 이르렀다. 그 결과, 싸구려 모방작과 무허가 연극이 우르르 쏟아졌지만, 그래도 원작의 인기는 하늘 높은 줄 모르고 치솟았다. 미국에서 이 소설은 캐리 리 앤 블랜차드사(社)에서 차례로 간행되었다. 그들은 초고를 교섭하기 위해 대리인까지 보냈다. 저작권 국제협정이 정립되기 전이라 영국 책을 복제 간행해도 그들에게 권리금을 지급할 의무가 없었는데도, 이 회사는 그렇게 한 것이다. 오로지 집필에만 매달려서—그동안 디킨스의 일기에는 '일'이라는 한 글자밖에 쓰여 있지 않았다—마침내 마지막 회를 간행하자 '호화찬란한' 만찬회가 열리고, 책상 앞에 앉은 디킨스의 초상화를 그린 매클리스의 그림이 공개되었다. 이 초상화는 윌리엄 핀덴이 동판화로 복제하였으며, 《니콜라스 니클비》가 단행본으로 나오자 책 앞머리에 삽입되었다. 이것은 그 뒤로 가장 널리 알려진 디킨스 초상화 가운데 하나가 된다.

디킨스는 이제는 시대를 대표하는 작가가 되었다. 런던 사교계에서 추앙받았고, 특권 신사들의 클럽, 즉 개릭 클럽과 애서니엄 클럽 회원이 되어(찰스 다윈과 동시에 애서니엄 회원이 되었다), 공공장소에서 연설을 하는 일도 많아졌다. 1841년 에든버러 시민들이 디킨스에게 경의를 표하고 만찬회를 열어, 그를 에든버러 명

▲〈니콜라스 니클비〉 극장상연 광고 런던 아델피 극장 초연(1838. 11. 19).

▶런던, 데본셔 1번지 디킨스 가족은 1841~51년까지 이 집에서 살았다.

예시민으로 추대했다—20대 청년에게 이것은 '더없이 영광스러운' 일이었다. 디킨스는 그 일을 돌이키며, '내가 처음으로 받은 공식 표창이어서 아주 감격했다'고 자랑스럽게 말했다. 그는 그 무렵 문단 명사들과 만나 우정을 나누었다. 리헌트, 월터 새비지 랜더, 새뮤얼 로저스, 그리고 유력한 편집자이자 변호사인 제프리 경 등이었다. 디킨스의 '품위 없는' 큰 웃음소리와 한껏 멋을 부린 차림새에 이맛살을 찌푸리는 사람도 있었지만, 그의 날카로운 지성을 높이 평가한 사람은 더 많았다. 역사가 토마스 칼라일은 그를 처음 보고 나서 '섬세하고 몸집이 작은 사내'라고 썼다. '더없이 재주 많은 얼굴을 하고 있다. ……조용하고, 예민해 보이는 작은 사내로, 자신의 본질은 물론 다른 사람들의 본질도 매우 잘 알고 있는 듯이 보인다.'

성공한 디킨스는 다우티 거리에서 데본셔 테라스 1번지 저택으로 옮겼다. 리젠트 파크 근처에 있는 조지 왕조 양식의 대저택으로, 그림과 거울과 온갖 장식품으로 세심하게 꾸며져 있으며, 책 2천 권이 넘는 도서실도 있었다. 디킨스는 이 집에서 호화로운 디너파티를 즐겨 열었다. 식사 마무리로 그가 직접 만든 진 펀치를 돌린 뒤, 이어서 놀이와 춤으로 흥청거리는 밤이 펼쳐졌다. 여름에는 주로 켄트주 브로드스테어스—'인기 있는 고풍스러운 해안 보양지'라고 디킨스는 수필에 썼다—에서 지냈다. 친구들도 가끔 초대되어 가족과 함께 어울렸다. 이처럼 환경이 여유로워지자 디킨스는 난폭할 정도로 기운이 넘쳤다. 어느 날 밤 디킨스는 어느 여성과 제방에서 춤을 추고 있었는데, 느닷없이 파트너를 바닷속으로 끌고 들어가 비단 드레스를 모조리 망쳐 놓고 말았다. 초대받은 손님들 몇몇은, 디킨스의 기분이 날아갈듯이 좋은데도, 그의 부모는 아들 앞에서 마치 그가 화내는 것을 두려워하듯 조심스럽게 행동하는 것을 눈치챘다. 디킨스가 기분이 언짢을 때에는 눈이 마치 '위험신호'처럼 번뜩였고, 그럴 때에는 아이들조차 아버지를 피했다고 한다.

그러한 '조울증 증세'가 다음 작품인 《골동품 상점》에 나타나 있다고 비평가들은 곧잘 지적해 왔다. 이 작품의 등장인물인 퀼프의 성격에 디킨스의 일부가 투영되어 있다. 《골동품 상점》은, 처음에는 '짧은 어린이 이야기'로 〈마스터 험프리의 시계〉라는 새로운 문예잡지에 싣기 위해 구상된 것이었다. 디킨스가 채프먼 앤드 홀을 설득하여 출판하게 만든 잡지인데, 독자는 이 잡지에 그들이 좋아하는 작가의 장편소설이 연재될 것이라고 기대하고 있었다. 그런데 그렇지 않다는 것을 알고 난 뒤 판매 부수가 크게 줄어들자, 디킨스는 본디의 구상에 살을 입혀서 장편연재를 할 수밖에 없었다. 주간지 연재는 디킨스에게는 아주 고된 일이었다. '샌디 씨의 시계는 내 것과는 비교도 할 수 없다—나는 쉬지 않고 태엽을 감는다(스턴의 소설 《트리스트럼 샌디》에 나오는 주인공의 아버지는 매달 한 번 큰 시계의 태엽을 감는다). 그리고 내 귀에는 밤낮없이 경고의 종소리가 들린다. 이 시계가 멈추어서는 안 된다고 나에게 경고하는 종소리이다.' 그는 1840년에는 1년 내내 쉬지 않고 일했다. 리틀 넬이 죽는 장면에 이르러서는 해묵은 자기 상처를 일부러 다시 열어젖히기까지 했고, 이리하여 1841년 1월 중순 어느 날, 새벽 4시에 마지막 장까지 집필을 마쳤다. 이튿날 그는 포스터에게 이렇게 말했다. "마침내 이 모든 사람들을 영원히 잃었다고 생각하니 아주 우울하네. 앞으로 새로운 작중인물에게는 결코 마음이 끌리지 않을 것 같아."

그러나 그는 얼마 안 있어 《바나비 러지》를 써 냈다. 집필하기로 벤틀리와 약속한 뒤로 오랫동안 미루어 두었던 소설이다. 이야기의 배경은 1780년대, 가톨릭교도 해방령을 반대하며 고든 폭동이 일어난 시대로, 중심주제인 폭력과 광기와 무질서에는, 일전의 구빈법에 대한 국지적 반란이나 정치개혁을 요구하는 차티스트운동의 전투적인 시위행동 등 현대사회 어두운 정황이 반영되어 있다. 다루기 쉬운 주제가 아니므로, 처음에 디킨스는 시내에서 '가장 가난하고 처참한 지역을 돌아다니며' 영감을 얻기 위해 고투했다고 털어놓았다. 몸 상태도 좋지 않았고, 아버지는 또 다시 아들의 이름을 팔아 빚

〈마스터 험프리의 시계〉에 실린 삽화
브라운이 그린 삽화로 '술집 창문을 빠져나오는 퀼프'

을 늘려가고 있었다. 또한 대중이 자기 작품에 신물이 난 것이 아닐까 하는 불안도 그를 괴롭혔다. 1841년 9월, 디킨스는 한동안 펜을 놓고 푹 쉬기로 마음먹는다. 전부터 생각했던 미국 여행을 떠나기로 한 것이다. 미국에서는 《골동품 상점》이 큰 인기를 누리고 있었다. 포스터의 도움으로 채프먼 앤드 홀을 설득하여, 디킨스는 1년 휴가를 얻어낸다. 그동안 회사는 그에게 매달 계약금 150파운드를 지급하는 대신 다음 소설 저작권료의 절반을 갖는다는 계약을 맺었다. 여행에 관한 '작은 책'이라는 것은 나중에 덧붙인 것이었는데, 그것에 대해서도 마지막으로 의견이 모아졌다.

모든 것이 결정되자, 그는 여행을 생각하기만 해도 마음이 들떴다. 궤양 수술 통증조차도 디킨스를 오래 괴롭히지 못했다. '나는 더 바랄 것 없이 느긋하게 지내고 있다'고 디킨스는 브로드스테어스에서 편지를 써서 보냈다. '해수욕하고,

산책하고, 책 읽고, 누워서 햇볕을 쬐며, 일 말고는 온갖 것을 즐기고 있다. ……낮이나 밤이나 계속 미국을 마음속에 그리면서.' 디킨스 본인은 끝내 알지 못했지만, 딸 케이트는 뒷날 나이든 뒤에, 다우티 거리와 데본셔 테라스에서 살던 때가, 어른이 된 이후 아버지 인생에서 가장 행복했던 시기라고 떠올린다. '가정적인 행복이 가득했던 시기였다. 안팎의 영향력이 점차 커지면서 살아가는 기쁨을 짓누르기 전이었다―그리고 그의 얼굴은 아직 창백했고, 주름살 하나 없었다.'

미국 1842~44년

찰스 디킨스와 아내 캐서린은 1월 4일에 증기선 브리타니아호를 타고 리버풀에서 떠났다. 집을 떠난 6개월 동안 쾌적하게 지내기 위해, 디킨스 부부는 언제나 의지가 되는 캐서린의 하녀 앤 브라운―디킨스는 그녀를 '정신적인 코르크 재킷(수중 구명장비)'이라고 불렀다―을 데리고 갔다. 매클리스가 그려준 아이들 그림도 가지고 가서, 머무는 동안 언제나 방에서 가장 좋은 곳에 놓아두었다. 여행하는 동안, 생후 11개월인 월터와 그 밖의 아이들을 돌보는 일은 디킨스의 동생 알프레드에게 맡겼고, 캐서린의 여동생인 조지나(열네 살)가 그를 돕기로 했다. 그리고 맥크리디 부부가 모든 일에서 후견인 역할을 맡았다.

엄청난 뱃멀미에 시달리며 혹독한 항해를 마치고 보스턴에 닿자, 폭풍 같은 환영이 디킨스 일행을 기다리고 있었다. 배가 부두에 안전하게 닿기 전부터 이미 디킨스는 부장급 신문기자들에게 둘러싸였다. 그를 만나자 모두 난리법석이었다. 항구에는 그를 보러 나온 사람들로 발 디딜 틈이 없었다. 그러나 이것은 빙산의 일각일 뿐이었다. 만찬회와 환영회, 방문 등 온갖 짜릿하고 새로운 체험이 끊임없이 이어졌다. 디킨스는 믿기 어려운 심정으로 열심히 이 모든 상황을 자세하게 적어 고국으로 편지를 보냈다. 그가 외출하면 언제나 사람들이 따라붙었다. 극장에 가면 박수갈채로 환영해 주었고, 축사가 빗발같이 쏟아졌다. 호텔에까지 사람들이 밀어닥쳤으므로, 캐서린과 자기는 '여왕폐하와 알버트 공이라도 된 것처럼' 알현식을 열어야 했다고, 디킨스는 매클리스에게 농담을 하기도 했다. 초상화를 그리기 위해 어느 화실에 찾아갔을 때는 그 입구에까지 사람들이 몰려들 정도였다. 근엄한 보스턴 사람들에게 이런 소동은 처음 있는 일이었다. 그래서 젊고 혈기왕성한 손님이 하트퍼트와 뉴헤이븐으로 떠나자, 오히려 안

디킨스가 1842년 미국 여행 때 이용한 브리타니아호 큐나드 기선회사가 최초로 운행한 증기선의 하나.

도감을 느꼈다고 말하는 사람도 있었다. 뉴욕에서 하이라이트는 호화로운 '보즈 무도회'였다. 디킨스 부부는 휘황찬란하게 빛나는 큰 홀을 두 번이나 행진하며 3천 명이 넘는 손님들 갈채에 화답했다.

처음에 디킨스는 환대해 주는 미국인과 인상적인 미국이라는 나라에 크게 감탄했다. 수많은 명사와 문인들을 차례차례 만나는 것도 즐거웠다. 그중에는 록펠러, 워싱턴 어빙, 포, 역사가 W.H. 프레스콧 등이 있었다. 하워드의 고전학자 코넬리우스 펠튼—'아주 명랑하고 거들먹거리지 않는 인물로……별 같은 부분이 전혀 없었다, 줄무늬 같은 면도(성조기를 빗댄 것)'—과는 의기투합하여 절친한 친구가 되었다. 디킨스는 보스턴의 아름다움과 고상함을 칭찬하고, 뉴욕의 활기와 번창에 매료되었다. 거기서는 사람들로 넘쳐나는 보도의 포석이, 수많은 발에 '닦여' 반짝반짝 빛나는 것처럼 보였다. 미국인의 솔직함, 친절함, 넉넉한 인심에도 감사했다. 그러나 체류가 길어질수록, 언제나 대중의 눈길에 드러나 있는 현실이 버거워졌다. 뉴욕을 떠날 즈음에 디킨스는 사람이 없는 곳에서 조용히 지내고 싶어서 참을 수가 없었다. 향수병에 걸렸고, 두고 온 아이들이 눈앞에 아른거렸다—'서재와, 가족이 한자리에 모인 일요일 점심시간까지……우리 가족과 관련된 것은 모조리 그립다.' 남쪽에 있는 필라델피아와 워싱턴과 리치먼드를 돌러보고, 서쪽으로 방향을 틀어 루이빌과 세인트루이스를 방문한 뒤 북동쪽 신시내티로 발걸음을 옮기자, 너무나 갑작스러운 기후 변화가 몹시 불쾌해졌다. 철도와 배를 타고 또다시 울퉁불퉁한 길을 달리는 여행은 점점 힘들어졌다. 많은 영국인 여행자들이 그렇듯이, 그도 지나치게 난방이 잘 된 건물이 싫었고, 담배를 씹고 뱉어내는 '꺼림칙한 습관'에 반감을 느꼈다. 필라델피아 이스턴 교도소의 비인도적인 독방구금 체제는 끔찍하기만 했다. 노예제도에는 진정으로 반대했고, 메릴랜드 주와 버지니아 주에 머물면서 너무도 큰 '부끄러움'을 느낀 나머지, 노예제도의 중심인 남부로 내려가려던 계획은 곧바로 포기해 버렸다.

무엇보다도 디킨스를 가장 화나게 한 것은, 미국이 국제 저작권 협정에 서명하기를 거부한 일이었다. 그 결과, 영국 작가는 인기가 아무리 많고 또 미국 출판사와 계약을 했다고 하더라도, 자기 작품을 저작권 침해로부터 보호받을 수 없기 때문이다. 이 때문에 디킨스는 미국판에 대해서는 공정한 대가를 받지 못하고 있었다. 자신을 이토록 열렬하게 환영해 주는 나라가 여전히 이러한 불공정을 묵인하는 것은, 위선이라고는 할 수 없더라도 예의에 어긋나는 일이라고 생각했다. 예우받는 손님이 자신의 의견을 강경하게 주장하는 것은 바람직하지 않다고 충고해 준 사람도 있었다. 그래도 이 문제를 꺼낼 때마다 맹렬한 반발과 비판에 부딪쳤으므로, 디킨스는 기가 막히지 않을 수 없었다. 저속한 신문들은, '문학적 명성보다 달러와 센트'를, '월계관보다 화려한 조끼'를 좋아하는 '저속한 속물'이라고 디킨스를 놀려댔다. 머지않아 그는, 미국은 이 문제에 관한 한 '지구상에 존재하는' 다른 어떤 나라보다도 언론의 자유가 없는 나라라고 확신하게 된다.

여행 마지막 한 달 동안 캐나다에 머물면서, 디킨스는 가까스로 마음의 여유를 되찾았다. 캐서린과 둘이서 나이아가라 폭포를 구경하고 '말로 나타낼 수 없는 기쁨'을 느꼈다. 또한 오래된 낡은 옷을 입고 자유롭게 산책하고, '발목까지 오는 진흙탕 속을 휘젓고 다니며 진심으로 즐거워했다.' 몬트리올에서 두 사람은 주둔한 영국군 장교들의 아마추어 연극에 참가했는데, 캐서린은—디킨스는 크게 놀라면서 아주 기뻐했다—'아주 능숙하게' 연기에 몰입했다. 그리고 부부는 귀국길에 올랐다. 예정보다 하루 이른 6월 29일에 런던에 닿은 디킨스는 그리운 친구들과 아이들 얼굴을 보자 기뻐서 어쩔 줄을 몰랐다. 그날 밤만큼 강렬하게

캐서린이 미국 여행 때 가지고 간 아이들 그림 캐서린이 매클리스에게 부탁하여 그린 것이다.

내 집의 훌륭함을 실감한 적은 없었다고, 그는 보스턴에 있는 조나단 채프먼에게 편지를 썼다.

디킨스는 '내 상상 속의 공화국'에는 실망했지만, 이 여행으로 그는 자신과 자기 나라에 대해, 그리고 명성에 따른 책임에 대해 몇 가지 귀중한 경험을 얻었다. 시대는 '배고픈 40년대'였으며, 영국은 심각한 무역 부진으로 골머리를 앓고 있었다. 그는 정치적·사회적 문제에 더욱 깊은 관심을 보이게 되었으며, 신문에 사설을 투고하거나 자선 만찬회에 참석하기도 했다(그는 이러한 것을 그다지 좋아하지 않았다). 온갖 위원회 의장을 맡았고, 자금 확보를 위해 기부금을 모으고 연설을 했다. 그는 여성과 아이들의 지하노동을 금지하는 애슐리 경의 '탄광노동자법안'을 옹호하며 열성적인 문장을 썼다. 그리고 어린아이(대여섯 살)를 공장에서 일하게 하는 현실에 '철퇴를 내리겠다'고 맹세했다. 디킨스는 자기와 마찬가지로 가난한 사람들에 대해 본능적인 연민과 관심을 보이는 안젤라 버데트 쿠츠라는 협력자를 얻는다. 그는 막대한 유산상속인인 이 젊은 여성의 비공식 고문이 되고, 믿음직한 친구가 된다. 미스 쿠츠의 대리인으로서 클러켄웰 사프란 힐 《올리버 트위스트》에서 페긴의 은신처가 있는, 질병이 만연하는 참혹한 지역)의 빈민학교를 찾아가서, 불결하고 난폭한 부랑아들이 가득 모인 황폐한 방 세 개를 발견하고 두려움을 느낀다. 이러한 것을 보고, 디킨스는 굶주림에 허덕이고 선악의 구별조차 모르는 이들에게 신앙과 교리를 설명해도 아무 의미가 없으며, 보다 근본적인 대책이 하루빨리 필요하다고 굳게 믿는다. '나는…… 아직 일어나지 않은 일에 대해 최대한 확신할 수 있는 범위 안에서, 다음과 같이 믿어 의심치 않는다—영국에 모여 있는 이 수많은 사람들의 기막힌 비참함과 무지 속에, 확실한 붕괴의 씨앗이 뿌려져 있다.'

미국 방문 뒤에 쓴 책에는 이 새로 눈뜬 진지함이 반영되어 있다. 그토록 많은 논쟁을 일으켰음에도, 《미국 기행》—비소설 분야 첫 주요작품—은 대서양 이쪽뿐만 아니라 저 반대쪽에서도 목을 빼고 기다리는 작품이었다. 그는 국제 저작권에 대한 언급을 조심스럽게 피하는 대신 미국 사회제도와 조직에 대해 길게 서술했다. 1843년 가을에는 팔림새도 순조로웠지만, 비평가들은 예상대로 반감을 나타냈다. 포스터조차도 뒷날, 이 책에는 디킨스의 편지에 나타나 있던 생생한 매력이 없다고 말했다. 그 뒤에 휴식기도 없이 집필에 착수하여 미스 쿠츠에게 헌정한 《마틴 처즐위트》는 이제까지 어느 소설보다도 공을 들여 구상한 작품이었다. 이기심이라는 중심 주제에 초점을 맞추면서, 디킨스는 지금까지보다 더욱 큰 역량을 발휘하여 이 책을 썼다. 그러나 팩스니프와 갬프 부인의 나무랄 데 없는 희극과, 호의적인 비평에도 불구하고 이 책은 대중의 마음을 사로잡지 못했다. 미국에서도 판매는 2만 3천 부에 머물렀고, 채프먼 앤드 홀사는 계약서 조항에 있는 위약금 50파운드를 내라고 하기에 이른다. 중심이 되는 각 장의 신랄한 풍자를 생각하면, 이 책이 미국 독자 사이에서 새로운 반감을 불러일으킨 사실도 전혀 놀랍지 않았다.

디킨스가 대중이 받아들일 수 있는 형식으로 자신의 주요한 관심사를 나타나게 된 것은 '크리스마스 북'의 첫 번째 작품인 《크리스마스 캐럴》부터이다. 이 이야기는 1843년 10월, 자금을 모으기 위해 맨체스터 애서니엄을 방문했을 때 구상한 것으로, 두세 주 만에 완성된 작품이다. 작품을 쓰는 동안 디킨스는 몇 날 밤이고 캄캄한 런던 거리를 걸으며 생각에 잠겼다. 구두쇠 스크루지가 마음을 고쳐먹는다는 이 단순한 이야기는 믿을 수 없는 파문을 일으켰다. 초판 6천 부가 며칠 만에 동이 났다. 더욱 놀라운 점은, 크리스마스를 배경으로 한 이 책이 겨울이 지나고 초여름이 다가와도 계속 팔려나갔다는 사실이다. 비평가와 일반 독자들은 《크리스마스 캐럴》이 순수한 선의와 인정으로 가득 찬 책이라고 입을 모아 찬탄했다. 이 책이 자신들의 가정에 크리스마스라는 축제의 새로운 이해와 새로운 기쁨을 가져다주었다며, 알지도 못하는 사람들까지 디킨스에게 편지를 써서 보내왔다. 작가 윌리엄 메이크피스 새커리는, 이 책이 비평을 거부하는 작품이라고 말했다.

안젤라 버데트 쿠츠(1814~1906)
쿠츠은행 창업자인 할아버지의 재산을 물려받은 그녀는 영국 유수의 여성 자산가였으며, 자선사업에 한평생을 바쳤다.

"나는 이 책이 국민적인 은혜라고 생각한다. 이 책을 읽은 모든 사람들은, 저마다 개인적으로 친절을 입었다고 생각할 것이다."

그 뒤로 몇 년 동안, 디킨스는 기쁨과 선행의 크리스마스라는 인식과 떼려야 뗄 수 없는 관계가 된다. 특히 '크리스마스 북'과 그가 편집한 크리스마스 특집호 잡지에서 동시대 및 다음 세대 사람들을 위해 축일의 정신을 손쉽게 포착해 보임으로써 이러한 연상은 더욱 견고해졌다. 디킨스는 크리스마스를 아주 좋아했다. 우연하게도, 큰아들의 생일은 크리스마스 주간의 마지막 날인 '십이야'(1월 5일)이다. 디킨스는 마술사 분장을 하고 농담과 마술로 아이들을 즐겁게 해 주었다. 그가 '착한 요정처럼' 사탕과 과자를 주면 아이들은 눈을 반짝이며 기뻐했다. 《크리스마스 캐럴》 집필을 끝낸 며칠 뒤에, 그는 맥크리디 집에서 열린 파티의 중심인물이 되었다. 제인 칼라일 부인은, '한 시간 내내' 마술사 연기를 하고는 마침내 디킨스와 포스터는 '너무 열심히 한 나머지 술에 취한 것처럼 곤죽이 되었다'고 떠올렸다. 그 뒤 사람들은 디킨스에게 이끌려 컨트리댄스를 추고, '과자를 먹고, 샴페인을 마시고, 연설을 했으며', 유쾌한 파티는 날이 밝을 때까지 계속 이어졌다.

안타깝게도, 이런 엄청난 성공에도 《크리스마스 캐럴》은 작가에게는 경제적으로 대실패였다. 디킨스는 이 책을 자비로 출판했는데, 적갈색 표지에 금색 장식, 색깔 있는 면지를 댄 호화로운 장정으로, 존 리치가 그린 색판 인쇄 삽화도 4매 들어 있다. 포스터가 지적한 것처럼, 5실링이라는 가격은 대부분의 독자들에게는 너무 비쌌으나, 터무니없이 높은 제작비를 메우기에는 너무 쌌다. 그러나 참으로 그답게도, 디킨스는 채프먼 앤드 홀사를 비난했다. '어차피 그들은 제작비를 더욱 늘렸다. 나를 불러들여서, 들어간 비용으로 나를 화나게 할 생각이었던 것이다'라고 자신의 사무변호사에게 말했다. 이 새로운 타격으로 디킨스는 심각한 자금난에 부닥쳤다. 그러나 이 타격이 《마틴 처즐위트》 실패에 뒤이어 발생한 점을 구실로, 그는 자신의 책을 브래드버리 앤드 에반스(Bradbury and Evans)사로 옮겨 출판할 수 있었다. 다시 여행을 떠나도 좋겠다는 생각이 들었다. 외국이 생활비가 덜 들고, 자기는 지금 휴식과 자극이 필요했기 때문이다—이렇게 마음먹자, 디킨스는 또다시 일을 멈추는 것에 반대하는 포스터의 충고에도 귀를 기울이지 않았다. 새로운 출판사에서 선금으로 2천8백 파운드를 받고, '크리스마스 북'의 두 번째 작품을 쓸 예정만 세우고 있는 상황에서, 디킨스는 덜컹거리는 낡은 대형마차—그는 '자네 서재만 한 크기'라고 아주 기뻐하며 포스터에게 말했다—를 사서 1844년 7월 2일 유쾌하게 제노바로 떠났다.

일행은 제법 그럴듯한 '대상(隊商)'이었다—캐서린, 처제 조지나(지금은 모두 가족의 일원이었다), 다섯 아이들(가장 어린 아이는 생후 6개월인 프랜시스), 하녀 세 명,

《마틴 처즐위트》의 한 장면   갬프 부인이 건배를 제안하는 장면. 해블롯 K. 브라운의 가장 성공한 삽화 중의 하나.

프랑스인 가이드 루이 로슈, 그리고 개 팀버가 길을 함께하였다.

유럽 1844~46년

디킨스는 지중해 여름의 강렬한 색채와 더위가 좋았다. 멀리 언덕은 그가 여태 본 적도 없었던 연보라와 자주색을 띠고, 창 아래 바다도 처음으로 보는 깊이가 있는 푸른빛이었다. 그는 매클리스에게 이렇게 편지를 썼다.

"이것을 한번 보면 다른 것이 모두 씻겨 내려가고, 머릿속에 커다란 푸른 구멍이 생기는 게 아닐까 싶다."

그는 머지않아 식사나 독서, 수영 등 한가로운 생활을 하게 된다. 되도록 손님을 피하고, 이탈리아어를 공부하는 것 말고는 아무것도 하지 않았다. 그리고 이제까지 게으름이라고는 몰랐다고 도르세이 백작에게 털어놓았다. 그들의 집 팔라초 페스키에라는 '동방의 이야기 속에 나오는 마법의 여관'처럼 시벽 안쪽에 위치하면서, 오렌지나 레몬 나무들, 분수, 조각으로 꾸민 아름다운 정원에 둘러싸여 있었다. 제노바 그 자체도 그림처럼 좁은 길이나 서늘하고 어두운 교회당 등이 있는, 이탈리아에서도 손꼽히는 아름다운 마을이었다. 그렇지만 그 뒤에 방문한 베네치아의 '눈부시게 아름답고 멋진 현실'은 디킨스의 가장 터무니없는 꿈보다 아름다웠다.

그러나 이탈리아 여행을 걱정했던 포스터의 생각이 맞았다. 전기에서는 단순히 이탈리아에 머문 것이 디킨스 생애의 전환점이 되었다고 하지만, 그동안 침착하지 못하고 '뭔가가 모자란' 형용하기 어려운 생각은 더욱 뚜렷이 드러났다. 우선 그는 다른 환경에서 일하는 것은 불가능하다고 여겼다. 끊임없이 울려대는 종소리가 생각을 방해하기 때문이다. 그러나 10월 중반에 이르자, '엄청난 흥분 상태'로 《종소리》에 몰두하고 있다고 했다. 《종소리》는 그의 '크리스마스 북' 가운

디킨스가 낸 '크리스마스 북' 시리즈
《크리스마스 캐럴》(1843)·《종소리》(1844)·《난롯가의 귀뚜라미》(1845)·《인생의 싸움》(1846)·《유령에 시달리는 사나이》(1848). 이 책들은 디킨스의 엄청난 인기를 확고하게 굳혀 주었다.

《종소리》를 친구들 앞에서 낭독하는 디킨스 매클리스가 이 스케치를 캐서린에게 보내 낭독회가 성공적이었음을 알린다.

데에서 가장 엄격한 것으로, 그는 여기서 '가난한 사람들을 위해 노력하자'고 마음먹었다. 집필을 끝내자마자, 겨울 여행이 힘들고 상대적으로 비싼 데도, 디킨스는 런던으로 낭독회를 가자고 했다. 청중으로서는 뜻을 같이 한 친구들이 특별히 초대받고, 그 가운데에는 토머스 칼라일, 극작가 제럴드, 자유당 저널리스트 라만 블랜차드도 있었다. 낭독은 대성공이었다. 그에게 공감한 청중은 감동해 눈물을 흘리거나 웃거나 했다. 디킨스는 자신이 청중을 사로잡는 능력이 있다는 것을 처음으로 깨닫고 기뻤다. 이 방문이 끝나기 전에, 그와 포스터는 아마추어 극단 계획을 세운다. 그러나 디킨스의 가슴속에는, 그 안에 자신의 책 일부를 읽는 공개 낭독회를 해도 좋지 않을까 하는 생각이 싹텄다.

디킨스는 크리스마스에 맞춰 제노바에 돌아왔다. 그러나 새해를 맞자마자, 어떤 사건으로 캐서린과 처음으로 대립하게 된다. 디킨스 부부는 이웃에 스위스 은행가 에밀 드 라 루와 그의 영국인 아내 아담 드 라 루 부인이 있었다. 그녀는 매력적인 젊은 여성이었지만, 두통이나 악몽, 경련을 일으키는 신경성 질환으로 고생하고 있었다. 디킨스는 메스머리즘(mesmerism : 최면술)으로 그녀의 증상을 완화시켜 보자고 제안한다. 메스머리즘은 이론이 많은 최면술의 한 형태로, 디킨스가 이전부터 흥미를 가졌던 것이었다. 걱정하는 남편의 동의를 얻어, 디킨스는 그때부터 수개월 간 자신의 '환자'에 몰두하고, 그녀의 상태가 특히 나빠졌을 때에는 언제라도, 밤낮을 가리지 않고 자신을 부를 때마다 나갔다. 그와 캐서린이 봄에 처음으로 이탈리아로 여행을 갔을 때에는, 드 라 루 부부와 로마에서 만나기로 했다. 디킨스는 그때까지 드 라 루가 부인의 용태를 매일, 자신에게 보고해야 한다고 주장했다. 게다가 매일 아침 1시간은 환자에게 집중하고, 텔레파시로 드 라 루 부인에게 최면술을 시도해 보자고 은밀히 약속했다.

디킨스는 드 라 루 부인의 '회복과 행복'을 순수하게 걱정하고, 또 그녀와 함께 몇 시간이나 즐겁게 보낸 것은 맞다. 그렇지만 그의 편지는 자신이 최면술에 더욱 관심을 가진 것을 암시하고 있다. 확실한 것은 그가 여기에 몰두해 자신의 행동이 캐서린에게 미치는 영향은 알아차리지 못했던 듯하다. 잠재된 성적인 요소를 알아차린 건지, 아니면 단순히 아담 드 라 루에 불신이 생긴 건지, 어쨌든 캐서린은 이때만큼은 자신의 감정을 숨기려고 하지 않았다. 그가 불쾌하게 생각하고, 또 제일 난처했던 것에는 디킨스가 아내의 분명한 반감에 변명하지 않을 수 없게 되고, 결국에는 진상을 털어놓아야 했던 일이다—디킨스처럼 자만심이 높고 의지가 강한 사내에게는 굴욕적인 경험이다. 8년 넘게 지났어도, 디킨스는 여전히 격하게 캐서린에게 항의하고, 다음과 같이 말한다. "자신을 완전하게 사로잡았단 생각을 하는 것, 이것은 나를 다른 남자들과 …… 다른 특성 가운데 하나이다. 제노바에서 당신을 불행하게 했던 것은 모두, 결혼생활에서 내가 자랑으로, 영광으로 생각하는 것, 철두철미, 완전하게 같은 뿌리에서 나온 것이다."

그 무렵 캐서린은 또다시 임신하고 있었고, 그 때문에 불안하고 과도한 감정 상태였을지도 모른다. 그녀는 출산 뒤에는 언제나 우울상태였고, 임신과 출산은 몸과 마음의 건강에 영향을 미치기 시작해, 그것이 디킨스 부부의 결혼생활에 어떤 긴장감을 주는 것은 피할 수 없었다. 디킨스가 쉽게 넘어지는 캐서린의 서투른 움직임을 처음 언급한 것은 미국 여행 중의 일이었는데, 이것은 해를 거듭할수록 뚜렷이 나타났다. 아마 그녀가 더욱 신경질적이 되고, 자신을 잊거나 하는 것을 암시하고 있었으리라. 디킨스는 배려하려고 노력하고, 아내가 넘어지면 농담처럼 대하려고 했지만, 늘 그 초조함을 숨길 수는 없었다. 또 새로운 아이의 탄생에 무관심한 척을 해 놀리려 해도 사실 본심이 섞여 있었던 것이다. 부부의 여섯 번째 아이 알프레드는 1845년 10월에 태어났다. 일곱 번째 아이 시드니는 1847년 4월에 태어났는데, 난산이었다. 그 때문에 1849년 1월 헨리를 출산할 때, 디킨스는 그 무렵 아직 시험적인 단계에 있던 클로로포름 마취를 캐서린에게 약속했다. 1850년에는 셋째 딸 도라, 1852년에는 열 번째 아이이자 막내인 에드워드(애칭 프론)가 태어났다.

디킨스·캐서린·조지나 포스터는 1843년 매클리스가 스케치한 그림을 보고 디킨스의 모습이 잘 드러나 있다고 칭찬했다.

"에드워드를 특별히 바랐는지 어땠는지 잘 모르겠다. 그래도 그 아이는 분명 나에게 어떤 의미로든 좋은 것이다"라고 디킨스는 작가 윌리엄 하이츠에게 말했다.

캐서린의 동생으로 아이들을 돌보던 조지나는 캐서린과는 성격이 아주 달랐다. 이제 열일곱 살이 된 활발하고 총명한 아가씨로, 이 나이에 죽은 언니 메리와 신기할 정도로 닮았다. 디킨스에게는 아직도 그리운 메리이다. '때때로…… 조지나와 케이트(캐서린의 애칭)와 내가 함께 앉자, 그 일은 슬픈 꿈이고, 이제 눈을 떠야 하는 기분이 든다'고 디킨스는 장모에게 말했다. 조지나는 이탈리아에 머무는 동안, 첫 외국여행에 기뻐하고 아주 건강했다. 디킨스는 그녀를 '내 귀염둥이'라 부르고, 처제이면서 동시에 딸처럼 흉내를 잘 내고 유머 감각이 뛰어난 조지나와 함께 있는 것을 좋아했다. 이윽고 나이를 먹어감에 따라, 특히 캐서린이 무기력해지고 틀어박혀 있게 되자, 디킨스 상대는 조지나의 몫이 되었다. 연극 기획을 같이하고, 긴 산보도 따라 가고, 편지 주고받는 데 도와주고, 《황폐한 집》의 에스더 서머슨(조지나를 모델로 했을지도 모른다)처럼 묵묵히 아이들을 돌

팔라초 페스키에라 디킨스 가족은 제노바에 머물 적에 이 저택에서 살았다.

보거나, 가정 전반에 신경을 쓰거나 했던 것이다.

디킨스는 가족을 데리고 1845년 7월 초에 런던으로 돌아가고, 바로 아마추어 연극 준비를 시작했다. 작년 크리스마스에 친구들과 상의했던 그 계획이다. 벤 존슨(1572~1637)의 희극 〈10인 10색〉을 상연하였는데, 디킨스는 '불타오르는 듯한' 의상에 곱슬곱슬한 검은 수염을 하고, 보발디(허풍을 치는 겁쟁이 군인) 역을 맡았다. 아무리 봐도 상연은 대개 아마추어 연극 수준을 넘지 못하고, 아마 관객보다도 배우들이 더 즐거워했으리라. 그렇지만 좋은 화제가 되어, 세인트 제임스 극장에서 자선 공연을 하기에 이른다. 디킨스는 아주 즐거워하며 지시를 하고, 의상이나 배경, 조명, 광고 포스터까지 전담한 데다 전문적인 무대감독을 하면서 진지하게 리허설을 지휘했다. 이후 10년 동안 가끔 상연을 하게 된다. 디킨스의 말에 의하면, 그것은 '동료들과 함께 책을 쓴 것'이고, 소설가로서의 고독한 생활의 즐거운 기분전환이 되고, 시간이 지남에 따라 가족으로서의 책임과 가정적인 불행으로부터의 도피처로서, 점점 환영할 만한 것이 되어 갔다.

1845~46년 겨울, 기획 중에서도, 자유주의적인 새로운 일간신문 〈데일리 뉴

스)는 이 정도로 잘되지는 않았다. 이 신문은 디킨스의 출판사인 브래드버리 앤드 에반스와 유명한 조원가이면서 철도기업가 팩스턴의 공동사업이었다. 디킨스는 잠시 망설인 뒤에 친구들의 반대에도 불구하고, 편집주간을 받아들이고, 런던 최고의 저널리스트 몇 명을 데리고, 자신의 아버지를 기자들 감독직에 올렸다. 〈데일리 뉴스〉 창간호는 1846년 1월에 발행되었다. '곡물법'을 둘러싼 논전이 최고조에 이르고, 여러 억측을 낳았다. 급진적인 신문으로는 이상적인 순간이었지만, 디킨스는 그 일을 너무 과소평가했다. 매일 밤 계속 사무실에서 일해야 했고, 인쇄공을 감독하거나 기고를 의뢰해야 했다. 그리고 무엇보다도 신문사 주주들에게 설명도 해야 했다. 디킨스는 겨우 17호를 내고 그만두게 되었으며, 남은 계약기간을 포스터에게 맡기기로 한다. 이것은 실패였다고 나중에 말하고 있지만, 이 경험이 전혀 쓸모없었던 것도 아니었다. 그의 여행기 발췌—뒤에 《이탈리아 정경》으로 간행—는 그 뒤에도 〈데일리 뉴스〉에 계속 실리고, 그 뒤 수개월 간, 사형에 대한 반대 의견을 솔직하게 드러낸 일련의 편지가 발표되었다. 보다 장기적으로 보면, 이 경험은 저널리즘에 대한 디킨스의 관심을 불러일으켰으며, 특히 자신의 장기 간행물을 전담하고 싶다는 생각을 자극했던 것이다.

편집에서 벗어나자마자, 디킨스는 가족을 데리고 스위스로 갔다. 작년에 이탈리아로 돌아오는 도중 스위스를 지나치면서 이 나라에 매료된 것이다. 가족은 로잔느 호숫가에 '말이 필요 없는 인형의 집'에 머물고, 디킨스는 바로 그 집에서 다음 연재에 몰두하게 된다. 아름다운 환경, 좋은 이웃들, 영국에서 오는 손님들 (디킨스가 그 작품을 아주 칭찬한 테니슨도 포함되어 있었다)—당초 이것들은 디킨스가 필요로 했던 자극이 되었지만, 반년이 지나자 떠들썩한 도회생활을 원한다는 것을 알았다. '그만큼 사랑했던가, 말로 나타낼 수 없다'고 그는 포스터에게 말하고 있다. '이것이 내 머리에 뭔가를 공급해 주는 듯한 느낌이다. 바쁠 때에는 그것 없이는 아무리 해도 안 된다. ...... 그 마법의 램프가 없으면 앞으로 쓰는 일은 고역 그 자체다!' 그래서 디킨스와 가족은 11월 말에 파리로 갔다. 파리는 아주 추운 데다가, 크루세이유 거리는 살기 불편했다. 그러나 디킨스는 전보다도 마음이 편했다.

《돔비와 아들》과 《데이비드 코퍼필드》 1847~51년

《돔비와 아들》은 1846년 9월부터 1848년 3월까지 월간 분책으로 간행되었다. 디킨스가 장편소설을 낸 지 이미 2년이 지나고, 바야흐로 시대의 지배적인 문학 형식이 된 이 분야에서 활약하는 것은, 이제 그만이 아니었다. 샬럿 브론테, 그 동생 에밀리와 앤, 개스켈 부인, 킹즐리, 트롤럽, 그들은 1847년부터 48년에 각각 처음으로 소설을 출판한다. 새커리의 첫 연재소설 《허영의 시장》도 같은 시기에 간행되었다.

디킨스의 새로운 소설 《돔비와 아들》은 중요한 출발점이기도 했다. 디킨스의 작품 가운데, 창작 노트가 완전한 형태로 남은 것은 이것이 처음이다. 그래서 이 창작 노트에서 그가 매호 분량을 미리 얼마만큼 주의 깊게 준비했는지 알 수 있다. 중심 테마에 꼼꼼히 줄거리를 세운다. 무대는 집필 무렵의 시대이다. 자수성가한 상인 돔비의 자부심이 이야기를 지배하고 있다. 그러나 또한 부끄러운 줄도 모르고 무자비하고 위선적인 사회자체를 나타내고도 있다. 이 사회에는 배려나 너그러움, 친절, 사랑을 넣을 여지는 거의 없고, 사람들의 가장 가까운 관계조차, 금전적인 가치와의 관계로 보게 된다. 모두가 전체 구상에 기여하고 있다. 등장인물들과 장면에 의도적으로 넣은 대조, 애수와 코미디, 집요하게 되풀이되는 철도와 바다의 상징주의—모두 주의 깊게 생각하고 있다. 브라운의 삽화조차도 텍스트와 조화를 이루며 세심하게 느껴진다. 특히 에피소드가 장난스럽게 보이지 않도록 해야 했다.

1847년 2월 끝 무렵, 디킨스가 영국에 돌아왔을 때에는 작중 어린 폴의 죽음이 런던과 파리를 떠들썩하게 만들었다. 친구 제프리 경은 디킨스에게 이렇게 썼다. "이봐, 디킨스 드디어 5호를 내주었군! 나는 어젯밤에 이걸 읽고 통곡했다네, 오늘 아침에도 울고 말았네. ……그 멋진 넬리(《골동품 상점》 주인공) 뒤로는 ……이만한 인물이 없었어." 새커리도 칭찬을 아끼지 않았다. 그는 목소리 높여 이렇게 말했다고 한다. "이처럼 압도적인 작품과 겨룰 수 있는 것은 아무것도 없다. 너무나 대단하다!" 비평가 가운데에는 결말이 가까워지자 글이 시시해졌다고 느낀 자도 있었는데, 다른 비평가들은 그의 '풍부한 경험'을 인정하고, 이 소설이 대성공이라고 선언하는 데 망설이지 않았다. 매달 판매부수는 평균 3만 2천 부(이에 비해, 새커리의 《허영의 시장》은 5천 부에도 미치지 못한다), 매호당 수입

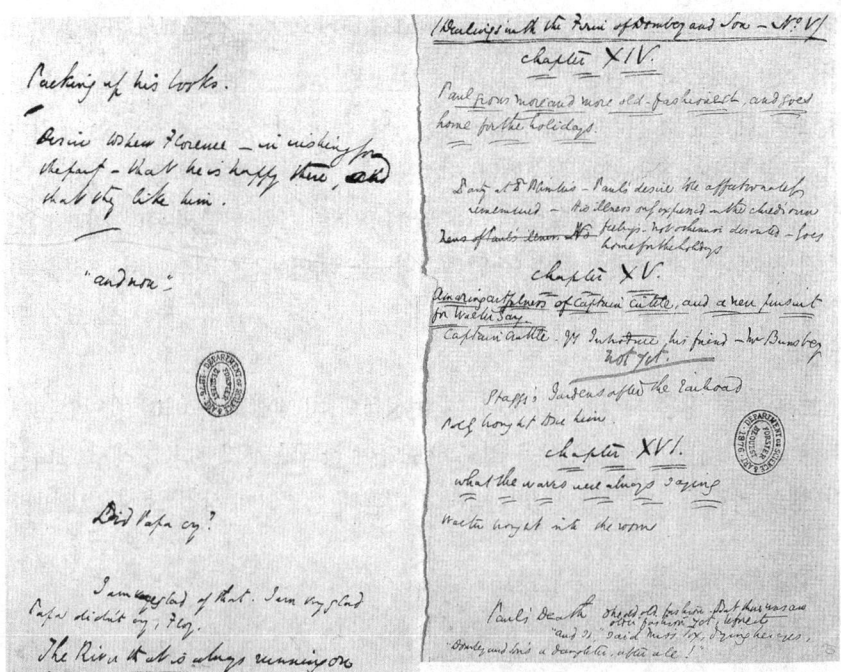

디킨스의 창작 노트 《돔비와 아들》 분책 제5호의 창작 계획을 기록했는데, 왼쪽은 전체에 관한 아이디어를, 오른쪽에는 각 장의 세부사항을 적었다.

은 약 450파운드인 셈으로, 《돔비와 아들》은 대성공작이었다.

사실 디킨스가 작품들 보급 염가판 간행을 시작한 1847년 뒤로 경제적인 안정과 작가로서의 지위 확립을 느낀 것은 당연했다. 보급 염가판은 2단으로 인쇄되고, 새로운 서문과 삽화가 더해졌다. 게다가 1페니 반의 주간판과 7페니 월간판이 있어서 합본은 장정을 고르게 되었다. 이는 여러 새로운 시장을 개척하기 위한 기획으로, 디킨스는 '이 아이디어로 엄청난 돈'을 벌게 된다는 것에 기대를 감추지 않았다. 스스로 주의 깊게 말을 골라 쓴 광고문에서도 말하듯이, 그는 이 보급판—'영국민'에 헌정된—이 '구판을 손님으로서밖에 몰랐던, 아니면 애당초 전혀 몰랐던, 영국 가정에서도 가족의 일원이 되어 언제까지나' 주의를 끌길 원했다.

디킨스는 《돔비와 아들》을 완성하고 나서 매우 정력적으로 활동했다. 숨 가쁜 일과를 다시 시작한 것이다. 친구들과 만나고, 만찬회나 파티에 참석하고, 그룹 여행이나 아마추어 연극을 조직하고, 편지에 답장을 쓰고, 공개 석상에서 이야기를 했다. 포스터가 관찰하고 있듯이, '그는 보잘것없는 일을 할 때에도 아주 몰두했다.' 대부분의 시간과 에너지는 자선사업, 특히 미스 쿠츠가 설립한 우라니아 코티지(Urania cottage)에 집중했다. 이것은 본디 창녀와 빈곤한 젊은 여자를 위한 시설이며, 몇 년이나 계획을 다듬은 끝에 1848년 11월에 열게 된다. 이때 디킨스가 자선사업에 관련한 부분은 알려지지 않았지만, 그는 배후에서 조직을 지탱하는 정신적인 리더로서 이 모험적인 사업의 일상적인 관리 면에서도 크게 공헌했다.

보통 다른 많은 시설에서는 수용된 여성들의 미래에 대한 배려가 없었는데, 디킨스는 그녀들이 새로운 삶을 열도록 도와야 한다고 생각했다. 그래서 그녀들이 '행실 바르고 정직하고 성실한 남자와 결혼해 행복하게 살길' 진심으로 바랐

돔비 가족의 소묘
해블롯 K. 브라운은 두 종류의 그림을 준비했는데, 디킨스는 자신의 생각보다 좀 더 뒤의 장면임에도 불구하고, 돔비 씨가 앉아 있는 두 번째 소묘를 골랐다.

▼〈더비 데이〉 윌리엄 파웰 프리스 작 (1858). 프리스가 그린 빅토리아 시대는 부유한 자와 가난한 자, 꽃파는 상인과 점쟁이, 바람둥이 사내와 젊은 숙녀가 다함께 어울려 살아가는 세상이었으니, 이는 디킨스의 소설 그 자체였다.

던 것이다. 지원자들에게 말했듯이, 디킨스는 이 여성들이 '진심으로 친절'하고 이해에 근거한 공정하고 현명한 관리체제 밑에서, '미덕에 유혹당해야' 한다고 굳게 믿고 있었다. 과거 죄를 질책하는 것에는 반대였다.

그녀들이 대부분 자신의 추락을 이미 충분히 의식하고 있다는 것을 알고 있고, 교조적인 신앙(디킨스가 영국교회의 최악의 면이라고 한)에 대한 '과장된 공포심'을 갖고 있는 것도 알고 있었기 때문이다. 디킨스는 단순한 일에서조차 '과도한 엄격함과 음침함'을 멀리하고, 여성들의 옷을 '밝은' 색으로 골랐다. 예를 들면 여름에는 화단을 만들거나, 보다 즐거운 활동을 위한 시간을 갖게 했다. 디킨스에게 그리스도교적 자선이란, 언제나 '실효성 있는 친절함과 밝은 유익함'의 문제였다. 그는 이 무렵 젊은 지인들에게 이런 편지를 썼다. "그러한 방법을 통해서만 신에게 다가갈 수 있고, 희망이나 마음의 평안을 얻을 수 있다고 믿는다. 이 세상은 꿈이 아니라 하나의 현실이다. 우리들은 그 현실의 중심 부분이고, 거기서 뭔가를 해야 한다."

디킨스는 이 시기에 천천히, 그리고 계속 고생해 가며 자신의 인생을 받아들이기 시작했다. 마흔을 눈앞에 두고(1849년 생일을 앞두고 맥크리디에게 이렇게 말한다. "이렇게 나이를 먹었네."), 그는 자신이 끊임없이 과거를 돌이켜 생각하는 것을 알았다. 특히(1841년에 워싱턴 어빙에게 털어놓은 것에서는) '특히 보살핌을 받았다고는 말하기 어려운 어린 시절' 무렵의 일이다. 1847년 봄, 디킨스는 포스터에게 자신이 구두약 공장의 어린 '노동자'였던 굴욕적인 시기에 대해 정직하게 털어놓았다. 그리고 침묵을 깨고 보니, 추억을 얘기하는 것이 즐거웠다. 그 뒤 얼마 동안, 가장 사랑했던 누나 페니(프랜시스 엘리자베스)가 결핵으로 1848년 9월에 죽은 뒤, 디킨스는 자신의 어린 시절 이야기를 계속 썼다. 마치 보통 편지를 쓰듯이, 말이 펜에서 쉽게 흘러나왔다. 한편 그의 마지막 '크리스마스 북'인 1848년 12월 간행 《유령에 시달리는 사나이》에서 디킨스는 '렛드로'라는 인물을 통해 기억에 대한 자신의 생각을 파고든다. 고명한 화학자 렛드로는 과거 상처나 슬픔에 너무 집착한 끝에 자신의 인생을 망친다. 디킨스는 자신과 마찬가지로, 렛드로는 좋고 나쁜 것이 '기억 속에서 나누기 어렵게 짜여져' 있어서, '좋은 것만 떠올리는 즐거움'을 선택할 수 없다는 것을 감수하지 않을 수 없다.

'좋은 것을 떠올리기 위해서는 최악의 것도 떠올려야 한다.' 이러한 고찰은, 디

야머스의 뱃집 《데이비드 코퍼필드》 하우스홀드판(1873)에 덧붙여진 프레데릭 버나드의 삽화. 버나드는 디킨스 작품 삽화가들 가운데 가장 성공한 사람으로 꼽힌다.

킨스의 다음 소설에 나타난다. 그의 모든 작품 가운데, 가장 사적이고 가장 확실하고 자전적인 작품이 《데이비드 코퍼필드》이다. 새해에 야머스[5]를 방문할 때, 몇 마일이나 황량하고 망막한 습지대를 보고, 영감을 받았다. 그래서 1849년에 쓰기 시작해서, 제목을 결정한 대로 기분 좋게 집필에 몰두했다. 6월 6일에는 '고맙게도, 이 소설은 잘되겠다는 확신이 들었다'고 속마음을 드러낸다. 7월에는 '불붙은 듯이 계속 썼다'고 했다. 그리고 11월에는 '최상의 호'를 '아주 멋지게' 집필 중이라는 말도 했다. 1850년에는 여러 일이 있었는데도, 소설 후반 역시 순조로웠다. 2월, 디킨스는 '매력적이고 익살스러운 연애를 조금' 쓰겠다고 약속한다. 그래서 '도라를 어떻게 할지 결정하기 어렵다는' 시기가 다소 있었지만, 7월에는 이야기를 마지막까지 '주의 깊게 계획했다.' 마지막 몇 호는, 휴양지 브로드스테어스에서 바다의 '황량한 음악'을 들으면서 집필했다. 절정에 이르자 이렇게 썼다.

---

[5] 영국 동부의 항구 도시.

'지금 이틀간, 아주 열정적으로 일하고 있다. 어제는 8시간, 오늘은 6시간 반, 햄과 스티어포스 장이다. 기진맥진해진—정말 내 기운을 다 썼다!' 10월 21일, 마침내 '마지막 3장으로 끝난다'고 말할 때까지 왔다. "포스터, 오늘 밤 《데이비드 코퍼필드》가 나를 어떤 기분으로 만들지, 그 반이라도 너에게 전한다면, 너에게조차도 어떤 기묘한 기분에 자신을 드러내 보여야 하는 건가? 나는 자신의 일부를 그림자 나라에 보내 버린 기분이 든다."

독자는 이 소설을 좋아했다. 당초 예상했던 것보다는 팔리지 않았지만, 《데이비드 코퍼필드》는 디킨스 작품 가운데서도 가장 인기를 얻게 되었다. 작자 자신을 얼마만큼 '아주 복잡하게 뒤섞인 사실과 허구' 속에 쏟아부었는지, 이 소설을 '가장 사랑하는 내 아이'라고 불렀다. 여기에는 자기 자신이나 부모님, 자신의 첫사랑이나 결혼, 반생에 대한 디킨스의 깊은 생각을 드러낸 잊기 어려운 인물이 다수 등장한다. 모두 일인칭으로 쓰인 《데이비드 코퍼필드》는 이따금 디킨스 작품의 '진수'라 불린다. 그 자신의 기분만이 아니라, 그의 작가로서의 경력에서도 중심적인 위치를 차지하고 있고, 초기작품의 쾌활한 낙천주의와 사색적인 후기 작품 사이에서 조화를 잘 이룬 것이다.

《데이비드 코퍼필드》를 다 쓰기 훨씬 전에, 디킨스가 그렇게 바라던 대중 잡지 창간과 편집을 마침내 이뤄낸다. 〈가정의 말〉이라 이름 붙인 잡지의 머리말에, 디킨스는 중요한 사회문제에 대한 의식이나 의론을 활성화한다는 자신의 목적을 간단하게 말하고, 동시에 '인간의 마음에 있는 상상력이라는 광명을 소중히 키우자'고 약속하고 있다. 발행처는 브래드버리 앤드 에반스로, 그들의 몫은 이익의 4분의 1, 디킨스 본인은 2분의 1에 '지휘자'로서 연간 500파운드의 급료를 받았다. 나머지 4분의 1은 포스터와 윌리엄 헨리 윌즈가 나누어 가졌다. 윌즈는 〈데일리 뉴스〉 출신의 경험이 많은 저널리스트로, 디킨스는 그를 주급 8파운드로 부편집장 겸 영업부장으로 임용했던 것이다. '상상력 면에서는 어떤 아이디어도 없다'고 한탄한 적이 있다고 하더라고, 디킨스는 윌즈의 에너지와 견실함을 높이 평가하고 있었다. 그리고 20년 동안 사업하면서 윌즈의 우정과 판단력을 믿고 의지하게 된다.

1850년 3월 27일, 〈가정의 말〉 제1호는 2페니에 간행되었다. 겉모양은 새롭지 못하고 삽화도 없었지만, 곧바로 성공을 거두어 발행부수가 거의 4만 부나 되었

브로드스테어스 디킨스는 1837~51년까지 휴가 때 이곳을 방문했다. 특히 '바닷바람이 시원하게 불어오는' 포트 하우스에서 《데이비드 코퍼필드》의 대부분을 썼고, 《황폐한 집》 집필계획도 세웠다.

다. 4개월도 지나지 않아서, 디킨스는 '엄청난 금액의 이익'을 예고하게 된다. 이 낙관주의는 첫해 총액 1715파운드로 입증되고, 그의 연수입은 엄청나게 늘어난다. 디킨스는 편집장으로서의 자신의 책임을 잘 알고 있었다. 기고를 의뢰하고, 편지에 답장을 쓰고, 원고(1852년만 900개 이상)를 읽고, 자료를 비교하고, 게다가 교정이나 인쇄소와의 협상까지 도맡았다. 그는 기사 수정, 압축, 리라이트에 몰두했다. 몇 개의 말을 '미묘하게' 바꾸는 정도의 일도 있었지만, 교정쇄가 '잉크망'을 생각하게 할 정도로까지 철저하게 손보는 것이 보통이었다. 기고기사에도 서명은 없고, 디킨스의 이름만이 각 페이지 위에 있을 뿐, 이 잡지가 자신의 의견과 문체를 확실하게 반영하도록 디킨스는 모든 노력을 아끼지 않았다.

곧 많은 기고자들이 몰렸다. 윌키 콜린스,[6] 개스켈 부인, 해리엇 마티노 등이 있고, G.A. 사라, 퍼시 피츠제럴드, 에드먼드 예이츠 등, '디킨스의 청년들'로서 알려진 풋내기 저널리스트들도 있었다. 이 기고자들은 우수한 문예작품, 과학에서 전기나 가정에 이르는 여러 주제를 다룬 계몽적 논설, 주택공급이나 공중위생, 교육 등의 중요한 사회문제에 대한 기사를 교대로 매호에 공급했다. 디킨

---

[6] 디킨스의 문학상 제자이자 친구. 나중에 잠깐 편집도 맡음.

스 자신은 100개 이상의 에세이를 싣고, 그 가운데에는 우라니아 코티지에 대한 것이나 가장 아름다운 에세이 가운데 하나인 〈별 꿈을 꾸는 아이〉가 들어 있다. 게다가 연재도 있지만 단편도 있고, 누군가 함께 쓴 기사도 있었다. 대부분의 토픽은 디킨스 자신의 관심을 반영하고, 나중에 소설에 채택된 주제를 다루는 일도 자주 있었다. 그러나 디킨스는 결코 독자의 존재를 놓치지 않고, 재미에 대한 그들의 욕구를 잊지 않았다. 그는 언젠가 윌즈에게 말했다. "지난 호를 훑어 본 것이지만 지긋지긋한 숫자 이야기가 많아지기 쉬워서, 옛날 산술 교과서같이 지루해. ……〈가정의 말〉에 상상력을 잊지 마라!"

여느 때처럼 이 시기에도, 연극은 디킨스가 자신의 '여분의 증기'라 부른 것에 적당한 판로를 주었다. 그것이 자선 면에서는 더욱더 도움을 주었다. 1847년과 이듬해 2회에 걸쳐, 그는 다시 연극 동료들을 모아 일련의 자선공연을 한다. 그 결과로 1850년에는 '문학예술조합'이 만들어졌다. 성공한 작가 에드워드 불워 리턴이 제안한 야심적인 기획으로, 자선이나 후원자에게 의지해야 할 만큼 가난한 화가나 작가에게 연금과 집을 제공하고자 하는 것이다. 1850년 11월, 리턴의 하트퍼드셔는 넵워스 저택에서 〈10인 10색〉을 다시 상연했다. 그러나 1851년(만국박람회의 해) 조합이 정식적으로 발족했을 때에는, 극단이 런던에서 공연할 희극을 리턴이 새롭게 쓰기로 결정되었다. 수개월 동안 편지 교환('마치 …… 내무성 사무 절차 같아'라고 디킨스는 투덜거렸다)과 열정을 다한 준비 끝에 〈겉보기만큼 나쁘지는 않다〉는 피커딜리에 있는 데본셔 공작의 거대한 저택에서, 빅토리아 여왕과 앨버트 공이 참석한 가운데 5월 16일에 열렸다. 무대 배경은 팩스턴[7]이 디자인하고, 출연자 가운데에는 디킨스 자신은 물론, 월키 콜린스, 삽화가 존 테니얼, 화가 오거스터스 에그도 있고, 출중한 재능이 한 자리에 모인다는 취지였다(극작가 제럴드는 '기대보다 나빴다'고 놀리고 있다). 연극은, 여름에는 런던의 웨스트엔드의 우수한 극장 하노버(Hanover Square Rooms)에서 공개되었다. 이어서 열린 지방 순회공연은 만원으로, 그 절정은 1천2백 명 관객의 갈채를 받은 1852년 8월 28일 밤 선덜랜드[8]에서의 공연이었다.

이러한 흥분은 이 시기에 꼭 맞았다. 다방면에서 대활약을 했는데도 디킨스

---

7) 만국박람회장 '크리스털팰리스' 설계자.
8) 영국 북동부 항구 도시.

의 고민은 끝나지 않았으므로, 그는 1851년 전반적으로 사생활에 영향을 미친 무수한 걱정거리에서 기분전환할 수 있는 것을 기뻐했다. 1850년 8월에 도라를 낳은 뒤, 캐서린의 회복은 더디었다. 몸이 약한 갓난아이를 걱정하느라 기력이 쇠한 그녀는 이듬해 봄에는 심각한 상태에 빠졌다. 심한 두통, 현기증, 그리고 정신착란에 괴로워했다. 주치의와 상담하고 나서, '운동과 바깥 공기와 차가운 물에 의한 규칙적인 생활'을 겪게 하기 위해서, 디킨스는 아내로 하여금 인기 있는 요양지 말번[9]에서 전문가의 도움을 받게끔 했다.

캐서린에게 보낸 디킨스의 편지(1851. 4. 15)
캐서린이 보관하고 있던 겉봉에는 그녀의 필적으로 이렇게 씌어 있었다. "사랑스러운 우리 도라가 세상을 떠난 다음 날 디킨스가 내게 쓴 편지."

아버지가 중병에 걸렸다는 소식에 충격을 받은 것은 디킨스가 아내를 걱정하면서 말번과 런던의 〈가정의 말〉 사무실을 왔다 갔다 할 때였다. 아버지는 방광수술(놀랍게도 마취 없이)을 받은 뒤 중태에 빠졌던 것이다. 회복되는가 싶더니 며칠 뒤, 존 디킨스는 '아주 조용히' 세상을 떠났다. 3월 31일의 일이었다. 계속되는 우울한 날들에, 디킨스는 낮이고 밤이고 안절부절못하고 런던 거리를 걸어다녔다. 그는 갑자기 인생의 '전면전쟁'에 압도되고 말았던 것이다. 2주도 되지 않아서 디킨스가 런던에서 일반연극 기금 모금을 위한 만찬회에 참석했을 때, 어린 도라가 갑자기 죽었다는 소식을 듣는다—단 몇 시간 전에도 같이 있었는데. 디

---

9) 영국 서부에 있는 광천으로 유명한 도시.

킨스는 밤새 딸의 작은 유해 곁에 있다가, 아침이 되자 포스터에게 전달해 달라고 부탁하며 맘번의 캐서린 앞으로 편지를 썼다. 런던에서 돌아왔을 때 맞닥뜨려야 할 슬픈 소식에 마음의 준비를 하도록 했던 것이다. "이 편지는 천천히 그리고 주의 깊게 읽어 주길 바라오. 도라는 조용히 자고 있다고 생각할 거야. 그러나 내가 보기에 병이 위중해. …… 회복하기 힘들 거 같아. 사랑하는 당신이 있다면 정말 좋겠지만."

캐서린은 이 슬픔을 견뎠지만, 침울해지고, 휴식과 환경변화가 절실히 필요한 상태였다. 디킨스는 여름 동안 브로드스테어스에 집을 빌리고, 임차권이 끝나는 9월까지 데본서의 자택을 남에게 빌려주기로 했다. 한편, 아내의 마음을 달래려고 여러 가지를 시도해 보았다. 작은 요리책을 출판했던 것도 그 때문이었다. 《저녁밥은 뭐?》라는 제목의 요리책은 아마추어 연극에 참가했을 때의 캐서린 예명으로 1851년 10월에 간행되었다. 살 집을 구한다는 구실로, 디킨스는 아내를 되도록 바깥으로 데리고 나가 돌아다닌 끝에 태비스톡 스퀘어에 있는 집으로 정했다. 이것은 두 사람이 함께 산 마지막 집이 되었다.

흐려져 가는 나날들 1852~56년

태비스톡 집은 5층 건물로, 철책을 앞에 두고, 거리에서는 쑥 들어간 곳에 위치하고 있었다. 임대계약을 맺었을 때에는 황폐해질 대로 버려 둔 참담한 모습이어서, 디킨스는 대대적인 공사를 시작해 그해 가을을 바쁘게 보냈다. 예를 들어, 새로운 급배수 설비 설치(하루를 시작하는 데에는 차가운 샤워가 필요하다는 것이 그의 신념이었다)에서 양탄자나 벽지 선정, 그리고 정원 모양을 바꾸기까지, 모든 세부에 신경썼던 것이다. 화가로 삽화도 그린 마커스 스톤에 의하면, 디킨스의 열렬한—거의 미친 듯한—'질서와 바른 정도에 대한 사랑'이 회화에 취미가 있는 장식이나 딸들 방의 깔끔함 정도(두 개의 작은 철제 침대는 귀여운 사라사로 덮여 있다)에서 아이들이 모자나 코트를 걸기 위한 현관홀에 있는 옷걸이의 정렬에 이르기까지 집 안 모든 것에서 느껴졌다. 아이들을 생각해, 디킨스는 2층의 커다란 방을 비웠다. 파티에도 쓸 수 있고, 가족을 위한(특히 '십이야' 행사로서) '세계에서 가장 작은 극장'으로 바꿀 수 있었다.

디킨스의 넓은 서재는 태비스톡 스퀘어를 내려다볼 수 있었다. 옆 객실 사이

스트랜드 풍경 디킨스가 런던에 처음 왔을 때 자주 다니던 거리. 채프먼 앤드 홀 출판사도 이곳에 있었다.

의 거울은, 책장에 그럴듯하게 꾸민 미닫이가 되었다. 닫으면 한쪽에 책이 늘어선 벽의 일부가 된다. 이것을 열면 집을 왔다 갔다 하면서 생각에 잠길 수 있다. 마호가니 테두리의 커다란 거울이 벽에 걸려 있고, 디킨스의 책상은 창 아래에 놓여 있다. 책상 위에는 매일 아침, 신선한 꽃을 꽂은 꽃병, 집필용 종이 뭉치, 펜, 그리고 즐겨 쓰는 푸른 잉크가 놓여 있다. 하루 시간 할애가 완전히 정해져 있고, 디킨스는 매일 사무적이고 규칙적으로 이대로 수행했다. 예외는 별로 없었다. 7시 기상, 8시 아침 식사, 그리고 9시 조금 넘어서 서재에 틀어박히면, 점심 식사 때까지 방해받는 일 없이 완벽한 조용함 속에서 보낸다. 오후 2시부터 5시까지는 전원이나 런던 거리를 빨리 걸으며 산책했다. 아직 일로 머리가 가득 차 있고 바로 앞을 바라보고 있지만, 무엇 하나 놓치지는 않았다. 저녁 식사는 6시로, 그 이후에는 가족이나 친구들과 보내고, 한밤중에 잠자리에 든다. 그 무렵 어떤 사람에게 쓴 편지에 의하면, 그의 생활 전체는 '경험에서, 내가 가장 쉽게, 기분 좋게 일할 수 있는 순서에 따라' 맞춰져 있었다.

 자신의 집필 활동에 대해 말하는 일은 별로 없었는데, 그의 측근들은 그것이 디킨스의 마음과 상상력을 사로잡고 있는 것을 알고 있었다. 딸 메이미(메리)는 태비스톡 스퀘어에서 지낸 시절의 추억을 글로 엮었다. 그녀는 그때 병이 낫고 있을 때 때때로, 아버지 서재 소파에서 조용히 누워 있는 것을 허락받았었다. "갑자기 아버지는 의자에서 벌떡 일어나, 옆에 걸려 있던 거울 앞으로 달려갔다. 묘한 얼굴을 일그러뜨리는 것을 거울을 통해 볼 수 있었다. 곧 책상 앞으로 돌아와 몇 분간 맹렬하게 글을 쓰고, 다시 거울 쪽으로 되돌아갔다." 메이미의 기억에 의하면, 디킨스는 오전 중에는 계속 혼잣말을 중얼거리면서, 자신이 쓰고 있는 장면을 연기했던 것이다. 자신이 어디에 있는지 완전히 잊었을 뿐만 아니라, 자신이 만들고 있는 등장인물이 되는 것이다. 큰아들 찰스의 입장에서 말하는 것을 보면, 디킨스는 두 개의 삶을 사는 듯했다. "우리 가족과 사는 인생과, 허구의 인물들과 보내는 인생. 우리보다도 머릿속(작품속) 아이들이 아버지에게는 더 현실적이었던 때도 있었다고 나는 굳게 믿고 있다." 디킨스 자신은—자신이 읽은 어느 대중소설이 '등장인물들의 내면으로부터가 아니라, 그들의 이웃들에 의해' 만들어졌다고 볼 수 있다는 말을 한 적이 있는데—모든 예술에는 '인간의 정념과 활동이 스며들어야 한다'는 신념이 더욱 강해져 갔다.

 태비스톡 집 공사도 거의 끝난 11월, 디킨스는 초가을부터 머릿속에서 '샘솟는' 소설을 시작할 수 있었다. 그리고 1852년을 지나, 그 이듬해 후반까지 이 소설에 전념하게 된다.

 런던. 갯개미취(국화과 꽃)가 피고 지고, 대법관은 링컨법조학원 내 대법관재판소에 있다. 11월의 혹독한 날씨. 거리는 마치 홍수가 지나가고, 지금 막 지구 표면에서 물러난 듯이 진흙투성이로, 이래서는 키가 40피트나 되는 반룡이 거대한 도마뱀처럼 산을 비틀비틀 넘는 것을 봐도 이상하지 않을 것이다……

어디나 할 것 없이 안개다. 템스강 상류도 안개로 뒤덮여 작은 섬과 목장 사이를 흐르고 있다. 하류도 안개. 여기서는 즐비하게 늘어선 배 사이나 커다란 (그리고 지저분한) 도시의 불결한 강기슭 주변을 안개가 소용돌이를 이루며 흘러간다. 에식스 주의 늪과 못도 켄트주 언덕 위도……

《황폐한 집》의 유명한 서두이다. 이것은 디킨스가 개혁이 필요하다는 것을 가장 절실하게 느꼈을 때 쓰고, 동시대 영국 제도에 대한 작자 최초의 일관된 공격인 이 소설의 무대를 만든다. 이제는 개별적인 악폐를 비판하는 것만으로는 충분하지 않아, 디킨스는 부자와 가난한 자, 강자와 약자를 구분하지 않고, 사회 전체가 파괴와 부패, 그러나 헤어 나올 수 없는 순환과정에 끌어넣는 모습을 그려낸다. 사람을 숨 막히게 하는 런던의 안개는, 이 나라 법률제도의 전망이 불가능한 혼탁함을 상징하고 있다. 그것은 구체적으로는 끊임없이 잔다이스 대 잔다이스의 유산 소송이 이루어지는 대법관재판소에서 드러났다. 아주 조용해진 체스니 월드 별장에 내리는 비는 정치적 지배층의 고립에서 생겨난 무위무책을 암시한다. 둘 다 인생의 모든 국면을 침해하는 절망과 부정에 관련되어 있다. 그 국면은 착각하고 있는 자선가들(멀리 떨어진 아프리카 사람들에게 자신의 인생을 바치는 한편, 자신의 가족이나 주변에 있는 가난한 자들은 돌보지 않는다)부터 비참함을 벗어날 수 있는 방법을 모르는 무지함에 억눌린 하층집단에 이른다. 그리고 왠지 그 모든 것을 연결시키는 것은, 학대받은 가련한 '조', 어린 청소부 소년이다. 이 아이는 끊임없이 '저쪽에 가, 멈추지 마' 하는 소리를 들은 끝에, 자신에게는 '여기에도, 어디에도, 있을 곳은 없다'고 생각하게 되고 만다. 이야기는 마비와 죽음과 치욕 속에 끝나고, 각각의 장면에 모습을 볼 수 있는 것이 영국 픽션에서 최초의 탐정인 버켓 경감이다. 독자를 재미있게 하려는 디킨스가 즐거움에 심혈을 기울이던 초기 작품에서 이만큼 벗어난 것도 없다. 디킨스는 《황폐한 집》 비평가 한 사람에게 이렇게 써 보냈다. "원컨대 …… 내가 단지 재미를 위해서만 쓰고, 목적도 없이 쓴다고 생각하지 않도록 하기 위함이다. 목적을 갖지 않고 쓴다면 나의 일은—그리고 그것이 요구하는 끈기, 인내, 고독, 올바른 규칙, 각고의 노력과 집중도—나에게는 전혀 가치가 없게 된다."

《황폐한 집》은 잘 팔렸다. 그러나 동시에 〈가정의 말〉 편집에 관여하고, 미스

해블롯 K. 브라운 1836~60년까지 디킨스 작품의 대부분의 삽화를 그렸다.

쿠츠의 자선사업을 지원하고, 여느 때처럼 여러 공적이고 사교적 모임에 참가하는 등 여러 방면에서 눈부신 대활약을 하면서, 디킨스는 완전히 지쳐 건강이 나빠졌다. 그 무렵 해마다 참기 어려울 만큼 소란스러워지는 브로드스테어스 대신에, 그는 캐서린과 조지나와 아이들을 데리고 불로뉴에서 1853년 여름을 보냈다. 이처럼 '밝고, 상쾌한 바람에 기분 좋은 마을'을 디킨스는 그 뒤에도 몇 번이나 찾게 된다. 객지에서 머물기에 깔끔한 무리노와 그 소유자로 멋지고 시원스런 성격에 친절한 뮈티엘 덕분에 디킨스는 곧 건강을 되찾았다. 10월이 되자, 스위스와 이탈리아로 장기 여행을 할 계획을 세우기에 바빴다. 윌키 콜린스와 화가 오거스터스 에그가 동행했다. 원래 기운이 넘치고, 가만히 있지 못하는 디킨스는 두 사람을 로잔에서 샤모니와 얼음바다 메르 드 글라스로, 심플론 고개를 넘어 밤새 밀라노로 여기저기 데리고 다녔다. 밀라노에서 예전에 머물었던 제노바로 가고, 잘 아는 곳을 여기저기 빠뜨리지 않고 찾아다닌다. 이어서 초만원인 증기선에 비집고 들어가 나폴리로 가고, 로마, 피렌체, 베네치아 등 이탈리아 관광여행을 다 했다. 세 사람은 호흡이 잘 맞았다. 특히 윌키 콜린스—디킨스보다 열두 살 아래로 개성이 넘치는 자로 철두철미하고 틀에 매이지 않고 살아가는—는 이제는 좋은 친구로 편안한 휴가에는 제격이었다.

12월 런던에 돌아온 디킨스는 이미 약속한 연속낭독회의 준비에 들어갔다. 얼마 전에 설립된 노동자를 위한 교육기관인 버밍엄 앤드 미들랜드 협회를 지원하기 위한 것이었다. 친구들 앞에서 조금 낭독해 보는 것에는 익숙했지만 일반 청중들 앞에서 공개적으로 하는 것은 디킨스에겐 처음 있는 일이었다. 큰 홀에서도 친밀한 분위기를 이끌어 낼 수 있을지 그는 불안했다. 그러나 이것은 쓸데없는 걱정이었다. 시작하자마자 '우리의 마음은 하나가 되었다. ……난롯불을 둘러싸고 함께 있는 것만 같았다'고 그는 보고했다. 12월 30일에 2천5백 명의 노동자들 앞에서(할인요금으로) 열린 〈크리스마스 캐럴〉 낭독은 압도적인 성공을 거두었다. 그들은 무엇 하나 놓치지 않고 들으려 했고, 오해 같은 것도 하지 않았다. 한마디 한마디 주의 깊게 따라오면서 웃고 울고…… 나에게 큰 용기를 주었으므로 다 함께 구름 위에 있는 것 같은 기분이 들었다.'

브라운의 《황폐한 집》 삽화
음울한 분위기에 맞춰 그린 어두운 삽화. 묘지에 이르는 지저분한 골목이 보이는 톰 올 어론스 거리. 그 시대 런던 거리 풍경은 보통 이러했다.

    1854년이 되어 곧 새 소설을 시작했을 때, 디킨스의 머릿속에는 이때의 인상이 강하게 박혀 있었다. 이렇게 빨리 다음 책을 쓸 생각은 없었지만 지난 가을, 그가 없는 동안 〈가정의 말〉의 판매가 급격히 줄었으므로, 브래드버리 앤드 에반스로부터 이 잡지를 위해 새로운 시리즈를 써달라는 간절한 부탁을 받았다. 《어려운 시절 Hard Times》의 착상은, 디킨스가 나중에 친구에게 고백하기를 '거칠게 나를 잡고 놓지 않았다'고 했다. 공업지대를 무대로 소설을 쓰는 것은 가끔 생각은 했지만 벌써 4개월째인 프레스턴[10]의 면공업 노동자들의 장기 파업이 그의

---

10) 잉글랜드 북서부 도시.

등을 떠밀었다. 고용자와 피고용자를 가로막고 있는 벽에 대한 자신의 깊어가는 우려, 가난한 사람들의 생활에야말로 상상력과 오락이 필요하다는 통감, 이러한 것을 나타내고 싶었던 것이다. 이 주제는 〈가정의 말〉에 딱 들어맞았다. 그러나 이야기를 주간지에 짧게 연재하는 것은 어렵다고 생각이 들어, 늘 쓰고 있던 것을 줄이지 않으면 안 됐으므로 어려움이 많았다. 마지막 몇 장은 불로뉴에서 썼다. 디킨스는 포스터에 《어려운 시절》을 쓰고는 내 4분의 3은 발광, 4분의 1은 망령난 상태였다고 말했다. 이것을 다 썼을 무렵 디킨스는 기진맥진해 있었다.

어쨌든 이 소설은 경제적으로는 성공했다. 1854년 4월 1일부터 8월 12일까지 계속된 연재로 〈가정의 말〉 판매부수는 2배 이상 늘었다. 토마스 칼라일에게 헌정된 단행본도 놀라울 만큼 많이 팔렸다. 그러나 비평가들은 당혹하거나 부정적이었다. 그래도 《어려운 시절》은 오랫동안 디킨스의 작품 가운데 가장 평가가 엇갈리는 소설의 하나다. 역사가이자 정치가인 맥컬리가 '기분 나쁜 사회주의'라고 무시한 것은 유명한 얘기지만, 존 러스킨은 1860년에 디킨스 최대의 작품이라고 절찬하면서 사회문제에 관심을 가진 모든 사람이 정독할 만하다고 평가했다. '많은 독자가 이 변화에 실망했지만 처음으로 디킨스의 작품은 읽어볼 만하다고 생각한 이들도 있다'고 그는 썼다. 《어려운 시절》은 독자를 거북하게 하기 위해 쓰인 것이다. 실제로 독자들은 마음이 불편해질 것이다. 그러나 흥미는 일어날지도 모른다. 그리고 이 작품이 앞선 두 작품보다 훨씬 깊은 인상을 독자의 마음에 남길 것만은 확실하다.

적절하게도 단행본에는 '이 시대는 괴로운 시대'라고 제목을 붙인 이 책이 나오는 몇 달 동안 디킨스의 분노와 좌절은 더욱 깊어졌다. 1854년 더운 여름, 런던에서는 콜레라가 들끓고, 크림전쟁을 에워싼 정부의 실책이 잇따라 드러남에 따라 〈가정의 말〉에는 통렬한 비판 기사가 끊임없이 이어졌다. 디킨스는 의원에 입후보하지 않겠냐는 권유를 가끔 받았지만 그는 글로써 더 많은 선을 이룰 수 있다는 신념에서 이를 거절했다. 그는 자기만족에 빠져 있는 이 나라 정치가들의 무관심, 무능력, 그리고 위선을 기회가 있을 때마다 공격했다. '런던의 주소 인명록에서 적당한 상점 주인을 6명 정도 골라서 자루에 넣고 다우닝 거리[11]에 가지

---

11) 런던의 관청가.

고 가면 그들이 훨씬 더 잘했을 텐데'라고 디킨스는 1855년 5월에 쓰고 있다. 이 달에 그는 친구인, 오스틴 헨리 레이어드가 조직한 (그는 단명으로 끝났다) '행정개혁협회'에 참가했다. 실제로 디킨스는 요즘 《어려운 시절》속에서 '국립 쓰레기 소각장'이라는 낙인을 찍은 하원에 대해 전부터 경멸을 느끼고 있었다. 그러나 이 시기에는 '우리에게 있어서 대의정치 자체가 실패로 돌아갔다'고 느끼기 시작했다. 만일 민중이 평화적으로 항의하기 위해 스스로 들고 일어난다면 개혁을 실현할 수 있을지도 모른다고 그는 슬쩍 내비쳤다. 그러나 실제로는 교육의 결여와 습관적인 종속상태가 민중을 '우리가 빠진 비참한 어리석음에 찬성'하게 만든 것은 아닌지 염려했다.

디킨스가 옛친구 리 헌트에게 보낸 편지(1855. 1. 31)
디킨스는 편지에서 "휴가철이라 아이들이 모두 집에 돌아와 있었네. 큰아이는 내게서 이런저런 이야기를 듣고 싶어했지……."

이러한 절망과 환멸이 넘쳐흘러 그의 사생활에까지 영향을 미쳤다. 아이들은 점점 자라고, 많은 가족을 향한 사랑은 변함이 없다고 해도 디킨스는 상상력이 탄생시킨 인물에 비해, 자신의 아이들이 더욱 다루기가 힘들고, 더욱 근심스러운 일이 많다는 것을 알게 되었다. ('왜 저 나이의 사내아이는 저렇게 시끄러운 걸까?') 열네 살 된 아들 월터에 대해 질렸다는 듯이 그렇게 말하곤 했다. 아이들이 어렸을 때는 디킨스도 아이들을 즐겁게 할 아이디어가 많았다. 아이들을 위해 재미있는 별명을 지어주고 자랑스럽게 아이들의 활약상을 이야기하며 친구들을 즐겁게 해 주었다. 그러나 아이들이 자라면서 디킨스는 그들이 시간 엄수나 정리정돈 같은 것에 대한 아버지의 높은 요구 수준에 응해 주고, 아버지를 닮아 풍부한 에너지와 결단력을 보여 주기를 기대하게 되었다. 당연한 일이지만 이러한 감독은 특히 딸들보다는 아들들에게 더 엄격했다. 아버지 때문에 가장 고생한 것은 큰아들 찰스였다. 상처를 잘 받는 내성적인 소년으로, 미스 쿠츠에게 학자금을 받으며 이튼학교에서 교육받았다. 학문에는 소질이 없어서 15살에 퇴학을 하고 실업계에 들어갈 것을 전제로 독일에 잠시 머물게 되었다. 열일곱 살이 되어 라이프치히에서 돌아왔지만, 무엇을 하고 싶은지 자신도 잘 모르고 있었다. '내 아들이라고는 믿을 수 없을 만큼 뚜렷한 목표도 없고 에너지도 모자란다'고 디킨스는 미스 쿠츠에게 말했다. '자기 자신에 대해서 포부도 상상력도 없어요. 엄마의 착한 성품을 닮긴 했지만 뭐라 표현할 수 없는 무기력, 남자에게는 심각한 그 결점까지 닮았어요. 이것은 평소에 교육을 잘하지 못해서 그런 거라고 생각해요.'

 자식들에게 실망하고 화가 난 디킨스는 결혼생활도 이제 행복하다고는 할 수 없다는 것을 깨달았다. 이 시기에는 정신적 안정을 거의 얻을 수가 없었다. 이 불행한 기분은 1855년 초, 지난날의 강렬한 추억을 일깨우는 두 가지 사건에 의해 더 강해져 갔다. 하나는, 갯즈 힐 플레이스가 매물로 나온 것을 알게 된 것이다. 어린 시절 자신의 것으로 만들겠다고 꿈꾸었던 집이었다. 그러한 기억에 떠밀려 그는 문의를 멈출 수가 없었다. 그 며칠 뒤에 이번에는 첫사랑의 여성인 마리아 비드넬[12]에게서 편지가 왔다. 완전히 연락이 끊긴 것은 아니었지만 (디킨스는 그녀의 아버지와 가끔 연락하고 있었다), 이렇게 미묘한 시기에 당사자의 필적을 보자 말할 수 없이 강렬한 감정이 솟아올랐다. 디킨스는 지난날의 모든 정열을 떠올려 서둘러 답장을 썼고 이어지는 2, 3주 동안 두 사람은 젊은 시절의 추억을 생각하며 감상적이고 친밀한 편지를 주고받았다. 그러나 실제로 만나보니 추억 속의 매력적인 젊은 아가씨는 뚱뚱하고 미련한 중년 여성이 되어 있었다. 환상이 깨져 버렸다. 그러나 그녀는 그다음 해에 또다시 등장한다. 《어린 도릿》에서 어리석은 플로라 핀칭이 되어.

---

12) 지금은 윈터 부인.

포스터가 암시하고 있듯이 '로맨스는 점점 멀어져' 갔는지도 모른다. 그러나 디킨스의 반응은, 이 시기 그의 안정되지 않은 혼란스러운 상태를 또렷하게 보여 준다. '어차피 안절부절못할 것이라면 가만히 있는 것보다 움직이는 편이 훨씬 낫다. 휴식이라는 것은 어떤 남자의 인생에는 없는 것이기도 하다…… 지나간 과거여! 그때의 기분을 언젠가 다시 느낄 수 있을까' 그 뒤로 2년 동안 그는 영국과 프랑스를 부지런히 오가면서 1855년부터 이듬해 겨울까지는 파리에서 잠시 쉬었다. 어디를 가도 '고명한 작가'라고 알아봐 주어 매우 기뻤다. 세련되고 멋진 파리에 비해 런던은 음울하고 '지저분한 곳'이었고, 그는 자신이 왜 이

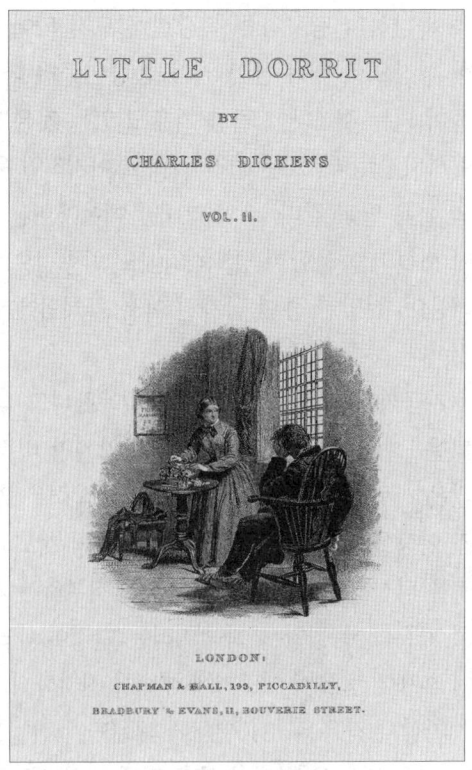

《어린 도릿》 도서관용 특별판 속표지(1859)
윌리엄 파웰 프리스의 그림

런 곳에 살고 있는지 회의가 들기 시작했다. 영국 사람은 섬나라 특유의 보수적인 속물이라고 느끼고, 1855년 11월 파리만국박람회에서 '영국 갤러리'를 방문해 보니 자기 나라에서는 예술계조차 병들어가고 있다는 확신이 깊어졌다. 대부분의 영국 회화는 '불쾌할 정도로 도덕적'이라는 것을 알게 되었다. '무엇에 있어서도 시시콜콜하고 상투적인 규칙이 정해져 있다. 나에게는 기묘하게도 이것이 현재 영국 그대로의 상태를 보여주고 있다고 생각된다.'

그 무렵 집필 중이던 소설 《어린 도릿》은 그의 이러한 서글픔을 남김없이 반영하고 있다. 처음 제목은 '누구의 잘못도 아니다'였던 작품은 그 시대 사회의 타락하고 무기력한 상태에 대한 가차없는 풍자로 시작된다. 그러나 등장인물들에 대한 저자의 관심이 높아지면서 혼란한 세상에서의 무력과 비참함의 온갖 모습

을 하나하나 탐구하는 복잡한 시도가 되어 간다. 이 책을 통해서 감옥이 강력한 상징으로 계속 남아 있다. 등장인물의 다수는 실제로든 심리적으로든 갇힌 몸이 되는 것이다. 그들을 가두고 있는 것은 거기서 달아나는 것을 단호하게 허락하지 않는다. 20년 남짓 약하고 이기적인 윌리엄 도릿의 집이 된 마샬시 감옥의 높은 담과 같다. 그의 막내딸 에이미(어린 도릿)만이 자유를 찾아낸다. 그리고 이 소설의 음울함이 압도적임에도 최종적으로는 어린 도릿의 깊은 애정과 부드러움이, 절망한 중년 남자인 아서 클레넘에게 개인적인 작은 행복을 가져다 준 것이다.

지금까지 가장 많은 독자를 획득했다고 디킨스는 거만했고, 덕분에 1만 1천 파운드가 넘는 생애 최고액을 받았지만 비평가들은 모두 비난했다. 이 작품은 많은 사람에게 있어서, 디킨스의 창작력은 말라 버렸다고 한 《황폐한 집》이 남긴 인상을 더욱 강화했다. 한편 영국의 제도와 정부에 대해 디킨스가 툭하면 그것을 뒤집어엎기 위해 공격한다며 격분하는 사람들도 있었다. 그리하여 그의 소설 가운데 '틀림없는 최악'이라는 단정이 내려졌다. 어느 비평가는 디킨스의 책이 후세에 남을지 어떨지에 대해서 진지하게 의문을 던졌다.

마샬시 감옥은 1840년대에 폐쇄되어 건물은 다른 용도로 쓰이거나 허물어졌다. 그는 작품을 마치기 사흘 전에 어린 시절부터 또렷하게 기억하고 있는 이 장소에 아직 남아 있는 것을 보러 갔다. 안뜰은 없어지고, 높은 담은 흔적도 없이 사라졌다. 하지만 감옥의 주요 부분은 아직 남아 있어서 '이야기 속에서 내 기억에 생생하게 떠오른 몇 개의 방' 확인할 수 있었다. 자신의 아버지가 먼 옛날 살던 방이었다. '비참했던 긴 세월의 망령들이 우글거리는 그 안에' 디킨스는 아무 말 없이 잠시 서 있었다.

결혼생활의 끝 1857~58년

디킨스는 몹시 숨 가쁘게 인생의 위기를 맞고 있었다. '무언가가 모자란다'는 막연한 생각, 캐서린을 향한 초조함, 타고난 급한 성격과 폐소공포와 같은 것들이 한계에 와 있었던 것이다. 1856년 가을에는 이듬해 1월 '십이야' 시즌에 상연 예정인 윌키 콜린스 극 〈얼어붙은 바다〉의 준비에 전념함으로써 자신의 불행한 기분을 억누르려고 했다. 상연을 위해 태비스톡 하우스의 아이들 공부방이 꼼꼼하게 단장되고 메이미, 케이트, 조지나, 그리고 그의 여동생 헬렌 호가스를 포함한 배우들이 몇 주일에 걸쳐 리허설을 했다.

이야기는 1845년 존 프랭클린 경의 비극적인 북극탐험을 둘러싸고 얼마 전에 물의를 일으킨 보도에서 아이디어를 얻은 멜로 드라마였다. 디킨스가 이 작품에서 가장 끌린 것은 리처드 워더라는 인물이었다. 그는 구애를 거절당하자 화가 나서 마음이 복잡해진 남자이다. 디킨스는 자신의 넘치는 에너지를 이 역할에 쏟아부었다. 콜린스의 전형적인 악역을 비극적 영웅의 모습으로 바꿨다. 워더는 더없이 비참한 마지막에 라이벌의 생명을 구하기 위해 자신을 희생한다.

월키 콜린스(1824~1889)
그 무렵 37세였던 콜린스와 디킨스는 나이 차이를 극복하고 친구이자 동료가 되었으며 공동 집필도 했다.

극이 끝나고 조명이 어두워지자 관객들이 훌쩍이는 소리가 들렸다. 디킨스 자신은 기진맥진하여 10분 정도 무대에 누워 있어야 했다. 비평가들은 디킨스를 칭송했고, 그의 연기는 3주 동안 런던에서 화제가 되었다. 그는 이 반응이 몹시 기뻤고, 사람들이 연극을 통해 이렇게 감동하는 것은 처음 보았다고 말했다. 그러나 디킨스의 연기에 담긴 생생한 감정은 친구나 가족에게 충격을 주었다. 그 감정은 그의 상상력 속에서는 연극 자체가 잊혀버린 뒤에도 계속 남아 있었다.

1857년 2월, 디킨스는 드디어 갯즈 힐 소유자가 된다. 이것저것 꾸미고 물이 고이도록 깊고 넓게 땅을 파는 따위의 공사를 마치고, 5월 19일 캐서린의 생일날 정원에서 새 집 기념파티를 열었다. 간소한 '작고 고풍스러운 집'은 그가 친구들에 즐겨 말한 대로 '홀 스탭이 달아난 바로 그 장소'에 있었다. 마음에 들기는 했지만 이렇게 빨리 이 집에 살게 될 줄은 미처 몰랐다. 이번 여름에 방문한 한스 크리스찬 안데르센에게 있어서 그곳은 더할 나위 없이 매력적인 장소였다. 클로버 향기와 덧나무에 활짝 핀 꽃향기로 정원은 마치 숲과 같았다. 그때 안데르센은 그를 맞이한 주인과 아내 사이의 긴장관계를 눈치채지 못했지만, 가끔 캐서린이 눈물을 흘리며 자기 방에서 나가는 모습을 시간이 지난 뒤에도 가끔 떠올렸다.

디킨스는 갯즈 힐이 자신에게 평화와 안정을 줄 수 있을 거라 생각했다. 그러나 그는 안정을 찾지 못하고 가정에서 위안을 얻을 수 없었다.

6월 초쯤 친구인 더글라스 제럴드가 갑자기 세상을 떠났다. 그는 충격을 금치 못했다. 자신의 행동이 유족들에게 불쾌감을 줄지도 모른다는 것은 생각도 못한 채 그는 당장 자선행사를 기획했다. 강연회, 낭독회, 음악회, 그리고 〈얼어붙은 바다〉의 재공연을 포함한 프로그램이었다. 대성공을 거둔 런던 리젠트 스트리트의 갤러리 오브 일러스트레이션 극장에서의 여름 공연(7월 4일 여왕과 초대 손님을 위한 특별 공연으로 막을 열었다)에 이어 맨체스터에 신설된 프리 트레이드 홀에서 이전기념 공연을 했다. 훨씬 넓은 공연장이었으므로 여성 배우는 프로를 썼는데, 그중에 프랜시스 터넌과 그녀의 딸들인 마리아와 엘렌이 있었다. 몸집이 작고 금발에 비교적 예쁜 열여덟 살의 엘렌은 작은 역할을 연기했지만 디킨스는 그녀의 매력과 싱그러운 젊음에 이내 마음을 빼앗겼다. 딸 케이트의 말에 의하면 엘렌 터넌은 디킨스의 공허하고 메마른 삶에 '봄바람'처럼 나타나서 그를 사로잡아 버렸다.

디킨스는 혼란스럽고 비참한 마음으로 맨체스터에서 돌아왔다. 그는 콜린스에게 이렇게 말했다. "내가 느끼는 공허는 상상도 할 수 없을 정도다. 뭐라 표현할 수가 없다. 기분은 바닥, 심장도 희미하게 뛰고 목소리도 기어들어가는 것만 같다."

연극이 끝나자 우울에 빠져 '빈껍데기처럼' 느끼는 일은 전에도 드물지 않았다. 그러나 이번만은 '암울한 터널에서 벗어날' 길이 보이지 않는다고 다른 친구에게 말했다. 포스터에게 디킨스는 지금까지 자신도 되도록 인정하려 하지 않던 마음을 털어놓는다. "안됐지만 캐서린과 나는 서로 잘 안 맞는 것 같아. 이건 어쩔 수가 없어. 아내가 나를 불쾌하게 하고 불행하게 만들 뿐 아니라 나도 그녀에게 똑같이 하고 있어. 그것도 더 심하게." 나의 안정되지 않은 생활방식이나 까다로운 기질에도 책임이 있다는 건 인정하지만 그것을 바꾸기에는 이미 늦었어. '그것을 바꿀 수 있는 것은 오직 죽음뿐이야.'

'자기 자신으로부터 달아나는' 절망적인 시도로서 디킨스는 콜린스를 호수 지방을 둘러보는 도보여행에 초대했다. 〈가정의 말〉 기사에 쓸 자료를 모으는 것이 목적이었다. 그러나 터넌 모녀가 다음 공연에 나오는 동커스터 근처를 지나는 것은 이미 생각해 두었다. 기사에서는 '게으른 두 형제의 한가로운 여행'이라고 쓰여 있는데 실제로는 그런 것이 아니라 디킨스의 수준에 비춰봐도 '엉망진창'이고 어떻게 손 쓸 수도 없는 모험이었다. 게다가 그것으로 자신의 곤경을 견뎌낼 결심이 선 것도 아니었다. 그런 뒤 얼마 안 되어 디킨스는 되돌릴 수 없는 길에 발을 내디뎠다. 태비스톡 하우스에 있는 자신의 탈의실을 침실로 개조해서 캐서린의 방으로 통하는 문을 장식장으로 막기로 한 것이다. 그것을 반대한 포스터의 충고에 대해 디킨스는 이렇게 대답했다.

엘렌 터넌 디킨스와 만난 지 1~2년쯤 지났을 무렵(1858~59)의 사진.

"서두르지 말라거나 스스로 억제하라고 말하는 건 이미 늦었어. 행동에 옮기는 것만이 나를 평온하게 하니까."

캐서린의 눈물과 비난에 맞닥뜨려 그는 화를 내면서 꼭 10년 전 제노바에서 그랬듯이 무슈 들라뤼에게 고백했다.

"당신도 알고 있는 불쌍한 여성과의 관계가 요즘 들어 팔라초 페스키에라에서 지낸 무렵처럼 원만하지가 않습니다. 점점 나빠져만 갑니다. 그녀는 자기 자신과 타협할 줄도 모르고 불행 그 자체입니다."

지금까지 살면서 처음으로 크리스마스에는 아무런 축하도 하지 않았고, 아들들은 방학인데도 학교 기숙사에 머물렀다. 그러나 디킨스는 자기는 동화 속에 나오는 괴물에게 붙잡힌 성 안의 공주를 구하는 꿈을 꾸고 있다고 말했다.

이러한 정신 상태로는 차분하게 글을 쓸 수도 없었다. 그러나 자작 낭독회를 연다는 전부터의 아이디어가 대중과의 사이를 가깝게 이어주는 수단이 될 것으로 생각되었다. 1853년 버밍엄에서의 첫 공연 이후 그는 자선을 위해 몇 번의 낭독회를 열어 청중들을 크게 웃기고 울리며 좋은 반응을 얻었다. 그래서 이번에도 이러한 것을 이용해 돈을 벌어야겠다고 생각했다. 포스터는 이 생각을 강하게 반대했다. 그것이 작가로서의 성실한 일로부터 그를 멀리 떼어내어 타락시킬 위험을 감지했기 때문이었다. 게다가 그를 더욱 흔들고 지치게 만들 것이 틀림없었다. 그러나 지금까지 디킨스가 배우로 활동하는 것을 늘 반대했던 미스 쿠츠도 이번만큼은 놀랍게도 반대하지 않았다. '대부분의 사람들은 당신에게 돈이 들어오는 것을 기뻐할 거라고 생각한다'며 찬성한 것이다. 이보다 더 큰 격려는 없었다. '어쨌든 뭔가 하지 않으면 안 된다. 그렇지 않으면 괴로워질지 모른다'고 포스터에게 말했다. 그는 4월 29일에 세인트 마틴스 홀에서 프로로서는 처음으로 낭독회를 열었다. 많은 청중의 떠나갈 듯한 환호 속에서 긴장한 모습으로 강단에 올랐다. 그날 밤, 공연이 끝나자 사람들은 문에서 쫓겨날 때까지 아무도 돌아가려고 하지 않았다. 그래서 처음의 계획대로라면 3회 공연으로 끝나는 것인데 16회까지 늘리기로 했다. 그해 가을에는 지방도시를 돌며 공연하기로 결정되어 디킨스는 그에게 있어서 두 번째 인생여정의 출발점에 서 있었다. 최종적으로는 500회에 가까운 공연을 할 만큼 그의 두 번째 공연은 대성공을 거두었다.

런던에서의 첫 시즌에 디킨스는 '크리스마스 북'에서 골라 낭독했다. 그러나 조화롭고 애정이 넘치는 가정생활의 장면을 청중의 마음에 또렷하게 재현할 수는 있어도, 이제는 참담한 실패로 느끼게 된 자신의 결혼생활은 점점 막다른 길로 치달았다. 프로로서의 첫 낭독회에서 한 달도 지나지 않았을 때 디킨스와 캐서린은 정식으로 별거생활을 하는 데 동의했다. 캐서린이 살 작은 집과 1년에 600파운드를 받는 조건이었다. 찰스는 어머니와 살기로 했지만, 다른 아이들은 아버지 옆에 남았다. 조지나도 디킨스와 살기로 했으므로 호가스 집안사람들은 이것을 비난했다. 디킨스의 가정불화에 대한 소식이 알려지자, 런던 사교계도 매우 놀랐다. 소문에 소문이 이어져 결국 아무렇게나 지어낸 낯 뜨거운 얘기들이 여기저기 퍼졌다. 그 가운데에는 장모인 호가스 부인과 그녀의 막내딸 헬렌에 대한 소문도 있었던 것 같다. 디킨스가 여배우와 불륜을 저질렀다거나, 더 악질적 소문으로는 처제와 관계를 맺었다는 것도 있었다. 적어도 가족들 사이에서 캐서린은 1857년 새롭게 개정된 혼인법에 의해 이혼을 요구할 수 있다는 데까지 얘기가 진행되었다. 터넌 모녀를

캐서린 디킨스 1852년 메이올 촬영. 이 해에 그녀는 열번째이자 막내인 프론을 낳았다. 이 무렵 메이올은 디킨스 부부의 사진을 여러 장 찍었다.

알고 있던 새커리는 더 나쁜 소문이 나는 것을 어떻게든 막아보려고 노력했지만 성공하지 못했을 뿐만 아니라 오히려 디킨스를 화나게 만들어 평생 화해하지 못했다.

중상적인 가십이 손을 쓸 새도 없이 퍼져나가자 디킨스는 친구들에게 편지를 보내어 자신에게는 죄가 없다고 강하게 항변하고, 캐서린과 별거하는 '유일한 원인'은 요즘에 와서 사이가 좋지 않았던 것이라고 강조했다. 그는 독선적인 분개로 가득 차서 장모와 헬렌에게 자신들이 한 말을 철회하는 성명에 서명할 것을 강요했다. 그렇게 해서 더 이상 소문이 나오지 않도록 하고 언론을 통해 자기 자신의 성명을 공표할 준비를 했다. 그 속에서 그는 '거짓' 그리고 '극악무도한 소문', '나뿐만이 아닌 내가 소중하게 여기는 무고한 사람들까지 끌어들인' 말도 안

되는 소문을 엄숙하게 부정했다. 친구들이 모조리 반대했지만 디킨스는 이 성명을 〈가정의 말〉에 싣고, 더 나아가 여러 전국지와 지방지에까지 발표했다. 게재를 거절한 곳도 있었는데 〈펀치〉도 그 하나였다. 마크 레먼이 주필로 있고 브래드버리 앤드 에반스가 펴내는 잡지였다. 오랜 세월을 그들과 친한 친구이자 동료로 지냈음에도 디킨스는 그것을 개인적인 모욕으로 받아들였다. 그는 즉각 레먼과 절교하고(레먼은 캐서린 편이었다), 브래드버리 앤드 에반스와도 완전히 인연을 끊기로 결심했다. 그러나 그 결과로 불쾌한 쟁의가 일어나 법정에서 해결을 보지 않으면 안 되게 되었다. 2, 3개월도 되지 않아 디킨스는 〈가정의 말〉 대신 〈일 년 내내〉라는 새로운 잡지를 만들고 자신의 저작권을 모두 체프먼 앤드 홀에 돌리는 절차를 밟았다.

이 비정상적인 제기를 간행하는 것으로 만족하지 않고, 디킨스는 초조해서 더욱 강렬한 성명을 준비했다. 그리고 디킨스가 청렴결백하다는 것을 아직도 의심하고 있는 사람에게 보여 주기 위해 그것을 낭독회의 매니저인 아더 스미스에게 맡겼다. 당연한 일이겠지만 그것이 결국 신문에 실렸을 때, 디킨스는 '모독당한 편지'라고 부르게 되었다. 신문에서는, 그의 결혼생활이 깨어진 책임을 모두 캐서린에게 돌렸다. 아내가 정신장애로 괴로워하고 그 때문에 이런 지경에 이른 것이라고 주장했다. 디킨스는 그녀에게 잔인한 거짓말로 비난하고, 아이들을 돌보거나 어머니로서의 책임을 전혀 하고 있지 않다고 말했다. 자신을 희생해서 아이들을 돌본 조지나가 사실상 그들에게 유일한 어머니이며 조지나가 없었다면 결혼생활은 더 빨리 끝나고 말았을 거라고 디킨스는 주장했다.

저널리즘에서는 이것을 납득하지 않았고 동료들도 그랬다. 그는 자신의 가정적 문제에 있어서 반은 미쳐 있었고, 나머지 반 또한 제정신이 아니었다.

그리고 딸 케이트는 이렇게 말했다.

"이 사건은 아버지의 가장 나쁘고 약한 부분을 나타내게 되었다. 아버지는 우리가 어떻게 되건 관심도 없다. 우리의 불행을 막을 수 있는 것은 아무것도 없었다."

처음에는 항의했지만 아내 캐서린은 더 이상 변명하려 하지 않았다. 그 뒤로 20년간 리젠트 파크 옆의 글로스터 클레센트 70번지에서 조용히 살다가 1879년 11월에 세상을 떠났다. 아이들과 늘 연락을 했으며 매클리스·콜린스·미스 쿠츠

등 자신을 동정하는 친구들과 계속해서 사귀었다. 디킨스와는 다시 만나는 일 없었고, 디킨스도 아내를 기억 속에서 지우려고 노력했다. 그러나 캐서린은 언제나 디킨스를 생각했고 새 책이 나올 때마다 그의 책을 읽었다. 《비상용 여행자》는 저널리스트로서의 디킨스 최후의 작품 가운데 하나로 꼽히는데, 캐서린이 가지고 있었던 빛바랜 한 권의 책은 현재 디킨스의 원고와 책을 모아놓은 덱스터 컬렉션이 있는 대영도서관에 소장되어 있다. 1873년에 《돔비와 아들》이 드라마화 되자마자, 그녀는 그것을 보러가서 눈물을 흘렸다. 디킨스로부터 받은 편지를 보

디킨스가 캐서린에게 보낸 마지막 편지
22년에 걸친 디킨스와 캐서린의 결혼생활은 1858년 6월 쓸쓸히 막을 내렸다.

물처럼 소중하게 생각했는데, 그녀의 생이 끝나갈 무렵 어느 오후, 딸 케이트에게 그 편지들을 대영국립도서관에 보관하라고 진지하게 지시했다.

"그렇게 하면 세상 사람들도 한때는 디킨스가 아내를 사랑했다는 것을 알게 될 테니까."

케이트는 시간이 흐를수록 '상냥하고 배려심 있는' 어머니에게 별로 힘이 되어 주지 못한 것을 뉘우쳤다. 어머니는 고독한 세월을 고결하게 살아왔다. 그녀가 활약을 했다거나 특별히 머리가 좋다거나 한 것은 아니다. 눈에 띄는 사람도 아니었고, 언제나 빛났던 남편에게는 못 미쳤다. 하지만 작가 헨리 모리가 1851년에 그녀와 만났을 때 쓴 것처럼, '5분이면 알 수 있겠지만 그녀는 남편과 아이들을 사랑했고 빈정거리는 사람 외에 모든 선한 사람들이라면 누구에게나 따뜻한

찰스 디킨스 생애와 문학 1085

마음으로 대해 주었다.'

오랜 뒤에, 디킨스는 자신의 결혼을 젊은 날에 저지른 실수라고 말했다. 그러나 부모님의 평생을 돌아보며 케이트는 1906년에 G.K. 체스터톤에게 편지를 썼다. '아버지와 약혼하셨을 때의 어머니는 무척 매력적이고 애정이 많은 분이셨다고 생각합니다. 그리고 두 분의 결혼이 비참한 실패로 끝나기는 했지만 저는 아버지가 어머니의 영향으로 훨씬 세련되어지셨다는 것을 의심하지 않습니다. 몇 년간은 두 분이 행복하셨다고 생각합니다. 가엾은 아버지가 자신의 실수를 깨닫고, 불쌍한 어머니가 괴로워하기 전에는요. 두 분 다 딱한 분들입니다.'

디킨스의 행동은 말이 아니었다. 이러한 일을 겪고 나서는 집요한 비난을 피해, 집에서 조용히 쉬기를 바란 것도 무리는 아니었다. 하지만 대중들은 그를 믿었다. 무슨 일이 일어나든 변함없이 충실하게 그를 열렬히 지지했다.

1858년에 디킨스는 지금까지보다 더 많은 연설을 했다. 그 가운데에는 그의 가장 유명한 연설도 들어 있었다. 그것은 그레이드 오몬드 스트리트의 소아과 병원을 지원하기 위한 호소였다. 자신의 작품 도서관용 특제판의 간행에도 착수하였다. 부유한 독자들의 입맛에 맞게 우아하게 디자인되어 있다. 그리고 최초로 시도한 순회 낭독회는 대성공을 거두었다. 오랜만에 만난 친구는 디킨스가 많이 변했다고 생각하였다. 머리는 희어지고 숱도 별로 없었다. 그리고 주름진 얼굴에는 수염이 나 있었다. 예전에는 천진난만했던 표정이 지금은 어둡고 수척해져 있었다. 그러나 옷차림만은 잘 정돈되어 있었고, 낭독회를 할 때는 가슴에 회중시계용 금줄을 단춧구멍에 달고 있었다. 헨리 제임스가 적절하게 논술하고 있듯 '언제나 군인처럼 반듯하게' 걸었고 머리를 높이 들고 많은 표정을 담은 눈은 변함없이 빛나고 있었다.

위대한 작가 1859~65년

엘렌[13]은 디킨스의 삶을 바꾸어 놓았다. 겉으로 그는 여전히 그 시대 최대의 작가였다. 가난하고 소외된 사람들을 위해 애썼고 언제까지나 가정의 따뜻함과 행복을 놓지 않는 엔터테이너로서 저항할 수 없는 매력을 뽐내었다. 그러나 사

---

13) 프랜시스 터넌의 둘째딸.

생활에서는 점점 사람들과 거리를 두게 되었고 옛 친구들과도 멀어지게 되었다. 그리고 될 수 있는 한 긴 시간을 넬리(디킨스가 좋아한 엘렌의 애칭)와 지냈다. 넬리는 무대를 떠나 태비스톡 하우스에서 걸어서 갈 수 있는 거리의 호튼 플레이스에, 디킨스가 빌린 집에서 어머니와 자매들과 살고 있다. 지금까지도 둘의 관계에 대해서는 조금밖에 모른다. 아내와 헤어졌을 때, 디킨스는 둘의 관계가 순수한 플라토닉(Platonic : 정신적인 연애)이라고

낭독을 시작하려는 디킨스 허버트 왓킨스 촬영(1859).

주장했다. 그리고 최근의 전기적 연구에서 죽은 아이에 대한 언급이 여기저기에 알려짐과 동시에, 결국은 두 사람이 사랑하는 사이가 되었다고 강하게 주장하고 있으나 이를 뒷받침하는 근거는 없다. 주고받은 편지는 하나도 남아 있지 않고 그녀를 아는 얼마 안 되는 친구들에게 온 몇 장의 편지 가운데 디킨스가 넬리에 대해 쓴 것은 아주 조금에 불과했다. 그렇다 하더라도 그의 생활이 넬리를 중심으로 돌아가는 것을 알 수 있기에는 충분했다. 그의 마음은 세월이 갈수록 더더욱 고통스러워져 갔다.

《두 도시 이야기》의 히로인, 루시 머넷에 대한 애정이 담긴 묘사는 넬리를 향한 마음이 숨겨져 있다. 《두 도시 이야기》는 디킨스가 1859년 4월에 〈일 년 내내〉를 창간하는 데 있어 연재를 시작한 역사 소설이자 리차드 워터의 역할을 연기한 이래로, 그의 마음을 떠나지 않은 뜨거운 열정을 프랑스 혁명의 공포를 배경으로 강렬하게 나타낸 것이었다. 이 소설은 대호평을 거두었다. 1859년 6월, 디킨스는 〈일 년 내내〉가 놀라운 성공을 했다고 보고했다. 통상적 부수가 평균 10만 부, 크리스마스 호는 30만 부로 〈가정의 말〉을 훨씬 능가했다. 창간된 잡지가

찰스 디킨스 생애와 문학 1087

급속도로 늘어 경쟁이 치열해진 시기에 〈일 년 내내〉는 픽션의 질이 높은 것으로 이름을 널리 떨쳤다. 《두 도시 이야기》는 나중에 윌키 콜린스의 《흰옷을 입은 여자》, 게스켈 부인의 《어두운 밤의 일》, 블루워 리튼의 《기묘한 이야기》에 이어, 결국은 트롤롭 만년의 세 작품, 《포펜조이의 상속 문제》, 《공작의 아이들》, 《스카바라 씨의 가족》도 실리게 된다.

일에 있어서 1859년은 디킨스에게 많은 결실을 거두게 해준 해였다. 그러나 결혼이 깨어진 지금, 그는 가정적 책임을 혼자서 짊어져야 했다. 그는 '자신이 짊어지지 않으면 안 되는 무거운 짐 때문에 몸을 움직일 수도 없을 만큼 압박당하고 있는 것 같다'고 윌즈에게 털어놓았다. 처음에는 아버지가, 그리고 그 뒤를 이어 형제들이 생활력 면에서 무능력하다는 것을 알게 되었는데, 지금은 혹시 그의 자녀들이 그들과 같으면 어떻게 하나 두려워하고 있었다. 캐서린과 헤어진 직후, 수년간 쓴 그의 편지는 아들들에 대해서 방향성도, 재능도 없어 보이는 데에 대해서 디킨스가 매우 걱정하고 있음을 나타내고 있다. 이 시기에 아들들은 아버지의 기대 때문에 집과 멀리 떨어진 곳으로 떠나 출세의 길을 찾도록 재촉받았다. 큰아들 찰스는 실업가가 되기 위해 노력했고, 디킨스 이전의 출판자의 딸인 벤시 에반스와 결혼해 아버지를 분개하게 만들었다. 1862년 첫 손자가 태어났을 때, 부자간의 사이가 겨우 회복되었다. 1857년에 큰 희망을 안고 인도 주둔군에 입대한 월터는 거액의 부채가 있었다. 신경질적인 프랑크(프랜시스)는 1860년에 아버지가 본 바로 '칠칠치 못하고 허송세월을 보내고 있는 상태'였다. 〈일 년 내내〉 사무실에서 일하고 있었는데 나중에는 인도로 갔다. 착하고 성실한 아이지만 재능과는 거리가 먼 알프레드는, 되고 싶어했던 육군장교가 되는 데 실패하고 결국 1865년에 호주로 이주했다. 배를 타는 일을 하겠다고 단호하게 결심한 열세 살의 시드니는 사관후보생으로 해군에 들어갔다. 막내 2명의 아이들 가운데 1860년에 열한 살이었던 헨리는 디킨스 아들들 중에서 유일하게 대학에 진학해 법조계에서 성공했다. 그러나 소극적이고 늘 자신이 없는 프론은 다른 형들처럼 해외에 나가 불안정한 생활을 하는 신세가 되었다.

20대가 된 딸들 역시 디킨스의 근심거리였다. 디킨스는 가정에서의 역할분담에 대해서 즐거운 듯 쓰고 있지만, 딸들은 런던 사교계에서 말 많은 사람들에게 냉담한 대우를 받았다. 메이미는 평생 결혼을 하지 않았다. 그녀는 집을 떠나 친구를 방문하면서 대부분의 시간을 보냈다. 특별히 아버지가 예뻐하고 그와 성격적으로 많이 닮은 케이트는, 윌키 콜린스의 동생으로 병약한 찰스 콜린스와의 결혼을 결심했다. 단지 불행한 가정으로부터 도망치기 위한 것이라고 전해지고 있다. 1860년 7월 17일에 올린 결혼식은 불편해 보였다. 초대받은 사람들 대부분은 디킨스가 이 결혼을 강하게 반대했다는 것을 알고 있었으므로 어떻게 행동해야 할지 난감해하고 있었던 것이다. 어머니 캐서린이 참석하지 않은 것도 주의를 끌었다.

가족들이 하나둘 집을 떠나자, 디킨스는 런던의 큰 집이 필요 없게 되었다. 태비스톡 하우스에는 불행한 추억이 너무도 많았으므로, 앞으로의 1년을 갯즈 힐에서 보내기로 하고 겨울 사교 시즌을 위해 런던에 가구가 딸린 주택을 임대하기로 했다. 손님이 올 경우에는 〈일 년 내내〉의 사무실 위층에 작은 공간을 쓰기로 했다. 겨우 9년 전에 디킨스가 정성스럽게 고른 비품이나 가구들은 집과 함께 팔려 나갔다. 한편, 갯즈 힐의 배경인 들판에서 그가 많은 바구니에 들어

DISCONTINUANCE OF HOUSEHOLD WORDS.
THE LAST NUMBER of Household Words will be published on Saturday, May 28th; from and after which date, that publication will be merged into ALL THE YEAR ROUND.

ON MAGAZINE DAY WILL BE PUBLISHED, PRICE 11*d*.,
The First Monthly Part, consisting of Five Weekly Numbers, of

ALL THE YEAR ROUND.
CONTAINING,
BESIDES ORIGINAL ARTICLES OF PRESENT INTEREST,

A TALE OF TWO CITIES.
By CHARLES DICKENS.

BOOK THE FIRST. RECALLED TO LIFE.
Chap. 1. The Period   Chap. 4. The Preparation
      2. The Mail   5. The Wine Shop
      3. The Night Shadows   6. The Shoemaker
BOOK THE SECOND. THE GOLDEN THREAD.
         Chap. I. Five Years Later

Published at 11, WELLINGTON STREET, NORTH, STRAND W.C
AND 193, PICCADILLY, LONDON, W

디킨스의 새로운 잡지 〈일 년 내내〉 광고
《두 도시 이야기》가 특필되어 있다. 이 잡지는 대대적인 광고 전략으로 성공을 거두었다.

있는 편지와 서류를 불태웠는데 헨리와 프론은 그때에 위인들이 숯에 양파를 굽던 것을 시간이 지난 뒤에도 잊지 않고 있었다. 이후, 디킨스는 자기에게 온 사적인 편지를 읽자마자 없애 버렸고 자신이 편지를 쓸 때는 되도록 짧게 쓰려고 노력했다.

생활 기반을 다시 세워야 하는 힘든 시기를 디킨스는 〈일 년 내내〉에 새로운 연재를 시도했다. 조용히 사색하는 듯한 수필로 너무 아름다워 잊을 수 없는 것이었다. 《비상용 여행자》의 캐릭터가 된 디킨스는 혼자서 런던 거리를 걸으며, 시골을 여행했을 때, 가 보았던 장소나 만났던 사람들의 인상을 기록한 것이다. 가난한 사람들을 위한 급식 시설, 역의 대합실, 감옥, 도시의 누추한 뒷동네 따위가 묘사되었다. 그는 어쩐지 쓸쓸한 법조학원, 황폐해진 교회, 싸구려 극장 등 젊은 시절 〈스케치〉의 무대를 재현했다. 어린 시절을 지낸 로체스터에도 가서 먼 옛날 자신의 상상력을 북돋아 준 천진난만한 즐거움이나 밤의 공포감을 고통스럽게 기억할 만큼 강렬하게 겪었다. 《두 도시 이야기》의 자비스 롤리처럼 디킨스는 그러한 추억에 위로를 필요로 했다.

《위대한 유산》은 《비상용 여행자》의 수필이라고 그는 포스터에게 말하고 있다. 그것은 매우 멋지고 새로우면서도 괴상한 착상이었으므로 다음 소설에 쓰려고 생각해 두었다. 매우 섬세하게 쓰인 '힙'이라는 인물의 이야기이다. 어리둥절하고 겁 많은 아이였던 힙은 이루 말할 수 없는 재산을 받게 되자, 지위가 낮은 친구들이나 자신의 신분을 부정하지만, 자신을 찾아 떠나는 굴욕적인 여행으로 인해 기대했던 《위대한 유산》을 에워싼 진상을 알게 된다. 《데이비드 코퍼필드》처럼 1인칭으로 쓰인 이 소설은 디킨스 자신의 감춰진 생활을 날카롭게 재검토했고 높은 열망과 야심을 품고 인생을 살아온 사람이라면 누구나 알 수 있는 그런 것이었다. 처음에 쓴 결말에서는 힙과 에스텔라는 결별한다. 그로 인해 힙은 현명해졌지만 고독했다. 그러나 블루워 리튼은 두 사람이 결국 함께 행복해진다는 것을 암시하는 결말로 바꾸라고 디킨스를 설득했다. '전체적으로 볼 때 나도 그 편이 좋다'며 작가도 그것에 동의했다. 《위대한 유산》이 간행되자마자 걸작이라고 칭송받았다. 대서양 양측에서 대성공을 거둔 것이다. 영국에서는 〈일 년 내내〉의 연재가 끝나자마자 3권짜리로 간행되었다. 이것은 디킨스에게 있어서 보기 드문 간행 형태였지만 책을 빌려 주는 곳에서는 평판이 좋았다. 미국에서

《위대한 유산》의 삽화 영국에서 처음 간행되었을 때는 삽화가 실리지 않았다. 존 맥레넌이 그린 이 삽화는 미국판에 실린 삽화이다.

는 〈하퍼스 위클리〉에 연재된 뒤 여러 버전의 단행본이 출판되었다. 미국의 화가가 책에 들어가는 그림을 그린 것이다.

1860년대에 디킨스의 독자는 국내외를 막론하고 빠르게 늘어갔다. 디킨스와 출판사가 여러 층의 시장에 맞도록 구작의 다양한 신판을 발행했기 때문이다. 〈피플 판〉(기차역의 서적 판매장에 알맞도록 기획된)과 〈찰스 디킨스 판〉(다소 개정되어 저자의 새로운 예문을 덧붙인)은 영국권 전체에서 대대적으로 광고함으로써 판매를 촉진하였다. 유럽 대륙에서 디킨스의 작품은 독일의 《타우프니츠 영미작가총서》에 실려 널리 읽히게 되었다. 그것은 번역판으로도 나왔는데 특히 프랑스에서는 디킨스가 자랑스럽게 말한 것처럼, 어느 역에서도 자신이 지은 번역서를 발견할 수 있었다. 현재 미국의 잡지에는 단편 하나에 1000파운드를 요구할 수 있게 되었고, 낭독회의 권유는 먼 호주에서까지 올 정도였다.

그러나 디킨스는 행복감을 느끼지 못했다. 이 시기에 그는 날이면 날마다 프랑스를 방문했다. 이 방문에 대해서 일부러 얼버무리는 일이 다반사였다. 대체로 불로뉴 남방향으로 6마일 가면 있는 콘데트라는 조용한 마을에서 옛 친구 보크루 뮤츄엘 소유의 소박한 농장에 머물렀다. 넬리도 그곳에 있었다는 증거는 없지만 그녀와 어머니가 가까이에 머물고 있었을 것이라고 생각된다. 그의 편지는 프랑스 방문이 빈번했던 1862년과 63년에 둘의 관계에 위기가 온 것을 암시했다. 그 결과, 그는 무상함과 슬픔, 견디기 힘든 불안에 휩싸이게 되었다. 조지나에 대해서도 걱정이 되었다. 평생 의지가 되었던 조지나가 1862년에는 거의 매일 의기소침해 있었고 심장도 좋지 않았기 때문이다. '우리 모두에게 조지나는 얼마나 큰 존재인지 모른다. 딸들이 인형처럼 작을 때부터 공허한 마음을 채워 주었고, 희생하는 마음으로 보살펴 준 것을 다른 사람들은 아마 모를 것이다.' 디킨스는 맥크리디에게 말했다. 또 이 시기에는 낭독회의 매니저인 아더 스미스, 친구인 오거스터스 에그, 새커리, 존 리치가 세상을 떠났고, 어머니와 남동생인 알프레드도 저세상으로 갔다. 아들 월터도 스물셋의 젊은 나이로 인도에서 객사했다. '이런 괴로운 인생에서 누가 쓰러지든지 간에 우리는 전진하지 않으면 안 된다고 말하는 것은 간단하다'고 디킨스는 쓰고 있다. '그러나 내 안에 있는 근심 걱정 때문에 내 마음은 가끔씩 힘을 잃고 만다. 확고한 결의가 없었다면 나도 쓰러지고 말았을 것이다.'

이 시기에 그는 몇 번씩이나 새로운 책을 월간 분책하려고 생각했으나 연재의 첫 회를 다 썼다고 연락이 온 것은 1864년 1월이었다. 그 시점에도 《커다란 캔버스》와 《큰 연필》로 돌아와서 망설이고 있는 것을 느꼈다. 1864년 5월부터 다음 해 11월에 걸쳐 간행된 《우리 모두의 친구》는 완성된 작품 가운데에서는 디킨스 최후의 작품이 되었고, 어떤 의미에서는 지금까지의 전 작품 중 정점에 이르렀다고 할 수 있다. 그가 묘사하는 런던은 점점 커지고 있는 도시이고, 아직 완성되지 않은 길이나 더러운 수로, 쓰레기더미와 공기를 오염시키는 강이 만드는 오묘한 카오스였다. 그것은 공허한 세상이었고 탐욕적인 사리추구와 신흥중산계급의 얄팍한 가치관, 심층적으로는 파괴적인 가치관이 지배하고 있었다. 죽음과 기만의 세계이며 사회의 어느 구석에 살아남은 가난한 사람들까지도 돈에 의해 타락해 가는 것이었다. 동정도 없고 기쁨도 없는 세상, 《피크위크 페이퍼스》의 밝고도 분주한 옛 영국과는 달랐다. 이 변화는 디킨스가 브라운이 아닌 새로운 젊은 화가 마커스 스톤에게 그림을 맡겨서 더욱 강조되었다.
 스톤의 사실적인 그림은 이 소설을 더욱 현대적인 느낌이 들게 했다.
 《우리 모두의 친구》의 집필이 완성에 가까워진 1865년 6월 9일, 디킨스가 넬리와 그녀의 어머니를 함께 프랑스에 데려가 짧은 휴가를 마치고 돌아오는 길에, 세 명이 함께 탄 기차가 켄트주 스테이플 허스트 가까이서 사고를 당했다. 기차가 탈선해서 10명이 죽고 많은 사람이 다쳤다. 넬리는 크게 충격을 받았다. 디킨스는 두 사람을 안전한 곳으로 대피시키고 사고 현장으로 돌아가 구조 작업에 참가했다. 더운 여름 오후인데도 힘든 내색 하나 하지 않고 부상자나 죽어 가는 사람들을 구하기 위해 자신이 가지고 갔던 물과 술을 나누어 주었다. 기차에 놓고 온 자신의 원고가 생각났다. 그때처럼 독자와의 영원한 이별이 가깝게 느껴진 적은 없었다. 그 이상 가까울 수는 없을 것이다. 앞으로 이 책을 매듭짓는 언어가 내 인생 자체에 그대로 기록될 때까지.

노년 1865~70년
 디킨스는 자신이 목격했던 참혹한 철도사고에 극심한 충격을 받아 몸과 마음의 상처를 입었다. 그는 갈수록 몸의 쇠약과 불편함을 호소했으며, 전체적으로 '어딘가가 좋지 않다'고 느꼈다. 맥박의 불안정도 의식하게 되었다. 주치의는 그에게 심장이 약해진 것이라 말했다. 예전에 발병했던 통풍(痛風)도 점점 악화됐다. 그 뒤로도 자주 움직이지 못할 만큼 통증발작에 괴로워하며, 심할 때에는 슬리퍼 신는 것조차 힘들어했다. 가장 골치 아픈 일은 심리적인 외상후 스트레스 장애로 인해, 철도 여행에 '신경성 공포'가 악화된 것이다. 더 이상 프랑스로 슬그머니 여행다니는 것이 불가능해졌다. 그리고 가능한 한 급행기차를 피하게 되었다. 그로 인해 낭독 여행 중 스트레스와 불쾌감이 더 심해져도 어쩔 수 없었다.
 디킨스는 점점 갯즈 힐에서 휴식과 위안을 찾게 되었다. 집은 설비를 갖춘 우아한 곳으로 변했다. 디킨스는 새로운 응접실을 만들고, 온실을 늘렸으며, 현관홀과 계단의 무도장을 위해서는 쪽매붙임 세공한 마루를 주문하여 특별하게 디자인하도록 했다. 또한 낡은 마구간을 개조하여 하인들이 쓰도록 깔끔한 방을 만들었다. 정원에는 잘 손질된 잔디가 펼쳐졌고, 디킨스가 좋아하는 새빨간 제라늄을 가꾼 화단도 있었다. 그는 관목을 많이 심고, 그 옆에다 프랑스 배우 샤를 훼슈테가 보내온 샤레[14]를 지었다. 여름에는 그곳에 틀어박혀 집필에 전념할 수 있는 최적의 은신처였다. '아담한 컨트리 하우스(지주주택)'인 갯즈 힐에서 디킨스는 충분히 그 지방 유명인사로 통했다. 이웃 사람들과의 왕래는 별로 없었지만, 가볍게 발걸음을 떼는 개들을 데리고 샛길을 활보하는 모습이나, 집 뒤뜰에서 운동회나 크리켓 시합으로 상을 주는 모습은 익숙한 풍경이 되었다. 시간이 흘러, 그는 넬리를 조지나와 딸들에게 소개하였고, 그녀는 여러 차례 갯즈 힐을 들르게 되었다. 때로는 디킨스의 낭독회에 남몰래 찾아왔다. 하지만 평소 넬리는 세상일을 피해 슬라우나 페크햄에 디킨스가 빌린 집에서 조용히 살고 있었다. 이들 집은 찰스 트링검이라는 이름으로 빌렸는데, 이 가명은 〈일 년 내내〉 사무실 옆 담배가게 이름에서 따온 듯싶다.

 1866년 몸 상태가 좋지 않은 상황에서도 디킨스는 흥행주 채플사가 하룻밤 50파운드 사례를 할 테니 낭독 지방순회를 하자는 제안을 받아들인다. 계획은 순조롭게 진행, 디킨스는 3년 만의 무대 복귀를 고대했다. 관객도 예전과 다름없이 따뜻하게 맞아 주었다. 그러자 그는 불현듯 '미국에 가고 싶다'는 생각이 들었다. 이는 필연적이었다. 미국에는 많은 친구들과 입에 침이 마르도록 칭찬을 아끼지 않는 열렬한 독자들도 있었기 때문이다. 하지만 그의 주된 동기는 경제적인 것이었다. 아내에게 수당을 줘야 했고, 자신의 체면을 유지하기 위해서도 돈이 필요했다. 넬리를 돌봐야 했으며, 아들들도 여전히 근심거리였다. 그 일이 아주 힘든 일이 될 것임을 그 또한 잘 알고 있었지만, 월즈에게 설명한 대로 쉰다섯 살이 되어 손쉽게 큰돈을 벌 기회가 있으면, 그건 무엇보다 '가장 중요한 일이다.' 가장 곤란한 점은 '가장 아끼는 그녀'와의 괴로운 이별이었다. 중개역을 맡은 월즈를 통해 자주 편지나 소식을 보냈지만, 디킨스가 자리를 비운 6개월 동안 넬리를 가장 아끼고 사랑한 것은 의심의 여지가 없다.

 그가 1867년 11월 19일 보스턴에 도착해 보니, 사람들이 꽁꽁 얼어붙을 것 같은 추위 속에서 낭독회 티켓을 사기 위해 줄을 서고 있었다(오래 기다린 사람은 12시간이나 기다렸다). 첫 4회분은 이미 매진이었다. 예상했던 것과는 반대로, 지난번 그의 방문을 망친 반감이 곧바로 되살아나진 않았다. 또한 환영을 위해 몰

---

14) 스위스풍 산장.

려든 사람 중에서도, 1842년처럼 그를 몹시 화나게 한 무례한 행동은 찾아볼 수 없었다. 현재 보스턴은 큰 상업 도시이다. 그리고 뉴욕은 못 알아볼 만큼 변하여, 그곳에서는 모든 것이 '매일 새로워지는—낡지 않고—것처럼 보였다.' 곧 그는 생활비가 엄청나게 든다는 사실을 알았지만, 이번엔 최고 호텔에 머무를 여유가 됐다. 호텔 방에서 식사를 할 수 있었으므로 사람들의 눈을 의식하지 않고 편하게 지낼 수 있었다. 그는 공적 행사나 만찬회 출석을 단호히 피하고, 낭독회에 전념하기로 했다. 롱펠로(지금은 머리도 수염도 새하얗게 센)처럼 옛 친구들이나

갯즈 힐의 포치에서 서 있는 사람은 왼쪽부터 디킨스 친구 헨리 촐리·딸 메이미와 케이티·디킨스. 앉아 있는 사람은 케이티의 남편 찰스 콜린스와 조지나.

출판사의 제임스 필즈와의 만남은 설레는 일이었다. 필즈와 그의 매력적인 아내 애니는 디킨스를 자신들의 집에 초대했다.

　보스턴·뉴욕·워싱턴·필라델피아에서의 낭독회는 전에 없을 대성황이었다. 그러나 유능한 새 매니저 조지 돌비가 그를 각별히 보살폈는데도, 여행길이 길어짐에 따라 디킨스의 건강과 기력은 빠르게 쇠약해져만 갔다. 감기에 걸리고, 감기는 매서운 겨울 기후 속에서 인플루엔자가 되었다. 목이 잠기고, 밤에는 좀처럼 잠들지 못했다. 크리스마스에는 보스턴에서 뉴욕으로 가는 괴로운 기차 여행으로 시간을 보냈다. 그리고 식사를 하고, 뜨거운 진 펀치를 마시고, '조금씩 숨을 돌린다'고 마미에게 보고했지만, 이튿날 밤에 낭독하는 것도 힘에 부쳤다.

시카고와 서부 방문지를 늘리는 안은 할 수 없기 포기했다. 그렇지만 아직 76회 낭독회라는 빡빡한 스케줄이 남아 있어, 그에 따른 여행과 준비가 있었다. 놀랍게도, 디킨스는 청중에게서 에너지를 끌어내는 것처럼, 2월 자신의 생일날에 저절로 터져 나온 큰 갈채를 받은 것으로 기운을 차렸다. 그러나 너무 피곤에 지쳐서, 낭독을 끝내자마자 탈진상태가 되었다. 미국 방문이 끝날 무렵에, 그는 스스로 정한 양생계획에 따라, 수프·환자용 쇠고기 수프·셰리·샴페인만으로 살아갔다. 그리고 극심한 통증 때문에, 마지막에 남은 몇 번의 낭독회에서는 등장할 때도 도움이 필요했다. 4월 20일 순회는 끝났다. 수익은 거의 2만 파운드 정도로, 기대를 훨씬 웃돌았지만, 이 강행군은 그의 몸과 마음에 심각한 타격을 주었다.

집으로 돌아올 때에는 배로 여행한 덕분에 놀랄 만큼 회복했지만, 디킨스는 다음에 돌아야 할 100회의 장기 시리즈가 자신의 마지막 낭독회가 될 것을 알고 있었다. 그 뒤 몇 주 동안, 그는 〈일 년 내내〉에 전념한다. 막내아들 프론(에드워드)이 형 알프레드와 합류하기 위해 오스트레일리아로 여행을 떠난 슬픈 이별도 있었다. 그러나 가을 무렵이 되자, 마지막 낭독회 상연목록을 준비하기 시작한다. '아주 강렬하고 드라마틱한 것'을 청중들의 기억에 남기고자 결심한 그는 《올리버 트위스트》의 살인 장면을, 청중들이 전율하게끔 각색하기로 한다. 처음에는 이만큼 강렬한 감정을 공공장소에서 풀어놓는다는 것에 저항감을 느끼기도 했지만, 그는 머지않아 이 작품에 사로잡혀, 끝날 무렵 몸과 마음이 완전히 소진되어도, 다음 날 밤에도 그다음 날 밤에도 이 작품을 계속 읽어갔다. 1869년 봄에 그는 자신의 건강이 약해지고 있음을 완강히 거부했다. 그러나 4월 22일 뇌졸중을 일으켜, '현기증이 나고 기분이 안 좋으며, 평정심을 잃고 정신이 아득해지는' 느낌이 들었다. 몸에 전혀 힘이 들어가지 않고, 왼쪽 눈이 안 보인다고 호소하기에 이르자, 의사들의 지시로 순회 낭독회는 어쩔 수 없이 중단되었다.

여름에는 런던과 갯즈 힐에서 조용히 보냈다. 그는 친구들에게 '아주 많이 좋아진' 기분이 든다고 했지만 돌비는 그의 '예전의 활기와 정신의 유연성'이 사라진 것을 슬프게 여겼다. 또한 그 해 후반, 남편과 함께 런던에 있는 디킨스를 방문한 애니 필즈는, 그의 눈빛에 깃든 슬픔을 보았다. 그는 5월에 새로운 유언장을 작성하고, 막대한 재산은 자식들이 공평하게 나눠 갖도록 했다. 그러나 약간

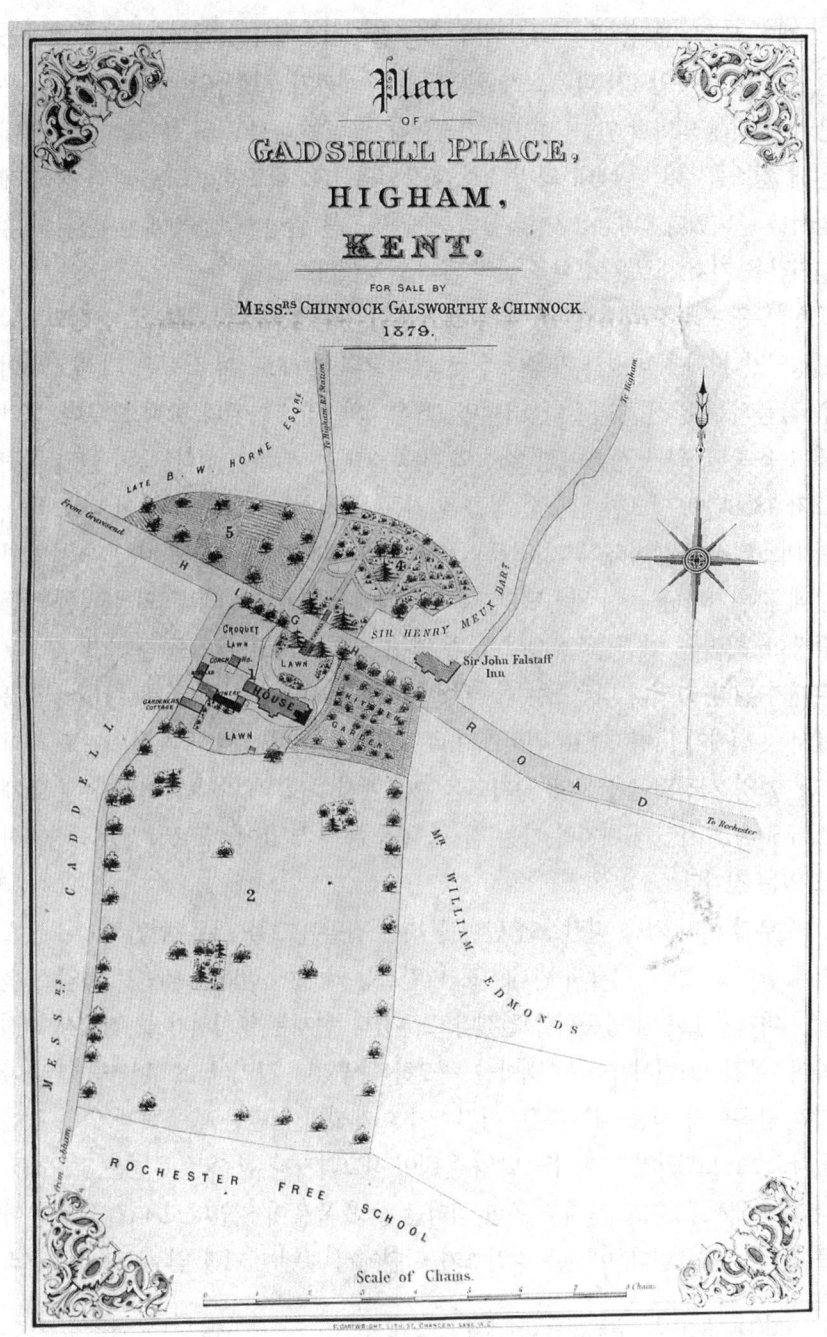

갯즈 힐 평면도

의 개별 유증[15]분 중에는 '최근까지 호튼 플레이스에 살았던 미스 엘렌 로레스 터넌(넬리)'의 몫인 1천 파운드가 있었다. 이렇게까지 오랫동안 비밀로 간직해 온 관계에 대해 의아할 만큼 떳떳한 언급이다. 그는 승마사고 뒤 은퇴한 윌즈를 대신해, 찰스를 〈일 년 내내〉의 편집보좌로 임명하고, 채프먼 앤드 홀과의 정식 계약서를 준비했다. 《비상용 여행자》의 제3시리즈를 완성하고, 8월에는 4년간의 휴식기간을 거쳐 새로운 소설을 위해 일에 착수했다.

《에드윈 드루드의 비밀》은 통상 20개월이 아닌 12개월 분책으로 간행되도록 예정되었다. 최초 비평가 가운데 한 사람이 지적한 대로, 이 작품은 디킨스의 이전 작품과는 완전히 다르다. 어쩌면 그 시대와 더 조화된다 할지 모른다. 보다 짧고 응축된, 최근 '센세이션' 소설의 유행을 쫓는 부분이 컸다. 특히 윌키 콜린스가 1868년에 발표한 압도적 성공을 거둔 《월장석》과 같은, 취향이 다소 특이한 미스터리 소설이다. 후기 작품의 과격한 사회비판을 대신해, 비밀과 사악한 부패 분위기가 공들여 완성됐다. 그 가운데에서 크로이스터램[16]의 한적한 집들 담장이, 최면술, 아편중독, 제어할 수 없는 정열 그리고 살인을 둘러싼 놀라운 무대가 된다. 그러나 디킨스는 늘 뛰어난 이야기 작가 이상의 존재로서, 이 작품에서는 20세기 비평가 F.R. 리비스가 주목했던 것처럼 '위대한 시인'이기도 하다. 그는 가장 서정적인 산문에 열거되는 부분에서, 처음과 마지막 거처가 된 로체스터에서 그 자신의 마지막 가는 길, 죽음을 통해 부활에 이르는 행정을 환기하고 있는 것이다.

이 무렵 여러 차례 디킨스와 만난 돌비는 집필이 그를 너무 '번민하고 고통스럽게 한다'고 했다. 의사의 반대에도 디킨스는 새해에 런던의 세인트 제임스 홀에서 마지막 12번의 낭독회를 열겠다고 우겼다. 현재는 주치의가 늘 곁에서 걱정하며 1분간 124번이나 되는 맥박을 체크하고 있었다. 그러나 1870년 3월 15일 마지막 낭독회의 청중 대부분은, 디킨스가 이제까지 이만큼 훌륭하게 읽은 적이 없다고 느끼고 있었다. 마지막 말의 울림이 사그라지자, 한순간, 주변은 고요해졌다. 계속해서, '보지도 듣지도 못한 엄청난 갈채 폭풍이 일었다'고 디킨스의 큰아들 찰리는 떠올린다. 이것은 디킨스가 런던에서 보낸 마지막 몇 주간이다. 그리

---

15) 유언으로 자기 재산 일부를 타인에게 주는 행위.
16) 로체스터를 모델로 한 마을.

《에드윈 드루드의 비밀》 마지막 호 삽화 "잠들어 떨쳐버리도다." 루크 파일즈가 그린 삽화.

고 그때 그는—단 한 번도 상류사회를 동경하지 않고 '우리를 통치하는 사람들'에 대해 자신의 정치적 신뢰 결여를 최근 다시 강조한 것뿐이지만—지체 높으신 분들과의 회견 초대를 연이어 응했다. 여왕에게는 개인적으로 찾아가 뵙고, 버킹엄 궁전에서의 파티도 참가했다. 수상(글래드스턴)과의 조식회에도 출석했다. 스탠호프 경과 식사를 함께하고, 디즈레일리[17]와 대면했다. 호튼 경의 만찬회에서 황태자를 배알했다. 4월 7일에 디킨스는 친구들을 위한 성대한 파티를 열어, 힘든 와중에도 평소와 다름없이 매력적인 주인공으로서의 역할을 다했다. 4월 30일에는 로열 아카데미에서, '문학'을 위한 건배에 대해 감사의 인사를 했는데, 이것이 그가 공공장소에 한 마지막 말이 되었다. 그가 칭호를 받을 것이라는 소문이 돌았는데, 사실무근인 듯싶다. 어차피 그는 단순히 찰스 디킨스인 채로 있고 싶다는 자신의 결의를 숨기지 않았다.

결국 '뜻밖의 시간에 뜻밖의 장소에서'의 외식에 진절머리가 난 디킨스는 6월 초 갯즈 힐로 돌아온다. 주말에 갯즈 힐을 방문한 케이트는 평소와 다른 아버지의 창백하고 피곤한 모습을 보게 된다. 일요일 밤, 두 사람은 새롭게 마련된 온

---

[17] 소설가·정치가, 글래드스턴과 교대로 두 번 수상 역임.

"안녕(Au Revoir)" 자신이 창조한 등장인물들에게 둘러싸인 디킨스가 존 불(영국을 의인화한 인물)에게 작별인사를 하고 미국으로 여행을 떠난다. 1867년 10월 30일 〈주디〉에 게재된 존 프록터의 희화.

실에 앉아 밤늦게까지 이야기를 나누었다—무대에 서고 싶은 케이트의 의향에 대해, 그 자신의 인생과 '좀 더 자상한 아버지—좋은 남자'가 되어 주지 못한 것에 대한 뉘우침에 대해. 디킨스는 넬리에 대해 말하고, 《에드윈 드루드의 비밀》의 계획을 이야기했다. '살아서 그 작품을 끝내는 것이 신의 뜻이라면.' 다음 날 아침, 평소와 다름없이 일찍 일어나 월간 분책을 완성하려고 몰두했다. 그러나 이틀 뒤, 밤늦게까지 이어진 과로로, 다시 심각한 뇌졸중을 일으켰다. 그는 의식을 회복하지 못한 채, 이튿날 쉰여덟 살의 나이로 세상을 떠났다. 1870년 6월 9일—스테이플 하우스에서의 불길한 사고로부터 딱 5년 뒤에 일이다. 《에드윈 드루드의 비밀》은 미완으로 남긴다.

디킨스는 장례식에 대한 명확한 지시를 유언장에 남겼다. '돈을 들이지 말고, 허례허식을 삼가고, 엄밀히 내 방식대로의' 장례식이길 바란다, 빅토리아조의 장례식으로 하되, '지극히 불쾌하고 바보 같은 관례'는 일절 사절한다고 했다. 묘지는 로체스터 대성당에 마련해 두었다. 그러나 사후 얼마 동안, 국민들은 디킨스가 웨스트민스터 사원에 묻히길 바랐다고 한다. 6월 14일 이른 아침, 그의 유체는 특별열차로 런던으로 운반되어, 간소한 영구차로 옮겨져, 차링 크로스역에서 웨스트민스터 사원까지 짧은 거리를 이동한다. 수석사제가 진행을 맡은 장례식에는 가족과, 극소수의 지인들만이 참석했다. 당사자의 뜻에 따라 식사(式辭)도 찬송가도 없었고, 간소한 떡갈나무로 된 관이 조용히 땅속으로 내려갈 때에도, 오르간이 잔잔히 연주될 뿐이었다. 하지만 당일 오후가 되자, 조용한 교회에 많은 사람이 몰려들기 시작했다. 그리고 뉴스가 나라 안팎, 세계 전역으로 퍼져감에 따라, 신분과 직업 고하를 막론하고, 수만 명의 사람들이 고인을 애도하기 위해 방문했다. 다음 날도, 그다음 날도, 사람들은 줄지어 찾아왔다. 그리고 그 뒤 몇 개월 동안, 디킨스의 묘석에는 늘 싱싱한 꽃으로 가득 덮여 있었다. 포스터의 말에 따르면, 마치 '모두가 자신들의 육친의 죽음에 이별을 고하는 것 같았다'고 한다. 그들의 추도와 자작이라는 유산—이것이 디킨스가 진정 바라던 기념비였다.

디킨스에 대한 평가

당대의 평가

랠프 월도 에머슨은 보스턴에서 열린 디킨스의 낭독회에 참석하여 "온몸이 부서져 나갈 듯이 웃었다"고 말했지만, 뒷날 찰스 디킨스에 대해 논할 때 다음과 같이 지적했다.

"천재인 그는 너무나 많은 재능을 지닌 것 같다. 그 재능은 그에게 묶여져 있는 무서운 기관차 같아서 그는 거기에서 벗어나 자유로울 수도, 그것을 멈추게 할 수도 없다. 그는 나를 압도한다! 그토록 왕성한 창작력과 다채로운 재능을 지닌 한 예술가에 대해서, 또한 한 인간으로서 그가 가진 복합적인 성격에 대해 제대로 이야기할 방법이 없다."

실질적이고, 대중지향적이며, 웅변에 능하고, 연극적 기질을 가진 디킨스의 재능들이 그의 소설과 어떻게 연관되어 있는지에 대해서는 논쟁의 여지가 남아 있다. 또한 그의 소설에 담긴 온화함과 탁월한 희극적 요소는 작가의 고통, 실패, 자기연민뿐만 아니라 사회악과 인간에 대한 끊임없는 슬픔과 한계감과도 분명히 관련되어 있다. 그의 소설들은 사회·도덕·감정·심리 등 넓은 영역을 다루고 있다. 그러므로 그는 매우 평범한 사람들뿐만 아니라 비정상적인 성향, 이를테면 괴팍함, 도덕적 타락, 광기, 환상, 몽상적인 상태에도 깊은 관심을 기울였다.

디킨스는 위대한 소설가 가운데 가장 상상력이 풍부하면서도 시사적이고 다큐멘터리에 능한 작가였다. 그러나 비평적 측면에서 그의 작품들은 고르지 못하다. 놀랄 만큼 창의적이며 시적인 작가임에도 불구하고 성숙기 소설들에서도 지루할 만큼 느슨하고, 틀에 박힌 형식을 사용하기도 했다.

그의 전기작가들은 20세기 중반 이후에야 그의 성격의 복잡성을 깊이 연구할 만한 자료를 수집할 수 있었다. 그의 작가경력의 시초부터 그의 인기를 보증할 만한 요소들, 곧 명백한 기술과 재미가 있었지만 비평가들은 그의 예술을 논하는 데 늘 어려움을 표시해왔다.

전반적으로 디킨스의 가장 인기 있는 작품들로 계속 인정받아온 것은 초기 작품들인데, 《올리버 트위스트》《크리스마스 캐럴》《데이비드 코퍼필드》가 그것이다. 비평가들은 후기소설에 대해서는 여러 불만을 제기하기 시작했다. 좀 더 자유분방한 희극정신이 상실된 점을 아쉬워했고, 디킨스가 상징적인 예술양식을 사용한 점을 어떻게 받아들여야 할지 당황했다. 또한 개별적인 논쟁점들에 획일적인 개혁주의적 입장을 보이던 그가 사회의 제반 전체와 제도들에 관하여 더욱 과격한 추궁을 하게 된 것을 어색하게 여겼다.

현대의 평가

디킨스에 대한 현대 비평은 1940~41년에 시작되었는데 조지 오웰, 에드먼드 윌슨, 험프리 하우스의 서로 다른 호기심에서 비롯되었다. 1950년대에는 작품에 대한 실질적인 재평가와 재편집이 시작되었다. 또한 이제는 후기소설 《황폐한 집》《어린 도릿》《위대한 유산》에서 가장 탁월한 예술성과 위대한 문학적 깊이가 발견되고 있으며, 다소 이의가 있기는 해도 《어려운 시절》《우리 모두의 친구》도 그런 훌륭한 작품들로 평가받고 있다.

학자들은 디킨스가 전형적인 빅토리아 시대의 인물이면서도 '한 시대가 아니라 모든 시대를 위한' 작가가 될 수 있었던 방법과 그의 창작방식, 대중과의 관계 등을 심도깊게 연구해왔다. 전기적인 면에서도 1952년 에드가 존슨의 전기에 엘렌 터넌에 대한 이야기를 포함시킨 것을 제외하면 포스터가 지은 방대하며 지적인 《전기》(1872~74)의 내용에 별로 덧붙여진 것이 없었다. 그 이후로도 비록 조지프 골드(1972)와 프레드 캐플런(1975)의 전기를 포함하여 몇 편의 전기물이 독특한 단계나 면모를 중심으로 씌었지만 획기적인 새로운 시각이 제시되지는 않았다.

〈텅 빈 의자, 갯즈 힐—1870년 6월 9일〉 부분
새뮤얼 루크 파일즈는 디킨스가 세상을 떠난 직후 이 수채화를 그렸다.

1970년, 그의 죽음을 기리는 100주기 기념일에는 그가 영문학사에서 윌리엄 셰익스피어에 이어 두 번째 위치를 차지한다는 비평적인 의견의 일치가 이루어졌다. 그러나 사실 디킨스는 그가 20대였을 때부터 이미 폭넓은 상상력과 창작력으로 셰익스피어에 비유되곤 했었다. 그와 셰익스피어는 단 한 편의 인기작으로 기억되는 작가들이 아니다. 영국이 내놓은 가장 독창적인 작가들이다. 그들의 수많은 작품에는 심각함에서 우스꽝스러움에 이르기까지 온갖 상태가 다 그려져 있고, 각양각색의 인물들이 가득하다. 일반적인 독자들에게 셰익스피어와 디킨스는 그들의 작품 속의 성격묘사를 통해 살아 있지만, 그들은 우리에게 더욱 많은 것을 전하고 있다. 셰익스피어는 더욱 깊고 폭넓은 영역을 다루고 있으며 디킨스는 정부와 사회적 책임에 대한 의식이 새롭게 인식되던 산업화된 도시에서 살았으므로 그러한 세계에 대해 쓸 수 있는 이점을 갖고 있었다. 디킨스가 그렸던 세계는 그가 세상을 떠난 지 100년이 넘는 시점에서도 그의 모국뿐만 아니라 모든 국가에서 여전히 지속되는 수많은 문제와 희망을 담고 있다.

《데이비드 코퍼필드》에 대하여

눈물과 웃음의 예술품

《데이비드 코퍼필드》는 자전적 요소가 짙은 찰스 디킨스의 대표작이다. 이 장편소설은 1849~1850년에 걸쳐 매달 분책 형식으로 발표되었다. 주인공 데이비드의 성장이 거의 작가 자신의 어린 시절을 그대로 재현한 것이라 한다. 데이비드는 작가의 분신이며 그를 통해 디킨스 자신의 아픔과 설움을 나타내고자 하였다. 데이비드에 대해 작가는 자신의 소설 속 그 어떤 인물보다도 '특별히 깊이 마음에 드는' 인물이라고 했다.

《데이비드 코퍼필드》는 양적으로 어마어마하게 긴 장편소설이다. 아무리 세계 걸작으로 이름 높은 작품이라도 이 정도로 길면 두세 군데는 이야기가 느슨해지기 때문에, 독자는 지루해도 다음에 올 절정을 기대하며 꾹 참고 책장을 넘기기 마련이다. 그런데 이 작품에는 그러한 곳이 전혀 없다. 어느 부분을 골라 읽어도 독특한 재미가 있고, 계속 읽으면 읽을수록 이야기 속으로 빨려 들어가 책을 놓을 수 없게 된다. 이야기에 이끌려가는 게 아니라 뒤쫓아 가는 것이다. 늘어지는 곳 없이 팽팽하게 조여진 소설, 이것이 이 작품이 많은 독자를 사로잡은 까닭이다. 인생의 고뇌와 비통을 날실로 삼고, 오락성과 환희를 씨실로 삼아 작품 전체를 옹골지게 엮어냈기 때문이며, 눈물과 더불어 웃음이 절묘하게 얽혀서 혼연하고 아름다운 예술품을 만들었기 때문이다.

작가는 초기작 《피크위크 페이퍼스》에서 독자의 폭소를 이끌어내어 희극작가로서의 자질을 유감없이 선보이고, 이듬해 《올리버 트위스트》를 통해 독자의 눈물샘을 자극하여 비극작가로서의 면모를 발휘했다. 그 뒤로 그의 예술은 더더욱 진보하면서, 희극작가와 비극작가의 특징이 절묘하게 맞물려 그만의 경지를 개척하기에 이른다. 즉, 《니콜라스 니클비》와 《골동품 상점》, 《크리스마스 캐럴》 등을 거쳐 《데이비드 코퍼필드》에 이르러서 그것이 완성된다. 냉혹한 현실에 꿈처럼 달콤한 사랑 이야기를 덧입혀, 눈물과 웃음이 어우러진 주옥같은 명작을 만들어낸 것이다.

데이비드는 보석 같은 아이

어느 영국 비평가는 이 작품의 주인공 데이비드를 '보석과 같은 아이'라고 표현했다. 확실히 우리는 이 데이비드에게 단순한 친근감 이상의 감정을 느낀다. 주인공과 자기 모습이 겹쳐지면서, 데이비드와 함께 슬퍼하고 데이비드와 함께 기뻐한다. 그가 유복자로 태어난 것은 그의 앞날이 순탄치 않으리라는 것을 암시한다. 그는 사랑하는 어머니의 불행한 재혼을 계기로, 어머니와 함께 고난의 길을 걷기 시작한다. 결국 세일렘 학교에 보내져서 크리클이라는 교장에게 난폭하고 무자비한 교육을 받는 사이에 어머니가 죽고 만다. 그 뒤 의붓아버지 머드스톤의 손에 이끌려 런던에 있는 머드스톤 앤 그린비 상점에서 일하게 되면서 갖은 고생을 한다. 나이는 어려도 총명한 데이비드는 자신의 앞날을 걱정하며 하루도 마음 편할 날이 없었고, 마침내 그곳을 뛰쳐나와 대고모(고모할머니)를 찾아 도버로 떠난다. 여행 첫날 악독한 마부에게 많지 않은 여비며 옷가지까지 모두 빼앗겨, 데이비드는 어쩔 수 없이 걸어서 길을 나선다. 밤에는 풀밭에서 눈을 붙이고, 낮에는 땀과 먼지 범벅이 되어 길을 걷는다. 후줄근한 옷을 걸치고 천근같이 무거운 발을 끌면서 도버로 길을 서두르다가, 중간에 배고픔을 견디다 못해 빵 한 조각을 사기 위해 입고 있는 외투까지 팔아 버린다. 이 대목이 작품 전체에서 가장 눈부시고 생생한 묘사로 가장 유명하다. 이 장면을 보며 독자는 소설인지 현실인지 알 수 없는 야릇한 기분에 휩싸여 데이비드와 함께 눈물을 흘리며 아파하게 될 것이다. 하지만 그는 이러한 고난 속에서도 절대 꺾이지 않는다. 괴로워 죽은 어머니의 모습이 환상처럼 눈앞에 아른거리지만, 동시에 스스로 고비를 이겨내고 있다는 통쾌함도 느낀다. 새카만 그림자와 함께 환한 빛이 있다. 눈물과 웃음이 공존한다. 그 뒤로 데이비드는 대고모와 함께 살면서 학교에도 들어가고 안정된 생활을 누리게 된다. 사랑도 하고, 실연도 하고, 아내도 얻고, 그 아내와 사별한 뒤 새로운 아내를 맞이하며 소설가로서의 명성까지 얻게 된다. 그동안의 묘사에 조그만 빈틈조차 없다. 거기에는 우리의 현실, 눈물과 웃음으로 이어진 복잡한 인생이 고스란히 녹아 있다.

데이비드를 둘러싼 사람들

보석처럼 빛나는 데이비드 주변에는 다양한 성격으로 다른 빛을 발하는 많은 인물이 있다. 그들이 저마다 중대한 역할을 연기하며 하나로 어우러져 호화로운 금자탑을 만들어 내는 것이다. 그 가운데 특히 중요한 사람으로는, 먼저 성실한 유모 페거티가 있다. 그녀는 따뜻한 햇볕이 되어 때로는 시원한 그늘이 되어 데이비드를 늘 감싸준다. 그녀의 오빠 페거티 씨는 사내답고 순박한 어부로, 갈 곳 없는 이들을 데리고 뱃집에서 살고 있다. 그 집에서 자란 에밀리는 순수한 꽃과 같은 처녀로, 데이비드의 첫사랑이다. 역시 그 집에서 함께 살고 있는 거미지 부인은 일찍이 남편을 잃은 불쌍한 부인으로, 언제나 입버릇처럼 기댈 곳 없는 딱한 신세를 한탄하며, 작품에 쓸쓸함을 불어넣는다. 데이비드의 학교 친구 스티어포스는 머리 좋고 우두머리 기질이 있는 사내인데, 신입생 데이비드를 마음에 들어 하여 여러 면에서 돌보아 준다. 데이비드도 그를 둘도 없는 친구로 여기지만, 결국에는 데이비드의 소개로 알게 된 에밀리를 꾀어 함께 달아나 버린다. 그리고 데이비드가 머드스톤 앤 그린비 상점에서 일하던 무렵 하숙하던 집 주인 미코버는 사람은 좋지만 허영심이 많고 허풍이 심하며, 일정한 직업도 없이 언제나 빚에 시달린다. 빚 때문에 죽음까지 각오하는가 싶다가도 다음 순간에는 언제 그랬느냐는 듯이 콧노래를 흥얼거리고 분에 넘치는 술과 음식을 즐기며 흐뭇해하는 태평하고 구김 없는 인물이다. 반면 법률을 공부하는 우라이아 힙은, 겸손한 태도로 자신을 낮추지만 사실 뱃속이 시커먼 사내로, 은밀히 무슨 일을 꾸미고 있으며 음침하고 호감이 가지 않는 인물이다. 미코버와 좋은 대조를 이룬다. 그 밖에도 데이비드의 의붓아버지이자 고난의 원인인 머드스톤, 까다롭지만 정이 깊은 대고모 벳시 등 다양한 성격이 선명하게 나타나 마음껏 활약하며 예사롭지 않은 박력으로 독자를 압박한다.

근대소설의 탁월한 인간탐구

《데이비드 코퍼필드》는 작가가 37, 8세 무렵에 쓴 작품이므로 생애 중간 즈음이며 그의 절정기였다. 따라서 이 작품은 디킨스의 대표작으로 꼽기에 손색이 없으며, 디킨스 문학의 특징이 가장 잘 나타난 작품이라 할 수 있다. 디킨스 자신도 이 작품을 특히 사랑하고 자랑스러워했다.

왜 그렇게 유난히 사랑했을까? 그것은 아마도 작가의 정신적 자전소설이기 때문일 것이다. 엄밀한 의미에서 자서전은 아니지만, 작가의 그림자가 데이비드 안에 가장 많이 살아 있다는 점은 의심할 여지가 없다. 그런 뜻에서 디킨스의 작품 가운데 가장 특별한 의미를 지닌 작품인 것이다. 디킨스가 처음부터 끝까지 1인칭시점을 고수한 것도 그 이유일 것이다.

근대의 사실주의 소설은 18세기 중엽에 영국에서 시작되어 점차 유럽대륙으로 퍼진 문학양식이다. 당시의 시민사회가 낳은 전형적 문학으로서, 황당하고 상상적인 이야기나, 현실과 동떨어진 사랑을 이야기하기보다는, 주변의 평범한 시민들의 희로애락, 심리, 감정 그리고 그들 사회의 풍속과 세상을 있는 그대로 그려내는 것이 특징이다. 디킨스의 문학은 그러한 근대 사실주의 소설의 전통을 이어받아 그것의 완성형을 제시했다. 그러나 이것은, 인간성의 비밀을 해부하는 중요한 도구가 되기도 하고 철학 및 인간론의 대용물이 되기도 하는 19세기 이후 현대 심리소설과는 아주 다른 것임을 유의해야 한다. 디킨스가 살던 시대의 소설은 오로지 재미있는 오락으로서의 읽을거리였던 것이다. 디킨스가 독특한 재미있는 인물상을 다양하게 만들어내고, 독자의 눈길을 사로잡는 뜻밖의 사건을 만드는 데 고심하는 것은, 당시로서는 아주 당연한 일이었다.

이 작품을 쓰면서도 작가가 가장 먼저 관심을 둔 일은 재미있는 읽을거리를 제공하는 것이었다. 그러므로 이 작품처럼 허망할 정도로 모든 일이 순조롭게 끝나거나, 반대로 억지스러운 눈물을 짜내며 비극으로 끝나는 것은, 그 무렵 대중독자의 도덕심과 감상주의로 볼 때 당연한 결과였다. 요컨대 등장인물을 둘러싸고 작가와 독자가 하나가 되어 울고 웃는 것이 디킨스의 문학이다.

두 번째로는 디킨스의 개인적 특징인데, 인물을 있는 그대로가 아니라, 저마다의 기질과 특징 등을 부풀려 이른바 전형적 인물로 만들었다. 나쁜 사람의 전형인 우라이아 힙, 세상물정 모르는 철부지 도라, 이상적인 여인 아그네스. 이들의 성격은 모두 소설 속에서 처음부터 끝까지 전형으로 고정되어 있어서 성장 및 발전을 보이지 않는다. 가장 많이 등장하는 미코버조차 그러하다.

이 소설에서 가장 근대적인 인물은 스티어포스로 볼 수 있다. 그는 머리가 좋고 재주가 뛰어나며 그 때문에 오만하다. 풍족한 환경에서 우쭐거리며 자란 청년이 몰락해가는 모습은, 근대적 소설에서 뛰어난 인간탐구를 이루어냈다고 할 수 있다. 곧 소설인물로서도 선구적 의미를 지니고 있는 것이다. 이와 같은 인물유형 창작기법은 근대소설의 발생 이래 전통기법이며, 디킨스는 그것을 계승하여 크게 성공시킨 것이다.

세계 10대 소설로 선정된 걸작

세 번째로 디킨스는 살아 있을 때나 죽어서도 한동안은 소설가로서 최고의 명성을 누렸지만, 20세기에 들어서면서, 곧 현대 심리소설이나 새로운 수법의 소설이 등장한 뒤에는 오히려 매서운 비판을 받았다. 앞에서 말한 그의 장점이 단점으로 작용한 것이다. 하지만 최근에는 다시 좋은 평가를 얻고 있는데, 그것은 그의 철학이나 성격묘사 때문이 아니라, 비범한 이야기작가로서 그의 뛰어난 수완 덕분이다. 곧 소설이란 궁극적으로 재미있는 이야기라는 본질을 잃지 않았기 때문이다.

소설의 거장 서머싯 몸이 세계 10대 소설에 이 작품을 손꼽은 것도 바로 그런 이유에서이다. 디킨스는 건축물처럼 장편소설을 쌓아올리는 일은 잘하지 못했지만, 누구보다도 뛰어나게 긴 이야기를 능숙하고 박진감 있게, 뜻밖의 설정으로 풀어갔다. 예를 들어 데이비드의 첫 번째 부인 도라의 아버지 스펜로가 까닭없이 목숨을 잃으면서 그의 운명이 크게 바뀌는 대목은 아무나 쓸 수 없는 것이다.

끝으로 이 소설에 나타난 디킨스의 철학에 대해 살펴보고자 한다. 본디 디킨스의 인생관은 아주 통속적이다. 데이비드의(따라서 아마도 디킨스 자신의) 인생철학은 한마디로 노력성공주의이다. 데이비드는 보호자인 대고모가 파산하자, 어려운 속기술을 배워서 자기 스스로 돈을 벌기로 결심한다. 그리고 간신히 목표에 도달했을 때, 그는 말한다.

"나는 세속적인 일에는 운이 있었다. 많은 사람이 나보다 훨씬 더 열심히 노력했지만 나의 절반도 성공하지 못했다. 그러나 나 역시 시간을 지키고, 질서를 존중하고, 근면한 습관이 없었다면, 온갖 일이 차례차례 일어나더라도, 한 번에 한 문제에 대해서만 정신을 집중하겠다는 결심이 없었다면, 내가 이루어놓은 것을 절대 이룩하지 못했으리라고 확신한다."

이것이 이른바 데이비드의 황금법칙이다. 디킨스의 생애를 볼 때, 이러한 낙천적인 노력주의는 작가 자신의 철학이라고도 할 수 있다.

그런데 이것은 자본주의시대 시민사회의 전형적인 철학이다. 디킨스가 살던 시대는, 다른 나라보다 한 발 앞서 산업혁명을 이룩한 영국이 순풍에 돛 단듯 정치·경제적으로도 온 세계를 제패하며 제국으로 뻗어나가던 시기였다. 따라서 이 낙천적인 철학은 디킨스만의 것이 아니라, 그 시대의 세속 철학을 대변하는 것이었다. 그리고 그러한 낙천적 철학이 존재할 수 있었던 것은, 객관적인 사회 조건이 시대배경에 깔려 있었기 때문이다. 그러나 아쉽게도 디킨스는 그런 것을 비평하지 않았다. 그는 시대에 안주했던 것이다. 그러니 20세기에 들어서 평가가 뒤바뀐 것도 당연한 결과였다. 다시 말하면, 디킨스는 한 걸음도 앞서거나 뒤서지 않고 시대와 완벽하게 발맞추어 걷고 있었다.

이와 같은 디킨스 소설의 매력은 영원히 잊을 수 없는 생명력을 지녀 그가 죽은 뒤 140여 년에 걸쳐 여러 나라말로 옮겨져 셰익스피어와 함께 영국문학을 대표하는 작가로 평가되고 있다.

찰스 디킨스 연보

1812년　　　2월 7일 포츠머스에서 출생.
1817년(5세)　가족들 채텀으로 이사. 찰스는 그곳에서 윌리엄 자일스의 학교를 통학.
1822년(10세)　아버지 존 디킨스의 런던 전근으로 가족은 런던 북부 캠든타운의 베이엄 거리 16번지에 거주.
1824년(12세)　워렌 구두약 공장에 억지로 일하러 감. 아버지는 빚 때문에 체포되고 3월부터 5월 25일까지 마샬시 감옥에 수감됨.
1825년(13세)　구두약 공장을 그만두고 웰링턴 하우스 아카데미에서 공부 시작.
1827년(15세)　변호사 사무실에서 근무 시작.
1829년(18세)　속기를 독학하고 민법박사회관에서 기록담당이 됨.
1830년(19세)　마리아 비드넬과 사랑에 빠짐. 그러나 사랑을 거절당한 디킨스는 깊은 마음의 상처를 받음.
1831년(20세)　〈미러 오브 팔러먼트〉 기자가 되어 저널리스트 경력 시작.
1833년(21세)　첫 저술 〈포플러 가로수길에서의 저녁 식사〉가 〈먼슬리 매거진〉 12월호에 게재됨.
1834년(22세)　〈모닝 크로니클〉 기자가 됨.
1836년(24세)　2월 8일 《보즈의 스케치》(제1집) 출판. 3월 31일 《피크위크 페이퍼스》의 월간 분책 제1호가 발행됨. 4월 2일 캐서린 호가스와 결혼. 12월 집필에 전념하기 위해 〈모닝 크로니클〉 퇴직. 그해 겨울 포스터를 알게 됨.
1837년(25세)　디킨스가 편집장이 된 월간지 〈벤틀리 미셀러니〉 창간호가 1월 11일에 출판됨. 제2호부터 24회에 걸쳐 《올리버 트위스트》 연재. 1월 6일 첫 아이 찰스 출생. 4월 세 식구는 다우티 거리 48번지로

	이사. 5월 7일 메리 호가스(디킨스의 처제) 죽음.
1838년(26세)	3월 6일 둘째 아이 메리(메이미) 출생. 3월 끝무렵 《니콜라스 니클비》 분책 제1호 출판.
1839년(27세)	〈벤틀리 미셀러니〉 편집장 사임. 10월 《니콜라스 니클비》 단행본 출판. 그 바로 뒤 둘째 딸 케이트 출생. 디킨스네 데본셔 테라스 1번지로 이사. 유복한 상류부인 안젤라 버데트 쿠츠를 알게 됨.
1840년(28세)	4월 4일 몸소 주간지 〈마스터 험프리의 시계〉 창간. 4월 25일 호부터 《골동품 상점》 연재.
1841년(29세)	〈마스터 험프리의 시계〉 2월 13일호부터 전42회로 《바나비 러지》 연재. 넷째 아이 월터 출생.
1842년(30세)	1월 캐서린과 6개월 간 미국 여행길에 오름. 10월 《미국 기행》 출판. 12월 《마틴 처즐위트》 월간 분책(전20권) 간행 개시.
1843년(31세)	12월 19일 첫 번째 '크리스마스 북' 《크리스마스 캐럴》 출판.
1844년(32세)	다섯째 아이 프랜시스 출생. 채프먼 앤드 홀사와 결별하고, 모든 출판물을 브래드버리 앤드 에반스에 위임. 7월 처자식과 처제 조지나를 데리고 제노바로 향함. 12월 16일 두 번째 '크리스마스 북' 《종소리》 출판.
1845년(33세)	가족과 함께 이탈리아를 여행하고 7월 런던으로 돌아옴. 9월 연출가 겸 배우로 희극 〈10인 10색〉을 상연. 10월 여섯째 아이 알프레드 출생. 12월 20일 세 번째 '크리스마스 북' 《난롯가의 귀뚜라미》 출판.
1846년(34세)	1월부터 2월까지 단기간 〈데일리 뉴스〉 편집장 역임. 《이탈리아 정경》 출판. 다시 유럽 대륙으로. 9월 《돔비와 아들》 월간 분책(전20권) 간행 개시. 12월 19일 네 번째 '크리스마스 북' 《인생의 싸움》 출판.
1847년(35세)	파리에서 돌아옴. 일곱째 아이 시드니 출생. 미스 쿠츠가 생각해 낸 '집 없는 여자들의 집' 우라니아 코티지의 개설지원에 주력함. 작품들의 보급판 출판 개시.
1848년(36세)	여름 동안, 아마추어 극단을 이끌고 순회공연. 9월 사랑하는 누

	나 패니 사망. 12월 마지막 '크리스마스 북'이 되는 《유령에 시달리는 사나이》 출판.
1849년(37세)	여덟째 아이 헨리(해리) 출생. 4월 디킨스가 가장 아낀 자서전 작품 《데이비드 코퍼필드》 분책 간행 시작.
1850년(38세)	3월 27일 주간지 〈가정의 말〉 간행. 아홉째 아이 도라 출생.
1851년(39세)	아버지 존 디킨스와 어린 딸 도라 죽음. 문학예술조합 자금 조달을 위해 연출가 겸 배우로 블루워 리튼의 극 〈겉보기만큼 나쁘지는 않다〉를 상연. 태비스톡 하우스로 이사.
1852년(40세)	2월 《황폐한 집》 월간 분책 간행 개시. 열 번째 아이 에드워드(프론) 출생.
1853년(41세)	디킨스네, 불로뉴에서 여름을 보냄. 버밍엄에서 첫 공개낭독회를 열어, 《크리스마스 캐럴》 낭독.
1854년(42세)	〈가정의 말〉에 《어려운 시절》 연재 시작.
1855년(43세)	마리아 비드넬과 재회. 10월 가족을 데리고 파리로 가서 반년간 체류. 12월 《어린 도릿》 월간 분책 간행 개시.
1857년(45세)	넓은 대지가 딸린 저택 갯즈 힐 플레이스 구입. 콜린스 극 〈얼어붙은 바다〉 연출과 출연을 맡음. 이 극의 맨체스터 공연에 출연한 젊은 배우 엘렌 터넌과 알게 됨.
1858년(46세)	봄에 런던으로 가서 첫 공개낭독회 시리즈를 개최. 5월 캐서린과 별거, 〈가정의 말〉에 그에 대한 성명 게재. 8월부터 11월에 걸쳐 처음으로 지방을 순회하면서 공개낭독을 함.
1859년(47세)	4월 30일 주간지 〈일 년 내내〉 창간하고 《두 도시 이야기》 연재 시작. 가을에 두 번째 지방순회 낭독 공연.
1860년(48세)	〈일 년 내내〉에 에세이 《비상용 여행자》 연재 시작. 12월부터 《위대한 유산》 연재도 시작.
1861년(49세)	《위대한 유산》을 3권 책으로 간행. 10월 세 번째 지방순회 낭독회 개시.
1862년(50세)	이듬해에 걸쳐 자주 프랑스 방문. 9월 어머니 세상 떠나다.
1863년(51세)	12월 아들 월터 사망.

1864년(52세)	5월 《우리 모두의 친구》 월간 분책(전20권) 간행 개시.
1865년(53세)	6월 9일 디킨스와 넬리가 스테이플 하우스에서 여행 중 철도사고를 당함. 11월 《우리 모두의 친구》 2권 책으로 간행됨.
1866년(54세)	런던과 지방에서의 네 번째 지방순회 낭독회 공연.
1867년(55세)	11월 보스턴에 도착 미국에서의 지방순회 낭독회 공연 시작.
1868년(56세)	4월 영국으로 돌아옴. 10월 건강이 악화되었음에도 이별 순회공연을 시작.
1869년(57세)	1월 5일 《사이크스와 낸시》 최초 공개낭독.
1870년(58세)	3월 9일 빅토리아 여왕 배알. 3월 15일 마지막 공개낭독회. 4월 《에드윈 드루드의 비밀》의 제1분책 간행(전12권 예정이 6호까지의 미완으로 끝남). 6월 9일 뇌졸중으로 세상을 떠남.

신상웅

중앙대 영문학과 동대학원 졸업하고 문학박사 학위를 받았다. 역사의 성찰과 날카로운 현실인식이 돋보이는 중량감 있는 작품들을 발표 한국현대문학을 대표하는 작가의 한 사람으로 자리잡았다. 장편《심야의 정담(鼎談)》으로 제6회 한국일보문학상을 수상하였다. 중앙대 예술대학원장 명예교수 역임, 주요작품《히포크라테스 흉상》《분노의 일기》《돌아온 우리의 친구》장편으로《배회》《일어서는 빛》《바람난 도시》《신상웅문학전집 전10권》, 옮긴책 셰익스피어《햄릿 오델로 리어 왕 맥베드》《로미오와 줄리엣 베니스의 상인 한여름밤의 꿈》, 프레이저《황금가지》, 디킨스《데이비드 코퍼필드》등이 있다.

Charles John Huffam Dickens
DAVID COPPERFIELD
데이비드 코퍼필드
찰스 디킨스/신상웅 옮김
1판 1쇄 발행/2011. 1. 20
1판 8쇄 발행/2024. 11. 20
발행인 고윤주
발행처 동서문화사
창업 1956. 12. 12. 등록 16-3799
서울 중구 마른내로 144(쌍림동)
☎ 546-0331~2 Fax. 545-0331
www.dongsuhbook.com
잘못된 책은 구입하신 곳에서 바꾸어 드립니다.
＊
이 책의 출판권은 동서문화사가 소유합니다.
의장권 제호권 편집권은 저작권법에 의해 보호를 받는 출판물이므로
무단전재와 무단복제를 금합니다.
사업자등록번호 211-87-75330
ISBN 978-89-497-0731-0 04080
ISBN 978-89-497-0382-4 (세트)